Israel & Palästina

Amelia Thomas

Michael Kohn, Miriam Raphael, Dan Savery Raz

DER GOLAN (S. 304)
Geopolitisch bedeutende, heiß umkämpfte und absolut umwerfende Bergkette mit Wasserfällen, Skihängen und renommierten Weingütern

SEE GENEZARETH (S. 277)
Atemberaubender See mit einer langen christlichen Geschichte – am besten auf zwei Rädern zu erkunden

NAZARETH (S. 259)
Einst das Revier des jungen Jesus, heute eine typisch arabische Stadt mit gewundenen Straßen und uralten Kirchen

NABLUS (S. 341)
Die lebendige palästinensische Stadt prägen enge Gassen, spektakuläre Aussichten und brummende Märkte

JERUSALEM (S. 91)
Eine der großen heiligen Städte dieses Planeten, die vor Geschichte, Spiritualität und Immaterialität nur so strotzt

DAS TOTE MEER (S. 344)
Heilende Kräfte und unglaubliche Erlebnisse auf dem (und nicht nur im) Wasser am niedrigstgelegenen Punkt der Erde

SAFED (S. 286)
Attraktive Stadt in luftiger Höhe, in der man sich mit dem reichen Erbe der mystischen Tradition des Judentums vertraut machen kann

AKKO (S. 248)
Die legendäre, von Mauern umgebene Stadt, einst die Heimat von Kreuzrittern und Gefängnisausbrechern, lockt heute mit Geheimgängen und Meerblicken

HAIFA (S. 221)
Araber und Juden, die einander überraschend tolerant begegnen, atemberaubende Ausblicke und die unumgänglichen Hängenden Gärten

CAESAREA (S. 242)
Herodes' großartige Hafenstadt ist heute eine erstklassige archäologische Stätte voller noch immer unentdeckter Ruinen

TEL AVIV (S. 175)
Pulsierende Metropole voller Diskos, eleganter Restaurants und jugendlichem Flair – innovativ und einfach anders

BETHLEHEM (S. 318)
Jesu Geburtsort ist ein heiliges Pilgerziel, heute ebenso wie schon vor 2000 Jahren

HEBRON (S. 337)
Eine hinreißende Altstadt und eine tragische Geschichte machen Hebron zu einer so faszinierenden Stadt

MITTELMEER

SYRIEN

LIBANON

Galiläa

Golan

Jordan

See Genezareth

Westjordanland

Totes Meer

Gazastreifen

Qiryat Shemona
Qunaitra
Rosh Pinna
Safed
Daliyat al-Karmel
Peki'in
Nahariya
Akko
Haifa
Tiberias
Nazareth
Afula
Bet Shean
Jenin
Nablus
Berg Ebal (940 m)
Berg Garizim (881 m)
Ramallah
Jericho
Nebi Musa
Qumran
Bethlehem
Herodeion
JERUSALEM
Abu Ghosh
Hebron
Qiryat Gat. Beit Guvrin
Ashqelon
Gaza-Stadt
Ashdod
Rishon LeZion
Rehovot
Ramla
Netanya
Hadera
Caesarea
Atlit
Tyros
Rosh Hanikra
Montfort
Megiddo
TEL AVIV
Jaffa
Irbid
Dera
Mafraq
AMMAN
Jordan
Kefar Nahum

MITTELMEER

MASSADA (S. 354)
Die Geschichte dieser überwältigenden Festung über dem Toten Meer und der Wüste inspirierte Legenden und symbolisiert den jüdischen Widerstand

PETRA (JORDANIEN; S. 406)
Die alte Hauptstadt der Nabatäer, jahrhundertelang in Jordaniens Wüste versteckt, ist heute eines der „Neuen sieben Weltwunder"

MITZPE RAMON (S. 378)
Die Hauptstadt des Abenteuersports mitten in der Wüste lockt mit Wanderungen, Jeeptouren und friedvollen Nächten unterm Sternenhimmel

ELAT (S. 386)
In der Partystadt am warmen Meer bekommt man ein kaltes Bier und kann beim Wandern im Nahal Gishron eine spektakuläre Wüstenlandschaft genießen

SINAI (ÄGYPTEN) (S. 416)
Auf dieser Wüstenhalbinsel, einem Pilgerort mit atemberaubenden Stränden und Korallenriffen, kann man wunderbar die Zeit vergessen

HÖHENSTUFEN
1000 m
500 m
300 m
150 m
0

KARTENLEGENDE
Autobahn
Hauptstraße
Landstraße
Verbindungsstraße
unbefestigte Straße

0 ——— 40 km

JORDANIEN

Kerak
Ma'än
Wadi Musa
Petra

Massada
Arad
Tell Arad
Dimona
Mamshit
Beer-sheba
En-Avdat-Nationalpark
Shivta
Negev
Mitzpe Ramon
Makhtesh Ramon
Berg Har Ramon (1035 m)
Chan Yunis
Rafah
Al-Arisch

Unterwegs

AMELIA THOMAS Hauptautorin
Nach meinem strapaziösen Abenteuer im Westjordanland (S. 313) zog es mich in die Wüste (s. S. 364), wo ich mir eine Auszeit von Menschenmassen, Kontrollpunkten und Chaos gönnte. Auf dem Rücken eines Pferdes ging es über alte Bergpfade aus der Römerzeit; irgendwann fanden wir uns hoch über dem Großen Afrikanischen Grabenbruch, der sich bis nach Mosambik erstreckt, und mein vierbeiniger Freund und ich betrachteten die perlmuttfarbenen jordanischen Berge im Sonnenlicht. Von Stress keine Spur …

MICHAEL KOHN Als ich Rosh Hanikra (S. 256) erreicht hatte, eröffnete sich mir ein Wahnsinnsblick auf die Mittelmeerküste. Die jüngsten Unwetter hatten für eine besonders starke Brandung gesorgt, die bei meinem Ausflug in die Grotten für einen Extra-Kick sorgte. Auch die Rückfahrt nach Naharija war ein Abenteuer: Ich verpasste den Bus und ließ mich von zwei Beduinen aufgabeln, die kreuz und quer durchs Land fuhren. *Das* ist das wahre Traveller-Dasein!

MIRIAM RAPHAEL Dieser Freitag war ziemlich anstrengend: Ich war durch Safed (S. 286) gelaufen, hatte Galerien besucht und die Öffnungszeiten von Museen und Restaurants recherchiert, bevor alles dicht machte – Wochenende! In einem baufälligen Hotel in einem der Gässchen im Künstlerviertel kam ich unter und zuallererst setzte ich mich in die Gartenschaukel und legte die Füße hoch, um den Sabbat in aller Ruhe zu begrüßen.

DAN SAVERY RAZ Das bin ich am wunderschönen Coral Beach in Elat (S. 386), dem südlichsten Punkt Israels. Hier schwelge ich nach einer verrückten Reise durch die Wüste ans Rote Meer in Erinnerungen an Beduinenzelte, Kamele und alte Nabatäerstädte. Die Tasche habe ich übrigens in der ägyptischen Grenzstadt Dahab erstanden.

Vollständige Autorenbiografien gibt's auf S. 470.

Highlights

Hier liegen einige der heiligsten Stätten unseres Planeten, windgepeitschte Wüsten, schnee-bedeckte Berge, wuselige Städte und verschlafene Dörfer, und es gibt Extremisten, Mystiker, Mönche und Mauern, alte und klagende, neue und hohe. Es verwundert also kaum, dass Israel und die Palästinensischen Autonomiegebiete wieder Traveller anlocken und diese wie eh und je benommen, verwirrt, nachdenklich, aufgeregt und ehrfürchtig nach Hause entlassen. Ob beim Essen in Nazareth, der biblischen Heimatstadt Jesu, beim Anblick der alten Krater oder beim Erkunden der schmalen Gassen des historischen Jerusalems – es ist einfach überall zu spüren: Dies ist der Ort, an dem sich Geschichte und Schönheit mit Politik und Religion vermischen. Dieses Land ist magisch, tragisch und berauschend – alles zugleich!

ISRAELIMAGES / ISRAEL TALBY

① DAS TOTE MEER

Was wäre eine Israelreise ohne ein Bad im Toten Meer (S. 344)? Wir haben uns einen kühlen Abend kurz vor Sonnenuntergang ausgesucht, eigentlich keine Zeit mehr für ein Bad. Es war dennoch ein Erlebnis, nach einem anstrengenden Tag ins salzige Wasser zu springen. Kein Spa hält da mit! Außerdem gibt's wohl nirgends eine Einrichtung, die gleichzeitig Sonnenuntergänge und Schlammpackungen bieten kann.

Kirsten Frese, Traveller, Deutschland

FELSENDOM, JERUSALEM

Es ist schon eine erstaunliche Vorstellung, dass ein einziger Ort die Anhänger von zwei Weltreligionen begeistert, doch genau das passiert hier, in Jerusalems spektakulärer Altstadt. Islam und Judentum treffen im vergoldeten, hoch aufragenden Felsendom (S. 107) aufeinander. Nach der islamischen Überlieferung stieg von hier aus Mohammed in den Himmel auf und für fromme Juden ist dies der heiligste Ort der Welt. Mir persönlich erscheint er bei jedem Spaziergang durch die byzantinisch geprägte Umgebung wie ein kleines Stück Gelassenheit, Schutz und Ruhe inmitten allgegenwärtiger religiöser Spannungen.

Amelia Thomas, Lonely Planet Autorin

IZZET KERIE

MAKTESH RAMON

Am Rand des Maktesh Ramon (S. 380) stehend kann man die Evolutionsgeschichte förmlich spüren und es ist nur schwer vorstellbar, dass diese ausgedörrte Landschaft einst ein Meer war. Der *maktesh* (Krater) ist ein Ort der Extreme – nachts eisig kalt, tagsüber glühend heiß. Soweit das Auge reicht, erblickt es die bunten Felsformationen des Negev, und man kommt nicht umhin, sich zu fragen, wie ein so kleines Land ein so großes Geheimnis bergen kann.

Dan Savery Raz, Lonely Planet Autor

HANAN ISACHAR

ISRAELIMAGES / ISRAEL TAL

SAFED

Geschichten, Gässchen und Gebete entführen Besucher des alten Safed (S. 286) tief in die jüdische Mystik. Meinen tollen Tag hier krönten ein Bad im See Genezareth bei Sonnenuntergang und arabische Gastfreundschaft in Nazareth. Galiläa ist echt vielfältig!

Marcel Zimmet, Traveller, Australien

AVDAT

Raues Klima und seltene Regenfälle konnten die alten Nabatäer nicht davon abhalten, im 3. Jh. v. Chr. Avdat (S. 376) zu errichten. Die Ruinenstadt auf dem Hügel eröffnet einen spektakulären Blick auf die Wüste, über römische Bögen und zerfallene byzantinische Kirchenmauern hinweg. Die Bewohner Avdats verstanden auch etwas von edlen Tropfen; ob das immer noch so ist, kann man beim Weingut Carmey Avdat an der Schnellstraße anhand eines Glases moderner Merlots testen.

Dan Savery Raz, Lonely Planet Autor

5

KATHARINENKLOSTER, SINAI

Das Katharinenkloster (S. 427) haut einen einfach um, auch wenn man nicht glaubt, dass Moses auf dem Berg Sinai die Zehn Gebote empfing. Klar, hier wimmelt es nur so von Touristen, die alle das älteste noch bewohnte Kloster der Welt sehen wollen, das seit mehr als 1700 Jahren von griechisch-orthodoxen Mönchen in Schuss gehalten wird. Mich hat das Museum mit den alten, handgeschriebenen Büchern aus ganz Europa und dem Nahen Osten am meisten beeindruckt; es zeigt u. a. ein lateinisches Psalmbuch, den Codex Sinaiticus und einen Brief des Propheten Mohammed. Die besten Fotos vom Kloster schießt man von oben – einfach die weißen Felsen in der Nähe des Eingangs hochklettern!

Dan Savery Raz, Lonely Planet Autor

6

ÖLBERG, JERUSALEM

Eines unserer unvergesslichsten Erlebnisse war das Besteigen des Ölbergs (S. 134). Der Aufstieg zu Fuß kostet Überwindung, wird aber belohnt mit spektakulären orthodoxen Kirchen, römisch-katholischen Gebäuden (in denen das Vaterunser in 100 Sprachen erklingt, von Cherokee bis Isländisch) und einem wunderschönen Blick auf den Tempelberg. Die Grabstätten auf den Hängen sind teuer, denn es heißt, der Messias werde über diese Gräber nach Jerusalem laufen und dann sei es gut, hier zu liegen.

Nurith & Raoul St. Pierre, Traveller, USA

7

HANAN ISACH

GARTENGRAB, JERUSALEM

Das Gartengrab (S. 136) etwas außerhalb der Altstadt Jerusalems ist wirklich sehenswert. Warum vermutet wird, dass Jesus an diesem Ort gekreuzigt und begraben wurde, erfährt man bei einer kostenlosen Führung. Mich hat der Besuch hier so sehr bewegt, dass ich mit den Tränen kämpfen musste.

Russell Amner, Traveller, Australien

9

PHOTOLIBRARY / RADIUS IMAGES

8

ASAF KATZIN-ECOBIK

JERUSALEM BY BIKE

Die Radtour durch Jerusalem (S. 169) hat mir einen ganz neuen Blick auf die Stadt vermittelt. Die Führer zeigten uns Gassen, Straßen und Viertel, deren Existenz ich nicht mal erahnte, obwohl ich schon mehrmals hier war. Besonders gefallen hat mir Nachlaot mit den vielen hinter Steinmauern versteckten Gebäuden, denen die moderne Stadt rundum anscheinend nichts anhaben konnte. Eine weiterer Aspekt war das Konditionstraining – Jerusalems Hügel haben es in sich!

Michael Kohn, Lonely Planet Autor

GAZA

Wer kann, sollte Gaza (S. 397) besuchen, unbedingt. Auch wenn es nicht ganz ungefährlich ist und man vielen Problemen begegnet, zeigt mir der Besuch dort doch immer wieder, was Optimismus ist und wie man mit tragischen Umständen umgehen kann. Man sollte bei einem Abendessen den Geschichten der Einheimischen lauschen oder einfach im Café mit ihnen plaudern – diese Reise wird man immer im Gedächtnis und im Herzen behalten.

Amelia Thomas,
Lonely Planet Autorin

REUTERS / SUHAIB SALEM

MICHAEL KOHN

10 HAIFA

Auf dem langen Spaziergang vom Karmeliterkloster (S. 230) in Haifa bergab bieten sich zauberhafte Blicke auf die Stadt und das Mittelmeer. Wir gingen die Allenby Rd hinunter, vorbei an der deutschen Siedlung und durch das Viertel Wadi Nisnas (s. oben), wo es frisches Obst und Gemüse und Falafel gibt. Wer hier übernachtet, sollte unbedingt selbst kochen, um all die tollen Zutaten auszuprobieren!

Nurith & Raoul St. Pierre, Traveller, USA

11

MARK DAFFEY

12 DAS WESTJORDANLAND

Das Highlight unserer Reise war das Zusammentreffen mit den Menschen im Westjordanland (S. 313). Als wir in Bethlehem durch das Flüchtlingslager gingen, in dem wir übernachteten, begegneten wir immer einem Obstverkäufer oder einer Frau, die vor der Tür den Gehweg schrubbte, und immer nahmen diese Menschen sich die Zeit, ein paar Worte mit uns zu wechseln. Freundlichere Leute habe ich noch nirgendwo erlebt. Hier scheint man wirklich wert auf Beziehungen zu legen, und man teilt alles: Geschichten, Gedanken, Meinungen, Lebensmittel. Ich habe irgendwann in den drei Tagen dort aufgehört zu zählen, wie viele Tassen Tee uns angeboten wurden …

Noelani Moeller, Traveller, USA

ESSEN GEHEN IN TEL AVIV

Wo gehe ich heute essen? Das habe ich mich während meines Aufenthalts in Tel Aviv (S. 199) jeden Abend gefragt. Ich habe Hunger, die Auswahl ist enorm. Heute Falafel? Oder doch lieber ein Vier-Gänge-Menü? Hummus oder Couscous? *Schawarma* oder Schnitzel? In Tel Aviv bleibt einem nur, sich mit viel Appetit so oft wie möglich ins Essvergnügen zu stürzen.

Celeste Avery, Traveller, Paris

13

HANAN ISACH

DIE GOLANHÖHEN

Bevor ich hierher kam, hielt ich Israel für eine trockene, staubige Wüste. Ich wurde eines Besseren belehrt. Nach zehn Tagen und vielen Wanderungen durch ruhige Wälder, über üppig grüne Hügel und zu tosenden Wasserfällen (z.B. am Banyas, s. unten) weiß ich, dass das Heilige Land weit mehr zu bieten hat als Sand (S. 304).

Jackson Windsor, Traveller, Australien

14

ISRAELIMAGES / ITSIK MARC

ASTRID SCHULZ PHOTOGRAPHY

GAUMENFREUDEN IN NAZARETH

Mein letztes Mahl möchte ich einmal in Nazareth (S. 264) einnehmen: Neben grandiosen traditionellen arabischen Restaurants gibt's hier absolut spektakuläre Fusion-Küche. Ich habe viermal am Tag zu Mittag gegessen, und Abendessen gab's natürlich auch!

*Miriam Raphael,
Lonely Planet Autorin*

16

SIMON REDDY / ALAMY

15

ZOO VON QALQILIYA

Wenn es einen Ort in Palästina gibt, in dem sich das Gute und Schlechte, das Tragische und Komische, die Verzweiflung und Hoffnung des Lebens im Westjordanland spiegelt, ist das wohl der Zoo von Qalqiliya (S. 340). Der Besuch bei Dr. Sami und seinen traurigen Tieren vermittelt einen Eindruck vom wahren Leben der Palästinenser (und der Flusspferde) hinter den Schlagzeilen.

Amelia Thomas, Lonely Planet Autorin

HANAN ISACHAR

17

TEL AVIVS STRÄNDE

Mit einer Frozen Margarita in der einen und einer Tube Sonnencreme in der anderen Hand faul am Strand von Tel Aviv (S. 194) rumzuliegen und Leute zu beobachten, ist besser als Kino: Russen, die in Minibadehosen umherstolzieren, blondierte Damen mittleren Alters mit Hündchen, junge Leute, die sich ver- oder entlieben, alte Männer beim Backgammonspielen. Mit etwas Glück bringt einem ein Elvis-Imitator ein Ständchen – wer weniger Glück hat, wird von einem Rettungsschwimmer angebrüllt.

Amelia Thomas, Lonely Planet Autorin

JEAN ROBE

18 PETRA, JORDANIEN

Petra (S. 406) ist umwerfend, wunderschön und riesig. Man kann sich hier sehr gut vorstellen, wie
großartig diese Stadt einst gewesen sein muss. Wer alles sehen will, braucht zwei Tage – einer reicht
bei Weitem nicht. Ein Muss ist die Wanderung zum Ed-Deir (Kloster) und zum Hohen Opferplatz.
Unbedingt einen dicken Pulli mitnehmen: Nachts wird's hier richtig kalt, vor allem in den Wintermonaten. Wadi Musa ist eine tolle Siedlung, die voll und ganz auf Touristen eingestellt ist.

Steven Poropat, Traveller, Kanada

Inhalt

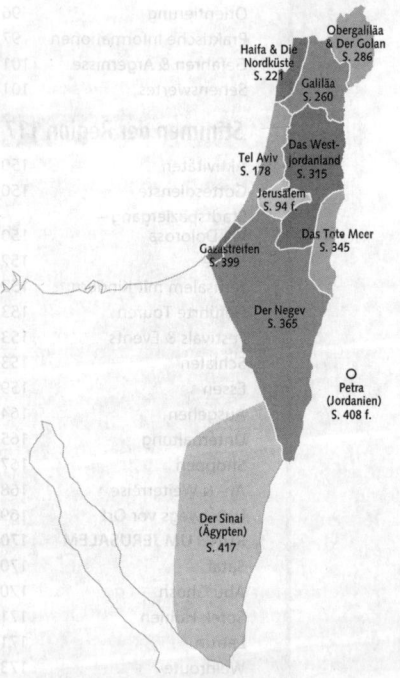

Obergaliläa & Der Golan S. 286
Haifa & Die Nordküste S. 221
Galiläa S. 260
Tel Aviv S. 178
Das West- jordanland S. 315
Jerusalem S. 94 f.
Das Tote Meer S. 345
Gazastreifen S. 399
Der Negev S. 365
Petra (Jordanien) S. 408 f.
Der Sinai (Ägypten) S. 417

Reiseziel Israel & Palästina

Es ist kaum zu glauben, dass Israel, das etwas kleiner ist als Mecklenburg-Vorpommern, zusammen mit den noch kleineren Palästinensischen Autonomiegebieten so oft im Fokus von Weltpolitik, Religionen und Nachrichten steht. Das umstrittene Herz der Region (Jerusalem), ihr umstrittener Kopf (die Golanhöhen) und ihr umstrittener Zeh im kristallklaren Mittelmeer (der Gazastreifen) erklären diesen Umstand dann aber doch ziemlich gut.

Eine Reise nach Israel und in die Palästinensischen Autonomiegebiete, ob aus spirituellen, politischen oder hedonistischen Gründen, ist eine Achterbahnfahrt, auf der unweigerlich jede vorgefasste Meinung erschüttert wird. In dem schönen, freundlichen, aber zutiefst unruhigen Land kann man über die Grundfeste des Christentums, das gelobte Land der Juden und einige der heiligsten Stätten des Islam nachdenken, in drei Meeren baden und dort ein paar Schwimmzüge tun, wo Jesus einst übers Wasser wandelte. Man wandert über Berge, Dünen und öde Krater oder durch windige Wadis, bestaunt uralte Festungen und umstrittene moderne „Sicherheitsmauern", fährt am Morgen Ski und plantscht am Nachmittag mit Delfinen.

Außer von den vielen Attraktionen werden das Land und seine Einwohner unübersehbar von einer tragischen, turbulenten, komplexen Geschichte geprägt. Seit Israels offizieller Gründung im Jahr 1948 ist Frieden im Heiligen Land noch immer so selten wie im Mittelalter oder in der Antike. Viele Palästinenser fühlen sich durch die Gründung Israels (die sie *al-Naqba*, die Katastrophe, nennen) ihres rechtlichen Eigentums und, noch wichtiger, ihrer historischen Heimat beraubt. Jüdische Israelis kämpfen währenddessen mit ihrem eigenen Erbe: dem schrecklichen Holocaust des Zweiten Weltkriegs, in dem Millionen Juden durch die Nazis ermordet wurden – mit einer Tragödie aus der Mitte des 20. Jhs. Sowohl Israelis als auch Palästinenser betrachten den schmalen Streifen Land im Herzen des Nahen Ostens als ihre Heimat. Und bis jetzt konnte sie noch niemand von der Notwendigkeit überzeugen, freundschaftlich zusammen- oder wenigstens friedlich nebeneinander zu leben.

Nicht, dass das niemand versucht hätte! 2002 stellte der frühere US-Präsident George W. Bush eine „Roadmap to Peace" vor. Der vom sogenannten „Nahost-Quartett" (USA, EU, UN, Russland) entworfene Friedensplan sah eine Zwei-Staaten-Lösung vor mit einem unabhängigen palästinensischen Staat als friedlichem Nachbarn von Israel. Das Kleingedruckte verpflichtete die Palästinenser, auf jegliche Gewalt gegen Israel zu verzichten und einer demokratischen Reform zuzustimmen. Israel würde im Gegenzug die palästinensische Regierung anerkennen und den Bau weiterer jüdischer Siedlungen in Palästina stoppen. Der Plan, der in drei Meilensteine unterteilt war, sollte schon 2005 umgesetzt worden sein – mit endgültig festen Grenzen und einer Menge Händeschütteln.

So weit, so gut. Der kluge Schotte Robert Burns sagte einst: „Was Mäus und Menschen fein gesponnen, geht scheitern oft", und die israelischen und palästinensischen Führer folgten der Roadmap denn auch mit der Inbrunst eines sorglosen Autofahrers aus dem Nahen Osten. Obwohl 2005 unter der Führung des früheren israelischen Premierministers Ariel Scharon alle israelischen Siedlungen im Gazastreifen aufgegeben wurden, ging der Siedlungsbau im Westjordanland weiter, und die Zahl der Toten durch israelische Armeeoperationen und palästinensische Terroranschläge stieg weiter. Nur ein Jahr nach der Ablösung Gazas wurde der israelische Soldat Gilad Schalit von palästinensischen Militanten gefangen genommen, und drei Tage später starteten die Israelischen Streitkräfte (Israel Defense Forces, IDF) ihre „Operation Summer Rain", der Hunderte Menschen aus dem Gazastreifen zum Opfer fielen.

Und damit waren die Unruhen in Gaza noch nicht zu Ende. Im Jahr 2007 vertrieb die Hamas die Konkurrenzpartei Fatah gewaltsam aus Sicherheits- und Regierungspositionen. Die darauf folgenden heftigen Auseinandersetzungen haben internationale Beobachter stark daran zweifeln lassen, dass die Palästinenser in der Lage sind, gemeinsam eine Front zu bilden, wie sie zum Aufbau eines unabhängigen Staates notwendig wäre. Auch viele der Palästinenser aus dem Westjordanland, die die Ereignisse in Gaza mit Schrecken verfolgt haben, spüren, dass die kulturellen Unterschiede zwischen den beiden Bevölkerungsgruppen immer größer werden.

Aber der Gazastreifen ist nur eine einzige Schattierung in einem Bild aus unzähligen Grautönen. Obwohl der Konflikt zwischen jüdischen Israelis und muslimischen Palästinensern eines der Lieblingsthemen in den Schlagzeilen weltweit ist, darf man nicht vergessen, dass in beiden Gebieten noch zahlreiche weitere Bevölkerungsgruppen leben. Man nehme z. B. die israelischen Araber (auch Prä-1948-Palästinenser genannt), die – warum auch immer – nach der Bildung des israelischen Staates dort geblieben sind. Diese muslimischen und christlichen Bewohner des Landes haben ein schwieriges Erbe, denn sie müssen ihre Solidarität zu ihrer Heimat in Israel gegen ihre Solidarität zu ihren palästinensischen Familien oder muslimischen Angehörigen abwägen.

Daneben sind da noch palästinensische Christen, die in Ramallah und Bethlehem und Umgebung wohnen und sich weder der Fatah noch der Hamas zugehörig fühlen – viele haben sich bereits entschlossen, in sicherere Länder in Skandinavien oder nach Kanada auszuwandern. Es gibt auch muslimische Beduinen, die ein gerade schwindendes nomadisches Leben gewöhnt sind und deren halbbefestigte Wüstenhäuser immer wieder den israelischen Räumungsbefehlen zum Opfer fallen, kleine eigenständige Gruppen von Samaritanern, afrikanisch-hebräischen Israeliten, afrikanischen Muslimen und Tscherkessen, jede mit eigenem Glauben, eigenen Prioritäten, eigenen Bräuchen, und nicht zuletzt die in den Bergen lebenden Drusen, deren Religion eine mystische Kombination aus Islam und Christentum ist, sowie in Jerusalem und Umgebung die armenischen, koptischen und griechischen Mönche, Nonnen (ganz zu schweigen von den Massen von Dauerpilgern).

Diese brisante Mischung macht Israel und die Palästinensischen Autonomiegebiete neben den eher offensichtlichen historischen und religiösen Attraktionen zu einem so faszinierenden Ziel. Man kann durch das ganze Land reisen, wandern, sonnenbaden, shoppen, staunen und essen; am wichtigsten aber ist es, mit den Menschen hinter den Sehenswürdigkeiten, Tragödien und Schlagzeilen zu reden. Gespräche mit orthodoxen Juden und israelischen Arabern, mit russischen und äthiopischen Einwanderern, mit unkonventionellen nicht-religiösen Stadtbewohnern, Begegnungen mit Kindern aus Flüchtlingslagern und blutjungen Soldaten, mit Friedensaktivisten und Protestlern, die diese komplexe, belagerte Landschaft bevölkern – das sind Wege, die einem vielleicht zu einer dunklen Ahnung von der Wahrheit hinter all der Propaganda verhelfen. Sie bieten einem auch die Chance, für sich selbst zu entdecken, warum der Ruf eines komplizierten, launischen, aber faszinierenden Landes so weit über die geografischen Grenzen Israels und der Palästinensischen Autonomiegebiete hinaus verbreitet ist.

Bevor es losgeht

Mal lustig, mal nervenaufreibend, mal frustrierend, aber immer faszinierend, das ist eine Reise durch Israel und die Palästinensischen Autonomiegebiete, die – unvoreingenommen angetreten – einem wahrscheinlich als lohnend und bereichernd in Erinnerung bleiben wird. Das Klima in diesem Land ist unterschiedlich, aber in der Regel gemäßigt, und der Kalender ist so vollgestopft mit Festen (muslimischen und jüdischen ebenso wie christlichen), dass sich jede Jahreszeit für einen Besuch anbietet; selbst während des Fastenmonats Ramadan, wenn das Leben der Palästinenser tagsüber eher geruhsam abläuft, erlebt man wilde Nächte mit Feiern und Festessen.

Auch wenn die ältere Generation beim Gedanken an einen Jerusalemtrip oder einen Besuch im Westjordanland blass um die Nase wird, weil sie diese Namen mit Bildern von Gewalt, Bomben und Blutvergießen verbindet, sind Israel und die Palästinensischen Autonomiegebiete momentan ziemlich sichere Reiseziele, in denen Besucher jeder Menge freundlicher Einheimischer begegnen, die willens und fähig sind, weiterzuhelfen. Durch einige *shaloms* (Hallos) und *shukrans* (Dankeschöns) werden die Begegnungen mit den Einwohnern noch angenehmer. Natürlich sollte man die Nachrichten und die Reisewarnungen der Regierung im Auge behalten, aber man darf sich von den Negativschlagzeilen nicht abschrecken lassen: Nach einem Frühstück im wunderschönen Bethlehem oder einer Nacht unterm Sternenhimmel im Negev kommen einem bei Erwähnung dieser fesselnden Region garantiert nicht mehr als erstes diese Eilmeldungen in den Sinn.

REISEZEIT

Israel und die Palästinensischen Autonomiegebiete sind zu allen Jahreszeiten eine Reise wert, aber die beste Zeit für den individuellen Besuch hängt davon ab, was man dort tun möchte. In den Bergen oder durch die Wüste wandert man am besten im Frühling (April & Mai), wenn die Temperaturen mild und die Tage sonnig sind und die Regenfälle des Winters grüne und blumenbedeckte Hügel und Almen hervorgebracht haben. Auch der Herbst (Ende Sept.–Okt.), wenn die sengende Sommerhitze Vergangenheit ist, bietet sich für eine weniger schweißtreibende Begegnung mit Bergen oder Wüste an. Die Zeit von November bis März bringt Regen und niedrigere Temperaturen, vor allem jenseits des Küstenstreifens, aber Weihnachten und Chanukka machen mit ihrer festlichen Atmosphäre den notwendigen Regenschirm und die dicke Jacke mehr als wett. Ganz im Norden kann es von November bis Februar auch mal Schnee geben – gut zum Skifahren oder für eine Schneeballschlacht auf dem Berg Hermon (S. 306).

Der Sommer (Juni–Ende Sept.) ist die beste Reisezeit für alle, die sengende Hitze, fröhliches Herumtollen am Strand und tiefe Bräune lieben. Die Preise für Hotels und Mietautos steigen in ganz Israel, wenn französische und russische Urlauber in Scharen an den Stränden einfallen. Zugleich finden aber auch zahlreiche Feste statt, und in der Luft liegt eine lässige (wenn auch nicht gerade luftige) Sommerstimmung.

Während der religiösen Feiertage bezahlt man in ganz Israel mehr, in Bethlehem außerdem an Weihnachten und zu Ostern. Auch mit eingeschränkten Öffnungszeiten und ebensolchen Betriebszeiten der öffentlichen Verkehrsmittel ist während einiger Feiertage zu rechnen, besonders an Yom Kippur (Details auf S. 433). Während der muslimischen Fastenzeit Ramadan (die meist in den Oktober fällt) gilt es im Großteil der Palästinensischen Autonomiegebiete (genauer gesagt überall außer in den christlichen Zentren

Mehr Infos gibt's in den Klimatabellen auf S. 439.

AN ALLES GEDACHT?

■ Ein anständiges Paar Schuhe zum Wandern und etwas Angemessenes für die schicke Bar in Tel Aviv

■ Ferienlektüre – importierte fremdsprachige Bücher sind in Israel unverschämt teuer

■ Den Umstand, dass der Besuch in Israel die Reisepläne für andere Ziele im Nahen Osten über den Haufen werfen könnte (s. S. 447)

■ Einen Reisepass, der noch bis mindestens sechs Monate nach Ankunft gültig sein muss

■ Einen Führerschein, wenn man ein Auto mieten will, und ein Zertifikat der Professional Association of Diving Instructors (PADI) für Tauchgänge in Sinai oder Eilat

■ Die Organisation von Freiwilligenarbeit, wenn man mehr als nur Fußspuren hinterlassen will (s. S. 435 & Kasten S. 317)

■ Das Beobachten der Nachrichten und der neuesten Reisewarnungen

---

wie Bethlehem und Ramallah) sowie in Ost-Jerusalem als unhöflich, tagsüber in der Öffentlichkeit zu essen, zu trinken oder zu rauchen.

PREISE

Das Leben in Israel ist nicht gerade billig, und die Preise für Restaurants, Hotels, Transport und Mietwagen liegen ungefähr auf dem gleichen Niveau wie in Europa oder den USA. Backpacker müssen im Durchschnitt 15–30 € (75–150 NIS) pro Person und Tag einkalkulieren, die Hälfte davon für die Unterkunft. Wer so oft wie möglich mit dem Bus fährt, Unterkünfte bei Gastfamilien nutzt und bedenkt, dass das Westjordanland im allgemeinen beträchtlich billiger ist als Israel, kommt am günstigsten davon.

Für etwas mehr Komfort in einem Mittelklassehotel und Mahlzeiten, die nicht nur aus Fastfood wie Falafel und *schawarma* bestehen, kommt man pro Tag und Person leicht auf 38–77 € (185–375 NIS) oder noch mehr, wenn man allein unterwegs ist und darum in Einzelzimmern absteigt. Wer auf Luxus nicht verzichten mag – Aufenthalt in Spitzenklassehotels oder hübschen B&Bs, Mahlzeiten in gehobenen Restaurants und Mietwagen –, ist mit 77–138 € (375–675 NIS) pro Tag dabei; nach oben gibt's natürlich keine Grenzen, sofern die Kreditkarte es hergibt.

VERANTWORTUNGSBEWUSST REISEN

Verantwortungsbewusst reisen in Israel und Palästina ist ein weiter Begriff, der alles umfasst von der toleranten, offenen Einstellung gegenüber den zahllosen politischen und religiösen Standpunkten, denen man hier begegnet, bis zum Bemühen, die Belastung der häufig stark strapazierten Umwelt so weit wie möglich zu reduzieren.

Die Umwelt in Israel und den Palästinensischen Autonomiegebieten stand in den letzten Jahrzehnten vielen Herausforderungen gegenüber, die der Fortschritt auch anderen Teilen der Welt beschert hat: Hochhäuser bedrängen und bedrohen das empfindliche Ökosystem des Küstenstreifens, der Wasserspiegel des Toten Meeres sinkt in alarmierendem Tempo (s. S. 86 & Kasten S. 360), Abwässer verunreinigen Meere, Flüsse und Bäche und es gibt beschämend wenige Recyclingprogramme für die jedes Jahr anfallenden Berge von wiederverwertbarem Müll.

Auch im Hinblick auf ihre Kultur erlebt die Bevölkerung Israels und der Palästinensischen Autonomiegebiete schmerzliche Entwicklungen: Die Beduinen Israels stellen ein eindrucksvolles Beispiel für eine jahrtausendealte Kultur dar, die in kurzer Zeit für immer verloren sein wird, und die traditio-

WAS KOSTET WIE VIEL?

Zeitung 12 NIS

Kurze Taxifahrt 30 NIS

Hauptgericht in einem Mittelklasserestaurant 40 NIS

Surfen im Internetcafé 15 NIS/Std.

Museumseintritt 25–40 NIS

nellen Kulturgüter Palästinas – Theateraufführungen, Tänze, Volksfeste – wurden sowohl im Gazastreifen als auch im Westjordanland in den letzten Jahren durch Reisebeschränkungen und Ausgangssperren so stark reduziert, dass sie der neuen Generation fremd sind. Besonders im Gazastreifen fahren die Regierungen aus religiösen Gründen einen harten Kurs, der Tanz, Musicals oder andere Events, bei denen Männer und Frauen in Kontakt kommen könnten, verbieten.

Ein guter Anfang in puncto verantwortungsbewusstes Reisen in der Region sind die Optionen, die im GreenDex (S. 486) aufgelistet sind. Hier findet man Organisationen, Geschäfte, Hotels und Restaurants, die in irgendeiner Form einen positiven Beitrag zu verantwortungsbewusstem Reisen leisten, sei es durch Recycling, das Schaffen von Handwerkskooperativen, die Verwendung heimischer oder ökologischer Zutaten, Hilfe für Einheimische in Not oder die Bewahrung und Erhaltung des kulturellen Erbes der Region. Das Umweltkapitel (S. 83) nennt Organisationen, die sich in verschiedenen Bereichen des Umweltschutzes engagieren. Ebenfalls lohnend ist ein Blick auf die Website von **Green Prophet** (www.greenprophet.org), auf der die neuesten Nachrichten aus Israel und dem übrigen Nahen Osten zu Umweltthemen und verantwortungsbewusstem Reisen veröffentlicht sind.

REISELEKTÜRE

Es gibt ein ganzes Bündel Fachbücher zur Nahostpolitik; die folgende Auswahl hilft hingegen bei der Suche nach Sach- und Reiseliteratur.

Die Grande Dame der Reiseliteratur über das Heilige Land, deren spitzer Humor einen Besuch hier noch amüsanter macht, ist Mark Twains *Die Arglosen im Ausland* (1871); auf dieser Grundlage lassen sich perfekt Vergleiche zwischen der Region damals und heute ziehen. Ein weiterer Klassiker ist Thomas Friedmans *Von Beirut nach Jerusalem. Erfahrungen im Nahen Osten* (1990), die fesselnden Memoiren über die Zeit des Journalisten in Israel und dem Libanon.

Neueren Datums ist *Sie schenkten mir Dornen. Ausgegrenzt im Land der Verheißung* (2007) von der Engländerin Susan Nathan. Es handelt sich um

---

TIPPS FÜR VERANTWORTUNGSBEWUSSTES REISEN

- Im Restaurant Leitungswasser bestellen anstelle von Mineralwasser in Plastikflaschen und für unterwegs Leitungswasser in nachfüllbaren Flaschen mitnehmen.

- Mitfahrer suchen für Gegenden ohne anständige öffentliche Verkehrsmittel – schont nicht nur die Umwelt, sondern auch den Geldbeutel.

- Beim Besuch religiöser Stätten die Kleiderordnung beachten: In Moscheen und Synagogen sollten Frauen generell den Kopf verhüllen, und überall, auch in Kirchen, werden von beiden Geschlechtern lange Ärmel und bedeckte Beine erwartet.

- Jene unterstützen, die sich für die Umwelt einsetzen, z. B. indem man eine Unterkunft wählt, die umweltfreundliche Methoden beim Umgang mit Müll einführt, und Organisationen, die dabei helfen, Freiflächen und Wasser in der Region zu schützen.

- Den Geldsegen verteilen: ebenso in kleine Lokale vor Ort einkehren wie in Touristenrestaurants. Nicht nur den Empfehlungen dieses Reiseführers folgen, sondern immer die Augen offenhalten für verborgene Schätze.

- Souvenirs bei Kooperativen, Familienbetrieben oder Wohlfahrtsorganisationen kaufen.

- Einheimische nicht ungefragt fotografieren, auch auf kleinste Veränderungen der kulturellen Gebräuche vor Ort achten und eingehen.

TOP 10

Tel Aviv • ○ Jerusalem
ISRAEL & PALÄSTINA Jordanien

VERBORGENE SCHÄTZE

Abseits der Massen findet man diese Juwelen, die nur wenige Touristen zu Gesicht bekommen.

1 Kloster Mar Saba – ein Highlight in der Wüste nahe Bethlehem (S. 328)

2 Hebrons Altstadt – so traurig wie überwältigend (S. 337)

3 Peki'in – ein drusisches Dorf zwischen Jordan und Mittelmeer (S. 256)

4 Florentin – Heimat der neuesten und coolsten Designer Tel Avivs (S. 191)

5 Moschaw Amirim – Paradies für Vegetarier hoch oben in den Hügeln (S. 296)

6 Gaza-Stadt – eine unvergessliche Erfahrung, wenn man erstmal dort ist ... (S. 398)

7 Die Arava – eine Wüste voller spektakulärer, selten genossener Ausblicke (S. 384)

8 Jerusalems Jakobuskathedrale – die armenische Sonntagsmesse ist der Hit (S. 127)

9 Safeds antiker Friedhof – toller Ort, um Sonnenuntergänge zu erleben (S. 291)

10 Jericho – kaum besuchte alte Ruinen, z. B. Hischams Palast (S. 336)

WUNDER DER NATUR

Nicht alle Wunder im Heiligen Land sind Alte-Welt-Relikte – tatsächlich sind manche viel, viel älter. Wanderschuhe anziehen, Fernglas einpacken und auf geht's zu Schätzen der Natur!

1 Wadi Qilt – am jahrhundertealten Felsenkloster St. Georg vorbeiwandern (S. 336)

2 Die Sorek-Höhlen – Stalagtiten von Stalagmiten unterscheiden üben (S. 171)

3 See Genezareth – zelten, tauchen und uralte Sehenswürdigkeiten bewundern (S. 277)

4 Hule-Ebene – Vögel und ein paar Wasserbüffel beobachten (S. 300)

5 Naturschutzgebiet Yehudiya – wandern und in eisigem Flusswasser baden (S. 310)

6 Banyas-Nationalpark – plätschernde Bäche und Wasserfälle (S. 305)

7 Totes Meer – Badesalz in seiner ursprünglichsten Form (S. 344)

8 Maktesh Ramon – gewaltige Schlucht in fantastischen Pastelltönen (S. 380)

9 Sinai – Mondlandschaft und blühende Unterwasserwelten (S. 416)

10 Nahal Gishron – atemberaubende Wanderungen rund um das tolle Elat (S. 396)

BEGEGNUNGEN MIT EINHEIMISCHEN

Die besten Gelegenheiten, Einheimische und die komplexe Kultur der Region kennenzulernen:

1 Freitags bei Sonnenuntergang zu den Trommeln am Drummers Beach tanzen (S. 194)

2 An der Klagemauer (S. 109) oder in einer der vielen Kirchen oder Moscheen der Stadt mit anderen Gläubigen zusammen beten

3 Mit einer Familie in Jerusalem oder Safed das Sabbatmahl teilen (S. 108)

4 In Bethlehems nettem kleinem Souq (Markt; S. 321) unter Einheimischen Zutaten für Picknick oder Abendessen besorgen

5 Mit anpacken in einem umweltfreundlich ausgerichteten Kibbuz (S. 89)

6 Sich im Museum zur Kultur der Beduinen (S. 372) bei Beerscheba weiterbilden

7 An der Yefet St in Jaffa (S. 210) *masabacha* essen und *nargileh* (Wasserpfeife) rauchen

8 Ein Wohltätigkeitsprojekt im Westjordanland unterstützen (S. 317 & S. 435)

9 Am Al-Kasaba Theater & Cinematheque (S. 332) in Ramallah mit einheimischen Künstlern und Musikern plaudern

10 Sich beim Volkstanz im International Cultural Centre for Youth in Jerusalem (S. 165) die Nacht um die Ohren schlagen

die Chronik ihres Umzugs von Tel Aviv in eine arabische Stadt östlich von Haifa, wo sie als einzige Jüdin unter 25 000 arabischen Israelis lebte. Ebenfalls zu Tränen rührt *If a Place Can Make You Cry* (2002), eine Sammlung von E-Mails und Briefen, die Daniel Gordis nach dem Umzug mit seiner Familie nach Jerusalem an Freunde und Verwandte schrieb.

Geschichten mit politischer Färbung erzählt *Elvis in Jerusalem: Die moderne israelische Gesellschaft* (2003) aus der Feder des langjährigen Haaretz-Kolumnisten Tom Segev, und Deborah Campbell eröffnet mit *This Heated Place: Encounters in the Promised Land* (2004) verschiedenste Blickwinkel auf die Region: Die Autorin begegnete Schwulen in Tel Aviv, Siedlern im Westjordanland und Schulmädchen im Gazastreifen.

Eher akademische Texte finden sich etwa in Robert Fisks umfassendem Nahostüberblick *The Great War for Civilisation: The Conquest of the Middle East* (2007) oder in *The Iron Cage: The Story of the Palestinian Struggle for Statehood* (2007) des Historikers Rashid Khalidi. Mit dem gleichen Thema beschäftigt sich Heiko Flottau in *Die eiserne Mauer – Palästinenser und Israelis in einem zerrissenen Land* (2009).

Innenansichten des Lebens gewöhnlicher Palästinenser – und ihrer Zootiere – liefert schließlich Amelia Thomas, Hauptautorin dieses Bandes, in *The Zoo on the Road to Nablus* (2008). Sie erzählt die wahre Geschichte des letzten palästinensischen Zoos und des einzigen (und unerschütterlichen) palästinensischen Zootierarztes mit seinem bunten Haufen von Mitarbeitern und Tieren und wirft einen erhellenden Blick auf die tragikomische Welt des Westjordanlands. (Mehr zum Zoo und seinen Bewohnern gibt's im Kasten auf S. 340.)

INFOS IM INTERNET

Debka File (www.debka.com) Israelische Site mit politischen Analysen, vielen Nachrichten und Kommentaren; unerlässlich für Fans von Verschwörungstheorien.

EnglishPAL (www.englishpal.ps) Die hervorragende palästinensische Website bietet einen umfassenden Newsbereich, Kleinanzeigen, ein Hilfeforum und mehr.

Haaretz (www.haaretz.com) Topaktuelle Nachrichten auf Englisch von einer der wichtigsten Zeitungen Israels.

Israel Ministry of Tourism (www.goisrael.com/tourism_ger) Nützliche Site für Israelreisende auf Deutsch mit Veranstaltungshinweisen, Hintergrundinfos und virtueller Tour.

LonelyPlanet.de (www.lonelyplanet.de) Auf der Website von Lonely Planet sind Inhalte für Israel und die Palästinensischen Autonomiegebiete mit Reisetipps und Fotos sowie das immer nützliche Forum zu finden.

This Week in Palastine (www.thisweekinpalestine.com) Häufig aktualisierte Informationsquelle zu Ausstellungen, Theateraufführungen und anderen Kulturevents in den Palästinensischen Autonomiegebieten.

Reiserouten

KLASSISCHE ROUTEN

STÄDTE-HIGHLIGHTS
2 Wochen/von Jerusalem nach Jerusalem

In zwei Wochen kann man alle größeren Metropolen sowohl in Israel als auch in den Palästinensischen Autonomiegebieten besuchen und unterwegs noch einige historische Stätten mitnehmen. Die ersten beiden Tage verbringt man in **Jerusalem** (S. 91), dann folgen zwei Tage in und um **Bethlehem** (S. 318), von denen man einen halben Tag oder einen Abend im Theater, Restaurant oder einer Cocktailbar in **Ramallah** (S. 329) verbringt. Mit Sonnenhut und Sunblocker bewaffnet verweilt man einen Tag am **Toten Meer** (S. 344) und fährt anschließend hinauf ins antike **Massada** (S. 354). Zurück über Jerusalem geht's Richtung Küste, um rund um **Tel Aviv** (S. 175) und **Jaffa** (S. 210) ein paar Tage mit Shoppen, Kneipentouren, gutem Essen und Chillen am Strand zuzubringen. Dann die Küste hinauf und einen Blick auf Herodes' historisches **Caesarea** (S. 242) geworfen, bevor man nach **Haifa** (S. 221) weiterzieht – auf keinen Fall die Hängenden Gärten (S. 224) verpassen! Eine Tagestour nach **Akko** (S. 248) und **Rosh Hanikra** (S. 256) bietet sich nun an. Von Haifa aus fährt man dann ostwärts nach **Tiberias** (S. 271) über **Nazareth** (S. 259), um einen Tag lang den **See Genezareth** (S. 277) zu erkunden. Auf dem Rückweg nach Jerusalem, am wunderschönen Jordangraben entlang, stoppt man noch kurz an den Ruinen von **Bet Shean** (S. 268).

Zwei Wochen reichen aus, um alle wichtigen Sehenswürdigkeiten und Highlights zu entdecken, z. B. Massada, Jerusalem, das Tote Meer und den See Genezareth. Alles auf dieser 280 km langen Route ist leicht erreichbar per Mietwagen, mit öffentlichen Verkehrsmitteln oder – wenn einem der Sinn nach mehr Action steht – mit dem Fahrrad.

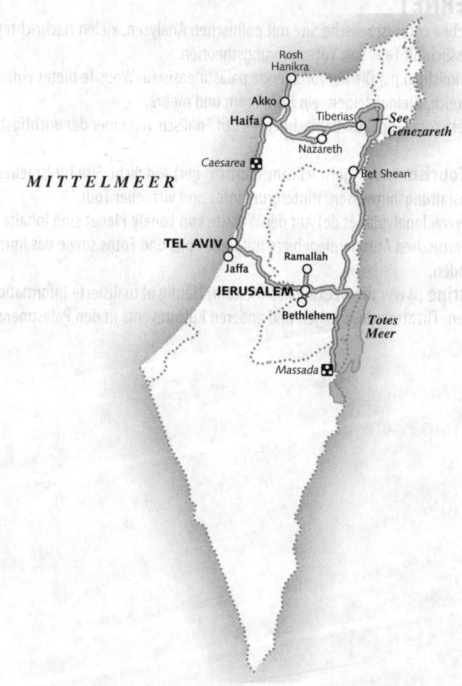

EINE ISRAELISCHE ODYSSEE   3–4 Wochen/von Jerusalem nach Petra

Nach ein paar Tagen in und rund um **Jerusalem** (S. 91) geht's nach **Bethlehem** (S. 318) und **Ramallah** (S. 329), wo sich ein Tagesausflug zu den erstaunlichen Höhlen von **Beit Guvrin** (S. 174) anbietet, natürlich inklusive Rast auf dem einen oder anderen Weingut. Dann wird in **Tel Aviv** (S. 175) gefeiert. Nach einem Bummel durchs historische **Jaffa** (S. 210) geht's weiter gen Norden nach **Haifa** (S. 221), um die Bahai-Kultur und das Wesen des Nordens kennenzulernen. Von Haifa aus besucht man die malerische Stadt **Zichron Ja'akow** (S. 241), bekannt für ihre lokalen Weine. Neben dem schönen **Akko** (S. 248) am Meer und dem unterirdischen **Rosh Hanikra** (S. 256) besucht man dann das Drusendorf **Daliyat al-Karmel** (S. 238) und **Peki'in** (S. 256). Im Inland geht ein Tag für das chaotische **Nazareth** (S. 259) drauf, bevor man hoch im Norden am **See Genezareth** (S. 277) ein paar Tage entspannt – ein Auto leihen, um auf den Golanhöhen spektakuläre Ausblicke, die **Nimrodburg** (S. 305) und die Wasserfälle im **Banyas-Nationalpark** (S. 305) zu erleben. **Safed** (S. 286) und **Rosh Pinna** (S. 298), zwei malerische Städte voller Kopfsteinpflaster, sind absolute Highlights der Gegend. Nach Eroberung des Nordens geht's hinunter zum Jordangraben mit Halt in **Bet Shean** (S. 268) und dem rauen palästinensischen **Jericho** (S. 333); eine sternenklare Nacht an den Ufern des **Toten Meeres** (S. 344) krönt diesen Abschnitt. Am nächsten Tag früh aufstehen und von der herrlichen **Massada** (S. 354) aus den Sonnenaufgang beobachten. Dann stürzt man sich in den Negev, verbringt einen oder zwei Tage bei **Mitzpe Ramon** (S. 378) und klettert in die enorme **Maktesh Ramon** (S. 380) hinunter. Der nächste Halt ist ein Ort des Meers und der Sonne: **Elat** (S. 386). Von hier aus geht's ostwärts zum beeindruckenden **Petra** (S. 406) in Jordanien, wo Wanderer sich locker zwei Tage oder länger amüsieren können.

Klein, aber perfekt präsentieren sich die Sehenswürdigkeiten Israels, die man alle innerhalb eines Monats besuchen kann; sogar ein Abstecher nach Jordanien ist in der Zeit noch drin! Die 700 km lange Route lässt individualisieren, z. B. mit einem längeren Aufenthalt im Negev, einer Wanderung in Petra oder der Erkundung des Nachtlebens in Tel Aviv.

UNBEKANNTE ROUTEN

WILLKOMMEN IM WESTJORDANLAND

1 Woche/
von Ost-Jerusalem nach Hebron

Das Westjordanland bietet unglaubliche Abenteuer mit idyllischen zeitlosen Olivenhainen, einem endlosen Himmel, sanften Hügeln, antiken Städten und Stätten direkt aus der Bibel, jüdischen Siedlungen und palästinensischen Flüchtlingslagern, die Einblicke in die aktuelle Situation vor Ort ermöglichen. Auf S. 454 gibt's weitere Routenvorschläge für diese Gegend.

Los geht's am arabischen Busbahnhof in Ost-Jerusalem. Man nimmt ein *sherut* zum **Qalandia-Kontrollpunkt** (S. 208) und von dort ein Taxi nach **Ramallah** (S. 329). Man schaut in der **Muqataa** (S. 330) vorbei, vertrödelt den Nachmittag bei Kaffee und Backgammon und geht abends feiern. Der nächste Tag beginnt mit einem Katerfrühstück in der besten Kleinbrauerei des Nahen Ostens in **Taybeh** (S. 333) oder einem Besuch der **Birzeit-Universität** (S. 440). Wieder in Ramallah steht noch ein Konzert oder ein Theaterabend auf dem Programm, bevor es nach **Nablus** (S. 341) geht, wo man sich einen Tag lang auf einem bezaubernden Markt treiben lassen kann, sich im Hamam durchkneten lässt und im letzten palästinensischen Zoo in **Qalqiliya** (S. 340) Affen füttert. Dann besucht man den Jordangraben und **Jericho** (S. 333); im **Wadi Qilt** (S. 336) kann man toll wandern. Weiter südwärts wartet das wunderschöne **Bethlehem** (S. 318). Nach einem Streifzug durch seine engen Gassen ist das historische **Herodeion** (S. 327) dran, abends steppt im **Cosmos** (S. 326) der Bär. Das unterschätzte Juwel des Westjordanlands, die problembeladene, aber pittoreske Stadt **Hebron** (S. 337), krönt den Trip.

Das Westjordanland wird jeden begeistern, der sich auf seine Haupt- und Nebenstraßen wagt. Auf dieser 150 km langen Route begegnen einem idyllische Landschaften, Orte von biblischer Bedeutung und eine herzliche Gastfreundschaft, der man sich nicht entziehen kann.

MITTELMEER

Westjordanland
Nablus
Qalqiliya
Bir Zeit
Taybeh
Wadi Qilt
Ramallah
Jericho
JERUSALEM
Bethlehem
Herodeion
Hebron

MASSGESCHNEIDERTE TOUREN

WANDERN, SCHWIMMEN, SPIELEN

Wer lieber Berge erklimmt als im Liegestuhl zu dösen, ist hier goldrichtig. Im Süden geht's los mit Tauchen und Schnorcheln nach Herzenslust in **Elat** (S. 386) oder **Dahab** (Ägypten; S. 422). In dieser Gegend kann man auch großartig wandern, z. B. auf den Gipfel des **Berges Sinai** (S. 427) oder – zurück in Israel – durch **Nahal Gishron** (S. 396). Es ist auch ein Leichtes, sich eine Woche mit der Erforschung der Felsen, Klippen und antiken Gebäude von **Petra** (Jordanien; S. 406) zu beschäftigen. Im Negev werden Abenteurer von **Mitzpe Ramon** (S. 378) begeistert sein: Hier kann man von Abseiltouren bis Allrad-Wüstenfahrten einfach alles machen! Um das Tote Meer herum lädt der **En-Avdat-Nationalpark** (S. 376) zu Spaziergängen ein, die **Massada** (S. 354) zu Sonnenuntergangsbeobachtungen, der **En-Gedi-Nationalpark** (S. 351) zu Erkundungen und das **Wadi Qilt** (S. 336) zu Wanderungen zum St.-Georgs-Kloster. An der Küste kann man an den Stränden von **Tel Aviv** (S. 193) schwimmen und kiteboarden, in **Netanya** (S. 216) reiten und in **Caesarea** (S. 242) zu den Ruinen von König Herodes' Hafen tauchen.

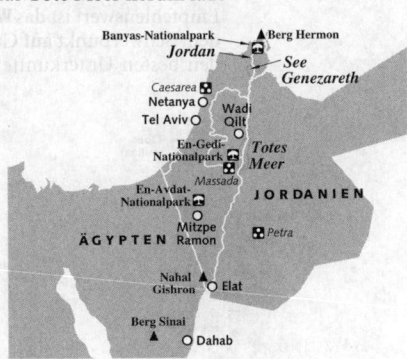

Weiter nördlich kann man den **See Genezareth** (S. 277) mit dem Fahrrad umrunden und im herrlichen **Banyas-Nationalpark** (S. 305) wandern. Im Sommer ist Kajakfahren auf dem **Jordan** (s. S. 311) toll, im Winter schnallt man sich die Ski an und wedelt den **Berg Hermon** (S. 306) hinunter.

AUF DEN SPUREN DER PROPHETEN

Auch ohne religiöse Überzeugungen wird man von der Spiritualität in Israel und Palästina beeindruckt sein. **Jerusalem** (S. 91) ist natürlich das Kronjuwel für Gläubige – und man könnte tagelang Stätten besichtigen, die für Christen, Juden und Muslime bedeutend sind. Hat man sich dann hoffnungslos mit dem Jerusalem-Virus infiziert, geht's weiter ins bezaubernde **Bethlehem** (S. 318), wo angeblich Jesus geboren wurde. Weiter südlich in **Hebron** (S. 337) befindet sich eine der heiligsten Stätten des Landes: Die Höhle Machpela ist Juden, Muslimen und Christen heilig, und man glaubt, dass hier Abraham, Isaak, Jakob samt ihren Frauen begraben sind. Der Prophet Elias hat im nördlichen Israel Spuren hinterlassen; in **Haifa** (S. 221) kann man die Höhle sehen, in der er sich vor König Ahab versteckt hat; die Stadt ist auch das Hauptquartier der Bahai und ihre Hängenden Gärten sind zu einem wichtigen Zwischenstopp für Anhänger aller Glaubensrichtungen geworden. Im Landesinneren werden Fans von Weltuntergangsszenarien **Megiddo** (S. 247) besuchen wollen, das die Bibel als Schauplatz der letzten großen Schlacht auf Erden nennt. Unweit von hier liegt **Nazareth** (S. 259), wo Jesus seine Kindheit verbrachte. Weiter nördlich befindet sich **Safed** (S. 286), das Zentrum der Kabbala, der mystischen Tradition des Judentums. Und nur ein Stück die Straße hinauf liegt der **See Genezareth** (S. 277), über den Jesus angeblich gewandelt ist.

DER PURE GENUSS

Man sollte nicht überrascht sein, wenn man nach der Reise ein paar Pfund mehr auf den Hüften hat. Israel, ein Paradies für Hedonisten, hat alle Arten von Gourmetrestaurants und Spas zu bieten, in denen einem jeder Wunsch von den Augen abgelesen wird. Das Schwefelgeruch verströmende Tote Meer ist vielleicht nicht gerade das Ziel, das man sich für einen lustvollen Urlaub aussuchen würde, aber dieses Gebiet ist tatsächlich als Wellnessparadies des Landes anerkannt. Die meisten Spas befinden sich in **En Boqeq** (S. 359). Wer sich allerdings einfach nur in Matsch packen und schwerelos im Meer treiben möchte, sollte den Strand von **En Gedi** (S. 350) aufsuchen. Oben im Norden, in **Obergaliläa** (S. 299), genießt man das gute Leben auf einer Weintour. Erstaunlicherweise haben es die Israelis sogar geschafft, Trauben in der Wüste anzubauen, was im Negev eine kleine Weinindustrie entstehen ließ. Empfehlenswert ist das **Weingut Sede Boqer** (S. 367). Wenn man das Land mit dem Schwerpunkt auf Genuss erkundet, ist es nur recht und billig, auch in den besten Unterkünften zu nächtigen. Die meisten Boutiquehotels und

Hotel Mizpe Hayamim
Ober-galiläa
Ramot
Tel Aviv
Jaffa
En Gedi
En Boqeq
Weingut Sede Boqer

Vier- oder Fünf-Sterne-Hotels haben ein Spa und einen Massageservice. Besonders zu empfehlen sind das **Hotel Mizpe Hayamim** (S. 298) in Rosh Pinna und die super schicken Zimmer in **Ramot** (S. 311). Und last but not least spielt natürlich auch das Essen eine große Rolle! **Tel Aviv** (S. 199) steht mit einem Dutzend Gourmetrestaurants ganz oben auf der Liste; der Traveller hat hier die Wahl unter einer Fülle erstklassiger Lokalitäten, von schick über minimalistisch bis extravagant. Darüber sollte man aber auf keinen Fall das einfache, traditionelle Hummus vergessen – im benachbarten **Jaffa** (S. 214) befindet sich einer der besten Kichererbsen-Tempel des Landes (wenn nicht der Welt).

Geschichte Matt Beynon Rees

Als ich noch ein kleiner Junge war und in Wales lebte, hatte mein Großonkel Dai an Weihnachten immer einen im Tee. Er erzählte uns dann von seinen Heldentaten im Ersten Weltkrieg. Dai gehörte dem „Imperial Camel Corps" an, das in Palästina gekämpft hat. Bevor die Briten ihren letzten Vorstoß auf Jerusalem unternahmen, war es ihre Aufgabe, die osmanischen Nachschubwege zu unterbrechen. Dabei wurde Dai ins Hinterteil geschossen. Wenn er eine Flasche Johnny Walker Red Label fast geleert hatte, ließ er in der Regel seine Hosen herunter und zeigte die Narbe. Da nahm meine Begeisterung für den Nahen Osten ihren Anfang.

Mit Sicherheit wird irgendein Abschnitt der Geschichte des Heiligen Landes das Leben jedes Einzelnen schon einmal berührt haben (wenn vielleicht auch nicht ganz so beeindruckend wie im Fall des nackten Gesäßes eines 90-jährigen Kriegsveteranen). Sei es, dass man Weihnachtslieder singt, die die Ereignisse von vor 2000 Jahren in Bethlehem zum Gegenstand haben. Oder man hat bereits den herrlichen Felsendom bewundert, den die muslimischen Vorfahren im 7. Jh. erbaut haben, hat mit dem Vater in einer Synagoge in Richtung des Tempels gebetet, der von den Römern zerstört wurde. Und wer hat angesichts der Nachrichten, die von den neuerlichen Eskalationen im Nahen Osten berichten, nicht schon einmal den Kopf geschüttelt? Schließlich ist die Geschichte Israels und der Palästinensischen Autonomiegebiete ja irgendwie auch Teil der europäischen Geschichte. Doch die gängigen Darstellungen werden ständig von jungen Historikern und Archäologen umgeschrieben. Dabei müssen sie sich mit nationalen und religiösen Mythen herumschlagen, die sich auf fast jedem verwitterten Stückchen einheimischen Kalksteins wiederfinden.

ANTIKE

Geht es um das Heilige Land, wird die antike Geschichte häufig von der eigenen Meinung zur aktuellen politischen Situation überlagert. Vor einigen Jahren habe ich Scheich Ikrema Sabri besucht, den Mufti und obersten muslimischen Geistlichen von Jerusalem. Er erzählte mir, es gebe in Jerusalem nicht einen einzigen Stein, „der belegt, dass die Juden vor dem Islam hier gewesen sind" – eine Behauptung, die zur Verwunderung von US-Präsident Bill Clinton auf palästinensischen Unterhändlern im Jahr 2000 in Camp David wiederholt wurde. Selbstverständlich haben die Israelis keine Schwierigkeiten, Steine zu finden, die den Irrtum des Muftis belegen. Ohnehin trägt die Archäologie mehr zur Meinungsbildung bei, als man meinen möchte. Doch dabei handelt es sich eigentlich eher um intelligentes Rätselraten und weniger um politisch motivierte Mythenbildung, die dann sogar die Gewässer am Verhandlungstisch trübt.

In der Antike sah Palästina etwas gastfreundlicher aus, als es die heutige Wüstenlandschaft vermuten lässt. Zwischen 10 000 und 8000 v. Chr. – und damit ein wenig später als im nahen Mesopotamien – gingen die Menschen vom Jagen dazu über, Getreide anzubauen und Tiere zu domestizieren. Sie brachten nicht gerade „die Wüste zum Erblühen", wie es die Zionisten im 20. Jh. behaupteten, aber eines hatten die Urahnen mit den heutigen Einwohnern gemeinsam: Sie kämpften in zahlreichen Kriegen. Die ersten, die das Land eroberten, waren die ägyptischen Pharaonen. Sie kontrollierten die Küstenebene Palästinas, als Abraham – der wohl nur als Symbol, und nicht als historische Figur zu verstehen ist – gegen 1800 v. Chr. seinen Nomadenstamm aus Mesopotamien in die Judäischen Berge führte. Dort muss-

Matt Beynon Rees hat sich als Journalist über ein Jahrzehnt mit dem Nahen Osten beschäftigt. Er war Bürochef des Nachrichtenmagazins *Time* in Jerusalem und ist der Autor von Kriminalromanen, die in Palästina spielen und auch ins Deutsche übersetzt wurden. Mehr biographische Infos auf S. 471.

Es gibt keine archäologischen Belege für den Wahrheitsgehalt der biblischen Erzählung. Es passt allerdings einiges aus den Büchern des Alten Testaments zu den wenigen Beweisfragmenten – genug, um die Berichte ernst zu nehmen. So stützen z. B. die belegten Militärexpeditionen Nebukadnezars, des Königs von Babylon, die Geschichte aus dem Buch der Könige.

te er gegen einheimische Stämme um die dortigen Brunnen kämpfen. Die Nachkommen waren wegen Dürren und Ernteausfällen gezwungen, nach Ägypten weiterzuziehen. Um 1250 v. Chr. kehrten die Israeliten wieder zurück ins heutige Palästina – in der Erzählung der Bibel ist es Moses, der sein Volk aus der Sklaverei in Ägypten befreit. Die Kriege mit den Philistern und Kanaanitern zwangen die Israeliten schließlich dazu, ihren losen Stammesverband aufzugeben und sich unter König Saul zu vereinen.

Die erste nicht biblische Erwähnung Israels findet sich auf der Israel-Stele im Ägyptischen Museum in Kairo. In der Siegeshymne des Pharao Merenptah von 1230 v. Chr. heißt es: „Kanaan ist mit allem Übel erbeutet … Israel ist verwüstet und hat kein Saatgut mehr."

1006 schlugen die Philister Saul am Gilboa-Gebirge. Saul beging auf dem Schlachtfeld Selbstmord, sein Sohn und Nachfolger Eschbaal wurde bald von David (reg. 1004–965 v. Chr.) aus dem Stamm Juda abgelöst. Um 998 v. Chr. eroberte König David das kleine Dorf Salem (heute Jerusalem) und nannte es Zion, nach dem hebräischen Wort *ziya* – vertrocknete Wüste. Zu dieser Zeit war Jerusalem noch weitaus kleiner als etwa die jetzige Altstadt und erstreckte sich südlich von dieser den Berg hinunter. Später wuchs Jerusalem den Berg hinauf, darüber hinweg, wieder hinunter und dann zurück wieder hinauf und noch einmal darüber hinweg, bis es im 16. Jh. schließlich die Grundfläche der heutigen Altstadt (S. 102) einnahm. Danach hat sich die Stadt bis zum Ende des 19. Jhs. kaum noch ausgedehnt. Das Wachstum explodierte – wie viele andere Dinge in dieser Gegend auch – erst im letzten halben Jahrhundert.

Mit dem großen, flachen Felsen, der sich heute auf dem Tempelberg (S. 104) unter dem goldenen Felsendom Jerusalems befindet, sind wahrhaftig Mythen und Geschichte verwoben. Ursprünglich stand hier ein Altar für Baal oder eine andere lokale Gottheit. Die Juden sahen in ihm den Ort, an dem die Welt begann und Adam aus einem Stück Lehm erschaffen wurde. Ferner band Abraham der Überlieferung nach hier seinen Sohn Isaak an, um ihn als Zeichen seines Gehorsams gegenüber Gott zu opfern. Als Zentrum des jüdischen Glaubens ließ dann Davids Sohn Salomon den Ersten Tempel erbauen (nach der Einnahme Babylons sollte 517 v. Chr. der Zweite Tempel entstehen, den wiederum Königs Herodes der Große nach fast vollständiger Zerstörung wenige Jahre vor Christi Geburt prächtig umgestalten ließ und der 70 n. Chr. von den Römern zerstört wurde; s. S. 29). Wissenschaftler vermuten, dass der Fels der Altar des Salomonischen und Herodianischen Tempels war, eine Reihe von Bohrlöchern könnte als Abfluss für Wasser und Opferblut gedient haben. Zudem könnte sich hier das Allerheiligste des Tempel befunden haben, zu dem nur der Hohepriester Zutritt hatte und in dem die Gesetzestafeln aufbewahrt wurden, die Moses von Gott empfangen hatte.

Einer der besten Führer zu den antiken Stätten Israel ist *The Holy Land* aus der Reihe der *Oxford Archaeological Guides*. Verfasst hat ihn Jerome Murphy O'Conner, ein Professor an der Ecole Biblique in Jerusalem.

Nach der Regierung Salomons (965–928 v. Chr.) begann für die Juden die Zeit der Teilung, in der die beiden Königreiche Isreal und Juda zum Objekt der Begierde fremder Reiche wurden. Im 8. Jh. erbeutete Sargon II. von Assyrien (722–705 v. Chr.) Israel und verpflichtete die Juden zu Tributzahlungen. Bei Rapihu, dem heutigen Rafah im Gazastreifen, schlug er auch die Ägypter.

Archäologen diskutieren indes eine neuere Theorie, die als Schule der kurzen Chronologie der biblischen Geschichte bezeichnet wird. Danach sollen sich Israel und Juda erst in diesem Zeitraum – etwa 150 Jahre nach David – zu mehr als einer lockeren Ansammlung von Landwirtschaft treibenden Stämmen entwickelt haben. Unter einigen Wissenschaftlern ist die Theorie recht beliebt, andere zweifeln sie hingegen an, gelten doch traditionell David und Salomon als Herrscher großer Königreiche. Sollte jedenfalls die „kurze Chronologie" stimmen, so hätten sich die Israeliten gerade rechtzeitig als Staat zusammengerauft, um unterworfen zu werden.

Und das nicht zum letzten Mal. 586 v. Chr. eroberte Nebukadnezar II. Jerusalem und führte die Juden ins babylonische Exil (im heutigen Irak).

Erst 50 Jahre später besiegte der Perserkönig Kyros die Babylonier und erlaubte den Juden die Rückkehr nach Palästina. Zu diesem Zeitpunkt schien es den Juden so, als hätten sie das Schlimmste überstanden.

AUFSTÄNDE & RÖMER

Als Alexander der Große 323 v. Chr. starb, beanspruchte Ptolemaios, einer seiner Generäle, Ägypten für sich und begründete damit eine Dynastie, die mit Kleopatra zu Ende gehen sollte. Er eroberte auch das Heilige Land, das 198 v. Chr. abermals den Besitzer wechselte, als die Seleukiden, eine weitere auf einen der Generäle Alexanders zurückgehende Dynastie, die Macht übernahmen. Die Seleukiden drängten die Priester aus dem Tempel von Jerusalem und machten sich daran, die Juden zu den griechischen Göttern zu bekehren. Der Hellenismus, also die Ausbreitung der griechischen Kultur über die von Alexander eroberten Gebiete, spielt bei der Formung der jüdischen Nation eine Schlüsselrolle. Von vielen Israelis wird die Zeit als Schablone der momentanen militärischen Auseinandersetzungen angesehen. 167 v. Chr. kam ein Beamter der Seleukiden im Dorf Modi'in an, das in der Nähe des heutigen Flughafens Ben-Gurion liegt. Er befahl den Bau eines heidnischen Altars und eine Opferhandlung, doch der hiesige Priester Mattathias weigerte sich. Er tötete den seleukidischen Beamten und einen Juden, der dabei war, das Opfer zu vollziehen. Dann floh er mit seinen Söhnen in die Berge. Einer der Söhne, Judas Makkabäus, wurde der militärische Führer einer Revolte, an deren Ende die Juden 164 v. Chr. wieder ein Gebiet kontrollierten, das fast so groß war wie das Königreich von David und Salomon – einschließlich des Großteils der heutigen israelischen und palästinensischen Gebiete, der Golanhöhen und eines kleineren Territoriums am Ostufer des Jordan.

Die Hasmonäer – wie die von Mattathias begründete Dynastie der Makkabäer auch genannt wird – wurden für das Römische Reich zu einem nützlichen Puffer gegen die plündernden Parther. Allerdings bekriegten sich die Hasmonäer untereinander, bis schließlich 63 v. Chr. Rom einschritt. Zunächst ließ das Römische Reich die neue Provinz durch Klientelherrscher verwalten, besonders mächtig wurde der direkt Kaiser Augustus unterstehende König Herodes der Großen (37–4 v. Chr.), der in die Familie der Hasmonäer eingeheiratet hatte. Später dann herrschte Rom direkt durch einen in Caesarea stationierten Prokurator – der berühmteste davon war Pontius Pilatus. Damals erfassten religiöse und nationale Unruhen das Heilige Land, nicht zuletzt zwischen 28 und 30 n. Chr., als Jesus von Nazareth gepredigt haben soll. Die Spannungen erreichten im Jahr 66 mit dem Jüdischen Krieg ihren Höhepunkt. Der spätere Kaiser Titus schlug den Aufstand nieder und zerstörte 70 n. Chr. den Zweiten Tempel. Auch dies ist ein Ereignis, das in das kollektive Gedächtnis der Israelis eingegangen ist: Nicht nur gläubige Juden fasten am Jahrestag der Zerstörung des Tempels am neunten Tag des hebräischen Monats Av (Tischa beAv; s. S. 433). Denn auch Israelis, die dem Glauben wenig abgewinnen, gedenken des Augenblicks, an dem ihr Volk für 2000 Jahre die nominelle Selbstständigkeit verloren hat.

Während Jerusalem zerstört wurde, harrte die Gruppe der Zeloten, die sich bedingungslos dem jüdischem Gesetz unterwarfen, auf der Bergfestung Massada aus, dem alten Winterpalast des Herodes. Am Vorabend des entscheidenden römischen Angriffs im Jahr 73 n. Chr. wählten die Zeloten schließlich den Freitod, den sie der Versklavung vorzogen (s. auch S. 354).

Nur 60 Jahre nachdem Flavius Josephus mit seinem „Jüdischen Krieg" all diese Ereignis dokumentiert hatte, brach ein weiterer Krieg aus. Angeführt vom sogenannten Simon Bar Kochba, verschanzten sich die jüdischen Kämpfer in Höhlen am Toten Meer – einige sahen in Bar Kochba den Messias.

Viele Juden glauben, der Tempel werde einfach wieder auf dem Tempelberg erscheinen, sobald der Messias kommt. Im jüdischen Viertel in der Altstadt findet man von Künstlern geschaffene Impressionen dieses „Dritten Tempels". Die Muslime ziehen es natürlich vor, dass die Moschee auf dem Berg bleibt.

Die israelische Kommandoeinheit Sayeret Matkal hat ihr Motto von Flavius Josephus: „Es gibt keine großen Vorhaben ohne großes Risiko."

Grund des Aufstands war wohl die Annahme der Juden, dass die Überreste des Tempelbezirks von Kaiser Hadrian für heidnische Zwecke verwendet werden sollten. Nur mit großer Anstrengung schlugen die Römer den Aufstand nieder. Hadrian benannte Jerusalem in Aelia Capitolina um und verbot den Juden, in der Stadt zu leben oder sie zu besuchen. Die Zerstörung des Tempels störte das religiöse Leben der Juden, das für viele Juden erst seit der Gründung des Staates Israel wieder in geregelten Bahnen verläuft.

Nur kurz nachdem die Juden das Zentrum ihres Glaubens verloren hatten, begann der Aufstieg des Christentums, das im 4. Jh. mit dem Römischen Reich und später Byzanz einen wichtigen Verbündeten für sich gewann. 313 n. Chr. garantierte Kaiser Konstantin der Große mit dem Edikt von Mailand allen zuvor verfolgten Religionen Toleranz, auch den Christen. Seine Mutter Helena machte sich daran, Stätten, die mit dem Leben Jesu in Verbindung standen, zu finden und der religiösen Verehrung zugänglich zu machen. Alle wichtigen christlichen Stätten – also auch die Grabeskirche (S. 111) am Ort der Kreuzigung und Wiederauferstehung Christi – lassen sich wohl auf diese Zeit zurückführen. Der Bau der Kirche wurde 335 begonnen.

Nachdem der Tempel seine Rolle als Bezugspunkt der jüdischen Riten nicht mehr erfüllen konnte, machten sich die Rabbis daran, die alten, mündlich überlieferten Gesetze niederzuschreiben. Auf diese Weise sollten sie einheitlich in den verstreuten Gemeinschaften der Diaspora befolgt werden können. Vom 1. bis 5. Jh. verfassten die Rabbis den Palästinensischen Talmud (auch Jerusalemer Talmud genannt, wenngleich er in anderen Städten Palästinas und nicht in Jerusalem geschrieben wurde), um 600 wurde der ausführlichere Babylonische Talmud von religiösen Führern im Exil fertiggestellt.

Doch die guten Zeiten waren für die Juden vorerst vorbei. Zwar eroberte 617 ein persischer Heerführer Jerusalem und erlaubte den Juden angesichts einer Revolte der Christen, die Stadt drei Jahre lang zu regieren. Gut 20 Jahre später rückten jedoch muslimische Armeen an – und die Grundlagen für den heute unerbittlich geführten Konflikt wurden gelegt.

Der Tempel war für das jüdische Leben so zentral, dass einige Wissenschaftler schätzen, dass nur 270 der 613 Gebote, die ein religiöser Jude befolgen soll, tatsächlich ausgeführt werden können, solange der Tempel in Jerusalem nicht wieder aufgebaut ist.

VON ZION BEGEISTERT

Trotz der schmerzlichen Erinnerungen an die Zerstörung des Zweiten Tempels haben Israelis einen Weg gefunden, die Ereignisse rund um den Jüdischen Krieg zu feiern – zumindest manche. Zionisten würdigten den Abwehrkampf der Zeloten auf Massada (S. 354) und setzten ihn in Kontrast zur Mehrheit der Juden, die sich in ein 2000 Jahre langes Exil geschleppt hatten. Es erschien wie eine Parallele zu dem heroischen Kampf im Warschauer Ghetto (manche Zionisten blickten fast schon verächtlich auf die Juden, die kampflos in Hitlers Lager in den Tod gingen). Bis vor Kurzem wurden die Rekruten des israelischen Militärs jedes Jahr in einer Zeremonie an der Festung Massada vereidigt – dazu gehörte auch der Schwur „Massada wird nie wieder fallen". Schülern wurde die Geschichte von der Gegenwehr der Zeloten in obligatorischen Ausflügen vermittelt. Erst Ende der 1990er-Jahre begann man, die Botschaft von Massada in Frage zu stellen. Ein Schulrektor aus Jerusalem machte den Ausflug nicht mehr zur Pflicht, mit der Begründung, Selbstmord verstoße gegen jüdisches Gesetz. Und außerdem: Hätte jeder den Weg der Zeloten gewählt, hätte es keine überlebenden Juden mehr gegeben. Wer aber wäre dann nach Zion zurückgekehrt und hätte dort den Staat Israel gegründet? Rechtsgerichtete Politiker waren erbost. Aber die Meinungsverschiedenheit war ganz in der Tradition von Massada. Die Geschichte von Massada wäre erst gar nicht überliefert worden, hätte es da nicht einen internen jüdischen Konflikt gegeben. Sie wurde von Joseph ben-Matthias, General in Galiläa, aufgeschrieben. Als er sah, in welche Richtung der Wind wehte, wechselte er auf die Seite der Römer und änderte seinen Namen in Flavius Josephus. Der Bericht der Schlacht in seinem Werk *Der Jüdische Krieg* ist eine wichtige, wenn auch ihm selbst dienende Quelle.

ARABER & KREUZFAHRER

Der Islam kam 638 nach Palästina, als der Kalif Omar ibn al-Khattab, der zweite Nachfolger des Propheten Mohammed, die Kapitulation Jerusalems akzeptierte. Die folgenden Kalifen ließen auf dem Tempelberg, der unter byzantinischer Herrschaft zum Müllhaufen verfallen war, die al-Aqsa Moschee und den Felsendom errichten. Da man das Christentum als Vorläufer des Islam und als Buchreligion schätzte, wurden die heiligen Stätten der vorherigen Generationen erhalten. Omar gab der christlichen Gemeinde in Jerusalem das Versprechen, die „Sicherheit ihrer Angehörigen, ihres Besitzes, ihrer Kirchen, ihrer Kreuze" zu wahren. Das galt bis 1009, als Kalif al-Hakim viele Kirchen zerstörte und die Christen verfolgte.

Schon bald verehrten Muslime den Tempelberg als die Stätte der Himmelfahrt Mohammeds, bei der dieser die himmlischen Wunder erblicken durfte. Nach der Überlieferung des Korans soll sich diese an einer „fernen Kultstätte" ereignet haben, die Muslime mit Jerusalem gleichsetzen. Und so ist die Stadt nach Mekka und Medina die drittheiligste des Islam.

Auch nach Hakims Wüten war christlichen Pilgern der Zugang zu den heiligen Stätten Jerusalems gestattet. Dies änderte sich, als 1071 die Seldschuken die Stadt eroberten. 1095 rief Papst Urban II. schließlich zum 1. Kreuzzug auf, um die Heiligen Stätten der Passion Christi für die Christenheit zurückzugewinnen. Zu diesem Zeitpunkt waren die Seldschuken bereits von der Fatimiden-Dynastie abgelöst und die alten Pilgerwege wieder geöffnet worden. Für die christlichen Heere aber gab es kein Zurück mehr. 1099 überwanden die Kreuzfahrer die Verteidigung Jerusalems und massakrierten die dort lebenden Muslime. 200 Jahre sollte es dauern, bis das Blutvergießen ein Ende fand.

Als die Kreuzfahrer Jerusalem einnahmen, begründeten sie einen blühenden Staat, den sogar die arabischen Chronisten als solchen anerkannten. Die effektive Verwaltung basierte auf dem in Europa vorherrschenden Feudalsystem. Erster König Jerusalems wurde Balduin I., der von 1100 bis 1118 regierte. Balduin, der sich in der Tradition Davids sah, stilisierte sein Herrschaft als Erneuerung des biblischen Königreichs (freilich ignorierte er dabei, dass Davids Königreich ein jüdisches und nicht ein blutrünstig christliches war). Am Weihnachtstag ließ er sich in Davids Heimatstadt Bethlehem krönen.

Bei der Schlacht von Ramla 1102 entging Balduin knapp dem Tod. Als die Armee der Araber zögerte, nach dem Sieg weiterzuziehen und Jerusalem einzunehmen, versteckte er sich im Schilf. Unnachgiebig war Balduin dagegen in Momenten des Sieges. 1104 bot er den Besatzern von Akkon freien Abzug an, wenn sie sich ergeben würden – und ließ sie doch ermorden, als sie die Festung verließen.

Solche Doppelzüngigkeit schien den Königen von Jerusalem im Blut zu liegen. Einige gründeten Allianzen mit arabischen Herrschern, um andere Kreuzfahrerfürsten auszustechen. Als etwa der Kreuzfahrerfürst von Antiochia starb, versuchte seine Frau, die Stadt in ihrem Besitz zu halten und verbündete sich mit einem muslimischen Kriegsherrn gegen ihren eigenen Vater, Balduin II. von Jerusalem. Manchmal waren die verräterischen Bündnisse sogar persönlicher Natur. König Fulko, Nachfolger von Balduin II. auf dem Thron Jerusalems, kam seiner Frau auf die Schliche, die mit einem seiner Ritter ein Verhältnis hatte. Kurzerhand floh der Ritter und suchte in Askalon Zuflucht – und huldigte den dortigen arabischen Herrschern.

Der Anfang vom Ende des Königreiches Jerusalem kam 1174 mit dem Tod des mächtige König Amalrich. Er wurde durch seinen 13-jährigen leprösen Sohn Balduin IV. abgelöst, der nicht imstande war, den heftigen Angriffen des Ayyubiden Saladin etwas entgegenzusetzen. 1187 blies der muslimische Anführer zum letzten Angriff auf Jerusalem auf und schlug

Der Talmud hat zwei Komponenten. Die Mischna – eine Aufzeichnung von mündlich überlieferten Religionsgesetzen, der Ethik, den Bräuchen und der Geschichte des Judentums – wurde zwischen 200 und 220 n. Chr. als Leitfaden für Richter und Lehrer vom Rabbi Jehuda ha-Nasi in Palästina zusammengestellt. Der zweite Teil des Talmud ist die Gemara, ein rabbinischer Kommentar zur Mischna.

Die Araber nennen das Gelände auf der Kuppe des Tempelberges Haram asch-Scharif (edles Heiligtum). Den gleichen Namen haben sie der Großen Moschee in ihrer heiligsten Stadt Mekka in Saudi Arabien gegeben.

MYSTISCHES JUDENTUM

Die führenden Köpfe der blühenden jüdischen Gemeinde Spaniens waren rational denkende Philosophen; viele zeigten Interesse an den Naturwissenschaften und der Medizin. Die Vertreibung der Juden durch die spanische Krone 1492 löste eine tiefe Glaubenskrise aus, der die Rationalisten ratlos gegenüberstanden. (Die Ausweisung erscheint in der Tat nur dann irrational, wenn man die Sicht des spanischen Königs Ferdinand von Aragonien und seiner Gemahlin Isabella von Kastilien außer Acht lässt, die schließlich auch das konfiszierte Vermögen der Juden im Blick hatten.) Es entstand eine neue, mystisch begründete Erklärung für das Schicksal der Juden. Zentrum des Mystizismus wurde Safed (Tzefat), eine kleine Stadt in Galiläa, in der sich viele spanische Juden nach der Vertreibung niedergelassen hatten. Die schillerndste Persönlichkeit der Mystiker war Rabbi Isaak Luria, der die alte mystische Lehre der Kabbala neu interpretierte und erweiterte und so auf die spirituellen Fragen der Juden Antworten fand, die diese umtrieben (zur Person Lurias s. auch S. 290).

Die Kabbala – das hebräische Wort bedeutet in etwa „Überlieferung" – war durch ältere Texte inspiriert, doch Lurias Lehre entfaltete eine so große Wirkung, dass vieles davon heute Teil der vorherrschenden jüdischen Tradition ist. Er hinterließ keine Schriften, sein Schüler Chajim Vital zeichnete jedoch die Essenz seines Werkes auf. Luria zufolge wurde das Unendliche (En Sof) zerstört, um die Welt – bzw. einen Raum für die Schöpfung – zu erschaffen. Bei der Schöpfung aber fielen Funken des göttlichen Lichts ins Leere. Die Schöpfung geriet in Unordnung und in der so entstandenen materiellen Welt mischen sich Gut und Böse. Die Juden, so Luria, könnten das göttliche Licht wiederherstellen und das Unendliche erneuern, indem sie die 613 Mitzwot (Gebote) befolgten – die Zehn Gebote Moses waren tatsächlich nur der Anfang. Luria gab den Juden damit eine Begründung für den Horror der Inquisition und Vertreibung, da ja das Böse auf der Welt untrennbar mit der Schöpfung verbunden sei. Die Antwort hierauf sei die innere Einkehr, mit der eine höhere Ebene des spirituellen Bewusstseins erreicht werden solle. So könne schließlich auch der Himmel als höhere Welt wieder errichtet werden.

Luria zufolge sollten Juden zunächst die traditionellen jüdischen Gesetze und Kulte erlernen und beachten, bevor sie die Kabbala studieren. Später entwickelte sich die Kabbala zur Geheimlehre, in die nur verheiratete jüdische Männer, die das 40. Lebensjahr erreicht hatten, eingeweiht werden durften – sicher hätte es Luria nicht gutgeheißen, dass sich heutzutage eine amerikanische Popsängerin namens Madonna seinen Thesen zuwendet. Doch trotz derartiger Restriktionen ist die Kabbala eine wichtige Größe im jüdischen Leben Isreals geblieben.

Guido von Lusignan, der 1186 zum König Jerusalems gekrönt worden war, in der Schlacht bei Hattin in Galiläa. Jerusalem war wieder arabisch.

Nicht dass der Verlust von Jerusalem irgend jemanden davon abgehalten hätte, sich König von Jerusalem zu nennen. Saladin ließ Guido frei, der sein Versprechen, die Kämpfe zu beenden, brach und Akkon belagerte. Schließlich eilte Englands König Richard I. herbei, schickte Guido per Schiff als neuer Herr von Zypern davon und hievte seinen Neffen Heinrich II. von Champagne auf den Thron von Jerusalem (auch wenn er ihm natürlich Jerusalem selbst nicht geben konnte). Dumm nur, dass Heinrich im Palast von Akkon aus einem Fenster fiel und die Heilige Stadt nie zu Gesicht bekommen sollte.

Noch lange nachdem die Kreuzfahrer aus Palästina vertrieben worden waren, erhoben sie Ansprüche auf das Königreich von Jerusalem. Noch im 19. Jh. führten etwa die Kaiser von Österreich den Titel eines Königs von Jerusalem in ihrer großen Titulatur, die Konsuln Österreichs betrachteten sich als Vizekönige. Und das längst nicht mehr existierende Königreich wurde zu verschiedenen Zeiten auch von den Königen von Spanien, England, Frankreich, Zypern und Sizilien, dem deutschen Kaiser und den Herzögen von Schwaben reklamiert.

Einerseits begründeten die Kreuzzüge einen lang anhaltenden Hass zwischen Christen und Muslimen. Andererseits waren sie aber auch Ursprung des romantisierenden Mythos vom noblen Araber. So sah man im Westen die Bewohner des Nahen Ostens gerne, bevor Terror und Krieg im 20. Jh. ein neues Stereotyp schufen. Merkwürdigerweise entstand das romantische Abbild vor allem durch einen, der noch nicht einmal Araber war. Der größte Kämpfer, dem sich die Kreuzfahrer gegenübersahen, war kurdischer Abstammung: Saladin (mit vollem Namen hieß er Salah al-Din Yussef ibn Ayub). Als Emir von Kairo war er vom Kalifen in Damaskus auserwählt worden, den Kampf gegen die Kreuzfahrer anzuführen. Sogar seine Feinde erkannten an, wie ehrbar er seine Gefangenen behandelte. Auch respektierte er die Waffenruhe – etwas, was man von den Kreuzritterfürsten nicht behaupten kann. Ein Beispiel für den Kontrast zwischen Saladin und der zänkischen christlichen Führung zeigte die muslimische Eroberung Jerusalems: Die arabischen Chroniken notierten, Saladin sei schockiert gewesen, als er gesehen habe, wie der Patriarch, der oberste christliche Herr Jerusalems, mit allen seinen Schätzen die Stadt verlassen habe. Dieser Reichtum, so Saladin, hätte dazu verwendet werden sollen, die Christen der Stadt freizukaufen. Stattdessen wurden sie fortgebracht und in die Sklaverei geschickt. Die arabischen Chroniken versäumen es natürlich nicht zu erwähnen, dass Saladin Derartiges bei Muslimen nie zugelassen hätte.

> Für einen anderen, aber sehr lesbaren Blick auf die christlichen Invasionen lohnt sich *Der Heilige Krieg der Barbaren. Die Kreuzzüge aus der Sicht der Araber* von dem libanesischen Autor Amin Maalouf.

Die letzten Kreuzfahrer verließen das Heilige Land nach dem Fall von Akkon 1291, das blutige Erbe der Kreuzzüge lebte aber weiter. Als der britische General Edmund Allenby 1917 Jerusalem betrat, um dort der erste christliche Regent seit Saladins Sieg zu werden, verlas er eine Proklamation, in der er das Ende der Kreuzzüge verkündete.

TÜRKEN, BRITEN & ZIONISTEN

Die Osmanen eroberten 1453 Konstantinopel. Sie errichteten ein Reich, das den Balkan, den Nahen Osten und Nordafrika umfasste. 1516 wurde Palästina Teil dieses Reiches, zwei Jahrzehnte später ließ Sultan Suleiman der Prächtige (reg. 1520–1566) die heute noch erhaltenen massiven Mauern rund um die Altstadt Jerusalems bauen. Die meiste Zeit der 400 Jahre dauernden osmanischen Herrschaft war Palästina jedoch ein Nebenschauplatz, der von Paschas regiert wurde. Ihr Interesse galt mehr dem launenhaften Eintreiben von Steuern als gutem Regieren.

> 1118 wurde der religiösmilitärische Orden der Templer in Palästina gegründet. Später stiegen die Templer zu einer mächtigen Wirtschaftsmacht in Europa auf, bis König Philipp IV. von Frankreich Tausende von ihnen hinrichten ließ, um sich ihren Reichtum anzueignen.

Da die Osmanen Palästina vernachlässigten, mussten die christliche Sekten einen Weg finden, sich selbst zu verwalten und die heiligen Stätten zu erhalten. 1757 formulierten sie den „Status Quo". Danach verpflichteten sie sich, alles Notwendige zu tun, um Kirchen zu erhalten, und sich nicht in die Rechte anderer Konfessionen im Heiligen Land einzumischen. Deshalb kann es noch heute passieren, dass ein katholischer Priester, der in Bethlehem die falsche Treppenstufe einer Kirche fegt, von einem griechisch-orthodoxen Priester angegangen wird, weil dieser der Meinung ist, der andere wolle den Status Quo ändern und diese Stufe für die katholische Kirche in Besitz nehmen. Nicht nur Juden und Muslime gehen sich im Heiligen Land häufig an die Gurgel.

Das Fehlen einer effektiven Verwaltung Palästinas war bereits ein Zeichen für den allmählichen Verfall des osmanischen Reiches. Mit dem Ende des Ersten Weltkrieges hörte es schließlich auf zu existieren. Doch die letzten Jahrzehnte des Reiches waren bereits geprägt von anderen Kräften, die sich in Palästina formierten und die bis heute aktuell sind. Der Zionismus entstand vor allem als Antwort auf Pogrome in Osteuropa, gegen Juden gerichtete Hetzschriften in Deutschland und Österreich und antisemitische Ausschreitungen infolge der Dreyfus-Affäre in Frankreich. 1896 formulierte Theodor Herzl, ein jüdischer Journalist und Publizist aus Wien, in *Der Judenstaat* seine Idee von der Gründung eines jüdischen Staats. Im Jahr darauf eröffne-

> Der baptistische Laienprediger Thomas Cook führte 1869 eine Gruppe englischer Touristen aus der Mittelklasse nach Jerusalem. Zur Tea Time zeltete die Reisegruppe vor den Mauern. Man muss wissen: Damals wurden noch Verbrecher am Jaffa-Tor öffentlich mit dem Schwert geköpft.

EUROPÄISCHE & ARABISCHE JUDEN

Israels Konflikt mit den Palästinensern verdeckt meist die Tatsache, dass das Land tiefe politische, religiöse und ethnische Gräben trennen. Einer dieser Konflikte hat einen erheblichen Einfluss auf die Entwicklung der israelischen Gesellschaft und Politik. Er ist begründet in dem Gegensatz zwischen Juden europäischer Abstammung, den Aschkenasim, und denjenigen aus den arabischen Ländern, die als Mizrachim bezeichnet werden. Vor dem Holocaust gehörten 90 % der weltweiten jüdischen Gemeinschaft den Aschkenasim an. Da aber die meisten Opfer des nationalsozialistischen Vernichtungswahns europäische Juden waren, musste der neue Staat Israel auch in arabischen (und asiatischen) Ländern die für das Überleben notwendigen Immigranten rekrutieren.

Die ersten zionistischen Führer waren vor allem aus Polen und Russland eingewandert; sie zogen ihre Landsleute oft den Juden aus anderen europäischen Ländern vor, während sie für die Mizrachim oft nur Verachtung übrig hatten. Noch Mitte der 1960er-Jahre sagte David Ben Gurion: „Die Juden aus Marokko haben viel von den marokkanischen Arabern übernommen. Die marokkanische Kultur hätte ich nicht so gerne hier in Israel" (mehr zur Person Ben Gurions im Kasten S. 36). Juden, die aus dem Irak oder Marokko ins Land kamen, wurden mit Desinfektionsmittel besprüht und angewiesen, in abgelegenen „Entwicklungsstädten" zu leben. Sie sollten die neuen Grenzen Israels sichern, boten aber nur wenige wirtschaftliche Möglichkeiten. Ihre religiösen Traditionen wurden unterdrückt.

In den 1970er-Jahren begannen die Unruhen im „Zweiten Israel" zu brodeln. In einem kleinen Apartment in Jerusalem formierte sich die Gruppe der „Black Panther". Nicht nur dem Namen nach eiferten sie der afroamerikanischen Gruppe nach. Im Namen aller, die der Diskriminierung die Stirn bieten wollten, forderten sie soziale Gerechtigkeit ein. 1977 waren es die Stimmen der Mizrachim, die das Machtmonopol der Arbeitspartei zu Fall brachten und Menachem Begin, den Kopf des Likud, zum Ministerpräsidenten wählten. Der eine nationalistische Linie verfolgende Likud wird immer noch mit den Mizrachim gleichgesetzt, während die Arbeitspartei als die Partei der Aschkenasim-Elite gilt und gegenüber den Palästinensern eine gemäßigtere Politik betreibt. Dies ändert jedoch nichts daran, dass die Führer des Likud stets Aschkenasim waren. Die Arbeitspartei hingegen wurde 2002 für kurze Zeit von dem im Irak geborenen Benjamin Ben Eliezer geführt. Und 2006 trat sie unter der Führung von Amir Peretz der Regierung bei; Peretz wurde in Marokko geboren und war zuvor Bürgermeister von Sderot, einer der berüchtigtsten Entwicklungsstädte.

Die Diskriminierung der Mizrachim ist inzwischen etwas zurückgegangen. Mehr als 20 % aller Ehen werden zwischen Mizrachim und Aschkenasim geschlossen. Und als Demonstration ihrer Identität wünschen einige Mizrachim, als arabische Juden bezeichnet zu werden. Dennoch, die Differenzen bleiben: Obwohl die Mizrachim eine knappe Bevölkerungsmehrheit stellen, erreichen nur 10 % einen akademischen Grad; bei den Aschkenasim beträgt der Anteil hingegen 36 %. Die Entwicklungsstädte, die nun auch neue Immigranten aus der ehemaligen Sowjetunion und Äthiopien aufnehmen, beheimaten 18 % aller Israelis, weisen aber Arbeitslosenraten von 40 % auf.

Die aktuellste Analyse der frühen zionistischen Einwanderungswellen dürfte das Buch *The Founding Myths of Israel* von dem Politikwissenschaftler Zeev Sternhell sein. Sternhell forscht an der Hebräischen Universität.

te er in Basel den ersten Zionistischen Weltkongress. Vor allem junge Juden aus Polen und Russland wandert vermehrt nach Palästina aus. Die Vertreter des Zionismus fanden vor allem in London offene Ohren. 1917 veröffentlichte schließlich der britische Außenminister die nach ihm benannte Balfour-Deklaration. An den einflussreichen Zionisten Lord Rothschild schrieb Balfour, die Regierung seiner Majestät betrachte „mit Wohlwollen die Errichtung einer nationalen Heimatstätte für das jüdische Volk in Palästina."

Die Zionisten waren sich dessen bewusst, dass ein solcher Staat nur funktionieren könne, wenn mehr Juden in Palästina lebten. Das bedeutete, es musste Geld aufgetrieben werden, um neue Gemeinschaften zu gründen. Und es bedeutete auch, dass für die politische Kontrolle über die zionistischen Finanzen in diesem neuen Land gekämpft werden musste. Die beliebte Bild der Zionisten zeigt den sich selbst aufopfernden Pionier, der vor der Errichtung des Staates Israel nach Palästina kam, vor allem in den zwei Wellen vor dem Ersten Weltkrieg. Gleichwohl nannte 1925 ein führender europäischjüdischer Politiker die Pioniere Palästinas *Kastkinder*. Das jiddische Schimpf-wort bezeichnet Kinder, die von der Unterstützung ihrer Eltern abhängig sind – in diesem Fall von den Geldern aus Europa. Auch viele moderne Wissenschaftler legten einen Schatten über die Pioniere der ersten Stunde. Denn die Anführer der ersten Immigranten verachteten diejenigen, die nicht Teil ihrer ideologischen Gesinnung waren und hielten sie vom politischen Einfluss und den damit verbundenen Finanzen fern. Eine Einwanderungs-welle Ende der 1920er-Jahre bestand vor allem aus Händlern und Handwer-kern aus der Mittelklasse. Die sozialistischen Führer der Zionisten isolierten die Neuankömmlinge von den Quellen der Macht in Gemeinderäten und Gewerkschaften.

Die steigenden Zahlen der jüdischen Einwanderer erregten unter der arabischen Bevölkerung Palästinas Misstrauen und Ärger. 1935 lebten 355 000 Juden in Palästina. Im Jahr darauf begann der arabische Widerstand mit Angriffen auf Juden und britische Einheiten, die Palästina unter einem Mandat des Völkerbunds verwalteten. Der Aufstand hatte jedoch das schmerzliche Unvermögen der palästinensischen Araber zur Folge, den politischen Entwicklungen zu begegnen, als sich der Staat nach dem Zweiten Weltkrieg formierte – dem Gerangel waren schlichtweg die besten Männer zum Opfer gefallen. 1937 brach ein Mini-Bürgerkrieg zwischen den Husseini- und den Nashashibi-Klans aus, den zwei mächtigsten Familien in Jerusalem. 1939 war an die Stelle der anfänglichen Kampagne gegen Briten und Zionisten weitgehend der Wiederstand arabischer Guerillabanden ge-treten, die die Dörfer ihres eigenen Volkes plünderten. Damit wurden sie zum verabscheuungswürdigen Vorläufer der Gangs, die 2005 am Ende der zweiten Intifada die Städte und Flüchtlingslager im Westjordanland und im Gazastreifen kontrollierten (mehr dazu auf S. 39).

1947 übergab die britische Regierung, die der Gewalt in Palästina nicht Herr wurde, das Problem den neu gegründeten Vereinten Nationen (UN). Diese empfahlen eine Teilung des Landes in einen arabischen und einen jüdischen Staat – ein Plan, den die jüdische Seite größtenteils begrüßte, der von den Arabern aber abgelehnt wurde. Nachdem die Briten im Mai 1948 abzogen waren und der jüdische Nationalrat den unabhängigen Staat Israel ausgerufen hatte, brach der zwei Monate während Palästinakrieg (1. Israe-lisch-Arabischer Krieg) aus, in dem die neuen israelischen Verbände gegen die Armeen Ägyptens, Syriens, Jordaniens, des Libanon und des Irak kämpf-ten. Der britische Feldmarschall Bernard Montgomery, der während des Zweiten Weltkriegs in Nordafrika berühmt geworden war, erklärte, die Is-raelis könnten sich nicht länger als drei Wochen halten. Tatsächlich haben neueste Untersuchungen gezeigt, dass große Teile der Ausrüstung auf ara-bischer Seite veraltet und unbrauchbar und die zionistischen Milizen den versammelten Truppen der Gegner zahlenmäßig überlegen waren. Zudem wurde der irakische Anführer der arabischen Invasionskräfte von Offizieren entmachtet, die mit politischen Intrigen beschäftigt und wohl mehr daran interessiert waren, sich um höhere Ränge zu streiten, als den Krieg zu ge-winnen. Als schließlich ein Waffenstillstand vereinbart wurde, hatten die Juden die Unabhängigkeit ihres Staats erkämpft, während die ehemals pa-lästinensischen Araber sich unter der Herrschaft Israels, Jordaniens oder Ägyptens oder staatenlos in fernen Flüchtlingslagern wiederfanden.

UNABHÄNGIGKEIT & KATASTROPHE
Der arabisch-israelische Krieg 1948 erbrachte für Israel die Unabhängigkeit, einen Zufluchtsort für die Überlebenden des Holocaust und die Garantie, dass in Zukunft ein Land existieren würde, in das sie fliehen könnten, sollten die Juden weltweit abermals vor dem Abgrund stehen. Für die palästinensischen

Die Geschichte Palästinas während der britischen Besatzung wird durch die Geschichten der Zeitzeugen erzählt, die Israels beliebtester Histo-riker Tom Segev in dem ausgezeichneten Buch *One Palestine, Complete* zusammengetragen hat.

Samuel Agnon, Israels einziger Literaturno-belpreisträger, hat am häufigsten über die frühen zionistischen Einwanderer geschrieben. Sein Meisterstück aus dem Jahr 1945 namens *Gestern, Vorgestern* hat die Einwanderungswelle Ende des 19. Jhs. zum Gegenstand.

Einer der besten zeitge-nössischen Romane, *Ein Russischer Roman* von Meir Shalev, erzählt von den frühen Zionisten. Es ist ein zauberhaft realistischer Roman, der in einem frühen Kibbuz spielt und hier und da auf den Erfahrungen von Shalevs eigener Familie basiert.

Araber ist der Palästinakrieg dagegen al-Naqba, die Katastrophe. Im Jahr zuvor hatte ein palästinensischer Nationalrat in Gaza einen Staat ausgerufen und eine „für alle Palästinenser zuständige Regierung" eingesetzt. Der jordanische König Abdallah jedoch hinderte diese Regierung daran, im Westjordanland zu arbeiten, um das Gebiet, in dem 47 % der Palästinenser lebten, selbst annektieren zu können. Anfang 1948 lebten auf dem Territorium, das wenig später Israel beanspruchte, 940 000 Palästinenser; am Ende des Palästinakriegs waren es gerade noch 150 000 Araber. Auch wenn der israelische Premierminister David Ben Gurion häufig bekräftigte, Israel habe „keinen einzigen Araber vertrieben", ist es doch unstrittig, dass israelische Militäreinheiten viele Menschen zum Abzug aus ihrer Heimat gezwungen haben.

Der Zionismus hat Hollywood zu heroischen Werken inspiriert: Paul Newman spielte in *Exodus* mit, einem Film, der auf Leon Uris Bestseller basiert und von einem Boot mit illegalen jüdischen Einwanderern handelt. Und in *Der Schatten des Giganten* spielte Kirk Douglas einen amerikanischen Kriegshelden, der im Palästinakrieg kämpfte.

In den letzten zwei Jahrzehnten verfolgten dem Post-Zionismus angehörende israelische Historiker das Ziel, den nationalen Mythos zu entkräften, nach dem israelische Streitkräfte nie Palästinenser aus ihren Dörfern vertrieben hätten. Auch leugnen die Historiker nicht die Gräueltaten israelischer Soldaten, ja sie deckten sogar auf, dass etwa 60 000 Araber von israelischen Soldaten aus Lydda und Ramla vertrieben wurden, während beispielsweise ihre Landsleute in Nazareth, dem Geburtsort Jesu, weitgehend unbehelligt blieben, um die Christen im Westen nicht zu verärgern.

Seltener ist es der Fall, dass palästinensische Historiker mit dem Finger auf arabische Zeitungen zeigen. Alarmierende Berichte über zionistische Gräueltaten veranlassten Hunderttausende zur Flucht, die sonst in ihren Dörfern geblieben wären. Hintergrund dieser Panik war das Schicksal von Deir Yassin, einem Dorf in der Nähe von Jerusalem. Nach gängigen Berichten erkämpften sich rechtsgerichtete israelische Milizen ihren Weg in das Dorf und töteten 258 der 700 Einwohner. Nach neuesten Untersuchungen der Birzeit-Universität in Ramallah geht man noch von etwa 100 Toten aus (das wurde mir durch Überlebende des Massakers bestätigt, die ich im

DEN STAAT VERDAMMEN

Nicht alle Israelis sind Zionisten. Und nicht alle Juden, die in Israel leben, sehen sich selbst als Israelis. 1947 handelte der Führer des mächtigsten Blocks in der zionistischen Bewegung, David Ben Gurion, mit den ultraorthodoxen jüdischen Führern einen Deal aus. Danach wurden Bibelstudenten von vielen der mühseligen Pflichten befreit, die laizistische oder „durchschnittlich" religiöse Israelis erfüllen müssen, darunter die Wehrpflicht in der Armee. Zudem erhielten die Ultraorthodoxen auch die Kontrolle über die Zertifizierung koscherer Speisen, über das jüdische Ehe- und Scheidungsrecht sowie den Religionsunterricht. Im Gegenzug sicherten sie Ben Gurion die Unterstützung ihres politischen Flügels zu. Nachdem Ben Gurion 1949 als erster Ministerpräsident Israels vereidigt worden war, wurde seine Abmachung mit den Ultraorthodoxen Gesetz. Die Zahl der ultraorthodoxen jüdischen Männer war zu dieser Zeit noch überschaubar. Allmählich wurde die Zahl der vom Militärdienst Befreiten zu einer Affront gegenüber den Israelis, die drei Wochen oder mehr pro Jahr dienen. Die ultraorthodoxen Männer blieben dagegen zumeist bis zum 42. Lebensjahr in religiösen Schulen – wer älter ist, kann nicht mehr einberufen werden. Zum Vergleich: In den USA, wo ein ähnlicher Anreiz für den Verbleib in jüdischen Religionsschulen fehlt, gehen die Studenten vom Alter von 25 Jahren ab. Wirtschaftsfachleute nennen einen Schaden in Höhe von jährlich 1 Mrd. US$, der der israelischen Wirtschaft nur dadurch entsteht, dass etliche Männer dem Arbeitsmarkt fernbleiben. Die religiösen Schulen (Jeschiwot) erhalten außerdem staatliche Fördergelder von rund 130 Mio. €. Einige ultraorthodoxe Gruppierungen wiederum betrachten es als Blasphemie, vom iraelischen Staat Geld anzunehmen. Gruppen wie die Neturei Karta – man kann sie in Jerusalem daran erkennen, dass sie am Sabbat goldene Roben tragen – glauben, dass die Gründung eines jüdischen Staates in Palästina allein dem Messias überlassen sein sollte. Ihre Gegnerschaft zum Staat ist so unversöhnlich, dass in den 1990er-Jahren einer ihrer Rabbis Jassir Arafats Ratgeber für jüdische Fragen gewesen ist.

Westjordanland interviewte). Ferner heißt es, dass überhaupt nicht gekämpft worden sei, sondern die Israelis kaltblütig getötet hätten, um andere Palästinenser durch Abschreckung in die Flucht zu treiben – eine Taktik, die in den Dörfern der Umgebung funktionierte. (Die verfallenen Gebäude Deir Yassins stehen heute auf dem Gelände einer israelischen psychiatrischen Klinik, in der auch unter dem „Jerusalem-Syndrom" leidende Touristen behandelt werden; s. S. 99.) Und mindestens sechs Dörfer in Galiläa und nördlich von Jerusalem wurden auf Befehl der arabischen Führung geräumt, um das Gelände für militärische Operationen zu säubern.

Die jüdischen Übergriffe – oder die Angst davor – mögen der Hauptgrund für die Niederlage der Palästineser und ihr Exil gewesen sein, doch waren es nicht deren einzige Gründe. Nach 1947 standen eine palästinensische Gesellschaft, die Veränderungen ablehnte, einer dynamischen zionistischen Gemeinschaft gegenüber. Während der Nationalismus unter den Städtern stark ausgeprägt war, wurde die meist ungebildete und unbelesene ländliche Bevölkerung mit einer politischen Lage konfrontiert, der sie nicht gewachsen war. Wie aber sollte sie sich so zu einer politischen Kraft formieren? Vielmehr reagierte sie stattdessen mit Angst und Flucht auf den anstehenden Wandel. Zu allem Überfluss hatten nur wenige arabische Arbeiter Zugang zu einer Arbeitslosenversicherung – als sie bei Ausbruch der Feindseligkeiten aus den jüdischen Geschäften und von den Bauernhöfen vertrieben wurden, war ihre einzige ökonomische Alternative das Exil.

Einmal im Exil, waren die Bedingungen für die Palästinenser hart. Viele versuchten zurückzukehren, wurden aber von der Hagana, einem Vorläufer der heutigen Israelischen Streitkräfte (Israel Defence Forces, IDF) daran gehindert. Andere, die vor allem aus Galiläa fliehen wollten, hörten von der Armut der Flüchtlinge und verharrten dort, wo sie waren.

Israelis bezeichnen die Immigration mit dem hebräischen Wort *alija*, abgeleitet vom Verb für „hinaufsteigen".

KRIEG & TERRORISMUS

Während die letzten Jahrzehnte in Israel als Zeit des Terrorismus galten, waren die frühen Jahre des Staates die Zeit der Kriege. 1967 begann Israel einen Präventivkrieg gegen die arabischen Nachbarn und überrollte binnen kurzer Zeit die Armeen Syriens, Ägyptens und Jordaniens. In weniger als einer Woche – der Krieg ging daher als Sechstagekrieg in die Geschichtsbücher ein – eroberte Israel die Kontrolle über die Golanhöhen (von Syrien) sowie die gesamte Sinaihalbinsel und den Gazastreifen (von Ägypten). Für Jordanien war der Krieg ein besonderes Desaster, verlor es doch das Westjordanland und das Prunkstück Ostjerusalem einschließlich des Felsendoms (S. 107). 1973 schlugen Syrien und Ägypten zurück und starteten an dem jüdischen Feiertag Yom Kippur einen Überraschungsangriff. Wer meinte, das völlig unvorbereitete Israel könne ausradiert werden, irrte. Auch wenn die Lage Israels zeitweise so aussichtslos schien, dass die arabische Führung den Sieg im Yom-Kippur-Krieg verkündeten, gelang es den israelischen Streitkräften schließlich doch, die arabischen Armeen zurückzudrängen.

Oft wird die politische Einstellung von Israelis dadurch bestimmt, welcher der Kriege zur Zeit ihrer Jugend stattfand. Da gibt es die nostalgischen, altsozialistischen Zionisten des Unabhängigkeitskriegs von 1948. Die Sieger des Sechstagekriegs von 1967 sind die Träger des messianischen Eifers, der die Wurzel der Siedlungen in den Palästinensergebieten bildet. Und diejenigen, die gerade so den Überraschungsangriff von 1973 zurückgeschlagen haben, fühlen sich als Helden, die den Führern des Landes recht zynisch gegenüberstehen, weil diese den Angriff nicht vorhergesehen hatten. Als Israel aber 1982 durch Angriffe palästinensischer Guerillas an der Nordgrenze in eine Invasion in den Libanon hineingezogen wurde, begannen junge Israelis zu hinterfragen, ob ihre Nation eigentlich einem Feind von

Es gibt im Westjordanland 20 Flüchtlingslager, die von vom Hilfswerk der Vereinten Nationen für Palästina-Flüchtlinge im Nahen Osten verwaltet werden. Im Gazastreifen sind es acht, in Ostjerusalem gibt es eines. Über 50 % aller Palästinenser werden von der UNO als Flüchtlinge anerkannt.

EIN LOB AUF DIE KÄMPFER

Israels Militär gilt als eine Größe, die das ganze Land einen könnte – besonders, weil so viele Soldaten Reservisten sind und Frauen und Männer gleich nach dem Schulabschluss einen Pflichtdienst leisten müssen. Aber die Rolle der Armee in Israels Ideologie ist ebenfalls sehr aufschlussreich. In seiner Geschichte hat das Militär zwischen 20 und 40 % des Staatshaushalts von Israel beansprucht. Benny Morris, Vertreter der „neuen Historikergattung", schreibt, ein Teil davon sei „freiwillig" geleistet und nicht durch Aggressionen der arabischen Nachbarn erzwungen worden. Die zionistischen Führer wollten eine, wie es Zeev Jabotinsky formulierte, „neue psychologische, jüdische Rasse" erschaffen. Diese sollte stark und angriffslustig sein, anders als die verängstigten Minderheiten in den früheren europäischen Ghettos. Die Sichtweise führte dazu, dass man spektakuläre militärische Coups bejubelte, z. B. die konzertierte Rettung von Israelis aus einem entführten französischen Flugzeug am Entebbe-Flughafen in Uganda 1976. Auf der anderen Seite werden weniger militante Gruppen verachtet. Die in Israel ankommenden Überlebenden des Holocaust wurden mitunter gar verhöhnt, weil sie darin versagt hätten, sich gegen die Nationalsozialisten zu erheben. Man nannte sie verächtlich „Seifen", weil man glaubte, die Nazis hätten das Fett ihrer Opfer benutzt, um daraus Seife herzustellen. 1959 führte man in Israel den „Gedenktag für die Märtyrer und Helden des Holocaust" ein und stellte mit der Namenswahl die relativ kleine Zahl von Partisanen, die gegen die Nazis kämpften, neben die Mehrheit der Opfer, die nicht dazu in der Lage waren, die enorme Maschinerie des Dritten Reichs zu bekämpfen. Der führende israelische Philosoph Jeschajahu Leibowitz kritisierte das Machohafte im israelischen Leben, das dem jüdischen Denken widerspricht: „In den jüdischen Quellen kann man keine Bewunderung für den Kämpfer finden … Seit wann ist es ein Lob, wenn es heißt, dass ein Mann ein Held in der Schlacht war?"

außen gegenüberstehe. Erste Forderungen nach territorialen Zugeständnissen wurden erhoben. Zudem wurde Kritik an der israelischen Armee laut, der es nicht gelang, christlich-libanesische Milizionäre an der Erstürmung der Flüchtlingslager Sabra und Shatila in Beirut und der Ermordung der Palästinenser zu hindern. Doch nicht alle Israelis folgten diesem friedlicheren Weg. Seit dem ersten Libanonkrieg ist das Land tief gespalten: Die nationalistische Rechte konzentriert sich auf die Siedlungen im Westjordanland und im Gazastreifen (bis zu dessen Räumung 2005), während die Linke ihren Glauben in den Oslo-Friedensprozess von 1993 setzt. Damals wurde die Palästinensische Autonomiebehörde (PA) geschaffen, unter deren Verwaltung die Städte und Dörfer in den Palästinensergebieten stehen.

Die Palästinenser mussten bald erkennen, dass die arabischen Armeen ihnen ihr Land nicht zurückerobern würden. 1964 rief die Arabische Liga aus Vertretern von 22 arabischsprachigen Ländern die Palästinensische Befreiungsorganisation (Palestine Liberation Organisation, PLO) ins Leben. Erst nach der arabischen Niederlage von 1967 war jedoch ein Palästinenserführer dazu bereit, der Arabischen Liga die Stirn zu bieten und die Kontrolle über die PLO zu übernehmen. Jassir Arafat, 1929 in Kairo geboren und mit dem mächtigen Husseini-Klan von Jerusalem verwandt, arbeitete zunächst als Ingenieur in Kuwait. Dort gründete er 1957 die Fatah (der Name ist ein Akronym für die „Bewegung für die Befreiung Palästinas" und gleichzeitig das arabische Wort für „Sieg"). Mit deren Hilfe gelang es ihm, 1969 die PLO zu übernehmen. Von seinem Exil in Jordanien und später im Libanon und in Tunesien aus organisierte er den terroristischen Widerstand. Arafats Ziel war es, die internationale Gemeinschaft zu der Erkenntnis zu zwingen, dass das Palästina-Problem lösen zu müssen – was zuvor noch kein Krieg gegen Israel geschafft hatte. Ältere Fatah-Mitglieder zeichneten für etliche terroristische Anschläge verantwortlich, darunter die Geiselnahme israelischer Athleten bei den Olympischen Spielen 1972 in München. 1987

Der berühmteste palästinensische Dichter Mahmud Darwisch hat viele nostalgische Werke über das verlorene Heimatland geschrieben, seinen Geschmack, seinen Duft und über die Namen von Plätzen. In einem seiner bekanntesten Gedichte schrieb er: „Wir haben ein Land aus Worten." Darwisch starb 2008.

dann begann im Westjordanland und im Gazastreifen die Intifada (arabisch für: „abschütteln"). Was zunächst ein spontanes Aufbegehren frustrierter Jugendlicher war, die mit Steinen und Molotow-Cocktails warfen, brachte Arafat schnell unter seine Kontrolle. Und so kam es im „Krieg der Steine" bis 1991 regelmäßig zu Zusammenstößen zwischen israelischen Sicherheitskräften und Palästinensern. Zwar gelang es Arafat so, die Palästina-Frage auf der Agenda zu halten, allerdings beging er zugleich den Fehler, im ersten Golfkrieg Saddam Hussein zu unterstützen. Kuwait und andere Golfanrainer strichen darauf die Unterstützung für die PLO und schlossen die Palästinenser aus. Doch von ihren Geldzuwendungen waren viele Familien im Westjordanland und im Gazastreifen abhängig.

Finanziell und politisch in der Sackgasse angekommen zeigte sich Arafat zu Friedensverhandlungen bereit. Sie führten zum Oslo-Friedensprozess von 1993. In geheimen Verhandlungen in der norwegischen Hauptstadt legten israelische Akademiker und palästinensische Politiker die Grundlage für eine Verständigung, die schon bald die Unterstützung der politischen Führer beider Lager gewann. Nach der Vereinbarung sollte Israel stufenweise die Kontrolle einzelner Gebiete an die Palästinenser übergeben. Den Anfang sollten die wichtigsten Städte im Westjordanland und im Gazastreifen machen. Die schwierigsten Themen – die Zukunft Jerusalems und die Rechte der palästinensischen Flüchtlinge – sollten über die Jahre in einer endgültigen Erklärung verhandelt werden. Die Parole von Oslo lautete kurz und prägnant: „Land gegen Frieden".

Israels arabische Bürger – also all die Menschen, die 1948 ihre Häuser nicht verlassen hatten, bzw. deren Kinder– lebten bis 1966 unter Militärgesetz. Sie zählen heute 1,2 Mio. und leben meistens in Galiläa, wo Nazareth ihre inoffizielle Hauptstadt ist. (Araber, die in Jerusalem leben, sind keine israelischen Bürger.)

FRIEDEN ... UND EINE WEITERE INTIFADA

Jassir Arafat übernahm im Juli 1994 die Führung der neuen Palästinensischen Autonomiebehörde im Gazastreifen. In den folgenden Jahren übergab Israel schrittweise die verbliebenen palästinensischen Städte sowohl im Gazastreifen als auch im Westjordanland. Aber die Friedensvereinbarung brachte keinen wirklichen Frieden. Tatsächlich wurden die Gegner der für einen Frieden notwendigen Kompromisse auf beiden Seiten zu noch größerer Gewalt angestachelt. Die Hamas und der Islamische Dschihad trieben ihren Terrorismus mit Selbstmordanschlägen in immer neue Dimensionen. (Arafat war für große Teile der extremistischen Gewalt verantwortlich. Häufig entließ er Terroristen aus dem Gefängnis, um bei den oft langwierigen Verhandlungen um weitere territoriale Zugeständnisse Druck auf Israel auszuüben.) Israel schlug mit Attentaten auf die Führer der Hamas und des Islamischen Dschihad zurück.

Der vielleicht schwerste Schlag für den Friedensprozess erfolgte im November 1995. Ein religiös-fanatischer Israeli schoss den Ministerpräsidenten Itzhak Rabin nach einer Friedenskundgebung in Tel Aviv nieder. Das Attentat war der traurige Schlussakt jahrelanger Aufwiegelungen nationalistischer Israelis gegen Rabins Bereitwilligkeit, Teile „des Landes Israel" preiszugeben. Die politische Rechte beharrte darauf, dass die von ihnen Juda und Samaria genannten biblischen Landstriche – das Westjordanland – nie aufgegeben werden dürften. In allen israelischen Städten tauchten Poster mit Rabins Gesicht auf, eingehüllt in eine arabische *kufiya* („Palästinensertuch"). Auch vor der Darstellung Rabins in der Uniform eines SS-Offiziers schreckte man nicht zurück. Vor seiner Residenz sang ein extremistischer Rabbi einen antiken, aramäischen Fluch, andere argumentierten, dass der Ministerpräsident ein „Judenverfolger" und damit Freiwild für Mörder sei. Die Ermordung von Rabin war für die meisten Israelis ein furchtbarer Schock. Schlimmer noch beraubte sie den Friedensprozess eines wichtigen Fürsprechers, dem viele Israelis in Sicherheitsfragen vertraut hatten, weil er ein ehemaliger Generalstabschef war.

Arafat machte das traditionelle karierte Kopftuch der Palästinenser, die *kufiya*, berühmt. Arafats Tuch war schwarz-weiß, hatte also die Farben, die von nationalistischen Gruppen bevorzugt wurden. Die rot-weiße *kufiya* wird dagegen von den Mitgliedern der Marxistischen Volksfront getragen.

Rabins Tod bedeutete nicht das Ende des Friedensprozesses. Tatsächlich ließen die Wahl Ehud Baraks zum Ministerpräsidenten und die von ihm geführte Koalitionsregierung 1999 Gutes erhoffen. Barak strebte eine „Trennung" von den Palästinensern an und wollte dafür fast das gesamte Westjordanland, Gaza und Ost-Jerusalem aufgeben. Doch Barak beschleunigte die Friedensverhandlungen zu stark. Im Sommer 2000 reiste er zur Aushandlung eines endgültigen Friedens nach Camp David, obwohl US-Diplomaten ihn gewarnt hatten, Arafat sei nicht zu so schnellem Handeln bereit. Als die Gespräche scheiterten, eskalierte die Gewalt erneut – und die zweite Intifada begann. In etlichen Medien wurde berichtet, dass der Besuch des Likud-Führers Ariel Scharon auf dem Tempelberg für die aufflammenden Ausschreitungen verantwortlich gewesen sei. Obwohl der Tempelberg die heiligste Stätte der Juden ist, bezeichneten Palästinenser den Besuch Scharons als „Provokation". Doch im Nahen Osten konnten es diejenigen, die provoziert worden waren oder dies behaupteten, kaum erwarten, eine Gelegenheit zu bekommen, ihrer Wut freien Lauf zu lassen.

Das galt auch für die Intifada. Zuerst bot sie Arafat scheinbar eine Gelegenheit, Israel zu weiteren Zugeständnissen zu zwingen. Allerdings verlor er schnell die Kontrolle über die jungen Fatah-Führer, die sich seit seiner Rückkehr aus dem Exil übergangen fühlten. Arafat beschuldigten sie, alle Spitzenposten im Militär und in der Politik korrupten alten Parteifreunden zuzuschanzen, die schon in Beirut und Tunis an seiner Seite gewesen waren. Die jungen Fatah-Führer verbündeten sich schnell mit der Hamas und dem Islamischen Dschihad und starteten schließlich eine Welle von Selbstmordanschlägen. Die Fronten verhärteten sich. 2001 errang Ariel Scharon das Amt des Ministerpräsidenten. Der frühere General verbreitete vertraulich, dass er die Intifada als „grundlegende Gefahr" für Israel betrachte. Scharon entsandte Panzer, um alle Städte im Westjordanland zu besetzen, die zuvor an Arafat übergeben worden waren, das israelische Militär stieß fortan regelmäßig blutig in den Gazastreifen vor. Der Premier verweigerte die Garantie für Arafats Rückkehr, sollte er das Westjordanland verlassen, weshalb der Palästinenserführer in seinem Lager in Ramallah blieb, wo er depremiert und krank bis zu seinem Tod im November 2004 immer mehr die Kontrolle über die Ereignisse und – nach einigen Aussagen – auch den Realitätsbezug verlor. Die Ergebnisse seiner Autopsie wurden nie veröffentlicht, was zu zahlreichen Verschwörungstheorien führte. Faruk Kaddumi, PLO-Mitglied der frühen Stunde und Vertrauter Arafats, sorgte im Juli 2009 für einen Skandal, als er mit der Meldung an die Öffentlichkeit ging, Arafat sei von seinem Nachfolger Mahmud Abbas vergiftet worden. Der neue Palästinenser-Präsident erklärte Kaddumi daraufhin für „geisteskrank". Am wahrscheinlichsten ist, dass Arafat an einer Blutkrankheit gestorben ist. Ein gewisses Befremden bleibt jedoch bestehen, dass der Tod einer so bedeutenden Persönlichkeit von Mysterien umgeben ist.

Nachdem sein alter Feind aus dem Weg war, trieb Scharon seine Pläne voran, Israel von den Palästinensern zu „befreien". Entlang einer Linie in der Nähe des Westjordanlandes, die man verteidigen konnte, wurde eine Sperranlage errichtet, isolierte Siedlungen wurden aufgegeben. Im Sommer 2005 brachte er die Evakuierung von 7500 israelischen Siedlern aus dem Gazastreifen zu einem Ende. Im Januar 2006 erlitt Scharon einen schweren Herzanfall. Sein Stellvertreter Ehud Olmert gewann im März 2006 mit dem Versprechen eines weiteren Rückzugs aus großen Teilen des Westjordanlands die Wahl zum Ministerpräsidenten. Doch es war nie sehr wahrscheinlich, dass Israel mit den Palästinensern hierüber verhandeln würde – als Olmert sein Amt antrat, waren die Chancen sogar gesunken, da sich bei den palästinensischen Wahlen bereits die Hamas durchgesetzt hatte. Nun wollten

---

Arabische Männer werden häufig als Abu bezeichnet (was „Vater von" bedeutet). Dann folgt der Name ihres ältesten Sohnes. Arafat war folglich als Abu Ammar bekannt, jedoch nicht, weil er einen Sohn hatte (er hatte eine Tochter namens Zahwa, die 1995 geboren wurde). Stattdessen hatte er sich als *nom de guerre* den Namen eines Anhängers des Propheten Mohammed gewählt.

Die Hamas wurde im Wohnzimmer von Scheich Ahmad Yasin in Zeitoun im Gazastreifen gegründet. Yasin war seit dem siebten Lebensjahr infolge eines Unfalls an einem Strand in Gaza querschnittsgelähmt. 2004 wurde er durch ein von einem israelischen Helikopter abgefeuertes Geschoss getötet.

nicht mehr nur die Israelis nicht mit den Palästinensern reden, auch die EU und die USA strichen sofort die finanzielle Hilfe. Zuerst sollte die Hamas das Existenzrecht Israels und den Friedensvertrag anerkennen, den die vorherige Regierung der Palästinenser mit Israel geschlossen hatte. (Das Geld begann ein paar Monate später wieder zu fließen, die Geber bestanden jedoch darauf, von der Hamas geführte Ministerien zu umgehen und das Geld direkt den Institutionen vor Ort zukommen zu lassen). Am Zaun zwischen Gaza und Israel kam es fast ununterbrochen zu Auseinandersetzungen. Mitunter wurde die israelische Armee wieder in die Gebiete hineingezogen, die sie gerade erst aufgegeben hatte.

Da die Hamas-Regierung weltweit geächtet war, schien Israel freie Hand für einen einseitigen Abzug aus dem Westjordanland zu haben. Als aber im Sommer 2006 Guerilla-Kämpfer der Hisbollah einige israelische Soldaten entführten, die an der Grenze zum Libanon patrouilliert hatten, begann Israel einen Krieg mit den libanesischen Milizen, bei dem die Schiitengruppe Tausende von Raketen über die Grenze abschoss und Nordisrael in einen Schockzustand versetzte. Das Ausmaß der Bombenangriffe Israels auf libanesische Städte wurde allgemein verurteilt. Der Krieg war für Israel ein diplomatisches Desaster. Innenpolitisch brachte der Konflikt mit

1997 verübten israelische Mossad-Agenten im jordanischen Amman ein Attentat mit einer Giftspritze auf den Hamas-Aktivisten Chalid Meschal. Wütend protestierte König Hussein gegen die Operation auf dem Territorium seines Staates und bestand auf der Aushändigung des Gegengifts durch Israel. Meschal lebt heute im Exil in Syrien und ist politischer Führer der Hamas.

DIE HAMAS

1987 gründeten islamische Führer in Gaza die Harakat al-Muqaama al-Islamiya; das Kurzwort Hamas bedeutet „Mut" und „Enthusiasmus". Benannt wurden die Qassam-Brigaden, der „militärische Flügel" der Hamas, nach Scheich Izzadin al-Qassam, einem syrischen Prediger, der eine Guerillagruppe gegründet hatte und 1935 von den Briten in Galiläa getötet wurde. In ihrer Charta umreißt die Hamas ihre Ziele: „Allah ist das Ziel, der Prophet das Vorbild, der Koran die Verfassung, der Dschihad der Weg und der Tod für Allah der größte Wunsch."

1993 hatten die Gelder der Hamas die Grenze von 50 Mio. US$ erreicht; zunächst kamen sie vor allem aus den Golfländern, später aus dem Iran. Mehr und mehr erlangte die Hamas das Ansehen der Palästinenser, nicht nur wegen ihrer Opposition zu Israel, sondern auch, weil sie Jugendclubs, Kliniken und Schulen gründete. Dem Gegensatz zu Arafats Palästinensischer Autonomiebehörde verdankte der Hamas weiteren Zulauf – während die Hamas als sauber galt, war die regierende Fatah bis ins die innersten Kreise korrupt.

Als Arafat 1993 die Verträge von Oslo unterschrieb (s. S. 39), drehte die Hamas an der Gewaltschraube. Die meiste Zeit war der Umgang Arafats mit der Hamas von Vorsicht geprägt. Er versuchte, die Scheichs davon zu überzeugen, dass seine Massenverhaftungen nur als Show dienten, um die USA zu besänftigen. Die Autonomiebehörde leistete sich auch Zeichen der Solidarität mit der Hamas, was die Islamisten davon abhielt, Arafat ganz aufzugeben. Nachdem Israel 1996 Yahya Ayyasch, den als „Ingenieur" bekannten Bombenhersteller der Hamas, ermordet hatte, kondolierte Arafat per Telefon bei einem Hamas-Führer in Gaza und sandte eine Ehrengarde bewaffneter Polizisten, die während der Beerdigung Ayyaschs am Grab salutierten. Bei einer Kundgebung im Westjordanland feierte Arafat „alle Märtyrer und Ayyash als ihren Kopf".

Während der Intifada schraubte die Hamas die Selbstmordanschläge in neue Höhen und feierte immer mehr „Märtyrer". Israel schlug mit „gezielten Tötungen" von einer Reihe von Hamas-Führern zurück, bis die Gruppe sich mit Arafats Nachfolger Mahmud Abbas darauf einigte, eine Rolle in der parlamentarischen Politik zu übernehmen. Bei den Wahlen zum Palästinensischen Legislativrat im Januar 2006 gelang der Hamas ein Überraschungssieg. Der Sieg gelang vor allem, weil die Wähler die Korruption der Fatah leid waren. Die neue Hamas-Regierung negierte das Existenzrecht Israels und wurde daher von den westlichen Ländern gemieden. Zudem sah sich die Hamas einem internen Konflikt mit Kämpfern der Fatah gegenüber, die ihre Macht nicht kampflos aufgeben wollten. Später zwangen sie die Mitglieder der Fatah, Gaza zu verlassen, und verlegten sich auf groß angelegte Raketenangriffe, die zum Jahreswechsel 2008/2009 zu dem vernichtenden israelischen Gegenangriff auf den Gazastreifen führten.

Die Führer der Palästinenser verlangten Arafats Autopsie, die aber von dessen Frau Suha verweigert wurde. PLO-Insider meinen, dies sei ihre Rache für den Streit über das geheime Bargeldlager Arafats. Und so wissen die Palästinenser bis heute nicht, was die Ursache seines Todes war.

dem Libanon die Regierung ins Wanken – viele der dort in den Kampf geschickten Reservisten beklagten, nicht gut vorbereitet und ausgestattet worden zu sein. Zugleich markierte der Krieg auch das Ende des einseitigen Abzugs. Ein ähnlicher Raketenangriff aus dem von Palästinensern kontrollierten Westjordanland, so die Befürchtungen, könnte noch verheerender für Israel sein.

Die Gewalt der Intifada fuhr sich indes allmählich fest. Während die Palästinenser die Israelis mehr und mehr aus den Blick verloren, wandten sie sich gegeneinander. Im Frühling 2007 verjagte die Hamas nach mehrtägigen Kämpfen die Fatah aus dem Gazastreifen. Fatah-Führer, die nicht rechtzeitig geflohen waren, wurden gefoltert und getötet; einige wurden aus Fenstern in den Tod gestürzt. Die Fatah reagierte darauf mit Verhaftungen und auch Folterungen von Hamas-Mitgliedern im Westjordanland, das unter ihrer Kontrolle geblieben war. Es entstand ein gefährlicher Stellvertreterkrieg. Während die USA der Fatah im Westjordanland mehrere Hundert Millionen Dollar zukommen ließ, schmuggelte der Iran Geld und Waffen zur Hamas in den Gazastreifen.

Der Waffenschmuggel ermöglichte um den Neujahrstag 2009 die größte Katastrophe, die den Gazastreifen in jüngster Zeit getroffen hatte. Die Hamas und der Islamische Dschihad, die über Jahre hinweg Tausende von Raketen von Gaza aus abgeschossen hatten, eröffneten ein Trommelfeuer, das ein ganzes Wochenende dauerte. Die Verluste in südisraelischen Städten wie Sderot waren gering, der dadurch ausgelöste Terror war es aber nicht. Israel begann mit einer Großoffensive, um die Raketenangriffe zu stoppen und die Tunnel zu zerstören, die unter der ägyptischen Grenze zum Schmuggeln von Waffen in den Gazastreifen benutzt wurden. Die Kämpfe tobten drei Wochen lang. Schließlich lag nahezu die gesamte Infrastruktur Gazas in Trümmern, Tausende waren obdachlos und es herrschte Mangel an Treibstoff und Material zum Wiederaufbau. Mehr als 1000 Palästinenser verloren ihr Leben. Nichtsdestotrotz behielt die Hamas die Kontrolle und grub neue Tunnel zum Schmuggeln. Und es ist nicht auszuschließen, dass die Hamas bei der nächsten kriegerischen Auseinandersetzung im Besitz von Raketen sein wird, die bis nach Tel Aviv reichen.

In der Intifada gab es kaum eine Karriere eines palästinensischen Kämpfers, die lange währte. 2003 wurden elf Führer des Islamischen Dschihad in der Stadt Jenin im Westjordanland verhaftet oder von israelischen Truppen getötet – und zwar innerhalb von einer Woche, nachdem sie ihre Position erlangt hatten, manchmal sogar noch am selben Tag, an dem sie zum Führer ernannt wurden.

Drei Monate später schlugen sich die durch den Krieg befeuerten nationalistischen Strömungen in einer neuen, rechtsgerichteten israelischen Regierung nieder. Als stärkste Partei in der Wahl vom Februar 2009 war zwar die liberale Mitte-Partei Kadima hervorgegangen, die von Außenministerin Tzipi Livni angeführt wurde (Olmert hatte wegen einer Korruptionsaffäre sein Amt niedergelegt). Doch Livni gelang es nicht, die kleineren Rechtsparteien von einer gemeinsamen Koalition zu überzeugen. Stattdessen wurde Benjamin Netanjahu, der Chef des Likud, Ministerpräsident. Als Außenminister ernannte er mit Avigdor Lieberman einen extremen Nationalisten. Der fortdauernde Bau israelischer Siedlungen im Westjordanland führte zum Streit zwischen der neuen US-Administration unter Präsident Barack Obama und Netanjahu. Israel sollte dazu gezwungen werden, den Neubau von Häusern auf Eis zu legen (weitere Infos zur aktuellen politischen Situation in Israel und Palästina stehen auf S. 57).

Obwohl sich Netanjahu in der Frage des Siedlungsbaus unnachgiebig zeigte, zwang ihn der amerikanische Druck, widerstrebend der Idee eines „entmilitarisierten Palästinenserstaates" zuzustimmen. Der Verhandlungsführer der Palästinenser konterte auf Netanjahus Angebot hin, der israelische Ministerpräsident müsse „Tausende von Jahren warten, bevor er eine Palästinenser trifft, der einem entmilitarisierten Staat zustimmt". Das legt die traurige Schlussfolgerung nahe, dass die Zukunft der Region genauso von Gewalt geprägt sein wird wie ihre Vergangenheit.

Kultur

BEVÖLKERUNG & MENSCHEN

Alan Alda sagte mal: „Deine Vermutungen sind dein Fenster zur Welt. Putze sie von Zeit zu Zeit, sonst kommt kein Licht rein." Diese Aussage trifft auf Israel und die Palästinensischen Autonomiegebiete besser zu als auf jedes andere Land der Welt. Mitgebrachte Vorstellungen davon und Vorurteile darüber, was einen Israeli oder Palästinenser, einen Araber oder Juden ausmacht, lösen sich vor Ort schnell in Luft auf, und man stellt fest, dass es die feinen Unterschiede sind, die diese Region mit all ihren Konflikten, Kontroversen und Tragödien so faszinierend machen.

Zunächst einmal muss gesagt werden, dass Israel nominell ein „jüdischer Staat" ist, obwohl ca. 24 % der Einwohner keine Juden sind. In Israel leben etwa 5,5 Mio. Juden, doch das Land ist auch die Heimat von arabischen Muslimen, arabischen Christen, Drusen, Beduinen und zahlreichen anderen kleinen Glaubensgemeinschaften wie den Tscherkessen und den Samaritanern. Aber auch jüdisch ist hier nicht gleich jüdisch: Israels jüdische Bevölkerung hat ihre Wurzeln in der ganzen Welt. Es gibt bedeutende kulturelle Unterschiede – besonders bei der älteren Generation – zwischen Juden aus Europa, Nordafrika, Äthiopien und arabischen Ländern. Hinzu kommt, dass die Menschen unterschiedlich stark religiös sind: Es gibt alle möglichen Stufen, von Atheisten bis hin zu Ultraorthodoxen. Daraus entsteht ein komplexes kulturelles Bild.

Die palästinensische Bevölkerung ist im Vergleich dazu sehr viel leichter einzuordnen. Die meisten Palästinenser sind sunnitische Muslime; die Bevölkerung des Westjordanlands besteht zu ca. 8 % aus Christen, die hauptsächlich in Bethlehem und Ramallah leben. Ein paar winzige Gruppen von Christen finden sich auch hier und da im Gazastreifen. Einige Palästinenser leben in Gegenden oder Gebieten, in denen ihre Familien schon seit Jahrhunderten ansässig sind. Die überwältigende Mehrheit sind aber Flüchtlinge, die nach der Gründung des Staates Israels 1948 (den die Palästinenser Al-Naqba – „die Katastrophe" – nennen) hierher kamen.

Obwohl allgemeingültige Aussagen über so unterschiedliche Kulturen in einem relativ kleinen Land fast unmöglich sind, gibt es doch auch Themen und Probleme, die jeden hier betreffen, Jung und Alt, Juden und Muslime, Israelis und Palästinenser. Frieden und Sicherheit stehen an erster Stelle; jeder hat seine eigene Meinung dazu, wie diese Frage – falls überhaupt – auf Dauer gelöst werden könnte. Auch das Essen ist auf beiden Seiten der Mauern, Zäune und Grenzen ein äußerst wichtiger Punkt, und besonders das einfache Hummus wird von allen heiß und innig geliebt. (s. Kasten S. 73).

Religiöse und andere Traditionen spielen sowohl für Israelis als auch für Palästinenser eine große Rolle, und der Begriff Heimat, der für Frieden, Sicherheit, Essen, Tradition und Religion von extrem großer Bedeutung ist, gibt Anlass zu hitzigen Debatten, philosophischen Grübeleien oder nostalgischen Erinnerungen – egal mit wem man spricht.

Israel
JUDEN

Schon lange vor der Gründung Israels im Jahr 1948 fühlten sich Juden von dem biblischen Land angezogen. Wirtschaftliche Möglichkeiten und spirituelle Hingabe waren Gründe dafür, dass Russen, Osteuropäer, Südamerikaner, Marokkaner, Jemeniten, Syrer, Äthiopier, Inder, Iraker und britische, französische und amerikanische Juden – um nur einige zu nennen – herkamen.

Im Verhältnis zur eigenen Bevölkerungszahl ist Israel das größte Einwanderungsland der Welt. In den 1990er-Jahren kamen ca. 900 000 Russen in das Land, wodurch die Bevölkerungszahl um 20 % in die Höhe schnellte.

In der Jewish Virtual Library (www.jewish virtuallibrary.org) wird Zionismus als „nationale Bewegung für die Rückkehr des jüdischen Volkes in seine Heimat und die Wiederaufnahme der jüdischen Hoheitsgewalt im Land Israel" beschrieben. Der Begriff Zionismus wurde 1890 von dem Wiener Gelehrten Nathan Birnbaum geprägt.

Egal woher sie kommen, die meisten Israelis glauben, dass dieser Staat das Paradies für alle im Lauf der Geschichte verfolgten Juden darstellt. Aber der Zionismus hatte seinen Preis. Drei Generationen sind schon in diesem Staat groß geworden, in dem Krieg, Unsicherheit und Instabilität herrschen. Diese Tatsache hat die Mentalität des Landes so sehr geprägt, dass die Israelis sich selbst eingestehen müssen, dass sie recht schroffe Verhaltensweisen an den Tag legen: Ein hier geborener Jude wird *sabra* (Kaktusfeige oder Kaktusfrucht) genannt. Wie treffend das ist, erkennt man, wenn er mit hochrotem Kopf im Verkehrsstau steht oder in der Schlange im Supermarkt oder anderswo seinen Alltagsfrust an einem Nachbarn auslässt.

Aber hinter ihrem machohaften, kriegerischen Image identifizieren sich die Israelis doch stark mit europäischer Kultur, europäischer Mode und europäischen Trends. Sie sind Weltreisende (selbst im abgelegensten Dorf in Nepal oder Uruguay hört man Hebräisch), sind führend in der Hightech-Welt (und haben unglaublich viele medizinische und technische Innovationen eingeführt), beherrschen Englisch (und verwenden mitten in einem auf Hebräisch geführten Gespräch Ausdrücke wie *barbecue, cool party* oder *cell phone*) und lieben den jährlich stattfindenden Eurovision Song Contest, an dem sie aktiv und voller Begeisterung teilnehmen.

Zwischen den aschkenasischen und sephardischen Religionspraktiken bestehen feine Unterschiede. Feiertage wie Pessach werden leicht unterschiedlich und mit verschiedenen Speiseverboten begangen; auch die Gebete werden verschieden durchgeführt.

Aschkenasische Juden machen zwar nur 0,25 % der Weltbevölkerung aus, aber dafür haben sie 28 % der Nobelpreise gewonnen – für Wirtschaft, Physik, Chemie und Medizin. Die Hälfte aller Schachweltmeister sind aschkenasische Juden.

Aschkenasim

Das Wort *Aschkenaz* ist klassisch hebräisch und bezieht sich auf Deutschland und seine Umgebung. Die heutigen aschkenasischen Juden kommen aus Deutschland sowie aus Mittel- und Osteuropa. Einige stammen auch von aschkenasischen Juden ab, die zwischen dem 10. und 19. Jh. nach Nord- und Südamerika, nach Südafrika und Australien ausgewandert sind.

Es gibt einige kulturelle, linguistische und genetische Hinweise darauf, dass viele Aschkenasim um 800 n. Chr. aus dem Nahen Osten nach Europa abgewandert sind. Diesbezüglich wird aber noch viel Forschungsarbeit betrieben, und die genaue Definition, wer nun ein echter aschkenasischer Jude ist, ist noch immer umstritten. Die typische Sprache der Aschkenasim ist Jiddisch, eine Mischung aus Mittelhochdeutsch und Hebräisch, geschrieben in hebräischen Schriftzeichen. Jiddisch wird zwar nicht mehr oft gesprochen, aber man hört dennoch ab und zu, wie sich ältere Leute auf Jiddisch unterhalten und das eine oder andere jiddische Schimpfwort benutzen, damit die Enkel nicht alles verstehen.

1931 gab es etwa 8,8 Mio. aschkenasische Juden in Europa, durch den Holocaust reduzierte sich ihre Anzahl um zwei Drittel. Trotzdem stellen sie heute weltweit 80 % der jüdischen Bevölkerung. In Israel bilden die Aschkenasim allerdings eine jüdische Minderheit.

In der Geschichte war die politische Elite Israels aschkenasischen Ursprungs. Die Mizrachim und die sephardischen Juden behaupten deshalb, von ihren europäischstämmigen (und oft hellhäutigeren) Brüdern diskriminiert worden zu sein. Es heißt aber, dass das Gleichgewicht inzwischen so gut wie hergestellt sei, obwohl alle israelischen Premierminister bisher Aschkenasim waren und viele der Meinung sind, dass in puncto Kultur noch immer eine Art aschkenasische Vorherrschaft bestünde.

Sephardim

Sephard ist Hebräisch und heißt Spanien. Die sephardischen Juden sind die Nachfahren derjenigen, die im 15. Jh. und später aus Spanien und Portugal vertrieben wurden. Bis zum 19. Jh. waren der meisten Juden in Palästina Sephardim. Viele von ihnen lebten auch in Konstantinopel, Amsterdam, Griechenland, den Balkanstaaten, Südamerika, im Norden Marokkos und anderswo, und einige wurden hervorragende Akademiker, Physiker und

Philosophen, die zu dem unglaublich vielfältigen und einflussreichen kulturellen Erbe der Sephardim beigetragen haben. Wieder andere sind auf der Iberischen Halbinsel geblieben. In einer 2008 im American Journal of Genetics veröffentlichten Studie heißt es, dass 17,5 % der heutigen Bevölkerung Spaniens und Portugals sephardische Vorfahren haben. Von den israelischen Juden sind etwa 725 000 Sephardim, sie stellen 15 bis 20 % der jüdischen Weltbevölkerung.

Die traditionelle Sprache der Sephardim heißt Ladino und ist eine romanische Sprache, die Altspanisch, Altportugiesisch und Elemente aus dem Hebräischen, Türkischen, Griechischen, Arabischen und Französischen miteinander vermischt. Ursprünglich gab es zahlreiche regionale Dialekte dieser Sprache, übrig geblieben ist aber nur die östliche Variante, die in Israel durch die Medien – durch spezielle Radiosendungen und Zeitungen – am Leben erhalten wird.

Mizrachim

Das Wort *Mizrahi* bedeutet „Gemeinden des Ostens" und bezieht sich auf die Juden, die aus arabischen und zentralasiatischen Ländern wie dem Jemen, dem Irak, Persien (heute Iran), Afghanistan, Georgien und Usbekistan stammen. Heute sind 50 % der israelischen Juden Mizrachim.

Die Mizrachim trafen vor allem nach 1948 in großen Gruppen in Israel ein, nachdem sie von den arabischen Völkern abgewiesen worden waren, welche in einigen Fällen auch die Auswanderung der Mizrachim erzwangen. 1956 wurden beispielsweise 25 000 Juden aus Ägypten ausgewiesen. Wie auch die anderen Gemeinschaften hatten sie ihre eigene Sprache: Moghrabi, eine Art judäo-arabischen Dialekt.

In den Anfangsjahren des Staates Israel wurden die Mizrachim von der aschkenasischen Elite rassistisch benachteiligt und gezwungen, sich im Negev oder in (zumindest aus israelischer Sichtweise) abgelegenen Grenzgebieten anzusiedeln. Seit einigen Jahren sind sie aber wieder am Geschehen beteiligt. Mischehen zwischen Aschkenasim und Mizrachim sind nichts Besonderes mehr, und auch in der Popkultur sind beide Gruppen vertreten. Das Durchschnittseinkommen einer aschkenasischen Familie ist jedoch noch immer 35 % höher und von Israels Amt für Statistik veröffentlichte Umfragen haben gezeigt, dass in Israel geborene Aschkenasim mindestens zweimal häufiger eine Universitätsausbildung erhalten als Mizrachim. Die Kluft wird aber langsam kleiner.

In Israel werden die Mizrachim manchmal auch unter dem Oberbegriff Sephardim gefasst, da die religiösen Praktiken der Mizrachim denen der Sephardim ähneln oder gar entsprechen.

Beta Israel

Die Beta Israel sind den meisten wahrscheinlich besser als äthiopische Juden bekannt, die manchmal auch leicht abfällig als Falascha oder „Verbannte" bezeichnet werden. Diese Juden, von denen es in Israel ca. 130 000 gibt, wurden (zusammen mit einigen Juden aus dem Sudan) aus ihrer von Hungersnot geplagten Heimat auf dem Luftweg nach Israel gebracht. Die geheimen israelischen Militäroperationen in den Jahren 1984, 1985 und 1991 sind als Operation Moses, Josua bzw. Solomon bekannt. Die Operation Solomon brachte mit 34 israelischen Flugzeugen in nur 36 Stunden etwa 14 000 äthiopische Juden nach Israel. Ein einziger El-Al-Flug beförderte die höchste je dagewesene Anzahl von Passagieren (mehr als 1000) – Weltrekord! Noch heute trudelt der eine oder andere Emigrant in Israel ein.

Niemand weiß genau, wie die Juden überhaupt nach Äthiopien kamen. Es ist aber möglich, dass sie von jüdischen jemenitischen Händlern bekehrt wurden. Eine andere Theorie besagt, dass sie Nachfahren von König Salomon sind, der während seiner Regentschaft eine intime Beziehung mit der Königin von Saba hatte. Wieder andere meinen, dass sie von einer Gruppe Juden

Wir sehen aus wie der Feind: arabische Juden in Israel, das 2008 erschienene Buch der britischen Journalistin Rachel Shabi, handelt von der Stellung der Mizrachim in Israels Geschichte.

DAS RÜCKKEHRGESETZ

Theodor Herzls Traum war es, einen Ort zu schaffen, an dem alle Juden leben konnten, ohne verfolgt zu werden. Seine zionistischen Ziele wurden mit dem Rückkehrgesetz zur Wirklichkeit, einer Proklamation, die 1950 von der Knesset verabschiedet wurde. Sie garantierte jedem Juden, der sie wollte, die israelische Staatsbürgerschaft.

Das Gesetz sichert verfolgten Juden nicht nur einen Zufluchtsort zu, es ist vielmehr eine offene Einladung an alle Juden, in das Land zu kommen (oder zurückzukehren – so würden sie es sehen), das sie als ihr ursprüngliches Heimatland ansehen. Der Vorgang ist einfach: Ein angehender *oleh* (Immigrant) muss sich zuerst bei der Einwanderungsbehörde bewerben. Er muss beweisen, dass er Jude ist, z. B. durch die Heiratsurkunde seiner Eltern oder durch einen Brief seines Rabbis. Der *oleh* vollzieht dann die *alijah* (Rückwanderung), wird israelischer Staatsbürger und bekommt Unterstützung bei der Eingliederung (z. B. in Form von Hebräischunterricht und finanziellen Beihilfen). Oft darf der Immigrant seine ursprüngliche Staatsbürgerschaft zusätzlich behalten.

In den 1990er-Jahren kamen Hunderttausende *olim* (Immigranten) nach Israel und in die umliegenden Gebiete, viele aus Russland und Äthiopien. Diese Neuankömmlinge konnten vielfach die Lücke füllen, die dadurch entstanden war, dass palästinensische Arbeiter infolge der Ersten Intifada ihre Arbeitsplätze in Israel nicht mehr erreichten. Die Einwanderer spielten auch in der Politik eine Schlüsselrolle, weil die jüdische Wählerschaft durch sie größer blieb als die der israelischen Araber, die meist sehr große Familien hatten.

In den letzten Jahren ist die Zahl der neuen *olim* kleiner geworden. 2007 machten nur etwa 18 000 Juden die *aliyah* nach Israel – das ist die kleinste Zahl seit 1988. Russen, die in den 1990ern noch ca. 90 % der Einwanderer ausmachten, bilden heute nur noch 33 % der Immigranten. Das liegt am neuen Wohlstand in Russland, der nicht nur potenzielle *olim* vom Gang nach Israel abgeschreckt, sondern auch Zehntausende Russischstämmige dazu verlockt hat, in ihr Mutterland zurückzukehren.

Allerdings profitieren nicht alle Juden vom Rückkehrgesetz. Einige ultraorthodoxe Juden in aller Welt glauben z. B., dass die *aliyah* nicht durchgeführt werden kann, bevor der Messias zurückgekehrt ist. Auch die Palästinenser, die 1948 und danach aus dem Land geflohen oder zur Auswanderung gezwungen worden waren, haben das Nachsehen; sie dürfen nicht zurückkehren, auch wenn einige immer noch die Hoffnung hegen, irgendwann wieder in ihre Heimat zu dürfen. Die Idee eines „Rückkehrrechts" für Araber ist für die meisten Juden undenkbar, denn das würde nicht nur die jüdische Mehrheit gefährden, sondern auch den Landbesitz der Juden infrage stellen. Diese Doppelmoral läuft Israels Bekenntnis zur Demokratie zuwider, doch die Chance, dass sich diese Haltung ändert, ist klein.

abstammen, die sich von Moses trennte und während des biblischen Exodus in Richtung Süden zog.

Der Umzug in die neue Heimat erwies sich für viele Beta Israel als schwierig. Sie gehören noch heute zu den ärmsten Menschen in Israel. Soziale und kulturelle Unterschiede führten dazu, dass sich die Gemeinschaften absonderten. Dennoch ist in den letzten Jahren eine gewisse Annäherung zu verzeichnen, da sich die jüngere Generation stärker mit der israelischen Gesellschaft identifiziert. Immer mehr äthiopischstämmige Israelis leisten ihren Militärdienst ab, und Esti Mamo erobert als äthiopisch-israelische Schauspielerin die Bühnen und als Model die Laufstege.

AFRIKANISCH-HEBRÄISCHE ISRAELITEN

Die afrikanisch-hebräischen Israeliten sind Afroamerikaner, die behaupten, Nachfahren der Verlorenen Stämme Israels zu sein. Dieser Gedanke kam Ende des 19. Jhs. auf, als sich verschiedene Gemeinden (wie die 1896 gegründete Kirche Gottes und der Heiligen Christi und die 1886 gegründete Kirche des Lebendigen Gottes und der Säule der Wahrheit für alle Nationen) von den afroamerikanischen Christengemeinden in den USA abwandten und anfingen, traditionell jüdische Bräuche zu praktizieren – sie hielten den Sabbat und andere religiöse Feiertage ein. 1966 hatte der in Chicago geborene Ben Carter, der auch unter dem Namen Ben Ammi Ben Israel bekannt ist, die Vision, dass er ein direkter Nachfahre der Israeliten sei, und begann, über die Rückkehr ins Heilige Land zu predigen. Seine Anhänger kamen 1969 über Liberia nach Israel und haben sich in Dimona niedergelassen. Sie befolgen strenge Regeln der körperlichen Ertüchtigung und ernähren sich vegan. Heute gibt es ca. 3000 afrikanisch-hebräische Israeliten, die kürzlich den Status ständiger Bewohner Israels bekommen haben und somit auch Militärdienst ableisten müssen. Weitere Infos dazu stehen auf S. 374.

TSCHERKESSEN

Die Tscherkessen sind eine unabhängige, aus 4000 Mitgliedern bestehende Gruppe, die der muslimischen Gemeinschaft angehört. Sie stammen aus dem Kaukasus in Russland und wanderten in den 1890er-Jahren nach Palästina aus. Die gegenüber Israel vorwiegend loyal eingestellte Gemeinschaft konzentriert sich auf die Golan-Orte Kfar Kama und Reyhaniye. Wie bei den Drusen müssen männliche Tscherkessen zum Militär, Frauen aber nicht.

DRUSEN

Die Drusen sind eine eigenständige soziale und religiöse Gruppe. Sie sprechen Arabisch und praktizieren eine geheim gehaltene Religion, die als Nebenzweig des Islams angesehen wird. Wie Muslime glauben auch die Drusen an Allah und seine Propheten, sind aber der Meinung, dass der Nachfolger Mohammeds im 11. Jh. der von Gott ernannte Herrscher Fatimid Caliph al-Hakim bi-Amr Allah war. Die Drusen glauben an Reinkarnation, aus diesem Grund sind auf den Grabsteinen keine Namen eingraviert.

Die Gemeinschaft der Drusen besteht aus einem inneren Kern von ausgewählten Männern und Frauen, die eine Reihe schwieriger Prüfungen bestehen und nachweisen müssen, dass ihr Leben von Ehrlichkeit und Genügsamkeit geprägt ist. Die Männer erkennt man an ihren weißen Turbanen. Nur die *uqqal* (die Weisen) dürfen die heiligen Bücher der Drusen lesen und an den donnerstagabends stattfindenden religiösen Zeremonien teilnehmen. Der Rest der Gemeinschaft, die *juhhal* (die Unwissenden), können nur hoffen, dass sie in ihrem nächsten Leben *uqqal* werden.

Die meisten Drusengemeinschaften leben heute in Ländern, die an den Libanon und Syrien grenzen. In Israel und den Palästinensischen Autonomiegebieten wohnen sie in einigen Orten in Galiläa, am Karmel und in den Golanhöhen. Eine ihrer heiligsten Stätten ist das Grab des Jethro in Tiberias. Jethro war der nichtjüdische Schwiegervater von Moses, der den Juden half, die Wüste zu durchqueren, und der nichts gegen Monotheismus einzuwenden hatte. Noch heute weist die Religion der Drusen ideologische Ähnlichkeiten zu jener der Juden auf. 2004 rief der geistige Führer der Drusen, Sheikh Mowafak Tarif, die Nichtjuden in Israel und den Palästinensischen Autonomiegebieten dazu auf, die Sieben Noachidischen Gebote (moralisch bindende Gebote für alle Nichtjuden), die im Talmud niedergeschrieben sind, zu beachten.

Die Drusen, die nie einen eigenen Staat hatten, sind gegenüber jedem Territorium und folglich jedem Land, in dem sie leben, loyal eingestellt. Die meisten israelischen Drusen sind israelische Staatsangehörige, die Männer müssen Militärdienst ableisten, Frauen jedoch nicht. Sie haben sogar ihre eigene Einheit bei den Israelischen Streitkräften (IDF): das nur aus Drusen bestehende Herve Bataillon, das 2006 gegen die Hisbollah kämpfte.

Die Situation in den Golanhöhen sieht allerdings etwas anders aus, denn die Städte und Dörfer der Drusen gehörten bis 1967 zu Syrien. Viele syrische

Das Symbol der Drusen ist ein fünffarbiger Stern. Jede Farbe steht für ein Glaubensprinzip: grün (der Verstand), rot (die Seele), gelb (die Wahrheit/das Wort), blau (der Antagonist/der Grund) und weiß (der Protagonist/die Wirkung).

Drusen ärgern sich noch immer über Israels Annektierung und unterstützen den syrischen Anspruch auf dieses Gebiet.

BEDUINEN

Das Wort „Beduine" stammt aus dem Arabischen und bedeutet „Wüstenbewohner". Es bezieht sich auf eine Gruppe nomadisch lebender Viehhirten in der Wüste Negev. 150 000 der in Israel und den Palästinensischen Autonomiegebieten lebenden Beduinen (die sich selbst als Araber betrachten) halten sich im Negev auf, 60 000 leben in der Gegend um Galiläa. Gebietsstreitigkeiten mit Israel haben sie in immer kleinere Landstriche vertrieben, sodass nur ca. 10 % in der Lage sind, ihre traditionelle Lebensart als Viehhirten beizubehalten. Andere, die gezwungen waren, in die Städte zu ziehen, kommen mit dieser Situation nur schwer zurecht, sie haben weder die erforderlichen Fähigkeiten noch eine angemessene Ausbildung. Die Arbeitslosigkeit unter den Beduinen ist hoch, sie bilden die ärmste Gruppe in der israelischen Gesellschaft. Außerdem ist die Wüste voller „nicht anerkannter" Beduinen-Dörfer – Ansammlungen von maroden Häusern, Zelten und Wellblechhütten, denen es selbst an einfachster Infrastruktur mangelt und deren Abriss jederzeit von den israelischen Behörden angeordnet werden kann. Die in diesen Dörfern lebenden Beduinen machen geltend, dass ihre Vorfahren bereits Jahrhunderte in dieser (hauptsächlich aus Wüste bestehenden und für die Erschließung kaum geeigneten) Gegend lebten, dass sie hier verwurzelt seien und dass sie keinen Ort hätten, an den sie gehen könnten.

Trotz der Probleme haben die Beduinen eine erstaunlich gute Beziehung zu Israel, viele von ihnen dienen in der IDF, obwohl das nicht verlangt wird. Weitere Einzelheiten über die Beduinen Israels stehen auf S. 371.

CHRISTEN

Vor der Gründung Israels machten arabische Christen ca. 10 % der Bevölkerung Palästinas aus. Die traditionell wohlhabenden und gebildeten Christen hatten die Mittel, 1948 (und später) zu fliehen. Viele von ihnen fanden Zuflucht im Ausland. Heute leben in Israel und Palästina etwa 175 000 Christen, das sind ca. 2 % der Gesamtbevölkerung. Die meisten israelischen Christen wohnen in Jerusalem und Nazareth; in den Palästinensischen Autonomiegebieten versammeln sie sich um Bethlehem und Ramallah.

Israel und die Palästinensischen Autonomiegebiete sind aber nicht nur Heimat der arabischen Christen, hier leben auch armenische, russische und ägyptische Christen, ausländische Geistliche, Mönche, Nonnen und Mitarbeiter christlicher Organisationen. Die meisten heiligen Stätten werden von Kirchen im Ausland verwaltet, z. B. von der griechisch-orthodoxen Kirche. Auch Armenier, Kopten, Assyrer, Katholiken und Protestanten beanspruchen verschiedene heilige Stätten, sodass es häufig zu Streitigkeiten darüber kommt, wie sie sich das Verwalteramt teilen könnten. Manchmal besteht die einzige Lösung darin, die Schlüssel zu den Stätten in die Hände muslimischer Hausmeister zu legen in der Hoffnung, dass so die jahrhundertelangen Fehden enden.

SAMARITANER

Die Samaritaner sind eine der weltweit kleinsten Gemeinschaften mit nur etwa 700 Mitgliedern. In römischer Zeit zählte sie ca. 1 Mio. Mitglieder. Die Samaritaner machen geltend, dass sie sowohl Palästinenser als auch Israeliten seien, sie sprechen Arabisch, beten aber auf Althebräisch.

Ihrer Geschichtsschreibung zufolge sind sie Nachfahren der Stämme Josefs, die bis ins 17. Jh. hohe Priesterämter innehatten, welche vermutlich über Eleazar und Phinehas direkt von Aaron herstammen.

Wer mehr über die Notlage der Beduinen wissen will, sollte sich den Dokumentarfilm *Citizen Nawi* ansehen, der das Schicksal der Beduinen in den südlichen Hebronhügeln und die mutige Arbeit des israelischen Menschenrechtsaktivisten Ezra Nawi beschreibt.

Schätzungen zufolge leben jetzt nur noch etwa 3000 Christen im Gazastreifen. Viele haben Angst vor Verfolgung durch muslimische Hardliner. In Berichten über Gewalttätigkeiten heißt es, dass es im Jahr 2007 einen Zwischenfall gab, bei dem der Inhaber einer christlichen Buchhandlung in Gaza-Stadt erschossen wurde. Es waren auch zahlreiche Angriffe auf Kirchen und 2008 einen Bombenanschlag auf das YMCA in Gaza-Stadt zu beklagen.

Der Glaube der Samaritaner basiert allein auf den ersten fünf Büchern der Bibel. Die einzigen Propheten, die sie anerkennen, sind also Moses und Josua. Im Gegensatz zur jüdischen und muslimischen Tradition betrachten sie den Berg Garazim (in der Nähe von Nablus) als den Ort, an dem Abraham seinen Sohn als Opfer darbrachte, und nicht den Tempelberg in Jerusalem.

Bis zur Zeit des Britischen Mandats lebten die Samaritaner jahrhundertelang in Nablus. Dann spaltete sich die 150-köpfige Gemeinschaft, und etwa die Hälfte ließ sich in Holon (bei Tel Aviv) nieder. Nach Israels Unabhängigkeit wurden die in Holon lebenden Samaritaner israelische Staatsbürger. Die kleine Gemeinschaft, die sich weigerte, Konvertiten in ihren Kreis aufzunehmen, durchlebte eine Geschichte voller Erbkrankheiten. Um dem entgegenzuwirken, wurde es männlichen Samaritanern erlaubt, nicht-samaritanische Jüdinnen zu heiraten. Das war aber keine leichte Aufgabe, da nur wenige nicht-samaritanische Frauen bereit waren, die strengen Regeln der Geschlechtertrennung zu akzeptieren. Wenn heute ein samaritanisches Paar getraut werden will, muss zuvor das O. k. eines Genetikers eingeholt werden.

Die Samaritaner in Nablus mussten während der Ersten Intifada weiterem Druck standhalten. Spannungen mit einheimischen Muslimen zwangen sie, die Stadt zu verlassen und zum Berg Garazim (s. S. 342) zu flüchten, wo sie seither leben.

> Samaritanische Frauen müssen sich während ihrer Menstruation sieben Tage lang von ihrer Familie fernhalten. Nach der Geburt eines Kindes gilt die Frau als unrein; wenn sie einen Jungen geboren hat, dauert dieser Zustand der Unreinheit 40 Tage, bei einem Mädchen 80 Tage.

Palästinensische Autonomiegebiete

Während des Britischen Mandats wurde jeder, der in Palästina lebte, als Palästinenser angesehen, egal ob er nun Jude, Christ, Muslim, Druse oder ein Angehöriger einer anderen Gemeinschaft war. Seit 1948 bezeichnet dieser Begriff jedoch mehr oder weniger nur Araber (Christen und Muslime), die in den Palästinensischen Autonomiegebieten (Westjordanland und Gaza) leben, und Flüchtlinge, die 1948 oder später in andere Länder geflohen sind.

Arabische Christen und Muslime, die nach 1948 in Israel blieben, werden im Allgemeinen als israelische Araber bezeichnet. Sie haben ein schweres Los: ein erschüttertes Zugehörigkeitsgefühl, langanhaltende Armut, Ruhelosigkeit, Arbeitslosigkeit und Diskriminierung durch die etablierte israelische Gesellschaft.

> Laut dem Hilfswerk der Vereinten Nationen für Palästina-Flüchtlinge im Nahen Osten (UNRWA; www.unrwa.org) leben etwa 1 903 170 palästinensische Flüchtlinge in Jordanien, 451 467 in Syrien und weitere 413 962 im Libanon.

Über die Herkunft der palästinensischen Araber streiten nicht nur Juden und Palästinenser aufs Heftigste, sondern auch Historiker. Viele Palästinenser behaupten, Nachfahren der Kanaaniten und mit der Ankunft der Israeliten aus dem biblischen Gelobten Land vertrieben worden zu sein. Andere geben an, dass sie von den Philistern (von denen der Name Palästina abgeleitet sein könnte), den biblischen Feinden von König David, abstammen. Ein paar muslimische Palästinenser sind der Meinung, dass sie mit dem Kalifen Omar zusammen in Jerusalem eingetroffen sind, was bedeuten würde, dass sie seit 1400 Jahren hier leben. Die palästinensischen Christen wiederum behaupten, dass sie die Nachfahren jener ersten Christen sind, die Königin Helena im 5. Jh. n. Chr. auf ihrer Reise ins Heilige Land führte. Wo nun auch immer die Wurzeln der Palästinenser liegen, es reicht zu wissen, dass sie seit vielen Jahrhunderten auf diesem Boden, dem heutigen Israel und den Palästinensischen Autonomiegebieten, ansässig sind.

Die palästinensische Identität basiert im Wesentlichen auf der kollektiven Unterordnung unter wechselnde Machthaber: unter das osmanische Reich im 19. Jh., unter die Briten Anfang des 20. Jhs. und jetzt unter die benachbarten Israelis. Diese Identität bekam ein Gesicht, als Yassir Arafat 1959 die Fatah gründete. Über die Jahre wurde er zum Symbol des Kampfes um die palästinensische Unabhängigkeit. Nicht nur viele israelische Juden glauben, dass das Heilige Land ihnen gehört (und dass sie als Erste dort waren), auch die Palästinenser sind der Meinung, es gehöre ihnen. Die palästinensische

> Rund 85 % der muslimischen Bevölkerung auf der Welt sind sunnitische Muslime. Es wird geschätzt, dass es weltweit ungefähr 1,3 Mrd. Muslime gibt.

Identität steht folglich in engem Zusammenhang mit ihrer geschichtlichen, persönlichen und religiösen Verbundenheit mit diesem Land. Islam oder Christentum mögen die Palästinenser bei ihren alltäglichen Ritualen zwar lenken, aber es ist der Kampf um ein autonomes Heimatland, der noch immer alle Palästinenser verbindet.

Vereinfacht ausgedrückt, basiert die Spaltung der sunnitischen und schiitischen Muslime auf dem Tod des Propheten Mohammed. Diejenigen, die der Meinung waren, dass sein Nachfolger aus seinen Anhängern ausgewählt wird, wurden sunnitische Muslime; die, die glaubten, das die Führung in der Familie bleiben würde (und somit an Mohammeds Cousin und Schwager Ali überginge), wurden Schiiten.

MUSLIME

Sunnitische Muslime (ohne Beduinen) bilden die überwältigende Mehrheit der palästinensischen und etwa 70 % der arabischen Bevölkerung Israels. Sie sind in puncto Glaube und Bräuche traditionell gemäßigt eingestellt. Der im Lauf der letzten 30 Jahre stärker werdende palästinensisch-muslimische Fundamentalismus wurde mehreren Faktoren zugeschrieben, so auch der Kulturrevolution von 1979 im nahe gelegenen Iran, die eine Rückkehr zur religiösen muslimischen Herrschaft über weltliche Grundsätze hervorhob, und dem Entstehen der ersten palästinensischen Intifada, die darauf abzielte, der israelischen Besatzung in den Palästinensischen Autonomiegebieten ein Ende zu setzen. Insbesondere der Gazastreifen wurde in den letzten Jahren zu einer fundamentalistisch-islamischen Enklave, in der die Hamas die Macht übernahm und versuchte, der eigenen Bevölkerung streng religiöse Gesetze aufzuerlegen.

RELIGION

Israel und die Palästinensischen Autonomiegebiete sind der Geburtsort von zwei der drei großen monotheistischen Glaubensrichtungen, des Judentums und des Christentums. Die dritte und jüngste Glaubensrichtung, der Islam, betrachtet Jerusalem als seine drittheiligste Stadt.

Judentum

Das Judentum ist die erste dokumentierte monotheistische Glaubensrichtung und somit eine der ältesten noch praktizierten Religionen. Es unterscheidet sich von anderen Religionen dadurch, dass die Macht nicht in den Händen einer zentralen Behörde oder Person liegt, sondern auf Lehren und heiligen Schriften basiert. Der wichtigste Glaubenssatz ist, dass es einen Gott gibt, der das Universum erschuf und omnipräsent ist.

Es war Rambam, ein jüdischer Rabbi des 12. Jhs., der die 13 Prinzipien des jüdischen Glaubens festlegte: der Glaube an einen einzigen Gott, an den das Gebet zu richten ist, der Glaube, dass Gott die Guten belohnt und die Bösen bestraft, der Glaube, dass Moses die Lehren Gottes akzeptierte, und der Glaube an die Ankunft des Messias und die Auferstehung der Toten.

In diesem Sinne konzentriert sich das Judentum nicht auf abstrakte, kosmologische Glaubensvorstellungen. Die Juden machen sich zwar Gedanken über die Natur Gottes, das Universum und das Leben nach dem Tod sowie über andere wichtige Themen, aber für diese Begriffe bestehen keine festen Definitionen, sodass es viel Spielraum für Diskussionen und persönliche Meinungen gibt. Viel wichtiger als das strenge Festhalten an dogmatischen Anschauungsweisen sind Handlungen wie Beten, Studieren und das Einhalten der *mitzwot* (Gebote).

Zum jüdischen Glauben gehört vor allem auch, dass Gott die Juden auserwählt hat, seine Botschaften der restlichen Menschheit zu übermitteln. Gottes Gesetze wurden in der Thora, den ersten fünf Büchern des Alten Testaments, festgehalten. Die Thora enthält 613 Einzelgebote, die sich auf Grundlegendes beziehen; z.B. ist es verboten, zu stehlen, zu morden und mehrere Götter zu verehren. Weitere Gebote besagen, dass Juden koscher essen sollen, zweimal täglich die *shema* (die Bejahung des Judentums) rezitieren und am Sabbat ruhen müssen.

Weltweit praktizieren etwa 14 Mio. Menschen das Judentum oder sind durch Geburt Juden. Diese Zahl ist aber umstritten, da ständig darüber diskutiert wird, was einen Juden ausmacht. In anderen Quellen wird eine Zahl von 18 Mio. genannt.

Die Thora, der Rest des Alten Testaments (die prophetischen Bücher) und der Talmud (ca. 200 n. Chr. verfasster Kommentar zu den Gesetzen der Thora) bilden die Grundpfeiler der jüdischen Lehren.

GRUNDLAGEN DES JUDENTUMS

Der Stammvater des Glaubens war Abraham, der nach der Zeitrechnung der hebräischen Thora 1948 Jahre nach der Schöpfung geboren und 175 Jahre alt wurde. Nach jüdischem Glauben predigte er die Existenz nur eines Gottes, dafür versprach Gott ihm das Land Kanaan, das er aber erst bekommen sollte, wenn seine Nachfahren im Exil gelebt und sich rein gewaschen hätten. Also machte sich sein Enkel auf nach Ägypten, wo später ganze Generationen als Sklaven lebten. Moses führte sie aus Ägypten heraus und nahm auf dem Berg Sinai die zehn Gebote in Empfang.

Nach ihrer Rückkehr nach Israel schuf Gott für die Nachfahren von Aaron (dem Bruder Mose) eine Priesterkaste. Sie wurden Kohen (Kohanim), die auf Feierlichkeiten und bei Opfergaben besondere Dienste ausübten. Die Beziehung zwischen Gott und den Juden stand nicht immer unter einem guten Stern, und als Gott sah, dass das von ihm auserwählte Volk seines Glaubens abtrünnig wurde, verhängte er Strafen. An einer Stelle in der Bibel erlaubt Gott den Philistern, das von den Kohen benutzte *mishkan* (das transportable Heiligtum) zu entwenden.

JÜDISCHE BRÄUCHE

Der am deutlichsten spürbare jüdische Brauch in Israel ist der Sabbat, der Tag der Ruhe, den die religiösen Gruppen der israelischen Gesellschaft einhalten, die weltliche Bevölkerung jedoch nicht. Der Sabbat beginnt freitags bei Sonnenuntergang und endet samstags mit Einbruch der Nacht. Es ist verboten, am Sabbat irgendeine Arbeit auszuführen, es sei denn, die Gesundheit eines Menschen stünde auf dem Spiel. Auch Arbeiten wie Schreiben oder der Umgang mit Geld sind untersagt. Es darf kein Feuer entfacht werden, was modern ausgedrückt heißt, dass kein Strom benutzt werden darf. (Licht muss vor Beginn des Sabbats angemacht werden und dann bis zu seinem Ende anbleiben. Wahrscheinlich werden Traveller auch mit „Sabbat-Fahrstühlen" in Kontakt kommen: Diese fahren ganz langsam und automatisch und halten in jedem Stockwerk an, sodass der fromme Jude nicht den Knopf betätigen oder Treppen steigen muss.) Zu den Aktivitäten, die man an einem Sabbat ausüben darf, gehören u. a. der Besuch bei Freunden oder der Familie, Lesen, Gespräche über die Thora und Gebete in der Synagoge. Auch Sex ist erlaubt; die jüdische Bevölkerung an heiligen Tagen potenziell zu vergrößern ist sogar eine Doppel-*mitzwot* (gute Tat) … Es gibt also immer etwas zu tun, wenn der Fernseher tabu ist.

Die religiösesten Juden – die Ultraorthodoxen, die Chassidim oder Haredim genannt werden – sind an ihren schwarzen Hüten, den langen schwarzen Mänteln, den weißen Kragenhemden, den Bärten und den *peyots* (Schläfenlocken) zu erkennen. Yisrael Campbell, ein ultraorthodoxer israelischer Schauspieler, sagte einmal: „Ist es hier warm oder bin ich der Einzige, der gekleidet ist wie im Polen des 17. Jhs.?" Haredi-Frauen treten bescheiden auf und kleiden sich einfach. In der Öffentlichkeit und in Begleitung von Männern außerhalb des eigenen Hauses bedecken sie Haare und Haut (außer Hände und Gesicht). Weitere ultraorthodoxe Bräuche sind auf S. 139 genannt.

Viele gläubige Juden tragen eine Kippa (kreisrunde Kopfbedeckung), meist jedoch aus Tradition und nicht so sehr wegen des Gebots. Anhand der Art der Kippa ist es manchmal möglich, Rückschlüsse auf den Hintergrund, den Glauben oder sogar die politische Einstellung der Person zu ziehen, die

Gutes Grundwissen über das Judentum vermittelt die Website www.jewfaq. org von Judaism 101. Hier bekommt man Antwort auf eine Vielzahl von Fragen.

Das Wort *tzitzit* (geknotete Fransen am Gebetsschal) hat basierend auf der Gematrie (Numerologie der hebräischen Sprache) einen numerischen Wert von 600. Jede Troddel besteht aus acht Fäden und fünf Knotengruppen (insgesamt 13). Die kombinierte Gesamtzahl von 613 erinnert den Weber an die Gebote der Thora.

Mehrere Organisationen ermöglichen jungen amerikanischen Juden einen kostenlosen Aufenthalt in Israel. Man hofft, dass diese sich vielleicht entschließen, nach Israel einzuwandern. Taglit-Birthright (www. birthrightisrael.com) ist eine der bekanntesten Organisationen, Birthright Unplugged (www. birthrightunplugged.org) bietet alternative Touren mit Schwerpunkt auf Palästina und der misslichen Lage in diesem Land.

sie trägt. Eine große, gehäkelte, oft weiße Kippa ist ein Zeichen dafür, dass der Träger entweder ein Braslav Chassid oder ein Messias-Anhänger ist. (Achtung: Nicht die große, weiße Messias-Kippa mit der gemusterten, weißen Häkel-Kippa verwechseln, die von den Haji-Muslimen getragen wird, die in Mekka waren!) Siedler tragen oft eine gehäkelte oder gestrickte Kippa. Bei der IDF gibt's kakhifarbene Kippas, und besonders religiöse Juden sieht man häufig mit einer schwarzen Satin- oder Samt-Kippa. In Tel Aviv wird man jedoch kaum Kippas zu Gesicht bekommen.

Islam

Die meisten Palästinenser sind sunnitische Muslime und müssen als solche fünfmal am Tag beten. Für Traveller wird in palästinensischen Städten und muslimischen Gegenden Israels und der Palästinensischen Autonomiegebiete der Aufruf zum Gebet, der aus den Lautsprechern dröhnt, bald zu einem gewohnten Reise-Soundtrack werden. Am bedeutendsten ist das Mittagsgebet jeden Freitag; dann wird in jeder Moschee eine *chutba* (Predigt) abgehalten.

Eine knappe, einfache Einführung in den muslimischen Glauben bieten Inside Islam (2002) von John Miller und Aaron Kenedi oder Kleine Geschichte des Islam (2000) von Karen Armstrong. Wer es lieber etwas politischer mag, sollte ein Buch von Bernard Lewis lesen, z. B. Welt des Islam: Geschichte und Kultur im Zeichen des Propheten (1976).

Islam und Judentum haben gemeinsame Wurzeln. Muslime verehren auch Adam, Noah, Abraham, Isaak, Jakob, Josef und Moses als Propheten, doch wird Mohammed in der Reihe der Propheten als der historisch letzte angesehen. Und so teilen sich Juden und Muslime auch einige heilige Stätten, u. a. den Haram el-Sharif (Tempelberg) in Jerusalem, die Höhle Machpela (auch bekannt als Grab der Patriarchen) in Hebron und den Berg Sinai in Ägypten. Da sie so eng verbunden sind, werden Juden und Christen von Muslimen als Ahl al-Kitab, Volk des Buches, bezeichnet.

Mohammed soll im Jahr 570 n. Chr. in der arabischen Stadt Mekka geboren worden sein. Ab 610 empfing er Offenbarungen Gottes. Er predigte in Mekka das Wort Gottes, rief dazu auf, auf Bilderverehrung zu verzichten, an einen einzigen Gott zu glauben und sich auf den Tag des Jüngsten Gerichts vorzubereiten, an dem alle Menschen für ihre Handlungen zur Rechenschaft gezogen werden. Diejenigen, die sich über seine Predigten ärgerten, verfolgten seine Anhänger. Mohammed wurde aus der Stadt vertrieben und ließ sich später in Medina nieder. Die Menschen in Medina waren entgegenkommender und akzeptierten Mohammeds Islam. Später griff er dann zusammen

---

DIE FÜNF SÄULEN DES ISLAM

Zu den Schriften des Korans gehören auch die fünf Säulen des Islam:

- Hadsch – Pilgerfahrt nach Mekka, die mindestens einmal im Leben unternommen werden sollte. Als Dank werden einem alle Sünden vergeben.

- Salat – Die Pflicht, fünfmal am Tag zu beten (bei Sonnenaufgang, mittags, nachmittags, bei Sonnenuntergang und nach Einbruch der Nacht). Gebetet wird in Richtung Mekka; wo gebetet wird, ist egal, nur freitagmittags muss man dazu in die Moschee gehen.

- Schahada – Das Glaubensbekenntnis, die Grundlage des Islam. „Es gibt keinen Gott außer Allah und Mohammed ist sein Prophet". Dieser Satz ist Teil des Rufes des Muezzin.

- Saum – Ramadan ist der neunte Monat im muslimischen Kalender, in dem Mohammed die Worte des Korans offenbart wurden. Während Ramadan darf nichts über die Lippen gehen (kein Essen, keine Zigaretten und keine Getränke). Auch Sex zwischen Morgen- und Abenddämmerung ist verboten.

- Zakat – Muslime müssen den Armen Almosen in Höhe von einem Vierzigstel ihres Einkommens geben. Im Westjordanland und im Gazastreifen gibt es etwa 80 Zakat-Ausschüsse, die die Verteilung der wohltätigen Spenden überwachen.

mit seinen Anhängern Mekka an, übernahm die Kontrolle über die Stadt und bekehrte die Bevölkerung.

Die heilige Schrift des Islam, der Koran, soll das Wort Gottes sein, das durch Mohammed über einen Zeitraum von 23 Jahren in einer Reihe von Offenbarungen übermittelt wurde.

Christentum

Jesus von Nazareth hatte nur wenig Einfluss auf die politischen Strömungen seiner Zeit. Während seines Lebens war er nur einer der vielen Redner, die sich kritisch gegenüber dem Materialismus und der Dekadenz der wohlhabenden Jerusalemer äußerten und herablassend auf die römische Obrigkeit blickten. Nach der Taufe durch Johannes den Täufer soll Jesus von Gott in die Wüste geführt worden sein, wo er 40 Tage und Nächte verweilte und den Versuchungen des Teufels widerstand. Es heißt, dass sein Wirken von zahlreichen Wundern gekennzeichnet war, z. B. von Heilungen, dem Laufen über Wasser und der Wiederbelebung von Toten. Im Alter von etwa 33 Jahren wurde Jesus des Aufruhrs beschuldigt und von Jerusalems römischem Statthalter, Pontius Pilatus, zum Tode verurteilt.

Die Anhänger Jesu wurden als Christen bezeichnet (Christ ist ein vom Griechischen abgeleiteter Titel und bedeutet „der Gesalbte"), sie sahen in ihm den Sohn Gottes und den Messias. Für Juden ist dieser Glaube Ketzerei, vor allem weil die messianischen Prophezeiungen hinsichtlich der hebräischen Bibel nicht erfüllt. Für Muslime ist Jesus ein bedeutender Prophet, der sein Leben ohne Gewalt und ohne Sünden verbrachte. Sie glauben aber nicht, dass er der Sohn Gottes ist.

Die Anhänger von Jesus, die seine Lehren interpretierten und verbreiteten, haben in nur wenigen Jahrzehnten nach seinem Tod einen sich vom Judentum sehr stark unterscheidenden Glauben ins Leben gerufen. In der Mitte des 2. Jhs. entstand in Jerusalem eine Griechisch sprechende christliche Gemeinde, die während der Herrschaft von Konstantin dem Großen immer mehr an Bedeutung gewann. Zu dieser Zeit wurden die meisten heiligen Stätten entdeckt oder zu solchen erklärt.

In Israel und den Palästinensischen Autonomiegebieten gibt es zahlreiche christliche Glaubensgemeinschaften, die hitzig darüber debattieren, wem die heiligen Stätten gehören. Als die Osmanen in Palästina herrschten, versuchten sie, die ständigen Streitigkeiten beizulegen, indem sie für neun der bedeutendsten Stätten Besitzrechte erließen. Diese unter dem Namen „Status Quo" bekannte Regelung findet noch heute Anwendung, auch wenn Mönche und hochrangige Geistliche immer wieder darüber streiten. Mehr als die Hälfte der Grabeskirche in Jerusalem und ein großer Teil der Geburtskirche in Bethlehem unterstehen der größten Glaubensgemeinschaft, der griechisch-orthodoxen Kirche.

LEBENSART
Mentalität

Israel, der weltweit einzige jüdische Staat, und seine Gesellschaft sind einzigartig. Obwohl Israel eine überraschend vielfältige Nation ist, sind die meisten Israelis (ca. 76 %) Juden. Die gemeinsame Erinnerung an den Holocaust und die Geschichte des Landes, das sein Bestehen gegen die meist muslimischen Nachbarn verteidigen musste, sind für die jüdische Bevölkerung verbindende Elemente.

Auch die Armee schafft ein Band der Zusammengehörigkeit unter der jungen Bevölkerung. Junge israelische Männer und Frauen (außer den weiblichen Drusen und Tscherkessen, den arabischen Muslimen und Christen Israels und den ultraorthodoxen Juden) werden mit 18 Jahren zum

Eine fantastische Website über Innovationen und Initiativen ist Israel 21C (www.israel21c.org).

Al-Harah Theatre (www. alharah.org) ist eine Organisation mit Sitz in Ramallah, die an der Gründung der ersten offiziellen Schauspielschule mit regelmäßigen Aufführungen in den Palästinensischen Autonomiegebieten arbeitet.

Wehrdienst eingezogen – Männer für drei Jahre, Frauen für knapp zwei Jahre. Die in den letzten Jahren steigende Zahl der *refuseniks* (Wehrdienstverweigerer) hat die Notwendigkeit der Wehrdienstpflicht in Frage gestellt, und es gibt jetzt – vor allem für Frauen – immer mehr Möglichkeiten, Zivildienst zu leisten. Dennoch absolvieren die meisten israelischen Männer unter 40 jedes Jahr einen Monat Militärdienst und sind der festen Meinung, dass die ständige Verteidigung gegen mögliche Angreifer unbedingt erforderlich sei, angetrieben durch das übliche Geplänkel mit der libanesischen Hisbollah, der palästinensischen Hamas und anderen militanten Gruppen.

Obwohl Israel ziemlich genau in der Mitte des Nahen Ostens liegt, blickt man hier in puncto Lebensart, Kultur und Business doch nach Europa und zunehmend auch nach Amerika. Für Israel ist die Einbeziehung in europäische Veranstaltungen – besondere Favoriten sind der Eurovision Song Contest (der im ganzen Land mit Begeisterung verfolgt wird) und die Euroleague-Basketball- sowie Fußballturniere – eine Chance, mit den Nachbarn jenseits des Mittelmeeres zu kommunizieren. Auch in der Geschäftswelt hat Israel enge und erfolgreiche Beziehungen zu Europa und den USA. Das Bruttoinlandprodukt Anfang 2008 war eines der höchsten der Welt, zu verdanken einem kühnen Unternehmergeist und den enormen Fortschritten in der Hightechbranche und der medizinischen Forschung. Viele junge Israelis gehen jedes Jahr ins Ausland. Sie sind auf der Suche nach neuen Abenteuern. Wenn man sich aber mit ihnen unterhält, sagen die meisten, dass sie den Sonnenschein, die Familie und das Hummus vermissen und beabsichtigen, irgendwann wieder nach Hause zurückzukehren.

1998 zahlte König Hussein von Jordanien 8,2 Mio. US$ für die Sanierung des Felsendoms. Außen ist er jetzt mit Blattgold geschmückt.

DIE GESCHICHTE EINES KÄMPFERS *Elik Elhanan*

Ich wurde 1977 in Jerusalem geboren und trat 1995 im Alter von 18 Jahren in die Spezialtruppe der Isreal Defense Forces (IDF) ein. Ich dachte, ich täte etwas Wichtiges und Richtiges, ich würde meine Familie beschützen und mein Land verteidigen. Die Dinge, die ich sah und tat, belehrten mich jedoch eines Besseren, denn ich beschützte oder verteidigte war nichts.

Nachdem meine Schwester am 4. September 1997 während eines Selbstmordanschlags in Jerusalem ums Leben gekommen war, beschloss ich, die Armee zu verlassen. Ich wollte weder für sie kämpfen noch für sie sterben. Ich musste einen anderen Weg finden.

Ich fand dann später meinen Platz in einer Initiative namens Courage to Refuse. Eine Gruppe aus 52 Reservesoldaten und -offizieren veröffentlichte im Februar 2002 ein Schreiben in der Zeitung Ha'aretz, in dem sie erklärte, dass sie nicht länger in den besetzten Palästinensischen Autonomiegebieten dienen würde, da diese Dienst gesetzwidrig und unmoralisch sei. Innerhalb weniger Wochen hatte diese Gruppe Hunderte von Mitgliedern.

Aber sie erlangte nicht den gewünschten Einfluss. Den meisten von uns war klar, dass ein weiterer Schritt erforderlich wäre, und wie dieser aussehen sollte, war offensichtlich: Wir mussten die „feindliche" Linie überqueren und versuchen, mit ehemaligen palästinensischen Kämpfern eine Art Kontakt aufzubauen. Der Gedanke dahinter war, dass wir durch einen solchen fast unmöglich erscheinenden Dialog in der Lage sein würden, aufzuzeigen, dass sie in der Tat einen „Partner für den Frieden" haben könnten. Wir kamen schon recht bald mit einer Gruppe ehemaliger palästinensischer Häftlinge in Kontakt, die Interesse hatten an einem Treffen mit israelischen Wehrdienstverweigerern.

Unser erstes Treffen im Februar 2005 gehörte zu den erschreckendsten Erfahrungen, die ich je gemacht habe. Wir gingen nach Bethlehem, als die Intifada ihren Höhepunkt hatte. Wir kehrten als Zivilisten und unbewaffnet an einen Ort zurück, an dem viele von uns als Soldaten gedient hatten, wir hatten keine Rückendeckung, wir hatten Angst, umgebracht oder verschleppt zu werden. Einige Zeit später erfuhr ich von Bassam Aramin, einer der palästinensischen Teilnehmer an diesem Treffen, dass auch er in seinem tiefsten Inneren befürchtet hatte, die Nacht im Gefängnis zu verbringen oder ermordet zu werden.

Die Mentalität der Menschen auf der anderen Seite der umstrittenen Grenze, in den Palästinensischen Autonomiegebieten, basiert auf einer unruhigen neueren Geschichte, in der Elend, Gewalt und Entbehrungen vorherrschen. Der Islam spielt zwar eine Hauptrolle in der Weltanschauung der Menschen, aber der Wunsch nach einem unabhängigen Heimatland nimmt die Schlüsselposition ein. Für viele palästinensische Zivilisten haben die Jahre der Entbehrungen, Arbeitslosigkeit, Armut und Lebensmittelknappheit zu einem kollektiven Gefühl von Hoffnungslosigkeit und Ohnmacht geführt. Andere haben es sich zur Aufgabe gemacht, den mutlosen Zivilisten zu helfen, und zahlreiche regierungsunabhängige Organisationen gegründet, um der palästinensischen Bevölkerung die dringend benötigten kulturellen Angebote bieten zu können: Musik, Tanz, Kunst und Theater.

In den letzten Jahren haben sich immer mehr Palästinenser in der Hoffnung auf ein besseres Leben im Ausland entschlossen, ihre Heimat zu verlassen. Die Zahl der Christen in Bethlehem hat in letzter Zeit beispielsweise stark abgenommen, da viele als Flüchtlinge nach Übersee gegangen sind. Aber wie die israelischen Auswanderer sind auch sie alle eng mit ihrem Land verbunden und hoffen letztendlich auf eine Möglichkeit zur Rückkehr.

Das Women's Centre for Legal Aid and Counselling (www.wclac.org) ist eine Organisation, die sich in den Palästinensischen Autonomiegebieten mit Frauenthemen beschäftigt.

Alltagsleben

Obwohl Israel und die Palästinensischen Autonomiegebiete in mancherlei Hinsicht gegensätzlich sind wie Tag und Nacht, gibt es vieles im täglichen Leben, das sich auf beiden Seiten der umstrittenen israelischen Sperranlagen (Infos dazu finden sich im Kasten auf S. 320) erstaunlich ähnelt. Hier wie

Es wurde aber niemand inhaftiert oder ermordet. Wir trafen uns und sprachen miteinander. Als wir über Politik redeten, war das Gespräch steif, doch als wir unsere persönlichen Geschichten erzählten, fiel die Mauer zwischen uns. Seitdem arbeiten wir zusammen als Combatants for Peace und konzentrieren uns auf drei Bereiche. Erstens: Wir wollen palästinensische und israelische Kämpfer an einen Tisch bringen. Es gab bereits Dutzende Treffen, an denen mehr als 500 ehemalige israelische Soldaten und palästinensische Ex-Häftlinge teilnahmen.

Zweitens: Wir arbeiten in den Gemeinden. Wir treten als Paar auf, ein Palästinenser und ein Israeli, und zeigen so, dass wir Partner sind. Die jeweils andere Partei wird Leuten vorgestellt, die sie nur aus dem Blickwinkel der Angst und des Hasses erlebt haben.

Drittens: Wir beteiligen uns an der größeren Solidaritäts- und Widerstandsbewegung. Wir machen mit bei verschiedenen von Palästinensern organisierten Protestveranstaltungen, z. B. gegen die Mauer, gegen Kontrollpunkte, etc. Diese Aktionen sind wichtig: Sie erlauben uns, gewaltfreien Widerstand zu üben und israelisch-palästinensische Solidarität zu demonstrieren. So können persönliche Bande zwischen den Teilnehmern gefestigt werden. Aber am wichtigsten ist, dass die Anwesenheit von Israelis und internationalen Demonstranten die Brutalität der israelischen Armee und Polizei etwas mindert. Wir arbeiten in der Hoffnung, dass sie nicht mit scharfer Munition auf uns schießen.

Als Combatants for Peace haben wir zwei Grundregeln: Wir sind zur Gewaltlosigkeit verpflichtet und zum Dialog. Wir haben versprochen, zu reden, egal worüber, und das ist keine leichte Sache. Die härteste Prüfung bisher war die Ermordung von Abir Aramin, der Tochter von Bassam Aramin, einem unserer Gründungsmitglieder, durch die israelische Polizei. Die mit Gummi beschichtete Kugel traf sie am 16. Januar 2007 in ihrer Schule in Anata in den Kopf. Sie war elf Jahre alt. Dieser Vorfall nahm vielen von uns den Mut, und viele Israelis fragten sich sogar, ob Frieden mit uns möglich sei. Glücklicherweise haben unsere palästinensischen Freunde aber nicht den Glauben an unsere Partnerschaft verloren. Bis heute bemühen wir uns darum, dass Abirs Mörder zur Rechenschaft gezogen wird.

Elik Elhanan ist Gründungsmitglied der Combatants for Peace (www.combatantsforpeace.org)

Mehr über eine ausgezeichnete Friedensorganisation erfährt man auf der Website von One Voice (www.onevoice movement.org), deren Ziel es ist, „den Stimmen von israelischen und palästinensischen Gemäßigten mehr Gewicht zu verleihen".

Junge israelische Wehrdienstverweigerer heißen *refuseniks*. Die meisten müssen aufgrund ihrer Verweigerung aus Gewissensgründen im Militärgefängnis einsitzen, sie ziehen aber die Inhaftierung dem Dienst in den Israel Defense Forces vor.

da steht das Familienleben an erster Stelle: Viele israelische Familien essen jeden Freitagabend zusammen, bevor sich die jüngere Generation ins Nachtleben stürzt und die ältere zu Bett geht. Die Großfamilie spielt auch in den Palästinensischen Autonomiegebieten eine wichtige Rolle, die Großeltern leben oft mit ihren jüngeren Familienmitgliedern zusammen oder zumindest in deren Nähe. Religiöse Feiertage – sei es nun Weihnachten, Eid oder Rosch ha-Schana – sind sowohl für Israelis als auch für Palästinenser immer ein Anlass, im Kreis der ganzen Familie manchmal eine Woche lang zu feiern – mit Essen, Partys und Grillabenden.

Der zweite der beiden Völker vereinende Punkt ist die Bedeutung der alltäglichen Nahrungsaufnahme. In Tel Aviv sind gute Restaurants rund um die Uhr voll; in palästinensischen Dörfern sitzen Senioren in den Cafés, spielen Backgammon und essen klebriges Baklava. Zur Mittagszeit füllen sich in jeder Stadt, in jedem Dorf und in jedem Ort in Israel und Palästina die Cafés und die Massen stillen ihren Hunger mit Hummus.

Vieles in Israel basiert auf sozialistischen Prinzipien und dem kollektiven Leben im Kibbuz. Viele moderne Israelis haben sich aber auch einer ausgesprochen spießigen, bequemen, konsumorientierten Existenz verschrieben. Neuer Reichtum und die Freude an der Natur haben viele zu einem aktiven Lebensstil gebracht: Sport, Aktivitäten im Freien, Reisen und sonstige Freizeitbeschäftigungen machen die ansonsten stressige Situation im Nahen Osten erträglicher. Aber nicht alle Israelis tummeln sich auf Partys oder an der frischen Luft. Während die weltlich eingestellten Tel Aviver freitagabends die Clubs besuchen, sind die Jerusalemer Orthodoxen stets bemüht, die strengen religiösen Gesetze einzuhalten, die ihnen von Freitag ab Sonnenuntergang bis Samstag nach Sonnenuntergang jede Art von Arbeit verbieten (und das heißt für streng Gläubige, dass sie nicht einmal eine Glühbirne auswechseln dürfen). Schwule und Lesben leben in Tel Aviv und anderen Städten einen offenen Lebensstil, in Jerusalem sind sie jedoch zurückhaltend und konservativ. Weltliche Israelis haben im Durchschnitt zwei oder drei Kinder, religiöse Israelis manchmal ein Dutzend und mehr.

Israelische Frauen genießen genauso viele Freiheiten und den gleichen Status wie Europäerinnen. Sie spielen seit jeher eine bedeutende Rolle in Wirtschaft, Militär und Politik (Israel war eines der ersten Länder mit einer Premierministerin: Golda Meir). Aber es gibt noch immer einige Herausforderungen. Am beunruhigendsten ist die Tatsache, dass Eheschließung und Scheidung (und auch das Sorgerecht für die Kinder) noch immer in den Händen der religiösen Gerichte liegt, die Männern traditionell das Recht zusprechen – vor allem in Unterhaltsfragen – und einer Frau die Scheidung verbieten können. Genau das ist auch ein Problem für palästinensische Frauen, deren Familienangelegenheiten ebenfalls religiösen Vorschriften unterliegen. Das Ergebnis ist oft ähnlich: Es ist männerfreundlich, vor allem wenn es um den Unterhalt und das Sorgerecht für Kinder geht.

Palästinenser verdienen weit weniger als der Durchschnittsisraeli (2006 betrug das jährliche Pro-Kopf-Einkommen 1200 US$, gegenüber 18 580 US$ in Israel). Diese ärgerlichen Zahlen tragen viel zu dem schwelenden palästinensisch-israelischen Konflikt bei. Hohe Arbeitslosenzahlen und eine spektakuläre Geburtenrate – jede Frau bekommt im Durchschnitt sieben Kinder – sind der Grund dafür, dass Palästinenser in beengten, ärmlichen Verhältnissen leben. Wie viele andere Frauen in der ganzen Welt haben auch die Palästinenserinnen traditionell das Sagen im Haus. In den letzten Jahren haben sich aber immer mehr Frauen dafür entschieden, eine höhere Schule zu besuchen, zu studieren und außer Haus zu arbeiten. In den letzten Jahrzehnten haben Frauen allmählich auch Zugang zur palästinensischen Politik gefunden. Beispiele dafür sind die beiden aktiven Regierungsmitglieder

Hind Khoury und Hanan Ashrawi sowie Janet Michael, die erste Bürger-
meisterin von Ramallah. 2006 wurde die Hamas in die nationale Regierung
gewählt. Die folgende Machtübernahme im Gazastreifen führte dazu, dass
die Menschen Angst vor einem wachsenden islamischen Extremismus bekamen. Anders als im konfliktgeplagten Gazastreifen konnten im Westjordanland erstmals die recht gemäßigten Ansichten beibehalten werden und
besonders Ramallah konnte sich seinen Anteil an westlichen Errungenschaften wie schnellen Autos, Fitnessclubs und Nachtbars bewahren. Im alltäglichen Leben Palästinas spielt die Familie eine bedeutende Rolle, und es wird
viel Zeit damit verbracht, mit Freunden und Verwandten bei Tee und Kaffee
zusammenzusitzen oder gemeinsam zu essen.

REGIERUNG & POLITIK
Israelische Regierung
Israel hat zwar eine weltliche Regierung, aber das bedeutet nicht unbedingt,
dass Religiöses und Staatliches wirklich getrennt wären, denn alles basiert
auf dem Judentum, angefangen beim Justizsystem über Feiertage und die
Ausbildung bis zur Nationalhymne. Eine spezielle Regierungsabteilung – das
Ministerium für Religiöse Angelegenheiten – soll darauf achten, dass die
jüdischen Gesetze eingehalten werden, auch wenn dabei manchmal viele
Details übersehen werden. Sowohl jüdische als auch muslimische Eheschließungen und Scheidungen sind Sache der religiösen Gerichte.

Israel ist eine parlamentarische und demokratische Republik mit einem
Ministerpräsidenten an der Spitze. Die Legislative oder das Parlament, d. h.
die aus 120 Mitgliedern bestehende Knesset, wird alle vier Jahre nach dem
Verhältniswahlprinzip gewählt (in der Geschichte wurden aber fast immer
schon vor Ende der Legislaturperiode Neuwahlen ausgerufen). Israels Präsident ernennt zwar den Ministerpräsidenten, aber ansonsten fallen ihm im
Großen und Ganzen nur repräsentative Aufgaben zu. Das Parlament wählt
den Präsidenten für einen Zeitraum von sieben Jahren.

Das ungewöhnlichste Merkmal der israelischen Knesset ist, dass die bei
den Wahlen obsiegende Partei nicht zwangsläufig auch die Regierung bildet.
Die Gewinner müssen eine Koalition bilden und mindestens 61 Sitze der
Knesset belegen. Wenn es ihnen nicht gelingt, innerhalb der von dem Präsidenten festgesetzten Frist eine Regierung zu bilden, sind die zweiten Gewinner an der Reihe. Genau das geschah bei den Wahlen 2009.

Bis 2009 war die Kadima (Vorwärts) einige Jahre Israels führende Partei.
Sie wurde 2005 von Ariel Sharon gegründet, nachdem er den rechten Flügel
der Likud-Partei verlassen hatte. Die Kadima, die bei den Parlamentswahlen
2006 29 Sitze erhielt, bezeichnet sich selbst als gemäßigte Partei, die sich
Weltlichkeit und Staatsbürgerlichkeit auf die Fahnen geschrieben hat. Ihr
Programm basiert auf einer partiellen Loslösung von den Palästinensischen
Autonomiegebieten, einer Verringerung des Einflusses der orthodoxen jüdi-
schen Religionsgruppen und einer freien Marktwirtschaft mit angemessenen
Sozialleistungen. Als Sharon im Januar 2006 einen Schlaganfall erlitt, löste
ihn sein Stellvertreter Ehud Olmert an der Partei- und Regierungsspitze ab.

In den Jahren nach Olmerts Einsetzung als Ministerpräsident (die geprägt
waren von Kriegen im Gazastreifen und im Libanon, von Übergriffen auf
die Palästinensischen Autonomiegebiete, von vielen zivilen Opfern und dem
ständigem Beschuss Südisraels vom Gazastreifen aus) nahm die Popularität
der Kadima bis zu den Wahlen im Februar 2009 ständig ab. Auch Olmerts
Beliebtheit rutschte durch Schmiergeld- und Korruptionsskandale ins Bo-
denlose ab. Die Kadima gewann zwar die Verhältniswahl (22,47 % der Stimmen und 28 Sitze in der Knesset gegenüber 21,61 % und 27 Sitzen der Likud-
Partei), war aber nicht in der Lage, die erforderliche Koalition zu bilden,

Die palästinensische
Circus School (www.
palcircus.ps) betreut fünf
Zirkusclubs im Westjor-
danland. Freiwillige
Helfer können bei den
Jonglier-, Trapez- und
Akrobatikaktivitäten
mitmachen.

Golda Meir war weltweit
die dritte Ministerpräsi-
dentin und schon lange,
bevor Margaret Thatcher
diesen Spitznamen
bekam, als „Eiserne Lady"
bekannt. Sie ist in Kiew
geboren und in Wisconsin
aufgewachsen und
emigrierte 1921 zu Zeiten
des Britischen Mandats
nach Palästina.

obwohl Tzippi Livni als Olmerts Nachfolgerin und erste Ministerpräsiden-
tin nach Golda Meir heftig beworben wurde.

Nach dem Scheitern der Kadima brachte Benjamin Netanjahu, der Führer der konservativen Likud-Partei (mehr dazu auf S. 34), einige rechtsext-
reme Elemente in die Koalition (beispielsweise sollten alle Araber aus Israel vertrieben werden, das ganze historische Palästina – einschließlich
Westjordanland und Gazastreifen – sollte zu Israel gehören). Am 1. April
2009 übernahm Netanjahu das Amt des Ministerpräsidenten und ernannte
Avigdor Lieberman zum Außenminister (aufgrund von Liebermans Rassen-
vorurteilen war diese Entscheidung für einige befremdlich).

Die gemäßigte weltliche Öffentlichkeit Israels beobachtet weiterhin mit
hochgezogenen Augenbrauen, wie Netanjahu mit Präsident Barack Obama
und dessen grundlegend anderer Einstellung zurechtkommt.

Die linksgerichtete Awoda (Arbeiterpartei) hat bei den Wahlen 2009 eher
schlecht abgeschnitten und von den ehemals 19 Sitzen nur noch 13 inne.
Ihre Gründung basiert auf einer zionistisch-sozialistischen Ideologie (sie
war die Partei von David Ben Gurion, Schimon Peres und Jitzchak Rabi). In
letzter Zeit wurde sie aber wegen ihrer Unentschlossenheit kritisiert und mit
dem „Dritten Weg" der britischen Labour-Partei unter Tony Blair verglichen.
Mehr als 20 weitere Parteien kämpften 2009 um Sitze in der Knesset; insgesamt 65 Sitze gingen an Rechte.

Palästinensische Autonomiebehörde

Die Palästinensische Autonomiebehörde (Palestinian National Authority,
PA oder PNA) wurde 1994 als Interimsregierung für fünf Jahre ins Leben
gerufen und übt Regierungsfunktion aus. Die Verträge von Oslo (s. S. 39)
besagen, dass die PA die Kontrolle über die städtischen Gebiete und Dörfer
in den Palästinensischen Autonomiegebieten hat (die ländlichen Gebiete
und Straßen unterstehen noch immer den Israelis). Ständige Versäumnisse
bei den Verhandlungen verhinderten die Gründung eines unabhängigen
Staates, und so bildet die PA noch immer die Regierung.

Das höchste Amt in der PA ist von dem Präsidenten besetzt, der alle vier
Jahre gewählt wird. Im Januar 2005 gewann Mahmud Abbas (auch als Abu
Mazen bekannt) die Präsidentschaftswahlen mit 62 % der Stimmen. Als
Abbas Amtszeit im Januar 2009 endete, verlängerte er ganz nach der Tradi-
tion aller Präsidenten im Nahen Osten seine Amtszeit um ein weiteres Jahr.

Der Palästinensische Legislativrat (das Parlament) ist ein Einkammerpar-
lament mit 132 Mitgliedern, die in 16 Wahlkreisen im Westjordanland und
im Gazastreifen gewählt werden. Die führende Partei des Rates wählt den
Ministerpräsidenten und die Regierung. Im Januar 2006 verzeichnete die
Hamas bei den Wahlen in den Palästinensischen Autonomiegebieten einen
Triumph. Am 29. März 2006 wurde Ismail Haniyya als Ministerpräsident
vereidigt. Die USA, die Europäische Union, Kanada und Israel stoppten
unverzüglich alle Zahlungen an die Palästinensische Autonomiebehörde, da
sie der Meinung waren, dass die Hamas eine terroristische Organisation sei,
weil sie sich weigere, von dem Aufruf zur Zerstörung Israels abzulassen.

Die Fatah unter Präsident Abbas und die Hamas unter Ministerpräsident
Haniyya kamen kurzzeitig in einer Koalitionsregierung zusammen. Die
gewaltsame Übernahme des Gazastreifens im Juni 2007 durch die Hamas
veranlasste Abbas dazu, die Regierung und Haniyya abzusetzen und den
unabhängigen Kandidaten und ehemaligen Weltbankangestellten Salam
Fayyad zum Ministerpräsidenten einer neuen Regierung zu ernennen. Die
Hamas behielt aber die Kontrolle über den Gazastreifen und behauptet
weiterhin, dass eine demokratische und folglich die rechtmäßig gewählte
Partei an der Spitze stehe.

Israels Ale Jarok (Grünes Blatt; www.ale-yarok.
org.il, hebräisch) ist eine politische Partei, die sich für die Legalisierung von Cannabis, Glücksspiel, Prostitution und gleich-geschlechtlichen Ehen einsetzt. Bei den Wahlen 2009 erhielt sie 13 132 Stimmen (mit nur 0,39 % nicht genug für einen Sitz in der Knesset).

Das Yes-Theatre-Ensem-ble (www.yestheatre.
org) mit Sitz in Hebron im Westjordanland ist ein Kindertheater.
Wer an Vorführungen oder Freiwilligenarbeit interessiert ist, sollte einfach anrufen.

WHO IS WHO IN DER PALÄSTINENSISCHEN POLITIK

■ **Palästinensische Befreiungsorganisation (PLO):** Diese politische und paramilitärische Gruppe wurde 1964 gegründet und wird von der UN als „einzige legitime Vertreterin des palästinensischen Volkes angesehen". Da die Palästinensischen Autonomiegebiete von der UN nicht als unabhängiger Staat anerkannt sind, werden auch die PA oder der PLC nicht anerkannt. Damit die Palästinenser aber überhaupt in der UN vertreten sind, hält die PLO, eine regierungsunabhängige Organisation, den Status eines permanenten Beobachters ohne Abstimmungsrecht in der Generalversammlung der Vereinten Nationen. Seit 1991 wird die PLO von den USA nicht mehr als terroristische Organisation angesehen.

■ **Palästinensischer Nationalrat (PNC):** Der PNC ist das oberste legislative Organ der PLO. Er hat 669 Mitglieder, die die Palästinenser im Westjordanland und im Gazastreifen sowie die palästinensische Diaspora repräsentieren, und wählt das 18-köpfige Exekutivkomitee der PLO.

■ **Palästinensische Autonomiebehörde (PA):** Die PA ist die derzeit demokratisch gewählte palästinensische Regierung (sie wird als Interimsregierung angesehen). Ihr Präsident wird alle vier Jahre gewählt.

■ **Palästinensischer Legislativrat (PLC):** Palästinensisches Parlament mit 132 Ministern.

■ **Fatah:** Die Fatah (Eroberung) ist die älteste politische Partei in den Palästinensischen Autonomiegebieten. Sie wurde Ende der 1950er-Jahre von Yassir Arafat und einer Handvoll Flüchtlingen gegründet. Die Fatah ist eine weltliche nationalistische Partei, die links der Mitte angesiedelt ist. In der Anfangszeit war die Fatah eine terroristische Organisation, die in den 1970er-Jahren Anschläge gegen israelische Ziele im Nahen Osten und Europa verübte. Durch Aussöhnungsversuche mit Israel etablierte sie sich schnell (beispielsweise erklärte sie ihren Verzicht auf Terror) und beherrschte die palästinensische Politik bis 2005. Dann gewann ihre Hauptgegnerin, die Hamas, zunächst die lokalen und später auch die nationalen Wahlen.

■ **Hamas:** Die 1988 veröffentlichte Charta der Hamas verlangte die Beseitigung des Staates Israel und die Schaffung eines palästinensisch-islamischen Staates mit dem heutigen Israel, dem Gazastreifen und dem Westjordanland. Mehr Details gibt's auf S. 41.

Die Palästinensischen Autonomiegebiete haben also zwei Regierungen. Die international anerkannte und von der Fatah genehmigte Regierung mit Abbas als Präsident und Fayyad als Ministerpräsident sitzt im Westjordanland. Im Gazastreifen herrscht die isolierte Hamas-Regierung, die mit eiserner Faust von Ministerpräsident Haniyya und Präsident Aziz Duwaik geführt wird. Duwaik, eigentlich Professor für Stadtgeografie, wurde 2006 wegen seiner Mitgliedschaft in der Hamas inhaftiert und kürzlich aus israelischer Gefangenschaft entlassen. Was als Nächstes kommt, weiß keiner.

WIRTSCHAFT

Trotz der wenigen Rohstoffquellen ist es Israel gelungen, eine starke, breit gefächerte Wirtschaft aufzubauen. Die Bilder von Kibbuzim sind heutzutage eher verblasst. Das Land ist jetzt führend in der Technikbranche und hat ein Bruttoinlandsprodukt von 28 200 US$ pro Kopf.

Teil des israelischen Hightechbooms ist auch die Produktion von Luftfahrtausrüstung, elektronischen und biomedizinischen Geräten und Konstruktionsmaterial. Für Iscar, den Weltmarktführer im Bereich von Werkzeugmaschinen für die Metallverarbeitung, hatte sich seit einiger Zeit der amerikanische Investor Warren Buffet interessiert, der jetzt für 4 Mrd. US$ 80 % der Gesellschaft aufgekauft hat. Intel und Microsoft errichteten in diesem Land ihre ersten Forschungs- und Entwicklungszentren, und die Hightechindustrie floriert auch weiterhin, obgleich die weltweite, 2008 beginnende Wirtschaftskrise auch hier ihre Spuren hinterlassen hat.

Hamas von Matthew Levitt ist eine gute Informationsquelle für alle, die mehr über die Politik Palästinas erfahren wollen. Der gut recherchierte Bericht beschreibt die Hamas ausführlich – von den Anfängen als Terrororganisation bis zu ihrem politischen Aufstieg.

Auch das Schneiden und Schleifen von Diamanten ist ein großer Industriezweig; das Israel Diamond Centre in Ramat Gan ist die größte Diamantenbörse der Welt. Aber Israels Wirtschaftswunder basiert nicht nur auf Eigenleistung; das (hauptsächlich für militärische Zwecke bestimmte) amerikanische Hilfspaket in Höhe von 3 Mrd. US$ jährlich macht 10 % des Bruttoinlandsprodukts aus.

Die Wirtschaft wird natürlich in erheblichem Maß durch Sicherheitsfragen und Konfrontationen mit den Nachbarn beeinträchtigt: Die Zweite Intifada (2001–2005) nahm dem Wirtschaftswachstum den Wind aus den Segeln, auch weil die Zahl der Touristen drastisch zurückging. Auch die Kriegsführung selbst ist nicht billig – der zweite Libanonkrieg von 2006 kostete die israelischen Steuerzahler 1,36 Mrd. US$. Aber abgesehen von all den Problemen nimmt der Tourismus (in Friedenszeiten) in Israel wieder zu, und Privatunternehmen, die neue biomedizinische, technologische und umweltbewusste Neuheiten auf den Markt bringen, stehen weltweit noch immer an der Spitze.

Die Palästinenser haben von diesem Erfolg aber nur wenig. Viele von ihnen, die früher in Israel arbeiteten, sind nun davon ausgeschlossen, und die Aussichten auf neue Jobs im eigenen Land sind eher düster. Das jährliche Bruttoinlandsprodukt im Westjordanland beträgt 2900 US$ pro Kopf, 46 % der Bevölkerung leben unterhalb der Armutsgrenze. Im Gazastreifen beläuft sich die Arbeitslosigkeit auf 43 %; hier leben gar 80 % der Menschen unterhalb der Armutsgrenze.

Die palästinensische Wirtschaft kann eine kleine Textilindustrie aufbieten. Auch die Olivenholzschnitzerei und die Seifenherstellung sind Teil der Wirtschaft. Oliven- und Zitrusfruchtplantagen sind zwar noch immer über das ganze Land verteilt, aber die Nutzung des Bodens wurde durch den Bau der Sperranlagen, die durch Ackerland führen, erheblich beeinträchtigt. Die palästinensischen Landwirte leiden auch unter den Exportrestriktionen nach Israel und der Unmöglichkeit, ihre Produkte zu vermarkten. Dieses Problem hat den Gazastreifen schwer getroffen, wo Gemüsebauern die von den abziehenden Siedlern zurückgelassenen Gewächshäuser übernommen hatten. Durch die Schließung von Grenzübergängen wurden Landwirte daran gehindert, ihre Ernte zu exportieren. Und als sie aus Protest kistenweise reife Tomaten von ihren Lastwagen warfen, ging das durch alle Medien.

Den größten Schlag musste die palästinensische Wirtschaft nach der Wahl der Hamas im Januar 2006 einstecken. Die Weigerung der Hamas, den Staat Israel anzuerkennen, veranlasste internationale Geldgeber (die USA und die EU), die Hilfsleistungen an die PA auszusetzen, und Israel unterbrach den Transfer von 55 Mio. US$ Steuereinnahmen. Um eine humanitäre Krise abzuwenden, umgingen die Spender die Hamas-Regierung und versorgten die Wohlfahrtsorganisationen direkt mit Lebensmitteln und Bargeld.

Wenn die Grenzen gelockert würden, könnten die Palästinenser zu einer Art Normalität zurückfinden. Bevor sich die Militärkrise von 2006 so heftig zuspitzte, hatte Israel organisiert, dass 20 000 Arbeiter aus dem Westjordanland nach Israel kommen konnten. In dem neu gebauten Terminal in Erez könnten zumindest theoretisch täglich bis zu 35 000 Pendler abgefertigt werden.

MEDIEN

Die 1990er-Jahre brachten sowohl für Israel als auch für die Palästinensischen Autonomiegebiete Änderungen im Bereich der Massenkommunikation. Bis zu diesem Zeitpunkt unterlagen die israelischen Fernseh- und Radiosender der staatlichen Kontrolle durch die israelische Rundfunkbehörde. Dank neuer Gesetze, durch die auch Privatgesellschaften zugelassen wurden, be-

Auf der Website des Palestine Media Centre, www.palestine-pmc.com, sind aktuelle Nachrichten über die Palästinensischen Autonomiegebiete zu finden.

In puncto Risikokapitalfonds steht Israel hinter den USA weltweit an zweiter Stelle. Außerhalb der USA und Kanadas hat Israel die meisten Gesellschaften, die in der Nasdaq gelistet sind.

In den meisten palästinensischen Familien verdient der Mann zwar die Brötchen, aber die Frau bestimmt über die Finanzen. Nachdem sie die Einnahmen des Ehemanns für den Haushalt eingeteilt hat, erhält er von ihr etwas Bargeld, das sogenannte „Zigarettengeld".

steht jetzt eine gewisse Konkurrenz durch kommerzielle TV-Sender. Das Radio wird aber noch immer vom Staat betrieben.

Das Britische Mandat und das Aufkommen des palästinensischen Nationalismus führte zu einer Blütezeit der palästinensischen Printmedien in Jaffa und Haifa; beide Städte gehören jetzt zu Israel. Nach der Gründung des Staates Israel sind für die Palästinenser nur der offizielle Sender Voice of Palestine und eine Handvoll Publikationen übrig geblieben. Nach Abschluss der Osloer Verträge entstanden ein Dutzend unabhängige palästinensische Kanäle, die kritisch über die israelische Besetzung berichten. Nach der Intifada von 2000 hat Israel Rundfunkstationen und Studios bombardiert oder auf zwei Weise zerstört, so auch den Turm der Voice of Palestine. Aber die unzähligen Satellitenschüsseln auf den Dächern in Palästina sind ein Beweis dafür, dass auch Nachrichten aus Israel und der arabischen Welt die Bevölkerung erreichen. Der unabhängige Sender **Palestinian News Network** (www.pnn.ps) hat eine mehrsprachige Nachrichten-Website, die als Basis für die Nachrichtenübermittlung per Satellit dient.

Israelis lieben Nachrichtensendungen. Sie wollen nicht nur erfahren, wie ihre junge Nation auf dem internationalen Podium ankommt, sie wollen auch die neuesten Nachrichten von ihren eigenen Reportern hören. Es wurde alles getan, um die erstklassigen Rundfunkproduktionen und journalistischen Standards beizubehalten. Um Vorurteilen entgegenzuwirken und die Demokratie zu stärken, wird der Meinungsfreiheit ein fester Rahmen gegeben; einige Reportagen unterliegen automatisch der Zensur, beispielsweise die über militärische Themen und jüdische Immigration. Aber dennoch wird die Regierung manchmal auch kritisiert. Berichte in israelischen Zeitungen über den Konflikt mit den Palästinensern ähneln oft mehr den palästinensischen Berichten als denen in großen amerikanischen Blättern und haben somit nicht allzu viel mit globalem Standard zu tun. Israels liberale Zeitung *Ha'aretz* veröffentlicht eine englischsprachige Tageszeitung und Website (www.haaretz.com). Die *Jerusalem Post* (www.jpost.com) ist inzwischen mehr rechtsorientiert.

Auf dem Höhepunkt der Gewalttätigkeiten 2002 ging aus einem Index der „Reporter ohne Grenzen" zur Pressefreiheit hervor, dass Israel in diesem Zusammenhang von 139 Ländern und Territorien auf Platz 92 und die Palästinensische Autonomiebehörde auf Platz 82 steht; Nordeuropa und Kanada befanden sich unter den Top Ten, China und Nordkorea standen ganz am Ende. Die arabischen Länder haben allgemein nur wenige Punkte bekommen, keines dieser Länder hat es unter die ersten 50 geschafft. 2008 ist die PA auf Platz 163 abgerutscht, Israel hingegen ist von 167 möglichen Plätzen auf Platz 46 vorgerückt. In beiden Indizes verlor Israel Punkte wegen der brutalen und restriktiven Behandlung sowohl der ausländischen als auch der einheimischen Journalisten in den Palästinensischen Autonomiegebieten und auch wegen der unbeabsichtigten Ermordung des palästinensischen Kameramanns Fadel Shana'a 2008. Die Autonomiegebiete verloren Punkte wegen der restriktiven Maßnahmen der Hamas und der Entführung einheimischer und ausländischer Journalisten im Gazastreifen.

KUNST

Für ein so kleines Gebiet produzieren Israel und die Palästinensischen Autonomiegebiete ein erstaunliches Sortiment von abwechslungsreichen Filmen, Büchern und Musikstilen, von denen es viele auf das internationale Parkett geschafft haben. Israels größtes Kunstfestival ist das **Israel Festival** (www.israel-festival.org.il), das ganz nach dem Edinburgher Vorbild alljährlich im Mai und Juni in Jerusalem stattfindet. Es gibt 40 bis 50 Veranstaltungen an mehreren interessanten Orten, die einen Besuch wert sind.

Das Jerusalem Media & Information Centre (www.jmcc.org) veröffentlicht Meinungsumfragen und den *Palestine Report* (www.palestinereport.org) und unterstützt Journalisten und Dokumentarfilmer. Eine Nachrichtenübersicht aus der Region gibt's auf http://electronicintifada.net. Das Alternative Information Center sammelt und veröffentlicht Video- und Audioberichte über die Autonomiegebiete (www.alternativenews.org).

In Israel wird mehr Zeitung gelesen als im Rest der Welt. Nennenswerte Tageszeitungen in hebräischer Sprache sind die allseits beliebte *Yedioth Ahronoth* mit englischer Website (www.ynetnews.com) und die *Maariv*. Das täglich erscheinende rosafarbene Wirtschaftsblatt *Globes* gibt's im Internet in einer englischen Version (www.globes.co.il).

Das Bethlehem Peace Center (S. 320) hat viele interessante Kulturaktivitäten im Angebot: Lesungen, Filmvorführungen, Ausstellungen sowie Tanz- und Theateraufführungen.

Auch wenn die Veranstaltungen in den Palästinensischen Autonomiegebieten nicht ganz so groß sind, wird doch auch hier seit 1993 alljährlich das Palestine International Festival im **Popular Art Centre** (☎ 02-240 3891; www.popularartcentre.org) in Al-Bireh abgehalten. Und obwohl für diese Veranstaltung, die im ganzen Westjordanland stattfindet, stets nach Sponsoren gesucht wird, gelingt es doch immer wieder, eine beeindruckende Mischung aus internationalen und einheimischen Musikern und Tänzern zu engagieren.

Literatur

ISRAEL

Israels wichtigstes Literaturfestival ist die International Jerusalem Book Fair (☎ 02-629 7922; www.jerusalembookfair.com), die seit 1963 alle zwei Jahre stattfindet und ein internationales Publikum aus mehr als 40 Ländern anlockt; zu diesem Anlass wird auch der angesehene Jerusalemer Literaturpreis verliehen.

Wer sich in Tel Aviv oder Jerusalem aufhält, wird höchstwahrscheinlich auf einige große Pioniere der israelischen Literatur stoßen, denn viele Straßen in der Innenstadt sind nach Schriftstellern benannt. Namen wie Chaim Nachman Bialik, Saul Tschernichowski und Josef Chaim Brenner klingen vertraut – sie alle haben Anfang des 20. Jhs. zur blühenden Literaturszene Palästinas beigetragen.

Die Romane und Gedichte von Brenner, der 1921 bei den arabischen Aufstand ums Leben kam, spiegeln sowohl seine Leidenschaft für den Zionismus als auch seine Kritik daran wider. Sein Roman *Breakdown and Bereavement* handelt vom Leben junger jüdischer Pioniere unter osmanischer Herrschaft und vermittelt ein anschauliches und eindringliches Bild der damaligen Zeit. Rachel Bluwstein (1890–1931), die in Israel einfach nur als Ra'hel bekannt ist, ist nach Bialik die beliebteste Schriftstellerin Israels. Viele ihrer Gedichte wurden vertont. Die Sammlung *Flowers of Perhaps: Selected Poems of Ra'hel* ist auch in englischer Übersetzung erhältlich. In den letzten Jahren machte Yehuda Amichai (1924–2000) mit seiner leicht ironischen Beschreibung des alltäglichen Lebens auf sich aufmerksam. Der gefeierte britische Dichter Ted Hughes hat mehrere seiner Sammlungen übersetzt, so auch *Amen*.

Mitte des 20. Jhs. tauchte Israels erster Literaturnobelpreisträger Samuel Josef (auch als S. Y. bekannt) Agnon als neuer Name in der internationalen Literaturszene auf. Seine Werke behandeln oft den Konflikt zwischen traditionellem jüdischem und modernem Leben. Sein Roman *Bräutigamsuche* (1931) sicherte ihm Weltruhm. Die drei bekanntesten zeitgenössischen Prosaautoren Israels, deren Werke größtenteils auch übersetzt wurden, sind Amos Oz, David Grossman und A. B. Jehoshua. Fast alle Werke von Oz beschwören düstere, aber fesselnde Bilder von Begegnungen mit Besuchern Israels herauf. *Mein Michael* erzählt die spannende, melancholische Geschichte einer jungen Frau in einem grauen Winter in Jerusalem. Der in Haifa geborene Jehoshua, der von der *New York Times* als israelischer Faulkner beschrieben wird, glänzt ganz besonders mit seinem Werk *Der Liebhaber*; es ist die Geschichte eines Mannes, der vor dem Hintergrund des Jom-Kippur-Krieges 1973 besessen nach dem Liebhaber seiner Frau sucht.

Wer in die moderne israelische Poesie eintauchen will, sollte *No Sign of Ceasefire: An Anthology of Contemporary Israeli Poetry* lesen. Es enthält Werke von elf namhaften israelischen Schriftstellern zu Themen wie Frieden, Spiritualität, Familie und modernes Leben in Israel.

PALÄSTINENSISCHE AUTONOMIEGEBIETE

Bis vor Kurzem war Poesie die üblichste Form des literarischen Ausdrucks in palästinensischen Kreisen, und der politisch orientierte Mahmud Darwisch, der 2008 im Alter von 67 Jahren starb, ist noch immer der bedeutendste Dichter. Viele seiner Werke haben in der palästinensischen Gesellschaft fast den Status von Hymnen erlangt. Zwei seiner letzten Sammlungen, *Unfortunately, it was Paradise* und *Warum hast du das Pferd allein gelassen?* sind typisch für ihn, gefühlvoll und nostalgisch.

Erst in den 1960er-Jahren hielt Erzählliteratur in die palästinensische Literaturszene Einzug. Emile Habibi und Tawfiq Zayad, israelische Araber, die lange Zeit Mitglieder des israelischen Parlaments waren, schrieben beide hoch angesehene Romane. Habibis Werk *The Secret Life of Saeed the Ill-Fated Pessoptimist* ist eine brillante, tragisch-komische Geschichte über die Probleme von Palästinensern, die nach 1948 die israelische Staatsangehörigkeit annahmen. Das verblüffende Erstlingswerk des verstorbenen Ghassan Kanafani, *Männer in der Sonne*, enthält eine Erzählung und eine Sammlung von Kurzgeschichten über das Leben, die Hoffnung und die geplatzten Träume einiger palästinensischer Charaktere. Kanafani kam 1972 im Alter von 36 Jahren durch eine Autobombe in Beirut ums Leben; er hat nur eine Handvoll Werke hinterlassen.

In den letzten Jahrzehnten wurden erhebliche Anstrengungen unternommen, um die Werke von jungen palästinensischen Talenten – vor allem Autorinnen – einer internationalen Leserschaft bekannt zu machen. Das in den 1970er-Jahren von der Dichterin Salma Khadra Jayyusi ins Leben gerufene Projekt *Translation from Arabic* hat zur Verbreitung der Werke von Autorinnen wie Sahar Khalifeh beigetragen, deren Roman *The Inheritance* (2005) einen oft entmutigenden Einblick in das Leben palästinensischer Frauen in den Autonomiegebieten und im Ausland gibt.

Die Sachbücher des palästinensischen Literaturtheoretikers und Essayisten Edward Said (1935–2003) sind ausgezeichnet. Seine berühmte Studie *Orientalismus* aus dem Jahr 1978 ist noch immer faszinierend und kontrovers. Auch sein hochgelobtes Werk *Am falschen Ort. Autobiografie* ist äußerst lesenswert.

Musik
Neben der blechernen arabischen Popmusik aus Kairo, die man in den Palästinensischen Autonomiegebieten an jeder Straßenecke zu hören bekommt, gibt es traditionelle Volksmusik, die von den Klängen der Oud (einer Art Laute), des *daf* (Tamburin) und der *ney* (Flöte) geprägt ist. Dank des beharrlichen Festhaltens an ihren musikalischen Wurzeln haben es die Palästinenser geschafft, diese melodischen Klänge am Leben zu erhalten. Zu hören ist diese Musik aber meist nur noch auf privaten Festen und bei kleinen lokalen Veranstaltungen.

Echte palästinensische Volksmusik gibt's auf der Website www.barghouti. com/folklore/voice/. Viele der Songs wurden live auf palästinensischen Hochzeiten aufgenommen. Bei solchen Festen wird diese Kunstrichtung wahrhaft zelebriert.

Ein derzeit die Palästinensischen Autonomiegebiete überschwemmendes Phänomen ist palästinensischer Rap. Von der ersten Hip-Hop-Gruppe des Gazastreifens, PR (Palestinian Rappers), bis zu den Hauptvertretern dieses Genres, **Dam Rap** (www.dampalestine.com) – diese Musik, die oft von Themen wie Besetzung, Schwierigkeiten im alltäglichen Leben und Widerstand handelt, existiert Seite an Seite mit Stücken von im Ausland lebenden palästinensischen Rappern wie dem in den USA lebenden Iron Sheikh. Dam Rap besteht aus einer Gruppe israelischer Araber aus der verarmten Stadt Lod in der Nähe des Flughafens Ben Gurion. Die Mitglieder identifizieren sich sowohl mit den Palästinensern als auch mit den Israelis und rappen auf Hebräisch, Arabisch und Englisch – eine berauschende Mixtur.

Die Israelis sind absolute Eurovision-Fans. Wer zur Zeit des Contests im Land ist, kann sich diesem Ereignis nicht entziehen. Aber Israel hat in puncto Musik weitaus mehr zu bieten als nur Eurovision-Beiträge. Ungefähr die Hälfte aller Songs, die man hier im Radio zu hören bekommt, stammt aus Israel. Sie lassen sich in verschiedene Kategorien unterteilen. Zunächst gibt's Mizrahi-Musik, auch Eastern-Musik genannt. Sie hat ihre Wurzeln in den arabischen Melodien aus dem Jemen und Nordafrika. Meist wird auf Hebräisch gesungen, arabische Untertöne sind unverkennbar. Die israelische Sängerin Zahava Ben gehört zu den berühmtesten Vertretern dieses Genres; sie hat auch in Ägypten viele Fans. Zweitens ist da israelischer Rock. Das ist eigentlich normaler Rock, bloß mit hebräischen Texten. Die Rockszene wird von alteingesessenen Bands wie Machina – der israelischen Antwort auf Madness – und dem extrem beliebten Sänger Shalom Hanoch beherrscht. Am weitesten verbreitet ist anthemische Musik, in die Israelis wahrhaft vernarrt sind. Wer mit dem Auto unterwegs ist und Radio hört, erkennt sie daran, dass innerhalb weniger Stunden immer wieder erhebende Chöre zu hören sind. Shlomo Artzi, Arik Einstein, Judith Ravitz und Matti Caspi sind

Boombamela (www. boombamela.co.il) ist ein alljährlich im März oder April am Strand stattfindendes alternatives Musikfestival mit deutlichem New-Age-Touch. Auf der Website heißt es sinngemäß: „Liebe Leute, wir laden euch dazu ein, der schrumpfenden Realität für ein paar Tage zu entfliehen ... Im Boombamela-Land." Weitere Details gibt's auf S. 433.

PSY-TRANCE-PARTYS

Israelische Trance-Musik, die der in den 1980er- und 1990er-Jahren von den Nachkriegstrips aus Goa mitgebrachten Musik ähnelt, hat in den letzten Jahren insbesondere in Tel Aviv eine große Fangemeinde gefunden. Die Psy-Trance genannten Partys dauern oft die ganze Nacht oder auch zwei Tage und finden eher an einsamen Strandabschnitten oder auf Waldlichtungen statt als in einem Club in Tel Aviv.

Der Eintritt ist meist frei, manchmal wird aber um eine Spende gebeten. Rausschmeißer gibt es kaum, der Schwerpunkt liegt – anders als bei vielen Veranstaltungen mit elektronischer Musik – auf Frieden, Liebe und Harmonie. Psychedelische Darbietungen, Licht- und Lasershows, projizierte Darstellungen von ekstatischen Hindugöttern, glückselige, bunt gekleidete Hippies und kostümierte Nachtschwärmer lassen diese Partys zu einem unvergesslichen Erlebnis werden.

Die ersten Trance-Künstler Israels waren DJ Miko und Astral Projection. Heute sind Infected Mushroom, Skazi und Astrix die Hauptakteure, aber es tauchen auch immer neue Talente am Plattenteller auf. Wer wissen will, wann und wo was los ist, sollte nach Flyern Ausschau halten, die in Plattenläden in Tel Aviv und in den Klamottenläden in der Sheinken St ausliegen. Gute Infoquellen zu bevorstehenden Partys sind auch www.isratrance.com und www.trance.co.il (hier muss man sich registrieren). Am besten ruft man an, um herauszubekommen, wo die nächste Party steigt, denn der Ort ist oft bis einige Stunden vor Sonnenuntergang und Partybeginn geheim.

Dank an Daniel Owen für seine Infos zu diesem Thema.

nur einige der Großen; der absolute Star ist zurzeit Idan Raichel, der äthiopische Melodien mit konventionellem Pop mischt und so eine breite Zuhörerschaft anspricht. Israelischer Rap von Künstlern wie Subliminal, The Shadow und Shabak Samech ist ebenfalls recht beliebt. Assaf Amdorsky, Aviv Geffen, Smadar Levi und Keren Peles gehen auch ganz gut ins Ohr.

Auch klassische Musik hat Tradition in Israel. Das ist hauptsächlich auf den Einfluss jüdisch-europäischer Musiker zurückführen, die vor dem Ausbruch des Zweiten Weltkriegs vor den Nazis geflohen sind. Das Israel Philharmonic Orchestra, das in Tel Avivs unscheinbarem **Mann Auditorium** (www.hatarbut.co.il/English/Index.htm) zu Hause ist, genießt Weltruhm. Während des Aufenthalts in Israel sollte man unbedingt versuchen, Karten für die „Philharmonic in Jeans" zu bekommen: Diese Konzerte finden in einer weniger spießigen Atmosphäre statt, im Foyer gibt's Freibier und kostenlose Snacks, und zwischen den Darbietungen steht ein israelischer Promi auf der Bühne.

Seit einiger Zeit ist auch der traditionelle jüdische „Soul", bekannt unter dem Namen Klezmer, wieder in. Die in den jüdischen Gemeinschaften in Mittel- und Osteuropa entstandenen Melodien versetzen die Zuhörer innerhalb kürzester Zeit in Ekstase und genauso schnell auch in tiefste Verzweiflung. Diese Lieder wurden ursprünglich auf traditionellen jüdischen Festen gesungen. Zu dem jährlich stattfindenden Klezmer Dance Festival in Safed (S. 293) kommen 10 000 bis 15 000 vorwiegend junge Besucher. Die Atmosphäre unter den weltlichen und religiösen Israelis, die dieser Musik in schattigen Höfen und Gassen lauschen, ist einmalig entspannt.

Peppige Musik macht der palästinensische Chirurg und Musiker Doc Jazz (www.docjazz.com), den man auch bei Facebook findet.

Theater & Tanz

Viele Israelis gehen regelmäßig ins Theater, vor allem in Tel Aviv, wo es unzählige Ensembles und Veranstaltungsorte gibt, und in Jerusalem, das oft Schauplatz großer und kleiner Festivals ist. Die meisten Vorstellungen sind auf Hebräisch, Russisch oder Jiddisch. Am beliebtesten sind Stücke von den großen verstorbenen israelischen Dramaturgen Hanoch Levin und Nissim Aloni und von dem zeitgenössischen Schriftsteller, Dramaturgen und Regisseur Jehoshua Sobol. Das älteste und bekannteste Ensemble ist wahrscheinlich Habima (s. S. 206), das von einer Gruppe russischer Schauspieler, die in den 1920er- und 1930er-Jahren nach Israel kamen, gegründet wurde. Die Aufführungen sind auf Hebräisch.

Das israelische Theater lässt sich in vier unterschiedliche Formen unterteilen. Zunächst gibt es da die allseits beliebten aufwendigen Gesangs- und Tanzproduktionen aus dem Ausland. Das sind normale West-End- oder Broadway-Musicals, die meistens ins Hebräische übersetzt wurden. Israelische Musicals wie *Ha'lehaka* (Die Band) sind aber auch immer ein Renner. Danach kommen übersetzte Klassiker: Ibsen, Miller, Tennessee Williams, Shakespeare. Die dritte Kategorie bilden Stand-up-Comedy- und Satire-Shows, die freitagabends von Jung und Alt besucht werden. Am bedeutendsten sind schließlich die sozialkritischen Stücke. Sie bilden die Wurzeln des israelischen Theaters und sind heute noch so verbreitet und relevant wie eh und je, denn sie behandeln aktuelle, politische und soziale Probleme. Seit einigen Jahren werden Themen wie *refuseniks*, die Besetzung des Westjordanlands, Selbstmord und Homosexualität der orthodoxen Juden aufs Tablett gebracht. *Phallus HaKadosh* (Der heilige Phallus – die männliche Antwort auf *Vagina-Monologe*) mit Yuval Cohen und das international gefeierte Stück *Plonter* von Yael Ronen über die israelisch-palästinensischen Beziehungen mit jüdischen und arabischen Schauspielern sind zwei gute Darstellungen der modernen israelischen Gesellschaft in dem beengten Raum der Bühne. Sehr außergewöhnlich und ergreifend ist ein Besuch im Nalaga'at Centre (S. 215) in Jaffa, wo ein aus Gehörlosen und Blinden bestehendes Theaterensemble beheimatet ist. In dem dazugehörigen Restaurant-Café kümmert sich gehörloses und blindes Personal um die Gäste.

Im letzten Jahrhundert musste das palästinensische Theater einige Rückschläge hinnehmen. Das Britische Mandat förderte englischsprachige Stücke, die Werke der Einheimischen wurden meist zensiert. Bis heute sind Reisebeschränkungen und die miese Wirtschaftslage der Grund dafür, dass viele Menschen weder die Möglichkeit noch die Mittel haben, ein Theater zu besuchen. Aber die Einrichtungen geben nicht auf. Das **Palestinian National Theatre** (www.pnt-pal.org) in Ostjerusalem, das 1984 von der El-Hakawati Theatre Company gegründet wurde, gehört zu den größten Zentren für paläs-

Das fantastische Akko Festival of Alternative Israeli Theatre (www.accofestival.co.il) mit israelischen Theaterstücken, Kinderaufführungen und Straßentheater findet alljährlich im Oktober während des Sukkoth-Fests statt.

EINE STIMME FÜR DEN FRIEDEN Michael Kohn

Smadar Levi weiß zwar, dass ihre Stimme den Nahostkonflikt nicht löst, ist aber der Meinung, etwas positive Energie könne nicht schaden.

Die israelische Liedermacherin sieht sich als Stimme der Vernunft in einer aufgewühlten Landschaft. Sie kommt aus Sderot, einer kleinen Stadt in der Negev-Wüste, die immer wieder von Qassam-Raketen angegriffen wurde. Aber sie hängt nicht am Negativen, sie beschreibt in ihren Songs vielmehr den Frieden zwischen den Völkern und tritt zusammen mit arabischen und israelischen Musikern auf. Auch ihr eindringlicher Gesang ist ein Kulturmix – sie singt auf Arabisch, Hebräisch, Griechisch und Spanisch, manchmal vermischt mit Ladino (Judenspanisch).

Levi ist marokkanisch-tunesischer Abstammung und in Israel aufgewachsen. Diese Mischung liefert die multikulturelle Grundlage ihrer Musik, die von ihrem Vater, ebenfalls Sänger, stets gefördert wurde. Levis Weltoffenheit wuchs, nachdem sie den Wehrdienst bei den Israel Defense Forces abgeleistet hatte. Sie packte ihre Koffer und machte sich auf den Weg nach Europa. Egal, was sie tat, immer fühlte sie sich von der Musik angezogen, und als sie im Jahre 2000 schließlich in New York ankam, traf sie sich mit Gleichgesinnten und arbeitete an einem multiethnischen Musikprojekt.

Das Ergebnis war eine Gruppe aus Israelis, Türken und Arabern, die einen Mix aus Mittelmeer- und Zigeunermusik spielten. Friede und Einigkeit sind die Hauptthemen, über Politik wird nicht gesungen. Aber die Ironie, dass eine Israelin auf Arabisch singt, bleibt nicht unbemerkt und scheint schon an sich eine politische Message zu sein. Details gibt's auf www.smadarlevi.com.

MUSIKALISCHE JUGEND

Vor dem Hintergrund, die Musikproduktion Palästinas am Leben zu erhalten, haben sich palästinensische Musiker in den letzten Jahren mächtig ins Zeug gelegt – aus Angst davor, dass palästinensische Musik bald nicht mehr auf den Lehrplänen der Schulen steht. Einige Organisationen sind auf diesen Zug aufgesprungen und setzen sich dafür ein, dass palästinensische Kinder Musik machen können. Die bekannteste und etablierteste Schule ist das **Edward Said National Conservatory of Music** (☎ 02-627 1711; http://ncm.birzeit.edu/new/page.php; YWCA, Sheikh Jarrah, East Jerusalem) mit Zweigstellen in Ostjerusalem, Ramallah und Bethlehem. Hier lernen junge Menschen, wie man auf traditionellen palästinensischen Instrumenten, westlichen Holzblas-, Saiten- und Blechblasinstrumenten und auf dem Klavier spielt. Das Palestine Youth Orchestra dieser Schule veranstaltet regelmäßig ausgezeichnete Konzerte in Ramallah und Jerusalem, die den Besuch wirklich lohnen. Auch die **Al-Kamandjati-Schule** (☎ 02-297 3101; www.alkamandjati.com) in Ramallah und das **National Centre of Music** (☎ 09-239 5202; www.ncomusic.com) in Nablus bieten Musikunterricht für die ärmsten Kinder in Lagern im Westjordanland an. Viele der Kinder geben zu, dass die Musik ihre Freizeit verändert hat: Sie werfen jetzt keine Steine mehr auf israelische Panzer, sondern üben sich in einer Disziplin, die sie befreit und ihnen eine Zukunft gibt. Auch der belgische **Music Fund** (www.musicfund.be) unterstützt diese Aktivitäten durch häufige Besuche in der Region. Im Gepäck befinden sich immer gespendete Musikinstrumente, damit noch mehr Kinder an der musikalischen Revolution teilnehmen können. Die Organisation ist offen für alle, die sich in diese Richtung engagieren möchten.

---

tinensisches Theater mit regelmäßigen Aufführungen. Das Al-Kasaba Theater and Cinematheque (S. 332) in Ramallah ist das einzige Profiensemble im Westjordanland. Es hat einen großen Saal und ein kleines Studiotheater.

Trotz der Probleme brachte Palästina im letzten Jahrhundert einige bedeutende Stückeschreiber hervor. Einer der erfolgreichsten war Jamil Habib Bahri, der in den 1920er-Jahren tätig war und so beliebte Tragödien wie *The Traitor* und *For the Sake of Honour* auf die Bühne brachte. Im Sommer 2005 fand in Gaza-Stadt das erste internationale Theaterfestival statt. Leider konnte es aber in den Folgejahren nicht wiederholt werden – Grund waren die Reisebeschränkungen, die für Palästinenser innerhalb Gazas galten und Ausländer daran hinderten, diese Gegend zu besuchen. Man sollte die Sache aber im Auge behalten, vielleicht bessert sich die Lage ja irgendwann.

Es gibt mehrere professionelle Tanzensembles, die in Israel auftreten, und viele kleinere Kompanien, die experimentellen Tanz auf die Bühne bringen. Das von Martha Graham gegründete und im Suzanne Dellal Centre (s. S. 206) in Tel Aviv beheimatete Bat-Sheva-Ensemble ist wahrscheinlich das bekannteste. Es steht unter der Leitung des angesehenen Choreographen Ohad Naharin. Etwas völlig anderes ist die in Jaffa ansässige Gruppe Mayumana (s. S. 215), Israels Antwort auf Stomp. Wenn man die Möglichkeit hat und das Ensemble nicht gerade auf Tournee ist, sollte man sich eine seiner lauten, dynamischen Shows ansehen.

Eine weitere in Israel beliebte Tanzform ist *hora*, ein Volkstanz, der ursprünglich aus Rumänien stammt. Solche Aufführungen schaut man sich am besten auf dem dreitägigen **Karmiel Dance Festival** (☎ 04-988 1111; www.karmiel festival.co.il) an, das Anfang Juli in Karmiel, Galiläa, stattfindet. Der palästinensische Tanz besteht ebenfalls vor allem aus Volkstänzen. Am bekanntesten ist der *dabka*. Eine der besten Gruppen ist die **El-Funoun Palestinian Popular Dance Troupe** (☎ 02-240 2853; www.el-funoun.org) in Al-Bireh im Westjordanland.

Bildende Künste

1906 wurde in Jerusalem die Bezalel Academy of Arts and Crafts gegründet, um junge jüdische Künstler zu ermutigen, in Palästina zu studieren. Auch

---

Zu den besten Festivals Israels gehören das Abu Ghosh Vocal Music Festival (www.agfestival.co.il) im Juni mit geistlicher Musik, die in zwei wunderschönen Kirchen dargeboten wird, das Red Sea Jazz Festival in Elat (www.redseajazzeilat.com/EN/) im August und Tel Avivs Love Parade (www.layla.co.il/love parade/) im Oktober.

heute noch ist sie eine der bedeutendsten Triebfedern der israelischen Kunstszene. In Tel Aviv können die jungen Studenten ihren Abschluss in Kunst machen. 1910 wurde Tel Aviv in puncto künstlerische Schaffenskraft und Innovation das Hauptzentrum in Israel. Die jungen Künstler stellen hier in primitivem Stil nahöstliche Themen dar.

In den 1930er-Jahren war die Kunst durch deutsche Juden, die in Palästina Zuflucht suchten, stark von den gewagten Formen des deutschen Expressionismus beeinflusst. Nach dem arabisch-israelischen Krieg 1948 entstand die einflussreiche New-Horizons-Gruppe, die eine Kunst im Einklang mit den aufkommenden europäischen Kunstrichtungen schaffen wollte und bis in die 1960er-Jahre die israelische Kunstszene beherrschte. Aus der New-Horizons-Gruppe ging Marcel Janco hervor, ein Immigrant aus Rumänien, der in Paris studiert hat und zusammen mit Tristan Tzara einer der Begründer des Dadaismus war. In Ein Hod (s. S. 240), dem Künstlerdorf, das er in den 1950er-Jahren gründete, kann man ein Museum besuchen, das ihm gewidmet ist. Der Helena Rubinstein Pavillon (s. S. 187), ein Nebengebäude des Tel Aviv Museum of Art, präsentiert innovative, zeitgenössische israelische Kunst.

> Nahum Gutman war im 20. Jh. eine bedeutende Persönlichkeit in der israelischen Kunstszene. Das trauliche Gutman Museum (www.gutman museum.co.il) befindet sich in Neve Tzedek, Tel Aviv.

Da es so viele Gelegenheiten gibt, Monumente für Menschen zu errichten, die in der turbulenten Geschichte Israels und der Palästinensischen Autonomiegebiete ums Leben kamen, wurde auch die Bildhauerei zu einer herausragenden Kunstform. Überall in Israel und in den Palästinensischen Autonomiegebieten wird man auf Denkmäler aus Stein oder Metall und sogar aus geschichtsträchtigen Fragmenten stoßen – angefangen bei Avraham Melnikoffs riesigem Steinlöwen in Tel Hai (S. 302) bis hin zu Dani Karavans *Gedenkstätte der Negev Brigade* vor den Toren von Be'er Sheva (S. 369).

Zeitgenössische palästinensische Kunst, die sich von der traditionellen, ans Kunsthandwerk angelehnten Kunst in den 1960er-Jahren unterscheidet, erfreut sich zunehmender internationaler Beliebtheit. Der verstorbene Ismail Shammout und seine Partnerin Tamam, ein bekanntes Künstlerpaar, arbeiteten in Jordanien (s. www.shammout.com). Am besten schaut man sich palästinensische Kunstwerke im Arts & Crafts Village in Gaza-Stadt (S. 403), im Bethlehem Peace Center (S. 320) und im Dar Annadwa (S. 325) in Bethlehem sowie im Khalil Sakakini Centre (S. 333) in Ramallah an. Auf inter-

> Ein Hod, 20 km südlich von Haifa, ist ein ausgezeichneter Ort, um in Israels Kunst- und Kunsthandwerksszene einzutauchen (www.ein -hod.israel.net). Gleiches gilt für die „Altstadt" von Jaffa und Safed, in denen Kunstschaffende leben.

SCHRIFTEN AN DER MAUER

Auf den meisten Bildern von Israels umstrittener Sperranlage, die sich durch das Westjordanland schlängelt und langweilige, graue, triste Betonplatten mit Wachtürmen und Stacheldraht und eine mit Trümmern übersäte „Sperrzone" (s. Kasten S. 320) zu sehen. Aber auch diese Mauer hat, ähnlich wie die Berliner Mauer in den 1980er-Jahren, ein zweites Gesicht bekommen und wurde zu einer Projektionsfläche für künstlerische Ergüsse. Die meisten Malereien sind auf der östlichen Seite, der palästinensischen, zu sehen.

Die unzähligen Botschaften, die auf die glatte Oberfläche gepinselt wurden, handeln von Hoffnung, Zorn und Trotz, einige sind auch recht ironisch. In letzter Zeit haben sich auch die Speisekarten einiger Restaurants dazugesellt. Es gibt Graffitis von international bekannten Sprayern, einfache Wandmalereien von Schulkindern und Protestsprüche, die Besucher in den verschiedensten Sprachen aufgesprüht haben. Einige Palästinenser sind der Meinung, dass das Beschriften der Mauer eine wichtige Form der Kommunikation mit der Außenwelt ist, andere behaupten, das Bemalen legitimiere erst das Vorhandensein der Mauer und solle unterbleiben. Der am stärksten bemalte Abschnitt beginnt von Israel aus gesehen rechts vom Bethlehem-Kontrollpunkt und zieht sich in Richtung Aida-Flüchtlingslager. Der britische Graffiti-Künstler Banksy ist einer der bekanntesten, der hier zusammen mit Roger Waters von Pink Floyd seinen Beitrag geleistet hat; Letzterer fügte passenderweise den Text des Songs „The Wall" hinzu.

Art School Palestine (www.artschoolpalestine. com) ist eine Gruppe, die sich für die Förderung zeitgenössischer Kunst in Palästina einsetzt, Stipendiatsprogramme für Künstler anbietet und Ausstellungen betreut. Die Website hat auch eine nützliche „What's-On"-Seite.

Handbemalte Keramik-fliesen aus Palästina bekommt man online in der Palestinian Pottery (www.palestinianpottery. com), die Fliesen mit berühmten Abbildungen, u. a. mit dem „Lebensbaum"-Mosaik aus dem Hischam-Palast in Jericho, herstellt.

Tel Avivs großes Dokumentarfilmfestival DocAviv (www.docaviv. co.il) findet jedes Jahr im April und Mai in der Cinematheque in Tel Aviv statt. Mitte Juli lockt das renommierte Jerusalem International Film Festival (www.jff.org.il) um die 50 000 Besucher in die Kinos.

nationalem Terrain wurden die Werke von Emily Jacir auf der Biennale von Venedig und von Rana Bishara und Larissa Sansour in der Tate Modern in London gezeigt.

Ein bei der palästinensischen Bevölkerung besonders beliebter Zweig der bildenden Kunst sind politische Cartoons. Die palästinensische Cartoonistin Omayya Joha (www.omayya.com) und der verstorbene Naji al-Ali sind zwei der bekanntesten Begründer dieses Genres. Ihre Arbeiten zeichnen sich aus durch eine bittere Kritik an Israel, den USA und, zumindest bei Omayya, auch an der palästinensischen Gesellschaft selbst. Der Ehemann Omayyas, ein mutmaßliches Hamas-Mitglied, wurde 2003 bei einem israelischen Militärangriff im Gazastreifen getötet. Al-Ali wurde 1987 in London ermordet, seine Werke sind aber auch heute noch aktuell.

Kino

Die israelische Filmindustrie hat es seit den seichten, humoristischen *borekas*-Filmen, die in den 1970er-Jahren über die Leinwände flimmerten, weit gebracht. Heute sind israelische Filme ins internationale Rampenlicht gerückt: 2002 wurde der Dokumentarfilm *Promises* für den Oscar und 2004 der Streifen *Walk on Water* für den Cesar nominiert. *Promises* porträtiert das Leben von sieben israelischen und palästinensischen Kindern, in *Walk on Water* geht es um die Beziehung zwischen dem jungen, schwulen deutschen Enkel eines Naziverbrechers und einem israelischen Mossad-Agenten. 2005 gewann die israelische Schauspielerin Hannah Laslo auf den Filmfestspielen in Cannes den Preis als beste Darstellerin in Amos Gitais Film *Free Zone*. Bei den Dreharbeiten kam es in der ultraorthodoxen Gemeinde zu einem Tumult, als in der Nähe der Klagemauer in Jerusalem eine Kussszene mit Natalie Portman aufgenommen wurde.

Weitere lohnende Filme über eine Welt, in die man nur selten Einblick bekommt, sind *Campfire* (2004), in dem eine 42-jährige Witwe und ihre Töchter ein neues Leben in einer Siedlung beginnen wollen, *Ushpzin* (2004), das Familiendrama *Broken Wings* (2002) und *Die syrische Braut* (2004), in dem sich eine junge Drusin auf den Weg nach Israel macht, um dort einen syrischen TV-Star zu heiraten, dem sie noch nie gegenübergestanden hat.

Ein unbedingtes Muss ist der nette, bittersüße Film *Die Band von nebenan* (2007), der die Geschichte einer ägyptischen Blaskapelle und das Durcheinander bei einem Auftritt in Israel erzählt. Absolut sehenswert ist auch der unglaubliche, mehrfach ausgezeichnete Trickfilm *Waltz With Bashir* (2008), ein machtvoller Dokumentarfilm über den Horror des Libanonkriegs von 1982.

Die Palästinensischen Autonomiegebiete hatten kürzlich ebenfalls Erfolg auf dem internationalen Filmparkett. Der umstrittene, für einen Oscar nominierte Film *Paradise Now* von Hany Abu-Assad verleiht palästinensischen Selbstmordattentätern ein menschliches Gesicht. Die Produktion von Spielfilmen in den Palästinensischen Autonomiegebieten wird jedoch durch fehlende Gelder sowie mangelnde Ausbildung und Mittel im filmischen Bereich erschwert. Bekannte Filme wie *Intervention devine* von Elia Suleiman und *Attente* von Rashid Mashrawi sind internationale Produktionen, die in der Region gedreht, aber nicht vollständig dort produziert wurden. Die **AM Qattan Foundation** (www.qattanfoundation.org) hofft, dies ändern zu können, und hat das ehrgeizige Palestinian Audio-Visual Project ins Leben gerufen, durch das eine Gruppe vielversprechender junger Filmemacher eine Filmausbildung erhalten soll, damit hoffentlich eines Tages auch in den Autonomiegebieten Filme produziert werden können.

Israel und die Palästinensischen Autonomiegebiete bieten die Kulisse für zahlreiche, sehr beeindruckende Dokumentarfilme. Sehenswert sind Mohammed Bakris *Jenin, Jenin* (2002), Juliano Mer Khamis *Arna's Children* (2003), der äußerst kritische Film *Death in Gaza* (2004), dessen Regisseur James Miller während der Dreharbeiten erschossen wurde – die IDF behauptet, er sei in einem Kreuzfeuer gestorben –, und Yoav Shamirs *5 Days*, der den Rückzug der Israelis aus dem Gazastreifen im Jahr 2005 thematisiert.

Um dem Ganzen etwas die Schärfe zu nehmen, sollte man sich Ari Sandels verrückte **West Bank Story** (2005; www.westbankstory.com) anschauen, eine moderne Parodie auf die West Side Story.

Architektur

Die moderne palästinensische Architektur ist weitgehend funktional und wenig ansprechend. Flüchtlingslager im Westjordanland und im Gazastreifen haben eine gewisse Beständigkeit erlangt, die vielen Palästinensern missfällt: Die provisorischen Unterkünfte wurden durch schnell hochgezogene Häuser schlechter Qualität ersetzt, in denen so viele Menschen wie nur möglich wohnen sollten. Andererseits sind die erhaltenen oder restaurierten Gebäude aus vergangenen Zeiten in und um Bethlehem aber Zeugen der wunderschönen traditionellen Architektur Palästinas. Das **Riwaq Centre for Architectural Conservation** (☎ 02-240 6887; www.riwaq.org) in Ramallah arbeitet hart daran, traditionelle palästinensische Gebäude vor dem Verfall zu bewahren, angefangen bei ländlichen Bauernhäusern aus Stein bis hin zu altehrwürdigen Moscheen.

Wenn man historische Städte wie Jerusalem und Akko und restaurierte frühe Siedlungen wie Rosh Pina und Metula mal außen vor lässt, ist auch Israel nicht gerade für eine tolle Architektur bekannt. Im ganzen Land trifft man in Kibbuzim auf langweilige Zweckgebäude, und überall stehen proppenvolle Wohnblocks aus Beton, die für die unzähligen Einwanderer in den 1950er- und 1960er-Jahren gebaut wurden. Seelenlose neue Orte wie Modi'in wurden in der bergigen Landschaft zwischen Tel Aviv und Jerusalem aus dem Boden gestampft, genau wie das Elektrizitätswerk in Caesarea, das an der idyllischen Mittelmeerküste in den Himmel ragt.

Wer aber über das moderne Einerlei und die baufälligen Häuser hinausblickt, wird auf einige Schätze stoßen. In Tel Aviv gibt's viele prächtige Gebäude im Bauhaus-Stil. Das konnte selbst die UNESCO im Jahr 2004 nicht ignorieren und erklärte diese Stadt zum Weltkulturerbe. Bisher konnten noch nicht alle Bauhaus-Schätze restauriert werden, viele sind nach wie vor in ruinösem Zustand und heruntergekommen. Aber allmählich tauchen in der Stadt immer mehr Baugerüste auf, denn auch immer mehr Investoren erkennen das Potenzial, das in diesen Gebäuden steckt.

Shashat (www.shashat. org), eine palästinensische regierungsunabhängige Organisation, die sich mit Frauen im Film spezialisiert hat, veranstaltet jedes Jahr im November und Dezember ein palästinensisches Frauenfilmfestival.

Essen & Trinken

In Israel und den Palästinensischen Autonomiegebieten bedeuten Mahlzeiten viel mehr als nur feste täglich wiederkehrende Unterbrechungen von Arbeit oder Spiel. Hier ist Essen Heimat. Es ist Identität und Sicherheit, Familie, Geschichte und Tradition. Und weil all diese Dinge in diesem Teil der Welt von höchster Wichtigkeit sind, ist auch klar, warum Essen in den Herzen und Köpfen der Menschen gleich nach der Politik kommt.

Vielen traditionellen Gerichten kommt hier eine Doppelbedeutung zu: Sie ordnen den Koch dem jeweiligen Volk zu und sind ein wichtiger Schwerpunkt im Familienleben. Andere Gerichte – besonders das einfache Hummus – werden grenzübergreifend von allen heiß geliebt, gleich welches politischen Standpunkts und welcher Herkunft.

Da Einwanderung im Leben der Israelis schon immer eine wichtige Rolle gespielt hat, bedient sich die israelische Küche an einem riesigen Vorrat irakischer, marokkanischer, polnischer, ungarischer, russischer, französischer, jemenitischer und vieler anderer Rezepte. Deshalb kann es bei einem einzigen modernen israelischen Mahl problemlos *baba ghanoush* (Püree aus gegrillten Auberginen), Rote-Bete-Borschtsch (Suppe), Blauschimmelkäse-Blintzen (Pfannkuchen) mit Rinderbrust sowie Bagels und Blaubeerblinis (kleine süße Pfannkuchen) geben. Die palästinensische Küche ist weniger breit gefächert, aber nicht weniger schmackhaft, und bietet einige interessante Spezialitäten, besonders im am Meer gelegenen Gazastreifen. Wer mit Appetit und Abenteuerlust kommt, wird satt und zufrieden wieder gehen.

TYPISCHES & SPEZIALITÄTEN

Ein schneller Blick ins Alte Testament, den Koran oder die Thora genügt, um eine Menge über die für die Region typischen Lebensmittel zu erfahren. Oliven und Trauben ergeben nicht nur Öle, Snacks und Wein, auf ihnen beruhen auch einige bekannte und oft erzählte Allegorien und historische Darstellungen. Heutzutage sorgt eine große Auswahl von Feldfrüchten zu jeder Jahreszeit für fruchtige und nussige Aromen auf israelischen und palästinensischen Märkten. Abhängig von der Reisezeit können Traveller ihre Picknickkörbe mit Aprikosen, Pfirsichen, Orangen, Zitronen, Pflaumen, Mandeln, Beeren, Feigen, Birnen, Pinienkernen, Wassermelonen, Äpfeln, Kakifrüchten, Bananen, Ananas, Granatäpfeln oder Datteln füllen.

Im Allgemeinen ernähren sich Israelis wie Palästinenser gesund, sie essen viel Obst und Gemüse und wenig Abgepacktes, Tiefgefrorenes oder Konserviertes. Eine schnelle israelische Abendmahlzeit besteht aus Rührei, Hüttenkäse oder Hummus, Pitta und arabischem Salat (fein gehackte Tomaten, Gurke und Zwiebeln). Ähnlich sieht die palästinensische Variante aus: Es gibt Hummus (oft mit Hackfleisch), Olivenöl, Pitta und arabischen Salat. Das ist ganz was anderes als der Burger von der Fast-Food-Kette um die Ecke.

Beide Volksgruppen mögen aber auch sehr gern rotes Fleisch. Jedem Traveller werden auf der Reise durch Israel mit Sicherheit die vielen wirklich originell benannten Fleischrestaurants auffallen (die heißen dann „Nice to Meat You", „Meat Bar", „Meatos" oder „Meating Place"). Egal um welchen speziellen Anlass es sich handelt – rotes Fleisch, gebraten oder gegrillt, spielt im kulinarischen Teil der Feierlichkeit immer eine wichtige Rolle. Das bedeutet jedoch nicht, dass Vegetarier nicht gut versorgt würden. Sowohl in Israel wie auch in den Palästinensischen Autonomiegebieten gibt es ausgesprochen gute Möglichkeiten, mit reinem Gewissen zu speisen. Mehr Infos gibt's unter „Ein Paradies für Vegetarier" auf S. 78.

DER FAMILIENBAUM

Für palästinensische Familien sind Olivenbäume wie Großtanten und -onkel, manche mit jahrhundertealten Familienbanden. Licht und Wärme, Seife und Schnitzarbeiten, Nahrung und Öl kommen von diesen knorrigen, bescheidenen Bäumen. Im Bauernkalender der Palästinenser ist die Ernte der *zeitoun* (Oliven), die jedes Jahr irgendwann zwischen Mitte Oktober und Dezember stattfindet, ein großes Ereignis.

Die **Palestine Fair Trade Association** (www.palestinefairtrade.org), die Olivenölprodukte als Haupteinnahmequelle der hiesigen Wirtschaft erkannt hat, hat Partnerschaften mit Fair-Trade-Vertrieben in den USA und Europa aufgebaut. Sie vermittelt Kurzzeitjobs, z.B. bei der Olivenernte, ebenso wie längerfristige ehrenamtliche Arbeitsstellen auf den Höfen (weitere Infos auf S. 317). Traveller können ernten helfen, sich auf der Website weiter informieren oder gleich bei **Zatoun** (www.zatoun.com) das fertige Produkt bestellen.

Brote

Israelis wie Palästinenser sind ganz wild auf Brot aller Art. Brot spielt auch eine tragende Rolle in religiösen und traditionellen Ritualen. Flache, ungesäuerte Brotsorten werden in Israel von Arabern, Beduinen und Drusen, aber auch in den Palästinensischen Autonomiegebieten am meisten geschätzt. Sie werden von den Frauen des Hauses oft jeden Morgen frisch gebacken. Brot fürs Frühstück wird meist für die jeweilige Personenzahl in einem *taboun* (Tonofen) gebacken, Brot als Beilage zum Mittag- oder Abendessen kommt oft als riesiger, flacher Fladen in die Tischmitte und wird gemeinschaftlich verspeist. Dazu gibt es oft Zatar, auch "Heiliges Ysop" genannt, eine gemahlene Würzmischung aus getrocknetem wildem Thymian (Ysop), Salz und Sesamsaat. Einfach ein Stück frisches Brot abreißen, es in Olivenöl tunken und durch das grünlich-braune Pulver ziehen – schon fühlt man sich als Einheimischer und hat eine Gewohnheit angenommen, die schwer wieder abzulegen ist. An einem kalten Morgen in den Bergen zusammen mit einer dampfenden Tasse gezuckerten Pfefferminztees … göttlich!

Das am häufigsten verzehrte Brot in Israel ist die Pitta, ein ungesäuerter, runder Fladen, den es in verschiedenen Weißmehl- und immer häufiger auch in Vollkornmehlvarianten gibt. Pittas werden großzügig gefüllt; unter "Snacks" und "Salate" finden sich einige der köstlichen Füllungen. Pittas sind auch in den Palästinensischen Autonomiegebieten als schnelles Mittagessen zum Mitnehmen beliebt, dick mit Falafel, *schawarma* oder Salaten beladen.

Auch wenn Brot in Israel in allen weltbekannten Varianten schick drapiert in den Auslagen der Bäckereien auftaucht (als Baguette, Brioche oder verfeinert mit Früchten und Nüssen oder Oliven), wird das Wochenende doch durch nichts besser symbolisiert als durch einen warmen, weichen Challa-Zopf frisch vom Bäcker. Während des Pessachfestes verschwindet Brot – zumindest offiziell – überall von den Speisekarten und wird durch Matzen ersetzt, die ungesäuerten knäckebrotähnlichen Rechtecke, die in Geschmack und Aussehen an dünne Stücke Wellpappe erinnern. Wenn Pessach naht, erlebt man in Tel Aviv Szenen, die an die grässlichsten Hungerzeiten des Kommunismus erinnern, weil die nichtreligiösen Stadtbewohner verzweifelt Schlange stehen, um ihre Gefriertruhen mit genug Brot zu füllen, um den nächsten Weltkrieg zu überstehen. Der Fromme jedoch begnügt sich mit Matzen und verarbeitet sie zu Sandwiches, Pizzaböden, Gebäck und Millionen anderer Dinge, die aber eher nicht so gut sind wie die Originale.

Israelis jeder Glaubensrichtung teilen die Vorliebe für sommerliche Grillfeste: Alle Muslime, Christen und Juden, die keinen eigenen Garten haben, lassen sich dazu auf jedem noch so winzigen Flecken Grün nieder (sogar notfalls am Rand der Autobahn) und werfen den Grill an. Sie schleppen jede nur erdenkliche Ausrüstung heran – außer dem Spülbecken.

Snacks

Die erste Wahl beim Fast Food aus dem arabischen Kochbuch – und auf beiden Seiten der Grenze geliebt – ist Falafel. Die frittierten Bällchen aus mild gewürztem Kichererbsenmehl, frischen Kräutern und Gewürzen werden in ein Pittabrot gefüllt und mit Tahina (Sesampaste), Hummus, Eingelegtem, würzigen Saucen und Salat dekoriert. Die besten Bällchen sind, anders als die trockeneren Varianten, die man in Europa bekommt, innen weich und klebrig, sodass sie im Mund zergehen, aber auch so leicht und saftig, dass man sie sogar zum Frühstück futtern kann.

Doch auch Hummus, dieses allgegenwärtige Kichererbsengericht in schönem Beige, wird von Israelis wie Palästinensern massenweise gegessen. Der Kasten auf S. 73 enthüllt, wie das heiß geliebte Gericht zubereitet wird.

Eine erschwingliche Alternative für Fleischliebhaber ist *schawarma*, ebenfalls zusammen mit allerlei Salaten in ein Pittabrot gefüllt oder in einen dünnen Fladen gewickelt. Ein Stapel gesalzenes Fleisch wird senkrecht aufgespießt und langsam vor einem Grill gedreht. Man sieht das im Fenster eines jeden Schnellimbisses von Ramallah bis Ramla. Das Fleisch kommt meist vom Rind und ist mit einer zusätzlichen Lage Lammfett aufgepeppt, das heruntertropft, wenn es schmilzt. Aber auch Pute und Lamm sind beliebt.

Neben diesen drei Grundnahrungsmitteln haben die Israelis eine Menge weiterer himmlischer Snack-Optionen. Zum Frühstück sehr beliebt und manchmal auch wie ein Snack in ein Pittabrot gefüllt, ist *shakshuka*, ein marokkanisches Gericht aus pochierten Eiern mit würzigen geschmorten Tomaten. Es wird jedem noch blubbernd in einem eigenen Pfännchen serviert und ist im Winter perfekt zum Aufwärmen, oft garniert mit Ziegenkäse, gebratenen Auberginen oder würziger Chorizo.

Eine weitere Alternative zum Frühstück oder auch tagsüber ist *bourekas* aus der Balkanküche, eine Blätterteigkreation mit allen möglichen Füllungen, etwa Kartoffelbrei, Quark, Pilzen (die beste Wahl) oder Oliven. *Bourekas* gibt's in zwei Größen: als Häppchen oder als Mahlzeit. Letzteres ist besonders köstlich, wenn der Teig halbiert und mit einer Mischung aus hart gekochtem Ei, gesalzener Salatgurke, Tahina und passierten Tomaten gefüllt wird.

Vervollständigt wird die Snack-Parade durch irakisches *sabich* und *jachnun* aus dem Jemen, Ersteres ein mittäglicher Snack, Letzteres eine Spezialität für den Samstagmorgen. *Sabich* ist ebenfalls eine Pitta-Kreation, gefüllt mit gebratenen Auberginen, gekochter Kartoffeln und Ei, gesalzener Salatgurke, Tahina, Salat und *amba* (würziger Mangosauce). *Jachnun* ist eine merkwürdig süchtig machende, höchst kalorienreiche gekochte Teigrolle (wie Blätterteig, der nicht gebacken, sondern langsam gegart wird), die mit einem hart gekochten Ei, passierten Tomaten und würzigem *schug*-Relish serviert wird. Weitere jemenitische Snacks aus den gleichen Grundzutaten sind *malawach* (gebratener Blätterteigpfannkuchen mit Ei, Tomate und Würze) und *fatut* (zerkleinerte Teigstückchen mit Ei, Käse, Oliven oder anderen Zutaten vermischt). All diese Snacks machen einen entweder fit für lange Bergwanderungen oder schicken einen direkt wieder ins Bett.

Salate

Die Salate, die die meisten arabischen Mahlzeiten begleiten, gibt es in vielen unterschiedlichen Varianten – manche von ihnen sind gar keine „Salate" im herkömmlichen Sinn, sondern eher Pasten und Aufstriche auf Gemüse- oder Kichererbsenbasis. In von arabischstämmigen Menschen geführten Restaurants in Israel und den Palästinensischen Autonomiegebieten sind die Tische bedeckt mit Dutzenden verschiedenen Salaten auf kleinen Tellern im Mezze-Stil, die den gebratenen oder am Spieß servierten Hauptgerichten vorausgehen. Für viele Gäste sind die Salate aber eher die Hauptattraktion als nur Vorspeise. Auch israelische Cafés und Restaurants sind bekannt für ihre breite Auswahl von frischen, herzhaften Hauptgericht-Salaten – ganz ohne welke Salatblätter oder Tomaten in Seerosenform.

Der bekannte israelische Bäcker und Koch Erez Komorovsky bietet Gourmetkochkurse in seinem Haus im galiläischen Dorf Matat an. Unter ☎ 03-977 2929 kann man einen Kurs oder Unterricht buchen.

Wer sich daran gewöhnt hat, daheim am Straßenrand nur mit feuchten Sandwichs und schlechtem Kaffee Energie tanken zu können, sollte umdenken. In Israel und den Palästinensischen Autonomiegebieten gibt es an kleinen, schäbigen Tankstellen einfache arabische Fleisch-, Mezze- und Fischgerichte – und die gehören zum besten Essen der gesamten Region.

Ein nützliches hebräisches Wort bei Kneipentouren ist *nishnushim*: Das ist eine nette Bezeichnung für Snacks. Wann immer der kleine Hunger kommt, einfach den Barkeeper nach *nishnushim* fragen! Das wird mit Nachschub und einem Lächeln quittiert.

Einen „arabischen Salat", in Israel auch „israelischer Salat" genannt, bekommt man nahezu überall, beim einfachsten Imbiss wie beim schicksten In-Restaurant in Tel Aviv: eine einfache, fein gehackte Mischung aus Salatgurke, Tomaten, Zwiebeln und Zitronensaft, besonders lecker mit einer Tahina-Haube. Ein „türkischer Salat" dagegen ist eine reichhaltige, kalt servierte Tomatensauce mit viel Zwiebel und Gewürzen. Ebenfalls beliebt sind Kraut- und Karottensalate, Salate aus Malven- und Spinatblättern, Maissalate und Taboulé (gehackte Petersilie mit Tomaten und eingeweichtem Bulgur, angefeuchtet mit Olivenöl und Zitrone). Kreatives wird inzwischen mit Auberginen angestellt: Sie werden im Ganzen geräuchert, geschnitten und mit Olivenöl und Tahina dressiert oder mit Knoblauch und Tahina (oder Mayonnaise) püriert, was verschiedene Varianten von *mutabal* ergibt (bzw. *baba ghanoush* oder Auberginenaufstrich). Gesalzenes und eingelegtes Gemüse gibt's ebenfalls überall (hauptsächlich Rüben, Rote Beete, Tomaten, Gurken und Karotten). In den Palästinensischen Autonomiegebieten und in arabischen Gegenden peppt *shatta*, eine rote Chilisauce, alles Mögliche auf, während die Israelis ihre grüne oder rote Version *hareef* nennen (oder *schug* in der jemenitischen Ursprungsvariante). *Amba* ist eine andere wunderbar würzige Sauce, diesmal irakisch und aus Mangos. Betrachtet man die

---

DAS HUMMUS-GEHEIMNIS *David Grau*

Wahrscheinlich wird jeder Israel- oder Palästinareisende schon wenige Wochen nach seiner Rückkehr diesen wunderbaren beigefarbenen Brei vermissen, den er in riesigen Mengen konsumiert hat. Aber wie um alles in der Welt soll man ihn selbst herstellen?

Das Geheimnis von ausgezeichnetem Hummus ist Tahina (Sesampaste) von höchster Qualität – es gilt also, sich eine solche zu beschaffen (die „Rohform", die sehr lange hält und vor dem Essen mit Wasser vermischt wird), bevor man das Land verlässt. Dieses hier ist ein Rezept für sechs Portionen Hummus. Eine große Menge ist besser, weil man so schwer mit dem Essen aufhören kann, aber man sollte bedenken, dass Hummus innerhalb von 24 Stunden nach der Zubereitung verzehrt sein sollte, es wird sonst sehr, sehr schwer verdaulich.

Man braucht drei Tassen kleine getrocknete Kichererbsen (die kleinsten Erbsen, die zu finden sind), eine Tasse Tahina (hergestellt aus der oben erwähnten „Rohform"), den Saft von drei Zitronen, drei bis vier Knoblauchzehen, einen halben Teelöffel Kurkuma, drei Teelöffel Natron, Salz, Petersilie und ein gutes Olivenöl.

Zunächst werden die Kichererbsen einige Male gewaschen, bis das Wasser klar bleibt, dann weicht man sie über Nacht mit zwei Teelöffel Natron in 3–4 l Wasser ein. Am nächsten Tag nochmals gut waschen, dann abtropfen lassen. Danach kommen die Kichererbsen mit Wasser bedeckt in einen großen Topf. Einen Teelöffel Natron hinzufügen, das beschleunigt das Weichwerden. Kein Salz verwenden, das bewirkt das Gegenteil!

Das Wasser aufkochen, dann köcheln lassen. So oft wie möglich mit einem großen Löffel den Schaum und die sich lösenden Häutchen abschöpfen. Solange köcheln, bis die Kichererbsen weich sind, was ungefähr zwei Stunden dauern sollte.

Nun die große Frage: Schälen oder nicht schälen? Jedes Häutchen abzuzupfen, ist mühsam, auch wenn beim Waschen und Kochen schon viel Haut verschwunden ist, aber nur wenn man jede einzelne Erbse schält, ergibt sich Hummus von zarter Konsistenz. Viele bevorzugen jedoch „gröberes" Hummus; das bleibt also eine Frage der Vorliebe und der Zeitersparnis.

Die Kichererbsen abtropfen lassen und noch warm in die Küchenmaschine oder den Mixer geben. Eine Handvoll Erbsen als Garnitur zurück behalten, ebenso zwei Tassen des Kochwassers. Die Erbsen weich pürieren. Wenn die Paste zu dick wird, gibt man ein paar Tropfen Kochwasser dazu. Dann langsam Tahina, Zitronensaft, Knoblauch, Salz, Olivenöl, Petersilie und Kurkuma zufügen und abschmecken.

Et voilà ... oder besser *Yalla* – Hummus zum Genießen mit Pitta, Salat, Oliven und der Garnitur.
David Grau lebt in Tel Aviv mit seiner Frau und zwei kleinen Kindern, die sein Hummus lieben.

Farbe, ist der Name ganz passend gewählt. Wo immer sie angeboten wird, sollte man sie auf das gut gefüllte Pittabrot träufeln – lecker.

Milchprodukte

Weder Israelis noch Palästinenser halten viel von westeuropäischem Kuhmilchkäse; sie bevorzugen Ziegen- und Schafskäse (s. Kasten S. 172). In Israel beliebt sind Salzlakenkäse (Bulgarit; ein weicher, salziger, fetaähnlicher Käse) und Safed-Käse (Zfatit; ein Weichkäse, oft mit kleinen schwarzen *katsach*-Samen durchsetzt), ebenso wie einfacher Hütten-, Ziegen- und Frischkäsesorten, die häufig mit Kräutern, Oliven oder Zwiebeln vermischt sind. Auch Blauschimmelkäse wird in Israel inzwischen gern gegessen und es gibt eine Menge familiengeführter kleiner Käsereien.

Palästinenser und Israelis sind sich zumindest in ihrer Liebe zu *labneh* einig, einem säuerlichen, joghurtähnlichen Frischkäse, der besonders köstlich schmeckt, wenn er in Olivenöl gelegt und mit *zatar* bestreut wird.

Essenszeiten

Die meisten jüdischen Israelis nehmen die Hauptmahlzeit abends ein; Stadtbewohner denken sich nichts dabei, um 22 Uhr oder noch später zum Essen zu gehen. Das lange, aufwändige und gemächliche Wochenendfrühstück besteht aus Eiern, Salaten, frischem Saft, Brot, Käse, Oliven und Kaffee sowie einer sorgfältigen Durchsicht der Wochenendzeitungen. Freitagabende sind häufig dem Essen mit der Familie vorbehalten – die jüngere Generation macht sich auf den Weg in Bars und Nachtclubs, sobald sie ihren Anteil aus Mutters Kochtopf hat.

Muslimische Israelis und Palästinenser essen ihre Hauptmahlzeit traditionell mittags, doch seit die meisten von neun bis fünf arbeiten, setzen sich viele Arbeitnehmerfamilien erst am frühen Abend zum Essen zusammen. Es gibt jedoch immer noch viele Geschäfte, die mittags schließen – sogar im kosmopolitischen Ramallah und in Bethlehem – und deren Eigentümer zu einem langen Mittagessen mit der Familie nach Hause eilen.

Viele traditionelle Gerichte brauchen viel Zeit bei der Zubereitung, der soziale Kontakt unter palästinensischen Frauen wird deshalb auch in der Küche gepflegt, wenn eine Tante oder Nachbarin dabei hilft, Kohl- und Weinblätter aufzurollen oder Kürbis- und Auberginenfüllungen herzurichten. Berufstätige Frauen bereiten heute jedoch öfter Hühnchen mit Reis oder einfache Salate, Eintöpfe und gebratenes Fleisch zu, um Zeit zu sparen. Aber jede palästinensische Mama, die etwas auf sich hält, beherrscht eine Reihe

Für den Uneingeweihten kann Israels Aufgebot von fremdartigen Früchten in Geschmack und Beschaffenheit eine Herausforderung sein, aber die Israelis sind selbst auf ihre seltsameren Fruchtvarianten sehr stolz – vor allem auf solche Neuheiten wie die kernlose Wassermelone. Wer sich an den merkwürdigsten Früchten versuchen will, nimmt sich die kernreichen Sabra (Kaktusfrucht), Pomelos oder die adstringierenden Guaven vor.

ZEIT ZUM ESSEN

Öffnungszeiten in Israel

- **Koschere Restaurants** ⏱ So–Do 8–23, Fr 8–15, Sa 20–23 Uhr
- **Nicht koschere Restaurants** ⏱ 8–23 Uhr, in Tel Aviv oft länger, kürzer in ländlichen Gegenden
- **Cafés** ⏱ 8 Uhr–open end
- **Bars** ⏱ 12 Uhr–open end

Öffnungszeiten in den Palästinensischen Autonomiegebieten

- **Restaurants** ⏱ 9–23 Uhr; einige christliche Betriebe haben sonntags geschlossen, einige muslimische für einige Zeit zwischen Freitagnachmittag und Samstagabend
- **Cafés** ⏱ 8 Uhr–open end

von Gerichten, zu denen *molokhia, maklube, mjadarah* (Reis und Linsen mit frischen Zwiebeln), *mashawi* (gegrilltes Fleisch mit Salaten), *msakhan* (Brathähnchen und Brot mit Zwiebeln und Olivenöl) und *mensef* gehören.

GETRÄNKE

Die Altersgrenze für Alkoholgenuss liegt in Israel und den Palästinensischen Autonomiegebieten bei 18 Jahren und obwohl israelische Juden keine großen Säufer sind und Muslime, Beduinen und Drusen in der Regel völlig abstinent leben, steigt der Alkoholkonsum, nicht zuletzt weil Israels Weinindustrie wächst und gedeiht.

Israelische Weine, von den altbekannten Marken bis zu den exklusiven, teuren Produkten kleiner, feiner Unternehmen, sind allgemein sehr gut. Sie ähneln in Geschmack und Spritzigkeit australischen und kalifornischen Weinen. Der momentane Wein-Boom im Land begann in den frühen 1980er-Jahren, als in Obergaliläa und im Golan Reben angepflanzt wurden, um Cabernets, Merlots, Chardonnays, Sauvignon Blancs und andere beliebte Sorten zu erzeugen. Der erste Sauvignon Blanc 1984 erhielt gute Kritiken und die Anstrengungen der israelischen Winzer zahlen sich auch weiterhin aus.

Auch wenn es eine ganze Reihe kleiner Weingüter gibt, sind die Toppro-duzenten in Sachen Ruhm und Menge die Carmel Winery (S. 216), die von Edmond de Rothschild im 19. Jh. gegründet wurde, und die vielen aufge-henden Sterne auf den Golanhöhen; s. Kasten S. 299. Weitere Stellen für einen guten Schluck selbstgezogenen Weins sind die Weinstraße in den Bergen Judäas (S. 173) und – überraschenderweise – der Negev (s. Kasten S. 367).

Gleich daneben im Westjordanland sichtet man gelegentlich den kleinen Wein (arabisch: *nabid*) auf der Weinkarte, den die Salesianermönche im Kloster Cremisan in Beit Jala bei Bethlehem keltern.

Auch Bier ist eine sowohl in Israel als auch in den Palästinensischen Autonomiegebieten hergestellte Erfrischung; Israels beliebteste Marken sind Maccabee und das dunklere Goldstar. Im christlichen Dorf Taybeh im nördlichen Westjordanland steht die Taybeh Beer Brewery (s. S. 333), die Helles und Dunkles braut und Kostproben anbietet. Und dass es in den Palästinensischen Autonomiegebieten nur eine einzige Brauerei gibt, machen diese mit der Produktion von Arak wett, einem starken Schnaps aus Getrei-de oder Rüben, der wegen des Anisaromas an Ouzo erinnert.

Für Erfrischung ohne Alkohol sorgen überall in Israel und den Palästi-nensischen Autonomiegebieten zahllose Saftstände, an denen wunderbare vitaminreiche Cocktails aus frischem Obst und Gemüse gepresst werden – die perfekte Unterstützung bei einem Bummel durch Ramallah oder der Einkaufstour in Tel Aviv. Meist nippen die Einheimischen aber an etwas Heißem. Die Israelis trinken jede Menge Kaffee in Cappuccino-, Espresso- und Latte-Form, während der süße, trübe, mit Kardamom versetzte und fein gemahlene Kaffee, der als *qahwah arabiya* bekannt ist und in winzigen Portionen serviert wird, bei den Palästinensern eine ehrwürdige Tradition hat und als Muntermacher gilt. Abergläubige lesen gern im trüben Satz und halten das für ebenso wahr wie die aus Teeblättern vorhergesagte Zukunft.

Tee wird in Israel wie den Palästinensischen Autonomiegebieten ohne Milch und Zucker genommen. Israelis wie Palästinenser lieben Tee mit frischer Pfefferminze (*nana* oder *na'ana*) und im Winter erfüllt ein geheim-nisvolles Salbeiaroma (*maramiya*) die palästinensische Luft.

Im Winter bieten Verkaufsstände muslimischer Israelis und Palästinenser tassenweise beruhigendes *sahlab* an, eine dickflüssige, süße Mischung aus Milch, Rosenwasser, Maisstärke und auf Wunsch Pistazien, Mandeln, Zimt, Rosinen oder zerkleinerter Kokosnuss.

Auf www.inmamaskit chen.com findet man unter „Jewish Cooking" durchdachte Beiträge – von der Geschichte der Diaspora bis zu einer Rezeptdatei, die alle möglichen Küchen der Welt berücksichtigt.

WAS JEMENI-TISCH-ISRAE-LISCHE MÜTTER KÖNNEN MÜSSEN

Jachnun: Was wäre ein Samstagmorgen ohne eine Dosis gekochten Teigs mit hart gekochtem Ei und einem Schälchen würzigem *schug*-Gemüse?

WAS POLNISCH-ISRAELISCHE MÜTTER KÖN-NEN MÜSSEN

Hühnersuppe mit Matzenbällchen: Wie eine Kuscheldecke macht die salzige Brühe mit Matzenmehlklößchen alles wieder gut.

Gefilte Fish: pochierte Kabeljau- oder Karp-fenklößchen mit einer einzelnen Karottenschei-be obendrauf; Feiertags-standard jeder jüdischen Schwiegermutter.

FESTESSEN & BESONDERE GELEGENHEITEN
Israel

Essen spielt bei nahezu allen Festen und besonderen Feiertagen der israelischen Juden eine wichtige Rolle, entweder weil es viel davon gibt (wie bei Hochzeiten, Bar/Bat Mitzwas oder dem Pessachfest) oder weil es fehlt (wie an Yom Kippur, dem Versöhnungsfest, bei dem 24 Stunden lang gefastet wird). Zu jedem Fest gehören besondere Speisen, die jeweils bestimmte Dinge symbolisieren; Details gibt's im Kasten unten.

Viele jüdische Familien halten sich, auch wenn sie nicht religiös sind, an die Tradition des Sabbatessens: eine gemeinsame Mahlzeit am Freitagabend, die manchmal durch das Anzünden der Sabbatkerzen und ein Glas Wein eingeleitet wird. In religiösen Familien sind Arbeiten aller Art am Sabbat (vom Sonnenuntergang am Freitag bis zum Sonnenuntergang am Samstag) untersagt, daher gibt es samstagmittags Gerichte mit langer Garzeit. In Haushalten von Juden mit jemenitischen Wurzeln ist das häufig *jachnun* (S. 72), in anderen ein sehr lange garender, schwerer Eintopf namens Tschulent oder *chunt*, für den fettes Fleisch, Bohnen, Gerste, Kartoffeln, Kräuter und Gewürze in einem großen Topf gekocht werden. Die Garzeit für dieses samstägliche Mittagessen beginnt bereits am Freitagnachmittag.

Besonders wichtig ist das Essen auf jüdischen Hochzeiten und Bar/Bat Mitzwas. Da meist Hunderte Menschen zum Essen eingeladen sind, haben diese Ereignisse den Charakter von Massenverpflegung – aber auf Gourmetniveau. Viele Hochzeiten werden koscher gefeiert, sodass auch religiöse Gäste des Festessens genießen können, was bedeutet, dass nach der Hochrippe wahrscheinlich etwas seltsame milchfreie Desserts serviert werden.

Essen spielt auch bei Beerdigungen eine Rolle: Wenn Juden Tote betrauern, verlangen religiöse Riten, dass sie sieben Tage lang Shiv'a sitzen. Einige befolgen die Tradition, eine symbolische Brotmahlzeit, gekochte Eier und Linsen zu essen, deren runde Form für den Fortbestand des Lebens steht. Bei anderen quellen Kühl- und Gefrierschränke über, da jeder Besucher, der zum Shiv'a-Sitzen kommt, Gebäck, Kuchen oder Auflauf mitbringt.

Die Rolle, die das Essen in den Haushalten muslimischer Israelis spielt, ähnelt der in den Palästinensischen Autonomiegebieten; s. S. 77.

Während der Woche des Laubhüttenfests (Sukkot), mit dem Erntedank gefeiert wird, nehmen viele Israelis ihre Mahlzeiten in einer *sukka*, der Laubhütte ein, die mit ihrem Dach aus Palmwedeln oder ähnlichem Material Ungewissheit, aber auch göttlichen Schutz repräsentiert.

ES IST ANGERICHTET!

Zu nahezu jedem jüdischen Feiertag gehören die passenden Lebensmittel, die einige Wochen vorher in den Geschäften auftauchen. Hier sind ein paar Hauptzutaten des jüdischen Festtagskalenders.

- **Purim** *Oznei Haman* („Hamans Ohren"): dreieckiges Gebäck mit Mohnfüllung, das an die Niederlage des Schurken Hamam erinnert, wie sie im Buch Esther berichtet wird.
- **Pessach (Passah)** Bittere Kräuter und Salzwasser, Lammkeule, Matzen, *haroset* (eine süße Paste aus Früchten, Nüssen und Wein) und ein gekochtes Ei – jede Zutat symbolisiert einen Aspekt der Pessachgeschichte. Doch zum Fest gehören auch so leckere Dinge wie Hühnersuppe mit Matzenbällchen, Rinderbrust, Gefillte Fish (pochierter Karpfen) und viel Wein.
- **Chanukka** Eine gute Gelegenheit, sich mit *sufganiot* (Donuts) in Dutzenden Varianten und mit *latkes* (frittierten Kartoffelpuffern) vollzustopfen.
- **Rosh Hashana** Das jüdische Neujahr nimmt einen süßen Anfang mit in Honig getunkten Äpfeln und süßem Challa-Brot, Honigkuchen und *tsimmes* (süß zubereiteten Karotten).
- **Shavuot** Solange es ein Milchprodukt ist, darf während Shavuot alles gegessen werden, denn dann haben Gerichte mit Käse auf jüdischen Speisekarten ihren großen Auftritt.
- **Yom Kippur** Da gibt's gar nichts; die Gläubigen fasten 24 Stunden lang. Mehr Infos zu jüdischen Feiertagen finden sich auf S. 432.

Palästinensische Autonomiegebiete

Der Ramadan ist die muslimische Fastenzeit, in der die Gläubigen (in den Palästinensischen Autonomiegebieten also fast jeder außer den Christen) einen ganzen Monat lang bei Tageslicht auf Essen verzichten (ebenso auf Getränke, Zigaretten und Sex) – s. S. 52. Viele stehen vor Sonnenaufgang auf, um zu essen, da es bis zum *iftar*, dem täglichen Festessen zum Fastenbrechen bei Sonnenuntergang, nichts mehr gibt.

Die bekannteste Leckerei in dieser Zeit ist *qatayif*, ein mit zerkleinerten Nüssen oder etwas Frischkäse gefüllter Pfannkuchen, der mit Sirup beträufelt wird. Ein leckeres symbolisches Essen ist Lamm, das beim Opferfest Eid al-Adha serviert wird. Bei den Christen ist Lamm dagegen das traditionelle Ostergericht; eine Beilage dazu können gefüllte *kibbeh* sein, eiförmige Fleischbällchen, die mit gemahlenem Getreide umhüllt und gebraten werden. Sie symbolisieren den Speer, der Jesus in die Seite gestoßen wurde.

Während einer Trauerzeit ersetzt bitterer arabischer Kaffee die gezuckerte Variante. Muslime reichen dazu eventuell Datteln, Christen backen *rahmeh*, eine Art Brötchen, mit dem man der Seele des Verstorbenen gedenkt. Die Traditionen sind jedoch von Ort zu Ort verschieden. Manchmal gibt es ein arabisches Gericht aus Nordafrika, *moghrabieh* (aus der Gegend Nordafrikas, die als Maghreb bekannt ist), wenn jemand stirbt. Bei der zeitaufwendigen Herstellung dieser Teigware, die etwas größer ist als Couscous, werden Weizenkörner in Mehl zu kleinen Kügelchen gerollt.

Zur Geburt eines Kindes bereiten Verwandte gern *mughli*, einen stark gewürzten Reisauflauf, der den Milchfluss anregen soll.

Zu großen Fest- und Feiertagen sind manche Speisen vorgegeben: etwa körnige Kekse aus weichem Grieß mit Datteln oder Nüssen, die *ma'amool* genannt werden. Außerdem gibt es eine ganze Reihe von honigsüßen Backwaren aus verschieden geformtem Filoteig mit Mandeln, Cashewkernen, Pistazien oder Walnüssen. Dazu gehört auch Baklawa, das geladene Gäste gut verpackt auf Backblechen zu den Gastgebern mitbringen.

WOHIN ZUM ESSEN?

In den letzten Jahren ist Tel Aviv zu einem Feinschmeckerziel von internationalem Kaliber geworden, das Leckereien für jedes Budget und vor allem eine große Auswahl von teuren Lokalen und edlen Restaurants bietet. Auch in Jerusalem gibt's viele Möglichkeiten, zu speisen (viele davon sind – anders als in Tel Aviv – koscher), auch im Rest des Landes finden sich immer wieder fantastische Gelegenheiten, essen zu gehen, ob nun in billigen Schnellrestaurants an Tankstellen oder bei vegetarischen Festessen in Amirim (S. 297). Tel Aviv ist das beste Ziel, um schicke Cocktails in coolen Hotelfoyers oder eine Halbe in der Kneipe nebenan zu trinken, auch wenn sich selbst der kleinste Kibbuz am Wochenende in eine Art Kneipe verwandelt. Donnerstag- und freitagabends ist am meisten los, was Kulinaria angeht, die Samstagnacht ist sehr ruhig, auch wenn die angesagten Treffpunkte in den Großstädten an allen Wochentagen voll sind.

In den Palästinensischen Autonomiegebieten wetteifern Ramallah und Bethlehem um die besten Restaurants der teuren Kategorie, doch das allerbeste palästinensische Essen ist so billig wie unkompliziert: Falafel, gebratenes Fleisch, *ka'ek* (längliche Sesambagels) und der starke Kaffee von fliegenden Händlern. Nablus ist inzwischen berechtigterweise berühmt für seine Süßigkeiten. Hierher kommt man für *kunafeh* (Frischkäse mit einer Schicht sirupgetränktem frittiertem Teig) oder *mtabbak* (dreieckige lockere Teigtaschen gefüllt mit einem leckeren puddingähnlichen Frischkäse). In Hebron sollte man Ausschau halten nach *kedra* (einem Gericht mit Reis und Lamm, mit Safran angereichert und in einem Keramiktopf gedämpft).

**WAS MUSLIMI-
SCHE ISRAELI-
SCHE MÜTTER
KÖNNEN
MÜSSEN**

Mjadarah: Eintopf aus Reis und Linsen mit gerösteten Zwiebeln obendrauf.

Wer zelten möchte, sollte in einen *poike*-Topf investieren – ein kleines, dreibeiniges, gusseisernes südafrikanisches Mitbringsel, das perfekt ist für einen herzhaften Eintopf neben dem Zelt oder einen *shakshuka* (Eintopf mit Eiern und Tomaten). Der Topf ist in guten israelischen Haushaltsgeschäften erhältlich.

EIN PARADIES FÜR VEGETARIER

Vielleicht mit Ausnahme von Indien gibt es nur wenige Gegenden auf der Welt, die in kulinarischer Hinsicht so befriedigend zu bereisen sind wie der Nahe Osten – und das gilt besonders für Israel und Palästina.

Vor allem die Snacks sind ein Genuss für Vegetarier (s. Snacks, S. 71), und Salate sind häufiger ganze Hauptmahlzeiten als obligatorische Beilagen. In muslimischen Restaurants findet sich auf einem ganzen Tisch voller Mezze niemals Fisch oder Fleisch, und es ist völlig in Ordnung, nur diese Gerichte zu bestellen und den zweiten Gang mit gebratenem Fisch oder Kebab zu übergehen. Selbst in teuren Restaurants mit Fleischangebot stehen fast immer ein oder zwei gute vegetarische Gerichte auf der Speisekarte – und so viele süße Gnocchi und gebratene Auberginen, wie man es sich nur wünschen kann.

Im Gazastreifen hat die kritische Wirtschaftslage dazu geführt, dass sich hier eigene kreative fleischlose Spezialitäten entwickelt haben, etwa alle möglichen Arten von Linseneintöpfen, z. B. einen mit Kürbis und Knoblauch *(qare'a ma adas)*, einen mit Mangold *(saliq wa adas)* und einen mit Kartoffeln *(fukharit adas)*. Eine Variante von Hummus ist *bisara*: pürierte dicke Bohnen mit getrocknetem Palästina-Spinat, Chili, Knoblauch und Dill. *Dagga* ist ein Salat – eine pikante Mischung aus gepresstem Knoblauch und Tomaten, scharfen Chilis, Dill, Olivenöl und Zitrone.

Wer auf der Suche nach dem ultimativen Paradies für Vegetarier ist, sollte Amirim (S. 296) in Obergaliläa besuchen, ein Dorf, in dem alle Bewohner vegetarisch leben und das New-Age-Flair verströmt. Alternativ besucht man das trostlose Dimona und die dortige afroamerikanischen Israeliten (s. S. 374), die ein veganes Leben führen.

In diesem Buch wird das Zeichen Ⓥ für ausschließlich vegetarische Restaurants verwendet; ist das Lokal auch vegan, ist das im Text angegeben.

Bars sind außerhalb von Bethlehem und Ramallah kaum zu finden; donnerstagabends ist dort am meisten los (an manchen Locations erst weit nach Mitternacht), aber generell ist das Nachtleben in Palästina ruhig; der Gazastreifen ist komplett alkoholfrei (abgesehen von gewissen Heimlichkeiten).

PREISE

Die Lokale werden in diesem Buch manchmal unterteilt in eine günstige, eine mittelteure und eine teure Kategorie. Eine Hauptmahlzeit (oder ein sättigender Snack) in einem günstigen Restaurant kostet weniger als 50 NIS (10 € bzw. 14 Sfr) pro Person; eine mittelteure Hauptmahlzeit bekommt man für 50 bis 80 NIS (10–16 €, 14–23 Sfr) und in einem teuren Restaurant zahlt man 80 NIS (16 €, 23 Sfr) und mehr.

Ein Trinkgeld von 10 % des Rechnungsbetrags wird in Israel allgemein erwartet, in den Palästinensischen Autonomiegebieten ist es willkommen.

FÜR KLEINE ESSER

Kinder sind in Israel und den Palästinensischen Autonomiegebieten nahezu überall willkommen, nur in den allerschicksten Restaurants wird man über Gäste mit Kleinkindern im Schlepptau die Nase rümpfen. Viele Restaurants sind mit Hochstühlen ausgerüstet – manche bieten sogar Stifte oder anderes kinderfreundliches Material zur Zerstreuung an – und auch wenn es kaum spezielle Kindermenüs gibt, sind die Köche in der Regel doch gern bereit, einfache Gerichte für heikle Esser zuzubereiten oder eine halbe Portion für die halbe Portion zu servieren, die unbedingt das haben will, was Mama hat.

Wer mit einem Baby unterwegs ist, findet in fast allen Supermärkten und Apotheken Milchpulver und Gläschenkost und viele Restaurants sind nur zu gern bereit, mit einer Banane, Kartoffeln oder Nudeln zum Zerdrücken auszuhelfen. Auch an passenden Snacks herrscht bei all den Fruchtsaftständen und Pitta-Verkäufern auf israelischen wie palästinensischen Straßen

Auf www.thisweekin palestine.com findet man auch Artikel zur palästinensischen Küche. Die Ausgabe 98 (Juni 2006) erhielt Bestnoten für Geschichten über die Ästhetik der palästinensischen Küche und das Essen im Gazastreifen. Man kann im Archiv nach Monat, Jahr oder Ausgabe suchen.

kein Mangel. Wenn die Kids wirklich wie die Einheimischen essen wollen, sollte man ihnen Bamba kaufen, eine mit Vitaminen angereicherte Knabberei auf Erdnussbasis, leicht süß und leicht salzig. „Bamba" ist häufig das erste Wort israelischer Kleinkinder – und das Zeug macht echt süchtig, nicht nur Kinder!

ESSKULTUR

Religiöse Juden und Muslime in Israel und den Palästinensischen Autonomiegebieten beachten spezielle Ernährungsvorschriften, bei Ersteren *koscher*, bei Letzteren *halal* genannt. Obwohl die Vorschriften einige Gemeinsamkeiten haben (etwa das Verbot, Schweinefleisch und Schweinefleischprodukte zu essen, und die grundlegenden Schlachtmethoden), gibt es deutliche Unterschiede zwischen beiden. Außerdem existieren bei beiden Ernährungsweisen unterschiedliche Ausprägungen.

Allgemein bedeutet koscher, Fleisch und Milchprodukte nicht zu mischen und auf den Konsum von Schweinefleisch, Schalentieren oder Wildgeflügel zu verzichten. In muslimischen Schlachthäusern müssen Tiere für den menschlichen Verzehr getötet werden, wenn sie bei vollem Bewusstsein sind. Dies geschieht, indem man ihnen mit einer ungezahnten Klinge die Kehle durchschneidet. Im größtenteils säkularen Israel kann man sich in Restaurants für koschere Gerichte entscheiden – sie sind im Allgemeinen unterteilt in „milchhaltig" (meist vegetarisch) und „fleischhaltig". Wer Fleisch isst, rührt nach dem Steak milchfreie Sahne in seinen Kaffee. In Tel Aviv sind koschere Restaurants jedoch eher die Ausnahme als die Regel, und es herrscht kein Mangel an echter Salami. Alkohol ist Juden nicht verboten und es gibt sogar koschere Weine von Weinbergen, deren Wein erst im vierten Jahr gekeltert werden kann und die jedes siebte Jahr brach liegen.

Die Bewohner der Palästinensischen Autonomiegebiete sind überwiegend muslimisch, daher werden Lebensmittel überall nach den *halal*-Standards behandelt. Auch hier findet man kaum Schinkensandwiches. Hummer, Austern und Konsorten gelten zwar als nicht koscher, nach islamischem Gesetz ist das Meeresgetier aber durchaus essbar und taucht auf der einen oder anderen Speisekarte in Palästina auf. Andererseits erlaubt der Islam keinen Alkohol, daher bevölkern überwiegend (aber nicht ausschließlich) Christen die dortigen Bars.

Die Jerusalemer School of Kosher Culinary Arts (☎ 02-642 9345; www. jskca.org.il), die erste glatt-mehadrin-koschere Kochschule der Welt, bietet kurze Kurse in Kochen nach den jüdischen Speisegesetzen an.

Wer koscher oder halal lebt, darf die meisten Insektenarten – mit Ausnahme einiger sehr spezieller Arten von Heuschrecken – nicht essen.

SPRACHFÜHRER ESSEN
Essglossar

Es folgt eine Liste von Lebensmitteln und Getränken mit ihren hebräischen und arabischen Bezeichnungen. Nützliche Redewendungen und weitere Informationen zur Sprache gibt's im Kapitel Sprache ab S. 463.

Deutsch	Hebräisch	Arabisch
Frühstück	*arukhat boker*	*iftarh*
Mittagessen	*arukhat tsara'im*	*ghada*
Abendessen	*arukhat erev*	*a'sha*

ESSEN

Ei	*beitsa*	*beid*
Eier mit Käse	*beitsa eem gvina*	*beid ma jibneh*
Eingelegtes Gemüse	*khamutsim*	*mhalal*
Hähnchen	*off*	*jaj*
Joghurt	*leben*	*laban*
Joghurt (dick)	*labaneh*	*labaneh*

Käse	gvina	jibneh
Kartoffeln	tapukhei adama	batata
Lamm	keves	lahmet harouf
Öl	shemen	zeit
Oliven	zeitim	zeitoun
Omelett	omelette	omelette
Pfeffer/Chili	peelpel	filfel
Salz	melakh	meleh
Suppe	makak	maraka
Truthahn	hodu	habash
Würzig	hareef	hareef
Wurst/Salami	naknik	salsees/nakanik
Ziegenkäse (salzig)	gvina melukha	jibneh nabilsiyeh

GETRÄNKE

… mit/ohne Zucker	… in/bli sukkar	… ma sukkar/bidoun sukkar
Bier	beera	beera
Grapefruitsaft	meets eshkoliot	aseer grefout
Heiße Schokolade	shoko	shoko
Kaffee (schwarz/mit Milch)	kafeh (shakhor/hafukh)	qahwah (samra/ma halib)
Kräutertee	te tsmakhim	shai a'shab
Limonade	limonada	limonada
Orangensaft	meets tapuzim	aseer burtuqal
Pfefferminztee	te eem na'ana	shai ma na'ana
Saft	meets	asseer
Tee	te	shai
Tee mit Milch	te bekhalav	shai ma halib
Türkischer/Arabischer Kaffee	kafeh turkee	qahwah arabiya
Wasser	mayim	mayeh
Wein	yayeen	nabeethe

Was steht auf der Karte?

In Israel und den Palästinensischen Autonomiegebieten sollte man unbedingt einige der folgenden kulinarischen Schätze probieren. Hat man solch eine Gelegenheit, gilt grenzüberschreitend: viel und oft bestellen!

amba – würzige Mangosauce

baba ghanoush – Püree aus gebratenen Auberginen, auch *muttabal genannt*
bisara – pürierte dicke Bohnen mit getrocknetem Palästina-Spinat, Chili, Knoblauch und Dill
bourekas – mit Sesam bestreutes Gebäck
bourekas punakim – ein *bourekas* gefüllt mit Ei, Käse, Tomaten, Eingelegtem und Tahina

chraime – Fischstücke in würziger Tomatensauce
chunt – s. *tschulent*

dagga – Salat aus gepresstem Knoblauch und Tomaten, scharfen Chilis, Dill, Olivenöl und Zitrone

fatteh – eine Art Kichererbsensuppe, die über Pittastücke gegossen und mit gerösteten Pinienkernen bestreut wird
fattoush – Brotsalat
fatut – Gebäckstückchen verrührt mit Eiern, Käse, Oliven oder anderen Zutaten
freekeh – zerstoßener grüner Weizen, ein traditionelles galiläisches Gericht
fukharit adas – Linseneintopf mit Kartoffeln
fuul – Eintopf aus dicken Bohnen

gallaya – Fleisch und Zwiebeln in würziger Tomatensauce
gamba – mit Pilzen und Käse gefüllte Paprikaschoten
gefillte fish – pochierte Kabeljau- oder Karpfenklößchen
gevetch – ein zähflüssiger, tomatenlastiger Gemüseeintopf

hareef – (israelische) grüne oder rote Chilisauce
haroset – ein süßer Teig aus Früchten, Nüssen und Wein

jachnun – gekochtes, gerolltes längliches Teigstück, das mit hart gekochtem Ei, passierten Tomaten und *schug* serviert wird

ka'ek – längliche Sesambagels
katayef – süße Pfannkuchen, mit Ziegenkäse oder Zimtwalnüssen gefüllt und mit Sirup übergossen
kedra – Gericht mit Reis, Lamm und Safran, in einem Keramiktopf gedämpft
khaghoghi derev – in Weinblätter gewickelte, gewürzte Hackfleischmischung
kibbeh – eiförmiges Fleischbällchen, mit gemahlenem Weizen umhüllt und gebraten; symbolisiert den Speer, der Jesus in die Seite gestoßen wurde
kidreh – Auflauf mit Fleisch, Nüssen und Reis
kofta – würzige Hackfleischspießchen
kneidelach – Klößchen
kreplach – mit Fleisch gefülltes Klößchen
kuba – mit Rinderhackfleisch und Pinienkernen gefüllter Teig
kunafeh – nudelartig geformtes Gebäck mit Frischkäsefüllung

ma'amool – körnige Kekse aus weichem Grieß, gefüllt mit Datteln oder Nüssen
maklube – „auf dem Kopf stehend" – Schichten aus Hähnchen oder Lamm in Reis, gebratenen Auberginen, Kartoffeln und Blumenkohl
malawach – blätterteigartiger Pfannkuchen mit Eiern, Tomaten und würzigen Beilagen
manaish – Palästinensische Pizza
maramiya – Salbei
masabacha – Kichererbsen in warmer Hummus-Tahina-Sauce
mashawi – gegrilltes Fleisch, mit Salaten serviert
mechoui – marinierte Lammschulter am Spieß geröstet
melawach – jemenitisches Brot
mensef – Brot mit gebratenem Lamm und Reis, das zu einer salzigen Käse-Lamm-Brühe mit gerösteten Pinienkernen gereicht wird; eine Spezialität von Beduinen wie Palästinensern zu Geburten und Hochzeiten
mjadarah – Reis und Linsen mit gerösteten Zwiebeln
molokhiyya – breiige, säuerliche Hühnersuppe, die nach den Blättern der Malve benannt ist, die ihr die zähflüssige Konsistenz und angeblich aphrodisische Eigenschaften verleiht
msakhan – Brathähnchen und Brot mit Zwiebeln und Olivenöl
mtabbak – dreieckige, lockere Teigtaschen gefüllt mit einem leckeren puddingähnlichen Käse
mughly – gut gewürzter Reisauflauf, der den Milchfluss anregen soll und traditionell nach der Geburt eines Babys zubereitet wird
mughrabiyeh – Gericht der nordafrikanischen Araber bei einem Todesfall; die Teigware wird hergestellt, indem Weizenkörner in Mehl zu kleinen Kügelchen gerollt werden
muhammar – arabische Pizza, bedeckt mit Hähnchen und Zwiebelstücken
musakhan – Brot der Beduinen, gefüllt mit gewürztem Hähnchen und Zwiebeln
muttabal – siehe *baba ghanoush*

nishnushim – Snacks

pastalikos – Gebäck mit Pinienkernen, Hackfleisch und Zwiebeln
pastilla fassia – Blätterteig gefüllt mit Huhn, Mandeln und Zimt

petshai – gekochte Kalbshaxe
pitta-eem-leben – hauchdünnes Pittabrot, serviert mit einem weichen, säuerlichen Frischkäse, der mit Olivenöl und Majoran vermischt wird

qahwah arabiya – arabischer Kaffee
qare'a ma adas – Linseneintopf mit Kürbis und Knoblauch
qatayif – Pfannkuchen, gefüllt mit einer kleinen Menge gehackter Nüsse oder Frischkäse und mit Zuckersirup beträufelt
qidreh – Lamm mit Reis und Kichererbsen

rahmeh – Brötchen, das die Christen an die Seelen der Verstorbenen erinnern soll
rugelach – Schokoladengebäck
rumanniya – Mischung aus Auberginen, Linsen, Tahina und Granatapfelsaft

sabich – aus dem Irak übernommener Snack: Pitta gefüllt mit Auberginen, Kartoffeln und gekochten Eiern
sabra – Kaktusfrucht (auch Bezeichnung für einen gebürtigen Israeli)
sahlab – milchiges Getränk aus Kokosnuss, Zimt, Rosinen, Mandeln und Pistazien
saliq wa adas – Linseneintopf mit Mangold
sambusa – gefüllte Teigtaschen
schug – jemenitische Chilisauce
sfeeha – kleine Fleischpastete mit Fetakäse und Pinienkernen
shakshuka – marokkanisches Gericht, bei dem Eier in einer Kasserolle mit würzigen geschmorten Tomaten pochiert werden
shatta – rote Chilisauce
shishbarak – Klößchen aus Lamm und Pilzen
schawarma – die hiesige Dönerversion: vom Spieß geschabtes Fleisch, das mit zerkleinerten Tomaten und Garnierung in ein halb aufgeschnittenes Pittabrot gefüllt wird
soofganiot – Donuts
soojuk – würzige Würstchen
sumaggiya – langsam geschmortes Rindfleisch mit Mangold und Kichererbsen, gewürzt mit Dill, Knoblauch, Chilis und Sumachsaat

tagen – in einem tiefen Tontopf gegarter Eintopf
tschulent – sehr lange garender Eintopf, bei dem fettes Fleisch, Bohnen, Gerste, Kartoffeln, Kräuter und Gewürze in einem großen Topf gedämpft werden; auch *chunt*
tsimmes – süß gekochte Karotten

zaatar – grüne pulvrige Substanz aus wildem Thymian, Sesam und Gewürzen
zeitoun – Oliven

Natur & Umwelt Professor Alon Tal

ARTENVIELFALT

An Israel und den Palästinensischen Autonomiegebieten ist kaum etwas „normal". Sogar was Ökologie und Umwelt betrifft, ist diese Region ziemlich außergewöhnlich – im Guten wie im Schlechten. Wer eine Bibel öffnet, merkt sofort, dass Israel – obwohl nicht besonders groß – voller Leben ist: Die Natur diente als zentrale Inspirationsquelle und als Motiv für Psalmisten, Propheten und später für Pilger.

Wegen seiner geografischen Lage an einer Stelle, an der drei Kontinente aufeinandertreffen, ist das Land seit Jahrtausenden ein strategisch wichtiges Ziel für Eroberer – das noch dazu mit einer großen Artenvielfalt gesegnet ist. Säugetiere des afrikanisch-tropischen Raumes wie der Klippschliefer teilen sich ihren Lebensraum mit orientalisch-tropischen Säugetieren wie dem Stachelschwein und dem relativ seltenen Baummarder. Im ariden Süden macht sich der afrikanische Einfluss durch die einsamen Akazienbestände, die flinken Antilopen und die Steinböcke mit ihren charakteristischen Hörnern bemerkbar. Man muss Geduld und Glück haben, um sie zu sehen, aber des Nachts streifen hier noch immer Hyänen und Leoparden umher; tagsüber sind dagegen zahlreiche verschiedene Reptilienarten zu finden, die sich nicht von den rauen Bedingungen des Negev abschrecken lassen. In den Regionen um Karmel und Meron im Norden wachsen mediterrane Wälder mit knorrigen Eichen, Mandel- und Ahornbäumen. Hier eröffnet sich dem Betrachter wahrscheinlich am ehesten der Anblick, der die Kulisse biblischer Geschichten wie der Tötung Abschaloms in Gilead bildete und als Metapher für Jesajas Prophezeiungen diente. Nach aktuellen Erhebungen sind Israel und die Palästinensischen Autonomiegebiete der Lebensraum von knapp 700 Wirbeltierarten (darunter 518 Vogelarten), von mehr Fledermausarten als ganz Europa zusammen und von 2600 Pflanzenarten (darunter 130 endemische Arten).

Dies war nicht immer so. Als im 19. Jh. die Schusswaffen Einzug hielten, wurden diverse Populationen großer Säugetiere und Vögel in kurzer Zeit ausgelöscht. Geparden, Bären, Strauße und Krokodile sind nur einige der Tiere, die so lange gejagt wurden, bis die Art nicht mehr existierte. Mit einer entschlossenen Tierschutzpolitik kämpft man in Israels jüngster Geschichte gegen diese Entwicklung an.

Vor vierzig Jahren wurde eine Initiative namens Hai Bar („Wildtiere") gegründet, die half, zahlreiche Tierarten wieder in der Region anzusiedeln, die aus der Bibel bekannt sind, die aber später verschwunden waren, da sie keine Chance gegen die Jagd durch den Menschen hatten. Hai Bar fängt u. a. einen kleinen Bestand seltener Tiere und züchtet jede Art geduldig so lange, bis sie Schritt für Schritt in einen natürlichen Lebensraum zurückgeführt werden kann. In einer parallel laufenden Initiative wurden nach und nach Greifvögel wieder angesiedelt, deren Bestände in den 1950er-Jahren durch verschwenderisch eingesetzte Pestizide dezimiert worden waren.

Obwohl manche Zoologen bei einigen Säugetierarten daran zweifeln, dass diese wirklich die biblischen sind, war das Programm im Großen und Ganzen ein Erfolg. Die erste Tierart war der Wildesel, der immer wieder in Jesajas Prophezeiungen erwähnt wurde; danach wurden noch andere Tiere nach und nach in Israels Naturraum angesiedelt. Eine kleine Herde persischen Damwilds wurde 1981 heimlich mit der letzten El-Al-Maschine aus dem Iran eingeflogen, bevor Chomeinis Revolution begann. Die scheuen Tiere haben sich im atemberaubenden Naturschutzgebiet Akhziv in Galiläa

Professor Alon Tal war der Gründer der Israel Union for Environmental Defense und des Arava Institute for Environmental Studies und leitete Life and Environment, Israels Dachverband grüner Organisationen. Weitere Infos zu seiner Biographie sind auf S. 471 zu finden.

In *The Natural History of the Bible* (2006) beleuchtet Daniel Hillel, ein weltberühmter Bodenphysiker und Experte für Wasserwirtschaft mit einer lebenslangen Leidenschaft für die Natur Israels und einem breit gefächerten persönlichen Wissen, den Einfluss der heimischen Ökologie auf die Menschen und die Welt in der Heiligen Schrift.

und rund um die Hügel Richtung Jerusalem angesiedelt. Der schöne Arabische Oryx, dessen gerade, parallele Hörner die Kreuzritter annehmen ließen, sie wären Einhörner, sind ebenfalls wieder in Israel beheimatet. Die beiden Zentren von Hai Bar – in Yotvata (S. 385) bzw. im Karmel (s. S. 231) – werden mittlerweile verkleinert, da ein Großteil der Wiedereinführung geschafft ist. Für Tier- oder Bibelfans lohnt sich ein Besuch trotzdem.

Große Teile der natürlichen Sumpfgebiete, die früher typisch waren für den zentralen und nördlichen Teil Israels und der Palästinensischen Autonomiegebiete, sind seit Langem trockengelegt und verschwunden, wobei große Teile ihrer einzigartigen Flora und Fauna ausgelöscht wurden. Kleine Schutzgebiete wie Ein Afek und Hule haben sich ihren ursprünglichen Sumpfcharakter bewahrt; in ihnen leben eine reiche Vielfalt von Vogelarten und sogar die schwerfälligen Wasserbüffel.

Wie die Tiere haben auch die Pflanzen von den Schutzmaßnahmen profitiert. Eine landesweite Kampagne in den 1960er-Jahren überzeugte die Öffentlichkeit davon, keine Wildblumen zu pflücken. Von Januar bis März explodieren auf den Hügeln bunte Blumenteppiche, die auf jeden Fall eine Fahrt aufs Land wert sind. Besonders beeindruckend sind die Anemonen und Alpenveilchen im Wald von Be'eri im Norden des Negev und der Wald von Beit Keshet in der Nähe Nazareths. Iris wachsen im Naturschutzgebiet Gilboa, Orchideen an den Hängen rund um Jerusalem.

Gute Hinweise zu Ökotourismus-Zielen bietet die Website www.ecotourism-israel.com.

ZUGVÖGEL ÜBER ISRAEL

Ein weit verbreiteter Irrglaube ist es, dass Vögel ziehen, weil sie die Kälte nicht ertragen. Aber ihre Federn können sie theoretisch so gut wärmen, dass sie auch extrem kalte Winter überleben. Nach Süden fliegen sie, um Nahrung zu finden. Wenn der Boden gefriert und sie keine Insekten und Samen mehr finden, verlassen sie jedes Jahr im Herbst das kalte Europa und Asien und fliegen nach Afrika. Dort bleiben sie aber nur für den Winter, denn der Konkurrenzkampf ums Futter ist einfach zu stark, als dass sie die Extrakalorien bekämen, die sie zum Brüten brauchen. Deshalb fliegen sie zurück nach Hause, wo es mittlerweile wieder jede Menge Insekten gibt.

Der Vogelzug hin und zurück bedeutet, dass zweimal im Jahr 0,5 Mrd. Vögel aller Arten über den Jordangraben fliegen, entlang der längsten Vogelzugstrecke der Welt. Er liegt in einem engen Korridor am östlichen Rand Israels und der Palästinensischen Autonomiegebiete und ist dank seiner Topografie ein Paradies für Vogelbeobachter.

Zahlreiche Stellen bieten einmalige Highlights, selbst wenn man keine Lust hat, vor Sonnenaufgang mit einem Fernglas in der Hand geheimnisvolle Vogelarten zu identifizieren.

■ Eine kleine Ecke der Hule-Ebene in Nordgaliläa wurde wieder geflutet und zieht jetzt Tausende von Kranichen an, die neben Pelikanen und anderen Tieren die Wintermonate in diesem schönen Naturschutzgebiet verbringen. Weitere Infos gibt's auf S. 300.

■ Das **International Center for the Study of Bird Migration** (birds@post.tau.ac.il) in Latrun hat ein Radarsystem, durch das Kinder auf der ganzen Welt Vögel auf ihren Zugrouten verfolgen können.

■ Die schöne Wüstengemeinde **Kibbuz Lotan** (www.birdingisrael.com) hat ein großartiges Gästehaus und ein Informationsprogramm zur Ökologie, das auch eine Einführung in die Vogelkunde einschließt. Näheres findet sich auf S. 385.

■ Die vielleicht beeindruckendste Initiative ist das **Eilat International Bird Center** (www.birdsofeilat.com) unter der Leitung des außergewöhnlichen Ornithologen Reuven Yosef. Eine alte Müllkippe wurde in eine schöne Salzwiese zurückverwandelt und mit natürlicher Flora und kleinen Stauseen versehen. Die unzähligen erschöpften Vögel, die den gefährlichen Flug über die Sahara überleben und dann das Rote Meer überqueren, sammeln hier neue Kräfte, bevor sie ihre Reise Richtung Norden fortsetzen.

Die Bestände von Israels 128 überlebenden heimischen Säugetierarten sind dank strenger Jagdauflagen und einem Netz von Naturschutzgebieten, das rund 25 % des Landes einnimmt, größtenteils stabil. Dennoch sind Naturschutzgebiete kein Wundermittel gegen den Verlust der natürlichen Artenvielfalt. Viele von ihnen sind winzig und abgelegen und schützen die einheimischen Spezies nur begrenzt. Außerdem werden viele der Schutzgebiete im Süden als Schießbereiche vom Militär genutzt. In manchen Fällen kommt dies der Natur zugute, da die Armee Pufferzonen anlegt, die Zivilpersonen nur am Wochenende und in den Ferien passieren dürfen. Doch die schwer bewaffneten Soldaten, Panzer und Bombenträger sind für viele der tierischen Bewohner der Region alles andere als harmlos.

BESIEDLUNG DURCH DEN MENSCHEN

Der Begriff „Wildnis" ist in diesem uralten Land etwas irreführend. Seit Urzeiten haben die Menschen die scheinbar leeren Wüstenregionen durchkämmt. Kaum eine Stelle in der Landschaft weist keine Spuren menschlicher Aktivität auf, die die zahllosen archäologischen Fundstücke beweisen, die bis zu 120 000 Jahre alt sind.

Dieser ökologische Fußabdruck war nicht immer zerstörerisch. Forscher haben z. B. recht aussagekräftige Beweise dafür, dass die Weidewirtschaft direkt zur biologischen Vielfalt der Gegend beigetragen hat, vor allem zur bunten Vielfalt von Winterpflanzen. Die weidenden Schaf- und Ziegenherden haben nicht nur für Dünger gesorgt, sondern scheinen auch die uneingeschränkte Verbreitung anderer dominanter Spezies kontrolliert zu haben. Dies mag einer der Gründe dafür sein, warum trockene Landstriche in Israel und den Palästinensischen Autonomiegebieten eine so deutlich höhere Artenvielfalt aufweisen als klimatisch vergleichbare Regionen im amerikanischen Südwesten.

The Environment in Israel (2002) von Shoshana Gabbay wurde für den Beitrag des Umweltministeriums auf dem Weltgipfel für nachhaltige Entwicklung produziert. Es enthält alle Daten, die man sich nur wünschen kann, und ist klar und schlüssig geschrieben. Es ist online unter www. sviva.gov.il erhältlich.

Auch die lange Reihe von Eroberern hinterließ ihre Spuren. In den letzten rund 2000 Jahren hatte die Region, in der heute Israel und die Palästinensischen Autonomiegebiete liegen, größtenteils nur Kolonialstatus. Regierungen in weiter Ferne zwangen der armen Bevölkerung einen sehr hohen Steuersatz auf und hatten nur wenig Interesse daran, das Gebiet zu sanieren und zu verwalten. Die heimische Bevölkerung aus arabischen Bauern (*fellaheen*) wurde in tiefe Armut getrieben, was oft dazu führte, dass sie keine Mittel mehr hatten, den Terrassenfeldbau und den Fruchtwechsel zu pflegen, die Teil eines nachhaltigen Agrarsystems im Sinne der Bibel waren. Die stetige Entwaldung und der Verlust der Vegetation wurden durch Überweidung und Holzfällerei beschleunigt.

Als der amerikanische Schriftsteller Mark Twain das Land 1867 besuchte, beschrieb er in seinem Bestseller-Reisebericht *Die Arglosen im Ausland* eine öde, desertifizierte Landschaft: „Sogar der Ölbaum und der Kaktus, diese treuen Freunde des nutzlosen Bodens, hatten das Land beinahe verlassen. Es gibt keine ermüdendere Landschaft für das Auge als die an den Zufahrtswegen nach Jerusalem." Im Zweiten Weltkrieg holzten die osmanischen Armeen riesige Wälder ab, um das Eisenbahnnetz auszubauen und damit die Truppen zu unterstützen, die der anmarschierenden britischen Armee gegenüberstanden. Luftaufnahmen aus der Zeit bestätigen, dass die heimischen Eichenwälder fast vollständig zerstört wurden.

Anders als in vielen anderen Ländern der Region, die sich scheinbar mit der beständigen Landverödung abgefunden haben, gibt es in Israel heute beeindruckende landesweite Sanierungsmaßnahmen. Lange bevor die Zionisten die politische Oberhand gewannen, waren die europäischen Siedler bereits an Wiederaufforstungsprojekten beteiligt, in deren Rahmen in den vergangenen 60 Jahren über 260 Mio. Bäume gepflanzt worden sind.

Der Jewish National Fund (JNF) ist eigentlich eine Gesellschaft, die über die World Zionist Organisation (WZO) den Juden gehört. Vor über 100 Jahren erhielt sie den Auftrag, „das Land Israel zu erretten". Nach Ende des Nahostkonflikts 1948 (S. 35) hatte der Erwerb von Grundbesitz keine Priorität mehr und Israel widmete seine Aufmerksamkeit der Wiederaufforstung. Der Beschluss des JNF, Kiefernwälder im ganzen Land anzupflanzen, wurde mehrere Jahre lang von Ökologen kritisiert, die die mechanisch gepflanzte Monokultur von Nadelbäumen missbilligten. Die arabischen Bürger lehnten sie ebenfalls ab, da für sie die Wälder ein Symbol jüdischer Herrschaft waren. In den letzten zehn Jahren handelte die Organisation ökologisch deutlich sensibler und ausgeklügelter, vergrößerte die Vielfalt der Pflanzungen und verwendete überwiegend heimische Arten. Außerdem schützt sie die heimische Vegetation.

Heute sind rund 10 % der Landschaft per Gesetz Waldgebiete mit ökologischer und Erholungsfunktion. Die Parks liegen an Israels Straßen und werden von Millionen Israelis als beliebte Picknickplätze genutzt. Für Juden auf der ganzen Welt ist das Pflanzen eines Baumes gleichbedeutend mit einem Ausdruck von Solidarität mit dem Staat Israel geworden. Den meisten Wäldern fehlt die Authentizität alter Wälder. Dennoch ist die Wiederaufforstung ein wesentlicher Beitrag zur Landschaftspflege, vor allem im trockenen Süden, wo Kiefernbestände in Gegenden mit nur 100 mm Niederschlag florieren.

Wiederaufforstung und kontrolliertes Weiden waren wesentliche Elemente, um der Desertifikation entgegenzuwirken, die die Region so lange eisern im Griff hatte. Doch was die Wüste wirklich zum Blühen brachte, war die landwirtschaftliche Nutzung. In den ersten 60 Jahren versiebenfachte sich die Bevölkerung des Landes und die landwirtschaftliche Erzeugung wuchs um das 16-fache, vor allem in semiariden und ariden Regionen.

WASSERWIRTSCHAFT

Sobald Israel seine Unabhängigkeit erklärt hatte, begann als wasserwirtschaftliches Äquivalent zum Sozialismus die Planung des Wassertransports aus dem wohlhabenden (und wasserreichen) Galiläa in den trockeneren Süden. Diese Infrastrukturprojekte waren äußerst ambitioniert für ein gerade neu entstandenes Entwicklungsland und fraßen viel von der verfügbaren Fremdwährung auf. In den 1960er-Jahren wurden jedoch erstaunliche Mengen von Wasser in den Negev hinuntergepumpt und die landwirtschaftlich geprägten Siedlungen florierten. Nisan Tsuri, der 80-jährige Museumsdirektor des etwas merkwürdigen Museum of Water & Security im Kibbuz Niram nahe Ashqelon, gewährt Besuchern faszinierende Einblicke in diese Bemühungen. Die nationale Wasserversorgungsgesellschaft Mekorot betreibt Touristeninformationen in Merkaz Sappir am See Genezareth und im Herzen des Landes, die für all diejenigen einen Abstecher wert sind, die sich für Wasserwirtschaft interessieren.

Gleichzeitig war das Land auch technologisch ambitioniert. Mit überwältigender Mehrheit wählten die Israelis die Tropfbewässerung zur bedeutendsten Erfindung in der Geschichte des Landes – sogar vor dem Haarentfernungsystem Epilady und der Chat-Software ICQ! Weil sie außerdem noch durch eine ungewöhnliche Bereitschaft, Abwasser zu recyceln, unterstützt wurde, verwandelte die Tropfbewässerung große Teile der verdorrten Landstriche im Süden in eine neue Hochburg der Landwirtschaft.

Aber die mutigen Wasserprojekte blieben nicht ohne negative Folgen für die Umwelt. In den 1950er-Jahren wurden die Huleh-Sümpfe im nördlichen Galiläa entwässert, um Ackerland zu schaffen. Dies führte zur Auslöschung eines Naturwunderlands und zu einem deutlichen Nährstoffrückgang im See

Die Israel Nature & Parks Authority (www.parks. org.il) verwaltet die meisten Nationalparks Israels. Wer vorhat, ein paar von ihnen zu besuchen, kann Geld sparen, indem er eine sieben Tage gültige „Green Card" für sechs Parks (90 NIS) oder eine zwei Wochen gültige Karte für alle Parks für 130 NIS erwirbt.

NATUR & UMWELT DER PALÄSTINENSISCHEN AUTONOMIEGEBIETE

In vielerlei Hinsicht hat Palästina des Umweltprofil eines Entwicklungslands. Die Mengen von verfügbarem Frischwasser liegen unter den westlichen Standards und die bestehende Infrastruktur ist oft schadhaft. In vielen palästinensischen Städten geht die Hälfte des Wassers z. B. durch Lecks verloren. Es gibt keine einheitliche Norm zur Trinkwasserreinigung und besonders bei Kindern kommt es oft zu durch Wasser verursachten Darmerkrankungen. Abwasseraufbereitung gibt es in großen Städten wie Hebron und Nablus praktisch gar nicht, wenn auch dank internationaler Unterstützung langsam Verbesserungen zu sehen sind.

Die ökologische Situation des Westjordanlands entspricht in etwa der des Gazastreifens. Der Nitrat- und Salzgehalt in den Grundwasserleitungen des Gazastreifens war schon zu Zeiten der Kontrolle durch die Ägypter vor 1967 überhöht und hat mittlerweile eine erschreckende Höhe erreicht. Dutzende ungenehmigter Brunnen, die hier gegraben wurden, nachdem Israel die Region geräumt hatte, verschärfen das Problem, dass Meerwasser in großen Mengen eindringt. Im Gaza-streifen gibt es nur noch sehr wenig offene Fläche. Das Wadi Gaza, der einzige Süßwasserstrom und gleichzeitig ein Feuchtgebiet, ist größtenteils eine Müllkippe geworden.

Auch wenn Palästina arm ist, konnte das Land seine *fellah*-Weidewirtschaft und die alte Agrarkultur noch ein Stück weit bewahren – ein idyllischer Anblick. Auch die hiesige Architektur hat mit den Steinhäusern, die sich harmonisch in die altertümliche Landschaft einfügen, noch viel von ihrem Charme. Der Olivenbaum ist nach wie vor mehr als nur ein Nationalsymbol, er ist auch eine kulturelle und wirtschaftliche Ressource. Dass es keine Schwerindustrie gibt, kommt der Umwelt zugute.

Anhaltende Spannungen haben es palästinensischen Umweltschützern und Behörden prak-tisch unmöglich gemacht, die gewaltigen Umweltprobleme sinnvoll anzupacken. Die aktuelle Lage hat die Themen Naturschutz und sogar Luftverschmutzung in den Augen der Bevölkerung unwichtig werden lassen. Es gibt aber grenzübergreifende Umweltfragen mit Konfliktpoten-zial. So ist z. B. noch keine Lösung für den Streit um die Rechte am Grundwasserleiter aus den Bergen gefunden worden. (Große Teile des Regens, über den sich der Grundwasserleiter füllt, fallen im palästinensischen Westjordanland, die Brunnen wurden allerdings vor 1967 in Israel angelegt.) Palästinensisches Abwasser verschmutzt Flüsse und Grundwasser in Israel und die schmutzige Luft aus Israel zieht Richtung Osten ins Westjordanland. Die Trennungsmauer, die Israel gerade bauen lässt, wurde unter ökologischen Gesichtspunkten kritisiert, da sie Lebens-räume zerschneidet. Der unausgesprochene demografische Wettlauf zwischen Israel und den Palästinensischen Autonomiegebieten führt zu einer Bevölkerungsdichte, die im Gazastreifen beinahe unerträglich ist und an anderen Stellen den Fortschritt ausbremst.

Die Jahre der israelischen Besetzung haben zu einer soliden Kultur nichtstaatlicher Organisa-tionen geführt, von denen viele Gutes für die Umwelt leisten. Die meisten Universitäten in den Palästinensischen Autonomiegebieten haben Lehrstühle für Umweltwissenschaften mit hochqua-lifizierten Lehrkörpern. Das palästinensische Umweltministerium und die hiesige Wasserbehörde haben nur sehr wenige Mittel – entsprechend unzureichend sind ihre Anordnungen leider.

Allgemein herrscht die Meinung vor, die Umweltprobleme dieser Region müssten warten, bis eine Lösung für den Grenzkonflikt gefunden ist. Es ist gut möglich, dass Verhandlungen zur endgültigen Konfliktbeilegung der Natur zugute kämen. In der Vergangenheit kam es schon zu grenzübergreifender Zusammenarbeit beim Umweltschutz. Sogar in den schlimmsten Zeiten des Konflikts gab es zahlreiche Umweltprojekte in Zusammenarbeit von Israelis und Palästinensern, vor allem im Bereich der Forschung, kreativ finanziert mit internationaler Hilfe und Menschenliebe.

Genezareth. Das Wasser, das aus dem Jordan und dem See Genezareth kommt, ist von Natur aus recht salzig, was das Problem, dass zu viel Wasser abgepumpt wird und dass es deshalb zur Versalzung des Grundwassers an der Küste kommt, verschlimmert. Da ihr natürlicher Fluss nicht mehr gegeben ist, werden die Flüsse des Landes zu Abwasserleitungen, die auch heute noch nicht stark genug behandelt werden, um als Lebensraum dienen zu können. Die Priorität, Wasser für die Landwirtschaft zur Verfügung zu stellen, hat dazu geführt, dass viele natürliche Ökosysteme verdörrten oder komplett verschwunden sind. Manche der zerstörerischen Nebeneffekte konnten durch die bessere Abfallbehandlung, die Oberflächenbewässerung und ein allgemein stärkeres Umweltbewusstsein ausgemerzt werden, andere nicht.

Das offensichtlichste Opfer von Israels Wasserwirtschaftsinitiativen war das Tote Meer (s. Kasten S. 360). Momentan fließen mehr als 1 Mrd. m³ weniger Wasser als eigentlich von der Natur vorgesehen in den am niedrigsten gelegenen und salzigsten See der Welt. Infolgedessen sinkt der Wasserspiegel jedes Jahr um 1,2 m und das Tote Meer schwindet schnell. Rund um die Ufer haben sich Krater gebildet, die ein Sicherheitsrisiko sind und sowohl der Landwirtschaft als auch dem Tourismus einen Strich durch die Rechnung machen. Vorschläge, Wasser über einen Kanal vom Roten ins Tote Meer zu leiten, wurden zwar von Jordanien begeistert unterstützt, sind jedoch nicht unumstritten. Umweltschützer sind geteilter Meinung über mögliche Folgen.

Wassergewinnung und Entsalzung gehören ebenfalls zu Israels Strategie der Wasserwirtschaft. Vor Urzeiten kanalisierten die Menschen die wenigen Wolkenbrüche über der Wüste, um die Landwirtschaft zu unterstützten. Heute können Besucher einen Nachbau einer nabatäischen Farm besuchen, die der verstorbene Professor Eben Ari, eine lokale Legende, südlich von Sede Boqer im Negev gegründet hat. In den letzten Jahren hat der JNF viel Geld in den Bau von Staubecken investiert, in denen nun ungefähr 7 % der Wasservorräte des Landes in Form von Regenwasser gesammelt werden.

Dies ist nur ein kleiner Prozentsatz verglichen mit dem, der durch die Technologie der Umkehrosmose erreicht wird, dank der bald 20 % des Gesamtwasserbedarfs von Israel gedeckt sein werden. Eine bahnbrechende Steigerung der Effizienz der Membranen, durch die das Meerwasser gefiltert wird, führte zu einer deutlichen Preissenkung. Heute produzieren neue Trinkwasseranlagen am Mittelmeer 1000 l Wasser für 0,38 €. Die Entsalzungsanlage in Aschqelon, die größte Umkehrosmoseanlage der Welt, ist ein faszinierendes Ausflugsziel, obwohl die Sicherheitsmaßnahmen streng sind. Gruppen können sich vorher telefonisch an die **Israel Water Commission** (☎ 03-636 9710) wenden. Der Energiebedarf der Anlagen ist gewaltig und die Salzlake, die Chemikalien und Metalle enthält, kann schädigend auf das Meer wirken, in das sie zurückgeleitet wird. Aber allgemein überwiegt der Optimismus, dass diese Erfindung die chronische Wasserknappheit beheben und die Landwirtschaft des Landes erhalten wird.

GEFAHREN & ERFOLGE DER ENTWICKLUNG

Seit 1948 ist die Bevölkerungszahl in Israel und den Palästinensischen Autonomiegebieten auf über 1 Mio. Menschen gestiegen und somit heute siebenmal höher als zur Zeit der Unabhängigkeit Israels. Gleichzeitig ist Israel, einst ein armes Entwicklungsland, zu einem recht wohlhabenden westlichen Wirtschaftsland geworden. Die anschließende Industrialisierung, die Bebauung und die Liebe zu Schnellstraßen haben zu einer Verschmutzung und Zersiedelung geführt, die mit der anderer westlicher Länder vergleichbar ist. Da das Land klein ist, wirken sich diese Probleme hier allerdings stärker aus. Auch wenn Israel auf dem Gebiet der Wasserwirtschaft innovativ gewesen sein mag – in anderen Bereichen ist es weit abgefallen.

Die Luftverschmutzung z. B. erreicht in israelischen und palästinensischen Städten ein gefährlich hohes Niveau. Was die Solarenergie anbelangt, hat sich wenig getan, seit eine Bauordnung aus den 1970er-Jahren vorschrieb, dass alle Häuser mit Solarpanelen zum Erhitzen von Wasser ausgestattet sein müssen. Das Ben-Gurion National Solar Energy Center auf dem Campus der Universität in Sede Boqer bietet eine faszinierende Technologieführung an (Reservierungen über Shoshana Dann unter ☎ 08-659 6934). Die lokale Abfallwirtschaft ist erstaunlich altmodisch, recycelt wird nur wenig.

In Israel herrscht eine Tradition schamloser Selbstvermarktung vor … Wer dieses Kapitel mochte, wird Alon Tals Buch *Pollution in a Promised Land: An Environmental History of Israel* (2002) lieben, eine umfassende und inspirierende ökologische Reise durch das letzte Jahrhundert in Israel.

EIN NEUES IMAGE FÜR DEN KIBBUZ *Dan Savery Raz*

Einst wurden sie mit blankem Kommunismus assoziiert, doch heute geben sich viele moderne Kibbuzim das neue Image „Ökodorf", um ins 21. Jh. zu passen. Seit 1990 leben immer weniger Menschen in Kibbuzim, deren Bewohner auch immer älter werden, sodass es nicht überrascht, dass die Kibbuzim das Bedürfnis nach einem Aufschwung haben. Heute wohnen rund 118 000 Menschen in Kibbuzim und nur 15 % der Bewohner arbeiten in der Landwirtschaft. Der Wunsch nach einem neuen Image ist landesweit zu beobachten, obwohl sich manche der 270 Kibbuzim in Israel stärker auf den Stempel „Ökotourismus" stürzen als andere. Vorreiter ist vor allem die Arava.

Der Kibbuz Lotan (s. S. 385) z. B. bietet Kurse zur Permakultur an, hat ein Zentrum für kreative Ökologie und spezialisiert sich auf den Bau geodätischer Kuppelhäuser. Auf der anderen Seite der Schnellstraße beherbergt der Kibbuz Ketura (s. S. 386) das Arava Institute for Environmental Studies, und der Kibbutz Neot Semadar (s, S. 386) nahe der Kreuzung Shizzafon ist eine autarke alternative Gemeinde, die Führungen durch ihre Gärten und Weinberge anbietet.

Eine der außergewöhnlichsten Entwicklungen findet im **Kibbuz Samar** in der Nähe des Timna-Parks (s. S. 385) statt. Fährt man am Kibbuz vorbei, sieht man einen hohen gelben Turm, der vor den roten Bergen der Arava absolut deplatziert wirkt. Doch der 30 m hohe Turm weist in die Zukunft. Er wurde **Solar Flower** (☎ 08-933 0309; www.aora-solar.com) getauft und ist Israels erstes Solarkraftwerk. Am Fuß des Solar Flower befinden sich Zielverfolgungsspiegel (Heliostaten), die den Sonnenstrahlen folgen und genügend Elektrizität für 50 Haushalte produzieren.

Die Bewohner des Kibbuz Samar sind sehr stolz auf ihre eigene erneuerbare Energie und in der Regel trifft man immer auf einen freundlichen Menschen, der Reisenden erklärt, wie das Prinzip funktioniert. Ein kleines Besucherzentrum ist geplant.

Größtenteils landet der Müll auf günstigen städtischen Deponien, auch wenn immer weniger Raum für Deponien zur Verfügung steht.

Die Zersiedlung ist zu einem echten Problem geworden, da das wohlhabendere Israel angefangen hat, das Land ineffizienter zu nutzen. Früher waren die meisten Wohnanlagen Apartmentgebäude, doch der Anspruch der Israelis, in „Villen" zu ziehen, hat zu einer Ausbreitung von Gemeinden mit geringer Bevölkerungsdichte und einem Lebensstil à la „zwei Autos pro Familie" geführt. Freie Flächen wurden mit Straßen und Vororten zugebaut. Umweltschützer haben sich massiv dafür eingesetzt, diese Entwicklung zu stoppen, hatten jedoch nur begrenzt Erfolg. Ende der 1990er-Jahre hatte eine große Kampagne dafür, Bauprojekte an den Stränden einzugrenzen, Erfolg. Heute ist die Küste durch ein Gesetz geschützt, das eine Bebauung innerhalb von 300 m vom Ufer verbietet und Zugang zum gesamten Strand garantiert.

Israels Umweltbewegung wurde in den letzten Jahren mächtiger. Auf Kommunalverwaltungsebene haben grüne Parteien einen Wahlkreis gefunden, in Haifa und Tel Aviv sind die stellvertretenden Bürgermeister Abgeordnete der lokalen Grünen. Jetzt, da das Land europäische Standards annimmt und viele Industrien umweltbewusster werden, ist ein Fortschritt zu spüren. Ein Beispiel: Schiffsverkehr und insbesondere Öltanker sorgten einst dafür, dass das Schwimmen im Mittelmeer ein scheußliches Erlebnis war, das mit schwarzen Teerflecken unter den Füßen endete. Nach 32 Jahren neuer Standards und Einblicke ist dieses Problem größtenteils verschwunden. Doch allein das Bevölkerungswachstum macht eine nachhaltige Entwicklung nach wie vor zu einer schwierigen Herausforderung für das Land.

ÜBERBLICK ÜBER DIE HIESIGE UMWELTBEWEGUNG

Im Folgenden findet sich ein kleiner Leitfaden zu den Grünen in Israel und den Palästinensischen Autonomiegebieten und dazu, wie man sie im Internet findet. Je nach Gegebenheiten sind die meisten Organisationen gern bereit, Freiwilligen ein Quartier zu bieten.

Adam Teva V'din (Israel Union for Environmental Defense; www.iued.org.il) Israels führende Anwaltsorganisation macht sich die liberale Haltung der hiesigen Gerichte zunutze, um Umweltsünder und teilnahmslose Regierungsbehörden zu verklagen. Hier bekommt man viele Infos zu Verschmutzungsindikatoren und zum Zustand der Umwelt.

Applied Research Institute of Jerusalem (www.arij.org/) Unabhängige Forschungseinrichtung, die den Umweltschutz stark befürwortet. Die Veröffentlichungen des Instituts sind meist etwas polemisch und übermäßig antiisraelisch eingestellt.

Arava Institute for Environmental Studies (www.arava.org) Das Lehr- und Forschungszentrum im Kibbuz Ketura, einer schönen Oase, bringt Israelis, Palästinenser und Jordanier zusammen.

Blaustein Institutes for Desert Research (http://bidr.bgu.ac.il/bidr/) Dies ist das führende Forschungs- und Trainingszentrum zum Thema Desertifikation und nachhaltiges Leben in trockenen Landschaften.

Friends of the Earth Middle East (www.foeme.org) Diese regionale Organisation hat Vertretungen in Israel, Jordanien und Palästina. Die Website enthält zahlreiche Studien und Stellungnahmen zu grenzübergreifenden Umweltproblemen.

Galilee Society (www.gal-soc.org) Israels führende arabisch-israelische Gruppe von Umweltaktivisten, die auch bemerkenswerte gesundheitspolitische Initiativen betreibt.

Heschel Center for Environmental Leadership (www.heschelcenter.org) Diese Organisation hat sich als einzigartige Denkfabrik für Probleme der Nachhaltigkeit in Israel und innovative Umweltbildung etabliert.

House of Water & Environment (www.hwe.org.ps) Nachwuchs-NGO mit Sitz in Ramallah, starken, professionellen Mitarbeitern und Erfahrung im Bereich Wasser.

Israel Nature & National Parks Protection Authority (☎ 02-500 5444; www.parks.org. il; Am Ve'olamo St, Givat Shaul, Jerusalem 95463) Diese Behörde verwaltet viele der zahlreichen Nationalparks und archäologischen Stätten in Israel.

Jewish National Fund (in Israel www.kkl.org.il, in den USA www.jnf.org) Der JNF dient sowohl als Israels Forstverwaltung als auch als Organisation für nachhaltige Entwicklung und hat eine lange Geschichte der Geldbeschaffung für „Landgewinnung" in Israel. Obwohl sie sehr auf die Beschaffung von Geldmitteln ausgelegt ist, ist die Website immer noch die beste Infoquelle, wenn man einen Baum in Israel pflanzen möchte.

Life & Environment (www.sviva.net, hebräisch) Diese Dachorganisation für rund 90 Umweltorganisationen bietet wenig, wenn man kein Hebräisch spricht, ist aber ein nützliches Portal, um Dutzende der israelischen Basis-Umweltgruppen zu erreichen.

Umweltministerium (www.sviva.gov.il) Das 1989 gegründete Ministerium ist zuständig für die Luft-, Wasser- und Müllregulierung sowie für verschiedene weitere Gebiete. Die mit Abstand ausführlichste hebräische Website hat eine englische Seite, über die man unglaublich viele Informationen bekommt.

Neuman Center (http://desert.bgu.ac.il) Die Blaustein Institutes leiten das Neuman Center, ein virtuelles Ressourcenzentrum zu den Themen Wüste und Desertifikation.

Palestine Hydrology Group (www.phg.org/) Sehr professionelle, auf Wasserprobleme ausgerichtete NGO, die vor allem im Westjordanland Recherchen und Projekte durchführt. Die englischsprachige Website erhält Neuigkeiten rund ums Wasser aus der Region.

Palestine Wildlife Society (www.wildlife-pal.org/index.htm) Ein Zentrum für Forschung und Lehre in Westjordanland mit besonderer Expertise rund um Vögel. Auf der Website werden größtenteils die Aktivitäten der Organisation beschrieben.

Palestinian Ministry of Environmental Affairs (www.mena.gov.ps) Noch größtenteils im Aufbau, aber die englischsprachige Menüleiste deutet an, dass die Website eine bedeutende Quelle für wichtige Informationen wird. Eine hervorragende Datenbank anderer führender Organisationen und Persönlichkeiten, die sich mit der Natur befassen, findet man unter www.pal-efc.org/english/Institutions-Database.htm.

Society for the Protection of Nature in Israel (SPNI; www.teva.org.il, hebräisch, www.aspni.org, englisch) Israels größte und älteste Umweltorganisation nahm ihre Arbeit auf, nachdem heimische Wissenschaftler nicht in der Lage waren, das Austrocknen des Hule-Sumpfes zu verhindern. Seitdem hat sich die Organisation mit buchstäblich Hunderten von Kampagnen zum Umweltschutz und einem engmaschigen Bildungsnetz einen Namen gemacht.

Jerusalem

Wenn Städte sprechen könnten, hätte Jerusalem eine ganze Menge zu erzählen – mit den Berichten von Schlachten, Propheten und biblischen Ereignissen würde sie ihre Zuhörer zweifellos fesseln. Und dabei sind die letzten Kapitel dieser Erzählungen noch nicht geschrieben. Bei einem Besuch in Jerusalem wird man gewissermaßen Teil der gelebten Geschichte – eine ziemlich überwältigende Erfahrung! Jerusalem ist 3000 Jahre Historie zum Sehen und Anfassen, ein Großteil der Altstadt ist erhalten: Man kann dem Pfad folgen, den Jesus nach biblischer Überlieferung auf dem Weg nach Golgatha beschritten hat, die Klagemauer berühren und den fantastischen Felsendom besichtigen. Die spirituelle Energie in den betagten Straßenzügen Jerusalems ist Juden, Christen und Muslimen gleichermaßen heilig.

Der Teil Jerusalems, der sich außerhalb der Stadtmauern erstreckt, ähnelt einer Ansammlung von 20 Dörfern. Viertel wie Mea She'arim, die Deutsche Kolonie und Nahla'ot sind autark und besitzen ihr ganz eigenes Flair. Ein Großteil der Besucher verbringt viel Zeit rund um die Ben Yehuda St und das Stadtzentrum, das problemlos zu Fuß erkundet werden kann. Dort befinden sich neben Unmengen von Geschäften und Restaurants einige Bars und Nachtclubs.

Viele Besucher machen den Fehler, zu wenig Zeit für eine Erkundung Jerusalems einzuplanen. Erst nach zwei oder drei Tagen in der Altstadt wird einem so richtig bewusst, wie viel es noch in West-Jerusalem, auf dem Ölberg und in dem von Palästinensern dominierten Ostteil der Stadt zu sehen gibt. Und … ach ja … die Bewohner von Jerusalem reden sehr gern und viel, sodass das eine oder andere Stündchen mit ausgedehnten lebhaften, mitunter hitzigen Diskussionen verbracht wird. Da sollte man genau zuhören – denn die Menschen sind ein, wenn nicht *das* Highlight einer ohnehin faszinierenden Stadt.

HIGHLIGHTS

- Auf der **Via Dolorosa** (S. 150) dem Weg Jesu nach Golgatha folgen

- Die architektonische Meisterleistung des **Felsendoms** (S. 107) bestaunen, des bekanntesten Wahrzeichens Jerusalems

- Den **Mahane-Yehuda-Markt** (S. 162) erkunden und sich das leckerste Obst und Gemüse des Nahen Ostens schmecken lassen

- Die spirituelle Energie der **Klagemauer** (S. 109) spüren, der heiligsten Stätte der Juden

- Jerusalems Viertel und Attraktionen – z. B. Mea She'arim, Nahla'ot und die Haas-Promenade – mit dem Rad entdecken

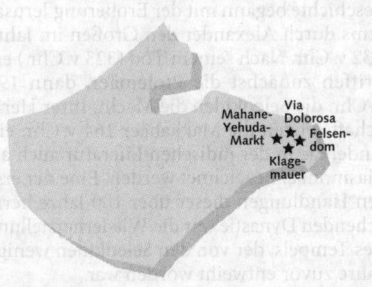

Mahane-Yehuda-Markt ★★
Via Dolorosa ★★
Felsendom ★★
Klagemauer ★

■ VORWAHL: 02 | ■ BEVÖLKERUNG: 747 600

JERUSALEM

GESCHICHTE
Der erste Tempel

Die erste Siedlung auf dem Gebiet des heutigen Jerusalem entstand auf dem Ophel-Hügel, direkt südöstlich des Jüdischen Viertels. Es handelte sich um eine kleine Jebusiterstadt (ein prä-israelitisches Volk), die in ägyptischen Texten aus dem 20. Jh. v. Chr. Erwähnung fand. Sie wurde 997 v. Chr. von den Israeliten und ihrem König David erobert. Der König brachte die Bundeslade nach Jerusalem und ernannte den Ort zu seiner Hauptstadt.

Unter Davids Sohn, dem weisen König Salomon, wurden die Stadtgrenzen weiter nach Norden verschoben und umfassten von da an auch den heutigen Haram asch-Scharif/Tempelberg. Der Bau des ersten Tempels begann 950 v. Chr.

Nach Salomons Tod, ungefähr 17 Jahre später, zerstreuten sich die zwölf Stämme Israels, und Jerusalem wurde Hauptstadt des Südreichs Juda. 586 v. Chr. eroberte Nebukadnezar II., der König von Babylon, Jerusalem. Er ließ die Stadt und den Tempel zerstören. Die Stadtbewohner wurden nach Babylonien ins Exil geschickt und durften erst 50 Jahre später in ihre Heimat zurückkehren, nachdem ihnen Kyros II., der König von Persien, die Erlaubnis erteilt hatte.

Der zweite Tempel

Der zweite Tempel wurde um 520 v. Chr. errichtet, um 445 v. Chr. ließ Nehemia, der Statthalter von Juda, die Stadtmauern wiederaufbauen.

Das nächste wichtige Kapitel in der Stadtgeschichte begann mit der Eroberung Jerusalems durch Alexander den Großen im Jahre 332 v. Chr. Nach seinem Tod (323 v. Chr.) ergriffen zunächst die Ptolemäer, dann 198 v. Chr. die Seleukiden die Macht. Ihrer Herrschaft setzten die Makkabäer 164 v. Chr. ein Ende, die in der jüdischen Literatur auch als Hasmonäer bezeichnet werden. Eine der ersten Handlungen dieser über 100 Jahre herrschenden Dynastie war die Wiederherstellung des Tempels, der von den Seleukiden wenige Jahre zuvor entweiht worden war.

Die Römer

Um 63 v. Chr. eroberte General Pompeius Jerusalem mit seinen römischen Truppen. Etwa 25 Jahre später wurde Herodes I., der Große, als Vasallenherrscher des sogenannten Königreichs Judäa eingesetzt. In christlicher Sicht gilt er als Inbegriff des Tyrannen, der seine Frau, seine Kinder und zudem Schriftgelehrte ermorden ließ, die ihm nicht wohlgesonnen waren. Er ist allerdings auch für seine ehrgeizigen Bauvorhaben und Projekte bekannt, mit denen er die Infrastruktur verbesserte. Dazu gehörte auch die Erweiterung des Tempelberges zu seiner heutigen Form.

Nach dem Tod von Herodes setzten die Römer Präfekten als Stattverwalter ein. Pontius Pilatus, der fünfte Präfekt Jerusalems, ist sicher der bekannteste, genehmigte er doch ca. 30 n. Chr. die Kreuzigung Jesu.

Der große Jüdische Aufstand gegen die römische Fremdherrschaft begann 66 n. Chr. Vier Jahre später endete der Kampf im Triumph des römischen Generals und späteren Kaisers Titus. Der Zweite Tempel wurde zerstört und Jerusalem in Brand gesteckt. Viele Juden wurden versklavt, die meisten jedoch flohen ins Exil – die Diaspora hatte begonnen. Im Jahr 132 war Jerusalem, das weiterhin Hauptstadt der Provinz war, abermals Zentrum eines Aufstands, diesmal unter der Führung von Simon Bar Kochba. Er entbrannte wohl an dem Plan Kaiser Hadrians, Jerusalem zu einer römischen Kolonie (Aelia Capitolina) zu machen. Nachdem der Aufstand bis 135 niedergeschlagen worden war, ließ Hadrian Jerusalem weitgehend zerstören. Im Anschluss daran war jüdischen Bürgern der Zutritt der Kolonie Aelia Capitolina untersagt, die auf den Ruinen Jerusalems erbaut wurde. Ihr Gebiet umfasst die heutige Altstadt.

Die Heilige Stadt

Im Jahre 313 trat das Toleranzedikt von Mailand in Kraft, das Glaubensfreiheit garantierte und den Aufstieg des Christentums zur Staatsreligion im Römischen Reich einleitete. Die Mutter Kaiser Konstantins des Großen, der das Christentum förderte, reiste auf der Suche nach christlichen Stätten ins Heilige Land. Es entstanden neue Basiliken und Kirchen und Jerusalem nahm wieder die Ausmaße an, die sie einst unter Herodes gehabt hatte.

Das Byzantinische Reich, das in der Osthälfte des Römischen Imperiums als dessen Nachfolger agierte, musste sich den Persern geschlagen geben, die Jerusalem im Jahre 614 einnahmen. Ihre Herrschaft währte aber nicht einmal 15 Jahre. Byzanz kam nochmals an die Macht, bevor 638 die arabischen Truppen des Kalifen Omar ibn al-Khattab unter dem Banner des Islams durch Palästina zogen. Omars Ankunft in Jerusalem stellte den Auftakt für eine mit kurzer Unterbrechung fast 1300 Jahre während muslimische Herrschaft in der ursprünglich jüdischen und dann christlichen Stadt dar. 688 wurde der Felsendom errichtet, an der Stelle, an der einst der jüdische Tempel stand. Unter den ersten muslimischen Herrschern entwickelte sich Jerusalem zu einem Zentrum für jüdische, christliche und muslimische Pilger, ab Ende des 10. Jhs. aber wehte ein neuer Wind: Kalif al-Hakim ließ Nicht-Muslime verfolgen und Kirchen und Synagogen zerstören – dies sollte letztendlich 90 Jahre später zum Beginn der Kreuzzüge führen.

Von Kreuzrittern, Mamelucken und Osmanen

1099 besiegten die Kreuzritter die Fatimiden in Jerusalem, die selbst erst kurz zuvor die Seldschuken geschlagen und so die Kontrolle über die Stadt wieder an sich gerissen hatten. Nach beinahe 90 Jahren musste sich das christliche Königreich 1187 Saladin (Salah ad-Din) unterwerfen. Während seiner Regentschaft durften sich Muslime und Juden wieder in der Stadt niederlassen. 1260 eroberten dann die in Kairo herrschenden Mamelucken Jerusalem, die hier zwischen dem 13. und 16. Jh. ein paar prachtvolle Bauten für religiöse Studienzwecke errichteten.

Obwohl Jerusalem ein wichtiges akademisches Zentrum für Muslime war, wurde es eine Zeitlang ruhig um die Stadt. 1517 besiegten dann die Osmanen die Mamelucken und gliederten Palästina in ihr riesiges Imperium ein. Obwohl die osmanische Administration deutliche Schwächen offenbarte, hat das Erbe der Osmanen nach wie vor viele Bewunderer. Die imposanten Altstadtmauern, die noch heute stehen, gehen auf Sultan Süleiman den Prächtigen zurück. Doch seine Nachfolger gaben die Stadt und das ganze Umland dem Niedergang preis. Die korrumpierte Herrscherriege kümmerte sich mehr um sich selbst als um die Instandhaltung von Gebäuden und Straßen.

1856 erließ der osmanische Sultan ein Toleranzedikt, das es jüdischen Gläubigen ermöglichte, sich außerhalb der Stadtmauern niederzulassen. Die Siedlung wurde in den 1860er-Jahren gegründet; Hauptinitiator und -geldgeber war der britische Jude Sir Moses Montefiore. Immer mehr jüdische Immigranten strömten nach Jerusalem – und aus ihren Wohngebieten entstand die Neustadt.

Die geteilte Stadt

Im Ersten Weltkrieg eroberten britische Truppen unter Feldmarschall Edmund Allenby Jerusalem, das sie 1920 zur Hauptstadt des britischen Mandatsgebiets machten. Araber und Juden entwickelten in den Folgejahren ein ausgeprägtes Nationalbewusstsein, ihre Stadt wurde zu einer Brutstätte politischer Spannungen. Jerusalem war seit jeher die begehrteste Gegend des Landes, doch noch wurde es immer häufiger zum Schauplatz terroristischer Anschläge und zuweilen auch offener Kriegshandlungen.

Nachdem sich die Briten aus Palästina zurückgezogen hatten, kam den neu gegründeten Vereinten Nationen die Aufgabe zu, die Situation zu kontrollieren. 1947 legten sie einen Teilungsplan vor, nach dem Palästina unter unabhängigen arabischen und jüdischen Staaten aufgeteilt, Jerusalem indes unter internationale Verwaltung gestellt werden sollte. Während ihn der Mehrheit der Juden begrüßte, wurde er von arabischer Seite abgelehnt. Im Israelischen Unabhängigkeitskrieg 1948 besetzte die Arabische Legion Jordaniens die Altstadt und Ost-Jerusalem, während die Juden die Neustadt halten konnten. Dazwischen lagen verschiedene Abschnitte, die als Niemandsland zu bezeichnen waren. Der jüdisch besetzte Teil Jerusalems wurde schließlich im Mai 1950 zur Hauptstadt des neuen Staats Israel erklärt.

17 Jahre lang war Jerusalem de facto eine geteilte Stadt, das Mandelbaum-Tor der offizielle „Grenzübergang" zwischen Ost-Jerusalem und der Neustadt, den freilich nur wenige nutzen durften. Im Sechstagekrieg 1967 wurde dann die Altstadt durch Israel zurückerobert und Jerusalem wiedervereinigt. In der Folge starteten die Israelis ein umfassendes Programm zum Wiederaufbau, zur Sanierung und Landschaftsgestaltung.

Umstrittene Hauptstadt

Die meisten Botschaften sitzen in Tel Aviv, da der Status Jerusalems nach wie vor strittig ist – sowohl Israelis als auch Palästinenser beanspruchen Jerusalem als ihre Hauptstadt. Die palästinensische Autonomiebehörde (PA) hat ihren Sitz in Ramallah, will aber eines Tages nach Ost-Jerusalem umziehen. Israel ist entschlossen, dies zu verhindern, und hat deshalb

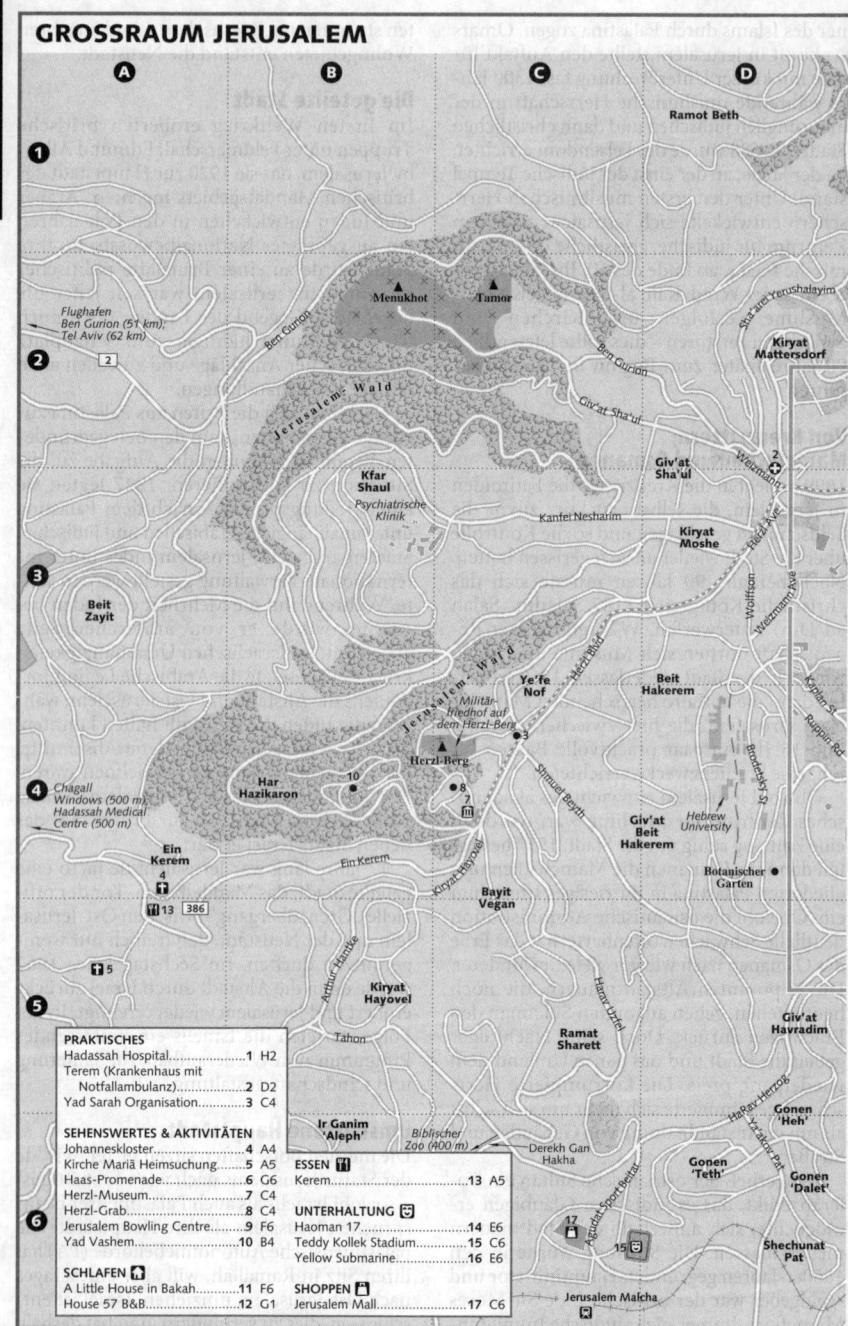

GROSSRAUM JERUSALEM

Ramot Beth

Menukhot   Tamor

Flughafen
Ben Gurion (51 km);
Tel Aviv (62 km)

Ben Gurion   Ben Gurion

Sha'aret Yerushalayim

Kiryat
Mattersdorf

Weizmann

Jerusalem-Wald

Giv'at Sha'ul

Giv'at
Sha'ul

Kfar
Shaul
Psychiatrische
Klinik

Kanfei Nesharim

Kiryat
Moshe

Beit
Zayit

Wolfson

Weizmann Ave

Kaplan St

Ruppin Rd

Brodetsky St

Herzl Blvd

Ye'fe
Nof

Beit
Hakerem

Jerusalem-Wald

Militär-
Friedhof auf
dem Herzl-Berg   3

Chágall
Windows (500 m);
Hadassah Medical
Centre (500 m)

Har
Hazikaron

10

Herzl-Berg

8
7

Shmuel Beyth

Giv'at
Beit
Hakerem

Hebrew
University

Ein
Kerem
4

13   386

Ein Kerem

Kiryat Hayovel

Bayit
Vegan

Botanischer
Garten

5

Arthur Hantke

Kiryat
Hayovel

Har Uziel

Giv'at
Havradim

Tahon

Ramat
Sharett

HaRav Herzog

Gonen
'Heh'

Ir Ganim
'Aleph'

Biblischer
Zoo (400 m)

Derekh Gan
Hakha

Yaakov Pat

Gonen
'Teth'

Gonen
'Dalet'

17

15

Shechunat
Pat

Jerusalem Malcha

PRAKTISCHES
Hadassah Hospital...................1 H2
Terem (Krankenhaus mit
    Notfallambulanz)...............2 D2
Yad Sarah Organisation............3 C4

SEHENSWERTES & AKTIVITÄTEN
Johanneskloster.....................4 A4
Kirche Mariä Heimsuchung.....5 A5
Haas-Promenade....................6 G6
Herzl-Museum.......................7 C4
Herzl-Grab............................8 C4
Jerusalem Bowling Centre.......9 F6
Yad Vashem..........................10 B4

SCHLAFEN
A Little House in Bakah...........11 F6
House 57 B&B........................12 G1

ESSEN
Kerem.................................13 A5

UNTERHALTUNG
Haoman 17..........................14 E6
Teddy Kollek Stadium............15 C6
Yellow Submarine.................16 E6

SHOPPEN
Jerusalem Mall.....................17 C6

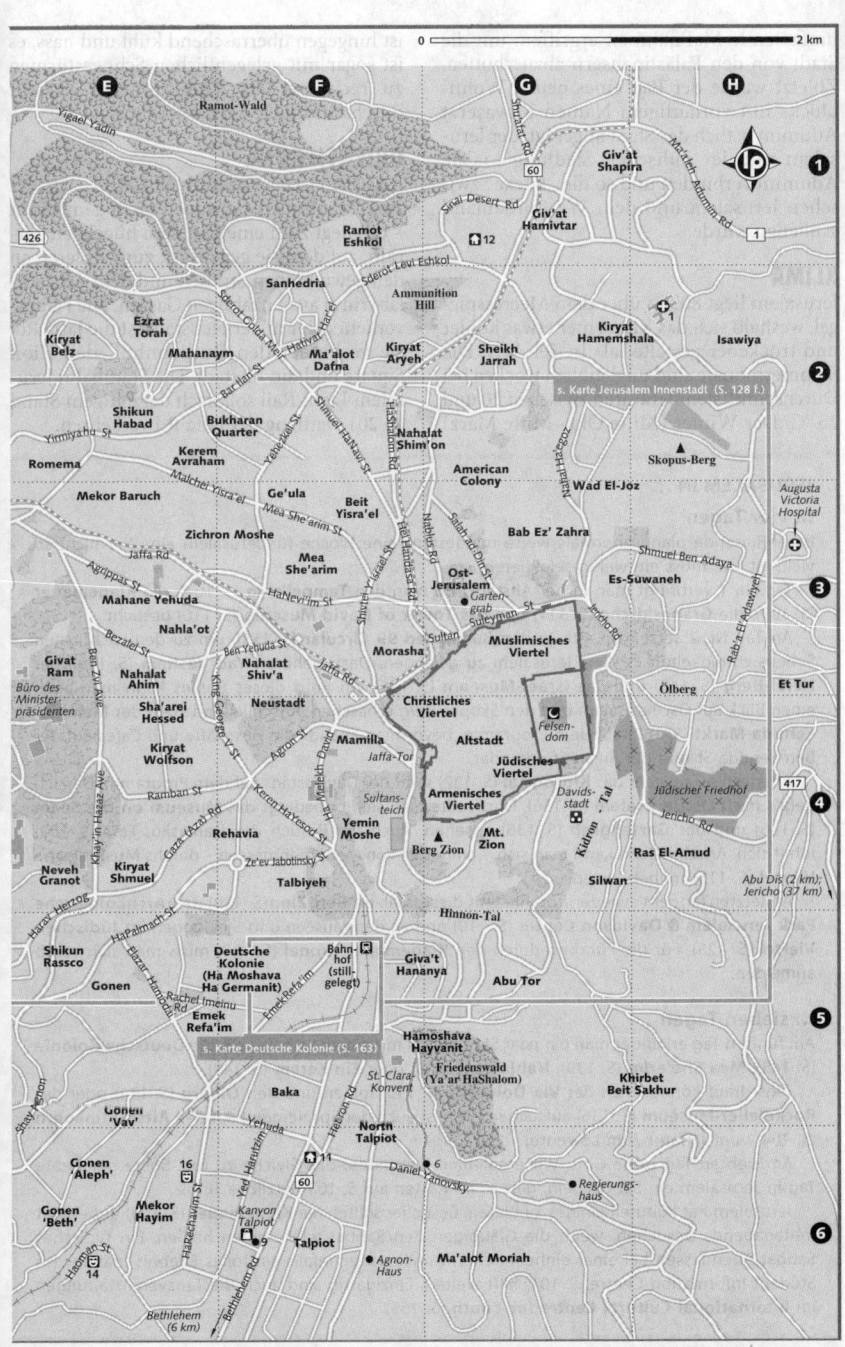

JERUSALEM

umfassende Maßnahmen ergriffen, um die Stadt von den Palästinensern abzuschotten. Zuletzt wurde der Bau eines neuen Wohnblocks mit vorläufigem Namen Mevaserat Adumim östlich der Stadt angeregt, der Jerusalem mit der jüdischen Siedlung Ma'ale Adumim verbinden und so die „Lücke" zwischen Jerusalem und dem Westjordanland schließen würde.

KLIMA

Jerusalem liegt 809 m über dem Meeresspiegel, weshalb sich das Klima hier etwas kühler und trockener gestaltet als in Tel Aviv. Die Sommermonate sind unglaublich trocken bei Durchschnittstemperaturen zwischen 20 und 25 °C. Der Winter (Mitte Okt.–Mitte März) ist hingegen überraschend kühl und nass, es ist sogar mit gelegentlichen Schneestürmen zu rechnen. Das Thermometer erreicht durchschnittlich nur 8 bis 10 °C.

ORIENTIERUNG

Jerusalem ist eine relativ kleine Stadt, sich hier zurechtzufinden, ist jedoch nicht ganz leicht – das liegt zum einen an dem hügeligen Terrain, auf dem sie gebaut ist, zum anderen an den gewundenen Straßen und dem Altstadtlabyrinth aus unzähligen Gassen. Die Hauptverkehrsader in der Neustadt ist die Jaffa Rd; sie verbindet den Busbahnhof, den Zion Square und die Altstadt. Die Stadtbahn Jerusalem Light Rail soll nach derzeitigem Stand ab 2011 entlang der Jaffa Rd verkehren.

JERUSALEM IN ...

... vier Tagen

Israel-Reisende planen normalerweise mindestens eine Woche für Jerusalem ein. Wer nicht so viel Zeit hat, muss ein wenig selektieren:

Tag Nr. 1 verbringt man in der Altstadt, wo man den **Tempelberg** (S. 104), die **Klagemauer** (S. 109), die **Grabeskirche** (S. 111) und das **Tower of David Museum** (S. 110) besucht.

An Tag Nr. 2 setzt man sich in den Bus **Egged 99 Circular** (S. 153), um zu den wichtigsten Sehenswürdigkeiten in West-Jerusalem zu gelangen. Dazu gehören **Yad Vashem** (S. 149), der **Herzl-Berg** (S. 148) und das **Israel-Museum** (S. 146). An Bord dieses Busses kann man auch einen Blick auf Ost-Jerusalem und den Skopus-Berg erhaschen. Anschließend steht der **Mahane-Yehuda-Markt** (S. 162) auf dem Programm, bevor man abends die Geschäfte und Cafés auf der Ben Yehuda St und der Rivlin St erkundet.

Am dritten Tag steht das **Kidron-Tal** (S. 132) samt der Davidsstadt auf dem Programm. Danach geht's nach **Ost-Jerusalem** (S. 136). Dort sollte man sich unbedingt das **Museum on the Seam** (S. 136) und das **Gartengrab** (S. 136) ansehen. Auch der Besuch des Damaskus-Tors (S. 103) lohnt sich. Anschließend kann man sich – umgeben von Menschenmassen – durchs **Muslimische Viertel** (S. 115) treiben lassen.

Am letzten Tag geht's wieder in die Altstadt, dieses Mal zum **Berg Zion** (S. 130), dem **Archäologische Park Jerusalem & Davidson Centre** (S. 110) und zu den Museen und Synagogen im **Jüdischen Viertel** (S. 125). Für die Führung durch den **Klagemauer-Tunnel** (S. 110) muss man sich vorab anmelden.

... sieben Tagen

Am fünften Tag erkundet man ein paar Stadtviertel mit einem Leihrad, z. B. die **Deutsche Kolonie** (S. 145), **Mea She'arim** (S. 139), **Nahla'ot** (S. 143) oder **Ein Kerem** (S. 149).

Tags drauf könnte man der **Via Dolorosa** (S. 150) folgen und den **Ölberg** (S. 134) oder das **Rockefeller-Museum** (S. 136) aufsuchen. Nett ist auch der Spaziergang auf den **Altstadtmauern** (S. 104) vom Jaffator zum Löwentor.

Am siebten Tag ruhte Gott. Wir empfehlen Reisenden, das Gleiche zu tun. Sollte der siebte Tag in Jerusalem ein Sabbat sein, gibt es im Kasten auf S. 108 nützliche Tipps.

Jerusalem hat kulturell einiges zu bieten. Besucher sollten die **Klagemauer** (S. 109) unbedingt freitagabends besuchen, wenn die Gläubigen den Sabbat willkommen heißen. Ein typisches Sabbat-Abendessen bei einer einheimischen Familie ist ebenfalls ein tolles Erlebnis (das Jewish Student Information Centre, S. 101, hilft weiter). Einzigartig sind auch die Tanzveranstaltungen im **International Cultural Centre for Youth** (S. 165).

Die wichtigsten Einkaufs- und Handelszentren sind auf der King George V St, der Ben Yehuda St und der Hillel St angesiedelt (siehe Karte S. 140 f.). Weiter östlich führt die Hel Handasa Rd (im weiteren Verlauf wird sie zur HaShalom Rd) von der Altstadt nach Norden Richtung Ramallah. Entlang dieser Straße verlief bis 1967 die Grüne Linie, die Demarkationslinie zwischen Israel und Jordanien.

Die Altstadt ist ein Universum für sich. Selbst Besucher mit einem guten Orientierungssinn werden bei dem Versuch, sich in den schmalen Gassen zurechtzufinden, ins Schwitzen geraten. Wer sich verläuft, muss einfach nur ein oder zwei Minuten in eine beliebige Richtung laufen und wird dann wieder auf eine vertraute Straße oder Sehenswürdigkeit stoßen. Ein Tipp: Geht man bergauf, wird man früher oder später das Jaffa-Tor am westlichen Rand der Altstadt erreichen.

Wer sich erst einmal einen Überblick verschaffen möchte, könnte sich in den Egged-Bus 99 Circular Line (S. 153) setzen, dessen Route einmal rund um die Stadt führt; praktischerweise wird die Strecke auf Englisch kommentiert.

Karten & Stadtpläne

Die Touristeninformation von Jerusalem (S. 99) gibt mehrere kostenlose Stadtpläne heraus; am besten ist die *Jerusalem Visitors Map*. Sie umfasst den Großraum Jerusalem und beinhaltet eine Karte der Altstadt im Maßstab 1 : 4250.

PRAKTISCHE INFORMATIONEN

BUCHLÄDEN

Educational Bookshop (Karte S. 137; ☎ 628 3704; 19 Salah ad-Din St; ☽ 8–20 Uhr) Der beste Buchladen in Ost-Jerusalem führt eine beeindruckende Auswahl an Büchern und DVDs zum Nahost-Konflikt, aber auch ein Fülle an Magazinen und arabischen Musik-CDs. Zu den Einrichtungen gehören ein Balkon zum Lesen, ein Café und ein Veranstaltungssaal. Zur Klientel zählen Journalisten, Mitarbeiter von Hilfsorganisationen, politische Aktivisten und generell Leute, die sich fürs Zeitgeschehen interessieren.

Moriah (Karte S. 100 f.; ☎ 628 5267; 40 Misgav Ladach St, Jüdisches Viertel; ☽ 10–20 Uhr, am Sabbat geschl.) Die meisten Titel rund ums Judentum findet man hier. Darüber hinaus werden Souvenirs, CDs und Bücher zu aktuellen Ereignissen verkauft.

Sefer VeSefel (Karte S. 140 f.; ☎ 624 8237; 2 Ya'vets St) Eine echte Institution in Jerusalem. Neue und gebrauchte Titel (Romane & Sachbücher) stapeln sich bis unter die Decke. Der Laden befindet sich im Obergeschoss eines

WLAN

In den meisten Jerusalemer Cafés, etwa auch bei Ketten wie Coffee Bean, Aroma und Café Hillel, gibt's kostenlose WLAN-Hotspots; ein netter Laden ist z. B. das Café T'mol Shilshom (S. 161). Einen **Hotspot** im Freien findet man auf der Ben Yehuda St (auf den Bänken vor dem Burger King). WLAN ist mittlerweile in den meisten Hotels Standard, wobei sich Topadressen diesen Service normalerweise versilbern lassen.

Gebäudes in einer Gasse zwischen der Jaffa Rd und der Mordechai Ben Hillel St.

Steimatzky Ben Yehuda St (Karte S. 140 f.; ☎ 625 5487; 7 Ben Yehuda St; ☽ So–Do 8.30–20, Fr 8.30–14, Sa 20–23 Uhr); Jaffa Rd (Karte S. 140 f.; ☎ 625 3654; 33 Jaffa Rd; ☽ So–Do 8.30–19, Fr bis 14 Uhr); Mamilla Mall (Karte S. 140 f.; ☎ 625 7268; ☽ So–Do 10.30–22.30, Fr 9–14, Sa 20–23 Uhr) Die Kette unterhält mehrere Filialen in der Stadt. Am größten ist die neue dreistöckige Niederlassung (inkl. Café) in der Mamilla Mall.

T'mol Shilshom (Karte S. 140 f.; ☎ 623 2758; www. tmol-shilshom.co.il; 5 Yoel Solomon St; ☽ So–Do 8.30–0, Fr 8.30–16, Sa 20–0 Uhr) Boheme-Café und Secondhand-Buchhandlung in einem. Hier finden Dichter- und Autorenlesungen und Vorträge von Journalisten statt. Infos zu aktuellen Veranstaltungen gibt's auf der Webseite.

BÜCHEREI

Die kleinen Büchereien im American Center und im Centre Culturel Française (siehe S. 98) sind öffentlich zugänglich.

Gerard Behar Centre (Karte S. 140 f.; ☎ 625 1139; 11 Bezalel St) Verfügt über eine kleine Bücherei und einen Lesesaal.

GELD

Die besten Wechselkurse bieten die privaten Wechselstuben in der Neustadt (rund um den Zion Sq, s. Karte S. 140 f.) und in Ost-Jerusalem (Salah ad-Din St, s. Karte S. 137), die jeweils keine Kommission berechnen. In der Altstadt findet man **Wechselstuben** (Karte S. 100 f.) unweit des Damaskus- und des Jaffa-Tors. Zum Teil können auch Reiseschecks getauscht werden, besonders in der Gegend um die Ben Yehuda St. Nicht vergessen: Freitags wird früh Feierabend gemacht, samstags bleiben die Stuben geschlossen.

Im Stadtzentrum gibt's Banken mit Geldautomaten wie Sand am Meer (z. B. Mizrahi, Leumi).

American Express (Karte S. 140 f.; ☎ 1 800 943 8694; 18 Shlomzion HaMalka St) Ersetzt verlorene bzw. gestohlene Reiseschecks.

INFOS IM INTERNET
www.gojerusalem.com Hilfreiche Webseite, die Infos zu Leihwagen und Festivals, aber auch Busfahrpläne und Hotelkritiken enthält.
www.jerusalem.com Hervorragende Webseite, die über die Stadt, ihre Sehenswürdigkeiten und die wichtigsten Festivitäten informiert. Eine virtuelle Tour führt zu den bedeutendsten Stätten. Mithilfe einer kleinen Anwendung können sogar Gebete an heiligen Orten hinterlassen werden!
www.jerusalem.muni.il Wird von der Stadtverwaltung betrieben. Die Ausführungen zu Veranstaltungen und Festivals sind detailliert und auf dem neuesten Stand. Außerdem finden Kunstausstellungen und kulturelle Einrichtungen Erwähnung.

INTERNETZUGANG
Wer sich am oder in der Nähe des zentralen Busbahnhofs (Karte S. 128 f.) befindet, kann die Computer im 4. Stock nutzen (10 NIS pro 30 Min.).
Avital (Karte S. 128 f.; ☎ 624 3706; 141 Jaffa Rd; 16 NIS/Std.; 🕐 24 Std.)
Freeline (Karte S. 100 f.; ☎ 627 1959; 8. Station, 51 Aqabat al-Khanqah St; 8 NIS/Std.; 🕐 10–23 Uhr)
Internet Café (Karte S. 140 f.; ☎ 622 3377; 31 Jaffa Rd; 12 NIS/Std.; 🕐 9.30–4 Uhr) Unweit des Zion Sq.
Mike's Centre (Karte S. 100 f.; ☎ 628 2486; www.mikescentre.com; 9. Station, 172 Souq Khan as-Zeit St; 10 NIS/Std.; 🕐 9–23 Uhr) Eine super Anlaufstelle für Traveller in der Altstadt: Man kann im Internet surfen, Auslandsgespräche führen und seine Wäsche waschen lassen. Mike organisiert überdies Touren zum Toten Meer und nach Galiläa (s. S. 455).

KULTURZENTREN
American Center (Karte S. 128 f.; ☎ 625 5755, Durchwahl 330; jerusalemacs@state.gov; 19 Keren HaYesod St; 🕐 So–Do 10–16, Fr 9–12 Uhr; 🛜) Kultur- und· Informationszentrum mit Bücherei und Internetzugang.
Centre Culturel Française Stadtzentrum (Karte S. 140 f.; ☎ 624 3156; www.ccfgary-jerusalem.org; 9 Kikar Safra; 🕐 So–Do 14–18, Mo 10–12 & 14–20, Fr 10–13 Uhr); Ost-Jerusalem (Karte S. 137; ☎ 628 2451; 21 Salah ad-Din St; 🕐 Mo & Di 10–13 & 14–18, Mi–Sa 14–18 Uhr) Bücher und Zeitungen in französischer Sprache.
Goethe-Institut (☎ 561 0627; www.goethe.de/ins/il/jer/; 15 Sokolov St; 🕐 Mo–Do 10–18, Fr 9–13 Uhr, Leseraum Di & Do 16–18 Uhr) Das Goethe-Institut veranstaltet u. a. Lesungen und Filmvorführungen und hat einen kleinen Leseraum, in dem deutschsprachige Zeitungen und Zeitschriften ausliegen.

Yad Ben-Zvi Centre (Karte S. 140 f.; ☎ 539 8888; ybz@ybz.org.il; 12 Abarbanel St) Organisiert Seminare zur Geschichte Israels und des Nahen Ostens.

MEDIEN
Die *Jerusalem Post* (www.jpost.com) ist eine hervorragende Informationsquelle; neben den Lokalnachrichten bietet sie einen Veranstaltungskalender. Freitags findet man in der *Post* eine ausführliche Beilage mit einem Veranstaltungskalender fürs Wochenende. *Time Out Israel* erscheint monatlich und enthält Adressen von Restaurants und Bars. Darüber hinaus werden Sehenswürdigkeiten und Aktivitäten beschrieben. Das kostenlose Heft liegt in den meisten gehobeneren Hotels aus.

MEDIZINISCHE VERSORGUNG
Dr. E. Reichenberg (Karte S. 140 f.; ☎ 645 2033, 050-873 6889; 2 Hillel St) Ein sehr guter Zahnarzt im Stadtzentrum.
Hadassah Hospital (Karte S. 94 f.; ☎ 684 4111) Auf dem Skopus-Berg.
Hadassah Medical Centre (außerhalb Karte S. 94 f.; ☎ 677 7111) Oberhalb von Ein Kerem.
Orthodox Society (Karte S. 100 f.; ☎ 627 1958; Greek Orthodox Patriarchate Rd; 🕐 Mo–Fr 9–14 Uhr) Im christlichen Viertel der Altstadt. Die Orthodox Society betreibt ein günstiges Krankenhaus mit Zahnklinik, das auch Reisende willkommen heißt.
Superpharm (Karte S. 100 f.; ☎ 636 6000; 9 Mamilla Mall; 🕐 8.30–23 Uhr) Apotheke zwischen Jaffa-Tor und Stadtzentrum.
Terem (Karte S. 94 f.; ☎ 509 3333; www.terem.com; 80 Yirmiyahu St, Romema; 🕐 24 Std.) Eine gute Klinik, fünf Gehminuten vom zentralen Busbahnhof entfernt, in der sowohl kleinere Wehwehchen als auch Notfälle behandelt werden. Eine Sprechstunde mit einem der Ärzte kostet 400 NIS.

NOTFALL
Feuerwehr (☎ 102)
Erste Hilfe (☎ 101)
Polizei (Karte S. 128 f.; ☎ 100, 539 1360; 107 Jaffa Rd; 🕐 So–Do 8–16 Uhr) In dieser Polizeiwache ist ein Fundbüro untergebracht.
Touristenpolizei (☎ 100) Altstadt (Karte S. 100 f.; Armenian Orthodox Patriarchate Rd); Russisches Viertel (Hauptwache; Karte S. 140 f.) Dies sind die besten Anlaufstellen für Touristen. Die Polizeistation in der Altstadt befindet sich in der Nähe der Zitadelle (Davidsturm).

POST
DHL (☎ 1 700 707 345; www.dhl.com)
FedEx (☎ 1 700 700 339; www.fedex.com)

Post Hauptpost (Karte S. 140 f.; ☎ 624 4745; Hauptbereich, 23 Jaffa Rd; ☺ So–Do 7–19, Fr bis 12 Uhr); Stadtzentrum (Karte S. 140 f.; Ecke Bezalel & Shilo Sts); Ost-Jerusalem (Karte S. 137; Ecke Salah ad-Din & Sultan Suleyman Sts); Altstadt (Karte S. 100 f.; Omar ibn al-Khattab Sq, nahe dem Jaffa-Tor) Postlagernde Sendungen können bei der Hauptfiliale im Stadtzentrum abgeholt werden.

REISEBÜROS
ISSTA HaNevi'im St (Karte S. 140 f.; ☎ 625 7257; 31 HaNevi'im St); Herbert Samuel St (Karte S. 140 f.; ☎ 621 3600; 4 Herbert Samuel St) Günstige Flugtickets. Die zweite Filiale befindet sich unweit des Zion Sq.

TOURISTENINFORMATION
Alternative Information Centre (Karte S. 140 f.; ☎ 624 1159; www.alternativenews.org; 2. OG, 4 Shlomzion HaMalka St; ☺ 8–18 Uhr) Eine politische Gruppierung informiert hier über den Nahost-Konflikt und verkauft diverse Bücher, Magazine und DVDs (viele sind das Werk der Angestellten!). Dieses Zentrum ist eine gute Anlaufstelle für NROs und Freiwillige, die im Land tätig sind. Es ist jedoch nicht ganz leicht zu finden (es gibt kein Schild an der Fassade des Gebäudes): Vier Hauseingänge vom Kadosh Café entfernt muss man die alte Metalltür passieren und die Treppe hinaufgehen.

Christian Information Centre (Karte S. 100 f.; ☎ 627 2692; www.cicts.org; Omar ibn al-Khattab Sq; ☺ Mo–Fr 8.30–17.30, Sa bis 12.30 Uhr) Gegenüber dem Eingang zur Zitadelle. Hier erfahren Touristen mehr über die christlichen Stätten in Jerusalem. Außerdem sind detaillierte Karten mit Stadtspaziergängen in der Altstadt erhältlich. Die ältere Dame, die den Laden führt, ist eine sehr angenehme Person.

Independent Travellers Center (Karte S. 140 f.; ☎ 624 4726; www.newjerusalemtours.com; 1 Ben Shatakh St; ☺ So–Fr 12–19, Sa bis 13.30 Uhr) Sandemans New Europe, ein privater Reiseveranstalter, hat ein „Traveller-Zentrum" in der Zabotinsky-Bar im Stadtzentrum eingerichtet. Dort erhält man kostenlose Reisetipps, kann im Internet surfen, Fahrräder ausleihen oder sich auch einfach ein Bierchen genehmigen. Weiterhin gehören Jerusalem-Touren und Ausflüge nach Petra zum Angebot.

Touristeninformation am Jaffa-Tor (Karte S. 100 f.; ☎ 627 1422; www.tourism.gov.il; Jaffa-Tor; ☺ Sa–Do 8.30–17, Fr bis 13.30 Uhr) Die zentrale Touristinformati-

---

DAS JERUSALEM-SYNDROM

Jedes Jahr wandeln in Jerusalem Zehntausende Touristen auf den Spuren der Propheten – und ein paar von ihnen gelangen nach der Rückkehr zu dem Schluss, dass sie selbst die Propheten sind. Dieses medizinisch nicht unumstrittene Phänomen trägt den Namen Jerusalem-Syndrom: Manche Besucher werden von der historischen Bedeutung der Heiligen Stadt schlichtweg übermannt. Sie bilden sich ein, biblische Figuren zu sein, oder befürchten den nahenden Weltuntergang.

Der Jerusalemer Psychiater Dr. Heinz Herman war der Erste, der in den 1930er-Jahren Aufzeichnungen zu dem Krankheitsbild anfertigte. Er berichtete z. B. von einer englischen Christin, die von der baldigen Rückkehr Jesu überzeugt war und regelmäßig auf den Skopus-Berg stieg, um ihn mit einer Tasse Tee willkommen zu heißen. Unlängst wollte ein kanadischer Jude alias Samson seine Kraft unter Beweis stellen, indem er die Wand eines Zimmers zu durchbrechen versuchte. Und eine ältere Christin aus den USA war überzeugt, die Jungfrau Maria zu verkörpern, und ging nach Bethlehem, um sich auf die Suche nach ihrem Sohnemann zu machen.

Man mag darüber noch schmunzeln, doch diese Psychose kann auch drastischere Auswirkungen haben: 1969 entzündete ein Australier die al-Aqsa-Moschee und richtete erheblichen Schaden an. Der Mann glaubte, in göttlicher Mission zu handeln. Er betrachtete es als seine Aufgabe, alle nicht-christlichen Gebäude auf dem Tempelberg als Vorbereitung auf die Rückkehr des Messias zu entfernen.

Schätzungen zufolge erkranken jedes Jahr zwischen 50 und 200 Personen, viele von ihnen (etwa 75 %) haben allerdings bereits zuvor unter psychischen Störungen gelitten … Vielleicht wird man ein paar Betroffene auf der Ben Yehuda St erspähen, die bunte Kleidung oder Togen tragen und Plakate hochhalten, auf denen die Apokalypse angekündigt wird.

Zumeist werden die Patienten in die psychiatrische Klinik Kfar Shaul am Rande von West-Jerusalem eingewiesen. Normalerweise sind sie nach einer Woche wieder ganz der oder die Alte, schämen sich in Grund und Boden und ziehen es vor, nicht über das Erlebte zu sprechen.

Die in Kfar Shaul tätigen Ärzte haben die Beobachtung gemacht, dass es zunächst unmöglich ist, ihre Patienten davon zu überzeugen, dass sie unter Wahnvorstellungen leiden. Als zeitgleich zwei Patienten in Behandlung waren, die sich beide für den Messias hielten, beschuldigten diese sich gegenseitig, ein Betrüger zu sein.

JERUSALEM

ALTSTADT

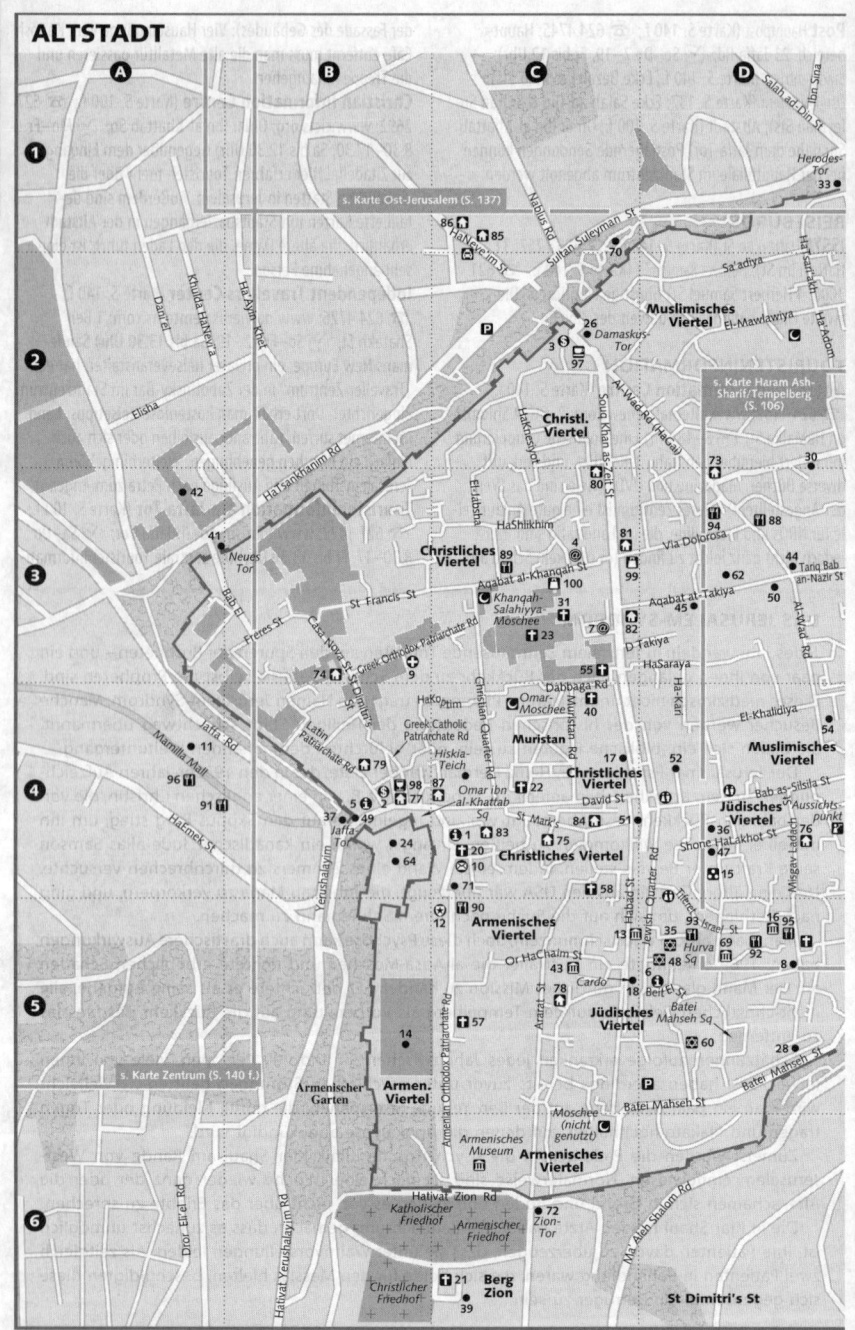

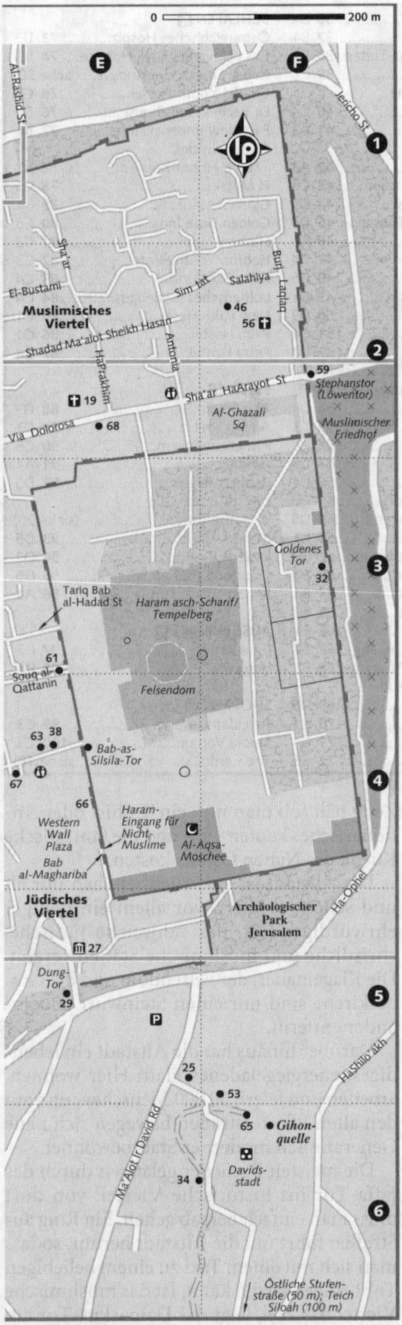

Map labels:

0 ———— 200 m

Al-Rashid St.
Jericho St.
E   F
1

Sha'ir St.
Salahiya
Sim tat
Burj Laqlaq
El-Bustami
Muslimisches Viertel   ● 46
56 ⊞
Shadad Ma'alot Sheikh Hasan
Antonia
HaPrakhim
2
⊞ 19   Sha'ar HaArayot St.   59
Stephanstor (Löwentor)
Via Dolorosa   ● 68   Al-Ghazali Sq   Muslimischer Friedhof
Goldenes Tor
32
3
Tariq Bab al-Hadad St   Haram asch-Scharif/ Tempelberg
61
Souq al-Qattanin   Felsendom
63 38
● ● Bab-as-Silsila-Tor
67   4
66   Haram-Eingang für Nicht-Muslime
Western Wall Plaza   Al-Aqsa-Moschee
Bab al-Magharba
Jüdisches Viertel   Archäologischer Park Jerusalem   Ha-Ophel
⌂ 27
Dung-Tor   5
29
P
25
53
65 ● Gihon-quelle
34 ●   Davids-stadt
6
Östliche Stufen-straße (50 m); Teich Siloah (100 m)
Ma'alot David Rd
HaShilo'akh

Main text:

on von Jerusalem. Es gibt Gratisstadtpläne und jede Menge Literatur zu den Sehenswürdigkeiten.

Jewish Student Information Centre (Karte S. 100 f.; ☎ 628 2634, 052-286 7795; www.jeffseidel.com; 5 Beit El St) Ziel dieses Zentrums ist, jungen jüdischen Gläubigen ihre eigene Kultur näher zu bringen. Es werden u. a. kostenlose Führungen zu den jüdischen Stätten in der Altstadt veranstaltet. Wer sich für ein Sabbat-Abendessen bei einer jüdischen Familie interessiert, sollte Jeff Seidel, den engagierten Leiter der Einrichtung, kontaktieren.

WASCHSALON

Eine gute Anlaufstelle in der Altstadt ist Mike's Centre (s. S. 98). Für eine Wäschela-dung à 2,5 kg zahlt man 30 NIS.

Laundry Place (Karte S. 140 f.; ☎ 625 7714; 12 Shamai St; ☽ So–Do 9–20, Fr 8.30–15 Uhr) Für eine Ladung Wäsche werden 18 NIS berechnet, fürs Trocknen 15 NIS.

Rotem Laundry (Karte S. 128 f.; ☎ 500 0598; 202 Jaffa Rd; ☽ 6–24 Uhr) Waschen und Trocknen für 30 NIS. Ein Beutel Waschmittel kostet 3 NIS.

GEFAHREN & ÄRGERNISSE

Demonstrationen und Protestmärsche sind keine Seltenheit in Jerusalem. Normalerweise verlaufen sie friedlich, es ist jedoch sicher keine schlechte Idee, sein Umfeld im Auge zu behalten für den Fall, dass die Situation doch einmal kippen sollte. Der Ölberg ist nicht unbedingt der netteste Aufenthaltsort in Je-rusalem; ein paar Touristinnen, die dort allein unterwegs waren, haben berichtet, dass sie belästigt wurden. Falls möglich, sollte man sich also in Begleitung dorthin begeben. All-gemeiner gefasste Infos zum Thema Sicherheit in Israel und Palästina gibt's auf S. 436.

SEHENSWERTES

Die wichtigsten Sehenswürdigkeiten verteilen sich auf ein paar wenige Viertel. Die meisten Attraktionen befinden sich in der Altstadt; das Kidron-Tal mit der Davidsstadt und der Berg Zion können von dort problemlos zu Fuß erreicht werden, auch wenn es ein schweißtreibender Ausflug werden kann: Die meiste Zeit über geht's bergauf.

Auch in West-Jerusal... andere Sehenswürd... Israel-Museum, der ... und Ein Kerem. Sie ... weit auseinander, we... Bus oder Taxi zurück...

Ost-Jerusalem kann ... zu Fuß erkundet werde... erst mal dorthin gelang...

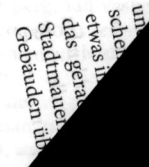

einmal erreicht hat. Hierzu wird man sich ein Taxi leisten bzw. mit der neuen Jerusalem Light Rail (voraussichtlich ab April 2011) fahren müssen.

Will man ein paar Schekel sparen, sollte man sich den **Holy Pass** (www.holypass.co.il; Erw./Kind 99/50 NIS) zulegen, der Zutritt zu ein paar der Highlights in der Altstadt gewährt. Er ist bei den Sehenswürdigkeiten selbst und in zahlreichen Hotels erhältlich.

Altstadt

Die Altstadt ist tatsächlich ein Fest für die Sinne: Am späten Nachmittag taucht die Sonne die alten Steinbauten in goldenes Licht, ᵒn fern dringt leises Glockengeläut ans Ohr auf den Basaren duftet es nach aromati- Gewürzen. Und dann liegt da noch der Luft, eines besonderes Vibrieren, ᵈezu greifbar ist. Innerhalb der ᵑ kann man in 700 Jahre alten ᵉrnachten, Feilschen was das

Zeug hält (ob man nun ein T-Shirt oder Antiquarisches kaufen will) und die fantastische Küche des Nahen Ostens kosten.

Die Altstadt ist aber nicht einfach nur alt und schön, sondern vor allem ein heiliger ehrwürdiger Ort, der zahlreiche jüdische, christliche und muslimische Stätten vereint: Die Klagemauer, der Felsendom und die Grabeskirche sind nur einen Steinwurf voneinander entfernt.

Darüber hinaus hat die Altstadt ein lebendiges, energiegeladenes Flair: Hier wohnen, arbeiten und feiern 30 000 Menschen, und auf den alten Pflasterstraßen bewegen sich neue Generationen moderner Stadtbewohner.

Die meisten Besucher gelangen durch das Jaffa-Tor ins historische Viertel; von dort muss man einfach bergab gehen. Ein Ring aus Straßen führt um die Altstadt herum, sodass man sich mit einem Taxi zu einem beliebigen Tor bringen lassen kann: Ist das muslimische Viertel das Ziel, liegt das Damaskus-Tor am günstigsten, vom Dungtor gelangt man schnell zur Klagemauer und zum Tempelberg.

MAUERN & TORE

Die erhaltene Stadtmauer ist das Erbe von Süleiman dem Prächtigen, der ihren Bau zwischen 1537 und 1542 veranlasste. Die Nordmauer inklusive des Damaskus-Tors machte den Anfang, dann ging es Richtung Süden weiter. Ein Baustopp unterbrach die Arbeiten – es war ein Disput darüber entbrannt, ob der Berg Zion und das Franziskanerkloster von der Mauer eingeschlossen werden solle oder nicht. Um Geld und Zeit zu sparen, entschied man sich für letztere Variante, die Franziskaner hatten das Nachsehen. Als Süleiman davon erfuhr, soll ihn die Wut derart gepackt haben, dass die zuständigen Architekten ihren Kopf verloren.

Zu Süleimans Zeiten wurden insgesamt sieben Stadttore gebaut, ein achtes entstand Ende des 19. Jhs. Mit Ausnahme des Goldenen Tors an der Südseite des Haram asch-Scharif/Tempelbergs können alle Tore passiert werden. Wer genug Zeit hat, sollte jedes einzelne aufsuchen. Unsere Beschreibung der Tore beginnt mit dem Damaskus-Tor, dann geht's weiter im Uhrzeigersinn.

Damaskus-Tor

Vor dem Damaskus-Tor (Karte S. 100 f.) offenbart sich einem so etwas wie ein palästinensischer Mikrokosmos: Händler transportieren Waren hin und her und Familien picknicken auf den Stufen, beäugt von israelischen Soldaten, die ihre Schlagstöcke präsentieren. Man wird zudem ältere Frauen aus den Dörfern erspähen, die u. a. Kräuter und Gemüse feilbieten; häufig sind sie in aufwendig verzierte Kleider gewandet, die Teil der Mitgift und Identität sind.

Das heutige Tor ließ Süleiman der Prächtige errichten, jedoch befand sich hier schon lange vor der Ankunft der Türken ein Tor. Es war zu Zeiten der Statthalterschaft Agrippas im späten 1. Jh. v. Chr. der Haupteingang zur Stadt gewesen und wurde unter dem römischen Kaiser Hadrian erheblich vergrößert. Einst stand eine Säule auf dem Platz. Daher rührt denn auch die alternative Bezeichnung für das Tor: Bab al-Amud (Säulentor).

Herodes-Tor

Nur 100 m östlich dieses Tors (Karte S. 100 f.) durchbrachen die Kreuzritter am 15. Juli 1099 die Stadtmauern. Sein Name geht auf einen Irrtum zurück: Im 16. und 17. Jh. hielten Pilger an dem Glauben fest, dass ein nahe gelegenes Gebäude einst der Palast von Herodes Antipas gewesen sei. Der hebräische Name des Tors lautet Sha'ar HaPerahim, der arabische Bab as-Zahra (Blumentor).

Stephan-Tor (Löwentor)

Durch dieses Tor gelangt man zum Ölberg und zum Garten Gethsemane. Hier verschafften sich israelische Fallschirmjäger am 7. Juni 1967 Zugang zur Altstadt, die sie wenig später von den Jordaniern zurückeroberten.

Süleiman nannte das Tor Bab al-Ghor (das Jordanien-Tor), bekannt wurde es jedoch als Stephanstor (Karte S. 100 f.), benannt nach dem ersten christlichen Märtyrer, der ganz in der Nähe gesteinigt wurde. Die hebräische Bezeichnung für das Tor, Sha'ar Ha'Arayot (Löwentor), spielt auf die Wappentiere an: zwei Löwenpaare, die die Seiten des Torbogens schmücken.

Goldenes Tor

Die Geschichte des verschlossenen Eingangs (Karte S. 100 f.) zum Haram asch-Scharif/Tempelberg ist ungewiss. Das Osttor des Tempels findet in der jüdischen Mishnah Erwähnung. Es weist Elemente aus herodianischer Zeit auf. Einige Menschen glauben, dass der Messias durch dieses Tor in die Stadt einziehen wird (Ez. 44,1–3). Wahrscheinlich sind die Muslime für seine Schließung im 7. Jh. verantwortlich (Andersgläubigen sollte so der Zugang zum Haram asch-Scharif/Tempelberg verwehrt werden). Einer weiteren Theorie zufolge versperrten die Muslime das Tor, damit der jüdische Messias den Haram nicht betreten würde. Das Goldene Tor ist auf Hebräisch als Sha'ar ha-Rahamim (Gnadentor) bekannt, auf Arabisch wird es entweder als Bab al-Rahma oder Bab al-Dahriyya (Ewiges Tor) bezeichnet.

Dung-Tor

Im Hebräischen wird das Dungtor (Karte S. 100 f.) Sha'ar HaAshpot genannt (ebenfalls wenig schmeichelhaft). Diese beiden Bezeichnungen sollen angeblich darauf anspielen, dass sich hier einst die örtliche Müllkippe befand. Die Araber sprechen bezeichnen es dagegen Bab al-Maghariba (Maurentor), da sich im 16. Jh. ringsum nordafrikanische Immigranten niederließen.

Das Dungtor ist das kleinste der acht Stadttore, zu einem früheren Zeitpunkt war es jedoch sogar noch schmaler. Die Jordanier ließen es vergrößern, als sie die Stadt besetzt hielten, um es auch für Autos passierbar zu machen. Nach wie vor kann man Spuren des ursprünglichen Tors aus der Zeit der Osmanen ausmachen.

Zion-Tor

Dieses Tor (Karte S. 100 f.) entstand nachträglich, um auch Mönchen des Franziskanerklosters, das Süleimans Architekten nicht mit der Mauer eingefasst hatten, den Zugang zur Altstadt zu ermöglichen. Im Unabhängigkeitskrieg 1948 beabsichtigten israelische Soldaten, die feindlichen Linien an dieser Stelle durchbrechen, um das belagerte jüdische Viertel zu befreien. Zunächst unternahmen sie den Versuch, die Stadtmauer 100 m östlich des Tores zu sprengen (Spuren der Explosion sind noch heute sichtbar), scheiterten damit aber. Daraufhin setzten sie alles auf eine Karte und gingen zum Angriff über. Mit katastrophalem Ausgang – am Tor ist eine Gedenktafel für die Gefallenen angebracht, und die von Kugeln durchlöcherte Fassade lässt Rückschlüsse darauf zu, wie erbittert gekämpft wurde. Man beachte auch die *mesusa* (Schriftkapsel mit Auszügen aus der Tora) an der Tür. Sie wurde aus Patronenhülsen gefertigt, die man nach der Schlacht eingesammelt hatte.

Die Juden nennen das Zion-Tor Sha'ar Ziyyon, die Araber bezeichnen es als Bab Haret al-Yahud (Tor zum Jüdischen Viertel).

Jaffa-Tor

Das eigentliche Tor (Karte S. 100 f.) ist eine kleine quadratische Struktur mit einem Fußgängertunnel. Dieser beschreibt eine 90°-Kurve, um einen schnellen Vorstoß potenzieller Angreifer zu unterbinden (auch das Damaskus- und Zion-Tor sind so aufgebaut). Der Durchgang, durch den die Straße heute führt, entstand erst 1898. Die Mauer wurde an dieser Stelle durchbrochen, damit der deutsche Kaiser Wilhelm II. und seine Truppen mit Glanz und Gloria in die Stadt einziehen konnten.

Hat man das Tor durchquert, wird man zur Linken zwei Gräber entdecken. Hier sollen die Architekten liegen, die Süleiman wegen ihres Beschlusses, das Kloster auf dem Berg Zion nicht zu ummauern, enthaupten ließ.

Der arabische Name des Tores, Bab al-Khalil (Tor des Freundes), ist vom arabischen Namen der heiligen Stadt Hebron (arabisch: Al-Khalil) abgeleitet. Im Hebräischen heißt es Scha'ar Jafo, da es den Beginn der alten Straße zum historischen Hafen von Jaffa markierte.

Neues Tor

Das Neue Tor (Karte S. 100 f.) ist – der Name verrät es – das modernste von allen Toren. Es entstand 1887 unter Sultan Abdul Hamid II., um eine direkte Verbindung zwischen den neuen Pilgerherbergen und den heiligen Stätten im christlichen Viertel der Altstadt zu gewährleisten. Die hebräische Bezeichnung für das Tor ist ha-Scha'ar He-Chadasch, die arabische lautet al-Bab al-Jadid.

WEG AUF DER STADTMAUER

Der **Mauerweg** (Karte S. 100 f.; ☎ 627 7550; Erw./Kind 16/8 NIS; ☽ Okt.–März 9–16 Uhr, April–Sept. bis 17 Uhr) ist 1 km lang; auf der Stadtmauer geht's vom Jaffa-Tor Richtung Norden zum Löwentor – unterwegs passiert man das Neue Tor, das Damaskus- und das Herodes-Tor –, oder aber man wendet sich gen Süden und läuft am Zion-Tor vorbei bis zum Dung-Tor. Leider kann man keine komplette Runde drehen, da der Abschnitt der Stadtmauer am Haram asch-Scharif/Tempelberg aus Sicherheitsgründen geschlossen ist. Am Jaffa-Tor führt eine Treppe auf die Mauer hinauf. Eintrittskarten sind an diesem und am Damaskus-Tor erhältlich. Der Freitag ist den Muslimen heilig und ein Tag des Gebets, der nördliche Teil der Stadtmauer bleibt daher freitags geschlossen. Der südliche Abschnitt ist hingegen sieben Tage die Woche zugänglich.

ÜBER DEN DÄCHERN VON JERUSALEM

Wer die Altstadt einmal von oben betrachten möchte, sollte die Metalltreppe an der Ecke Habad St und St Mark's Rd oder die steilen Steinstufen in der südwestlichen Ecke der Karawanserei Khan as-Sultan (Karte S. 100 f.) hinaufsteigen, um auf die Dächer rund um die David St und Al-Wad-Märkte zu gelangen. Tagsüber gewähren die Lüftungskanäle einen Blick auf das emsige Treiben unterhalb, abends kann man sich von der mondbeschienenen Silhouette der Altstadt verzaubern lassen.

HARAM ASCH-SCHARIF/TEMPELBERG

Es ist ein unvergessliches Erlebnis, den **Tempelberg** (Karte S. 100 f.; ☎ 628 3313; www.noblesanctuary.

com, www.templemount.org; Eintritt frei; ☺ Sommer Sa–Do 7.30–11 & 13.30–14.30 Uhr, Winter Sa–Do 7.30–10 & 12.30–13.30 Uhr) zu besteigen und zu besichtigen. Zigtausende von Pilgern haben diese Reise in die Vergangenheit bereits unternommen. Der offene, von Zypressen bestandene Platz und die alten Pflastersteine stammen aus der Zeit des ersten muslimischen Eroberungsfeldzugs vor ca. 1375 Jahren. Zur erhaltenen Architektur zählt natürlich auch der unverwechselbare Felsendom. Die Ursprünge dieses historischen Geländes reichen jedoch noch viel weiter zurück: Ca. 1000 Jahre v. Chr. entstand hier der erste jüdische Tempel. Es gibt nur wenige Stätten mit vergleichbarer religiöser Bedeutung – und kaum ein Ort ist umkämpfter als dieser. Auch wenn man nur einen Tag in Jerusalem ist, der Besuch des Tempelbergs ist ein absolutes Muss!

Der Tempelberg – die Muslime bezeichnen ihn als Haram asch-Scharif – war zunächst nicht mehr als ein großer Felsbrocken auf dem Berg Moriah. Jüdischen Überlieferungen zufolge stellt er das Fundament der Welt dar. Wie der Talmud zu berichten weiß, nahm Gott an dieser Stelle die Erde auf, aus der er Adam formte. Biblische Figuren wie Adam, Kain, Abel und Noah sollen hier rituelle Opfer dargebracht haben. Die wahrscheinlich geläufigste Bibelstelle (Gen. 22) handelt davon, wie Abraham beinahe seinen eigenen Sohn Isaak opferte, um seinen Glauben unter Beweis zu stellen. Erst in letzter Minute wurde Isaak von einem göttlichen Engel gerettet und statt seiner opferte Abraham einen Widder.

An diesem heiligen Ort ließ König Salomon den ersten jüdischen Tempel errichten. Die Bauarbeiten waren nach siebeneinhalb Jahren abgeschlossen, das fertige Gebäude wurde aber zunächst 13 Jahre nicht genutzt (warum ist nicht bekannt). Als es schließlich geweiht wurde, diente es als Aufbewahrungsstätte für die Bundeslade und Salomon ordnete ein siebentägiges Fest an. Nachdem der Tempel mehrere Überfälle unbeschadet überstanden hatte, machte ihn der babylonische König Nebukadnezar II. schließlich dem Erdboden gleich (586 v. Chr.). Der zweite Tempel wurde 515 v. Chr. erbaut. König Herodes sicherte das Gelände später, indem er eine Mauer um den Hügel ziehen ließ. Außerdem wurden Unebenheiten mit Bruchsteinen aufgefüllt, wodurch der große Platz sein heutiges Aussehen erhielt. Die größten Mauersteine wiegen mehr als 500 t!

Jüdische Gläubige näherten sich dem Tempelberg von Süden her. Die Pilger mussten die *mikwe* (rituelles Tauchbad) aufsuchen, bevor sie die Stufen zum Berg erklimmen durften. Inschriften auf Steinen warnten Nicht-Juden vor tödlichen Qualen, die sie erleiden würden, sollten sie den Berg betreten. Nur der Hohepriester durfte sich in das Allerheiligste des Tempels begeben, und zwar nur einmal im Jahr an Jom Kippur, dem Versöhnungstag.

Wenige Jahrzehnte nach Herodes' Tod entpuppte sich dessen Ausbau der Tempelanlage als vergebene Liebesmühe: Der zweite Tempel wurde im Jahr 70 von den Römern zerstört. Wie auch andernorts errichteten sie an der für sie „heidnischen" Stätte einen römischen Tempel. Und da sie den Tempelberg wohl als besonders spirituellen Ort erkannt hatten, errichteten sie ihn zu Ehren keines geringeren als Jupiter. Unter Kaiser Konstantin wurde der Tempel dann niedergerissen und an seiner Stelle eine christliche Basilika erbaut.

Mitte des 7. Jhs. verkündete der Prophet Mohammed seinen Anhängern in Mekka, dass er in nur einer Nacht „nach der fernen Kultstätte" gereist sei. Diesem Ereignis, *isra* (Nachtreise) genannt, folgte die *miraj* (Himmelfahrt), die ihn vor den Thron Allahs brachte. Mohammed erwähnte zwar nicht den Namen Jerusalem, doch Deutungen der *isra* zufolge handelte es sich bei der von ihm erwähnten Kultstätte um den Haram asch-Scharif. Und so wurde Jerusalem zu einem heiligen Ort für muslimische Gläubige, der Tempelberg nach Mekka und Medina die drittwichtigste religiöse Stätte des Islam.

Unmittelbar nach dem Ende des Sechstagekriegs überließ der israelische Befehlshaber und spätere Außenminister Mosche Dajan den muslimischen Machthabern in Jerusalem die Kontrolle über den Tempelberg. Jüdische Extremisten haben diese Entscheidung nie gebilligt, immer wieder kam es zu Protesten und gewalttätigen Auseinandersetzungen, Anschläge auf heilige muslimische Stätten konnten jedoch vereitelt werden.

Für emotional nicht involvierte Besucher ist der Tempelberg ein angenehm ruhiger Ort, an den man sich zurückziehen kann, wenn einem das Treiben in den schmalen Gassen ringsum zu bunt wird. Das ebene Areal hat die Größe von mehreren Fußballfeldern und wird von ein paar hübschen Bauwerken geschmückt, die vom Felsendom in der Mitte der Anlage überragt werden. Neun Tore bieten Zugang zu den umliegenden Gässchen. Achtung: Beim Verlassen des Geländes kann ein beliebiges Tor passiert werden, Zutritt haben Nicht-Muslime jedoch nur durch das Bab al-Magharibe (Maurentor), das von der Western Wall Plaza an der Klagemauer erreicht werden kann. Am besten trudelt man möglichst früh hier ein, da die Sicherheitskontrollen sehr viel Zeit beanspruchen – und nicht vergessen: Der Tempelberg ist an muslimischen Feiertagen geschlossen. Zudem ist es empfehlenswert, den Besuch der Anlage nicht auf den letzten Urlaubstag zu legen – es kann passieren, dass man nicht eingelassen wird und an einem anderen Tag wiederkommen muss. Unbedingt sittsame Kleidung tragen.

Reisende können den Tempelberg in Begleitung eines privaten Touristenführers besichtigten (Preise im Vorhinein aushandeln). Die Legende zur Karte unten informiert über weitere Sehenswürdigkeiten auf dem Gelände.

Al-Aqsa-Moschee

Der Name der Moschee leitet sich von der „fernen Kultstätte" *(madschid al-aqsa)* ab, das Ziel der Nachtreise Mohammeds *(isra)*, bevor er in den Himmel zu Allah auffuhr. Während der Felsendom eher die Funktion eines Wahrzeichens hat, wird die Al-Aqsa-Moschee (Karte S. 106) intensiv von Gläubigen genutzt. Bis zu 5000 Menschen finden in ihr Platz.

An der Stelle, an der heute die Moschee steht, soll sich einst ein Markt befunden ha-

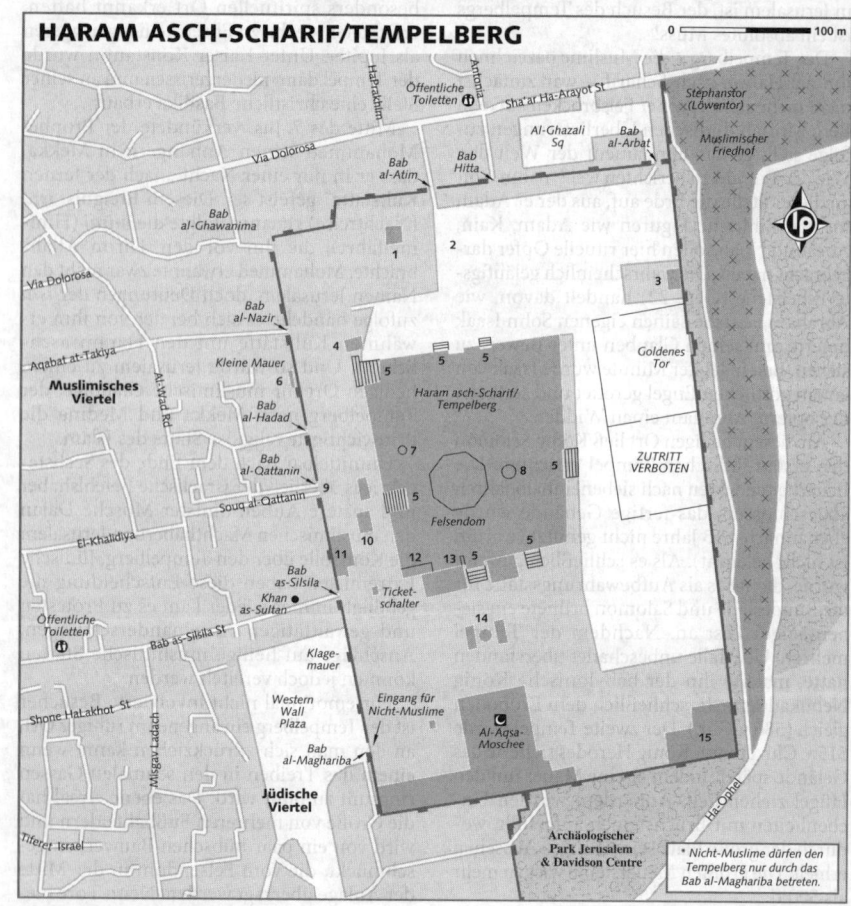

HARAM ASCH-SCHARIF/TEMPELBERG

0 ———— 100 m

* Nicht-Muslime dürfen den Tempelberg nur durch das Bab al-Magharibe betreten.

ben. Möglicherweise hat Jesus hier die Geldwechsler vertrieben und ihre Tische umgeworfen (Matthäus 21,13).

Es wird von mancher Seite die Auffassung vertreten, das Gebäude sei eine umfunktionierte byzantinische Kirche aus dem 6. Jh. Muslimische Gläubige verfechten dagegen die These, nach der die Moschee im frühen 8. Jh. von Abd al-Maliks Sohn errichtet worden sei. Wer nun Recht hat, ist letztlich schwer zu bestimmen, auch wenn einiges dafür spricht, dass die Kirche im frühen 7. Jh. von den Sassaniden zerstört worden ist. Von dem ursprünglichen Bauwerk ist kaum etwas erhalten – es fiel insgesamt zwei Erdbeben zum Opfer (746 und 774), 1033 richtete ein weiteres Erdbeben erheblichen Schaden an. Die Kreuzritter deuteten die Al-Aqsa-Moschee als den Tempel König Salomons.

Das heutige Gebäude umfasst diverse restaurierte Elemente. Einige Säulen wurden z. B. von – warum nur? – Benito Mussolini gestiftet, die aufwendig bemalten Decken sind eine Schenkung des ägyptischen Königs Farouk. Die *mihrab* (Gebetsnische, die die Gebetsrichtung anzeigt) mit den reichen Schnitzarbeiten stammt hingegen noch aus der Zeit Saladins, ebenso die herrliche Holzkanzel, die jedoch 1969 bei einem Brand zerstört wurde, den ein umnachteter australischer Christ gelegt hatte.

Felsendom

Wenn der Tempelberg ein Schmuckkästchen ist, dann ist der Felsendom (Karte S. 106; arabisch: Qubbet al-Sakhra) das wertvollste Juwel darin. Er ist ein Symbol für Jerusalem und ohne Zweifel eines der am häufigsten fotografierten Gebäude weltweit. Wie der Name vermuten lässt, erhebt er sich auf jenem Felsen, der sowohl den Muslimen als auch den Juden heilig ist. Angeblich markiert er die Stelle, an der Abraham seinen Sohn opfern wollte, und auch den Schauplatz der Himmelfahrt des Propheten Mohammed. Das Bauwerk entstand zwischen 688 und 691 mit der Unterstützung des Umayyaden-Kalifen Abd al-Malik. Dessen Motive waren gleichermaßen religiöser und praktischer Natur, befürchtete er doch, dass die imposante Grabeskirche die Araber zur Abwendung vom muslimischen Glauben verleiten könnte.

Um die Vormachtstellung des Islam zu betonen, befahl Abd al-Malik seinen byzantinischen Architekten, sich beim Bau an der Rotunde der Grabeskirche zu orientieren. Davon abgesehen lässt der Felsendom die mitunter dunklen, tristen Innenausstattungen und die nüchternen Steinfassaden früher christlicher Sakralbauten vermissen. Stattdessen wartet die Moschee innen wie außen mit leuchtenden Mosaiken und verschnörkelten Koranversen auf. Die Kuppel wurde mit reinem Gold überzogen.

Eine Gedenktafel im Inneren erinnerte an al-Malik und das Entstehungsdatum des Bauwerks. Zwei Jahrhunderte später veränderte der Abbasiden-Kalif al-Mamun die Inschrift und ließ seinen Namen eingravieren, versäumte jedoch, das ursprüngliche Datum entsprechend anzupassen.

Während der Herrschaft von Süleiman dem Prächtigen wurden die Originalmosaiken im

1 Kuppel des Suleiman (Qubbet Suleiman)
2 Sebil – Öffentlicher Brunnen
3 Salomons Thron
4 Sebil des Scheichs Budir
5 Die Stufen der Seelenwaagen
  Muslime glauben, dass an den Bogen am oberen Ende der Treppe am Tag des Jüngsten Gerichts Waagschalen hängen, die die Seelen der Verstorbenen prüfen.
6 Kleine Mauer
  Wenig beachtete nördliche Verlängerung der Klagemauer.
7 Himmelsfahrtdom (Qubbet al-Miraj)
  Nach muslimischer Überlieferung betete Mohammed an dieser Stelle, bevor er in den Himmel auffuhr.
8 Kettendom (Qubbet al-Silsileh)
  Die kleinere Version des Felsendoms markiert die Mitte des Tempelbergs. Einer beliebten These zufolge war er ein Testlauf für den Felsendom, eine andere besagt, er sei für den Schatz des Tempelbergs bestimmt gewesen. Der Name leitet sich von der Erzählung ab, nach der Salomon am Gerichtsort seines Vaters eine Kette aufgehängt habe, aus der bei Meineiden ein Glied gefallen sei.
9 Baumwolltor (Bab al-Qattanin)
  Der mit *muqarnas* geschmückte Eingang ist das beeindruckendste Tor des Tempelbergs. Seinen Namen verdankt es dem Baumwollmarkt (Souq al-Qattanin), der sich hinter dem Tor erstreckt.

10 Qaitbay-Brunnen (Sebil Qaitbay)
  Obwohl der Brunnen etwas im Schatten seiner imposanten Nachbarn steht, ist er eines der schönsten Bauwerke Jerusalems. Er wurde 1455 von dem Mamelucken Qaitbay gestiftet und besitzt die einzige mit Arabesken verzierte Steinkuppel außerhalb Kairos.
11 Mameluckische Arkade
12 Kuppel des Lernens
  Zusammen mit der Fassade der Al-Aqsa Moschee gehört sie zu den wenigen Überresten der Ayyubiden (1169–1250) in Jerusalem. Beachtenswert sind die gewundenen Säulen, die den Eingang flankieren.
13 Kanzel
  Die Kanzel wurde unter der Herrschaft der Mamelucken im 14. Jh. erbaut und später von den Osmanen erneuert.
14 Al-Kas
  Einer der vielen Brunnen des Tempelbergs, an dem Gläubige vor dem Gebet rituelle Waschungen vornehmen.
15 Ställe Salomons
  Eine unterirdische höhlenartige Gewölbehalle wurde von den Kreuzrittern als Pferdestallung genutzt. Leider dürfen Touristen diesen Bereich nur mit einer Sondergenehmigung betreten.

JERUSALEM, DER SABBAT & DU

Eine Stunde vor Sonnenuntergang kündigt eine Sirene den Beginn des Sabbats an. Dann sind die Straßen der Stadt von einer deutlich spürbaren Spiritualität erfüllt. Die Gläubigen werfen sich in Schale, bevor sie sich zur Klagemauer aufmachen oder mit Rucksäcken voller Essen den Weg zum Haus eines Freundes oder Verwandten antreten, um dort das obligatorische Freitagsmahl einzunehmen.

Man sollte seinen besten Zwirn tragen, wenn man sich den Menschenmassen anschließt, die es zur Klagemauer zieht. Dort wird gesungen, getanzt und gebetet. Falls möglich sollten Besucher am traditionellen Sabbat-Abendessen einer jüdischen Familie teilnehmen. Andernfalls ist es sinnvoll, sich frühzeitig um eine Reservierung in einem Restaurant zu kümmern – die koscheren Lokale sind freitagabends geschlossen. Zu späterer Stunde werden die Bars im Zentrum wieder geöffnet, sehr zum Ärger orthodoxer Juden.

Am Sabbat bleiben im Zentrum und im Jüdischen Viertel der Altstadt die Läden geschlossen, für die arabische Bevölkerung hingegen ist er ein Tag wie jeder andere. Die meisten Sehenswürdigkeiten in den übrigen Altstadtvierteln, auf dem Berg Zion, dem Ölberg und in Ost-Jerusalem können also auch samstags besichtigt werden. Wer mag, kann sich einer kostenlosen, dreistündigen **Führung** (☎ 531 4600) anschließen, die von der Stadt finanziert wird. Ausgangspunkt ist der Safra Square, der Eingang zum **Russischen Viertel** (Karte S. 140 f.; 32 Jaffa Rd). Jede Woche folgt man einer anderen Route durch die Stadt (s. www.jerusalem.muni.il, „Events" und dann „Free weekends walking tours" anklicken). EcoBike (S. 153) bietet samstags eine Radtour durch Jerusalem an.

Die Egged-Busse fahren samstags nicht, man kann sich allerdings mit den arabischen Bussen und Service-Taxis fortbewegen (Abfahrt beim Damaskus-Tor). Auch einem Ausflug nach Bethlehem, Jericho, Hebron, Ramallah oder Nablus steht am Sabbat nichts im Wege (vorher Aktuelles zur Sicherheitslage in Erfahrung bringen!).

Manche Traveller nehmen freitags einen Bus zum Toten Meer, bevor in Jerusalem alles dicht macht, und übernachten in Ein Gedi oder am Berg Masada. Die Parks und Naturschutzgebiete sind sieben Tage die Woche geöffnet. Samstags fahren die Busse dann zu späterer Stunde wieder, sodass man problemlos nach Jerusalem zurückkehren kann. Noch praktischer ist es aber, in einem der Altstadthostels einen Pauschalausflug nach Berg Masada, nach Ein Gedi, Qumran und Jericho zu buchen. Abfahrt ist samstagmorgens um 3 oder 7 Uhr.

Eine weitere Alternative wäre ein Trip nach Tel Aviv. Dort gibt's einen Strand und normalerweise auch mehrere geöffnete Restaurants und Bars. *Sheruts* (Sammeltaxis) fahren an der Ecke Harav Kook St und Jaffa Rd unweit des Zion Square ab.

Inneren entfernt und ersetzt, die Mosaiken außen wurden 1963 erneuert. Die ursprüngliche Goldkuppel existiert ebenfalls nicht mehr – irgendein Kalif ließ sie einschmelzen, um seine Schulden bezahlen zu können. Die heutige Kuppel ist mit einer 1,3 mm dicken Goldschicht überzogen, die König Hussein von Jordanien gestiftet hat. Die insgesamt 80 kg Gold kosteten den König damals 8,2 Mio. US$! Er musste eines seiner Häuser in London verkaufen, um diese Summe aufzubringen.

Prinzipiell sind Struktur und Aufbau des Felsendoms noch genauso, wie Abd al-Malik es einst angeordnet hatte: Unter der 20 m hohen Kuppel liegt, umgeben von einem Holzzaun, der Felsblock, an dem angeblich Mohammeds *miraj* begann. Im Koran heißt es, der Stein habe ebenfalls zu Allah in den Himmel auffahren wollen und sich von der Erde

zu lösen begonnen. Mohammed aber habe ihn mit der Sohle zurück auf den Boden gedrückt, wobei er einen Fußabdruck zurückgelassen habe (angeblich ist dieser an einer Ecke des Felsens zu erkennen). Auch der jüdischen Überlieferung zufolge markiert der Stein im Felsendom den Mittelpunkt der Erde. Ein paar Stufen unterhalb des Felsens führen zu einer Höhle, die als Seelenbrunnen bezeichnet wird. Dort versammeln sich die Seelen der Verstorben zweimal in der Woche zum Gebet (wenn man eingefleischte Indiana-Jones-Fans nach dem Seelenbrunnen fragt, wird man allerdings eine ganz andere Geschichte zu hören bekommen!).

Und jetzt die schlechte Nachricht: Die meisten europäischen Reisenden werden nur die Fassade der Moschee bestaunen können, ins Innere haben ausschließlich Muslime Zutritt.

Kleine Mauer

Ein kleines Mauerstück (Karte S. 106), eine Verlängerung der Klagemauer, befindet sich zwischen den Toren Bab al-Hadad und Bab al-Nazir. Ein kurzer Besuch lohnt sich und lässt sich gut mit der Besichtigung des Tempelbergs verbinden. Die arabischen Familien, die rund um die Kleine Mauer wohnen, lassen häufig einen Scheinwerfer an, damit jüdische Gläubige auch nach Einbruch der Dunkelheit noch in ihren Gebetsbüchern lesen können.

KLAGEMAUER

Die Erbauer der Klagemauer (Karte S. 100 f.; HaKotel) hätten sich wohl nie träumen lassen, dass dieses bescheidene Bauwerk einmal die wichtigste religiöse Stätte des Judentums sein würde. Als die Mauer vor ca. 2000 Jahren errichtet wurde, war sie nicht mehr als eine Umfriedung des äußeren Bereichs des Tempelbergs, in dem sich der Zweite Tempel befand. Der Tempel wurde jedoch im Jahre 70 völlig zerstört und die Juden mussten ins Exil. Sein genauer Standort konnte daher nicht mehr ermittelt werden. Nachdem die Juden nach Jerusalem zurückgekehrt waren, mieden sie den Tempelberg aus Angst davor, versehentlich das Allerheiligste des Tempels zu betreten, was einzig den Hohepriestern erlaubt war. Stattdessen gingen sie dazu über, an einer der nackten Außenwände zu beten. Rabbinischen Texten zufolge war die Mauer stets von einer *schechina* („göttlichen Einwohnung") beseelt. Heute gilt sie als die heiligste aller jüdischen Stätten.

Zu einem Wallfahrtsort entwickelte sich die Klagemauer zur Zeit der osmanischen Herrschaft. Juden betrauerten hier den Verlust, den sie in längst vergangenen Zeiten erlitten hatten (daher ihr Name). Damals standen die Wohnhäuser bis dicht an die Mauer, nur wenige Gläubige fanden in der schmalen Gasse Platz zum Beten.

1948 büßten die Juden den Zugang zur Klagemauer ein, als die Altstadt von den Jordaniern eingenommen wurde. Im Sechstagekrieg, 19 Jahre später, brachten israelische Fallschirmjäger die Altstadt unter ihre Kontrolle. Postwendend wurde das umliegende arabische Viertel abgerissen und der heutige Platz angelegt.

Der Bereich unmittelbar vor der Klagemauer fungiert als große Freilichtsynagoge. Sie ist in zwei Abschnitte unterteilt: Der kleinere südliche Teil ist den Frauen vorbehalten, der größere und zugleich lebhaftere Teil den Männern. Schwarz gekleidete Chassidim wippen dort auf ihren Absätzen vor und zurück, wiegen ihre Köpfe beim Gebet und unterbrechen ihre Andacht von Zeit zu Zeit, um ihren Kopf an die Mauer zu pressen und die Steine zu küssen. Freitags bei Sonnenuntergang findet sich hier stets eine große Gruppe von Gläubigen ein, Studenten der nahe gelegenen Yeshiva HaKotel tanzen und singen, um den Beginn des Sabbats zu feiern. An der Klagemauer werden auch sehr häufig Bar Mitzwas begangen (entweder am Sabbat oder montagsbzw. donnerstagmorgens).

SABBAT AN DER KLAGEMAUER *Michael Kohn*

Als die Sabbatsirene in den Straßen ertönte, spürte ich, dass etwas ganz und gar Magisches passieren würde. Sobald der lang anhaltende Ton verklungen war, legte sich unheimliches Schweigen über die Stadt. Das ist die Ruhe vor dem Sturm, dachte ich.

Ich holte die besten Kleider aus meinem staubigen Rucksack, setzte eine Kippa auf, verließ meine Unterkunft in der Altstadt und folgte den gewundenen Gassen aus Stein zur Klagemauer. Als ich den Souq passierte, wurde mir bewusst, dass ich nicht als Einziger diese Richtung eingeschlagen hatte. Zizijot baumelten um die Hüften der Männer, die Frauen hoben ihre langen Röcke ein Stück, um besser laufen zu können. Jeder schien ein Gebetsbuch unter dem Arm geklemmt zu haben.

Nach der Sicherheitskontrolle konnte ich mich ganz auf die besondere Energie konzentrieren, die von diesem Ort ausgeht. Einige Grüppchen sangen und tanzten auf dem Platz vor der Klagemauer, bärtige Chassidim, Soldaten in olivgrünen Uniformen und Jeschiwa-Studenten mit weißen Hemden lieferten sich Gesangsduelle. Die Frauen zeigten derweil kaum Emotionen. Ins Gebet versunken, wippten sie schweigend auf ihren Absätzen hin und her.

Ich bahnte mir einen Weg durch die fröhlichen Massen zur Mauer, legte meine Hände auf die uralten Steine und schloss die Augen. Die Welt um mich herum versank, plötzlich lief mein bisheriges Leben vor meinem inneren Auge ab. Ich hinterließ einen Zettel in einer der Spalten zwischen den Steinblöcken und entfernte mich langsam von diesem magischen Ort.

Die Mauer ist übrigens nicht einheitlich aufgebaut: Die großen Steinblöcke unten stammen aus herodianischer Zeit. Die Steine darüber sehen ein wenig anders aus; eingelassen wurden sie in die Mauer zu der Zeit, als die Al-Aqsa-Moschee entstand. Bei genauerem Betrachten der Mauer fallen sofort die Gebetszettel auf, die Juden in die Ritzen zwischen den Steinen gesteckt haben– es heißt, dies erhöhe die Wahrscheinlichkeit, dass eine Bitte erhört werde.

An der Nordostecke führt ein schmaler Durchgang durch den Wilsonbogen, den einst Priester auf dem Weg in den Tempel nutzten. Wenn man einen Blick in die beiden beleuchteten Schächte bis zum gewachsenen Felsen wirft, gewinnt man eine Vorstellung davon, wie hoch die Mauer ursprünglich einmal gewesen ist. Frauen haben keinen Zutritt.

Die Klagemauer kann rund um die Uhr und 365 Tage im Jahr besucht werden. Man sollte sittsame Kleidung tragen und muss eine Kippa aufsetzen (vor Ort sind Papier-Kippot erhältlich). Wer Fotos schießen möchte, sollte dabei umsichtig und respektvoll vorgehen. Am Sabbat ist Fotografieren verboten. Unter www.aish.com/wallcam werden Live-Aufnahmen von der Klagemauer gezeigt.

Klagemauer-Tunnel
Wer die Klagemauer einmal aus einem anderen Blickwinkel betrachten möchte, sollte sich einer Führung durch den **Klagemauer-Tunnel** (Karte S. 100 f.; ☎ 627 1333; www.thekotel.org; Erw./Kind 25/15 NIS; ☺ So–Do 8–18, Fr bis 12.30 Uhr) anschließen. Der 488 m lange Durchgang verläuft entlang der nördlichen Verlängerung der Mauer und wurde von Archäologen freigelegt. Er liegt auf dem ursprünglichen Straßenniveau und wird von Touristenführern als Marktstraße bezeichnet, da man davon ausgeht, dass es sich hierbei um eine Einkaufsmeile handelte. Die Grundsteine sind riesig – einer ist wahrhaftig ein Monstrum mit einem Gewicht von 570 t und den Abmessungen eines Kleinbusses! Der Tunnel kann nicht auf eigene Faust erkundet werden. Die beliebten Führungen dauern 75 Minuten und müssen vorab reserviert werden, am besten mindestens eine Woche im Voraus.

ARCHÄOLOGISCHER PARK JERUSALEM & DAVIDSON CENTRE
An der Südseite der Klagemauer stehen der kürzlich renovierte **Archäologische Park Jerusalem** und das **Davidson Centre** (Karte S. 100 f.; ☎ 627 7550; www.archpark.org.il; Erw./Kind 30/16 NIS; ☺ So–Do 8–17, Fr bis 14 Uhr). Die Einrichtungen gewähren einen Einblick in die Geschichte des Tempelbergs und des Areals ringsum. Zu den Exponaten zählen Fragmente alter Straßen, Säulen, Mauern und Plätze, die von Archäologen entdeckt und ausgegraben wurden. Neben Überresten von byzantinischen und arabischen Bauwerken wird man auch Funde aus herodianischer Zeit bestaunen können.

Hinter dem Eingang passiert man die Überreste eines Bogengangs, der aus der Mauer herausragt. Dieser Robinsonbogen (der Name geht auf einen amerikanischen Entdecker aus dem 19. Jh. zurück) war einst Teil einer Brücke, die über eine Treppe den Tempelberg mit dem Haupthandelszentrum verband.

Im hinteren Teil der Anlage stößt man auf eine lange, breite Treppe, die ehemals der Hauptzugang für Pilger auf dem Weg zum Tempelberg war. Nahe dem unteren Ende der Treppe können sehr alte Bäder besichtigt werden, in denen die jüdischen Wallfahrer rituelle Waschungen durchführten, bevor sie das Tempelgelände betraten.

Das Davidson Centre ist in einem unterirdischen Gewölbe unweit des Eingangs untergebracht und bietet eine Multimedia-Präsentation. Eine virtuelle Tour führt über den Tempelberg vor 2000 Jahren.

ZITADELLE (DAVIDSTURM)
Die Gegend um das Jaffa-Tor wird von der Kreuzritterzitadelle dominiert, die den Herodesturm und ein Minarett, den Davidsturm, mit einschließt. Die Zitadelle beherbergt zudem das sehr sehenswerte **Tower of David Museum** (Karte S. 100 f.; ☎ 626 5333; www.towerofdavid.org.il; Erw./Student/Kind/ 30/20/15 NIS; ☺ Mai–Sept. Mo–Do & Sa 10–17, Fr bis 14 Uhr, Okt.–April Mo–Do & Sa 10–16, Fr bis 13 Uhr), in dem die Geschichte Jerusalems in knapper und leicht verständlicher Form nacherzählt wird. Das Tüpfelchen auf dem i sind die wechselnden Kunstausstellungen in den Hallen und Gärten. Von den höchsten Festungswällen hat man zudem einen schönen Blick auf die Stadt.

Einer der Höhepunkte der Sammlung ist ein großes detailliertes Modell von Jerusalem. Es datiert aus dem späten 19. Jh. und wurde fast 100 Jahre später in einem Genfer Lagerhaus gefunden. Das Modell steht in einer unterirdischen Kammer, die über den zentralen Hofgarten erreicht werden kann. Darüber hinaus gibt es eine Reihe von Reliefmodellen aus Aluminium, die die Stadt zu verschiedenen Zeitpunkten zeigen.

Die Zitadelle selbst diente im 1. Jh. Herodes dem Großen als Palast. Dem König konnte es nie groß und prächtig genug sein: Er ließ drei gewaltige Türme bauen; der größte war angeblich dem Pharos (Leuchtturm) von Alexandria nachempfunden, einem der Sieben Weltwunder der Antike. Die Überreste der gemeißelten Steinblöcke eines der kleineren Türme bilden nach wie vor das Fundament des wichtigsten Burgfrieds. Nach Herodes' Tod residierten römische Prokuratoren in dem Palast, bis die Anlage im Jahr 66 nahezu vollständig von jüdischen Aufständischen zerstört wurde. Christen, die gut 250 Jahre später nach Jerusalem kamen, nahmen fälschlicherweise an, dass es sich bei den Ruinen um den Palast Davids auf dem Berg Zion handele – daher der Name Davidsturm. Sie errichteten an dieser Stelle eine neue Festung.

Die Zitadelle wechselte im Lauf der Geschichte mehrmals den Besitzer: Sie fiel in die Hände der Muslime und wurde später von den Kreuzrittern kontrolliert, die den Bau des Burggrabens veranlassten. Ein Großteil der erhaltenen Anlage entstand 1310 unter der Ägide des Mamelucken-Sultans Malik an-Nasir. Weitere Bauten kamen zwischen 1531 und 1538 unter Süleiman dem Prächtigen hinzu, u. a. das Tor, durch das man heutzutage in die Zitadelle gelangt. Auf den Stufen nahm General Edmund Allenby am 9. Dezember 1917 die Kapitulationserklärung der Türken an, welche die 400-jährige Herrschaft der Osmanen beendete.

Häufig werden Veranstaltungen auf dem Gelände ausgerichtet (bei Redaktionsschluss gab es z. B. eine Klang- und Lichtershow); am besten wirft man vorab einen Blick auf die Webseite.

CHRISTLICHES VIERTEL

Das Christliche Viertel Jerusalems (Karte S. 100 f.) bietet eine ansprechende Mischung aus sauberen Straßenzügen, Souvenirständen, Hospizen und religiösen Einrichtungen, die von 20 verschiedenen christlichen Gruppierungen betrieben werden. Das Zentrum ist die Grabeskirche. Sie scheint eine geradezu magische Anziehungskraft zu haben, der sich weder Pilger noch Touristen erwehren können.

Hat man das Jaffa-Tor passiert, biegen linker Hand zwei Straßen mit Namen Latin Patriarchate Rd und Greek Catholic Patriarcha-

te Rd ab. Sie führen zur St Francis St und in das ruhige Viertel rund um das Neue Tor. Dort hat die lokale Diözese ihren Sitz.

Wer vom Jaffa-Tor kommend geradeaus über den Omar ibn al-Khattab Sq spaziert, wird auf einen schmalen Durchgang zur David St stoßen. Auf dieser Touristenmeile kann man Kruzifixe kaufen, die im Dunkeln leuchten, oder sich einen Vorrat an „Don't Worry Be Jewish"-T-Shirts anlegen. Sämtliche Waren werden zu Wucherpreisen angeboten – unbedingt handeln!

Kurz vorm Ende der David St weichen die Andenkenhändler den Lebensmittelverkäufern. Linker Hand werden in einigen höhlenartigen Gewölben aus der Zeit des 2. Kreuzzugs Obst und Gemüse angeboten. Die David St führt zuletzt zu drei schmalen Straßen, die ein Stück weiter nördlich zur Souq Khan as-Zeit St verschmelzen, eine der wichtigsten Verkehrsadern des muslimischen Viertels. Wer sich am Ende der David St rechts hält und nach Süden geht, gelangt zum Cardo und ins Jüdische Viertel. Die erste der schmalen Gassen, die ins muslimische Viertel führen, ist Souq al-Lahamin, der **Metzgermarkt** (Karte S. 100 f.).

Grabeskirche

Während der Felsendom strahlt und funkelt und das Gemurmel der Bittsteller den Platz vor der Klagemauer erfüllt, ist andächtige Stille seit Jahrhunderten das Charakteristikum der **Grabeskirche** (Karte S. 100 f.; ☎ 627 2692; ☽ 4.30–20 Uhr), der heiligsten christlichen Stätte in der Altstadt, in der den letzten Stunden im Leben Jesu gedacht wird. Der christlichen Überlieferung zufolge steht das Gotteshaus, das ein wenig versteckt zwischen unbedeutenden Bauwerken liegt, auf dem biblischen Golgatha bzw. den Kalvarienberg, dem Ort der Kreuzigung und Wiederauferstehung Jesu. In den vergangenen 16 Jahrhunderten haben christliche Pilger aus aller Welt diesen Ort besucht. Und auch wenn die Grabeskirche nicht majestätischer aussieht wie viele andere Kirchen in Europa, so haben doch die Tränen, Klagen und Gebete der Wallfahrer dem Ort eine besondere, heilige Atmosphäre verliehen.

Helena, die Mutter Kaiser Konstantins, verfügte 300 Jahre nach dem Tode Jesu, die Kirche an dieser Stelle zu errichten. Während ihrer Pilgerfahrt in die Heilige Stadt besuchte sie Hadrians Venus-Tempel (erbaut im Jahre 135) und zog die Schlussfolgerung, dass er

GRABESKIRCHE

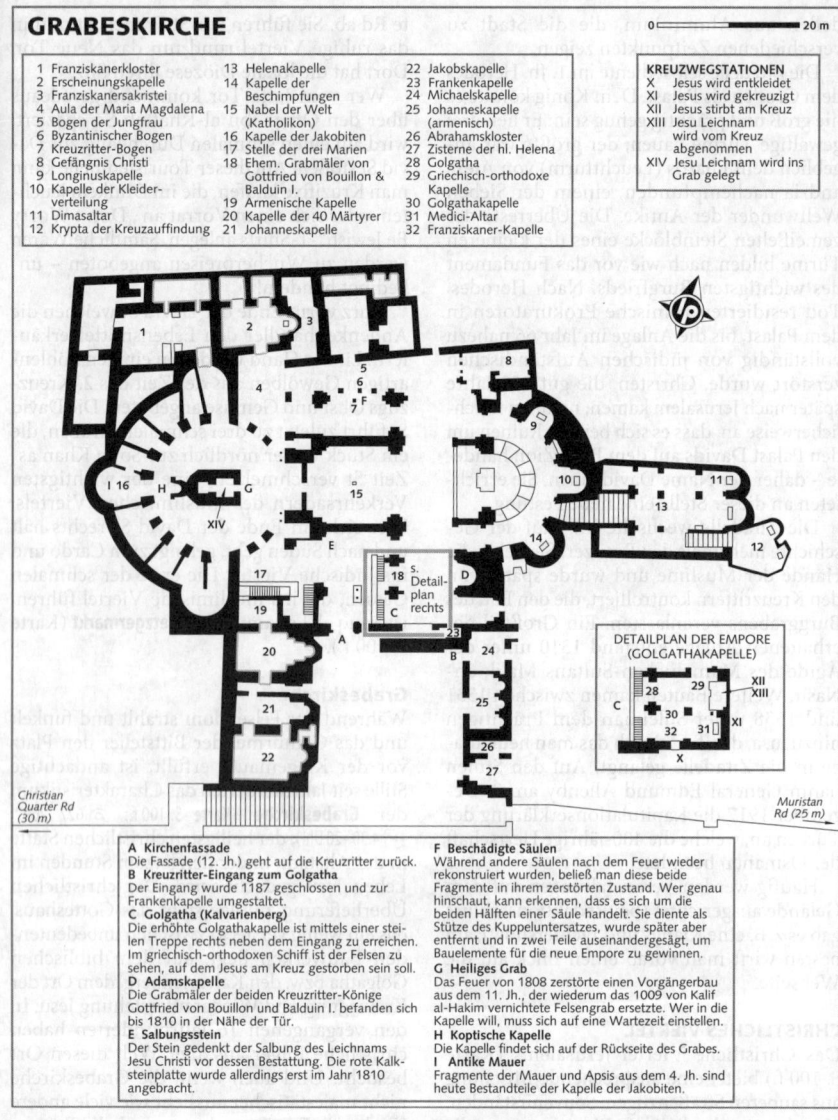

1 Franziskanerkloster
2 Erscheinungskapelle
3 Franziskanersakristei
4 Aula der Maria Magdalena
5 Bogen der Jungfrau
6 Byzantinischer Bogen
7 Kreuzritter-Bogen
8 Gefängnis Christi
9 Longinuskapelle
10 Kapelle der Kleider-
   verteilung
11 Dimasaltar
12 Krypta der Kreuzauffindung

13 Helenakapelle
14 Kapelle der
   Beschimpfungen
15 Nabel der Welt
16 Kapelle der Jakobiten
17 Stelle der drei Marien
18 Ehem. Grabmäler von
   Gottfried von Bouillon &
   Balduin I.
19 Armenische Kapelle
20 Kapelle der 40 Märtyrer
21 Johanneskapelle

22 Jakobskapelle
23 Frankenkapelle
24 Michaelskapelle
25 Johanneskapelle
   (armenisch)
26 Abrahamskloster
27 Zisterne der hl. Helena
28 Golgatha
29 Griechisch-orthodoxe
   Kapelle
30 Golgathakapelle
31 Medici-Altar
32 Franziskaner-Kapelle

KREUZWEGSTATIONEN
X   Jesus wird entkleidet
XI   Jesus wird gekreuzigt
XII Jesus stirbt am Kreuz
XIII Jesu Leichnam
     wird vom Kreuz
     abgenommen
XIV Jesu Leichnam wird ins
     Grab gelegt

0 ___ 20 m

Christian
Quarter Rd
(30 m)

Muristan
Rd (25 m)

DETAILPLAN DER EMPORE
(GOLGATHAKAPELLE)

A Kirchenfassade
Die Fassade (12. Jh.) geht auf die Kreuzritter zurück.
B Kreuzritter-Eingang zum Golgatha
Der Eingang wurde 1187 geschlossen und zur Frankenkapelle umgestaltet.
C Golgatha (Kalvarienberg)
Die erhöhte Golgathakapelle ist mittels einer steilen Treppe rechts neben dem Eingang zu erreichen. Im griechisch-orthodoxen Schiff ist der Felsen zu sehen, auf dem Jesus am Kreuz gestorben sein soll.
D Adamskapelle
Die Grabmäler der beiden Kreuzritter-Könige Gottfried von Bouillon und Balduin I. befanden sich bis 1810 in der Nähe der Tür.
E Salbungsstein
Der Stein gedenkt der Salbung des Leichnams Jesu Christi vor dessen Bestattung. Die rote Kalksteinplatte wurde allerdings erst im Jahr 1810 angebracht.

F Beschädigte Säulen
Während andere Säulen nach dem Feuer wieder rekonstruiert wurden, beließ man diese beide Fragmente in ihrem zerstörten Zustand. Wer genau hinschaut, kann erkennen, dass es sich um die beiden Hälften einer Säule handelt. Sie diente als Stütze des Kuppeluntersatzes, wurde später aber entfernt und in zwei Teile auseinandergesägt, um Bauelemente für die neue Empore zu gewinnen.
G Heiliges Grab
Das Feuer von 1808 zerstörte einen Vorgängerbau aus dem 11. Jh., der wiederum das 1009 von Kalif al-Hakim vernichtete Felsengrab ersetzte. Wer in die Kapelle will, muss sich auf eine Wartezeit einstellen.
H Koptische Kapelle
Die Kapelle findet sich auf der Rückseite des Grabes.
I Antike Mauer
Fragmente der Mauer und Apsis aus dem 4. Jh. sind heute Bestandteile der Kapelle der Jakobiten.

errichtet worden sei, um frühe Christen zu verjagen, die zuvor auf diesem Gelände gebetet hätten. Bei Ausgrabungen vor Ort wurden neben dem Grab, in dem Josef von Arimathäa Jesus bestattete, auch drei Kreuze freigelegt. Daraufhin verkündete Helena, man habe das legendäre Golgatha entdeckt. Der Bau der Kirche begann 326, neun Jahre später wurde

sie geweiht. Für all diejenigen, die sich wundern, warum Jesus mitten in der Stadt gekreuzigt wurde: Vor 2000 Jahren erstreckte sich hier unbebautes Land außerhalb der früheren Stadtmauern. Erst ab dem 4. Jh. entstanden Tempel und Kirchen auf dem Gelände, die immer wieder Invasoren zum Opfer fielen und anschließend wieder aufgebaut wurden.

Als Kalif Omar Jerusalem 638 erobert hatte, lud man ihn dazu ein, in der Kirche zu beten. Er lehnte mit der Begründung ab, dass sein Volk die Kirche in eine Moschee umwandeln würde, falls er der Einladung Folge leistete, und verlieh so seinem Wohlwollen gegenüber den Christen Ausdruck. 1009 wurde die Kirche auf Veranlassung des Kalifen Hakim zerstört.

Die Gemeinde hatte nicht genug Geld, um für den Wiederaufbau der Grabeskirche aufzukommen. Erst 1042 stellte die kaiserliche Schatzkammer von Byzanz die notwendige Unterstützung bereit. Leider reichten die Mittel nicht aus, um eine vollständige Rekonstruktion zu finanzieren – ein Großteil des ursprünglichen Bauwerks wurde nicht wieder aufgebaut. Stattdessen errichtete man eine Empore in der Rotunde und eine Apsis an der Ostseite. Am 15. Juli 1099 übernahmen die Kreuzritter die Kontrolle in der Stadt. Sie ließen diverse Veränderungen an der Grabeskirche vornehmen, sodass man die erhaltene Kirche mehr oder weniger als ein Werk der Kreuzritter bezeichnen kann, das byzantinische Wurzeln hat.

Ein Feuer 1808 und ein Erdbeben 1927 richteten erhebliche Schäden an. Querelen zwischen den rivalisierenden christlichen Gruppen, denen die Kirche gehörte, standen bis 1959 einem umfassenden Sanierungsprogramm im Weg. Eben dieser Rivalität ist auch der Umstand geschuldet, dass die Schlüssel zur Kirche bereits seit der Regierungszeit Saladins im Besitz einer muslimischen Familie sind. Ihre Aufgabe ist es, die Kirche morgens auf- und abends wieder abzuschließen.

Kirchenbesucher sollten sittsame Kleidung tragen – die Wächter sind sehr streng und werden niemanden einlassen, der Beine, Schultern oder einen freien Rücken entblößt. Der Haupteingang befindet sich im Hof an der Südseite, zu erreichen entweder über die Christian Quarter Rd oder über die Dabbaga Rd. Darüber hinaus hat man an zwei Stellen auf dem Dach Zugang zu dem Gotteshaus (s. Äthiopisches Kloster, S. 114).

In der Kirche gibt es eine Reihe von heiligen Reliquien und Stätten, darunter auch die fünf letzten **Kreuzwegstationen**.

Nach Betreten des Gebäudes steigt man die steilen Stufen zur Rechten hinauf und gelangt zu einer Kapelle, die in zwei Schiffe unterteilt ist. Das Rechte gehört den Franziskanern, das Linke den griechisch-orthodoxen Gläubigen.

Am Eingang zur Franziskanerkapelle befindet sich **Station X**, an der Jesus angeblich seiner Kleider beraubt wurde.

An der **Station XI**, ebenfalls in der Kapelle, wurde Jesus der Überlieferung nach ans Kreuz geschlagen. Zur Rechten wird man ein Mosaik von Isaak entdecken, der von seinem Vater Abraham gefesselt wird – es wird also offensichtlich eine Verbindung zwischen dieser Opferung Isaaks und der Kreuzigung Jesu gesehen.

Station XII in der griechisch-orthodoxen Kapelle markiert den Ort, an dem Jesus den Tod am Kreuz erlitt. Die Felsspalte geht angeblich auf das Erdbeben zurück, das sich zeitgleich mit Jesus Tod ereignete.

Zwischen der 11. und 12. Station findet sich **Station XIII**, an der der Leib Jesu vom Kreuz genommen und seiner Mutter Maria übergeben worden sein soll.

Auf dem Weg zur 14. Station passiert man den Stein, auf dem der Leib Jesu gewaschen und gesalbt worden sein soll. Pilger schütten Öl auf den Stein und wischen mit einem Taschentuch darüber, um so ein Stück dieses heiligen Ortes mitnehmen zu können. Die Wand hinter der Station ziert ein wunderschönes Mosaik, das 1964 anlässlich des Besuchs von Papst Paul VI. gestiftet wurde.

Jenseits der griechisch-orthodoxen Kapelle führt eine schmale Treppe wieder ins Erdgeschoss hinab. **Station XIV** ist hier das Heilige Grab im Zentrum der Rotunde (diese liegt linker Hand, wenn man das Innere der Kirche betritt). Die eigentliche kleine Grabstelle wird von dem Licht von Kerzen erhellt, die Pilger gegen eine Spende erwerben. Über dem Stein, auf dem der Leib Jesu der Überlieferung nach gelegen hat, befindet sich eine Marmorplatte.

Hinter dem Heiligen Grab liegt die winzige **koptische Kapelle**. Dort hält ein Priester die Pilger dazu an, die Wand des Grabs zu küssen; er erwartet eine Spende.

Auf dem Weg durch die Kirche wird man früher oder später die **Helenakapelle** erreichen, von der aus die Krypta der Kreuzauffindung abgeht. Der Legende zufolge ließ Helena hier den Boden aufgraben, wobei drei Kreuze zu Tage befördert wurden. Bei der Bestimmung des Kreuz Jesu soll ein Kranker geholfen haben; der Legende nach berührte er die drei Kreuze, doch nur eines verschaffte ihm Linderung. Es wurde daraufhin ausgestellt – doch viele der Wallfahrer beugten sich nicht einfach über das Kreuz, um es zu küssen, sondern bissen regelrecht hinein, um ein Stück davon mit in die Heimat nehmen zu können, bis schließlich von dem heiligen Objekt nichts mehr übrig geblieben war.

Auf dem Weg zurück zum Eingang sollte man linker Hand nach der **Adamskapelle** Ausschau halten. Dort befindet sich unterhalb der 12. und 13. Station des Kreuzweges ein Fels, auf dem der Schädel Adams gelegen haben soll. Der Legende zufolge soll das Blut Jesu an dem Kreuz herabgelaufen und auf den Stein Adams getropft sein und so Adam von der Erbsünde reingewaschen haben.

Christ Church
Gegenüber der Zitadelle unweit des Jaffa-Tors erhebt sich die **Christ Church** (Karte S. 100 f.; ☎ 627 7727; Omar ibn al-Khattab Sq). Sie wurde 1849 gesegnet und war das erste protestantische Gotteshaus im Heiligen Land. Sie wurde von der London Society for Promoting Christianity Among the Jews errichtet, die heute als CMJ (Church's Ministry Among the Jews) bekannt ist. Die Gründer dieser Gesellschaft beflügelte der Glaube daran, dass die Juden irgendwann wieder die Macht im damals noch von den Türken besetzten Palästina ergreifen und viele Jesus Christus vor seiner Rückkehr als Messias anerkennen würden.

Damit das Christentum den Juden nicht allzu fremd erscheinen würde, wurde die Christ Church im protestantischen Stil mit verschiedenen Elementen einer Synagoge errichtet. Sowohl am Altar als auch an den Buntglasfenstern sind jüdische Symbole wie hebräische Schriftzeiten und der Davidstern deutlich sichtbar.

Zu einem späteren Zeitpunkt wurde das Gelände zum ersten britischen Konsulat in Palästina erklärt. Mittlerweile dient es als christliches Hospiz und Café. Ferner befindet sich hier ein Museum, in dem alte Dokumente und Stadtmodelle ausgestellt sind. Zu den interessantesten Exponaten zählen ein Neues Testament in syrischer Sprache von 1664 und ein Jerusalem-Reiseführer, der 1595 gedruckt wurde (sic!). Unterhalb des Museums befindet sich eine antike Zisterne, die noch nicht vollständig ausgegraben ist.

St.-Alexander-Kirche
An einer Straßenecke östlich der Grabeskirche steht die **St.-Alexander-Kirche** (Karte S. 100 f.; Eintritt frei; ☺ Mo–Do 9–13 & 15–17 Uhr), Sitz der russisch-orthodoxen Mission im Exil. Die wichtigste Sehenswürdigkeit ist ein Triumphbogen, der nicht mehr in seiner ursprünglichen Form erhalten ist und einst am 135 angelegten Kaiser Hadrians stand. Hat man den Bogen durchquert und die Treppen linker Hand erklommen, kann man einen Blick auf einen Teil des Pflasters werfen, das einst zur Plattform von Hadrians Venus-Tempel gehörte. Man muss klingeln, um eingelassen zu werden.

Äthiopisches Kloster
An der nordwestlichen Ecke des Grabeskirchengeländes findet man das **Äthiopische Kloster** (Deir al-Sultan-Kloster, Karte S. 100 f.; Eintritt frei; ☺ tagsüber). Inmitten der Ruinen des mittelalterlichen Komplexes leben ein paar Mönche. Das Kloster wurde von den Kreuzrittern an der Stelle errichtet, an der sich zuvor Konstantins Basilika befunden hatte. Durch die Kuppel im Zentrum des Dachs fällt Tageslicht in die Helenakapelle darunter. In dem Kloster trifft man eventuell ein paar Mönche oder Nonnen beim Gebet an. Die Wände zieren Gemälde von äthiopischen Heiligen, der Heiligen Familie und der Königin von Saba auf ihrem Jerusalembesuch. Während dieses Besuchs zeugten die Königin von Saba und König Salomon Erben für beide Königshäuser; einer von ihnen brachte der äthiopischen Überlieferung zufolge die Bundeslade nach Äthiopien.

Um zum Kloster zu gelangen, muss man der Route zur 9. Station des Kreuzweges folgen: Abseits der Souq Khan as-Zeit St führen Stufen hinauf; an der Stelle, wo der Weg zur Grabeskirche einen Knick macht, gelangt man durch eine kleine graue Tür auf das Dach der Kirche. Die Hütten, die man dort vorfindet, haben als Räumlichkeiten des äthiopischen Klosters gedient, seitdem die Kopten die Mönche und Nonnen im Rahmen einer der zahlreichen Streitigkeiten zwischen den verschiedenen christlichen Gruppen aus dem ursprünglichen Gebäude vertrieben hatten.

Ganz in der Nähe befinden sich zwei Zugänge zur Grabeskirche. Einer führt durch die äthiopische Kapelle, der andere durch den Eingang der Kopten (um diesen zu nutzen, muss man sich nach Verlassen des äthiopischen Klosters links halten).

Evangelisch-lutherische Erlöserkirche
Der hohe weiße Turm der **evangelisch-lutherischen Erlöserkirche** (Karte S. 100 f.; ☺ Mo–Sa 9–13 & 13.30–17 Uhr) dominiert die Altstadt-Skyline.

Das Gotteshaus wurde 1898 an der Stelle errichtet, an der im 11. Jh. die Kirche St. Maria Latina gestanden hat. Das geschlossene mittelalterliche Nordportal ist mit den Tierkreiszeichen und Symbolen für die einzelnen Monate verziert. Von der Spitze des Turms hat man einen exzellenten Blick auf die Altstadt.

Kirche St. Johannes der Täufer

Die älteste Kirche Jerusalems, die **Kirche St. Johannes der Täufer** (Karte S. 100 f.; Christian Quarter Rd, Muristan), liegt recht versteckt zwischen den Wohnhäusern im Christlichen Viertel. Der Eingang ist ausgeschildert; durch ihn gelangt man in den Hof eines jüngeren griechisch-orthodoxen Klosters. Dort ist üblicherweise ein Mönch anzutreffen, der das Kirchentor für die Besucher aufschließt. Das Gotteshaus wurde Mitte des 5. Jhs. erbaut, 614 von den Persern zerstört und anschließend wieder aufgebaut. Im 11. Jh. errichteten die Kaufleute aus Amalfi eine neue Kirche (die Mauern des früheren Bauwerks waren noch erhalten). Sie wurde die Wiege des Johanniterordens. Die gegenwärtige Fassade mit den beiden kleinen Glockentürmen ist weit jüngeren Datums. Außerdem wurden verschiedene Arbeiten durchgeführt, um die Stabilität des Gebäudes zu gewährleisten.

MUSLIMISCHES VIERTEL

Ein Spaziergang durch das Muslimische Viertel (Karte S. 100 f.) erinnert ein wenig an ein Boxtraining: Man muss sich häufig ducken, gute Reflexe haben und beweglich sein, um schwer beladenen Karren, vorbeihuschenden Kindern und Händlern, die einen in ihre Geschäfte locken wollen, rechtzeitig ausweichen zu können. Wenngleich das vielleicht nach Stress klingt, hat das Muslimische Viertel mehr als umtriebige Geschäftigkeit zu bieten. Aus den Gewürzläden strömt ein verführerischer Duft in die Straßen, inmitten der Menschenmengen wird man vereinzelt bunte Kopfbedeckungen wie Farbtupfer erspähen und wer mag, kann auf dem Dach einer Pension einen heißen Tee trinken und dabei den Blick auf den Felsendom genießen.

Das Muslimische Viertel erstreckt sich vom Damaskus-Tor nach Osten und Süden Richtung Tempelberg. Etwa 100 m hinter dem Tor gelangt man an eine Straßengabelung; auf der Ecke zwischen den Abzweigungen befindet sich ein gut besuchter Falafelstand. Die Straße zur Linken ist die Al-Wad Rd. Sie ist von großen Geschäften gesäumt, in denen Messingwaren wie Kaffeekannen und Tabletts verkauft werden. Dazwischen gehen Süßwarenläden, Gemüsestände und ein Eierverkäufer ihren Geschäften nach. Die Straße führt direkt zur Klagemauer; unterwegs kreuzt sie die Via Dolorosa.

Auf der Abzweigung rechter Hand herrscht noch mehr Verkehr als auf der Al-Wad Rd. Ihr Name „Souq Khan as-Zeit" bedeutet so viel wie „Markt der Gästehäuser und des Olivenöls". Man findet aber nicht nur Pensionen und Olivenöl vor, sondern auch Obst, Gemüse, Süßigkeiten, Metallwaren, Gewürze und Nüsse.

Falls möglich sollte man diesen Teil der Stadt freitags um die Mittagszeit aufsuchen. Am besten postiert man sich am unteren Ende der Aqabat at-Takiya St und beobachtet die Massen muslimischer Gläubiger, die in Richtung Tempelberg zum Freitagsgebet strömen. In den Gassen wird es dann nach frischen Backwaren wie den köstlichen *manaish* (arabische Pizza) duften – denn die Moscheebesucher müssen natürlich auch etwas essen! Mit die beste Pizza (zw. 4 und 6 NIS) gibt's an dem kleinen Stand in der Nähe des **Osmanischen Sebil** (Brunnen; Karte S. 100 f.).

St.-Anna-Kirche

Die **St.-Anna-Kirche** (Karte S. 100 f.; Eintritt 8 NIS; ☉ April–Sept. Mo–Sa 8–12 & 14–18, Okt.–März Mo–Sa 8–12 & 14–17 Uhr) ist von Bäumen und Schutt aus längst vergangenen Zeiten umgeben. Sie erinnert an eine vergessene archäologische Stätte. Der christlichen Überlieferung zufolge lebten hier einst Joachim und Anna, die Eltern der Jungfrau Maria. Gleich neben der Kirche befinden sich die beeindruckenden Ruinen um den biblischen **Bethesda-Teich** (Karte S. 100 f.).

Die St.-Anna-Kirche gilt als das schönste Beispiel für den Baustil der Kreuzritter in Jerusalem. Sie wurde 1140 errichtet, zeitgleich mit der angrenzenden, kleinen Kapelle, von welcher eine Treppe hinab zu dem Teich führt, an dem Jesus einen Kranken geheilt haben soll (Joh. 5,1–18). Das Bauwerk ist eine außergewöhnlich asymmetrische Konstruktion: Die Säulen, Fenster und selbst die Treppenstufen sind allesamt unterschiedlich groß!

Nachdem Jerusalem von Saladins Mannen eingenommen worden war, diente die Kirche als muslimische Theologieschule (man beachte die Inschrift über dem Eingang). Die folgenden Herrscher kümmerten sich nicht um das Bauwerk, sodass es nach und nach verfiel und im 18. Jh. bis zum Dach in Unrat eingehüllt war. 1856 verschenkten die Osmanen das Gotteshaus an die Franzosen, um sich für deren Unterstützung im Krimkrieg gegen Russland zu bedanken. Erst zu diesem Zeitpunkt wurde die Kirche aus dem Müllberg befreit.

Die St.-Anna-Kirche ist nicht nur wunderschön, sondern hat auch eine fantastische Akustik: Nicht wenige christliche Pilger stimmen spontan ein Lied an (besonders gut kommen Sopran- und Tenorstimmen zur Geltung). Jeder Besucher darf dies tun, sofern er sich an die Hausordnung hält und seinen Gesang auf religiöse Lieder beschränkt.

Ecce-Homo-Konvent der Sionsschwestern

Dieser **Konvent** (Karte S. 100 f.; Via Dolorosa; Eintritt frei; ☉ Mo–Sa 8.30–12 & 14–17 Uhr) ist nach dem Ecce-Homo-Torbogen benannt, der sich draußen über die Via Dolorosa spannt. Einst ging man davon aus, dass es sich bei dem Bogen, der teilweise vom Mauerwerk des Konvents eingefasst ist, um den Eingang zu Herodes' Antonia-Festung handelte. Folglich hätte Pontius Pilatus Jesus an dieser Stelle nach draußen geschleppt und „Ecce Homo!" („Siehe, der Mensch!") ausgerufen. Neuere Forschungen legen jedoch den Schluss nahe, dass der Bogen aus dem 2. Jh. stammt und vom römischen Kaiser Hadrian in Auftrag gegeben wurde.

Im Kellergeschoss des Konvents befindet sich eine Zisterne mit einer Tonnengewölbedecke, die ebenfalls an Hadrians Ära erinnert. Interessant sind auch die *lithostrotos* (Pflastersteine), auf denen eingeritzte Spielfelder Rückschlüsse auf die Zeitvertreib der römischen Wachposten zulassen. Beim „Königsspiel" ging es z. B. darum, einen Schein-König zu töten.

Mamelucken-Architektur

Außerhalb der nördlichen und westlichen Mauer des Tempelbergs findet man ein paar wunderschöne Bauwerke aus der Blütezeit der islamischen Architektur, die neben dem umwerfenden Haram asch-Scharif leider ein wenig verblassen. Die Gebäude entstanden zu Zeiten der Mameluckenherrscher (1250–1517), einer Militärdynastie ehemaliger Sklaven, die von Ägypten aus regierten. Nachdem sie die Kreuzritter aus Palästina und Syrien vertrieben hatten, errichteten sie Unmengen von Moscheen, Medresen (Koranschulen), Unterkünften, Klöstern und Mausoleen und konsolidierten

so die Stellung des Islam im Nahen Osten. Das Markenzeichen ihrer Architektur ist das Alternieren zwischen rosafarbenem und weißem Stein (diese Technik wird als *ablaq* bezeichnet). Typisch sind auch die kunstvollen Schnitzereien und Muster an Fenstern und in den vertieften Portalen.

Der **Palast der Prinzessin Tunschuq** (Karte S. 100 f.) weist all diese Charakteristika auf. Er wurde 1388 erbaut und befindet sich 150 m östlich des Hebron Hostels an der Aqabat at-Takiya. Die Fassade ist sehr verfallen, doch am obersten der drei großen Tore kann man wunderschöne Marmorintarsien bestaunen. Ein zurückgesetztes Fenster besticht durch ein weiteres Merkmal der Mamelucken-Architektur: die steinernen „Stalaktiten", die als *muqarnas* bezeichnet werden. Der Palastkomplex beherbergt heutzutage Werkstätten und ein Waisenhaus. Gegenüber befindet sich das **Grab der Prinzessin Tunshuq** (Karte S. 100 f.; 1398).

Weiter bergab kreuzt die Straße die Al-Wad Rd; kurz vor der Ecke erhebt sich rechter Hand Jerusalems jüngstes Beispiel für den Baustil der Mamelucken: Das **Ribat Bayram Jawish** (Karte S. 100 f.; 1540) diente einst als Pilgerhospiz. Interessant ist der Vergleich dieses Bauwerks mit den ältesten Mamelucken-Gebäuden der Stadt an der Tariq Bab an-Nazir St (der Verlängerung der Aqabat at-Takiya). Sie entstanden bereits in den 1260er-Jahren, noch bevor die *ablaq*-Technik gebräuchlich wurde. Die Straße ist nach dem Tor an ihrem Ende benannt. Es gewährt muslimischen Gläubigen Zugang zum Haram asch-Scharif/Tempelberg.

Nach etwa 100 m entlang der Al-Wad Rd in südlicher Richtung gelangt man zur Querstraße Tariq Bab al-Hadad St. Sie sieht nicht unbedingt einladend aus, doch hat man den Torbogen passiert, wird man eine Fülle von majestätischen Mamelucken-Bauten bestaunen können. Drei der vier Fassaden gehören zu Medresen, die zwischen 1358 und 1440 entstanden. Das einstöckige *ribat* (Hospiz) stammt aus dem Jahre 1293.

Zurück auf der Al-Wad Rd geht man weiter Richtung Süden am Souq al-Qattanin (s. S. 125) vorbei und passiert dann linker Hand einen *sebil* (Trinkbrunnen) aus osmanischer Zeit, den **Sebil Suleiman** (Karte S. 100 f.). Die Straße endet an einem Polizeikontrollpunkt am Eingang zu dem Tunnel, der zur Western

(Fortsetzung auf S. 125)

Stimmen der Region

Wahrscheinlich kann man sich das sowieso denken, aber wir sagen es trotzdem nochmal: Der beste Weg, Israel und Palästina lieben zu lernen und in ihrer ganzen Vielschichtigkeit zu verstehen, sind Begegnungen mit Einheimischen. Ob Muslime, Juden oder Christen, Äthiopier, Araber oder Russen, Soldaten, Siedler, Friedenshelfer, Unternehmer oder Naturschützer – jeder hat was zu erzählen, vertritt eine Ansicht, hat eine eigene Zukunftsvision. Und auch wenn sie es vielleicht nicht zugeben, so sind sich ihre Geschichten doch oft ähnlich: Immer geht es um die Liebe zur Heimat und zur Familie und um die Wertschätzung von Traditionen und Erbe.

Das Wichtigste ist: keine Scheu haben! Warum nicht einen Plausch wagen mit dem Busnachbarn, dem Koch des versteckt liegenden winzigen Cafés, der Dame an der Kasse im Buchladen, dem Kind im Flüchtlingslager oder dem Mann, der an der Straßenecke für Frieden demonstriert? Vielleicht schließt man dabei neue Freundschaften; in jedem Fall aber eröffnen einem solche Gespräche eine ganz neue Perspektive auf dieses verblüffende Land.

Jeder hat etwas zu erzählen: Die kulinarischen Feste in Tel Aviv ermöglichen authentische Begegnungen.

HANAN ISACHAR

Ein Leben für die Kinder

NAME	AbdelFattah Abu-Srour
BERUF	Direktor des Kultur- & Schauspielzentru Centre AlRowwad
WOHNORT	Flüchtlingslager Aida, Bethlehem

„Es ist mitunter schwierig, sich um alle Kinder gleich gut zu kümmern, doch die Hoffnung, die hier in AlRowwad in der Luft liegt, ist alle Mühen wert."

Ich sehe meine Arbeit als „wunderschönen Widerstand": Kindern die Chance geben, sich auszudrücken, den Schmerz, die Angst und den Verlust zu zeigen, die sie in ihrer Welt fühlen, zu erklären, wie sie sich dagegen wehren, ohne Gewalt oder Blutvergießen. Im AlRowwad geben wir Kindern Hoffnung für die Zukunft. Manchmal können wir mit ihnen sogar Europa oder Amerika besuchen und ihnen so zeigen, dass die Welt sie nicht vergessen hat.

Unser neues Kulturzentrum nimmt dank Freiwilligenarbeit und Spenden aus aller Welt Formen an. Heute können wir noch mehr Kinder unterbringen, und auch Frauen und Campbewohner mit Behinderungen, die hier in AlRowwad singen, tanzen, schauspielern, am Computer arbeiten und Neues lernen können. Über 40 % der Bewohner des Aida-Lagers sind Kinder, und in ihrem Leben wird nicht viel gelacht. Es ist mitunter schwierig, sich um alle gleich gut zu kümmern, doch die Hoffnung, die hier in AlRowwad in der Luft liegt, ist alle Mühen wert.

ABDELFATTAH SPRACH MIT AMELIA THOMAS.

Graffiti auf einem Abschnitt der israelischen Sperranlagen bei Aida (S. 67)
EITAN SIMANOR / ALAMY

Ein Junge aus
Ramallah

BRIAN CRUICKSHANK

UNTERWEGS IM WESTJORDANLAND

Man muss keine Angst vor einer Reise ins Westjordanland (S. 313) haben. Es gibt viele ernste Aspekte, die man erst einmal verstehen muss, doch das sollte einen nicht abschrecken oder verunsichern: Das Land hat viel Positives und jede Menge Schönheit zu bieten.

Wie wäre es mit ein bisschen Freiwilligenarbeit (s. S. 435)? Wohltätigkeitsorganisationen gibt's hier zuhauf, und ein paar Stunden Hilfe werden stets dankbar angenommen. Ein jeder hat eine Begabung, die das Leben Anderer bereichern kann.

Beim Shoppen in Jerusalem (S. 167) wird wirklich jeder fündig.

Das regionale Essen (S. 159) – Kebabs, Salate, Brot, Dips … – ist ein Genuss.

JERUSALEMS QUINTESSENZ

Ein Pflichtstopp sind die historischen und religiösen Attraktionen, allen voran der Tempelberg (S. 104), die Grabeskirche (S. 111) und die Klagemauer (S. 109). Danach besucht man z. B. das Israel-Museum (S. 146) und das Rockefeller-Museum (S. 136).

Jerusalem ist so klein, dass man zu Fuß wunderbar überall hinkommt. In der Altstadt kann man den ganzen Tag spazierengehen, ohne auch nur einmal in einer hektischen Straße zu landen oder einem Auto zu begegnen. Überall erwarten einen interessante Läden, Menschen und vieles mehr. Auch eine Radtour durch die Stadt ist toll (s. S. 153).

Abends labt man sich an arabischen Gerichten wie *maklube* oder *mensef* (s. S. 70). Und nicht vergessen, die berühmten Jerusalem-Falafel zu probieren (s. S. 71)!

Jerusalems Herr der Bücher

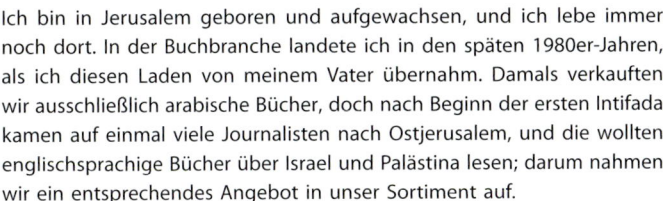

NAME	Imad Muna
BERUF	Buchhändler
WOHNORT	Ostjerusalem

Ich bin in Jerusalem geboren und aufgewachsen, und ich lebe immer noch dort. In der Buchbranche landete ich in den späten 1980er-Jahren, als ich diesen Laden von meinem Vater übernahm. Damals verkauften wir ausschließlich arabische Bücher, doch nach Beginn der ersten Intifada kamen auf einmal viele Journalisten nach Ostjerusalem, und die wollten englischsprachige Bücher über Israel und Palästina lesen; darum nahmen wir ein entsprechendes Angebot in unser Sortiment auf.

Heute bekommt man bei uns Hunderte Bände über Israel, Palästina und den Nahostkonflikt. Da dies eher ein Nischenmarkt ist, besteht unsere Kundschaft größtenteils aus Journalisten, Diplomaten und Entwicklungshelfern. Für uns lohnt sich dieses Geschäft, für Besucher aber – und das ist noch viel wichtiger – ist meine Buchhandlung eine wichtige Infoquelle. Mein Ziel ist es, den Laden als Spiegel dieser wunderschönen Stadt zu präsentieren, der ihre fantastische Geschichte, Kultur und Bevölkerung ehrt.

„Mein Ziel ist es, den Laden als Spiegel dieser wunderschönen Stadt zu präsentieren, der ihre fantastische Geschichte, Kultur und Bevölkerung ehrt."

IMAD MUNA SPRACH MIT MICHAEL KOHN.

Schrein des Buches, Israel-Museum, Jerusalem (S. 146)

HANAN ISACHAR

Die Bedeutung von Wasser

NAME	Ronit Arbel
BERUF	Umwelttechnik-Studentin an der Ben-Gurion-Universität
WOHNORT	Sede Boqer, Wadi Zin

„Wer die Natur liebt, ist im Negev goldrichtig."

Manche Menschen leben gerne in der Stadt, doch wer die Natur liebt, ist im Negev goldrichtig. Sede Boqer ist einer der wenigen Orte in Israel, an dem man die Natur direkt vor der Haustür hat. Man kann in dieser Region wunderbar wandern; eine der schönsten Routen ist die Klettertour nach En Akev, einer natürlichen Quelle, die auch im Hochsommer noch Wasser führt. In der Wüste regnet es nur selten, aber wenn, dann entstehen diese atemberaubenden Wasserfälle.

Ich mache an der Ben-Gurion-Universität meinen Master in Umwelttechnik; mein Schwerpunkt ist Wasseraufbereitung, die theoretische Erforschung von Membranablagerungen und Biofilmen in Trinkwasser. Da Wasser ein Thema ist, das die ganze Welt beschäftigt, studieren hier Menschen aller Nationalitäten, z.B. aus China, Kenia, Eritrea, Äthiopien, Südamerika, Russland, Jordanien und Palästina.

Sede Boqer ist ein ideales Reiseziel: Von hier aus gelangt man mühelos zur Massada, ans Tote Meer, zum Maktesh Ramon oder auch hinunter nach Eilat.

Hoch über der Negev-Wüste (S. 364)
HANAN ISACHAR

RONIT ARBEL SPRACH MIT DAN SAVERY RAZ.

Geologiestudenten der
Ben-Gurion-Universität
auf einer Exkursion im
Negev

ISRAELIMAGES / RUTHIE TALBY

Die Hügel rund um das
Wadi Zin, in der Nähe
von Sede Boqer (S. 374)

ISRAELIMAGES / DUBY TAL / ALBATROSS

Zimmer frei!

NAME	Maoz Inon und Suraida Nasser
BERUF	Inhaber und Manager des Fauzi Azar In in Nazareth
WOHNORT	Binyamina und Nazareth

GAUMEN-FREUDEN

Suraida: Als wir jung waren, zogen wir am Wochenende immer nach Haifa (S. 220). In den letzten Jahren haben sich jedoch in diesem Teil der Altstadt zahlreiche Restaurants etabliert, sodass wir die Nächte nun in Nazareth verbringen – meist mit Essen (s. S. 264)!

Maoz: Eine Übernachtung in der Altstadt inklusive Restaurantbesuchen ist ein Erlebnis. Nazareth ist berühmt für seine Gastroszene – in wenigen Stunden kann man gemütlich fünf oder sechs der besten Restaurants des Landes abklappern und in jedem ein anderes Gericht versuchen.

Maoz: Bei einem entspannten Markttag kann man Kaffee trinken, Süßes naschen und mit den alteingesessenen Händlern plaudern.

Über das ganze Jezreel-Tal und bis zum Berg Tabor schauen (S. 267)

HANAN ISACHAR

Maoz: Meine Frau und ich wanderten einmal auf dem Israel National Trail und dachten uns, es wäre doch toll, wenn es am Wegesrand ein Gasthaus gäbe, das Reisenden die einheimische Kultur nahebringt. Die Idee begeisterte uns so, das wir in einer arabischen Gemeinde ein Unternehmen gründen wollten – inmitten einer Kultur, die ganz anders ist als die unserer Heimatorte. In Nazareth traf ich dann Suraida, und die erzählte mir, ihrer Familie gehöre ein Haus, das restauriert werden müsste – „sehr authentisch, mit großartiger Architektur und im Zentrum der Altstadt".

Suraida: Ich glaubte nicht, dass Maoz Erfolg haben könnte – als Jude in Nazareths Altstadt! Doch die Reisenden zieht die besondere Atmosphäre im Haus meiner Großeltern an. Meine Arbeit im Inn macht mich sehr glücklich; an der Wand hängt das Porträt meines Großvaters, und das Haus ist zu neuem Leben erwacht. Und ja, Maoz ist Jude und wir sind Araber, aber er ist nun ein Teil unserer Familie, da er wie wir an diesem Haus hängt. Wir kamen nicht hierher mit der Absicht, Frieden zu schaffen, und dennoch ist uns etwas Besonderes widerfahren.

MAOZ INON UND SURAIDA NASSER SPRACHEN MIT MIRIAM RAPHAEL.

(Fortsetzung von S. 116)

Wall Plaza vor der Klagemauer führt. Über die Treppenstufen zur Linken gelangt man auf die belebte Bab as-Silsila St und zum Bab as-Silsila (ein weiterer Eingang zum Tempelberg). Kurz vor diesem Tor befindet sich das winzige **Grab von Turkan Khatun** (Karte S. 100 f.; 1352). Die Fassade ist mit ungewöhnlich asymmetrischen geometrischen Mustern verziert.

Sehenswert ist auch die restaurierte Karawanserei **Khan as-Sultan** (Karte S. 100 f.) am oberen Ende der Bab as-Silsila St. Die Unterkunft samt Stallungen stammt aus dem 14. Jh. Ein unauffälliger Eingang oberhalb des großen Schilds mit der Aufschrift „Gali" führt in einen von Werkstätten umgebenen Hof. In der Ecke links befindet sich eine Treppe, über die man auf die Dächer der Altstadthäuser gelangt.

Souq al-Qattanin

Der Souq al-Qattanin (Karte S. 100 f.; Markt der Baumwollhändler) wurde erst kürzlich restauriert. Er wurde von den Kreuzrittern gebaut und Mitte des 14. Jhs. von den Mamelucken erweitert. Das Gebäude ist fast 100 m lang und beherbergt 50 Geschäfte im Erdgeschoss, darüber befinden sich Wohnungen. Nach etwa 50 m stößt man auf ein Tor, das zum Al-Quds University Jerusalem Studies Centre führt. Wenn es geöffnet ist, sollte man aufs Dach hinaufklettern, um den tollen Blick auf den Tempelberg genießen zu können. Auf dem Marktgelände gab es zwei Hammams (öffentliche Bäder), die schon seit Langem geschlossen sind, in den kommenden Jahren aber renoviert werden sollen.

JÜDISCHES VIERTEL

Anders als die weiter nördlich gelegenen Viertel, in denen geschäftiges Treiben herrscht, ist das Jüdische Viertel (Karte S. 100 f.) ein Wohngebiet mit allem, was dazu gehört (städtische Müllentsorgung, Spielplätze etc.). Dies ist vor allem dem Umstand geschuldet, dass das Gelände während des Israelischen Unabhängigkeitskriegs 1948 in Schutt und Asche gelegt und im Anschluss nahezu vollständig neu aufgebaut wurde.

Auf den ersten Blick sind nur wenige historische Monumente erhalten, in Wirklichkeit hat man jedoch hier einige interessante archäologische Funde gemacht. Manche datieren aus der ersten Tempelperiode (ca. 1000–586 v. Chr.). Die Artefakte sind Teil verschiedener Ausstellungen bzw. im Verbrannten Haus (S. 127) und im Archäologischen Museum Wohl (S. 127) untergebracht. Eine hervorragende Informationsquelle zu diversen Attraktionen im Jüdischen Viertel ist die Webseite www.rova-yehudi.org.il.

Das Jüdische Viertel ist der einzige Teil der Altstadt, der den Bedürfnissen von Menschen mit Gehbehinderungen gerecht wird. Es gibt eine Route speziell für Rollstuhlfahrer; sie beginnt am Parkplatz südlich des Hurva Sq. Weitere Details gibt's unter ☎ 628 3415.

Der Cardo

Der **Cardo Maximus** (Karte S. 100 f.) führt von Norden nach Süden. Die Hauptverkehrsader aus römischer und byzantinischer Zeit, die einst wohl die komplette Stadt durchschnitten und bis zum heutigen Damaskus-Tor gereicht hat. Der Cardo beginnt südlich der David St, dem Touristen-Souq, und ist aus dem Muslimischen bzw. Christlichen Viertel kommend der wichtigste Zugangspunkt zum Jüdischen Viertel. Ein kleiner, etwas weiter südlich gelegener Abschnitt der 6 m unter dem heutigen Bodenniveau gelegenen Originalstraße wurde freigelegt und rekonstruiert.

Auf dem Madaba-Mosaik, einer Karte der Altstadt aus dem 6. Jh., ist der Cardo als breite, von Säulen und überdachten Arkaden gesäumte Allee eingezeichnet (vor Ort kann eine Reproduktion der Karte besichtigt werden). Auch heute kann man durch eine Arkade mit teuren (modernen) Souvenirläden und Galerien schlendern, in denen Judaika untergebracht sind. Schächte bieten Besuchern die Gelegenheit, einen Blick auf die Bereiche unterhalb des jetzigen Straßenniveaus zu werfen. Dort kann man Teile einer Mauer ausmachen, die aus der Zeit des Ersten und Zweiten Tempels datiert.

In der Nähe der großen Menora (siebenarmiger Leuchter) unweit des südlichen Endes des Cardo steht das **Alone on the Walls Museum** (Karte S. 100 f.; ☎ 626 5923; Erw./Stud./Kind 12/10/6 NIS; ☉ So–Do 9–17, Fr bis 13 Uhr), in dem die Übernahme der Stadt im Mai 1948 dokumentiert wird. Zu der kleinen, aber interessanten Ausstellung gehören ein 15-minütiger Dokumentarfilm und eine Fotogalerie. Für das Museum und das Verbrannte Haus gibt es ein Kombiticket (Erw./Stud./Kind 32/22/15 NIS).

Breite Mauer

Östlich des Cardo und nördlich des Hurva Sq erstreckt sich auf einem einsamen Gelände zwischen nichtssagenden Apartmenthäusern die verfallene **Breite Mauer** (Karte S. 100 f.). Tatsächlich handelt es sich dabei um die Überreste einer befestigten Steinmauer, die auf die Regierungszeit von König Hiskia (727–698 v. Chr.) zurückgeht.

Old Yishuv Court Museum

In diesem kleinen **Museum** (Karte S. 100 f.; ☎ 627 6319; 6 Or Chaim St; Erw./Stud./Kind 18/12/8 NIS; ☽ So–Do 10–17, Fr bis 13 Uhr) wird der Alltag im Jüdischen Viertel gegen Ende der osmanischen Herrschaft thematisiert. Die zeitgenössischen Artefakte, Kleidungsstücke und persönlichen Gegenstände von Familien aus der Umgebung sind in den Überresten zweier Synagogen untergebracht. In einem Raum sind interessante Propagandaposter aus der Zeit des britischen Mandats ausgestellt.

Israelitenturm & Rachel-Ben-Zvi-Zentrum

Ein paar Treppenstufen führen zum **Israelitenturm** (Karte S. 100 f.; ☎ 626 5900; ☽ nach Vereinbarung) hinab, der sich unter einem modernen Apartmentgebäude auf der Shone HaLakhot St befindet. Der Torturm entstand, als die Babylonier die Stadt belagerten und der Erste Tempel zerstört wurde (ca. 580 v. Chr.).

Gegenüber wartet das **Rachel-Ben-Zvi-Zentrum** (Karte S. 100 f.; ☎ 628 6288; www.ybz.org.il; Erw./Kind 18/14 NIS; ☽ So–Do 9–16, Fr bis 13 Uhr) mit einem maßstabsgetreuen Modell von Jerusalem der ersten Tempelperiode auf. Gezeigt werden archäologische Funde aus der Ära König Davids und seiner Nachfolger. Darüber hinaus gibt es eine audiovisuelle Darstellung der Stadtgeschichte im Zeitraum 1000 bis 586 v. Chr.

Hurva Square & Synagogen

Der Hurva Sq ist eine ungewöhnlich offene Fläche mitten im Jüdischen Viertel.

Die kürzlich wieder aufgebaute **Hurva-Synagoge** (Karte S. 100 f.) befindet sich an der Westseite des Platzes. Die ursprünglichen Käufer des Areals waren eine Gruppe jüdischer Immigranten aus Polen. Sie erwarben das Land nach ihrer Ankunft im Heiligen Land Anfang des 18. Jhs. Während der Bauarbeiten brannten Araber die halbfertige Synagoge nieder. Die Überreste des Bauwerks bekamen den Namen Hurva (die Ruine). 1864 errichteten litauische Juden an Ort und Stelle ein neues Gotteshaus und statteten es mit 12,8 m hohen Bogenfenstern und einem

24,9 m hohen Kuppeldach aus. Während des Kriegs 1948 nutzten jüdische Soldaten die Synagoge als Bunker; bei einer Schlacht eroberte die Arabische Legion Jordaniens die Synagoge und sprengte sie in die Luft. Nach langwierigen Wiederaufbauarbeiten wurde das Gebäude 2009 wieder eröffnet.

Neben der Hurva-Synagoge steht die **Ramban-Synagoge** (Karte S. 100 f.). Ihr Name ist ein Akronym für Rabbi Moses Ben Nahman, einen jüdischen Gelehrten aus Katalonien, der auch als Nachmanides bekannt ist. Sie wurde 1400 in einem Stall eingerichtet, den man einem arabischen Grundbesitzer abgekauft hatte. Als nebenan eine Moschee gebaut wurde (das Minarett ist noch erhalten), kam es zu Streitigkeiten. Die Juden mussten ihr Gotteshaus aufgeben: 1588 wurde es in eine Werkstatt umfunktioniert. Erst seit 1967 dient die Synagoge wieder ihrem ursprünglichen Zweck.

Südlich des Hurva Sq befinden sich in der HaTupim St vier **sephardische Synagogen** (Karte S. 100 f.; ☽ So–Do 9.30–16, Fr bis 12 Uhr). Zwei entstanden bereits im 16. Jh. Ein damaliges Gesetz legte fest, dass Synagogen nicht höher als benachbarte Gebäude sein durften. Aus diesem Grund wurden die Gotteshäuser tief im Boden eingelassen. Dies war sicherlich die Rettung für diese Bauten – sie überstanden die Bombardements während des Kriegs 1948 unbeschadet. Allerdings wurden sie von Jordaniern geplündert und als Schafställe zweckentfremdet. Mittlerweile werden die Synagogen wieder genutzt. Sie wurden unter Verwendung von Überresten italienischer Synagogen, die im Zweiten Weltkrieg beschädigt wurden, restauriert.

Wer nicht genug Zeit hat, um sich alle Synagogen anzusehen, sollte zumindest der 400 Jahre alten **Ben-Sakkai-Synagoge** einen Besuch abstatten. Sie ist nach einem Schriftgelehrten benannt, der seinen römischen Verfolgern zu Zeiten während des ersten jüdischen Aufstands entkommen konnte. Drinnen ist hoch über dem Boden ein Fenster mit einem *schofar* (eine Hallposaune aus Widderhorn) und einem Fläschchen Olivenöl zu sehen. Mit dem *schofar* soll die Ankunft des Messias verkündet werden, mit dem Öl soll er nach seiner Ankunft in der Synagoge gesalbt werden. Einer Legende zufolge wurde einst ein Tunnel gebaut, der von der Synagoge bis zum Tempelberg führte, damit der Messias problemlos dorthin gelangen würde.

Auch die anderen drei Synagogen sind öffentlich zugänglich. Am größten ist die **Istan-**

buli-Synagoge. Sie wurde nach ihrer Eröffnung 1764 vor allem von türkischen, kurdischen und nordafrikanischen Juden genutzt. Am ältesten ist die **Eliahu-Ha'navi-Synagoge**. Sie stammt aus dem 16. Jh. Die kleine **Emstai-Syn agoge** liegt zwischen den beiden Gotteshäu sern und begann ihr Dasein als Hof. Mitte des 18. Jhs. wurde ein Dach auf diesen Hof neben der Ben-Sakkai-Synagoge gesetzt; so entstand die „mittlere" Synagoge.

Verbranntes Haus
Eine der interessantesten Sehenswürdigkeiten im Jüdischen Viertel ist das **Verbrannte Haus** (Burnt House; Karte S. 100 f.; ☎ 626 5921; Tiferet Israel St; Erw./Stud./Kind 25/20/12 NIS; ☺ So–Do 9–17, Fr bis 13 Uhr) unterhalb des Quarter Café. Es war jahrhun dertelang unter Schutt und Geröll begraben und wurde erst kürzlich freigelegt. Zahlreiche Münzen, die vor Ort gefunden wurden, bele gen eine Datierung in römischer Zeit. Das Gebäude wurde im Jahre 66 zerstört, als die Römer die komplette Stadt niederbrannten (daher auch der Name). Außer den Münzen wurden ein Speer, ein Frauenskelett und ein Steingewicht mit der Aufschrift „Kathros" gefunden (der Name benannte eine Priester familie, die damals in Jerusalem ansässig war). In dem Museum werden viele historische Puzzleteilchen zusammengesetzt. Es zeigt zudem eine durchdachte Multimedia-Präsen tation in verschiedenen Sprachen. Die Film vorführungen starten alle 40 Minuten (man kann vorher anrufen und sich nach den ge nauen Zeiten erkundigen).

Archäologisches Museum Wohl (Herodianisches Viertel)
In einer schmalen Gasse östlich des Hurva Sq befindet sich das beeindruckende **Archäologi sches Museum Wohl** (Karte S. 100 f.; ☎ 626 5922; 1 HaKara'im St; Erw./Stud./Kind 15/13/7 NIS; ☺ So–Do 9–17, Fr bis 13 Uhr). Es wartet mit einem Wohnhaus aus dem 1. Jh. und diversen Ausgrabungsstätten samt Infotafeln auf. In dem Museum erfährt man zudem mehr über den opulenten Lebens stil der Bewohner des Jüdischen Viertels zu Herodes' Zeiten. Zu den Exponaten zählen Fresken, Stuckreliefs, Mosaikböden, Orna mente, Möbel und Haushaltsgegenstände.

ARMENISCHES VIERTEL
Etwas abgeschottet liegt das Armenische Viertel (Karte S. 100 f.) hinter hohen Mauern und gewaltigen Holztoren. Wie schon seit Jahrhunderten existiert es dort, ohne großes Aufsehen zu erregen. Vielleicht mag man sich darüber wundern, dass Armenier ein eigenes Viertel in Jerusalem bewohnen. Doch immer hin war Armenien das erste Reich mit christlicher Staatsreligion, nachdem König Trdat III. anno 301 offiziell zum Christentum konvertiert war. Die Armenier ließen sich irgendwann im folgenden Jahrhundert in Jerusalem nieder. Als Ende des 4. Jhs. Römer und Perser das Reich untereinander aufteilten, erklärten die Armenier Jerusalem zu ihrer spirituellen Hauptstadt. In Jerusalem hat es seither immer eine armenische Gemeinde gegeben. Den Mittelpunkt des Viertels bildet ein riesiger Klosterkomplex.

Die nach Unabhängigkeit strebenden Ar menier wurden im Osmanischen Reich seit Ende des 19. Jhs. verfolgt. 1915 eskalierte die Situation – mehr als 1,5 Mio. Armenier ver loren ihr Leben. Viele Überlebende ließen sich in der Folge in Jerusalem nieder. Heute zählt die armenische, recht isoliert lebende Ge meinde ca. 1500 Mitglieder. Die Armenier unterhalten eigene Schulen, eine Bücherei und ein Priesterseminar, die Wohnviertel liegen versteckt hinter Steinwällen. Die Tore zu die ser Stadt in der Stadt werden am frühen Abend geschlossen.

Zum Zeitpunkt der Recherchen war das armenische Museum wegen Renovierungsar beiten geschlossen, sollte aber 2010 wieder eröffnet werden.

Armenisches Patriarchat
Ca. 1200 Armenier leben heutzutage in diesem ehemaligen Pilgerhospiz. Der Klosterkomplex (Karte S. 100 f.) entwickelte sich nach 1915 zu einem Wohnviertel, als sich zahlreiche Flücht linge hier niederließen, die die Verfolgung durch die Türken überlebt hatten. In der Altstadt sind derartig leere, ausladende Höfe eine echte Seltenheit. Das Gelände ist übli cherweise tagsüber für Besucher zugänglich, manchmal werden die Pforten aber auch ohne Vorankündigung geschlossen. Am besten ruft man vorher an (☎ 628 2331) oder meldet sich am Eingang zur Jakobuskathedrale zu einer Besichtigung an.

Jakobuskathedrale
Die Lampen an der Decke tauchen die **Jako buskathedrale** (Karte S. 100 f.; Armenian Orthodox Patriar chate Rd; Eintritt frei; ☺ Mo–Fr 15–15.30, Sa & So 14.30–15 Uhr) in ein geheimnisvolles Licht. Und auch

JERUSALEM

JERUSALEM INNENSTADT

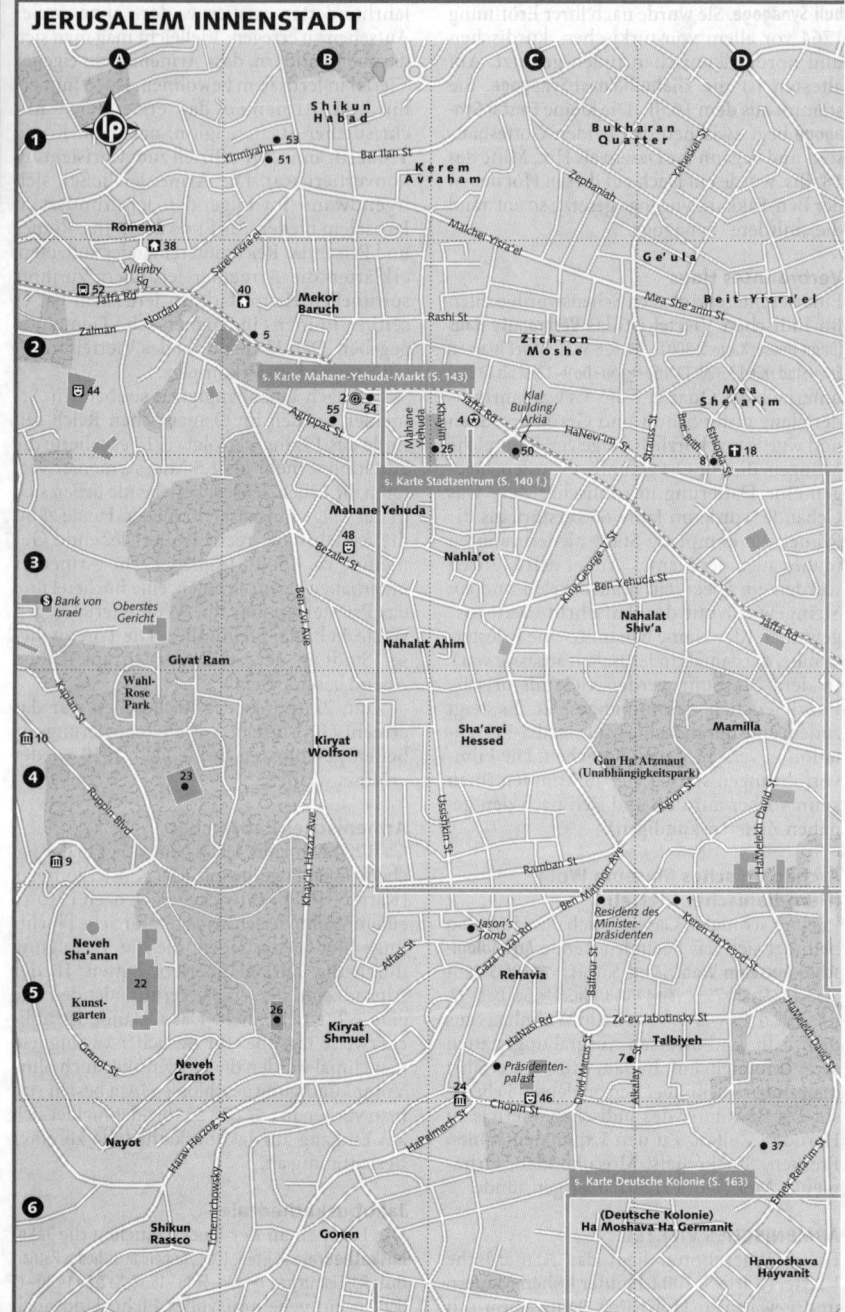

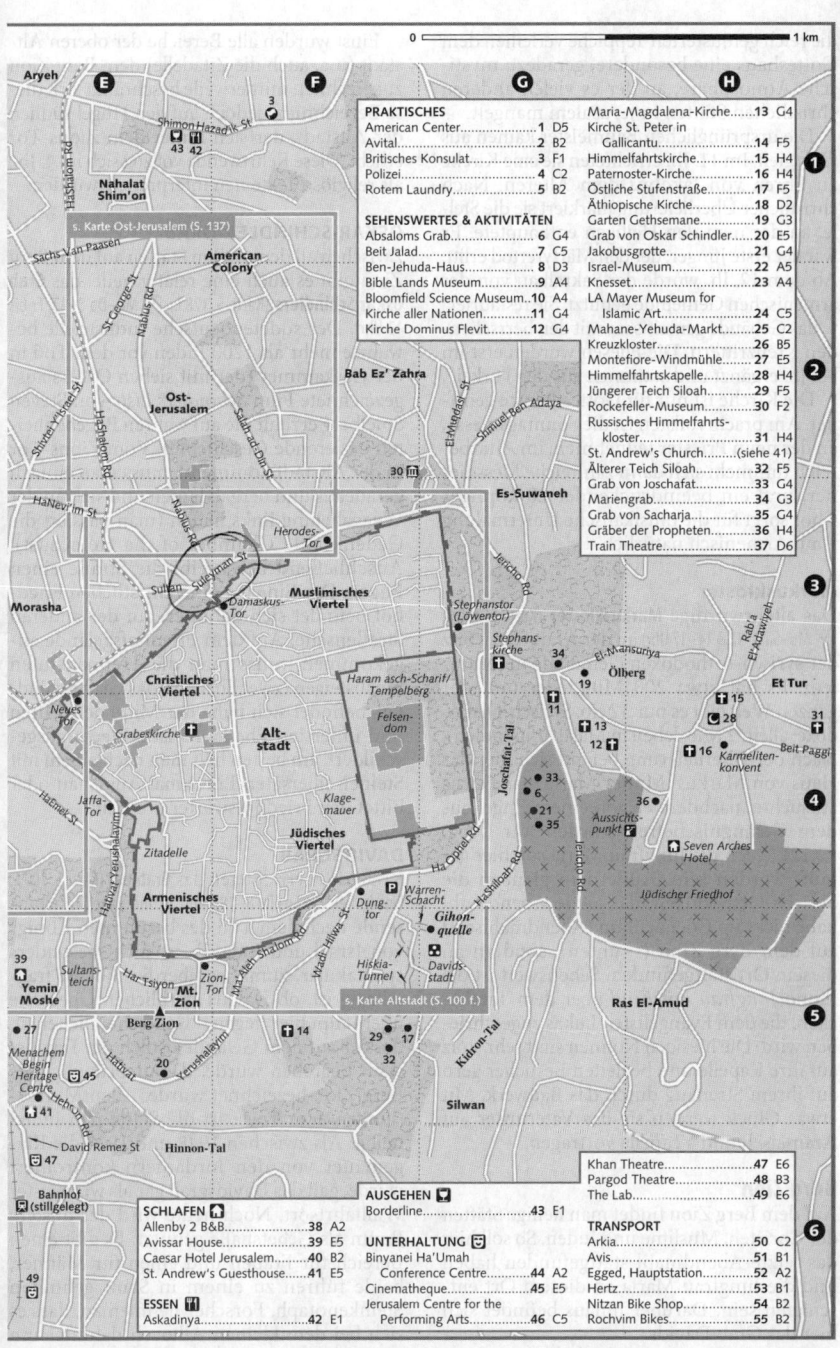

PRAKTISCHES
American Center....................1 D5
Avital....................................2 B2
Britisches Konsulat.................3 F1
Polizei..................................4 C2
Rotem Laundry......................5 B2

SEHENSWERTES & AKTIVITÄTEN
Absaloms Grab......................6 G4
Beit Jalad.............................7 C5
Ben-Jehuda-Haus..................8 D3
Bible Lands Museum...............9 A4
Bloomfield Science Museum...10 A4
Kirche aller Nationen.............11 G4
Kirche Dominus Flevit...........12 G4

Maria-Magdalena-Kirche......13 G4
Kirche St. Peter in
  Gallicantu........................14 F5
Himmelfahrtskirche..............15 H4
Paternoster-Kirche...............16 H4
Östliche Stufenstraße...........17 F5
Äthiopische Kirche...............18 D2
Garten Gethsemane..............19 G3
Grab von Oskar Schindler.....20 E5
Jakobusgrotte......................21 G4
Israel-Museum......................22 A5
Knesset...............................23 A4
LA Mayer Museum for
  Islamic Art.......................24 C5
Mahane-Yehuda-Markt.........25 C2
Kreuzkloster........................26 B5
Montefiore-Windmühle..........27 E5
Himmelfahrtskapelle.............28 H4
Jüngerer Teich Siloah...........29 F5
Rockefeller-Museum.............30 F2
Russisches Himmelfahrts-
  kloster............................31 H4
St. Andrew's Church.....(siehe 41)
Älterer Teich Siloah..............32 F5
Grab von Joschafat..............33 G4
Mariengrab...........................34 G3
Grab von Sacharja................35 G4
Gräber der Propheten............36 H4
Train Theatre.......................37 D6

SCHLAFEN
Allenby 2 B&B....................38 A2
Avissar House.....................39 E5
Caesar Hotel Jerusalem........40 B2
St. Andrew's Guesthouse......41 E5

ESSEN
Askadinya...........................42 E1

AUSGEHEN
Borderline...........................43 E1

UNTERHALTUNG
Binyanei Ha'Umah
  Conference Centre............44 A2
Cinematheque......................45 E5
Jerusalem Centre for the
  Performing Arts................46 C5

Khan Theatre......................47 E6
Pargod Theatre...................48 B3
The Lab..............................49 E6

TRANSPORT
Arkia..................................50 C2
Avis...................................51 B1
Egged, Hauptstation............52 A2
Hertz.................................53 B1
Nitzan Bike Shop.................54 B2
Rochvim Bikes....................55 B2

die reich gemusterten Teppiche verleihen dem Gotteshaus eine besondere, geradezu mystische Atmosphäre, an der es vielen anderen christlichen Stätten in Jerusalem mangelt.

Die ursprünglichen Baumeister kamen aus Georgien. Im 11. Jh. errichteten sie eine Kirche zu Ehren von Jakobus dem Älteren. Nach christlicher Überlieferung markiert sie die Stelle, an der man den Heiligen enthauptete. Er war der erste Jünger, der den Märtyrertod erlitt. Ab dem 12. Jh. wurde der Sakralbau von der armenischen Gemeinde genutzt. Sie restaurierte das Gebäude gemeinsam mit den herrschenden Kreuzrittern. Die Fliesen wurden erst im 18. Jh. ergänzt und stammen aus der Türkei.

Die Kirche ist nur für Gottesdienste geöffnet. Am prachtvollsten ist die Sonntagsmesse, an der neun Priester teilnehmen; im Altarbereich tummeln sich dann zahlreiche Messdiener, und ein beeindruckender 20-köpfiger Chor sorgt für die musikalische Untermalung – auf Armenisch natürlich.

Markuskloster

Das altehrwürdige **Markuskloster** (Karte S. 100 f.; ☾ Mo–Sa 7–12 & 14–17 Uhr) an der Ararat St ist Sitz der syrisch-orthodoxen Gemeinde in Jerusalem. Es hat etwa 200 Mitglieder (auf der ganzen Welt gibt es nur 3 Mio. Syrisch-Orthodoxe; allein 2 Mio. leben in Malabar in Indien). Nach der Überlieferung befand sich hier das Haus von Markus' Mutter Maria, das Petrus aufsuchte, nachdem er von einem Engel aus dem Gefängnis befreit worden war (Apg. 12,12). Auch die Jungfrau Maria soll hier getauft worden sein. Außerdem glauben die Syrisch-Orthodoxen, das letzte Abendmahl habe nicht im Coenaculum (Abendmahlsaal) auf dem Berg Zion (s. unten), sondern an diesem Ort stattgefunden. Sehenswert ist die Ikono *Jungfrau mit Kind* über dem Taufbecken, die dem Evangelisten Lukas zugeschrieben wird. Die hiesigen Nonnen sind sehr stolz auf ihre Kapelle und begleiten Besucher gern auf ihrem Streifzug durch das Bauwerk. Mit etwas Glück werden sie das Vaterunser auf Aramäisch a capella vortragen.

Berg Zion

Auf dem Berg Zion findet man heilige Stätten der Christen, Muslime und Juden. So soll hier das letzte Abendmahl stattgefunden haben und die Jungfrau Maria an diesem Ort entschlafen sein. Darüber hinaus befindet sich hier das Grab Davids.

Einst wurden alle Bereiche der oberen Altstadt (u. a. auch die Zitadelle) dem Berg Zion zugerechnet, mittlerweile beschränkt sich diese Bezeichnung jedoch auf den Hügel südlich der Altstadt, der sich hinter dem Zions-Tor erhebt. Diese Kehrtwende vollzog sich im 4. Jh., als religiöse Texte neu interpretiert wurden.

OSKAR-SCHINDLER-GRAB

Zwischen all den uralten Stätten auf dem Berg Zion gibt es auch eine relativ neue: das **Grab Oskar Schindlers** (Karte S. 128 f.; ☾ Mo–Do 8–17, Fr bis 13 Uhr). Der sudetendeutsche Industrielle bewahrte mehr als 1200 Juden vor dem Tod in der Gaskammer (der mit sieben Oscars ausgezeichnete Film *Schindlers Liste* von Steven Spielberg erzählt die auf wahren Begebenheiten basierende Geschichte). Vom Zions-Tor in der Altstadt kommend, muss man einfach geradeaus und bergab laufen und sich an der Weggabelung links halten (man passiert die Gedenkstätte Chamber of the Holocaust). Anschließend beschreibt die Straße einen Bogen. Der Eingang zum christlichen Friedhof befindet sich dahinter, auf der anderen Straßenseite. Auf dem Friedhofsgelände angekommen, muss man die Treppenstufen hinabsteigen (zwei Ebenen); das Grab Schindlers befindet sich nahe der Mitte der dritten und untersten Ebene. Es ist schlecht ausgeschildert; am besten hält man nach einem mit Steinen übersäten Ehrenmal Ausschau oder bittet den Friedhofswärter um Hilfe.

DAVIDSGRAB

Kreuzritter errichteten das **Grabmal** (Karte S. 100 f.; Eintritt frei; ☾ So–Do 8–18, Fr bis 14 Uhr) zwei Jahrtausende nach dem Tod des berühmten Königs von Israel und Juda. Es ist nicht besonders spektakulär, zumal es überdies höchst fragwürdig ist, ob Davids sterblichen Überreste überhaupt hier liegen – wahrscheinlicher ist, dass er auf dem Gelände östlich der Davidsstadt begraben wurde, das ursprünglich als Berg Zion bezeichnet wurde. Allen Mutmaßungen zum Trotz ist die Stätte den Juden heilig. Als zwischen 1948 und 1967 die Klagemauer von den Jordaniern kontrolliert wurde, galt das Davidsgrab gar als wichtigster Wallfahrtsort. Noch heute wird der düstere Raum als Gebetshalle genutzt. Es gibt einen Bereich für Frauen und einen für Männer; beide führen zu einem in Samt gehüllten Steinkenotaph. Forscher nehmen an, dass es sich bei dem kleinen Alkoven dahinter um eine Synagoge aus dem 5. Jh. handelt. Um zu der Grabstätte zu gelangen, muss man vom Zions-Tor Richtung Süden gehen, sich an der Weggabelung rechts halten und dann links abbiegen. Zutritt nur mit sittsamer Kleidung.

COENACULUM (ABENDMAHLSAAL)

Das letzte Abendmahl ist eines der bekanntesten neutestamentarischen Ereignisse. Es ist Gegenstand vieler Kunstwerke, von denen das Gemälde Leonardo da Vincis das berühmteste sein dürfte. Im **Coenaculum** (Karte S. 100 f.; Eintritt frei; ☉ So–Do 8–17, Fr bis 13 Uhr) – der Begriff ist von dem lateinischen Wort für Abendessen, *cena*, abgeleitet – sollen Jesus und seine Jünger die Eucharistie gefeiert haben; der Abendmahlsaal wird als viertheiligste Stätte des Christentums verehrt. Der christlichen Überlieferung zufolge sollen die Jünger zudem in diesem Raum zu Pfingsten den Heiligen Geist empfangen haben, durch den sie in „fremden Sprachen" (Apg. 2) sprechen konnten.

Das ursprüngliche Bauwerk beherbergte die erste christliche Kirche. Es wurde zweimal zerstört und zuletzt von den Kreuzrittern wieder aufgebaut. Rechts vom Eingang sind zwei verblasste Kreuzritterwappen zu sehen. Wenn man den Blick zur Decke richtet, wird man ein Lamm entdecken, das als Symbol für das Menschen-Opfer Jesu Christi zu deuten ist. Im Mittelalter wurde das Gebäude von Franziskanern genutzt, die jedoch später von den Osmanen vertrieben wurden. Diese wandelten den Raum zu einer Moschee um – Christen war der Zutritt untersagt, wie auch Juden in damaliger Zeit der Zugang zu König Davids Grabmal in dem Raum darunter verwehrt blieb. In der südlichen Mauer ist nach wie vor der Mihrab (Gebetsnische) zu erkennen, der nach der Übernahme der Kapelle von den Muslimen geschaffen wurde. Die *minbar* (Kanzel) besticht durch eine Säule mit Pelikan-Darstellung – ebenfalls ein christliches Symbol. Zur Zeit des Britischen Mandats durfte im Coenaculum nicht gebetet werden, da die Machthaber hofften, auf diese Weise Spannungen zwischen den diversen Glaubensanhängern und Sekten vorzubeugen.

Zum Zeitpunkt der Recherchen verhandelte der Vatikan mit der israelischen Regierung über ein „Tauschgeschäft", um die Verwaltung des Coenaculums übernehmen zu können; Israel sollten im Gegenzug die historische Synagoge in Toledo in Spanien erhalten. Eine Einigung ist aber unwahrscheinlich.

Der Raum ist über eine Treppe zu erreichen, die vom Hof des Davidsgrabs abgeht. Der erste große Raum ist übrigens nicht das Coenaculum; man muss diesen Saal durchqueren, um in einem sehr viel kleineren Raum das eigentliche Ziel zu erreichen.

DORMITIOKIRCHE & -ABTEI

Die wunderschöne **Dormitio-Abtei** (Karte S. 100 f.; ☎ 565 5330; Eintritt frei; ☉ 8–12 & 14–18 Uhr) ist eines der markantesten Wahrzeichen des Berges Zion. Der christlichen Überlieferung zufolge ist die Jungfrau Maria hier gestorben bzw. „entschlafen" – Dormitio Sanctae Mariae, der lateinische Name der Abtei, bedeutet so viel wie „Schlaf der hl. Maria". Das Kirchengebäude und das Kloster gehören dem deutschen Benediktinerorden und wurden 1906 geweiht.

Die Anlage wurde während der Gefechte in den Jahren 1948 und 1967 beschädigt. Im Sechstagekrieg besetzten israelische Truppen den Turm und hatten von dort die Stellungen der jordanischen Armee auf den Festungswällen der Altstadt im Blick. Die Soldaten nannten den Turm „Bobby", da seine Form an die Helme der Londoner Polizisten erinnert.

Diese Kirche ist sehr viel ansprechender gestaltet als die älteren Gotteshäuser in der Umgebung. Im oberen Teil der Apsis befindet sich ein goldenes Mosaik mit der Jungfrau Maria und dem Jesuskind; darunter sind die Propheten Israels zu sehen. Die Kapellen sind jeweils einem oder mehreren Heiligen geweiht: dem hl. Willibald, einem englischen Benediktiner, der das Heilige Land im Jahre 724 besuchte, den drei Weisen aus dem Morgenland, dem hl. Josef – seine Kapelle ist mit Medaillons geschmückt, die Könige Judas, also Jesus Ahnen, zeigen – und Johannes dem Täufer. Den Boden zieren Namen von Heiligen und Propheten sowie Tierkreiszeichen.

Den Mittelpunkt der Krypta bildet ein steinernes Bildnis der schlafenden Mutter Gottes auf ihrem Sterbebett, die von ihrem Sohn Jesus gerufen wird. Bei den Kapellen rund um diese Statuen handelt es sich um Schenkungen aus verschiedenen Ländern. In der Kapelle des Heiligen Geistes in der Apsis ist dargestellt, wie der Heilige Geist über die Apostel kommt.

KIRCHE ST. PETER IN GALLICANTU

Abgeschirmt von ein paar Bäumen und dem Hang des Berges steht die **Kirche St. Peter in Gallicantu** (Karte S. 128 f.; Eintritt frei; ☉ 8–11.45 & 14–17

Uhr), wo angeblich Jesus von seinem Jünger Petrus verleugnet worden sein soll – so wie es ihm Jesus prophezeit hatte: „Ehe der Hahn zweimal kräht, wirst du mich dreimal verleugnen" (Mk. 14,66–72). Und so erklärt sich denn auch der Name. „Gallicantu" heißt Hahnenschrei.

Die „Hahnenschreikirche" wurde auf den Fundamenten älterer Kirchen aus der Zeit der byzantinischen Herrschaft und der Kreuzritter errichtet. Es heißt zudem, dass sich hier einst das Haus des Hohepriesters Kajaphas befunden hat, in das Jesus nach seiner Festnahme gebracht wurde (Mk. 14,53). Die Höhle unter der Kirche diente angeblich als Verlies Jesu. Ob man nun an diese Dinge glaubt oder nicht – der Blick vom Balkon der Kirche auf die Davidsstadt, das arabische Dorf Silwan und die drei Täler, in die Jerusalem gebettet ist, sollte Grund genug sein, diesem Ort einen Besuch abzustatten.

Um zur Kirche zu gelangen, wendet man sich auf der Straße, die vom Berg Zion hinab und um diesen herum zum Sultan's Pool führt, Richtung Osten. Stufen aus römischer Zeit führen vom Kirchgarten zur Gihonquelle im Kidron-Tal.

Kidron-Tal

Das Kidron-Tal ist der älteste Bezirk Jerusalems – einige archäologische Stätten sind mehr als 4000 Jahre alt. Hier befand sich die legendäre Davidsstadt, die in Wirklichkeit schon etliche Jahre auf dem Buckel hatte, als David mit seiner Steinschleuder aktiv wurde. In der Nähe können einige Grabstätten besichtigt werden, vor allem im Tal Joschafat. Aufgrund des steilen Terrains ist das Tal ein wenig von der Stadt isoliert (am besten passiert man es durch das Dung- oder Löwentor in der Altstadt). Der Weg dorthin lohnt sich aber in jedem Fall.

JOSCHAFAT-TAL

Das hebräische Wort Joschafat bzw. Jehoschafat bedeutet so viel wie „der Herr ist Richter". Der schmale Landstrich zwischen dem Tempelberg und dem Ölberg soll demnach der Schauplatz des Jüngsten Gerichts sein. Nach jüdischer Tradition wird sich die gesamte Menschheit auf dem Ölberg versammeln, der Richterstuhl soll sich auf dem Tempelberg befinden. Dann werden zwei Brücken erscheinen und das Tal überspannen, eine aus Eisen und eine aus Papier. Gott wird

über jeden einzelnen richten und befehlen, welche der beiden Brücken er oder sie zu überqueren hat. Und hier endet der Spannungsbogen: Die Eisenbrücke wird einstürzen und die Menschen, die sich auf ihr befinden, verfallen der ewigen Verdammnis, die Brücke aus Papier wird jedoch standhalten und die Menschen, die sie beschreiten, erhalten das Geschenk des ewigen Lebens.

Am südlichen Ende des Tals befinden sich ein paar Grabstätten. Zuerst gelangt man zum **Grabmal von Joschafat** (Karte S. 128 f.), einer Grabhöhle aus dem 1. Jh. mit einem beeindruckenden Fries über dem Eingang. Gleich vor der Höhle kann man **Absaloms Grab** (Karte S. 128 f.) besichtigen. Absalom war ein Sohn Davids (2. Sam. 18,17). Dahinter liegt die **Jakobusgrotte** (Karte S. 128 f.), in der sich Jakobus versteckt haben soll, nachdem Jesus ganz in der Nähe festgenommen worden war. Neben der Höhle wurde ein **Grabmal** (Karte S. 128 f.) aus dem Fels herausgearbeitet. Der jüdischen Überlieferung zufolge ist dies die letzte Ruhestätte des Propheten Sacharja (2. Chr. 24,25).

Den jeweiligen Bezeichnungen zum Trotz liegen in diesen Gräbern höchstwahrscheinlich die sterblichen Überreste wohlhabender Edelleute aus der zweiten Tempelperiode. In der Jakobusgrotte – so vermutet man – ist etwa die jüdische Priesterfamilie B'nei Hezir beigesetzt worden.

DAVIDSSTADT

Die **Davidsstadt** (Karte S. 100 f.; ☎ 626 2341; www.city ofdavid.org.il; Erw./Kind & Jugendl. 5–18 Jahre 25/13 NIS, Führungen 55 NIS; ☉ So–Do 9–17, Fr 8–11 Uhr) ist der älteste Teil Jerusalems. Vor etwa 3000 Jahren eroberte König David diese ehemalige Kanaanitersiedlung. 1850 wurden die ersten Ausgrabungen durchgeführt, das Gelände ist jedoch noch immer nicht vollständig freigelegt. Hier gibt es eine ganze Menge zu sehen und man wird ein paar Meter zu Fuß zurücklegen müssen. Am besten plant man gleich ein paar Stunden für die Besichtigung ein.

Vom Dungtor geht's Richtung Osten (bergab), dann biegt man direkt hinter dem Parkplatz in die Straße rechter Hand ein. Der Eingang zur Davidsstadt befindet sich zur Linken. Im Besucherzentrum kann man sich einen 3D-Film zur Stadt anschauen. Achtung: Das Gelände ist nicht gut beschildert und man verläuft sich leicht. Empfehlenswert ist daher die Teilnahme an einer Führung (10 & 14 Uhr, Fr nur 10 Uhr). Wer den Hiskia-Tunnel durchqueren möchte, kann sich in den Waschräumen umziehen und seine Siebensachen in einem Schließfach verstauen (10 NIS).

Hat man den Fuß des Hügels erreicht, kann man entweder das ganze Stück wieder zu Fuß hinauflaufen oder einen der Shuttlebusse (5 NIS) nehmen.

Königliches Viertel (Areal G)

Areal G, auch als Königliches Viertel bekannt (Karte S. 100 f.), entstand im 10. Jh. v. Chr. Wahrscheinlich wurde hier eine befestigte Mauer für einen Palast auf dem Grat hochgezogen. Während der ersten Tempelperiode stand das Haus eines Aristokraten (Achiels Haus) an dieser Mauer, dieses wurde jedoch – genauso wie der Tempel – 586 v. Chr. zerstört. Vor Ort wurden Pfeilspitzen von judäischen und babylonischen Bogenschützen entdeckt; sie erinnern an die blutige Schlacht, die hier geschlagen wurde. Archäologen haben weiterhin 51 königliche Siegel in antiker hebräischer Schrift ausfindig gemacht. Eines wurde Gemarja Ben Schafan zugeordnet, dem Schreiber des Propheten Jeremia, der in dessen Buch Erwähnung findet (Jer. 36,10). Die Siegel wurden allesamt in einer Kammer gefunden, was darauf schließen lässt, dass es sich hierbei um ein antike Schreibstube handelte.

Warren-Schacht

Dieser lange, abschüssige Schacht (Karte S. 100 f.) wurde 1867 von dem britischen Ingenieur Sir Charles Warren wieder entdeckt. Er führt unterhalb der Davidsstadt zur Gihonquelle und ermöglichte den Jebusitern in Zeiten kriegerischer Auseinandersetzungen einen geschützten Zugang zu Trinkwasser. Und vielleicht ist dies der Tunnel, den Davids Soldaten passierten, um die Stadt zu erobern (1. Sam. 5). Archäologen gehen heutzutage allerdings davon aus, dass seine Truppen einen anderen Tunnel nutzten. Vom Warren-Schacht kann man bergab zum Hiskia-Tunnel am Fuß des Hügels laufen.

Hiskia-Tunnel

Das Highlight auf dem Gelände der Davidsstadt. Der Hiskia-Tunnel (Karte S. 100 f.) ist ein 500 m langer unterirdischer Durchgang, in dem das Wasser etwa 0,5 bis 1 m hoch steht. Er endet am Teich Siloah, an dem Jesus einen Blinden geheilt haben soll (Joh. 9,6–11). Dem Tunnel kam die Aufgabe zu, das Wasser der temperamentvollen Gihonquelle zu bändigen, das für jeweils etwa 30 Minuten in rauen Mengen aus dem Boden schießt, bevor die Quelle anschließend für mehrere Stunden versiegt.

Gihon bedeutet passenderweise so viel wie „hervorsprudelnd". Vor allem wegen dieser Quelle ließen sich die Jebusiter in dem Tal nieder und nicht auf dem höher gelegenen Gelände in der Nähe. Angeblich soll das Wasser für etwa 2500 Menschen ausreichen. Der Tunnel wurde um 700 v. Chr. von König Hiskia gebaut, um das Wasser von der Quelle in die Stadt zu leiten und im Teich Siloah aufzufangen. So sollte verhindert werden, dass Eindringlinge – insbesondere die Assyrer – die Wasserquelle orten und von der Stadt abtrennen konnten (2. Chr. 32,3–4).

Der Tunnel ist stellenweise schmal und niedrig, kann jedoch problemlos durchwatet werden. Aufgrund der Hebewirkung der Quelle steigt der Wasserspiegel gelegentlich, allerdings nicht mehr als 15 bis 20 cm.

Hat man die ersten 20 m hinter sich, knickt der Tunnel scharf nach links ab. Dort blockiert eine brusthohe Mauer einen weiteren Kanal, der zum Warren-Schacht führt. Zum Ende des Tunnels hin ist die Decke etwas höher. Das liegt wohl daran, dass sich die Tunnelgräber von beiden Seiten durch das Gestein vorarbeiteten und eine Gruppe von Arbeitern die Höhe der Passage falsch einschätzte. Der Boden musste tiefer ausgegraben werden, damit das Wasser ungehindert fließen konnte. In dem Tunnel hat man eine hebräische Inschrift von Hiskias Ingenieuren entdeckt, die von den Bauarbeiten berichtet (eine Kopie ist im Israel-Museum ausgestellt).

Für eine Wanderung durch den Schacht benötigt man ca. 20 Minuten. Man sollte kurze Hosen und passendes Schuhwerk tragen und eine Taschenlampe mitbringen (der Tunnel ist nicht beleuchtet). Verlaufen kann man sich allerdings nicht. Wer keine Lust hat, nass zu werden, kann einen anderen trockenen Tunnel passieren (15 Min.); diesen findet man, wenn man sich direkt vor dem Eingang des Hiskia-Tunnels nach links wendet.

Jüngerer Teich Siloah

Wenn man den Hiskia-Tunnel passiert hat, gelangt man an ein kleines Becken mit runden Steinen. Viele Besucher halten es fälschlicherweise für den antiken Teich Siloah, tatsächlich handelt es sich jedoch um eine etwas jüngere Konstruktion: Im 5. Jh. wurde sie zum Gedenken an die Heilung des Blinden (Joh. 9,6–11) von den Byzantinern gebaut – den richtigen Teich konnten sie nicht finden, da dieser unter einer dicken Schicht aus Schutt und Müll begraben lag.

Älterer Teich Siloah

Von dem byzantinischen Teich führt eine Treppe zu einem offenen Gelände mit verfallenen Stufen. Über diese gelangt man zu einem kleinen Teich hinab, dem eigentlichen Teich Siloah (Karte S. 128 f.). Er wurde bei Ausgrabungen 2004 entdeckt, stammt aus der zweiten Tempelperiode und wurde für rituelle Waschungen genutzt. Und Archäologen und Historikern zufolge ist dies der Teich aus der Erzählung des Johannesevangeliums.

Östliche Stufenstraße

Vom älteren Teich Siloah geht's über eine Holztreppe hinauf zur Östlichen Stufenstraße (Eastern Stepped Street). Die Steintreppe wurde erst kürzlich freigelegt. Unter ihr verläuft ein Abflussgraben, in dem Archäologen Münzen und Tonwaren aus römischer Zeit gefunden haben. Historiker schlussfolgerten daraus, dass sich Juden in dem Graben versteckt hielten, als die Stadt im Jahre 70 von den Römern erobert wurde.

Ölberg

Der Ölberg bietet Besuchern einen spektakulären Blick auf Jerusalem und verkörpert zudem ein Stück Bibelgeschichte. Im Buch Sacharja heißt es, Gott werde hier die Toten am Tag des Jüngsten Gerichts erlösen – um sich eine möglichst gute Ausgangsposition in der Warteschlange der zu Erlösenden zu sichern, haben es die Juden seit jeher bevorzugt, sich auf dem Ölberg bestatten zu lassen. Es findet sich hier der älteste kontinuierlich genutzte Friedhof der Welt mit gegenwärtig um die 150 000 Gräbern. Auf dem Gelände stehen zahlreiche Kirchen, die an Ereignisse rund um die Festnahme Jesu und Christi Himmelfahrt erinnern.

Unter jordanischer Herrschaft wurden viele Gräber entweiht, Grabsteine für den Bau von Straßen missbraucht und ein Hotel auf dem Friedhofsgelände errichtet, das umstrittene Seven Arches Hotel.

Heute verbindet man mit dem Ölberg eine friedliche Atmosphäre, Kirchen, Pilger und Touristengruppen. Die meisten Kirchen und Gärten sind vormittags geöffnet, schließen zur Mittagszeit für wenigstens zwei Stunden ihre Pforten und sind dann am Nachmittag nochmals geöffnet. Der Ölberg ist übrigens der perfekte Ort für eine Panoramaaufnahme von der Altstadt. Den besten Blick hat man von der Promenade nahe dem Seven Arches Hotel. In den frühen Morgenstunden ist das Licht am schönsten.

Von Ost-Jerusalem oder dem Stephanstor kommend kann der Ölberg zu Fuß erreicht werden. Wer aber nicht richtig gut trainiert ist, wird den Marsch als recht anstrengend empfinden. Alternativ kann man am arabischen Busbahnhof an der Sultan Suleyman St (Karte S. 128 f.) in den Bus Nr. 75 steigen.

HIMMELFAHRTSKIRCHE

Das eigentlich Grandiose an der vom deutschen Kaiserpaar Wilhelm II. und Auguste Viktoria gestifteten **Himmelfahrtskirche** (Karte S. 128 f.; ☺ Mo–Sa 8–17.30 Uhr) ist der Blick auf das Jordanland, der sich von dem 45 m hohen Turm offenbart. Die Kirche selbst wartet mit hübschen Mosaiken, Gemälden und Steinmetzarbeiten auf. Die arabische Buslinie 75 hält vor der Kirche neben dem Augusta Victoria Hospital.

HIMMELFAHRTSKAPELLE

Dieses eigentümliche, kleine, von Muslimen verwaltete Bauwerk wird – etwas verwirrend – als **Himmelfahrtskapelle** (Karte S. 128 f.; Eintritt 5 NIS) oder Himmelfahrtsmoschee bezeichnet. Das achteckige Gebäude wurde von den Kreuzrittern errichtet, als Vorbild diente ein älteres byzantinisches Gebäude. Saladin erlaubte zwei seiner Anhänger, die Stätte zu erwerben. Seit 1198 ist sie in muslimischem Besitz. Die Öffnungszeiten variieren, morgens trifft man jedoch normalerweise jemanden an, der das Gotteshaus öffnen kann.

Der Islam erkennt Jesus als Propheten an. Der Fußabdruck auf dem Steinboden soll von ihm stammen. Der Abdruck sieht mitgenommen aus; das liegt daran, dass ihn Pilger in byzantinischer Zeit berühren durften. Heute sieht man nur noch den rechten Fußabdruck; der linke wurde im Mittelalter in die Al-Aqsa-Moschee gebracht.

RUSSISCHES HIMMELFAHRTSKLOSTER

Das **Russische Himmelfahrtskloster** (Karte S. 128 f.; ☺ Di–Do 9–12 Uhr), das höchste Bauwerk auf dem Ölberg, ist an dem spitzen Kirchturm zu erkennen. Es markiert die Stelle, an der Jesus nach russisch-orthodoxer Überlieferung in den Himmel aufgefahren ist. Das Kloster ist nicht ganz leicht zu finden; man muss nach einer schmalen Gasse Ausschau halten, die von der Hauptstraße abgeht.

PATERNOSTER-KIRCHE

Neben der Höhle, in der Jesus zu seinen Jüngern gesprochen haben soll, ließ Helena, die Mutter von Kaiser Konstantin, die **Paternoster-Kirche** (Karte S. 128 f.; Eintritt frei; ☾ Mo–Sa 8.30–11.45 & 15–16.45 Uhr) errichten. Sie ist auch als Eleona-Basilika bekannt (vom griechischen Wort *elaionas* – Olivenhain) und wurde 614 von den Persern zerstört. Später hieß es, Jesus habe hier seinen Jüngern das Vaterunser gelehrt, weshalb die Kreuzritter 1106 eine Kapelle auf den Ruinen errichteten.

Besonders sehenswert sind die hübschen Fayencetafeln, auf denen das Vaterunser in mehr als 80 verschiedenen Sprachen geschrieben ist. Sie sind an einer hohen Mauer ca. 200 m vor dem Seven Arches Hotel angebracht.

Nachdem man das Tor passiert hat, hält man sich links und geht dann nach rechts zum Grab der Prinzessin Aurelie de la Tour d'Auvergne. Sie kaufte das Gelände 1886 und ließ das angrenzende Karmeliterinnenkloster bauen. Um zur Höhle zu gelangen, geht man um das Kloster zur Linken herum und die Stufen hinunter. Dann muss man die erste Tür rechter Hand passieren.

PROPHETENGRÄBER

Ein Stück nördlich der Pater-Noster-Kirche, unterhalb der Promenade beim Seven Arches Hotel, können die uralten **Gräber der Propheten** (Karte S. 128 f.; Eintritt frei; ☾ So–Fr 8–15 Uhr) Haggai, Sacharja und Maleachi besichtigt werden. Sie wirkten im 6./5. Jh. v. Chr.

KIRCHE DOMINUS FLEVIT

Die **Kirche Dominus Flevit** (Karte S. 128 f.; Eintritt frei; ☾ 8.30–17 Uhr) stammt aus den 1950er-Jahren und ist somit eines der jüngsten Bauwerke auf dem Ölberg. Ursprünglich erhob sich hier eine Kirche, die von mittelalterlichen Pilgern errichtet worden war, und zwar angeblich über dem Stein, auf dem Jesus um Jerusalem geweint hat (Lk. 19,41) – daher der Name Dominus Flevit („der Herr weint").

Während des Baus der heutigen, wie eine Träne geformten Kirche wurde ein Kloster aus dem 5. Jh. freigelegt, dessen Mosaikboden besichtigt werden kann. Darüber hinaus entdeck-

te man einen riesigen Friedhof, der um 1500 v. Chr. entstand. Ein paar Grabmäler sind nach wie vor sichtbar. Vom Altarfenster aus hat man einen herrlichen Blick auf den Felsendom.

MARIA-MAGDALENA-KIRCHE

Die russische **Maria-Magdalena-Kirche** (Karte S. 128 f.; Eintritt frei; ☾ Di, Do & Sa 10–12 Uhr) sieht ziemlich mitgenommen aus, ihre goldenen Zwiebeltürme zählen jedoch nach wie vor zu den schönsten Wahrzeichen Jerusalems. Das Gotteshaus, das Zar Alexander III. 1885 zum Gedenken an seine Mutter errichten ließ, dient heute als Konvent. Der hiesige Chor ist einer der besten der Stadt. Auf dem Kirchengelände soll sich ein Teil des Gartens Gethsemane befinden.

KIRCHE ALLER NATIONEN & GARTEN GETHSEMANE

Ein strahlendes Goldmosaik ziert die klassische Fassade der **Kirche aller Nationen** (Karte S. 128 f.; Eintritt frei; ☾ 8.30–11.30 & 14.30–16 Uhr), auch als Todesangstbasilika bekannt. Sie wurde von dem Architekten Antonio Barluzzi gestaltet und 1924 geweiht. Das Mosaik stellt Christus dar, wie er die Leiden der Welt auf sich nimmt.

Anders als der Name vermuten lässt, sind in dem Gotteshaus nicht *alle* Nationen vertreten, doch kann man die zwölf Wappen der Länder betrachten, die das Bauprojekt unterstützten. An Ort und Stelle erhoben sich zuvor bereits zwei frühere Kirchen: Die erste aus dem 4. Jh. wurde um 740 bei einem Erdbeben zerstört, die zweite wurde von den Kreuzrittern auf den Ruinen errichtet, doch 1345 aus unbekannten Gründen aufgegeben.

Bei dem Kirchengelände soll es sich um den **Garten Gethsemane** (Karte S. 128 f.; ☾ 8–12 & 14–18 Uhr) handeln, jenem Ort, an dem Jesus festgenommen wurde (Mk. 14,32–50). Hier stehen ein paar der ältesten Olivenbäume der Welt (Gethsemane leitet sich vom hebräischen Begriff *gat schmanim*, Ölpresse, ab). Drei dieser Bäume sind erwiesenermaßen mehr als 2000 Jahre alt und waren somit Zeugen der biblischen Ereignisse, die sich hier abgespielt haben sollen. Der Eingang liegt nicht an der Hauptstraße, sondern an der schmalen, steil abfallenden Gasse hinter der Kirche.

MARIENGRAB

Das **Mariengrab** (Karte S. 128 f.; Eintritt frei; ☾ 6–12 & 14.30–17 Uhr), eine der heiligsten Stätten der Christenheit, ist ein düsterer und ziemlich

verlassen wirkender Ort, dem ein Jahrtausende alter muffiger Geruch anhaftet. Alte Mes-
singlampen spenden Licht.

Maria soll hier angeblich ca. 50 n. Chr. von
den Jüngern bestattet worden sein. Erst im
5. Jh. ließ man ein Denkmal errichten, das
jedoch mehrmals zerstört wurde. Das aktuelle Grabmal geht auf die Zeit der Kreuzritter
im 12. Jh. zurück und steht auf einem byzantinischen Fundament. Das Grab ist im Besitz
der griechisch-orthodoxen Kirche, aber auch
armenischen, syrischen und koptischen
Christen gehören Teile des Altars.

An der Hauptstraße neben den zum Grab
hinabführenden Stufen befindet sich eine
kleine, von Säulen getragene Kuppel. Sie wurde zu Ehren von Mujir ad-Din errichtet, einem muslimischen Richter und Historiker aus
dem 15. Jh.

Ost-Jerusalem

In Ost-Jerusalem leben vor allem Araber. Das
Viertel erstreckt sich auf dem Territorium, das
vor 1967 zu Jordanien gehörte. Die alte
Grenze zwischen Israel und dem Nachbarstaat
bildete die HaShalom Rd, die in die Hel
Handasa Rd übergeht. Die wichtigsten Stra-
ßen östlich der HaShalom Rd, die nach
Norden und Süden führen, sind die Nablus
Rd und die Salah ad-Din St. U. a. sind das
Rockefeller-Museum, das Gartengrab, das
Museum on the Seam, die Kathedrale St.
Georg und einiges mehr in Ost-Jerusalem zu
Hause. Auf dem Streifzug durch das Viertel
sollte man das American Colony Hotel
(Karte S. 137; s. auch S. 156) nicht verpassen;
es zählt zu den besten Hotels der Stadt und
ist gleichzeitig eine historische Sehenswürdig-
keit. Der türkische Gouverneur in Jerusalem
soll hier ein Bettlaken – damals diente das
Gebäude noch als Krankenhaus – als weiße
Flagge benutzt haben, als sich die Osmanen
den Briten geschlagen geben mussten. Die
behelfsmäßige Flagge ist heute im Imperial
War Museum in London ausgestellt.

ROCKEFELLER-MUSEUM

Archäologiefans, denen der Besuch des Israel-
Museums (S. 146) nicht ausreicht, sollten
auch das Rockefeller-Museum (Karte S. 128 f.; ☎ 628
2251; Sultan Suleyman St; Eintritt frei; ☼ So–Mo & Mi–Do
10–15, Fr bis 14 Uhr) ansteuern. 1927 stiftete die
Familie Rockefeller 2 Mio. US$, mit denen der
Bau des historischen achteckigen Gebäudes
finanziert wurde. Früher beherbergte es die

beste Antiquitätensammlung der Region. Zu
den Highlights zählen geschnitzte Balken aus
der Al-Aqsa-Moschee, die Steinornamente
vom Hischam-Palast (s. S. 336) und die berühmten Lachisch-Briefe, in denen die letzten
Tage den Königreichs Juda (6. Jh. v. Chr.)
beschrieben sind. Man beachte die kurzen
Öffnungszeiten.

GARTENGRAB

Die ummauerte Grünfläche mitten in Ost-
Jerusalem beherbergt das Gartengrab (Karte S. 137;
☎ 627 2745; www.gardentomb.com; Eintritt frei; ☼ Mo–Sa
9–12 & 14–17.30 Uhr). Anglikanische Christen
betrachten das Areal als Ort der Kreuzigung
und Wiederauferstehung Jesu Christi, ansonsten wird es jedoch wegen seiner ruhigen und
hübschen Lage geschätzt. So meinte denn
auch ein katholischer Priester: „Auch wenn
dies nicht das Grab Jesus ist, so wäre es doch
die perfekte Grabstelle gewesen."

General Charles Gordon war 1883 der Erste, der diesem Ort eine biblische Bedeutung
zuwies. Er verwahrte sich dagegen zu glauben,
die Grabeskirche throne auf dem historischen
Golgatha. Nachdem er einen schädelförmigen
Hügel gleich nördlich des Damaskus-Tors
ausgemacht hatte, ordnete er Ausgrabungen
an. Die alten Gräber, die dabei freigelegt wurden, bestärkten Gordon in seiner Überzeugung, den tatsächlichen Ort der Kreuzigung
und Beisetzung Jesu gefunden zu haben.

Mittlerweile haben Archäologen die Gräber
aber ins 5. Jh. v. Chr. datiert. Zyniker behaupten, die Diskussion um das Gartengrab werde
nur deshalb aufrechterhalten, weil dies die
einzige heilige Stätte in Jerusalem in protes-
tantischem Besitz sei.

Von der Sultan Suleyman St kommend
folgt man der Nablus Rd nach Norden und
biegt dann rechts in die Schick St.

MUSEUM ON THE SEAM

In diesem Museum (Karte S. 137; ☎ 628 1278; www.
mots.org.il; 4 Hel Handasa Rd; Erw./Stud./Kind 30/25/15 NIS;
☼ So–Do 9–17 Uhr, zusätzl. Fr im Sommer bis 14 Uhr, im
Winter bis 13 Uhr) werden soziopolitische Themen
wie Konflikte, Vorurteile und Rassismus
thematisiert – und zwar ohne Wenn und Aber.
Zudem werden moderne Kunstwerke gezeigt.

Der künstlerische Leiter Raphie Etgar legt
Wert darauf, dass dies „kein unterhaltsames
Museum" sei. Auf ein Happy End wird man
vergeblich warten, und die Ausstellung wirft
wahrscheinlich mehr Fragen auf, als sie be-

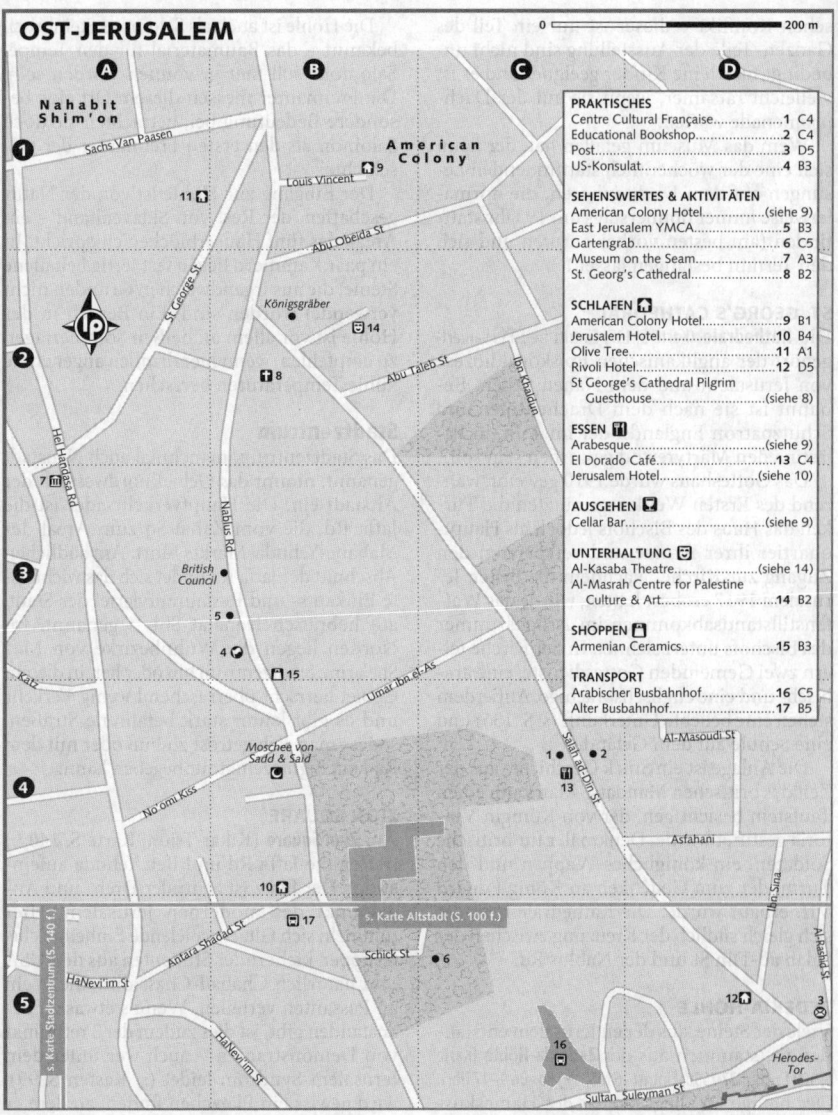

OST-JERUSALEM

0   200 m

PRAKTISCHES
Centre Cultural Française....................1 C4
Educational Bookshop........................2 C4
Post..3 D5
US-Konsulat...................................4 B3

SEHENSWERTES & AKTIVITÄTEN
American Colony Hotel..................(siehe 9)
East Jerusalem YMCA.......................5 B3
Gartengrab....................................6 C5
Museum on the Seam.......................7 A3
St. Georg's Cathedral.......................8 B2

SCHLAFEN
American Colony Hotel......................9 B1
Jerusalem Hotel............................10 B4
Olive Tree..................................11 A1
Rivoli Hotel.................................12 D5
St George's Cathedral Pilgrim
  Guesthouse..............................(siehe 8)

ESSEN
Arabesque.................................(siehe 9)
El Dorado Café.............................13 C4
Jerusalem Hotel.........................(siehe 10)

AUSGEHEN
Cellar Bar.................................(siehe 9)

UNTERHALTUNG
Al-Kasaba Theatre.......................(siehe 14)
Al-Masrah Centre for Palestine
  Culture & Art...........................14 B2

SHOPPEN
Armenian Ceramics.......................15 B3

TRANSPORT
Arabischer Busbahnhof...................16 C5
Alter Busbahnhof..........................17 B5

antwortet. Die Botschaft ist deprimierend realistisch und soll zum Nachdenken und Diskutieren anregen.

Der Name des Museums bezieht sich auf die Lage zwischen Ost- und West-Jerusalem, gewissermaßen an der Nahtstelle *(seam)* zwischen der ultraorthodoxen Gemeinde von Mea She'arim und den säkularen Vierteln von West-Jerusalem. Das Gebäude selbst ist den meisten Einheimischen als Tourjeman Post bekannt und diente 1948 und 1967 als israelischer Militärposten. Die Fassade birgt noch Spuren von den kriegerischen Auseinandersetzungen.

Man sollte nicht denken, es ginge hier ausschließlich um den israelisch-palästinensischen Konflikt – dieser ist nur ein Teil des Ganzen. Teile der Ausstellung sind nicht unbedingt für kleine Kinder geeignet und es ist vielleicht ratsamer, wenn sie auf der Dachpromenade warten.

Wem das Museum gefallen hat, der kann sich eine der wöchentlich stattfindenden Lesungen auf dem Dach anhören, die normalerweise immer donnerstags um 19 Uhr stattfinden (am besten vorher anrufen und sich den Termin bestätigen lassen).

ST. GEORG'S CATHEDRAL

Die **Kathedrale** (Karte S. 137; Eintritt frei; ☺ variiert) gehört der anglikanischen Episkopaldiözese von Jerusalem und dem Nahen Osten. Benannt ist sie nach dem Drachentöter und Schutzpatron Englands, der im 4. Jh. in Palästina den Märtyrertod gestorben sein soll.

Das Gotteshaus wurde 1910 geweiht, während des Ersten Weltkriegs nutzten die Türken das Haus des Bischofs jedoch als Hauptquartier ihrer Armee und versperrten den Zugang zur Kirche. Nachdem die Briten Jerusalem 1917 erobert hatten, wurde das Waffenstillstandsabkommen im Arbeitszimmer des Bischofs unterzeichnet. In der Kirche feiern zwei Gemeinden Gottesdienste, eine arabisch- und eine englischsprachige. Außerdem stehen eine beliebte Unterkunft (s. S. 156) und eine Schule auf dem Gelände.

Die Anlage ist ein Stück Geschichte aus der Zeit des britischen Mandats,. Man kann einen Taufstein besichtigen, der von Königin Viktoria gestiftet wurde, Denkmäler für britische Soldaten, ein königliches Wappen und den Turm, der zum Gedenken an König Eduard VII. erbaut wurde. Die Kathedrale befindet sich gleich südlich der Kreuzung zwischen der Salah ad-Din St und der Nablus Rd.

ZEDEKIA-HÖHLE

Viele der Steine, aus denen Jerusalem entstanden ist, stammen aus der **Zedekia-Höhle** (Karte S. 100 f.; ☎ 627 7550; Eintritt 16 NIS; ☺ So–Do 9–17 Uhr). Der heilige Ort liegt östlich des Damaskus-Tors; man muss der Altstadtmauer folgen.

Seit Jahrhunderten ranken sich zahllose Legenden um diese Höhle. Besonders bekannt ist die Geschichte von Zedekia, dem letzten König von Juda, der durch diese Höhle vor den chaldäischen Truppen flüchtete, die Nebukadnezar von Babylon entsandt hatte. Als Zedekia in Jericho aus der Höhle hervortrat, wurde er von Soldaten gefangen genommen und geblendet.

Die Höhle ist auch als Salomons Steinbruch bekannt – das Baumaterial für den Tempel Salomons soll hier gewonnen worden sein. Die Freimaurer messen diesem Ort eine besondere Bedeutung bei, betrachten sie doch Salomon als den ersten Freimaurer der Geschichte.

Der Eingang zur Höhle ist von der Natur geschaffen, der Rest von Sklavenhand – ein Areal, das fünf Häuserblöcken entspricht. In ein paar Kammern liegen fast fertig behauene Steine, die aus irgendwelchen Gründen nicht verwendet worden sind. Ein Besuch in der Höhle ist vor allem an heißen Sommertagen zu empfehlen, wenn hier drinnen angenehme kühle Temperaturen herrschen.

Stadtzentrum

Das Stadtzentrum, manchmal auch Neustadt genannt, nimmt das Gebiet nordwestlich der Altstadt ein. Die Hauptverkehrsader ist die Jaffa Rd, die vom Zahal Sq zum Areal des Mahane-Yehuda-Markts führt. Am südlichen Abschnitt der Jaffa Rd findet sich das wichtigste Einkaufs- und Restaurantviertel der Stadt, auf hebräisch Nahalat Shiv'a genannt. Im Norden liegen die Wohnbezirke von Mea She'arim. Stadtzentrum hin oder her, in diesem Gebiet herrscht überraschend wenig Verkehr und es gibt kaum stark befahrene Straßen, sodass man sich getrost zu Fuß oder mit dem Rad auf Sightseeingtour begeben kann.

ZION SQUARE

Am **Zion Square** (Kikar Tsion; Karte S. 140 f.) treffen die Jaffa Rd und Beh Yehuda aufeinander. Der Platz ist zentraler Dreh- und Angelpunkt des modernen Jerusalem. Hier tummeln sich Gitarre spielende Einheimische, Gruppen kichernder Studenten aus den USA und natürlich Chabad-Chassidim, die Wein an Passanten verteilen. Wenn's etwas zu beanstanden gibt, ist dies zudem der Treffpunkt von Demonstranten – auch wer unter dem Jerusalem-Syndrom leidet (s. Kasten S. 99), wird gewiss ein Plätzchen finden, an dem er das Ende der Welt verkünden kann. So oder so wird man den Zion Square während eines Aufenthalts in der Stadt wahrscheinlich unzählige Male überqueren.

NOTRE DAME

Wer weiß, was in den römisch-katholischen Assumptionisten vorging, als sie 1884 das **Hospiz Notre Dame de France** (Karte S. 140 f.; ☎ 627

9111; www.notredamecenter.org; 3 Paratroopers Rd; ☺ 14–18 Uhr) errichteten. Ein Großteil der religiösen Bauten Jerusalems wirkt beinahe festungsähnlich, doch die Unterkunft für französische Pilger setzt dem gewissermaßen die Krone auf: Das weitläufige Gebäude gleicht einer beeindruckenden Zitadelle, die selbst die Altstadtmauern wie ein wackliges Mäuerchen aussehen lässt. Überwältigend ist auch die 5 m hohe Marienstatue auf dem Dach. Es ist nicht weiter verwunderlich, dass der Südflügel der Anlage während der Teilung Jerusalems zwischen 1948 und 1967 von den israelischen Verteidigungskräften (IDF) als Schutzbunker und Grenzposten genutzt wurde.

Die kriegerischen Auseinandersetzungen haben ihre Spuren hinterlassen, in den 1970er-Jahren wurde das Gebäude jedoch umfassend renoviert. Mittlerweile ist es ein gut besuchtes internationales Pilgerzentrum mit Galerie, in der traditionelle christliche Kunst ausgestellt wird, Cafés und einer Bücherei.

RUSSISCHES VIERTEL

Das Russische Viertel liegt zwischen der Jaffa Rd und der HaNevi'im St und wird von den grünen Kuppeln der Kirche der Dreifaltigkeitskathedrale dominiert. Die russischorthodoxe Kirche kaufte das Gelände (Karte S. 140 f.) 1860 und ließ neben dem Gotteshaus Einrichtungen für die zahlreichen Pilger aus Russland bauen, die das Heilige Land nach dem Ersten Weltkrieg besuchten. Die Kathedrale ist der Öffentlichkeit nicht zugänglich. Sie steht an der Stelle, an der die Assyrer um 700 v. Chr. ihr Lager aufschlugen und an der sich 70 n. Chr. anlässlich des Judenaufstands römische Legionen versammelten. Die vor der Kirche stehende, 12 m hohe Säule aus herodianischer Zeit war vielleicht einst für den Zweiten Tempel vorgesehen. Beim Ziselieren bildete sich jedoch ein Riss, weshalb sie an dieser Stelle zurückgelassen wurde.

Die Juden nannten das Russische Viertel zur Zeit des britischen Mandats „Bevingrad" nach dem unbeliebten britischen Außenminister Ernest Bevin. Heute befinden sich die zentrale Polizeiwache und Gerichtshöfe auf dem Gelände.

MEA SHE'ARIM

Geht man vom Zion Sq Richtung Nordosten, gelangt man bald in ein Viertel mit Häusern, deren Fassaden aus Stein bestehen. Auf den Balkons hängt Wäsche zum Trocknen, das Straßenbild prägen bärtige, in Schwarz gekleidete Männer und Frauen mit langen Röcken, die Einkaufswagen vor sich herschieben und eine Horde gut angezogener Kinder im Schlepptau haben. Wenn einen das Gefühl befällt, in einem osteuropäischen *schtetl* (Ghetto) aus den 1880er-Jahren gelandet zu sein, steht man vermutlich in der Nähe der Kikar Shabbat, der zentralen Kreuzung von Mea She'arim (Karte S. 94 f.).

Mea She'arim wurde von ultraorthodoxen Immigranten aus Osteuropa geschaffen. Diese gestalteten ihr neues Zuhause in Jerusalem so wie ihre frühere Heimat in Polen, Deutschland oder Ungarn. Überdies haben sie die alten Sitten und Gebräuche bewahrt, noch immer tragen sie die traditionelle osteuropäische Kleidung des 18. Jhs. Der Geschmack ist konservativ: Männer tragen schwarze Filzhüte, Frauen sind in bodenlange Kleider gewandet – und selbst in den Sommermonaten sind dick gefütterte Mäntel und Pelzhüte Standard.

In den frommesten Familien rasieren sich die Frauen die Köpfe, tragen Perücken und eine Baskenmütze. Jiddisch ist die bevorzugte Sprache im Alltag, da Strenggläubige die Meinung vertreten, das Hebräische dürfe nur im religiösen Bereich verwendet werden. Die Tage werden oft mit Beten verbracht und die Arbeit kommt erst an zweiter Stelle. Religiöse Studien werden oftmals von anderen orthodoxen Gemeinden im Ausland finanziert.

Die Familien sind üblicherweise kinderreich, Mea She'arim ist daher eines der am schnellsten wachsenden Viertel Jerusalems. Da die Religion hier eine wichtige Rolle spielt, wird von Besuchern erwartet, sich angemessen zu kleiden. Bestimmte Verhaltensregeln stehen auf Bannern, die an den Gebäuden befestigt sind. Es sollen z. B. keine Fotos von Anwohnern gemacht werden (Aufnahmen von Straßenszenen und Bauwerken sind in Ordnung, sofern man sich diskret verhält), Kinder dürfen nicht angesprochen werden. Ebenso wenig ist erwünscht, dass Paare sich umarmen oder Händchen haltend durch die Straßen schlendern. Küsse sind absolut Tabu. Wer diese Anweisungen missachtet, wird verbal und nonverbal angegangen, ja sogar mitunter mit Steine beworfen.

Die meiste Betrieb herrscht freitags, wenn die Familien zum Markt strömen, um Einkäufe für den Sabbat zu tätigen. Die Bäckereien sind in der Nacht von Donnerstag auf Freitag

JERUSALEM

STADTZENTRUM

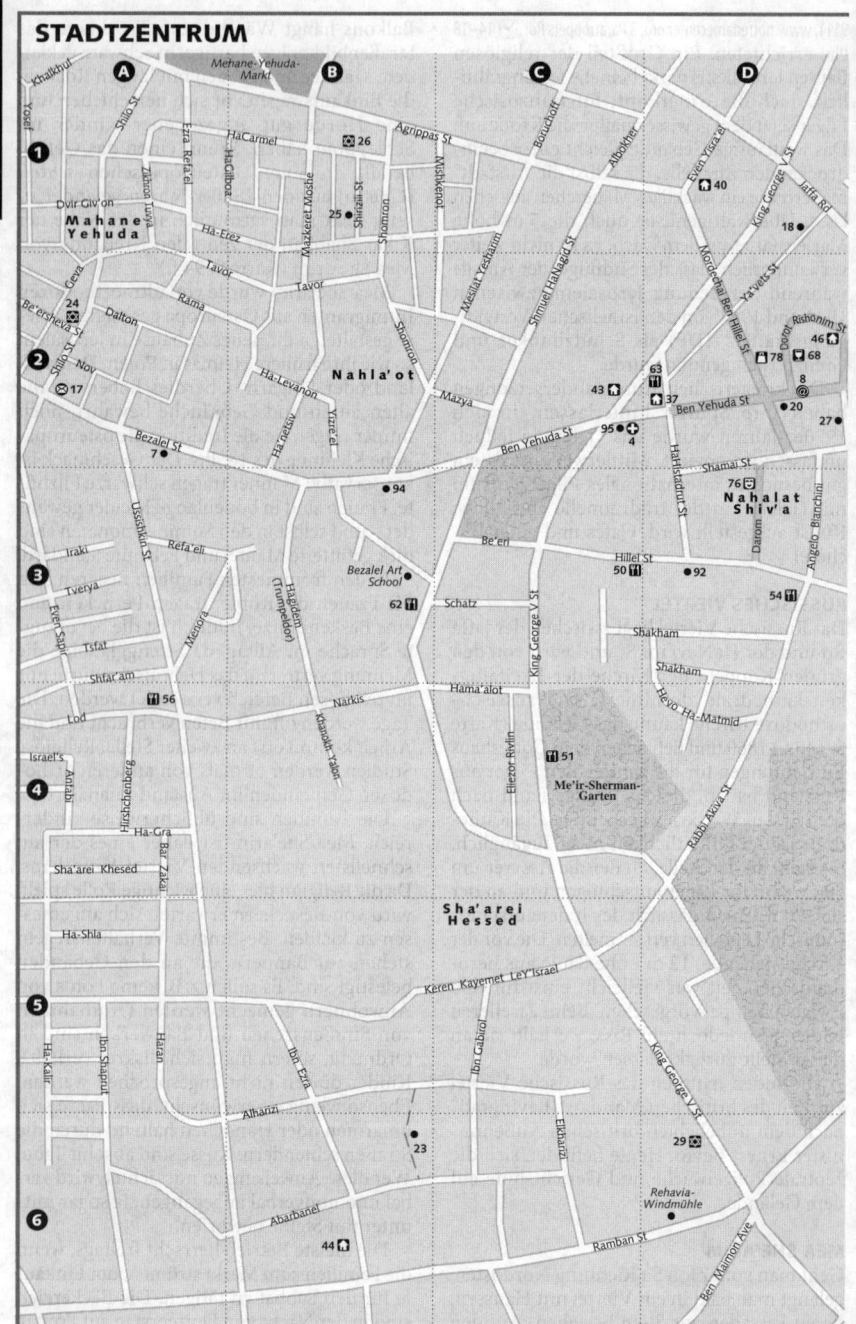

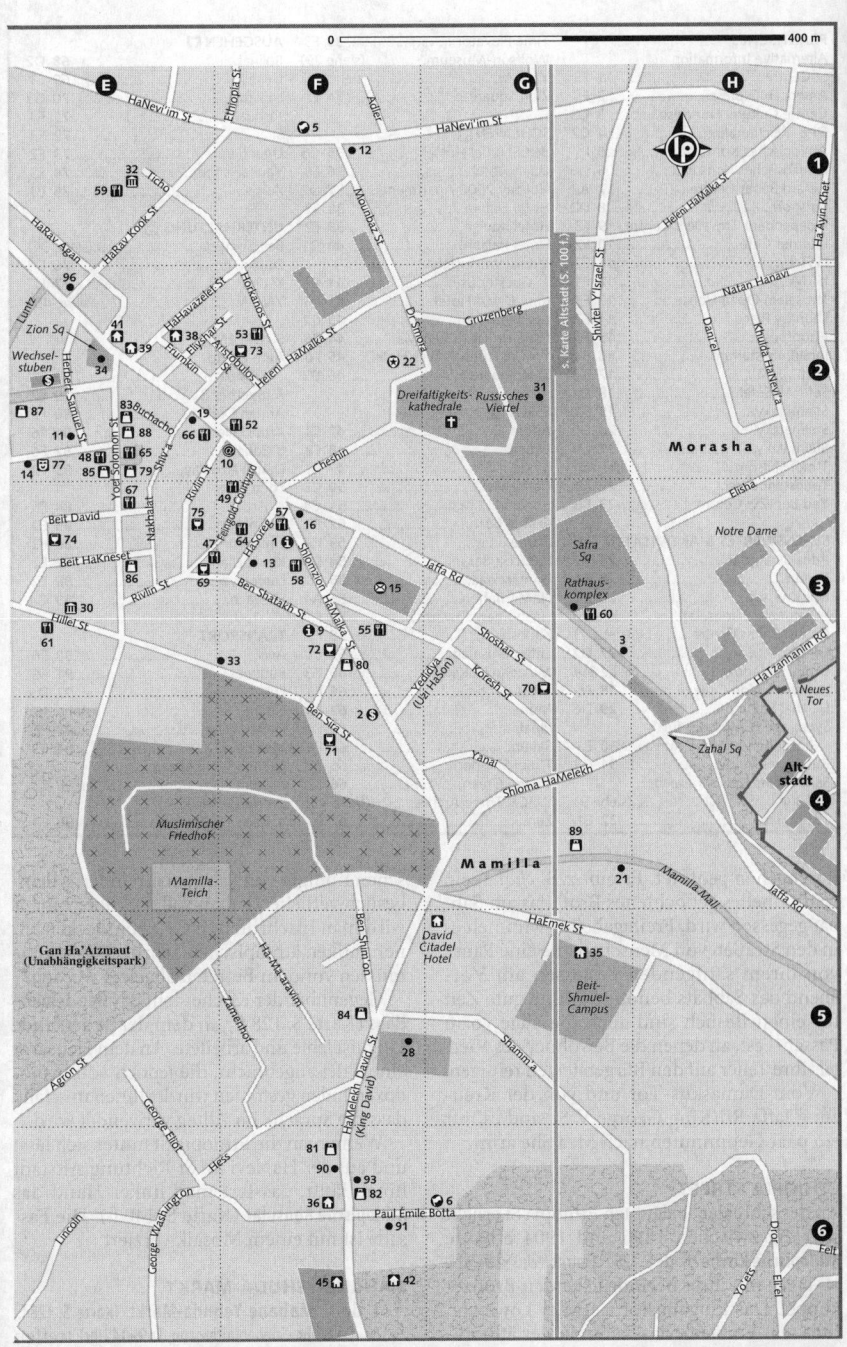

durchgehen geöffnet. Es gibt z. B. *challa*, ein traditionelles geflochtenes Brot, das am Sabbat gegessen wird. Freitagabends wimmelt es in den Straßen von Menschen, die eine Pause von ihrem sättigenden Festessen am Vorabend des Sabbats benötigen. Eine gute Zeit für einen Besuch sind auch die Tage vorm Passah-Fest, an denen die Bewohner des Viertels ihre Teller auf den Bürgersteigen reinigen.

Vom Damaskus-Tor und von der Kreuzung Jaffa Rd/King George V St sind es nur ein paar Gehminuten nach Mea She'arim.

ETHIOPIA STREET

An der schmalen, belaubten Ethiopia St erhebt sich die zwischen 1896 und 1904 erbaute **Äthiopische Kirche** (Karte S. 128 f.; Eintritt frei; 9–13 & 14–18 Uhr) mit ihrer beeindruckenden Bronzekuppel. Das Eingangstor ziert der Löwe von Juda, ein Emblem, das Salomon der äthiopischen Königin von Saba bei ihrem Jerusalembesuch verliehen haben soll. Darüber hinaus wird man Inschriften in Ge'ez entdecken, einer antiken äthiopischen Schrift. Die Schuhe müssen vor dem Betreten abgelegt werden.

Gegenüber der Kirche steht das **Ben-Jehuda-Haus** (Karte S. 128 f.), in dem der bedeutende Linguist lebte und arbeitete. An dem Haus war eine Tafel angebracht, die jedoch von orthodoxen Juden gestohlen wurde. Ihnen missfällt, dass die Sprache im Alltag verwendet wird.

Wenn man die Ethiopia St hinter sich lässt und auf der HaNevi'im St Richtung Altstadt hinab läuft, passiert man linker Hand das **Äthiopische Konsulat** (Karte S. 140 f.). Die Fassade ist mit einem Mosaik verziert.

MAHANE-YEHUDA-MARKT

Auf dem **Mahane-Yehuda-Markt** (Karte S. 128 f.; So–Do 8 Uhr–Sonnenuntergang, Fr 9–14 Uhr) treffen sich Stadtbewohner aus allen Gesellschafts-schichten. Es herrscht ein buntes Treiben – ein faszinierendes Spektakel für Neuankömmlinge in der Stadt und eine günstige Lebensmittelmesse für die Einheimischen. Sobald man den schmalen, bewachten Eingang passiert hat, taucht man in eine Welt voll frischer Obstsorten, Ölen, Nüssen, Gemüse und anderen Leckereien ein, die allesamt in Israel angebaut bzw. produziert wurden. Der Geruch nach Gewürzen wie Zimt, aber auch nach Pesto, Paprika und schwarzem Pfeffer liegt in der Luft. Es werden jede Menge importierter Kaffee und diverse Teesorten feilgeboten, ganz zu schweigen von den Bergen frischen Fischs, die im Mittelmeer gefangen wurden. Die Namen der Marktgassen weisen übrigens auf die Produkte hin, die dort verkauft werden – HaEgoz bedeutet z. B. „die Nuss".

Die Marktschreier sind echte Unika. Mit leiernder Stimme preisen sie ihre Waren an. Am besten gefallen hat uns der enthusiastische **Erdbeerhändler** auf der Ha'etz Ha'em. Fazit: Man bekommt köstliches Obst und eine unterhaltsame Show.

Eine der interessantesten Persönlichkeiten ist **Uzi Eli** (Ecke Agos & Tuut). Er verkauft Bio-Getränke und wird Besucher mit seinem Zitronenwasser besprenkeln – ob sie das nun wollen oder nicht. Seine Heilwässerchen gehen auf die traditionelle jemenitische Medizin zurück, die Heilmethoden, die er anwendet, wurden im 12. Jh. von dem spanischen Arzt Moses Maimonides (Rambam) entwickelt.

Wer nach Seifen und Ölen sucht, sollte den **Krishna-Seifenladen** (Rehov HaFarsek 12) ansteuern, der Designerseifen aus Mitzpe Ramon im Sortiment hat. Angesagte Mode gibt's z. B. im **HaEgoz 30** (Rehov HaEgoz 30). Die von Hand genähten Kleidungsstücke bestehen aus Naturfasern.

Donnerstags und freitags ist der Markt besonders gut besucht. Wenn das Gelände freitags geschlossen wird, zieht immer eine Gruppe Trompete spielender Chassidim durch die Gassen. So erfährt auch der letzte Händler, dass es an der Zeit ist, den Laden dicht zu machen, nach Hause zu gehen und sich auf den Sabbat vorzubereiten. 30 Minuten vor Schluss kann man einen Beutel Brot für 1 NIS ergattern. Infos zu empfehlenswerten Cafés und Essensständen stehen im Kasten auf S. 163.

NAHLA'OT

Das Viertel Nahla'ot (Karte S. 140 f.) ist ein Labyrinth aus schmalen Gassen in West-Jerusalem. Es entstand in den 1860er-Jahren. In den Sträßchen befinden sich ein paar alte Synagogen und Jeschiwas; viele liegen versteckt hinter steinernen Mauern.

Europäische Juden gründeten das Viertel, in dem sich später aber vor allem jüdische Immigranten aus arabischen Staaten niederließen. Im 20. Jh. galt Nahla'ot lange Zeit als Slum, in dem mit Drogen gehandelt wurde und nur Familien lebten, die sich einen Umzug nicht leisten konnten. In den 1990er-Jahren verbesserte ein Sanierungsprogramm die Situation. Mittlerweile leben um die 7000 Familien in Nahla'ot. Neben gläubigen Menschen findet man auch jede Menge Twens, die günstig im Stadtzentrum wohnen wollen.

Die Gegend ist arm an berühmten Sehenswürdigkeiten, sodass es nur wenige Besucher nach Nahla'ot verschlägt. Dabei wartet das Viertel mit einer einzigartigen Architektur auf.

Eine der bekannteren Synagogen ist die **Ades-Synagoge** (Ecke Be'ersheva & Shilo Sts). Sie wurde 1901 von der syrischen Halebi-Gemeinde errichtet und ist nach Ovadia und Yosef Ades benannt, zwei Brüdern aus Aleppo, die das

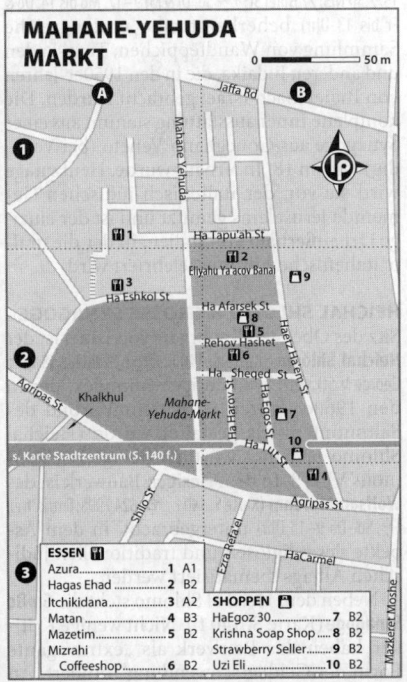

MAHANE-YEHUDA MARKT

0 _____ 50 m

Jaffa Rd

Mahane Yehuda

Ha Tapu'ah St

Eliyahu Ya'acov Banai

Ha Eshkol St

Ha Afarsek St

Rehov Hashet

Ha Haim St

Ha Sheqed St

Ha Harow St

Ha Egoz St

Ha Tut St

Agripas St

Khalkhul

Mahane-Yehuda-Markt

s. Karte Stadtzentrum (S. 140 f.)

Shilo St

Ezra Refa'el

Agripas St

HaCarmel

Mazkeret Moshe

ESSEN 🍴		
Azura	1	A1
Hagas Ehad	2	B2
Itchikidana	3	A2
Matan	4	B3
Mazetim	5	B2
Mizrahi Coffeeshop	6	B2

SHOPPEN 🛍		
HaEgoz 30	7	B2
Krishna Soap Shop	8	B2
Strawberry Seller	9	B2
Uzi Eli	10	B2

Bauprojekt finanzierten. Das Gotteshaus mauserte sich bald zu einem Zentrum des syrischen *chasanut*, des jüdischen Liturgiegesangs; viele Kantoren wurden hier ausgebildet. Die Innenarchitektur ist typisch für den Stil des Nahen Ostens. Die Lade aus Walnussholz wurde auf einem Eselskarren von Aleppo nach Jerusalem transportiert. Nach wie vor wird eine seltene Tradition gepflegt: *Bakaschot* heißt ein festgelegter Zyklus kabbalistischer Gedichte, die während der Wintermonate in den frühen Morgenstunden des Sabbats gesungen werden. In der Synagoge finden morgens zwei und nachmittags/abends ein Gottesdienst statt, bei denen Besucher willkommen sind.

Besonders sehenswert ist die Straße **HaGilboa**. Dort wird man neben ein paar kleinen Gärten eine Reihe historischer Wohnhäuser passieren; sie alle sind mit einer Tafel versehen, auf der Informationen über die Erbauer des Hauses stehen. Eine Straße weiter steht in der HaCarmel noch eine hübsche Synagoge mit silbernen Türen, die **Beit Knesset** (Karte S. 140 f.).

Die wachsende alternative Gemeinde von Nahla'ot trifft sich im **Barbur** (Karte S. 140 f.; ☎ 054 723 2866, 052 462 7345; www.barbur.org; 6 Shirizili St; Eintritt frei; ⏱ So–Di & Do 14–20, Fr 11–14 Uhr), das moderne Kunstgalerie und Gemeindezentrum in einem ist. Häufig finden Filmvorführungen, Vorträge, Lesungen und Seminare statt. Die Website enthält eine Übersicht der Veranstaltungen.

TIME ELEVATOR

Wer sich Geschichte am liebsten im Disney-Stil vermitteln lässt, sollte den **Time Elevator** (Karte S. 140 f.; ☎ 625 2228; www.time-elevator-jerusalem.co.il; Beit Agron, 37 Hillel St; Erw./Kind 49/42 NIS; ⏱ 13–17.30 Uhr) ansteuern, eine Mischung aus Museum, Theater und Kirmesfahrbuden. Die Besucher werden im Theater in ihren Sitzen durchgerüttelt, während Chaim Topol (der frühere *Anatevka*-Star) auf der Leinwand die Geschichte Jerusalems erzählt. Die Zeitreise startet alle 30 Minuten und ist besonders für Familien mit Kindern zu empfehlen. Reservierung empfohlen!

TICHO-HAUS (BEIT TICHO)

Das prächtige Steingebäude ist von einem schönen Garten voller Kiefern und Rosen umgeben und wird heute **Ticho-Haus** (Karte S. 140 f.; ☎ 624 8913; 9 HaRav Kook St; www.imj.org.il; Eintritt frei; ⏱ So, Mo, Mi & Do 10–17, Di bis 22, Fr bis 14 Uhr) ge-

nannt. Ende des 19. Jhs. wurde es von einem arabischen Würdenträger in Auftrag gegeben und 1924 von Dr. Abraham Ticho, einem in Österreich geborenen Augenarzt gekauft, der die Villa zu einer Augenklinik umfunktionierte und Hunderte von palästinensischen Arabern davor bewahrte zu erblinden. Nach seinem Tod veranlasste seine Witwe Anna, dass das Bauwerk als Kunstgalerie und Museum genutzt werden solle.

Man kann Tichos Arbeitszimmer besichtigen und es werden einige interessante Dokumente und Briefe gezeigt, die mit seiner Arbeit in Verbindung stehen. Darüber hinaus besaß er eine Sammlung von Chanukka-Lampen. Tichos Frau Anna war Künstlerin; ein paar ihrer Werke sind ebenfalls ausgestellt.

Fast noch beliebter als das Museum ist das nette Café im Erdgeschoss. Von den Tischen des Little Jerusalem, die bis auf die Terrasse reichen, blickt man auf einen großen, ruhigen Garten. Mehr Infos stehen auf S. 161.

SYNAGOGE & MUSEUM FÜR ITALIENISCH-JÜDISCHE KUNST

Das **Museum** (Karte S. 140 f.; ☎ 624 1610; Erw./Kind 15/7.50 NIS; 27 Hillel St; ⏱ So, Di & Mi 9–17, Mo bis 14, Do & Fr bis 13 Uhr) beherbergt eine umfangreiche Sammlung von Wandteppichen, Tora-Laden und anderen Judaika, die in den 1950er-Jahren von Italien nach Israel gebracht wurden. Die komplette Innenausstattung stammt aus einer Synagoge aus Conegliano Veneto (bei Venedig), die im 18. Jh. erbaut wurde. Heutzutage wird sie von der italienisch-jüdischen Gemeinde Jerusalems genutzt und ist der einzige Ort außerhalb von Italien, in der die uralte italienische Liturgie zelebriert wird.

HEICHAL SHLOMO & GROSSE SYNAGOGE

Sitz des Obersten Rabbinats von Israel ist der **Heichal Shlomo** (Karte S. 140 f.; ☎ 623 0628; 58 King George V St), ein weitläufiger Komplex, der in den 1960er-Jahren nach dem Vorbild des Salomontempels gestaltet wurde (Heichal Shlomo bedeutet wörtlich übersetzt „Salomons Villa"). In dem riesigen Bauwerk ist das **Wolfson-Museum** (Karte S. 140 f.; ☎ 624 7908; Eintritt frei; ⏱ So–Do 9–15 Uhr) untergebracht, in dem Aspekte des religiösen und traditionellen jüdischen Alltags thematisiert werden.

Neben dem Heichal Shlomo steht die **Große Synagoge** (Karte S. 140 f.). Nicht wenige Kritiker haben das Bauwerk als „extravagante Form der Geldverschwendung" tituliert. An einem Sabbat-Gottesdienst teilzunehmen, ist dennoch sehr zu empfehlen.

Mamilla

Das schönste Viertel außerhalb der Altstadt ist Mamilla (Karte S. 140 f.). Es erstreckt sich westlich des Jaffa-Tors und wird vom King David Hotel dominiert. Das Gelände umfasst Parks, Gärten, ein paar der besten Hotels der Stadt und zahlreiche Wohnhäuser wohlhabender Familien mit Blick auf die Altstadtmauern.

Mamilla entstand Mitte des 19. Jhs. und war das erste Wohnviertel außerhalb der Altstadt. Die Wirtschaft florierte und Mamilla mit ihr – bis 1948 der Krieg ausbrach. 19 Jahre lang war das Tal zwischen Ost- und West-Jerusalem ein von Scharfschützen kontrolliertes Niemandsland. Seit dem Sechstagekrieg geht es wieder aufwärts mit Mamilla, ja mittlerweile haftet dem Viertel gar ein Hauch von Exklusivität an.

Die HaMelekh David St führt vom Neustadtzentrum nach Süden bis zum Bahnhof. Auf der Straße sind nur wenige Spuren des Kriegs zu sehen, dafür aber einige bedeutende Wahrzeichen, z. B. das architektonisch gelungene Hebrew Union College, das King David Hotel und das YMCA – eine tolle Aussicht für wenig Geld (5 NIS) bietet der Glockenturm des „Y".

YEMIN MOSHE & MONTEFIORE-WINDMÜHLE

Das kleine Viertel Yemin Moshe ist anhand der **Montefiore-Windmühle** (Karte S. 128 f.; ☯ Museum So–Do 9–16, Fr bis 13 Uhr) leicht auszumachen. Sie war eines der ersten Bauwerke, die außerhalb der sicheren Altstadtmauern errichtet wurden.

Die Gründung des Viertels war Teil eines Plans, den der britisch-jüdische Philanthrop Sir Moses Montefiore ausgearbeitet hatte. Mitte des 19. Jhs. reiste er siebenmal ins Heilige Land. Er wollte den Jerusalemer Juden helfen und dem Problem der Überbevölkerung innerhalb der Stadtmauern entgegenwirken, indem er einen Häuserblock mit 24 Apartments bauen ließ. Das Bauprojekt wurde unter dem Namen Mishkenot Sha'ananim (Ruhige Behausungen) bekannt. Die Windmühle stammt aus dem Jahr 1857 und sollte die Basis für eine Mehlindustrie darstellen. Montefiores Rechnung ging nicht auf, doch die Windmühle ist nach wie vor ein außergewöhnliches Wahrzeichen und dient heute als Museum zu Ehren Montefiores.

ST. ANDREW'S CHURCH

Die auch als Scottish Church bezeichnete **St. Andrew's Church** (Andreaskirche; Karte S. 128 f.; 1 David Remez St) wurde 1927 zum Gedenken an die Eroberung der Stadt und des Heiligen Landes durch die Briten im Ersten Weltkrieg erbaut. Basierend auf Clifford Hollidays Entwurf präsentiert sich der Baustil als faszinierende Mischung aus westlichen und arabischen Elementen. Beachtenswert sind die prächtigen armenischen Kacheln vorm Eingang zur Pension und Kirche (sie wurden in einer Werkstatt auf der Via Dolorosa gefertigt). Der Boden birgt eine Inschrift zum Andenken an König Robert Bruce, der sich einst gewünscht hatte, sein Herz möge nach seinem Tode in Jerusalem begraben werden. Sir James Douglas versuchte, dieser Bitte nachzukommen, wurde jedoch unterwegs in Spanien getötet, wo er gegen die Mauren kämpfte. Roberts Herz wurde nach Schottland zurückgebracht und in Melrose begraben.

Deutsche Kolonie

Anscheinend ist es die Hauptbeschäftigungen der Bewohner der Deutschen Kolonie, in Cafés zu sitzen und dort bei einem Getränk die Zeitung Ha'aretz zu lesen. Das nette Viertel mit den von Bäumen gesäumten Straßen, arabischen Villen und europäischen Wohnhäusern gibt es seit Ende des 19. Jhs. Es hat von jeher zu den wohlhabenderen Gegenden der Stadt gehört und zieht nach wie vor ausländische Investoren und auch Studenten an, die in den Lokalen nach einem ruhigen Plätzchen zum Lernen suchen. Die Abendstunden bieten sich für einen Bummel an, bevor es in eines der hervorragenden Restaurants geht.

Rehavia & Talbiyeh

Die beiden Viertel entstanden zu Beginn des letzten Jahrhunderts und zählen zu den schicksten Adressen der Stadt – der massive Zuzug ultraorthodoxer Juden könnte dies jedoch in absehbarer Zeit ändern. Talbiyeh wurde von wohlhabenden arabischen Christen gegründet, Rehavia von jüdischen Intellektuellen.

In dieser Gegend befinden sich die offiziellen Wohnsitze des Ministerpräsident und des Präsidenten, und an etlichen der imposanten Gebäude schmücken Namensschilder von Ärzten, Anwälten und anderen Honoratioren die Fassade. Besonders schön ist das nördliche Ende der Gaza (Aza) Rd. In den dortigen Cafés und Restaurants tummelt sich sehr viel studentisches Publikum. Konservative jüdische Gruppen haben in der Vergangenheit Anstoß an dem Namen der Straße genommen, doch bislang wurde er nicht geändert.

Im Südteil von Rehavia befindet sich nahe dem Präsidentenpalast das **LA Mayer Museum for Islamic Art** (Karte S. 128 f.; ☎ 566 1291; www.islamicart.co.il; 2 HaPalmach St; Erw./Stud. 20/10 NIS; ☾ So, Mo, Mi & Do 10–15, Di bis 18, Fr & Sa bis 14 Uhr), das Werke islamischer Kulturen von Spanien bis Indien zeigt. Das Museum und Forschungszentrum (1974 fertig gestellt) wurden mit dem Ziel gebaut, eine Brücke zwischen den Juden und ihren arabischen Nachbarn zu schaffen. Zu den Exponaten zählen Schmuck, Teppiche, Messing- und Glaswaren sowie Gemälde. Es werden englischsprachige Führungen angeboten (nach vorheriger Anmeldung).

Talbiyeh ist auch als Kommemiyut bekannt und besticht durch ein paar herrlich maßlose Bauwerke; sehenswert ist z. B. Alkalay St Nr. 17, ein Haus namens **Beit Jalad** (Karte S. 128 f.). Es wurde von einem Araber gebaut, der wohl eine Vorliebe für die Märchenwelt aus *Tausendundeiner Nacht* hatte.

Die beiden Viertel liegen südlich der Ramban St und westlich der Keren HaYesod St.

Talpiot

Die Hauptattraktion von Talpiot ist die **Haas-Promenade** (Karte S. 94 f.), ein von Gärten gesäumter Weg, von dem man einen tollen Blick auf die Altstadt hat. Anfahrt: auf der Jaffa Rd in Buslinie 8 steigen und bis zur Haltestelle Kiryat Moriah fahren.

Givat Ram & Museumsmeile

Der Sitz der Knesset, des israelischen Parlaments, und die dazu gehörigen Regierungsgebäude liegen in dem eher verlassen wirkenden Viertel Givat Ram, südlich des zentralen Busbahnhofs. Hier findet man keine große Plaza, dafür aber jede Menge chaotische Straßen. Außerdem sind einige Museen, das Büro des Ministerpräsidenten, die Zentrale der Bank of Israel und das Oberste Gericht in diesem Bezirk angesiedelt. Die Buslinien 9, 24 und 28 (zur Universität) fahren von der Jaffa Rd nach Givat Ram.

ISRAEL-MUSEUM

Das **Israel-Museum** (Karte S. 128 f.; ☎ 670 8811; www.imj.org.il; Erw./Stud./Kind 42/30/20 NIS; ☾ Mo, Mi & Sa 10–16, Di 16–21, Do 10–21, Fr 10–14 Uhr) könnte man als eine Art Leitfaden für die eigene Israel-Reise betrachten. Wer es zu Beginn seines Aufenthalts in Jerusalem besucht, wird einen guten Überblick über die 5000-jährige Geschichte gewinnen, in die man in den kommenden Tagen eintauchen wird. Praktisch: Die Eintrittskarte ermöglicht auch den Zugang zum Rockefeller-Museum (s. S. 136; 7 Tage gültig). Im Besucherzentrum erhält man einen kostenlosen Audioguide.

Nach Verlassen des Besucherzentrums auf der Rückseite geht man bei der ersten Gelegenheit nach rechts zum **Schrein des Buches**. Dort sind die Qumran-Schriftrollen untergebracht. In der Form des Dachs, das einem überdimensionalen Topfdeckel gleicht, spiegelt sich die Form der Krüge wider, in denen die insgesamt 800 Schriftrollen aufbewahrt wurden, die man 1947 am Toten Meer entdeckt hat. Sie entstanden im Zeit vom 3. Jh. v. Chr. bis zum ersten Jüdischen Aufstands (66–70) und behandeln sowohl säkulare als auch religiöse Themen. Es wird davon ausgegangen, dass die Autoren der altjüdischen asketischen Sekte der Essener angehörten, die mehr als 300 Jahre in dieser Gegend lebten. Das wichtigste Dokument, die **Jesaja-Rolle**, liegt im Zentrum des Raums. Sie enthält die einzige aus antiker Zeit stammende Abschrift eines Bibeltextes, die vollständig erhalten ist: Die 54 Spalten umfassen alle 66 Kapitel des Buchs Jesaja ohne eine erkennbare Unterteilung; die Zusammenfassung mehrerer Einzeltexte, die Forscher für das Buch Jesaja annehmen, muss zum Zeitpunkt der Entstehung der Rolle schon vonstatten gegangen sein. Bis zu ihrem Fund hatte ein Dokument als ältestes biblisches Zeugnis gegolten, das ca. 1000 Jahre jünger ist.

Auf dem Freigelände unterhalb des Schreins des Buches zeigt ein großes **Jerusalem-Modell** im Maßstab 1 : 50 die Stadt zum Ende der zweiten Tempelperiode (um 70 n. Chr.). Bis 2006 hatte es im Holy Land Hotel gestanden. Eine gepflasterte Promenade führt vom Schrein des Buches zum **Art Garden** mit Skulpturen von Moore, Rodin und Picasso.

Der Judaika-Flügel im Hauptgebäude beherbergt Exponate aus drei Synagogen. Besonders beeindruckend ist das komplette Inventar der **Vittorio-Veneto-Synagoge**, das aus dem 17. Jh. stammt und 1965 von Vittorio Veneto von Italien nach Jerusalem gebracht wurde. Der Schwerpunkt eines anderen Teils dieser Ausstellung widmet sich der jüdischen Völkerkunde. Zu den Exponaten zählen die Kleidung einer jüdischen Braut aus Sanaa im Jemen, die Kleider einer Drusenfrau aus Galiläa vom Ende des 19. Jhs. und reich verzierte palästinensische Kostüme aus Bethlehem, die in den 1930er-Jahren entstanden. Interessant sind auch die Trachten jüdischer Gemeinden aus Äthiopien und Kurdistan.

Im Archäologieflügel ist eine **Sieges-Stele des Hauses David** mit einer fragmentarischen Inschrift untergebracht, die aus der ersten Tempelperiode datiert und der bislang einzige außerbiblische Beleg für die Existenz der Dynastie Davids ist. Aus dieser Periode stammen auch ein eigenartiger Granatapfel aus Elfenbein und ein mit Lehmfiguren verzierter Sockel aus Ton. Es gibt zudem zahlreiche Artefakte aus der Römerzeit, darunter jüdische **Sarkophage**, **Ossarien** und ein paar prächtige **Statuen**. Die Bronzebüste von Hadrian stammt aus dem 2. Jh. und wurde in Beit She'an gefunden. Sie gilt als eine der schönsten Abbildungen des Kaisers.

Die Highlights des Kunstflügels sind die Abschnitte mit **impressionistischer** und **postimpressionistischer Kunst** von Größen wie Renoir, Pissarro, Gauguin, Matisse und van Gogh. Toll anzusehen ist auch der vollständig eingerichtete **französische Salon** aus dem 18. Jh. (Zugang über die postimpressionistische Kunstgalerie). Werke lokaler Künstler findet man im **Pavillon für israelische Kunst**. Neben den herrlichen Gemälden von Reuven Rubin und Joseph Zaritsky sind auch unkonventionellere Arbeiten ausgestellt (man beachte z. B. Igael Tumarkins *Mita Meshunah – Unnatural Death*).

Der **Jugendflügel** dient pädagogischen Zwecken und wartet mit interaktiven Exponaten für Kinder auf. Sie können mit Modellhäusern spielen, die sich in einer für „kleine Leute" erreichbaren Höhe befinden. Es werden Führungen für Schüler und bei Interesse auch Kunstunterricht organisiert.

BIBLE LANDS MUSEUM

In diesem **Museum** (Karte S. 128 f.; ☎ 561 1066; www.blmj.org; 25 Granot St, Givat Ram; Erw./Stud. 32/20 NIS; ☻ So, Di & Do 9.30–17.30 Uhr, Sommer Mi 9.30–21.30 Uhr, Winter Mi 13.30–21.30, Fr 9.30–14, Sa 11–15 Uhr) wird die Geschichte des Heiligen Landes Schritt für

Schritt nacherzählt. Die Besucher erhalten eine Fülle an Hintergrundinformationen und dürfen sich auf ausgezeichnet präsentierte Exponate freuen.

Gründer des Museums war Dr. Elie Borowski, ein in Polen geborener Akademiker, der in Deutschland gegen die Nazis kämpfte und später in die Schweiz emigrierte. Dort etablierte er sich als einer der führenden Antiquitätenhändler. Die Bibel übte eine besondere Faszination auf Borowski aus. Er wollte einen Ort schaffen, an dem Menschen verschiedenster Glaubensbekenntnisse zusammenkommen und sich wieder der Moral und Ethik der Heiligen Schrift zuwenden konnten. So entstand dieses Museum

Die ca. 2000 Artefakte datieren aus der Zeit von 6000 v. Chr. bis 600 n. Chr. Man kann Mosaiken und andere Kunstwerke, Siegel, Bronzen und Haushaltsgegenstände aus Asien, Europa und Afrika besichtigen. Die Anordnung der Exponate kann etwas verwirrend sein. Wir empfehlen die kostenlose Führung um 10.30 Uhr (tgl.).

KNESSET

Die 120 Abgeordneten des israelischen Einkammerparlaments tagen in der **Knesset** (Karte S. 128 f.; ☎ 675 3333; www.knesset.gov.il; Ruppin Blvd; Eintritt frei), einem gedrungenen Gebäude mit einer unspektakulären Fassade, die nichts mit der erhitzten Atmosphäre der geheiligten Hallen gemein hat, die sich dahinter befinden.

Das Gebäude wird seit 1966 genutzt. Zuvor war das Parlament in einem unauffälligen Bauwerk in der King George V St beheimatet. Die Innenarchitektur der heutigen Knesset macht optisch mehr her als das Äußere. Das Foyer zieren drei Wandteppiche und ein Mosaik von Marc Chagall.

Das Parlamentsgebäude ist der Öffentlichkeit sonntags und donnerstags von 8.30 bis 14.30 Uhr zugänglich. In dieser Zeit finden kostenlose Führungen statt. Man sollte vorher anrufen, um sich für eine englischsprachige Führung anzumelden; Pass nicht vergessen! Wer mag, kann den Abgeordneten auch bei der Arbeit zusehen, und zwar montags und dienstags von 16 bis 19 Uhr und sonntags und donnerstags von 11 bis 19 Uhr. Die Arbeitssprache ist zumeist Hebräisch, manchmal wird aber auch Arabisch gesprochen.

Neben den Bushaltestellen gegenüber der Knesset ist eine Menora aus Bronze zu sehen, ein Geschenk britischer Unterstützer des Staates Israel. Sie ist mit wichtigen Persönlichkeiten und Ereignissen aus der jüdischen Geschichte verziert.

BLOOMFIELD SCIENCE MUSEUM

Im kinderfreundlichen **Bloomfield Science Museum** (Karte S. 128 f.; ☎ 654 4888; www.mada.org.il; Hebrew University, Ruppin Blvd, Givat Ram; Erw./Kind 27/15 NIS; Mo, Mi & Do 10–18, Di bis 20, Fr bis 13, Sa bis 15 Uhr) gibt's jede Menge interaktive Darstellungen zu den unterschiedlichsten Themen (vom Teilchenbeschleuniger bis zur Marsforschung), und es bietet ein nettes Kontrastprogramm zu den anderen geschichtslastigen Attraktionen in Jerusalem. Gleichzeitig bietet ein Museumsbesuch die Gelegenheit, einen Blick auf den Campus der Hebrew University zu werfen.

KREUZKLOSTER

In jeder anderen Stadt wäre das **Kreuzkloster** (Karte S. 128 f.; Rehavia Valley; Eintritt 10 NIS; Mo–Fr 9–16 Uhr) eine bedeutende Attraktion, in Jerusalem fällt es jedoch durchs Raster, nicht zuletzt wegen seiner abgeschiedenen Lage in einem Tal unterhalb des Israel-Museums. Die festungsähnliche Anlage wurde im frühen 4. Jh. von König Bagrat von Georgien erbaut. Einer Legende zufolge soll hier der Baum gestanden haben, aus dessen Holz das Kreuz Jesu gemacht wurde. 614 verwüsteten die Perser das Gelände. Nach dem Wiederaufbau wurde das Kloster 1009 erneut zerstört, dieses Mal von Muslimen. 1038 begannen die nächsten Wiederaufbauarbeiten. Seither sind verschiedene Anbauten hinzugekommen, z. B. ein Rokoko-Turm im spanischen Stil (Mitte des 19. Jhs.). Die griechisch-orthodoxe Gemeinde kaufte das Gelände 1685.

Das Innere der Kirche ist glücklicherweise nicht allzu überladen, besticht jedoch durch ein kleines Museum, ein Stück Mosaikboden aus dem 6. Jh. in der Kapelle und ein paar interessante Fresken aus dem 17. Jh. – beachtenswert sind die ausdrucksstarken Porträts und intensiven Farben, und es gibt nicht wenige, die behaupten, es gäbe in ganz Israel keine schöneren Fresken. Zu Füßen der beiden Kirchenväter wird man einen kleinen Kerl mit weißem Bart und rotem Gewand entdecken. Dabei handelt es sich um Shota Rustaveli, einen berühmten georgischen Dichter, der das Kloster im 12. Jh. aufsuchte und bis zu seinem Tode dort lebte.

Um zu dem Kloster zu gelangen, durchquert man Rehavia auf der Ramban St, überquert die Hanasi Ben Zvi und folgt dem Pfad, der den Hügel hinabführt. Im Stadtzentrum kann man die Buslinien 31 oder 32 nehmen, am Jaffa-Tor Buslinie 19; aussteigen muss man an der ersten Haltestelle auf der Harav Herzog St, dann geht's weiter auf dem abschüssigen Weg.

Har Hazikaron

An den westlichen Ausläufern der Stadt erhebt sich zwischen Wohnblockreihen und dem Stadtwald der **Har Hazikaron** (Berg des Gedenkens). Das Gelände mit den bewaldeten Hügeln und herrlichen Aussichten umfasst den Herzl-Berg, den Militärfriedhof und Yad Vashem, das Mahnmal für die Holocaust-Opfer. Es befindet sich nahe Ein Kerem (s. S. 149).

HERZL-BERG & HERZL-MUSEUM

Der von Zedern und Kiefern bestandene **Herzl-Berg** (Karte S. 94 f.) ist nach dem Publizisten Theodor Herzl benannt, dem Begründer des politischen Zionismus. Diese wichtige Gedächtnisstätte erinnert an die Gründungsväter des Staates Israel. Über die Geschichte des Zionismus informiert das frisch renovierte **Herzl-Museum** (Karte S. 94 f.; ☎ 643 3266; www.herzl.org.il; Erw./Kind 25/20 NIS; So–Do 9–15.30, Fr bis 12.30 Uhr). Es ermöglicht eine Art multimedialer Reise ins Leben von Theodor Herzl. Die Besucher müssen sich zu einer Führung anmelden.

Herzls Geschichte beginnt in Paris, wo er als Korrespondent für eine Wiener Zeitung tätig war. Er wurde Zeuge gewalttätiger antisemitischer Übergriffe in Folge der Dreyfus-Affäre 1894 und widmete sich daraufhin der Schaffung eines jüdischen Staates, in der Juden nicht mehr Opfer derartiger Verbrechen werden würden. Drei Jahre später fand der erste Zionistische Weltkongress in Basel statt. Herzl führte in den nächsten sieben Jahren weitere Kampagnen durch. Er starb 1904.

Herzls Grab (Karte S. 94 f.) ist durch einen einfachen schwarzen Stein gekennzeichnet, der seinen Namen trägt. Es befindet sich auf einem kleinen Hügel westlich des Museums. In der Nähe wurden diverse israelische Ministerpräsidenten und Staatspräsidenten beigesetzt, darunter Golda Meir, Itzhak Rabin, Menachem Begin und Levi Eshkol. Nach kurzem Fußweg Richtung Norden erreicht man den Militärfriedhof. Richtung Westen führt ein unbefestigter Pfad zum Mahnmal Yad Vashem.

YAD VASHEM

Das Grauen des Holocaust hallt in der weltweiten jüdischen Gemeinde und ganz besonders in Israel nach. Die unfassbare Tragödie prägte ganz entscheidend die nationale Psyche des jungen Staates. Bereits 1953 machte sich die Knesset daran, Pläne für ein Denkmal zu realisieren – eine Gedenkstätte für die 6 Mio. von den Nazis ermordeten Juden und diejenigen, die versucht haben, Menschenleben zu retten. So entstand der weitläufige Komplex **Yad Vashem** (Karte S. 94 f.; ☎ 644 3565; www.yadvashem. org; Eintritt frei; ☺ So–Do 9–17, Fr bis 14 Uhr) auf dem Berg des Gedenkens, der ein Besucherzentrum, ein Museum und ein Dutzend Denkmäler umfasst.

Der Begriff Yad Vashem stammt aus dem Buch Jesaja (56,5) und bedeutet „ein Denkmal und ein Name". Kernstück der Anlage ist ein **Geschichtsmuseum**. Die dreieckige Form soll laut Architekt Mosche Safdie die untere Hälfte eines Davidsterns darstellen – so wird symbolisiert, dass das jüdische Volk weltweit während des Holocausts entzweigeschlagen wurde. In der Halle der Namen („Hall of Names") werden die „Pages of Testimony" aufbewahrt, Formulare, die von Freunden und den Familien der Holocaust-Opfer ausgefüllt werden. Bislang sind 3 Mio. Schriftstücke gesammelt worden. Das Loch im Boden erinnert an die namenlosen Opfer.

Näher am Besucherzentrum befindet sich das **Denkmal für die Kinder** („Children's Memorial"), das ebenfalls von Safdie gestaltet wurde. Es ist den 1,5 Mio. jüdischen Kindern gewidmet, die durch die Hand der Nazis ums Leben kamen. In dem düsteren unterirdischen Mahnmal wird eine einzelne Kerzenflamme von Hunderten von Spiegeln reflektiert. Eine Frauenstimme nennt die Namen ermordeter Kinder.

Die **Allee der Gerechten unter den Völkern** („Avenue of the Righteous") führt um den Kamm des Bergs und ist von Bäumen gesäumt. Diese sind den Nicht-Juden gewidmet, die ihr Leben aufs Spiel setzten, um Juden vor dem Tode zu bewahren; dazu zählen Oskar Schindler und König Christian X. von Dänemark. In der **Gedächtnishalle** („Hall of Remembrance") brennt ein ewiges Licht nahe der Krypta, in der die Asche mehrerer in den Vernichtungslagern ermordeter Opfer aufbewahrt wird. Auf dem Boden stehen die Namen von 22 Konzentrationslagern. Am südlichen Ende des Geländes steht das **Viehwaggon-Denkmal** („Cattle Car Memorial"). In dem Waggon der Deutschen Reichsbahn wurden Juden von den Ghettos in die Vernichtungslager transportiert; er steht auf Gleisen, die am Ende eines Abgrunds ins Nichts ragen. In der Nähe wurde eine 1 ha große Fläche aus dem Talboden herausgearbeitet: das **Tal der Gemeinden** („Valley of the Community"). Dort sind auf Steintafeln die Namen 5000 jüdischer Gemeinden eingraviert, die von den Nazis ausgelöscht wurden.

Für die Besichtigung von Yad Vashem sollte man ca. drei Stunden einplanen. Der Egged-Bus 99 ist der einzige öffentliche Bus, der den Parkplatz des Geländes ansteuert (die Haltestelle gehört zur Stadttour). Die neue Jerusalem Light Rail wird voraussichtlich ab April 2011 in der Nähe des Herzl-Bergs halten; von der Haltestelle sind es zu Fuß zehn Minuten bis zur Gedenkstätte.

Ein Kerem

Ein Kerem (En Karem) liegt in einem Tal an den Ausläufern der Stadt. Die kleine Gemeinde bezaubert durch arabische Steinhäuser, die von libanesischen Zedern und heimischen Kiefern umgeben sind. In dem hübschen Dorf befinden sich ein paar bedeutende Kirchen, die in Verbindung mit Johannes dem Täufer stehen. Zudem hat man es nicht allzu weit bis zum Hadassah Medical Centre mit den wunderschönen Fenstern von Marc Chagall. An Wochenenden ist in Ein Kerem besonders viel los; dann treffen sich Einheimische zum Brunchen.

Lange Zeit verlief die Stadtgeschichte ohne besondere Ereignisse. Mitte des 6. Jhs. aber stellten christliche Pilger fest, dass hier wahrscheinlich Elisabeth lebte, die Mutter von Johannes dem Täufer. Postwendend wurden Tempel und Kirchen an heiligen Stätten errichtet. Der Krieg 1948 bewog die arabischen Bewohner zum Verlassen des Dorfs. Später wurden ihre Häuser von marokkanischen und rumänischen Immigranten übernommen. Die wachsende Studentenpopulation hat der Gemeinde neues Leben eingehaucht.

Buslinie 17 fährt von der Jaffa Rd nach Ein Kerem.

JOHANNESKLOSTER

Die blau-weiße Innenarchitektur des **Johannesklosters** (Karte S. 94 f.; Eintritt frei; ☺ So–Fr 9–12 & 14.30–17 Uhr) erinnert an europäische Kirchen, was aber nicht weiter verwunderlich ist – der Bau wurde 1674 von der spanischen Krone finanziert und durchgeführt und ist seitdem im Besitz der Franziskaner. Die Gemälde stammen aus der Hand spanischer Künstler und über dem Eingang prangt ein königliches Wappen.

Im vorderen Bereich der Kirche findet man die Grotte, in der Johannes, wie von einem Engel verheißen, geboren wurde (Lk. 1,5–25 & 57–80); ein kleine kreisrunde Marmorplatte unter dem Altar bezeichnet die Stelle.

Die Kirche liegt in der Straße rechts der Hauptstraße.

KIRCHE MARIÄ HEIMSUCHUNG

Die **Kirche Mariä Heimsuchung** (Karte S. 94 f.; Eintritt frei; ☻ 8–11.45 & 14.30–18 Uhr) erhebt sich an der Stelle, an der sich einst das Haus von Zacharias und Elisabeth, den Eltern von Johannes dem Täufer, befunden haben soll. Sie steht oberhalb der Marienquelle und gegenüber dem Johanneskloster, von dem sie ein Tal trennt. Der Name erinnert an den Besuch Mariä bei Elisabeth (Lk. 1,39–49). Das Gebet, das Maria gemurmelt haben soll ("Meine Seele erhebt den Herren", Lk. 1,46–56), steht in 41 Sprachen auf den Wänden der Kirche. Prächtige Bilder zieren das Gotteshaus. In der Apsis sieht man Maria in der Wüste, flankiert von Gläubigen, und darunter Engel, die sie mit Gebinden krönen wollen.

CHAGALL-FENSTER

Das Hadassah Medical Centre ist das größte Krankenhaus des Nahen Ostens. Es wird häufig mit seinem Namensvetter auf dem Skopus-Berg verwechselt und ist im Ausland vor allem wegen seiner **Synagoge** (außerhalb Karte S. 94 f.; ☎ 641 6333; Eintritt 10 NIS; ☻ So–Do 8–13.15 & 14–15.30 Uhr) bekannt, die mit Buntglasfenstern des jüdischen Künstlers Marc Chagall aufwarten. Die bunten, abstrakten Fensterbilder stellen jeweils einen der zwölf Stämme Israels dar (s. hierzu die Bücher Genesis 49 und Deuteronomium 33).

Es werden geführte Touren in englischer Sprache geboten, man muss aber vorher anrufen, um sich die Uhrzeit bestätigen zu lassen. Die Buslinien 19 und 27 fahren bis zum Krankenhaus (Endhaltestelle). Von Ein Kerem aus kann das Medical Centre auch zu Fuß erreicht werden.

AKTIVITÄTEN

Ein gutes Mittel gegen die Sommerhitze ist der **Jerusalem Pool** (Karte S. 163; ☎ 563 2092; 43 Emek Refa'im

St; 50 NIS/Tag; ☻ So–Do 9–20, Fr bis 13 Uhr) im Herzen der Deutschen Kolonie. Im Winter ist der Pool überdacht. Das **YMCA** (Karte S. 140 f.; ☎ 569 2692; 26 HaMelekh David St; 70 NIS pro Tag; ☻ Mo–Do 6–21, Fr & Sa 9–14 Uhr) gegenüber dem King David Hotel hat einen netten, wenn auch etwas altmodischen Pool und ein Fitnessstudio, zu dem auch ein überdachtes Basketballspielfeld gehört. YMCA-Mitglieder können die Anlagen umsonst nutzen. Das Schwimmbecken ist nicht immer geöffnet. Am besten die Website konsultieren: www.greatshape.co.il.

Giraffe (Karte S. 140 f.; ☎ 1 700 706 005; 10 Luntz St; 80 NIS pro Tag; ☻ So–Do 6–12, Fr bis 17 Uhr) heißt ein zentral gelegenes Fitnesszentrum.

Das **Jerusalem Bowling Centre** (Karte S. 94 f.; ☎ 673 2195; Kanyon Talpiot, 18 Yad Harutzim; ☻ So–Fr 10–2, Sa ab 11 Uhr) liegt in Talpiot. Zwischen 10 und 18 Uhr zahlt man 22 NIS für eine Partie, zwischen 18 und 2 Uhr 27 NIS und an den Wochenenden 30 NIS. Wenn man zwei Runden spielt, ist die dritte gratis.

Lust auf einen Ausflug ins Grüne? **King David Stables** (Karte S. 171; ☎ 057 747 1681; www.kingdavid stables.com; 45-minütiger Ritt 90 NIS; ☻ Mo–Do 6–21, Fr & Sa 9–14 Uhr) organisiert Ausritte in die judäischen Berge (100 NIS/Std.) und Reitunterricht. Die Stallungen liegen 16 km westlich von Jerusalem in Moschaw Shoresh. Nach Verlassen der Autobahn muss man den Schildern nach Beit Meir folgen.

GOTTESDIENSTE

Die offene religiöse Gruppe **Shira Hadasha** (Karte S. 163; www.shirahadasha.org.il; 12 Emek Refa'im St) heißt sowohl Frauen als auch Männer zum Feiern des Sabbatgottesdienstes willkommen (Fr 18.45 Uhr). Am besten ruft man vorher an, da die Teilnehmerzahl begrenzt ist (Kontaktdaten finden sich auf der Website). Der Gottesdienst wird auf Englisch und Hebräisch gehalten.

STADTSPAZIERGANG – VIA DOLOROSA

Die beste Spazierroute durch Jerusalem ist natürlich die Via Dolorosa (Leidensweg) – also jener Weg zum Kalvarienberg (Golgatha), den Jesus, das Kreuz tragend, beschritten haben soll. Ein Führer wird eigentlich nicht benötigt. Wer Lust aber auf eine ungewöhnliche Erfahrung hat, kann sich der freitäglichen Prozession (inkl. Kreuz natürlich) der Franziskanerbrüder anschließen. Von Oktober bis März geht's um 15 Uhr los, von April bis September um 16 Uhr.

Die Tradition des Kreuzwegs reicht zurück bis in die Zeit byzantinischer Pilger, die diesem Pfad am Gründonnerstag vom Garten Gethsemane nach Golgatha folgten.

Die Kreuzwegstationen gibt es jedoch erst seit dem 8. Jh. Zu diesem Zeitpunkt sah auch die Route der Via Dolorosa anders aus: Sie führte vom Garten Gethsemane an der Außenseite der Stadtmauern zum Haus Kajaphas auf dem Berg Zion, weiter zum Praetorium von Pilatus nahe dem Tempel und schließlich zur Grabeskirche.

Nachdem sich im Mittelalter die Christenheit in zwei Lager gespalten hatte, gab es auch zwei Kreuzwege, die in erster Linie zu den Kirchen führten, welche zu der jeweiligen Konfession gehörten. Im 14. Jh. legten die Franziskaner eine Route fest, die bereits ein paar der heutigen Stationen umfasste, der Ausgangspunkt war allerdings die Grabeskirche. Sie war in den nächsten beiden Jahrhunderten die Standardroute, bis sich schließlich Pilger aus Europa mit dem Wunsch durchsetzten, dass der Kreuzweg sich an der Abfolge der biblischen Ereignisse orientieren und folglich am Ort der Kreuzigung enden und nicht beginnen solle.

STADTSPAZIERGANG

Start Via Dolorosa, Kreuzwegstation Nr. 1
Ziel Grabeskirche
Strecke 600 m
Dauer ca. 30 Min.

Wenn es nach den Historikern ginge, wäre eher die Zitadelle, der Sitz des römischen Statthalters Pontius Pilatus, der Startpunkt des Weges. Diverse Bibelstellen untermauern diese Theorie: So wird in einigen Evangelien berichtet, der Prozess Jesu habe auf einer Plattform (Mt. 27,19) und im Freien (Lk. 23,4, Joh. 18,28) stattgefunden; ferner weiß man, dass es auf dem Palastgelände einen derartigen Ort gab. Hieraus wiederum lässt sich schlussfolgern, dass Jesus wahrscheinlich auf der heutigen David St Richtung Osten gegangen ist, dann nach Norden durch den Metzgermarkt und zuletzt nach Westen zum Kalvarienberg.

Wer der aktuellen Kreuzwegroute folgen möchte, muss zunächst tief ins Muslimische Viertel vordringen und in Richtung Löwentor gehen. In der Nähe der ersten Station befinden sich die St.-Anna-Kirche (S. 115) und der Ecce-Homo-Konvent der Sionsschwestern (S. 116).

Station I (1) befindet sich auf dem Gelände des islamischen Al-Omariyeh College. Der Eingang ist eine blaue Tür am Ende einer Rampe an der Südseite der Via Dolorosa, östlich des Ecce Homo-Torbogens. Man hat leider nicht beliebig lang Zutritt, sollte sich also nicht wundern, wenn man aufgefordert wird, das Gelände zu verlassen. Das College selbst ist für Besucher auf den Spuren des Christentums nicht von Interesse, bietet jedoch im Obergeschoss einen tollen Blick auf den Haram asch-Scharif/Tempelberg.

Station II (2) liegt auf der anderen Straßenseite in der franziskanischen Verurteilungs-

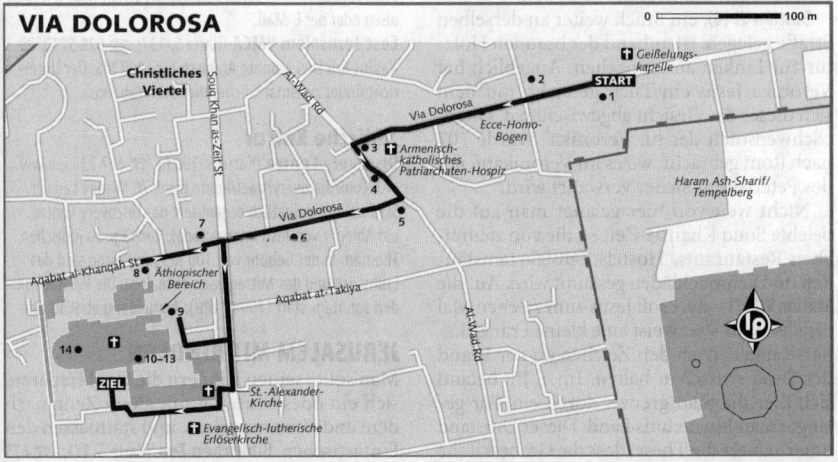

VIA DOLOROSA

0 ⸻ 100 m

Christliches Viertel

Geißelungs-kapelle

START

Al-Wad Rd

Souq Khan as-Zeit St

Via Dolorosa

Via Dolorosa

Ecce-Homo-Bogen

2

1

3 Armenisch-katholisches Patriarchaten-Hospiz

4

Haram Ash-Sharif/Tempelberg

7

Via Dolorosa

5

6

Aqabat al-Khanqah St

8

Äthiopischer Bereich

Aqabat at-Takiya

Al-Wad Rd

9

14

10–13

ZIEL

St.-Alexander-Kirche

Evangelisch-lutherische Erlöserkirche

kapelle (dort soll Jesus das Kreuz bzw. der Querbalken davon übergeben worden sein). Die 1929 errichtete **Geißelungskapelle** (Karte S. 100 f.; Eintritt frei; ☺ April–Sept. Mo–Sa 8–12 & 14–18, Okt.–März Mo–Sa 8–17 Uhr) rechts davon markiert der Überlieferung nach die Stelle, an der Christus ausgepeitscht worden ist. An der Decke der Kuppel ist eine Darstellung der Dornenkrone zu sehen, die Fenster rund um den Altar zeigen Menschen, die diesem grausigen Schauspiel beiwohnen.

Anschließend geht es den kleinen Hügel hinab bis zur Al-Wad Rd. Dort herrscht ein reges und buntes Treiben: Mit Schlagstöcken bewaffnete Polizisten wandern umher, Kinder spielen Fußball und Händler schieben Karren durch die Gegend, während christliche Pilger versuchen, sich durch die Menschenmassen einen Weg zu bahnen.

Auf der Al-Wad Rd angekommen, wendet man sich nach links. Es sind nur wenige Schritte bis zur **Station III (3)**: An der Stelle, an der Jesus zum ersten Mal gefallen sein soll, wurde eine kleine polnische Kapelle errichtet. Nebenan befindet sich der Eingang zum armenisch-katholischen Patriarchaten-Hospiz.

Hinter dem Hospiz liegt neben der armenischen Kirche **Station IV (4)**, an der Jesus seine Mutter in den Reihen der Zuschauer erblickte.

Während die Al-Wad Rd weiter nach Süden in Richtung Klagemauer verläuft, zweigt die Via Dolorosa nach Westen ab; direkt an der Ecke ist **Station V (5)**, zu erkennen an den Zeichen rund um eine Tür. Dort, so heißt es, befahlen die Römer Simon von Kyrene, Jesus beim Tragen des Kreuzes zu helfen.

Station VI (6), ein Stück weiter an derselben Straße gelegen, ist anhand der braunen Holztür zur Linken auszumachen. Angeblich hat Veronika Jesus ein Tuch gereicht, mit dem sich dieser das Gesicht abgewischt hat. Dieses „Schweißtuch der hl. Veronika" wurde 707 nach Rom gebracht, wo es im Veronikapfeiler des Petersdoms sicher verwahrt wird.

Nicht weit von hier gelangt man auf die belebte Souq Khan as-Zeit St, die von zahlreichen Restaurants, Hostels, Süßigkeitenständen und Schmuckläden gesäumt wird. Auf die **Station VII (7)** – dort soll Jesus zum zweiten Mal gefallen sein – verweist eine kleine Franziskaner-Kapelle; nach den Zeichen an der Wand des Souq Ausschau halten. Im 1. Jh. befand sich hier die Stadtgrenze, durch ein Tor gelangte man hinaus aufs Land. Dieser Umstand untermauert die These, dass die Grabeskirche

tatsächlich der Ort der Kreuzigung, Beisetzung und Wiederauferstehung Jesu ist.

Station VIII (8) ist leicht zu übersehen. Man muss die Souq Khan as-Zeit St überqueren und der Verlängerung der Via Dolorosa, der Aqabat al-Khanqah St, folgen. Gegenüber von einem Internetcafé auf der linken Seite wird man ein Kreuz entdecken. Es bezeichnet die Stelle, an der Jesus ein paar weinenden Frauen Trost spendete; sie sollten um sich selbst und ihre Kinder weinen, nicht um ihn.

Ist man wieder bis zur Souq Khan as-Zeit St zurückgelaufen, biegt man nach rechts ab (Richtung Süden). Zur Rechten befindet sich eine Treppe, an deren Ende ein Pfad zur koptischen Kirche führt. Die Überreste einer Säule an der Tür kennzeichnen **Station IX (9)**, an der Jesus zum dritten Mal gefallen ist.

Wieder auf der Hauptstraße geht's weiter zum Areal der Grabeskirche mit den letzten fünf Stationen des Kreuzweges. Details zu den Station X bis XIV sind auf S. 112 nachzulesen.

KURSE
Sprache
Gerard Behar Centre (Karte S. 140 f.; ☎ 625 4156; 11 Bezalel St) Hebräischunterricht morgens und abends; man kann sich jederzeit anmelden.

Hebrew Union College (Karte S. 140 f.; ☎ 620 3303; hsaggie@hotmail.com; 13 HaMelekh David St) Die dreimonatigen Kurse (1800 NIS) beinhalten zweimal Abendunterricht pro Woche. Sehr beliebt bei Touristen.

Palestinian Arabic Institute (☎ 052-227 3874; palestinianarabic@gmail.com) Einmonatiger Arabisch-Intensivkurs; der Unterricht findet viermal pro Woche statt. Infos zum aktuellen Veranstaltungsort erhält man telefonisch oder per E-Mail.

East Jerusalem YMCA (Karte S. 137; ☎ 628 5210; 29 Nablus Rd) Drei Monate Arabisch für 1200 NIS. Der Unterricht findet zweimal wöchentlich statt (abends).

Jüdische Kultur
Discovery Centre (Karte S. 100 f.; ☎ 627 2355; www. aish.com/discoveryisrael/home.html; 70 Misgav Ladach St) Zweimal monatlich organisiert das Discovery Centre, ein Ableger von Aish International, Vorträge zu jüdischen Themen. In der Gebühr von 100 NIS pro Person sind das Frühstück und das Mittagessen enthalten. Die Vorträge finden sonntags statt (10–17 Uhr); Anmeldung ab 9.30 Uhr.

JERUSALEM MIT KINDERN
Man sollte seinen Kindern die Qual ersparen, sich ein ödes Museum mit altem Zeug nach dem anderen anzusehen, und stattdessen den fantastischen **Biblischen Zoo** (Karte S. 171; ☎ 675

0111; www.jerusalemzoo.org.il; Zoo Rd; Erw./Kind 45/35 NIS; ☺ So–Do 9–19, Fr 9–16.30, Sa 10–18 Uhr) ansteuern, einen 25 ha großen Park im Südwesten der Stadt. Hier sind Tiere zuhause, die in der Bibel Erwähnung finden, mittlerweile jedoch in Israel ausgestorben sind, darunter Löwen, Bären und Krokodile. In einem anderen Teil des Zoos sind bedrohte Tierarten aus anderen Teilen der Welt untergebracht. Bus Nr. 26 fährt vom zentralen Busbahnhof zum Zoo.

Ein weiteres Highlight für kleine Leute ist das **Train Theatre** (Karte S. 128 f.; ☎ 561 8514; www. traintheater.co.il; Liberty Bell Park; Eintritt 15–60 NIS), in dem gelegentlich Puppenspiele aufgeführt werden.

Unterhaltsam sind auch der Time Elevator (S. 144) und das Bloomfield Science Museum (s. S. 148). In der Davidsstadt (S. 132) können die mutigeren Zeitgenossen in einem unheimlichen Tunnel durch hüfthohes Wasser waten – Indiana Jones lässt grüßen!

GEFÜHRTE TOUREN

Wer sich nach der Ankunft in Jerusalem erst einmal einen Überblick verschaffen möchte, sollte mit der **Egged 99 Circular Line** (☎ 530 4704; Fahrt ohne Unterbrechungen Erw./Kind 60/48 NIS, Fahrt mit Unterbrechungen 80/68 NIS) fahren. Der oben offene Bus steuert 35 der wichtigsten Sehenswürdigkeiten in der Stadt an, die in acht Sprachen kommentiert werden. Außerdem werden Videos gezeigt. Die Rundfahrt startet alle zwei Stunden, man kann sich also an einem Tag zwei oder drei Attraktionen ansehen, sofern man einen Aufenthalt von jeweils um die zwei Stunden einplant. An einigen Wahrzeichen legt der Busfahrer eine kurze Pause ein, damit die Passagiere aussteigen und ein Foto knipsen können. Der erste Bus startet um 9 Uhr am zentralen Busterminal. Man kann ein Jaffa-Tor, dem King David Hotel oder einer anderen Haltestelle zusteigen. Auf der Website von Egged sind die Stationen und Fahrpläne aufgeführt (www.egged.co.il/eng; das Menü „Tourism" anklicken).

Zion Walking Tours (Karte S. 100 f.; ☎ 626 1561, 050-530 5552; Omar Ibn al-Khattab Sq) veranstaltet einen dreistündigen geführten Spaziergang durch die Altstadt (So–Do 10, 11 & 14 Uhr; 35 US$/ Pers.; Mindestteilnehmerzahl: 4 Pers.).

Sandemans New Jerusalem Tours (Karte S. 140 f.; ☎ 052-346 4479; www.newjerusalemtours.com; 1 Ben Shatakh St) bietet täglich eine kostenlose Altstadttour an (Trinkgelder werden gern genommen). Treffpunkt ist um 11 Uhr am Jaffa-Tor. Diese Stadtführung ist einfach gestrickt, eig-

net sich aber sehr gut als Einführung – am besten plant man sie daher gleich für den ersten Tag in Jerusalem ein. Die teureren Touren (75 NIS) führen in die Altstadt und weitere Bezirke. Die Führer sind nett und sachkundig und liefern eine objektive Darstellung der aktuellen politischen Ereignisse. Neben den Stadtspaziergängen wird auch eine Segway-Tour außerhalb der Altstadtmauern organisiert (180 NIS).

Wer gerne radelt, ist bei **EcoBike** (☎ 534 4452; www.ecobike.co.il) an der richtigen Adresse. Immer samstags geht's auf Drahteseln quer durch die Viertel Jerusalems (200 NIS). Unterwegs erhält man viele Insider-Infos und besucht einige der weniger touristischen Teile der Stadt, z. B. Nahla'ot, Rehavia oder die Deutsche Kolonie, aber auch bekannte Orte (Haas-Promenade, Altstadt etc.). Ein weiteres Plus: Die Fahrrad-Guides sind supersympathisch. Im Tourpreis ist die Leihgebühr fürs Rad schon inbegriffen. Da der Ausflug am Sabbat stattfindet, sind die Straßen angenehm leer. Und obwohl Jerusalem eine hügelige Stadt ist, wird man weniger ins Schwitzen geraten, wie man vielleicht befürchtet – das liegt wohl auch an den qualitativ hochwertigen Rädern.

FESTIVALS & EVENTS

Im Folgenden werden ein paar Festivals und Events genannt, die man sich nicht entgehen lassen sollte, wenn man zufällig zum entsprechenden Zeitpunkt in der Stadt ist (mehr Infos gibt's auf S. 433):

Internationale Buchmesse Jerusalem (Februar)

Jerusalemtag (Mai od. Juni) Mit diesem Fest feiert die jüdische Bevölkerung die Wiedervereinigung Jerusalems von 1967.

Israel-Festival (Juni) Ein 16-tägiges Festival mit zahllosen Konzerten, Tanz- und Theatervorführungen in der ganzen Stadt.

Jerusalemer Filmfestival (Juli)

SCHLAFEN

Die Bandbreite an unterschiedlichen Übernachtungsmöglichkeiten in Jerusalem ist überwältigend. Man kann in denkmalgeschützten Hotels, Jugendherbergen, luxuriösen Hochhäusern und christlichen Hospizen nächtigen, als Kurzzeitmieter in ein Apartment einziehen oder sich in familiengeführten Pensionen und B & Bs einquartieren. Auch was die Lage der Quartiere angeht, hat man die Qual der Wahl: Reisende können sich vom

Läuten der Kirchenglocken in der Altstadt wecken lassen oder in der Neustadt von Rockmusik begleitet einschlummern. Für was man sich auch entscheidet – im Sommer ist es stets sinnvoll, Zimmer bzw. Betten zu reservieren.

Die meisten Budgetunterkünfte befinden sich in der Altstadt und nahe dem Damaskus-Tor in Ost-Jerusalem. Im Stadtzentrum gibt's nur wenige günstige Adressen. Das Mittelklassesegment wartet mit ein paar erstklassigen Optionen auf, dazu zählen atmosphärische christliche Hospize in der Altstadt und Boutiquehotels im Zentrum. Hotels der Luxusklasse findet man in Mamilla und Ost-Jerusalem.

Die Altstadt bietet jede Menge rustikalen Charme und die bedeutendsten historischen Stätten liegen quasi vor der Haustür. Durch die diversen Viertel mit ihren engen Gassen und zahlreichen Treppen fahren keine Autos, dafür wimmelt es nur so von Menschen. Wer mit dem Auto anreist bzw. viel Gepäck hat, ist also im Nachteil und sollte sich vielleicht besser eine Bleibe im Stadtzentrum suchen.

Altstadt
BUDGETUNTERKUNFT

Hebron Youth Hostel (Karte S. 100 f.; ☎ 628 1101; ashraf tabasco@hotmail.com; 8 Aqabat at-Takiya St; B 35 NIS, DZ mit/ohne Bad 150/120 NIS; 🖥 🛜) Mit seinen Steinwänden, Bogengängen und dem arabischen Dekor ist diese Jugendherberge die typische Altstadtunterkunft. Die schmale Treppe führt zu einem kleinen Empfangsbereich, einem Billardzimmer und gemütlichen Zimmern mit einer einzigartigen Atmosphäre hinauf. Das Ganze hat jedoch den einen oder anderen Haken: Sauberkeit wird nicht eben groß geschrieben, in der Lobby kann es sehr verraucht sein und die Angestellten sind für ihre schroffe Art bekannt. Die Unterkünfte auf dem Dach sollte man besser meiden – sie sind ziemlich baufällig. Außerdem bleibt das Wasser öfters kalt (warmes gibt es teilweise nur morgens und abends).

Petra Hostel (Karte S. 100 f.; ☎ 628 6618; arthurlouis junior@yahoo.com; Omar Ibn al-Khattab Sq; Matratze auf dem Dach/B 35/50 NIS, DZ mit/ohne Bad 200/180 NIS; 🖥) Das älteste Hotel Jerusalems wurde in den 1820er-Jahren gebaut. Hier haben schon Persönlichkeiten wie Mark Twain und Herman Melville genächtigt. 100 Jahre Verwahrlosung haben Spuren hinterlassen – doch obwohl das Petra marode wirkt, hat es sich eine nette, lebendige Atmosphäre bewahrt. Und der hilfsbereite Manager Gabriel ist stets zur Stelle, wenn man Fragen hat. Im Sommer können Gäste auf Matratzen auf dem Dach schlafen. Man kann seine Wäsche waschen lassen, und es gibt ein Flughafen-Shuttle. Das Frühstück kostet nur 14 NIS.

LP Tipp **Citadel Youth Hostel** (Karte S. 100 f.; ☎ 628 5253, 054-580 5085; www.citadelhostel.com; 20 Mark St; B 45 NIS, DZ mit Bad 220–270 NIS, DZ ohne Bad 140–160 NIS; 🖥 🛜) In einem 500 Jahre alten Gebäude mit Steinmauern und schmalen Gängen ist ein Boutiquehotel für Backpacker untergebracht. Es ist gepflegt und jedes Zimmer hat seinen individuellen Charakter. Oben hat man einen tollen Ausblick, im Sommer ist es in den Räumen jedoch mitunter stickig und heiß, im Winter ungemütlich kalt. Die Zimmer unten bieten mehr Platz und moderatere Temperaturen. Man kann Fahrräder leihen (einen Tag vorher Bescheid sagen; halber/ganzer Tag 40/70 NIS). Eine der nettesten Adressen in ganz Jerusalem.

El Malak (Karte S. 100 f.; ☎ 628 5382, 054 567 8044; 18 El-Malak & 27 Ararat; B/EZ/DZ 50/110/160 NIS) Eine ziemlich ungewöhnliche Unterkunft. Das El Malak besteht aus einer Reihe von Zimmern in einem renovierten Keller, über dem eine ältere armenische Dame wohnt. Die Schlafsäle sind nicht zu empfehlen, die Doppelzimmer dagegen schon. Gemeinschaftsbereich und Küche sind klein, aber gut ausgestattet. Pluspunkte sammelt der Umstand, dass es im El Malak noch angenehm kühl ist, wenn man in anderen Hotels bereits vor lauter Hitze vergeht. In dem Haus oben sind zwei höherwertige Zimmer zu haben; nach Claire Ghawi fragen. Das Malak ist nicht leicht zu finden: Man folgt der Treppe am Ende des Cardo, geht auf der Habad Rd nach Süden, biegt nach 30 m rechts ab, marschiert die Gasse hinauf und wendet sich dann nach links. Nach der Hausnummer 18 Ausschau halten.

Jaffa Gate Hostel (Karte S. 100 f.; ☎ 627 6402, 054 495 7145; jaffa_gate_hostel@yahoo.com; Jaffa-Tor; B/EZ/DZ/3BZ 50/130/180/200 NIS; 🎮 🖥 🛜) Angesichts der günstigen Lage nahe dem Jaffa-Tor bietet das Hostel faire Preise. Auf dem Dach hat man einen tollen Blick auf die Altstadt. Die Zimmer sind ein wenig klein und rustikal. Viele haben ein eigenes Bad. Das Hostel liegt in einer Gasse neben dem Moses Art Café.

Golden Gate Inn (Karte S. 100 f.; ☎ 628 4317; golden gate442000@yahoo.com; 10 Souq Khan al-Zeit St; B/EZ/DZ 50/150/200 NIS; 🎮 🛜) Hat alles, was eine tolle

Pension braucht. Die ziemlich saubere Unterkunft ist in einem atmosphärischen alten Haus untergebracht und hat eine große Küche. Die klimatisierten Zimmer warten mit angrenzenden Bädern und Kabel-TV auf. Allerdings geht es hier weniger gesellig als in anderen Pensionen zu. Auf dem Gelände ist Alkohol verboten.

Hashimi Hotel (Karte S. 100 f.; ☎ 628 4410, 052 257 2121; www.hashimihotel.com; 73 Souq Khan al-Zeit; B/DZ/DZ/3BZ/4BZ 20/35/55/85/100 US$; 🌀 💻 🛜) Inmitten des muslimischen Viertels ragt das Hashimi auf. Im Restaurant auf dem Dach kann man eine spektakuläre Aussicht genießen, darunter befinden sich Hotel- und Mehrbettzimmer, Familiensuiten und Aufenthaltsbereiche, die in hellen Farben gehalten und um ein lichtdurchflutetes Atrium angeordnet sind. Die Räume sind einfach und sauber, es gibt ein Café (Frühstück: 5 US$) und man kann seine Wäsche waschen lassen. Achtung: Die islamische Hausordnung verbietet es unverheirateten Pärchen, im selben Zimmer zu schlafen!

Gästehaus des Ecce-Homo-Konvent (Karte S. 100 f.; ☎ 627 7292; www.eccehomoconvent.org; 41 Via Dolorosa; B/EZ/DZ/3BZ/4BZ inkl. Frühstück 24/48/76/96/228 US$) Wer schon immer mal in einem Konvent übernachten wollte, sollte ein paar Nächte in diesem 150 Jahre alten Pilgerhospiz buchen. Das Bauwerk ist einzigartig: Der Eingang liegt an der Via Dolorosa, und die Steinmauern und dämmerigen Flure lassen einen an längst vergangene Zeiten denken. Die allgegenwärtigen, in braune Kutten gekleideten Franziskaner unterstreichen diesen Eindruck. Die Zimmer haben eine schlichte Ausstattung. In der komfortablen Lounge kann man gemütlich sitzen, einen Kaffee trinken und ein Buch lesen. Die Rezeption ist von 7 bis 23 Uhr besetzt.

Casa Nova Pilgrims' Hospice (Karte S. 100 f.; ☎ 628 2791, 627 1441; 10 Casa Nova St; EZ/DZ inkl. Frühstück 50/60 US$) Von allen christlichen Hospizen in der Altstadt ist dieses am meisten auf Pilger zugeschnitten. Die Ausstattung ist nüchtern und schlicht, die Türen sind groß und die Flure erinnern an Höhlengänge. Um 23 Uhr ist Zapfenstreich. Vom Jaffa-Tor kommend, biegt man in die zweite Straße auf der linken Seite (Greek Catholic Patriarchate Rd) ab und folgt dieser, bis sie in die Casa Nova St übergeht. Das Hospiz befindet sich linker Hand in einer schmalen Gasse (Rezeptionszeiten 7–23 Uhr).

East New Imperial Hotel (Karte S. 100 f.; ☎ 628 2261; www.newimperial.com; Jaffa-Tor; EZ/DZ/3BZ 50/75/105 US$; 💻) Agatha Christie hätte sich in diesem weitläufigen alten Hotel sehr wohl gefühlt – es hat ein leicht verwunschenes Flair. Die Flure werden von Antiquitäten und allerlei Krimskrams geschmückt, die in den 60 Jahren seit der Eröffnung zusammengetragen wurden. Das freundliche Personal und die ausgefallene Atmosphäre entschädigen einen für die altmodischen Einrichtungen. In den dunklen Zimmern ist es kühl. Sie punkten mit eigenen Bädern, Toilette, Kühlschrank und Waschbecken.

MITTELKLASSEHOTELS

LP Tipp **Österreichisches Hozpiz** (Karte S. 100 f.; ☎ 626 5800; www.austrianhospice.com; 37 Via Dolorosa; B/EZ/DZ/3BZ inkl. Frühstück 18/50/80/111 €) Sieht aus wie ein Schloss und würde sich gut als Schauplatz für einen Film über kettenrasselnde Geister oder Kreuzritter machen. Das Gebäude diente ab 1863 als Pilgerhospiz und war später Sitz des österreichischen Konsulats in Palästina. Vorn gibt es einen Garten. Die Zimmer sind schlicht, aber komfortabel. Das Hospiz steht an der Ecke Al-Wad und Via Dolorosa (man muss die Klingel betätigen; die Rezeption ist von 7 bis 23 Uhr besetzt).

Dr. Bachi's Guesthouse (Karte S. 100 f.; ☎ 628 6668; www.geocities.com/rooms4rental; 11 Misgav Ladach St; DZ 90 US$; 🌀) Dr. Bachi vermietet in ihrem wunderschönen Haus mit Blick auf die Klagemauer zwei Zimmer. Die Ohrenärztin ist den Großteil des Tages nicht zu Hause, dennoch handelt es sich bei dieser Unterkunft definitiv um eine Art WG, da man sich die koschere Küche sowie das Wohn- und Esszimmer teilt. Das Haus liegt 100 m nördlich des Buchladens Moriah; man muss aufmerksam nach der Hausnummer 11 suchen.

Lutherisches Gästehaus (Karte S. 100 f.; ☎ 626 6888; www.luth-guesthouse-jerusalem.com; St Mark's St; EZ/DZ/3BZ/4BZ inkl. Frühstück 55/82/105/117 €; 🌀) Jenseits der schweren Stahltür liegt eine helle, einladende Lobby, in der man von netten Angestellten in Empfang genommen wird. Oben befindet sich ein wunderschöner Lesesaal mit Blick auf die Grabeskirche. Die modernen Doppelzimmer sind einfach ausgestattet, aber komfortabel. Beim Frühstücksbüfett wird Fleisch, Käse, Obst, Gemüse und Joghurt aufgefahren. Um vom Jaffa-Tor dorthin zu gelangen, muss man der David St folgen und dann die erste rechts nehmen (es geht eine schmale Treppe hinauf); die Pension befindet sich 100 m weiter auf der linken Seite.

Christ Church Guesthouse (Karte S. 100 f.; ☎ 627 7727; www.itac-israel.org; Omar Ibn al-Khattab Sq, Jaffa-Tor; EZ/

DZ/3BZ inkl. Frühstück 300/430/500 NIS) Dieses gepflegte Hospiz bekommt gute Kritiken für seine altmodische Atmosphäre, die tolle Lage und die freundlichen Angestellten. Die schlicht ausgestatteten Zimmer haben Steinfußböden und gewölbte Decken. Es gibt ein Café zum Entspannen und in der Lounge können DVDs geschaut werden. Das Personal setzt sich aus Christen, Juden und Muslimen aus dem In- und Ausland zusammen – der Einrichtung ist das interkulturelle Miteinander eine Herzensangelegenheit. Ein Teil des Übernachtungspreises fließt in Gemeindeprojekte.

Gloria (Karte S. 100 f.; ☎ 628 2431; gloria@netvision. net.il; 33 Latin Patriarchate Rd; EZ/DZ/3BZ inkl. Frühstück 100/140/150 US$; ✶ ⃔) Dieses kleine Schmuckstück von einem Hotel überzeugt mit sauberen, gepflegten Einzel-, Doppel- und Drei-Bett-Zimmern. Sie sind jeweils mit einem Schreibtisch, Telefon und TV ausgestattet. Nur wenige bieten einen netten Blick; wer darauf Wert legt, sollte vorab reservieren. Das Gloria ist ca. 100 m vom Jaffa-Tor entfernt (es geht bergauf).

Ost-Jerusalem

BUDGETUNTERKÜNFTE

Das **Palm Hostel** (Karte S. 100 f.; ☎ 627 3189; newpalm hostel@yahoo.com; 6 HaNevi'im St; B 45–70 NIS; ⃞ ⃔) hat nicht so viel Charme und die Dame am Empfang ist gewöhnlich etwas mürrisch, aber man wird kaum eine günstigere Unterkunft in der Stadt finden. Sie ist relativ sauber, bietet eine große Küche und Schlafsäle mit sechs oder acht Betten. Der Eingang liegt hinter einem Obststand in unmittelbarer Nähe der sehr schmutzigen HaNevi'im St.

Rivoli Hotel (Karte S. 137; ☎ 628 4871; 3 Salah ad-Din St; EZ/DZ 40/70 US$) Als Ost-Jerusalem noch zu Jordanien gehörte, zählte das kleine Rivoli wahrscheinlich zu den schickeren Hotels. Seit 1967 ging's jedoch bergab und heutzutage checken nur noch wenige Traveller hier ein. Wer jedoch auf der Suche nach Privatsphäre zu einem vernünftigen Preis ist, könnte es drauf ankommen lassen. Die Zimmer sind einfach, aber sauber und das Personal ist nett.

New Palm Hotel (Karte S. 100 f.; 627 3189; newpalmho-stel@yahoo.com; 4 HaNevi'im St; Zi. mit/ohne Bad 180/300 NIS; ⃞ ⃔) Das frühere Faisal Hostel wurde umgebaut und hat einen neuen Namen bekommen. Es ist ganz in der Nähe des Palm Hostel, hat freundliche Angestellte und schön aufgemachte Privatzimmer mit oder ohne Bad. Mehrbettzimmer gibt es nicht.

MITTELKLASSEHOTELS

St. George's Cathedral Pilgrim Guesthouse (Karte S. 137; ☎ 628 3302; stgeorges.gh@j-diocese.org; 20 Nablus Rd; EZ/DZ/3BZ inkl. Frühstück 80/120/160 US$; ✶ ⃞ ⃔) Die ruhige Pension ist auf dem Gelände einer 110 Jahre alten anglikanischen Kirche beheimatet. Sie beherbergt schlichte Unterkünfte mit Kabel-TV und Telefon. In dem bildschönen Garten wachsen Rosensträucher und Zitronenbäume. Außerdem gibt's einen tollen Lesesaal – genau der richtige Ort, um ein gutes Buch zu lesen.

SPITZENKLASSEHOTELS

Jerusalem Hotel (Karte S. 137; ☎ 628 3282; www.jrshotel. com; 4 Antara Shadad St; EZ/DZ inkl. Frühstück 140/220 US$; ⃞) Eine Mischung aus Boutiquehotel und denkmalgeschützter Villa mit Steinmauern, antiken Einrichtungsgegenständen und einem individuellen Service. Die 14 Zimmer sind allesamt geräumig und mit TV und Internetanschluss ausgestattet. Dank der dicken Wände ist es auch im Hochsommer angenehm kühl. Auf der von Wein umrankten Gartenterrasse wird ein exzellentes Frühstücksbüfett serviert. Bei Abu Hassan Alternative Tours (s. S. 455) können Touren ins Westjordanland gebucht werden.

American Colony Hotel (Karte S. 137; ☎ 627 9777; www.amcol.co.il; 23 Nablus Rd, Sheikh Jarah; EZ/DZ/Suite ab 215/275/600 US$; ✶ ⃞ ⃔) Von allen Hotels in der Stadt vermag es dieses am ehesten, einen in die Zeit Anfang des 20. Jhs. zurückzukatapultieren. Dazu tragen die zeitgenössische Architektur, das elegante Mobiliar und das koloniale Ambiente bei. Hier haben bereits zahlreiche Menschen von Rang und Namen genächtigt, z.B. Winston Churchill, Jimmy Carter, Michail Gorbatschow und John Steinbeck. Die teureren Juniorsuiten warten mit gewölbten Decken, Bogenfenstern, Kissen, Alkoven und Betten mit schmiedeeisernen Gestellen auf. Die Zimmer im neueren Flügel lassen traditionelles Dekor vermissen, sind aber ebenfalls luxuriös.

Olive Tree (Karte S. 137; ☎ 541 0411; www.royal-plaza. co.il; 23 St George St, Sheikh Jarah; EZ/DZ/Suite inkl. Frühstück 266/280/600 US$; ✶ ⃞) Könnte von der Größe her ein Ableger einer internationalen Hotelkette sein, doch die Architekten haben sich bemüht, das Bauwerk harmonisch in die Umgebung zu integrieren. Immerhin hat das Olive Tree Ähnlichkeit mit einer alten Karawanserei (steinerne Bogengänge, riesige Holztore, Mosaiken usw.). In den gepflegten Zimmern findet man einen Safe, eine Minibar, Schlappen und Handtücher.

Stadtzentrum
BUDGETUNTERKÜNFTE

Hotel Kaplan (Karte S. 140 f.; ☎ 625 4591; natrade@net vision.net.il; 1 HaHavazelet St; EZ/DZ/3BZ 45/65/75 US$; ✖ 💻) Eines der wenigen Budgethotels im Stadtzentrum. Die Zimmer sind einfach, die Möbel ein wenig mitgenommen, doch man hat ein eigenes Bad und blickt auf die Jaffa Rd. Der nette Besitzer lässt seine Gäste die kleine Küche nutzen und das Internet ist umsonst. Abgesehen von Preis und Lage hat das Kaplan nichts zu bieten.

Jerusalem Hostel & Guesthouse (Karte S. 140 f.; ☎ 623 6092; www.jerusalem-hostel.com; 44 Jaffa Rd, Zion Sq; B 70 NIS, DZ 260–280 NIS, 3BZ 350 NIS; ✖ 💻) Tolle Lage am Zion Sq. Dieses Hostel ist genau richtig für all diejenigen, die im Stadtzentrum unterkommen wollen. Die Zimmer sind sauber und es herrscht eine angenehme, gesellige Backpacker-Atmosphäre. Man findet eine Fülle an Infos. Wer mag, kann auch in einem Zelt auf dem Dach schlafen; man bekommt eine Matratze und Bettlaken (mit Gemeinschaftsbad; EZ/DZ 140/180 NIS).

Hotel Habira (Karte S. 140 f.; ☎ 625 5754; www.hotel-habira.co.il; 4 HaHavazelet St; EZ/DZ/3BZ/4BZ inkl. Frühstück 60/90/120/150 US$) Ganz in der Nähe des Zion Sq. Das kleine Hotel verfügt über 35 Zimmer mit TV und angeschlossenem Bad. Es sieht ein wenig mitgenommen aus, die Lage ist aber einfach unschlagbar. Im Preis ist ein typisch israelisches Frühstück mit Eiern, Käse, Salat, Joghurt und Gemüse inbegriffen.

Zion Square Hotel (Karte S. 140 f.; ☎ 623 2367; 10 Dorot Rishonim St; EZ/DZ/3BZ 250/300/400 NIS) Wirkt etwas vernachlässigt, hat jedoch eine geniale Lage in unmittelbarer Nähe der Bars und Restaurants im Zentrum. Die Doppelzimmer sind einfach ausgestattet, die Bäder schlicht. Betreiberin ist eine gesprächige Dame.

MITTELKLASSEHOTELS

Holiday 2000 Apartments (Karte S. 140 f.; ☎ 050 268 3008; www.holiday2000.net; 2 HaHistadrut St; EZ/DZ inkl. Frühstück 300/429 NIS; 💻 📶) Die gepflegten, vollständig ausgestatteten Apartments mit Fernseher, kostenloser Nutzung von Waschmaschinen und Trockner sowie Küchenzeile inklusive Kühlschrank sind ideal für Traveller, die im Zentrum nächtigen und ausreichend Platz haben wollen. Es gibt keine Rezeption – einfach klingeln.

Hotel Palatin (Karte S. 140 f.; ☎ 623 1141; www.palatinhotel.com; 4 Agrippas St; EZ/DZ inkl. Frühstück 350/380 NIS; 💻 📶) Unweit des Haupteinkaufs- und Caféviertels der Stadt liegt das Palatin mit seinen 29 eher kleinen Zimmern, die alle mit Fernseher ausgestattet sind. Die Teppiche sind stellenweise schon ziemlich abgewetzt, insgesamt aber präsentiert sich das Hotel ganz gut. Die Wände zieren farbenfrohe Kunstwerke und auf den Tischen stehen frische Blumen. Da das Hotel ein Familienbetrieb ist, darf man sich auf einen überdurchschnittlich guten Service freuen.

SPITZENKLASSEHOTELS

Lev Jerusalem (Karte S. 140 f.; ☎ 530 0333; www.levyerushalayim.com; 18 King George V St; EZ/DZ inkl. Frühstück 130/165 US$; ✖) Im Herzen des Stadtzentrums gelegen, ist das Lev Jerusalem eine gute Option für Familien: Die Zimmer sind geräumig und komfortabel, wenn auch ein wenig nichtssagend. Restaurants und Einkaufsmöglichkeiten finden sich ganz in der Nähe und die Anbindung an den Nahverkehr ist gut. Für etwas mehr Geld gibt's eine Unterkunft mit Küchenzeile.

Mamilla & Yemin Moshe
MITTELKLASSEHOTELS

Beit Shmuel Hostel (Karte S. 140 f.; ☎ 620 3455; www.beitshmuel.com; 6 Shamm'a St; EZ/DZ/3BZ/4BZ inkl. Frühstück 79/105/135/162 US$; 💻 📶) Eine Mischung aus Hotel und Gemeindezentrum. Hier herrscht mitunter ein ganz schöner Betrieb. Die Standardzimmer kommen ohne jeglichen Schnickschnack aus und erinnern an Unterkünfte im Studentenwohnheim (am besten nach einem Raum mit Blick auf die Altstadt fragen). Die Zimmer im neueren Flügel wirken etwas farblos und haben ein schlichtes, weißes Dekor (dafür zahlt man ca. 40 US$ mehr!).

Avissar House (Karte S. 100 f.; ☎ 625 5447; www.jeruavisar-house.co.il; 12 Hame-vasser St, Yemin Moshe; EZ/DZ ab 90/108 US$; ✖) Hier können ein paar private Ferienapartments inklusive Küche angemietet werden. Drumherum erstreckt sich eine Fußgängerzone, die mit einem Design aus Stein, Bäumen und Wildblumen aufwartet. Um zum Avissar zu gelangen, muss man von der Montefiore-Windmühle aus ca. 80 m steil bergab gehen – eine ziemliche Herausforderung für ältere Menschen bzw. Menschen mit körperlicher Behinderung. Der Mindestaufenthalt beträgt drei Nächte. Die Preise variieren je nach Jahreszeit.

SPITZENKLASSEHOTELS

LP Tipp **St. Andrew's Guesthouse** (Karte S. 128 f.; ☎ 673 1711; www.scotsguesthouse.com; 1 David Remez St; EZ/DZ/3BZ inkl. Frühstück 105/140/170 US$; 🖳) Auf einem Hügel mit Blick auf die Altstadt. Das Gästehaus hat einen herrlich grünen Garten und eine beeindruckende Steinfassade – das Gelände lässt einen an Schottlandbilder denken und hat eine tolle Atmosphäre. Die Zimmer besitzen eine einfache Ausstattung: Schreibtisch, Telefon, Heizkörper und Ventilator. Manche haben einen Balkon, die übrigen bieten immerhin einen Zugang zu einer großen Sonnenterrasse. Die Aussicht ist klasse. Einziger Nachteil: Bis zu den Sehenswürdigkeiten hat man es etwas weiter.

YMCA Three Arches Hotel (Karte S. 140 f.; ☎ 569 2692; www.ymca3arch.co.il; 26 HaMelekh David St; EZ/DZ/3BZ inkl. Frühstück 155/195/220 US$; 🖳 🖳) Das YMCA ist eine wichtige Institution: Es dient als Bildungs-, Sport- und Kulturzentrum und ist ein toller Ort zum Übernachten. Die insgesamt 56 Zimmer haben eine einfache Ausstattung und man zahlt eigentlich mehr für die Atmosphäre und die Lage im teuren Mamilla. Das Hotel liegt gegenüber dem prestigeträchtigen King David Hotel. Das YMCA hat überdies ein ausgezeichnetes Restaurant. Die Nutzung von Fitnessstudios und Pools sind im Preis inbegriffen.

Eldan Hotel (Karte S. 140 f.; ☎ 567 9777; www.eldan.co.il; 24 HaMelekh David St; EZ/DZ inkl. Frühstück 180/190 US$; 🖳 🖳) Dieses makellos saubere Businesshotel ist nicht übermäßig stilvoll, bietet aber ein gutes Maß an Komfort inmitten eines sehr schicken Viertels. Alle 75 Zimmer sind mit TV, Safe und Minibar ausgestattet. Man kann problemlos zu Fuß zum Jaffa-Tor und ins Stadtzentrum gelangen.

Das **King David Hotel** (Karte S. 140 f.; ☎ 620 8888; www.danhotels.com; 23 HaMelekh David St; Zi. inkl. Frühstück 470–600 US$, Suite inkl. Frühstück 760 US$; 🖳 🖳 🖳) stammt aus den 1930er-Jahren. Es ist gleichermaßen eindrucksvoll und ansprechend. In der außergewöhnlichen Lobby stehen Samtcouches und Marmortische. Die goldenen Textilien passen gut dazu. Gespeist wird in einem prächtigen Ballsaal am Ende des Flurs oder auf der Terrasse mit Blick auf den Pool und eine Rasenfläche. Die Zimmer sind gut ausgestattet, ein paar der Standardversionen fallen allerdings etwas winzig aus. Am besten nach einem Deluxe-Zimmer erkundigen – dort hat man generell eine nettere Aussicht und mehr Platz.

Deutsche Kolonie & Rehavia

B-Green Guest House (Karte S. 163; ☎ 223 2301; www.bnb.co.il/green; 4 Rachel Imeinu Rd, Deutsche Kolonie; Zi. ab 50 US$; 📶) Nette Pension mit entspannter Atmosphäre, üppig grünem Garten und schönem Ambiente. Die richtige Adresse für Reisende, die in einem ruhigen Viertel wohnen möchten. Es wird kein Frühstück zubereitet, alle Unterkünfte sind jedoch mit einer Küchenzeile ausgestattet. Wenn man die Emek Refa'im verlässt, ist das B-Green das erste Haus rechter Hand hinter dem Schawarma-Restaurant. Keine Rezeption – man muss seine Ankunft telefonisch ankündigen.

Little House in Rehavia (Karte S. 140 f.; ☎ 563 3344; www.o-niv.com/rechavia; 20 Ibn Ezra St, Rehavia; EZ/2BZ/4BZ 99/119/139 US$; 🖳 📶) Einzel-, Doppel- und Familienzimmer in Rehavia. Im Speisesaal werden einfache koschere Gerichte serviert. Hinten befindet sich ein hübscher Garten. Vom „Kleinen Haus" sind es zu Fuß 20 Minuten bis zur Altstadt.

Süd-Jerusalem

A Little House in Bakah (Karte S. 94 f.; ☎ 673 7944; www.o-niv.com/bakah; 80 Hebron Rd & 1 Yehuda Rd; EZ/DZ/3BZ 119/139/169 US$; 📶) Vom zentralen Busbahnhof (Linie 7) und vom Zahal Sq aus (Linie 30) gelangt man zu diesem netten Boutiquehotel mit geräumigen Zimmern, einem ausgezeichneten Café, hohen Decken und einem Hauch Retro der 1920er-Jahre. Die Preise bewegen sich im mittleren Segment. Das einzige Manko ist die Lage: Die Altstadt liegt 2,5 km weiter nördlich.

Ramat Eshkol

Ramat Eshkol liegt im Norden und ist eine gute Wahl für Reisende mit eigenem Pkw, kann aber auch mit dem Bus erreicht werden. Voraussichtlich ab April 2011 wird das Viertel zudem an das Stadtbahnnetz angeschlossen sein.

House 57 B&B (Karte S. 94 f.; ☎ 581 9944; www.house57.co.il; 57 Sinai Desert Rd; EZ/DZ 230/330 NIS; 📶) Bietet eine Vielfalt an Zimmern mit privatem Eingang. Die kleine Küche wird von allen Gästen gemeinschaftlich genutzt. Ein Apartment ist mit einer eigenen Küchenzeile ausgestattet. Das Frühstück umfasst Joghurt, Käse, Cornflakes, Eier, Früchte der Saison, Hummus und Tahini.

Romema & Mekor Baruch

LP Tipp **Allenby 2 B&B** (Karte S. 128 f.; ☎ 052 257 8493, 534 4113; www.bnb.co.il/allenby; Allenby Sq 2, Romema; EZ

25–55 US\$, DZ 35–70 US\$; ⊗ ⊡ 🛜) Eines der beliebtesten B & Bs in Jerusalem. Das Allenby 2 verbindet eine herzliche Atmosphäre mit hervorragendem Service. Es gibt neun Zimmer. Ein paar Apartments haben einen eigenen Eingang. Die Erfolgsstory des Allenby gründet sich auf das gute Management des Besitzers Danny Flax. Der begeisterte Fahrradfahrer kann Traveller mit unzähligen Tipps und Infos versorgen, auch zu ausgefalleneren Sightseeingrouten. Ohne Reservierung geht gar nichts. Keine Rezeption.

Das **Caesar Hotel Jerusalem** (Karte S. 128 f.; ☎ 500 5656; 208 Jaffa Rd; EZ/DZ/3BZ inkl. Frühstück 127/150/210 US\$; ⊗ ⊡ ⊠) hat 150 Zimmer und wartet mit einem Swimmingpool auf dem Dach auf (nur im Sommer), von wo aus man bis zum Ölberg blickt. Im Speisesaal wird Tag für Tag ein Frühstücksbuffet mit koscheren Speisen aufgebaut. In dieser Preisklasse gibt's gewiss luxuriösere Unterkünfte, doch die Lage zwischen Busbahnhof und Stadtzentrum ist günstig. Das Hotel liegt nicht direkt an der Jaffa Rd, sondern hinter der Bank Leumi.

ESSEN

Jerusalem wartet mit einer Vielzahl von Restaurants aller Preisklassen auf. Neben einfachen, kleinen *schawarma*-Buden kann man sich auch in Sushibars oder Lokalen mit Haute Cuisine satt essen. Da die Religion in Jerusalem eine übergeordnete Rolle spielt, ist es nicht verwunderlich, dass in sehr vielen Restaurants koscher gekocht wird. Wenn am Sabbat alle Lokalitäten den Laden dicht machen, ist Abu Ghosh (S. 170) eine gute Anlaufstelle.

Altstadt

In den Altstadtrestaurants bekommt man in erster Linie Kebabs, *schawarmas* und andere Klassiker des Nahen Ostens. Was an Auswahl fehlt, wird vielfach durch eine besondere Atmosphäre und schöne Lage wieder wettgemacht. Nach Einbruch der Dunkelheit etwas zu essen aufzutreiben, kann sich zur echten Herausforderung entpuppen: Die Altstadt fällt in tiefen Schlummer, sobald sich die Menschenmassen verflüchtigt haben.

GÜNSTIG

Abu Shukri (Karte S. 100 f.; ☎ 627 1538; 63 Al-Wad Rd; Hummusplatte 15 NIS; ⏱ 8–16 Uhr) Auf der Suche nach dem besten Hummus der Stadt sind wir in diesem Laden gelandet, der uns von vielen Einheimischen empfohlen wurde. Vielleicht war es nicht wirklich der beste Hummus, aber er war definitiv köstlich! Die Standardplatte umfasst eine Schüssel frischen Hummus, Tomatenscheiben, Pitabrot und ein paar Falafelbällchen. Dazu kann man für 10 NIS ein Glas frisch gepressten Orangensaft bestellen. Das Abu Shukri befindet sich unweit der fünften Kreuzwegsstation (s. S. 152).

LP Tipp **Christ Church Guesthouse Cafe** (Karte S. 100 f.; ☎ 627 7727; Omar Ibn al-Khattab Sq, Jaffa-Tor; Frühstück/Mittagessen/Abendessen 30/35/50 NIS; ⏱ Frühstück 7.30–8.30, Mittagessen 12–14, Abendessen 19–20 Uhr) In dem Gästehaus-Café der Christ Church (S. 155) gibt's eins der besten Mittagsangebote der Stadt: Für 35 NIS kann man sich am Buffet im englischen Stil bedienen und ein Hauptgericht mit ganz verschiedenen Beilagen verputzen. Man sollte möglichst früh herkommen, denn gegen Ende der Mittagszeit ist manchmal alles restlos leergegessen. Wer hier zu Abend essen möchte, muss am gewünschten Tag bis spätestens 13 Uhr reserviert haben.

Pizzeria Basti (Karte S. 100 f.; ☎ 628 4067; 70 Via Dolorosa; Gerichte ab 35 NIS; ⏱ 7.30–21 Uhr) Die alten Fotos an den Wänden machen einen Teil des Charmes dieser Pizzeria aus. Auf der Speisekarte stehen 20 verschiedene Pizzas und dazu Steaks, Kebabs und Burger. Das Basti liegt gegenüber der dritten Station des Kreuzweges (s. S. 152).

Keshet (Karte S. 100 f.; ☎ 628 7515; 2 Tiferet Israel St, Jüdisches Viertel; Gerichte 35–50 NIS; ⏱ 9–19 Uhr) Jeden Morgen servieren die Besitzer Gina und Ori warmes Frühstück, zu späterer Stunde gibt's Pasta und Salate. Die Milchprodukte sind koscher.

Weitere Optionen:

Bonkers Bagels (Karte S. 100 f.; ☎ 627 2690; 2 Tiferet Israel St; ⏱ So–Do 8–21, Fr bis 15.30 Uhr) Ein frischer Bagel mit Frischkäse kostet ca. 17 NIS.

Quarter Café (Karte S. 100 f.; ☎ 628 7770; Tiferet Israel St; Snacks 22–25 NIS, Gerichte 40–60 NIS; ⏱ So–Do 9–19, Fr bis 15 Uhr) Kaffee, Kuchen und leichte Mahlzeiten mit Blick auf die Klagemauer.

MITTELTEUER

Armenian Tavern (Karte S. 100 f.; ☎ 627 3854; 79 Armenian Orthodox Patriarchate Rd; Fleischgerichte 40–60 NIS; ⏱ Di–So 11–22.30 Uhr) Eine Treppe führt in dieses Restaurant im Untergeschoss hinab. Dort kommt man sich vor wie in längst vergangene Zeiten. Armenische Tonwaren zieren die Steinwände, ein Springbrunnen plätschert gemütlich vor sich hin. Die Fleischgerichte sind gut gewürzt (ein Gedicht!). Es gibt z. B. *khaghoghi derev*, in Weinblätter gefülltes Hackfleisch, aber auch armenische Pizza und *soojuk* (pikante Würstchen).

LP Tipp **Amigo Emil** (Karte S. 100 f.; ☎ 628 8090; Aqabat al-Khanqa St, Christliches Viertel; Gerichte ab 55 NIS; 🕙 10.30–21.30 Uhr) In dem 400 Jahre alten Gebäude war einmal eine Werkstatt untergebracht. Man hat die blanken Steinfundamente freigelegt und das Ganze mit alten Aufnahmen von Jerusalem dekoriert. Zu den leckeren Vorspeisen gehören Ziegenkäse, Tabouleh, Aubergine und Hummus – die Jerusalemplatte (40 NIS) umfasst von allem etwas. Spezialität des Hauses ist *musakhan*, pikantes Hühnchen mit Zwiebeln in Beduinenbrot (58 NIS). Wer rotes Fleisch bevorzugt, könnte *qidreh* bestellen, Lamm mit Reis und Kichererbsen (80 NIS).

Stadtzentrum

Im Zentrum sind Unmengen von Restaurants und Cafés angesiedelt. Ein halbes Dutzend Lokale auf der Yoel Solomon St sind auf Touristen ausgerichtet, in der Gegend befindet sich aber auch eine Reihe von Adressen, die bei den Einheimischen hoch im Kurs stehen.

GÜNSTIG

Coffee Bean (Karte S. 140 f.; 32 Jaffa Rd; 🕙 7–24 Uhr; 🛜) Die Kettenfiliale ist sehr beliebt bei Laptopbesitzern, Koffein-Junkies und amerikanischen Teenagern.

Café Hillel (Karte S. 140 f.; ☎ 624 7775; 8 Hillel St; 🕙 So–Do 8–24 Uhr; 🛜) Eine echte Jerusalemer Institution. Der Kaffee hat eine ordentliche Schaumkrone und man kann Snacks und Sandwiches bestellen. Das Hillel hat mehrere Filialen, dies hier ist aber der älteste Laden und nach wie vor die Nummer eins.

Babette (Karte S. 140 f.; 16 Shamai St; Waffeln 8–17 NIS; 🕙 So–Do 12–2.30, Fr 11–16, Sa 20–2.30 Uhr; 🛜) Waffeln und Kaffee sind die Spezialitäten in diesem beliebten Studentencafé, in dem gerade mal Platz für sechs stehende Gäste ist.

Pinati (Karte S. 140 f.; 13 King George V St; Hummus 17 NIS; 🕙 So–Do 9–19, Fr bis 16 Uhr) Die alten Aufnahmen treuer Kunden an den Wänden sind der Beweis dafür, dass es dieses Hummuslokal nicht erst seit gestern gibt. Es ist beliebt bei Alt und Jung und zur Mittagszeit ist es fast schon hoffnungslos zu versuchen, in den Laden hineinzukommen.

LP Tipp **HaMit Bahon** (Karte S. 140 f.; 6 Narkis St; Hummus 18 NIS; 🕙 12–24 Uhr) Eines jener Restaurants, die Touristen eigentlich verborgen bleiben sollten. Liebe Jerusalemer, wir entschuldigen uns in aller Form, aber im HaMit Bahon – der Name bedeutet „die Küchenzeile" – gibt's den wahrscheinlich besten Hummus der Stadt. Das können wir unseren Lesern einfach nicht vorenthalten. Die Kichererbsenpaste, die der Besitzer Assaf zubereitet, ist besonders cremig und einfach nur lecker! Auch die Atmosphäre des Ladens ist grandios.

HaShomen Shwarma (Karte S. 140 f.; ☎ 622 1006; 2 Shlomzion HaMalka; Pita 25 NIS, Gerichte 40 NIS; 🕙 24 Std., Sabbat geschl.) In vielen *schawarma*-Buden sieht das Fleisch so aus, als würde es schon seit Tagen vor sich hin brutzeln. Nicht so bei HaShomen Shwarma – der nie abreißende Kundenstrom sorgt dafür, dass regelmäßig neue Spieße eingehängt werden und das Fleisch schön frisch ist. Hier gibt's angeblich das beste *schawarma* in West-Jerusalem.

Ma'adan HaKikar (Karte S. 140 f.; Gebäude 2, Safra Square; 🕙 So–Do 11.30–16, Fr 8–14 Uhr) In der Cafeteria des Rathauses kostet das Mittagessen, ein Hauptgericht mit ein paar Beilagen, gerade einmal 28 NIS – sensationell günstig für diesen Teil der Stadt.

LP Tipp **Hamarakia** (Karte S. 140 f.; ☎ 625 7797; 4 Koresh St; Suppen 28 NIS; 🕙 18–1 Uhr) Alte Trommeln, Schreibmaschinen, Platten und ein kaputtes Klavier bestimmen das Dekor des absichtlich „auf marode" gemachten Restaurants. Man beachte den Kronleuchter aus Löffeln und Schöpfkellen! Der Name, „Suppentopf", ist Programm: Es werden ca. fünf verschiedene Suppen angeboten. Außerdem gibt's *shakshuka* (pochierte Eier in würzigem Tomateneintopf; 25 NIS). Die Atmosphäre ist sehr gesellig – hier stehen nur wenige Tische, sodass man vermutlich mit ein paar Fremden zusammensitzen wird. Manchmal treten Livebands auf und spielen Jazz oder Grunge.

Kadosh (Karte S. 140 f.; ☎ 625 4210; 6 Shlomzion HaMalka St; 🕙 7–0.30 Uhr, Sabbat geschl.; 🛜) Eines der besten Cafés in Jerusalem. Die Atmosphäre des Kadosh erinnert an ein französisches Bistro, Personal und Stammgäste sind unheimlich nett. Die Gerichte – ob Sandwiches, Lasagne, Quiche oder Backwaren – werden frisch zubereitet und schmecken vorzüglich. Tipp: nach den Tagesangeboten fragen. Die Lachs-Bruschetta (32 NIS), gefüllten Pilze (34 NIS) und Auberginenravioli mit Ziegenkäse (49 NIS) sind sehr zu empfehlen.

MITTELTEUER

LP Tipp **T'mol Shilshom** (Karte S. 140 f.; ☎ 623 2758; 5 Yoel Solomon St; Salate 39–52 NIS, Hauptgerichte 48–75 NIS; ☻ So–Do 8.30–24 Uhr; ☎)) Dieses Boheme-Café verfügt über eine eigene literarische Subkultur und hat eine treue Stammkundschaft, bestehend aus Dichtern, Schriftstellern und Journalisten. Sie genießen leckere Suppen und Sandwiches und tauschen sich dabei mit anderen kreativen Köpfen aus oder lauschen improvisierten Akustik-Sessions. Die Angestellten sind bestens über Kulturveranstaltungen in der Stadt informiert. Der Laden ist nicht ganz leicht zu finden: Hat man den Torbogen auf der Yoel Solomon St passiert, biegt man links ab und muss nach dem schwarz-weißen Schild Ausschau halten.

Village Green (Karte S. 140 f.; ☎ 625 3065; 33 Jaffa Rd; ☻ So–Do 9–22, Fr bis 15 Uhr; **V**)) Ein Paradies für Vegetarier. In dem koscheren Restaurant im Cafeteria-Stil werden die Gäste mit hausgemachten Gerichten aus frischen Zutaten verwöhnt. Man hat die Wahl zwischen diversen Gemüsesuppen, Quiches, Gemüseburgern, Pizzas, Blinys (eine Art Eierkuchen aus Osteuropa), herzhaften Pasteten und Lasagne, die jeweils mit selbst gebackenem Brot serviert werden. Die Preise berechnen sich nach dem Gewicht (100 g kosten 8,50 NIS). Zum Nachtisch kann man ein frisch gebackenen Kuchen genießen.

Focaccia Bar (Karte S. 140 f.; ☎ 624 6428; 4 Rabbi Akiva St; Gerichte 30–50 NIS; ☻ 10–1 Uhr) Gutes Essen zu vernünftigen Preisen – das ist das Erfolgsrezept der Focaccia Bar. Die Spezialität des Hauses ist natürlich eben jenes Fladenbrot, das im *taboun* (Lehmofen) gebacken und auf der Sonnenterrasse verzehrt wird. Die Gäste können zwischen verschiedenen Belägen wählen. Lecker ist z. B. die Paste aus bulgarischem Käse und Oliven (32 NIS). Die Portionen sind großzügig. Auf der Karte stehen außerdem Gerichte wie Entrecote (350 g), frittierte Tintenfischringe und gebratene Pilze.

Adom (Karte S. 140 f.; Gerichte ab 45 NIS ☎ 624 6242; Fiengold Courtyard, 31 Jaffa Rd; ☻ 18.30–24 Uhr) Der Name dieses französischen Restaurants steht für die Farbe Rot – und das ist nicht nur die Farbe der Beleuchtung, sondern auch eines der favorisierten Getränke: Hier fließt der Cabernet in Strömen. Wer mag, kann sich ein „rotes Abendessen" zusammenstellen, mit einem Carpaccio als Vorspeise, gefolgt von Krabben in Sahnesauce als Hauptgang und einem Himbeersorbet als Dessert.

Sakura (Karte S. 140 f.; ☎ 623 5464; Feingold Courtyard, 31 Jaffa Rd; Gerichte 40–90 NIS; ☻ 12–0.30 Uhr) Der Koch Tzairi hat die Kunst der Sushi-Zubereitung in Japan erlernt. Nach seiner Rückkehr nach Jerusalem hat er weiter an seinen Fähigkeiten gefeilt. Und mittlerweile gilt das Sakura als eins der besten Sushi-Restaurants des Landes. Nach 22.30 Uhr ist das Essen günstiger: Ein halber Teller Sushi mit Sake kostet dann 28 NIS. Auch die Udon-Nudeln und Tempura sind sehr zu empfehlen.

Barud (Karte S. 140 f.; ☎ 625 9081; 31 Jaffa Rd, Feingold Courtyard; Gerichte 45–70 NIS; ☻ 12.30–1 Uhr) „Barud" rufen Israelis, kurz bevor eine Bombe hochgeht – das ist so etwas wie die nahöstliche Version von „Baum fällt!". Die (nicht koschere) sephardische Küche ist umwerfend. Fleischbällchen mit Aubergine sowie *pastalikos* (Pastete mit Pinienkernen, Hackfleisch und Zwiebeln; 49 NIS) zählen zu den Spezialitäten. Die Besitzerin, Daniella Lerer, ist zudem sehr stolz auf ihren schwarz gebrannten Obstler, der überraschend gut schmeckt. Ein-, zweimal die Woche wird Livejazz gespielt.

Little Jerusalem (Ticho-Haus; Karte S. 140 f.; ☎ 624 4186; Ticho House Museum, 9 HaRav Kook St; Gerichte 52–80 NIS; ☻ So–Do 10–23, Fr 9–15, Sa 19-0 Uhr) Auf der schönen Terrasse mit Blick auf ein Kiefernwäldchen kann man hervorragend zu Abend essen oder ein spätes israelisches Frühstück genießen. Auf der Speisekarte stehen westlichmediterrane Gerichte. Die Auswahl an Fisch-, Meeresfrüchte- und Fleischkreationen ist prima. Dienstags (20.30 Uhr) ist „Wein-und-Käse"-Abend (95 NIS) mit Jazzuntermalung (live gespielt). Kammermusikfans sollten freitags um 11 Uhr zum Konzert kommen (kostet etwas), samstagabends wird traditionell jüdische Musik gespielt. Man muss auf jeden Fall vorab reservieren.

Mona (Karte S. 140 f.; ☎ 622 2283; 12 Shmuel HaNagid St; Salate 47–59 NIS, Hauptgerichte 65–85 NIS; ☻ So–Do 12–24, Fr & Sa 10–2 Uhr) In der Old Bezalel Art School untergebracht. Es verschlägt nur wenige Touris dorthin – genau das Richtige, wenn man es gern etwas authentischer hätte. Ähnlich wie im American Colony in Ost-Jerusalem besteht auch die hiesige Klientel vor allem aus Journalisten, Diplomaten und anderen interessanten Persönlichkeiten. Abends werden gern Meeresfrüchte- und Pastagerichte bestellt (unbedingt reservieren!). Am Wochenende ist das Mona auch eine gute Adresse zum Frühstücken; es gibt Eggs Benedict, Müsli und *shakshuka*.

TEUER

Zuni (Karte S. 140 f.; ☎ 625 7776; 15 Yoel Solomon St; ☽ 24 Std.) Exzellente westliche Küche, z. B. gebratener Wolfsbarsch (93 NIS), Meeresfrüchterisotto (89 NIS) und Mascarponetortellini (64 NIS). Das gediegene Ambiente zeichnet sich durch eine schummrige Beleuchtung aus. Das Restaurant ist rund um die Uhr geöffnet; es kehren oft Nachtschwärmer ein, die zuvor auf der nahe gelegenen Rivlin St unterwegs waren.

Chakra (Karte S. 140 f.; ☎ 625 2733; 41 King George V St; Gerichte 68–98 NIS; ☽ So–Do 18–24, Fr 11–16.30 & 18–24, Sa 12.30–17 & 19–24 Uhr) Stilvoll und leger zugleich präsentiert sich das Chakra, in dem legendäre Meeresfrüchtegerichte mit mediterranen Gewürzen serviert werden. Es gibt auch günstigere Pasta und Steaks (die sind allerdings nichts Besonderes). Wir empfehlen also Fisch und Meeresfrüchte, zu denen man die Auberginen-Tahini-Beilage bestellen sollte – fertig ist ein erstklassiges kulinarisches Erlebnis! Das Restaurant liegt unter dem Cup o' Joe, der Eingang befindet sich hinten.

Darna (Karte S. 140 f.; ☎ 624 5406; 3 Horkanos St; Gerichte 80–150 NIS; ☽ So–Do 12–15.30 & 18–22, Fr 8–22 Uhr) Neben dem traditionell marokkanischen Flair überzeugen auch köstliche Leckereien wie *pastilla fassia* (50 NIS), eine Pastete mit einer Füllung aus Huhn, Mandeln und Zimt. Wenn man zu zweit unterwegs ist, könnte man das *mechoui* (310 NIS) bestellen, eine marinierte Lammschulter vom Grill. Vorab reservieren.

Mamilla

Im noblen Viertel Mamilla gibt es eine Handvoll feiner Restaurants; die schönsten sind in der brandneuen Mamilla Mall zu Hause.

Aroma (Karte S. 100 f.; Mamilla Mall; ☽ 7–22.30 Uhr; ☎) Das israelische Frühstück (39 NIS) liefert den richtigen Energieschub für eine ausgiebige Sightseeingtour in die nahe gelegene Altstadt. Es reicht tatsächlich, um zwei Esser satt zu machen! Wer allein unterwegs ist, könnte ein Stück Kuchen oder *bourekas* (Pastete mit Sesam) bestellen. Die *bourekas punakim* (18 NIS) sind mit Ei, Käse, Tomaten, eingelegtem Gemüse und Tahini gefüllt.

YMCA Three Arches (Karte S. 140 f.; ☎ 569 2692; 26 HaMelekh David St; Hauptgerichte 54–88 NIS; ☽ 7–22.30 Uhr) Das Essen ist nicht koscher, aber von bester Qualität. In einem begrünten Hof mit Springbrunnen werden die mediterranen Speisen serviert – geräucherter Lachs, gebratene Avocado, Auberginengratin, gemischte Meeresfrüchteplatten, gegrilltes Huhn, sautierte Knoblauchkrabben usw. Die Gerichte sind lecker und machen satt. Besonders zu empfehlen ist der Sonntagsbrunch.

MAHANE-YEHUDA-MARKT

Der **Mahane-Yehuda-Markt** (Karte S. 143; ☽ So–Do 8 Uhr–Sonnenuntergang, Fr 9–14 Uhr) wartet mit zahlreichen exzellenten Cafés und Essensständen auf. Auf dem Gelände werden Unmengen von frischem Obst, Gemüse, Fisch, Tee, Kaffee und andere Nahrungsmittel feilgeboten. Alle Geschäfte und Stände sind zu den üblichen Marktzeiten geöffnet, falls nicht anders vermerkt.

Azura (☎ 623 5204; Souq HaYorekrom; ☽ 8–16 Uhr) In Jerusalem gibt es diverse gute Hummusrestaurants, doch das Azura kann sich gegenüber der Konkurrenz mehr als gut behaupten: Manche sind der Meinung, dass man hier den besten Hummus der ganzen Stadt bekommt. Auch die Suppe mit *kuba* (mit Rinderhack und Pinienkernen gefüllter Teig) ist köstlich (28 NIS).

Hagas Ehad (Rehov Eliyahu Ya'acov Banai 11; Ⓥ) Der Besitzer dieses winzigen Cafés bereitet das gesündeste Essen Jerusalems zu. Er ist sehr stolz auf seine Küche und erklärt gern, woher die einzelnen Zutaten stammen und was nun so gesund an den Gerichten ist. Es gibt Tofu-Burger (28 NIS), gefülltes Gemüse (35 NIS) und leckere Kräutertees.

Itchikidana (Rehov HaEshkol 4; Ⓥ) Ein indisches Café für vegetarische Küche. Die Spezialität sind Thalis (Menüs mit Dhal, Reis und Gemüse für 24–52 NIS). Ab 9 Uhr wird Chai (Tee) serviert, etwas zu essen gibt's allerdings erst ab 12 Uhr. Die Betreiber sind sehr nett und helfen Gästen, die sich nicht so gut mit indischer Küche auskennen, gern weiter.

Matan (Ha'etz Ha'em) An dem winzigen Stand wird *sahlab* (7 NIS) verkauft, ein Milchgetränk mit Kokosnuss, Zimt, Rosinen, Mandeln und Pistazien. Hmmm … lecker!

Mazetim (Rehov HaShet) Eine unglaubliche Auswahl an Öl, Käse und Wein.

Mizrahi Coffeeshop (Rehov Hashet; ☎) Hier gibt's den besten Kaffee des gesamten Markts. Darüber hinaus werden Sandwiches (18–28 NIS), Pasteten (5–20 NIS) und leckeres Frühstück zubereitet (30–48 NIS). Am besten sucht man sich einen Platz auf der Miniterrasse, um die Menschenmassen beobachten zu können.

Rimon (Karte S. 100 f.; ☎ 633 3034; 4 Mamilla Mall; Salate 59–62 NIS, Hauptgerichte 56–92 NIS; ☾ 8.30–24 Uhr) Eines von vielen schicken neuen Restaurants in der Mamilla Mall, in denen koschere Milchprodukte serviert werden. Die hausgemachten Quiches, Pastagerichte und Pizzas werden gern genommen. Donnerstags gibt es spezielle Sushi-Angebote. Beim Essen kann man sanften Jazzklängen lauschen – absolut stimmig.

Deutsche Kolonie

Die Jerusalemer „Restaurantmeile" befindet sich in der Deutschen Kolonie. Es lohnt sich, einen Abstecher zur Emek Refa'im St zu machen, ein wenig umherzuschlendern und sich über das vielfältige Angebot zu informieren.

BILLIG

Coffeemill (Karte S. 163; ☎ 566 1665; 23 Emek Refa'im St; ☾ 7.30–23 Uhr) Die Dekoration des Cafés bestimmen Titelseiten des *New Yorker*. Die richtige Adresse, wenn man ein Stück Kuchen oder eine Dosis Koffein braucht.

Tal Bagels (Karte S. 163; ☎ 566 6666; 46 Emek Refa'im St; Bagels 18–28 NIS, Hauptgerichte 48–88 NIS; ☾ 6.30–24 Uhr) Hier gibt's ziemlich gute Bagels, typisch israelisches Frühstück und *shakshuka*. Das Lokal mit den großen Tischen ist nett aufgemacht und lichtdurchflutet.

Aldo (Karte S. 163; ☎ 567 1313; 46 Emek Refa'im St; 3 20 NIS/Kugel; ☾ 9–23.45, Sabbat geschl.) Wer einen Blick durchs Fenster geworfen hat, wird dem Drang einzutreten kaum widerstehen können.

Im Aldo gibt's Schokolade von Max Brenner und das beste Eis der Stadt.

MITTELTEUER & TEUER

Caffit (Karte S. 163; ☎ 563 5284; 35 Emek Refa'im St; Hauptgerichte 48–88 NIS; ☾ 7–1 Uhr) Eine Frau, die mit uns im Bus saß, empfahl dieses Lokal – an dieser Stelle nochmals ein herzliches Dankeschön. Das Caffit hat eine nette, lebendige Atmosphäre und bietet abwechslungsreiche westliche Küche. Man kann Salate, Burger, Nudelgerichte, Lachs mit *haloumi* und Pilzen und Ähnliches bestellen. Wer allein unterwegs ist, könnte sich an die Bar setzen. Tilan, der Barkeeper, ist ein sympathischer Zeitgenosse.

La Boca (Karte S. 163; ☎ 077 214 4477; 46 Emek Refa'im St; Hauptgerichte 50–120 NIS; ☾ 12–24 Uhr) Das südamerikanische Restaurant stellt die Deutsche Kolonie auf den Kopf. Der junge Koch ist ein Jahr als Backpacker durch Südamerika gereist und hat nach seiner Rückkehr dieses Lokal eröffnet. Auf der Speisekarte stehen z. B. eine exzellente peruanische Suppe und brasilianisches Steak. Das La Boca befindet sich im zweiten Stock eines Templer-Gebäudes; auf der Straße davor macht die Wirtin Werbung für das Restaurant.

Ost-Jerusalem

In Ost-Jerusalem gibt es zwei Arten von Restaurants: Die einen wurden während der jordanischen Besatzungszeit errichtet und sehen noch so aus wie damals, die anderen sind sehr nobel und speziell auf Touristen

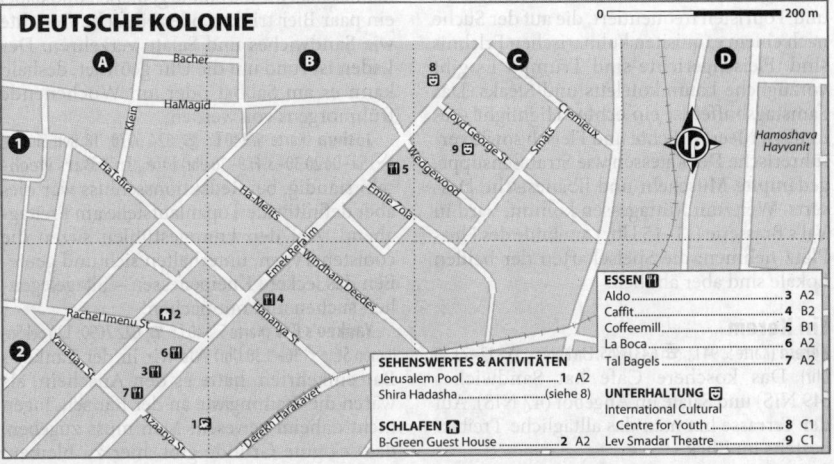

DEUTSCHE KOLONIE

0 —— 200 m

SEHENSWERTES & AKTIVITÄTEN
Jerusalem Pool 1 A2
Shira Hadasha ....(siehe 8)

SCHLAFEN
B-Green Guest House 2 A2

ESSEN
Aldo 3 A2
Caffit 4 B2
Coffeemill 5 B1
La Boca 6 A2
Tal Bagels 7 A2

UNTERHALTUNG
International Cultural
 Centre for Youth 8 C1
Lev Smadar Theatre 9 C1

JERUSALEM

und in Jerusalem ansässige Ausländer zugeschnitten, die in der Umgebung wohnen und arbeiten.

Das **El Dorado Café** (Karte S. 137; ☎ 626 0993; 19 Salah ad-Din St; ⊗ 9–20 Uhr; ✗ 🛜) ist Café und Süßwarenladen in einem und sehr beliebt. Die Gäste genießen leckeren Café Latte, Espresso und Milchshakes und syrische Süßigkeiten. Die Betreiber, das Brüdergespann Ahed und Amro, versorgen einen mit Infos zu Ost-Jerusalem, den Newcomern der Restaurantszene und besonderen Attraktionen.

Jerusalem Hotel (Karte S. 137; ☎ 628 3282; 4 Antara Shadad St; ⊗ 7.30–10.30 & 12–23 Uhr) Das Jerusalem Hotel hat ein Restaurant in einem offenen Hof. Man sitzt unter Weinranken, während Ventilatoren für ein angenehmes Lüftchen sorgen. Zu den Spezialitäten vom Grill zählen *yalla-yalla*-Hühnchen (56 NIS) mit einer Füllung aus Pilzen und Gemüse. Freitags wird arabische Musik gespielt und es wird getanzt (telefonisch reservieren!).

Das **Askadinya** (Karte S. 128 f.; ☎ 532 4590; 11 Shimon Hazadik St; ⊗ 12–24 Uhr) verleiht Ost-Jerusalem ein kosmopolitisches Flair. Das gehobene italienische Restaurant ist in einem eleganten, 120 Jahre alten Gebäude untergebracht. Spezialität des Hauses ist die Askadinya-Platte (67 NIS), ein Vorspeisenteller für zwei mit Meeresfrüchten, Roka-Käse und Gemüse. Dazu kann man einen Wein aus Südafrika, Spanien oder Italien genießen.

Arabesque (Karte S. 137; ☎ 627 9777; 23 Nablus Rd; Hauptgerichte ab 23 US$; ⊗ 19–23 Uhr) Dieses Restaurant befindet sich im prestigeträchtigen American Colony Hotel und wird von Hotelgästen und Touristen frequentiert, die auf der Suche nach einem exquisiten kulinarischen Erlebnis sind. Fleischgerichte sind Trumpf. Es gibt vorzügliche Lammkoteletts und Steaks. Das Samstagsbuffet ist ein echtes Highlight – es umfasst Meeresfrüchte und Fleisch sowie verführerische Delikatessen wie Straußensuppe, gedämpfte Muscheln und libanesische Desserts. Wer zum Mittagessen kommt, wird in Val's Brasserie (11–15 Uhr) am Ende des Flurs Platz nehmen; die Speisekarten der beiden Lokale sind aber ähnlich.

Ein Kerem

Kerem (Karte S. 94 f.; ☎ 643 0865; Ein Kerem; ⊗ 12–23.30 Uhr) Das koschere Café hat Sandwiches (49 NIS) und Salate im Angebot (47 NIS). Auf der Terrasse hat man das alltägliche Treiben bestens im Blick.

AUSGEHEN

Das Stadtzentrum eignet sich bestens für eine Kneipentour. Mehrere Bars sind jeweils nur einen Steinwurf voneinander entfernt. Besonders gute Anlaufstellen sind die Rivlin St und die Yoel Solomon St. In den Sommermonaten wimmelt es hier oft von amerikanischen Teenagern, es gibt jedoch auch ein paar authentischere Lokale. In Ost-Jerusalem sind die meisten Bars in Hotels untergebracht, während die Altstadt ein trockenes Pflaster ist – so trocken wie die Wüste Negev.

Altstadt

Cafe Rimon (Karte S. 100 f.; Damaskus-Tor; ⊗ 7–22 Uhr) Auf der Terrasse des Cafe Rimon haben wir einige schöne Stunden damit verbracht, die lebendige Atmosphäre rund um das Damaskus-Tor zu genießen. Dies ist einer der besten Orte in Jerusalem, um die Menschen in ihrer Stadt zu beobachten. Dabei kann man frische Säfte trinken (3–5 €), eine Nargileh rauchen (5 €) oder das berühmte Taybeh-Bier aus dem Westjordanland probieren (4 €).

Versavee (Karte S. 100 f.; ☎ 627 6160; Greek Catholic Patriarchate Rd; ⊗ 20–24 Uhr; 🛜) Vier Brüder betreiben die elegante kleine Lokalität, die sich in demselben Hof wie das Imperial Hotel befindet. Die Getränkekarte ist umfangreich, es gibt aber auch eine Küche.

Stadtzentrum

Bolinat (Karte S. 140 f.; ☎ 624 9733; 6 Dorot Rishonim St; ⊗ 24 Std.) Am späten Nachmittag wimmelt es auf der Terrasse des Bolinat von jungen Einheimischen, die die Sonne genießen und dabei ein paar Bier trinken oder einfache Gerichte wie Sandwiches und Salate verzehren. Der Laden ist rund um die Uhr geöffnet, deshalb kann es am Sabbat oder am Wochenende frühmorgens voll werden.

Joshua (Karte S. 140 f.; ☎ 624 6070; 18 Ben Sira St; ⊗ Sa–Do 20.30–3, Fr 9–16 Uhr) Die „In"-Bars wechseln ständig, bei Redaktionsschluss war dies aber definitiv die Topanlaufstelle am Freitagabend. Auf den Loungestühlen sitzen die coolsten Typen, unterhalten sich und genießen das leckere Kneipenessen – Sitzgelegenheit suchen und mitmachen!

Yankee's Bar (Karte S. 140 f.; ☎ 622 2690; 12 Yoel Solomon St; ⊗ 16–9.30 Uhr) Als wir in der Yankee's Bar einkehrten, hatte es den Anschein, als wären die Stammgäste an der Bar seit Tagen nicht daheim gewesen! Man muss zugeben, dass es gute Gründe gibt, hier zu bleiben:

Montags gibt es eine „Bier-Flatrate" (65 NIS), mittwochs finden Jamsessions statt und freitags Konzerte im Freien. Und an den übrigen Abenden werden sich Besitzer Itzik und Barkeeper Walter etwas anderes einfallen lassen, um ihre Gäste zu unterhalten. Das Lokal liegt an einer schmalen Gasse, die von der Yoel Solomon St abgeht.

LP Tipp **Uganda** (Karte S. 140 f.; ☎ 623 6087; 4 Aristobulos St; ⏱ So–Do 12–3, Fr 12–17 & 21–3, Sa 20–3 Uhr) Das Konzept ist einzigartig: Das Uganda ist Comicladen, Bar und Café in einem und wird von einer bunt gemischten Klientel frequentiert. Es widmet sich allem, was alternativ und anders ist, und trägt den Namen eines Landes, das die Briten Theodor Herzl als jüdische Autonomieregion angeboten hatten. Auf der Karte stehen das in Palästina gebraute Taybeh und Hummus. Besucher wie Einheimische lieben die gemütlichen Stühle, die entspannte Atmosphäre und die gute Musik.

Sira (Karte S. 140 f.; ☎ 050 486489; 1 Ben Shatakh St; Bier 18 NIS; ⏱ 17 Uhr–open end) Die winzige Bar ist verraucht, dunkel, überfüllt, laut, hat eine winzige Tanzfläche und das Bier fließt in Strömen – bis in die frühen Morgenstunden. Wer älter als 23 Jahre ist, wird sich eventuell ein wenig alt vorkommen. Das Sira ist auch noch unter seinem alten Namen, D1, bekannt.

Ost-Jerusalem

Cellar Bar (Karte S. 137; ☎ 627 9777; 23 Nablus Rd; ⏱ 12–1 Uhr) Die Bar aus dem späten 19. Jh. ist im Kellergewölbe des historischen American Colony Hotel (S. 156) zu finden. Es ist ein lauschiges Plätzchen, das u. a. von Journalisten aufgesucht wird, die sich eine Ruhepause von der Kriegsberichterstattung gönnen wollen.

Das **Borderline** (Karte S. 128 f.; ☎ 532 4590; 13 Shimon Hazadik St; ⏱ 18–2 Uhr) hat einen netten Garten und einen rustikalen Innenbereich aus Stein. Der Name leitet sich von der Lage der Bar unweit der früheren Demarkationslinie ab, die vor 1967 zwischen Israel und Jordanien verlief. Die Klientel setzt sich aus palästinensischen Geschäftsleuten und Mitarbeitern ausländischer Hilfsorganisationen zusammen, die in dem Viertel ansässig sind.

UNTERHALTUNG
Nachtclubs

Das **Haoman 17** (Karte S. 94 f.; ☎ 678 1658; 17 Haoman St, Talpiot; Eintritt 60–100 NIS; ⏱ Do & Fr 23 Uhr–open end) befindet sich in einer Lagerhalle und hat alles, was ein guter Club braucht: eine bombastische

KNEIPENTOUR AUF DER RIVLIN ST

In Jerusalem beginnen und enden die meisten Partys auf der Rivlin St (Karte S. 140 f., E 3). In der winzigen Gasse zwischen der Jaffa Rd und der Hillel St drängen sich mehr als zehn Kneipen auf gerade mal 50 m, die alle eine ganz eigene Atmosphäre haben. Man wird sich also zunächst ein paar Lokale ansehen müssen, um entscheiden zu können, wo man sich niederlässt.

Besonders gut gefallen haben uns das **Zolli's** (☎ 054 812 4200; Rivlin St; ⏱ 16.30 Uhr–open end) und **Gent** ☎ 050 223 2937; Rivlin St; ⏱ 11 Uhr–open end). In beiden Kneipen gibt's Fassbier und man kann Nargilehs rauchen (es werden Dutzende Geschmacksrichtungen angeboten).

Wer zu vorgerückter Stunde noch mal Kohldampf bekommt, könnte diese Läden ansteuern: **Meat Burger** (☎ 622 2513; 28 Hillel St; ⏱ 10 Uhr–open end) – der Name, „Fleischburger", ist Programm –, HaShomen Shwarma (S. 160) oder Bolinat (S. 164. Sie haben alle rund um die Uhr geöffnet.

Anlage und eine geniale Beleuchtung. Hier legen regelmäßig internationale DJs auf. Steht man auf der Haoman St, muss man nach dem Anjril Grill Ausschau halten; der Club ist gegenüber (unter dem Philips-Schild). Vom Zentrum aus nimmt man sich am besten ein Taxi, von der Deutschen Kolonie aus benötigt man zu Fuß ca. zehn bis 15 Minuten.

Yellow Submarine (Karte S. 94 f.; ☎ 570 4646; www.yellowsubmarine.org.il; 13 HaRechavim St, Talpiot; ⏱ Do & Fr 23 Uhr–open end) Normalerweise spielen Bands, manchmal stehen aber auch Gast-DJs und Tanzpartys auf dem Programm. Am besten ruft man vorher im Submarine an; eventuell müssen nämlich Karten für ein Event im Vorverkauf erworben werden.

Tanz

International Cultural Centre for Youth (ICCY; Karte S. 163; ☎ 566 4144; 12 Emek Refa'im St) Im ICCY-Gebäude kann man sich dienstags von 18 bis 24 Uhr traditionelle Tänze ansehen (25 NIS). Dabei handelt es sich nicht um eine Show, sondern mehr um ein Treffen einheimischer Familien, die tanzen wollen – auch Außenstehende dürfen mitmachen (zu Beginn des Abends ist ein Lehrer anwesend). Donnerstags findet eine Tanzparty für alle Altersstufen statt (der DJ legt die unterschiedlichsten Lieder auf). Die Anwesenden tanzen Tango, Hora und alle möglichen anderen Tänze. Das klingt vielleicht ein wenig schräg, macht aber tatsächlich unheimlich viel Spaß und ist ein echtes kulturelles Highlight. Fast jeden Abend gibt es irgendeine Art von Tanzveranstaltung; am besten ruft man vorher an und fragt, was aktuell geboten wird (☎ 052 860 8084).

Kinos

Cinematheque (Karte S. 128 f.; ☎ 606 0800; www.jer-cin.org.il; 11 Hebron Rd) In der Jerusalemer Cinematheque werden gute internationale Produktionen und Klassiker gezeigt. Hier findet übrigens das angesehene Jerusalemer Filmfestival statt.

Lev Smadar Theatre (Karte S. 163; ☎ 566 0954; Eintritt 35 NIS; 4 Lloyd George St) Ein nettes Programmkino mit angrenzendem Café. Hier laufen Independentfilme und ausländische Produktionen. Praktisch: Essen darf mitgebracht werden.

Theater & Klassische Musik

Jerusalem ist stolz auf seine lange Theater- und Musiktradition. Infos zu aktuellen Veranstaltungen bieten die Freitagsausgabe der *Jerusalem Post, Time Out Israel* (in den meisten besseren Hotels erhältlich) oder das monatlich erscheinende Bulletin des Tourismusministeriums. Karten können vorab über **Kla'im** (Karte S. 140 f.; ☎ 622 2333; 12 Shamai St) bezogen werden.

Klassische Musik wird manchmal im **YMCA** (Karte S. 140 f.; ☎ 569 2692; 26 HaMelekh David St) gespielt, samstagvormittags auch im **Beit Shmuel** (Karte S. 140 f.; ☎ 620 3435; www.beitshmuel.com; 6 Shamm'a St), das zum Hebrew Union College gehört.

Das **Jerusalem Centre for the Performing Arts** (Karte S. 128 f.; ☎ 561 7167; www.jerusalem-theatre.co.il; 20 David Marcus St) umfasst einen Konzertsaal, Theaterbühnen und ein Café. Im Sherover Theatre (Eintritt 170 NIS) sind manche Veranstaltungen inklusive Übersetzung ins Englische (Kopfhörer mitnehmen); dort werden Unterhaltungstheater, Musik und Tanz geboten. Zudem ist hier das Jerusalemer Sinfonieorchester zu Hause. Von Oktober bis Juni gibt es jeweils montags um 17 Uhr kostenlose Konzerte.

Weitere interessante Anlaufstellen: **Khan Theatre** (Karte S. 128 f.; ☎ 671 8281; www.khan.co.il; 2 David Remez St; Erw./Stud. 150/120 NIS) Führt manchmal Stücke in englischer Sprache auf.

SCHWULEN- & LESBENSZENE

Die Schwulen-, Lesben-, Bi- und Transsexuellenszene präsentiert sich in Jerusalem verhaltener als in Tel Aviv. Ein netter Treffpunkt ist das **Hakatze** (Karte S. 140 f.; ☎ 623 3366; 4 Shoshan St; ◔ 21.30–2 Uhr), eine kleine Bar am Ende einer ruhigen Gasse südlich des Safra Sq. Montags steigt im Schwulen- und Lesbenabend inklusive. Stand-up Drag-Comedy. Tagsüber kann man im **T'mol Shilshom** (S. 161) einkehren. Ebenfalls beliebt ist das **Zuni** (S. 162), eine neue Lokalität, die rund um die Uhr geöffnet ist.

Am letzten Donnerstag im Juni findet die **Jerusalem Pride-Parade** statt.

Mehr Infos zur lokalen Schwulen- und Lesbenszene und anstehenden Veranstaltungen erhält man sonntags bis donnerstags von 10 bis 17 Uhr im **Jerusalem Open House** (Karte S. 140 f.; ☎ 625 0502; www.joh.org.il; 2 HaSoreg St), das an der Regenbogenflagge zu erkennen ist. Es gibt zahlreiche englischsprachige Events.

Binyanei Ha'Umah Conference Centre (Karte S. 128 f.; ☎ 622 2481) Sitz des israelischen Philharmonieorchesters.

Al-Masrah Centre for Palestine Culture & Art and Al-Kasaba Theatre (Karte S. 137; ☎ 628 0957; www.pnt-pal.org; Al-Masrah Centre; Abu Obeida St) In einer Seitenstraße der Salah ad-Din St in Ost-Jerusalem gelegen. Im Al-Masrah Centre werden Theaterstücke, Musicals, Operetten und traditionelle Tänze dargeboten. Zu den in arabischer Sprache verfassten Werken gibt's häufig eine englischsprachige Zusammenfassung.

Livemusik

Dublin (Karte S. 140 f.; ☎ 622 3612; 4 Shamai St; ◔ 17–3 Uhr) Englische und hebräische Musik gibt es immer montags, irische dienstags – für diese Abende am besten telefonisch reservieren. Im Dublin gibt's Guinness vom Fass (halbes Pint 26 NIS) und herzhaftes Kneipenessen, z. B. Fish & Chips, Wraps und Empanadas.

The Lab (Karte S. 128 f.; ☎ 629 2001; www.maabada.org.il; 28 Hebron Rd; Erw./Stud. 65/40 NIS; ◔ Mo–Sa 22–3 Uhr) Die innovative Bar mit Theater befindet sich in einer umfunktionierten Eisenbahnlagerhalle. Hier treten junge Künstler, Musiker und Tänzer auf, die in den alternativen bzw. experimentellen Nische angesiedelt sind – daher auch der Name „Labor". Auf Hebräisch heißt der Laden auch HaMa'abada.

Pargod Theatre (Karte S. 128 f.; ☎ 625 8819; www.pargod.org; 94 Bezalel St) Super Adresse für Jazzfans; jeden Freitag von 14.30 bis 17.30 Uhr wird gejammt.

Sport
Das mit 20 000 Sitzplätzen ausgestattete Teddy Kollek-Stadion (Karte S. 94 f.) ist das Zuhause der Fußballclubs **Beitar Jerusalem** (www.bjerusalem.co.il, auf Hebräisch) und Ha'poel Jerusalem. Beitar ist dafür bekannt, die leidenschaftlichsten Fans des Landes zu haben – sie brennen auch gern schon mal etwas nieder, wenn das Spiel nicht nach ihren Vorstellungen verläuft (und manchmal auch, wenn ihr Team gewinnt). Bei Ha'poel geht es etwas entspannter zu. Karten können noch am Tag der Begegnung gekauft werden. Das Stadion ist nicht weit von der Jerusalem Mall entfernt; auf der King George V St kann man die Buslinie 31 nehmen, am zentralen Busbahnhof die Linie 6.

SHOPPEN
Jerusalem ist eine tolle Adresse für Leute, die auf der Suche nach ausgefallenen und hochwertigen Waren wie Judaika, nahöstlicher und jüdischer Kunst, Keramikartikeln, Schmuck und Antiquitäten sind. In West-Jerusalem stehen die Chancen am besten, fündig zu werden. In der Altstadt werden in erster Linie billige 08/15-Souvenirs verkauft. Lebensmittel sollte man auf dem Mahane-Yehuda-Markt (S. 162) besorgen, Elektrowaren, Campingausrüstungen, Bücher und Kleidung bekommt man im Stadtzentrum oder in den diversen Einkaufszentren.

Agfa Photo Shwartz (Karte S. 140 f.; ☎ 170 070 6263; 11 Mordechai Ben Hillel St, Allenby) Verkauft alles rund ums Fotografieren. Netter Service: Wer sein Ladegerät verloren hat, kann seinen Kamera-Akku hier kostenlos aufladen.

Lametayel (Karte S. 140 f.; ☎ 623 3338; 5 Yoel Solomon St) Qualitativ hochwertige Camping- und Outdoor-Ausrüstung, Karten und Reiseführer im Angebot.

Einkaufszentren & -straßen
Israelische Einkaufszentren sind gewöhnlich nichts Besonderes, nicht so die brandneue **Mamilla Mall** (Karte S. 140 f., H 5). Die Einkaufspassage unter freiem Himmel wartet mit internationalen Marken wie Nike, North Face und Crocs auf, es gibt aber auch moderne Judaika-Läden, einige tolle Cafés und Restaurants sowie einen genialen Steimatzky-

Buchladen. Bald soll auch ein IMAX-Kino gebaut werden. Die Mall befindet sich zwischen dem Jaffa-Tor und dem David Citadel Hotel und kann z. B. besucht werden, wenn man von der Altstadt nach West-Jerusalem oder umkehrt gelangen möchte.

Die **Ben Yehuda St** (Karte S. 140 f., D 2) ist eine Fußgängerstraße voller Souvenirläden und Cafés. Auch die **Emek Refa'im St** (Karte S. 163) in der Deutschen Kolonie ist ein nettes Einkaufspflaster. Dort gibt's vor allem Judaika und Schmuck. Auf der **King George V St** (Karte S. 140 f., C 3) sind einige Mode- und Bekleidungsgeschäfte angesiedelt.

Die **Jerusalem Mall** (Malcha; Karte S. 94 f.; ☎ 679 1333; ⏰ So–Do 9.30–22, Fr 9–15, Sa Sonnenuntergang–23 Uhr) umfasst einen Supermarkt, ein Kino, Schnellimbisse und Geschäfte. Diese Mall ist ansprechend gestaltet, liegt jedoch ein Stück außerhalb des Zentrums. Auf der King George V St kann man Bus 31 nehmen, am zentralen Busbahnhof die Linie 6.

Judaika, Schöne Künste & Antiquitäten
Nirgendwo in Israel hat man ein breiteres Angebot an Judaika als in Jerusalem. In der Altstadt ist der Cardo (Karte S. 100 f.) eine gute Anlaufstelle. Vor dem Jaffa-Tor, ein Stück bergab, erstreckt sich eine „Kunsthandwerkergasse" (auf Hebräisch Hutzot Hayotzer), in der Judaika von feinster Qualität erworben werden können; die Geschäfte sind täglich außer am Sabbat geöffnet. Mit die besten Läden für Judaica-Fans und Liebhaber der Schönen Künste säumen aber die Yoel Solomon St im Zentrum. Wer Wert auf authentische Artikel legt, sollte einen Bogen um die Judaika-Geschäfte in der David St (Altstadt) machen. Die dort angebotenen Artikel sind nicht koscher, auch wenn die Verkäufer vielleicht etwas anderes erzählen werden.

Arta Gallery (Karte S. 140 f.; ☎ 224 2110; 22 HaMelekh David St) Auf zeitgenössische Judaika spezialisiert. Hat eine tolle Auswahl an *mesusas* und Menoras.

Aweidah Gallery (Karte S. 100 f.; ☎ 628 4417; www.aweidah-gallery.com; 4 Via Dolorosa) Sieht aus wie ein Museum. In der Galerie werden Artefakte vertrieben, die Hunderte, wenn nicht Tausende von Jahren alt sind. Beim Kauf erhält man ein Zertifikat, damit man keine Probleme mit dem Zoll bekommt. (Achtung: Die Gegenstände sehen zwar echt aus, ob sie es aber immer sind, kann letztlich nur ein Experte feststellen!) In der Nähe befinden sich noch ein paar andere Antiquitätengeschäfte.

B Cohen (Karte S. 140 f.; ☎ 623 1160; 19 HaMelekh David St) Hat eine gute Auswahl an traditionellen Judaica wie tallit (Gebetsschals), challah-Abdeckungen, Kerzenständer und Menoras.

Daniel Azoulay (Karte S. 140 f.; ☎ 623 3918; 5 Yoel Solomon St) Handbemaltes Porzellan und wunderschöne *ketubbas* (jüdischer Ehevertrag).

Eden Fine Art (Karte S. 140 f.; ☎ 624 4831; 10 HaMelekh David St) Fantastische Galerie mit Werken moderner israelischer und jüdischer Künstler. Der Schwerpunkt liegt auf Pop-Art.

Gabrieli (Karte S. 140 f.; ☎ 623 3938; www.gabrieli rubin.co.il; 6 Yoel Solomon St) Gebetsschals und andere handgewebte Produkte.

Greenvurcel (Karte S. 140 f.; ☎ 622 1620; www.green vurcel.co.il; 27 Yoel Solomon St) Wunderbare Judaika aus Silber, darunter Kerzenständer, Sederteller und Menoras.

Shevach (Karte S. 140 f.; ☎ 622 3199; 4 Mamilla) Ein Familienbetrieb, der auf die Herstellung und den Verkauf von Judaica-Artikeln aus Silber spezialisiert ist.

Kunsthandwerk & Souvenirs

Jeden Freitagmittag findet im International Cultural Centre for Youth (S. 165) in der Deutschen Kolonie ein Kunsthandwerkermarkt statt. Man kauft die qualitativ hochwertigen Arbeiten direkt von den Künstlern.

Die David St (Karte S. 100 f., C 4) in der Altstadt ist die richtige Anlaufstelle, wenn man T-Shirts, Nargilehs, Schachbretter, Kunsthandwerk und Ähnliches sucht. Hier ist hemmungsloses Feilschen angesagt … schlecht, wenn man Brian heißt und einen Trupp römischer Legionäre an den Fersen hängen hat.

Im Zentrum befinden sich zahlreiche Souvenirshops auf der Ben Yehuda St (Karte S. 140 f., D 2). Tolle Kippot (Yarmulken), auch maßgeschneiderte, gibt's z. B. bei **Kippa Man** (Karte S. 140 f.; ☎ 622 1255; 5 Ben Yehuda St).

Studio Varouj (Karte S. 100 f.; ☎ 627 2118; 36 Aqabat al-Khanqah St; ◷ Mo–Sa 8.30–17 Uhr) In dem Fotogeschäft werden Schwarz-Weiß-Drucke von Jerusalem verkauft (50 NIS). Der Armenier, der den Laden betreibt, spricht diverse Sprachen und ist eine echte Persönlichkeit.

Arman Darian (Karte S. 140 f.; ☎ 054 470 2582; www. darianart.com; 12 Shlomzion HaMalka St) Arman ist der vielleicht bekannteste Keramiker Israels. Seine armenischen Keramikdesigns sind in vielen öffentlichen Gebäuden zu sehen, u. a. im Empire State Building.

Armenian Ceramics (Karte S. 137; ☎ 628 2826; www. armenianceramics.com; 14 Nablus Rd) Gegenüber vom US-amerikanischen Konsulat in Ost-Jerusalem. Werkstatt und Laden gibt es seit 1922. Die Kacheln werden von Hand bemalt und werden auch nach Vorgaben der Kunden gestaltet.

Altogether 8 (Karte S. 140 f.; ☎ 624 7250; 11 Yoel Solomon St) Ein Kooperative von Keramikkünstlern aus ganz Israel.

AN- & WEITERREISE
Auto

Die meisten Autovermietungen mit Sitz in Jerusalem erlauben nicht, dass man mit ihren Autos in die Palästinensergebiete fährt; vorher genau erkundigen.

Avis Zentrum (Karte S. 140 f.; ☎ 624 9001; 22 HaMelekh David St); Romema (Karte S. 128 f.; ☎ 538 9383; 21 Yirmiyahu St)

Budget (Karte S. 140 f.; ☎ 624 8991; 23 HaMelekh David St)

Eldan (Karte S. 140 f.; ☎ 625 2151; 24 HaMelekh David St)

Green Peace (☎ 582 2179; www.greenpeace.co.il; Shu'fat, Ost-Jerusalem) Bringt den Wagen an einen beliebigen Ort in der Stadt. Praktisch: Man darf die Palästinensergebiete bereisen.

Hertz Zentrum (Karte S. 140 f.; ☎ 624 1351; 19 HaMelekh David St); Romema (Karte S. 128 f.; ☎ 500 4147; 40 Yirmiyahu St)

Bus

Am zentralen **Egged-Busbahnhof** (Karte S. 128 f.; ☎ 694 8888; Jaffa Rd) gibt's Busverbindungen in alle großen Städte Israels, darunter Tel Aviv (Bus 405, 19 NIS, 1 Std., alle 15 Min.), Haifa (Bus 940 od. 947, 42 NIS, 2½ Std., alle 15 Min.), Tiberias (Bus 962, 45 NIS, 2½ Std., stündl.), Be'er Sheva (Bus 446 od. 470, 30 NIS, 90 Min., 2-mal stündl.) und Eilat (Bus 444, 70 NIS, 4½ Std., 6-mal tgl.). Wer einen Tagesausflug zum Toten Meer, nach Ein Gedi (Bus 421, 444 od. 486, 34,5 NIS, 2 Std., 5-mal tgl.) oder Masada (Bus 444 od. 486, 45 NIS, 1 Std. 40 Min., 5-mal tgl.) unternehmen will, sollte sich morgens mit dem ersten Bus auf den Weg machen (8.45 Uhr). Es besteht überdies eine Verbindung zu Rachels Grab (Bus 163, 8,10 NIS, 25 Min., alle 2 Std.) bei Bethlehem.

Wer in den südlichen Teil des Westjordanlands reisen möchte, also z. B. nach Bethlehem (4 NIS) oder Hebron, muss sich zum arabischen Busbahnhof (s. Karte S. 137) an der Sultan Suleyman St in Ost-Jerusalem aufmachen. Zum Zeitpunkt der Recherchen gab es keine direkte Verbindung nach Hebron. Ein Bus fährt bis zum Kontrollpunkt an der Straße nach Hebron (4 NIS); dort muss man umsteigen.

Ist der Norden des Westjordanlands das Ziel (z. B. Ramallah; 6,5 NIS), ist der alte arabische Busbahnhof (Karte S. 137), an der Nablus Rd gegenüber dem Jerusalem Hotel gelegen, die richtige Anlaufstelle. Falls es keine direkte Verbindung nach Nablus gibt, kann man einen Bus bis zum Kontrollpunkt Qalandia nehmen (5 NIS) und dort umsteigen. Bus 36 fährt vom Damaskus-Tor nach Jericho. Infos zu Busverbindungen nach Ägypten findet man auf S. 449.

Flugzeug

Der Jerusalemer Flughafen Atarot (Karte S. 171) wird in erster Linie von internationalen Chartermaschinen angesteuert.

FLUGGESELLSCHAFTEN

Arkia (Karte S. 128 f.; ☎ 621 8444; Fax 623 5758; 4. Stock, Klal Building/Arkia, 42 Agrippas St)
El Al (Karte S. 140 f.; ☎ 977 1111; Fax 677 0255; 12 Hillel St)

Sherut

Sheruts (Service- bzw. Sammeltaxis) sind sehr viel flotter als Busse, fahren häufiger und kosten nur ein paar Schekel mehr (wer am Sabbat die Stadt verlassen möchte, ist mit einem *sherut* am besten beraten). Sammeltaxis nach Tel Aviv (an Wochentagen 27 NIS/Pers., Fr & Sa 30 NIS) fahren an der Ecke Harav Kook St und Jaffa Rd unweit des Zion Square ab.

Sind das Westjordanland und der Gazastreifen das Ziel, muss man sich zum Damaskus-Tor in Ost-Jerusalem aufmachen.

Zug

Der neuen **Bahnhof** (Jerusalem Malcha; Karte S. 94 f.; ☎ 577 4000) befindet sich im Südwesten der Stadt, nahe der Jerusalem Mall. Es bestehen Verbindungen zum Merkaz-Bahnhof in Tel Aviv (Erw./Kind 20/16 NIS); Abfahrten sind von Sonntag bis Donnerstag stündlich zwischen 6.10 und 21.10 Uhr. Freitags fährt der letzte Zug um 15 Uhr. Mit einem kombinierten Zug-/Busticket kann man ein paar Schekel sparen. Buslinie 6 fährt zum Bahnhof (ab Jaffa Rd od. zentralem Busbahnhof). Mehr Infos unter ☎ *5770 (das Sternchen beim Wählen nicht vergessen!).

UNTERWEGS VOR ORT

Bus

Jerusalem hat ein gutes Busnetz (5,50 NIS/Fahrt). Will man umsteigen, muss man ein *ma'avar*-Ticket kaufen (6,40 NIS). Eine Karte für 10 Fahrten kostet 44 NIS, die Monatskarte ist für 216 NIS zu haben. Aktuelle Infos

zum städtischen Busverkehr gibt's unter ☎ *2800. Aufgrund der voraussichtlich ab April 2011 verkehrenden Jerusalem Light Rail werden viele alte Busrouten obsolet sein, die Folgenden können aber nach wie vor von Nutzen sein:

Bus 1 Zentraler Busbahnhof–Malchei Yisra'el St–Mea She'arim St–HaNevi'im St–Damaskus-Tor, Klagemauer
Bus 2 Zentraler Busbahnhof–Bar Ilan St–Shivtei Y'Israel St–Damaskus-Tor–Klagemauer
Bus 4a Skopus-Berg–Yehezkel St–King George St–Keren HaYesod–Emek Refa'im–Malha-Bahnhof
Bus 7/7a Zentraler Busbahnhof–King George St–Ramat Rachel
Bus 9/9a Zentraler Busbahnhof–Knesset–Givat Ram (Hebräische Universität)
Bus 17/17a Ein Kerem–Israel-Museum–Aza Rd–King George St–Zentraler Busbahnhof
Bus 18/18a Deutsche Kolonie–Malha-Bahnhof–Herzl-Berg–Zentraler Busbahnhof–Jaffa Rd
Bus 20 Yad Vashem & Herzl-Berg–Zentraler Busbahnhof–Jaffa Rd–Jaffa-Tor
Bus 23 Herzl-Berg–Zentraler Busbahnhof–Saladin St–Skopus-Berg
Bus 24a Israel-Museum–Givat Ram (Hebräische Universität)–Malha Mall
Bus 26/26a Skopus-Berg–Zentraler Busbahnhof–Yad Vashem & Herzl-Berg–Biblischer Zoo
Bus 38 Jüdisches Viertel–Klagemauer–King George St–Jaffa Rd–Jaffa-Tor

Fahrrad

Aufgrund des hügeligen Terrains ist Jerusalem ein ziemlich hartes Pflaster für Fahrradfahrer. Wer die Herausforderung annehmen möchte, kann sich bei **Rochvim Bikes** (Karte S. 128 f.; ☎ 623 2598; 88 Agrippas St) für 50 NIS pro Tag ein Rad leihen. Der Laden an der Ecke Agrippas St und Mani St wird von palästinensischen und jüdischen Fahrradfans gemeinsam betrieben.

Am besten schließt man sich einer Gruppe Einheimischer an. Dienstags um 21 Uhr findet eine Fahrt quer durch die Stadt statt, Treffpunkt vor dem **Nitzan Bike Shop** (Karte S. 128 f.; ☎ 623 5976; 137 Jaffa Rd); auch hier werden Räder verliehen.

Wer es ernst meint mit dem Radfahren und wert auf gute Qualität legt, sollte **EcoBike** (☎ 077 450 1650; www.ecobike.com) kontaktieren. Die tipptopp gepflegten Räder kosten 25 US$ pro Tag bzw. 125 US$ pro Woche.

Vom/Zum Flughafen

Der Flughafen Ben Gurion liegt 51 km westlich von Jerusalem an der Straße nach Tel

Aviv. Am zentralen Busbahnhof kann man in die Buslinie 947 steigen (21,50 NIS, 40 Min., 2-mal stündl.); Verbindungen zum Flughafen bestehen sonntags bis donnerstags von 6.30 bis 20.30, freitags von 6 bis 16.30 und samstags zwischen 20.20 und 22 Uhr. Vom Flughafen fährt Bus Nr. 5 bis zum Airport City Commercial Complex, wo man in die Linie 947 nach Jerusalem umsteigen kann.

Die **Nesher-Sammeltaxis** (Karte S. 140 f.; ☎ 625 3233, 1 599 500 205) holen Reisende rund um die Uhr an ihrer jeweiligen Unterkunft ab (50 NIS; reservieren). Dieser Service wird auch vom Flughafen in die Stadt angeboten (den unverfrorenen Taxifahrern, die behaupten, dem wäre nicht mehr so, bloß nicht glauben).

Taxi
Eine Fahrt innerhalb des Zentrums kostet zwischen 20 und 25 NIS. Man sollte darauf bestehen, dass das Taxameter eingeschaltet wird. Taxis können telefonisch bei **Hapalmach Taxi** (☎ 679 2333) bestellt werden.

RUND UM JERUSALEM

Rund um Jerusalem gibt es eine Reihe von Stätten, die im Rahmen einer Halb- oder Ganztagstour besichtigt werden können. Die meisten Reisenden entscheiden sich für einen Abstecher ans Tote Meer (S. 344) oder nach Bethlehem (S. 318), doch auch etwas unbekanntere Attraktionen wie die Stalagmiten-Höhle Sorek, die Höhle von Beit Guvrin oder die diversen Weingüter dazwischen sind durchaus sehenswert.

SATAF
Das historische Sataf liegt 600 m über dem Meeresspiegel und war eines von mehreren arabischen Dörfern, das im Zuge des Israelischen Unabhängigkeitskriegs 1948 geräumt wurde. Sataf kann nur zu Fuß erreicht werden; drum herum verlaufen ein paar wunderschöne Wanderwege.

Ausgangspunkt des Ausflugs ist die Abzweigung nach Sataf (Karte S. 171): Am zentralen Busbahnhof fahren Busse zum Kibbuz Tsova ab; man kann sich an der Kreuzung zwischen den Straßen 395 und 3965 absetzen lassen. Dann folgt man der Straße mit dem braunen Schild „Sataf" 1,5 km bis zum Naturschutzgebiet; ab dem Parkplatz ist der Weg gut ausgeschildert.

Hat man das Dorf erreicht, kann man einen Blick auf die natürlichen Quellen werfen, deren Wasser in steinernen Becken aufgefangen wird. Es ist verboten, darin zu baden, man kann sich aber den Tunnel ansehen, durch den das Quellwasser fließt (Taschenlampe nicht vergessen!).

Vom Dorf führt ein Pfad zum Flussbett weiter unterhalb. Am anderen Ufer erhebt sich der Konvent St. Johannes in der Wüste. Angeblich hat sich Johannes der Täufer dort vor Herodes versteckt. Das Kloster ist normalerweise verschlossen. In der Talsohle führt der Wanderweg über die Straße, dann geht's an einem kleinen Bach entlang hinauf zur Quelle von Ein Hindak.

Etwa 100 m hinter der Quelle führt eine Straße zum Hadassah Medical Centre; von dort fahren Busse zurück nach Jerusalem. Alternativ könnte man einen Spaziergang in das Dorf Ein Kerem unternehmen (s. S. 149).

ABU GHOSH
☎ 02 / 5500 Ew.
Abu Ghosh (Karte S. 171) ist ein nettes Ziel für einen Halbtagesausflug. Das malerische Städtchen abseits der Autobahn nach Tel Aviv ist 13 km von Jerusalem entfernt. Es wird von einer prächtigen alten Kirche und Schatten spendenden Bäumen dominiert. In der Bibel findet Abu Ghosh unter dem Namen Kirjath-Jearim (Stadt der Wälder) Erwähnung. Angeblich wurde die Bundeslade 20 Jahre lang hier aufbewahrt, bis David sie nach Jerusalem brachte (1. Chr. 13,5–8). Heutzutage ist Abu Ghosh als „Hummus-Hauptstadt" des Landes bekannt.

Im Ort stehen zwei interessante Kirchen: Die 1924 erbaute Kirche **Notre Dame de l'Arche d'Allince** (Unsere Liebe Frau von der Bundeslade; Eintritt frei; ☻ 8–11.30 & 15.30–18 Uhr) ist ein Wahrzeichen der Stadt (man beachte die Marienstatue mit dem kleinen Jesus auf dem Arm). Sie gehört den französischen St.-Joseph-Schwestern, die der Überlieferung folgen, an der Stelle ihrer Kirche habe sich einst Abinadabs Haus befunden, in dem die Bundeslade aufbewahrt worden sei (1. Sam. 7,1). Zuvor befand sich hier eine größere byzantinische Kirche, von der noch Mosaikböden erhalten sind. Das Bauwerk erhebt sich auf dem Hügel mit Blick auf das Dorf und ist gen Jerusalem ausgerichtet.

Die **Kreuzritterkirche** (Eintritt frei; ☻ 8.30–11 & 14.30–17.30 Uhr) ist eines der am besten erhaltenen und schönsten Kreuzritterbauwerke im ganzen

RUND UM JERUSALEM

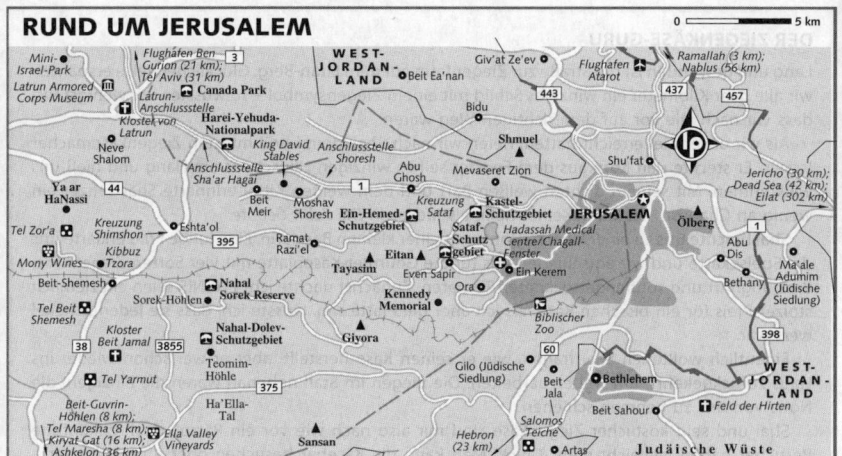

Land. Entstanden um 1142 und zerstört 1187, soll das Gotteshaus auf den Fundamenten einer römischen Burg errichtet worden sein. Ein Stein dieser Burg ist in der Kirche ausgestellt; er trägt eine Inschrift der 10. Legion, einer bekannten römischen Truppe, die im 1. Jh. in Jerusalem stationiert war. Neben dem Klosterkomplex steht eine Moschee.

Essen

Man sagt, mit das beste Hummus komme aus Abu Ghosh. Israeli aus der Umgebung unternehmen schon einmal Tagesausflüge in die Stadt, nur um die lokalen Restaurants aufzusuchen. An den Wochenenden und während der Ferien kann hier daher ein ganz schöner Betrieb herrschen.

Abu Shukhri (☎ 534 2429; ⏱ 8–21 Uhr) Dieser Familienbetrieb ist eines der ältesten Lokale der Stadt und rühmt sich für erstklassiges Essen (die Besitzer haben schon mehrere Preise abgeräumt). Eine Kombination aus Hummus, Falafel und Getränk kostet 20 NIS. Man erreicht das Lokal, indem man an der Moschee vorbeispaziert und dann in die erste Straße zur Linken einbiegt. Es ist das dritte Gebäude auf der rechten Seite.

Das Caravan (☎ 534 2744; ⏱ 10–22 Uhr) liegt auf halber Strecke zwischen den beiden Kirchen und ist eine Spur besser als die anderen Hummusrestaurants. Man kann auch leckere Fleischgerichte oder Kebabs in Weinblättern bestellen. Ebenso klasse sind die Desserts – und der Blick übers Tal in Richtung Jerusalem ist einfach unschlagbar.

SOREK-HÖHLEN

Die **Sorek-Höhlen** (Karte S. 171; ☎ 02-991 1117; Erw./ Kind 25/13 NIS; ⏱ Sa–Do 8–17, Fr bis 15 Uhr) zählen zu den spektakulärsten Naturwundern Israels. Sie wurden 1967 zufällig entdeckt, als ein Team von Steinbrucharbeitern eine Felswand sprengte, und sind auch unter dem Namen Avshalom- bzw. Absalom-Höhle bekannt. Im Inneren können Stalaktiten, Stalagmiten und Steinsäulen in jeglicher Form und Größe bestaunt werden. Manche Gebilde tragen kreative Namen, z. B. Ayatollah Khomeini, Sombrero oder Moses. Mit Ausnahme freitags finden den ganzen Tag über Führungen statt und in einem sehr alten Film wird erklärt, wie die Höhlen entstanden sind. Da das Höhlensystem sehr empfindlich ist, darf nur an einem Tag pro Woche fotografiert werden – genau: freitags. Die Sorek-Höhlen liegen 20 km westlich von Jerusalem. Es fahren keine Busse hin, deshalb organisiert man am besten einen Wagen (oder ein Fahrrad).

LATRUN

☎ 08

Nur wenige Reisende legen auf dem Weg zwischen Tel Aviv und Jerusalem in Latrun einen Stopp ein. Früher war es nicht gerade einfach, dieses Areal am Fuß der Judäischen Berge zu passieren: Latrun war jahrtausendelang Schauplatz unzähliger Schlachten, die unterschiedlichsten Truppen und Völker von den Makkabäern bis zu den israelischen Streitkräften haben hier bereits gekämpft. Auf der Seite der Autobahn liegen noch die

DER ZIEGENKÄSE-GURU

Lang und gewunden ist die Straße zur Ziegenfarm auf dem Eitan-Berg. Glücklicherweise erspähten wir alle paar Kilometer ein winziges Schild mit einem Ziegensymbol – so wussten wir wenigstens, dass wir nach wie vor auf dem richtigen Weg waren.

Als wir unser Ziel erreicht hatten, riefen wir nach Shai, dem berühmtesten Ziegenkäsemacher Israels. Er steckte den Kopf aus dem Fenster seines winzigen Häuschens am Hang und hieß uns willkommen. Mit seinem dichten weißen Bart und dem weißen Kittel erinnerte Shai Seltzer ein wenig an Charlton Heston in seiner Rolle als Moses in *Die Zehn Gebote*.

Shai brachte uns zu einer kleinen Höhle mit einer kleinen Bar darin. Eine junge Frau erklärte uns die Speisekarte und wir entschieden uns für die Gourmet-Käseplatte mit vier Sorten Ziegenkäse, Brot, Joghurt und sonnengetrockneten Tomaten. Zunächst dachte ich, 110 NIS seien ein ziemlich stolzer Preis für ein bisschen Käse, als ich aber die Platte sah, wusste ich, dass sie jeden Schekel wert war.

Eigentlich wollte ich Shai fragen, wie er seinen Käse herstellt, aber er war schon wieder ins Haus zurückgekehrt, um weiterzuarbeiten. Die Ziegen im Stall nebenan waren die Einzigen, die Notiz von uns zu nehmen schienen.

Shai und sein köstlicher Ziegenkäse sind mir also nach wie vor ein Rätsel, doch zukünftige Besucher haben vielleicht mehr Glück. Man kann die Käsebar besuchen oder – noch besser – an einem Seminar zur Käseherstellung teilnehmen. Die Straße zu Shais Wohnhaus beginnt am Parkplatz am Eingang zum Sataf-Naturschutzgebiet. Mehr Infos gibt's unter www.goat-cheese. co.il oder der Nummer ☎ 054 440 3762.

Überreste alter Armeetransporter aus dem Krieg von 1948 herum. Latrun ist eher unbekannt, wartet aber mit ein paar wirklich ungewöhnlichen Highlights auf, darunter ein Panzermuseum, ein Mottopark und ein Trappistenkloster.

Latrun Armored Corps Museum

Angesichts der Tatsache, dass sich Israel seit der Staatsgründung nahezu pausenlos im Kriegszustand befunden hat, überrascht es kaum, dass das **Latrun Armored Corps Museum** (Karte S. 171; ☎ 925 5268; Erw./Kind 30/20 NIS; ۞ Sa–Do 8.30–16.30, Fr bis 12.30 Uhr) eines der größten Museen seiner Art weltweit ist. Das Hauptgebäude wurde ursprünglich von den Briten errichtet und diente als Festung zur Sicherung der Straße nach Jerusalem. Mittlerweile ist hier ein Museum untergebracht, das sich dem Zeitraum von der Antike bis in die Gegenwart widmet. In dem Theater wird ein einführendes Video gezeigt. Rund um das Bauwerk stehen 160 Arten von gepanzerten Fahrzeugen, darunter auch der gewaltige Merkava-Panzer.

Kloster von Latrun

Dieses 1890 vom französischen Trappistenorden erbaute Bauwerk diente als kontemplatives Kloster. Heutzutage ist es weithin für guten Wein, seine tolle Lage, die Architektur und die Gärten bekannt.

Wein wird seit etwa 1899 gekeltert. Die Mönche machten das Land urbar, bauten Getreide und Gemüse an, pflanzten Olivenbäume und legten Weinberge an, bis sie im Ersten Weltkrieg von den Türken vertrieben wurden. Nach ihrer Rückkehr entstand 1926 das heutige Kloster.

In dem **Laden** (Karte S. 171; ☎ 925 5180; ۞ Mo–Sa 8.30–11.30 & 14.30–16.30 Uhr) werden Wein, Hochprozentiges und Olivenöl aus eigener Herstellung verkauft.

Mini-Israel-Park

Die neueste Sehenswürdigkeit in Latrun ist der **Mini-Israel-Park** (Karte S. 171; ☎ 1 700 559 569; www.minisrael.co.il; Erw./Kind 69/59 NIS, Audio-Guide 15 NIS; ۞ Nov.–März 10–18 Uhr, April, Mai, Sept. & Okt. bis 19 Uhr, Juni bis 20 Uhr, Juli & Aug. bis 22 Uhr, Fr bis 14 Uhr), in dem man sich fühlen wird wie Gulliver in Lilliput. In dem Mottopark findet man 350 der bekanntesten Attraktionen Israels in Modellgröße. Die Schöpfer haben mit sehr viel Liebe zum Detail gearbeitet. An der Mini-Klagemauer wiegen sich z. B. Mini-Stadtbewohner auf den Hacken hin und her, und während man umherspaziert wird man die verschiedenen Landessprachen zu hören bekommen. Das Parkgelände kann als eine besondere Art von Landkarte betrachtet werden und ist möglicherweise ein guter Auftakt für den Israelurlaub. Wer mit Kindern unterwegs ist, sollte sich den Park auf keinen Fall entgehen lassen.

WEINROUTE

In den Judäischen Bergen befinden sich ein paar hervorragende Weingüter, die im Rahmen eines Tagesausflugs besichtigt werden können. Nachdem man den Wein im Kloster von Latrun gekostet hat (s. S. 171), fährt man an der Anschlussstelle Sha'ar Hagai auf die Route 38 Richtung Süden. Die Landschaft verändert sich merklich; man durchquert hügeliges Weideland.

Wenige Kilometer nach der Anschlussstelle weist ein Schild den Weg zum **Kibbuz Tzora** (Karte S. 171; ☎ 02-990 8261; www.tzora.co.il; ☺ So–Do 10–17, Fr bis 14, Sa bis 18 Uhr). Dort werden ein Weißwein und ein trockener Rotwein gekeltert und im dazugehörigen Laden verkauft. Zum Angebot zählen außerdem hausgemachte Marmelade, Brot, Honig und Olivenöl. Für die Führungen am Freitag (inkl. Weinprobe & Mittagessen 90 NIS) muss man sich vorab anmelden. Wer über Nacht bleiben möchte, kann sich in einer der schlichten **Kibbuz-Unterkünfte** (☎ 02-990 8562, 050 727 2059; www.tzora.co.il/bnb; EZ/DZ inkl. Frühstück 80/95 US$; ☒ ☒) einquartieren.

An derselben Straße liegt etwa 4 km weiter das Weingut **Mony Wines** (Karte S. 171; ☎ 02-991 6629; monywines@walla.co.il; ☺ 10–17 Uhr), das von der arabisch-christlichen Artul-Familie betrieben wird. Sie hat das Land vom katholischen Kloster Deir Raffat nebenan gepachtet. Vor 125 Jahren schuf der Orden die Weinkeller. In dem kleinen Laden werden koscherer Cabernet Sauvignon, Merlot und Chardonnay sowie Olivenöl und Käse verkauft. Die angrenzende Kirche kann samstags von 10 bis 15 Uhr besichtigt werden; an der Decke steht das Wort „Frieden" in 340 verschiedenen Sprachen.

Zurück auf der Route 38 fährt man weitere 6 km gen Süden und folgt dann der Beschilderung „Bet Gemel" (Beit Jamal); nach 2 km hat man das **Kloster Beit Jamal** (☎ 02-533 5814; ☺ 8.30–11.30 & 13.30–16.30 Uhr) erreicht. Es wurde 1919 von Salesianern gegründet und beherbergt eine Wetterstation, die noch heute in Betrieb ist. Die erste Kirche entstand auf dem Gelände bereits im 5. Jh. Beachtenswert ist der Anstrich des heutigen Gotteshauses, der von Weitem wie ein Mosaik aussieht. Nach wie vor werden Weinstöcke gepflanzt, der Wein wird inzwischen jedoch andernorts gekeltert. Im Klosterladen können Besucher Wein, Olivenöl und Tonwaren erstehen. Letztere werden von den Nonnen angefertigt.

Wer mehr Infos zu den über 30 Weingütern in der Region haben möchte (wir konnten sie nicht alle hier aufführen), sollte sich eine Ausgabe des englischen Führers *The Wine Route of Israel* von Yaron Goldfisher und Eliezer Sacks zulegen.

Ha'Ella-Tal

Heutzutage dreht sich im Ha'Ella-Tal alles um Wein, dabei handelt es sich vor allem um einen historischen Ort: David soll hier Goliath niedergestreckt haben. Hinter der Abfahrt zur Route 38 und zur Route 383 (Anschlussstelle Ha'Ella) führt der Highway über ein ausgetrocknetes Flussbett. Vielleicht hat David dort die „fünf glatten Steine" gefunden, wie es im 1. Buch Samuel, Vers 17 geschrieben steht. Dann, auf offenem Feld, trat David, so die Bibel, dem Philister entgegen, griff in seinen Beutel, nahm einen Stein heraus, legte ihn in die Schleuder und traf den Riesen an der Stirn.

Nichts deutet auf die besondere Bedeutung dieses Orts hin, wer aber mit dem eigenen Wagen unterwegs ist, kann kurz anhalten, ein

---

TELS – ISRAELS MYSTERIÖSE ERDHAUFEN

Für Hobbyarchäologen ist Israel wahrhaftig ein Paradies. Besonders faszinierend sind die zahlreichen *tels*, die über das ganze Land verteilt sind. Der Begriff *tel* (auch: *tell*) bezeichnet einen „Trümmerhügel", der von vielen aufeinanderfolgenden Zivilisationen geschaffen wurde, indem diese ihre Städte jeweils auf den Ruinen älterer Städte errichteten.

Der Tel Maresha (S. 174) zeichnet sich durch ein besonders weiches Erdreich aus und birgt Unmengen historisch bedeutsamer Artefakte. Jeden Sommer zieht es Amateurarchäologen dorthin, die vorsichtig jede Handvoll Erde durchsuchen. Dabei finden sie häufig Tonscherben, Münzen, Öllampen und andere Nutzgegenstände aus antiker Zeit.

Touristen werden oft als günstige Arbeitskräfte eingespannt. Neugierig geworden? Dann sollte man **Archaeological Seminars** (☎ 02-586-2011; www.archesem.com) kontaktieren. Eine dreistündige Ausgrabung plus Seminar kosten ca. 25 US$ pro Person.

Stück laufen und die Kampfszene vor dem inneren Auge ablaufen lassen.

Beit Guvrin & Tel Maresha

Die **Höhlen von Beit Guvrin & Tel Maresha** (außerhalb Karte S. 171; ☎ 08-681 1020; Erw./Stud. 25/13 NIS; ⏱ 8–16 Uhr) sind archäologische Stätte, Naturwunder und Musterbeispiel für den menschlichen Erfindungsgeist in einem. Der Nationalpark erinnert mit seinen um die 4000 Senken und Höhlen an die Beschaffenheit eines Schweizer Käses. Ein paar der Felskammern sind natürlichen Ursprungs – Wasser hat dort den weichen Kalkstein immer weiter ausgehöhlt. Andere wiederum sollen auf das Konto der Phönizier gehen, die das Gestein für den Bau des Hafens von Ashqelon benötigten (6.–4. Jh. v. Chr.). In byzantinischer Zeit lebten Mönche und Eremiten in den Höhlen; manche Felswände weisen nach wie vor kreuzförmige Markierungen auf. Kein Geringerer als Johannes der Täufer soll zu den allerersten gläubigen „Graffiti-Künstlern" gehört haben.

Bei Grabungen auf dem Gelände von Tel Maresha wurden Überreste einer Synagoge aus dem 3. Jh. und verschiedene Artefakte der Griechen und Kreuzritter zutage gefördert. Sie sind im Rockefeller-Museum (s. S. 136) in Jerusalem ausgestellt. Ein paar der byzantinischen Mosaiken, die man hier entdeckt hat,

wurden dagegen ins Israel-Museum (s. S. 146), ebenfalls in Jerusalem, gebracht. Vor Ort können u. a. die Ruinen der Kreuzritterkirche St. Anna (oder Sandahannah) aus dem 12. Jh. besichtigt werden.

Am leichtesten zu erkunden sind die Höhlen westlich von Tel Maresha – von der Straße gehen einige Pfade ab. Man sollte jedes Loch im Boden unter die Lupe nehmen, das ansatzweise interessant aussieht. Ein paar Höhlen warten mit aufwendigen Treppen und Handläufen auf, die ins „Kellergeschoss" hinab führen. Reihen mit Hunderten kleiner Einbuchtungen lassen Rückschlüsse darauf zu, dass die Sidonier hier vom 3. bis 1. Jh. v. Chr. kleine Tauben züchteten, die sie zur Verehrung der Göttin Aphrodite benötigten.

Der Park ist ziemlich groß, und die Sehenswürdigkeiten sind über das gesamte Gelände verteilt. Eigentlich können sie nur mit einem eigenen Wagen erreicht werden. Man folgt zunächst der Route 38 in südlicher Richtung, dann fährt man auf der Route 35 nach Westen. Nach 2 km gelangt man an den Parkeingang. Wer kein Auto hat, den Park aber trotzdem sehen möchte, sollte in Kiryat Gat um 8 Uhr den Bus zum Kibbuz Bet Guvrin nehmen und den Fahrer bitten, am Nationalpark zu halten. Um 17 Uhr gibt es eine Verbindung zurück nach Kiryat Gat.

Tel Aviv

Meilenweit entfernt vom historischen – und manchmal hysterischen – Jerusalem hat die welt-liche Partystadt Tel Aviv vieles, was Jerusalem nicht hat. Sie ist leicht, weitläufig, manchmal unfassbar hässlich und immer in Betrieb. Eine Stadt für Restaurantgänger, Barbesucher und Hundebesitzer. Hier sieht man Menschen um 1 Uhr Burger holen, um 3 Uhr im Waschsalon sitzen und um 5 Uhr morgens ins Meer springen. Und man findet linke Hardcore-Aktivisten, Reste von baufälliger Bauhaus-Architektur, die seit den 1950ern nicht mehr gestrichen wurde, Drachenflieger, Sonnenanbeter, Scharen von jungen Berufstätigen mit mehreren Kindern, einem Designerhund und Geld zum Ausgeben – und, in zunehmendem Maße, europäische Touristen, die sich mit günstigen Flügen ein sonniges Winterwochenende gönnen.

Während Tel Aviv weit weniger Aufheben um seine offensichtlichen historischen, architek-tonischen oder pilgerfreundlichen Attraktionen macht als seine ältere ernsthafte Schwester, gleicht sie das mit ihrem hedonistischen Charme aus. Man kann an den Stränden faulenzen, in coolen Shops Klamotten kaufen, essen, trinken und bis zum Morgengrauen tanzen. Es fällt schwer, wieder wegzufahren. Trotz des Sommersmogs, einer suppenartigen Mischung aus Wüstenstaub und Abgasen, verlieren die Tel Aviver selten ihr geschäftiges Tempo. Wenn die Temperaturen steigen, verlagern sich die Aktivitäten in die luftigeren Strandbars und die eiskalten klimatisierten Clubs und Cafés. Sogar in Zeiten des Krieges geht das Leben wie in einer vorsichtig geschaffenen städtischen „Blase" normal weiter. Als die Raketen auf Sderot etwa 50 km südlich fielen oder auf Kiryat Shmona, 180 km nördlich, und der Rest der Regi-on in den Bunkern hockte, diskutierten die Tel Aviver die Lage bei einer Tasse Cappuccino oder einem Cocktail. Hier kann man tatsächlich vergessen, dass man im Nahen Osten ist.

HIGHLIGHTS

- Im warmen Mittelmeer planschen oder die Zehen in einem der wilden **Strände** (S. 193) der Stadt vergraben

- Aufbrezeln und rausgehen – in Tel Aviv gibt's die heißes-ten **Nachtclubs** (S. 205) des Nahen Ostens

- Ein Besuch im **Diasporamuseum** (S. 192) – eine hervor-ragende Einführung in die jüdische Geschichte und die Diaspora

- Die arabische Atmosphäre von **Jaffa** (S. 210) entdecken, einem alten Hafen mit einem tollen Flohmarkt und guten Restaurants

- Eine supergroße Sonnenbrille aufsetzen und an einem wilden Freitag in der ultra-hippen **Sheinken St** (S. 183) shoppen gehen

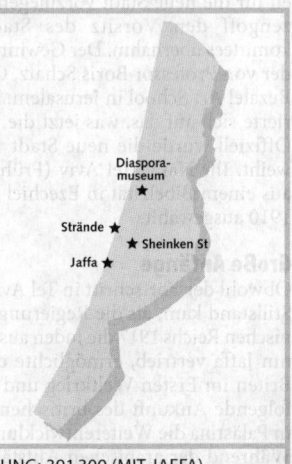

Diaspora-museum ★

Strände ★

★ Sheinken St

Jaffa ★

■ VORWAHL: 03 | ■ BEVÖLKERUNG: 391 300 (MIT JAFFA)

TEL AVIV

GESCHICHTE
Raus aus Jaffa

Wenn die Geschichte Jerusalems ein großes biblisches Epos ist, dann ist die Entstehung von Tel Aviv eine moderne Kurzgeschichte, in der es um Antrieb und Ambition in Kombination mit einer eher exzentrischen Städtebauplanung geht.

Tel Aviv wurde von einer kleinen Gruppe Juden gegründet, die aus der überfüllten, dreckigen und manchmal auch unfreundlichen Enge der schon lange bestehenden, vorwiegend arabischen Stadt Jaffa auswandern wollten. Ursprünglich ließen sie sich in zwei kleinen Gemeinden nieder, Neve Tzedek (1886) und Neve Shalom (1890), die versteckt in den Dünen der sandigen Küstenebene gleich nördlich von Jaffa lagen. Kurze Zeit später gesellten sich 60 weitere Familien unter der Führung von Meir Dizengoff dazu, einem ambitionierten Geschäftsmann und Politiker. Er war im heutigen Moldawien geboren und plante, eine große jüdische Stadt aufzubauen. Die Familien kauften 5 ha leere Sanddünen, teilten sie in 60 Felder und veranstalteten eine Lotterie mit Muscheln, um das Land zu verteilen, das später mal am Rothschild Blvd liegen würde.

Als Vorlage nahm man die britische „Gartenstadt" (eine sich selbst versorgende, strukturierte Gemeinde umgeben von einem Grüngürtel, von denen allerdings nur zwei in England jemals vollendet wurden). Mehrere Stadtplaner wurden eingeladen, um ihre Ideen für die neue Stadt vorzulegen, wobei Dizengoff den Vorsitz des Stadtplanungskomitees übernahm. Der Gewinner-Plan war der von Professor Boris Schatz, Gründer der Bezalel Art School in Jerusalem. Er konzentrierte sich auf das, was jetzt die Herzl St ist. Offiziell wurde die neue Stadt 1909 eingeweiht. Ihr Name Tel Aviv (Frühlingshügel), aus einem Bibelzitat in Ezechiel 3,15, wurde 1910 ausgewählt.

Große Anfänge

Obwohl der Fortschritt in Tel Aviv kurz zum Stillstand kam, als die Regierung des Osmanischen Reichs 1917 die Juden aus dem Gebiet um Jaffa vertrieb, ermöglichte der Sieg der Briten im Ersten Weltkrieg und die darauffolgende Ankunft des britischen Gesandten in Palästina die Weiterentwicklung der Stadt. Während der arabischen Aufstände in Jaffa 1921 flüchteten viele Juden nach Tel Aviv, was die Einwohnerzahl bis 1925 auf 34 000 ansteigen ließ.

Die Stadt wuchs schnell mit den Neuankömmlingen, aber die Entwicklung driftete gelegentlich ziellos weg von der einfachen und logischen Gartenstadt-Planung. Die Allenby St, gedacht als neue Haupt-Durchfahrtsstraße, sollte von Norden nach Süden verlaufen, parallel zur Küste. Sie wurde aber umgeleitet, damit man auf ihr ein Café am Strand erreichen konnte. Das Neve-Shanan-Viertel im Süden war in Form der siebenarmigen jüdischen Menora geplant worden, einfach aus Gründen der Symbolik. Und mittlerweile wanderten mehr und mehr Menschen ein. In den 1930er-Jahren kamen Wellen von Immigranten aus Übersee, viele davon auf der Flucht vor den Nazis. 1939 hatte die Einwohnerzahl von Tel Aviv 160 000 erreicht, ein Drittel der gesamten jüdischen Bevölkerung des Landes.

Ab dem Ausbruch des Zweiten Weltkriegs 1939 beherbergte Tel Aviv über 2 Mio. Alliierte und wurde zeitgleich zum Zentrum des zionistischen Widerstandes gegen Großbritanniens Anti-Einwanderungs-Politik. Als der Krieg in Europa tobte (und Tel Aviv selbst 1940 von Italien bombardiert wurde), begannen geflüchtete jüdische Architekten aus Deutschland damit, die vom Bauhaus beeinflusste „Weiße Stadt" (s. S. 190) zu bauen. 1948, als die Briten abgezogen waren und Palästina zu Israel geworden war, gipfelten sporadische Gefechte zwischen den benachbarten jüdischen und arabischen Bevölkerungsgruppen in einer jüdischen Belagerung und einem Angriff auf Jaffa. Daraufhin flüchtete der größte Teil seiner arabischen Bevölkerung und überließ die historische Altstadt den Juden (so ist es auch heute noch) – eine Situation weit entfernt von der friedlichen Koexistenz, die sich Dizengoff nur 50 Jahre zuvor vorgestellt hatte.

Probleme & Sorgen

Im April 1949 wurden Tel Aviv und Jaffa zu einer Gemeinde zusammengeschlossen, und die Expansion der Stadt nahm neue Dimensionen an. In den 1960er- und 1970er-Jahren stießen ihre Grenzen an andere Städte, was Nachbarorte wie Ramat Gan und Holon zu Vororten der größeren Stadt werden ließ. Frühere Restriktionen bezüglich der Gebäudehöhe mussten angepasst werden, als die Verantwortlichen erkannten, dass es nur noch

nach oben weiterging. Der Bau von Wolken-
kratzern begann kurz danach. Die Skyline
wurde nun von Türmen dominiert, die einige
der ältesten Gebäude der Stadt ersetzten.

Die Stadt wurde jedoch auch Opfer ihrer
eigenen Beliebtheit, als die Bevölkerungszah-
len in den 1980er-Jahren wieder schrumpften,
weil viele junge Familien durch den teuren
Immobilienmarkt vertrieben wurden. Die
1990er-Jahre brachten ihre eigenen Probleme
mit sich, denn Tel Aviv wurde von einer Welle palästinensischer Selbstmordattentate getroffen, die sich gegen Zivilisten in Bussen,
Cafés und Nachtclubs richteten. Die Zahl
ausländischer Besucher sank und der Bade-
tourismus lag am Boden. 1991 wurde Tel Aviv
während des ersten Golfkrieges von irakischen Raketen getroffen. 1995 fiel Ministerpräsident Itzhak Rabin während einer Kundgebung in der Tel Aviver Innenstadt einem
Attentat zum Opfer. Das Leben in der Stadt
sah, zumindest für eine Weile, ziemlich trostlos aus.

Zurück auf die Füße

Tel Aviver sind allerdings Überlebenskünstler.
Zu Beginn des 21. Jhs. erneuerte sich die
Wirtschaft, vor allem auf Basis des High-
Tech-Wohlstands. Dazu kam die Wiederent-
deckung der alten Viertel wie Tel Avivs
Ursprung Neve Tzedek (S. 188) und Jaffas
Ajami (S. 213). Die Bauarbeiten begannen
wieder von neuem, und hochrangige Wohn-
projekte wie Phillipe Starcks prestigeträchtige
Yoo Towers begannen, in den Himmel zu
klettern.

Die Stadt hat sich seitdem als Restaurant-
Mekka auf internationalem Level neu erfunden, mit einer Vielzahl von Topklasse-Bras-
serien und Restaurants, einem pulsierenden
Nachtleben, einer aktiven Schwulenszene und
Massen von Einkaufsmöglichkeiten. 2003
empfing man glücklich den Weltkulturerbe-
status für die Bauhaus-Schönheiten (von denen jedoch viele in schlechtem, ungepflegtem
Zustand verbleiben). Und 2007 begann man
mit dem Bau einer Promenade, die Tel Aviv
mit Jaffa verbinden soll.

Obwohl infrastrukturelle Hindernisse bleiben (die Straßen sind verstopft mit Autos, sie
sind voller Müll und die schlecht erhaltenen
öffentlichen Parks sind ein allgemeines Übel),
wird Tel Aviv nach dem Neustart vom New
Yorker Journalisten David Kauffmann als
mediterrane Hauptstadt der Coolness beschrieben. Und nach Mercer liegt sie 2009 im
Ranking zwischen London (Platz 16) und
Rom (auf Platz 18) als die 17.-teuerste Stadt
der Welt.

KLIMA

Tel Avivs Wetter ist, wie seine Einwohner,
größtenteils freundlich und entspannt.
Frühling und Herbst sind warm, im Sommer
gibt's Strandwetter und im Winter regnet es
ganz selten mal. Am besten geht man zwi-

TEL AVIV IN ...

... zwei Tagen
Der erste Tag beginnt mit einem Spaziergang am Strand. Dann geht man die Allenby Street
entlang, um sich mit der Stadt vertraut zu machen und vielleicht mal kurz ins Meer zu springen.
Mittagessen und Shopping bekommt man auf der schicken Sheinken St, bevor man die eher
erdverbundenen Waren auf dem **Karmel-Markt** (S. 183) und die Düfte und Eindrücke im maroden
jemenitischen Viertel (S. 182) auf sich wirken lässt. Am Nachmittag empfiehlt sich der Weg nach
Jaffa, um vielleicht ein Schnäppchen auf dem **Flohmarkt** (S. 212) zu ergattern und dann durch
das historische **Ajami** (S. 213) zu laufen. Abendessen bekommt man in einem der großartigen
Restaurants (S. 213) in Jaffa.

Zumindest einen Teil des zweiten Tages sollte man für eher intellektuelle Unternehmungen
reservieren, wenn man es ertragen kann. Erst geht's ins **Diasporamuseum** (S. 192) in der Tel
Aviver Universität, dann zum Rothschild Blvd für einen Besuch der **Unabhängigkeitshalle** (S. 188)
und des neu gestalteten **Hagana-Museums** (S. 188). Den Rest des Nachmittags spaziert man
durch das Künstlerviertel **Neve Tzedek** (S. 188), mit Möglichkeiten für ausführliche Kaffeepausen,
Cocktailstündchen oder Shopping-Ausflüge. Wem dann immer noch nach Kultur ist, der kann sich
ein Stück auf einer Bühne in Tel Aviv oder **Jaffa** (S. 206) ansehen; wenn es etwas dekadenter sein
soll, dann beendet man seine Tel-Aviv-Tour in einer Bar am Rothschild Blvd oder in der coolen
Nahalat Binyamin und Lilienblum St.

TEL AVIV

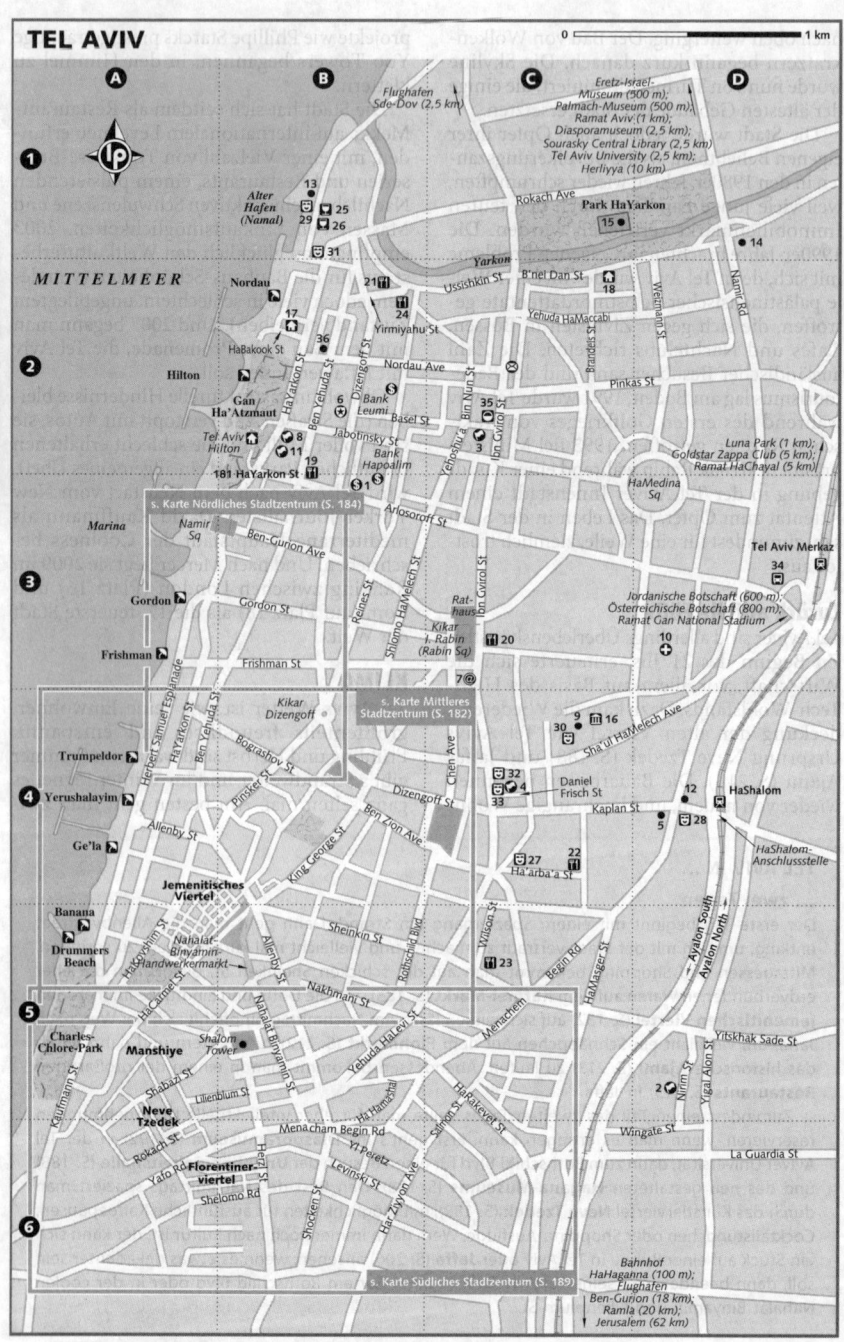

TEL AVIV

0 _____ 1 km

schen Mai und Oktober an den Strand oder
ins Wasser, danach wird des ein bisschen kühl
und die Wellen sind nur noch was für Surfer.
Man sollte dran denken, dass es in der Stadt
zwischen Juli und August sehr schwül sein
kann, aber ein kurzer Sprung ins Mittelmeer
bietet den perfekten Ausgleich zum Schwitzen
in der Sonne.

ORIENTIERUNG

In Tel Aviv findet man sich schnell zurecht,
wenn man den groben Aufbau einmal begrif-
fen hat. Das Zentrum konzentriert sich auf
fünf grob parallel verlaufende Nord-Süd-
Straßen, die 6 km dem Ufer folgen. Am
nächsten zum Strand ist die Herbert Samuel
Esplanade, die entlang des Haupt-Strandes
verläuft, während die mit Hotels bestückte
HaYarkon St einen Block weiter innen liegt.
Nach Osten kommt dann die Ben Yehuda St,
Heimat der Backpacker und einer seltsamen
Ansammlung von Post-Ostblock-Immigran-
ten. Die vierte Parallelstraße ist die hippe
Einkaufsstraße Dizengoff St, wo auch das
Stadtzentrum liegt. Noch eine Straße weiter
östlich bildet die Ibn Gvirol St die Ostgrenze
des Stadtzentrums. Das nette Neve Tzedek
und das gammelige, aber zunehmend schi-
ckere Florentinerviertel kennzeichnen die
südlichsten Ausläufer des Stadtzentrums.
HaYarkon St mit dem Tel Aviver Hafen (Namal) ist der nördlichste.

Karten & Stadtpläne

Die englischsprachige Karte *Tel Aviv–Jaffa
Tourist* ist eine ausgezeichnete Orientierungs-

hilfe. Man bekommt sie beim Touristeninformationszentrum (s. S. 181). In vielen Hotels
gibt es auch die kostenlose *Tourist Map of Tel
Aviv*. Das Bauhaus-Zentrum (s. Kasten S. 190)
bietet zahlreiche Karten zum Thema Bauhaus
an.

PRAKTISCHE INFORMATIONEN

BIBLIOTHEKEN

Einige Tel Aviver Bibliotheken haben eine
gute Auswahl an englischsprachiger Literatur.
Man bringt aber besser seine eigenen Bücher
von Zuhause mit und sucht sich ein kusche-
liges Café zum Lesen.

Sourasky Central Library (☎ 640 8745; Tel Aviv
University; ⏱ So–Do 9–19.45, Fr bis 12.15 Uhr; 🌐)
Anständige Sammlung von Büchern auf Englisch und eine
angenehme Leseatmosphäre.

BUCHLÄDEN

Diese Buchläden sind sonntags bis donnerstags von 9 bis 18 Uhr und freitags von 9 bis
16 Uhr geöffnet.

Halper's (Karte S. 182; ☎ 629 9710; 87 Allenby St)
Spezialist für gebrauchte englischsprachige Titel.

Lametayel (Karte S. 182; ☎ 616 3411; www.lametayel.
com; Dizengoff Centre) Spezialbuchhandlung für Reiseliteratur. Lonely Planet Ausgaben und Karten, und ein
nützliches Schwarzes Brett für Reisende.

Steimatzky (Karte S. 184; ☎ 522 1513; 109 Dizengoff
St) Buchhandels-Kette. Diese Filiale hat eine anständige
Auswahl von englischsprachigen Titeln.

GELD

Man wird kein Problem haben, in Tel Aviv
einen Geldautomaten zu finden. Allerdings

geht ihnen an Freitagabenden oft das Bargeld aus (wenn alle am liebsten ausgehen) und auch am Samstag, da sie bis Sonntagmorgen nicht wieder aufgefüllt werden. Am besten legt man sich einen Vorrat zu, bevor man die Stadt auf der Suche nach Schekeln durchwandern muss.

Eine reichliche Anzahl von Geldwechselbüros findet man in der Allenby und der Dizengoff St; die meisten verlangen keine Gebühren, aber es lohnt sich, die Wechselkurse zu vergleichen. In der Regel sind sie Sonntag bis Donnerstag von 9 bis 21 Uhr und Freitag von 9 bis 14 Uhr geöffnet.

Reiseschecks löst man am besten bei der Post ein, wo keine Gebühren dafür verlangt werden.

GEPÄCKAUFBEWAHRUNG

Die meisten Pensionen, Hostels und Mittelklassehotels in Tel Aviv haben einen Gepäckaufbewahrungsraum, für den sie zwischen 5 NIS und 15 NIS pro Tag berechnen. Spitzenklassehotels lagern das Gepäck kostenlos. Viele andere Orte, die sonst üblicherweise eine Gepäckaufbewahrung haben (z. B. der Busbahnhof) bieten diesen Service aus Sicherheitsgründen nicht an.

INFOS IM INTERNET
www.tel-aviv.gov.il/english Offizielle Website der Stadt.
www.tel-aviv-insider.com Hervorragende Tipps zu Aktivitäten, Essen und fürs Nachtleben.

INTERNETZUGANG

Es gibt reichlich Internetcafés in der Stadt. Und in Tel Aviv erkennt man zunehmend den Vorteil von kostenlosem WLAN in Cafés, Bars und Hotels. Alle Filialen der Aroma-Cafékette bieten kostenloses WLAN, ebenso kleinere, individuelle Läden. Das Icon 🛜 in diesem Kapitel kennzeichnet Geschäfte mit kostenlosem WLAN.
Log-In (Karte S. 182; 21 Ben Yehuda St; 15 NIS/Std.; 🕐 24 Std.)
Private Link (Karte S. 184; 78 Ben Yehuda St; 13 NIS/ Std.; 🕐 24 Std.)
Surf-Drink-Play (Karte S. 182; 10 NIS/Std.; 🕐 24 Std.) Drei Standorte: 77 King George St, 112 Dizengoff St und 65 Ibn Gvirol St.

MEDIEN

Time Out Tel Aviv wird monatlich auf Englisch veröffentlicht und ist eine gute Informa-

tionsquelle für alles, was in der Stadt so los ist. Es ist kostenlos erhältlich im Touristeninformationszentrum, in Hotels sowie der Ankunft des Flughafens Ben Gurion. Sowohl die *Jerusalem Post* als auch die *Ha'aretz*, beide auf Englisch, können an Zeitungsständen und in Buchläden erworben werden.

MEDIZINISCHE VERSORGUNG

Tel Aviv hat eine hervorragende medizinische Versorgung und Hotels können im Notfall einen Arzt oder ein Krankenhaus kontaktieren. Apotheken sind weit verbreitet und haben Medikamente aus Israel und Europa auf Lager. Das in Israel beliebte und gut sortierte **Superpharm** hat einige Filialen in der Stadt, darunter in der 62 Sheinken St (Karte S. 182), 131 Dizengoff St (Karte S. 184) und eine rund um die Uhr geöffnete Filiale im London-Ministore-Gebäude in der 4 Sha'ul HaMelech Ave (Karte S. 178).

In der Nähe des Stadtzentrums befindet sich das **Tel Aviv Sourasky Medical Centre (Ichilov) Hospital** (Karte S. 178; ☎ 697 4444; www.tasmc.org.il; 6 Weizmann St), das riesige Hauptkrankenhaus der Stadt, mit Rund-um-die-Uhr-Ambulanz und einer Reiseklinik (der Malram Clinic) für Impfungen.

Seit Kurzem gibt es einen neuen medizinischen Service in Tel Aviv, der sich speziell an Traveller, Touristen und Englisch sprechende Menschen richtet. Auf der Website **Tel Aviv Doctor** (☎ 054 941 4243; www.telaviv-doctor.com) gibt's mehr Details, oder man ruft Dr. Cohen oder Dr. Gordon an.

NOTFALL
Feuerwehr (☎ 102)
Krankenwagen (☎ 101)
Polizei (☎ 100)
Touristenpolizei (Karte S. 182; ☎ 516 5832; Ecke Herbert Samuel Esplanade & Geula St)

POST
Postämter (www.postil.com; 🕐 So–Do 8–18, Fr bis 12 Uhr) Tel Aviv (Karte S. 178; 170 Ibn Gvirol St; ☎ 604 1109); Nördliches Stadtzentrum (Karte S. 184; 61 HaYarkon St; ☎ 510 0218); Südliches Stadtzentrum (Karte S. 189; Ecke Mikve Yisrae'el & Levontin St; ☎ 564 3650)

REISEBÜROS
ISSTA (Karte S. 184; ☎ 521 0555; www.issta.co.il; 109 Ben Yehuda St) Ein Reisebüro für Studenten, wo man manchmal Flugtickets zu sehr guten Preisen bekommen kann. An der Ecke zur Ben-Gurion Ave.

TOURISTENINFORMATION

Touristeninformationszentrum (Karte S. 182; ☎ 516 6188; 46 Herbert Samuel Esplanade; www.tel-aviv.gov.il/English/Tourism/Sites/Index.htm; ☺ So–Do 9.30–17.30, Fr bis 13 Uhr). Ein hilfsbereites Büro mit Karten, Tipps und Touren durch Tel Aviv. Man sollte auch auf die praktischen mobilen Segway-Infostände in der Stadt achten.

UNIVERSITÄTEN

Tel Aviv University (abseits der Karte S. 178; ☎ 640 8111; www.tau.ac.il; Ramat Aviv 69978) Israels größte Universität befindet sich auf einem grünen Campus einige Kilometer nördlich des Yarkon. Auf jeden Fall einen Spaziergang wert, wenn man das Diasporamuseum (s. S. 192) auf dem Gelände besuchen möchte.

WASCHSALONS

Es gibt zahlreiche namenlose Selbstbedienungs-**Waschsalons** (Waschmaschine 12 NIS, Trockner 5 NIS; ☺ 24 Std.) in der ganzen Stadt, vor allem auf der Ben Yehuda St und der King George St.

Wer auf der Suche nach etwas hübscherem als einer Neonlichtwüste ist, der kann zu **dizi** (Karte S. 184; ☎ 629 4559; www.dizi.co.il; 13 Ben Ami St/Dizengoff Sq; ☺ 8–24 Uhr; ☺) gehen, wo man in einem hippen Laden einen Gourmet-Café trinken, das kostenlose WLAN nutzen und seine Wäsche waschen kann.

GEFAHREN & ÄRGERNISSE

Trotz des Schreckens der Selbstmordattentate (das letzte geschah 2006) ist Tel Aviv eine bemerkenswert sichere Stadt, und sogar alleinreisende Frauen werden sich selten bedroht fühlen, wenn sie nachts alleine in den Hauptstraßen unterwegs sind. Das Gebiet rund um den alten Busbahnhof hat einen schlechten Ruf als Sammelplatz für Prostituierte, Drogendealer und Taschendiebe. Aber hier ist auch der Anlaufpunkt für Legionen von Israels ausländischen Arbeitern und es bleibt deshalb bis in die frühen Morgenstunden belebt mit Indern, Filipinos und Thais.

Wie beim Besuch jeder anderen Stadt auch ist es ratsam, die Wertsachen im Hotelsafe zu lassen oder an der Rezeption zu deponieren. Es ist auch eine gute Idee, am Strand seine Tasche, Geldbörse, Kamera oder den MP3-Player nicht zu lange unbeaufsichtigt zu lassen (wenn die Strände voll sind, findet man aber leicht einen netten Nachbarn, der mal einen Blick auf die Sachen wirft, während man in die Fluten springt).

Allgemeine Tipps zum Schutz der persönlichen Sicherheit stehen auf S. 436.

EIN HINWEIS ZU DEN STRASSENNAMEN

Immer mal wieder landet ein Artikel in den israelischen Zeitungen, in dem man sich über den schockierenden Zustand englischsprachiger Schilder im ganzen Land beklagt. Und vor allem Tel Aviv gerät da immer wieder ins Kreuzfeuer. Es wundert einen nicht: Geht man durch die Stadt, findet man sogar für die Hauptstraßen mehrere unterschiedliche Schreibweisen. Aus Ibn Gvirol wird Iban Gavirol, Iban Gabirol oder Eban Gvirol, und das nur ein paar Meter voneinander entfernt. Man sollte sich davon nicht irritieren lassen: Wenn die Aussprache ungefähr richtig klingt, dann ist man wahrscheinlich auch richtig. Man wird schon nicht am völlig falschen Ziel landen.

SEHENSWERTES

Es wäre völlig nachvollziehbar, wenn man sich von den Stränden, Läden und Restaurants gar nicht erst losreißen könnte, um etwas auch nur annäherungsweise Kulturelles zu tun. Vielleicht reicht die Kraft nach der Party ja wirklich nur noch, um am Strand zu liegen. Aber wenn dann doch noch ausreichend Energie für etwas weniger genusssüchtige Aktivitäten aufgebracht werden können, dann erwarten einen eine Reihe interessanter Museen und Stadtviertel, die einen Spaziergang wert sind.

Die meisten Sehenswürdigkeiten befinden sich in Laufentfernung vom Stadtzentrum. Das ist ein Glücksfall, denn Tel Avivs öffentlicher Personennahverkehr ist, im Großen und Ganzen, nicht existent. Um allerdings zu den Sehenswürdigkeiten des außerhalb liegenden Ramat Aviv mit seinen Universitäten und guten Museen zu kommen, muss man eine kurze Fahrt mit dem Bus oder Taxi unternehmen. Die Stadt Jaffa im Süden wird derzeit durch eine lange Strandpromenade mit Tel Aviv verbunden. Dadurch entsteht ein wunderschöner Spazierweg (außer, man plant das zur Mittagszeit im August) zwischen den aufeinanderprallenden Welten des modernen, konsumfreudigen Tel Aviv und des alten, arabisch geprägten Jaffa.

Mittleres Stadtzentrum

Sucht man nach dem Mittelpunkt von Tel Avivs Action, steuert man am besten direkt die

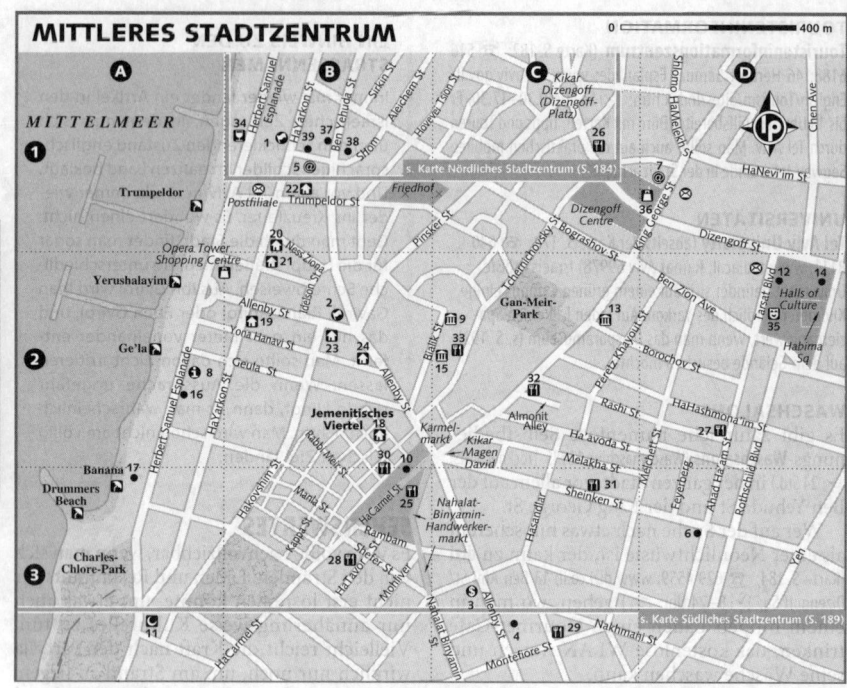

MITTLERES STADTZENTRUM

volle Kreuzung zwischen Allenby, King George und Sheinken St an, die offiziell (wenn auch nicht unbedingt bei den Einheimischen) bekannt ist als Kikar Magen David. Hier, wo drei pulsierende Einkaufsstraßen zusammenlaufen, ist ein guter Startpunkt für die Entdeckung Tel Avivs, mit einem Ausflug zum überdachten Karmel-Markt, einem Einkaufsbummel in der schicken Sheinken St, einem Abstecher auf den Handwerkermarkt in der Nahalat Binyamin St und einem Spaziergang durch den Park an der King George St.

Alternativ geht's in die überfüllten engen Viertel des Jemenitischen Viertels, wo die alte Welt wartet. Und direkt an der Allenby St bietet die historische Bialik St eine Reihe interessanter Museen. Während man die King George St heraufgeht, sollte man auf keinen Fall den kurzen Umweg die Almonit (Anonymous) Alley herunter auslassen.

JEMENITISCHES VIERTEL

Tel Aviv mag die Stadt sein, die niemals schläft. Aber das Jemenitische Viertel, eine Parzelle Land mitten im Zentrum, scheint den größten Teil des 20. Jhs. verschlafen zu haben.

Es ist ein vollgestopftes und in sich zusammenfallendes Viertel aus engen Gassen, baufälligen Häusern und rauchigen Küchen und liegt nur ein paar Blocks entfernt vom bunten Treiben der Allenby St, aber dafür meilenweit entfernt von ihrem rasenden Tempo. Die niedrigen Mieten im Viertel haben auch eine Menge (Lebens-)Künstler und Studenten angelockt, die bezahlbaren Frieden im Stadtzentrum suchen. Spaziert man hier zur Mittagszeit entlang, sieht man alte Männer Backgammon spielen. Und man kann in einer der kleinen Kneipen zu Mittag essen, von denen viele schon seit Jahrzehnten täglich Suppen und Schnitzel verteilen.

NAHALAT BINYAMIN STREET

In den letzten Jahren haben Neuentwicklungen und Umbauten die historischen Stätten der Stadt verändert. Und die Nahalat Binyamin St, die fast genau südlich von der Kikar-Magen-David-Kreuzung abgeht, ist eine der größten Erfolgsgeschichten dieser Erneuerungen. Früher gehörte sie zum runtergekommenen Gebiet der Stoff- und Kurzwarenhändler. Aber dann wurde der nördliche Teil durch privates Investment in ein geschäftiges Fußgängerviertel verwandelt, in dem sich auch der beliebte offene **Handwerkermarkt** (Di & Fr 10–17 Uhr) befindet, komplett mit Straßenkünstlern und heiterer Atmosphäre. Man sollte die Augen auch mal nach oben wandern lassen, wo sich die Überreste der eleganten Architektur in unterschiedlichen Stadien von Reparatur und Restauration befinden, darunter Nr. 16 (Rosenberg-Haus), Nr. 8 (Degel-Haus) und Nr. 13 (Levy-Haus), mit wunderschön gekachelten Wänden, auf denen Kamelkarawanen zu sehen sind.

Weiter südlich endet die Fußgängerzone und die Straße füllt sich mit coolen Bars, Cafés und Restaurants. Hier isst und trinkt man nach Sonnenuntergang mit Tel Avivs hippen Youngsters.

KARMEL-MARKT

Leidenschaftliche Händler fahren mit dem Fahrrad alles von frischen Blumen bis zu Bergen von Paprika auf diesen überbordenden, durchgangsartigen **Marktplatz** (Karte S. 182), eingequetscht zwischen dem alten Jemenitischen Viertel und der Nahalat Binyamin St. Dieser Hexenkessel des Kommerzes beginnt auf dem Platz davor, wo Sängerinnen für Schekel singen. Weiter geht's gegen den falschen Fendi-Geruch zu den aromatischen berauschenden Ständen mit Früchten und Gemüsen, warmem Brot, Oliven, Gewürzen und noch vielem mehr.

In jedem der schmalen Gänge des Marktes ist man auf eine Art von Produkt spezialisiert, von frischem Fisch bis zu getrockneten Früch-

ten und Nüssen direkt aus dem Sack. Die besten Preise bekommt man kurz vor Marktende, vor allem zwischen 15 und 16 Uhr am Freitag, wenn jeder vor dem Sabbat schnell zumachen möchte. Man sollte auch die Spitzenklasserestaurants, die sich still und heimlich im Gewirr verbergen, nicht verpassen; mehr Infos gibt's im Essen-Kapitel auf S. 199.

BIALIK STREET

Die kurze Straße mit den hübschen Gebäuden ist eine Fundgrube für Tel Aviver Geschichte. Wichtig ist das **Reuven-Rubin-Haus** (Karte S. 182; ☎ 525 5961; www.rubinmuseum.org.il; 14 Bialik St; Erw./ Kind unter 18 Jahren 20 NIS/frei; Mo, Mi & Do 10–15, Di bis 20, Sa 11–14 Uhr), das frühere Wohnhaus des Künstlers, dessen lange Karriere von der Zeit des Ersten Weltkriegs bis in die 1970er-Jahre reichte. Zu sehen ist eine Auswahl seines Werkes und ein Teil der privaten Sammlung mit Fotografien und Möbeln.

Ein paar Türen weiter befindet sich das **Bialik-Haus** (Karte S. 182; ☎ 525 4530; 22 Bialik St; Erw./ Kind/Kind unter 6 Jahren 20 NIS/10 NIS/frei; So–Do 9–17, Sa 10–12 Uhr), das ehemalige Zuhause von Chaim Nachman Bialik, Israels Nationaldichter. Es enthält Erinnerungsstücke, die mit seinem Leben und seiner Arbeit verbunden sind und wurde nach ausgiebigen Renovierungsarbeiten, seit denen es wieder im früheren Glanz erstrahlt, 2008 wiedereröffnet.

SHEINKEN STREET

Die Schönen und Hippen bevölkern die Sheinken St, eine schmale Straße voll mit Boutiquen, die Design-Sonnenbrillen, Biker

Boots, brasilianische Bikinis und coole Klamotten für Erwachsene und für Kinder verkaufen. Kommt man am frühen Freitagmorgen her, kann man sich einen der bevorzugten Sitzplätze in einem Straßencafé sichern und bei einer Portion Kaffee die Leute beobachten. Einheimische auf der Suche nach einem Haustier treffen Freitagmorgens vor dem kleinen Park der Sheinken St auf diejenigen, die ihre Welpen und Kätzchen in gute Hände abgeben wollen. Ein Blick in die großen Augen der Kuscheltiere erfolgt auf eigene Gefahr!

KING GEORGE STREET
Auf dem Mittelteil der King George St, einer breiten Stadtarterie, die von der Allenby St

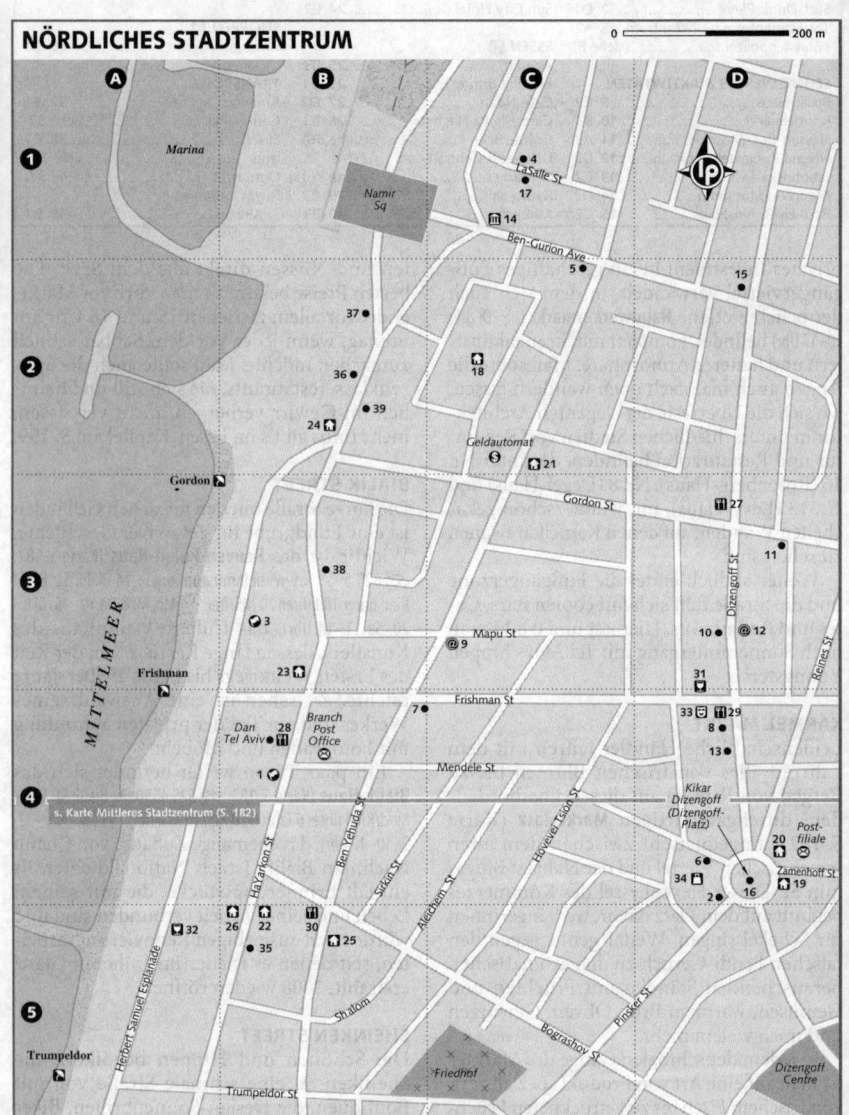

NÖRDLICHES STADTZENTRUM

0 — 200 m

zur Frishman St verläuft, wechselt sich ein Billig-Klamottenladen nach dem anderen mit einer Vielzahl von Selbstbedienungsrestaurants ab. Dem Trubel der Stadt entflieht man im **Gan-Meir-Park** auf der westlichen Seite, wo Hundebesitzer ihre Vierbeiner in gekennzeichneten Auslaufzonen von der Leine lassen können. Eltern tun das gleiche mit ihren kleinen Zweibeinern auf dem großen Spielplatz. Es gibt auch eine große Wiese zum Relaxen in der Mittagspause.

Ebenfalls in der King George St findet man das **Jabotinsky-Institut** (Karte S. 182; ☎ 528 7320; 38 King George St; Eintritt frei; ☾ So–Do 8–16 Uhr), eine historisches Institut mit einem Museum im ersten Stock zur Geschichte und den Aktivitäten der nationalen Widerstandsbewegung, gegründet und geleitet von Ze'ev Jabotinsky. Mehrere Abteilungen zeigen seine politischen, literarischen und journalistischen Aktivitäten. Außerdem wird die Entstehung der Jüdischen Legion im Ersten Weltkrieg gezeigt (eine paramilitärische Einheit, die aufgebaut wurde, um die jüdische Immigration in Palästina während der Zeit der britischen Besetzung zu unterstützen).

Es ist leicht, die **Almonit Alley** („Anonyme Gasse"), eine kleine Seitenstraße auf der östlichen Seite der King George St, zu verpassen. Ursprünglich war sie benannt nach Getzel Shapira, einem amerikanischen Juden, der in den 1920er-Jahren zivile Projekte in Tel Aviv finanzierte. Später war Bürgermeister Dizengoff irritiert darüber, dass jemand mit Geld eine Straße nach sich benennen konnte, und verordnete die Umbenennung. Ein Angestellter gab ihr den jetzigen Namen. Almonit hat heute eine eher alternative Atmosphäre, mit einigen netten Cafés, einem Second-Hand-Buchladen, in dem auch manchmal Lesungen (auf Hebräisch) stattfinden, einem Second-Hand-Kleiderladen und einem Friseur, der auf Graffitis steht.

Nördliches Stadtzentrum
HAYARKON STREET & HERBERT SAMUEL ESPLANADE

Am Strand, der sich am Ende von Tel Avivs nördlichem Stadtzentrum erstreckt, befindet sich eine Mischung aus gehobenen Hotelketten, ungepflegten Apartmentblocks und einigen schicken Eigentumswohnungen. Der große Joker ist der Strand selbst, ein goldenes Stück Sand, das von Tel Avivern wimmelt. Sie frönen ihren täglichen Ritualen des *matkot*-Spielens (Strand-Tischtennis mit dem allgegenwärtigen „Klack"), Schwimmens und Sonnenbadens. Der Strand ist unterteilt in individuelle kleinere Strände, jeder mit seinem eigenen Charakter (s. Kasten S. 194).

BEN YEHUDA STREET

Landeinwärts, parallel zur HaYarkon St, verläuft die Ben Yehuda St. Sie ist am südlichen Ende etwas heruntergekommen, wird aber Richtung Norden Stück für Stück besser. Der südliche Teil ist bei den älteren Russen beliebt, und man sieht hier alte Damen mit blauen Frisuren und Modeschmuck ohne Ende. Aus dem nördlichen Ende der Straße wird so langsam was Besseres, mit coolen Bars und Cafés, die sich immer noch angenehm durchmischen mit den alkoholgeschwängerten Absteigen der älteren Osteuropäer.

DIZENGOFF STREET

Eine Straße weiter östlich findet man die Dizengoff St, deren südlicher Teil rund um

TEL AVIV

den Dizengoff Square vollgepackt ist mit Billig-Klamottenläden. Aber mehr und mehr mischen sich Designerboutiquen, kuschelige kleine Szenecafés und Patisserien und Dutzende Brautmodenläden dazwischen, je weiter nördlich man kommt.

DIZENGOFF SQUARE

Kikar Dizengoff – das geografische Herz der Stadt und eine Sehenswürdigkeit der 1970er-Jahre (oder eine Landplage, je nachdem, was man über die Stadtarchitektur der 1970er denkt) – wird bevölkert von einem kunterbunten Mix von Irokesen-Punks, Eiscreme schleckenden Knirpsen und energiegeladenen Achzigjährigen. Der Platz, benannt nach dem ersten Bürgermeister der Stadt (1910–37), befindet sich auf einer erhöhten Plattform über der Straße, einen Block nördlich des Dizengoff-Einkaufszentrums.

Der **Feuer-und-Wasser-Brunnen** in der Mitte des Platzes ist ein passendes Symbol für die Stadt. Er dreht sich wie verrückt, spuckt nach dem Zufallsprinzip Wasser und stößt hin und wieder Feuer in die Luft. Das seltsame Treiben dauert bis in die Nacht hinein, fast unbemerkt von den Einwohnern der Stadt, die ähnlich unberechenbar sind. Der Brunnen wurde von Ya'acov Agam gestaltet, einem führenden israelischen Künstler, der für seine (offensichtliche) Vorliebe für Regenbogenfarben bekannt ist. Wenn man Glück hat, erwischt man einen von den Tagen, an denen einheimische Spaßbolde ihn mit Schaumbad oder mit hüpfenden Gummienten gefüllt haben.

BEN-GURION AVENUE

Die Ben-Gurion Ave teilt die Ben Yehuda und die Dizengoff in zwei Teile. Sie ist eine beliebte Adresse bei jungen Familien und wird geziert von einem Fahrradweg in der Mitte, der bis zum Meer führt. Hier befindet sich das Kinderzentrum Dyada (s. „Tel Aviv mit Kindern", S. 195) und – eher für Erwachsene interessant – das Haus, das einst Israels erstem Premierminister David Ben-Gurion gehört hat.

Jetzt ist es das **Ben-Gurion-Museum** (Karte S. 184; ☎ 522 1010; 17 Ben-Gurion Ave; Eintritt frei; ☺ Juni–Nov. So & Di–Do 8–15, Fr bis 13, nur Dez.–Mai 22–14 Uhr) und mehr oder weniger so erhalten, wie es bei David Ben-Gurions Tod war. Die kleinen Zimmer sind einfach möbliert und enthalten einen Teil der 20 000 Bücher umfassenden Bibliothek des geschätzten Politikers, außer-

dem seine Korrespondenz mit verschiedenen Staatsoberhäuptern.

ALTER HAFEN (NAMAL)

Ursprünglich 1936 eröffnet, um dem neu gegründeten Tel Aviv im Seehandel die Unabhängigkeit von Jaffa zu ermöglichen, ging der Hafen ziemlich bald zu Grunde, weil in Ashdod ein besserer, tieferer Hafen gebaut wurde. Anfang des 21. Jhs. ließ die Tel Aviver Stadtverwaltung das Gelände wieder instand setzen. Man legte breite Bürgersteige an und verwandelte die kaputten Lager in Geschäftshäuser. Jetzt ist es das schickste Stück Immobilie der Stadt, mit einer 1 km langen Strecke bestehend aus Restaurants, Bars und Nachtclubs, und die Flugzeuge fliegen einem knapp über die Köpfe, um im benachbarten Flughafen Sde-Dov zu landen. Am meisten los ist nachts und an den Wochenenden, wenn Horden von Clubbern das Gelände und seine Nachtclubs übernehmen.

Die ersten Straßen im Landesinneren vom Hafen aus bilden Klein-Tel-Aviv, einen Knoten von sich kreuzenden Straßen, die an der Yirmiyahu und Dizengoff St zusammentreffen. Cafés und Restaurants häufen sich an der Kreuzung, aber der Hauptgrund, hier vorbeizukommen, ist ein Teller Hummus im bekannten Hummus Ashkara (s. S. 201).

Östliches Stadtzentrum

Tel Aviv wird ruhiger, je weiter östlich man kommt, in ein Gebiet das im Westen hauptsächlich begrenzt wird vom großen (im sehr coolen 1970er-Städtebau-Stil gestalteten) Rabin Sq, ein zentrales Areal für politische Veranstaltungen und Konzerte. Südlich von hier ist der Habima Sq mit dem Habima Theatre.

TEL AVIV MUSEUM OF ART

Teil einer attraktiven modernen Entwicklung, zu der auch Gerichte und die städtische Zentralbibliothek gehören, ist das **Tel Aviv Museum of Art** (Karte S. 178; ☎ 607 7020; www.tamuse um.com; 27 Sha'ul HaMelech Ave; Erw./Student 40/32 NIS; ☺ Mo–Mi & Sa 10–16, Di & Do bis 22, Fr bis 14 Uhr), Heimat einer hervorragenden ständigen Sammlung von Impressionisten und Post-Impressionisten sowie einiger schöner Avantgardestücke des 20. Jhs. Werke von Picasso, Matisse, Gauguin, Degas und Pollock sind prominent ausgestellt. Es gibt auch einige Stücke der jüdischen Post-Impressionisten

TEL AVIV

DIE RÜCKKEHR EINER VERLORENEN SPRACHE

Eine der größten Errungenschaften des modernen israelischen Staates war die Wiederbelebung des biblischen Hebräisch, das seit ein paar Tausend Jahren nicht mehr als Sprache verwendet worden ist. Nachdem die Juden sich vor Jahrhunderten in der Diaspora verteilten, übernahmen sie die Kultur und Sprache ihrer neuen Heimat. Sie erweiterten ihre Sprachen um endlose Variationen wie Jiddisch und Ladino, die alle hebräische Elemente mit einheimischen Dialekten vermischten. Klassisches Hebräisch blieb in den heiligen Schriften und Synagogen auf der ganzen Welt erhalten, aber auf der Straße war es so wenig gebräuchlich als würde man in Rom auf Latein eine Pizza bestellen.

All das änderte sich, als die ersten Zionisten im 19. Jh. nach Palästina zurückkehrten. Unter ihnen war Eliezer Ben Yehuda, ein Jude aus Litauen, geboren am 7. Januar 1858. Wie viele Kinder seines Alters kam er durch seine Religion mit dem biblischen Hebräisch in Berührung. Er kam 1881 mit dem Wunsch nach Palästina, aus der ehemals biblischen Sprache ein weltliches Werkzeug zu machen, mit dem sich Juden aus der ganzen Diaspora in einer einheitlichen Sprache verständigen könnten.

Die hebräische Sprache hat sich in den religiösen Texten sehr gut erhalten, aber auf der Straße stand Ben Yehuda vor einem Problem, wenn er moderne Erfindungen wie Züge oder Glühbirnen beschreiben sollte. Er aktualisierte die Sprache und verbreitete sie gleichzeitig unter seinen Mitbürgern. Sein erstgeborener Sohn hatte die Ehre, das erste rein Hebräisch sprechende Kind der modernen Zeit zu sein.

Ben Yehudas Ausdauer und missionarischer Eifer zahlten sich aus, und heute gibt es mindestens 8 Mio. Menschen auf der Welt, die Hebräisch sprechen. Die Zahl stieg mit dem Zustrom von russischen Juden nach Israel rapide an. Viele Europäer und Amerikaner mit jüdischen Wurzeln lernen Zuhause Hebräisch für die Ferien und um sich mit Verwandten in Israel unterhalten zu können. Die Globalisierung hat allerdings die Sprache beeinflusst und viele neue Wörter für Erfindungen aus der Zeit nach Ben Yehuda mussten erfunden oder entliehen werden. Ein klassischer Fall der Adoption ist das „@" Symbol, das die Israelis „Strudel" nennen, weil es wie der Kuchen aussieht. Offiziell ist die Akademie der hebräischen Sprache damit betraut, neue Wörter zu finden. Sie hat mehr als 100 000 davon geschaffen, aber nicht alle haben sich auch durchgesetzt. Ein *mobile phone*, Rollerblades oder ein Laptop werden für die israelische Bevölkerung ein *mobile phone*, Rollerblades und ein Laptop bleiben, trotz der neuen hebräischen Wortschöpfungen dafür.

Der größte Teil des israelischen Slangs kommt aus dem arabischen. Wenn man jemanden „Saibaba" sagen hört, dann flüstert er nicht den Namen des berühmten indischen Gurus mit dem schicken Afro, sondern er sagt „cool, o.k." auf Arabisch. Es gibt sogar arabisch-englisch-hebräischen Mischmasch: ein Klassiker, den man oft bei Verabschiedungen hört, ist „Tov; yallah, bye" („Gut; alles klar, bye").

Chagall und Soutine. Das Juwel der Sammlung ist sicherlich Vincent van Goghs *Die Schäferin* (1889).

Das Museum zeigt oft Filme und veranstaltet spezielle Ausstellungen – in der *Jerusalem Post* am Freitag oder in der Touristenbroschüre *Tel Aviv-Jaffa* der Touristeninformation sind die aktuellen Ausstellungen aufgelistet. Die Eintrittskarte sollte man behalten, denn man kommt damit auch noch in den Helena Rubinstein Pavilion.

Zum Museum kommt man mit dem Bus Nr. 9, 18, 28 oder 70 ab der HaMelech George St, der Dizengoff St oder dem Rothschild Blvd. Vom Kikar Dizengoff ist es auch nur ein kurzer Fußweg.

HELENA RUBINSTEIN PAVILION

Benannt nach der Frau hinter dem großen Kosmetikkonzern ist der **Helena Rubinstein Pavilion of Contemporary Art** (Karte S. 182; ☎ 528 7196; www.tamuseum.com; 6 Tarsat Blvd; ❂ Mo, Mi & Sa 10–16, Di & Do bis 22, Fr bis 14 Uhr) Teil des Tel Aviv Museum of Art (S. 186) und wird für zeitgenössische Ausstellungen von Gastkünstlern verwendet, sowohl israelische als auch ausländische. Je nach Art der Ausstellung ist der Eintritt manchmal frei, aber ein Ticket des Tel Aviv Museum of Art gilt auch für den Pavillon. Man sollte vorher anrufen oder die Website checken, denn das Ausstellungsgebäude ist geschlossen, wenn gerade die Ausstellungen wechseln.

Südliches Stadtzentrum

Die Manschettenknöpfe poliert und die Schuhe gebohnert – die südliche Ecke des Stadtzentrums ist die hippste, teuerste Gegend von Tel Aviv, voll mit hervorragenden Restaurants, Boutiquen und Weinbars. Es ist auch der älteste Teil der Stadt, denn in Neve Tzedek wurden vor einem Jahrhundert die ersten Gebäude geplant, während auf dem Rothschild Blvd die Elite der Gesellschaft keine Zeit verlor und in ihre neu errichteten Bauhaus-Anwesen zog.

ROTHSCHILD BOULEVARD

Dieser begrünte Edelboulevard wurde nach der jüdischen Bankiersfamilie benannt und war einst die Adresse, die man auf seinem Briefpapier stehen haben musste. Entlang des Boulevards befinden sich heute auf beiden Seiten glänzende Restaurants, beliebt bei den besser gestellten Einwohnern der Stadt, während sich der Mittelteil der Straße an den Wochenenden mit Kinderwagen, umherschlendernden Eltern und Hundehaltern füllt.

Obwohl der Rothschild Blvd nicht mehr die großartige Wohnadresse ist, die er mal war, zeigt sich seine frühere Pracht noch in der **Unabhängigkeitshalle** (Karte S. 189; ☎ 517 3942; 16 Rothschild Blvd; Erw./Kind 17/14 NIS; So–Do 9–14 Uhr), wo am 14. Mai 1948 Ben-Gurion die Gründung des Staates Israel verkündete. Einst war das Gebäude das Wohnhaus von Meir Dizengoff, einem der Gründerväter Tel Avivs. Der Eintritt beinhaltet einen kurzen Einführungsfilm und eine Besichtigung des Raumes, in dem die Unabhängigkeitserklärung unterzeichnet wurde.

Westlich der Kreuzung mit der Allenby St befindet sich das **Hagana-Museum** (Karte S. 189; ☎ 560 8624; 23 Rothschild Blvd; ⊙ So–Do 9–16 Uhr). Hier werden die Gründung und die Aktivitäten der Hagana dokumentiert, einer militärischen Organisation, die ein Vorläufer der heutigen Israelischen Streitkräfte (Israel Defence Forces, IDF) war. Ursprünglich war es eine Guerrilla-Einheit, die gegen die Briten operierte als Palästina unter deren Mandat stand. Das Museum ist multimedial und man trifft „Itsik", eine fiktionale Figur, die von einem europäischen Ghetto nach Israel flieht und dann ein junger Kriegsheld wird.

NEVE TZEDEK

Tritt man aus der Tel Aviver Innenstadt heraus und in das Neve-Tzedek-Viertel, senkt sich der Lautstärkepegel direkt um ein paar Dezibel und man erreicht eine schöne Gegend mit schmalen Straßen, in der finanzkräftigere junge Familien und Kreative leben. Dies war das erste jüdische Viertel in Tel Aviv, gegründet 1887, und ist einen Spaziergang wert. Neben den Sehenswürdigkeiten, die unten genannt werden, sollte man auch mal in der **2 Lilienblum St** vorbeigehen. Hier steht Israels erstes Kino.

Heute konzentrieren sich die netten Läden, Cafés, Bars und Restaurants des Viertels auf die Shabazi St; gleichzeitig erhebt sich der kontrovers-moderne Neve-Tzedek-Turm über alles. Der schicke Apartmentblock wurde gebaut, obwohl die Einwohner befürchteten, dass dadurch der Charakter des Viertels leiden würde.

Am südlichen Ende der Shabazi St, nämlich am Shabazi Sq, befindet sich das **Suzanne Dellal Centre** (s. S. 206), eine ehemalige Schule und jetziges Kulturzentrum, in dem Festivals, Ausstellungen und kulturelle Events stattfinden.

WAS BEDEUTET DER NAME?

Die Tel Aviver haben schon immer gerne die Straßen und Boulevards ihrer Stadt nach den Großen und Mächtigen benannt. Fast alle Hauptstraßen heißen nach einer wichtigen Person der Vergangenheit. Das hat dazu geführt, dass wichtige Tel Aviver Gebäude jetzt auch nach ihren gleichermaßen wichtigen Sponsoren benannt werden: der Helena Rubinstein Pavillon (S. 179) oder das neuen Nokia-Stadion, Heimat des Tel Aviver Basketballteams Macabee Tel Aviv.

Diese Mode hat aber auch ihre Gegner. 2005 bot der israelische Milliardär und Tycoon Sami Ofer dem Tel Aviv Museum of Art unglaubliche 20 Mio. US$ als Geschenk an. Im Gegenzug verlangte er eine kleine Namensänderung von Tel Aviv Museum of Art zum eher unpoetischen Tel Aviv Museum of Art Named After Sami and Aviva Ofer. Als sich die Förderer des Museums und die Öffentlichkeit 2006 dagegen aussprachen, wurde die Namensänderung ausgesetzt und das Geschenk – merkwürdigerweise – zurückgezogen. Was ist eigentlich aus der guten alten jüdischen Tradition der anonymen Spende geworden?

SÜDLICHES STADTZENTRUM

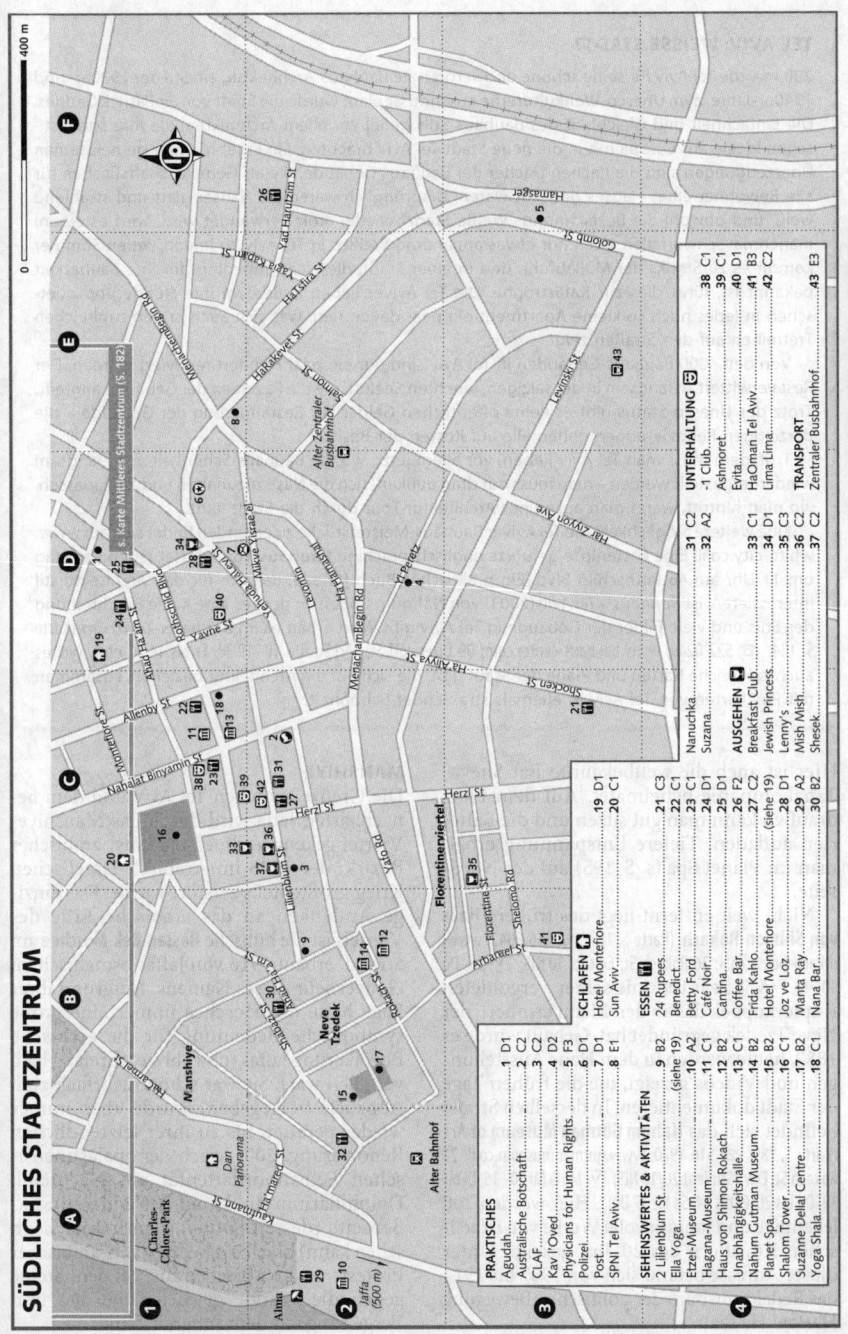

TEL AVIV

PRAKTISCHES	
Agudah	1 D1
Australische Botschaft	2 C2
CLAF	3 C2
Kav l'Oved	4 D2
Physicians for Human Rights	5 F3
Polizei	6 D1
Post	7 D1
SPNI Tel Aviv	8 E1

SEHENSWERTES & AKTIVITÄTEN	
2 Lilienblum St	9 B2
Ella Yoga	(siehe 19)
Etzel-Museum	10 A2
Hagana-Museum	11 C1
Haus von Shimon Rokach	12 B2
Nahum Gutman Museum	14 B2
Planet Spa	15 B2
Shalom Tower	16 C1
Suzanne Dellal Centre	17 B2
Yoga Shala	18 C1

SCHLAFEN	
Hotel Montefiore	19 D1
Sun Aviv	20 C1

ESSEN	
24 Rupees	21 C3
Benedict	22 C1
Betty Ford	23 C1
Café Noir	24 D1
Cantina	25 D1
Coffee Bar	26 F2
Frida Kahlo	27 C2
Hotel Montefiore	(siehe 19)
Joz ve Loz	28 D1
Manta Ray	29 A2
Nana Bar	30 B2
Nanuchka	31 C2
Suzana	32 A2

AUSGEHEN	
Breakfast Club	33 C1
Jewish Princess	34 D1
Lenny's	35 C3
Mish Mish	36 C2
Shesek	37 C2

UNTERHALTUNG	
-1 Club	38 C1
Ashmoret	39 C1
Evita	40 D1
HaOman Tel Aviv	41 B3
Lima Lima	42 C2

TRANSPORT	
Zentraler Busbahnhof	43 E3

400 m

s. Karte Mittleres Stadtzentrum (S. 182)

TEL AVIV

TEL AVIV: WEISSE STADT?

2003 wurde Tel Aviv für seine schöne und verbreitete Bauhaus-Architektur, ein Stil der 1930er- und 1940er-Jahre, zum Unesco-Weltkulturerbe ernannt. Geplant wurde die Stadt von Sir Patrick Geddes. Die Einfachheit und Gleichheit des Bauhaus-Stils gefiel vor allem Architekten, die ihre sozialistischen Ideale aus Europa mit in die neue Stadt Tel Aviv brachten. Ein Ergebnis ihrer gemeinsamen Überzeugungen sind die flachen Dächer der Bauhaus-Gebäude, die als Gemeinschaftsflächen für alle Bewohner eines Hauses gedacht waren. Ursprünglich waren die Häuser glatt und strahlend weiß, und obwohl die Bezeichnung „Weiße Stadt" wieder stolz verwendet wird, wird es einem manchmal schwerfallen, auch nur etwas annähernd Weißes in Tel Aviv zu finden. Jeden Sommer kommt es zu Streiks der Müllabfuhr, und in einer Stadt, die nicht unbedingt für ihre Sauberkeit bekannt ist, führt dies zur Katastrophe. Die Tel Aviver lieben außerdem ihre Hunde und quetschen in jedes noch so kleine Apartment ein paar davon rein, was sich auch in den zahlreichen Tretminen auf den Straßen zeigt.

Von den 4000 Bauhaus-Gebäuden in Tel Aviv sind nur ein paar Hundert renoviert worden. Der Rest verwittert so langsam in der salzigen, feuchten Seeluft, die die Fassaden der Gebäude angreift. Trotz des Unesco-Status gibt es keine öffentlichen Gelder zur Restaurierung der Gebäude – die derzeitigen Renovierungen gehen alle auf Kosten der Besitzer.

Trotzdem muss man Tel Aviv lieben, vor allem jetzt, wo die Bauhaus-Schönheiten so langsam wiederhergestellt werden – man muss nur dran denken, sich die Nase zuzuhalten und aufzupassen, wo man hintritt, wenn man auf seiner Architektur-Tour durch die Stadt läuft.

Eine weitere Möglichkeit, die Tel Aviver Bauhaus-Meisterstücke zu erkunden findet sich auf www. white-city.co.il. Eine kostenlose geführte englischsprachige **Bauhaus-Tour** startet jeden Samstag um 11 Uhr am 46 Rothschild Blvd. Ein praktisches Buch für alle, die sich für den Architekturstil interessieren, ist *Bauhaus – Tel Aviv* (2003) von Nahoum Cohen, in dem es eine kurze Beschreibung des Stils und viele Bilder der Gebäude in Tel Aviv gibt. Man erhält es im **Bauhaus-Zentrum** (Karte S. 184; ☎ 522 0249; www.bauhaus-center.com; 99 Dizengoff St; ☽ So–Do 10–19.30, Fr bis 14.30 Uhr), wo es auch zahlreiche Karten und Pläne der Stadt gibt, die sich auf die Architektur beziehen, zusammen mit Postkarten von Tel Aviv in ehemals strahlender Schönheit.

Hier ist auch die weltbekannte Bat-Sheva-Tanzkompanie beheimatet. Auf dem Platz draußen kann man gut sitzen und die Batterien aufladen. Tiefere Entspannung erhält man im Planet Spa (s. S. 195) auf der Nordseite.

Nicht weit entfernt liegt das frühere **Haus von Shimon Rokach** (Karte S. 189; ☎ 516 8042; www. rokach-house.co.il; 36 Rokach St; Eintritt 10 NIS; ☽ So–Do 10–16, Fr & Sa bis 14 Uhr) mit seiner vergoldeten Kupferkuppel, das an den Mann erinnert, der Neve Tzedek gegründet hat. Gebaut wurde es 1887, heute werden in dem Haus Ausstellungen und Videos gezeigt, die die frühen Tage der Stadt dokumentieren. In derselben Straße befindet sich das **Nahum Gutman Museum of Art** (Karte S. 189; ☎ 516 1970; www.gutmanmuseum.co.il; 21 Rokach St; Erw./Student 20/10 NIS; ☽ Mo & Mi 10–16, Di bis 19, Do bis 20, Fr bis 14, Sa bis 17 Uhr). Hier werden 200 lebendige und fantasievolle Werke von israelischen Künstlern des 20. Jhs. gezeigt. Unter dieser Adresse befand sich von 1907 bis 1914 das Redaktionsbüro der politischen Bewegung HaPoel HaTzair.

MANSHIYE

Die Grenze zwischen Tel Aviv und dem benachbarten Jaffa wird durch das Manshiye-Viertel gekennzeichnet, ein einst arabischer Bezirk, der 1948 im Arabisch-Israelischen Krieg größtenteils zerstört wurde. Das einzige Andenken an das arabische Erbe des Viertels ist die hübsche **Hassan-Bek-Moschee** am Strand, erbaut 1916 von Jaffas osmanischem Gouverneur dieses Namens. Aufgrund ihrer Lage hatte die Moschee immer eine große symbolische Bedeutung für die arabische Bevölkerung Jaffas (obwohl sie jahrelang halb verfallen war). Sie war schon mehrfach zum Abbruch freigegeben, wurde aber immer wieder gerettet, bis zu ihrer letztendlichen Renovierung. 2001, nach dem palästinensischen Selbstmordattentat am Nachtclub Dolphinarium direkt auf der anderen Straßenseite (dessen Spuren man immer noch sehen kann) brach ein heftiger anti-arabischer Protest vor der Moschee aus, bei dem Steine gegen die Wände geworfen wurden und Vergeltung aus dem Inneren kam.

Eine Version des Arabisch-Israelischen Krieges von 1948 ist im **Etzel-Museum** (Karte S. 189; ☎ 517 7180; Kaufmann St; Erw./Kind 10/5 NIS; ☺ So–Do 8–16 Uhr) dokumentiert, einem schönen Rauchglas-Gebäude, das innerhalb der Überreste eines alten arabischen Hauses am Meer gebaut wurde. Die Etzel, zusammen mit den Hagana und den Lechi, waren eine der Gruppen, die später die modernen IDF bildeten.

Manshiyes lange verfallener **alter Bahnhof** von 1892 ist der älteste in Israel und verband früher Jaffa mit Jerusalem – zu einer Zeit, als das Pferd die einzige andere Option war. Er wird derzeit renoviert und es entsteht ein neues Zentrum mit Cafés, Boutiquen und Veranstaltungen, das mit Sicherheit der nächste Hotspot der Stadt werden wird. Wenn die Arbeiten denn mal fertig sind.

Zur gleichen Zeit wird auch der **Charles-Chlore-Park** am Meeresufer renoviert, während die Strandpromenade, die Tel Aviv mit Jaffa verbindet, gebaut wird. Die Idee dahinter ist, dass es irgendwann einmal einen Fußweg die ganze Strecke von Tel Avivs Altem Hafen über Jaffa weiter nach Bat Yam, der nächsten (und derzeit etwas heruntergekommenen) Küstenstadt im Süden, geben wird.

FLORENTINERVIERTEL
Die aufstrebende Kunstkommune der Stadt hat dem in anderen Bereichen eher bodenständigen Florentinerviertel einen hippen Akzent gegeben, der sich hauptsächlich in kleinen Industriewerkstätten und günstigen Klamottenläden äußert. Rund um die Vittal St findet man heute die Boutiquen-Outlets

der Designer, Fotografen und Tel Aviver Hipster.

Nördliches Tel Aviv
PARK HAYARKON
Jogger, Fußballspieler, Grillmeister und Frisbee-Werfer zieht es zu dem grünen Parkstreifen am Yarkon, dem größten öffentlichen Freizeitgelände der Stadt. Es gibt reichlich Platz zum Liegen auf dem Grün, aber auch das beliebte **Sportek** (Karte S. 178) mit einer Auswahl an Aktivitäten.

Ehrgeizige Kletterer können ihre Herausforderung an der **Olympus-Kletterwand** (Karte S. 178; ☎ 699 0910; Rokach Ave; Eintritt & Gurte 50 NIS, Schuhverleih 12 NIS; ☺ So–Do 17–22, Sa 1–21 Uhr) suchen, wo auch Kletterkurse abgehalten werden. Gleichzeitig gibt es auch einen **Skatepark** (Karte S. 178; ☎ 050 574 2717; 28 NIS/Tag; ☺ So–Do 16–20, Fr & Sa 11–20 Uhr), Basketballfelder und Trampoline. Östlich des Sportek, auf der anderen Seite der Namir Rd, können die Jungen und Junggebliebenen eine Partie **Minigolf** (Karte S. 178; ☎ 699 0229; 26 NIS/ Runde; ☺ So–Do 16–20, Fr & Sa 10–20 Uhr) spielen.

Man erreicht das Sportek von der Dizengoff St aus mit einem Bus Richtung Ramat Aviv. Bei wenig Verkehr kostet ein Taxi etwa 25 NIS.

RAMAT AVIV
Im reichen Vorort Ramat Aviv wohnt die aktuelle Elite des Landes, darunter der israelische Präsident Schimon Peres (obwohl man das aufgrund der eher langweiligen Ansammlung von Betontürmen gar nicht vermuten würde). Hier befindet sich auch die **Tel Aviv University**, Heimat der zukünftigen Elite. Der

---

UND JETZT ALLE … *Miriam Raphael*

Ob man Hebräisch lesen kann oder nicht, man kann das unverwechselbare „Na Nach Nachman Me'uman"-Mantra gar nicht übersehen, das man überall im Land an Wänden, auf Aufklebern und Plakatwänden findet. Es ist das Werk der **Na Nachs** (www.nanach.net), einem Ableger der Bratslaver Chassidim und Anhänger des verstorbenen Rebbe Nachman (1772–1810). Die jungen, gläubig aussehenden Männer tragen gewebte weiße Kappen mit Troddeln und man sieht sie – sehr zum Erstaunen aller Neuankömmlinge – wie die Irren an den Straßenecken zu chassidischer Technomusik tanzen, die aus ihren bunten Autos plärrt.

Die Na Nachs glauben, dass ein mysteriöser Brief eine wundersame Botschaft von Rebbe Nachman persönlich enthält. Das Schriftstück wurde 1962 von Rabbi Israel Dov Odesser, einem Bratslaver Chassidim aus Tiberias, gefunden. In dem Mantra, das es enthält, wird Nachman und seine Begräbnisstätte Uman in der Ukraine erwähnt. Deshalb sei es ein „Brief vom Himmel" und „das neue Lied, durch das ganz Israel erlöst werden wird". Die Na Nachs verbreiten nun ihre Botschaft durch Bücher, viele Aufkleber (der Na-Nach-Nike-Slogan „Just Say It" ist besonders beliebt) und tun das, was Na Nachs am besten können: wie verrückt in der Mitte von Verkehrsstaus tanzen und „Na Nach Nachman Nachman Me'uman" singen.

Campus ist ein Stück beeindruckender moderner Architektur und die Fachbereiche umfassen das größte Spektrum aller Universitäten des Landes. Für Besucher interessant sind aber vor allem die Museen, und eines, nämlich das Diasporamuseum (s. unten), darf man auf keinen Fall verpassen. Auch einen Abstecher wert ist die nobelste Einkaufspassage des Landes, die Ramat Aviv Mall (S. 208), bestückt mit allen Designerlieblingen.

DIASPORAMUSEUM

Das **Nahum Goldman Museum of the Jewish Diaspora** (Beit Hatefutsoth; ☎ 745 7800; www.bh.org.il; 2 Klausner St, Matiyahu Gate, Ramat Aviv; Erw./Student 35/25 NIS; ☾ So–Di & Do 10–16, Mi bis 18, Fr 9–13 Uhr) zeigt keine Kunstwerke aus der Vergangenheit. Stattdessen ist es eine gute Sammlung von Modellen, Dioramen, Filmen und Präsentationen, die die Vielfalt des jüdischen Lebens und der Kultur im Exil dokumentieren. Zu den besonderen Sehenswürdigkeiten im Museum gehört das Feher Jewish Music Centre, das Douglas E. Goldman Jewish Genealogy Centre (in dem Besucher ihren Familienstammbaum registrieren können, um ihn für spätere Generationen zu erhalten) und ein visuelles Dokumentationszentrum mit der größten Fotodokumentation jüdischen Lebens auf der Welt. Die schön gestalteten und innovativen Methoden, diese Erlebnisse zu erzählen, sind faszinierend und man kann hier gut ein paar Stunden verbringen.

Man erreicht das Museum mit Bus 25 von der HaMelech George St oder der Reines St an der Ecke zur Frishman St oder man nimmt Bus 27 vom zentralen Busbahnhof. Aussteig an der Universität, entweder Matatia Tor Nr. 2 oder Frenkel Tor Nr. 7.

ERETZ-ISRAEL-MUSEUM

Das **Eretz-Israel-Museum** (abseits der Karte S. 178; ☎ 641 5244; 2 Chaim Levanon St; http://eretzmuseum.org. il; Erw./Student 38/28 NIS; So–Mi 10–16, Do bis 20, Fr & Sa bis 14 Uhr) besteht derzeit aus elf miteinander verbundenen kleinen Museen, die rund um die archäologische Stätte Tel Qasile gebaut wurden. U. a. besteht der Museumskomplex aus einem Planetarium, einem Glasmuseum, einem Folklorepavillon, der Rekonstruktion eines mittelalterlichen Basars, einem Keramikmuseum und einigen Hallen für temporäre Ausstellungen. Der vielleicht beste Bereich ist die Multimediapräsentation über Baron Rothschild, den Bankier, der viele öffentliche Projekte in Tel Aviv im späten 19. Jh. finanzierte. Obwohl nicht alles fesselt, ist sie sehr gut gemacht und man kann leicht einige Stunden dort verbringen. Man erreicht das Museum mit Bus 24, 27 oder 86.

PALMACH-MUSEUM

Es ist den Guerrillakämpfern gewidmet, die sich der britischen Armee in den späten 1940er-Jahren widersetzten. Das **Palmach Museum** (abseits der Karte S. 178; ☎ 643 6393; www.palmach. org.il; 10 Haim Levanon St; Erw./Kind 30/20 NIS; ☾ So, Mo & Mi 9–17, Di bis 14, Fr bis 13 Uhr) ist eine Hochleistungsausstellung im Multimediaformat, die den Besucher durch mehrere Räume führt, in denen der Aufstieg des Palmach, ihr Training und ihre Triumphe beschrieben werden. Es befindet sich etwa 200 m hinter dem Eretz-Israel-Museum; Tickets müssen im Voraus gebucht werden.

Östliches Tel Aviv

Je weiter östlich man in Tel Aviv kommt, desto geschäftsmäßiger wird die Stadt. Die

---

TEL AVIV UND DER SABBAT

Wer schon einmal die Stille (und oft auch den Hunger) erlebt hat, die sich über Jerusalem legen, wenn der Sabbat beginnt – und wer sich fragt, was um Himmels Willen man denn ohne Geldautomaten, Restaurants, Geschäfte und Sehenswürdigkeiten die nächsten 24 Stunden machen soll –, muss nicht verzweifeln: ab nach Tel Aviv, um den Sabbat auf weltliche Art zu begehen.

Hier schließen auch viele Geschäfte am Freitag und öffnen nicht vor Samstagabend oder Sonntagmorgen, aber das ist auch schon das ganze Ausmaß an Anerkennung des heiligen Tages in dieser Stadt. Freitagabends sind die Bars, Restaurants und Clubs bis zum Morgengrauen voll mit Gästen. Samstags gehen die Einwohner an den Strand, sitzen mit der Wochenendausgabe ihrer Zeitung in Cafés und halten sich im Großen und halten draußen auf, um den ganzen Tag aktiv zu sein. Koschere Spitzenklassehotels servieren möglicherweise nicht das komplette warme Frühstücksbuffet. Dann geht man halt raus auf die Straße und holt sich dort seinen Cappuccino und ein fettiges Schinkensandwich, als wäre man sonntagmorgens daheim unterwegs.

EIN PERFEKTER TAG

Obwohl Tel Aviv an jedem Tag der Woche gleichzeitig heiß und kalt sein kann, ist der Freitag mein persönlicher Favorit. Alle sind draußen auf der Straße, im Park oder den ganzen Tag am Strand, und eine magische Stille senkt sich herab, wenn das Licht gegen 17 Uhr weicher wird, wenn die Stadtbewohner nach Hause eilen, um das Abendessen vorzubereiten und sich für den langen Abend vorzubereiten. Hier ist mein Rezept für einen perfekten Freitag in Tel Aviv:

Zuerst kauft man sich die Wochenendausgabe der *Ha'aretz* am Kiosk, dann genießt man ein langes faules Frühstück in einem der kleinen Cafés auf der Sheinkin, Shabazi oder Bograchov St und spaziert durch die Boutiquen im netten kleinen **Neve-Tzedek-Viertel** (S. 188), oder man geht rüber zur Nachlat Binyamin St, um die fröhliche Atmosphäre des **Handwerkermarktes** (S. 207) zu genießen.

Mittagessen gibt's zum Mitnehmen in der besten **Sabich-Bude** (S. 201) der Stadt, dann geht man zusammen mit den Hundehaltern und glücklichen Familien den Rothschild Blvd runter, um ein wenig Bauhaus-Architektur zu bestaunen. Zurück zum Strand für einen Nachmittag in der Brandung und bei Sonnenuntergang die Promenade entlang. Dann zum Nordende schlendern, Richtung **Jaffa** (S. 210), wo die Luft schwer von Rauch ist, weil die jüdischen und arabischen Israelis gleichzeitig ihre Grills anschmeißen.

Nach dem Abendessen in einem von uns empfohlenen Restaurant macht man sich bereit für eine Nacht auf dem Parkett. Die hippen Bars und Clubs in Tel Avivs **Altem Hafen (Namal)** (S. 186) sind ein guter Anfang (und Abschluss). Danach hängt es davon ab, wie lange man mithalten kann: es gibt After-Partys und After-After-Partys. Wenn nicht, dann holt man sich zusammen mit Horden von erschöpften Tel Avivern ein Post-Party-Frühstück, bevor man den Samstag dazu nutzt, sich am Strand wieder zu erholen.

Ibn Gvirol St markiert quasi die östliche Grenze der Innenstadt. Dahinter gelangt man in die Welt der weiten Boulevards, gläsernen Hochhäuser und Industriegelände.

AZRIELI-OBSERVATORIUM

Israels Version einer Tour hoch aufs Empire State Building (aber ohne die vierstündige Warteschlange am Aufzug) ist ein Besuch auf der 49. Etage des Azrieli-Rundturms und des **Azrieli-Observatoriums** (Karte S. 178; ☎ 608 1179; 132 Menechem Begin Rd; Erw./Student 22/17 NIS; ☼ Sommer So–Do 9.30–20, Fr bis 18 Uhr; Winter jeweils nur bis 18 Uhr). Zum Eintritt gehört ein Audioguide (auf Englisch erhältlich), der die verschiedenen Gebäude und Sehenswürdigkeiten der Stadt beschreibt – bei Tageslicht sieht man am meisten. Es gibt auch einen Film (Erw./Student 22/17 NIS) über die Geschichte der Stadt als 3D-Animation. Die Zielgruppe (bis vier Jahre) wird das sprechende, zeitreisende Kamel und seinen fliegenden Roboterkumpel zu schätzen wissen, aber wir empfehlen, das Geld fürs Mittagessen zu sparen.

Man sollte vorab anrufen, ob die Aussichtsplattform geöffnet ist. Häufig wird sie nämlich für private Veranstaltungen gebucht und man darf nicht rauf. Die Türme erreicht man mit den Bussen 11, 78 oder 608. Der Fahrstuhl

zum Observatorium befindet sich im 3. Stock des Einkaufszentrums.

AKTIVITÄTEN

Die Tel Aviver sind ein aktives Völkchen und man findet sie normalerweise Inliner fahrend im nächsten Park, radelnd am Strand oder auf dem Weg zum nächsten Fitnessstudio mit der Sporttasche unter dem Arm (allerdings wird man auch nur hier einen gebräunten Typen sehen, der sich mit einem Espresso und einer Zigarette vom Workout entspannt).

Strände

Wenn das Wetter warm ist, zieht es die Tel Aviver in Massen hinaus an die Strände. Jung und alt saugen die mediterranen Sonnenstrahlen auf, gehen kitesurfen und schießen sich kleine Gummibälle hin und her bei einem netten Match *matkot*.

Die Strände sind sicher und sauber, und es gibt Umkleiden und Süßwasserduschen auf der ganzen Länge. Schwimmer müssen allerdings auf die Warnungen der Strandwächter achten, wenn die Bedingungen rauer werden. Eine schwarze Fahne bedeutet, dass das Schwimmen verboten ist. Eine rote Fahne heißt, dass Schwimmen gefährlich ist und man auf jeden Fall nicht alleine schwimmen sollte. Eine weiße Fahne kennzeichnet das Gebiet als sicher. Aber keine Angst vor Missverständnissen: Die sehr stimmgewaltigen Strandwächter rufen einen sofort in einer Kombination aus Hebräisch und Englisch zurück, wenn man sich auch nur einen Zentimeter außerhalb der ausgewiesenen Schwimmzone bewegt: „Hey – yeled (Junge) – come back, bezeder (komm zurück, o. k.)?" Wer hier ist, um bei einem Sonnenbad zu entspannen, der sollte besser Ohrenstöpsel dabeihaben.

Wie an jedem Strand zahlt es sich auch hier aus, seine Sachen im Auge zu behalten – geht man schwimmen, braucht man nur den Menschen auf dem Laken nebenan zu fragen, ob er einen Blick auf die Sachen werfen kann. Wertsachen sollte man am besten im Hotel lassen.

Die Hauptstrände sind an den meisten Tagen voll mit Menschen, vor allem samstags, wenn die Massen früh kommen, um sich die besten Plätze zu sichern. Nachts gehen die Biertrinker und Tänzer zu den Strandbars und

STRANDLEBEN

An welcher Stelle man sein Badetuch ausbreitet und ein Spiel matkot startet, hängt in Tel Aviv davon ab, wonach man auf einem Stück Sand sucht. Hier ist eine Zusammenfassung der Tel Aviver Strandoptionen, vom Norden bis zur Innenstadt im Süden.

- **Nordau** Religiöser Strand, auf dem Männer und Frauen getrennt liegen. Frauen nutzen den Strand sonntags, dienstags und donnerstags, während die Männer montags, mittwochs und freitags dran sind. Samstags ist der Strand für alle geschlossen. Zwischen den religiösen Damen, die komplett bekleidet baden, findet sich auch die eine oder andere Schönheit oben ohne, die es genießt, nur unter Frauen zu sein und nicht von Männern begafft zu werden.

- **Hilton** Hilton und seinen Nachbar Nordau zu verwechseln wäre gar nicht lustig. Hilton ist der offizielle Strand für Homosexuelle, benannt nach dem Hotel. Hier trifft man auch die Hundebesitzer (es ist der einzige Strand, auf dem Hunde offiziell erlaubt sind), viele gestählte Körper, und leidenschaftliche Surfer. Wenn man ein schwuler oder lesbischer hundebesitzender Surfer ist, dann ist man am Hilton genau richtig.

- **Gordon & Frishman** Gordon und Frishman südlich vom Hilton sind besonders beliebt bei Tel Aviver Teenagern, Touristen und Kleinkindern. Der Sand ist in der Hochsaison pickepacke voll und gut ausgestattet mit Sonnenliegen, Strandbars, Restaurants und wortgewaltigen Rettungsschwimmern.

- **Trumpeldor, Yerushalaiyim & Ge'la** Ein breiter Strand und viele Teenager prägen diesen netten, aber einfachen Streifen Sand, der sich südlich von Frishman befindet.

- **Banana** Benannt nach dem sich hier befindenden Café ist der entspannte lässige Vibe des Banana genau das richtige für die Zwanzig- und Dreißigjährigen, die mit Büchern, Wochenendzeitungen und matkot-Schlägern bewaffnet herkommen. An Sommerabenden gibt's kostenlose Open-Air-Filmvorführungen.

- **Drummers Beach** Auch bekannt als Dolphinarium oder Chinky und in der Nähe des tragischen Selbstmordanschlags auf einen Nachtclub 2001 gelegen. Dieser Strand hat die alternativsten Schwingungen von allen Tel Aviver Optionen. Hier sammeln sich jeden Freitagnachmittag Gruppen von Trommlern, um bis zum Abend zu trommeln. Man kann seine Bongos oder einfach eine Blechkanne und einen Holzlöffel mitbringen und das Wochenende feiern. Hier gibt es auch Surf- und Jet-Ski-Verleiher. Und Kitesurfer stürzen sich an windigen Tagen wie die Seelöwen in die Brandung.

- **Alma** Hierher kommen hippe Pärchen und einheimische Promis. Der kleine Strand gleich hinter dem Manta Ray Restaurant ist eine schöne entspannte Abwechslung von der Hektik, die an den Tel Aviver Stränden schon mal herrschen kann. An den Wochenenden vermischen sich hier junge arabische und israelische Familien, um die Nachmittage zu vertrödeln. Beim Schwimmen muss man allerdings selber aufpassen, denn es gibt keine Rettungsschwimmer vor Ort (gut fürs Gehör, aber schlecht wegen der Strömungen).

Terrassen, und man kann die Zeit für einen ruhigen Spaziergang in schöner Atmosphäre am Wasser entlang nutzen.

Details zum Charakter und der Sorte Menschen an den einzelnen Stränden stehen im Kasten auf S. 194.

Spas & Yoga

Tel Aviv entdeckt gerade erst das Potenzial der kleinen innerstädtischen Spas, und auch wenn sie jetzt noch nicht so weit verbreitet sind wie in London oder New York, stehen sie ihnen in Sachen Qualität um nichts nach. Man sollte die Neueröffnungen im Stadtzentrum im Auge behalten. Wenn man in einer der Spitzenklasse-Hotelketten absteigt, findet man dort auch gut ausgestattete Fitnessstudios, Pools und Spa-Einrichtungen.

Ella Yoga (Karte S. 178; ☎ 544 4881; www.ellayoga. co.il; Hangar 4, Alter Hafen) Ein guter Ort, um der Sonne einen Gruß zu schicken oder seine Asanas auf die Reihe zu kriegen. Ella Yoga am Alten Hafen bietet eine Reihe von Kursen, von Ashtanga bis Kundalini. Zur Anmeldung und für Informationen über einmalige Stunden einfach anrufen.

Planet Spa (Karte S. 189; ☎ 510 9876; Shabazi Sq; ☺ So–Do 9–22, Fr bis 17, Sa 11–19 Uhr) Ein intimes kleines Spa, wunderschön mit Kerzen beleuchtet. Dieser Laden kommt mit den besten Empfehlungen wegen seiner Auswahl an Gesichtsbehandlungen, Massagen und Körperbehandlungen. Gut sind der zweistündige Moroccan Detox (630 NIS) oder ein Spezialpaket für Paare, inklusive Frühstück oder Champagner und Trüffeln, für etwa 1200 NIS.

Yoga Shala (Karte S. 189; ☎ 560 0107; www.ashtanga-yoga-israel.com/English.aspx; Rothschild Blvd) Tägliche Ashtanga und andere Yogakurse veranstaltet dieses nette zentrale Studio an der Ecke der Allenby St. Mittagspausen-Muntermacher-Kurse und Kurse für Anfänger bis Fortgeschrittene.

Noch mehr Aktivitäten

Es gibt noch eine Menge weiterer Aktivitäten, die einen in Tel Aviv auf Trab halten. Auf zahlreichen Schwarzen Brettern und Postern werden die neuesten Events angekündigt.

Angehende Segler wenden sich am besten an **Danit Tours** (☎ 052 340 0124; www.danit.co.il), die Segel- und Motorboottouren vom Hafen aus veranstalten. Eine Gruppe bis 13 Personen zahlt 1500 NIS für zwei Stunden auf See. Kleinere Gruppen können für 800 NIS lossegeln.

Wer Tel Aviv wie ein Einheimischer kennenlernen möchte, und gerne **Inliner** fährt, der sucht sich ein paar Skates und rollt dienstags um 20 Uhr zum Habima Theatre (S. 206) oder freitags um 16 Uhr zum Sportek (S. 191). Von dort aus starten etwa 150 Blader und Skater auf eine dreistündige, sehr empfehlenswerte Tour durch die Stadt. Die Veranstalter haben eine Website auf Hebräisch: http://israel-rollers.net.

KURSE
Sprachen

Ulpan Gordon (Karte S. 184; ☎ 522 3095; 7 LaSalle St) Die beliebteste *ulpan* (Hebräisch-Schule) in Tel Aviv verlangt etwa 700 NIS pro Monat.

Tel Aviv University Ulpan (abseits der Karte S. 178; ☎ 640 8639; www.telavivuniv.org) Die strenge *ulpan* mit akademischem Anspruch bietet zweimal im Jahr Kurse an der Tel Aviv University für Studenten aus Übersee. Mehr Details und die Anmeldeformulare gibt's auf der Website. Die Universität betreibt auch Sommerkurse für Hebräisch und Jiddisch.

TEL AVIV MIT KINDERN

Tel Aviv, wie auch Israel insgesamt, ist sehr kinderfreundlich und man wird feststellen, dass die Kleinen in der ganzen Stadt verwöhnt und geknuddelt werden. Es gibt nicht so viel Zurückhaltung, wie man sie vielleicht von Zuhause kennt. Und man wird, ob zum Vor- oder Nachteil, auf Fremde treffen, die einem vehement erklären, dass man das Kind nicht richtig füttert/anzieht/erzieht. Am besten tut man das mit einem Lächeln ab. Auch wenn es sich um Kritik handelt, ist sie doch in den meisten Fällen gut gemeint. Das Engagement der Menschen kann auch vorteilhaft sein: Wenn das Kleine vom Klettergerüst fällt, ist immer jemand zur Stelle, um es wieder auf die Beine zu stellen, während man noch auf dem Weg zum Ort des Geschehens ist.

Die meisten Kinder werden stundenlang Spaß am Tel Aviver **Strand** haben, der sehr gut bewacht wird und vor Eisverkäufern, Strandcafés und Elvis-Imitatoren nur so wimmelt. Wenn es ins Grüne gehen soll, dann ab in den **Park HaYarkon** (S. 191), ausgestattet mit einem kleinen Zoo, Trampolins, Ruderbooten und Spielplätzen. Nebenan zischt und heult alles im **Luna Park** (☎ 642 7080; www.lunapark.co.il), einem skurrilen Achterbahnpark mitten in der Stadt. Öffnungszeiten und Preise ändern sich monatlich, daher besser vorab anrufen. Ruhigere Ausfahrten bekommt man im schönen Spiel-

TEL AVIV

ALTERNATIVE GLAUBENSRICHTUNGEN IN TEL AVIV

Man könnte auf den ersten Blick den Eindruck bekommen, dass die Tel Aviver nicht viel mehr als die Sonne anbeten, aber an den Samstagen strömen dann doch die Synagogengänger in unterschiedlichster Ausprägung auf die Straße. Wessen Götter allerdings den Namen Madonna, Donna Karan, George Harrison, Tom Cruise oder Raël tragen, dann könnte es sich lohnen, Tel Avivs alternatives Angebot zu studieren. Zu beachten sind auch die Hare Krishnas im Sommer an den Stränden, wo sie sich das Herz aus dem Leib singen, und die Na Nachs (s. Kasten S. 191), den Monty-Python-Fans als „Jumping Jews" bekannt, die fröhlich an den Straßenecken herumtanzen.

- **Kabbalah** (Karte S. 184; ☎ 526 6800; www.kabbalah.com; 14 Ben Ami St) Das Kabbalah-Zentrum, ein persönlicher Liebling der mit einem roten Band ausgestatteten Madonna, bietet englischsprachige Kurse in jüdischem Mystizismus, spontane Gebetsstunden, Frühstück und einen gut ausgestatteten Buchladen, in dem man alles zum Thema findet. Es lohnt sich, mal vorbeizuschauen, um zu sehen, was gerade los ist.

- **Scientology** (www.scientology-telaviv.org) Und noch ein Hollywood-Liebling hat hier eine Zweigstelle eingerichtet.

- **Raelismus** (www.rael.org) Es ist schwer, auch nur ansatzweise zu beschreiben, worin es im Raelismus geht. Es gehören auf jeden Fall Raumschiffe, französische Führer, Aliens, Klonen, intergalaktische Botschaften und Israel dazu. Die Tel Aviver Anhänger sind sehr aktiv und können an den Wochenenden oft in der Sheinken St angetroffen werden, wo man den Passanten den Glauben erklärt. Auf der Website gibt's Details.

platz im Gan-Meir-Park (S. 185) an der King George St. Die breite hölzerne Promenade am **Alten Hafen** (S. 186) ist perfekt für einen kinderfreundlichen Spaziergang, mit einem kleinen Strand und Spielplatz am Südende.

Wenn man drinnen bleiben möchte, dann wird den Kindern die Vogelperspektive vom Azrieli-Observatorium (S. 193) gefallen. Für die Kleineren gibt's **Dyada** (Karte S. 184; ☎ 1 700 700 815; www.dyada.co.il; 75 Ben Gurion Ave), ein Kinderzentrum mit regelmäßigen Spiel- und Musikveranstaltungen für Null- bis Fünfjährige und einem gut gefüllten Shop. Anrufen oder direkt vorbeigehen, um einen Platz beim Purzelturnen zu reservieren.

Wer nach neuen Stöffchen in kleinen Größen sucht, geht zur Sheinken St oder Dizengoff St. In beiden gibt es Boutiquen, in denen süße bunte Kleider, T-Shirts und Hosen verkauft werden. Es gibt auch einen Crocs-Shop am Flughafen – perfektes Schuhwerk fürs Planschen am Meer.

Direkt vor der Stadt kann man im eher teuren **Ramat Gan Safari** (☎ 630 5305; www.safari.co.il, hebräisch; Ramat Gan; Eintritt 49 NIS/Pers.) Kontakt mit der Natur aufnehmen: zum Teil konventioneller Zoo und zum Teil Safarigelände zum Durchfahren. Die Israelis haben viel Spaß daran, die Regeln zu brechen und aus ihren Autos zu steigen, um die Hippos mit Bamba (dem beliebtesten Erdnuss-Snack in Israel) zu

füttern. Auf der Website stehen die Öffnungszeiten und ein Anfahrtsplan.

Zurück in der Stadt könnte das Essen mit Kindern zu jeder Tageszeit kaum unkomplizierter sein als in Tel Aviv. Nur ganz wenig Restaurants, Cafés und Bars schicken kleine Gäste wieder weg, und die meisten anderen sind gut ausgestattet mit Hochstühlen. Es ist normal, dass die Kinder bis spät in die Nacht mit ihren Eltern beim Essen sitzen, vor allem seit Israels Restaurants komplett rauchfrei sind. Kindergerichte gibt es nicht allzu häufig in Tel Aviv, denn die Kleinen essen normalerweise vom selben Teller wie die Eltern. Aber die meisten Köche bereiten auch gerne etwas extra zu.

STADTSPAZIERGÄNGE

Die Stadtverwaltung veranstaltet vier geführte Touren durch die Stadt und es lohnt sich, zumindest an einer davon teilzunehmen. Alle vier Touren sind kostenlos und man muss auch vorab nicht reservieren.

Fans von Tel Avivs Bauhaus-Architektur sollten auf keinen Fall die „Weiße Stadt"-Tour verpassen. Details zu diesem Thema stehen im Kasten auf S. 190.

Eine zweite Tour geht durch das Alte Jaffa, seine archäologischen Stätten und den Flohmarkt. Start ist mittwochs um 9.30 Uhr (außer an Yom Kippur) am Uhrturm in Jaffa.

Die dritte Tour befasst sich mit der Kunst und Architektur der Tel Aviv University. Man trifft sich montags um 11 Uhr (außer an Feiertagen) am Dyonon-Buchladen am Eingang zum Universitätscampus.

Die vierte Tour heißt „Tel Aviv bei Nacht" und startet jeden Dienstag um 20 Uhr an der Ecke Rothschild Blvd und Herzl St, und erforscht die Nachtaktivitäten der Stadt, inklusive Geschichten und Anekdoten.

FESTIVALS & EVENTS

Tel Aviv hat das ganze Jahr über zahlreiche Festivals, darunter das Tel Aviv Jazz Festival (www.jazzfest.co.il) im Februar, das DocAviv-Dokumentarfilmfestival (www.docaviv.co.il) im Mai und die überbordende Love Parade (www.loveparade.co.il) im Oktober. In der *Time Out* erfährt man, was gerade wo los ist. Und in den Allgemeinen Informationen in diesem Band (S. 433) gibt's auch Details.

SCHLAFEN

Es führt kein Weg drum herum: Wie in allen anderen internationalen Städten sind Tel Avivs Übernachtungspreise hoch, hoch, hoch. Und der überwiegende Teil der anständigen Unterkünfte fällt in die Spitzenklassekategorie. Während der Sommermonate sind diese Optionen meist komplett ausgebucht, sogar während der Kriegszeiten, wenn die Strandgänger sich im Sand tummeln, während die Raketen in nicht allzu weit entfernte Ziele einschlagen. Man sollte auch in den Ferien reservieren, etwa Chanukka und Passah, wenn im Ausland lebende Israelis von Übersee kommen, um ihre Ferien im Heiligen Land zu verbringen. Trotzdem wird man feststellen, dass die Preise in der Nebensaison für Spitzenklassehotels angenehm auf Mittelklasseniveau sinken.

Grundsätzlich kann man sagen, dass Tel Avivs Budget- und Mittelklasse-Optionen für das, was man bekommt, überteuert sind. Die Zimmer sind meist spartanisch, die Einrichtung einfach und die Angestellten unaufmerksam, wenn man es mit anderen Städten im Nahen Osten und in Europa vergleicht. Vor allem muss darauf hingewiesen werden, dass die Jugendherbergen nur ganz, ganz selten gutes Traveller-Feedback bekommen, vor allem wenn man die dazugehörigen Preise betrachtet. Im Zweifel sollte man die Zähne zusammenbeißen und das Budget erhöhen oder eine Jugendherberge in Jaffa ausprobie-

ren. Wir haben hier auf jeden Fall die besseren einer eindeutig trüben Budgetauswahl aufgelistet.

Mittleres Stadtzentrum
BUDGETUNTERKÜNFTE

Mugraby Hostel (Karte S. 182; ☎ 510 2443; www.mugra by-hostel.com; 30 Allenby St; B 75 NIS, EZ mit/ohne Dusche 290/250 NIS, DZ mit/ohne Dusche 350/290 NIS; 🖳 🛜) Schäbig, aber zentral liegt das Mugraby so richtig mittendrin am oberen Ende der Allenby St, ein paar Blocks vom Strand entfernt. Die Zimmer sind verwohnt, aber sauber, und es gibt kostenloses WLAN. Alle Doppelzimmer haben Klimaanlage und TV, und im Preis ist das Frühstück mit drin. Man sollte sich die Reservierung einen oder zwei Tage vor der Ankunft nochmal bestätigen lassen, um Missverständnisse zu vermeiden.

HaYarkon 48 Hostel (Karte S. 182; ☎ 516 8989; www.hayarkon48.com; 48 HaYarkon St; B mit/ohne Klimaanlage 25/21 US$, Zi. mit/ohne Bad 99/87 US$; 🕸 🖳) Nur zwei Blocks vom Strand entfernt hat dieses Haus anständige Einrichtungen, darunter eine Gemeinschaftsküche, verlässliche Duschen und ein kostenloses, wenn auch sehr einfaches Frühstück. Der Gemeinschaftsraum hat einen Billardtisch, einen Fernseher und man kann hier hervorragend andere Traveller kennenlernen. Das HaYarkon 48 scheint von seinen Gästen allerdings nur geliebt oder gehasst werden zu können. Einige mögen seine Nähe zum Strand und die einfachen Zimmer. Andere können es dagegen nicht erwarten, wieder auszuchecken. Wer nicht vorab reserviert hat, der sollte einen Blick auf den Schlafsaal oder einige Zimmer werfen, bevor er sich entscheidet.

Hotel Eilat (Karte S. 182; ☎ 510 2453; www.hotel-eilat.co.il; 58 HaYarkon St; EZ/DZ 55/63 US$; 🕸) Wahrlich nicht der Gipfel des Luxus, aber die Zimmer sind sauber und die Angestellten freundlich. Das Hotel vermietet, merkwürdigerweise, auch Zimmer auf Stundenbasis (zu einem privilegierten Preis von 38 US$) – vielleicht für abgespannte Reisende, die mal ein kurzes Schläfchen machen wollen …

MITTELKLASSEHOTELS

Galileo (Karte S. 182; ☎ 516 0050; www.sun-aviv.co.il; 8 Hillel Ha'zaken St; DZ ab 130 US$; 🕸 🛜) Teil von Tel Avivs Sun-Aviv-Kette. Das Galileo ist ein nettes Hotel mit zwölf Zimmern direkt am Rand des exotischen Jemenitischen Viertels. Die Zimmer sind zwar eher klein (in ausge-

TEL AVIV

buchten Nächten unter der Woche können sie auch ziemlich laut sein), aber sie sind bequem und man bekommt etwas Anständiges für sein Geld. Auf keinen Fall die Drinks in der schönen Bar im Untergeschoss verpassen! Oder man fragt nach einem Zimmer mit Whirlpool, wenn einem der Sinn nach anderen Blubberbläschen steht. In der Hochsaison kann ein Mindestaufenthalt von sieben Nächten gefordert werden.

Sun City Hotel (Karte S. 182; ☎ 517 7913; www.sun-aviv.co.il; 42 Allenby St; DZ inkl. Frühstück ab 130 US$; ✖ ☎) Noch ein Haus der Sun-Aviv-Kette. Das freundliche, schnörkellose Hotel bietet gute Leistung fürs Geld im Stadtzentrum und wurde von einem Lonely Planet Autor hervorragend bewertet, der hier super geschlafen hat. Die Zimmer sind ein bisschen klein, aber die Lage ist hervorragend. Das Sieben-Nächte-Minimum in der Hauptsaison gilt auch hier.

Hotel De La Mer (Karte S. 182; ☎ 510 0011; www.delamer.co.il; 2 Ness Ziona St, Ecke HaYarkon; EZ inkl. Frühstück 135 US$, DZ inkl. Frühstück 155–170 US$; ✖ ☎) Man bezeichnet sich selbst schickerweise als „Feng Shui Hotel". Das De La Mer erhält beste Bewertungen von Reisenden für seine pastelligen Zimmer, das tolle Spa, die außergewöhnliche Aufmerksamkeit und den Blick aufs Meer. Das ausgiebige Frühstück wird ebenfalls hoch gelobt – damit startet der Tag garantiert fröhlich. Eines der allerbesten seiner Preisklasse.

Nördliches Stadtzentrum
BUDGETUNTERKÜNFTE

Hl Tel Aviv Youth Hostel (Karte S. 178; ☎ 544 1748; 36 B'nei Dan St; B/DZ inkl. Frühstück 28/88 US$; ✖ 🖳) Ein sauberes Haus mit weniger internationalem Party-Vibe als andere Jugendherbergen, das die notwendige einfache Ausstattung bietet. Es befindet sich beim Alten Hafen und ist eine sichere, zuverlässige Unterkunft.

Gordon Inn (Karte S. 184; ☎ 523 8239; www.gordoninn.hostel.com; 17 Gordon St; B/EZ/DZ/3BZ 32,50/93/126/113 US$; ✖) Verglichen mit den anderen Jugendherbergen in Tel Aviv ist das Gordon Inn eine der brauchbarsten Optionen: im Allgemeinen sauber, sicher und freundlich, allerdings ohne jegliche Form von Komfort. Es liegt auch am nächsten zum Strand – man sollte allerdings nicht nach dem merkwürdigen, herrschaftlichen Anwesen Ausschau halten, das auf der Website auftaucht, denn das hier ist nichts dergleichen. Die Schlafsaalbetten sind ein guter Deal (vor allem für Alleinreisende). Wer

als Paar oder in einer Gruppe reist, wird anderswo sicher zufriedener sein.

MITTELKLASSEHOTELS

Ami Hotel (Karte S. 184; ☎ 524 9141; www.inisrael.com/ami; 152 HaYarkon St; EZ/DZ inkl. Frühstück 70/100 US$; ✖) Dieses saubere, spartanische Haus am Strand hat 61 Zimmer, einige mit Meerblick, andere mit Balkon. Alle Zimmer haben TV, Telefon und Klimaanlage. Allerdings ist die Einrichtung nichts, von dem man Zuhause erzählen würde. Die Preise umfassen ein komplettes israelisches Frühstück. Man bekommt hier was für sein Geld, verglichen mit anderen Hotels der gleichen Kategorie.

SPITZENKLASSEHOTELS

Lusky Suites Hotel (Karte S. 184; ☎ 516 3030; www.lusky suites-htl.co.il; 84 HaYarkon St; EZ/DZ/Suite 129/154/234 US$; ✖ ☎) Durch die schöne Lobby kommt man in die sauberen, gut ausgestatteten Zimmer. Die Fenster sind groß und lassen viel Licht rein. Die größeren Doppelzimmer (174 US$) haben Balkone. Einige Zimmer sind mit Küchenzeilen und Flachbildfernseher ausgestattet. Autofahrer können kostenlos parken. Ein großzügiges israelisches Frühstück macht fit für den Tag in der Stadt, und die bequemen Betten und die freundlichen Angestellten stellen sicher, dass man sich nicht davor fürchten muss, abends zurückzukehren.

Metropolitan Hotel & Suites (Karte S. 184; ☎ 519 2727; www.hotelmetropolitan.co.il; 11-15 Trumpeldor St; EZ/DZ/Suite inkl. Frühstück 142/172/240 US$; ✖ ☎ 🖳) Ausgerichtet auf Geschäftsreisende hat dieses funktionale, zentral gelegene Hotel 228 Zimmer und 23 Suiten, einige mit schönem Meerblick. Zum Angebot gehört ein Fitnesscenter, Sauna, Bar, Restaurant, ein anständiger Außenpool und ein Sonnendeck.

Renaissance (Karte S. 184; ☎ 521 5555; www.renaissancehotels.com; 121 HaYarkon St; DZ inkl. Frühstück 145–165 US$; ✖ 🖳 🖳) Mitten zwischen andere hohen Luxushotels gelegen, zeichnet sich das Renaissance durch seine hervorragende Strandlage, außergewöhnlich bequeme Betten und tolle Annehmlichkeiten aus. Alle 342 Zimmer haben einen Balkon und es gibt einen Innenpool sowie einen Fitnessclub.

Prima Tel Aviv Astor (Karte S. 184; ☎ 520 6666; www.prima.co.il; 105 HaYarkon St; DZ inkl. Frühstück ab 170 US$; ✖ 🖳) Wenn es eher praktisch und nah zum Strand sein soll, dann hat dieses schnörkellose, koschere Hotel vernünftige, wenn auch kleine Zimmer mit Meerblick und Flachbildfernsehern. Es befindet sich an der Ecke zur Frishman St.

LP Tipp **Center Hotel** (Karte S. 184; ☎ 526 6100; www.atlas.co.il; 1 Zamenhoff St; DZ inkl. Frühstück ab 200 US$; ▨ ▣ ☞) Das im Bauhaus-Stil erbaute und kürzlich renovierte, günstige Center Hotel hat sein Boutique-Ambiente behalten, obwohl es zu einer Kette gehört: Es zeichnet sich durch eine geringe Zimmerzahl und markante Dekors aus – Holzböden, helle Wände und bunte Wandgemälde in den Zimmern. WLAN ist kostenlos, genauso wie der Fahrradverleih und das Frühstücksbuffet, das auf der anderen Straßenseite im Cinema Hotel serviert wird. Eine gute Adresse, wenn man ein ruhiges Hotel abseits vom Touristentrubel von HaYarkon sucht.

Cinema Hotel (Karte S. 184; ☎ 520 7100; www.atlas.co.il; 2 Zamenhoff St; DZ inkl. Frühstück ab 225 US$; ▨ ☞) Das im Bauhaus-Stil erbaute Cinema befindet sich in einem alten – sowas! – Kino und ist sowohl charmant als auch individuell, mit Teilen alter Projektoren, mit Filmplakaten und alten Scheinwerfern, obwohl es wie das Center Hotel (und wie viele der besten Mittelklasseoptionen der Stadt) zu einer Kette gehört. Wenn sowohl das Center als auch das Cinema ausgebucht sind, kann man es im City, Art Plus oder Melody versuchen. Alle liegen im Zentrum und sind Teil der verlässlichen Atlas-Marke.

Alexander Suites (Karte S. 178; ☎ 545 2222; www.alexander.co.il; 3 HaBakook St; Suite ab 245 US$; ▨ ☞) Eine hervorragende Wahl für Familien. Die Suiten im Alexander (für drei oder vier Personen) bieten viel Platz, Küchenzeilen, große Badewannen und ein beruhigendes Ambiente. Es gibt auch ein gut ausgestattetes Fitnessstudio und Bürocenter. Der einzige Nachteil (oder Vorteil, je nachdem wie man es sieht), ist die Entfernung vom Zentrum des Tel Aviver Trubels.

Südliches Stadtzentrum
MITTELKLASSEHOTELS
Sun Aviv Hotel (Karte S. 189; ☎ 517 4847; www.sun-aviv.co.il; 9a Montefiore St; DZ mit/ohne Whirlpool inkl. Frühstück 149/120 US$; ▨ ▨ ☞) Dieses Haus gehört zur gleichen Hotelkette wie das Galileo und das Sun City. Das Sun Aviv hat eine gute Lage in der Nähe der Nachtclubs und Bars am Rothschild Blvd. Es gibt lediglich vier Zimmer, aber jedes davon ist sehr individuell mit bunten Tapeten, Kunstwerken und einfachen Möbeln gestaltet.

SPITZENKLASSEHOTELS
Hotel Montefiore (Karte S. 189; ☎ 564 6100; www.hotelmontefiore.co.il; 36 Montefiore St; DZ 350–450 US$; ▨ ☞) Hell, voll mit Antiquitäten und dekadent: Dies ist das neueste und heißeste Haus der Stadt. Hier kann man in einem der nur zwölf herrlich eingerichteten Zimmer im Luxus schwelgen. Im Erdgeschoss isst man stilsicher vietnamesisch, danach zieht man sich zurück in sein Schlafzimmer mit Bibliothek, durch Flure mit cooler moderner Fotokunst.

Östliches Tel Aviv
Crowne Plaza City Centre Hotel (Karte S. 178; ☎ 777 4000; www.ichotelsgroup.com; Azrieli Towers, 32 Menachem Begin Rd; DZ ab 198 US$; ▨ ☞ ▨) Ein neues 13-stöckiges Hotel in Azrielis „Viereckigem Turm", das vor allem bei Geschäftsreisenden gut ankommt. Kostenloser Espresso in der Lobby, Flachbildfernseher und all der übliche Komfort, dann noch der hervorragende Blick über die Stadt: All das gleicht die Entfernung zum Meer leicht aus. Im Preis inklusive ist auch der Zugang zum coolen Fitnessbereich und Spa des Holmes Place.

ESSEN
Wer gerne essen geht, ist in Tel Aviv genau richtig. Es gibt alte und neue Restaurants, von günstig bis super teuer, und vom frühen Morgen bis in die späten Abendstunden hat man die Gelegenheit, alles auszuprobieren. Tel Avivs Restaurantscene ist ohne Zweifel die heißeste, coolste, aufregendste und wandelbarste des ganzen Landes, wenn nicht sogar des ganzen Nahen Ostens. Beliebt sind vor allem die „Chef Restaurants", elegante, minimalistisch-schicke Läden, in denen die abenteuerliche Küche unter dem Adlerauge eines Kochgenies geführt wird.

Wenn einem nicht nach extravagant, extraschick oder extrateuer ist, dann isst man in Tel Aviv auch gut auf der Straße. Man kann kaum einen oder zwei Meter laufen, ohne an einer Bude mit etwas Günstigem und Leckerem vorbeizukommen, z. B. frischem Saft, Falafel, Pizza, gefrorenem Joghurt, Carpaccio-Brötchen, *bourekas* (gefüllte Pasteten), Sushi und *sabich* (das ist ein aus dem Irak stammender Snack aus Aubergine, Kartoffeln und gekochtem Ei, eingerollt in ein Pitabrot). Am besten folgt man den anderen Menschen und der Nase, und man sollte keine Angst haben, vom Üblichen abzuweichen, um ein neues kulinarisches Wunder zu entdecken.

In den meisten Tel Aviver Restaurants geht es am frühen Morgen mit einer üppigen Frühstückskarte los. Essen gibt es den ganzen Tag bis mindestens 23 Uhr, und es gibt auch zahlreiche rund um die Uhr geöffnete Läden für Clubbesucher und andere Nachtschwärmer. Ein Mittagessen auf die Hand kostet etwa 20 NIS pro Person, inklusive Getränk. Ein zweigängiges Essen mit einem oder zwei Getränken in einem der Toprestaurants der Stadt kommt auf ungefähr 500 NIS pro Person und mehr. Wenn möglich sollte man es sich wenigstens einmal so richtig gut gehen lassen, während man hier ist: Das bodenständige Tel Aviv hat eine hervorragende Küche in herausragenden Lokalitäten, mit kaum einem steifen Kragen oder einem hochnäsigen Kellner in Sicht. Wie überall in diesem Buch haben wir die Telefonnummern nur ergänzt, wenn es sich anbietet, im Voraus zu reservieren (vor allem abends am Wochenende) oder wenn es aus anderen genannten Gründen wichtig sein sollte.

Mittleres Stadtzentrum

Tel Avivs Stadtzentrum umfasst, kulinarisch gesehen, alles von engen Snackbars bis zu hervorragenden Restaurants mit Abendmenüs. Erforscht man das Jemenitische Viertel zur Mittagszeit, steht man Schulter an Schulter mit Suppe schlürfenden Einwanderern, holt sich einen Snack am Schawarma-Stand in der Allenby St oder schlendert die Sheinkin St hoch für einen coolen Salat in einem heißen Straßencafé.

GÜNSTIG

Dizengoff Centre Food Market (Karte S. 182; Dizengoff Centre; Gerichte ab 15 NIS; ☾ Do 12 Uhr–open end) An Donnerstagen füllt sich dieses Innenstadt-Einkaufszentrum mit Essensbuden, wo man von Pellkartoffeln bis zu Couscous alles dampfend heiß serviert bekommt, um es zum Picknick und zum Strand mitzunehmen.

Mitbahon (Karte S. 182; Hauptgerichte ab 20 NIS; ☾ So–Fr 8–2, Sa 12–2 Uhr) Mit einem freundlich-nachbarschaftlichen Ambiente und einer großen Stammkundschaft ist dieser Laden, versteckt in einer kleinen Straße an der Ecke des Jemenitischen Viertels, eine klasse Wahl, wenn es um gute alte Hausmannskost geht. Suppen, Schnitzel und Salate sind herzhaft und kommen in großen Portionen. Auf jeden Fall genug Platz lassen, um einen Nachtisch mit der Katze des Hauses zu teilen.

Cafe Noah (Karte S. 182; 93 Ahad Ha'am St; kleine Gerichte 20–35 NIS; ☾ So–Do 7.30–24, Fr 8–18 Uhr; ☎) Beliebt bei Autoren, Dichtern, Kritikern und allen anderen, die versuchen, einem geregelten Arbeitstag aus dem Weg zu gehen. Das Noah hat einen abgenutzten Boden, eine kleine Bibliothek und Dutzende alte *National-Geographic*- Magazine liegen aus. Auf der Karte stehen Salate, Sandwiches und ganztägiges Frühstück. Besonders gesund ist der Quinoa-Salat mit einer Getreidesorte, die es nur in Südamerika gibt (Inkareis). Jeden Sonntag gibt's Livejazz um 20.30 Uhr.

Sonia Gatzel Shapira (Karte S. 182; 1 Almonit Alley; Gerichte 25–35 NIS; ☾ Mo–Do 9–open end, Fr 8–18, Sa 11 Uhr–open end; Ⓥ) Hier sitzen immer Stammgäste und trinken Kaffee, lesen und reden mit den beiden Brüdern Aviran und Snir, denen der Laden gehört. Im Innenraum mit dem alten Mobiliar läuft ein Soundtrack aus R&B, Jazz oder Rock. Noch besser ist der sonnige Innenhof hinten raus. Die Karte ist vorwiegend vegetarisch, mit Pasta und Sandwiches. Das marokkanische Brot mit Olivenöl ist zu empfehlen.

MITTELTEUER

Agadir (Karte S. 182; 2 Nachalat Binyamin St; Burger ab 40 NIS; ☾ mittags–open end) Die Tel Aviver schwören auf eine der besten Burger-Buden der Stadt. Frikadellen in verschiedenen Größen warten auf die selber kombinierbaren Zutaten. An alle Vegetarier: Die Veggie-Option mit Portobello-Pilzen ist super-saftig und schmeckt am besten mit unserer favorisierten Zutaten-Kombi: Ziegenkäse, Ananas und süße Chilisoße. Die Atmosphäre ist rustikal und die Bar eignet sich hervorragend für ein Mittagsbierchen.

Joz ve Loz (Karte S. 189; ☎ 696 8655; 51 Yehuda HaLevi St; Hauptgerichte ab 40 NIS; ☾ mittags & abends) Ungewöhnliche Fisch-, Fleisch- und vegetarische Gerichte werden in diesem versteckten stylishen Laden serviert, der vor allem bei der Tel Aviver Bohème und der schwul-lesbischen Szene beliebt ist. Der erlesene Speisesaal ist niedlich und der Rest findet im offenen Innenhof statt. Die Preise sind ein bisschen höher und die Portionen ein bisschen kleiner (wenn auch perfekt geformt), aber es lohnt sich, um mal was Außergewöhnliches zu genießen und eine Nacht mit Tel Avivs cooler Community zu verbringen.

LP Tipp Tchernikovsky 6 (Karte S. 182; ☎ 620 8729; 5 Tchernichovsky St; Hauptgerichte ab 45 NIS; ☾ Mo–Fr 12–24,

Sa & So 12–8 Uhr) Für einen coolen, ruhigen Abend kann man mit diesem reizenden Bistro nicht falsch liegen, das von einem freundlichen Ehepaar geführt wird. Die Weinkarte ist sehr gut und die leckere Speisekarte wechselt fast täglich. Fleischesser werden die „Metzgerstücke" begeistern, und für Vegetarier gibt's Gorgonzolasalat, hausgemachte Gnocchi oder Polenta mit gegrilltem Spargel. Am Wochenende lohnt sich abends eine Reservierung.

Orna and Ella (Karte S. 182; 33 Sheinkin St; Gerichte 45–70 NIS; ☻ So–Fr 10–24, Sa 11–24 Uhr) In weißer Deko und ohne musikalische Ablenkung serviert man in dieser Tel Aviver Institution gemütliche Gourmetküche an Einheimische und Promis. Die Zutaten kommen direkt vom Markt und alles wird frisch zubereitet. Die Karte wechselt wöchentlich, aber der sautierte Lachs, die geräucherte Ente, die Salbeipasta und die Süßkartoffelpfannkuchen sind immer dabei.

Brasserie M&R (Karte S. 178; 70 Ibn Gvirol St; Gerichte 50–100 NIS; ☻ 8–5 Uhr) Möchtegern-französische „Mätres" (komplett mit der säuerlichen Attitüde) servieren leckere Steak-, Hühnchen- und Meeresfrüchtegerichte in einer schwach beleuchteten Brasserie mit Lederbänken, in der auch noch spät in der Nacht viel los ist. Hier trifft man auch mal einheimische Promis, aber die gemütliche Kneipenatmosphäre ist geblieben. Das Frühstück am Anfang des Tages ist sehr lecker. Die Cocktails am Ende sind klassisch und stark.

TEUER

Carmella Ba'Nachala (Karte S. 182; ☎ 516 1417; 46 Ha-Tavor St; Hauptgerichte ab 50 NIS; ☻ mittags & abends) Versteckt im Herzen des Karmel-Marktes findet man diese schicke und ruhige Oase des Silberbestecks, der steifen weißen Tischdecken und des ruhigen mediterranen Ambientes. Die Karte wechselt häufig und verwendet fantasievoll Kräuter, Gewürze und Granatapfelkerne. Das tägliche Mittagsmenü (85 NIS), das von sonntags bis donnerstags zwischen 13 und 16 Uhr serviert wird, gibt einem die Möglichkeit, einige der Leckereien zu probieren, ohne den höheren Abend-Preis zahlen zu müssen.

Nördliches Stadtzentrum

Das nördliche Stadtzentrum beherbergt, wie der größte Teil von Tel Aviv, eine gute Mischung an Restaurants. Entlang der Ben Yehuda St finden sich eine Menge einheimischer

Läden, mit ein paar sehr schicken Cafés zwischendrin. Am Strand gibt es Snacks direkt vor Ort und an Tel Avivs Altem Hafen (Namal) findet sich ein lebendiger Bezirk mit Bars, Restaurants und Cafés, wo viele Leute draußen essen. Das macht es möglich, erstmal bequem einen Blick auf die Teller zu werfen, bevor man eine Wahl trifft.

GÜNSTIG

Sabich-Stand (Karte S. 184; 42 Frishman St; 12 NIS/Sabich; ☻ So–Do 9–23.30, Fr 9–15, Sa 20–23.30 Uhr; Ⓥ) Die langen Schlangen, die hier warten, sind ein guter Hinweis auf die Beliebtheit dieses irakischen Snacks. Er besteht aus gegrillter Aubergine, gekochtem Ei und Kartoffeln, Salat, Hummus, Gürkchen und scharfer *amba*-(Mang-)Soße, alles zusammen in einem Pitabrot. Hier kann man Sabich am besten probieren, aber Vorsicht: Der Suchtfaktor ist hoch.

Buddha Burger (Karte S. 182; 75 Dizengoff St; Snacks 16–20 NIS; ☻ So–Do 12–22, Fr 11–später Nachmittag, Sa nach Sonnenuntergang–23 Uhr; Ⓥ) Eine veganische Bar und Imbissbude, zu deren Spezialitäten Burger (16 NIS), Würstchen, Sandwiches mit geräuchertem Tofu, Fruchtshakes mit Sojamilch (13–18 NIS) und Quiches aus milchfreiem Käse gehören.

Hummus Ashkara (Karte S. 178; 45 Yirmiyahu St; Gerichte 18 NIS; So–Fr bis open end) Hier gehen die Einheimischen hin, wenn sie tollen Hummus und *fuul* (Bohneneintopf), serviert mit Pita und Bergen von in Tomatensoße ertränkten Pommes essen wollen. Das Schild ist nur auf Hebräisch, daher sollte man auf das Coca-Cola-Schild und die Tische auf der Straße achten.

MITTELTEUER

Batya (Karte S. 184; 197 Dizengoff St; Hauptgerichte 28–55 NIS; ☻ So–Do 11–22, Fr bis 18 Uhr) Herzhaftes jüdisches Essen, wie es die polnische Großmutter schon gekocht hat, findet man in dieser Tel Aviver Institution. Hier gibt's *gefilte Fisch* (pochierte Fischfrikadellen), Corned Beef und *Kneidlach* (Klöße) satt. Obwohl die Karte äußerst fleischlastig ist, ist die Gemüseplatte riesig und macht satt. Zu empfehlen sind der Kartoffelbrei mit genau der richtigen Menge Klümpchen, die *Tsimmas* (Möhrenscheiben gekocht mit Honig und Rosinen, ein Chanukkah-Klassiker) und der *Gevetch*, ein klebriger, tomatiger Gemüseeintopf.

Thai House (Karte S. 184; 8 Bograshov St; Hauptgerichte ab 40 NIS; ☻ mittags & abends) Obwohl wir nicht genau nachvollziehen können warum, gibt es nur wenige ausgewiesene Thai-Restaurants (abgesehen von den zahlreichen asiatischen Nudelläden) in Tel Aviv. Wer Sehnsucht hat nach grünen, gelben oder roten Currys, der kann es nicht besser treffen als hier im Thai House, einem schummrigen und mit Bambus beladenen Haus an der Ecke Ben Yehuda und Bograshov St. Es ist nicht Bangkok, aber nahe dran und lecker.

TEUER

Rafael (Karte S. 184; ☎ 522 6464; 87 HaYarkon St; Hauptgerichte ab 60 NIS; ۞ 12–15.30 & 19–23 Uhr) Seit Jahren eines der allerbesten Tel Aviver Restaurants. Das Rafael hat einfach alles. Kombiniert man exquisites mediterranes Essen mit schickem Design, einem gefeierten Koch und einem großartigen Meerblick, liegt es auf der Hand, dass das nicht schief gehen kann. Perfekt für ein romantisches Date, oder um die reiche einheimische Verwandtschaft zu treffen, die einen unbedingt zum Essen ausführen möchte. Es liegt neben dem Dan Hotel.

Südliches Stadtzentrum

Von ganz Tel Aviv weist der südliche Teil der Stadt die höchste Konzentration an gehobenen Restaurants auf. Imm Rothschild Blvd, der Nahalat Binyamin St und der Lilienblum St geht einem garantiert der persönliche Favorit ins Netz.

GÜNSTIG & MITTELTEUER

24 Rupees (Karte S. 189; 14-16 Shoken St; Thalis ab 30 NIS; ۞ 12–24 Uhr; **V**) Direkt ins Nirwana in diesem leckeren indischen Thali-Restaurant, das sich ziemlich reizlos über einem Motorradladen in einer heißen und staubigen Geschäftsstraße befindet. Schuhe ausziehen, auf dem Bodenkissen Platz nehmen und das vegetarische Essen auf kleinen Thali-Tellerchen genießen. Die Momos sind fett und saftig, das Dhal hat genau die richtige sahnige Konsistenz und der *Gulab Jamun* (Teigknödel in Sirup) wird alle glücklich machen, die schon seit Delhi auf Entzug sind. Achtung: Die Türe unten ist schwer zu finden und sieht verschlossen aus – aber keine Angst, sie ist es nicht.

Pasta Mia (Karte S. 178; ☎ 561 0189; 10 Wilson St; Hauptgerichte 30–60 NIS; ۞ tgl. 12–24 Uhr) Mmmm. Mehr kann man zu dieser kleinen Trattoria nicht sagen. Wir tun es trotzdem. Die Pasta wird täglich frisch gemacht und man überlässt dem Gast die Kombination aus Pasta und

Soße, egal ob auf Tomaten-, Öl- oder Sahnebasis. Der Laden ist klein, hat Kerzenbeleuchtung und bietet ein kleines Stückchen Toskana in einer schmuddeligen Tel Aviver Gasse: die Antipasti sind hervorragend, der hausgemachte Limoncello ein Gedicht und die Gorgonzola-Spinat-Soße – so sie denn am Tag des Besuchs auf der Karte steht – ist göttlich.

Cafe Noir (Karte S. 189; 43 Ahad Ha'am St; Hauptgerichte ab 30 NIS; ۞ morgens–open end) Das locker-luftige französisch dekorierte Restaurant ist bekannt für zwei Dinge: das große Frühstück (am besten lang und mit einer großen Zeitungsauswahl genossen) und seine Schnitzel mit dem riesigen Berg Kartoffelbrei. Die Mittagsmenüs sind für Geschäftsleute und Shopper gleichermaßen gemacht und durch den Laden schwingt den ganzen Tag eine freundliche Atmosphäre.

Benedict (Karte S. 178 & Karte S. 189; 171 Ben Yehuda St & 29 Rothschild Blvd; Frühstück ab 40 NIS; ۞ 24 Std.) Wo bekommt man Blaubeerpfannkuchen oder Eier Benedikt um Fünf Uhr nachmittags oder, noch besser, morgens? Hier, im ständig vollen, durchgehend geöffneten Frühstücksladen auf dem Rothschild Blvd (oder in seiner Schwesterfiliale auf der Ben Yehuda St), wo dem Frühstück in all seinen mannigfaltigen Formen gehuldigt werden kann. Brötchen werden vor Ort gebacken und die Nutellatöpfe stehen auf dem Tisch. Zu empfehlen sind die eher ungewöhnlichen Frühstücksangebote auf der Karte, außerdem die dicken Toasts und die Steak-Ei-Kombinationen.

Cantina (Karte S. 189; 71 Rothschild Blvd; Hauptgerichte ab 40 NIS; ۞ 12 Uhr–open end) Hier treffen sich die örtlichen Promis. Die fröhliche Cantina bietet klassische italienische Gerichte auf der Veranda am herrschaftlichen Rothschild Blvd. Bei einer Pizza kann man die Stars des israelischen Fernsehens beim Sehen und Gesehenwerden zuschauen.

Frida Kahlo (Karte S. 189; 43 Lilienblum St; Hauptgerichte ab 40 NIS; ۞ mittags–open end) Spanische Gerichte mit einem trendigen Dreh bekommt man in diesem weiteren hervorragenden Restaurant in der Lilienblum St. Hier gibt's Latino-Töne, einfallsreiche Salate (z. B. Roquefort und Nektarine), würzige Würstchen und eine Auswahl von 15 weichen Tequilas, um den Magen zu ölen und dem Gang ins Nachtleben einen Hauch von „Olé!" zu verleihen.

Manta Ray (Karte S. 189; ☎ 517 4773; Südliche Tel Aviver Promenade; Hauptgerichte ab 40 NIS; ۞ morgens–open end) Das Manta Ray ist offiziell ein Fischrestaurant. Es befindet sich direkt an einem von Tel Avivs kleinen südlichen Stadtstränden, dem Alma, und hat ein hervorragendes Frühstück mit einer großen Auswahl von Käsen, Eiern, Brot und Aufstrichen. Am Wochenende sollte man seinen Frühstückstisch weit im Voraus buchen, oder man geht leer aus, denn die Städter knubbeln sich hier am Samstagmorgen, sogar im Winter, wenn die stürmische See eine hervorragende Aussicht bietet.

Betty Ford (Karte S. 189; ☎ 510 0650; 48 Nachalat Binyamin St; Hauptgerichte ab 40 NIS; ☽ 12 Uhr–open end) Die Bar mit dem wahrscheinlich besten Namen bietet ein ziemlich standardmäßiges Bistromenü. Die kulinarischen Einschränkungen werden aber durch die schicke Loungeatmosphäre und die regelmäßige Livemusik wieder ausgeglichen. Einfach mal vorbeigehen und gucken, ob ein Gig ansteht, und dann reservieren oder sehr früh kommen, um sich einen Platz nahe der Bühne zu sichern.

Nanuchka (Karte S. 189; ☎ 516 2254; 28 Lilienblum St; Hauptgerichte ab 45 NIS; ☽ mittags–open end) Es ist schwer, die verrückte und wundervolle Welt von Nanuchka zu beschreiben, einem sehr beliebten Laden mit schwerer georgischer Küche (die Salate füllen einen genauso ab wie die Paprika) bis spät in die Nacht. Die Magie beginnt allerdings, wenn das Abendessen Platz macht für die Drinks: Hier sieht man reiche Tel Aviver Männer über 50 auf der Suche nach junger weiblicher Gesellschaft, Gruppen von betrunkenen Singles, oder man vergnügt sich (je nach Ausmaß des eigenen Rausches) mit der Bauchtänzerin, die ihre Zimbeln auf der Bar klingeln lässt. Unbedingt reservieren, um mitten im Getümmel dabeizusein.

Suzanna (Karte S. 189; 9 Shabazi St; Gerichte 45–65 NIS; ☽ 10–24 Uhr) Ein langjähriger Favorit in Neve Tzedek. Das Suzanna bietet europäische und mediterrane Gerichte, darunter gefülltes Gemüse und Brathähnchen, eines besser als das andere. In den Sommermonaten kann man das Essen im großen und immer gut gefüllten Innenhof im Schatten eines enormen Ficus-Baumes genießen. Wenn man am Abend hier ist, hat man bei einem Drink auf der Dachterrasse eine tolle Aussicht auf das schöne Neve Tzedek.

Nana Bar (Karte S. 189; 1 Ahad Ha'am St; Hauptgerichte ab 50 NIS; ☽ 12 Uhr–open end) Ein konstantes Highlight in Neve Tzedek. Die lange Bar im Nana ist an den Wochenenden immer voll und der flackernde Garten im Innenhof ist perfekt für laue Sommernächte. Die Karte ist sehr fleischlastig, die Weinkarte ist lang und die Gäste bestehen aus Tel Avivs hippen 30-Jährigen.

TEUER

Kyoto Salsa (Karte S. 182; ☎ 566 1234; 31 Montefiore St; Gerichte ab 60 NIS; ☽ 12–24 Uhr) Es mag sich komisch anhören, aber es funktioniert. Man bekommt im Kyoto Salsa japanisches Essen mit lateinamerikanischem Einschlag. Das seit Jahren beliebte Kyoto hat Stil und dreht an den Wochenenden die Verstärker so richtig auf. Für Donnerstag- und Freitagabend sollte man besser reservieren. Zu empfehlen ist ein Caipirinha zum in Chimichurri gewälzten Sushi, und es gibt noch mehr seltsame kulinarische Kombinationen. Wie wär's beispielsweise mit türkisch-chinesisch oder bulgarisch-isländisch?

Hotel Montefiore (Karte S. 189; ☎ 564 6100; 36 Montefiore St; Hauptgerichte ab 70 NIS; ☽ mittags & abends) Ein romantisches koloniales Abendessen genießt man im herrlichen Boutiquehotel Montefiore (s. auch „Schlafen", S. 199), dessen Retro-Dekor von einer französisch-vietnamesischen Karte ergänzt wird. Es ist nicht billig, aber sowohl das Essen als auch das Ambiente sind mit Sicherheit geschmackvoll.

Östliches Tel Aviv

Messa (Karte S. 178; ☎ 685 6859; 19 Ha'arba'a St; Gerichte 80–160 NIS; ☽ 12–1 Uhr) Das Messa ist das Nonplusultra in Sachen Tel Aviver Designeressen (mit dem passenden Preisschild dran), denn es ist ein wahr gewordener Minimalismus-Traum. Die typisch experimentelle israelische Karte, die die nahöstliche Küche eng mit seinen europäischen Cousins verbindet, ist genau das Richtige für eine Kundschaft, die zu beschäftigt ist, sich nicht dabei erwischen zu lassen, dass sie sich Gedanken über die übersichtlichen, wenn auch ästhetisch anspruchsvollen, Portiönchen machen.

Außerhalb des Stadtzentrums

Coffee Bar (Karte S. 189; ☎ 688 9696; 13 Yad Harutzim St; Hauptgerichte ab 30 NIS; ☽ morgens–abends) Die Coffee Bar liegt inmitten einer beliebten Ansammlung von Bars und Restaurants in einem ansonsten langweiligen Industriegebiet. Von der Konkurrenz unterscheidet sie sich durch ihre entspannte europäische Atmosphäre, ihre hervorragenden Kellner und ihre großzügigen Portionen an Fleisch, Pasta und Fisch. Platz lassen für den Nachtisch! Man wählt zwischen vielen Kuchen, die die Theke krönen und in herrlich dicken Stücken serviert werden.

Hudson Brasserie (☎ 644 4733; Or Towers, HaBarzel St, Ramat HaChayal; Hauptgerichte ab 50 NIS; ☽ mittags–open end) Fleischliebhaber werden diese nette, gut geführte Brasserie mögen, die es auch in Ramat HaChayal gibt und die bei Spesenkonten-Inhabern sehr beliebt ist. Die Spezialität des Hauses passt aber eigentlich nicht zu den schicken Krawattenträgern: Sloppy Joes, die wohl amerikanischste Hackfleischsoße, serviert auf passend-labbrigen Brötchenhälften. Das Hudson tischt auch eine großartige Auswahl an Margaritas auf: Wie wäre es mit Minze und Mango oder Litschi und Ingwer?

Sushi Samba (☎ 644 4345; HaBarzel St, Ramat Ha-Chayal; Hauptgerichte ab 79 NIS; ☽ mittags–open end) Für den Fall, dass der Eindruck entstanden ist, das Kyoto Salsa wäre einzigartig, geht's rüber ins Ramat-HaChayal-Viertel, eine etwas abgelegene Gegend mit High-Tech-Büros und zahlreichen Mittag- und Abendessenoptionen für die berufstätigen Massen. Hier, im ach-so-trendigen Sushi Samba, werden brasilianische und peruanische Geschmacksrichtungen mit der ansonsten japanischen Karte vermischt. Abends jeden Fall reservieren, sonst muss man lange, lange warten.

Selbstversorger

Das frischeste Obst und Gemüse der Stadt wird auf dem Karmel-Market (S. 207) verkauft. Tel Aviv ist mittlerweile überfüllt mit den Filialen von zwei Supermarktketten, die beide eine gute Auswahl, vernünftige Preise und lange Öffnungszeiten haben: AM–PM und Tiv Taam – man kann kaum 50 m laufen, ohne an einem davon vorbeizukommen.

AUSGEHEN

In Tel Aviv gibt es überall Bars und Kneipen. Die größten und coolsten Ansammlungen befinden sich rund um die Lilienblum St, das Florentinerviertel, die Nahalat Binyamin St, den Alten Hafen (Namal) und in der Yad Harutzim St, ein bisschen weiter weg vom Stadtzentrum. Bars für Traveller ballen sich entlang der Allenby St und der Herbert Samuel Esplanade. Es gibt auch ein paar gute Kneipen am nördlichen Teil der Ben Yehuda St und rund um die Sheinkin St und die King George St. Die meisten Bars haben sieben Tage die Woche auf und man zahlt zwischen 15 und 20 NIS für ein Bier. Cocktails und Wein beginnen bei 20 NIS pro Glas.

Nördliches Stadtzentrum

Mike's Place (Karte S. 182; 86 Herbert Samuel Esplanade; ☽ 16 Uhr–open end) Zu diesem Laden am Strand schwärmen die Backpacker für fettige Burger, kaltes Bier und Livemusik. Blues und Rockbands spielen abends ab 22.30 Uhr. Es gibt eine umfangreiche Karte mit Gegrilltem, Cocktails und, vor allem, Bier. Die Happy Hour geht von 16 bis 21 Uhr, und am Samstag ganztags.

Buzz Stop (Karte S. 184; 86 Herbert Samuel Esplanade; ☽ 24 Std.; ☏) Wenn die Musik in Mike's Place zu laut wird, dann bietet sich alternativ das Buzz Stop nebenan an. Das Essen ist nicht so toll, aber es gibt eine gute Bierauswahl und die passende Urlaubsatmosphäre.

Bukowski (Karte S. 184; 39 Frishman St; ☽ 22 Uhr–open end) Komplett mit Schallschutzwänden abgeschirmt und ohne ein einziges Schild draußen könnte man ein Dutzend Male an diesem Laden vorbeilaufen und nie merken, dass hinter der Türe eine Party abgeht. Die lässige Bar mit eingefleischten Stammgästen, einer langen Getränkekarte und einem coolen Soundtrack ist verraucht und schwach beleuchtet.

Resort (Karte S. 178; Tel Aviv Port; ☽ 21 Uhr–open end) Eine von vielen hippen neuen Bars am Alten Hafen. Diese hier hat den Vorteil, dass sie draußen ist und, im Moment, die coolste Adresse zum Abhängen der ganzen Gegend.

Whisky A Go Go (Karte S. 178; Tel Aviv Port; ☽ 22 Uhr–open end) Karamba, Karacho, ein Whisky … Im makellos gestalteten Whisky A Go Go tummeln sich die schicken Tel Aviver und trinken nur die allerfeinsten Cocktailmischungen.

Südliches Stadtzentrum

Hier findet man das beste Tel Aviver Nachtleben, aber die angesagtesten Läden wechseln ständig. Am besten geht man direkt zur Lilienblum St oder Ahad Ha'am St (hier befinden sich die sogenannten „Pick up Bars", wo sich Singles beiderlei Geschlechts tummeln um sicherzustellen, dass man jemanden findet, mit dem man sich das Taxi nach Hause teilen kann) und schaut nach der größten Menschenansammlung, um die Bar des Tages zu finden.

Shesek (Karte S. 189; 17b Lilienblum; ☽ 21 Uhr–open end) Das Shesek ist so etwas wie das schwarze Schaf in dieser Straße voll mit modernen Bars. Es ist eine etwas kantige Szenebar, bekannt für ihre vielfältige Musik (Mash-ups und Punk bis Trance und Avantgarde-Hip-Hop), DJs am Abend und gutes Bier (darunter auch Taybeh, das Bier einer Mikrobrauerei aus Ramallah im Westjordanland).

Mish Mish (Karte S. 189; 17a Lilienblum St; ☿ 20 Uhr–open end) Mit dem Blick zurück auf die Zeit der Cocktails und Jazzmusik zieht das Mish Mish eine etwas ältere Klientel von Lilienblum-Getreuen an. Es befindet sich in direkter Nachbarschaft zum etwas jüngeren Shesek.

Jewish Princess (Karte S. 189; 67 Yehuda Halevi St; ☿ 21.30 Uhr–open end) Ein gesunder Mix aus schwulen, hetero- und bisexuellen Yuppies belagert diese kreativ gestaltete Bar, ausgestattet mit Ledersofas und rotem Licht, das durch die Hängelampen schimmert. Hinten durch gibt es eine versteckte Lounge, man kann Tapas bestellen und das Management ist sehr freundlich.

Lenny's (Karte S. 189; 7 Vital St; ☿ So–Fr 8–1, Sa 10 Uhr–open end) Das Lenny's ist eine junge und hippe kleine Bar um die Ecke im Florentinerviertel. Es gibt auch noch einige andere Bars auf dieser Straße, zu denen man in Sekundenschnelle torkeln kann.

UNTERHALTUNG
Nachtclubs

Tel Aviv hat das beste Nachtleben in Israel, Kopf an Kopf mit Beirut im Wettrennen um das beste im ganzen Nahen Osten, aber man muss sich auf einige lange Nächte einstellen. Die Türen öffnen normalerweise nicht vor Mitternacht und die Party geht erst gegen 2 Uhr so richtig los.

Es gibt zwei Viertel mit großen Clubs. Eines befindet sich im Alten Hafen (Namal), einem neu renovierten Gebiet mit Bars, Clubs und Restaurant, das von Touristen, Yuppies und Soldaten, die nicht im Dienst sind, besucht wird. Das zweite ist ein Industriekomplex mit dem Namen Yad Harutzim, beliebt bei Hardcore-Clubbern, die die Party und die After-Party um 6 Uhr morgens mitnehmen.

Man erreicht den Alten Hafen zu Fuß oder mit dem Bus vom Zentrum aus. Nach Yad Harutzim, südwestlich vom Zentrum gelegen, kommt man am besten mit dem Taxi (20 NIS vom Zentrum aus). Es gibt eigentlich keinen Dresscode, aber die meisten Leute ziehen schon ihre besten Partyklamotten an, und die Modepolizei, Hüter der ach-so-wichtigen roten Absperrung, wird in der Clubszene immer präsenter. Als dieser Reiseführer geschrieben wurde, waren Lehman Brothers, Times Square, Uptown und Velvet die aktuellen Hotspots im Alten Hafen. Sie sind jeden Abend ab 21 Uhr geöffnet. Der Grundpreis schwankt von 0 bis 100 NIS, pendelt sich aber meist bei 50 NIS ein. Die Läden können schnell in der

---

SCHWULEN- & LESBENSZENE IN TEL AVIV

Tel Aviv hat die aktivste Homosexuellen-Gemeinde im ganzen Nahen Osten. Hier findet im Juni auch die alljährliche Gay Pride Parade statt. Informationen erhält man entweder bei **Atraf** (www.atraf.com), Israels beliebtester Social-Networking-Seite für Homosexuelle, auch auf Englisch, oder bei der **Association of Gay Men, Lesbians, Bisexuals & Transgenders** (Agudah; Karte S. 189; ☎ 620 5590; www.aguda-ta.org.il; 28 Nachmani St), wo man nach Informationen fragen oder eine Ausgabe der *Pink Times* (auf Hebräisch) mitnehmen kann. Auch ein Anruf bei der **Gay Hotline** (☎ 03-516 7234; ☿ So, Di & Do 19.30–22.30 Uhr) lohnt sich. Eine weitere Möglichkeit ist die Lesbenorganisation **CLAF** (Karte S. 189; ☎ 03-516 5606; www.gay.org.il/claf; 22 Lilienblum St; ☿ Mo & Mi 11–16 Uhr). Ein schwulenfreundliches Hotel ist das Galileo (S. 197).

Zu den derzeit angesagten Schwulenclubs gehören der **1 Club** (Karte S. 189; 52 Nachalat Binyamin St), wo jeden Freitag ab 23 Uhr house-lastiger Playground gespielt wird; das kleinere **Ashmoret** (Karte S. 189; ☎ 07756 00503; 10 Rothschild Blvd) mit der samstäglichen Ghetto Fab Nacht ab 22 Uhr und das **Lima Lima** (Karte S. 189; ☎ 560 0924; 42 Lilienblum St), wo montags ab 22 Uhr die „Hip-Hop Notorious GAY"-Nacht abgeht.

Dagegen ist das etablierte **Evita** (Karte S. 189; ☎ 566 9559; 31 Yavne St; ☿ 12 Uhr–open end) ein schniekes Café, das sich nachts in eine schmissige Schwulen-Lounge-Bar verwandelt. Die Hüften wackeln und der Alkohol fließt vor allem montags zur Karaoke-Party und dienstags ab 22 Uhr bei der Drag-Show. Es finden auch öfter Themenevents statt: Eurovision-Song-Contest-Partys sind eine Spezialität des Hauses. Das Evita befindet sich in einer ruhigen Seitenstraße einen halben Block südlich vom Rothschild Blvd.

Für Strandgänger ist auch der **Hilton** interessant, Tel Avivs inoffizieller Schwulen-Strand. Der Hatzmaut-Park direkt hinter dem Strand ist ein bekannter und viel frequentierter Cruising-Park.

Gunst der Gäste sinken. Für eine aktuelle Liste der besten Bars und Clubs wendet man sich am besten an eine kostenlose Ausgabe der *Time Out Tel Aviv*, erhältlich an Kiosken und in Hotels.

Move (Karte S. 178; Alter Hafen (Namal); Eintritt 60 NIS; ☾ Mo–Sa 23 Uhr–open end) Wenn man nur Zeit für einen Club in Tel Aviv hat, dann sollte es dieser hier sein. Das Dilemma, wie man so viele Leute in so einen kleinen Raum quetschen kann, sollte man sich einmal ansehen: er ist zum Bersten gefüllt mit jungen Israelis. Dienstag ist Schwulennacht.

TLV Club (Karte S. 178; Alter Hafen (Namal); Eintritt 50–100 NIS; ☾ Mo, Fr & Sa 24 Uhr–open end) In diesem riesigen Club spielen öfter israelische Rock- und Popstars. Mit einem Anruf erfährt man, wer gerade dran ist. Die Eintrittspreise hängen davon ab, wer auftritt.

HaOman Tel Aviv (Karte S. 189; 88 Arbanael St; Eintritt 100 NIS; ☾ 1 Uhr–open end) Der Schwesterclub von dem in Jerusalem ist einer der größten und frechsten der Stadt. Hier legen internationale DJs auf und es geht sehr schick zu, mit einer Sushi-Bar, einer tiefergelegten Tanzfläche und fünf Bars. Hier sollte man zeigen, was man hat, oder man kommt nie an den allmächtigen Türstehern vorbei.

Kinos

Im Sommer werden manchmal kostenlose Filme am Strand in der Nähe der Allenby St gezeigt. Auf Postern und Handzetteln findet man alle Details.

Cinematheque (Karte S. 178; ☎ 606 0800; 1 Ha'arba'a St; Eintritt 35 NIS) Dies ist das Flaggschiff der israelischen Kinokette, die klassische, Retro-, ausländische, Avantgarde-, New-Wave- und Independentfilme zeigt. Gelegentlich werden Filmfestivals veranstaltet. Am besten schaut man mal vorbei, um zu sehen, was läuft.

Hollywoodfilme im Stadtzentrum laufen im **Dizengoff Cinema** (Karte S. 182; ☎ 620 0485; EG, Dizengoff Centre) oder im **Rav-Chen Movie Theatre** (Karte S. 184; ☎ 528 2288; Kikar Dizengoff).

Theater & Tanz

The Cameri Theatre (Karte S. 178; ☎ 606 0960; www.cameri.co.il; 30 Leonardo da Vinci St) Theateraufführungen auf Hebräisch, oft mit simultanen englischen Übersetzungen oder aber englischen Untertiteln.

Habima National Theatre (Karte S. 182; ☎ 629 5555; www.habima.org.i; 2 Tarsat St, Habima Sq) Heimat von Israels nationalem Schauspielensemble. Das

Habima zeigt donnerstags Aufführungen mit Simultanübersetzungen ins Englische.

Zoa Theatre (Karte S. 178; 28 Bialik St) Ein kleines Theater mit abendlichen Aufführungen auf Hebräisch. Das Yiddish Theatre (www.yiddishpiel.co.il) führt hier auch gelegentlich auf. Tickets starten bei 160 NIS.

Suzanne Dellal Centre (Karte S. 189; ☎ 510 5656; www.suzannedellal.org.il; 5 Yechieli St) Zeigt eine Vielzahl von Aufführungen, darunter Tanz, Musik und Ballett. Außerdem ist das Haus Heimat der weltbekannten, von Martha Graham gegründeten Bat-Sheva-Tanzkompanie.

Beit Lessin (Karte S. 184; ☎ 725 5333; www.lessin.co.il; 101 Dizengoff St) Mindestens eine Theateraufführung pro Woche, aber nur wenige auf Englisch.

Tzavta (Karte S. 178; ☎ 695 0156; 30 Ibn Gvirol St) Dieses Club-Theater spielt Pop und israelische Folkmusik, hebräische Comedy und Improvisationstheater an Freitagen.

Livemusik

Neben den hier genannten Angeboten gibt es auch Liveaufführungen im Tel Aviv Museum of Art (S. 186; anrufen oder die *Time Out Tel Aviv* lesen). Internationale Künstler bevorzugen die Hangars am Alten Hafen oder das Amphitheater im Herzen des Park HaYarkon. Nach Postern in der Stadt Ausschau halten.

Mann Auditorium (Karte S. 182; ☎ 621 1777; www.ipo.co.il; 1 Huberman St) Heimat des israelischen Philharmonieorchesters. Das Mann Auditorium füllt sich mehrmals pro Woche mit klassischen Tönen.

Israel Opera (Karte S. 178; ☎ 692 7777; www.israel-opera.co.il; 19 Shaul HaMelech Blvd) Aufführungen von einheimischen und internationalen Opernensembles, oft mit englischen Untertiteln.

Shablul Jazz Club (Karte S. 178; ☎ 546 1891; Hangar 13; Old Port) Cooler Jazz, Salsa und Weltmusik bringen die Finger zum Zucken und Schnippen bis spät in die Nacht.

Goldstar Zappa Club (☎ 649 9550; 24 Raul Wallenberg St, Ramat HaChayal) Einheimische und internationale Musikgrößen spielen in diesem intimen Club außerhalb des Tel Aviver Stadtzentrums (am besten erreichbar mit dem Auto oder Taxi). Anrufen oder nach einem Spielplan Ausschau halten, während man hier ist.

Sport

Tel Aviver sind leidenschaftliche Fußballfans ihres Clubs Maccabi Tel Aviv. Große Spiele finden zwischen Oktober und Juni im **Ramat**

Gan National Stadium (229 Aba Hillel Silver Rd, Ramat Gan) statt, erreichbar mit den Innenstadtbussen 20, 42 oder 67. Eintrittskarten gibt's am Spieltag im Stadion für 40 bis 120 NIS oder im Voraus bei der **Le-an ticket agency** (Karte S. 184; ☎ 524 7373; 101 Dizengoff St).

SHOPPEN

Tel Aviv hat viele Einkaufsmöglichkeiten, von Straßenflohmärkten und Antiquitätenläden bis hin zu Designerboutique und Einkaufspassagen. Man sollte die Kreditkarte und viel Platz im Koffer mitbringen, dann macht es doppelt so viel Spaß.

Märkte

Handwerkermarkt (Karte S. 182; ☉ Di 9.30–17.30, Fr 9–16 Uhr) Dieser Handwerkermarkt unter freiem Himmel in der Nahalat Binyamin St eignet sich prima zum Umherschlendern und um die überschäumende Tel Aviver Atmo-

sphäre aufzusaugen. Man findet hier Gemälde, Porzellan, Schmuck und Glasarbeiten. Mittendrin zwischen den Verkäufern führen Straßenkünstler, Pantomime und Tänzer ihre Darbietungen auf. Die Kunstwerke machen vielleicht nicht viel her, aber die Atmosphäre ist den Besuch wert.

Ramschmarkt (Karte S. 184; ☉ Di & Fr) Wem alte Sachen gefallen, der kann sich durch die große Auswahl dieses Ramschmarkts am Kikar Dizengoff wühlen. Unter dem Gerümpel findet man alte Münzen, Briefmarken und anderes Antiquarisches. Die Definition von „antiquarisch" umfasst allerdings alles, was jünger ist als das Land selbst – für europäische Verhältnisse damit immer noch modern.

Karmel-Markt (Karte S. 182; ☉ So–Fr 8–17 Uhr) Der wichtigste Obst und Gemüsemarkt der Stadt quillt über vor Essen, billigen Klamotten und Krimskrams. Hier kann man die Gerüche und Geräusche des alltäglichen Tel Avivs erleben.

TEL AVIV

WO ES WAS ZU KAUFEN GIBT

Individuelle Shops kommen und gehen in Tel Aviv so wie die Mode und die Jahreszeiten, aber grundsätzlich bleiben die Gegenden, in die man gehen muss, dieselben. Hier ist eine Liste für den guten alten Einkaufsbummel.

■ **Allenby St** Sonderangebote und Wühltische gibt's reichlich in der Allenby St. Feilschen, Rumwühlen und Schnäppchen machen wird hier groß geschrieben.

■ **Dizengoff St** Je weiter nördlich man auf der Dizengoff St kommt (etwa nördlich der Kreuzung mit der Frishman St), desto schicker und teurer werden die Läden. Hier findet man Klamotten von bekannten israelischen Designern, Schuhläden und ein paar spezialisierte Babyboutiquen, oder man geht auf die Suche nach dem ultimativen Hochzeitskleid in einem der zahlreichen Brautmodenläden.

■ **Florentinerviertel** In den Seitenstraßen findet man die kleinen Schatzkästchen der aufstrebenden Designer, die sich hier in diesem ganz gewöhnlichen Arbeiterviertel verstecken.

■ **Kikar HaMedina (HaMedina Sq)** Der weite, kreisförmige Boulevard, öde und leer in der Mitte, ist die Heimat der Designer. Wer etwas von Gucci, Tag Heuer und Versace braucht, ist hier richtig.

■ **Sheinken St & Umgebung** In der Sheinken St und ihren schmaleren Seitenstraßen findet man kleine coole Boutiquen, Bikinishops und Sonnenbrillenläden neben internationalen Modeketten. Hier sieht man und wird gesehen, also sollte man sich vor allem beim Bummel am Freitagvormittag passend anziehen.

■ **Neve Tzedek** Zentrum ist die Shabazi St, aber Neve Tzedek hat darüber hinaus noch reichlich kleine Gassen mit kunstvollen Läden, in denen Klamotten, trendiges Spielzeug, Schmuck, handgemachte Schokolade und schöne Handarbeiten aus dem Osten verkauft werden.

■ **Alter Hafen (Namal)** (www.namal.co.il) In Tel Avivs Altem Hafen ist was los, vor allem an den Wochenenden, mit Bars, Restaurants, Geschäften und Events bis zum Abwinken. Hier genießen die Tel Aviver einen faulen Samstagmorgenbrunch, bringen den Kleinsten das Fahrradfahren bei und gehen nebenbei in den glitzernden Markenboutiquen noch Crocs, Nikes und Pepe Jeans einkaufen. Und das sogar am Samstagnachmittag.

Einkaufszentren

Israels erstes Einkaufszentrum (was man ihm heute auch ansieht), das **Dizengoff Centre** (Karte S. 182; ☎ 621 2400, Durchwahl 2; Ecke Dizengoff & King George St; ⌚ So–Do 9–24, Fr bis 16, Sa 20–24 Uhr), ist gefüllt mit Cafés, Schnellimbissen und Geschäften. Es gibt auch zwei Kinos, einen Supermarkt, ein paar Fitnessstudios und ein Schwimmbad. Hier findet jede Woche ein leckerer israelischer Lebensmittelmarkt statt, und zwar donnerstags von 12 bis 20 Uhr.

Das **Opera Tower Shopping Centre** (Karte S. 182; ☎ 510 796; 1 Allenby St; ⌚ 10–22 Uhr), am oberen Ende der Allenby St und Herbert Samuel Esplanade, enthält eine Handvoll Geschäfte und ein Kino. Hier findet man vor allem über 60-Jährige.

Die ersten drei Stockwerke des **Azrieli Centre** (Karte S. 178; ☎ 608 1179; www.azrielicenter.co.il, hebräisch; 132 Menahem Begin Rd; ⌚ So–Do 10–22, Fr 10–16, Sa 20–24 Uhr) werden von einem Einkaufszentrum und einem Kino eingenommen. Es gibt eine Mischung aus hochwertigen Shops und Ketten-Outlets und dazu einen überdurchschnittlich guten Food Court.

Wer nach etwas Schickerem sucht, der findet gleich außerhalb des Stadtzentrums mit der **Ramat Aviv Mall** (www.ramat-aviv-mall.co.il; Ramat Aviv) Tel Avivs hipste Einkaufspassage. Hier befindet sich eine große Auswahl von Spitzenklassedesignern. Der Taxifahrer kennt den Weg vom Stadtzentrum aus. Eine Fahrt kostet etwa 40 NIS und dauert knapp 15 Minuten.

AN- & WEITERREISE

Auto

Die meisten Autoverleiher befinden sich in der HaYarkon St beim Sheraton Moriah Hotel. Parken kann in der Tel Aviver Innenstadt schwierig und teuer sein. Das Parken an den rot-weißen Bordsteinen ist illegal und man wird abgeschleppt, wenn man es doch macht. Parkplätze und Garagen verlangen ab 50 NIS für 24 Stunden; übernachtet man in einem Spitzenklassehotel, ist das Parken höchstwahrscheinlich kostenlos.

Avis Flughafen Ben-Gurion (☎ 977 3200); Tel Aviv (Karte S. 184; ☎ 527 1752; 113 HaYarkon St)
Budget Flughafen Ben-Gurion (☎ 971 1504); Tel Aviv (Karte S. 184; ☎ 524 5233; 99 HaYarkon St, in Dan Tel Aviv)
Eldan Flughafen Ben-Gurion (☎ 977 3400); Tel Aviv (Karte S. 184; ☎ 527 1166; 114 HaYarkon St)
Europcar (Karte S. 184; ☎ 524 8484; 126 HaYarkon St)
Hertz Flughafen Ben-Gurion (☎ 977 2444); Tel Aviv (Karte S. 184; ☎ 522 3332; 144 HaYarkon St)

Bus

An Tel Avivs riesigem **zentralen Busbahnhof** (Karte S. 189; ☎ 694 8888) ist der Abfahrtsbereich im 6. Stock, wo sich auch der effiziente Informationsschalter befindet. Vorort- und Stadtbusse benutzen die schlecht ausgeschilderten Plätze im 4. Stock. Einige Dan-Abfahrten starten auch im 1. Stock. Fahrkarten erhält man üblicherweise beim Fahrer oder am Ticketschalter. Während des Sabbats muss man auf Sheruts (Servicetaxis) ausweichen.

Busse fahren nach Jerusalem (Nr. 405, 18,50 NIS, 1 Std., alle 15 Min.), nach Haifa (Nr. 910, 25 NIS, 1½ Std., alle 20 Min.), nach Tiberias (Nr. 830, 835 und 841, 45 NIS, 2½ Std.) einmal oder zweimal stündlich zwischen 6 und 21 Uhr, nach Eilat (68 NIS, 5 Std.) mehr oder weniger stündlich von 6.30 bis 17 Uhr (ein Übernacht-Service fährt um 12.30 Uhr los) und Be'er Sheva (15 NIS, 1½ Std., 2- oder 3-mal stündl.).

Tel Avivs zweiter Busbahnhof, das **Arlosoroff-Busterminal** (Karte S. 178; ☎ 695 8614; Ecke Arlosoroff & AP Derakhim St; So–Do 16–21, Fr 11–15, Sa 18–23 Uhr), grenzt an den zentralen Busbahnhof nordöstlich vom Zentrum. Man erreicht ihn mit Bus 61, der die Allenby, King George, Dizengoff und Arlosoroff St entlangfährt.

Flugzeug

Die meisten Reisenden kommen und gehen über den Flughafen Ben-Gurion, die Mehrzahl mit **El Al** (Karte S. 182; ☎ 977 1111; www.elal.co.il; 32 Ben Yehuda St), aber **Arkia** (Karte S. 184; ☎ 690 3712; www.arkia.com; 74 HaYarkon St) betreibt auch tägliche Flüge nach Eilat (einfache Strecke ab 400 NIS) vom Flughafen Sde-Dov aus, nördlich vom Yarkon. Eine weitere inländische Airline ist **Israir** (Karte S. 184; ☎ 795 4038; www.israirairlines.com; 23 Ben Yehuda St).

Mehr Infos zu Gepäck und Tickets stehen auf S. 447. Einige Fluglinienbüros in Tel Aviv:

Air France (☎ 755 5057; www.airfrance.com; 7 Jabotinsky St, Ramat Gan)
Alitalia (☎ 971 1047; www.alitalia.it; Terminal 3, Flughafen Ben-Gurion)
Lufthansa (☎ 975 4050; www.lufthansa.com; Terminal 3, Ben-Gurion Flughafen) E-Ticket Schalter nur am Flughafen.
Royal Jordanian Airlines (Karte S. 182; ☎ 516 5566; www.rj.com; 5 Shalom Aleichem St)

Sherut (Servicetaxi)

Die Sheruts (Service- oder Gemeinschaftstaxis) außerhalb des zentralen Busbahnhofs fahren nach Jerusalem (20 NIS) und Haifa (25 NIS). Samstags ist die Abfahrt von der HaHamashal St gleich östlich der Allenby St und es werden etwa 20 % mehr als an Wochentagen berechnet. Mehr Infos s. S. 455.

Zug

Tel Aviv hat drei Bahnhöfe: Der Hauptbahnhof **Tel Aviv Merkaz** (Karte S. 178; ☎ 577 4000/5770; www.israrail.org.il) befindet sich am Ende der Arlosoroff St. Der kleinere HaShalom-Bahnhof ist fürs Azrieli Centre, während der weiter südlich gelegene HaHaganna nur fünf Minuten zu Fuß vom zentralen Busbahnhof entfernt liegt.

Vom Tel Aviv Merkaz kommt man nach Haifa (24,50 NIS, 1 Std.) über Netanya (12,50 NIS, 25 Min.) mehr oder weniger stündlich von 6 bis 20 Uhr, sonntags bis freitags, und weiter nach Akko (34 NIS, 1½ Std.) und Nahariya (38 NIS, 1¾ Std.). Richtung Süden kann man die Küste entlang nach Ashqelon (22,50 NIS, 1 Std.) und bis nach Be'er Sheva (25,50 NIS, 1¼ Std.) fahren. Beide Züge fahren ein- oder zweimal stündlich ab. Zum Tel Aviv Merkaz kommt man vom Zentrum aus mit den Bussen 61 oder 62 nördlich von der Dizengoff St. Sie fahren zum Arlosoroff-Busbahnhof, der zwei Minuten zu Fuß vom Bahnhof entfernt ist.

UNTERWEGS VOR ORT

Tel Aviv plant den Bau einer U-Bahn, aber in dem Tempo, wie das Projekt voranschreitet, erwarten die meisten Einwohner, vorher die Ankunft des Messias zu erleben. Bis dahin müssen Bus, Taxi, Fahrrad und die eigenen zwei Füße reichen.

Bus

Tel Aviver Stadtbusse werden betrieben von **Dan** (☎ 639 4444; www.dan.co.il; einfache Strecke 5,20 NIS) und folgen einem effizienten Netzwerk von Routen, von 5.30 Uhr bis Mitternacht, außer am Sabbat. Ein roter Pass (*Hofshi Yomi*), mit dem man einen Tag unbegrenzt mit dem Bus durch Tel Aviv und die Vorstädte fahren kann (gültig von 9 Uhr bis zum Ende des Tages), kostet 12 NIS.

Die Hauptrouten durch Tel Aviv derzeit:
Bus 10 Hauptbahnhof über Arlosoroff St, Ben Yehuda St, Allenby St, Herbert Samuel Esplanade, Jaffa Rd und weiter nach Bat Yam.
Bus 18 Hauptbahnhof über Petah Tikva Rd und Sha'ul Ha-Melech Ave zur Ibn Gvirol St, dann Frishman St, Dizengoff

St, Pinsker St, Trumpeldor St und Ben Yehuda St, Allenby St, Yerushalayim Ave und weiter nach Bat Yam.
Bus 25 Tel Aviv University über Diasporamuseum, dann HaMaccabi St, Ibn Gvirol St, Arlosoroff St, dann Shlomo HaMelech St, HaMelech George St, Allenby St und Karmel-Markt.
Bus 4 Zentraler Busbahnhof über Allenby St, Ben Yehuda St und Dizengoff St zum Reading Terminal, nördlich vom Yarkon.
Bus 46 Zentraler Busbahnhof über die Jaffa Rd nach Jaffa.
Bus 5 Zentraler Busbahnhof, entlang Allenby St, hoch zum Rothschild Blvd, entlang Dizengoff St, Nordau Ave, Ibn Gvirol St, Pinkas St, Weizmann St und HaMaccabi St und dann zurück. Praktisch für die HI-Jugendherberge, die ägyptische Botschaft, Habima Sq und Kikar Dizengoff.
Bus 61 Entlang King George St, Dizengoff St, Arlosoroff St und Jabotinsky St nach Ramat Gan im östlichen Tel Aviv.
Sherut 4 Gleiche Route wie Bus 4 zum gleichen Preis. Der Vorteil ist, dass er bequemer ist, denn es werden nur so viele Passagiere mitgenommen, wie es Sitze gibt, und er ist schneller – wenn der Sherut einmal voll ist, hält er nur noch, um Leute aussteigen zu lassen. Er fährt auch am Sabbat (zum doppelten Preis), zwischen dem nördlichen Ende der Ben Yehuda St zu den innerstädtischen Sheruts am unteren Ende der Allenby St.

Fahrrad

Tel Aviv ist flach und das Verkehrsaufkommen relativ gering, daher kommt man mit dem Fahrrad gut herum. Ein paar Straßen haben ausgewiesene Fahrradwege, z. B. Rothschild Blvd, Ben-Gurion Ave und Ben-Zion Ave. Ein Verleih ist **O-Fun** (Karte S. 178; ☎ 544 2292; 197 Ben Yehuda St), wo Räder für 30 NIS pro Tag zur Verfügung gestellt werden. Weitere Fahrradverleiher können jederzeit und überall eröffnen, also immer nach neuen Filialen Ausschau halten.

Zum/vom Flughafen

Der direkteste Weg vom Flughafen Ben-Gurion nach Tel Aviv hinein ist mit dem Zug – der Bahnhofseingang befindet sich außerhalb des internationalen Terminals, auf der linken Seite. Mindestens zwei Züge fahren stündlich zum Hauptbahnhof Tel Aviv Merkaz (12 NIS, tgl. 3.30–23 Uhr). Genauso gut, aber teurer sind die speziellen Flughafentaxis. Die Preise sind festgeschrieben (und das Taxameter läuft immer). Auf jeden Fall raus zur Schlange gehen, anstatt eine Fahrt von den Wagen im Terminalgebäude zu akzeptieren! Je nach Verkehrsaufkommen dauert die Fahrt nach Tel Aviv etwa 20 Minuten und kostet etwa 100 NIS.

Taxi

Alle Tel Aviver Taxis haben ein Taxameter. Man muss mit 20 bis 25 NIS für Fahrten innerhalb des Stadtzentrums rechnen (mit einer Gruppe von vier Personen ist es günstiger als der Bus). Die Taxis arbeiten nach zwei Tarifen: Es gibt einen günstigeren Tarif zwischen 5.30 und 21 Uhr und einen um 25 % teureren Tarif zwischen 21 und 5 Uhr.

RUND UM TEL AVIV

Das Einzugsgebiet von Tel Aviv, bekannt als Gush-Dan-Region, besteht aus einem Netz von nichtssagenden Vororten, die so langsam das Ackerland einnehmen, das von den frühen Zionisten bewirtschaftet worden ist. Rishon LeZion beispielsweise, die viertgrößte Stadt in Israel und einst unabhängig, ist jetzt quasi mit der Tel Aviver Innenstadt verbunden. Man sieht Burgen von neuen, einheitlich beigen Apartmentgebäuden am Horizont, egal in welche Richtung man Tel Aviv verlässt. Das Highlight der Region sind die langen Sandstrände zwischen Tel Aviv und Netanya, vor allem rund um das gehobene Diplomatenviertel Herzliyya Pituach, aber einsam wird es hier nicht. Die Israelis kommen vor allem an den Wochenenden in Scharen zur Küste.

Südlich von Tel Aviv liegen das historische Jaffa und sein 4000 Jahre alter Hafen. Jaffa ist eine weitere angenehme Zuflucht vom Trubel in Tel Aviv. Hier gibt es großartige Restaurants und das hervorragend erhaltene alte Jaffa mit seinen kleinen Gassen und Kunstgalerien. Aber man sollte sich von Alt-Jaffas makelloser (manche sagen seelenloser) Atmosphäre nicht täuschen lassen. Hauptsächlich bewohnt von einer großen arabisch-muslimischen und christlichen Bevölkerung, leidet das echte Jaffa an Armut, verursacht durch einen Immobilien-Boom, der die Preise in schwindelnde Höhen getrieben hat, Gewalt und Drogenkriminalität. Wenn Tel Aviv die privilegierte Partystadt ist, dann ist Jaffa die vernachlässigte Schwester.

Etwas weiter draußen liegt die schäbige, aber charmante arabisch-jüdische Stadt Ramla. Ihr lebhafter Mittwochsmarkt ist noch nicht touristisch verseucht. Hier befinden sich auch einige Plätze von touristischem Interesse und man kommt leicht mit dem Zug hierher. In Rehovot hat das Weizmann Institute of Science seinen Sitz, eine der besten Wissen-

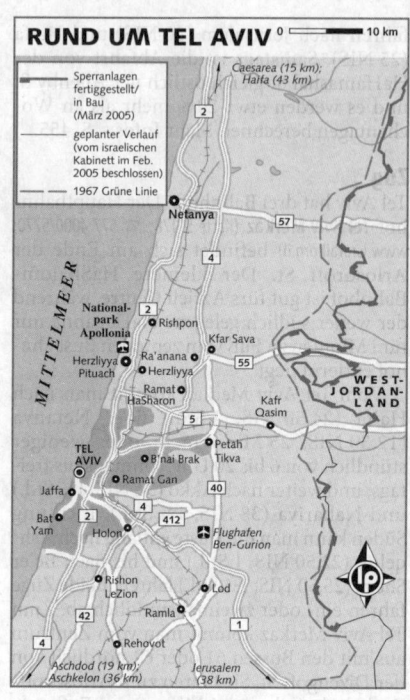

schaftsakademien der Welt. Man kann einen Besuch im Institut mit einer Tour durch die Carmel Winery in der Stadt Rishon LeZion verbinden.

Von den Zielen in diesem Abschnitt ist Jaffa das einzige, das man von Tel Aviv aus zu Fuß erreichen kann. Der Rest sind Tagestouren und können mit einem Lokalbus oder Zug von Tel Aviv aus besucht werden.

JAFFA

☎ 03 / 46 500 Ew.

Mit Seeblick, Windspielen, Straßencafés, Galerien und einer entspannten Atmosphäre ist das mondäne Alt-Jaffa ein fester Stopp für die Touristenbusse, vor allem während der Sommermonate. Aber das war nicht immer so. 4000 Jahre lang, als Tel Aviv aus nicht viel mehr als Sanddünen bestand, war Jaffa einer der großen Häfen des Mittelmeeres. Jaffas kleiner Hafen sieht heute nicht mehr viel Schiffsverkehr, aber die vorwiegend arabische Stadt bekommt ihren Teil Touristen ab, vor allem Israelis, die hier zum Wochenendbrunch herkommen. Man kann hier großartig spazieren gehen und in einem Restaurant eine

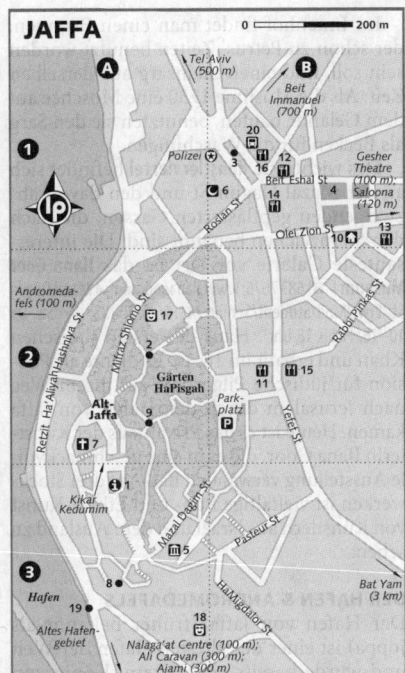

Schüssel *masabacha* (Kichererbsen in einer warmen Hummus-Tahina-Soße) essen oder sich den Einheimischen anschließen, wenn sie ihre Nargileh (Wasserpfeife) paffen.

Geschichte

Laut dem Alten Testament wurde Jaffa von Japheth gegründet, und zwar nach der großen Flut, die seinen Vater Noah zur Berühmtheit machte. Zur Zeit Salomons wurde der Ort dann als Hafenstadt bekannt. Der König der Israeliten verlor Jaffa 1468 v. Chr. an die Ägypter, deren Soldaten sich zum Überraschungsbesuch in Tontöpfen versteckten.

Die Wogen des Islam schwappten im 8. Jh. durch den Hafen, um dann kurzfristig zur Zeit der Kreuzzüge eingedämmt zu werden. Ab da blieb Jaffa in muslimischen Händen, bis der britische General Allenby die Türken 1917 aus dem Land vertrieb. Die Juden hatten hier mindestens seit 1840 gelebt, und zum Ende des Jahrhunderts war Jaffa zu einem wichtigen Zugangsort für die per Schiff ankommenden Einwanderer geworden. Es gab Spannungen zwischen den Neuankömmlingen und der bestehenden arabischen Gemeinde. 1921 ent-

luden sie sich in ausgewachsenen anti-jüdischen Aufständen. Die Unruhen flammten alle paar Jahre wieder auf bis zum entscheidenden Kampf 1948, als Jaffas arabische Einwohner besiegt wurden und mehrheitlich flüchteten. Jaffas Altstadt blieb in jüdischer Hand, so wie es heute noch der Fall ist.

Seit dieser Zeit wurde Alt-Jaffa ausgiebig restauriert und es hat sich zum ewigen israelischen Favoriten entwickelt – ein Künstlerviertel, inklusive Galerien, Handwerksläden und Cafés. Im alten Viertel Ajami, weiter südlich, befinden sich zahlreiche osmanische Häuser mit zerfallendem Charme. Allerdings gewinnen so langsam neue Apartmentbauten und jüdische Tel Aviver, die der Stadt entfliehen und „authentischer" leben wollen, die Überhand. Einerseits hat dies die Gewinne der einheimischen Araber gesteigert, andererseits hat sich die Lücke zwischen Arm und Reich dramatisch erweitert.

Orientierung

Jaffa besteht aus zwei Teilen. Alt-Jaffa, der interessantere Teil für Traveller, liegt auf einem Hügel mit Blick über das Meer westlich der Yefet St. Östlich der Yefet St Richtung Olei Zion St liegen Neu-Jaffa und der Freiluft-Flohmarkt.

TEL AVIV

Sehenswertes

ALT-JAFFA

Während der Innenstadtbereich von Jaffa größtenteils während der osmanischen Periode gestaltet wurde, befinden sich die ältesten Teile der Stadt, Tausende von Jahre alt, im Küstengebiet von Alt-Jaffa. Es lohnt sich, zweimal hinzugehen: Einmal tagsüber, um das Besucherzentrum zu besuchen und den Blick zurück auf Tel Aviv zu genießen, und einmal am Abend wegen der guten Restaurants und des Meeresambientes.

Wenn man auf der Roslan St nach Alt-Jaffa kommt, geht man am zugenagelten Antiquitätenmuseum vorbei (das möglicherweise wieder öffnet, wenn die Besucherzahlen steigen) zu einem grünen Hügel mit den Gärten **HaPisgah**. Hier kommt man zu einem kleinen **Amphitheater** mit dem Panorama der Tel Aviver Küste im Hintergrund. Ausgrabungen nebenan haben ägyptische, israelitische, griechische und römische Überreste zu Tage gebracht. Die bizarre weiße Neo-Maya-Skulptur auf einem der Hügel stellt den Fall von Jericho, Isaaks Opfer und Jakobs Traum dar.

Von den Gärten geht's auf die **Wunschbrücke**, auf der man sein Sternzeichen auf dem Geländer berühren, zum Meer blicken und einen Wunsch sagen soll. Die Brücke verbindet die Gärten mit dem **Kikar Kedumim** (Kedumim Sq), dem wieder aufgebauten Zentrum von Alt-Jaffa, umringt von Restaurants, Clubs und Galerien. Dominant ist aber das massive **Peterskloster** (Okt.–Feb. 8–11.45 & 15–17 Uhr, März–Sept. 8–11.45 & 15–18 Uhr). Die hell gestrichene Franziskanerkirche wurde über einer mittelalterlichen Zitadelle errichtet, und in ihrer späteren Gestalt als christliches Wirtshaus wurde sie von Napoleon besucht.

In einer Kammer unter dem Platz ist das schön gestaltete **Besucherzentrum** (Eintritt frei; So–Do 10–18, Fr & Sa 10–17 Uhr) untergebracht, wo man die teilweise ausgegrabenen Überreste der griechischen und römischen Ära sehen kann. Außerdem wird ein 15-minütiger Film über Jaffa gezeigt. Man erhält hier auch eine informative kostenlose Karte und kann sich über die regelmäßigen Führungen in englischer Sprache informieren.

Geht man die Stufen neben dem Kloster hinunter, kommt man zu einer engen Gasse, an deren südlichem Ende das **Haus von Simon dem Gerber** steht. Hier übernachtete der Apostel Petrus, nachdem er Tabitha wieder zum Leben erweckt hatte (Apostelgeschichte 9,32).

Im Innenhof findet man einen Brunnen, der schon zu Petrus' Zeiten benutzt worden sein soll, und einen Steinsarg aus derselben Zeit. Als die Muslime 1730 eine Moschee auf dem Gelände bauten, benutzten sie den Sarg als Becken für die Waschungen.

Das wichtigste **Künstlerviertel** befindet sich an der Mazal Dagim St und den davon abzweigenden gepflasterten Gassen, die nach den Sternzeichen benannt sind. Die interessanteste Galerie vor Ort ist das **Ilana Goor Museum** (☎ 683 7676; www.ilanagoor.com; 4 Mazal Dagim St; Erw./Kind/Student/Senior 24/14/20/20 NIS; Sa–Do 10–16, Fr bis 18 Uhr), Haus des ersten jüdischen Khan und erbaut im 18. Jh. Es diente als Pension für jüdische Pilger, die auf ihrem Weg nach Jerusalem durch den Hafen von Jaffa kamen. Heute ist es das Privathaus der Künstlerin Ilana Goor, die es in eine geschmackvolle Ausstellung verwandelt hat. Auf drei Stockwerken ist vielfältige Pop- und Ethno-Kunst von Künstlern aus Israel und dem Ausland zu sehen.

DER HAFEN & ANDROMEDAFELS

Der Hafen von Jaffa (früher bekannt als Joppa) ist einer der ältesten Häfen der Welt und wurde bereits von Hiram, König von Tyros, in einem Gespräch mit Salomon (2. Chronik 2,16) erwähnt sowie im Buch Jona 1,3 genannt. Jahrhundertelang kamen hier die Pilger ins Heilige Land auf ihrem Weg nach Jerusalem an, und es war der Haupt-Hafen Palästinas.

Hinter der Strandmauer befindet sich ein Haufen schwarzer Felsen. Der größte davon ist nach Andromeda benannt, die nach der griechischen Mythologie hier als Opfergabe angekettet worden war und von Perseus auf seinem geflügelten Pferd vor den Klauen des Seemonsters gerettet wurde. Die Gemeinde plant, auf der Spitze des Felsens eine Statue von Andromeda zu errichten.

UHRENTURM & FLOHMARKT

Für viele Besucher besteht die Hauptattraktion in Jaffa nicht aus der Jahrtausende alten Geschichte, sondern aus dem Spaß, sich durch tausend Jahre Krimskrams zu wühlen. Östlich der Yefet St gehen die Straßen von Jaffa in einen weitläufigen **Flohmarkt** über, der einen ganz guten Ruf für Antiquitäten und interessanten orientalischen Kleinkram hat. Hier kann man prima ein paar alte Stiefel, ein rostiges Xylophon oder, was ein Händler bei uns loswerden wollte, einen 1,80 m großen grinsenden Plastikaffen mit Zylinder und Trenchcoat erstehen. Wenn man das Stöbern ernst nimmt und wirklich etwas erstehen will, können auch mehrere Besuche auf dem Markt nötig sein, denn ständig kommen neue Sachen hinzu. Feilschen ist Pflicht und zu den traditionellen Gepflogenheiten der Händler gehört es, einen schnellen ersten Verkauf am Sonntagmorgen zu machen, um das Glück für die nächste Woche zu sichern. Samstags ist der Markt geschlossen.

Wenn man die Stadt betritt oder verlässt, sollte man sich einen Moment lang den osmanischen **Uhrenturm** von 1906 an der Yefet St anschauen. Südwestlich des Uhrenturms liegt die Mahmudiya-Moschee (1812), deren Säulen in Caesarea und Aschkelon (Askalon) geklaut wurden; sie ist für Nicht-Muslime geschlossen.

HAFEN VON JAFFA
Derzeit wird er noch großflächig renoviert, aber so langsam wird der lange vernachlässigte Hafen von Jaffa wiederhergestellt. Bei einem Spaziergang lässt sich entdecken, was kürzlich wieder eröffnet hat. Samstags zwischen 11 und 17 Uhr ist draußen auch jetzt schon viel los, z. B. Musikaufführungen und Handwerkermärkte.

AJAMI
Ein Gang den Hügel runter von Alt-Jaffa oder vom Flohmarkt aus ins Ajami-Viertel lohnt sich. Mondäne osmanische Häuser stehen hier Seite an Seite mit kleinen baufälligen Fischerhütten. Hier sieht man, wie die Bewohner von Jaffa wirklich leben.

Geführte Touren
Jeden Mittwoch (außer am Jom Kippur) veranstaltet die Tourismusvereinigung Tel Aviv-Jaffa eine kostenlose geführte **Alt-Jaffa-Tour**. Treffpunkt ist um 9 Uhr beim Uhrenturm. Die Tour dauert bis Mittag.

Es gibt auch eine zweistündige **Stadtour mit Audioführung** (je nach Teilnehmerzahl 25–45 NIS). Den Audioplayer bekommt man in Jaffas Besucherzentrum.

Ebenfalls lohnenswert ist eine **Bootstour**. Mehrere Anbieter starten an dem malerischen Stückchen Hafen, das direkt unterhalb von Alt-Jaffa liegt. Die meisten Boote fahren jeden Tag mindestens einmal pro Stunde und man zahlt ab 30 NIS pro Person.

Festivals & Events
Jeden Donnerstag veranstaltet Jaffa ein kleines **Straßenfest** auf dem Flohmarkt nach 20 Uhr. Im Juli und August finden die **Jaffa Nights** statt, eine Konzertreihe in den Gärten HaPisgah (in Alt-Jaffa). Beginn ist 21 Uhr.

Schlafen
Old Jaffa Hostel (☎ 682 2370; www.inisrael.com/old jaffahostel; 8 Olei Zion St; B/DZd 15/63–83 US$; 💻) In einem wunderschönen türkischen Haus, dekoriert mit sepiafarbenen Familienfotos. Das Old Jaffa Hostel ist unzweifelhaft die heimeligste Option in seiner Preisklasse, sowohl in Tel Aviv als auch in Jaffa. Die lange Bar, der Gemeinschaftsraum und auch die luftigen Schlafsäle und die bequemen (wenn auch kleinen) privaten Zimmer sind mit historischen arabischen Möbeln und Kunstobjekten dekoriert. Im Sommer kann ein siebentägiger Mindestaufenthalt gefordert werden.

Beit Immanuel (☎ 682 1459; www.beitimmanuel.org; 8 Auerbach St; B/EZ/DZ/3BZ 100/210/300/390 NIS; 💻) Das ursprüngliche Park Hotel, in dessen Gemäuer Gäste einst Kaiser Wilhelm II. beherbergt wurden, wurde 1884 von Freiherr von Ustinov erbaut, Peter Ustinovs Vater. Hübsch renoviert und mit einem Garten versehen verbindet es jetzt eine Jugendherberge, ein Studienzentrum und ein Gebetszentrum für hebräischsprechende Gemeinden. Im Preis ist ein Frühstück mit drin. Es liegt etwas außerhalb von Jaffa, südlich der Jaffa Rd. Man erreicht es mit Bus 44 oder 46 vom zentralen Busbahnhof aus und steigt an der Nechustan-Aufzugfabrik aus (nach dem Schild gucken). Die Auerbach St findet man, indem man nach der raketenartigen Spitze der Immanuelkirche sucht. Vom Hostel aus sind es etwa zehn Minuten zu Fuß nach Jaffa oder Neve Tzedek.

Essen & Ausgehen
Aus Jaffa ist seit Kurzem ein cooler Ort zum Essengehen und Feiern geworden, voll gehobener Restaurants Seite an Seite mit etablierten Hummus- und Schawarma-Imbissen sowie Backstuben.

Said Abu Elafia & Sons (7 Yefet St; Snacks ab 5 NIS; 🕐 24 Std.) Diese Bäckerei ist in Israel zur Legende geworden. Es war Jaffas erste Bäckerei, gegründet 1880, und vier Generationen später hat die Familie Abu Elafia mehr zu tun denn je. Die Spezialität sind einzigartige arabische Pizza-Kreationen, bei denen ein paar Eier auf ein Pitabrot gehauen werden, dann Tomate,

TEL AVIV

Käse und Oliven drüber und ab damit in den Ofen. Darüber hinaus gibt es noch 24 verschiedene Brotsorten, z. B. Pita in Sesamkruste oder mit Gewürzen. Auf jeden Fall ein Zatar oder ein Sambusa (gefülltes Teilchen) probieren.

Victory (Ecke Yefet St/Rabbi Pinkas St; Eiscreme ab 10 NIS; ☻ 12 Uhr–open end) Nachteulen auf der Jagd nach etwas Süßem versammeln sich hier im neonbeleuchteten Victory für hausgemachte Eiscreme. Wenn die Ferrero-Rocher-Sorte auf der Karte steht, unbedingt probieren! Oder man wählt die mit Sahne und Schokosirup voll gepackten Waffeln.

Dr. Shakshuka (3 Beit Eshal St; Gerichte 35–50 NIS; ☻ So–Fr 8–24 Uhr) Wenn die Energie nach einem Besuch auf Jaffas Flohmarkt im Keller ist, dann sollte man auf einen schnellen, billigen und satt machenden Snack bei Dr. Shakshuka vorbeischauen. Es befindet sich in einem alten Gebäude aus der Osmanen-Zeit, dekoriert mit Hängelampen, getrockneten Chilischoten und verlassenen Gitarren, aber das echte Highlight ist das Essen. Zusammen mit seinem namengebenden *shakshuka* (ein eintopfartiges Gericht mit Ei, Paprika, Tomatensoße und Gewürzen) serviert die Familie Gabso eine Vielzahl von libyschen und nordafrikanischen Köstlichkeiten. Für das riesige Mittagsgericht zahlt man 64 NIS und ein gigantisches „Couscous komplett" mit Couscous, Brot, Salat, Lamm und gefüllten Kartoffeln kostet grade mal 44 NIS.

Puaa (3 Rabbi Yohanan St; Hauptgerichte ab 45 NIS; ☻ 10–0.30 Uhr) Teils Retro-Kunstcafé und teils Flohmarkt. Dieser Laden hat sich auf Mittagssuppen und Salate spezialisiert, versucht sich aber auch an Fisch- und Hühnchengerichten. Zu trinken gibt's hervorragenden Lassi mit Kardamom. Sollte man daheim noch ein Zimmer zum Einrichten haben, kann man auch Teller, Tische, Stühle, Besteck und Wandbehänge mit nach Hause nehmen – alles ist zu verkaufen. Am Sabbat ist hier den ganzen Abend geöffnet.

Cordelia (☎ 518 4669; 30 Yefet St; Hauptgerichte ab 50 NIS; ☻ mittags & abends) Hausküche eines israelischen Promikochs. Im süßen Cordelia, versteckt in einer schönen Gasse gleich an der Yefet St, findet man Silberbesteck, nicht zusammenpassende Gedecke und edle, aber gemütliche Kochkunst. Hier kann man einen romantischen Abend verbringen, oder man geht rüber in das etwas entspanntere – und spürbar günstigere – Noa Bistro vom selben Betreiber, dessen Eingang sich gleich um die Ecke befindet. Reservierungen werden empfohlen.

Yo'Ezer (☎ 683 9115; 2 Ish Ha'bira St; Hauptgerichte ab ca. 90 NIS; ☻ So–Do 12.30–1, Fr & Sa 11–1 Uhr) Ohne Frage einer der besten Läden des Landes für ein Steak und eine gute alte Flasche Wein. Das intime kerzenbeleuchtete Yo'Ezer, wunderschön in einem Keller gelegen, ist der Traum eines jeden Fleisch- und Wein-Fans. Vegetarier kommen hier auch zu ihrem Recht: Der Blaukäsesalat und die Trüffel-Eiernudeln sind zu empfehlen. Am Wochenende sollte man auf Nummer sicher gehen und rechtzeitig einen Tisch reservieren.

DER DEFINITIV ENDGÜLTIG BESTE HUMMUS

Auf der Reise bekommt man bestimmt einige Diskussionen darüber mit, in welcher Region jetzt der beste Hummus gemacht wird. Aber in der bescheidenen Meinung des Autors (zusammen mit Hunderten von Einheimischen, die sich damit auskennen) ist es keine Frage, dass der weltbeste Hummus aus Jaffas winzigem unauffälligem **Ali Caravan** (Abu Hassan; Dolphin St; Portion Hummus ab 20 NIS; ☻ So–Do etwa 7–14 Uhr) kommt.

Dieses winzige Restaurant, das man an der ständigen Schlange von Einheimischen erkennt, die vor der Türe warten, ist für die Hummus-Hungrigen das, was Jerusalem für den Religionsanhänger ist. Der Hummus kommt aus riesigen Kesseln auf den Tisch, serviert auf Massen von rohen Zwiebeln (zum Reinstippen) und essigsaurer Chilisoße (zum Drüberschütten). Der Laden schließt, wenn die Kessel leer sind. Aber aufgepasst: das könnte eines der schnellsten Mittagessen werden, das man je erlebt hat. Die Bestellung kommt fast im gleichen Moment, in dem man sie aufgegeben hat, und man erwartet, dass sie auch genauso schnell gegessen wird, denn die nächsten Gäste schauen einem schon über die Schulter und wollen den Sitzplatz haben. Wer eine richtige Schale des Himmelsmannas haben möchte, der bestellt das „Triple", eine Hummus-Fuul-Tahina-Kombination, oder das im Munde dahinschmelzende *masabacha*. Hingehen. Anstellen. Genießen. Aber bitte den Einheimischen nicht verraten, dass der Tipp von uns kommt.

DAS GEHT ANS HERZ *Dan Savery Raz*

Von dem Moment an, in dem ich das Nalaga'at Centre (s. unten) betrete, bekomme ich eine Ahnung, dass dies kein gewöhnlicher Theaterbesuch werden wird. Ich nehme noch einen Drink im Café Kapish, wo man mir eine Karte gibt, die mir die Grundlagen der Zeichensprache erklärt – „Bitte", „Danke" und „Auf Wiedersehen". Als die Kellnerin zu mir kommt, kommunizieren wir per Augenkontakt, Lächeln, Nicken und ich versuche ein bisschen Zeichensprache. Wir verstehen uns ohne Worte. Dann erhalte ich eine Backstage-Tour durch den renovierten Schiffshangar, wo die Schauspieler von „Not by Bread Alone" bereits kostümiert ihr Abendessen vor der Show essen. Ich nehme meinen Platz im dunklen Theater ein und weiß nicht so genau, was mich erwartet. Der Vorhang hebt sich und es spielt jiddische Musik. Während der nächsten Stunde erzählen die Schauspieler Geschichten, spielen Instrumente und führen sogar einen choreografierten Tanz mit Regenschirmen auf. Es ist so leicht, zu vergessen, dass die Menschen auf der Bühne nicht sehen oder hören können, bis ihnen der Applaus des Publikums durch Schulterklopfen weitergegeben wird. Während Konfetti wie Regen auf uns herunterfällt, verbreitet sich so etwas wie eine neue Hoffnung im Zuschauerraum.

Saloona (17 Tirtza St; ⏰ 12 Uhr–spät) Cool, künstlerisch und versteckt. Das Saloona ist eine der besten Bars der Gegend, schön verrückt dekoriert, mit starken Drinks und regelmäßig auflegenden DJs.

Unterhaltung

Arabisch-Jüdisches Theater (☎ 681 5554; www.arab-hebrew-theatre.org.il; 10 Mifratz Shlomo St) Stücke in hebräischer und arabischer Sprache, in dem die Differenzen zwischen Arabern und Juden offen angesprochen werden.

Mayumana (☎ 681 1787; www.mayumana.co.il; 15 Loius Pasteur St) Die israelische Version von des „Stomp" ist äußerst beliebt. Karten sollte man daher lange im Voraus besorgen.

Gesher Theatre (☎ 681 3131; www.gesher-theatre.co.il; 7-9 Yerushalayim Ave) Zeitgenössisches russisches Theater, das hauptsächlich aus neuen Immigranten besteht. Die Lieblingsbühne des weltberühmten russischen Clowns Slava.

Nalaga'at Centre (☎ 633 0808; www.nalagaat.org.il; Hafen von Jaffa) Eine gemeinnützige Theaterorganisation, die 2007 gegründet wurde, und zu der mehrere Einrichtungen gehören: eine taubstumme Theatertruppe, das Café Kapish (dessen Kellner taub sind) und das BlackOut Restaurant, wo man im Stockdunkeln isst und von blinden Kellnern bedient wird. Die Theatertruppe führt regelmäßig inspirierende Aufführungen auf (der Kasten oben beschreibt einen Besuch).

An- & Weiterreise

Vom Zentrum von Tel Aviv ist es ein angenehmer 2,5 km langer Spaziergang am Meer entlang nach Alt-Jaffa. Alternativ kann man auch Bus 46 vom zentralen Busbahnhof aus, Bus 10 von der Ben Yehuda St (oder dem Bahnhof), Bus 26 von der Ibn Gvirol St, Bus 18 von der Dizengoff St oder Bus 18 oder 25 von der Allenby St aus nehmen und am Uhrenturm aussteigen. Zum Zentrum zurück nimmt man Bus 10 an der Yerushalayim Ave.

HERZLIYYA & NATIONALPARK APOLLONIA

Herzliyya besteht aus zwei getrennten Städten, die den gleichen Namen haben. Ein Teil erstreckt sich Richtung Osten und der andere Richtung Westen an der Nord-Süd-Hwy 1. Auf der östlichen Seite liegt Herzliyya Stadt, eine gehobene Alternative für Familien, die dem Tel Aviver Trubel entkommen sind. Es ist vor allem bekannt für das kleine **Herzliyya Museum of Modern Art** (☎ 09-955 1011; 4 HaBanim St; ⏰ Sa 10–15 Uhr), das man sich auf jeden Fall ansehen sollte, wenn man samstags auf dem Weg nach Norden ist.

Westlich des Highways liegt **Herzliyya Pituach**, eine gut behütete Enklave von riesigen Häusern, wo Israels reichste Einwohner und viele Botschafsangehörigen leben. Hier kann man die hervorragenden Strände besuchen, sauber, flach und gut bewacht und gut ausgestattet mit Strandbars und Cafés, um den Tag trinkender- und essenderweise rumzukriegen.

Etwa 1 km nördlich von Herzliyya Pituach liegt die kleine Stadt **Nof Yam**, die aber nur eine weniger üppige Erweiterung der Nachbarstadt ist. Fährt man bis zum Ende der Wingate St, Herzliyyas wichtigster Durchfahrtsstraße, dann erreicht man Nof Yam und den dahinter liegenden **Nationalpark Apollonia** (Erw./Kind 20/9 NIS;

April–Sept. 8–17, Okt.–März bis 16 Uhr, schließt Fr und vor Feiertagen 1 Std. früher). Der kleine Strandbereich enthält die Ruinen einer Kreuzritterburg und ist an Sommerwochenenden Spielstätte für Open-Air-Konzerte (anstehende Shows werden auf Postern angekündigt). Es gibt auch Überreste einer römischen Villa zu sehen und einen wunderschönen Ausblick über das Mittelmeer. Man braucht ein eigenes Auto, um hierher zu kommen.

RISHPON

Östlich von Hwy 1, ein paar Kilometer nördlich von Herzliyya, stolpert man über das schläfrige Dörfchen Rishpon. Hier kommen viele Tel Aviver freitagmorgens her, um einen Cappuccino in einem kleinen Café zu trinken, Blumen in den überall bekannten Blumenläden zu kaufen und um sich einfach ein wenig vom Lärm der Stadt zu erholen. Es gibt hier nichts Bestimmtes zu sehen, aber es ist ein netter entspannter Spaziergang, wenn man auf eigene Faust Richtung Norden die Küste hoch geht.

NETANYA

☎ 09 / 167 000 Ew.

Diese Sonne-und-Sand-Resortstadt bietet 11 km des feinsten Sandstrandes von Israel, überwiegend bewohnt von französisch-jüdischen Einwanderern. Die Stadt selbst verströmt ein etwas seltsames Zeitschleifen-Gefühl, wie eine Kreuzung zwischen einem altmodischen bulgarischen Schwarzmeerresort und einer französischen Strandpromenade außerhalb der Saison. Die lebendige Fußgängerzone ist voll mit Geschäften, Cafés, Patisserien und einigen hervorragenden Restaurants. Die Strände sind beliebt bei französischen und russischen Touristen.

Praktische Informationen

Touristeninformation (☎ 882 7286; Fax 884 1348; Ha'Atzmaut Sq; ☺ So–Do 8.30–16, Fr 9–12 Uhr) In einem Kiosk an der südwestlichen Ecke des Ha'Atzmaut Sq.

Aktivitäten

Israelis kommen von überall her, um Netanyas **Strände** zu genießen, die an den Wochenenden mit Schwimmern, Sonnenanbetern und Volleyballspielern gefüllt sind. Rettungsschwimmer sind im Dienst, und es gibt Umkleidekabinen, Duschen, Liegen und Sonnenschirme. Die HaRishonim-Promenade, die Küste über dem Strand, eignet sich

hervorragend zum Spazierengehen und um den Meerblick zu genießen. Von hier aus kann man sogar mit einem **Aufzug** runter zum Strand fahren. Die Klippen sind auch toll zum **Paragliden**; es lohnt sich, herumzufragen, ob einen nicht jemand auf einem Tandemflug mitnehmen möchte. Pferde für einen Ausritt bekommt man auf einer **Ranch** (☎ 866 3525; 100 NIS/Std.) an der nördlichen Ecke von Netanya. Es werden auch Tages- und Mondscheinausritte am Strand organisiert. Wer am Sabbat in der Stadt ist, kann in den Genuss von **Volkstanzaufführungen** rund um den Ha'atzamaut Sq kommen.

Schlafen & Essen

Wenn man nicht gerade auf der Suche nach dem gewissen 1970er-*„je ne sais quoi"* ist, dann hat es wenig Sinn, in Netanya abzusteigen. Wer aber darauf steht, der bekommt bei der **Netanya Hotel Association** (www.netanyahotels.org.il) Informationen zu Unterkünften.

King Solomon (☎ 861 1397; www.inisrael.com/king solomon; 18 Hamapilim St; DZ/Suite 173/213 US$; ❌ ❑) Ohne Zweifel das beste (und teuerste) Haus in Netanya. Die auffällige rote Lobby führt zu kalkweißen Zimmern mit neuen Teppichen und Balkonen mit Meerblick. Alle Zimmer haben einen Flachbildfernseher und einen Kühlschrank. Außerdem gibt es einen Whirlpool, einen Fitnessraum, eine Sauna und einen Außenpool.

Stamfer (6 Stamfer St; Gerichte 35–50 NIS; ☺ 8–3 Uhr) In Abweichung von Netanyas üblichem Angebot an Familienrestaurants bewirtet das Stamfer eher die Singles mit leichten Gerichten und einer lebendigen Atmosphäre. Das Essen reicht von Fruchtshakes und Salat bis Pasta und Pfannengerichten. Man kann drinnen oder im großen Innenhof essen. Abends ist es eine Bar.

An- & Weiterreise

Busse fahren ungefähr alle 15 Minuten nach und von Tel Aviv (14,80 NIS, 30 Min.) und alle halbe Stunde nach und von Haifa (20 NIS, 1 Std.) und Jerusalem (32 NIS, 1¼ Std.). Um nach Caesarea, Megiddo, Nazareth oder Tiberias zu kommen, muss man in Hadera umsteigen.

CARMEL WINERY

Von Tel Aviv kommt man in einer netten Halbtagestour zum **Carmel Winery** (☎ 03-948 8888; Erw./Kind 15/12 NIS), das in der verschlafenen Stadt

Rishon LeZion („Zuerst für Zion") liegt. 1897 gebaut ist es das älteste Weingut in Israel und produziert mit den besten Wein des Landes. Ab 1929 wurde es von den Hagana auch als Waffenlager und Trainingsgelände während der Kämpfe gegen die Briten genutzt. Besucher erwartet eine Multimediapräsentation über den Kelterprozess und eine Weinprobe. Führungen finden sonntags bis donnerstags jeweils um 9, 11, 13 und 15 Uhr statt. Eine Reservierung ist nötig. Es gibt noch einen zweiten Standort des Weinguts in der auf einem Hügel gelegenen Stadt Zichron Ya'acov, weiter nördlich die Küste hoch Richtung Haifa; s. S. 241.

Nach dem Besuch des Weinguts geht's weiter zum **Village Park**, am großen **Wasserturm** (erbaut 1898) vorbei und dann rechts in die Fußgängerzone Rothschild St. Weiter bis zum Ende der Straße, wo man auf die Große Synagoge trifft. Sie wurde 1885 gebaut und als Kaufhaus registriert, denn die osmanische Administration erlaubte den Juden nicht, ein Gotteshaus zu bauen. Man kann eintreten, das Haus ist tagsüber geöffnet.

Gegenüber der Synagoge auf der anderen Straßenseite befindet sich das kuriose **Geschichtsmuseum** (☎ 03-959 8862, 1621; 2 Ahad Ha'am St; Eintritt 10 NIS; ☺ So–Do 9–14, Fr bis 13 Uhr) in einer Ansammlung von alten Gebäuden. Sie geben einen Einblick in den Pioniergeist, der die frühen zionistischen Siedler antrieb und die Hindernisse, die sie überwinden mussten. Die Eintrittskarte gilt auch für eine Sound-and-Light-Show am benachbarten Dorfbrunnen.

An- & Weiterreise

Sheruts (7 NIS) fahren regelmäßig von der Ostseite des zentralen Busbahnhofs ab. Oder man nimmt von dort aus Bus 200 oder 201. Züge (7 NIS) von allen drei Tel Aviver Bahnhöfen kommen auch nach Rishon. Abfahrt ist alle 20 Minuten.

Viele Besucher schließen an den Besuch des Weinguts einen Abstecher zum Weizmann Institute in benachbarten Rehovot an – dorthin ist es eine zehnminütige Fahrt ab dem Busbahnhof in Rishon LeZion.

REHOVOT

☎ 08 / 88 000 Ew.

Fragt man einen Israeli, was er in Rehovot kennt, wird er vermutlich das Weizmann Institute of Science nennen, Israels erstes Zentrum für angewandte Wissenschaften. Die Stadt selbst ist relativ jung. Sie wurde 1890 von einer Gruppe ambitionierter Zionisten aus Polen gegründet. Das 60 km von Tel Aviv entfernte Rehovot ist eher unspektakulär, aber das Institut kann einfach mit dem Zug erreicht werden und ist ein schöner Halbtagesausflug.

Weizmann Institute of Science

Das weltbekannte **Weizmann Institue of Science** (☎ 934 4500; www.weizmann.ac.il; ☺ 9–16 Uhr) ist benannt nach den ersten Präsidenten von Israel, Chaim Weizmann. Er war Staatsmann und ein führender Wissenschaftler im Bereich der Chemie. Während des Ersten Weltkrieges war Weizmanns Forschung wichtig für die Kriegsanstrengungen der Alliierten. Das daraus resultierende Wohlwollen könnte dazu beigetragen haben, die Briten 1917 zur Balfour-Deklaration zu überreden. Das Institut in seiner heutigen Form wurde 1934 auf Moschaw-Land (gemeinnützigem Siedlungsland) gegründet, um Einrichtungen für die Forschung und wissenschaftliche Studien zu bieten. Studenten und Angestellte sind heute immer noch am Werk und studieren so breit gefächerte Themen wie Medizin, Ackerbau, Umwelt und Computertechnologie.

Wenn man den Institutscampus betritt, sieht man auf der rechten Seite die Wix-Bibliothek, in der sich **Besucherzentrum und Multimediapräsentation** (Erw./Kind 15/10 NIS) befinden. Zu den Attraktionen auf dem Campus gehört die Aussichtsplattform des Solar Tower, der Geschichtspavillon, der Physikpavillon und das Ziskin-Gebäude (wo man einen „Supercomputer" von 1964 sehen kann). Ein Highlight ist der **Clore Garden of Science** (www.weizmann.ac.il/garden; Erw./Kind 30/20 NIS; ☺ Mo–Do 10–17, Fr bis 14 Uhr) ein Freiluft-Wissenschaftsmuseum, in dem man sehen kann, wie Wellen entstehen, auf einem Gyroskop kreiseln kann und mit vielen anderen Dingen spielen kann, die einem die Gesetze der Physik erklären.

Ebenfalls auf dem Gelände des Instituts, neben den Gräbern von Dr. Chaim Weizmann und seiner Frau Vera, befindet sich das **Weizmann-Haus** (Eintritt 15 NIS). Gestaltet vom bekannten deutschen Architekten Erich Mendelsohn, einem Nazi-Flüchtling, wurde das Haus 1937 im Internationalen Stil erbaut. Innen befindet sich ein Museum mit einer persönlichen Sammlung von Fotos, Büchern und Andenken, allen voran seinem Reisepass (dem ersten in Israel). Draußen parkt die Lincoln-Limou-

TEL AVIV

sine, die Weizmann von Henry Ford Jr. erhalten hat, eine von zweien, die jemals hergestellt wurden (die andere ging an den amerikanischen Präsidenten Truman).

Am besten ruft man an und reserviert vor dem Besuch, um alle Attraktionen sehen zu können.

An- & Weiterreise

Am besten erreicht man Rehovot mit dem Zug (12,50 NIS, 30 Min.) von einem der Tel Aviver Bahnhöfe aus. Von der Haltestelle ist das Institut fünf Minuten zu Fuß entfernt. Man kann auch ein Sherut (14 NIS) nehmen, das regelmäßig vom zentralen Busbahnhof losfährt, oder einen Egged-Bus (Nr. 201 od. 301, 13,50 NIS, 40 Min., alle 10 Min.).

RAMLA

☎ 03 / 63 500 Ew.

Mit seinem geschäftigen Markt, den unterirdischen Quellen und der zerbröckelnden islamischen Architektur bietet sich Ramla an für eine interessante Halbtagestour von Tel Aviv aus. Sie ist nicht ganz so alt wie das benachbarte Jaffa – die Geschichte geht hier „nur" 1300 Jahre zurück – aber die Stadt ist bemerkenswert als die einzige in Israel, die von Arabern gegründet und entwickelt worden ist.

Gegründet wurde Ramla („Sandfleck") 716 n. Chr. vom Umayyaden-Kalifen Sulayman als Zwischenstopp auf der Route von Ägypten nach Damaskus. Vor der Ankunft der Kreuzritter im 11. Jh. war Ramla die palästinensische Hauptstadt. Sie konnte ihre Bedeutung bis ins Mittelalter erhalten, als sie der erste Anlaufpunkt für Pilger nach Jerusalem war, die in Jaffa an Land gingen. Nach dem Arabisch-israelischen Krieg von 1948 sah sich die Mehrheit der arabischen Bevölkerung gezwungen, zu fliehen, und sie wurden durch jüdische Einwanderer aus verschiedensten Ländern ersetzt.

Obwohl es nur 20 km südöstlich von Tel Aviv liegt, ist Ramla überraschend untouristisch. Aber die handvoll islamischer und christlicher Monumente und der freundliche Mix aus Arabern und Juden sind einen Besuch wert, vor allem zum Mittwochsmarkt.

Sehenswertes

Das **Ramla Museum** (☎ 929 2650; Ecke Herzl Ave & Shlomo HaMelech St; Eintritt 6 NIS; So–Do 9–16, Fr bis 13 Uhr) bietet nicht nur einen grundlegenden Überblick über die Geschichte der Stadt, sondern dient auch als Touristeninformation. Für 12 NIS kann man ein Kombiticket für das Museum, den Turm der 40 Märtyrer und das Becken von St. Helena kaufen. Das Museum steht an Ramlas ausgedehntem Markt und in der Nähe der Großen Moschee. Auf dem Markt ist mittwochs am meisten los.

Die **Kirche von St. Nikodemus & St. Josef von Arimathäa** (Eintritt frei; Mo–Fr 9–12 Uhr) wurde im 16. Jh. erbaut. Die Christen glauben, dass sich hier das biblische Arimathäa befand, die Heimatstadt von Josef, der zusammen mit Nikodemus das Jesu Begräbnis (Johannes 19,38–39) durchgeführt haben soll. Die Kirche unter

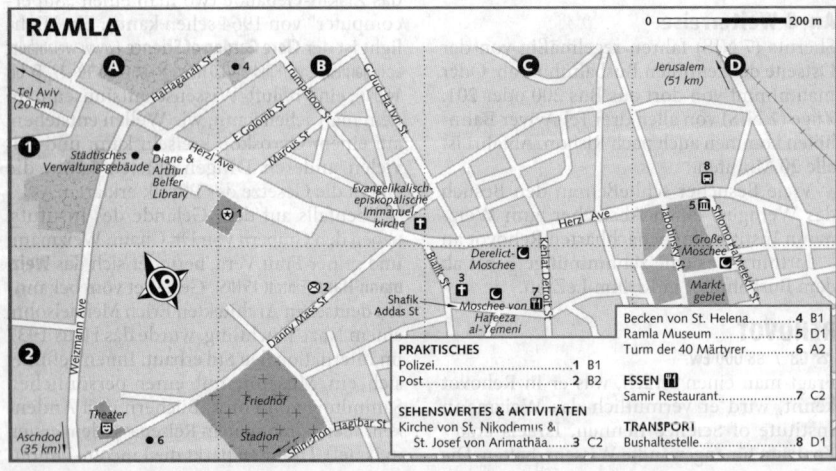

PRAKTISCHES	
Polizei..1 B1	
Post..2 B2	

SEHENSWERTES & AKTIVITÄTEN	
Kirche von St. Nikodemus &	
St. Josef von Arimathäa......3 C2	

Becken von St. Helena.............4 B1	
Ramla Museum 5 D1	
Turm der 40 Märtyrer 6 A2	

ESSEN	
Samir Restaurant.....................7 C2	

TRANSPORT	
Bushaltestelle...........................8 D1	

AJALON-HÖHLE

Es kommt nicht oft vor, dass Ramla in den Schlagzeilen steht. Aber 2006 war die Welt der Wissenschaft für einen Moment in Aufruhr, als verkündet wurde, dass acht vormals unbekannte Tierarten in einer versteckten Höhle in der Nähe der Stadt gefunden worden waren. Die Ajalon-Höhle wurde entdeckt, als Männern, die in einem Steinbruch gruben, eine Spalte in der Erde auffiel. Weitere Prüfungen ergaben eine 2,5 km große unterirdische Kammer – die zweitlängste in Israel.

Trotz der Tatsache, dass sie seit Millionen von Jahren vor der Außenwelt versiegelt war, war es kleinen Kriechtieren und ihren Nachkommen gelungen, in der Dunkelheit zu überleben. Sie sind alle mit bekannten Tieren verwandt, aber doch unterschiedlich. Eines sieht aus wie ein Skorpion, ist aber blind und hat eine weißliche Farbe. Von den acht neuen Spezies sind vier Krebse und vier landlebende Wirbellose. Während die wissenschaftlichen Studien andauern, bleibt die Höhle, in der sich auch ein unterirdischer See befindet, für das Publikum geschlossen.

der Führung der Franziskaner ist dadurch berühmt, dass Napoleon während seines erfolglosen Feldzugs gegen die Türken in benachbarten Kloster übernachtete. Die Kirche selbst hat einen markanten quadratischen Glockenturm und ein Bild über dem Altar, das Tizian (*Kreuzabnahme*) zugeschrieben wird. Der Eingang der Kirche ist in der Bialik St, durch das erste Tor links. Man muss die Glocke läuten und wird dann von einem der Mönche hereingelassen. Wenn das äußere Tor auch verschlossen ist, muss man nach jemandem suchen, der den Schlüssel hat.

Der beeindruckende, aber auch etwas vernachlässigte **Turm der 40 Märtyrer** (Eintritt 5 NIS;

So–Fr 8–14.30, Sa 7.30–15.30 Uhr) ist ein Minarett aus dem 14. Jh., das als Erweiterung zur Weißen Moschee (Jamaa al-Abiad) aus dem 8. Jh. gebaut wurde, von der nur noch wenige Spuren geblieben sind. Der Turm ist benannt nach den 40 Märtyrern, die angeblich hier begraben sind. Die Inschrift über der Türe zum Turm von 1318 deutet an, dass Sultan Muhammad Al-Nasir hier schon renoviert hat. Ein Aufseher lässt einen in den Turm hinein (die Aussicht ist frühmorgens am besten).

In den schönen Gärten an der HaHaganah St befindet sich das **Becken von St. Helena** (Eintritt 8 NIS; So–Do 8–14.30, Fr bis 14, Sa bis 16 Uhr) ein Reservoir aus dem 8. Jh., das angeblich für Harun al-Rashid, bekannt aus den *Geschichten aus Tausend und einer Nacht*, gebaut wurde. Der Name bezieht sich allerdings auf die Mutter des römischen Kaisers Konstantin. (Auf Arabisch heißt er Becken von Al-Anazia und auf Hebräisch Breichat Hakeshatot, Becken der Bögen.) Ein Aufseher schließt den Eingang auf, wenn Besucher ankommen.

Essen

Samir Restaurant (7 Shafik Adas St; Gerichte 25–35 NIS; 8–20 Uhr) Tritt man aus der staubigen Shafik Adas St, dreht sich die Uhr im historischen Samir mehrere Jahrhunderte zurück. Das alte arabische Haus ist wunderschön restauriert worden. Es gibt keine englischsprachige Karte, aber der freundliche Besitzer zeigt einem die verschiedenen Fleischkebabs und Salate, die im Angebot sind.

An- & Weiterreise

Es fahren den ganzen Tag alle 20 Minuten Züge von Tel Aviv nach Ramla (10 NIS, 20 Min.). Busse nach Tel Aviv (10 NIS, 40 Min.) fahren alle 20 Minuten, und etwas seltener nach Jerusalem (18 NIS, 75 Min.). Während die Busse nach Tel Aviv bis etwa 22 Uhr fahren, fährt der letzte Bus nach Jerusalem um 20 Uhr.

Haifa & Die Nordküste

Der Küstenstreifen zwischen Netanya und Rosh Hanikra an der libanesischen Grenze ist von wunderschönen Stränden gesäumt. Zwischen den beiden Orten erstreckt sich eine fruchtbare Gegend mit alten Farmen, Industriegebieten und idyllischen Küstenorten. Obwohl von einem Netzwerk moderner Schnellstraßen durchzogen, scheint die Vergangenheit noch greifbar.

Die Geschichte dieser Region geht auf biblische Zeiten zurück. Der Berg Karmel wird in enge Verbindung mit dem Propheten Elija gebracht, während Megiddo auf das dort angekündigte Armageddon wartet. Die schriftliche Überlieferung bezieht sich hauptsächlich auf die Hafenstädte der Nordküste. Zur Erleichterung des Handels mit Europa baute Herodes in Caesarea seinen prächtigen Hafen. In den folgenden Jahrhunderten wurde Akko zum strategischen Stützpunkt für die Kreuzritter. Haifa entwickelte sich im 20. Jh. zum größten Hafen der Region und wurde zum wichtigsten Landeplatz der frühen Zionisten. Es zieht weiter Einwanderer an – russische Juden machen heute einen bedeutenden Anteil der Bevölkerung aus.

Etwas landeinwärts verbergen sich in den Küstengebirgen einige malerische Dörfer und unabhängige Gemeinden. Ein Hod hat sich zu einer Künstlerenklave entwickelt, während das nahe gelegene Zichron Ja'akow einige der besten Weine Israels produziert. Drusen, Araber und Juden leben hier sowohl im Hochland als auch in den Städten Seite an Seite; Haifa ist eine der am buntesten gemischten Städte Israels.

Das Nordküstengebiet ist kleiner als man denkt: Die Wege zwischen den Sehenswürdigkeiten sind selten länger als 20 bis 30 Minuten. Mit dem Auto lässt sich an einem Tag eine Menge sehen. Aufgrund seiner zentralen Lage bietet sich Haifa zwar als Ausgangspunkt an, es gibt aber auch anderswo in der Region zahlreiche nette und ruhige Plätzchen.

HIGHLIGHTS

- In den spektakulären Gärten um den **Bahai-Schrein des Báb** (S. 254) innehalten und den Duft der Rosen (und zigtausend anderer Blumen) in sich aufnehmen
- Im biblischen Ort **Megiddo** (S. 247) das vorhergesagte Ende der Welt erwarten
- Herodes' monumentale Hafenstadt **Caesarea** (S. 242) mit ihren beeindruckenden Ruinen erkunden
- Die unterirdischen Gewölbe der außergewöhnlichen Festung und Hafenstadt **Akko** (S. 248) durchstreifen
- Es sich in **Ein Hod** (S. 240) oder **Zichron Ja'akow** (S. 241) bei einer Weinprobe gut gehen lassen und einige der besten Kunstgalerien Israels besuchen

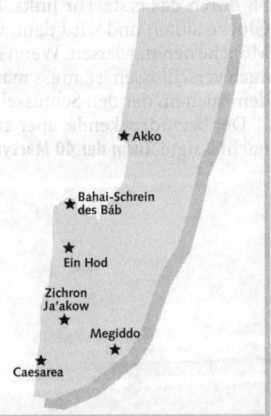

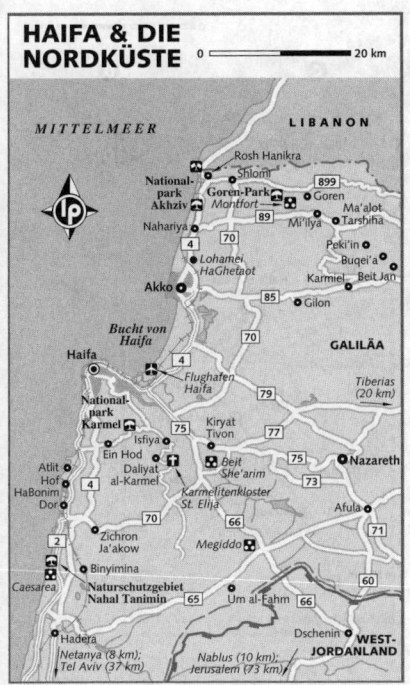

HAIFA & DIE NORDKÜSTE

0 ————— 20 km

MITTELMEER

LIBANON

Klima

Im Sommer klettert das Thermometer an der Nordküste oft bis auf 30 bis 35 °C, im Winter liegen die Temperaturen meist knapp über angenehmen 10 °C. Mit über 150 mm Niederschlag in den Wintermonaten Dezember und Januar ist dies eines der regenreichsten Gebiete des Landes, wodurch die Landschaft der Region das ganze Jahr über ihre grüne Farbe behält.

Anreise & Unterwegs vor Ort

Von Tel Aviv und Jerusalem aus gibt es zahlreiche Bus- und Zugverbindungen nach Haifa und an die Nordküste. Mit dem Auto nimmt man einfach den gerade verlaufenden Hwy 2 (obwohl Hwy 4 die landschaftlich schönere Route ist). Auch nach Galiläa kommt man entweder mit dem Bus oder mit dem Auto: Von Tiberias aus fährt man über den Hwy 77.

Am besten reist es sich hier mit dem eigenen fahrbaren Untersatz, ansonsten bringen einen die Egged-Busse zu den meisten Orten (oder in die Nähe davon). Lange Wartezeiten sind allerdings keine Seltenheit.

HAIFA

☎ 04 / 264 900 Ew.

Die Bucht von Haifa ist der beste natürliche Hafen an der Küste Israels und somit der ideale Ort für eine bedeutende Hafenstadt. Unterstrichen wird der anmutige Verlauf der Küste noch durch die steil aufragenden Hänge des Berg Karmel, welcher sich vom Meer auf eine majestätische Höhe von 546 m erhebt. Mit einem weiten Blick über das Meer, gewundenen Straßen und einem der schönsten Gärten der Welt ist Haifa eine der malerischsten Städte im Nahen Osten.

Das Einzigartige der Stadt zeigt sich auch in der Tatsache, dass in Haifa Araber und Juden sichtlich harmonisch Seite an Seite leben. Die Bewohner Haifas sind stolz darauf, ein Vorbild für Toleranz in der Gegend zu sein.

Traditionell ist Haifa eine typische Arbeiterstadt, was sich allerdings in den letzten Jahren durch die Entwicklung der Hi-Tech-Branche geändert hat. Diese breitgefächerte wirtschaftliche Veränderung hat den Fortschritt in der Stadt angekurbelt und in den Außenbezirken Bürogebäude und Shopping-malls entstehen lassen, was in den 1980er-Jahren leider zum Bankrott der meisten Innenstadt-Geschäfte geführt hat. Mittlerweile erholt sich der Stadtkern aber langsam wieder, nicht zuletzt dank der Restaurierung der alten Deutschen Kolonie, die heute die Top-Adresse für erstklassige Küche ist.

Obwohl die Stadt auf der Arbeiterklasse aufgebaut ist, haben die örtlichen Behörden große Anstrengungen unternommen, um durch die Verbesserung von Museen und anderen kulturellen Einrichtungen die künstlerische und kulturelle Entwicklung zu fördern. Das bemerkenswerteste Kennzeichen Haifas sind allerdings die Hängenden Gärten der Bahai, die sich in einer wunderschönen grünen Schneise vom Gipfel bis zum Fuß des Berg Karmel hinabziehen. Wer religiöses Interesse mitgebracht hat, der sollte zwei wichtige heilige Stätten – die Höhle des Elija und die neogotische Karmeliterkirche Stella Maris – nicht verpassen.

Haifa ist zentral gelegen und verfügt über gute Verkehrsverbindungen, was es zu einem guten Ausgangspunkt für Ausflüge in die Umgebung macht. Da Akko, Caesarea und andere Highlights der Nordküste alle in Tagestouren von Haifa aus erreichbar sind, ist es überflüssig, immer das ganze Gepäck durch die Gegend zu schleppen.

HAIFA & DIE NORDKÜSTE

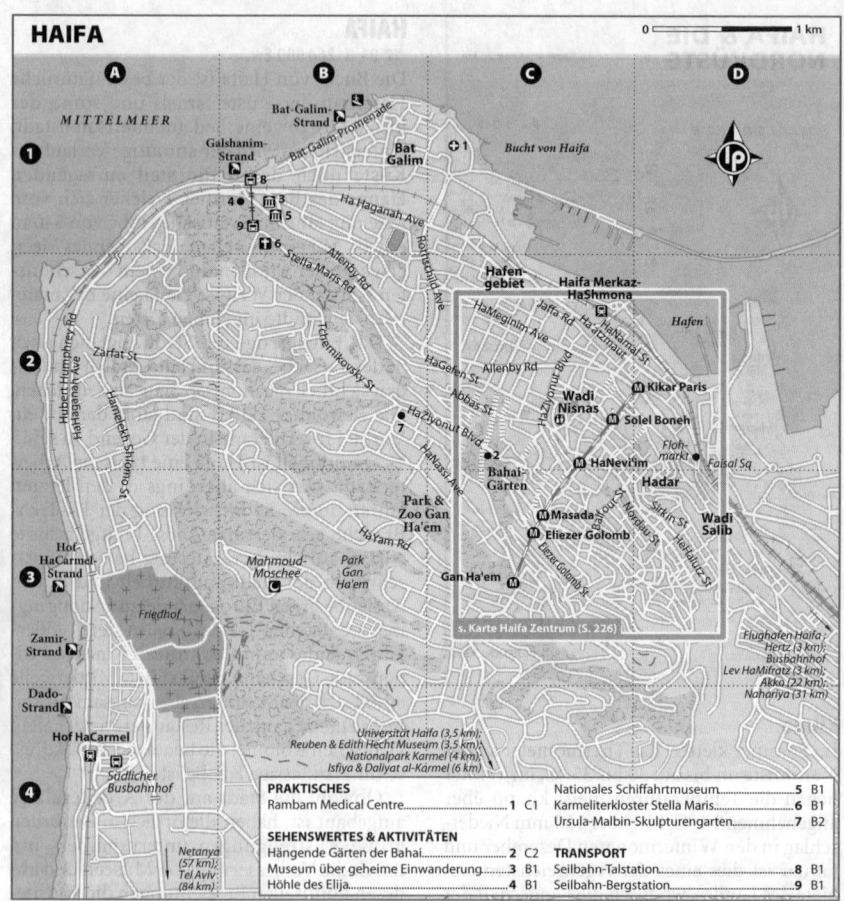

HAIFA

0 ——————— 1 km

PRAKTISCHES
Rambam Medical Centre...1 C1

SEHENSWERTES & AKTIVITÄTEN
Hängende Gärten der Bahai...2 C2
Museum über geheime Einwanderung.........................3 B1
Höhle des Elija...4 B1
Nationales Schiffahrtmuseum.......................................5 B1
Karmeliterkloster Stella Maris...6 B1
Ursula-Malbin-Skulpturengarten..................................7 B2

TRANSPORT
Seilbahn-Talstation...8 B1
Seilbahn-Bergstation..9 B1

Geschichte

Der Name der Stadt taucht im 3. Jh. erstmals in talmudischen Schriften auf. Obwohl seine Herkunft weiterhin unklar ist, wird vermutet, dass „Haifa" von den hebräischen Wörtern *hof yafe* abgeleitet ist, was „schöne Küste" bedeutet.

Vor 1000 Jahren war Haifa eine bedeutende arabische Siedlung, wurde aber im frühen 12. Jh. in Kämpfen mit den Kreuzrittern zerstört. Das nahe gelegene Akko übertraf Haifa bald an Bedeutung, und zum Zeitpunkt der osmanischen Eroberung Palästinas war Haifa nur noch ein unbedeutendes Dorf.

Zu Beginn des 19. Jhs. wuchs die jüdische Gemeinde Haifas allmählich an. Mit der Ausbreitung des politischen Zionismus expan-

dierte der Ort in einem unglaublichen Tempo, obwohl Anfang des 20. Jhs. die Einwohnerzahl immer noch nur bei 10 000 lag. Dort, wo heute das Hafengebiet ist, befand sich früher ein Sumpfgebiet, und die Hänge des Berg Karmel wurden lediglich von Schafen abgegrast.

1898 besuchte Theodor Herzl, Begründer des politischen Zionismus, Haifa und fasste seine Visionen, die er von der Zukunft der noch jungen Stadt hatte, in Worte: „Riesige Linienschiffe lagen vor Anker ... Serpentinen schlängelten sich hinauf zum Karmel" und „oben auf dem Berg standen Tausende weiße Häuser und der Berg selbst war übersät von beeindruckenden Villen." Seine Vorhersagen haben sich als erstaunlich akkurat erwiesen.

Das Wiederaufblühen Haifas zu seiner heutigen Größe begann mit dem Bau der Hejaz-Bahnstrecke zwischen Damaskus und Medina im Jahr 1905 und später dem Ausbau von Verbindungen nach Akko und in den Süden des Landes. Der See überlassenes Land wurde zurückgefordert und es wurden Bürokomplexe und Warenhäuser gebaut. Haifa entwickelte sich schnell zum wichtigsten Handels- und Kriegshafen und zum Hauptumschlagplatz für Mineralöle. Ein Großteil dieser Entwicklung geht auf die Zeit des britischen Mandats in Palästina zurück. Die Briten waren die Ersten, die Haifas natürlich geschützte Lage als Hafen auszunutzen wussten und die traditionelle Bevorzugung Caesareas und Akkos ignorierten.

Als wichtigster neuer Hafen des Landes war Haifa für viele jüdische Immigranten auf den überladenen Schiffen das Erste, was sie vom „gelobten Land" sahen. Noch vor dem Rückzug der Briten aus Palästina hatte sich Haifa zu einer jüdischen Hochburg entwickelt und es war die erste größere Region, die 1948 von erst kurz vorher ausgerufenen Staat Israel gesichert wurde. Die Stadt wurde für ihren Liberalismus bekannt, den sie, jedenfalls ein Stück weit, bis heute bewahrt hat. Die überwiegend weltliche jüdische Gemeinde pflegt ein überdurchschnittlich gutes Verhältnis zu den hier ansässigen, vorwiegend christlichen Arabern.

In den letzten Jahren hat Haifa seine Kernwirtschaft von der Schwerindustrie zur Technologie hin verlagert. Der Höhepunkt war 2004 erreicht, als zwei Professoren der Technion in Haifa den Chemienobelpreis für ihre Entdeckung des zellulären Proteinabbaus erhielten. Auch IBM ist mit einem Forschungslabor mit 600 Angestellten gut vertreten. Die Technologie-Freaks arbeiten unter den härtesten Bedingungen: Während des Libanonkriegs 2006 schrieben sie ihre Codes in den Luftschutzräumen weiter, in die sie sich geflüchtet hatten.

Orientierung
Haifa kann in drei Ebenen aufgeteilt werden, wobei an den Hängen des Berg Karmel mit jedem Höhenmeter auch der Reichtum der Anwohner steigt. Traveller, die mit dem Bus oder Zug aus Tel Aviv oder Jerusalem hier ankommen, werden am Hof HaCarmel, etwa 5 km südlich der Stadt, abgesetzt. Von hier fährt ein städtischer Bus oder Zug nach Haifa

Merkaz, dem Hafengebiet, von wo es nur ein kurzer Fußmarsch bis ins Stadtzentrum ist.

Die zwei wichtigsten Straßen im Zentrum sind die Ha'atzmaut St und die Jaffa Rd einen Block weiter landeinwärts. Kikar Paris (Pariser Platz), der untere Terminal der städtischen U-Bahnlinie (Carmelit), ist ein guter Orientierungspunkt. 1 km westlich des Kikar Paris liegt die Ben-Gurion Ave, die Hauptstraße der angesagten Deutschen Kolonie.

Etwa 500 m vom Kikar Paris bergauf befindet sich das Gebiet Hadar HaCarmel („die Herrlichkeit des Karmel") oder kurz Hadar genannt. Es liegt um die Herzl St herum und ist das Geschäftszentrum der Stadt, mit einer hohen Konzentration an Geschäften, Bürogebäuden, Restaurants und Cafés. Dies ist auch ein guter Ort, um sein Russisch aufzufrischen, denn es ist die Sprache, die man hier am häufigsten hören wird.

Der „Carmel"-Bezirk nimmt die Höhenlagen der Stadt ein, wo in der angenehm kühlen Brise exklusive Wohnhäuser einen überwältigenden Blick auf die Umgebung haben. Auf der Hauptstraße HaNassi Ave finden sich in jugendlicher Atmosphäre mehrere ausgezeichnete Restaurants.

Viele von Haifas Straßen verlaufen parallel zur Küste und sind durch steile Treppen miteinander verbunden. Einige Teile des Hafengebiets und Hadars sind zwar zu Fuß erreichbar, der mühsame Weg und die Steigung verführen allerdings dazu, die öffentlichen Verkehrsmittel zum Carmel Centre in Anspruch zu nehmen.

KARTEN & STADTPLÄNE
Kostenlose Straßenkarten gibt es in den meisten Hotels und in Haifas Touristeninformation. Dort sind auch Hochglanz-Karten (4 NIS) erhältlich, auf deren Rückseite Infos zu Sehenswertem und Aktivitäten zu finden sind.

Praktische Informationen
BIBLIOTHEKEN
Bibliothek der Universität Haifa (☎ 824 0289; University of Haifa; ☽ So–Do 8.30–19.45, Fr bis 12.45 Uhr) Wunderschöne Bibliothek mit einer großen Auswahl englischsprachiger Bücher und Ausstellungen moderner Kunst oder zur Geschichte.

BUCHLÄDEN
Book Exchange (Karte S. 226; ☎ 862 8540; 31 HeHalutz St) Große Auswahl an gebrauchten Büchern.

Steimatzky Bookshop Hadar (Karte S. 226; ☎ 866 5042; 16 Herzl St); Carmel Centre (Karte S. 226; 130 HaNassi Ave) Steimatzky hat u. a. auch eine Filiale im Bahnhof Hof HaCarmel.

GELD

Die Hauptfiliale der Bank Leumi befindet sich auf der Jaffa Rd, wobei es in den meisten Straßen Filialen mit Geldautomaten gibt. Ebenso häufig findet man Wechselstuben; im Carmel Centre ist eine direkt an der Ecke Wedgewood und HaNassi. Die in der Karte in diesem Kapitel eingezeichneten Postfilialen tauschen Reiseschecks.

INFOS IM INTERNET

www.haifa.muni.il Offizielle Website der Stadtverwaltung.

www.tour-haifa.co.il Offizielle Website der Touristenbehörde. Hat aktuelle Infos zu Veranstaltungen in der ganzen Stadt.

INTERNETZUGANG

Gan Ha'em (Karte S. 226; ☎ 838 4692; 122 HaNassi Ave; 30 NIS/Std.; ☾ Sa–Do 9–24, Fr bis 17 Uhr) Am Treppenabgang zur U-Bahnstation Gan Ha'em.

Tambayan Ni Ilan (Karte S. 226; 27 Nordau St; 10 NIS/Std.; ☾ 9–24 Uhr) Das Internetcafé verwandelt sich am Abend in eine schmuddelige Karaokebar.

MEDIZINISCHE VERSORGUNG

Rambam Medical Centre (Karte S. 222; ☎ 1 700 505 150; Bat Galim) Eines der größten Krankenhäuser im Land.

NOTFALL

Feuerwehr (☎ 102)
Krankenwagen (☎ 101)
Polizei (☎ 100; 28 Jaffa Rd)

POST

Hauptpost (Karte S. 226; 19 HaPalyam Ave; ☾ So–Di & Do 8–12.30 & 15.30–18, Mi 8–13, Fr bis 12 Uhr) Im Hafengebiet, 300 m südöstlich des Kikar Paris.

Post Deutsche Kolonie (Karte S. 226; 27 Ben-Gurion Ave); Hadar (Karte S. 226; Ecke HaNevi'im St & Shabtai Levi St) Hinter dem Haifa Tower gibt es eine weitere praktisch gelegene Filiale.

WLAN

Im Greg Coffee (S. 235) und im Mandarin (S. 235) im Carmel Centre gibt es kostenloses WLAN. In der Innenstadt surft man am besten bei Shtrodel (S. 235).

REISEBÜROS

ISSTA (Karte S. 226; ☎ 868 2225; www.issta.co.il; Bei Hakranot Bldg, 20 Herzl St) Kann Flugtickets buchen und stellt Studentenausweise aus.

TOURISTENINFORMATION

Haifa Tourism Development Association (Karte S. 226; ☎ 853 5606; www.tour-haifa.co.il; 48 Ben-Gurion Ave) Diese Touristeninformation nicht weit vom Fuße der Hängenden Gärten der Bahai entfernt hat hilfreiches Infomaterial, darunter auch die englischsprachige Broschüre *A Guide to Haifa Tourism* und eine Stadtkarte (4 NIS) mit vier eingezeichneten, thematischen Stadtspaziergängen.

WASCHSALONS

Wash & Dry (Karte S. 226; ☎ 810 7851; 5 Derekh HaYam; 15 NIS/Ladung; ☾ Sa–Mo 8.30–17, Mi–Fr bis 17 Uhr) Im Carmel Centre.

Sehenswertes

Die Hauptattraktion Haifas sind die Hängenden Gärten der Bahai. Museen finden sich in Wadi Nisnas, Hadar und im Carmel Centre – alle zu Fuß oder mit der U-Bahn erreichbar. Das Schifffahrtsmuseum, die Höhle des Elija und das Karmeliterkloster Stella Maris liegen einige Kilometer nordwestlich und sind am besten mit Bus 114 zu erreichen.

DIE HÄNGENDEN GÄRTEN DER BAHAI

Jeder einzelne Baum ist perfekt getrimmt und jeder Grashalm scheint exakt auf gleiche Länge zugeschnitten: Die 19 Terrassen der **Hängenden Gärten der Bahai** (Karte S. 226; ☎ 835 8358; Eintritt frei; ☾ Do–Di 9–17 Uhr) sind wahrhaftig ein unvergesslicher Anblick.

Für die Anhänger des Bahaismus (s. Kasten S. 225), einer unabhängigen Bewegung, die ihren Ursprung Mitte des 19. Jhs. in Persien hat, sind die Gärten eine von zwei heiligen Stätten ihres Glaubens. Der Sitz der Bahai befindet sich in dieser Gegend, da ihr Gründer Baha'ullah im nahe gelegenen Akko 25 Jahre im Gefängnis verbrachte. Baha'ullah hat den Berg Karmel viermal besucht und seinem Sohn angekündigt, dass dies die letzte Ruhestätte der sterblichen Überreste des Báb (Tor) sein würde, seinem spirituellen Vorgänger, der 1850 in Persien gestorben war.

Diese sterblichen Überreste wurden 1909 nach Haifa gebracht und in dem mit einer goldenen Kuppel verzierten **Schrein des Báb** (☾ 9–12 Uhr) beigesetzt, der den Stil und die Proportionen der europäischen Architektur mit orientalischen Gestaltungselementen verbindet. Ein kanadischer Architekt, italienischer Stein und holländische Fliesen machen das Gebäude zu einem wahrhaft internationalen Meisterwerk.

Das 1953 fertiggestellte Grabmal ist für die weltweit 6 Mio. Bahai eine der zwei heiligsten Stätten (die andere ist das Grab von Mizra Hussein Ali außerhalb des nahe gelegenen Akkos; Details s. S. 254). Besucher des Schreins müssen ihre Schuhe ausziehen und angemessene Kleidung tragen (keine kurzen Hosen oder ärmellosen Oberteile).

Weiter den Hügel hinauf steht hinter dem Schrein das **Universale Haus der Gerechtigkeit**, ein beeindruckender Pseudo-Tempel in klassischem Stil, der sich auch im Besitz der Bahai befindet, aber nicht öffentlich zugänglich ist.

Während die unteren Gärten in den 1960er-Jahren angelegt wurden, wurde der obere Teil zwischen 1987 und 2001 fertiggestellt. Kostenpunkt: 250 Mio. US$. Die Pilger schreiten feierlich bergauf und werden dabei vom plätschernden Wasser am Wegesrand begleitet. Die 19 Terrassen haben etwas typisch Europäisches, mit schmiedeeisernen Toren, die sich zu steinernen Balustraden, Skulpturen, Brunnen und unglaublich steilen Grashängen hin öffnen. Einhundert Gärtner sind in Vollzeitbeschäftigung mit der Instandhaltung der Gärten betraut.

Der Zugang zu den Hängenden Gärten der Bahai ist beschränkt. Um die tägliche Führung um 12 Uhr zu erwischen, sollte man spätestens um 11.45 Uhr da sein. Eine Reservierung ist nicht notwendig; Treffpunkt ist in der Ye'fe Nof St am oberen Ende der Gärten (links etwas die Straße hinunter; Ausschilderung beachten). Für Bahai-Pilger kann ein individueller Besuch der Gärten organisiert werden. Bei Regen wird die Anlage meist geschlossen.

Geht man auf der Ye'fe Nof St weiter bergab, gelangt man westlich der Hängenden Gärten zum **Ursula-Malbin-Skulpturengarten** (Karte S. 222; www.malbin-sculpture.com; Gan HaPesalim, HaZiyonut Blvd; ⏱ 6–18 Uhr), einem kleinen Park mit modernen Bronzeskulpturen, die vorwiegend Kinder

---

BAHAISMUS

Der erst Mitte des 19. Jhs. gegründete Bahaismus gehört zu den jüngsten Religionen der Welt. Kernpunkte des Glaubens sind Gleichheit und Einheit und die Überzeugung, dass es im Laufe der Geschichte unzählige Propheten gab, darunter keine Geringeren als Abraham, Moses, Krishna, Jesus und Buddha.

Der Ursprung dieser Glaubensgemeinschaft kann bis zu dem aus Shiraz im Iran stammenden Ali-Muhammad (1819–50) zurückverfolgt werden. 1844 erklärte er, er sei der „Prophezeite", eine Manifestation Gottes und des „Báb" (Tor), durch das Prophezeiungen verkündet würden. Der charismatische Ali hatte zwar einige Anhänger um sich geschart (die so genannten Babis), wurde später aber für seine ketzerischen Lehren verhaftet und in Tabriz durch ein Exekutionskommando hingerichtet.

Eine der Prophezeiungen des Báb war das Kommen eines „von Gott Offenbarten". 1866 verkündete ein Babi namens Mirza Hussein Ali, er sei dieser Messias und nahm, während er im berüchtigten Teheraner Gefängnis „Schwarzes Loch" saß, den Titel Baha'ullah an.

Ebenso wie die Aussagen des Báb waren auch Baha'ullahs Ankündigungen in Persien nicht gern gehört. Und so wurde er zuerst nach Bagdad, später nach Konstantinopel, nach Adrianopel und schließlich in die Sträflingskolonie Akko verbannt. In seiner Zelle in Akko widmete er sich dem Niederschreiben der Dogmen eines neuen Glaubens, dem Bahaismus, dessen Name vom arabischen Wort baha (Herrlichkeit) abstammt.

In seinen Schriften erklärte Baha'ullah, dass man nicht als Bahai geboren werde, sondern vielmehr erst im Alter von 15 Jahren entscheiden könne, ob man ein Bahai sein wolle oder nicht. Es sprach außerdem von Geschlechtergleichheit, der Einheit der Menschheit, Weltfrieden, der Notwendigkeit allgemeiner Schulpflicht und dem Einklang zwischen Religion und Wissenschaft.

Der Bahaismus hat heute geschätzte 6 Mio. Anhänger in über 75 Ländern. Nur eine Handvoll davon lebt dauerhaft in Israel, da der Baha'ullah dies als frevlerisch verurteilte. Genau genommen dürfen Bürger des Staates Israel der Religion gar nicht beitreten. Etwa 700 Freiwillige aus dem Ausland dienen im Bahai-Weltzentrum (dem administrativen und geistigen Sitz des Bahaismus). Traditionell muss jeder Bahai einmal in seinem Leben nach Haifa pilgern und die 1400 Stufen zu den Hängenden Gärten der Bahai hinaufsteigen.

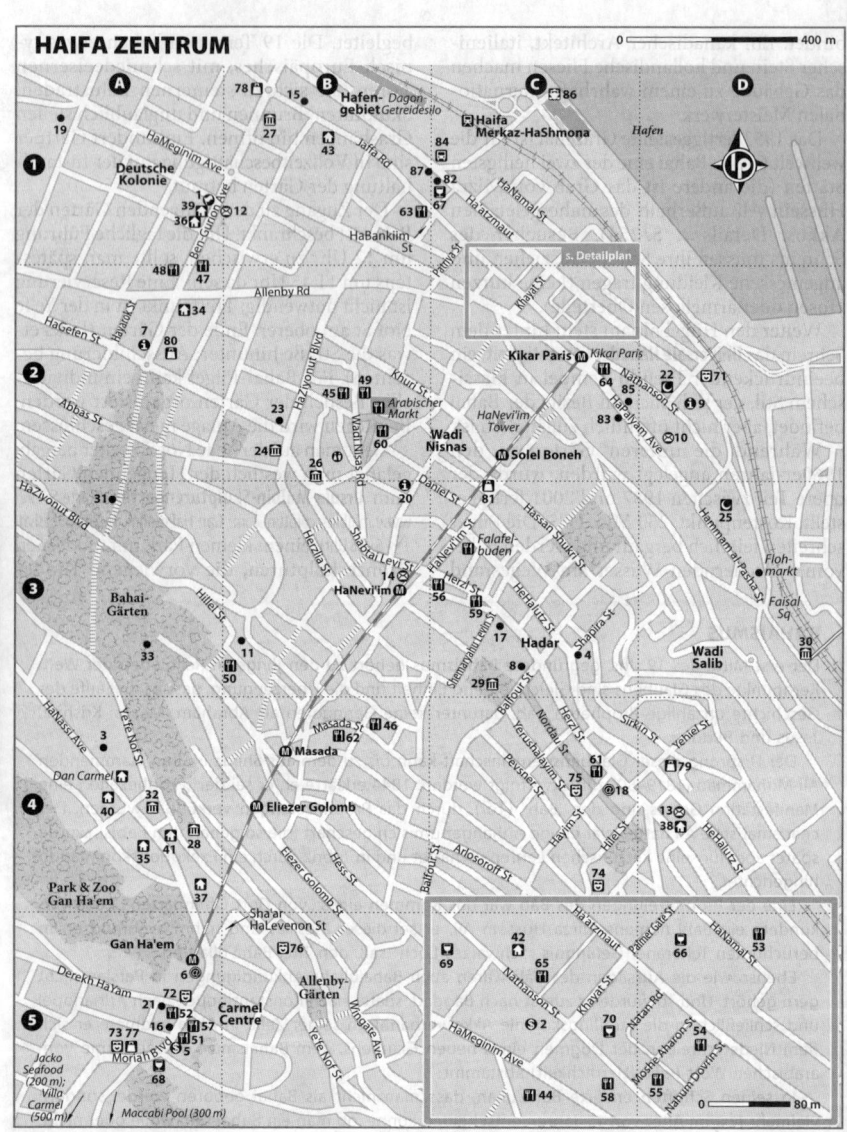

HAIFA ZENTRUM

HAIFA & DIE NORDKÜSTE

beim Spielen zeigen. Die Bildhauerin Ursula Malbin wurde in Berlin geboren und floh 1939 aus Nazi-Deutschland. Seit 1967 arbeitet sie abwechselnd in Ein Hod und in der Schweiz.

CARMEL CENTRE
Als sich Haifa Anfang des 20. Jhs. in seiner großen Phase des Wachstums schnell aus-

dehnte und die Hänge des Berg Karmel nach und nach einnahm, „bauten" Immobilienspekulanten auf die Bergkuppe. Nicht nur der Ausblick war großartig, sondern es wehte auch immer eine leichte Brise und es war hier oben immer etwas kühler als im Hafen. Das sogenannte Carmel Centre beherbergte bald eine ganze Reihe Fünf-Sterne-Hotels und hatte eine malerische, von Cafés und Boutiquen gesäumte Straße. Die Kulturszene konzentriert sich hier vor allem auf Programmkino.

Bei einem Spaziergang hinter den großen Hotels taucht der Eingang zum **Mane-Katz-Museum** (Karte S. 226; ☎ 838 3482; 89 Ye'fe Nof St; Erw./Kind 12/6 NIS; ☒ So–Mo & Mi–Do 10–16, Di 14–18, Fr 10–13, Sa bis 14 Uhr) auf. Emmanuel Mane-Katz (1894–1962) war Anfang des 20. Jhs. ein einflussreiches Mitglied der in Paris lebenden jüdischen Expressionisten und erhielt dieses Haus von der Stadt Haifa als Dank für die ihm vermachten Nachlass.

Zurück auf der HaNassi befindet sich gleich neben dem Hotel Dan Carmel das nicht ganz ins Bild passende **Tikotin-Museum japanischer Kunst** (Karte S. 226; ☎ 837 2390; www.hms.org.il; 89 HaNassi Ave; Erw./Student 29/22 NIS; ☒ Mo–Mi 10–16, Do 16–21, Fr 10–13, Sa 10–16 Uhr) mit seiner einzigartigen Sammlung fernöstlicher Arbeiten. Das Museum wurde 1957 von Felix Tikotin gegründet und beherbergt so ziemlich alles, von der buddhistischen Kunst der Schriftrollen-

gestaltung bis zur Töpferkunst und Metallverarbeitung. Auch neuere Ausstellungsstücke wie japanische Animationen und sogar Pokémons finden sich hier.

Auf der Kuppe, gegenüber der oberen Carmelit-Haltestelle, liegt der **Park Gan Ha'em** (Park der Mutter), ein erfrischendes kühles Fleckchen mit einer von Geschäften und Cafés gesäumten Arkade und einem Amphitheater, in dem im Sommer abends Konzerte stattfinden. Den nördlichen Teil des Parks beansprucht ein außerordentlich schöner kleiner **Zoo** (Karte S. 226; ☎ 837 2390; Erw./Kind 30/25 NIS; ☒ Sa–Do 9–18, Fr bis 14 Uhr), der sich mit einem Vogelhaus, einem Reptilienhaus und mehreren Gehegen mit Bären, Löwen, Affen und anderen Tieren sehen lassen kann. Außerdem treibt hier ein etwas schelmischer Pfau sein Unwesen, der unbedarfte Besucher schon mal fast über den Haufen rennt (Vorsicht!). Innerhalb des Zoos befinden sich auch **M. Stekelis Museum der Urgeschichte**, das **Biologische Museum** und das **Naturhistorische Museum**. Die Öffnungszeiten der Museen sind mit denen des Zoos identisch. Die Eintrittskarte gilt sowohl für den Zoo als auch für die Museen.

Aus der Innenstadt führt die Carmelit-U-Bahn zum Zoo.

DEUTSCHE KOLONIE

Zu jedem Besuch in Haifa gehört ein Spaziergang von der Jaffa Rd die Ben-Gurion Ave hinauf, von wo aus man, mit dem kaskadenförmigen Licht der Hängenden Gärten im Hintergrund, die Deutsche Kolonie in ihrer ganzen Pracht bewundern kann. Die Kolonie (eigentlich nur eine Straße) wurde in den 1990er-Jahren saniert und ist zur Top-Adresse für Shopping-Freunde und Feinschmecker geworden. Viele der Gebäude wurden restauriert und Schilder an den Häuserwänden erklären heute den geschichtlichen Hintergrund.

Die Kolonie wurde 1869 von der Tempelgesellschaft (nicht zu verwechseln mit den Tempelrittern) gegründet, einer christlichen Gesellschaft, deren Ziel es war, Palästina bei der Vorbereitung auf die Wiederkunft Christi zu unterstützen. Die Tempelgesellschaft baute in Palästina insgesamt sieben Kolonien auf. Durch verbesserte Transportmethoden, Technologie und landwirtschaftliches Wissen trugen sie Ende der ersten Dekade des 20. Jhs. einen wichtigen Teil zur Entwicklung des Landes bei.

Die Kolonie war gekennzeichnet durch attraktive Steinhäuser mit steilen roten Schindeldächern. Baha'ullah, der Gründer des Bahai-Glaubens, war tief davon beeindruckt und Kaiser Wilhelm II. besuchte sogar 1898 die Kolonie. Bis zum Zweiten Weltkrieg wurde sie von Deutschen bewohnt, die dann von den Briten der Kollaboration mit den Nazis verdächtigt und verbannt wurden.

In der Nähe des unteren Endes der Ben-Gurion Ave befindet sich das **Stadtmuseum Haifa** (Karte S. 226; ☎ 851 2030; 11 Ben-Gurion Ave; Erw./Kind 20/10 NIS; ☻ Mo, Mi & Do 10–16, Di 16–20, Fr 10–13, Sa 10–15 Uhr), in dem wechselnde Ausstellungen einheimischer Künstler zu sehen sind. Das Gebäude war einst ein Sitzungssaal und wurde später zu einer Schule umfunktioniert.

HADAR

Hadar ist das geschäftigste kommerzielle Zentrum Haifas und nimmt mit seinen unzähligen Geschäften und Restaurants einen flachen Ausläufer des Karmel zwischen dem Carmel Centre und dem Hafen ein. Viele Neuerungen wurden in diesem Viertel

durchgesetzt und so sind einige Straßen nur noch für Busse befahrbar. Aufgrund der starken russischen Präsenz fühlt sich die Fußgängerzone **Nordau St** wie eine Miniaturvariante des Moskauer Arbat an.

Ein elegantes Bauwerk sticht in dieser Gegend besonders hervor. Das Gebäude wurde in den 1920er-Jahren als interessante Mischung eines europäischen Orientalismus erbaut und beherbergt das **Nationalmuseum der Wissenschaften, Planung & Technologie** (Karte S. 226; ☎ 862 8111; www.netvision.net.il/inmos; Technion Bldg, Shemaryahu Levin St, Hadar; Erw./Kind 50/25 NIS; ☻ Mo & Mi 10–16, Do bis 19, Fr bis 14, Sa bis 18, So 12–16 Uhr). Das Museum ist auch unter dem Namen Technodea bekannt. Es setzt auf interaktive Exponate, von denen es über 250 Stück ausstellt, und ist vor allem für Kinder ein großartiger Ort.

WADI NISNAS

Die engen Gassen, die sandfarbene, blockartige Bauweise und der geschäftige Straßenmarkt haben hier, in einem der ältesten Viertel der Stadt, das Flair des Nahen Ostens bewahrt. Am eindrucksvollsten erlebt man Wadi Nisnas, wenn man vom Kunstmuseum Haifa den Hügel hinuntergeht, über den arabischen Markt schlendert und dort einen Halt einlegt, um sich eine Falafel zu genehmigen oder um mit den Einheimischen zu plaudern. Im Dezember und Januar findet hier ein einzigartiges Festival statt (www.haifahag.co.il, hebräisch), bei dem Chanukkah, Weihnachten und der Ramadan gefeiert werden.

Im Wadi ist unter freiem Himmel auch Kunst im öffentlichen Raum zu bewundern. Einige der über 100 Werke sind besonders groß und ziehen die Aufmerksamkeit des Betrachters sofort auf sich (vor allem am oberen Ende der Wadi Nisnas St). Andere Stücke sind klein und in den Seitenstraßen versteckt, sodass die Besucher die Augen offen halten müssen. Auffallen werden dabei sicherlich auch kleine, gelbe Tauben, die auf den Boden aufgemalt sind. Dies ist der Wegweiser für den „Weg des Zusammenlebens", eine Art selbstgeführter Rundgang durch das Viertel. Leider ist der Spaziergang schlecht organisiert und nicht auf Englisch ausgeschildert. Dennoch vermittelt der Pfad ein wenig vom Flair der Gegend.

Das **Kunstmuseum Haifa** (Karte S. 226; ☎ 911 5991; www.hms.org.il; 26 Shabtai Levi St; Erw./Senior/Kind 29/14,50/22 NIS; ☻ Mo, Mi & Do 10–16, Di 16–20, Fr 10–13,

Sa 10–15 Uhr) ist ein Museum für moderne Kunst mit wechselnden Multimediaausstellungen einheimischer Künstler. Mit demselben Ticket (drei Tage gültig) kommt man auch ins Stadtmuseum und das Tikotin-Museum japanischer Kunst.

Einen Block westlich des Kunstmuseums, an der Ecke Herzlia St, befindet sich das **Chagall Artists' House** (Karte S. 226; ☎ 852 2355; 24 HaZiyonut Blvd; Eintritt frei; ☒ So–Do 9–13 & 16–19, Sa 10–13 Uhr), das die Arbeiten zeitgenössischer israelischer Künstler ausstellt. Weiter auf dem HaZiyonut Blvd kommt man, an der Ecke HaGefen St, zum **jüdisch-arabischen Zentrum Beit HaGefen** (Karte S. 226; ☎ 852 5252), das gemeinsame soziale Aktivitäten von jüdischen und arabischen Israelis finanziell unterstützt. Ein Besuch lohnt sich. Im Programm kann man nachschauen, ob gerade ein soziales Event oder Lesungen geplant sind.

STADTZENTRUM & HAFENGEBIET

Fast während des gesamten 20. Jhs. war das Stadtzentrum Haifas ein lebendiges Viertel mit Geschäften, Restaurants und lokal ansässigen Unternehmen. Dies änderte sich in den 1980er-Jahren, als riesige Shoppingmalls außerhalb der Stadt gebaut wurden, die einen Großteil des Handels der Innenstadt in den Ruin trieben. Mittlerweile wurde das Zentrum an einigen Stellen saniert. Vor allem im Hafengebiet hat die Stadtverwaltung in die kosmetische Verschönerung investiert. Bei Tag lohnt sich ein Spaziergang entlang der Jaffa Rd (die meisten Läden schließen um 17 Uhr). Der beste Zeitpunkt für einen Besuch ist der Freitagnachmittag, wenn der Kunsthandwerksmarkt am Kikar Paris Künstler aus der ganzen Region anzieht.

Die ältesten Gebäude der Stadt sind in dieser Gegend zu finden. Etwa 100 m östlich des Kikar Paris kommt die etwas baufällige **Al-Kebir-Moschee** (Großartige Moschee) in Sicht, die kurioserweise ein sehr untypisch islamisches Minarett hat, das dem Glockenturm einer englischen Provinzkirche verdächtig ähnlich sieht. Nicht weit davon steht die besser in Stand gehaltene, typisch osmanische **Esteklayl-Moschee** (Unabhängigkeitsmoschee), die immer noch für Gottesdienste genutzt wird.

Im alten Ostbahnhof Haifas ist heute das **Eisenbahnmuseum** (Karte S. 226; ☎ 856 4293; Faisal Sq; Erw./Student 8/6 NIS; ☒ So, Di & Do 9–12 Uhr) mit einer Sammlung von Briefmarken, Fotografien, Fahrkarten und -plänen und Schienenfahr-

zeugen untergebracht. Alte Fahrpläne erinnern daran, dass es eine Zeit gab, in der man von hier gen Süden bis nach Kairo oder gen Norden bis nach Beirut oder Damaskus fahren konnte. Das Museum befindet sich links auf der HaPalyam Ave, ein paar Gehminuten von der Moschee entfernt.

Das auffälligste Wahrzeichen des Hafengebiets ist das riesige **Dagon-Getreidesilo** (Karte S. 226; ☎ 866 4221; Plummer Sq), ein festungsähnliches, aus dem Jahr 1955 stammendes Bauwerk in der Ha'atzmaut St. Die Anlage beherbergt ein **Museum** (Eintritt frei; ☒ So–Fr 10.30–11 Uhr), in dem jeder, der sich für das zweitälteste Gewerbe der Welt interessiert, bei einer Führung etwas über den Anbau, die Lagerung und die Verteilung von Getreide lernen kann. Das Museum ist nur eine halbe Stunde geöffnet. Pünktlichkeit ist also Pflicht.

MARITIME MUSEEN

Gegenüber der Straße von Bat Galim und etwa 2 km westlich der Deutschen Kolonie befinden sich einige Museen und eine der heiligsten Stätten Israels.

Das **Museum über geheime Einwanderung & Marinemuseum** (Karte S. 222; ☎ 853 7672; www.amuta yam.org.il; 204 Allenby Rd; Erw./Kind 15/10 NIS; ☒ So–Do 8.30–16 Uhr) hört sich vielleicht etwas fade an, ist aber eigentlich recht faszinierend und lohnt einen Besuch. Es befasst sich mit Erfolg und Misserfolg der zionistischen Versuche der 1930er- und 1940er-Jahre, illegal in das von den Briten besetzte Palästina zu gelangen. Das Herzstück des Museums (buchstäblich, denn das Gebäude wurde drum herum gebaut) ist ein Boot, das *Af-Al-Pi-Chen* (hebräisch für „trotzdem"), in dessen Frachtraum 1947 434 Flüchtlinge versuchten, Palästina zu erreichen. Das Boot wurde von den Briten abgefangen und die Passagiere in Internierungslager auf Zypern gebracht. Das Museum erzählt auch die Geschichte der berühmten *Exodus*, eines Schiffs, das mit seinen 4500 Passagieren gezwungen wurde, nach Deutschland zurückzukehren. Und die der *Struma*, die vor der Küste Istanbuls sank. Bis auf einen einzigen Überlebenden fanden alle der 767 Passagiere den Tod.

Das benachbarte **Nationale Schifffahrtsmuseum** (Karte S. 222; ☎ 853 6622; 198 Allenby Rd; Erw./Kind 29/22 NIS; ☒ Mo–Mi 10–16, Do 16–21, Fr 10–13, Sa 10–15 Uhr) behandelt die Geschichte der Schifffahrt im Mittelmeerraum. Teil der Sammlung sind alte Karten, alte Modellschiffe, Navigationsausrüstung und allerlei Krimskrams gesunkener Schiffe. Für 45 NIS gibt's ein Kombiticket für dieses Museum, das Kunstmuseum Haifa und das Tikotin Museum japanischer Kunst.

HÖHLE DES ELIJA

Die **Höhle des Elija** (Karte S. 222; ☎ 852 7430; Eintritt frei; ☼ So– Do 8–17, Fr bis 12.45 Uhr) ist für alle drei Religionen ein heiliger Ort. Hier soll sich der Prophet Elija vor König Ahab und der Königin Isebel versteckt haben, nachdem er die 450 Baalspriester erschlagen hatte (Könige 1,17–19). Es heißt, er habe hier bei seiner Rückkehr aus dem Exil eine Schule gegründet. Der christlichen Tradition nach hat die Heilige Familie auf ihrer Rückkehr aus Ägypten ebenfalls an diesem Ort Unterschlupf gefunden, was den alternativen christlichen Namen „Höhle der Madonna" erklärt. Die Höhle nur in angemessener Kleidung betreten!

Obwohl die Höhle vor 1948 eine Elija gewidmete Moschee mit dem Namen Khadar war („der Grüne Prophet"; islamischer Beiname Elijas), ist die steinerne Kammer heutzutage meist voller betender, ultraorthodoxer Juden (Charedim). Der Garten vor der Höhle ist für die einheimischen arabischen Christen ein beliebter Platz zum Picknicken.

Die Höhle befindet sich gegenüber dem Nationalen Schifffahrtsmuseum und ist über eine enge Treppe zu erreichen. Angefahren werden die Höhle und das Museum von den Bussen 5, 26, 43, 44, 45 und 47. Der Pfad, der an der Höhle des Elija vorbeiführt, verläuft über einen starken Anstieg zum Karmeliterkloster hinauf (die Tour am besten in umgekehrter Reihenfolge machen, dann geht's bergab).

KARMELITERKLOSTER STELLA MARIS & SEILBAHNEN

Die Karmeliter sind ein katholischer Orden, der im späten 12. Jh. gegründet wurde, als eine Gruppe von Kreuzrittern, vom Propheten Elija inspiriert, sich für ein hermetisch abgeschottetes Leben an der Westseite des Berges Karmel entschloss. Die gewünschte Einsamkeit war ihnen allerdings nur selten vergönnt, da im Laufe der Jahrhunderte die Karmeliter von den Muslimen immer wieder verfolgt wurden und oft ihre Klöster verlassen mussten. Bisweilen waren sie aber auch selbst an ihrem Unglück beteiligt, beispielsweise als sie 1799 Napoleon während seines Feldzugs gegen die Türken ihre Gastfreundschaft anboten. Die Franzosen verloren die Schlacht um die Region – und die Karmeliter verloren ihr Kloster.

Das jetzige Kloster und die Kirche, die über der Höhle des Elija erbaut sind, stammen aus dem Jahr 1836 und wurden errichtet, nachdem die vorherigen Gebäude 1821 von Abdallah, Pascha von Akko, zerstört worden waren.

Ein Besuch der **Kirche** (Karte S. 222; ☎ 833 7758; ☼ 6–12 & 15–18 Uhr) lohnt sich aufgrund ihrer wunderschön bemalten Decke. Die Malereien zeigen Elija und den berühmten Feuerwagen (in dem er zum Himmel emporfuhr), König David mit seiner Harfe, die Ordensheiligen, die Propheten Jesaja und Ezechiel und die Heilige Familie mit den vier Evangelisten. Ein kleines, angrenzendes **Museum** stellt Überbleibsel ehemaliger Klöster aus, die aus der Zeit des Byzantinischen Reichs und der Kreuzritter stammen.

Die Pyramide im Garten, gleich beim Eingang der Kirche, ist das **Grab der französischen Soldaten**. Es erinnert an alle, die während Napoleons Feldzug ihr Leben verloren.

Um zum Kloster zu gelangen, Bus 115 von Hadar oder Bus 99 vom Carmel Centre aus nehmen. Es gibt auch eine **Seilbahn** (Karte S. 222; ☎ 833 5970; einfache Strecke/hin & zurück 19/22 NIS; ☼ 10–18 Uhr), die von der Bat-Galim-Promenade, nicht weit von der Höhle und den Museen, zum Kloster hinauffährt. Der Ausblick aus der Seilbahn ist nicht so gut wie der vom Aussichtspunkt oben auf der Stella Maris Rd. An einem heißen Tag verzichtet man aber sicher gerne darauf, den Hügel des Klosters zu Fuß zu erklimmen.

UNIVERSITÄT HAIFA

Einer der besten Orte Israels für höhere Bildung ist die **Universität Haifa** (☎ 824 0111; www.haifa.ac.il; Berg Karmel), 5,5 km südlich vom Carmel Centre entfernt. Hier werden alle akademischen Gebiete abgedeckt, der Schwerpunkt liegt aber auf den Geisteswissenschaften. „Höhere Bildung" ist hier gleich doppelt richtig, denn die Universität schmiegt sich spektakulär an den Gipfel des Berges Karmel und bietet einen tollen Blick auf Haifa und weit darüber hinaus. Am besten lässt sich das Panorama von der Aussichtsplattform im 27. Stock des **Eshkol-Turms** genießen, der vom berühmten brasilianischen Architekten Oscar Niemeyer entworfen wurde.

Im Untergeschoss des Eshkol-Turms ist das beeindruckende **Reuben & Edith Hecht Museum** (☎ 825 7773; www.mushecht.haifa.ac.il; Eintritt frei; ☺ So–Mo & Mi–Do 10–16, Di bis 19, Fr bis 13, Sa bis 14 Uhr) untergebracht, das eine ausgezeichnete Sammlung archäologischer Artefakte beherbergt, die aus der Zeit der jüdischen Geschichte vor der Diaspora stammen. Zu sehen sind zahlreiche alte Töpferwaren, Waffen und sogar ein Paar 2100 Jahre alter Mini-Sandalen. Das Highlight des Museums ist ein griechisches Schiff aus dem 5. Jh. v. Chr., das 1984 in der Nähe von Caesarea gefunden wurde. Es wurde sorgfältig wieder aufgebaut und hat nun seinen Platz im eigens dafür errichteten Anbau des Museums. Ein Flügel des oberen Stockwerks ist der Kunst der französischen Impressionisten und der jüdischen Kunst aus dem 19. und 20. Jh. gewidmet. Zu den Ausstellungsstücken gehören Bilder von Claude Monet, Camille Pissarro und Vincent van Gogh.

In der Nähe des Eshkol-Turms steht in einem **Freiluft-Museum** eine Sammlung alter Gebäude, die aus anderen Teilen Israels hierher gebracht und wieder aufgebaut wurden. Dazu gehören mehrere Gebäude aus der Wüste Negev und eine Ölpresse aus Kastra an der Karmelküste.

Es gibt, allerdings nur bei Voranmeldung, geführte Touren durch die Universität; telefonische Reservierung unter ☎ 824 0097.

Zur Universität fährt Bus 37a außerhalb des Carmel Centre ab bzw. Bus 46 vom Bahnhof Hof HaCarmel.

CARMEL HAI BAR

Das **Carmel Hai Bar** (☎ 823 1452; Erw./Kind 20/9 NIS; ☺ 8–16 Uhr) ist ein intaktes Tierschutzgebiet, in dem Wildziegen, Steppenschafe und Rotwild gezüchtet und überwacht werden, bis sie in die Freiheit entlassen werden können. Der Eingang ins Reservat befindet sich an der Rte 672, etwa 300 m hinter der Universität. Es empfiehlt sich, vorher anzurufen, da die Öffnungszeiten unregelmäßig sind.

Aktivitäten
STRÄNDE & SCHWIMMBÄDER

Es sind vielleicht nicht gerade Pipelines, Surfer können am **Bat-Galim-Strand** (Karte S. 222; www.batgalim.org.il) aber sicher die eine oder andere Welle erwischen. Der östlichste Break, Backdoor genannt, bricht links und rechts zwischen zwei Wellenbrechern. Der westlichste Break, der Galshanim-Strand, ist bei Windsurfern und Kiteboardern sehr beliebt. Er liegt in der Nähe der Talstation der Stella-Maris-Seilbahn. Beide Stellen sind im Winter am besten. **Sport X** (☎ 853 3844; ☺ Mo–Sa 9–17 Uhr) ist ein kleiner Surfshop am Galshanim, der Kitesurf-Ausrüstung verleiht (150 NIS/Tag) und auch Kurse anbietet (200 NIS). Die beiden Breaks sind über eine Strandpromenade miteinander verbunden.

Wer in Haifa wirklich die Sonne anbeten will, der sollte dazu zum weitaus schöneren **Hof-HaCarmel-Strand** fahren, in der Nähe des Bahnhofs Hof HaCarmel im Süden der Stadt. Der Strand hat eine einladende Promenade und einige Restaurants und Cafés, von denen die vornehmeren Steak und Meeresfrüchte servieren. Samstags gibt es hier **volkstümliche Tänze** (☺ Feb.–Juni 11 Uhr, Juli–Jan. 19 Uhr). Züge von Haifa Merkaz fahren alle 20 Minuten für 5 NIS dorthin. Die Strände **Zamir** und **Dado** nördlich des Hof HaCarmel sind auch recht sauber.

Der **Maccabi-Pool** (☎ 838 8341; 19 Bikkurim St; Eintritt 45 NIS) hat zwei beheizte Becken und einen Fitnessraum. Von der Gan-Ha'em-U-Bahnstation die HaNassi Ave hinaufgehen, bis sie in die Bikkurim St übergeht. Einige der großen Hotels, z. B. das Dan Carmel, öffnen ihre Schwimmbäder gegen eine Gebühr von 50 bis 80 NIS auch für Nicht-Gäste.

KUNST & ZEICHNUNGEN

Künstler, Kunstinteressierte und gesellige Menschen treffen sich einmal die Woche in einem Atelier im Hafengebiet, um Aktbilder zu zeichnen. Wer sich in dieser Gesellschaft nicht unwohl fühlt, sollte sich hier unbedingt unter die jungen Einheimischen mischen und die lokale Szene kennenlernen. Das Event findet für gewöhnlich montags statt, und Besucher sind immer willkommen. Man kann Getränke kaufen und es wird ein Unkostenbeitrag von 10 NIS erhoben. Ansprechpartner für weitere Details ist **Shahar Sivan** (☎ 052-567 0505; shaharsivan@gmail.com).

NOCH MEHR AKTIVITÄTEN

Wer gerne reitet, der sollte die **Reitställe Bet Oren** (☎ 830 7243; ☺ So–Do 9–17 Uhr) besuchen, wo für 100 NIS pro Stunde Ausritte angeboten werden (Gruppenpreise günstiger). Bet Oren liegt 20 Autominuten südlich von Haifa, etwas abseits der Straße nach Daliyat al-Karmel.

Adrenalinjunkies versuchen sich im **Fallschirmspringen** (☎ 639 1068; www.paradive.co.il) am

HAIFA & DIE NORDKÜSTE

SABBAT-PROGRAMM FÜR HAIFA

Wer gut plant, wird auch während des allwöchentlichen Stillstands am Sabbat kaum eine Beeinträchtigung seines Aufenthalts in Haifa spüren. Gleich vorab: Nicht die komplette Stadt steht still, da ein Viertel Haifas arabisch ist und das Leben hier ganz normal weitergeht. Und auch die liberale Stadtverwaltung erleichtert einem den Besuch, indem einige Sehenswürdigkeiten trotzdem geöffnet sind und auch öffentliche Verkehrsmittel weiterhin fahren – auch wenn alles etwas später beginnt, so gegen 9.30 Uhr.

Für einen Besuch des Bahai-Schreins des Báb, der Hängenden Gärten der Bahai, eines Museums oder des Zoos ist der Samstag genauso gut geeignet wie jeder andere Tag auch. Der arabische Markt und die Lebensmittelgeschäfte in Wadi Nisnas bleiben geöffnet; ebenso manche Falafel-stände, Bäckereien und die Cafés in der HaNevi'im St und der HeHalutz St in Hadar.

Einen wirklich ereignisreichen Tag erlebt der, der es dem Großteil der Bewohner Haifas gleichtut und einen Tagesausflug in die Umgebung macht. Im Süden kann man Zichron Ja'akow und Ein Hod besuchen; samstags geht es an beiden Orten besonders lebhaft zu. In östlicher Richtung lohnt ein Abstecher nach Daliyat al-Karmel, wo man beim Shoppen auf dem weitläufigen Straßenmarkt mit allerlei Krimskrams viele Israelis trifft. In der Gegend liegen auch Mukhraqas Karmeliterkloster St. Elija, Beit She'arim und Megiddo. Ohne ein eigenes Auto kommt man schlecht voran. Unbedingt also schon am Freitag vor Sabbat einen Wagen mieten. Nach Akko gelangt man etwas einfacher, da es durch ein *sherut* (Sammeltaxi) mit Haifa verbunden ist.

Wenn das alles nichts hilft, rettet einen nur noch eine Tube Sonnencreme mit hohem Lichtschutzfaktor und ein Tag am Strand von Dor oder Akhziv. Der Hof-HaCarmel-Strand erfreut sich samstags auch großer Beliebtheit, und zum Abschluss des Sabbat werden hier volkstümliche Tänze aufgeführt.

Hof HaBonim, südlich von Haifa. Ein Tandemsprung kostet 1290 NIS (Fr & Sa) bzw. 1190 NIS (Mi & Do).

Sporttaucher können mit dem **Ze'ev Hayam Diving Club** (☎ 832 3911, 866 2005; Fischereihafen Kishon) die Tauchstellen abseits der Küste erkunden. Es werden siebentägige PADI-Tauchkurse angeboten (320 US$) und von April bis Oktober gibt es auch Tauchgänge für zertifizierte Taucher.

Kurse

Beit Erdstein Ulpan (Karte S. 226; ☎ 050-957 1771, 862 1044; 20 YL Peretz St) An einem Tag in der Woche werden von 17 bis 20 Uhr Sprachkurse in Hebräisch angeboten. Die Kursgebühr beträgt 560 NIS pro Monat und die Kurse dauern für gewöhnlich sechs Monate.

Ulpan der Universität Haifa (☎ 054 279 5649; www.uhaifa.org) Ein vierwöchiger Intensivsprachkurs in Hebräisch an der renommierten Universität kostet 850 US$; unterrichtet wird 5,5 km südlich des Carmel Centre.

Matnas Hadar (☎ 860 7785; tveria15@gmail.com; 29 Yerushalayim St) Bietet dreimonatige Arabischkurse für 390 NIS an, die einmal wöchentlich für zwei Stunden stattfinden.

Ulpan Aba Hushi (☎ 856 7643; orly@jafi.org; 131 HaMeginim Rd) Fünfmonatige Hebräisch-Intensivkurse für 3000 NIS. Die Kurse finden an fünf Tagen die Woche statt; im Ulpan gibt es auch Schlafsäle.

Geführte Touren

Die Haifa Tourism Development Association hat einige Tagestouren im Programm. Mittwochs gibt's eine sechsstündige Karmeltour nach Ein Hod, Zichron Ja'akow und Caesarea. Auch die Tour nach Akko, die donnerstags stattfindet, dauert sechs Stunden. Freitagmorgens wird eine vierstündige Tour durch Haifa angeboten, die auch die Hängenden Gärten der Bahai mit einschließt. Samstags steht ein achtstündiger Trip nach Nazareth und an den See Genezareth auf dem Programm. Touren kosten 140 NIS pro Person. Reservieren kann man einen Tag im Voraus über die Touristeninformation (S. 224).

Schlafen

Haifa hat im Carmel Centre zwar unzählige Spitzenklasseoptionen, budgetfreundliche Unterkünfte liegen aber weniger zentral und sind auch nicht sehr zahlreich. Immer im Voraus anrufen, um ein Zimmer zu reservieren, vor allem im Juli und August, wenn ein plötzlicher Ansturm von Bahai-Pilgern die Situation mau aussehen lassen kann.

BUDGETUNTERKÜNFTE

LP Tipp **Port Inn** (Karte S. 226; ☎ 852 4401; www.portinn. co.il; 34 Jaffa Rd; B ohne/mit Frühstück 70/95 NIS, EZ/DZ ohne

Bad 180/250 NIS, EZ/DZ/3BZ mit Bad 210/300/390 NIS; ⊠ ▢ �ⓢ) Aus gutem Grund zieht das Port Inn Haifa Traveller auf Sparkurs magisch an. Die Pension hat einen einladenden Eingangsbereich, einen gemütlichen Aufenthaltsraum, eine Küche und Wäscheservice. Beim Frühstück mit Eiern, Müsli und frischen Fürchten (alles von der freundlichen Eigentümerin Rachel und ihrem Mann Rami zubereitet) kann man prima andere Traveller kennenlernen. Die Zimmer sind sauber und einfach eingerichtet, mit nettem Bettzeug und tadellosen Badezimmern. Das allerbeste aber ist die Lage: mitten in der Innenstadt mit einfachem Zugang zum Bahnhof, zur U-Bahn, zum Bus und zum Nachtleben.

Baloutin Rosa (Karte S. 226; ☎ 054 746 8844; 49 Ben-Gurion Ave; EZ/DZ/3BZ 150/250/300 NIS; ⊠) Die Eigentümer dieser Privatunterkunft in der Deutschen Kolonie haben bei sich zu Hause einen Platz für Gäste geschaffen. Glamourös ist es nicht gerade, die Lage in einer der angesagten Straßen nahe den Bahai-Gärten ist aber klasse. An der Rückseite des Gebäudes die Treppen hochgehen, dann findet man die Eingangstür. Der Ehemann, Walid, spricht Englisch und Französisch.

St. Charles Hospice (Karte S. 226; ☎ 855 3705; www. pat-rosary.com; 105 Jaffa Rd; EZ/DZ/4BZ inkl. Frühstück 45/80/140 US$; Ⓟ ⊠ ▢ ⓢ) Vom Lateinischen Patriarchat verwaltet und vom katholischen Orden der Rosary-Schwestern betrieben. St. Charles ist ein wunderschönes Gebäude mit einem bezaubernden Garten hinter dem Haus. Die Zimmer sind einfach, aber gut ausgestattet, und manche haben sogar eine eigene Dusche. Das Tor ist oft abgeschlossen, und man muss klingeln, um hineinzukommen. Sperrstunde ist um 23 Uhr, deshalb sollten alle, die erst spät einchecken, vorab eine E-Mail schicken.

Haddad (Karte S. 226; ☎ 772010618; www.haddad guesthouse.com; 26 Ben-Gurion Ave; EZ/DZ inkl. Frühstück 200/250 NIS; ⊠ ⓢ) Die elf Zimmer dieses Mini-Hotels sind zwar klein, aber sauber. Das Management ist freundlich und es gibt einen Wäscheservice (40 NIS/Ladung). Die Unterkunft an sich ist nüchtern und schmucklos, die Lage mitten in der Innenstadt ist aber optimal.

Molada Guest House (Karte S. 226; ☎ 838 7958; www. rutenberg.org.il; 82 HaNassi Ave; EZ/DZ/3BZ inkl. Frühstück 60/76/114 US$; ⊠ ▢ ⓢ) Die vom Rutenberg Institute for Youth Education betriebene äußerst schlichte Pension hat große Zimmer mit Einzelbetten, einem Schreibtisch und Warmwasserduschen. Sie ist dafür eingerichtet, Studenten zu beherbergen – und deshalb fühlt man sich fast wie im Schullandheim, Gemeinschaftsküche und Aufenthaltsraum natürlich inklusive. Die Rezeption (9–15 Uhr) befindet sich in derselben Straße im Beth-Rutenberg-Gebäude (79 HaNassi Ave). Nach Türschluss kann man einfach an der Tür klingeln, um reinzukommen. Gäste, die mindestens zwei Nächte bleiben, werden bevorzugt. Am besten vorher telefonisch oder per E-Mail reservieren. Die Pension liegt etwas versteckt in einer Einfahrt gegenüber dem Dan Carmel Hotel.

Stella Maris Hospice (Karte S. 222; ☎ 833 2084; stela ma@netvision.net.il; Karmeliterkloster; EZ/DZ inkl. Frühstück 60/80 US$; ⊠ ▢) Es ist vielleicht nicht gerade die komfortabelste Unterkunft Haifas, das Stella Maris Hospice hat dafür jede Menge altertümlichen Charme und einen wunderschönen Ausblick über die Bucht. Die Herberge wird vom Orden der Karmeliter unterhalten und ist vor allem auf christliche Pilger ausgelegt. Es gibt aber genügend Platz für unabhängige Traveller, denen die einfachen Zimmer, die sterile Atmosphäre und die Sperrstunde um 23 Uhr nichts ausmachen. Die Busse 26, 30, 31, 99 und 115 halten in der Nähe der Herberge. Am Tor klingeln, um eingelassen zu werden.

MITTELKLASSEHOTELS

Beth Shalom Hotel (Karte S. 226; ☎ 837 7481; www. beth-shalom.co.il; 110 HaNassi Ave; EZ/DZ/3BZ inkl. Frühstück 80/100/132 US$; ⊠) Die im Carmel Centre gelegene einfache, aber komfortable „evangelikale Pension" hat 30 helle, saubere und schön renovierte Zimmer mit Parkettböden. Ein gemütlicher Ort mit Garten und einer kleinen Bibliothek. Es gibt ein schönes Wohnzimmer und als Extra den ganzen Tag über warme und kalte Getränke. Vom Stadtzentrum die U-Bahn nehmen.

Colony Hotel Haifa (Karte S. 226; ☎ 851 3344; www. colony-hotel.co.il; 28 Ben-Gurion Ave; EZ/DZ inkl. Frühstück 112/125 US$; ⊠ ▢ ⓢ) Ein frisches Hotel (2009 eröffnet) mit fairen Preisen, mitten im Herzen der Deutschen Kolonie. Die 40 Zimmer sind modern hergerichtet und vom Dach hat man einen fabelhaften Ausblick auf die Gärten der Bahai.

Gallery Hotel (Karte S. 226; ☎ 861 6161; www.haifa. hotelgallery.co.il; 61 Herzl St; EZ/DZ inkl. Frühstück 120/140 US$; ⊠ ▢ ⓢ) Bringt Stil nach Hadar.

HAIFA & DIE NORDKÜSTE

Die modernen Zimmer in dem neuen Hotel haben einen geschmackvollen, künstlerischen Touch und sind von in Haifa ansässigen Künstlern gestaltet. Sie sind zwar klein, sonst aber angenehm und schön möbliert.

SPITZENKLASSEHOTELS

Nof Hotel (Karte S. 226; ☎ 835 4311; www.inisrael.com/nof; 101 HaNassi Ave; EZ/DZ inkl. Frühstück ab 132/147 US$; ❌ ▢ 🛜 🛌) Das Nof gehört zu einer Reihe von klobigen Hotels, die das Bild der Bergkuppe bestimmen. Zwar mangelt es hier an Eleganz, die Aussicht aus den oberen Stockwerken auf die Bucht von Haifa ist dafür unschlagbar. Neben anderen Annehmlichkeiten gibt es einem Wellnessbereich und ein chinesisches Restaurant. Die hier aufgeführten Preise gelten für die älteren Zimmern. Die renovierten kosten etwa 20 % mehr.

Dan Panorama Hotel (Karte S. 226; ☎ 835 2222; www.danhotels.co.il; 107 HaNassi Ave; EZ/DZ inkl. Frühstück 211/224 US$; ❌ ▢ ▢ 🛌) Das Panorama ist optimal gelegen, mitten im Herzen des Carmel Centre, und hat so ziemlich alles im Programm. Dazu gehören u. a. ein Schwimmbad, ein Fitnessstudio und eine Sauna. Die Zimmer sind geschmackvoll eingerichtet, haben allerdings keinen Balkon. Wer mehrere Tage bleibt, kann unter Umständen einen Rabatt aushandeln.

Villa Carmel (abseits der Karte S. 226; ☎ 837 5777; www.villacarmel.co.il; 30 Heinrich Heine St; Zi. inkl. Frühstück 250 US$; ❌ ▢ 🛜 🛌) Dieses herrliche Boutiquehotel mit seinen 16 Zimmern liegt ganz friedlich oben auf dem Berg, inmitten von Pinien und Zypressen, und liegt nur zehn Gehminuten von den Restaurants und Geschäften des Carmel Centre entfernt. Die Zimmer sind hypermodern. Jedes ist individuell entworfen und mit einem großen Flachbildschirm ausgestattet. Außerdem hat das Hotel einige sehr gute Extras, beispielsweise eine Dachterrasse, einen Whirlpool und eine Sauna.

Essen

Die Restaurantszene von Haifa ist in den letzten Jahren deutlich besser geworden, nicht zuletzt, da sich die Ben-Gurion Ave zum Treffpunkt für Nachtschwärmer schlechthin gemausert hat. Fisch und typische Gerichte des Nahen Ostens sind hier beliebt, dennoch findet man auch einige anständige asiatische Restaurants und die übliche Bandbreite an hervorragenden Cafés.

HAFEN- & STADTGEBIET

In dieser Gegend gibt es sowohl lang etablierte als auch neue, aufstrebende Restaurants. Leider haben viele der Essensoptionen nur mittags geöffnet, sodass es hier abends recht öde sein kann. Wer im Port Inn (S. 232) übernachtet und selbst kochen will, kann sich im Supersol am Paris Square rund um die Uhr mit Zutaten eindecken (außer am Sabbat).

Restaurants

Yan Yan (Karte S. 226; ☎ 866 0022; 28 Jaffa Rd; Hauptgerichte 35–50 NIS; ☽ 12–23 Uhr) Im Stadtzentrum tischen freundliche Bedienungen hervorragende chinesische und vietnamesische Speisen auf. Der chinesische Mittagstisch kostet 39,50 NIS und abends gibt's für 49 NIS ein „All you can eat"-Special. Mitnahmepreise sind billiger, was ideal für die Gäste des nahe gelegenen Port Inn ist.

LP Tipp **Mayan Habira** („Bierbrunnen"; Karte S. 226; ☎ 862 3193; 4 Nathanson St; Gerichte 40–60 NIS; ☽ Mi–Mo 10–17, Di bis 24 Uhr) Im Rahmen der Recherche für diesen Band haben wir hier an einem Dienstagabend wirklich ganz schön gefeiert … Das recht starke Bier floss kontinuierlich, die Massen an Fleisch, die aufgetischt wurden, nahmen scheinbar kein Ende und die Rockabilly-Band ließ die Gäste um die Tische tanzen! Es ist nicht einfach, es an einer Sache festzumachen, was genau diesen Ort ausmacht. Das Essen jedoch muss in jedem Falle hervorgehoben werden. Es gibt jüdisches „Soul food", klassische osteuropäische Gerichte wie Kalbsfuß in Aspik, Gefilte Fisch, gehackte Leber und *petshai* (gekochter Kalbsfuß). Auch empfehlenswert sind die Kreplach, mit Fleisch gefüllte Teigtaschen, die liebevoll „jüdische Wan Tan" genannt werden. Wer es zur Party am Dienstagabend schafft, sollte wissen, dass die Band nicht vor 20.30 Uhr zu spielen beginnt.

Hanamal 24 (Karte S. 226; ☎ 862 8899; 24 HaNamal St; Gerichte 80–120 NIS; ☽ Mo–Sa 12–24 Uhr) Haifas neueste Adresse für erstklassige Küche liegt mitten im Hafengebiet zwischen Warenhäusern und Eisenbahngleisen. Die Lage steht im krassen Gegensatz zum Innern: Hier sieht es aus wie im Innenhof einer italienischen Villa. Setzen kann man sich entweder im Saal oder in einem der bequemen Sofas in der Zigarrenlounge. Dann geht's ans Gourmetessen mit leckeren, mit Ziegenkäse gefüllten Champignons oder, bodenständiger, gegrilltem Fisch und Pasta.

Auf die Schnelle & Cafés

HaSabit (Karte S. 226; 68 Ha'atzmaut Rd; Pita 12 NIS, Baguettes 16 NIS; ☺ 9.30–16.30 Uhr) Der Besitzer Sagi serviert leckere und sättigende *sabit* (Pita, Gemüse und ein 15 Stunden gekochtes Ei). Besonders gut passt dazu Feta.

Angus (Karte S. 226; ☎ 998 3647; 27 HaMegenim Rd; Schawarma 21 NIS; ☺ 11–23 Uhr) Fleischliebhaber werden bei diesem schmackhaften und billigen Schawarma in Lobeshymnen ausbrechen. Im Restaurant im oberen Stock kann man auch sitzen und die Speisekarte ist umfangreicher.

Shtrodel Cafe (Karte S. 226; ☎ 851 0548; 8 HaBankiim St; ☺ 8–17 Uhr; ☎) Angesagter Ort für ein Mittagessen mit günstigen Preisen für Suppen, Salate und Sandwiches gegen den kleinen Hunger; kostenloses WLAN.

DEUTSCHE KOLONIE

Die meisten der Spitzen-Restaurants sind auf der Ben-Gurion Ave in der Deutschen Kolonie zu finden. Einfach ein bisschen herumschlendern und sich nach Lust und Laune eines aussuchen.

Fatoush (Karte S. 226; ☎ 852 4930; 38 Ben-Gurion Ave; Gerichte 40–70 NIS; ☺ 8–1 Uhr; ☎) Das stimmungsvolle Fatoush präsentiert sich in mittelalterlicher, arabischer Atmosphäre mit roten Kissen, Nargileh (Wasserpfeifen) und Kerzenhaltern. Auf der nahöstlichen Speisekarte stehen Dinge wie *aroos al-wadi* („Stolz des Tals"), gebackenes Brot mit gehacktem Kalbfleisch und einige unglaublich köstliche Gerichte mit Meeresfrüchten. Die Portionen sind großzügig und mittwochs, donnerstags und sonntags wird Livemusik gespielt.

Douzan (Karte S. 226; ☎ 852 5444; 35 Ben-Gurion Ave; Gerichte 60–98 NIS; ☺ 9–2 Uhr) Die Dekoration hier besteht aus alten Uhren, Musikinstrumenten, antiken Möbeln und Seidenkissen. Der Besitzer Fadi Najar ist stolz darauf, dass in dieser Atmosphäre Araber und Juden gemeinsam unter demselben Dach zu Abend essen. Alle Gerichte sind hausgemacht – von Fadis Mutter Leila zubereitet. Es ist eine Mischung aus französischer und arabischer Küche mit Besonderheiten wie Tintenfisch (60 NIS), Lammrippen (98 NIS) und einigen unverhofften Leckereien wie *sfeeha* (kleine Fleischpastete mit Feta und Pinienkernen).

CARMEL CENTRE

Im Carmel Centre findet man eine angenehme Mischung aus gehobenen Cafés, Restaurants mit länderspezifischer Küche und Optionen, die Gerichte zum Mitnehmen anbieten.

Greg Coffee (Karte S. 226; 3 Derekh HaYam St; Gerichte 30–45 NIS; ☺ 24 Std.; ☎) Die Dekoration aus Kesseln, Gewürzdosen und Kaffeebohnen erinnert an Mutters (oder Omas) Küche zu Hause. Zur heimeligen Atmosphäre gibt's noch hervorragenden Kaffee, Brownies und kalorienarme Gerichte.

Giraffe (Karte S. 226; ☎ 810 4012; 122 HaNassi Ave; Gerichte 30–50 NIS; ☺ 12–0.30 Uhr) Von einem Platz an der Bar kann man den Köchen bei ihrem Pfannenzauber zuschauen. Als Vorspeisen sind die gerösteten Auberginen oder die Champignons sehr lecker, dann geht's mit einer Chinapfanne als Hauptgericht zur Sache. Die Stimmung ist fröhlich und locker und es ist eigentlich immer was los.

Mandarin (Karte S. 226; ☎ 838 0691; 129 HaNassi Ave; Gerichte 40–50 NIS; ☺ 8.30–1 Uhr; ☎) Abseits der geschäftigen HaNassi Ave steht an einem gartenähnlichen Zugang das Schild „Mandarin", hinter dem man unter den gegebenen Umständen ein chinesisches Restaurant erwarten könnte. Was sich dahinter wirklich verbirgt, ist ein idyllisches Café mit einer Holzterrasse und einem gemütlichen Innern, in dem man sich zu Funk- und Bluesrhythmen sofort wohlfühlt. Auf der Speisekarte stehen Suppen, Salate, große Sandwiches und Pasta. Im Sommer wird donnerstags live Jazzmusik gespielt.

Jacko Seafood Zentrum (abseits der Karte S. 226; ☎ 866 8813; 12 Qehilat Saloniki St; Gerichte 67–90 NIS; ☺ 12–17 Uhr); Carmel Centre (11 Moriah Blvd; 12–24 Uhr) Irgendwie schon eine Institution Haifas: Das Jacko ist seit 30 Jahren zuverlässiger Lieferant jeglicher Art von Fischgerichten. Die hervorragenden Speisen mit Lachs, Brassen, Barsch, Hai, Drücker- und Petrusfisch sind wirklich ausgezeichnet. Das ursprüngliche Restaurant im Zentrum schließt recht früh, die Filiale im Carmel Centre hat aber auch zum Abendessen geöffnet.

MASADA

Puzzle Cafe (Karte S. 226; 21 Masada St; Gerichte 25–45 NIS; ☺ 11 Uhr–open end; ☎) Der Name des kleinen Cafés ist Programm: Die Klientel setzt sich aus einem ungewöhnlichen Mix von Individuen zusammen, die zusammen betrachtet aber doch ein homogenes Bild ergeben. Das Puzzle ist sowohl bei Pseudo-Szenekennern als auch bei Studenten und Anhängern der kleinen Schwulen- und Lesbenszene Haifas sehr beliebt. Im Sommer gibt's freitagnachmittags Livemusik auf die Ohren.

Cafe Masada (Karte S. 226; 21 Masada St; Gerichte 25–45 NIS; ☺ 8 Uhr–open end; ☎) Darf's zum Kaffee eine politische Diskussion sein? Aktuelle Themen werden hier thematisiert, was eine gemischte Klientel aus Arabern und Juden anzieht. Jeder scheint dem extrem linken Flügel des Friedenslagers anzugehören und niemand hält mit seiner Meinung hinter dem Berg. Optimaler Ort, um sich unter die Einheimischen zu mischen.

Froyke (Karte S. 226; ☎ 832 1333; 49 Hillel St; Gerichte 35–50 NIS; ☺ So–Do 8–24, Fr 8–2, Sa 10–2 Uhr; ☎) Die recht kleine Gemeinde von Jazzmusikern und Alternativen trifft sich in diesem Café. Die Speisekarte umspannt den ganzen Globus und hat alles, vom mongolischen Gulasch bis zu Roast-Beef-Tortillas. Donnerstags ab 21.30 Uhr gibt's Livemusik unterschiedlicher Genres.

WADI NISNAS

Der Markt in Wadi Nisnas ist mit seinen Unmengen an frischem Obst und Gemüse der beste Ort für Selbstversorger. Die Allenby Rd bietet nahe der Kreuzung mit dem HaZiyonut Blvd einige gute Schawarma-Optionen. Für Falafel sind sowohl **Michelle** als auch **Azkenim** auf der Wadi Nisnas St eine gute Wahl; bei beiden kostet die halbe Falafel 7, die ganze 13 NIS. Bei der schon lange andauernden Rivalität zwischen den beiden Lokalitäten sehen McCoys und Hatfields ganz schön lahm daneben aus.

Nadima (Karte S. 226; Arabischer Markt; ☺ 7–15 Uhr) Fester Bestandteil des Wadi Nisnas und Garant für köstliches, regionales Essen wie Hummus und *fuul* (20 NIS) oder ein typisches Fleischgericht mit Reis (20 NIS). Das vegetarische Menü kostet 40 NIS.

HADAR

Am Ende der HeHalutz St (bei der HaNevi'im St) findet sich ein breit gefächertes Angebot an ausgezeichnetem Falafel und Schawarma. Außerdem verkaufen die Bäckereien hier allerhand süßes Gebäck, klebrige Milchbrötchen und andere Leckereien.

Mitzim Tivi (Karte S. 226; 10 Herzl St; Saft 8–15 NIS; ☺ 8–19 Uhr) An einem heißen Tag gibt es nichts Besseres, als hier für einen erfrischenden Saft oder Shake einen Halt einzulegen.

Kafe Nitsa (Karte S. 226; ☎ 866 6793; 2 Herzlia St; Snacks 12–20 NIS; ☺ 6.30–16 Uhr; ☎) Mit seinen 60 Jahren auf dem Buckel hat sich dieses Café

sein klassisches Flair bewahrt. Dazu tragen die alten Fotos an den Wänden und eine große Anzahl treuer Gäste bei. Empfehlenswert für einen Kaffee und ein leichtes Sandwich.

Pizza Lula (Karte S. 226; ☎ 1 800 200 287; 25 Nordau St; Pizzas 49–89 NIS; ☺ 9–24 Uhr) Eine von mehreren kleinen Essensoptionen in der Nordau St mit einer großen Auswahl an Pizzas. Auf Wunsch auch Lieferservice.

Ausgehen

Wenn die Einheimischen abends ausgehen, dann zieht es sie zu den angesagten Bars und Cafés in der Moriah St und im Carmel Centre. Ein paar Bars und Nachtclubs finden sich auch im Stadtzentrum.

Anchor Pub (Karte S. 226; ☎ 864 5108; 3 Palmer Gate; ☺ 10–1 Uhr) Passend zu seiner Lage am Hafen ist diese Kneipe mit alten Fotos von Schiffen und anderem Schiffszubehör dekoriert. Der Besitzer war früher Koch auf einem israelischen Frachtschiff und sein Ruf zieht eine interessante Truppe von salzverkrusteten Hafenarbeitern, grobschlächtigen Matrosen und ganz gewöhnlichen Einheimischen an. Neben Bier hat die Küche auch noch typisches, schmackhaftes Kneipenessen zu bieten (Gerichte 40–70 NIS).

Bear (Karte S. 226; ☎ 838 1703; 135 HaNassi Ave; ☺ Sa–Mi 17 Uhr–open end, Do–Fr 11 Uhr–open end) Das Bear ist ein beliebtes Irish Pub und Haifas Treffpunkt für in der Stadt lebenden Expats. Beim Brezelnknabbern kann jeder versuchen, den Schal seines Lieblingsteam an der Wand zu entdecken. Zu essen (35–75 NIS) gibt es hier Salate, Sandwiches, Hähnchen, Steaks und Fischgerichte. Mit einem der zwölf angebotenen Fassbiere lässt sich alles auch prima hinunterspülen.

Basement (Karte S. 226; ☎ 853 2367; 2 HaBankiim St; ☺ 21–3 Uhr) Schummrig, hedonistisch und rowdyhaft – so präsentiert sich diese alternative, bei Haifas jungen Leuten sehr beliebte Rock-Bar. Samstag steht Livemusik auf dem Programm, während sonntags Open-Mic-Night ist, bei der angehende Rockstars ein unfreiwilliges Publikum von ihrem Talent überzeugen können.

Eli's (Karte S. 226; ☎ 852 5550; 35 Jaffa Rd; ☺ 21 Uhr–open end) Der Eigentümer Eli mag Traveller ganz besonders und sucht einem, wenn man sich ihm vorstellt, einen besonders schönen Platz in seiner Bar. Wenn montags und mittwochs die einheimischen Bands auftreten rockt die Menge mit.

Syncopa (Karte S. 226; ☎ 866 0174; 5 Khayat St; ◷ 20 Uhr–open end) Mit dem Syncopa kommt auch endlich wieder mehr Leben in die Innenstadt. Diese neue Bar an der Ecke der Nathanson St zieht vor allem ein reiferes Publikum an. Das cremefarbene Interieur wird von sanftem Licht erhellt – und der Laden geht bei Funkmusik richtig ab! Mittwochs ist Lesben-Night.

Unterhaltung
NACHTCLUBS
Der Eintritt in Nachtclubs kostet zwischen 50 und 70 NIS. Vor 1 Uhr muss man sich gar nicht blicken lassen.

Achurva (Karte S. 226; ☎ 867 1265; Captain Steve St, Hafengegend; ◷ Do auf Fr 0 Uhr–Sonnenaufgang) Die Tanzfläche befindet sich auf einer etwas schäbigen Dachterrasse im Hafen und ist getränkt von verschüttetem Bier. Es ist sicherlich keine glamouröse Location, dennoch ist der Club bei den israelischen Soldaten sehr beliebt.

Beat (Karte S. 226; ☎ 054-700 0086; www.beat.co.il; 124 HaNassi Ave; Eintritt 50–120 NIS; ◷ Do 21 Uhr–open end; ⊠) Im Beat gilt: Rauchen verboten. Für Livemusik ist es der beste Ort in Haifa; die Programminfos gibt's telefonisch.

KINOS
Im **Cinematheque** (Karte S. 226; ☎ 810 4299; www. ethos.co.il; 142 HaNassi Ave; Eintritt 33 NIS) werden Avantgarde-Filme, unkonventionelles Kino und ausländische Streifen gezeigt. Die Telefonnummer leitet den Anrufer zu einem auf Hebräisch besprochenen Band, das darum bittet, eine Rückrufnummer zu hinterlassen. Ein Englisch sprechender Mitarbeiter ruft meistens schnell zurück.

THEATER
Haifa Municipal (Meirhoff) Theatre (Karte S. 226; ☎ 860 0500; www.ht1.co.il; 50 Pevsner St) Konzerte und hebräischsprachiges Theater. Ticketpreise liegen bei etwa 160 NIS. Die Busse 21, 23, 24 28 und 37 bringen einen hin.

Matnas Hadar (Karte S. 226; ☎ 860 7785; tveria15@ gmail.com; 29 Yerushalayim St) Gemeindezentrum mit regelmäßigen Laien-Konzerten und Aufführungen in hebräischer Sprache. Im Sommer wird hier samstags normalerweise Livemusik gespielt. Außerdem gibt es eine kleine Bibliothek und Büchertausch.

LIVEMUSIK
Morrison (Karte S. 226; ☎ 838 3828; 111 Ye'fe Nof St; ◷ 19.30 Uhr–open end) Hier ist richtig was los!

Außerdem spielen wochentags Livebands und montags gibt's Karaoke. Die Zusammensetzung der Gäste ist eine angenehme Mischung aus Studenten und jungen Berufstätigen. Eine Treppe gleich neben dem Crowne Plaza führt zum Eingang hinab.

Martef 10 (Karte S. 226; Basement 10; ☎ 824 0762; www.martef10.com; 23 Yerushalayim St; ◷ 22 Uhr–open end; ⊠) Das „Basement 10" ist ein gemeinnütziger Studentenclub, in dem fast jeden Abend ab 22 Uhr Shows mit Livemusik gespielt werden. Während des Semesters ist er dienstags und samstags geschlossen. Im Sommer bleiben die Türen samstags und montags zu. Gespielt wird meistens Jazz, irische oder israelische Musik. Dabei geht es ganz zwanglos zu – mit Sitzkissen auf dem Boden und sportlich legerer Kleiderordnung. Der Raum besitzt keine Fenster und wirkt etwas beengend; glücklicherweise ist das Rauchen verboten.

Shoppen
Die **Auditorium Mall** (Karte S. 226; 153 HaNassi Ave; ◷ 10–22 Uhr) im Carmel Centre gleich neben dem Cinematheque ist zwar etwas klein, dafür aber günstig gelegen, wenn man hier in der Gegend wohnt. Es gibt einen Steimatzky-Buchladen, einen Supermarkt und eine Apotheke.

City Centre (Karte S. 226; ☎ 853 0111; 6 Ben-Gurion Ave; ◷ So–Do 10–22, Fr 9.30–14, Sa 20–22.30 Uhr) Für alle, die in der Deutschen Kolonie wohnen, ist diese kleine Mall ganz praktisch. Innen ist sie sehr modern, während sie von außen die Tempelgesellschaft-Architektur beibehält. Hier findet man Markengeschäfte, Cafés und Restaurants.

MDK (Karte S. 226; ☎ 867 6731; 8 HaNevi'im St) Repariert und verkauft Kameras.

Ios Gallery (Karte S. 226; ☎ 850 7504; 55 Ben-Gurion Ave) Die Inhaberin Amira Zvi produziert und verkauft hier ihre Glasarbeiten und Kunstwerke. Es gibt sowohl Judaica- als auch Bahai-Stücke.

An- & Weiterreise
AUTO
Mit einem Mietwagen lässt sich in ein paar Tagen ein großer Teil Nordisraels erkunden. Nur so kann man ohne große Umstände dem Touristenrummel etwas entkommen, z. B. in Montfort, Ein Hod und Peki'in. Die einzige Autovermietung direkt in Haifa ist **Avis** (Karte S. 226; ☎ 867 0170; 2 HaPalyam Ave); andere sind östlich der Stadt beim Busbahnhof Lev HaMifratz zu finden.

HAIFA & DIE NORDKÜSTE

BUS

Traveller, die von Süden her kommen, werden im neuen Hof-HaCarmel-Busbahnhof abgesetzt (direkt neben dem gleichnamigen Bahnhof), von wo Bus 103 in die Innenstadt fährt. Busse nach Akko, Nahariya und nach Galiläa starten vom östlichen Busterminal bei Lev HaMifratz.

Tagsüber fahren alle 20 Minuten Busse nach Tel Aviv (Bus 900 oder 910, 25 NIS, 1½ Std.), die Busse nach Jerusalem (Bus 940 oder 947, 42 NIS, 2½ Std.) fahren stündlich. Richtung Norden fährt Bus 272 (Express) nach Nahariya (16 NIS, 45–70 Min.) via Akko, für Bus 252 (Express) ist Akko (12,60 NIS, 30–50 Min.) die Endstation. Bus 430 bedient das östlich gelegene Tiberias (30 NIS, 1½ Std.).

Nazarene Tours (☎ 862 4871) steuert mit Bus 332 Nazareth (15,50 NIS, 45 Min.) an. Abfahrt ist außerhalb des Bahnhofs Merkaz-HaShmona.

Busverbindungen nach Jordanien stehen auf S. 449.

FLUGZEUG

Arkia (Karte S. 226; ☎ 861 1600; 80 Ha'atzmaut St) verbindet Haifa montags und freitags mit Eilat (432 NIS). Der **Flughafen Haifa** (HFA; ☎ 04-847 6170) befindet sich im Industriegebiet östlich von Haifa; ein Taxi dorthin kostet etwa 25 NIS.

SCHIFF/FÄHRE

Informationen zu Fährverbindungen nach und von Zypern stehen auf S. 451.

SHERUT (SAMMELTAXI)

Die meisten Sheruts (Taxiservice oder Sammeltaxis) starten von unterschiedlichen Orten in Hadar. Das Sherut nach Akko (wochentags/Sabbat 11/13 NIS) und Nahariya (wochentags/Sabbat 14/17 NIS) fährt an der Kreuzung von Herzl und Balfour ab. Das Sherut nach Tel Aviv (wochentags/Sabbat 28/40 NIS) startet vor der 10 HeHalutz St.

ZUG

Haifa hat insgesamt drei Bahnhöfe. Der südlichste ist Hof HaCarmel. Er ist praktisch für diejenigen, die mit dem Zug nach Tel Aviv oder zu anderen Zielen im Süden fahren. Auch ganz günstig gelegen ist Haifa Merkaz HaShmona in der Nähe des Hafengebiets und der Innenstadt. Im Osten der Stadt liegt Lev HaMifratz neben dem gleichnamigen Busbahnhof, der Endstation für alle Busse aus Akko ist.

Vom Bahnhof Haifa Merkaz-HaShmona fahren ganz ungefähr einmal stündlich Züge nach Tel Aviv (26,50 NIS, 1½ Std.) via Netanya (23,50 NIS, 1 Std.) und Richtung Norden nach Nahariya (17 NIS, 45 Min.) via Akko (13,50 NIS, 30 Min.). Fragen zum Zugfahrplan werden unter ☎ *5770 beantwortet.

Unterwegs vor Ort

Israels einzige U-Bahn ist die **Carmelit** (☎ 837 6861; einfache Strecke 5,50 NIS; ☼ So–Do 6–22, Fr bis 15, Sa 19–24 Uhr), die den Kikar Paris via Hadar mit dem Carmel Centre verbindet. Besucher können die Bahn bis nach oben nehmen und die Sehenswürdigkeiten der Stadt dann bei einem entspannten Spaziergang bergab genießen. Ein Zehnerticket kostet 49,50 NIS. Die Carmelit fährt aber nur den Berg hinauf und wieder hinunter. Wer nach Osten oder Westen will, muss auf den **Bus** (Information ☎ 854 9131; einfache Strecke 5,50 NIS) zurückgreifen. Wichtige Busrouten sind:

Bus 37 Busdepot Bat Galim, HaMeginim Ave entlang, Wadi Nisnas, Herzl St (Hadar), Carmel Centre, Universität Haifa.

Bus 103 Busbahnhof Hof HaCarmel bis Busbahnhof Lev HaMifratz via Bahnhof Merkaz-HaShmona (Zentrum) und Innenstadt.

Bus 114 Busbahnhof Hof HaCarmel, Allenby Rd (Schifffahrtsmuseum), Ecke Allenby St & Ben-Gurion Ave (Deutsche Kolonie), Wadi Nisnas, Kikar Paris (Innenstadt), Herzl St (Hadar), Busbahnhof Lev HaMifratz.

Bus 115 Busbahnhof Hof HaCarmel, Krieger-Kulturzentrum, Karmeliterkloster Stella Maris, HaZiyonut Blvd, Herzl St (Hadar), Busbahnhof Lev HaMifratz.

DALIYAT AL-KARMEL
☎ 04 / 13 000 Ew.

Die größte Drusen-Siedlung Israels ist **Daliyat al-Karmel**, das auf einem südlichen Ausläufer des Berg Karmel liegt, 15 km südlich von Haifa. Obwohl immer noch von einem Dorf gesprochen wird, darf man bei einem Besuch keine alten Steinhäuser und Weizenfelder erwarten. Daliyat ist über die Jahre gewachsen und hat sich auf die angrenzenden Hügel ausgebreitet, fast bis zu der kleineren Drusen-Gemeinde Isfiya im Norden.

Trotz der räumlichen Expansion konzentriert sich Daliyats Handel immer noch auf die eine, einsame Hauptstraße. Auf dem 100 m langen Streifen stehen Imbissbuden,

Schmuckläden und Stände mit allerlei bunten Tüchern und Hosen, Metallarbeiten und maschinell hergestellten Tablas (Trommeln), Töpferwaren und Gemälden: allesamt zu Schnäppchenpreisen. Am nördlichen Ende der Straße versteckt sich im hinteren Teil eines Ladens das **Drusische Heimat- & Geschichtsmuseum** (☎ 839 7097; Eintritt frei; ✆ 10–17 Uhr). Es ist vollgepackt mit alten Fotos, Körben und traditioneller Kleidung, leider ohne Erklärungen auf Deutsch oder Englisch. Da es nirgends angeschrieben ist kann es dauern, bis man es gefunden hat.

Auf der Straße, die an der Kreuzung genau nach Westen führt, kommt nach etwa 800 m ein kleines, eckiges Gebäude aus hellem Kalkstein mit einem kunstlosen, roten Aufsatz als Kuppel. Dies ist das **Mausoleum des Abu Ibrahim**, das als Moschee genutzt wird. Beim Betreten ist eine Kopfbedeckung Pflicht. Man kann aber auch nur vom Eingang aus einen Blick ins Innere erhaschen.

Etwa 600 m weiter taucht das **Beit Oliphant** (ausgeschildert als Beit Druze) auf, in dem die christlichen Zionisten Sir Lawrence Oliphant und seine Frau zwischen 1882 und 1887 lebten. Die Oliphants gehörten zu den wenigen Nicht-Drusen, die eine enge Beziehung zu dieser Religionsgemeinschaft pflegten und sie haben viel zum Wohl der Gemeinde beigetragen. Im Garten befindet sich die Höhle, in der sie Aufständische vor den Behörden versteckt hielten. Das Haus wurde in ein Ehrenmal zu Ehren der vielen drusischen Mitglieder der Israel Defence Forces (IDF; Israelische Streitkräfte) umgewandelt. Ihm gegenüber steht eine moderne Sporthalle, vor der ein **Panzer mit Geschütz** zu sehen ist. Dahinter sind auf einer 18 m langen Wand Bilder aus dem Arabisch-Israelischen Krieg von 1973 aufgemalt, und die Unterzeichnung des Friedensvertrags von Camp David ist dargestellt.

Gut essen lässt es sich im **Andarin** (☎ 839 7393; Hauptgericht 35–50 NIS; ✆ 9–21 Uhr), einem stilvollen, kleinen Restaurant auf der Hauptstraße mit Schawarma zum Mitnehmen und einer größeren Speisekarte für alle, die sich setzen wollen. Nicht zu viel bestellen, da die Hauptspeisen einen großen Beilagensalat haben – man ist ziemlich schnell ziemlich voll. Nach *gamba* (20 NIS) fragen – mit Pilzen und Käse gefüllte Paprikaschoten, die nicht auf der Speisekarte stehen. Gleich gegenüber gibt's bei **Halabi Bros** (☎ 839 3537; ✆ 10–22 Uhr) in zwangloser Atmosphäre Hummus und Schawarma. Wer ans Sparen denken muss, bekommt hier Falafel schon für 10 NIS.

An- & Weiterreise

Das Dorf der Drusen ist von Haifa aus in einem Halbtagestrip zu erkunden. Bus 37א (5,90 NIS; 1 Std.) fährt im Stadtzentrum ab und nimmt im Carmel Centre noch Passagiere auf. Da der 37א in vielen Serpentinen den Berg hinauffahren muss, ist es angenehmer, die U-Bahn zum Carmel Centre zu nehmen und erst oben in den Bus zu steigen. Dieser kommt auf dem Weg von Haifa nach Daliyat al-Karmel auch durch Isfiya. Ein weiterer Stopp ist die Universität Haifa.

KARMELITERKLOSTER ST. ELIJA

Etwa 4 km südlich von Daliyat al-Karmel liegt einer der bekanntesten Aussichtspunkte Israels, das **Karmeliterkloster St. Elija** (Eintritt 3 NIS; ✆ 8–12.30 & 14.30–17 Uhr), das in Erinnerung an Elijas großen Sieg über die 450 Baalspropheten (Könige 1,17–19) erbaut wurde. Vom Dach des Klosters eröffnet sich ein wunderschöner Ausblick auf die vielen kleinen Flurstücke der Jesreelebene.

Das Kloster ist nicht an das öffentliche Transportsystem angeschlossen und so muss man entweder von Daliyat al-Karmel zu Fuß gehen oder für 10 NIS (hin & zurück) ein Taxi nehmen. An der beschilderten Kreuzung links halten, sonst irrt man kilometerweit umher und ist auf einmal Teil der tollen Aussicht, die man eigentlich von oben genießen wollte.

ATLIT
☎ 04

Die alte Küstenstraße von Haifa nach Hadera passiert Atlit, eine 16 km südlich von Haifa gelegene Küstensiedlung. Der Hauptgrund, hier einen Halt einzulegen, ist das **Atlit-Lager** für illegale Einwanderer (☎ 984 1980; Erw./Student 18/15 NIS; ✆ So–Do 9–17, Fr bis 13 Uhr), eines der größten Gefangenenlager aus der Zeit des britischen Mandats. Hier wurden Tausende illegaler Einwanderer eingesperrt, die beim Versuch, nach Palästina zu gelangen, gefasst worden waren. Nach einigen Monaten Haft wurden die Häftlinge freigelassen und konnten Palästina ganz legal betreten. Am 10. Oktober 1945 drangen die Palmach (Spezialeinsatztruppen der Hagana) in das Lager ein und befreiten 200 Häftlinge. Das gewagte Unternehmen, das vom jungen Itzhak Rabin angeführt wurde, führte dazu, dass die Briten das Lager schlossen. Die einstündige Tour durch das Lager beinhaltet einen Kurzfilm und eine Führung durch die Baracken. Dank der Berichte der Häftlinge konnte es wieder aufgebaut werden. Man kann heute die Wohnbereiche sehen und ein grässliches Waschhaus, in dem die Neuankömmlinge nackt ausgezogen und mit dem Insektengift DDT desinfiziert wurden.

In Atlit stehen auch die beeindruckenden **Ruinen eines Kreuzritterschlosses**, das auf Latein als Castrum Pergrinorum und auf Französisch als Château Pèlerin (Pilgerschloss) bekannt ist. Das Schloss wurde um das Jahr 1200 von den Kreuzrittern erbaut und fiel 1291 dem arabischen Heer zum Opfer. Leider kann das Schloss nicht besichtigt werden, da es zu einer Marineeinrichtung gehört.

EIN HOD
☎ 04

Der dadaistisch Maler Marcel Janco kam 1950 zufällig nach Ein Hod und verliebte sich in das arabische Dorf, das zwei Jahre zuvor, im Krieg von 1948, verlassen worden war. Für Janco waren die verlassenen Häuser der perfekte Ort für seine Werkstätten. Andere taten es ihm gleich, und heute ist das Dorf neue Heimat für etwa 140 Künstler und ihre Familien.

Sehenswertes
In Ein Hod gibt es zahlreiche Künstlerwerkstätten. Israelis kommen hierher, um verschiedene Fertigkeiten wie das Zeichnen, die Töpfer- oder die Webkunst zu erlernen. Die Ateliers sind normalerweise für Besucher geschlossen. Die Werke der Künstler der Kolonie werden in der **Ein-Hod-Galerie** (Eintritt 4 NIS; 9.30–17 Uhr) und im **Janco-Dada-Museum** (☎ 954 1961; www.jancodada-museum.israel.net; Erw./Student 20/10 NIS; So–Do 9.30–17, Fr bis 14, Sa 11–15 Uhr) ausgestellt. Das Museum zeigt auch Collagen, Zeichnungen und Bilder von Marcel Janco selbst. Vom Vordach des oberen Stockwerks des Museums kann man sehen, welcher Ausblick Janco dazu inspiriert hat, sich hier niederzulassen.

Gegenüber vom Janco-Dada-Museum widmet sich die **Beit-Gertrude-Galerie** (Eintritt frei; Sept.–Juni Sa 11–14 Uhr) der Arbeit Gertrude Krauses, der Mitbegründerin der Kolonie. In der Galerie sind viele hier geschaffene Werke ausgestellt; außerdem werden gelegentlich Konzerte gegeben, Lesungen gehalten oder

andere kulturelle Veranstaltungen ausgerichtet. Außerhalb der angegebenen Öffnungszeiten können einem die Angestellten der Ein-Hod-Galerie die Tür öffnen. Vorausgesetzt man fragt freundlich und sie sind nicht zu beschäftigt.

Eine von vielen ausgefallenen Ausstellungen Ein Hods befindet sich im **Nisco Museum** (☎ 052 475 5313; woundup@bezeqint.net; Erw./Kind 20/10 NIS; Mo–Do & Sa 9.30–16.30 Uhr). Hier wird eine Sammlung mechanischer Musikinstrumente gezeigt, von der einzelne Stücke noch aus dem 19. Jh. stammen.

Im wieder aufgebauten **römischen Amphitheater** werden freitagabends ab und zu Konzerte gegeben. Es liegt in derselben Straße wie die Beit-Gertrude-Galerie. Mehr Informationen zu Ein Hod gibt es auf der Website www.ein-hod.info.

Die 1948 vor den Kämpfen geflohenen Araber sind nicht weit gekommen. Sie ließen sich auf einem kleinen Hügel nieder, etwa 4 km von Ein Hod entfernt. Zu sehen gibt es im neuen Dorf mit dem Namen **Ain Hud** wenig, ein Besuch im Restaurant HaBait (s. unten) lohnt sich aber, um ein typisch arabisches Essen zu genießen.

Schlafen
The Carob Inn (☎ 054-628 3311; sabbaba@netvision.net. il;) Das großartige, familienbetriebene B&B vermietet nur ein Zimmer. Es hat einen eigenen Eingang und Ausblick aufs Meer. Es liegt in der Nähe der Art Bar (s. S. 241).

Essen & Ausgehen
Doña Rosa (☎ 954 3777; www.dona-rosa.israel.net; Steaks 65 NIS; 12–21.30 Uhr) Israelis aus dem ganzen Land freuen sich schon während der Fahrt nach Ein Hod auf den Moment, in dem sie sich in diesem argentinischen Steakhaus einem fleischgeladenen Festessen hingeben können. Es werden keine Kosten und Mühen gescheut, denn alle Zutaten sind aus Argentinien importiert: das Fleisch, die Kohle, der Wein. Untergebracht ist das Steakhaus in einem alten, aus Stein und Holz gebauten Gebäude mit Balkon und rustikalem Innern.

HaBait (☎ 839 7350; Tagesmenü 90 NIS; 12–20 Uhr) Die arabische Familie, die dieses Restaurant führt, ist sehr stolz auf ihre Kochkünste und bereitet die Gerichte streng mit selbst gesammelten einheimischen Zutaten zu. Dafür geht es schon mal zum nahe gelegenen Berg Karmel zum Kräuterpflücken. Dies ist die nahezu authentischste arabische Küche, die man in Israel finden kann, und alles schmeckt herrlich lecker. Wenn möglich unter der Woche kommen, dann ist weniger los. Auf jeden Fall aber vorher anrufen, um zu sehen, ob noch ein Platz frei ist. Zu finden ist HaBait in Ain Hud, dem arabischen Dorf 4 km hinter Ein Hod.

Art Bar (☎ 052-836 2498; ◷ 11–15 & 21–24 Uhr) Danny Schlyfestone ist der Braumeister des Dorfes und eine echte Persönlichkeit. Er braut bei sich zu Hause Starkbier und Ale – und niemand sollte Ein Hod verlassen, ohne das eine oder andere Fläschchen davon geleert zu haben.

An- & Weiterreise

Die Busse 202, 222 und 922 kommen auf ihrem Weg über die Küstenstraße Haifa-Hadera an der Kreuzung nach Ein Hod vorbei. Von Haifa dauert die Fahrt 20 Minuten; die Busse fahren recht häufig. Ab der Kreuzung ist es ein etwa 20-minütiger Fußmarsch die Straße entlang, bis das Dorf auf der rechten Seite erreicht ist.

NAHAL ME'AROT

Wer von Ein Hod nach Süden weiterfährt, sollte den kleinen **Höhlenkomplex** (☎ 984 1750; Erw./Kind 20/9 NIS; ◷ So–Do 8–17, Fr bis 15 Uhr) nicht verpassen, der im Altpaläolithikum (vor 150 000 Jahren) von Urmenschen bewohnt wurde. Knochen und kleine Steinwerkzeuge, die von den damaligen Höhlenbewohnern zurückgelassen wurden, geben einen kleinen Einblick in das Leben dieser Jäger und Sammler. Ein kleines Museum und ein in der Höhle gezeigter Film beschreiben die Geschichte des Ortes. Die Abzweigung nach Nahal Me'arot liegt 5 km südlich von Ein Hod.

ZICHRON JA'AKOW

☎ 04 / 9000 Ew.

Gutes Essen, großartige Weine, Landluft und Scharen von Urlaubern: Zichron Ja'akow (Jakobs Denkmal) ist fast so etwas wie das Moseltal des Nahen Ostens.

Sehenswertes

Der Ort wurde 1882 von rumänischen Juden aufgebaut. Sie gründeten einige der ersten zionistischen Siedlungen in Palästina überhaupt. Heutzutage ist Zichron Ja'akow aber eher für seine Rolle als wichtige israelische Weinbauregion bekannt. In der Weinkellerei

Carmel Winery (☎ 629 0977; ◷ So–Do 8.30–15.30, Fr bis 13 Uhr) sind Besucher herzlich willkommen. Hier werden Weine sowohl für den Export als auch für den Vertrieb innerhalb Israels hergestellt. Geführte Touren auf Englisch (15 NIS) müssen im Voraus angemeldet werden.

Hameyasdim liegt zwei Häuserblocks westlich der Weinkellerei und ist eine Straße mit Kopfsteinpflaster, zu beiden Seiten von perfekt restaurierten Häusern aus dem 19. Jh. gesäumt. Viele der Gebäude wurden zu Boutiquen, Cafés und Eisdielen umgebaut – und so ist dieser Ort wie geschaffen für einen Stadtbummel, vor allem am Sabbat, wenn alles und jeder auf der Straße ist.

Das Ende der *midrahov* (Fußgängerzone) wird von **Aaronsohns Haus & Museum** (☎ 639 0120; www.nili-museum.org.il; 40 Hameyasdim St; Erw./Student 15/12 NIS; ◷ So–Do 9–16, Fr bis 12 Uhr) markiert. Sein Namensgeber war ein bekannter Agronom und Botaniker, der in Zichron Ja'akow lebte. Er und seine Familie führten die NILI an (abgeleitet vom hebräischen „Netzah Yisrael Lo Yeshaker", was soviel bedeutet wie „Der Ruhm Israels lügt nicht" – 1. Samuel 15,29), ein Netzwerk von Agenten, die im Ersten Weltkrieg die Türken ausspionierten. So zeigt dieses Museum also nicht nur seine Sammlung palästinischer Gewächse, sondern erzählt auch die Geschichte der NILI. Alle 90 Minuten werden geführte Touren auf Englisch angeboten.

In seinen Anfängen verdankte der Ort sein Überleben den Spenden des Baron Rothschild, der den Bau der Weinberge, der Synagoge und anderer Gebäude finanziell unterstützte. Eines dieser Bauwerke, das ehemalige Verwaltungsgebäude, wurde zum **Erste-Aliya-Museum** (☎ 629 4777; 2 Hanavid St; Eintritt 15 NIS; ◷ So–Do 9–14 Uhr) umgebaut. Es ist den Einwanderern gewidmet, die in der frühen Siedlungsperiode zwischen 1882 und 1904 nach Israel gekommen waren. Eine Multimediapräsentation zeigt die Herausforderungen und Sorgen dieser aufregenden Zeit.

In dieser Gegend befindet sich auch **Tishbi** (☎ 638 0223), eine weitere bekannte Weinkellerei. Touren (15 NIS) über das Weingut inklusive Weinprobe finden um 10, 12 und 14 Uhr statt. Wer Lust auf erstklassige Küche hat, der ist im fabelhaften, zur Weinkellerei gehörenden Restaurant genau richtig. Es liegt an der Rte 252, 2,5 km südlich von Zichron Ja'akow.

Schlafen & Essen

Bet Maimon (☎ 639 0212, 629 0999; www.maimon.com, deutsch, 4 Zahal St; EZ/DZ inkl. Frühstück 438/476 NIS; ⊠ ⊑ ⊑) Ein nettes, familienbetriebenes Hotel mit 25 großzügigen Zimmern, alle mit TV und moderner Ausstattung. Hof und Garten bieten einen spektakulären Blick auf die Küste (vor allem bei Sonnenuntergang) und es gibt ein paar Extras, z. B. Sauna und Whirlpool. Im Restaurant werden in uriger Atmosphäre mediterrane und sefardische Gerichte serviert. Auf dem Hwy 4 an der ersten Gabelung rechts halten. Sobald es bergauf geht, die zweite Abfahrt nach links nehmen und am Kreisverkehr noch einmal links abbiegen.

Haneshika (☎ 639 0133; 37 Hameyasdim St; ☺ Di–Sa 12.30–15.30 & 19–23.30, Mo 19–23.30 Uhr) Das reizende Haneshika ist ein ehemaliges Bauernhaus mit Garten. Es entführt einen in Zichron Ja'akows längst vergangene Tage. Im gemütlichen Speisesaal kann dann die feine provenzalische Küche gekostet werden, mit ausgezeichneten Vorspeisen wie Gnocchi mit Mozzarella und Würstchen nach ländlicher Art. Als Hauptgang ist der Lammauflauf mit Aubergine oder der Schweineeintopf zu empfehlen.

An- & Weiterreise

Zichron Ja'akow liegt etwa 5 km südöstlich von Dor, erreichbar über Hwy 652. Es wird von Bussen aus Tel Aviv (Bus 872, 25 NIS, 1¾ Std., 5-mal tgl.) und von Haifas Hof Ha-Carmel (Bus 202 oder 222, 14,50 NIS, 30 Min., 6-mal tgl.) angefahren.

MEY KEDEM

Zu dieser archäologischen Stätte aus byzantinischer Zeit gehört auch ein 6 km langer alter Tunnel, der einst für den Transport von Wasser zum nahe gelegenen Caesarea genutzt wurde. Ein 300 m langer Abschnitt des **Tunnels** (☎ 638 8622; www.meykedem.com; Erw./Kind 24/18 NIS; ☺ März–Nov. 9–17 Uhr) ist heute für all diejenigen zur Erkundung geöffnet, denen es nichts ausmacht, durch knietiefes Wasser zu waten. Taschenlampe, Kleidung zum Wechseln und angemessenes Schuhwerk für die Unterwassertour mitbringen! Im Eintrittspreis inbegriffen ist eine einstündige Führung. Für Kinder ist das ein Riesenspaß. Der beste Weg hierher führt über Binyamina. Hier die Rte 652 (Richtung Pardes Hanna) bis zur Rte 653 (Richtung Givat Ada) nehmen und dann nach links auf die Rte 654 abbiegen. Von dort geht's

nach rechts auf den Hwy 6533. Hier führt der Weg 4 km lang bergab. Mey Kedem ist nur eine von vielen Sehenswürdigkeiten innerhalb des recht großen Alona-Parks.

CAESAREA

☎ 04 / 3400 Ew.

Caesarea mag heute vielleicht unscheinbar sein. Früher war es aber eine der größten Städte der Antike und konnte es mit anderen antiken Hafenstädten wie Alexandria oder Antiochia aufnehmen. Trotz der Bemühungen verschiedener Eroberer, die Stadt am Leben zu erhalten, musste sie sich der Zeit und dem Krieg beugen. Bis zum 14. Jh. war ein Großteil Caesareas von Wanderdünen verschlungen worden. In den letzten 20 Jahren wurden in großem Maße Ausgrabungsarbeiten durchgeführt, und heute gehört Caesarea zu den besten archäologischen Stätten des Landes. Das neue Besucherzentrum ist ein beeindruckender Bau mit einer dynamischen Multimediaausstellung. Cafés und Restaurants tragen ihren Teil dazu bei, und selbst wenn der Park schon geschlossen hat, kann man hier noch an der frischen Seeluft sitzen und direkt am Meer zu Abend essen.

Außerhalb der archäologischen Stätte hat sich ein modernes Caesarea mit Shoppingmalls und bewachten Wohnanlagen entwickelt. Die israelischen Bauunternehmer haben aber noch einen langen Weg vor sich, wenn sie die fast schon größenwahnsinnigen Ausführungen des ersten Gründers Caesareas, Herodes des Großen, übertreffen wollen.

Geschichte

Ursprünglich war dieser Ort im 3. oder 4. Jh. v. Chr. nur eine kleine, phönizische Siedlung. Herodes erbte den Ort und begann 22 v. Chr. damit, eine Stadt zu erbauen. Er widmete sie seinem Gönner, dem römischen Kaiser Augustus Cäsar, und beabsichtigte allem Anschein nach, die prachtvollste Stadt überhaupt zu schaffen. Mehrere Jahre lang arbeiteten Hunderte von Baumeistern und Tauchern rund um die Uhr, um das Projekt fertigzustellen. Ja, Taucher: Für die zwei stolzen Wellenbrecher, die auf der südlichen Seite 540 m und auf der nördlichen Seite 270 m weit ins Meer hineinragten, wurden 230 m³ große Felsen im offenen Meer versenkt.

In seinem Streben nach Vollendung seines sehnlichsten Wunsches wurde Herodes im-

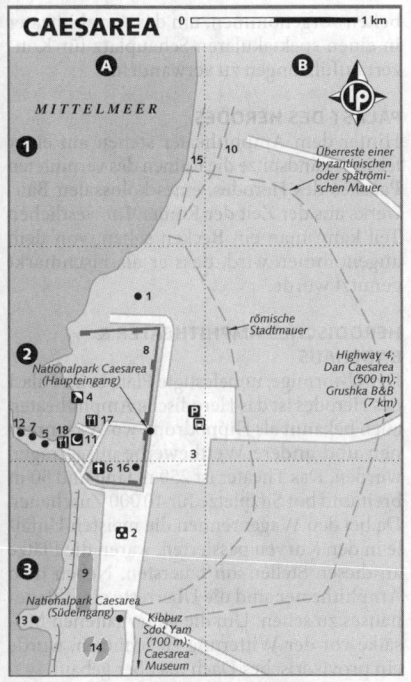

mer tyrannischer und alle, die sein Vorhaben in Frage stellten oder sich gar seinen Befehlen widersetzten, wurden nicht selten hingerichtet. Nach Herodes' Tod (den man zweifellos mit erleichtertem Aufatmen begrüßte) wurde Caesarea zur regionalen Hauptstadt des Römischen Reichs. Pontius Pilatus residierte hier von 26 bis 36 n. Chr. als Präfekt und sein Name taucht in einer Inschrift auf, die in den Ruinen des Theaters gefunden wurde. In der Bibel ist zu lesen (Apostelgeschichte 10), dass ein römischer Hauptmann, der hier an diesem Standort diente, der erste Nichtjude war, der zum Christentum konvertiert und von Petrus getauft wurde.

Nach dem großen Jüdischen Krieg gegen die Römer (66–70 n. Chr.) – die diesen ersten von drei Aufständen jäh niederschlugen und die Juden aus Jerusalem vertrieben – wurden Tausende von Gefangenen im Amphitheater Caesareas hingerichtet. Etwa 65 Jahre später, nachdem die Römer den dritten, den Bar-Kochba-Aufstand niedergeschlagen hatten, wurde das Amphitheater erneut Schauplatz grausamer Taten, als zehn jüdische Rabbiner öffentlich gefoltert wurden.

Die Stadt wurde im Jahr 640 von den Arabern besetzt, die sie dem Verfall überließen. 1101 wiederum eroberten die Kreuzritter Caesarea und fanden in der Stadt eine achteckige, grüne Glasschale, die sie für den Heiligen Gral hielten, das Gefäß, aus dem Jesus beim letzten Abendmahl getrunken hatte. Heute liegt sie in der Kathedrale St. Lorenzo in Genua. Da die Kreuzritter Akko und Jaffa als ihre Haupthäfen bevorzugten, wurde nur ein Teil von Herodes' Caesarea wieder aufgebaut.

Die Stadt sollte bis zu ihrer Eroberung durch den französischen König Ludwig IX. im Jahr 1251 insgesamt viermal zwischen den Arabern und den Kreuzrittern hin- und hergereicht werden. Noch im Jahr seiner Eroberung ließ Ludwig IX. einen Großteil der heute sichtbaren Befestigungen anbringen. Diese entpuppten sich jedoch unter dem Angriff des mamlukischen Sultans Baibars als völlig unzureichend. Bei dem Angriff 1261 durchbrach dieser den Schutz der Kreuzritter und verwüstete die Stadt.

Die Ruinen blieben verlassen und mit der Zeit wurden sie von Sandverwehungen verschlungen. Über 600 Jahre später, 1878, siedelten die Türken hier Flüchtlinge aus Bosnien (das bald dem unglückseligen Jugoslawien angegliedert werden sollte) an. Ihr Aufenthalt war allerdings nicht von allzu langer Dauer. Sie wurden schon während des Krieges 1948 wieder aus der Stadt vertrieben.

Erst mit der Gründung des Kibbuz Sdot Yam lebte das so geschichtsträchtige Caesarea wieder auf. Beim Felderbestellen fanden Bauern immer wieder Überreste der alten Stadt

HAIFA & DIE NORDKÜSTE

und so dauerte es auch nicht lange, bis die Archäologen auf den Plan traten. Die Kinder des Kibbuz wurden mit Süßigkeiten belohnt, wenn sie etwas Wertvolles fanden. In den 1990er-Jahren wurde noch mehr in die Ausgrabungen investiert und heute sind die Grundmauern Caesareas der Öffentlichkeit größtenteils zugänglich.

Orientierung & Praktische Informationen

Die Überreste von Caesarea liegen verteilt auf einem 3 km langen Küstenstreifen westlich der alten Haifa–Hadera-Verbindungsstraße am Mittelmeer. Die meisten Besucher steuern Caesarea vom Highway aus an und erblicken zuerst die von Mauern umgebene Kreuzritterstadt mit Festung und Hafen. Hinter den Mauern ragt das älteste Bauwerk der Stadt, **Stratons Turm**, auf und 1 km dahinter liegen am Strand die Überbleibsel der römischen Aquädukte.

Vom Highway kommend auf dem rechten Parkplatz parken. Von hier ist schon der Haupteingang zum **Nationalpark Caesarea** (☎ 636 1358; www.parks.org.il; einfacher Eintritt Erw./Kind 36/22 NIS; ⓨ April–Sept. 8–18, Okt.–März bis 16 Uhr) sichtbar. Wer nur wenig Zeit hat, erkundet am besten von hier aus die wichtigsten Stätten im Hafen. Wer länger bleiben kann, nimmt den Südeingang (800 m südlich des Haupteingangs) und arbeitet sich durch die Ruinen in Richtung Norden vor. Im Eintrittspreis sind auch ein Film und eine Multimediaführung enthalten.

Im Park selbst ist alles sehr gut ausgeschildert. Am Ticketschalter liegen Pläne aus, in denen fünf verschiedenfarbige Rundwege eingezeichnet sind. In der Broschüre des Nationalparks Caesarea finden sich kurze Erklärungen zu den Sehenswürdigkeiten innerhalb des Parks. Sowohl die Broschüre als auch der Plan sind kostenlos.

Sehenswertes
RÖMISCHES AMPHITHEATER
Zur ursprünglichen herodischen Bauweise des Amphitheaters kamen im Laufe der Jahrhunderte unzählige Veränderungen und Erweiterungen hinzu. Das halbkreisförmige Podium hinter der Bühne ist eine Ergänzung aus dem 3. Jh., die große Mauer mit den beiden Türmen stammt von einer byzantinischen Festung aus dem 6. Jh., die auf die Ruinen der alten Stadt gebaut wurde. In jüngerer Vergangenheit wurden sehr viel mehr Sanierungsar-

beiten vorgenommen, um das Amphitheater in einen spektakulären Schauplatz für Konzertaufführungen zu verwandeln.

PALAST DES HERODES
Hinter dem Amphitheater stehen auf einer felsigen Landspitze die Ruinen des vermuteten Palastes des Herodes, eines kolossalen Bauwerks aus der Zeit der Römer. Im westlichen Teil kann man ein Becken sehen, von dem angenommen wird, dass er als Fischmarkt genutzt wurde.

HERODISCHES AMPHITHEATER & BADEHAUS
Der U-förmige, unbefestigte Platz beim Palast des Herodes ist das Herodische Amphitheater, auch bekannt als Hippodrom, wo Wagenrennen und andere Wettbewerbe ausgetragen wurden. Das Theater ist 250 m lang und 50 m breit und bot Sitzplätze für 10 000 Zuschauer. Da bei den Wagenrennen die meisten Unfälle in den Kurven passierten, waren die Plätze an diesen Stellen am teuersten. Neben dem Amphitheater sind die Überreste eines Badehauses zu sehen. Um die gut erhaltenen Mosaike vor der Witterung zu schützen, wurde ein provisorisches Dach darüber gebaut.

STADT DER KREUZRITTER
Der französische König Ludwig IX. erbaute die Befestigungsmauer und den Graben, die die Kreuzritterstadt umgeben. Die Mauer war 900 m lang, 13 m hoch und umschloss sowohl den Hafen als auch die Stadt, die zu den Zeiten der Kreuzfahrer viel kleiner war als Herodes' Caesarea. Es gab 16 Türme und einen Verteidigungsgraben, der größtenteils immer noch intakt ist. Der französische Monarch verbrachte hier sogar ein Jahr, um die Arbeiten zu überwachen. Im Innern angekommen, folgt man am besten der markierten Route nach links, die entlang der **überwölbten Straße** zu den Überresten einer **Kirche** aus der Ära der Kreuzritter führt. Diese wurde über Cäsars Tempel gebaut und 1291 von Arabern zerstört. Unten am Hafen befindet sich, leicht zu erkennen, die **Moschee**, die die Türken im späten 19. Jh. für die bosnischen Flüchtlinge erbauten.

CAESAREA EXPERIENCE & KREUZRITTERFESTUNG
Im länglichen Gebäude links vom Anlegesteg findet die Caesarea Experience statt. Zu Be-

ginn wird ein zehnminütiger Film gezeigt (zu bestimmten Zeiten auch auf Englisch), der auf dramatische Weise die Geschichte der Stadt von den Anfängen bis zu ihrer Zerstörung beschreibt. Im zweiten Raum sind computeranimierte handschriftliche Dokumente von König Herodes & Co. zu sehen, die keine Frage unbeantwortet lassen sollen.

Das zweistöckige Bauwerk hinter dem Caesarea-Experience-Gebäude ist der Zeitenturm, auch als Kreuzritterfestung bekannt. Im oberen Stock ist der dritte Teil der multimedialen Erfahrung untergebracht, nämlich eine computeranimierte Show, die die Stadt in ihren verschiedenen Entwicklungsstadien zeigt – sehr hilfreich, um die verschiedenen historischen Schichten des archäologischen Parks zu verstehen. Vom Zeitenturm hat man einen guten Überblick über den Hafen. Die dunklen Flecken im Wasser sind die Fundamente der riesigen Wellenbrecher, die Herodes errichten ließ.

BYZANTINISCHE STRASSE (CARDO)

Außerhalb der Stadtmauern befindet sich, eingezäunt auf der anderen Straßenseite, die Ausgrabungsstätte einer byzantinischen Straße (Cardo) mit zwei großen Statuen aus dem 2. oder 3. Jh. n. Chr. zu sehen. Ein paar Stufen führen hinunter zu der Straße, die in einer Inschrift im Mosaikboden Flavius Strategius, einem Stadtvorsteher aus dem 6. Jh. zugeschrieben wird. Die Statuen stammen ursprünglich aus Tempeln und wurden von den Pflügen der hier ansässigen Kibbuzbewohner freigelegt. Die weiße Marmorfigur konnte noch nicht identifiziert werden, während die rote Statue aus Porphyr aller Wahrscheinlichkeit nach Kaiser Hadrian mit Reichsapfel und Zepter darstellt.

RÖMISCHE & BYZANTINISCHE AQUÄDUKTE

Auf dem Rückweg zum Highway führt am Kreisverkehr die linke Abzweigung zum römischen Aquädukt, das sehr nah am Meer gebaut wurde und etwa 17 km lang ist, obwohl ein Großteil mittlerweile die Sand verschlungen hat. Es wurde im 2. Jh. n. Chr. von den Römern erbaut und versorgte Caesarea mit Quellwasser aus den Bergen. Das andere, niedrigere byzantinische Aquädukt stammt aus dem 4. oder 5. Jh. und mündet im Norden nach 5 km in einen künstlich angelegten See.

KIBBUZ SDOT YAM & CAESAREA-MUSEUM

Die Kibbuzbewohner aus dem nahe gelegenen Kibbuz Sdot Yam im Süden haben die letzten fünf Jahrzehnte damit verbracht, die Geschichte Caesareas freizubuddeln. Viele der Relikte der alten Stadt landeten im kibbuzeigenen **Caesarea-Museum** (☎ 636 4637, 4366; Eintritt 10 NIS; ⏲ Sa–So 10–16, Fr bis 13 Uhr). Darunter befindet sich auch eine Kopie einer Pontius-Pilatus-Inschrift. Diese Tafel ist von enormer historischer Bedeutung, da sie der einzige physisch greifbare Beweis dafür ist, dass der Mann, der der Bibel nach die Kreuzigung Jesu angeordnet haben soll, auch wirklich gelebt hat. Das Original ist im Israel-Museum in Jerusalem ausgestellt.

Aktivitäten

Der **Caesarea Beach Club** (Erw./Kind 25/20 NIS) ist ein kleiner Küstenstreifen, der Herodes' Hafen einrahmt. Im Eintritt sind die Benutzung der Liegen, Sonnenschirme und Duschen mit inbegriffen. Man kann sich auch Kajaks ausleihen. Auch der Strand am römischen Aquädukt ist ein schöner Ort zum Schwimmen. Dort wird zwar kein Eintritt verlangt, die Einrichtungen sind aber auch entsprechend einfach.

Sporttaucher können sich im Hafen den ganz besonderen Kick holen. Tauchlehrer machen hier Unterwasserführungen zu den von Herodes gebauten Wellenbrechern. Sie werden vom **Old Caesarea Diving Centre** (☎ 626 5898; www.caesarea-diving.com, diving@post.com) organisiert, deren Tauchshop auf dem Anlegesteg gleich hinter dem Zeitenturm zu finden ist. Ein Tauchgang in der Gruppe mit Führung und Ausrüstung kostet 165 NIS pro Person. Für Anfänger werden Kurse angeboten.

Schlafen

Grushka B&B (☎ 638 9810; www.6389810.com; 28 Hameyasdim St, Binyamina; EZ/DZ 300/335 NIS, pro Kind zusätzlich 125 NIS; ✷ 🖵) Freundliches, israelisch-holländisches B&B mit mehreren bequemen Zimmern, einer ruhigen Hütte und einer voll ausgestatteten Villa für Familien. Frühstück gibt es für 45 NIS. Entweder man geht den siebenminütigen Weg vom Bahnhof Binyamina zu Fuß oder ruft an, um abgeholt zu werden. Dies ist ein guter Stützpunkt, um Caesarea und das nahe gelegene Zichron Ja'akow zu erkunden.

Dan Caesarea (☎ 626 9111; www.danhotels.com; EZ/DZ 500/520 NIS; ✷ 🖵 🛋) Das beste Hotel in Caesarea hat komfortable Zimmer und bietet viele Aktivitäten an. Die farbenfroh dekorierten Zimmer haben Balkone, einige davon mit Meerblick. Um das Hotel herum laden schön angelegte Gärten zu einem Spaziergang ein und gleich dahinter schließt ein 18-Loch-Golfplatz an. Außerdem gibt es ein Fitnessstudio, einen Wellnessbereich und Tennisplätze.

Essen

Aldo's Tea Room (leichte Gerichte 30–50 NIS; ⊙ 8.30–18 Uhr) In einem sonnigen Hof werden Getränke, Salate und Sandwiches zu angemessenen Preisen serviert.

Helena (☎ 610 1018; Gerichte 70–130 NIS; ⊙ 12–22 Uhr) Von seinem Platz in diesem eleganten, mehrstöckigen Restaurant – am besten sitzt man auf der hölzernen Terrasse – kann man bequem die in den Hafen zurückkehrenden Fischerboote beobachten. Der Chefkoch Amos Sion, einer von Israels bekanntesten kulinarischen Meistern, ist darauf bedacht, seine Gäste zu verwöhnen: mit wohlschmeckenden Vorspeisen, etwa leckere frittierte Tintenfische und Focaccias, und sättigenden Hauptgerichten, empfehlenswert hier alle Arten gegrillten Fischs. Das Helena befindet sich am Beginn des Anlegestegs.

An- & Weiterreise

Am besten erreicht und erkundet man Caesarea mit einem Mietwagen. Alternativ geht es mit Bus 921 zur Or-Akiva-Kreuzung. Dort fährt von der Bushaltestelle vor der Shopping Mall (100 m westlich der Kreuzung) Bus 76 nach Caesarea (So–Do 8.20, 11.25, 13.10 & 14.45, Fr 9.05, 11.05, 12.40 & 15.05 Uhr). Wer zufällig in Khadera ist, kann Bus 76 auch direkt von dort nehmen. Wer mit dem Zug reist, fährt zuerst nach Binyamina und nimmt von dort Bus 9 zur Or-Akiva-Kreuzung. Sollte man den Bus hier verpassen, können einen auch Taxis die letzten 3,5 km bis nach Caesarea bringen.

Wie man zurück zur Kreuzung kommt, kann man am besten vor Ort in Erfahrung bringen.

BEIT SHE'ARIM

Einst altertümliche Stadt der Antike, später eine jüdische Totenstadt, ist **Beit She'arim** (☎ 04-983 1643; Erw./Kind 20/9 NIS; ⊙ 8–17, Einlass bis 15 Uhr) heute ein schattiger Park und Pilgerstätte für Archäologiebegeisterte – nicht zu verwechseln mit dem ähnlich klingenden Beit She'an beim See Genezareth! Beit She'arim ist heutzutage nicht annähernd so eindrucksvoll wie früher und ein größerer Umweg ist kaum gerechtfertigt. Wer allerdings sowieso in der Gegend ist und etwas Zeit übrig hat, für den lohnt sich der Besuch auf jeden Fall.

Im 2. Jh. tagte in Beit She'arim der Sanhedrin, der oberste jüdische Gerichtshof, dessen Vorsitz zu jener Zeit Rabbi Yehuda HaNassi innehatte. Der Rabbi hatte sowohl weltliche als auch religiöse Zuständigkeitsbereiche und vermittelte in politischen Angelegenheiten zwischen den Juden und der Oberherrschaft der Römer. In Tzipori rief er jüdische Gelehrte zusammen und verfasste mit ihnen die Mischna (heiliges jüdisches Gesetz).

Als Yehuda HaNassi starb, wurde er in Beit She'arim beigesetzt. Traditionell begruben die Juden ihre Toten auf dem Ölberg, wo der Messias erscheinen sollte. Nachdem sie aber aus Jerusalem verbannt worden waren, folgten viele dem Beispiel des Rabbiners und wählten Beit She'arim als letzte Ruhestätte.

Im 4. Jh. wurde der Ort von den Römern zerstört, vermutlich im Zuge der Niederschlagung eines jüdischen Aufstands. Während der nachfolgenden 600 Jahre wurden viele der Gräber noch weiter zerstört und geplündert. Die Katakomben wurden langsam von Erde und Steinen bedeckt und gerieten letztendlich in Vergessenheit. Die Überreste Beit She'arims wurden erstmals 1936 von Archäologen entdeckt, die umfangreiche Erforschung des Ortes begann aber erst nach der Unabhängigkeit Israels 1948.

Heute ist die Stätte zweigeteilt: Oben auf dem Hügel stehen die Überreste des Ortes, darunter befinden sich die Gräber. Auf dem Weg zum Parkeingang sind linkerhand die Ruinen einer **Synagoge aus dem 2. Jh.** zu sehen.

Der eigentliche Eingang der Parks, an dem auch das Ticket für die Besichtigung der **Katakomben** gekauft werden kann, liegt hinter der Haarnadelkurve. Hier gibt es 31 Katakomben und ein kleines Museum in einem alten, in den Fels gehauenen Staubecken zu besichtigen. Die Katakomben sind etwas gespenstisch anmutende Höhlen – kühle Kammern mit mittlerweile leeren Steinsärgen. In der größten der Katakomben sind 24 einzelne Grabkammern mit über 200 Sarkophagen untergebracht. Beachtenswert sind die vielen verschiedenen Symbole und Inschriften, die in die Särge geritzt sind, darunter hebräische, aramäische, palmyrenische und griechische Beiworte. Es wird angenommen, dass einige der hier Bestatteten sogar aus Persien und dem Jemen hierher gekommen waren.

An- & Weiterreise

Beit She'arim liegt 19 km südöstlich von Haifa. Mit dem eigenen Auto nimmt man den Hwy 75 bis zum Hwy 70, dann fährt man auf Hwy 722 Richtung Norden und biegt am Wegweiser nach „Qiryat Amal" nach links ab. Von hier sind es bis zum Eingang von Beit She'arim noch 400 m.

Wer kein Auto hat, nimmt ab Haifa Bus 301 (Busbahnhof Lev HaMifratz) nach Kiryat Tivon (12,60 NIS, 30 Min.). Dem Fahrer sagen, dass man nach Beit She'arim will, dann lässt er an einen einer Haltestelle hinter der Hauptkreuzung raus (am langen braunen Schild nach Beit She'arim). Am Kreisverkehr vorbei, den Hügel hinunter und nach 700 m rechts und wieder rechts in den Park abbiegen.

MEGIDDO

☎ 04

Besser bekannt als Armageddon (auf Hebräisch Har Megiddo, was „Berg Megiddo" bedeutet), ist dies der Ort, den Johannes als Schauplatz der letzten großen Schlacht auf Erden vorhergesagt hat (Offenbarung 16,16). Der Ort ist heute als **Nationalpark Megiddo** (☎ 659 0316; Erw./Kind 23/12 NIS; ◷ Sa–Do 8–17, Fr bis 16 Uhr) geschützt. Er ist mittlerweile eine beliebte Attraktion für Fans von Weltuntergangsszenarien wie im Film *Doomsday – Tag der Rache* und zieht auch ansonsten viele Neugierige an.

Obwohl bisher noch nichts allzu Apokalyptisches hier geschehen ist, war Megiddo über Jahrhunderte hinweg immer wieder Schauplatz wichtiger und blutiger Schlachten. Details zum ersten großen Blutvergießen an dieser Stelle kennt man aus den Hieroglyphen an der Wand des Karnak-Tempels in Luxor, in denen die Schlacht beschrieben wird: Thutmosis III. kämpfte hier im Jahr 1468 v. Chr. Megiddo blieb für mindestens 100 Jahre eine blühende ägyptische Festung, die auch gegen die Israeliten Bestand hatte (Richter 1,27) und vermutlich erst unter David fiel. Unter seinem Sohn Salomon wurde Megiddo zu einem der Schmuckstücke des Reiches und war als die Wagenstadt bekannt – bei Ausgrabungen wurden Überreste von Ställen entdeckt, die groß genug waren für Hunderte Pferde.

Für einige Zeit war Megiddo eine strategische Festung auf der römischen Handelsroute Via Maris, war bis zum 4. Jh. v. Chr. allerdings aus unerklärlichen Gründen aufgegeben worden. Der strategischen Bedeutung tat dies allerdings keinen Abbruch, und selbst noch im Ersten Weltkrieg war Megiddo Schauplatz britischer Kampfhandlungen. Als General Allenby die Adelswürde verliehen bekam, nahm er den Titel Lord Allenby von Megiddo an. Aber auch jüdische und arabische Streitkräfte lieferten sich hier während des Krieges 1948 Gefechte.

Bei Ausgrabungen wurden die Überreste aus 20 verschiedenen geschichtlichen Epochen gefunden, von 4000 bis 400 v. Chr., und dennoch braucht es einiges an Vorstellungskraft, um im heutigen modernen Megiddo noch Spuren der einstigen Größe zu entdecken. Im **Museum** des Besucherzentrums wird der Fantasie durch ausgezeichnete Nachbildungen allerdings ordentlich auf die Sprünge geholfen. Auch die Schilder überall auf dem Areal sind sehr hilfreich und informativ und erklären die Bedeutung der Erdhügel und -mulden. Der greifbarste Aspekt der Ausgrabungen ist das noch erhaltene System von Wasserleitungen aus dem 9. Jh. v. Chr. Es besteht aus einem durch den harten Felsen in eine Tiefe von 30 m hineingelassenen Schacht, der bis zu einem 70 m langen Tunnel reicht. Dieses System machte die Wasserquelle der Stadt für einfallende Truppen unauffindbar und war somit Hiskijas Ausführung in Jerusalem sehr ähnlich. Allerdings muss hier nicht durch Schmutzwasser gewatet werden. Den Tunnel erst am Ende besichtigen, da er einen aus der Stätte herausführt und abrupt in einer kleinen Seitenstraße in einiger Entfernung vom Besucherzentrum endet.

An- & Weiterreise

Die archäologische Stätte liegt 2 km nördlich der Megiddo-Kreuzung, einer gut beschilderten Wegkreuzung der Straße von Haifa nach Dschenin-Straße und des Highways von Afula nach Hadera. Hier kommen täglich auch mehrere Busse auf ihrer Strecke zwischen Haifa und Afula vorbei, ebenso wie ein halbstündlicher Bus von Tiberias nach Tel Aviv. Man kann den Fahrer bitten, an der Megiddo-Kreuzung anzuhalten. Die letzten 2 km legt man zu Fuß oder per Anhalter zurück. Megiddo wird auch von Nazareth aus via Afula angefahren.

AKKO (AKKON)

☎ 04 / 52 000 Ew.

Marco Polo besuchte Akko vor etwa 800 Jahren – und offen gesagt hat sich der Ort seither nicht wesentlich verändert. Im Laufe der Jahrhunderte ist Akko eine wunderschön erhaltene steinerne Stadt an einer ins Meer hineinragenden, schmalen Landzunge geblieben. Sie entzückt ihre Besucher durch enge Gassen, schlanke Minarette, geheime Gänge, unterirdische Gewölbe und beeindruckende Schutzwalle. Während andere historische Orte Israels sich alle Mühe geben ihr Erbe touristengerecht zu verpacken, ist Akko bedächtiger vorgegangen und hat die Häuser den Familien, nicht den Künstlern, und den *souq* (Markt) seinen Fischern, nicht den Souvenirhändlern vorbehalten.

Akko ist das Acre der Kreuzritter und war als Hauptstadt eines Kreuzfahrerkönigreichs Anlaufhafen für Schiffe aus Amalfi, Genua, Pisa und Venedig. Der moderne Besucher kann bei einem Spaziergang durch Akkos Straßen einen authentischen Einblick in die Geschichte der Stadt bekommen. Von Haifa aus kann sie leicht in einem Tagesausflug erkundet werden. Wer den Ort allerdings bei Mondschein erleben will, für den gibt es auch einige wenige Übernachtungsoptionen.

Geschichte

Schon lange bevor es vom europäischen Adel beehrt wurde, konnte Akko auf eine bemerkenswerte und facettenreichen Geschichte zurückblicken. Es wird in heiligen ägyptischen Schriften des 19. Jhs. v. Chr. erwähnt und ist angeblich der Ort, an den Herkules, der Rambo der griechischen Mythologie, sich zurückzog, um seine Wunden zu lecken. Eine Theorie über die Herkunft des Namens geht davon aus, dass er vom altgriechischen Wort *ake* abstammt, was „Punkt" (Landzunge) bedeutet.

Vor dem Hintergrund der immer schon großen Bedeutung des Hafens gründete Alexander der Große hier 333 v. Chr. eine Münzstätte, die 600 Jahre lang in Betrieb war. Nach dem Tod des griechischen Eroberers wurde Akko von den ägyptischen Ptolemäern, die es Ptolemais nannten, eingenommen. Aber sie mussten die Stadt im Jahr 200 v. Chr. an die syrischen Seleukiden abgeben, die sie verteidigten, bis die Römer, angeführt von Pompeius, für zwei Jahrhunderte die Herrschaft übernahmen.

Im Jahr 636 fiel Akko in die Hände der Araber, die bis zum Einfall der Kreuzritter eine relativ reibungslose Regierungszeit gehabt hatten. Die Ankunft der christlichen Armeen läutete die turbulenteste Ära in der Geschichte Akkos ein. Die Kreuzritter besetzten die Stadt und machten sie zu ihrem Haupthafen und der Lebensader ihres Reichs. Eine Zeit lang übernahm Saladin (Salah ad-Din) die Herrschaft, bis die Armeen von Richard Löwenherz und Philipp II. von Frankreich es während des Dritten Kreuzzuges zurückeroberten.

Die bestehenden Unstimmigkeiten mussten von Zeit zu Zeit immer wieder beigelegt werden, um die Angriffe der Muslime abzuwehren. 1291 griffen die Mamluken jedoch mit einer Armee an, die der der Verteidiger zahlenmäßig 10:1 überlegen war. Im Laufe der zweimonatigen Belagerung konnte ein Großteil der Bewohner Akkos nach Zypern fliehen. Als die Stadt dann fiel, wurde sie von den Mamluken dem Erdboden gleichgemacht und in den nachfolgenden 450 Jahren dem Verfall überlassen.

Die Wiedergeburt Akkos wurde von einem sehr ungewöhnlichen Geburtshelfer unterstützt: dem albanischen Söldner Achmed Pascha al-Jazzar, der auch „der Metzger" genannt wurde (*jazzar* ist das arabische Wort für Metzger), was nichts mit seinem Talent für Fleischkotteletts zu tun hatte. Al-Jazzar nutzte die schwache und korrupte osmanische Verwaltung der Stadt aus, führte ein praktisch unabhängiges Lehnswesen ein und brachte den Hafen mit drastischen Mitteln wieder in einen betriebsfähigen Zustand. Das alte Akko, wie es heute kein mehr existiert, wurde von den von al-Jazzar erlassenen Dekreten geprägt. Bis 1799 war die Stadt schon so wichtig geworden, dass Napoleon versuchte, sie einzunehmen. Er wurde aber von al-Jazzar, der von der englischen Flotte unterstützt wurde, zurückgeschlagen.

Akko blieb bis zur Eroberung Palästinas durch die Briten 1917 in osmanischer Hand. Die Eroberer errichteten ihr Hauptquartier allerdings in Haifa, und so schwand die Bedeutung Akkos, obwohl seine Festung weiterhin instand gehalten und als Hauptgefängnis Palästinas genutzt wurde. Während der 1930er-Jahre wurde Akko zur Brutstätte arabischer Feindseligkeiten gegenüber der immer stärker ansteigenden Zahl jüdischer Einwanderer und der Vorstellung eines zionistischen

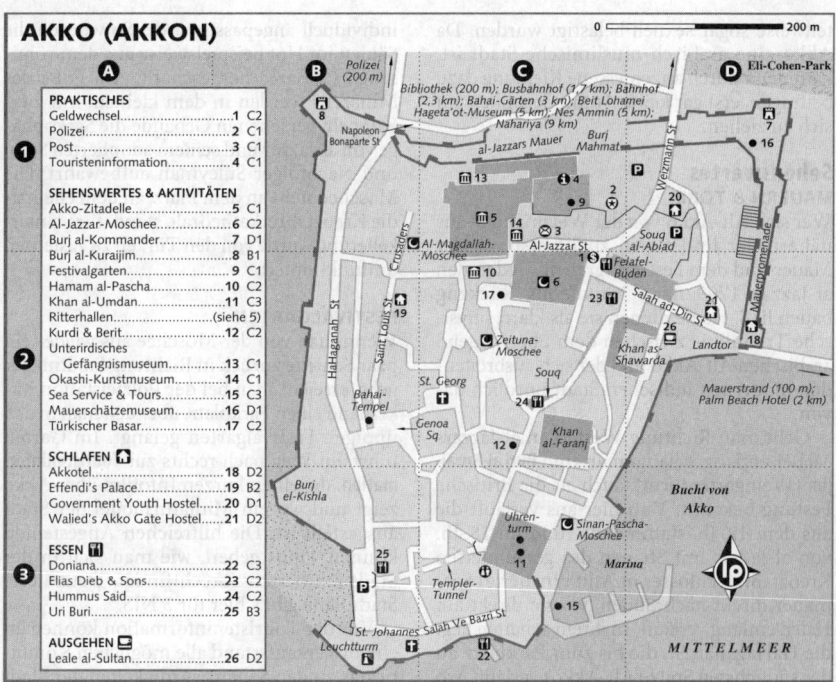

AKKO (AKKON)

0 ——— 200 m

PRAKTISCHES
Geldwechsel	1 C2
Polizei	2 C1
Post	3 C1
Touristeninformation	4 C1

SEHENSWERTES & AKTIVITÄTEN
Akko-Zitadelle	5 C1
Al-Jazzar-Moschee	6 C2
Burj al-Kommander	7 D1
Burj al-Kuraijim	8 B1
Festivalgarten	9 C1
Hamam al-Pascha	10 C2
Khan al-Umdan	11 C3
Ritterhallen	(siehe 5)
Kurdi & Berit	12 C2
Unterirdisches Gefängnismuseum	13 C1
Okashi-Kunstmuseum	14 C1
Sea Service & Tours	15 C3
Mauerschätzemuseum	16 D1
Türkischer Basar	17 C2

SCHLAFEN
Akkotel	18 D2
Effendi's Palace	19 B2
Government Youth Hostel	20 D1
Walied's Akko Gate Hostel	21 D2

ESSEN
Doniana	22 C3
Elias Dieb & Sons	23 C2
Hummus Said	24 C2
Uri Buri	25 B3

AUSGEHEN
Leale al-Sultan	26 D2

Staates. Die jüdischen Truppen konnten die Stadt 1948 allerdings recht problemlos einnehmen.

Seither haben die Juden Alt-Akko mehr oder weniger den Arabern überlassen und zogen es vor, ihre eigene, neue Stadt östlich der Stadtmauern al-Jazzars zu erbauen. Im Mai 2002 zeichnete es die Unesco mit dem Titel Weltkulturerbe aus.

Orientierung

Alles Sehenswerte befindet sich innerhalb der Stadtmauern Alt-Akkos. So reicht es, sich einen Überblick über diesen kleinen, wenn auch sehr verworrenen Teil zu verschaffen. Vom Bahnhof kommend nach rechts in die Herzl abbiegen, dann die erste links, die Derekh Ha'arb'a nehmen. Den Busbahnhof links liegen lassen und eine Querstraße weiter bis zur Ampel gehen. Hier nach rechts in die Ben Ami St abbiegen. Nach der Fußgängerzone und Shoppingmeile *(midrahov)* nach links in die Weizmann St abbiegen, wo dann schon die Stadtmauer in Sicht kommt. Alles in allem ist das ein 20-minütiger Fußmarsch; ein Taxi macht es einem natürlich einfacher.

Praktische Informationen

Bücherei (☎ 991 0860; ⏱ So–Do 9–11.45 & 15–18.45 Uhr; 💻) 200 m nördlich der alten Stadtmauern gelegen, mit Internet für 7 NIS pro 30 Minuten.

Geldwechsel (☎ 991 5097; Ecke Weizmann St & Al-Jazzar St; ⏱ 9.30–18.30 Uhr) Wechselt US-Dollar und Euro. Im neuen Teil der Stadt gibt es Banken mit Geldautomaten. Auch das Postamt in 49 Ben Ami wechselt Geld.

Polizei (☎ 987 6736; Weizmann St) Befindet sich auf dem Parkplatz bei der Touristeninformation.

Postamt (Al-Jazzar St; ⏱ So–Mo & Mi–Do 8–12.30 & 16–18, Di 8–13.30, Fr bis 13 Uhr) Diese Postfiliale kann manchmal Reiseschecks tauschen. Die Hauptpost befindet sich im neuen Teil der Stadt (49 Ben Ami).

Touristeninformation (☎ 995 6707; www.akko.org. il; 1 Weizmann St; ⏱ April–Okt. 8.30–17.30 Uhr, Nov.–März bis 16.30 Uhr; 💻) Nördlich des Festivalgartens, innerhalb der Kreuzfahrerfestung gelegen. Hier gibt es kostenlosen Internetzugang.

Gefahren & Ärgernisse

In Akko ist nach Einbruch der Dunkelheit nicht mehr viel los und obwohl sich die meisten Besucher hier sicher fühlen, kam es schon vor, dass alleinreisende Frauen das Ziel unerwünschter Aufmerksamkeit waren und teilweise sogar sexuell belästigt wurden. Da Akko eine arabisch-muslimische Stadt ist, kann man durch angemessene Kleidung dazu beitragen, erst gar keine Aufmerksamkeit auf sich zu ziehen.

Sehenswertes

MAUERN & TORE

Wer sich Alt-Akko von der Weizmann St aus nähert, der findet sich zuallererst vor der Mauer und dem Festungsgraben wieder, den al-Jazzar 1799 nach Napoleons Rückzug bauen ließ. Heute dienen sie als klare, physische Trennlinie zwischen dem überwiegend arabischen Alt-Akko und der sich ausbreitenden modernen jüdischen Stadt nördlich davon.

Geht man Richtung Westen an al-Jazzars Mauer entlang, gelangt man zum **Burj al-Kuraijim** (Weingartenturm), auch als die Britische Festung bekannt. Von hier aus verläuft die aus dem 12. Jh. stammende (und im 18. Jh. von al-Jazzar mit Steinen des geplünderten Kreuzfahrerschlosses in Atlit erneuerte) Seemauer direkt nach Süden, wo sie direkt am Hafen entlang verläuft. In ihrem Schatten liegt die HaHaganah St, die bis zum Parkplatz an der südlichsten Spitze Alt-Akkos verläuft, wo auch der Leuchtturm steht.

Wieder zurück an der Stelle, wo die Weizmann St auf al-Jazzars Mauer stößt, führen in östlicher Richtung einige Stufen hinauf zur **Mauerpromenade** und zum **Burj al-Kommander**, dem plumpen Bollwerk, von dem Alt-Akko an seiner nordöstlichen Ecke begrenzt wird. Von der Plattform des Turms hat man einen tollen Ausblick über die Bucht von Haifa und über die exotische Skyline Akkos in unmittelbarer Nähe. Die Promenade endet 200 m südlich des aus dem 12. Jh. stammenden **Landtors**, das vom Festland aus den einzigen Zugang zur Stadt markierte. Die einzige andere Zugangsmöglichkeit war das **Seetor** im Hafen, an dem heute das Restaurant Abu Christo steht.

AL-JAZZAR-MOSCHEE

Von Nahem sehen die große grüne Kuppel und das elegante, schlanke Minarett der **Al-Jazzar-Moschee** (Eintritt 6 NIS; ☽ Sa–Do 8–17, Fr 8–11 & 13–17 Uhr) vielleicht etwas unpassend nebeneinander aus, aber aus der Entfernung betrachtet bilden sie eine wunderschöne Einheit. Die Moschee wurde 1781 im typischen türkisch-osmanischen Stil gebaut, der nur teilweise

individuell angepasst wurde. So wurden die Säulen im Hof beispielsweise aus dem römischen Caesarea hergeschafft. Am Fuße des Minaretts werden in dem kleinen, mit zwei Kuppeln versehenen Gebäude die Sarkophage von al-Jazzar und seinem adoptierten Sohn und Nachfolger Süleyman aufbewahrt. Die Moschee steht an dem Platz, an dem ehemals die Kreuzfahrerkathedrale stand. Ihre Unterkellerung wurde von den Türken zu Zisternen umfunktioniert.

FESTIVALGARTEN

Wenn man von der Moschee aus wieder ein paar Schritte zurück in Richtung Stadtmauer geht, erreicht man bei der Polizeistation linkerhand einen Parkplatz, über den man in den üppigen Festivalgarten gelangt. Im Garten führt ein Weg nach rechts zur **Touristeninformation**, die einen kurzen Infofilm über Akko zeigt und wo ein Miniaturmodel der Stadt ausgestellt ist. Die hilfreichen Angestellten können Tipps geben, wie man sich in der Stadt am besten zurechtfindet. Detaillierte Stadtpläne gibt's hier für 3 NIS.

Vor der Touristeninformation können an einem Verkaufsstand alle möglichen Kombitickets zu den Sehenswürdigkeiten der Stadt gekauft werden. Das beste Ticket gilt für die Unterirdische Kreuzfahrerstadt, die Ausstellung im Hammam al-Pascha (Türkisches Bad), das Okashi-Kunstmuseum, den Templer-Tunnel, das Mauerschätzemuseum und Rosh Hanikra (S. 256) und kostet 70/60 NIS pro Erwachsener/Kind. An einem weiteren Verkaufsstand werden Audio-Führer ausgegeben (kostenlos mit Eintrittskarte), die den Besucher durch die unterirdische Stadt hindurch begleiten. Die Ausstellungen sind Samstag bis Donnerstag von 9 bis 17.15 Uhr geöffnet, freitags zwischen 9 und 14.15 Uhr. Zwischen November und März schließt alles eine Stunde früher.

UNTERIRDISCHES GEFÄNGNISMUSEUM

Bevor es zu den Ritterhallen geht, führen hinter dem Verkaufsstand einige Stufen hinauf zur **Akko-Zitadelle**, einem riesigen Bauwerk, das von den Türken im späten 18. Jh. auf die aus dem 13. Jh. stammenden Grundmauern der Kreuzfahrer gebaut wurde. Am oberen Ende der Treppe geht es links zum Unterirdischen Gefängnismuseum (☎ 991 1375; Erw./Kind 15/10 NIS; ☽ So–Do 8.30–16.30, Fr bis 13.30 Uhr), das dem jüdischen Widerstand während des britischen Mandats gewidmet ist. Die Zitadelle diente einige Zeit lang als Gefängnis, zu dessen Insassen in den 1920er-Jahren auch Ze'ev Jabotinsky gehörte, ein Anführer der jüdischen Untergrundbewegung. Die Ausstellung beinhaltet auch die Denkmäler von neun jüdischen Widerstandskämpfern, die hier hingerichtet wurden (der Galgenraum ist der Öffentlichkeit zugänglich) und ein Modell, das den erfolgreichen Massenausbruch von 1947 darstellt – diese Szene des Films *Exodus* wurde hier gefilmt.

Für die Bahai ist der obere Raum ein heiliger Ort. Baha'ullah, der Religionsstifter, wurde hier im späten 19. Jh. unter anfangs harten Haftbedingungen gefangen gehalten. Später fiel sein dritter Sohn Mírzá Mihda beim Meditieren durch ein Oberlicht des Daches und erlag 22 Stunden später seinen Verletzungen.

UNTERIRDISCHE KREUZFAHRERSTADT
Tickets für die Unterirdische Kreuzfahrerstadt gibt es am Verkaufsstand vor der Touristeninformation. Gegenüber, auf der anderen Seite der Rasenfläche, befindet sich der Eingang zu den **Ritterhallen** (Erw./Kind 25/22 NIS), einer Reihe eindrucksvoller Gewölbe, die in einer Tiefe von 8 m liegen.

Früher dienten die Hallen den kämpfenden Hospitaliter-Rittern als Hauptquartier, wurden aber, wie alles in Akko, verwüstet und verschüttet, als die Mamluken 1291 die Mauern durchbrachen. Als die Stadt dann 450 Jahre später wiederaufgebaut werden sollte, war es einfacher, von vorn zu beginnen und die Ruinen als Grundmauern zu nutzen.

Im Innern der Ritterhallen ist an der Decke eine Stelle auszumachen, die mit Zement repariert wurde. Dies war der Durchbruch eines Tunnels, den jüdische Gefangene des darüberliegenden britischen Gefängnisses 1947 gegraben hatten. Da sie nicht wussten, was sie in den dunklen Hallen erwartete, kehrten sie in ihre Zellen zurück und schmiedeten einen erfolgreicheren Plan für ihre Massenflucht. Heute werden die Hallen gelegentlich für Konzerte genutzt und einmal jährlich findet hier Akkos Experimentelles Theaterfestival statt, das wohl keinen passenderen Schauplatz finden könnte. Anhaltende Sanierungsarbeiten können den Besuch zwar etwas beeinträchtigen, der Großteil der Anlage ist aber geöffnet.

Die Ritterhallen öffnen sich zu einem Hof. Die Türen auf der linken Seite führen in das Refektorium (Speisesaal). Es ist gut möglich, dass Marco Polo bei seinem Besuch in Akko auch schon hier diniert hat. Gegenüber dem Eingang ist eine Fleur-de-Lys, eine bourbonische Lilie zu sehen, das Wappen der französischen Könige.

Neben dem Eingang zum Speisesaal führt eine Treppe in einen langen und engen unterirdischen Abwasserkanal. (Der Kanal scheint – glücklicherweise – sorgsam von allen mittelalterlichen Überresten befreit und desinfiziert worden zu sein.) Es ist sehr wahrscheinlich, dass der Abwasserkanal auch die Funktion eines geheimen Notausgangs hatte, durch den die Ritter die Hallen verlassen und zum Hafen flüchten konnten.

Der Tunnel führt weiter zu einer Krypta in der neben anderen Dingen der Grabstein des letzten Bischofs von Nazareth aufbewahrt wird. Hinter der Krypta gelangt man zum Domus Infirmorum, dem Krankenhaus der Kreuzritter. Die Türken nutzten diese Räume als Post und so ist es auch als Al-Bosta bekannt. Der Ausweg aus diesen unterirdischen Tiefen führt durch einen verdächtig platzierten Souvenirladen hindurch. Draußen findet man sich auf einem **türkischen Basar** wieder.

MAUERSCHÄTZEMUSEUM
Im nordöstlichen Teil Alt-Akkos liegt, zwischen den Befestigungsmauern eingekeilt, dieses neue **Museum** (Erw./Student 15/12 NIS). Hier ist eine Unzahl ethnografischer Gegenstände vorwiegend aus dem 19. Jh. ausgestellt, die vor allem von den frühen zionistischen Bauern benutzt wurden. Das Museum liegt wunderschön und stellt einige eigentümliche Artefakte aus, hat aber recht wenig mit der großartigen Geschichte Akkos zu tun. Am allerbesten sind wohl die wunderbar anschaulichen Kommentare der freundlichen Museumsführer.

HAMAM AL-PASCHA
Am Ende des türkischen Bazars geht es rechts zum Hamam al-Pascha (Türkisches Bad). Er ist im 1780 von al-Jazzar erbauten Badehaus untergebracht und war bis in die 1940er-Jahre in Betrieb. Im Hamam ist heute eine lohnenswerte 30-minütige **Multimediashow** (Erw./Kind 25/21 NIS) mit dem Titel „Die Geschichte des letzten Bademeisters" zu sehen. Die kreative Ausstellung führt durch die Umkleideräume und die Dampfbäder, die durch das farbige Glas brillant beleuchtet sind.

OKASHI-KUNSTMUSEUM

Gleich um die Ecke vom Hamam al-Pascha (zurück in Richtung Kreuzfahrerstadt) befindet sich das **Okashi-Kunstmuseum** (Erw./Kind 10/7 NIS), eine Kunstgalerie die sich den Werken Avshalom Okashis (1916–80) widmet, einem einflussreichen israelischen Maler, der die letzte Hälfte seines Lebens in Akko lebte.

SOUQ

Vom Türkischen Bad aus führen der Weg (und die Nase) weg von der Kreuzfahrerstadt und hin zum kleinen, aber lebhaften souq Akkos. Hier wird Hummus in riesigen Fässern gekocht, während nebenan frische Fische auf den Tischen zappeln. Überall werden Karren durch die Straßen gezogen, Kinder enthülsen Mais und Verkäufer bieten ihr frisches Obst an – und das alles zu blecherner, arabischer Hintergrundmusik, die aus verbeulten Radios ertönt. Beim Bummeln zwischen den Verkaufsständen sollte man auch bei **Kurdi & Berit** (☎ 991 6188) vorbeischauen, einem touristenfreundlichen Laden, der Kräuter und Gewürze weltweit verschifft.

DIE SÜDSTRASSE

Die 600 m lange Südstraße war zur Zeit der Kreuzritter eine wichtige Durchgangsroute. Hier wurden die Pilger, die im Heiligen Land ankamen, vor ihrer Weiterreise nach Jerusalem in Gruppen aufgeteilt. Die verschüttete Straße wurde erst kürzlich unter der Stadt entdeckt. Ein 50 m langes unterirdisches Stück wurde freigelegt und für die Touristenbesichtigung präpariert. Die Straße ist mit Steintafeln gepflastert und die Mauern zeigen für die Zeit der Kreuzritter typische eingeritzte Boote, Kreuze und Schutzschilde. Es wurden auch einige Läden und ein Tor entdeckt. Zum Zeitpunkt der Recherche war die Stätte Besuchern noch nicht zugänglich – hier kann die **Touristeninformation** (☎ 995 6707; www.akko.org.il; 1 Weizmann St; ⊙ April–Okt. 8.30–17.30 Uhr, Nov.–März bis 16.30 Uhr) mit näheren Details weiterhelfen.

KHAN AL-UMDAN & DER HAFEN

Alt-Akko hat mehrere große *khans* oder Karawansereien (Schenken mit einem Innenhof, die Karawanen als Unterkunft dienten), die einst von Kamelkarawanen genutzt wurden, die Getreide aus dem Landesinneren in die Stadt brachten. Die bedeutendste ist die am Hafen gelegene Khan al-Umdan. Ihr Name bedeutet „Säulenschenke" und sie wurde 1785

von al-Jazzar erbaut. Die Säulen, die der Karawanserei ihren Namen gaben, wurden aus Caesarea hergeschafft. Das Gebäude hat zwei Stockwerke, wobei das Erdgeschoss vermutlich als Stall für die Tiere diente, während die Händler und Besitzer oben schliefen. Eine Besichtigung ist zurzeit etwas kompliziert, da Bauarbeiten im Gange sind. Angeblich soll die ehemalige Schenke zu einem Hotel umgebaut werden.

Im Hafen herrscht immer reger Betrieb und wer morgens früh genug dran ist, der kann die Fischerboote beobachten, wie sie in den Hafen zurückkehren und ihren morgendlichen Fang entladen.

TEMPLERTUNNEL

Vom südlichsten Punkt Akkos, dem Parkplatz am Leuchtturm, ist der bemerkenswerte **Templer-Tunnel** (Erw./Kind 10/7 NIS) zu sehen, ein unterirdischer Geheimgang, der den Templerpalast mit dem Hafen verbindet. Der Tunnel wurde 1994 rein zufällig von einem Klempner entdeckt, der der Beschwerde einer Anwohnerin über ein verstopftes Abflussrohr nachgegangen war. Der Schacht wurde genau untersucht und für Touristen geöffnet. Er kann von beiden Enden betreten werden (vom Leuchtturm oder der Khan al-Umdan aus).

Aktivitäten

Zwischen 10 und 18 Uhr bieten **Sea Service & Tours** (☎ 054 435 9199; ybramly@012.net.il) eine 20-minütige Bootsrundfahrt um die Stadtmauern an. Abfahrt ist am Ende des Wellenbrechers immer dann, wenn das Boot ausreichend gefüllt ist. Der Preis pro Person beträgt 30 NIS.

Schlafen

Zum Zeitpunkt der Recherche wurde in Alt-Akko in der Nähe des Parkplatzes gerade eine neue, staatlich betriebene Jugendherberge gebaut. Voraussichtliche Fertigstellung ist 2011. Am anderen Ende der Preistabelle steht das ultra-luxuriöse Boutiquehotel **Effendi's Palace** (☎ 054 457 0719), das auch ganz neu gebaut wurde. Es ist an sich zwar eine großartige Unterkunft, mit 350 US$ pro Nacht aber nicht gerade die billigste.

Walied's Akko Gate Hostel (☎ 991 0410; Fax 981 5530; Salah ad-Din St; B 30–40 NIS, EZ/DZ 200/250 NIS; ⌨) Dies ist eine günstige budgetfreundliche Option in Akko. Leider gibt es sonst nicht viel darüber zu berichten. Das Hostel besteht aus zwei Teilen, einem Hauptgebäude zur Straße hin mit ganz guten Zimmern mit Badezimmern und einem Gebäude dahinter – einem schäbigen Loch mit dunklen Zimmern und dreckigen Matratzen. Wenn es genügend Interessenten gibt, organisiert der Besitzer Walied Ausflüge zu den Golanhöhen (200 NIS) und nach Rosh Hanikra (40 NIS). Auf Anfrage wird man kostenlos vom Bahnhof abgeholt. Wer unangekündigt auftaucht, muss sich unter Umständen etwas in Geduld üben, bis sich jemand um einen kümmert.

Akkotel (☎ 987 7100; www.akkotel.com; Salah ad-Din St; EZ/DZ inkl. Frühstück 80/120 €; ☐) In Alt-Akkos Stadtmauer eingebettet bietet dieses einzigartige Hotel wie kein anderes seinen Besuchern einen ganz besonderen Einblick in die Geschichte der Stadt. Die 16 Zimmer haben gewölbte Decken, TV mit Flachbildschirm und moderne Badezimmer. Sie sind nicht sehr hell, was aber bei seiner Lage mitten in der Mauer nicht verwundert.

Palm Beach Hotel (☎ 987 7777; www.palmbeach.co.il; EZ/DZ 129/169 US$; ☐ ☒) Dieses Mini-Resort mit Swimmingpool, Sauna, Heilbad, Zugang zum Strand und Wassersportangeboten liegt 2 km östlich der Altstadt. Bei Buchungen im Internet gibt's 10 % Rabatt. Ein toller Ort, wenn man Kinder mag; wer allerdings Ruhe sucht, ist hier fehl am Platz.

Essen & Ausgehen

Günstige Falafel gibt's gleich mehrfach an der Kreuzung von Salah ad-Din St und Al-Jazzar St. Selbstversorger sind bei **Elias Dieb & Sons** (Salah ad-Din St) richtig, einem kleinen Supermarkt gegenüber dem Souq al-Abiad; die Schilder sind nur auf Arabisch und Hebräisch beschriftet.

Leale al-Sultan (Khan as-Shawarda; Snacks 12 NIS; ☉ 24 Std.) Traditionelles nahöstliches Café mit paillettenbesetzten Kissen, farbenprächtigen Wandbehängen und Backgammontischen. Ein türkischer Kaffee kostet 4 NIS, eine Nargileh (Wasserpfeife) 12 NIS. Bei Einheimischen sehr beliebt.

Hummus Said (leichte Gerichte 12 NIS; ☉ 6–14.30 Uhr) Dieser Laden ist fest mit dem *souq* verwurzelt und damit schon so etwas wie eine Institution von Akko. Hier werden Gästemassen aus dem ganzen Land mit dem heißbegehrten nahöstlichen Dip versorgt. Für 14 NIS gibt's Salat, Essiggurken, Pita und einen Riesenberg Hummus mit *fuul* (Ackerbohnenpaste) oder Knoblauch.

Doniana (☎ 991 0001; Pisa-Hafen; Gerichte 100 NIS; ☉ 12–24 Uhr) Das exklusive Restaurant legt die Messlatte für eine echte kulinarische Erfahrung in Akko deutlich höher. Es überzeugt durch wunderschön hergerichtete Vorspeisen und eine besondere Auswahl an Gerichten mit frischen Meeresfrüchten. Der gegrillte Fisch ist immer eine gute Wahl, warum aber nicht auch mal die Tintenfische, Muscheln oder Krabben ausprobieren! Für Fleischliebhaber empfiehlt sich das zarte, marinierte Steak und dazu ein Weißwein von den Golanhöhen. Durch die besondere Lage über den Befestigungsmauern der Stadt, neben dem Galileo Restaurant, ist der Ausblick einfach spektakulär.

Uri Buri (☎ 955 2212; HaHaganah St; Gerichte 120–200 NIS; ☉ 12–23 Uhr) Wer nicht weiß, dass es sich hierbei um eines der besten Restaurants Israels handelt, der geht meistens völlig unbeeindruckt daran vorbei. Betritt man das Uri Buri, so wird man gleich vom exzentrischen Besitzer Uri begrüßt, einem Mann mit vielen Talenten, der schon alles gemacht hat, vom Speerfischen bis zum Bombenentschärfen. Heute widmet er sich seinen preisgekrönten Fischgerichten und bastelt immer weiter an neuen Rezepten. Einzigartig und empfehlenswert sind u. a. die Krabbe mit Seetang, das Sashimi-und-Wasabi-Eis und die gedünstete Fischpfanne. Hier wird mit Leib und Seele gekocht, das Ergebnis ist grandios köstlich. Wer Uri danach fragt, bekommt auch sein Probiermenü (150 NIS), zu dem das hochprozentige Arak-Sorbet gehört, das den Gaumen zwischen den Gerichten reinigt.

An- & Weiterreise

Akkos Busbahnhof und Bahnhof befinden sich 20 Gehminuten vom Haupteingang zu Alt-Akko entfernt. Die schnellsten Busse aus Haifa (12,60 NIS, 30–50 Min.) sind 272 und 252 (Stadtbusse jeder Art meiden). Zurück nach Norden geht es von Akko aus mit Bus 272 nach Nahariya (8,50 NIS, 15–25 Min.).

Außerhalb des Busterminals fahren Sheruts sobald sie voll sind nach Haifa (wochentags/Sabbat 11/13 NIS) und Nahariya (wochentags/Sabbat 8,50/10,50 NIS).

Die schönste Route zwischen Akko und Haifa (17 NIS, 25 Min.) oder weiter nach Nahariya (7,50 NIS, 15 Min.) ist aber die Bahnstrecke mit der malerischen Küste entlang. Züge in beide Richtungen fahren dreimal stündlich. Fahrscheine gibt's am Automaten im Bahnhof.

Unterwegs vor Ort

Innerhalb Alt-Akkos sind Verkehrsmittel überflüssig, und vom Bahnhof aus erreicht man die wichtigen Orte in nur 20 Gehminuten. Am Bahnhof fährt von Gleis 16 auch ein Bus ab, allerdings nur ein- bis zweimal pro Stunde. Wer ihn erwischt, wird in der Weizmann St neben der al-Jazzars Mauer abgesetzt. Ein Taxi vom Bahnhof kostet um die 20 NIS.

RUND UM AKKO
Bahje-House & Hängende Gärten der Bahai

Das Bahje-House und die **Hängenden Gärten der Bahai** (Eintritt frei; ☉ 9–16 Uhr) sind die heiligsten Stätten der Bahai. Hier lebte Baha'ullah, der Nachfolger Bábs und Begründer der Religion (s. Kasten S. 225), nachdem er aus dem Gefängnis in Akko entlassen wurde. Hier starb er auch 1892. Sein Grab ist von wunderschönen Gärten umgeben, die denen in Haifa sehr ähnlich sind. Der Schrein, der als **Bahje-House** (Eintritt frei; ☉ Fr–Mo 9–12 Uhr) bekannt ist, beherbergt ein kleines Museum.

Die Gärten liegen etwa 1 km nördlich des Stadtzentrums an der Hauptverbindungsstraße Akko–Nahariya. Bus 271 fährt vom Bahnhof aus etwa zehn Minuten dorthin. Die Haltestelle befindet sich gleich nach dem Haupteingang der Gärten, die in Fahrtrichtung auf der rechten Seite liegen. Nicht-Bahai müssen den nördlichen Eingang in einer Seitenstraße nehmen (etwa 500 m entfernt).

Türkisches Aquädukt

In nördlicher Richtung befindet sich auf der Straße nach Nahariya rechts ein langes Aquädukt im römischen Stil. Es wurde um 1780 von al-Jazzar erbaut und versorgte Akko mit Wasser aus der Hochebene Galiläas.

Kibbuz Lohamei HaGheta'ot

Nördlich des Aquädukts befindet sich der Kibbuz Lohamei HaGheta'ot. Er wurde 1949 von ehemaligen Widerstandskämpfern aus den Ghettos in Deutschland, Polen und Litauen gegründet. Im Kibbuz steht das **Beit Lohamei HaGeta'ot Museum** (☎ 04-995 8035; www.gfh.org.il; Erw./Kind 20/18 NIS; ☉ So–Do 9–16 Uhr), das an die Aufstände in den Ghettos, die jüdische Widerstandsbewegung und die Unterstützung der Alliierten während des Holocausts erinnert. Trotz des bedrückenden Themas betont das Museum auch die Hoffnung, die zur Zeit der schlimmen Ereignisse nie versiegte.

Mit der Eintrittskarte kommt man auch ins **Yad Layeled** (☎ 04-995 8044; ☉ So–Do 9–16, Sa 10–17 Uhr), ein bewegendes Museum, das den Kindern des Holocausts gewidmet ist. Es befindet sich in einem angebauten runden Gebäude. Das Museum beschreibt anhand aussagekräftiger Bilder das Schicksal der 1,5 Mio. Kinder, die dem Holocaust zum Opfer fielen. Betritt man das Gebäude, begegnet man Szenen aus den Ghettos, während eindringliche Stimmen die Geschichte der Opfer erzählen und Bildschirme Augenzeugenberichte Überlebender zeigen. Zentraler Punkt ist ein bewegendes Mahnmal am untersten Punkt des Gebäudes.

Der Kibbuz liegt an der Straße zwischen Akko und Nahariya; den Busfahrer nach der Haltestelle fragen.

NAHARIYA
☎ 04 / 51 000 Ew.

Nahariya ist der beliebteste Badeort im Norden Israels. Hier scheint jeder Tag ein Sabbat zu sein. Zahlreiche Hotels säumen die ruhigen Straßen, Eisverkäufer entlang der Promenade machen Spitzenumsätze und Familien genießen an den traumhaften Stränden die Sonne.

Die Atmosphäre im Ort war nicht immer so entspannt. In seinen Anfängen, während der Fünften Aliya in den 1930er-Jahren, war es eine raue und regellose Grenzstadt deutschjüdischer Einwanderer. Der Versuch, Landwirtschaft zu betreiben, scheiterte aufgrund des unfruchtbaren Bodens. Die Wirtschaft nahm erst Fahrt auf, als sich Nahariya zu einem industriellen Zentrum entwickelte. Die Strauss-Molkereibetriebe und Iscar-Metallverarbeitung (kürzlich erst vom amerikanischen Großinvestor Warren Buffet übernommen) haben hier ihren Sitz. Die Kehrseite des wirtschaftlichen Erfolges hat aber auch toxische Spuren in Form einer stillgelegten Asbest-Fabrik hinterlassen. Die Stadt war 2006 in den Schlagzeilen, als sie sich im Libanonkrieg plötzlich direkt an der Frontlinie wiederfand – etwa 800 Katjuscha-Raketen wurden auf die Stadt und die Umgebung abgefeuert. Mittlerweile hat sich die Situation weitestgehend normalisiert.

Wer sich ein wenig für die Geschichte der Stadt interessiert kann im **Beit Lieberman** (☎ 982 1516; 21 HaGdud St; ☉ So–Do 9–17, Fr bis 13 Uhr) mehr darüber erfahren. Es ist gleichzeitig das Stadtmuseum mit Exponaten über das Leben der zionistischen Siedler und ihre Bemühung, das Land zu bewirtschaften.

Im Sommer (Juni–Aug.) kann man mittwochs und samstags um 21 Uhr auf der Promenade **volkstümlichen Tänzen** beiwohnen. Im Herbst und Frühling (Sept.–Nov. & März–Mai) finden sie nur samstags um 21 Uhr statt. Im Winter (Dez.–Feb.) wird samstagmorgens getanzt.

Schlafen & Essen

Hotel Frank (☎ 992 0278; www.hotel-frank.co.il; 4 Ha'Alia St; EZ/DZ inkl. Frühstück 80/100 US$; 🅿 💻 🛜) Das Hotel hat zwar langweilige Zimmer im Stil der 1970er, ist aber sauber, und das Personal ist freundlich. Ein paar Querstraßen vom Strand entfernt.

Carlton (☎ 900 5555; 23 HaGa'aton Blvd; www.carlton-hotel.co.il; EZ/DZ inkl. Frühstück 140/188 US$; 🅿 🛜 💻) Das Carlton ist das stilvollste Hotel der Stadt und im Vergleich zu anderen Vertretern dieser Kategorie in Haifa ein echtes Schnäppchen. Es hat ein angenehmes Flair und freundliches Personal, der Ausblick aus den Zimmern ist allerdings eher durchschnittlich.

Penguin (☎ 992 0027; 31 HaGa'aton Blvd; Gerichte 40–70 NIS; ⏱ 8–24 Uhr) Als echter Klassiker Nahariyas ist das Penguin älter als Israel selbst – es geht zurück auf das Jahr 1940. Hier gibt es leichte Gerichte wie Pasta und Salate, außerdem Burger und leckere Schnitzel. Die Atmosphäre ist nett und unkompliziert und ein Buchladen ist direkt angegliedert.

An- & Weiterreise

Bus 272 (Express) fährt ca. alle 20 Minuten (bis 22.30 Uhr) nach Akko (7,50 NIS, 15–25 Min.) und nach Haifa (16 NIS, 45–70 Min.). Wenn möglich keine Stadtbusse nehmen (z. B. Bus 271), denn sie halten alle paar Meter, um Fahrgäste abzusetzen oder aufzunehmen. Stündlich gibt es auch ein bis zwei Züge Richtung Norden nach Akko (7,50 NIS), Haifa Merkaz-HaShmona (17 NIS) und darüber hinaus.

RUND UM NAHARIYA
Montfort

Montfort ist sicherlich nicht das beeindruckendste Kreuzritterschloss Israels, interessant ist es aber allemal und außerdem schließt es eine nette Wanderung mit ein. Ursprünglich wurde das Schloss 1226 vom Haus Frankreich-Courtenay erbaut. Als es diese an die Ritterorden der Templer und Hospitaliter verkauften, wurde sein Name von Montfort (Starker Berg) zu Starkenburg geändert. Obwohl das Schloss strategisch wertlos war, wurde es umgebaut und zur zentralen Schatzkammer, den Archiven und ihrem Hauptquartier im Heiligen Land gemacht. 1271 wurde das Schloss von den Muslimen erobert, die vom mamlukischen Sultan Baibars angeführt waren. Ein vorhergegangener Versuch (fünf Jahre zuvor) war gescheitert. Die Kreuzritter zogen sich nach Akko zurück und das Schloss wurde vollkommen zerstört.

Heute gibt es nur noch sehr wenige Überreste des Schlosses. Rechts neben dem Eingang ist die Vogtei zu sehen, der Turm steht direkt gegenüber. Die beiden gewölbten Kammern auf der rechten Seite sind die Kellerge-

HAIFA & DIE NORDKÜSTE

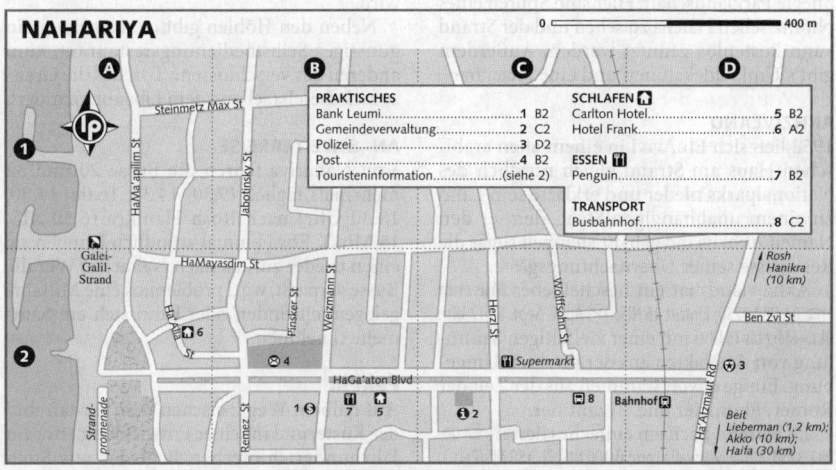

NAHARIYA			0 ——————— 400 m

PRAKTISCHES
Bank Leumi......................................1 B2
Gemeindeverwaltung.....................2 C2
Polizei..3 D2
Post..4 B2
Touristeninformation.............(siehe 2)

SCHLAFEN
Carlton Hotel...................................5 B2
Hotel Frank......................................6 A2

ESSEN
Penguin..7 B2

TRANSPORT
Busbahnhof......................................8 C2

wölbe der Ritterhallen; gleich daneben steht die Kapelle.

AN- & WEITERREISE

Montfort erreicht man am besten mit dem Auto. Aus Rosh Hanikra fährt man über den Hwy 899 bis Goren Park (7,8 km von der Hanita Kreuzung entfernt). Nach 2 km ist der Parkplatz erreicht, von dem man in der Ferne Montfort schon sehen kann. Schilder sind in der Umgebung rar, so kann es sein, dass man unterwegs nach dem Weg fragen muss. Vom Parkplatz aus dauert die Wanderung nach Montfort etwa eine Stunde.

Von Süden aus gibt es auf dem Hwy 89 bei Mi'iliya eine Zufahrtsstraße.

Akhziv

Der kurze Küstenstreifen zwischen Nahariya und dem an der Grenze zum Libanon gelegenen Rosh Hanikra wird Akhziv genannt. Im alten Israel war es einst ein Dorf des Ascherstammes und außerdem ein phönizischer Hafen. Und Überreste aus der Bronzezeit wurden hier auch gefunden.

NATIONALPARK AKHZIV

Etwa 4 km nördlich von Nahariya liegt der **Nationalpark Akhziv** (☎ 982 3263; Erw./Kind 25/15 NIS; ☯ April–Sept. 8–19 Uhr, Okt.–März bis 16 Uhr). Er hat einen schönen Strand mit Umkleidekabinen, Sonnenschirmen, Duschen und einer Snackbar. Die Nutzungsgebühr beträgt 12 NIS.

Ein Stück nördlich stößt man bei einem „verlassenen" arabischen Dorf auf eine gepflegte Parklandschaft. Hier sind Spuren eines phönizischen Hafens zu sehen und der Strand kann kostenlos genutzt werden. Außerdem gibt's Umkleidekabinen und eine Snackbar.

AKHZIVLAND

1952 ließ sich Eli Avivi in einem alten arabischen Haus am Strand gleich nördlich des Nationalparks nieder und erklärte sein Land zu einem unabhängigen Staat, dem er den Namen Akhzivland gab. Er stempelt sogar die Reisepässe seiner Übernachtungsgäste.

Akhzivland hat ein bescheidenes **Museum** (☎ 04-982 3250; Eintritt 15 NIS; ☯ April–Sept. 8–17 Uhr, Okt.–März bis 16 Uhr) mit einer vielfältigen Sammlung von Artefakten aus der direkten Umgebung. Einige davon stammen aus der Zeit der Römer, Phönizier und Byzantiner.

Eli betreibt auch ein einfaches **Hostel** (☎ 04-982 3250, 11havlvl@walla.com; B 100 NIS, Zi. 150 NIS/Pers.),

das in den 1970er-Jahren sicher einmal richtig genial war, heutzutage aber ein wenig mitgenommen aussieht. Eli wird so langsam älter und seine mürrische Frau Rina schmeißt mittlerweile den Laden. Es gibt auch **Campingstellen** (80 NIS) mit Zugang zu allen Einrichtungen. Wer mag, bekommt von Eli sogar einen Stempel in den Pass, der bestätigt, dass man eine Nacht in seiner unabhängigen Enklave verbracht hat.

Rosh Hanikra

Die aufgewühlte Grenze zwischen Israel und dem Libanon wird passenderweise durch eine schroffe, hervorstehende Landspitze bei Rosh Hanikra markiert, wo zerklüftete Klippen ins Meer ragen und die Wellen eine Reihe von Grotten umspülen. Die 10 km lange Straße von Nahariya endet an der **Touristeninformation Rosh Hanikra** (☎ 073-271 0131; www.rosh-hanikra.com), wo eine steile **Seilbahn** (Erw./Kind 42/34 NIS; ☯ Sept.–März 8.30–16 Uhr, April–Juni bis 18 Uhr, Juli–Aug. bis 23 Uhr) hinab zu den Höhlen fährt.

Die Höhlen wurden schon mehrmals vergrößert: von den Briten für eine Eisenbahn, von den Israelis des einfacheren Zugangs wegen. Die Erkundungstour führt auf einem gewundenen Pfad zu verschiedenen Punkten, von wo bei aufbrausender See die Meeresgrotten in ihrer ganzen Pracht – oder Ungezähmtheit – bestaunt werden können. Am nördlichen Ende führt der Tunnel in ein kleines Theater, das exakt an der libanesischen Grenze liegt und wo ein zwölfminütiger Film zur Geschichte der historischen Bahnlinie gezeigt wird.

Neben den Höhlen gibt es zum einen ein günstiges Selbstbedienungsrestaurant, zum anderen das verschlossene Tor, das die Grenze zwischen Israel und dem Libanon markiert.

AN- & WEITERREISE

Von Nahariya fahren die Busse 20 und 32 mehrmals täglich (9.30, 14.30, 16.00, 17.30, 18.30 Uhr) nach Rosh Hanikra (6,50 NIS, 15 Min.). Etwa einmal stündlich bringen sie einen wieder zurück nach Nahariya. Wer die Busse verpasst, wird problemlos eine Mitfahrgelegenheit finden oder kann sich ein Sammeltaxi nehmen.

Peki'in

Auf halbem Weg zwischen dem Jordan und der Küste, und in seiner Entwicklung etwa ein Jahrhundert hinterher, liegt das aus Stein erbaute Dorf Peki'in, in dem vor allem Drusen leben. Es war aber auch die Heimat einer jahrhundertealten jüdischen Gemeinschaft, die der Überlieferung nach nie aus dem Heiligen Land verbannt worden war. 1936 zwang die politische Situation sie allerdings, das Gebiet zu verlassen, und nur ein kleiner Teil von ihnen kam zurück, nachdem Israel unabhängig geworden war.

Das Dorf soll an der Stelle stehen, an der sich Rabbi Shimon Bar Yochai und sein Sohn Eliezer im 2. Jh. v. Chr. vor den Römern versteckten. Sie wollten einem Dekret entgehen, das das Tora-Studium verbot. Es heißt, dass sie 13 Jahre lang in einer Höhle lebten und der Rabbi in dieser Zeit den Zohar zusammenstellte, das wichtigste Buch der jüdischen Mystik. Vor der Höhle tauchten auf wundersame Weise eine Quelle und ein Johannisbrotbaum auf. Die Männer sollen sich von der Frucht des Baumes ernährt, von der Quelle getrunken und sich bis zum Hals im Sand eingegraben haben. Ihre ganze Zeit sollen sie dem Studium der Tora gewidmet haben.

Die **Höhle des Bar Yochai** ist heute eine heilige Stätte, und auch die Quelle ist zu sehen (sie tropft völlig reizlos durch ein modernes Leitungsrohr in ein Auffangbecken). Außerdem kann man eine alte **Synagoge**, den alten **Friedhof** der jüdischen Gemeinde und eine alte Getreidemühle und Ölpresse bestaunen. Das Dorf ist ein einziges Labyrinth aus verworrenen Straßen und man findet nur schwer die optisch enttäuschenden historischen Stätten. Am Dorfplatz können die Besitzer des Restaurants den Weg weisen.

Eine andere Attraktion in Peki'in ist seine kulinarische Spezialität: *pitta-eem-leben*. Das ist hauchdünnes Pitabrot mit einem weichen, herben Quark, der mit Olivenöl und Marjoran verfeinert ist. Zu probieren gibt es diesen Snack bei **Hummus Piqi'in** (☺ April–Okt. 9–24 Uhr, Nov.–März bis 19 Uhr), einem freundlichen kleinen Café auf dem Dorfplatz mit Blick auf den Brunnen.

AN- & WEITERREISE

Bus 44 fährt etwa einmal pro Stunde von Nahariya (15 NIS, 45 Min.) hierher. Die richtige Haltestelle ist das alte Dorf, Peki'in Atika, nicht die moderne Siedlung Peki'in Hadasha eine Haltestelle davor.

HAIFA & DIE NORDKÜSTE

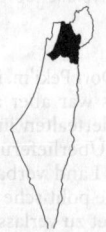

Galiläa

Der Reichtum an Spirituellem, Historischem und ausgesprochen Schönem macht Galiläa für israelische genauso wie für ausländische Besucher zur wohl beliebtesten Region des Landes.

Geschichts- und Religionsfans bietet sich hier die einmalige Chance, in Jesu Fußstapfen zu treten, der hier gelebt, gepredigt und einige seiner berühmtesten Wunder gewirkt haben soll. Aber die Ruhe des Berges der Seligpreisungen, die Ruinen Kapernaums und der Blick vom Berg Tabor aus sind nicht nur für Pilger da, und die historischen Synagogen, die wunderschönen erhaltenen Mosaiken und die stattlichen Kirchen muss man einfach gesehen haben!

Man findet zahllose archäologische Stätten aus der romanischen, islamischen und osmanischen Ära und aus der Kreuzfahrerzeit, Highlights sind die Ruinen im Nationalpark Sepphoris und die Ausgrabungen in Bet Shean. Das bunte Nazareth ist schon lange mehr als nur ein Ziel für Christen: Die weitläufige Altstadt, der wuselige Markt und die vielen guten Restaurants machen es zu einem fantastischen Basislager für Trips zu den Hauptsehenswürdigkeiten in Galiläa.

Wer genug von Historischem hat, kann in einer Region mit reichlich Grün, Bergen, dichten Wäldern, fruchtbarem Ackerland und dem glitzernden See Genezareth relaxen oder aktiv werden: Wandern, Trekken, Wassersport und Reiten sind nur einige der Möglichkeiten hier.

Neben vielen ausgezeichneten Campingplätzen direkt am See erwarten Gäste komfortablere Kibbuze – Galiläa ist eine der letzten Regionen des Landes, in denen das Prinzip der Kibbuze noch sehr gut funktioniert.

HIGHLIGHTS

- Sich durch die Restaurants **Nazareths** (S. 264), Israels neuem Star am Gastrohimmel futtern
- Am Strand zelten und mit einem Drink in der Hand den traumhaften Sonnenuntergang über dem **See Genezareth** (S. 282) genießen
- Sich in die Zeit Jesu zurückversetzen und bei einem Spaziergang auf dem **Jesuspfad** (S. 271) **Tabgha** (S. 278), **Kapernaum** (S. 280) und den **Berg der Seligpreisungen** (S. 278) erkunden
- Sich in die Blumen am **Berg Gilboa** (S. 270) verlieben: Von Dezember bis März verwandeln sich die felsigen Hänge in ein Meer aus wunderschönen Narzissen, feuerroten Butterblumen und seltenen Gilboa-Schwertlilien
- Der Sommerhitze den Rücken kehren und sich im **Nationalpark Gan HaShelosha** (S. 269) abkühlen oder seinen ganz persönlichen paradiesischen Pool an einer der vielen natürlichen Quellen entdecken

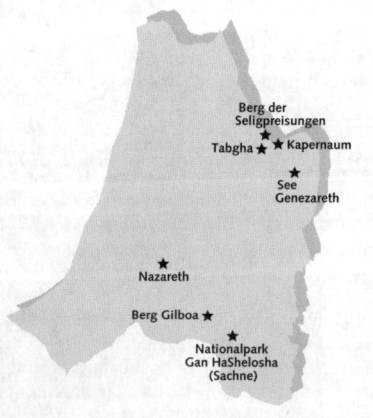

Berg der Seligpreisungen
Tabgha ★ ★ Kapernaum
★ See Genezareth
★ Nazareth
Berg Gilboa ★
★ Nationalpark Gan HaShelosha (Sachne)

Klima

In Galiläa herrscht im Allgemeinen ein gemäßigtes Klima, jedoch kann das von Ort zu Ort recht unterschiedlich sein. Im Jordantal, das unter dem Meeresspiegel liegt, wird es im Sommer vor allem in der Gegend um Tiberias oft äußerst schwül. Die Hügel rund um den See Genezareth bieten eine willkommene Abkühlung, aber Achtung: In den Wintermonaten kann es ziemlich kalt werden.

NAZARETH

☎ 04 / 66 000 Ew.

Das moderne Nazareth mit seinem Missklang aus schreienden Markthändlern, dröhnenden Autohupen und läutenden Kirchenglocken wird ein Schock sein für alle, die das idyllische Weihnachtspostkartenmotiv mit Jesus erwarten. Die größte arabische Stadt Israels ist ein lebendiger Ort, der sich gerade als mondänes, kulturelles und kulinarisches Ziel neu definiert und sehr viel mehr zu bieten hat als nur die christliche Pilgergeschichte.

Sicher, die vielen Kirchen lohnen unbedingt den Besuch, aber auch die schmalen Kopfsteinpflastergassen in der Altstadt mit den verfallenen Herrenhäusern, dem authentischen Souq und den fantastischen Restaurants, die aufregende arabische Fusion-Küche servieren, wollen entdeckt werden. Es wurde viel restauriert, die gewundenen Gassen in der Altstadt sind jetzt abends wunderschön beleuchtet, historische Häuser erstrahlen in neuem Glanz und auch an interessanten Unterkünften fehlt es nicht. Da es ganz in der Nähe von Nazareth viele christliche Stätten und gute Wanderwege gibt, ist die Stadt ein guter Ausgangspunkt für Ausflüge nach Untergaliläa, besonders am Sabbat, wenn – anders als sonst in Israel – alles geöffnet ist.

Geschichte

Die Worte von Nathanael von Kana, „Was kann aus Nazareth Gutes kommen?" (Joh 1, 46), charakterisieren die Bedeutung der Stadt zu Zeiten Jesu. Es heißt, dass Nazareth bis ins 3. Jh., als das Interesse an dieser Stadt abnahm, die Heimat der christlichen Gemeinde war. Ende des 6. Jhs. lebte sie wieder auf, denn hier sollen mehrere Wunder geschehen sein und in einer Synagoge soll das Buch aufbewahrt werden, mit dem Jesus Lesen und Schreiben gelernt hat; die Bank, auf der er saß, steht angeblich ebenfalls in dieser Kirche. Das Gerücht, dass es in dieser Stadt die hübschesten Frauen

der Gegend gäbe, da sie alle mit der Heiligen Jungfrau Maria verwandt sind, tat sein Übriges zu Nazareths gutem Ruf. Und obwohl die Stadt damals vorwiegend jüdisch war, erlebte der Kirchenbau einen wahren Boom.

Die Kreuzfahrer, die Nazareth zu ihrer galiläischen Hauptstadt ernannt hatten, widmeten die Verkündigungskirche und eine weitere Kirche dem Erzengel Gabriel. Nach der Niederlage der christlichen Ritter im Jahr 1187 in der Schlacht bei Hattin konnten Pilger Nazareth in Zeiten der Waffenruhen noch besuchen, aber im 13. Jh. war dann die Gefahr, von Muslimen angegriffen zu werden, zu groß.

Im 17. Jh. waren die Franziskaner in der Lage, die Ruinen der Verkündigungskirche zurückzukaufen, und es ließen sich wieder Christen in der Stadt nieder. 1730 bauten sie eine neue Kirche, die 1955 abgerissen und durch die heutige, moderne Basilika ersetzt wurde.

Während der Zeit des Völkerbundmandats für Palästina befand sich das Verwaltungshauptquartier für ganz Galiläa in Nazareth. Als die Briten 1948 abzogen, besetzte die israelische Armee die Stadt. Die Bevölkerung des modernen Nazareth (auf Arabisch *El-Nasra*) besteht sowohl aus Christen als auch aus Muslimen. Seit den 1950er-Jahren findet man oberhalb der Stadt den jüdischen, selbständig verwalteten Ort Nazareth Illit, eine junge Industriestadt.

Orientierung

Die meisten für Pilger interessanten Orte befinden sich im Zentrum der Altstadt. Die Hauptstraße ist die Paul VI St, die von dem Haifa–Afula Hwy gen Süden durchs Stadtzentrum bis zum Marienbrunnen verläuft; ab hier heißt sie Namsawi Rd. Eine weitere wichtige Straße ist die Casa Nova/El-Bishara St, die von der Paul VI St abzweigt und nach oben zum Markt vor der Basilika führt. Verwirrenderweise heißt sie vom City Sq bis zum Eingang des Marktes Casa Nova und vom Markt bis zum Marienbrunnen El-Bishara.

Praktische Informationen

Banken (☽ Mo & Di 8.30–12.30, Mi, Fr & Sa 8.30–12.30 & 16–18.30, So 8.30–12.30 & 16–18 Uhr) Viele Banken in der Paul VI St wechseln Bargeld.

Hauptpost (☎ 655 4019; ☽ Mo & Mi 8.30–14, Di, Do & Fr 8–12.30 & 15.30–18, Sa 8–13 Uhr) Einen Block westlich des Marienbrunnens, unweit der Polizei.

GALILÄA

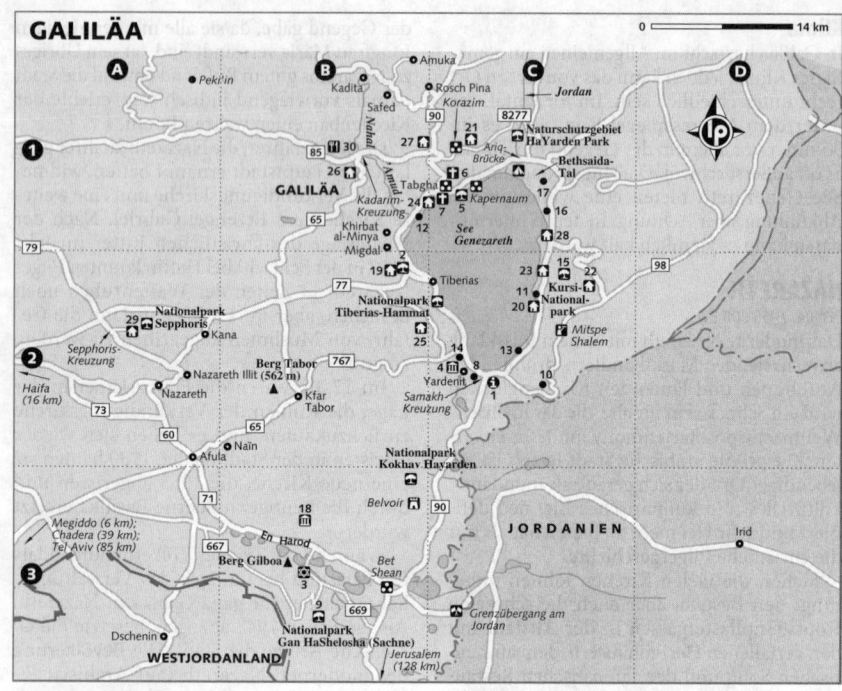

Nazareth Information Centre (☎ 657 0555; www. nazarethinfo.org; Casanova St; ☽ Mo–Fr 8.30–17, Sa 9–13 Uhr) Hier sind viele Karten und Infos erhältlich.

Polizei (☎ 657 4444, Notruf 100) Das Hauptpolizeirevier befindet sich in einem alten russischen Hospiz einen Block westlich des Marienbrunnens neben der Hauptpost.

Sehenswertes & Aktivitäten
VERKÜNDIGUNGSKIRCHE

Die Skyline von Nazareth wird beherrscht von der römisch-katholischen **Verkündigungskirche** (☎ 657 2501; El-Bishara St; Eintritt frei; ☽ 8–18 Uhr). Sie ist die größte Kirche im Nahen Osten und gehört zu den heiligsten Stätten der christlichen Welt. Die Kirche soll an der Stelle von Marias Haus stehen, wo dieser der Erzengel Gabriel erschienen ist und ihr verkündete, sie sei mit Gottes Sohn schwanger (Lk 1, 26–38).

Die Basilika wurde von den Franziskanern in Auftrag gegeben und 1969 geweiht. Der Architekt Giovanni Muzio sollte etwas „Modernes, Multinationales, Geheimnisvolles" schaffen. Mit ihrer imposanten, 60 m hohen Kuppel, die einer weißen Lilie ähnelt, macht diese Kirche (die fünfte, die diesen Platz einnimmt) wirklich einen recht modernen Eindruck. Die Mischung aus kunstvollen Mosaiken und religiöse Gaben von katholischen Gemeinden aus der ganzen Welt machen den multinationalen Faktor aus, aber wo das geheimnisvolle Element abgeblieben ist, bleibt unklar.

Vielleicht versteckt es sich unten in der schwach beleuchteten Unterkirche, wo sich die Mauern der tieferliegenden Apsis einer byzantinischen Kirche aus dem 5. Jh. befinden; diese wurde wiederum um die **Verkündigungsgrotte** (☽ 5.45–21 Uhr), die Stelle, an der Marias Haus gestanden haben soll, gebaut. Hinter der Nordfassade findet man die Reste einer Kreuzfahrerkirche aus dem 12. Jh. und einige restaurierte byzantinische Mosaike.

Wenn man die obere Ebene durch die Nordtür verlässt, gelangt man in einen Hof, unter dem sich weitere Ausgrabungen des alten Nazareths befinden, u. a. ein historisches jüdisches *mikveh* (rituelles Tauchbecken).

JOSEPHSKIRCHE

Direkt nördlich der Basilika steht die **Josephskirche** (El-Bishara St; ☽ 7–18 Uhr). Sie wurde 1914 an der Stelle erbaut, wo Josefs Zimmermannswerkstatt gewesen sein soll. Die heutige Kirche mit romanischen Einflüssen steht auf den Resten einer Kreuzfahrerkirche. In der Krypta ist eine unterirdische Höhle zu sehen, in der in präbyzantinischer Zeit Getreide gelagert wurde.

KLOSTER DER SCHWESTERN VON NAZARETH

In der Nebenstraße mit dem Casa Nova Hospice an der Ecke, gegenüber der Basilika, betreibt das Kloster eine Schule für gehörlose und blinde arabische Kinder. Im dazugehörigen Hospiz und Hostel können Traveller übernachten. Das Kloster kann sich mit einem der besten Exemplare eines alten **herodianischen Grabes** (☎ 655 4304; Besichtigung nur nach Vereinbarung) rühmen. Es befindet sich unter dem jetzigen Hof und ist mit einem Stein abgedeckt, der sich zur Seite rollen lässt.

GRIECHISCH-KATHOLISCHE SYNAGOGENKIRCHE

Diese bescheidene, im Souq gelegene **Synagogenkirche** (Mo–Fr 8–17, Sa 8–12 Uhr) stammt aus der Zeit der Kreuzfahrer. Sie steht an der Stelle einer Synagoge, in der der junge Jesus regelmäßig gebetet und später auch gepredigt haben soll (Lk 4, 15–30). 1887 wurde den alten Gemäuern die eher weniger bescheidene, griechisch-katholische Kirche mit einer prächtigen Kuppel und zwei Glockentürmen hinzugefügt.

MENSA CHRISTI

Der große Felsblock in der kleinen, 1860 erbauten Franziskanerkirche heißt auf Lateinisch *Mensa Christi* (Tisch Christi). Er soll Jesus und seinen Jüngern nach der Auferstehung als Esstisch gedient haben. Beachtenswert sind auch die vielen Graffitis von Pilgern, die diese Stätte über die Jahrhunderte besucht haben. Sie befindet sich nördlich des Klosters der Borromäerinnen, in der Nähe der Maronitenkirche und des ökumenisch-christlichen Kinderpflegeheims. Wer sich das Innere der Kirche ansehen möchte, muss sich an einen der Nachbarn wenden – bitte eine kleine Spende nicht vergessen.

GABRIELSKIRCHE

Nach griechisch-orthodoxem Glauben ist der Erzengel Gabriel Maria erschienen, als sie gerade Wasser holte, und nicht in ihrem Haus an der Stelle der Verkündigungsgrotte. Die **Gabrielskirche** (7–12 & 13–18 Uhr) wurde Ende des 17. Jhs. an der Stelle früherer Kirchen erbaut. Die wunderschön restaurierte Krypta am hinteren Ende birgt die Quelle, die den nahegelegenen Brunnen speist. Bevor man den schönen Innenraum betritt, sollte man einen Blick auf die alten „Graffitis" am Eingang werfen.

Die Kirche liegt einen Block nördlich der Stelle, an der die Paul VI St endet, und ist von der Verkündigungskirche aus zu Fuß in zehn Minuten zu erreichen.

MARIENBRUNNEN & ALTES BADEHAUS

Der **Marienbrunnen** (Paul VI St) steht auf einem schönen Platz vor der Gabrielskirche. Einige Menschen glauben, dass hier der Erzengel Gabriel erschienen sei und sein Wasser heilende Kräfte habe. Daneben, bei der Boutique **Cactus** (☎ 657 8539; Mo–Sa 9–19 Uhr), hat deren Inhaber Elias Shama ein fast perfekt erhaltenes, 2000 Jahre altes römisches **Badehaus** ausgegraben, das einst vom Brunnenwasser

GALILÄA

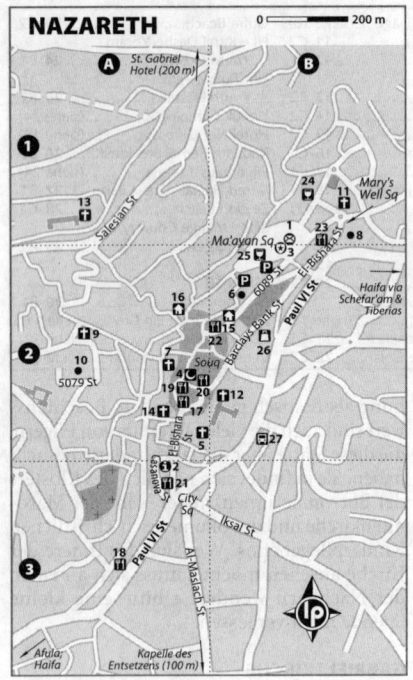

NAZARETH

0 ⸻ 200 m

gespeist wurde. Archäologen vermuten, dass das Heizsystem dreimal größer war als ein ähnliches in Bet Shean entdecktes System. Geführte Touren für bis zu vier Personen werden für 120 NIS (inkl. Erfrischungsgetränk) angeboten.

SALESIANERBASILIKA ZUM JUGENDLICHEN JESUS

Die zwischen 1906 und 1923 im gotischen Stil errichtete Basilika zum Jugendlichen Jesus ist wahrscheinlich die schönste Kirche in Nazareth. Sie gehört dem französischen Salesianerorden und weist sowohl außen als auch innen eine wunderbare Architektur auf. Außerdem hat man von hier einen fantastischen Blick auf die Stadt, der allein den 20-minütigen Aufstieg schon lohnt. Wem die 250 Stufen zu viel sind, kann auch mit Bus 13 hin fahren.

KAPELLE DES ENTSETZENS

Lukas beschreibt, wie das Volk von Nazareth versuchte, Jesus von einem Hügel herunterzustoßen (Lk 4, 29–30). Es heißt, dass die franziskanische **Kapelle des Entsetzens** (Notre Dame de l'Effroi) im Südteil der Stadt an der Stelle er-

richtet wurde, an der Maria Zeugin dieses Vorfalls wurde. Der Hügel in der Nähe ist als „Berg des Absturzes" bekannt. Ausschau halten nach dem beschilderten Tor in der Mauer in der Paul VI St gegenüber vom Hotel Galilee südlich des Stadtzentrums. Die Kapelle befindet sich hinter einer Mauer jenseits des Klarissenklosters.

SOUQ

Der **Souq** (Mo–Sa 9–16 Uhr), ein wunderbarer Ort für Freunde des Feilschens, beginnt am oberen Ende der El-Bishara St und erstreckt sich über ein Netz aus steilen, schmalen, kurvigen Gassen. Im unteren Teil der Stadt wurden die weißen Steinstraßen saniert, doch noch immer herrscht hier eine echt arabische Atmosphäre, besonders freitags.

ALTE STADTHÄUSER

Nazareth erlebte seine Blütezeit am Ende der osmanischen Ära, als einheimische Führer wie der Statthalter Daher el-Omar über Galiläa herrschten. Überall in der Stadt wurden wunderschöne Häuser errichtet, von denen heute noch viele erhalten (wenn auch leicht verfallen) sind. Man erkennt sie an ihren roten Dachziegeln, den dreibögigen Fenstern und den Balkonen. Auch innen sind sie reich verziert mit italienischem Marmor und farbenfrohen Fresken an den Decken. Das Haus von **El-Rais** (6089 St) hat 13 Zimmer mit Deckengemälden; auf einem ist der Eigentümer dargestellt, wie er mit seiner Frau in Ägypten Urlaub macht. Besichtigungen können über die **Nazareth Cultural & Tourism Association** (☎ 602 8219; www.nazarethinfo.org) organisiert werden.

NAZARETH VILLAGE

Wem es im Gewühl des modernen Nazareth schwerfällt, sich Jesus beim Wunderwirken vorzustellen, für den lohnt sich ein Besuch des **Nazareth Village** (☎ 645 6042; www.nazarethvillage.com; 5079 St; Erw./Kind/Student 50/22/34 NIS; ☒ Mo–Sa 9–17 Uhr): Hier wird in einem traditionellen galiläischen Dorf das Alltagsleben rekonstruiert. In der Tracht der damaligen Zeit gekleidete Akteure bieten Führungen (in mehreren Sprachen) über den bewirtschafteten Bauernhof an. Aber keine Angst: Das Ganze hat nichts mit einem kitschigen historischen Themenpark zu tun, das Dorf ist wirklich gut angelegt und einen Besuch wert. Direkt hinter der Al-Wadi al-Jawani St gelegen, erreicht man es von der Verkündigungskirche in nur 15 Minuten; gen Westen gehen.

INTERNATIONALES ZENTRUM MARIA VON NAZARETH

Das große **Zentrum** (http://mariedenazareth.com) in der alten St.-Joseph-Schule gegenüber der Verkündigungskirche war zur Zeit der Recherche gerade im Bau. Es beschäftigt sich mit Marias Rolle im Christentum, Judentum und Islam und wird von der französischen Gruppe Chemin Neuf betrieben. Interaktiv und mehrsprachig wird einem hier alles über das Leben der Heiligen Familie in Nazareth erzählt. Ein Dachgarten für besinnliche Ruhepausen ist in Planung.

Geführte Touren

Fauzi Azar Inn (☎ 602 0469; www.fauziazarinn.com) Freiwillige bieten täglich Führungen durch die Altstadt an

(15 NIS/Pers.). Hier ist auch ein kostenloser Stadtplan mit Infoheft erhältlich.

Sharif Sharif-Safadi (☎ 601 3717, 050 722 9691; sharifla@zahav.net.il) Der Nazareth-Experte ist sehr am Erhalt der historischen Bauwerke interessiert. Er leitet ausgezeichnete Führungen durch die „verborgene Stadt" mit Besichtigung der Herrenhäuser in der Altstadt (Gruppe bis 10 Pers. 150 US$).

Schlafen

Kloster der Schwestern von Nazareth (☎ 655 4304; Fax 646 0741; B 55 NIS, EZ/DZ inkl. Frühstück 200/250 NIS; ☒) Erschöpfte Pilger (und ausgelaugte Backpacker) können sich in dieser beliebten Unterkunft in der schön eingerichteten Lounge mit Speisesaal oder im hübschen Innenhof ausruhen. Auch die ziemlich gut ausgestattete Küche steht den Gästen zur Verfügung. An christlichen Feiertagen übernachten hier Gruppen aus Europa, man sollte also möglichst vorab reservieren. Hin geht's über die El-Bishara St, von der man gegenüber der Basilika nach links abbiegen muss. Die Unterkunft befindet sich in dieser Straße auf der linken Seite. Die Rezeption ist geöffnet von 16 bis 22.30 Uhr.

LP Tipp **Fauzi Azar Inn** (☎ 602 0469; www.fauziazarinn.com; B/DZ 80/400 NIS; ☐ ☎) Als der junge Maoz Inon beschloss, eine Pension in Israel zu eröffnen, durchkämmte er auf der Suche nach dem besten Ort dafür das ganze Land. In Nazareth ließ er sich schließlich nieder, um ein wunderschönes arabisches Haus mitten in der Altstadt zu restaurieren, und seine Unterkunft ist nun eine der besten Optionen in Galiläa. Der lichtdurchflutete Aufenthaltsraum mit Bogenfenstern, Marmorboden, Fresken an der Decke und Blick über die Stadt bietet die perfekte Kulisse für ein Plauderstündchen bei einem Stück hausgemachtem Kuchen und frisch aufgebrühtem Pfefferminztee oder arabischem Kaffee. Suraida Azar, die Enkelin von Fauzi Azar (dem das Haus einst gehörte), managt die Pension tagsüber und erzählt gern von der Geschichte des Hauses und ihrer Familie. Maoz, ein begeisterter Wanderer, half dabei, den Jesuspfad (s. S. 271) anzulegen; sein Wissen über die Gegend ist phänomenal.

Al-Mutran Guest House (☎ 645 7947; www.al-mutran.com; DZ 400 NIS; ☒ ☐ ☎) Das Al-Mutran, das Schwesterhaus des Fauzi Inn, ist in einem der beeindruckendsten Gebäude der Altstadt zuhause und bietet Travellern zu einem Bruchteil des normalerweise zu erwartenden Preises das Ambiente eines Boutiquehotels.

Die drei Suiten mit mehreren Zimmern sind einfach, aber geschmackvoll eingerichtet, und die noch erkennbare osmanische Architektur sowie der traumhafte Blick über die Stadt sprechen für sich selbst. Diese Unterkunft ist perfekt für Familien oder Gruppen, die ein paar Tage in Nazareth verbringen wollen. Die Suiten haben eine gut ausgestattete Küche, in der man sich mühelos aus den auf dem Souq gekauften Lebensmitteln ein Festmahl zubereiten kann. Nichtgäste, die in der gestylten Lobby einen Kaffee trinken oder im Internet (15 NIS/Std.) surfen wollen, sind willkommen.

St. Gabriel Hotel (☎ 657 2133; Fax 655 4071; 2 Salesian St; EZ/DZ 90/125 US$; 💻) Das ehemalige katholische Kloster befindet sich am Rand eines Bergrückens und bringt seine Gäste in kleinen, aber gemütlichen Zimmern unter. Der schöne Blick über die Stadt entschädigt für den mühevollen Weg hierher (man muss einen steilen Hügel hinaufwandern). Das Hotel ist zwar bei Reisegruppen ziemlich beliebt, erscheint aber manchmal, vor allem unter der Woche, wie ausgestorben.

El-Reda (☎ 608 4404; Albesharah St; DZ 800 NIS; 🍽) Die Aussicht auf Nazareth von diesem magischen Ort aus ist toll, insbesondere vom Dachapartment oben. In dem osmanischen Herrenhaus überblickt man die Kuppeln, Minarette und Glockentürme der Stadt, bei Sonnenuntergang ein spektakuläres Erlebnis. Das große, gemütliche Einzimmerapartment ist mit Antiquitäten und Kelims eingerichtet, in seinem holzgetäfelten Bad kann man durch ein Oberlicht die Sterne zählen. Wer sich nicht in der tollen Küche selbst was zubereiten möchte, kann unten in dem hervorragenden Restaurant im Erdgeschoss speisen. In dem Apartment können bis zu vier Personen übernachten, aber wer teilt einen so romantischen Ort schon gerne?

Essen

Wenn man einen hiesigen Restaurantbesitzer fragt, wie er seine Karte beschreiben würde, kann man darauf wetten, dass der Begriff „Fusion" fällt. Altes wird in Nazareth mit seiner beeindruckenden Restaurantszene neu belebt, und es lohnt sich allein schon deswegen, hier eine Nacht (oder auch ein ganzes Wochenende) zu verbringen. In den vielen Restaurants, die nach und nach in der Altstadt eröffnen und moderne, mit traditionellen Gewürzen zubereitete Gerichte auflischen, kann man in schöner Atmosphäre traumhaft

speisen und echte arabische Gastfreundschaft genießen.

Abu Amar & Abu Hassan (6132 St; 🕑 Mo–Sa 8–16 Uhr) Die beiden Brüder betreiben am Obst- und Gemüsemarkt in Souq zwei konkurrierende Bäckereien, die auch noch vis-a-vis zueinander liegen. Abu Hassan ist für Baguettes und Anisbagel bekannt, Abu Amars Il Shech versorgt ganze Horden mit schmackhafter Pita-Pizza (6 NIS).

Mahroum's Sweets (Ecke Paul VI St & El-Bishara St; 🕑 8–23 Uhr) Die Einheimischen sagen, dass es in ganz Nazareth nirgendwo bessere Baklava und vor Honig triefende Leckereien gibt. Bevor man die Stadt verlässt, unbedingt die frisch gebackenen *kunafa* (Schichten aus Teigfäden mit Käsemasse in der Mitte) probieren! Es gibt noch andere Läden gleichen Namens, dieser ist aber das Original.

Diwan Hasaraya (6134 St; 🕑 Mo–Sa 8–20 Uhr) Als „schönsten Tisch in Nazareth" beschreibt Abu Ashraf ein bestimmtes Plätzchen auf dem Balkon seines Coffeeshops mit Blick über den Souq, und er hat Recht: Dies ist der perfekte Ort, um seine berühmten *katayef* (süße Pfannkuchen, gefüllt mit Ziegenkäse oder Zimt und Walnüssen und getränkt in Geraniensirup) zu genießen. Diese Mini-Leckerbissen werden eigentlich im Ramadan gegessen, aber der lebensfrohe Abu Ashraf bereitet sie jeden Tag zu (ab 10 Uhr). Man sollte sie mit einer Tasse des ausgezeichneten Kaffees, der vor Ort geröstet wird, genießen.

LP Tipp **El-Reda** (☎ 608 4404; Albesharah St; Hauptgerichte 40–60 NIS; 🕑 Mo–Sa 13–2, So 19–2 Uhr) In den Wochenendausgaben der Tageszeitungen wird dieses Restaurant, das im Erdgeschoss eines restaurierten, 120 Jahre alten osmanischen Herrenhauses untergebracht ist, in den höchsten Tönen gelobt, und das zu Recht. Der Betreiber Daher Zeidani bereitet nur zu, was er selbst mag, und das sind traditionelle Nazareth-Gerichte mit mediterranem Touch, z. B. mit Lammfleisch und Pinienkernen gefüllte frische Artischockenherzen. Das Essen und das Ambiente (die Musik der ägyptischen Sängerin Umm Kulthum wird hier sehr gern gespielt) machen dieses Restaurant zu einer der gehobeneren Optionen in ganz Nordisrael.

Tishreen (☎ 608 4666; 56 El-Bishara St; Hauptgerichte 45–75 NIS; 🕑 11–24 Uhr) Das elegante Restaurant verströmt durch die mit Stroh bedeckten Wände und die vielen Antiquitäten und Weinflaschen eine herbstliche Atmosphäre.

Die Einheimischen, die gern ausgiebig zu Mittag oder spät zu Abend essen, bestellen mediterran angehauchte Gerichte aus dem mit Mosaikfliesen verzierten Holzofen, z. B. mit Pesto und Käse gefüllte Auberginen oder die ausgezeichnete *muhammar,* eine arabische Pizza mit Hähnchen- und Zwiebelstreifen. Ebenfalls empfehlenswert sind *freekeh* (gerösteter grüner Weizen, ein traditionelles, galiläisches Gericht) und die guten Weine der hiesigen Weingüter. Das Restaurant befindet sich 200 m westlich des Marienbrunnens. An Wochenenden sollte man reservieren.

Diana (☎ 656 8203; 51 Paul VI St; Hauptgerichte 50–75 NIS; ☼ 11–24 Uhr) Dieses alteingesessene Restaurant serviert seit seiner Eröffnung vor 40 Jahren sorgfältig zusammengestellte Klassiker. Küchenchef Dokhol Safadi zaubert mehr als zwölf verschiedene Vorspeisen und Specials wie Shrimps mit Paprika und Sesampaste, die Spezialität des Hauses sind würzige, hausgemachte Lammkebabs mit Pinienkernen in irakischem Pita-Brot. Die Portionen sind so üppig, dass jeweils zwei Personen davon satt werden. Eine Filiale wurde im Grand New Hotel in der Har Hamutran St eröffnet.

Saj (☎ 646 9660; Sahat Al-Mutran; Hauptgerichte 60–120 NIS; ☼ Mo–Sa 9–24 Uhr) Das Saj ist wie ein hippes Restaurant in einem alten Herrenhaus in Tel Aviv, nur nicht ganz so edel. Über eine schmale, mit Pflanzen übersäte Treppe gelangt man in einen Speisesaal mit klaren Linien und bequemen Bänken, in dem sanfte Hintergrundmusik läuft. Der Balkon mit Blick über die Dächer von Nazareth bietet sich an für einen Arak aus Ramallah. Die moderne Zubereitung der einheimischen Gerichte verleiht diesem Restaurant das gewisse Etwas; empfehlenswert sind z. B. das Hühnchen in Joghurtsauce mit Bockshornkleesamen und die gebackenen Auberginen mit würziger Sesampaste.

Ausgehen

Café Fahum (☎ 645 6056; Market St; ☼ Mo–Sa 8.30–16 Uhr) Einfach dem verlockenden Aroma gerösteter Kaffeebohnen folgen, und schon ist man in dem 50 Jahre alten Familienbetrieb. Hier kann man verschiedene Kaffeesorten aus Kolumbien, Brasilien, Costa Rica und dem Jemen kaufen.

LP Tipp **Sudfeh** (☎ 656 6611; Ma'ayan Sq; ☼ Mo–Sa 12 Uhr–open end, So 18 Uhr–open end) Das von zwei einheimischen Frauen (die auch noch beide Mary heißen) geführte Sudfeh ist der stimmungsvollste Ort in Nazareth, um sich ein Gläschen zu genehmigen. In seinem bezaubernden Innenhof ist eine kleine Kunstgalerie zuhause. Das Restaurant mit seinen Lüstern und dem Mosaikfußboden beschwört die Eleganz der Alten Welt herauf. Die stylish beleuchtete Bar ist ideal für einen Arak-Cocktail und einen arabisch-mediterranen Snack. Es finden regelmäßig Veranstaltungen statt, und an den meisten Abenden kann man das Tanzbein schwingen.

Dandana (☎ 052 577 2530; Mary's Well Sq; ☼ 11 Uhr–open end) Das von drei jungen Brüdern betriebene Dandana, zu finden in einem faden Büroblock, ist Bar und Restaurant in einem. Es ist bei den coolen Kids von Nazareth beliebt, die an der Bar herumhängen, Unmengen Kaffee schlürfen und, sobald sich auch nur die geringste Gelegenheit bietet, zu tanzen anfangen. Aus der Küche werden erstaunlich leckere Gerichte angekarrt, die Spezialität des Hauses ist gebackener Feta mit Tomaten in Weinblättern.

Shoppen

Elbabour (☎ 645 5596; www.elbabour.com; ☼ Mo–Sa) Wer Gewürze liebt, sollte die Stadt nicht verlassen, ohne dieser wunderschönen alten galiläischen Mühle einen Besuch abgestattet zu haben. Hier gibt's mehr als 1000 verschiedene Produkte, von exotischen Kräutern bis hin zu Aromaölen.

An- & Weiterreise

Vom **Busbahnhof in Nazareth** (☎ 656 9956; Paul IV St) fahren stündlich Busse nach Tiberias (Bus 431, 21,50 NIS, 1 Std.), Akko (Bus 343, 27 NIS, 1 Std. 40 Min.) und Tel Aviv (Bus 823, 39 NIS, 3½ Std.), nach Haifa geht's alle 30 Minuten (Bus 331, 17 NIS, 45 Min.). Der Direktbus nach Jerusalem (Bus 955, 45 NIS, 2½ Std.) verkehrt zweimal täglich frühmorgens; wem das zu früh ist, der muss über Afula (Bus 823, 11 NIS, 30 Min.) fahren. Es besteht auch eine Direktverbindung nach Amman in Jordanien (75 NIS, 5 Std.), immer sonntags, dienstags, donnerstags und freitags um 8.30 Uhr. Weitere Infos gibt's per Telefon bei **Nazarene Tours** (☎ 601 0458).

Sheruts (Servicetaxen) nach Tiberias fahren regelmäßig vor dem Hamishbir-Kaufhaus (in der Paul VI St unweit der El-Bishara St) ab. In Richtung Haifa und Tel Aviv (30 NIS) geht's an der Paz-Tankstelle (in der Paul VI St) los.

RUND UM NAZARETH

Kana (Kafr Kanna)

☎ 04

In dieser arabischen Stadt, 7 km nordöstlich von Nazareth an der Straße nach Tiberias, soll Jesus sein erstes Wunder vollbracht und auf einem Hochzeitsempfang Wasser in Wein verwandelt haben (Joh 2, 1–11); an dieser Stelle steht heute eine 1881 errichtete Franziskanerkirche. In der Kirche wird ein alter Krug aufbewahrt, der aussieht wie der mit dem „Wunderwasser". Unter dem Kirchenfußboden sind Fragmente eines Mosaiks mit einer alten jüdisch-aramäischen Inschrift zu erkennen. Sehenswert ist auch die griechische Kirche in Kana mit ihren antiken Steinbottichen. Die Orthodoxen behaupten, dass dies die Gefäße waren, in denen das Wunder geschah.

Dieser Ort ist auch die Heimat von Nathanael (Joh 21, 2), einem Jünger Jesus. Die Franziskaner verwalten eine Kapelle an der Stelle, an der sein Haus stand.

Kana ist eine Station auf dem Jesuspfad (s. S. 271). Eine Übernachtung in diesem Ort ist bestimmt für jeden interessant, der das Leben in einer kleinen arabischen Stadt etwas genauer kennenlernen möchte. Im **Cana Wedding Guesthouse** (☎ 050 400 7638, 641 2375; B/DZ mit Gemeinschaftsbad 100/250 NIS), einer Privatunterkunft hinter der Franziskanerkirche, kann man absteigen; die freundlichen Inhaber betreiben auch noch ein kleines Lebensmittelgeschäft und einen schönen Garten mit unzähligen Zitronenbäumen. Auch eine Küche steht den Gästen zur Verfügung. Wer Appetit auf eine gute Falafel oder ein Schawarma hat, sollte das **El-Ein** (☎ 050 554 6025; Gerichte 25 NIS; ⏱ 8–20 Uhr) am Ortseingang beehren.

AN- & WEITERREISE

Arabische Busse nach Kana starten etwa alle 45 Minuten in der Nähe des Marienbrunnens in Nazareth, aber auch Bus 431, der zwischen Tiberias und Nazareth verkehrt, fährt durch den Ort – einfach den Fahrer bitten, einen dort rauszulassen. Die griechische Kirche steht dicht an der Hauptstraße, die Franziskanerkirche und die Kapelle sind im Stadtzentrum.

Sepphoris

☎ 04

Die beeindruckende archäologische Stätte wurde von Flavius Josephus, einem Historiker des 1. Jhs., großartig als „das Juwel von ganz Galiläa" beschrieben. Der fantastische **Nationalpark Sepphoris** (Zippori; ☎ 656 8272; Erw./Kind 25/13 NIS; ⏱ April–Sept. 8–17 Uhr, Okt.–März 8–16 Uhr) wurde im 2. Jh. v. Chr. zunächst von den Hasmonäern besiedelt, 63 v. Chr. jedoch vom römischen General Pompei erobert. Der Ort diente dann unter der Herrschaft von Herodes als römische Hauptstadt von Galiläa. Sepphoris ist auch als Entstehungsort der Mischna berühmt, die Ende des 2. Jhs. n. Chr. von Rabbi Jehuda ha-Nasi aufgeschrieben wurde. Die Mischna ist die älteste Aufzeichnung der mündlichen Gesetze des jüdischen Volkes und die Basis des Talmud, der ersten Anweisungen, nach denen sich Orthodoxe noch heute richten.

Jedes Jahr befördern archäologische Ausgrabungen mehr Ruinen aus der byzantinischen und arabischen Geschichte sowie aus der Zeit der Kreuzfahrer zu Tage. Man sollte mehrere Stunden einplanen für all die Highlights, die originalen Säulenstraßen, das Amphitheater mit 4500 Plätzen und die klimatisierte Kreuzfahrerfestung, die eine Sammlung kleinerer Funde birgt. Unbedingt auf das Dach der Festung klettern! Von dort hat man einen tollen Blick auf die Hügel Untergaliläas.

In einer römischen Villa sind einige wunderschöne byzantinische Mosaike zu bewundern. Eines davon ist allein den Ausflug hierher schon wert: Das Porträt einer nachdenklich dreinblickenden jungen Frau, die „Mona Lisa von Galiläa". Auf anderen Mosaiken sind Dionysos und ein ägyptischer Nilometer zu erkennen. Die Erklärungen sind auf Englisch.

Man kann auch die alten Zisternen der Stadt erkunden. Sie sind in den Fels gehauen, 15 m tief, 260 m lang und Teil eines durchgängigen Systems, durch das Wasser von einem Brunnen in der Nähe von Nazareth (über 13 km entfernt) hierher floss.

Das von Suzy und Mitch betriebenes B&B **Zipori Village Country Cottages** (☎ 646 2643; www.zipori.com; Moshav Zipori; DZ/FZ inkl. Frühstück 380/650 NIS; ❄ ⏝) blickt über den Nationalpark. Die einfachen, guten Cottages bieten bequeme Rattanmöbel und Jacuzzis. Den Gästen wird jeden Morgen eine Auswahl von einheimischen Produkten, Biobrot, Ziegenkäse und Joghurt an die Tür gebracht, aus der man sich sein Frühstück in der gut ausgestatteten Küche selbst zusammenstellen kann. Wer hier übernachtet, bezahlt für den Eintritt in den Nationalpark 10 % weniger.

AN- & WEITERREISE

Der zwischen Nazareth und Akko (6 NIS, 10 Min.) verkehrende Bus 343 stoppt an der Sepphoris-Kreuzung, ca. 4 km von der archäologischen Stätte entfernt. Weiter geht's zu Fuß, denn ab hier gibt's keine öffentlichen Verkehrsmittel mehr.

Berg Tabor

☎ 04

Man muss kein christlicher Wallfahrer sein, um der Schönheit des Berges Tabor zu erliegen. Auf der Fahrt zum Gipfel muss man die Zähne zusammenbeißen (16 Haarnadelkurven!), aber oben angekommen bietet sich einem ein wunderbarer Blick auf den bunten Flickenteppich aus Feldern im Jezreeltal. Der Tabor ist der Ort der Verklärung Christi (Mt 17, 1–9, Mk 9, 2–8, Lk 9, 28–36); auf seinem Gipfel stehen eine Franziskanerkirche und eine griechische Kirche, die an dieses Ereignis erinnern.

Wahrscheinlich stand hier schon eine byzantinische Kirche, als die Kreuzfahrer im Jahr 1099 Benediktinermönche auf dem Berg ansiedelten. Die Mönche wurden 1113 in einem Angriff der Türken niedergemetzelt, dem auch die Gebäude zum Opfer fielen. Sie kehrten später zurück, um eine neue Kirche und ein Kloster zu bauen, und überlebten zwar den Angriff durch Saladin 1183, nicht aber die Schlacht bei Hattin im Jahr 1187, in der die Kreuzfahrer eine Niederlage erlitten.

Die Muslime bauten ihre eigene Festung auf dem Berg, und da es sich ja um den Ort der Verklärung Christi handelte, löste dies den fünften Kreuzzug aus. Obwohl eine Belagerung 1217 missglückte, haben die Muslime die Festung aufgegeben, weil sie feststellten, dass dies als ständige Provokation gewertet wurde. Später im 13. Jh. war es den Christen dann auf Grund einer Serie von Waffenruhen möglich, auf den Berg zurückzukehren, bis sie schließlich im Jahr 1263 von Sultan Baibars vertrieben wurden.

VERKLÄRUNGSBASILIKA

In den **Franziskanerkomplex** (Eintritt frei) gelangt man durch das Haupttor der muslimischen Festung aus dem 13. Jh., die 1897 restauriert wurde. Ein Verteidigungswall mit zwölf Türmen umrundet den ganzen Gipfel. Etwa 150 m hinter dem Tor rechts befindet sich eine kleine Kapelle; sie wurde auf byzantinischen Fundamenten errichtet und gedenkt

dem Gespräch zwischen Jesus und seinen Jüngern nach der Verklärung (Mk 9, 9–13). Der nördlich gelegene Friedhof stammt aus dem Mittelalter, der südliche ist aus dem 1. Jh.

Am Ende des Weges steht die 1924 vollendete **Basilika der Verklärung** (☺ So–Fr 8–12 & 14–17 Uhr), wahrhaft eine der schönsten Kirchen im Heiligen Land. Ein großartiges Highlight ist das großartige Apsismosaik von der Verklärung Christi. Rechts des Platzes vor der Basilika stehen das Franziskanerkloster und das Hospiz, links sind die Reste des byzantinischen Klosters zu sehen. Während der Gottesdienste ist die Basilika nicht zugänglich.

KFAR TABOR

An den Fuß des Berges Tabor schmiegt sich der Kibbuz Kfar Tabor, der für Merlot, Cabernet-Sauvignon und das koschere **Tabor Winery** (☎ 676 0444; www.taborwinery.com; ☺ So–Do 9–17 Uhr) bekannt ist. Von Juli bis September findet auf dem Weingut täglich eine **Weinlese** (☺ 10–12.30 Uhr) statt: Die Besucher bekommen Gartenscheren und Körbe in die Hand gedrückt und können sich am Ende Wein abfüllen aus den Sorten, die sie gepflückt haben. Es werden auch Führungen durch das Weingut angeboten, die man allerdings vorab buchen muss.

Das **Marzipanmuseum** (☎ 677 2111; www.marzipan-tavor.co.il; Eintritt 15 NIS; ☺ So–Do 10–16, Fr 10–14, Sa 10–17 Uhr) im Besucherzentrum ist die verrückteste Ausstellung im gesamten Norden. Hier erfährt man, wie aus Mandeln Marzipan wird, außerdem gibt's ein Marzipanfigurenkabinett à la Madame Tussaud (Jassir Arafat musste herausgenommen werden, nachdem man ihm die Ohren geklaut hatte …), und man kann in einem Marzipan- oder Schokoladen-Workshop selber Modelle entwerfen (Marzipan-Workshop 35 NIS, Schokoladen-Workshop 43 NIS, inkl. Eintritt).

SCHLAFEN & ESSEN

HooHa Cyclist's House (☎ 77 708 0524; www.hooha.co.il; Kfar Tabor; B/DZ/Suite inkl. Frühstück 180/480/895 NIS; ▢ ☺ ▢) Ultramoderne Pension am Fuß des Berges Tabor, von Radfahrern für Radfahrer. Die Betreiber wissen, dass sich schmerzende Hinterteile und müde Muskeln nach einem Pool und bequemen Ledersofas sehnen, und dass es zur Planung der Tour am nächsten Tag eine mit Radwanderkarten vollgestopfte Bibliothek braucht. HooHa vermietet Rennräder, Mountainbikes und Tandems (2 Std. 50–70 NIS, Tag 90–120 NIS), organisiert Exkur-

GALILÄA

sionen und bietet einen Transport-/Pick-up-Service für Radler an.

Bordeaux (☎ 676 7673; Besucherzentrum Kfar Tabor; Gerichte 40–70 NIS; ☺ 9.30–24 Uhr) Eine Flasche des erlesenen Weins der Tabor Winery lässt einen den tollen Blick von der Terrasse dieses schönen Landgasthauses noch mehr genießen. Die Einheimischen empfehlen die Hühnchengerichte. Die regionalen Produkte genießt man am besten in Form eines frischen Salats.

AN- & WEITERREISE

Der Berg Tabor (17,50 NIS, 25 Min.) und Kfar Tabor (16 NIS, 20 Min.) sind von Tiberias aus leicht mit dem Bus zu erreichen. Alle Busse nach Tel Aviv halten am Kibbuz und dann an der Abzweigung zum Berg Tabor (Tabor-Kreuzung). Wer aus Nazareth (25,20 NIS, 50 Min.) kommt, muss in Afula umsteigen; von dort fahren regelmäßig Busse nach Kfar Tabor, die zum Berg sind jedoch eher selten. Unbedingt vorher den Fahrplan checken, um lange Wartezeiten zu vermeiden!

Wer zum Berg Tabor will, muss unten an der steilen, kurvigen Straße, die auf den Hügel führt, aussteigen. Der Aufstieg dauert ungefähr 30 Minuten. Oben angekommen, links abbiegen, um zur griechischen Kirche zu kommen; geradeaus geht's zur Franziskanerbasilika.

BET SHEAN

☎ 04 / 16 600 Ew.

Die Attraktionen dieser netten Kleinstadt sind einige der größten archäologischen Stätten und das besterhaltene römische Amphitheater des Landes. Eine Unterbrechung der Fahrt auf dem landschaftlich schönen Jordan River Hwy zwischen Jerusalem und Tiberias, um hier zu verweilen, lohnt sich unbedingt.

Die 5000-jährige ununterbrochene Besetzung von Bet Shean, das an einer belebten Handelsroute lag, ist ein Beweis für die Bedeutung dieses Ortes in der damaligen Zeit. Archäologen vermuten, dass er als erste richtige Stadt etwa 3000 v. Chr. gegründet wurde. Sein Name wurde im 19. Jh. v. Chr. in ägyptischen Texten als eine der Festungen genannt, von denen aus die Pharaonen die Region regierten. Im 13. Jh. v. Chr. ging die Gegend in den Besitz des israelitischen Stammes Manasse (Ri 1, 27) über. 200 Jahre später verlor er sie jedoch wieder an die Philister, die König Sauls Leichnam hier an die Stadtmauer (1 Sam, 31) hängten.

Bei Ausgrabungen kamen 18 Siedlungsschichten zum Vorschein, und im Talmud steht geschrieben: „Falls der Garten Eden im Lande Israel liegt, dann befindet sich sein Tor in Bet Shean".

Römisches Amphitheater & Byzantinische Straße

Diese Ruinen, die nur einige Schritte von der Bushaltestelle entfernt sind, sind nicht zu verwechseln mit der archäologischen Hauptstätte. Das **Amphitheater** wurde für Gladiatorenkämpfe benutzt und bot mit zwölf Sitzreihen 6000 Zuschauern Platz; heute sind noch drei Reihen erhalten. Die **byzantinische Straße** aus dem 5. Jh. n. Chr. bildete die Verbindung zur Stadt. Eine griechische Inschrift besagt, dass das Bewässerungssystem aus dem Jahr 522 n. Chr. stammt.

Nationalpark Bet Shean

Die Ausgrabungs- und Restaurierungsarbeiten im **Nationalpark Bet Shean** (☎ 658 7189; Erw./Kind 25/13 NIS; ☺ Okt.–März 8–16 Uhr, April–Sept. 8–17 Uhr) sind noch im Gange. Bisher wurden ein Tempel, eine Basilika und ein Nymphäum freigelegt sowie eine breite, von Säulen gesäumte römische Straße, die zum großen Theater hinunterführt. Nördlich der im Fischgrätmuster angelegten Straßen befinden sich die weitläufig angelegten byzantinischen Thermen mit einem Hof und Säulengängen mit Marmor- und Mosaikverzierungen. Eines der aus dem 6. Jh. v. Chr. stammenden Mosaiken zeigte Tyche, die Göttin des Wohlstands und der glücklichen Fügung – was wohl auch den Dieben zugute kam, die sich 1989 mit dem Werk aus dem Staub machten …

Einen guten Überblick über die Anlage bekommt man, wenn man die Hügel an der Nordseite auf der anderen Seite der Bäder hinaufklettert. Am Ticketschalter gibt's eine kostenlose Karte zu den Ausgrabungen und englischsprachige Infos.

Wem es tagsüber zu heiß ist, der kann die Ruinen auch abends besichtigen. Die Regierung hat vor Kurzem 3 Mio. US$ in das Sound-&-Light-Spektakel **She'an Nights** (☎ 648 1122; Erw./Kind 13/25 NIS; ☺ Mo, Mi, Do & Sa 19–21.30 Uhr) investiert: Nach einer 10-minütigen Einführung können die Besucher dabei durch die Straßen der ausgegrabenen Stadt schlendern und sich auf Dutzenden von riesigen Leinwänden an den Säulen und Mauern audiovisuelle Projektionen anschauen. Es gibt keine

Führungen; man sucht sich seinen Weg selbst und hat genügend Zeit. Morgens anrufen und für den Abend reservieren!

An- & Weiterreise

Bet Shean liegt an der Busroute Tiberias–Jerusalem. Es gibt regelmäßige Verbindungen von hier nach Afula, sodass man auch von Nazareth anreisen kann. Traveller auf dem Weg nach Jordanien können einfach mit dem Taxi zum Grenzübergang am Jordan fahren, 6 km östlich von Bet Shean gelegen. Für weitere Infos, s. S. 450.

RUND UM BET SHEAN
Bet-Alfa-Synagoge

Niemand war überraschter als die Bewohner des Kibbuz Hefzi Bah, als 1928 bei den Arbeiten für einen Bewässerungsgraben ein fast vollständig erhaltenes, 1500 Jahre altes Bodenmosaik entdeckt wurde. Die Überreste waren Teile der **Bet-Alfa-Synagoge** (☎ 653 2004; Erw./Kind 20/9 NIS; ☼ April–Sept. 8–17 Uhr, Okt.–März 8–16 Uhr) und wiesen eine aramäische Inschrift aus der byzantinischen Zeit des 6. Jhs. n. Chr. auf.

Die Synagoge selbst ist schlicht und klein, aber das farbenfrohe Bodenmosaik, bestehend aus drei einzelnen Feldern, beeindruckt. Das hintere Feld zeigt einen Thoraschrein und mehrere traditionelle, religiöse Sinnbilder, u. a. eine Menora (Leuchter), einen *lulav* (Palmwedel), einen *schofar* (Blasinstrument aus Horn) und einen *etrog* (Zitrusfrucht). Auf dem mittleren Feld sind ein Zodiak und in den vier Ecken Symbole der Jahreszeiten zu erkennen. Obwohl astrologische Zeichen von den Propheten verdammt wurden, sind sie als dekorative Elemente in Kirchen und Synagogen aus byzantinischer Zeit weit verbreitet. Abrahams Opfer (Gen 22) und die hebräischen Worte „Lege deine Hand nicht (an den Knaben)" sind auf dem vorderen Feld abgebildet. Der zehnminütige Film (der in vier Sprachen angeboten wird) bietet eine nette Einführung.

Mitglieder der Makoya, einer japanischen christlichen Sekte, studieren im Kibbuz Hebräisch. Den hübschen japanischen Garten hinter dem Pool kann man sehen, wenn man von der Synagoge aus den Hügel hinaufläuft.

Unweit der Synagoge und inmitten unzähliger Bougainvillea im Kibbuz lädt ein **Fischrestaurant mit Pub** (☼ Mi–Sa mittags & abends) ein, einen tollen Sommernachmittag zu verbringen.

Die Bet-Alfa-Synagoge steht auf dem Gelände des Kibbuz Hefzi Bah, der sich zwischen Bet Shean und der Hashita-Kreuzung an der Rte 669 befindet. Hin geht's von Afula aus mit Bus 412 oder 411.

Nationalpark Gan HaShelosha (Sachne)

Ein guter Weg der Hitze Galiläas zu entfliehen, ist ein Ausflug in den schönen **Nationalpark Gan HaShelosha** (☎ 04-658 6219; Erw./Kind 36/ 22 NIS; ☼ April–Sept. 8–17 Uhr, Okt.–März 8–16 Uhr). Die klaren Naturbecken hier sind durch seichte Wasserfälle und Steinbrücken miteinander verbunden, das Quellwasser hat das ganze Jahr über 28 °C (*sachne* ist Arabisch und heißt warm). Die schön angelegten Wiesen sind beliebte Grill- und Picknickplätze und vor allem freitags und samstags sehr voll. Im Park gibt's außerdem eine Snackbar, Cafés und einen Umkleideraum.

Im Parkeintritt ist der Eintritt in das **Nir-David-Museum für regionale & mediterrane Archäologie** (☎ 04-658 6352; ☼ Sa–Do 10–14 Uhr) enthalten. Es birgt die Rekonstruktion eines kleinen kanaanäischen Tempels aus der Bronzezeit und eine interaktive Ausstellung seltener etruskischer Gegenstände. Zum Museum gelangt man nach einem zehnminütigen Spaziergang über die Straße hinter dem Park.

Der Nationalpark Gan HaShelosha liegt ca. 1 km südöstlich von Bet Alfa und ist zu erreichen über eine ausgeschilderte Seitenstraße (Rte 669), die von der Rte 71 abzweigt. Die Busse 412 und 411 verkehren auf dieser Strecke; einfach dem Fahrer sagen, wo man aussteigen möchte, am Naturschutzgebiet oder an der Synagoge.

Gan Garoo

Vor den Toren von Gan HaShelosha ist ein Hauch Australiens in Galiläa zu spüren. Besonders Kids lieben den 1,6 ha umfassenden australischen Tierpark **Gan Garoo** (☎ 04-648 8060; Eintritt 35 NIS; ☼ April–Sept. 8–17 Uhr, Okt.–März 8–16 Uhr) und geraten beim Anblick der Kängurus regelmäßig außer Rand und Band. Koalas und andere australische Tiere wie die an vorzeitliche Kreaturen erinnernden Kasuare und Flughunde verstecken sich hinter einheimischen Pflanzen vor den Menschenmassen. Kinder begreifen schnell: Eines fragte seine Mutter, ob die Koalas in Australien auch so traurig aussehen. Das weitläufige Labyrinth ist eine weitere Attraktion. Es gibt Kombitickets, die den Besuch des Gan Garoo und des Nationalparks Gan HaShelosha (Erw./ Kind 55/45 NIS) einschließen.

ABSEITS AUSGETRETENER PFADE – DER BERG GILBOA

Wer von Historischem und von Tourbussen genug hat, kann fern von Menschenmassen eine Fahrt über die landschaftlich schöne Rte 999 (ausgeschildert ab der Rte 669) unternehmen; diese trifft auf die Rte 667 und führt hinauf zum Kamm des Berges Gilboa. Man fährt über den zerklüfteten Kamm, auf dem König Saul und sein Sohn Jonathan bei einer Schlacht gegen die Philister ums Leben kamen. Bekannt ist die Gegend aber vor allem für die wunderschönen Blumen, die nach den winterlichen Regenfällen hier en masse sprießen: Seltene Gilboa-Schwertlilien verwandeln die felsigen Hänge von Februar bis April in ein violettes Blumenmeer.

An der **Kräuterfarm am Berg Gilboa** (☎ 04-653 1093; Rte 667, Berg Gilboa; Gerichte 40–70 NIS; ☷ Mo–Sa mittags & abends) sollte man einen Zwischenstopp einlegen und sich eine Bio-Mahlzeit einverleiben. Ihre Betreiber, die Familie Mass, haben den Kräuterexport aufgegeben und konzentrieren sich jetzt auf kreative Gerichte, die ausschließlich aus besten Zutaten aus dem Jezreel-Tal zubereitet werden. Dominiert wird das Angebot aber immer noch von Kräutern – im Garten wachsen mehr als 20 Sorten –, zu schmecken z. B. in dem Bauernsalat mit Himbeervinaigrette und in den hervorragenden selbstgebackenen Broten. Man kann sich entspannt auf die Terrasse setzen und einen Cabernet Sauvignon genießen, gepresst aus Trauben von dem Weinberg, der hinunter bis an das Schlachtfeld reicht, wo im Jahr 1260 die ägyptischen Mamluken als erste die Mongolen besiegten. Das Restaurantpersonal hat gute Tipps zu kurzen Bergwanderungen parat.

Museum of Art, En Harod

In einer Gegend, in der alles so alt ist, kann Neues richtig erfrischend wirken. Das modernistische **Kunstmuseum in En Harod** (☎ 648 5701; www.museumeinharod.org.il; Erw./Kind 20/10 NIS; ☷ So–Do 9–16.30, Fr 9–13.30, Sa 10–16.30 Uhr), das über das Jezreel-Tal blickt, wird als eines der ersten Beispiele für ein auf Naturlicht basierendes Museumsdesign angesehen, das vermutlich den italienischen Architekten Renzo Piano inspirierte. Das in den 1930ern von den Kibbuzbewohnern gegründete Museum birgt eine Sammlung von mehr als 16 000 Werken jüdischer und israelischer Künstler. Das Museum ist Teil des Kibbuz En Harod Meuchad (nicht zu verwechseln mit dem Kibbuz En Harod Ihud) an der Rte 71 zwischen Afula und Bet Shean.

Belvoir

O. k., dies ist nicht der Crac des Chevaliers, aber als einzige vollständig ausgegrabene Kreuzfahrerfestung Israels lohnt **Belvoir** (☎ 04-658 1766; Erw./Kind 20/9 NIS; ☷ April–Sept. 8–17 Uhr, Okt.–März 8–16 Uhr) dennoch einen Abstecher. Die Ruinen, die der Nationalpark Kokhav Hayarden umschließt, sind recht beeindruckend, aber die eigentliche Attraktion hier ist die Lage: Man sieht über das Jezreel-Tal, auf die Berge im Gilead am Jordan und an klaren Tagen bis zum See Genezareth – fantastisch!

Die 1168 von französischen Johannitern erbaute Festung hielt zwischen 1182 und 1183 zwei Angriffen Saladins stand. Nach einer Belagerung von Juli 1187 bis Januar 1191 mussten die Verteidiger in Belvoir aber kapitulieren. Als Anerkennung für ihren Mut durften sie sich unversehrt nach Tyros zurückziehen. Saladin beschädigte die Festung nicht, sie wurde Anfang des 13. Jhs. systematisch vom Sultan von Damaskus zerstört, weil er befürchtete, dass die Kreuzfahrer zurückkehren würden – was sie im Jahre 1241 dann auch taten. Sie blieben aber nicht lange genug, um einen Wiederaufbau zu beginnen.

Am Eingang zur Festung befindet sich ein Skulpturengarten des israelischen Künstlers Igael Tumarkin, der einen wahrhaft krassen Kontrast zu den Ruinen bildet.

AN- & WEITERREISE

Der Nationalpark Kokhav Hayarden liegt 30 km südlich der Samakh-Kreuzung, am südlichen Rand des See Genezareth. Busse, die zwischen Tiberias und Bet Shean verkehren, lassen Fahrgäste auf Wunsch an der ausgeschilderten Abzweigung zur Festung raus; von dort den steilen, 6 km langen Weg folgen. In den heißen Sommermonaten sollte man früh aufbrechen und eine Kopfbedeckung und viel Wasser dabei haben.

Essen & Schlafen

Ein Harod Country Suites & Guest House (☎ 04-648 6699; www.ein-harod.co.il; Kibbuz EZ/DZ 92/116 US$, Country Lodge 142/178 US$, Suite 220/278 US$; ☷ ☷). Dieser wunderschöne Kibbuz oben auf dem Berg Gilboa erobert jedes Herz im Sturm. Hier fühlen sich Familien mit Kindern, die reiten und sich auf dem Bauernhof austoben wollen, genauso wohl wie Pärchen mit einer Vorliebe für Bademäntel und Jacuzzis. Die traditionellen Kibbuz-Unterkünfte befinden sich in einem Palmengarten, daneben gibt's Holzhäuser mit Schlafboden, Jacuzzis, Küchen und Balkonen („Country Lodges"). Die beste Aussicht bieten die modernen „Iris"-Suiten mit ihren hohen Decken und den polierten Fußböden. Das Frühstück wird auf dem Privatbalkon serviert (das Abendessen auf Wunsch auch). Auch Massagen werden angeboten.

TIBERIAS
☎ 04 / 39 700 Ew.

Tiberias ist eine Stadt mit zwei Gesichtern. Als eine der vier heiligen Städte der Juden hat sie Gräber von verehrten Weisen und alte rituelle Badeanlagen zu bieten und sie kombiniert die Behandlung des Körpers mit der Reinigung der Seele, was sie zu einem beliebten Ferienziel von Ultraorthodoxen macht. Tiberias gehört aber auch zu den schäbigsten Urlaubsorten Israels: Das Ufer ist vollgepackt mit hohen Hotelkisten, an denen seit Ben Gurions letztem Besuch nichts mehr gemacht wurde.

Angesichts des Verkehrs und der Hitze in den Sommermonaten ist es da auch nicht verwunderlich, dass viele Traveller schnurstracks auf die andere Seite des Sees fahren. Doch es gibt auch hier einige gute Unterkünfte und nirgendwo ist es einfacher, sich ein Fahrrad zu leihen.

Geschichte
Die Stadt verdankt ihr Entstehen einer Reihe warmer Quellen, die bereits in römischer Zeit Vergnügungshungrige anlockten. Auch Herodes Antipas wurde dank dieser auf Tiberias aufmerksam.

Herodes Antipas war fast genauso selbstgefällig wie sein Vater, Herodes der Große, der Gründer von Caesarea: In der Stadt des Sohnes gab es einen großen Kardo, ein Stadion, einen Palast mit goldenem Dach und eine große Synagoge.

Die Bevölkerung war zunächst gemischt, aber nach dem Bar-Kochba-Aufstand (132–135 n. Chr.) und der darauffolgenden Vertreibung der Juden aus Jerusalem wurde Tiberias zum Zentrum des jüdischen Lebens in Israel. Die Arbeit der großen Weisen wurde am Ufer des Sees Genezareth fortgesetzt, wo Rabbiner-Akademien entstanden. Mit einem tiberianischen Interpunktions- und Grammatiksystem wurde die Thora vereinheitlicht, die von nun an die Grundlage für alle hebräischen Texte bildete. Die Mischna wurde gegen 200 n. Chr. fertiggestellt. Alle diese Errungenschaften brachten Tiberias den Status als eine der heiligsten jüdischen Städte ein. Die Bevölkerung in dieser Zeit wird auf ca. 40 000 geschätzt – damit war die Stadt damals größer als heute.

1099 nahmen die Kreuzfahrer Tiberias ein, erbauten etwas nördlich eine Festung und verlagerten so den Schwerpunkt der Stadt weg vom ursprünglichen römisch-byzantinischen Zentrum. Die neuen Befestigungsanlagen erwiesen sich jedoch als mangelhaft und konnten Saladin und seiner Armee im Jahre 1187 nicht standhalten. Die Übernahme Tiberias' durch die Muslime provozierte die Schlacht bei Hattin, und es wurde der Niedergang des Königreichs Jerusalem verkündet. Damit war es auch um Tiberias geschehen.

Anfang des 16. Jhs. nahmen osmanische Türken Besitz vom Heiligen Land, 1562 erlaubte Süleyman der Prächtige dem Juden

DER JESUSPFAD
In Jesu Fußstapfen zu treten, ist ein beliebter Werbeslogan in Galiläa. Die meisten Touristen verbringen jedoch mehr Zeit in klimatisierten Reisebussen als auf biblischen Spuren. Der 65 km lange **Jesuspfad** (www.jesustrail.com) bietet eine echte Alternative und eine Menge Interessantes. Die gut ausgeschilderte Strecke von Nazareth zum See Genezareth passiert heilige christliche Stätten, kleine arabische Ortschaften, alte jüdische Ruinen, muslimische Schreinen und Schlachtfelder der Kreuzfahrer. Die abwechslungsreiche Landschaft mit Olivenhainen, schroffen Hügeln und Naturschutzgebieten ist ein weiteres Highlight. Die komplette Strecke ist zu Fuß in drei bis fünf Tagen zu bewältigen, man kann aber auch Tagestouren unternehmen. Die Wanderung ist für Personen jedes Alters geeignet, man braucht nur gutes Schuhwerk und viel Wasser. Unterkünfte gibt's reichlich an der Strecke, von Campingplätzen über Privatunterkünfte bis hin zu Spitzenklassehotels. Route und GPS-Wegpunkte kann man sich im Internet herunterladen.

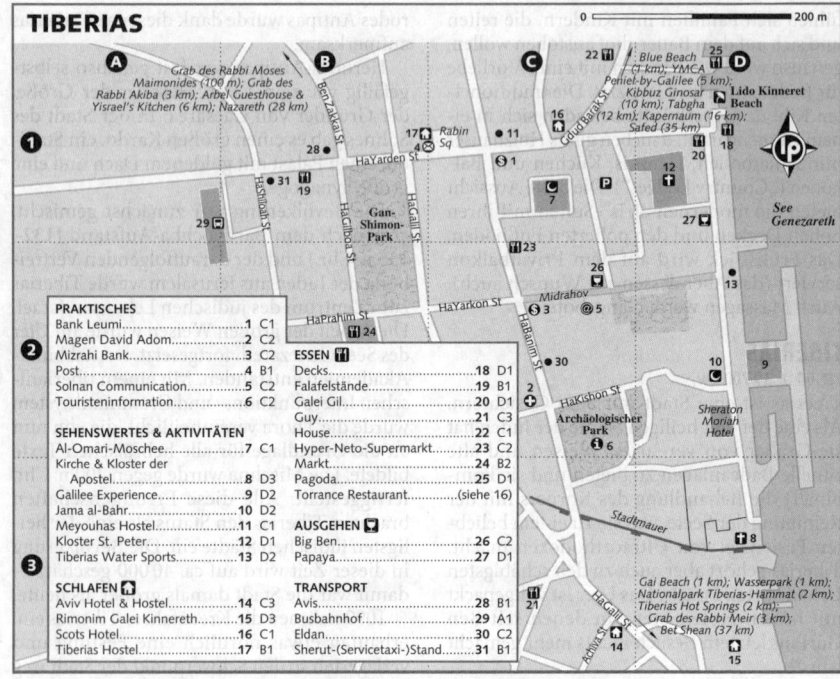

TIBERIAS

0 — 200 m

Grab des Rabbi Moses
Maimonides (100 m); Grab des
Rabbi Akiba (3 km); Arbel Guesthouse &
Yisrael's Kitchen (6 km); Nazareth (28 km)

Blue Beach
(1 km); YMCA
Peniel-by-Galilee (5 km);
Kibbuz Ginosar
(10 km); Tabgha
(12 km); Kapernaum (16 km);
Safed (35 km)

Lido Kinneret
Beach

Rabin
Sq

Gan-
Shimon-
Park

See
Genezareth

Midrahov

Stadtmauer

Archäologischer
Park

Sheraton
Moriah
Hotel

Gai Beach (1 km); Wasserpark (1 km);
Nationalpark Tiberias-Hammat (2 km);
Tiberias Hot Springs (2 km);
Grab des Rabbi Meir (3 km);
Bet Shean (37 km)

PRAKTISCHES	
Bank Leumi	1 C1
Magen David Adom	2 C2
Mizrahi Bank	3 C2
Post	4 B1
Solnan Communication	5 C2
Touristeninformation	6 C2

SEHENSWERTES & AKTIVITÄTEN	
Al-Omari-Moschee	7 C1
Kirche & Kloster der Apostel	8 D3
Galilee Experience	9 D2
Jama al-Bahr	10 D2
Meyouhas Hostel	11 C1
Kloster St. Peter	12 D1
Tiberias Water Sports	13 D2

SCHLAFEN	
Aviv Hotel & Hostel	14 C3
Rimonim Galei Kinnereth	15 D3
Scots Hotel	16 C1
Tiberias Hostel	17 B1

ESSEN	
Decks	18 D1
Falafelstände	19 B1
Galei Gil	20 D1
Guy	21 C3
House	22 C1
Hyper-Neto-Supermarkt	23 C2
Markt	24 B2
Pagoda	25 D1
Torrance Restaurant	(siehe 16)

AUSGEHEN	
Big Ben	26 C2
Papaya	27 D1

TRANSPORT	
Avis	28 B1
Busbahnhof	29 A1
Eldan	30 C2
Sherut-(Servicetaxi-)Stand	31 B1

Don Joseph Nussi, die Steuern der Stadt einzutreiben. Mit Hilfe seiner Schwiegermutter Donna Grazie gelang es diesem, die Stadt als jüdische Enklave zu neuem Leben zu erwecken. Im 18. Jh. errichtete ein arabischer Scheich namens Dhaher al-Omar ein unabhängiges Lehensgut in Galiläa mit Tiberias als Hauptstadt. 1775 wurde er ermordet, der Stadt erging es kaum besser: Sie wurde durch ein Erdbeben 1837 größtenteils zerstört.

Viele Juden der Ersten Alija (Ende des 19. Jhs.) ließen sich hier nieder, weitere folgten im Rahmen der Ausbreitung der zionistischen Bewegung. 1947 lebten in Tiberias wieder vorwiegend Juden. Nach dem Palästinakrieg 1948 wurde Tiberias vollends den Juden überlassen.

Orientierung

Die meisten Besucher kommen am Busbahnhof am Ostende der HaYarden St. an. Zwischen Busbahnhof und See verlaufen die beiden Hauptstraßen HaGalil und HaBanim, abgehend von der HaYarden und parallel zum Ufer. In diesen beiden und den umliegenden Straßen finden sich Geschäfte, Banken, die Post, die Touristeninformation sowie zahlreiche Hostels und Hotels. Restaurants und Cafés sind zu finden in der *midrahov* (Fußgängerzone) einen Block südlich der HaYarden, die zur Uferpromenade mit ihren vielen Lokalen führt. Rund um die Fußgängerzone spielt sich auch das Nachtleben ab.

Praktische Informationen
GELD
Bank Leumi (Ecke HaBanim St & HaYarden St)
Wechselstube (HaBanim St; 🕙 10–19 Uhr)
Mizrahi Bank (Ecke HaBanim St & Midrahov)

INTERNETZUGANG
Solnan Communication (☎ 672 6470; 3 Midrahov; 20 NIS/Std.; 🕙 8–23 Uhr) Internetcafé und Agentur für internationale Telefonate.

NOTFALL
Magen David Adom (☎ 679 0111; Ecke HaBanim St & HaKishon St; 🕙 24 Std.) Klinik gegenüber dem Jordan River Hotel.
Polizei (☎ 679 2444)

POST
Post (HaYarden St; 🕙 So–Do 7–18, Fr 7–12 Uhr)

TOURISTENINFORMATION

Touristeninformation (☎ 672 5666; 9 HaBanim St; ☼ So–Do 9–16, Fr 9–12.30 Uhr) Im „archäologischen Park". Hier gibt's kostenlose Stadtpläne von Tiberias, Nazareth und Galiläa, ebenfalls kostenlose Stadtführungen starten samstags um 10.30 Uhr am Sheraton Tiberias Hotel.

Sehenswertes & Aktivitäten

MEYOUHAS HOSTEL

Dieses Haus (1896) war einst Galiläas größtes und modernstes Hotel und ist noch heute ein tolles Beispiel für die Architektur der Stadt. Es besteht aus Basaltstein; Fenster und Ecken sind mit blassem Kalkstein abgesetzt, der weiß gestrichen wurde, was dem Ganzen ein ungewöhnliches Aussehen verleiht. Es steht an der Ecke HaYarden St und HaBanim St.

AL-OMARI-MOSCHEE & AL-BAHRI-MOSCHEE

Die würdevolle, kleine Al-Omari-Moschee in der HaBanim St wirkt zwischen den kitschigen Geschäften und einem Supermarkt aus Beton bedrohlich eingepfercht. Die Mitte des 18. Jhs. von Dhaher al-Omar errichtete Moschee ist eines der wenigen Gebäude in Tiberias aus der Zeit vor 1948. Es heißt, dass der Bau teilweise von der hier lebenden jüdischen Gemeinde finanziert wurde, vermutlich als Dank dafür, dass der Scheich ihnen erlaubt hatte, hierher zurückzukehren. Die am See stehende Al-Bahri-Moschee (1880) wurde mit einem speziellen Eingang am Wasser versehen für alle, die per Boot kamen. Beide Gebäude stehen mehr oder weniger nutzlos in der Gegend herum, anscheinend hat niemand Interesse daran, ihr Potenzial zu nutzen.

GALILEE EXPERIENCE

Jesus, Napoleon und der israelische General Mosche Dajan sind die Stars der **Galilee Experience** (☎ 672 3620; Fax 672 3195; Erw./Kind 6/3,50 US$; ☼ So–Do 8.30–22, Fr 8.30–16 Uhr). Der Film erzählt in zwölf Sprachen aus vorwiegend christlicher Sicht die historische, politische und geografische Geschichte Galiläas. Nach vielen Jahren mussten die Betreiber feststellen, dass ihre „hochmoderne Diashow" für Wallfahrer nicht mehr so interessant ist wie in den 1990er, darum renovierten sie das Kino, das nun auch für normale Filmvoführungen benutzt wird.

KLOSTER ST. PETER

An der Nordpromenade versteckt sich das schöne **Kloster St. Peter** (☼ 8–11.45 & 15–17.30 Uhr, Messe Mo–Sa 7, So 8.30 Uhr), eine im 12. Jh. von den Kreuzfahrern errichtete Franziskanerkirche (auch bekannt unter dem Namen Terra Sancta). Die Muslime bauten sie etwa im 17. Jh. in eine Moschee um. An der Südwand sind ein Bereich mit unebenen Steinen und ein Loch, eine *mihrab* (Gebetsnische, die in Richtung Mekka zeigt), zu erkennen. Später haben die Türken dann das Gebäude als *caravanserai* benutzt, bevor es schließlich 1870 wieder als Kirche umgebaut wurde. Die beiden Hauptmerkmale sind das bootsförmige Kirchenschiff, ein Hinweis auf den Beruf von St. Peter, der Fischer war, und der Hof, der im Zweiten Weltkrieg von hier stationierten polnischen Soldaten gebaut wurde.

KIRCHE & KLOSTER DER APOSTEL

Der griechisch-orthodoxe Komplex am Seeufer südlich des Sheraton Moriah Hotel steht an der Stelle eines byzantinischen Klosters, das im 7. Jh. von den Persern zerstört wurde. Später wurde alles wieder aufgebaut und mehrmals erneut zerstört. Die heutigen Gebäude stammen aus dem Ende des 19. Jhs. und wurden 1975 restauriert.

Hier leben etliche Mönche. Besuchern, die an der Tür klingeln, wird gewöhnlich Einlass gewährt. Außerhalb des wunderschönen, von einer Mauer umgebenen Hofes gibt's vier Kapellen. Eine ist dem Jünger Petrus gewidmet, eine Maria Magdalena, und die Kapelle im alten Rundturm dem heiligen Nikolaus.

TIBERIAS-HAMMAT

Israels Begeisterung für Wellness hat eine 2000-jährige Geschichte. Sie begann bei den heißen Quellen von Tiberias-Hammat, die in römischer Zeit Anziehungspunkt, wenn nicht gar Lebensmittelpunkt einer Gemeinde von 40 000 leidenschaftlichen Badefans war. Tiberias-Hammat wurde berühmt, weil Kaiser Trajan 110 n. Chr. eine Münze schuf, die er den Quellen widmete. Sie zeigte das Bild von Hygeia, der Göttin der Gesundheit, die auf einem Felsen sitzt und das Wasser genießt. Die Quellen wurden auch von Al-Idrisi genannt, einem arabischen Schriftsteller, der zu Zeiten der Kreuzzüge lebte. Auch der jüdische Weise Moses Maimonides (1138–1204) empfahl die Quellen seinen Patienten.

Die Geschichte der Stätte bringt einem der **Nationalpark Tiberias-Hammat** (☎ 672 5287; Erw./Kind 13/7 NIS; ☼ April–Sept. 8–17 Uhr, Okt.–März 8–16 Uhr) näher, wo in einem ehemaligen türkischen

GALILÄA

Badehaus ein Museum untergebracht ist. Das Highlight ist eine Synagoge aus dem 3. bis 5. Jh. n. Chr. mit einem wunderschönen Tierkreismosaik auf dem Boden.

Tiberias-Hammat liegt 2 km nördlich der Stadt. Wer keine Lust hat, zu Fuß zu gehen, kann auch auf den unregelmäßig verkehrenden Bus 2 oder 5 warten.

KURZENTRUM TIBERIAS HOT SPRINGS
Die alte Tradition der Entspannung und Verjüngung wird heute gegenüber von Tiberias-Hammat im **Tiberias Hot Springs** (☎ 672 8500; Eliezer Kaplan Blvd; Erw./Kind 67/40 NIS; ☺ So, Mo & Mi 8–20, Di & Do 8–23, Sa 8.30–20 Uhr) fortgesetzt. Hier gibt's ein Gesundheitszentrum für Menschen mit ernsten Hautproblemen und ein modernes Resort am See, wo man in Mineralbädern wunderbar entspannen kann. Behandlungen wie schwedische Massagen (145 NIS) und Fango werden ebenfalls angeboten. Zwischen den großen Hotels im Stadtzentrum und dem Badekomplex verkehrt ein Shuttlebus (gratis).

GRÄBER
Tiberias, die Heimat des Sanhedrin (oberstes jüdisches Gericht) im 2. und 3. Jh. n. Chr., ist eine der bedeutendsten Städte des Judentums. Sie ist oft überlaufen von religiösen Juden, die den großen *tsadiks* (einflussreiche Gelehrten), die hier in der Gegend begraben sind, ihre Ehre erweisen wollen, vor allem an den jeweiligen Todestagen. Die bewegende Atmosphäre, erzeugt durch tropfende Kerzen und Tränen, erinnert an Heiligenverehrungen in christlichen Kirchen. Wer zu den **Gräbern** (☺ So–Do 8–16, Fr 8–14 Uhr) will, muss auf der HaYarden St zwei Blocks gen Westen gehen und dann in die Ben Zakkai abbiegen. Ausschau halten nach dem roten Stahldenkmal!

Grab des Rabbi Moses Maimonides
Das **Grab des Rabbi Moses Maimonides** (Ben Zakkai St) ist die Ruhestätte des spanischen Arztes, der auch als Rambam bekannt war und am Hof des muslimischen Herrschers Saladin arbeitete. Der verehrte Rabbi, der 1204 starb, gehörte zu Ägyptens angesehensten Weisen im 12. Jh. Die Legende besagt, dass er seine Schüler vor seinem Tod in Kairo angewiesen haben soll, seine sterblichen Überreste auf ein Kamel zu legen und dort zu begraben, wo das Kamel seinen Atem aushaucht. Das Tier schaffte es anscheinend bis nach Tiberias.

Neben diesem Grab befindet sich das Grab des Rabbi Jochanan ben Sakkai. Der bedeutendste Weise im Heiligen Land zu Zeiten der römischen Zerstörung Jerusalems soll seinen eigenen Tod vorgetäuscht und die Stadt in einem Sarg verlassen haben. Vor dem römischen General Vespasian sei er dann aus seinem Transportmittel gesprungen, um ihm zu prophezeien, dass er der neue Cäsar werden würde. Als die Prophezeiung wahr wurde, erfüllte ihm der neue Führer einen Wunsch: eine jüdische Schule für ihn und seine Schüler.

Ebenfalls hier begraben sind Rabbi Elieser ben Hyrkanos, ein bedeutender Gelehrter aus dem 2. Jh., Rab Ammi ben Natan und Rab Assi (beide 3. Jh.) und Rabbi Isaiah Horowitz, der etwa 1630 starb.

Grab des Rabbi Meir
Oben auf dem Hügel von Tiberias-Hammat befindet sich eine der heiligsten Stätten des Judentums, das **Grab des Rabbi Meir**. Dieser half im 2. Jh. bei der Niederschrift der Mischna.

Das Grab wird von zwei Synagogen flankiert, einer sephardischen links (weiße Kuppel) und einer aschkenasischen (blaue Kuppel) rechts. Im Hof der sephardischen Synagoge befindet sich eine Säule mit einer großen Schale, in der vier Tage vor dem Feiertag Lag baOmer am Pessach Sheni (2. Pessach) ein Freudenfeuer entfacht wird. Unzählige religiöse Juden kommen das ganze Jahr über hierher, um zu beten; es heißt, dass Gott die Gebete der Pilger mit Problemen erhören wird.

Grab des Rabbi Akiba
Eine weiße Kuppel ziert das Grab des Rabbi Akiba. Er wurde 50 n. Chr. geboren, war einer der großen jüdischen Gelehrten und wurde wegen seiner Rolle im Bar-Kochba-Aufstand (132–135 n. Chr.) von den Römern ermordet. Hin geht's mit Bus 4 von der Ben Zakkai St.

STRÄNDE
Wasserverschmutzung, Wassermangel – die Liste mit Problemen, denen der See Genezareth ausgesetzt ist, scheint endlos. Was aber für Einheimische und Touristen am Schlimmsten ist, ist die illegale Privatisierung der Strände: Einige Uferabschnitte sind komplett umzäunt und die Besitzer verlangen hohe Eintrittsgelder für etwas Spaß in der Sonne.

Die meisten Strände in der unmittelbaren Umgebung Tiberias' gehören zu Hotels. An diesen Stränden gibt's Einrichtungen wie Umkleideräume und Duschen. Wer sich am gut geführten **Blue (Hatchelet) Beach** (☎ 672 0105) am nördlichen Zipfel der Stadt sonnen und abkühlen will, muss 28 NIS hinblättern. Im **Wasserpark Gai Beach** (☎ 670 0713; Eintritt 70 NIS; ☉ April–Okt. 9.30–17 Uhr) kann man sich richtig austoben mit riesigen Wasserrutschen wie der furchterregenden Kamikazerutsche (70°-Gefälle) und Wellenbecken. Der Wasserpark liegt 1 km südlich des Stadtzentrums. Vom Busbahnhof fährt Bus 5-Aleph (A) hierher.

Umsonst schwimmen kann man in der Nähe der Hafenmauer südlich des Radisson Moriah Plaza Hotel. Alternativ verlässt man Tiberias, zieht gen Süden, vorbei an der Therme, und springt an einer hübschen Stelle ins kühle Nass. Bus 5-Aleph (A) fährt nach Süden.

WASSERSPORT
Mehrere Veranstalter an der Promenade bieten Wassersport auf dem See an. **Tiberias Water Sports** (☎ 052 269 2664) verleiht Boote (30 Min. 150 NIS) und Jetskis (15 Min. 150 NIS). 15 Minuten mit einem Speedboot mit Fahrer erleichtert einen um 250 NIS.

RADFAHREN
Wem die Hitze nichts ausmacht, der sollte Tiberias und den See mit dem Rad erkunden. Die Uferstraße ist relativ eben, viele Sehenswürdigkeiten liegen dicht beieinander. **Aviv Hotel & Hostel** (☎ 672 3510) und **Tiberias Hostel** (☎ 679 2611) verleihen Räder ab 60 NIS pro Tag. Die meisten Radfahrer umrunden den See, was bei strammem Tempo vier oder fünf Stunden in Anspruch nimmt. Am besten früh morgens (gegen 7 Uhr) starten, um nicht in die Mittagshitze zu kommen, und reichlich Wasser mitnehmen – die Strecke bietet kaum Schatten.

Geführte Touren
Die Teilnehmer von **Tiberias Excavations** (☎ 02-582 5548; www.tiberiasexcavation.com), einem Programm für Freiwilligenhelfer der Hebräischen Universität von Jerusalem, unterstützen Archäologen eine Woche lang bei Ausgrabungen südlich von Tiberias (Sa–Do inkl. Verpflegung, Vorträge & Exkursionen Zelt/EZ/DZ 100/470/740 US$).

Festivals & Events
Das **Jacob's Ladder Festival** (www.jlfestival.com; Erw./Kind 390/230 NIS) findet zwei Tage im Mai (Frühjahrsfestival) und zwei Tage im Dezember (Winterfestival) statt. Das Festival mit der intimen Atmosphäre im Kibbuz Ginosar, ca. 10 km nördlich von Tiberias gibt's seit über 30 Jahren und bietet von Bluegrass bis zu irischer Volksmusik, Blues und Country-Rock alles.

Schlafen
BUDGETUNTERKÜNFTE
Aviv Hotel & Hostel (☎ 672 3510; www.aviv-hotel.co.il, hebräisch; 66 HaGalil St; B/EZ/DZ 70/200/250 NIS; ✗ ▯) In diesem Hostel in der Nähe des Sees gibt's einen Fahrradverleih, DVDs, Kabelfernsehen, eine gut ausgestattete Küche und geführte Touren. Es ist erstaunlich, wie viele Betten in die winzigen Schlafsäle mit Bad und Balkon passen. Die Doppelzimmer sind sehr unterschiedlich. Im Großen und Ganzen ist diese Bleibe nicht die sauberste der Welt, aber im Vergleich zu den anderen preiswerten Unterkünften an diesem Ende der Stadt doch blitzzeblank. Die Ferienwohnungen im benachbarten (westlich gelegenen) Hotel haben Kochnischen und einige sogar Whirlpools.

Tiberias Hostel (☎ 679 2611; Fax 672 6616; Rabin Sq; B/EZ/DZ 75/250/350 NIS; ✗ ▯ ☎) Das ehemalige Mittelklassehotel hat sich als Hostel neu entdeckt und gehört jetzt zu den beliebtesten Budgetunterkünften der Stadt. Es liegt zentral und ist vom Busbahnhof aus zu Fuß leicht zu erreichen. Die Zimmer sind klein und leicht verwohnt, aber absolut sauber. Im Loungebereich mit Kabel-TV, Küche und Ziervögeln trifft sich ein geselliger Mix aus internationalen Travellern, israelischen Teenies und IDF-Soldaten. Der Betreiber ist gern bereit, Touren zu organisieren und über Galiläa Auskunft zu geben. Ein Fahrrad kostet 60 NIS pro Tag.

LP Tipp **YMCA Peniel-by-Galilee** (☎ 672 0685; www.ymca-galilee.co.il; EZ/DZ 250/450 NIS; ✗ ▨) Dieses Hostel ist ein wahres Juwel. Es wurde in den 1920er-Jahren etwa 5 km nördlich von Tiberias als Ferienhaus für die Gründer des Jerusalemer YMCA errichtet. Noch heute ist es das tollste Anwesen der Stadt, direkt an einem abgelegenen Uferabschnitt mit sauberem Kieselstrand und einem von einer warmen Quelle gespeisten Naturbecken gelegen. Vom Speisesaal oben, der großen Terrasse und dem schön angelegten Garten hat man einen fantastischen Blick. Die 13 Zimmer sind einfach, einige haben eine Kochnische. Der ideale Ort für einen längeren Aufenthalt!

MITTELKLASSEHOTELS
In Tiberias gibt's viele Budgetunterkünfte und Spitzenklassehotels, aber dazwischen fast

nichts, was wirklich empfehlenswert wäre. Die meisten unter Budgetklasse gelisteten Doppelzimmer sind sehr viel besser als die Zimmer der „Mittelklassehotels".

Arbel Guest House (Karte S. 260; ☎ 679 4919; www. 4shavit.com; Arbel Village; EZ/DZ 350/560 NIS; 🅿 🛜 🅿) Dieses ruhige B&B in Arbel Village ist mit dem Auto von dem Trubel in Tiberias Stadtzentrum aus in nur zehn Minuten erreichbar. Wer in einer Hängematte unter einem Obstbaum am Pool döst, glaubt sich in einer anderen Welt. Die fünf Wohneinheiten von Sara und Yisrael Shavit sind wunderschön eingerichtet, haben Whirlpools, Kabel-TV und Kochnischen. Letztere braucht man aber nicht, denn Yisrael betreibt auch ein Restaurant (s. S. 276), und das reichliche Frühstück (40 NIS) ist das Beste überhaupt – es rüstet einen für einen ganzen Sightseeing-Tag, den Sara gerne organisiert. Wer anruft, wird kostenlos aus der Stadt abgeholt.

SPITZENKLASSEHOTELS

Gai Beach (☎ 670 0700; www.gaibeachhotel.com; Rte 90; DZ inkl. Frühstück 250 US$; 🅿 🛜 🅿) Die familienfreundlichste Bleibe in Tiberias ist zweifellos das Gai Beach. Die an Club Med erinnernde Unterkunft bietet einen Kinderclub, kostenlose Unterhaltung und Riesenbuffets. Für Gäste ist der Eintritt in den angeschlossenen Wasserpark Gai Beach frei. Eltern auf der Suche nach Ruhe können sich in das römische Spa zurückziehen. Pro Etage gibt's wirklich viele (relative kleine) Zimmer, darum sollte man sich auf knallende Türen und laute Flure gefasst machen. Das Hotel befindet sich ungefähr 1 km südlich der Stadt.

Scots Hotel (☎ 671 0710; www.scotshotels.co.il; 1 Gdud Barak St; DZ inkl. Frühstück ab 300 US$; 🅿 🛜 🅿) Der Chic dieses wunderschön restaurierten Scots Hotel fällt ins Auge und stellt alles in den Schatten. Hier kann man in kunstvoll angelegten Gärten, luftigen Höfen und einem umwerfenden Pool mit Blick auf den See die Zeit vergessen. Auch innen ist das Hotel bezaubernd. Neben kleinen, gut eingerichteten Zimmern gibt's 19 „antike" Zimmer in einem früheren Krankenhauskomplex aus den 1890ern. Das Frühstücksbuffet ist fabelhaft.

Rimonim Galei Kinnereth (☎ 672 8888; www.rimonim.com; 1 Eliezer Kaplan St; DZ inkl. Frühstück ab 300 US$; 🅿 🅿) Das schon in Büchern von Leon Uris, James D. Macdonald und Taylor Caldwell gerühmte Hotel in Tiberias hat ein neues Gesicht bekommen. Die Umbauten im Inneren passen zur einzigartigen Geschichte und dem Charme dieses Hotels, in dem sich schon Ben Gurion in den 1950er-Jahren wohl fühlte. Doch leider hat es mittlerweile auch den Touch eines Rimonim-Kettenhotels, z. B. wegen der Standardeinrichtung der Zimmer. Dennoch ist die Lage direkt am See (mit riesiger Terrasse am Wasser) unschlagbar, und es gibt einen fantastischen Wellnessbereich mit einem Thermalbecken in einem Pavillon und zahlreiche Anwendungsangeboten.

Essen

Guy (☎ 672 3036; 63 HaGalil St; Hauptgerichte 50–80 NIS; 🕙 So–Do abends, So–Fr abends) Hier gibt's keinen Blick auf den See, aber dafür auch keine Pauschaltouristen, denn die besuchen lieber die Restaurants am Seeufer. Das in Familienbesitz befindliche Guy ist bei Einheimischen beliebt, die marokkanisch angehauchte Speisen lieben. Auf der Karte steht von Lebergeschnetzeltem bis zu irakischen *kibbeh* (Getreideklöße, meist aus Bulgur) einfach alles. Die Spezialität des Hauses ist das lecker gefüllte Gemüse.

LP Tipp Yisrael's Kitchen (☎ 679 4919; Arbel Guest House, Arbel Moshav; Hauptgerichte 60 NIS; 🕙 abends) Wer ein Auto hat, sollte die zehnminütige Fahrt auf sich nehmen und im rustikalen Speisesaal des Arbel Guest House dinieren. Freitagabends, wenn viele Restaurants in Tiberias geschlossen sind, geht's hier besonders heiter zu. Küchenchef Yisrael bereitet seine bodenständigen Speisen mit Zutaten aus der Gegend und viel Liebe zu, z. B. Antipastiplatten, gegrillten Fisch und superleckere Nachspeisen. Vorab telefonisch reservieren.

Galei Gil (☎ 672 0699; Hauptgerichte 80 NIS; 🕙 So–Fr mittags, Sa–Do abends) Die Fisch- und Fleischgerichte sind zwar überteuert, aber es gibt nichts Netteres als an einem Tisch am Wasser die Spezialität aus dem See Genezareth, einen bestimmten Buntbarsch, zu genießen. Der kleine Fisch mit den vielen Gräten hat mildes, weißes Fleisch, das anscheinend selbst Fischverächter mögen. Er wird gegrillt oder gebraten mit Pommes und Salat serviert.

Pagoda (☎ 672 5513; Gdud Barak; Hauptgerichte 60–90 NIS; 🕙 So–Do mittags & abends) Wenn man die Stadt in Richtung Norden verlässt, kann man das Restaurant Pagoda direkt am See Genezareth gar nicht übersehen: Das einem chinesischen Tempel nachempfundene Gebäude mit seinem glitzernden, rot-goldenen Interieur passt so gar nicht in diese Gegend. Die chinesischen und thailändischen Speisen übertreffen alles, was man sonst in diesem Land an koscherem Asiaessen geboten bekommt. Die nicht koscheren Speisen auf der etwas einfallslosen Karte kommen in sehr israelischen Varianten von Hähnchen süß-sauer, Phad Thai und Sushi daher. Reservierung erforderlich.

House (☎ 672 5515; Gdud Barak; Hauptgerichte 60–90 NIS; ☒ Fr mittags & abends, Sa mittags) Dieses auch am Sabbat geöffnete Restaurant bietet im Grund das Gleiche wie die Pagoda gegenüber – nur ohne Meeresfrüchte und Schweinefleisch natürlich.

Decks (☎ 672 1538; Lido Kinneret Beach; Hauptgerichte 80–150 NIS; ☒ So–Fr mittags, Sa–Do abends) Wer in diesem legendären Steakhouse direkt am Kinneret essen geht, sollte wirklich ausgehungert sein – hier kann man sich tatsächlich fünf verschiedene Fleischsorten gleichzeitig auftischen lassen. Die Spezialitäten sind zartes Lammfleisch, Gänseleber und Filet mignon, das langsam über Hickory-Holz gebraten und mit heimisch angebautem Gemüse serviert wird. Man sollte unbedingt noch Platz lassen für ein Dessert, z. B. flambierte Crêpes mit Äpfeln und Zimt.

Torrance Restaurant (☎ 671 0710; Scots Hotel, 1 Gdud Barak St; Brunch 125 NIS/Pers., Abendessen 195–250 NIS; ☒ Fr & Sa Brunch, tgl. abends) Wer es sich nicht leisten kann, im Scots Hotel zu übernachten, sollte wenigstens dem (auch ziemlich teuren) angeschlossenen Restaurant einen Besuch abstatten. Man speist an einem Tisch auf der Terrasse mit spektakulärer Aussicht. Die Gerichte auf der täglich wechselnden Speisekarte werden aus frischen Zutaten aus Galiläa bereitet, z. B. Buntbarsch aus dem See, Kräuter aus dem hauseigenen Garten und Käsesorten aus lokaler Herstellung. Auch die Weinkarte mit einer großen Auswahl guter Weine aus Galiläa ist recht beeindruckend.

Auf dem kleinen **Markt** (☒ So–Fr) an der Ha-Prahim St südlich des Parks Gan Shimon kann man Obst und Gemüse erstehen, und hinter der Al-Omari-Moschee gibt's einen Hyper-Neto-Supermarkt. In der Straße zum Busbahnhof reihen sich **Falafelstände** aneinander (HaYarden St; Hauptgerichte 16–20 NIS; ☒ So–Do 9–19, Fr 9–14 Uhr).

Ausgehen

Big Ben (Midrahov; ☒ 12 Uhr–open end) Dieser Oldtimer zieht mit seinem lockeren Sportsbar-Flair zu jeder Jahreszeit gleichermaßen Touristen und Einheimische an. Jung und Alt treffen sich auf ein kühles Bier und einen fettigen Barsnack und schauen die internatio-

nalen Fußball-Highlights, die auf einer Riesenleinwand laufen. Draußen unter den Bäumen ist spätabends mächtig was los.

Papaya (☎ 054 124 1200; Promenade; ☒ 17 Uhr–open end) Die schicke kleine Strandbar, die eher auf eine thailändische Insel als nach Tiberias passt, behauptet, die besten Cocktails der Stadt zu mixen. An den wöchentlichen Themenabenden ist die Tanzfläche proppenvoll. Am tollsten ist es aber in der Abenddämmerung, denn dann hat man nicht nur die besten Chancen, dass der Barkeeper einen tatsächlich bemerkt, sondern genießt auch noch einen fantastischen Blick auf den See bei Sonnenuntergang.

Am Lido Kinneret Beach starten auch die bei israelischen Teens äußerst beliebten **Disko-Törns** (☎ 672 1538; 25 NIS). Diese finden bei ausreichender Nachfrage das ganze Jahr statt.

An- & Weiterreise

AUTO
Avis (☎ 672 2766; HaYarden St)
Eldan (☎ 679 1822; HaBanim St)

BUS
Egged-Busse (☎ 672 9222) fahren vom Hauptbusbahnhof nach Tel Aviv (45 NIS, 3¼ Std., stündl.) und Jerusalem (45 NIS, 3 Std., stündl.). Es gibt auch jede Stunde (außer Sa) je eine Verbindung nach Haifa (30 NIS, 1½ Std.), nach Safed via Rosh Pina (28,60 NIS, 1 Std.), nach Kiryat Shmona (27 NIS, 1½ Std.) und nach Afula (23 NIS, 50 Min.), wo man Anschluss nach Nazareth (33 NIS, 1¾ Std.) und Bet Shean (33 NIS, 1½ Std.) hat.

SHERUT (SERVICETAXI)
Sheruts vor allem nach Tel Aviv (45 NIS, 2 Std.) und auch nach Haifa (25 NIS, 1 Std.) starten den ganzen Tag gegenüber vom Busbahnhof und vor der Mizrahi Bank in der HaBanim St.

SEE GENEZARETH

Das blaue Auge dieser Ecke unserer Gegend … Der See Genezareth ist keine gewöhnliche Landschaft oder ein einfaches Stück Natur. Er ist die Stätte des Schicksals eines Volkes. Hier zwinkert uns unsere Verangenheit zu und küsst uns mit tausend Lippen.
Rachel Bluwstein, An den Ufern des Sees Genezareth

Wer die Naturschönheiten und die unglaubliche Geschichte dieser Region kennenlernen möchte, muss Tiberias den Rücken kehren und den See Genezareth (auf Hebräisch Kinneret) erkunden. Der See mit einer Länge von etwa 21 km und einem Umfang von 55 km wird vom Jordan gespeist und ist Israels größtes Süßwasserreservoir. Für Christen ist der See aufgrund seiner biblischen Bedeutung wichtig. Er bildet das Herz des Kibbuz-Landes, sein Ufer ist übersät mit tollen Plätzen, an denen man wunderbar relaxen kann. Es gibt Strände, Campingplätze und Spazierwege. Die Society for the Protection of Nature in Israel (SPNI) legt zurzeit einen Wanderweg am Ufer des Kinneret an, bislang sind aber nur ungefähr 8 km für die Öffentlichkeit zugänglich. Am besten umrundet man den See mit einem Fahrrad, das man sich in Tiberias ausleihen kann (s. S. 275).

Praktische Informationen

Das **Jordan Valley Information Centre** (Karte S. 260; ☎ 04-675 2727; www.ekinneret.co.il; ☼ Mo–Do 8.30–16.30, Fr 10–12 Uhr) befindet sich im Einkaufszentrum an der Samakh-Kreuzung. Es hält kostenlose Karten und regionale Infos bereit.

Geführte Touren

ATV Trips (☎ 052 306 0912) Professionell organisierte Quadtouren durch Galiläa. Das Büro befindet sich in der Nähe von Kfar Tabor; Preise kann man telefonisch erfragen.
Vered Hagalil Guest Farm (Karte S. 260; ☎ 04-693 5785; www.veredhagalil.com; Rte 90) Organisiert gemächliche Ausritte am Ufer des Sees und in den Hügeln von Galiläa. Es werden einstündige (120 NIS) und halbtägige (500 NIS) Touren angeboten, man kann aber auch bis zu drei Tagen unterwegs sein. Besonders empfehlenswert sind die Ausritte bei Vollmond mit Gratiswein (300 NIS). Im Voraus buchen.

Nordwestufer

Die Arbel-Klippen ragen über den See Genezareth und bieten einen umwerfenden Blick auf die Golanhöhen und den Berg Hermon. Im **Arbel-Nationalpark** (Karte S. 260; ☎ 04-673 2904; Erw./Kind 20/9 NIS; ☼ April–Sept. 8–17 Uhr, Okt.–März 8–16 Uhr) lassen sich zwei und dreistündige Wanderungen unternehmen, alternativ spaziert man schnell zu dem Aussichtspunkt unter dem Johannisbrotbaum. Der Park birgt zudem eine romanische Synagoge mit einer kunstvoll gearbeiteten, nach Jerusalem zeigenden Fassade und interessanten Steinreliefs. An der Kfar-Hittim-Kreuzung nach rechts von der Rte 77 abbiegen und später erneut rechts zum Moschaw Arbel. Kurz vor den

Toren des Moschaw geht's nach links; von dort sind es noch 3,5 km.

Migdal, 6 km nördlich von Tiberias, ist der Geburtsort Maria Magdalenas. Dem Ereignis wird in einem winzigen Heiligtum mit weißer Kuppel gedacht, nahe dem Restal Beach gelegen und von Pflanzen überwuchert. Weiter geht's nach Norden. Nach 1 km zweigt von der Uferstraße eine Seitenstraße gen Osten ab, die nach **Khirbat al-Minya**, der ältesten muslimischen Gebetsstätte in Israel führt. Hier sind die Ruinen des Palastes aus dem 7. Jh. mit den Überresten eines Mosaikbodens zu bewundern. An der südöstlichen Seite steht eine Moschee mit einem nach Mekka ausgerichteten *mihrab*.

Der Kibbuz Ginosar beherbergt das **Yigal Allon Centre** (Karte S. 260; ☎ 04-672 7700; www.bet-alon.co.il; Erw./Kind 20/15 NIS; ☼ So–Do 8.30–17, Fr 8.30–14, Sa 8.30–17 Uhr), ein Museum, das der Geschichte und der Zukunft Galiläas gewidmet ist. Das berühmteste Exponat ist das Skelett eines 8,2 m langen Fischerboots aus der Zeit Jesu, das 1986 von einem einheimischen Fischer entdeckt wurde, als das Wasserniveau des Sees auf einen Niedrigststand fiel. Der feste Schlamm am Boden des Sees hatte das Boot fast perfekt umhüllt, Holz fressende Bakterien bekamen also keinen Sauerstoff. Bevor das Boot der Öffentlichkeit gezeigt wurde, verbrachte es neuneinhalb Jahre in einem mit Konservierungsmitteln gefüllten Becken. Clevere Tourveranstalter preisen es heutzutage als „Jesusboot" an.

Tabgha

Tabgha wird im Allgemeinen als schönste und ruhigste heilige Stätte der Christen angesehen. Ein Besuch hier ist etwas Besonderes, auch wenn man religiös nicht so interessiert ist.

Tabgha (arabische Übersetzung des griechischen Begriffs *hepta pega*, „sieben Quellen") wird mit drei bedeutenden Episoden des Neuen Testaments in Zusammenhang gebracht. Wer die folgenden Stätten besuchen möchte, muss angemessen gekleidet sein (keine Shorts oder ärmellose Tops). An der Straße zwischen Tabgha und Capernaum wurde ein schöner Fußweg angelegt.

BERG DER SELIGPREISUNGEN

Im Garten der **Kirche der Seligpreisungen** (Karte S. 260; Eintritt 5 NIS/Auto; ☼ 8–11.40 & 14.30–16.40 Uhr) stehend, kann man sich nur schwer vorstellen, wovon Jesu Jünger wohl mehr beeindruckt waren: von der Bergpredigt (Mt 5–7) oder von der Schönheit dieses friedvollen Ortes.

Der bekannteste Teil der Bergpredigt im Neuen Testament sind die Seligpreisungen, die Verse, die mit den Worten „Selig sind" beginnen. Die Predigt enthält auch das Vaterunser und so oft zitierte Zeilen wie „Salz der Erde", „Licht der Welt" und „Richtet nicht, auf dass ihr nicht gerichtet werdet".

Den acht Seligpreisungen von Jesus (Mt 5, 3–10) wird mit bunten Glasgemälden an den Wänden der achteckigen römisch-katholischen Kirche mit Kuppel gedacht, die 1937 an der Stelle früherer Kirchen errichtet wurde. Im Inneren der Kirche, die im Besitz der Franziskaner ist, stellen Symbole rund um den Altar die sieben Tugenden – Gerechtigkeit, Güte, Besonnenheit, Glaube, Tapferkeit, Hoffnung und Enthaltsamkeit – dar. Von der Galerie aus bietet sich eine fantastische Aussicht auf den See, vor allem in Richtung Tiberias (Süden) und in Richtung Kapernaum (Osten) mit den roten Kuppeln des griechisch-orthodoxen Klosters im Hintergrund.

BROTVERMEHRUNGSKIRCHE

Der Altar in der **Brotvermehrungskirche** (Karte S. 260; ☾ Mo–Sa 8–17, So 10–17 Uhr) soll auf dem Felsen stehen, auf den Jesus fünf Brotlaibe und zwei Fische gelegt hat, die sich so vermehrten, dass davon 5000 gläubige Zuhörer satt wurden (Mk 6, 30–44).

Die Kirche steht an der Stelle, an der sich im 5. Jh. ein byzantinisches Gotteshaus befand. 1932 brachten Ausgrabungsarbeiten wunderschöne Bodenmosaiken zu Tage, die äußerst gut erhalten sind und u. a. eine Vielzahl von Pflanzen und Tieren zeigen. Auch das „Brot-und-Fisch-Mosaik" ist darunter.

Zu dem Komplex, der von einem deutschen Benediktinerorden unterhalten wird, gehören auch ein Kloster und ein Pilgerhaus.

PRIMATSKAPELLE

Durch einen duftenden Garten gelangt man hinunter an den See und zur wunderbar ruhig gelegenen **Primatskapelle** (Karte S. 260; ☾ 8–16.50 Uhr). Die einfache Kirche mit den schönen bunten Fenstern wurde 1933 von Franziskanern an dem Ort errichtet, an dem Jesus nach seiner Auferstehung Petrus seinen Auftrag erteilte. Die Kirche ist über einem flachen Steinblock erbaut, der vor dem Altar zu sehen ist und von byzantinischen Pilgern Mensa Christi (Tafel Christi) genannt wird. Es heißt, dass Jesus und seine Jünger hier Fisch zum Frühstück aßen.

Draußen am Wasser sind ein paar Stufen in den Fels gehauen. Einige sind der Meinung, dass dies die Stelle ist, an der Jesus stand als ihn seine Jünger sahen. Es ist aber auch möglich, dass sie im 2. oder 3. Jh. entstanden, als in der Gegend Kalkstein abgebaut wurde.

AN- & WEITERREISE

Die Busse 459, 841 und 963 fahren am Busbahnhof von Tiberias gen Norden nach Migdal, Khirbat al-Minya und zur Abzweigung nach Tabgha. Kurz vor der Bushaltestelle an der Tabgha-Abzweigung, wo es einen steilen Hang hinaufgeht, führt die Straße rechts an einem Elektrizitätswerk vorbei. Wenn das in Sicht kommt, sollte man dem Fahrer daran erinnern, dass man an der Tabgha-Abzweigung aussteigen will.

Von der Bushaltestelle an der Abzweigung folgt man der Seitenstraße nach links; von dort ist die Brotvermehrungskirche in ein paar Minuten erreicht. Wer auf der Straße bleibt, gelangt oberhalb der Haltebucht zu einem holprigen Weg, der den Hang hinauf zur Kirche der Seligpreisungen führt. Man kann auch mit dem Bus bis zur Haltestelle nach der Tabgha-Abzweigung fahren. Die Straße führt weg vom See und windet sich den Hügel hinauf bis zur nächsten Haltestelle an einer weiteren Abzweigung, wo ein orangefarbenes Schild mit der Aufschrift „Hospice of the Beatitudes" steht. Auf dieser Nebenstraße kommt man zur Kirche und weiter den Hügel hinunter zur Primatskapelle.

Korazim

Die Ruinen der alten Stadt **Korazim** (Karte S. 260; ☎ 04-693 4982; Erw./Kind 20/9 NIS; ☾ April–Sept. 8–17 Uhr, Okt.–März 8–16 Uhr) befinden sich auf einer Basaltebene mit Blick auf den See Genezareth und den Jordan. Im 1. Jh. stand hier eine jüdische Stadt, von der man vermutet, dass ihre Bewohner (zusammen mit denen von Kapernaum und Bethsaida) von Jesus wegen ihres mangelnden Glaubens verdammt wurden (Mt 11, 20–24).

Einiges wurde restauriert, und die Überreste vermitteln einen guten Eindruck, wie eine kleine Stadt damals angelegt war. Am bedeutendsten sind hier die Ruinen einer im 3. und 4. Jh. errichteten Synagoge aus schwarzem Basalt, deren Stil der Kalksteinsynagoge in Kapernaum ähnelt. Die Synagoge ist mit kunstvollen Reliefs verziert, auf denen Pflanzen, Menschen, die mit den Füßen Weintrauben stampfen, und Tiere wie Löwen, ein Adler und ein Vogel, der an Trauben pickt, zu erkennen sind. Ausschau halten nach dem „Sessel" aus Basalt, der bei den Lesungen aus der Thora benutzt wurde.

Östlich von Korazim liegen viele große Basaltblöcke herum, darunter auch Dolmen; die großen, breiten, flachen Steinblöcke, die auf anderen Steinen liegen, wurden zwischen 6000 und 4000 v. Chr. als Grabkammern benutzt.

Von hier kann man zurück nach Tabgha spazieren oder auf der Nebenstraße (8277) ein paar Kilometer gen Osten bis zu einer Kreuzung laufen, von der es nach Süden zurück zu der Straße geht, die um den See führt.

Kapernaum

Im christlichen Glauben war das Dorf **Kapernaum** (Karte S. 260; Kfar Nahum; Eintritt 3 NIS; ☾ 8–17 Uhr) die Hauptwirkungsstätte von Jesus in Galiläa (Mt 4,12–17, 9, 1; Mk 2, 1). Dort predigte er in der Synagoge (Mk 1, 21), heilte Kranke – u. a. die Schwiegermutter von Petrus (Mk 1, 29–31), den Leprakranken (Lk 5, 12–16) und den Diener eines Hundertschaftsführers (Lk 7, 1–10) – und warb seine ersten Jünger an: die Fischer Petrus, Andreas, Jakobus, Johannes und den Steuereintreiber Matthias.

Aus rabbinischen Texten und archäologischen Funden wird abgeleitet, dass hier im 2. Jh. eine starke christliche Präsenz herrschte. Bis zum 4. Jh. hat sich die Stadt dann über die umliegenden Hügel ausgebreitet. Nach der Eroberung durch die Araber ca. um 700 n. Chr. wurde die Stadt zerstört und war danach nie wieder bewohnt.

1894 kauften die Franziskaner diesen Ort und begannen, die Synagoge und die Kirche zu restaurieren. Diese sind nun die Hauptattraktionen des gut ausgeschilderten Museums.

SYNAGOGE
Obwohl das genaue Datum der Errichtung nicht bekannt ist, sind sich die Archäologen einig, dass dieses besondere Gotteshaus mindestens ein Jahrhundert nach der Kreuzigung Christi gebaut wurde. Der rekonstruierte Bau besteht aus einem Nebengebäude und einer Hauptgebetshalle mit beeindruckender römischer Fassade und einer Säule mit einer griechischen Inschrift. Der Eingang zum Nebengebäude östlich der Halle hat einen Türsturz mit einem schönen Adler- und Palmenornament. Weitere Reliefs, die die Synagoge schmücken, sind u. a. der David-

stern, eine Palme (einst das Symbol Israels), eine Menora, ein Wagen, der den heiligen Schrein, in dem die Thora transportiert wurde, darstellen könnte, eine Urne und eine Figur, die halb Pferd, halb Fisch ist.

Dies ist übrigens keine Synagoge, von der Christen annehmen, dass Jesus sie besucht hat.

HAUS DES APOSTELS PETRUS
Die Ruinen der Kirche markieren die Stelle, an der vermutlich das Haus von Petrus stand, in dem sich Jesus aufgehalten hat. Ein Mosaikboden schmückt den Raum, der nach allgemeiner Annahme Christus beherbergte. Die Kirche, die um einen Raum mit Mosaiken errichtet wurde, entstand im 4. Jh.

AN- & WEITERREISE
Von der Kirche der Seligpreisungen kommt man nach einem schönen Spaziergang durch Felder und über eine neu angelegte Uferpromenade nach Kapernaum; einfach den Spuren den Hügel hinunter folgen und sich an die roten Kuppeln des nahen griechisch-orthodoxen Klosters halten. Das Museum liegt am Ende der ausgeschilderten Seitenstraße.

Nordostufer
Nachdem man die Ariq-Brücke überquert hat, geht's weiter in Richtung Ostufer. Die Hauptstraße entfernt sich vom See Genezareth und verläuft am Rand des wunderschönen Bethsaida-Tals, Israels größtem natürlichem Feuchtgebiet.

Majrase (Karte S. 260; ☎ 04-679 3410; Erw./Kind 20/9 NIS; ☾ Okt.–März 8–16 Uhr, April–Sept. 8–17 Uhr) ist der richtige Ort, um sich ein wenig abzukühlen. Auf der „feuchten" Wanderung kann man in den Lagunen des Bethsaida-Tals bis zum See hinunter waten und schwimmen. Das Ganze dauert ungefähr eineinhalb Stunden. Unbedingt Sandalen tragen und keine Sachen mitnehmen, die nicht nass werden dürfen!

Der **Kursi-Nationalpark** (Karte S. 260; ☎ 04-673 1983; Erw./Kind 13/7 NIS; ☾ April-Sept. 8–17 Uhr, Okt.–März 8–16 Uhr), der im jüdischen Talmud als Ort der Götzenanbetung beschrieben wird, war auch die Stelle, an der Jesus eine Gruppe von Besessenen in eine Herde Schweine fahren ließ (Mk 5, 1-13). Die schönen, erst kürzlich freigelegten Ruinen sind die Reste eines beeindruckenden Klosters aus der byzantinischen Zeit im 5. Jh.

Am Ostufer gibt's viele schöne Stellen zum Schwimmen. Wer etwas mehr Action braucht, ist im beliebten **Wasserpark Luna Gal** (Karte

S. 260; ☎ 04-667 8000; www.luna-gal.co.il, hebräisch; Erw./
Kind 100/80 NIS; ⏱ April–Okt. Sa–Do 9.30–24, Fr 9.30–17
Uhr) richtig: Der angeblich beste und größte
Vergnügungspark im ganzen Land hat unzäh-
lige Rutschen zu bieten, zudem kann man
Tretboot fahren und Wasserski laufen – ein
Riesenspaß für große und kleine Wasserratten!

Etwa 8 km südlich trifft man auf den **Kibbuz
En Gev** (Karte S. 260; www.eingev.com), der 1937 von
deutschen und tschechischen Pionieren als
erste ständige jüdische Siedlung am Ostufer
des Sees Genezareth gegründet wurde. Vor
1967 konnte man auf sicherem Weg nur per
Boot hierher kommen, denn die Umgebung
war in syrischer Hand. Als Grenzposten (En
Gev war wie eine Festung umzäun) war Landwirtschaft aus Sicherheitsgründen als Exis-
tenzgrundlage für den Kibbuz ausgeschlossen.
Darum konzentrierte man sich auf den Fisch-
fang. Heute ist das Restaurant (s. S. 283), das
von der kibbuzeigenen Fischfarm beliefert
wird, eine der Attraktionen. Es gibt regelmäßig **Zugfahrten** (16 NIS) über die Wein-, Bananen-
und Dattelplantagen und die Fischfarm.

Im **Kibbuz haOn** (Karte S. 260; ☎ 04-665 6557; www.
haon.co.il) gibt's eine **Straußenfarm** (Erw./Kind
20/10 NIS; ⏱ 9–15 Uhr), Aktivitäten für Kinder
und einen Paintball-Platz.

Hamat Gader

Eines der Highlights für viele Galiläa-Besucher
und ein Anziehungspunkt für Einheimische
ist **Hamat Gader** (Karte S. 260; ☎ 04-665 9999; www.
hamat-gader.com; Erw./Kind 73/55 NIS, nach 15.30 Uhr 55 NIS;
⏱ Mo–Do 9.30–17.30, Fr 9.30–22.30, Sa 9.30–17.30 Uhr),
eine Thermalquelle mit Tierpark ganz unten
in einem tiefen Tal, durch das die Grenze zu
Jordanien verläuft. Ruheständler im Badedress
und gestresste Eltern relaxen in den Becken
mit heißem Wasser, Massagedüsen und
Wasserfällen, während sich die Kids in den
kalten „Planschbecken" mit Rutschen und
Springbrunnen amüsieren. Die Ruhe hier hat
ihren Preis – der Eintritt in das Wellness-Dorf
mit seinem wunderschönen Privatpool, den
Saunen und dem großen Behandlungsangebot
beträgt 160 NIS (Wochenende 190 NIS).

Wer genug geplantscht hat, geht ins **Siam
Restaurant** (⏱ 13–23 Uhr) oder stattet der größten
Krokodilfarm im Nahen Osten einen Besuch
ab. Anfangs wurden die Reptilien aus Florida
importiert, jetzt werden die Tierchen hier geboren und in einem Wärmehaus am Eingang
zu den Pools für den Export aufgezogen. Dres-
sierte Papageien sind eine weitere Attraktion.

In den verschiedenen Badebereichen gibt's
ein paar teilweise rekonstruierte römische
Ruinen, z. B. ein kleineres Becken für Lepra-
kranke und die superheiße Quelle (51 °C), auf
Hebräisch Ma'ayan HaGehinom (Höllenbe-
cken) und auf Arabisch Ain Makleh (Bratbe-
cken) genannt. Direkt westlich der römischen
Bäder hinter dem Picknickbereich findet man
die Ruine einer Synagoge aus dem 5. oder 6. Jh.

Hamat Gader liegt 8 km südöstlich vom See
Genezareth (21 km von Tiberias). In Tiberias
(14,60 NIS, 30 Min.) startet von Sonntag bis
Donnerstag um 9.15 Uhr ein Bus (Nr. 24)
hierher; zurück geht's um 14.10 Uhr.

Südufer

Der **Kibbuz Deganya Aleph**, der auch unter dem
Namen Em Hakevutsot bekannt ist, wurde
1910 als weltweit erster Kibbuz gegründet. Das
archäologische und naturhistorische Museum
Bet Gordon (Karte S. 260; ☎ 04-675 0040; Eintritt 12 NIS;
⏱ So–Do 10–15 Uhr) ist dem Andenken an eine
der Väter der Kibbuz-Bewegung (Aharon
David Gordon) gewidmet. Eine süße Überraschung direkt neben dem Kibbuz Deganya Bet
bietet **Galita Chocolate** (Karte S. 260; ☎ 04-675 5608;
⏱ 10–18 Uhr) mit einem Restaurant und einer
Werkstatt, in der Schokolade hergestellt wird.

Ganz in der Nähe befindet sich der fried-
volle **Friedhof des Kibbuz Kinneret**. Hier haben
u. a. die hebräischen Dichterinnen Rachel
Bluwstein und Elisheva sowie Berl Katznelson,
einer der Führer der jüdischen Arbeiterbewe-
gung, ihre letzte Ruhestätte. Rachel immig-
rierte 1909 aus Russland und lebte im Kibbuz
Deganya, wo sie „mit Schaufeln spielte und
die Erde anmalte". Ihre schlichte, schöne Pro-
sa lässt sich leicht in Texte für moderne israelische Folksongs umwandeln. 65 Jahre nach
ihrem Tod hat Rachels Leben in Israel mythi-
sche Ausmaße angenommen, und der Sam-
melband mit ihren Versen ist ein Bestseller.

Direkt südlich der Brücke über den Jordan,
wo dieser den See Genezareth verlässt, liegt
Yardenit (Karte S. 260; ☎ 04-675 9111; www.yardenit.com),
eine luxuriös anmutende Taufstelle, wo weiß
gekleidete Gläubige in Reih und Glied betend
und singend darauf warten, in den Fluss getaucht zu werden. Der Fluss ist an dieser Stelle sehr schön (Eukalyptusbäume, Fischschwär-
me) und wird darum das ganze Jahr über von
vielen Menschen besucht. Ein Restaurant und
Umkleideräume gibt's natürlich auch.

Dies ist übrigens nicht der Ort, an dem
Jesus getauft worden sein soll – das war ver-

mutlich Al-Maghtas bei Jericho. Dieser Ort darf wegen seiner Nähe zur Grenze zwischen Jordanien und dem Westjordanland von Touristen aber nicht besucht werden.

Schlafen
BUDGETUNTERKÜNFTE
Camping
Campen ist oft teuer, denn die meisten Campingplätze werden von Kibbuzen oder privaten Resorts betrieben. Dafür bieten sie Sicherheit und einfache Sanitäranlagen mit Duschen. Auf einigen Plätzen muss man nur für das Auto (24 Std.) bezahlen, das Campen ist dann kostenlos (ideal für Radfahrer).

Ze'elon Beach (Karte S. 260; Auto 50 NIS/24 Std.; ✹ ganzjährig) An Sommerwochenenden herrscht hier Partystimmung. Junge, alternativ angehauchte Leute zelten unter den Bäumen und grillen am Strand. Offiziell ist Baden hier nicht erlaubt, aber wie so oft in Israel interessiert das niemanden. Zu den fantastischen Einrichtungen gehört auch ein einfaches, bis spät in die Nacht geöffnetes Café mit Bar. Eine der besten Übernachtungsmöglichkeiten der Gegend!

Hokuk Camping (Karte S. 260; ☎ 04-671 5440, 050 250 4447; www.h-camp.co.il, hebräisch; 85 NIS/Auto, Stellplatz 50 NIS; ✹ April–Okt.) Dieser kleine nette Campingplatz mit Stellplätzen unter Bäumen liegt gleich um die Ecke vom Karei Deshe-Yoram Youth Hostel. An Palmen befestigte Hängematten verleihen dem Ganzen ein tropisches Flair. Zur Anlage gehört auch ein Minimarkt.

Gofra Beach (Karte S. 260; ☎ 04-673 1942; www.gofra beach.com, hebräisch; Auto 85 NIS/24 Std.; ✹ ganzjährig) Ein paar Kilometer weiter südlich. Dieser Campingplatz bietet einen kleinen Supermarkt, ein Café und sogar Wasserpfeifen und Kühlschränke, die man ausleihen kann. An der palmengesäumten Strandbar kann man bei Sonnenuntergang wunderbar relaxen. Zudem gibt's eine heiße Quelle mit Schwimmbecken.

Hostels
Ghengis Khan in the Golan (Karte S. 260; ☎ 052 371 5687; sarazafrir@gmail.com; DZ/Zelt 100/550 NIS; ✹) Im Süden der Golanhöhen, mit dem Auto vom See Genezareth in zehn Minuten erreichbar, hat die Familie Zafrir ein wunderschönes mongolisches Dorf errichtet. Die fünf klimatisierten Jurten hat Sara von Hand gemacht, eine echte Meisterleistung – sie sind so groß, dass bis zu zehn Personen darin auf bequemen Matratzen übernachten können (Bettzeug & Handtücher 20 NIS extra)! Die Gäste bringen ihre eigenen

Lebensmittel mit, die in der Küche zubereitet werden können. Es stehen ein Grill, ein Kräutergarten und ein hübsch angelegter Picknickbereich zur Verfügung. Die Unterkunft ist perfekt für Familien und Gruppen, die mit eigenem Fahrzeug oder zu Fuß auf dem Golanpfad (S. 307) unterwegs sind.

HI – Karei Deshe-Yoram Youth Hostel (Karte S. 260; ☎ 04-672 0601; kadeshe-rsv@iyha.org.il; B/EZ/DZ inkl. Frühstück 29/75/104 US$; ✹) Sowohl Einheimische als auch Traveller schwärmen von dieser schönen, strahlend weißen Herberge mit Doppelzimmern und Schlafsälen. Die Unterkunft mit Dattelpalmen, Eukalyptusbäumen, einem felsigen Strand und ein paar Pfauen ist in Tabgha und liegt perfekt, um die Stätten des Neues Testaments zu erkunden oder am See ein paar Tage zu relaxen. Abendessen kostet 13 US$. Aus Tiberias kommt man mit Bus 459 oder 841 hierher. Von der Bushaltestelle muss man dann die letzten 1,5 km zu Fuß gehen.

HI – Poriya Taiber Youth Hostel (Karte S. 260; ☎ 04-675 005; poria@iyha.org.il; B/EZ/DZ inkl. Frühstück 29/88/166 US$; ✹) Wenn man nach dem Besuch der Stadt völlig verschwitzt ist, freut man sich auf das luftige Hostel oben auf dem Berg mit Blick auf den See Genezareth. Es liegt etwa 6 km südlich von Tiberias neben dem sogenannten Schweizer Wald. Die Schlafsäle sind im Hauptgebäude, die Holzhütten sind etwas spartanisch eingerichtet, aber der grandiose Seeblick macht das wieder wett. Abendessen gibt's für 59 NIS. Nach Poriya fahren keine Busse, sodass man ein eigenes Fahrzeug braucht, wenn man hier übernachten will.

Pilgerhaus Tabgha (☎ 04-670 0100; www.heilig-land -verein.de; ✹) Das 1889 eröffnete deutsche Pilgerhaus ist ein ruhiges Plätzchen mit herrlichem Garten und Obstplantagen am Ufer des Sees. Die einfachen Zimmer wurden 2002 renoviert, zudem gibt's jetzt ein für jeden zugängliches Café mit schöner Terrasse. Dieser Ort der Meditation und Besinnung ist für christliche Besucher gedacht, darum ist es schwer, hier unterzukommen. Früh buchen!

MITTELKLASSEHOTELS
Frenkels Bed and Breakfast (Karte S. 260; ☎ 04-680 1686; www.thefrenkels.com; Rte 8277, Kfar Korazim; EZ/DZ inkl. Frühstück 400/500 NIS; ✹ 🛜) Schönes B&B in ruhiger Lage in Korazim (S. 279). Man kann zwischen drei Suiten wählen (eine ist barrierefrei), die alle gemütlich und rustikal mit Teppichen und unterschiedlichen Möbeln eingerichtet sind. Die Frenkels sind cool und

wissen viel über die Region. Das Frühstück ist hausgemacht. Sehr beliebte Unterkunft!

Hotel Nof Ginosar (Karte S. 260; ☎ 04-670 0320; www.ginosar.co.il; Hotel EZ/DZ/FZ/Suite inkl. Frühstück 217/238/358/438 US$, Landhaus EZ/DZ 143/168 US$; 🞫 🛏 🏊) Der ältere, 1970er-Jahre-Charme versprühende Kibbuz mit viel Grün und nettem Privatstrand ist bei Reisegruppen sehr beliebt. Es gibt verschiedenartige Zimmer in dem kürzlich renovierten Hotel mit Blick auf den See und in dem nichtssagenden, motelartigen „Landhaus", zudem einen Fahrradverleih, Fitnessräume, eine 3 km lange Joggingstrecke und Massagen. WLAN kostet extra.

Kadarim Bed & Breakfast (Karte S. 260; ☎ 04-698 6300; www.kadarim.com; B/EZ/DZ 100/200/400 NIS, Hütte EZ/DZ 280/560 NIS; 🞫) Wanderern, die auf dem Israel National Trail und dem Jesuspfad wandeln, kommt dieser ruhige, kleine Kibbuz auf halber Strecke zwischen Tiberias und Rosh Pina sehr gelegen. Es gibt Standardzimmer und fünf schicke, luxuriöse Hütten mit Küchen, Whirlpools und Schlafböden für die Kids.

Ein Gev Resort (Karte S. 260; ☎ 04-665 9800; www.eingev.com; DZ inkl. Frühstück 155–175 US$; 🞫 🏊) En Gev ist ein bewirtschafteter Bauernhof mit Meierei und einem besonders schönen gelben Sandstrand. Man findet eine Vielzahl unterschiedlicher Unterkünfte vor, von motelartigen Zimmern bis zu Wohneinheiten für Familien mit kleiner Küche und Kabel-TV direkt am Strand. Die sonnendurchfluteten Apartments am See mit der fantastischen Aussicht und großen Aufenthaltsräumen sind die beste Wahl. Man kann auch am schattigen Sussita Beach campen (Auto 70 NIS/24 Std.). Ca. 1,5 km südlich des Eingangs zum Kibbuz.

SPITZENKLASSEHOTELS

Vered HaGalil Guest Farm (Karte S. 260; ☎ 04-693 5785; www.veredhagalil.com; Hütte/Cottage/Wohnstudio 208/216/239 US$; 🞫 🛏 🏊) Auch Leute, die mit Pferden nichts anfangen können (s. S. 278), sind im Vered HaGalil willkommen. Die rustikalen Holz- und Steincottages inmitten des schönen grünen Gartens in den Bergen Galiläas locken mit Holzpaneelen, holzbefeuerten Kaminen und fantastischer Aussicht. Das Ganze erinnert an eine amerikanische Ranch. Amüsieren kann man sich beim Billard, in der Bibliothek, auf dem Pferderücken oder in dem tollen Spa. Hin geht's mit dem Bus von Tiberias; dem Fahrer sagen, dass man an der Abzweigung nach Korazim (an der Kreuzung der Rte 90 und 8277) aussteigen möchte.

Hamat Gader Spa Village (Karte S. 260; ☎ 04-655 555; www.hamat-gader.com; Hamat Gader; DZ inkl. Frühstück & 2 Massagen 2380 NIS; 🞫 🛏 🏊) Der pure Genuss! Es gibt hier nichts Besseres als das (kinderfreie) Spa Village mit seinem Palm-Springs-Luxus: reizende Holzhütten mit Thermal-Privatjacuzzi und flauschigen Bademänteln, kleine Aufmerksamkeiten wie eine Flasche Wein, freier Eintritt nach Hamat Gader, Nutzung des Feucht- und Trockensaunen, des kleinen Fitnessraums und des beheizten Pools draußen (Letzterer ist mit Laternen geschmückt, damit man auch bei Nacht baden kann). Hier in dem geschützten Canyon am Fuß der jordanischen Berge findet man bestimmt Glückseligkeit!

Essen

Ktze Hanahal (☎ 04-671 7776; Rte 90; Hauptgerichte 70 NIS; ☾ mittags & abends) Einfaches Restaurant am Eingang zum Kibbuz Ginosar. Hier gibt's unglaublich gute libanesische Speisen. Nach den Mezze den marinierten, mit Reis gefüllten Buntbarsch oder den Antabli-Kebab mit Pitabrot und gebratenen Tomaten probieren!

LP Tipp **Ein Camonim** (☎ 04-698 9894; Rte 85; ☾ 11–20 Uhr) Auf diesem kleinen Ziegenhof in Galiläas Bergen kann man wunderbar im Schatten picknicken. Für 90 NIS gibt's eine gemischte Platte (die mehrere Mäuler stopft) mit verschiedenen Ziegenkäsesorten, frisch gebackenem Brot, Salat, leckerem Olivenöl und Wein. Ausschau halten nach dem braunen Schild an der Nordseite der Rte 85, ein paar Kilometer westlich der Kadarim-Kreuzung.

Ein Gev Fish Restaurant (Karte S. 260; ☎ 04-665 8136; Hauptgerichte 70–90 NIS; ☾ mittags & abends) Unzählige Platten mit frischem Buntbarsch aus En Gevs Teichen (S. 280) verlassen tagtäglich in gegrillter oder gebratener, filetierter oder unfiletierter Form (mit Pommes und Salat) die Küche. Doch auch wenn einige Leute schon fast fanatisch von diesem Restaurant schwärmen, ist es weder besonders ausgefallen noch günstig. Der Blick von der Terrasse über den See ist allerdings unschlagbar.

Vered HaGalil Restaurant (Karte S. 260; ☎ 04-693 5785; Hauptgerichte 60–100 NIS; ☾ So–Mi 8–22, Do–Sa 8–23 Uhr) In diesem Restaurant gibt's kein Hummus, aber dafür typisch Amerikanisches, von Brathähnchen und hausgemachtem Apfelpie bis zu frisch geräucherter Forelle und Entrecôte. Die Leckereien werden auf der mit Wisterien überwucherten Terrasse oder im gemütlichen Speisesaal serviert. Freitagabends gibt's Musik zum Wein.

GALILÄA

Obergaliläa & Der Golan

Die grünste und üppigste Region dieses ansonsten eher trockenen Landes, Obergaliläa, und die rauen, bergigen Golanhöhen halten für Traveller einige der besten und vielseitigsten Reiseerfahrungen bereit, die sie in diesem Land machen können.

Zwischen der Nimrodburg und den Skipisten am Hermon ganz im Norden und der geheimnisvollen Stadt Safed und den kleinen Winzereien in Ramot gibt es so viel zu sehen, zu erleben und zu probieren. Wenn man sich nicht gerade in den ländlich-rustikalen Restaurants, die sich an die galiläischen Hügel schmiegen, regionale Leckereien einverleibt und auch nicht gerade auf der Sonnenterrasse seiner Luxusunterkunft im Whirlpool planscht, dann kann man hier auf den Flüssen raften, sich auf den Pferderücken schwingen und Vögel beobachten.

Diese Region ist zudem der Traum eines jeden Wanderfans – insbesondere zwischen Februar und Mai, denn dann zeigen sich die über 30 Nationalparks mit ihren Flüssen und Wasserfällen in ihrer ganzen Pracht. Erfahrene Wanderer erkunden sicher gerne den 140 km langen Golan-Wanderweg, der sich an bewaldeten Bergen und historischen Ruinen vorbei- und an Strömen entlangschlängelt. Andere genießen es vielleicht mehr, durch die vielen Obstgärten zu schlendern und bei der Gelegenheit gleich frisches Obst von den Bäumen zu pflücken.

In dieser Region bietet es sich an, für ein paar Tage ein Auto zu mieten. So lassen sich die abgelegenen Pfade und die winzigen Dörfer am besten erkunden und man kann jederzeit für ein Picknick im Wald oder ein erfrischendes Quellbad einen Zwischenstopp einlegen.

HIGHLIGHTS

- Die Weinkellereien in Obergaliläa und im Golan besuchen, z. B. **Pelter** (S. 299): tolle Höhenlage, satter Boden und beeindruckender Wein
- Rund um Ramot **reiten** (S. 311), hoch hinauf in die Hügel, begleitet von einem waschechten israelischen Cowboy
- Wandernd die Pfade, die Schluchten und die Wasserfälle des **Naturschutzgebiets Yehudiya** (S. 310) erkunden
- Sich in der Mystik und den uralten Geschichten **Safeds** (S. 286) verlieren
- In luftiger Höhe in einem **Luxus-Gästehaus** (S. 306) in Nimrod residieren – inklusive Wellnessbehandlungen, Kaminfeuer und Gourmetküche

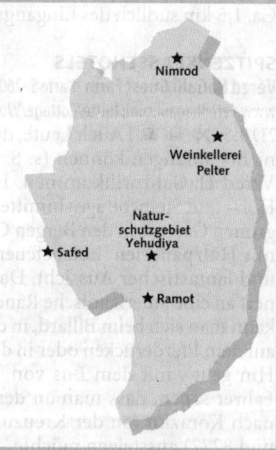

★ Nimrod

★ Weinkellerei Pelter

★ Safed

Naturschutzgebiet Yehudiya ★

★ Ramot

DAS ALLGEGENWÄRTIGE ZIMMER

Die am häufigsten vertretene Unterkunft im gesamten Obergaliläa und auf dem Golan ist das – auch im Hebräischen so genannte – *zimmer*. Niemand weiß, wie es dazu kam, dass genau dieses deutsche Wort für Israelis eine idyllische Berghütte auf dem Land beschreibt. Manche behaupten, es wäre eigentlich ein Versuch gewesen, die „Zimmer frei"-Schilder zu imitieren, die in den Alpen draußen vor Gästehäusern hängen. Wie auch immer das nun war – das Hüttenfieber hat Israel im Sturm erobert.

Zimmer erfüllen ganz besondere Kriterien: Man nehme eine bessere Holzhütte mit rustikaler Einrichtung aus lackiertem Kiefernholz, Satelliten-TV und eine Küchenzeile mit Herd und kleinem Kühlschrank – voilà. Normalerweise erwarten den Gast auch kleine Aufmerksamkeiten: beispielsweise eine Schüssel Obst, selbstgemachte Kekse, frische Blumen und manchmal sogar eine Flasche regionalen Weins. Für die Tee- oder Kaffeezubereitung ist auch gesorgt. Die Hütten können alleine stehen oder Teil eines großen, eng bebauten Komplexes sein; manche liegen hoch oben an einem Hang und bieten von der Terrasse eine tolle Aussicht, während andere ganz einsam mitten im Wald stehen. Aber die Einrichtung, die bei einem *zimmer* am meisten angepriesen und überaus geschätzt wird, ist das Wassersprudelbecken – normalerweise findet es sich im Schlafzimmer. Die meisten Unterkünfte haben eines, denn die meisten Israelis würden ohnehin nur *zimmer* mit einem solchen Whirlpool buchen. So gut wie jeder, der in diese Region reist, ertappt sich irgendwann dabei, wie er in solch einer Wanne liegt und wohlig seufzt: „Immerhin haben wir dafür bezahlt."

Praktische Informationen

Upper Galilee Tourist Information Centre (☎ 04–690 3737; Makhanayim-Kreuzung; ⏰ So–Sa 8–16 Uhr) 3 km nördlich von Rosh Pinna.

Golan Tourism Information Centre (☎ 04–696 2885; tour.golan.org.il; ⏰ So–Fr 9–15.45 Uhr) Im Einkaufskomplex direkt außerhalb von Katzrin.

Klima

Diese Region zeichnet sich durch ein kühles Klima mit trockenen Sommern und feuchten Wintern aus. Im Winter fällt jedes Jahr ein paar Tage Schnee, und zwar mengenmäßig genug, um damit das Skigebiet auf dem Hermon zu präparieren.

Unterkunft

Da die Regionen Obergaliläa und Golan als Wochenendziele sehr beliebt sind, haben sich die Unterkünfte in den letzten Jahren extrem verteuert. Folglich stehen Travellern nun nur wenige Optionen der mittleren Preisklasse, die wir empfehlen werden können, zur Auswahl. Für manche sehr einfache Übernachtungsmöglichkeit zahlt man nun oft schon mehr als für ein gutes Hotelzimmer in Tel Aviv. Am Wochenende (Fr & Sa) und im Sommer steigen die Preise in astronomische Höhen, dann gilt oft auch ein Mindestaufenthalt von zwei Übernachtungen. Alle angegebenen Preise sind Wochenendtarife (Übernachtungen zw. Fr & Sa) in der Hauptsaison;

in der Nebensaison (Mitte Nov.–März) kann man auch ein bisschen feilschen, vor allem wenn man länger bleibt oder werktags hier übernachten möchte. Da sich viele Unterkünfte regelmäßig neu erfinden, sollte man sich auf www.weekend.co.il oder www.zimmer.co.il über die aktuellsten Angebote und Namen informieren.

Da sogar die Jugendherbergen teuer sind, empfiehlt sich bei knappem Budget das Übernachten auf einem Campingplatz. Die ansprechendsten und auch qualitativ hochwertigsten Plätze befinden sich am östlichen Ufer des Sees Genezareth (S. 282).

Nationalparks & Naturschutzgebiete

Das Highlight einer jeden Reise nach Obergaliläa oder Golan ist eine Wanderung – oder auch zwei – durch einen der atemberaubenden Nationalparks. Sie werden nahezu allesamt von der **israelischen Natur- & Parkbehörde** (INPA; ☎ 06–680 0086/2006; www.parks.org.il) verwaltet und haben einheitliche Öffnungszeiten von 8 bis 17 Uhr zwischen April und September und von 8 bis 16 Uhr zwischen Oktober und März. Freitags und zur Ferienzeit schließen die Parks eine Stunde früher.

Geld spart man mit einer „Green Card", die eine Woche lang für sechs Parks gültig ist und 90 NIS kostet. Eine Karte für alle Parks, die dann auch zwei Wochen lang gültig ist, kostet 130 NIS.

OBERGALILÄA & DER GOLAN

0 _____ 10 km

LIBANON

Beirut
(90 km)

Metulla
Ayoun-Naturschutzgebiet
Kibbuz Kfar
Gil'adi
Kibbuz
Ma'ayan
Baruch
Tel Hai
Trumpeldor/
Qiryat   Giab
Shemona

Naturschutzgebiet
Tell Dan
Kibbuz
Dan
Banyas-
Nationalpark
Kibbuz
Snir   Banyas-
Wasserfall

Nationalpark
Horeshat-Tal

90
Kibbuz
Kfar Blum   918
886 Kibbuz Neot-
Mordechai   977
Agamon
Hahula   OBER-
GALILÄA
Hule-
Tal   Hahula-
Überflutungs-
Hule-   gebiet
See
899
Hule-
90   Naturschutz-
gebiet   918

Bar'am
Winzerei
Yekev   886
Ben-Zimra
Gisch

Yesud
Hama'ala

Naturschutzgebiet
Gilabon

GOLAN-
HÖHEN

91

Nimrod-
Nationalpark
98
Nimrod-   989
burg   Nimrod
Mas'ada
Neve
Ativ

Hermon-Ski-
zentrum   Hermon
(1,5 km)

SYRIEN

Majdal Shams
Birket
Ram

UNDOF-
ZONE

Buq'ata

Odem
978
Weinkellerei
Damaskus
(60 km)
959
Merom   Bental
Golan   ▲(1165 m)
Avital   Mitzpe
Qunaitra
978
Pelter Winery   98
Qunaitra

Meron ▲
Bikta Be
Kadita   Bat Ya'ar   Tell
Hazor
Winzerei Kadita
Winzerei   Rosh Pinna
Sifsaf   Pioneer Restoration
Meron-   Site   Rosh
Kreuzung   Pinna
866   Makhanayim-
Safed   Kreuzung
89
Amirim
Khanania-Kreuzung (1,5 km);
Akko (63 km); Haifa (78 km)   Vered
85   Hagalil
Chorazin   Naturschutzgebiet
Chorazin
87
Kapernaum
Tabgha
Tiberias (5 km);   See
Haifa (62 km)   Genezareth

Yesud-
Hama'ala-
Kreuzung

Gadot-
Kreuzung

Winzerei
Golan Heights
Katzrin
9088   87
s. Karte Naturschutz-
gebiet Yehudiya (S. 310)
888
Natur-
schutz-
gebiet
Had Nes   Yehudiya
Naturschutzgebiet   Natur-
Hayarden Park   schutz-
92   gebiet
Bethsaida   Gamla
Valley
Ramot
Maor Winery

808

Moschaw
Eliad (8 km)

An- & Weiterreise

Das Busunternehmen **Egged** (☎ 03–694 8888; www.egged.co.il/eng) bedient zwar die Strecken zwischen den größten galiläischen und golanischen Siedlungen, hauptsächlich Katzrin, Rosh Pinna und Qiryat Shemona, doch das Netz ist nicht gut ausgebaut – das gilt vor allem am Wochenende.

Am besten lässt sich die Region erkunden, wenn man in Tel Aviv, Jerusalem oder Tiberias ein Auto mietet. Die Strecken sind recht kurz und die Flexibilität, die ein eigenes Auto bietet, ist unschlagbar. Hier wird auch viel getrampt, was wir aber nicht empfehlen können. Viele Israelis, vor allem Teenager, strecken hier einfach den Daumen raus und freundliche Einheimische nehmen sie mit.

OBERGALILÄA

SAFED

☎ 04 / 28 600 Ew.

Safed (auch Safed, Zefad, Tzfat oder Sfat) schmiegt sich an Isreals dritthöchste Berg und ist eine sinnträchtige Stadt, die ein buntes Erbe in Sachen jüdischer Mystik, ein weitläufiges Künstlerviertel und magische Aussichten zu bieten hat. Das Labyrinth aus auf und ab führenden Kopfsteinpflasterstraßen ist mit mittelalterlichen Synagogen und zerfallenden Steinhäusern gespickt, die mit ihren türkisfarbenen Türen und den schweren *hamsas* (handförmige Amulette, die den bösen Blick abwehren sollen) Farbe ins Bild bringen.

Safed ist ein idyllischer, andachtsvoller Ort, in dem ein Hauch Boheme-Atmosphäre zu verspüren ist. Chassidische Juden und New-Age-Spiritualisten vermischen hier kabbalistische Tradition mit messianischem Enthusiasmus.

In einem Zeitalter, in dem die Kabbala von den Reichen und Schönen Hollywoods angepriesen wird, boomt der religiöse Tourismus in Safed. Von überallher kommen die Menschen, um die Thora zu studieren und die Gräber der großen Mystiker – z.B. das von Rabbi Isaak Luria (bekannt als Ari) – zu besichtigen, die sich auf dem unheimlichen Friedhof der Stadt befinden. Viele gehen auch auf eine energetisierende Reise in ihr Inneres.

Für andere Reisende ist Safed wiederum einfach ein himmlisches Plätzchen, wo man ein, zwei Tage die Seele baumeln lassen kann.

Geschichte

Safed wurde irgendwann im 2. Jh. v. Chr. als ein *masu'of*-Dorf (Leuchtfeuer-Dorf) gegründet – es war ein Glied in einer Kette aus Feuerstellen hoch oben auf den Berggipfeln, die nach Jerusalem führten. Die Leuchtfeuer leiteten einen neuen Monat oder einen heiligen Tag ein. Während des ersten Jüdischen Krieges (66–73 n. Chr.) wurde Safed von Josephus, dem Anführer der jüdischen Streitmächte in Galiläa, befestigt.

Die Kreuzfahrer, die von Fulko, dem König der Anjou, befehligt wurden, beschlossen zudem den Bau einer Festung, um die Hauptroute nach Damaskus zu kontrollieren. Fulkos Befestigung, bekannt als Saphet, wurde von Saladin zerstört, von den Templern wieder aufgebaut und 1266 erneut von Sultan Beibars niedergerissen.

Während des 15. und 16. Jhs. vergrößerte sich die jüdische Gemeinschaft in Safed durch einen Zufluss von spanischen Immigranten, die vor der Inquisition flohen. Viele der Neuankömmlinge waren Kabbalisten oder Menschen auf der Suche nach der mystischen Wahrheit (s. S. 32). Der Begriff „Kabbala" leitet sich aus der hebräischen Wurzel *kbl* ab, die „empfangen" bedeutet. Die Kabbala-Bewegung nahm zur Zeit des ersten Jüdischen Krieges in der Region um Safed ihren Anfang, bevor sie mit der Diaspora ins Ausland gelangte. Sie entwickelte sich besonders gut in den jüdischen Gemeinden auf der iberischen Halbinsel, und eine Zeit lang war Spanien das Weltzentrum des Wissens und der jüdischen Kultur. Als die Kabbalisten nach Safed zurückkehrten, fiel dieser Ruf jener Stadt zu.

In der zweiten Hälfte des 18. Jhs. sah Safed einen Zuwachs von Chassidim, die diesmal aus Russland kamen. 1837 wurde jedoch ein Großteil der Stadt von einem Erdbeben zerstört. Dabei kamen 5000 Menschen ums Leben und viele der 69 Synagogen wurden dem Erdboden gleichgemacht.

Wie überall in Palästina verstärkte die vermehrte Einwanderung von Juden die Feindseligkeit der Araber gegenüber den Neuankömmlingen. Gewalt zwischen den beiden Gruppen war bis dato nur vereinzelt aufgetreten – mit wachsenden nationalistischen Ambitionen auf beiden Seiten kamen Zusammenstöße jedoch immer häufiger vor. In den 1920er- und 1930er-Jahren wurde Safed von Unruhen beherrscht, die auf beiden Seiten Menschenleben forderten und die 1948 in einer offenen Schlacht um die Stadt gipfelten. Obgleich zahlenmäßig unterlegen, gewannen die Juden die Oberhand und die Araber sahen sich zur Flucht gezwungen.

Nach 1951 verwandelte sich das arabische Viertel in eine blühende Künstlerkolonie; viele der arabischen Besitztümer, darunter auch die größte Moschee, wurden zu Galerien und Studios umfunktioniert. Viele dieser Galerien sind heute das Zuhause großer chassidischer Familien, die während der 1980er-Jahre von Jerusalem und Nordamerika hierher gepilgert waren.

Orientierung

Safed ist die höchstgelegene Stadt des Landes: Sie liegt über mehrere Gipfel verteilt auf 800 m Höhe. Das übersichtliche Zentrum breitet sich auf einem einzigen Hügel aus und kann wunderbar zu Fuß besichtigt werden. Der Busbahnhof liegt im Osten und das Zentrum der Altstadt genau gegenüber im Westen – der Hügel ist über die Yerushalayim (Jerusalem) St erreichbar, die zwischen diesen beiden Orten eine Schleife beschreibt. Die alten Viertel, die das Herz Safeds bilden, grenzen an die Jerusalem St. Achtung: Überall sind nicht gerade fußfreundliche Treppen und rutschige Gassen, und es geht steil bergab! Die Hauptader durch die Viertel ist die Ma'alot Olei Hagardom, eine breite, steile Treppe; sie führt von der Jerusalem St bergab. Die Gegend nördlich der Treppe ist als das Synagogenviertel bekannt, im Süden liegt Safeds Künstlerviertel.

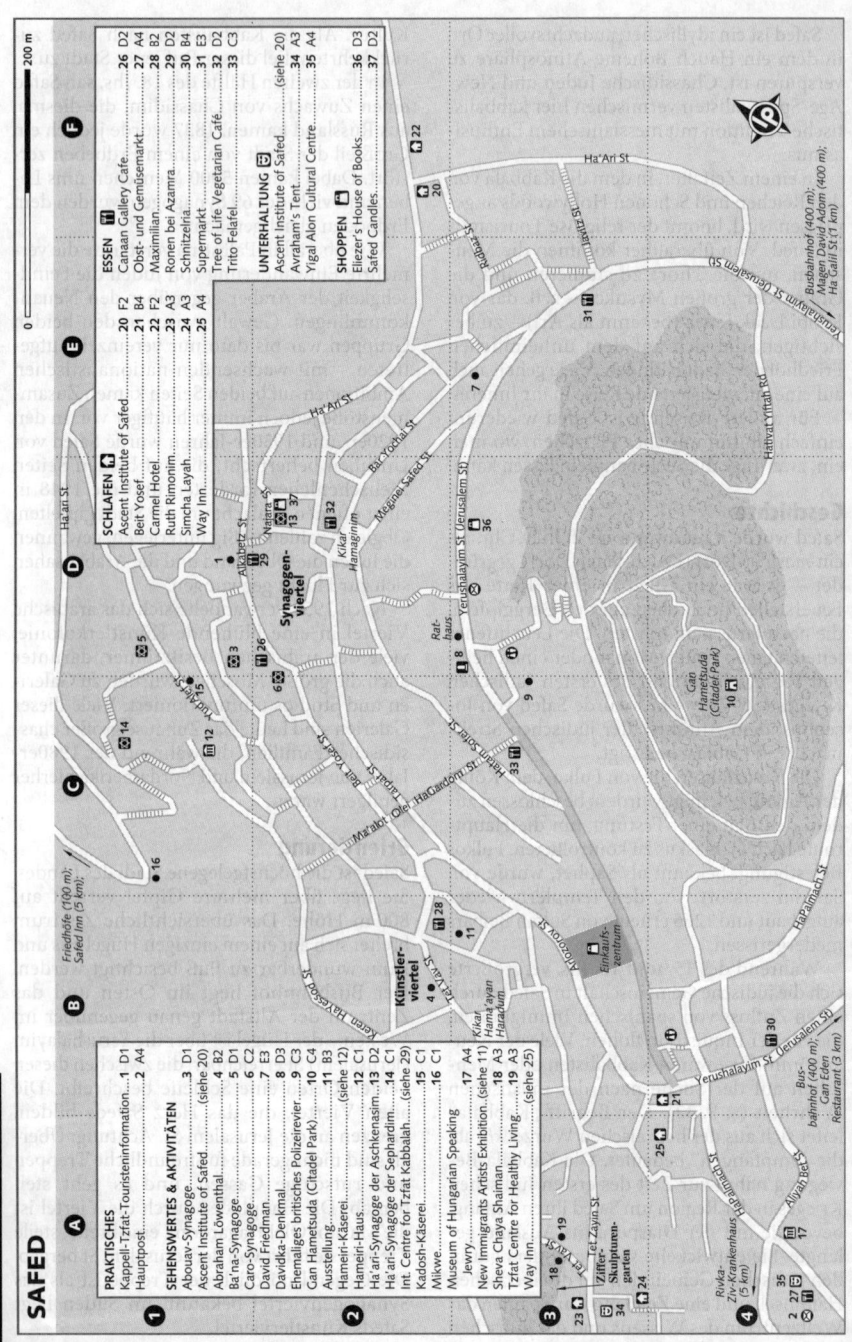

SAFED

OBERGALILÄA & DER GOLAN

200 m

0

PRAKTISCHES
Kappell-Tzfat-Touristeninformation.....1 D1
Hauptpost............................2 A4

SEHENSWERTES & AKTIVITÄTEN
Abouav-Synagoge..........................3 D1
Ascent Institute of Safed..........(siehe 20)
Abraham Löwenthal........................4 B2
Ba'na-Synagoge...........................5 C2
Caro-Synagoge............................6 C2
David Friedman...........................7 E3
Davidka-Denkmal..........................8 D3
Ehemaliges britisches Polizeirevier......9 C3
Can Hametsuda (Citadel Park)............10 C4
Ausstellung.............................11 B3
Hameiri-Käserei.....................(siehe 12)
Hameiri-Haus............................12 C1
Ha'ari-Synagoge der Aschkenasim......13 D2
Ha'ari-Synagoge der Sephardim..........14 C1
Int. Centre for Tzfat Kabbalah....(siehe 29)
Kadosh-Käserei..........................15 C1
Mikwe..................................16 C1
Museum of Hungarian Speaking
  Jewry..................................17 A4
New Immigrants Artists Exhibition..(siehe 11)
Sheva Chaya Shalman.....................18 A3
Tzfat Centre for Healthy Living.........19 A3
Way Inn...........................(siehe 25)

SCHLAFEN 🛏
Ascent Institute of Safed...............20 F2
Beit Yosef..............................21 B4
Carmel Hotel............................22 F2
Ruth Rimonim............................23 A3
Simcha Layah............................24 A3
Way Inn.................................25 A4

ESSEN 🍴
Canaan Gallery Cafe.....................26 D2
Obst- und Gemüsemarkt...................27 A4
Maximilian..............................28 B2
Ronen bei Azama.........................29 D2
Schnitzelfa.............................30 B4
Supermarkt..............................31 E3
Tree of Life Vegetarian Café............32 D2
Trito Felafel...........................33 C3

UNTERHALTUNG 🎭
Ascent Institute of Safed.........(siehe 20)
Avraham's Tent..........................34 A3
Yigal Alon Cultural Centre..............35 A4

SHOPPEN 🛍
Eliezer's House of Books................36 D3
Safed Candles...........................37 D2

Busbahnhof (400 m);
Magen David Adom (400 m);
Ha'Galil St (1 km)

Yerushalayim St (Jerusalem St)

Ha'Ari St

Ha'Ari St

Hativat Yiftah Rd

Ha'Ari St

Ba'i Yochai St

Maginei Safed St

Alkabetz St

Najara St

29

13 37

32

Kikar Hamagnun

36

Ratt-haus

8

9

Gan Hametsuda (Citadel Park)

10

33

Aljozvat St

Einkaufzentrum

HaPalmach St

Yerushalayim St (Jerusalem St)

Busbahnhof (400 m);
Gan Eden
Restaurant (3 km)

Rivka-Ziv-Krankenhaus (5 km)

35

2 27

23

34

24

Ziffer-Skulpturengarten

19

18

 Tze-Zayis St

Kikar Hameiri

Künstlerviertel

4

11

28

Keren HaYesod St

Kikar Hama'ayan Haadum

Mitzkin St (Jerusalem St)

Mitabot Olei HaGardom St

Tikat Yosef St

Beit Yosef St

HaSoraq St

Synagogen-viertel

26

6

3

5

14

15

12

16

7

1

31

22

20

30

21

25

17

Friedhöfe (100 m);
Safed Inn (5 km)

Praktische Informationen

GELD
Alle Banken befinden sich in der Jerusalem St, westlich des Citadel Park.

INFOS IM INTERNET
Safed (www.safed.co.il) Schön aufgemachte und informative Seite über die Geschichte, die Unterkünfte, Bildung, die Kabbala und die Persönlichkeiten Safeds.

NOTFALL
Magen David Adom (☎ 692 0333) Erste-Hilfe-Klinik; neben dem Busbahnhof.

Polizei (☎ 04–697 8444; Ha Galil St, Har Canaan)

Rivka-Ziv-Krankenhaus (☎ 682 8811; HaRambam St)

POST
Hauptpost (☎ 692 0405; 89 HaPalmach St) Auf dem Parkplatz in der Nähe des Kulturzentrums Yigal Allon.

TOURISTENINFORMATION
Die Organisation Livnot U'Lehibanot leitet die Touristeninformation **Kappell Tzfat** (☎ 692 4427; laurie@livnot.com; 17 Alkabetz St; ☒ So–Do 8.30–16 Uhr). Das ist das offizielle Informationszentrum, in dem sich Traveller von der englisch sprechenden Laurie mit Landkarten und Broschüren über die Region ausrüsten lassen können. Hier kann man sich auch ein zehnminütiges Video zur Landesgeschichte ansehen und die antiken Räume – u. a. ein rituelles Bad – erkunden, die unter dem Zentrum entdeckt und freigelegt wurden.

Sehenswertes

GAN HAMETSUDA (CITADEL PARK)
Der Gan Hametsuda ist der Park und Aussichtspunkt auf dem Safed-Berg, wo immer eine frische Brise weht. Die Festung aus der Zeit der Kreuzritter, die hier einst stand, galt lange als die größte im gesamten Nahen Osten. Der Bau wurde vom Bischof von Marseille finanziert – nach heutigem Kurs brachte er 40 Mio. US$ auf. Dort, wo früher die Außenmauer stand, verläuft heute die Jerusalem St – allerdings stehen nur noch Überreste der inneren Mauern, und zwar in der Hativat Yiftah Rd. Vor Kurzem wurde ein archäologischer Park eröffnet, in dem Ausgegrabenes aus dieser Zeit zu besichtigen ist.

JERUSALEM ST & MA'ALOT OLEI HAGARDOM ST
An der Jerusalem St, wenige Meter südlich des Rathauses, steht das **Davidka-Denkmal**, in das

ein Exemplar des primitiven und wenig verlässlichen Davidka-Minenwerfers integriert wurde, der 1948 erfolgreich benutzt worden sein soll. Seine Handhabung war recht riskant und er richtete keine große Zerstörung an. Er soll jedoch einen derartigen Lärm veranstaltet haben, dass sich die Araber zu Tode erschreckten.

Gegenüber befindet sich das **ehemalige britische Polizeirevier**. Es ist mit Einschusslöchern übersät – ein Ergebnis des arabisch-jüdischen Gefechts im Mai 1948.

Gleich südlich des Polizeireviers auf der anderen Straßenseite befindet sich der Treppenaufgang Ma'alot Olei Hagardom. Er wurde 1929 von den Briten als Grenze angelegt, um die arabische Gemeinschaft (die nun hauptsächlich im Künstlerviertel lebt) und die jüdische Gemeinschaft (im Synagogenviertel) zu trennen. Die Tarpat St kreuzt die Ma'alot Olei Hagardom St in der Mitte; hier spielten sich die Auseinandersetzungen hauptsächlich ab. Bemerkenswert sind die Ruinen der jüdischen Häuser aus dem 16. Jh., die mit Steinen aus der Kreuzrittermauer oben am Berg errichtet wurden.

Wirft man von der Ma'alot Olei HaGardom St aus einen Blick zurück auf die Jerusalem St, erspäht man unweigerlich einen Scheinwerfer auf dem Dach des obersten Hauses: ein Überbleibsel einer einstigen Feuerstellung der Briten.

SYNAGOGENVIERTEL
Das Synagogenviertel, der traditionell jüdische Stadtteil, entstand um den heute Kikar Hamaginim (Platz der Verteidiger) – oder einfach Hakikar (Platz) – genannten Platz herum, den man erreicht, indem man die Treppen gleich nördlich des Rathauses hinuntersteigt. Der Name beruht auf der Tatsache, dass das Gebäude, in dem sich heute die Tiferet-Galerie befindet, während des Krieges 1948 das Hauptquartier der Hagana war.

Alle großen kabbalistischen Synagogen Safeds liegen nur wenige Gehminuten vom Platz entfernt. Sie sind für Besucher allgemein ganztägig zugänglich und der Eintritt ist frei; um Spenden wird jedoch gebeten. Die Kleidung sollte angemessen sein (also keine Shorts, keine nackten Schultern); Kippas werden zur Verfügung gestellt. Im Synagogenviertel darf in der Regel fotografiert werden, nur während des Sabbats nicht. Für alle, die nur wenig Zeit haben, empfiehlt sich ein Besuch der Synagogen Ha'ari (der Aschkenasim) und Joseph Caro.

Ha'ari-Synagoge der Aschkenasim

Gleich rechts unterhalb des Kikar Hamaginim steht eine der beiden Synagogen, die dem Ari gewidmet sind, einer der ersten großen Persönlichkeiten der jüdischen Mystik (weitere Informationen zum mystischen Judentum gibt's auf S. 32). Obwohl sein richtiger Name Isaak Luria lautete, war der Mystiker als Ari (hebräisch für „Löwe") bekannt: ein Akronym für die Worte Adoneinu Rabbeinu Yitzhak – „Unser Meister Rabbi Isaak".

Rabbi Isaak wurde 1534 in Jerusalem geboren. Später zog er nach Kairo, wo er sich schnell mit den konventionellen Lehren des Judentums vertraut machte und sich bald dem Studium des Zohar (Buch des Glanzes; ein wichtiges, auf der Kabbala basierendes Werk, das kürzlich erstmals gedruckt wurde) hingab. Zudem nahm er den Lebensstil eines Einsiedlers an. Sieben Jahre brachte er abgeschottet in einem abgelegenen Häuschen am Nil zu und widmete sich gänzlich der Meditation. 1569, nachdem er sich etwa zwölf Jahre gebildet hatte, brachte er seine Familie nach Safed. Hier hatte er trotz seines jugendlichen Alters einen starken Einfluss auf die Gemeinschaft. Dieser Einfluss prägte das gesamte Judentum und hält bis zum heutigen Tag an. Viele Bräuche, die noch heute zelebriert werden, z. B. der Kabbalat Shabbat und das Fest Tu B'Shevat (Neujahr der Bäume), wurden von Ari eingeführt. Er lehrte eine ausgewählte Gruppe von Rabbis die Thora, bis er 1572 an der Pest starb.

Die Synagoge Ha'ari Ashkenazi wurde nach seinem Tod am Waldrand errichtet (und befand sich somit damals außerhalb der Stadt), wo sich die weiß gekleideten Kabbalisten freitagnachmittags versammelten, um dem Sonnenuntergang zugewandt den Sabbat zu beginnen. Das ursprüngliche Bauwerk wurde 1852 durch ein Erdbeben zerstört.

Der Thoraschrein aus Olivenholz wurde im 19. Jh. geschnitzt, seine Fertigstellung nahm zehn Jahre in Anspruch. Im bimah (dem zentralen Podium) ist auf der der Tür zugewandten Seite ein Schrapnellloch zu sehen. Es stammt von einem Angriff der Araber bei der Belagerung 1948. Die Synagoge war damals voller Gläubiger, die jedoch allesamt in gebeugter Haltung beteten, sodass das Geschoss über ihre Köpfe hinweg flog – in dem Loch stecken heute Botschaften an Gott.

In einem kleinen Raum im hinteren Teil der Synagoge steht ein Stuhl, der etwa zur gleichen Zeit angefertigt wurde wie der Schrein. Er wird Kise Eliyahu (Elijas Stuhl) genannt und während der Beschneidungszeremonie verwendet. Der Legende zufolge wird jedem jüdischen Paar, das hier sitzt, innerhalb eines Jahres ein Sohn beschert.

Caro-Synagoge

Rabbi Joseph Caro war ein weiterer einflussreicher Kabbalist. Er wurde 1488 in Spanien geboren und zog nach der Vertreibung der Juden im Jahre 1492 in den Balkan. 1535 gelangte er nach Safed. Später wurde er hier zwar Großrabbiner, berühmt wurde er jedoch für seine wichtigen Schriftstücke, darunter das Beit Yosef: eine Erfassung der jüdischen Gesetze und Bräuche, an der er 32 Jahre lang geschrieben hatte. Eine gekürzte Version des Buches ist das Schulchan Aruch (gedeckter Tisch), das heutzutage als Orientierung für ein orthodox-jüdisches Leben gilt. Die Lehren des Rabbis Caro und dessen Interpretation der jüdischen Gesetze sind so prägend, dass die Rabbis von heute sich noch immer an seine Schriften halten.

Die Synagoge wurde von dem Erdbeben 1837 zerstört und um 1874 wieder aufgebaut. Sie befindet sich über dem Jeschiwa (der Thoraschule) des Rabbis Caro. In dem Schrein werden drei alte Thorarollen verwahrt: Die rechte ist aus Persien und etwa 200 Jahre alt, die in der Mitte stammt aus dem Irak und ist ca. 300 Jahre alt und die linke ist aus Spanien und hat über 500 Jahre auf dem Buckel.

Abouav-Synagoge

Die Synagoge, deren Gestaltung auf der Kabbala basiert, soll in den 1490er-Jahren von Anhängern des Rabbi Isaak Abouav errichtet worden sein. Die vier zentralen Säulen stellen die vier Elemente dar, aus denen laut den Kabbalisten die gesamte Schöpfung entstand. Die zehn in die Kuppel integrierten Fenster zeigen die Gebote. Es gibt Abbildungen der zwölf Stämme Israels, die die Einheit der Juden zeigen sollen, sowie Abbildungen der Musikinstrumente, die im Tempel gespielt werden, des Granatapfelbaumes (dessen Frucht der Überlieferung zufolge 613 Kerne hat – genauso viele Gebote werden in der Thora aufgeführt) und des Felsendoms – eine Erinnerung an die Zerstörung des Tempels. Der silberne Kronleuchter gegenüber dem zentralen Schrein ist ein Denkmal für die Opfer des Holocaust.

Ba'na-Synagoge

Die Synagoge wurde nach Rabbi Yossi Ba'na (Erbauer) benannt und ist auch als der Schrein des Weißen Heiligen bekannt – auf hebräisch Hatsadik Halavan. Dies basiert auf einer Legende, die von einer Zeit erzählt, als ein türkischer Herrscher Safeds den Juden am Tag vor Yom Kippur verbot, für die Zeremonie *kaparot* weiße Hühner zum Schlachten zu kaufen. Die gepeinigten Juden beteten am Grab des Rabbi Ba'na um eine Lösung des Problems und prompt trugen alle ihre dunklen Hühner ein schneeweißes Gefieder.

Etwas ungewöhnlich ist, dass Rabbi Ba'na im Hof der Synagoge begraben liegt, zur rechten Seite des Eingangs.

Die Synagoge kann normalerweise besichtigt werden, außer am Nachmittag, wenn hier Kinder unterrichtet werden.

Ha'ari-Synagoge der Sephardim

An den unteren Hängen der Altstadt, gleich oberhalb der Friedhöfe, wurde diese Synagoge gebaut – an dem Ort, an dem Ari betete. In dem kleinen Raum hinten auf der linken Seite soll er mit dem Propheten Elija zusammen die mystische Texte studiert haben.

Im Krieg 1948 befand sich die Synagoge inmitten eines damals arabischen Viertels und wurde zum Militärposten umfunktioniert. Am Fenster über dem Schrein wurde sogar eine Maschinenpistole installiert.

Hameiri-Haus

Das überaus interessante **Hameiri-Museum** (☎ 697 1307; Eintritt 14 NIS; ☽ So–Do 9–14 & Fr 9–13 Uhr) wurde von Yehzkel Hameiri, einem Bürger Safeds der fünften Generation, ins Leben gerufen. Es erläutert die Geschichte und die Probleme der jüdischen Gemeinschaft Safeds der letzten 200 Jahre. Jedes Stockwerk ist einem anderen Aspekt des Lebens der Gemeinschaft gewidmet, der anhand von Artefakten wie alten Büchern, Kleidungsstücken und Möbeln veranschaulicht wird. Außerdem kann man sich Interviews mit älteren Bürgern anhören.

FRIEDHÖFE

Ein Spaziergang über den antiken Friedhof von Safed ist zu jeder Tageszeit eine berückende Erfahrung. Besonders mystisch erscheint er jedoch am frühen Abend, wenn er vom Leuchten der *yahrzeit*-Kerzen (diese werden am Todestag eines Menschen angezündet) erhellt ist. Oft hört man dann auch Gebete und Psalmklänge durch die Luft schallen.

Sowohl der alte Friedhof als auch die neuen Anlagen befinden sich unterhalb des Synagogenviertels an den westlichen Hängen des Safed-Berges. Das kleine Gebäude zur Linken des Pfads, der von der sephardischen Ha'ari-Synagoge hinabführt, ist die **Mikwe** (das Ritualbad) des Ari. Viele Juden schreiben dem Bad außergewöhnliche Reinigungskräfte zu. Es ist rund um die Uhr geöffnet. Oft hört man das Kreischen ganzer Gruppen religiöser Männer (und weniger mutiger Frauen), die dort ein eiskaltes, nächtliches Bad nehmen.

Auf dem alten Friedhof liegen viele berühmte Kabbalisten begraben, die glaubten, dass die reine Luft in Safed für die Seelen der hier Vergrabenen ein Segen sei und dass sie in dieser direkt ins Paradies flögen. Viele der Gräber sind zwar zerfallen, doch die der auch nur ansatzweise berühmten Menschen wurden weiß oder hellblau angemalt.

Gleich neben dem Ari wurde Rabbi Schlomo Alkabez beigesetzt: Er ist ebenfalls einer der großen Mystiker Safeds und zudem der Dichter, der für die Komposition der Hymne *L'cha Dodi*, die an jedem Sabbat gesungen wird, bekannt wurde. Rabbi Caro liegt auch hier, nur ein Stück weiter den Pfad entlang.

Das kuppelförmige Grab wurde von den Karäern aus Damaskus errichtet, die glaubten, es enthalte den Leichnam des biblischen Propheten Hosea. Einer Legende zufolge sollen auf diesem Hügel auch Hanna und ihre sieben Söhne begraben liegen, die am Abend der makkabäischen Revolte von den Griechen gemartert wurden. Die Erschöpfung, die einen beim Erklimmen des Hügels überkommt, soll von der Überquerung ihrer Gräber herrühren.

Auf den neu angelegten Friedhöfen liegen Opfer der Belagerung von 1948 und sieben der acht Mitglieder der Irgun und Lechi, die von den Briten im Gefängnis Akko Citadel gehenkt wurden. Der achte wurde in Rosh Pinna beigesetzt, wo er auch lebte.

Im unteren Bereich des Friedhofs befinden sich die Gräber der Opfer mehrerer Terroranschläge im Norden.

KÜNSTLERVIERTEL

Der Teil der Altstadt südlich der Ma'alot-Olei-Hagardom-Treppe war einst das arabische

Viertel. Nach dem Krieg 1948 fassten hier jedoch die Künstler Fuß – ein wahrer Segen zu einer Zeit, zu der es in Israel noch keine von der Öffentlichkeit finanzierten Kunstgalerien gab. Der Staat stellte jedem Künstler, der sich bereit erklärte, 180 Tage im Jahr in Safed zu leben, kostenlos ein Haus und eine Galerie zur Verfügung.

In den 1950er- und 1960er-Jahren eröffneten einige der berühmtesten Künstler des Landes, darunter Yitzhak Frenkel und Moshe Castel, Ateliers in der Stadt und stellten ihre Werke aus. Inspirieren ließen sie sich von der atemberaubenden Landschaft und den mystischen Traditionen. Kunstliebhaber flüchteten aus dem heißen Tel Aviv, um ihren Sommerurlaub in den neuen Gästehäusern zu verbringen.

Es gibt immer noch viele Künstler in dem Viertel; der Großteil von ihnen scheint sich aber leider auf Wochenendmalerei zu beschränken. Die **Ausstellung** (☎ 692 0087; ⏰ So–Do 10–18, Fr & Sa bis 14 Uhr) kann in einer Moschee mit einer weißen Kuppel aus der Zeit der Osmanen etwas südwestlich der Ma'alot Olei Hagardom St besichtigt werden. Sie zeigt eine Auswahl von repräsentativen Werken. Die aufregenderen Objekte sind in der **New Immigrants Artists Exhibition** ausgestellt. Sticht einem ein Werk ins Auge, kann man sich nach der Adresse des Künstlers erkundigen und sich dort noch mehr ansehen. Die meisten Galerien und Ateliers im Viertel sind für Besucher zugänglich. Die Künstler erzählen gern von ihrer Arbeit und verkaufen dabei gerne auch gleich eines ihrer Werke.

Safed macht sich gerade einen Namen in der von der Kabbala inspirierten Konzeptkunst. Verschiedene Künstler haben ihre eigene Methode entwickelt, kabbalistische Themen in verschiedene extrem detailverliebte grafische Formen und Farben umzusetzen. Sehenswert sind auf jeden Fall die faszinierenden Arbeiten von **Abraham Löwenthal** (Tzfat Gallery of Mystical Art; ☎ 692 3051; www.kabbalahart.com; 22 Tet Vav St.) und **David Friedman** (☎ 697 2702; www.kosmic-kabbalah.com; 38 Bar Yochai St.). Beide Künstler geben interessiert guckenden Spaziergängern gerne eine kurze Einführung in die Kabbala.

Bei der Malerin und Glasbläserin **Sheva Chaya Shaiman** (☎ 699 9687; www.shevachaya.com; 7 Tet Vav St.) kann man außer der hübschen Galerie auch noch einen antiken Brunnen bestaunen, und der Töpfer **Daniel Flatauer** (☎ 697 4970; www.haaripottery.blogspot.com; 63 Yud Alef) fertigt wunder-

schönes Judaica-Steinzeug und Porzellan an. Wer zeitgenössischen Schmuck sucht, wird bei **Burde Silversmiths** (☎ 054 626 9593; www.burde silversmiths.com; 2 Simtat Alsheic St) fündig. Dort stellt Josh Burde Ringe, Ketten und Armbänder mit hebräischen Buchstaben her.

Die traditionelle arabische Architektur und die verschlungenen Sträßchen machen den Zauber des Künstlerviertels aus. Als eines der wenigen Andenken erinnert die Rote Moschee aus dem 13. Jh. sehr offensichtlich an das islamische Erbe dieser Gegend. Sie wurde von Sultan Beibars errichtet, nachdem er die Kreuzfahrer aus Safed vertrieben hatte. Die Moschee ist zwar in keinem guten Zustand, der mameluckische Eingang ist aber grandios.

MUSEUM OF HUNGARIAN SPEAKING JEWRY

Die Sammlung verschiedener folkloristischer Ausstellungsstücke im Museum der ungarisch sprechenden Juden (☎ 692 3880; www.hungjewmus.org.il; Kikar Haazmaut; Eintritt 15 NIS; ⏰ So–Fr 9–13 Uhr) verdeutlicht die dynamische Geschichte der Juden, die vor dem Zweiten Weltkrieg in Ungarn, Transsilvanien, der Slowakei, in Karpatenrussland, der Batschka, dem Banat und dem Burgenland lebten. Die Gründer des Museums, langjährige Einwohner Safeds und Überlebende des Holocaust, sorgen mit Leidenschaft dafür, dass ihre vielfältige Vergangenheit nicht in Vergessenheit gerät, und fahren oft nach Osteuropa, um interessante Ausstellungsstücke für das Museum zu sammeln – von Kinderbüchern bis hin zu religiösen Antiquitäten. Für Reisende mit ungarischer Verwandtschaft könnten die großen Archive interessant sein, die zum Nachforschen einladen.

KÄSEREIEN

Safed ist berühmt für seinen Käse. Den probiert man am besten direkt bei den Käsereien vor Ort. In der 100 Jahre alten **Kadosh-Käserei** (☎ 692 0326; 34 Yud Alef St; ⏰ Sa–Do 8.30–17, Fr 8–15 Uhr) kann man sich wunderbar durchs Sortiment futtern, bei **Hameiri** (☎ 692 1431; ⏰ So–Do 8–15, Fr bis 13.30 Uhr), der seit 1840 bestehenden Käserei, gibt's leckeren bulgarischen Käse.

Aktivitäten

Das **Tzfat Centre for Healthy Living** (☎ 692 3535; 78 Tet Vav St) bietet interessante Kurse und einmalige Seminare in wirklich Allem an, vom Korbflechten über chinesische Medizin bis

hin zur Permakultur für den eigenen Dachgarten. Es gibt auch ein Studio, in dem regelmäßig Tai-Chi- und Yogastunden (30/35 NIS)
stattfinden.

Kurse

Ascent Institute of Safed (☎ 692 1364; www.ascent
ofsafed.com; 2 Ha'ari St) In diesem bekannten Zentrum
können Traveller bis zu dreimal täglich Unterricht zu den
Lehren der Thora, der Kabbala und zur jüdischen Mystik
nehmen. Anmelden muss man sich nicht.

Bar-El Hospitality (☎ 692 3661; www.bar-el.com;
23 Yod Zayin St) Mordechai Zeller hält in dieser wunderschönen Werkstatt, genannt „der Schoß", wöchentlich
Unterricht über die Thora und die Kabbala ab.

International Centre for Tzfat Kabbalah (☎ 682
1771; www.tzfat-kabbalah.org; 18 Alkabetz St) Ein
Kabbala-Zentrum, das Touren und Seminare auf Englisch,
Spanisch, Französisch und Deutsch anbietet. Einfach
vorbeikommen!

Für alle, die länger bleiben möchten, stehen
auch drei englischsprachige Jeschiwot zur
Verfügung, die Schüler mit jedem erdenklichen jüdischen Hintergrund willkommen
heißen. Mehr Informationen gibt es unter
http://safed.co.il im Abschnitt „Learning
Centres". Zum Thema Religion in Safed: Sie
ist zwar auch von der Fröhlichkeit Israel ben
Eliesers geprägt, aber trotzdem eine ernste
Angelegenheit. Intelligente Fragen werden
toleriert, aber Religionskritik ist hier nicht
erwünscht. Die Zentren sind keine Asch-
rams – erwartet werden strikte Lerndisziplin
und das Einhalten der Regeln.

Geführte Touren

Man kann Safed prima auf eigene Faust erkunden, aber es ist auch eine Stadt voller
Geschichten und Geheimnisse. Um möglichst
viel aus einem Besuch herauszuholen, empfehlen wir einen wirklich erhellenden Stadtspaziergang mit Mordechai Zeller. Er ist Inhaber von **Path of the Heart Tours** (☎ 682 6489, 050
537 1332; mordechaizeller@gmail.com; geführte Touren
200 NIS/Std.). Mordechai ist nicht nur ein unglaublich guter Geschichtenerzähler, er ist
zudem ein junger Rabbi mit viel Hintergrund-
wissen zu jüdischer Folklore und Philosophie,
der noch ausgebildet wird. Er hält die Schlüssel (wörtlich im und übertragenen Sinn) zu
den vielen Geheimnissen Safeds in den
Händen und arbeitet mit den anderen Frem-
denführern der Stadt zusammen, um Safed
für Besucher zum Leben zu erwecken.

Aviva Minoff (☎ 692 0901, 050 540 9187; minoff@
netvision.net.il) wird ebenfalls empfohlen. Sie
passt ihre Touren an Kundeninteressen wie
Judentum, Archäologie oder Mystik an.

Das **Ascent Institute of Safed** (☎ 692 1364; www.
ascentofsafed.com; Erw./Kind 20/15 NIS; ☺ Sommer So–Mo,
Mi & Fr 11 Uhr, restliches Jahr Fr 10.30 Uhr) bietet geführte Spaziergänge (für Gäste des Instituts kostenlos) zu den Synagogen in der Altstadt und
zum Friedhof an.

Ansonsten schnappt man sich ein Exemplar von Yisrael Shalems *Safed: Six Guided
Tours in and Around the Mystical City*, erhältlich in Eliezer's House of Books (S. 295).

Festivals & Events

Jeden Sommer (Juli od. Aug.) findet in Safed
das **Klezmer Dance Festival** (S. 434) statt. Dann
erwachen die Plätze und Gassen der Altstadt
zu den wunderschönen Klängen dieser osteu-
ropäisch-jüdischen Soulmusik zum Leben.
Das Musikspektakel kostet keinen Eintritt,
beginnt jeden Abend um 20 Uhr und dauert
bis zum Morgengrauen. Zu dieser Zeit sind
die Unterkünfte rappelvoll, man sollte also im
Voraus buchen.

Schlafen

BUDGETUNTERKÜNFTE

Ascent Institute of Safed (☎ 692 1364; www.ascentof
safed.com; 2 Ha'ari St; Sommer B/DZ inkl. Frühstück 60/180 NIS,
freitags B/DZ inkl. Frühstück & Abendessen 200/550 NIS) Für
Juden, die gerne mehr über jüdische Mystik,
Gesetze oder Philosophie lernen möchten,
kann ein Aufenthalt im Ascent mit regelmäßig
stattfindenden Unterrichtsstunden (für jede
besuchte Stunde gibt es einen Rabatt von
10 NIS auf den Zimmerpreis, jedoch nicht am
Sabbat) eine inspirierende Erfahrung und
zudem ein guter Weg sein, neue Menschen
kennenzulernen. Zu der hübschen Hostelan-
lage gehören eine Bücherei und eine Dachterrasse – perfekt, um atemberaubende Sonnenuntergänge zu genießen. Es werden
Sabbatessen und Feste mit einheimischen
Familien, Wanderungen und Stadtführungen
organisiert. Wer nicht daran interessiert ist,
sich weiterzubilden, hat es schwer, dem en-
thusiastischen Personal aus dem Weg zu gehen. Das hat nämlich keinerlei Skrupel, einem
ein derart schlechtes Gewissen zu machen,
dass man direkt an einem Kurs über „Kabbala und Liebe" teilnimmt.

Safed Inn (☎ 697 1007; www.safedinn.com; Amuka; B/
DZ/Suite 100/300/400 NIS; ☒ ▯ ☎) Etwa 5 km von

der Altstadt entfernt am Stadtrand liegt ein beliebtes Hostel, das sowohl Schlafsäle als auch komfortablere Zimmer mit Kabel-TV und Whirlpool anzubieten hat. Traveller, die knapp bei Kasse sind, kommen jedoch auch nicht zu kurz: In den gepflegten Gärten gibt es eine Sauna und einen Freiluft-Whirlpool. Die Ruckensteins sind freundliche Gastgeber, die für ihr umfangreiches Wissen über die Gegend und das leckere Frühstück (25 NIS) gelobt werden. Fahrräder kann man für 40 NIS mieten. Ohne eigenes Auto kann es schwierig sein, hin zu kommen, außer man bittet im Voraus darum, abgeholt zu werden. Ansonsten nimmt man vom Busbahnhof im Norden aus den Stadtbus 3 Richtung Amuka. Allerdings fahren zwischen Freitag 14 Uhr und Sonntagmorgen keine Busse.

Simcha Layah (☎ 692 5258; simla@zahav.net.il; DZ inkl. Frühstück 300 NIS, Fr 350 NIS; ☒ ☐) Wer ein Bett im Schlafsaal von Simcha Layah in der Altstadt ergattert, hat eine tolle Chance, das echte Safed kennenzulernen – also unbedingt im Voraus buchen! Die Unterkunft befindet sich gleich neben dem hübschen zentralen Hof und beherbergt bis zu fünf Gäste. Die quirlige Simcha Layah ist eine super Wirtin, die ein Frühstück mit *shakshuka* (in Tomaten-Zwiebel-Sauce gekochte Eier) und *melawach* (jemenitisches Brot) zaubern kann, während sie die Kabbala diskutiert und Infos zur interessantesten Kunst der Stadt weitergibt.

MITTELKLASSEHOTELS

Carmel Hotel (☎ 692 0053; 8 Ha'ari St; EZ/DZ 75/100 US$) Der Besitzer Shlomo geht alles sehr locker an, sodass Traveller sich hier eher wie in einem großen Familienheim fühlen als wie in einem Hotel. Die Zimmer sind alle blitzsauber und haben einen Balkon. Einige Originaldetails des 85 Jahre alten Hauses sind noch intakt – z. B. die faszinierenden Mosaikböden.

Beit Yosef (☎ 692 2515; www.beityosef.co.il; josefgersht@bezeqint.net; DZ 550 NIS, weitere Pers. 100 NIS; ☒ ☎) Die sieben Suiten und das mit drei Schlafzimmern ausgestattete Häuschen sind in der ganzen Altstadt verstreut. Die gemütliche Einrichtung ist im Stil „französisches Landleben trifft nahöstlichen Boho-Schick" gehalten. Mit ihren Marmorböden, einer gut ausgestatteten Küchenzeile und einer effektivem Zentralheizung für die Wintermonate sind diese Unterkünfte ein viel besserer Deal als die Standardhotelzimmer und eignen sich besonders gut für Familien. Zahlt man pro Person 50 NIS mehr, bekommt man zudem einen Gutschein für das Frühstücksbüfett im Hotel Ruth Rimonim.

SPITZENKLASSEHOTELS

Way Inn (☎ 692 3661; www.bar-el.com; 23 Yod Zayin St; DZ inkl. Frühstück 160 US$, weitere Pers. 30 US$; ☒ ☐) Erstmal muss man die lila Tür der Familie Bar-El in den Sträßchen des Künstlerviertels ausmachen. Dahinter verbirgt sich ein 150 Jahre altes, wunderschönes arabisches Haus mit Gewölbe, das von der lebhaften Ex-New-Yorkerin Genine und ihrem Mann Ronen, einem Koch, liebevoll restauriert wurde. In ihrem B&B wohnen fünf Gäste gemütlich in einer hübschen Suite, die von einem einheimischen Künstler gestaltet wurde. Unter den Rankgittern auf der mit Kissen übersäten Dachterrasse lässt es sich wunderbar relaxen. Die Bar-Els sind richtige Feinschmecker und ihre Frühstücksgerichte sind ein Gaumenschmaus. In ihrem Studio bieten sie auch verschiedenste Kurse an, von Kabbala bis Heilkunde.

Ruth Rimonim (☎ 692 0665; www.rimonim.com; Tet Zayin St; DZ inkl. Frühstück 180–250 US$; ☒ ☐ ☎) Befindet sich im Künstlerviertel in einem umgebauten Postamt aus der Zeit der Osmanen und war damit lange die stimmungsvollste Unterkunft in der Stadt. Obwohl die gemütlichen Gemeinschaftsräume mit den Steinwänden, der üppigen Einrichtung und den Hängepflanzen immer noch den ursprünglichen Charme verspringen – das gilt auch für die prachtvollen Gärten und den tollen Pool –, wirken die Zimmer leider altmodisch. Im Spa wird das ganze Programm von kosmetischen und entspannenden Behandlungen geboten.

Essen

Der atemberaubende Ausblick, der sich den Gästen in fast jedem Restaurant in Safed bietet, ist viel aufregender als das, was auf dem Teller landet.

Ronen bei Azamra (Alkabetz St; Hauptgerichte 20 NIS; ☒ So–Do 9–20, Fr bis 15 Uhr) Dieser kleine Imbiss hat keinen offiziellen Namen, also einfach nach Ronen fragen, der auch als Herr Lachuch bekannt ist. Er versorgt Hungrige nicht nur blitzschnell mit jemenitischen Köstlichkeiten, sondern auch mit einigen Legenden.

Canaan Gallery Cafe (☎ 697 4449; 47 Beit Yosef St; Hauptgerichte 30 NIS; ☒ So–Do 10–18.30, Fr bis 15 Uhr) Wer den Horden von Tagesausflüglern entkommen möchte, die die engen Gässchen des

Künstlerviertels stürmen, dem sei dieses Galeriecafé empfohlen – da möchte man am liebsten nie wieder gehen. Es ist eine Oase mit gigantischem Ausblick, beruhigender Musik und interessanter Kunst. Man merkt gleich, woraus die Inhaber – die Künstler Orna und Yair Moore – ihre Inspiration schöpfen. Kaffee und leichte Snacks wie Quiche oder Sandwiches werden den ganzen Tag über serviert.

Tree of Life Vegetarian Café (☎ 056 839 110; Hauptgerichte 40 NIS; ☽ So–Do mittags & abends, Sa mittags; Ⓥ) Nirgendwo sonst findet man so günstige und derart köstliche Gerichte, bei denen „gesund" geradezu auf den Tellerrand geschrieben steht, wie in diesem klitzekleinen Restaurant am Hamaginim-Platz. Ein super Tipp ist der Energie-Salat mit Teriyaki-Tofu! Wer Soja in Form von Bohnen vorzieht, ist mit Pizza, Burgern oder herzhaften Suppen gut bedient. Der Service ist klasse, die Portionen sind riesig und man kann von hier aus ganz wunderbar die Leute beobachten.

Maximilian (☎ 050 757 7474; Künstlerviertel; Hauptgerichte 44 NIS; ☽ So–Do morgens, mittags & abends, Fr morgens & mittags) Dieses Café-Restaurant befindet sich direkt neben dem Ausstellungsgelände und versucht sich in kulinarischem Abenteuertum. Auf der interessanten Speisekarte stehen z. B. frische Feigen gefüllt mit lokal hergestelltem Ziegenkäse an Beerensauce. Außerdem gibt es gute Pasta, Salate und frischgepresste Säfte, die draußen im sonnigen Hof serviert werden.

Gan Eden (☎ 697 2434; Berg Kanaan; Hauptgerichte 70 NIS; ☽ So–Do 12-0, Fr bis 17 Uhr) Die mediterrane Küche und die einladende Atmosphäre in dem malerischen Restaurant mit den Steinwänden, einem hübschen Garten und tollem Ausblick auf den Meron sind die Taxifahrt (20 NIS) zum Berg Kanaan allemal Wert. Das Gran Eden ist ein Familienbetrieb: Köchin Yael bekocht die Gäste und ihr Mann Raffi kümmert sich um den Service. Yael empfiehlt die Platte mit gebackenem Fisch (Fleisch oder Geflügel gibt es nicht). Wir finden aber, dass die Antipasti zum Reinsetzen sind. Außerdem sollte man auf jeden Fall einen Blick auf die Dessertkarte werfen. Es lohnt sich!

Jeden Mittwoch wird vor der Humani-Alush-Synagoge ein **Obst- und Gemüsemarkt** (Jabotinsky St; ☽ Winter Mi 6–16 Uhr, Sommer Mi bis 18 Uhr) aufgebaut und am östlichen Ende der Jerusalem St gibt es einen Supermarkt.

Leckeres Fast Food wandert bei **Trito Felafel** (☎ 692 1490; Jerusalem St; Hauptgerichte 15 NIS; ☽ So–Do 10–21, Fr bis 14 Uhr) oder der Kette **Schnitzelria** (☎ 692 2922; Jerusalem St; Hauptgerichte 20 NIS; ☽ So–Do 10–2, Fr 10–15, Sa 21–2 Uhr) über den Tresen. Mit dieser ersten, nüchtern gestalteten Filiale an der Brücke fing alles an – und zwar mit würzigen Schnitzelbaguettes und Salaten.

Unterhaltung
Wenn nicht gerade eine durchgeknallte chassidische *fabrangen* (Party) oder ein spätabendliches jüdisches Lernfestival stattfindet, geht man in Safed früh zu Bett.

Avraham's Tent (☎ 692 5714; Tet Zayin St) Sobald Musik ertönt, machen sich die Einheimischen auf zu dieser Boho-Lounge mit Luftschutzbunkerflair, indischen Plaids und Bambusholzmöbeln. Sie ist nur bei bestimmten Events geöffnet, also heißt es Ohren auf und nach Postern Ausschau halten!

Yigal Alon Cultural Centre (☎ 697 1990; Jerusalem St) Hier findet das ganze Jahr über das eine oder andere Konzert statt; im Winter gibt's regelmäßig klassische Musik.

Ascent Institute of Safed (☎ 692 1364; www.ascentofsafed.com; 2 Ha'ari St; Eintritt 10 NIS) Wo wir gerade bei durchgeknallten chassidischen *fabrangen* sind: Im Ascent steigt jeden Samstagabend eine Party mit Live-Musik und Tanz. Die Thora ist allerdings immer präsent.

Shoppen
Eliezer's House of Books (☎ 697 0329; 37 Jerusalem St; ☽ So–Do 9.30–14, Fr bis 13 Uhr) Hier gibt es viele Bücher rund ums Thema Thora – auf Englisch, Hebräisch, Französisch, Russisch und Spanisch. Keine Sorge, wenn der Zohar nicht in den Rucksack passt – es wird auch geliefert.

Safed Candles (☎ 692 3105; www.safedcandles.com; Najara St; ☽ So–Do 9–19, Fr bis 12.30 Uhr) Diese Läden gibt es heutzutage überall in Israel. Es ist aber trotzdem etwas Besonderes, der ursprünglichen Kerzengalerie mit all den tropfenden, lebendig-wirkenden Skulpturen aus Bienenwachs und den Hawdala-, Chanukka- und Sabbat-Kerzen einen Besuch abzustatten. Alle Kerzen stehen zum Verkauf. Der Laden liegt neben der Synagoge Ha'ari Ashkenazi.

An- & Weiterreise
Busse nach Haifa (Bus 361, 37 NIS, 2 Std.) fahren bis 20 Uhr (Fr bis 16.45 Uhr) stündlich, Busse nach Tiberias (20 NIS, 1 Std.) bis 19 Uhr (Fr bis 16 Uhr) stündlich und nach Tel Aviv (Bus 846, 55 NIS, 3 Std. 20 Min.) zweimal täglich, allerdings nur morgens.

RUND UM SAFED
Meronberg

Am Abend des **Lag B'Omer** tragen Zehntausende jüdischer Pilger in einer traditionsreichen Prozession antike Thorarollen durch die Stadt. Der Umzug beginnt in Safeds Synagogenviertel und endet 9 km nordwestlich am Meronberg. Dort liegt Rabbi Simon Bar Yochai begraben, der im 2. Jh. den Zohar, das Buch des Glanzes und das wichtigste Schriftstück der jüdischen Mystik, verfasste.

Es ist sehr beeindruckend, Zeuge der Intensität dieser Prozession zu werden: Die ganze Nacht über wird wie wild gebetet, gesungen und um Lagerfeuer herumgetanzt, denn man feiert den 33. Tag der sieben Wochen der Trauer (die mit dem Pessach beginnen und mit dem Schawuot enden) und Rabbi Simon, der an diesem Tag starb. Obendrein ist es Brauch, den dreijährigen Jungen an diesem Tag ihren ersten Haarschnitt zu verpassen (auf dem Meronberg) – das gibt noch mehr Grund zur Freude.

Vom **Grab des Rabbi Simon** führt auf der rechten Seite ein Pfad hinunter zu einer Höhle, in der Hillel der Ältere, ein berühmter jüdischer Gelehrter, der im 1. Jh. v. Chr. in Jerusalem lebte, zusammen mit seinen 30 Jüngern begraben liegen soll.

Auf dem Berggipfel, hinter den tiefen Schlucht bei den Gräbern des Rabbis Simon und seines Sohnes Ele'azar, befindet sich das Grab des Rabbi Schammai und der als **Thron des Messias** bekannte Felsen. Die Überlieferung besagt, dass der Messias am Tag seiner Ankunft auf diesem Felsen sitzen und dass Elija eine Trompete erklingen lassen wird, um das Ereignis zu verkünden.

LP Tipp Bikta Be Kadita (Hütte in Kadita; ☎ 04–692 1963; www.kadita.co.il; Hütte 575–1400 NIS; ✸) ist eine fabelhafte, künstlerisch geprägte Unterkunft hoch oben an einem Berghang, 3,5 km von der Meron-Kreuzung entfernt. Da sie so fernab vom Schuss liegt, ist sie ohne Auto nur schwer zu erreichen (man sollte sich vorher telefonisch den Weg beschreiben lassen). Es gibt sechs verschiedene Hütten mit Platz für zwei bis vier Gäste (eine besteht aus einem alten Bahnwaggon). Die Inhaber des Bikta Be Kadita sind unglaublich freundlich und bieten üppiges hausgemachtes Frühstück an. Zudem wimmelt es hier von Hunden, Katzen, Federvieh und ohrenbetäubend quakenden Fröschen. Ein Schmankerl ist der Wein vom eigenen Weinberg.

Moschaw Amirim

Dieser Zufluchtsort im Wald am unteren Bereich des Meronbergs ist für seine exzellente Bio-Küche, den hausgemachten Wein und die rustikalen Gästehäuser bekannt. Die etwa 150 Familien, die in Amirim wohnen, leben den Vegetarismus voller Leidenschaft. Die Gründer, die diese fleischfreie Gemeinschaft 1958 ins Leben riefen, waren Pioniere der Vegetarismusbewegung in Israel. Sie interessieren sich auch sehr für alternative Heilmethoden: An der Tafel am Dorfeingang kann man sich einen Überblick über die vielen Yogalehrer, Shiatsu-Praktiker, Naturheilkundler und Tarotkartenleser verschaffen, die hier arbeiten.

Bei einem Spaziergang durch das Dorf fühlt man sich wie in einem Märchen: Von Laternen beleuchtete Pfade führen zu zwischen den Bäumen versteckten kleinen Häuschen, die aus Lebkuchen sein könnten, und urgemütlichen Restaurants. Sogar das Schwimmbad des Moschaw liegt wie verzaubert in einer geheimnisvollen Schlucht. Im Sommer finden jeden Freitagnachmittag am Aussichtspunkt Mitzpe Kinneret, von dem aus man auf den See Genezareth blickt, kostenlose Konzerte statt. Das Dorf ist mit Kunstgalerien übersät und im Zentrum des Moschaw gibt es einen Skulpturenpark.

Amirim ist ein wunderschöner Ort, um zu sich selbst zu finden. Am Wochenende sollte man jedoch im Voraus buchen, da er bei den jungen Israelis ein beliebtes Ausflugsziel ist. Dann gilt normalerweise auch ein Mindestaufenthalt von zwei Nächten.

SCHLAFEN

At the Campbells' (☎ 04–698 9045; alitamirim@hotmail. com; DZ 450 NIS; ✸) Der britische Auswanderer Phillip Campbell betreibt eine Unterkunft nach dem Clearinghouse-System. Es gibt alle möglichen Übernachtungsmöglichkeiten, von Einzelzimmern bis zu niedlichen, kleinen rustikalen Cottages und eleganten Apartments. Phillip und seine Frau Alit bieten bei sich zu Hause auch zwei frisch renovierte Gästezimmer an – mit Balkon und idyllischer Aussicht.

Ohn-Bar Guesthouse (☎ 04–698 9803; http://amirim. com; DZ 495–950 NIS; ✸ ☎) Ohn ist Architekt, der sich für umweltfreundliches Gebäudedesign interessiert und der sein Zuhause mit dem Anwachsen seiner Familie fortwährend ausgebaut hat. Als die Familie nicht weiter wuchs, legte er die vielen Holzhütten an, die sich an einen Berghang schmiegen. Jede von ihnen ist ein bisschen anders, aber alle haben einen Balkon, von dem aus man den Sonnenuntergang genießen kann, einen Whirlpool und einen großen Plasmabildschirm mit Surroundsound – geradezu perfekt, um die über 1000 DVDs zu genießen, die an der Rezeption erhältlich sind. Zwischen den Obstbäumen laden Hängematten zum Entspannen ein. Einen Bio-Gemüsegarten gibt's auch.

Nof 10 (☎ 052 236 1011; www.nof10.com; DZ 900 NIS; ✷ � 📶) An der Aussicht, die sich von diesen beiden eher minimalistisch gestalteten Luxus-*zimmern* bietet, kommt wirklich keiner vorbei. In der Küche gibt es von einer Espressomaschine bis hin zu Wein und Popcorn wirklich alles, um das Home-Entertainment-System in vollen Zügen genießen zu können. Die unbeschreibliche Aussicht kann man wegen der Glaswände von überall in der Hütte bewundern – sogar vom Whirlpool aus.

ESSEN

In Amirim gehört zu jedem *zimmer* eine gut ausgestattete Küchenzeile, in der man die (vegetarischen) galiläischen Frischwaren zu leckeren Speisen verarbeiten kann. Außerdem scheint hier fast jede Familie von der hauseigenen Küche aus einen Takeaway-Service für Pizza/Curry/veganes Essen zu betreiben. Alle liefern auch gerne nach Hause. In den Gästehäusern hängen außerdem Listen der Restaurants aus, die Frühstückskörbe anbieten.

Lehem Bayit 77 (☎ 04-698 0984; ⏲ Do 8.30–21, Fr–So bis 19 Uhr) Diese winzige Bäckerei ist auf Vollkornbrote spezialisiert. Es gibt aber auch allerhand hausgemachte Leckereien, die man sich im Hof schmecken lassen kann. Donnerstags wird ab 17 Uhr draußen auf einem *tabun* (spezieller Ofen) traditionelles drusisches Pitabrot gebacken.

Rishikesh (☎ 052 578 4114; Mittagessen für 2 Pers. 80 NIS; ⏲ 15–22 Uhr) Koch Suno bereitet im Rishikesh delikate indische Gerichte zu, die man auch liefern lassen kann.

Stupp's (☎ 04-698 0946; Hauptgerichte 40–70 NIS; ⏲ So–Do 9–22, Fr bis 14.30 Uhr) Dieses koschere Milchprodukte-Restaurant (d. h. es gibt Milchprodukte und Fisch, aber kein Fleisch) in der Blockhütte am Ortseingang könnte auch „1001 Tofu" heißen, aber die Gerichte sind kreativ und appetitlich. Wer sich nicht entscheiden kann, sollte das *All in one*-Mittagsgericht probieren: pfannengerührter Tofu

im Veggieburger. Die Portionen sind riesig. Trotzdem: Unbedingt Platz für die fabelhaften Desserts lassen!

Dalia's Restaurant (☎ 04-698 9349; Frühstück 50 NIS, Brunch 65 NIS, Mittag- & Abendessen 100 NIS; ⏲ 8–21 Uhr) Die frühere Ernährungsberaterin Dalia bietet im ältesten Restaurant in Amirim herzhafte Menüs mit Suppen, gefülltem Gemüse, vegetarischen „Fleisch"-Bällchen und köstlichen Salaten an. Die sonnige Terrasse und die großen Glasfenster, durch die man einen tollen Ausblick über den See Genezareth hat, laden zu einem entspannten, ausgedehnten Mahl ein. Kinder unter zehn Jahren essen gratis.

AN- & WEITERREISE

Nach Amirim kommt man mit den Bussen 361 oder 501 von Haifa (28,50 NIS, 1¼ Std.) oder Safed (14,60 NIS, 20 Min.) aus, die stündlich fahren.

Mit dem Auto fährt man auf der Rte 85 (Akko–Amiad) bis zur Khanania-Kreuzung. Dann biegt man auf die Landstraße 886 nach Safed ein. Nach etwa 5 km geht es rechts ab nach Amirim.

Gisch

Dieses ruhige christlich-arabische Dorf liegt 4 km nördlich des Meronbergs und ist erwähnenswert, da der Großteil seiner Bewohner dem maronitischen Glauben anhängt und ursprünglich aus dem Libanon stammt. Im Altertum war Gisch eine wichtige Siedlung, bekannt unter dem Namen Gush Hala'av (Block aus Milch). Yohanan, einer der Anführer der jüdischen Revolte gegen die Römer im Jahr 66 n. Chr., hat hier seine Wurzeln. Außerdem war der Ort für sein Olivenöl bekannt.

Am Dorfrand befinden sich die Gräber von Shamai'a und Avtalion. Sie sind zwei berühmte jüdische Heilige, die zu Beginn des 1. Jhs. in Jerusalem lehrten. In einem kleinen Tal 2 km östlich des Dorfes können Wanderer inmitten wunderschöner Feigen- und Olivenhaine die Überbleibsel einer uralten Synagoge (3. od. 4. Jh.) erkunden.

In Gisch kann man prima zu Mittag essen. Das **Lee'ali Beirut** (☎ 04-698 9864; Jish–Sasa Rd; Hauptgerichte 50 NIS; ⏲ 10–22 Uhr) ist einen Besuch wert: Hinter der unscheinbaren Fassade wird authentische ländlich-libanesische Küche serviert. Es gibt Gerichte wie Auberginenpüree mit Hammelfleischklößen und Spinatsalat mit Joghurt und Knoblauch. Alkohol darf mitgebracht werden.

Außerdem gibt es da noch das **Jascala** (☎ 04–698 7762; Mo–Sa mittags & abends, So abends). Hier bekommt man eine erstklassige Auswahl von leckeren Salaten – wirklich empfehlenswert ist der *fattoush* (Brotsalat). Zu den Hauptgerichten gehören z. B. *shishbarak* (Klöße aus Lamm und Pilzen) und sagenhafte frittierte Teigwaren mit allerlei Füllungen.

Bar'am

Fast die gesamte Fassade der Synagoge aus dem 3. Jh. im **Nationalpark Bar'am** (☎ 04–698 9301; Erw./Kind 13/7 NIS; April–Sept. 8–17 Uhr, Okt.–März bis 16 Uhr) ist noch erhalten, wodurch sie ähnlich wie die Synagoge von Kapernaum (S. 280) ein Paradebeispiel unter den Synagogen in Israel und den Palästinischen Autonomiegebieten ist. Die antike Synagoge wurde aus wunderschön behauenen Steinen errichtet und besitzt herrliche Reliefs und ein imponierendes Haupttor. Die stattliche Größe des Bauwerks ist Beweis dafür, dass im 4. und 5. Jh. eine besonders wohlhabende jüdische Gemeinschaft in dieser Gegend lebte.

Im Nationalpark Bar'am stößt man auch auf die Ruinen des Maronitendorfes Biram und auf eine Kirche, die die kleine maronitische Gemeinde bis heute nutzt.

Bat Ya'ar

Dieser beliebte **Viehhof** (☎ 04–692 1788; www.bat yaar.co.il, hebräisch) mit echter Western-Atmosphäre liegt wunderschön im Birya-Wald, 5 km von Safed entfernt. Kinder amüsieren sich hier prächtig; sie können zwischen Kegeln unter freiem Himmel, einem Abenteuer-Seilgarten oder Ponyreiten wählen. Auch Touren mit dem Jeep oder Reitausflüge in den Wald lassen sich organisieren. Das Restaurant **Chavat Bat Ya'ar** (Hauptgerichte 90 NIS; 11–23 Uhr) bekommt für seine amerikanischen Steaks und Hamburger stets begeisterte Kritiken. Hierher kommt man nur mit dem Auto; von Safed aus fährt man Richtung Nordosten auf der Straße nach Amuka.

ROSH PINNA

☎ 04 / 2500 Ew.

Rosh Pinnas rustikaler Charme wurde schon früh von Urlaubern entdeckt, sodass der Ort heute wohl der teuerste, fortschrittlichste und luxuriöseste Ausgangspunkt für eine Erkundung Obergaliläas und der Golanhöhen ist. Rosh Pinna verfügt über ein breites Angebot von anspruchsvollen Unterkünften und Res-

taurants, die jeden Schekel wert sind. Im Galiläa-Einkaufszentrum am Stadteingang gibt es eine Filiale der Steimatzky-Buchläden, einen Geldautomaten der Bank Hapoalim und die **Rosh Pinna Tourism Association** (☎ 1 800 323 223, 04–680 1465; www.zhr.org.il, hebräisch; So–Do 8–16 Uhr).

Sehenswertes

Die ersten römischen Bewohner Rosh Pinnas ließen sich 1882 hier nieder. Sie errichteten Wohnhäuser zu beiden Seiten der Rishonim St und bauten so die allererste jüdische Siedlung in Galiläa auf. Die **Rosh Pinna Pioneer Restoration Site** (☎ 693 6603/6913; audiovisuelle Ausstellung 15 NIS; So–Do 8.30–17, Fr & Sa bis 13 Uhr) befindet sich am höchsten Punkt der Stadt; mit dem Auto folgt man der schmalen Hauptstraße Hahalutzim bergauf und biegt dann links in die steile Kopfsteinpflasterstraße zum oberen Parkplatz ab. Viel Besonderes kann man hier nicht unternehmen, man kann nur an den hübschen, wiederhergerichteten Steinhäusern vorbeispazieren oder die alte Synagoge besichtigen, die der Baron Edmond Rothschild errichtete. Er war ein Mitglied der französischen Bankerfamilie, die den Zionismus stark unterstützte. Außerdem kann man im **Shop Around the Corner** (☎ 693 0340; Di–Sa 10.30–18, So–Mo 10.30–15 Uhr) vorbeischauen: Das ist ein Kunstlädchen, in dem es auch verschiedene selbstgemachte Zimt- und Limoncelloliköre gibt, die einen aus den Socken hauen. Die kleine audiovisuelle Ausstellung neben dem Eingang der alten Post von Rosh Pinna bringt Besuchern die Gründung der Siedlung näher.

Schlafen

Hotel Mizpe Hayamim (☎ 699 4555, 1 800 555 666; www. mizpe-hayamim.com; EZ/DZ/Suite inkl. HP 298/351/466 NIS;) In diesem vornehmen Wellnesshotel, das in einen Garten mit 38 ha Fläche gebaut wurde und das volle Programm von Massagen und Schönheitsbehandlungen anbietet, können Traveller sich so richtig verwöhnen lassen. Im viel gepriesenen Restaurant Muscat werden hauptsächlich Bio-Lebensmittel vom eigenen Hof zubereitet – das Ergebnis ist extrem lecker. Zimmer sind nur mit Halb- oder Vollpension buchbar.

Villa Tehila (☎ 693 5336; www.villa-tehila.co.il; 10 Hahalutzim St; DZ inkl. Frühstück 580–625 NIS;) Es kann passieren, dass einem im Hof dieses fabelhaften B&B ein paar wohlbekannte israelische Gesichter begegnen. Die Gänge sind mit plätschernden Springbrunnen, glitzernden Lichtern und Käfigen mit Papageien und Kaninchen dekoriert. Im hinteren Bereich gibt es sogar einen kleinen Zoo. Die elf Zimmer sind allesamt erstklassig – den Gast erwarten Antiquitäten und feinste Stoffe. Im Speisesaal mit offener Küche und wunderschönem Ausblick auf die galiläische Landschaft wird ein himmlisches Frühstück serviert. Man sollte lange im Voraus buchen, da die Unterkunft fast ständig ausgebucht ist.

Pina Ba'Rosh (☎ 693 7028; 8 Hahalutzim St; www.pina barosh.com; DZ inkl. Frühstück 650–850 NIS; ☒) Die sieben kunstvoll dekorierten großen Zimmer wurden um einen restaurierten Hof herum angelegt, auf dem früher Vieh gehalten wurde. Sie bestechen mit gewölbten Decken, viel rustikalem Holz, Whirlpools und bloßen Ziegelsteinwänden. Frühstück gibt es bis 13 Uhr.

Auberge Shulamit (☎ 693 1485/1494; www.shulamit. co.il; David Ashub St; DZ inkl. Frühstück 850 NIS; ☒) Eine hübsche Unterkunft im Stil eines französischen Landhauses mit nur drei Gästezimmern und einer Suite mit Freiluft-Jacuzzi und atemberaubender Aussicht. Gäste kommen in den Genuss eines Preisnachlasses von 10 %, wenn sie in Shulamits hervorragendem Restaurant speisen. Das Frühstück ist wunderbar üppig.

Essen

LP Tipp **Ginat Hamitbah** (☎ 693 6263; 18 Hahalutzim St; ☒ Fr 7–15 Uhr) Wer an einem Freitag in Rosh Pinna unterwegs ist, muss unbedingt einen Zwischenstopp in dieser Bäckerei mit Café in Mark Rubins Bauernhaus einlegen. Der Küchentisch biegt sich geradezu unter dem Gebäck und den Platten mit selbstgemachtem Käse, die einem das Wasser im Mund zusammenlaufen lassen. Mark läuft drumherum, schäkert charmant mit den Gästen, schneidet frisches Roggenbrot auf und packt Zimtschnecken in kleine Tüten. Wer dort frühstücken oder zu Mittag essen möchte, kann es sich an den Tischen im Garten bequem machen.

Chocolata (☎ 686 0219; Rosh Pinna Pioneers Restoration Site; Hauptgerichte 25–60 NIS; ☒ mittags & abends) Das hübsche Chocolata liegt etwas versteckt neben der Synagoge und ist ideal für ein leichtes Mittagessen. Die eigentlichen Highlights sind jedoch die Schokoladensuppen nach Art des Hauses und die selbstgemachten Pralinen.

Amburger Bar – Macaroni and Grill (☎ 680 1592; Hagalil Centre; Hauptgerichte 50–90 NIS; ☒ mittags & abends) Niemand würde nach Rosh Pinna kommen, um in einem Einkaufszentrum zu speisen. Manche behaupten jedoch, die Burger hier seien so gut, dass man das fehlende Ambiente gerne in Kauf nähme. Feinschmecker

---

EIN GENUSS FÜR KENNER

So unwahrscheinlich es klingen mag – israelische Weine etablieren sich langsam auf dem internationalen Markt und viele davon stammen aus Obergaliläa und den Golanhöhen. Der durchlässige vulkanische Basaltboden, die kühle Brise und die Höhenlage eignen sich gut für den Weinanbau. Die vielen unterschiedlichen Mikroklimata ermöglichen den Anbau einer Vielzahl von Traubenarten, darunter Chardonnay, Sauvignon Blanc, Merlot und Cabernet Sauvignon.

Folglich entstanden viele familiengeführte Weingüter. Die meisten laden Besucher herzlich dazu ein, den einen oder anderen edlen Tropfen zu probieren oder zu kaufen. Das größte Gut, die **Winzerei Golan Heights** (☎ 04–696 8409/8435; www.golanwines.co.il; Katzrin Industrial Park; ☒ So–Do 8.30–17, Fr bis 13.30 Uhr), lädt ihre Gäste zu einer Kostprobe ihres berühmten Jordan-Weins ein. Dazu gibt es eine Führung durch die Keller und die Abfüllanlage; Voranmeldungen werden vorgezogen.

Ebenfalls oben im Norden liegt die **Pelter Winery** (☎ 052 866 6384; www.pelterwinery.co.il) in Ein Zivan. Die Brüder Nir und Tal Pelter beliefern einige der besten Restaurants in Israel.

Um Safed herum sind drei Kleinstkellereien einen Besuch wert (telefonische Anmeldung ist ein Muss): die **Winzerei Kadita** (☎ 04–692 1963; www.kadita.co.il), die **Winzerei Yekev Ben-Zimra** (☎ 04–698 0056) – bekannt für ihren Cabernet Sauvignon – und die **Winzerei Sifsaf** (☎ 054 646 5590) im Moschaw Safsufa.

Die **Maor Winery** (☎ 052 851 5079; www.maorwinery.com) in Ramot wird von dem herzlichen Weinproduzenten Danny Maor geführt.

Ein Besuch des eleganten und sehr bekannten **Chateau Golan** (☎ 04–660 0026; www.chateaugolan. com) am Moschaw Eliad rundet einen beschwipsten Nachmittag perfekt ab. Für eine Kostprobe von der exzellenten, umfassenden Weinkarte mit Merlots, Syrahs und einer Vielzahl köstlicher Kreuzungen muss man sich anmelden.

OBERGALILÄA & DER GOLAN

laben sich an delikaten Calamares oder den Krabben, eingelegt in Weißwein, Knoblauch und Ingwer.

Babayit shel Rafa (Rafas Haus; ☎ 693 6192; Beit Professor Mor, Rosh Pinna Pioneers Restoration Site; Hauptgerichte 50–100 NIS; ◷ 12.30–23.30 Uhr) In einem wunderschönen, alten Steinhaus werden traditionelle argentinische Gerichte auf innovativ-kreative Art zubereitet. Lecker sind die köstliche Chorizo *asado* (gegrillte Chorizowurst) und die *empanadas* (würzig gefüllte Teigtaschen) zu Rotwein aus der Region.

Shiri Bistro and Wine Bar (☎ 693 7028; Pina Ba'Rosh, 8 Hahalutzim St; Hauptgerichte 60–90 NIS; ◷ 8.30–1 Uhr) Die Aussicht von diesem Bistro mit Bar wird sogar noch besser, wenn man sich einmal durch die große Auswahl von israelischen Weinen gekostet hat, die hauptsächlich offen erhältlich ist. Je nach Saison kann man entweder auf der luftigen Terrasse oder an der schnuckeligen Bar sitzen und sich provenzialische Gerichte wie Parpadelle mit geräucherter Gänsebrust munden lassen.

Ausgehen

Blues Brothers Pub (☎ 693 7788, 050 651 6357; ◷ Fr & Sa & Sommer 21 Uhr–open end) Der Pub gehört den Inhabern der Villa Tehila und ist ein zauberhaftes Plätzchen, um einen Drink zu genießen. Er liegt versteckt hinter dem B&B, ist jedoch durch einen steinernen Gang damit verbunden. Der dazugehörige Garten ist wundervoll, das Personal freundlich und es finden oft Konzerte statt. Hungrige sollten sich über die Zwiebelsuppe hermachen – sie wird nach einem 150 Jahre alten Rezept zubereitet.

An- & Weiterreise

Zwischen Tel Aviv und Rosh Pinna fahren die Busse 841, 842 und 845, und zwar etwa zweimal stündlich (48 NIS, 3¼ Std.) in beide Richtungen. Aus Tiberias fahren mehrere Busse, u. a. die Linien 841, 963 und 63, halbstündlich (16 NIS, 45 Min.) in beide Richtungen.

RUND UM ROSH PINNA
Tell Hazor

Tell Hazor (☎ 04–693 7290; Erw./Kind 20/9 NIS; ◷ April–Sept. 8–17 Uhr, Okt.–März bis 16 Uhr) ist einer der biblischen Tells (die beiden anderen sind Megiddo, S. 247, und Beersheba, S. 368), die dem Weltkulturerbe der UNESCO zugerechnet werden, und war damals die Hauptstadt des kanaanitischen Galiläa und die größte

befestigte Stadt des Landes. Der Tell verfügt über ein ausgeklügeltes unterirdisches Wassersammelsystem, das unter König Ahab gebaut wurde, um die Bewohner der Siedlung während Belagerungen mit ausreichend Wasser zu versorgen. Im Eintrittspreis ist ein Ticket für das Hazor-Museum enthalten; dort lassen sich Artefakte der Stätte besichtigen. Der Tell Hazor befindet sich in der Nähe des Eingangs zum Kibbuz Ayelet Hashahar an der Rte 90 gleich nördlich von Rosh Pinna.

HULE-EBENE

Vor nur 60 Jahren war die Hule-Ebene noch ein riesiger, malariaverseuchter Sumpf, der sich zwischen den Golanhöhen und den libanesischen Bergen auf 6070 ha Fläche ausbreitete, und ein überlebenswichtiger Rastplatz für Zehntausende von Zugvögeln auf ihrer Reise zwischen Afrika und Europa.

Doch bald nach der Gründung des Staates Israel 1948 entschied die Regierung, die Sümpfe und Teiche trockenzulegen, um Platz für landwirtschaftlich nutzbare Flächen zu schaffen. Das Vorhaben wurde 1951 in Angriff genommen. Es dauerte nicht lange, bis Naturliebhaber und Wissenschaftler aus ganz Israel begannen, für die Erhaltung wenigstens eines Teils der ursprünglichen Landschaft zu kämpfen. 1953 gründeten sie die Society for the Protection of Nature in Israel (SPNI), die schlussendlich 324 ha des Sumpfgebietes retten konnte. Heute ist dies das **Naturschutzgebiet Hule** (☎ 04–693 7069; Eintritt Erw./Kind 20/9 NIS; ◷ So–Do 8–16, Fr bis 15 Uhr). Es liegt an der Rte 90 und war 1964 Israels erstes Schutzgebiet.

Die Vögel versammeln sich immer noch in dem Gebiet. Heute mischen sich über 200 Spezies kleiner Wasservögel fröhlich unter Kormorane, Reiher, Pelikane, Raubvögel, Störche und Kraniche. Wasserbüffel streifen durch bestimmte Gebiete des Naturschutzgebiets und tragen durch ihr Fressverhalten dazu bei, die offene Flur zu erhalten. Im Besucherzentrum gibt es informative Ausstellungen zu den Wildtieren. Der 1,5 km lange Hauptpfad, der durch deren sumpfigen Lebensraum führt (auch über eine schwimmende Sumpfbrücke), ist für Rollstuhlfahrer geeignet.

Liebhaber von Flora und Fauna werden auch das 4 km nördlich gelegene Vogelschutzgebiet **Agamon Hahula** (☎ 04–681 7137; www.agamon-hula.co.il; Eintritt 2 NIS; ◷ So–Do 9 Uhr–Sonnenuntergang, Fr & Sa ab 6.30 Uhr) spektakulär finden. Es gilt als eines der schönsten Fleckchen der Erde, um die Natur zu beobachten und zu fotografieren. Besucher können entweder Fahrräder (50 NIS/Pers.) oder Golfcarts (140 NIS/2 Pers.) mieten, um die 8 km um den künstlich angelegten Hule-See zurückzulegen. An Beobachtungsstationen rund um den See warten Führer mit Feldstechern, die Besucher auf die unterschiedlichen Vogelarten aufmerksam machen. Am besten ist ein Besuch am frühen Morgen, wenn die nachtaktiven Tiere noch wach sind und der Besucherandrang noch nicht so groß ist. Im November versammeln sich Tausende von Kranichen am See.

Nördlich der Hule-Ebene bietet der **Kibbuz Kfar Blum** (☎ 04–690 3388; www.kayaks.co.il) für 75 NIS pro Person eine ruhige 75-minütige Kajakfahrt auf dem Jordan an. Doch warum es nicht mal etwas schneller probieren? Diese Touren führen über ein paar kleine Stromschnellen. Man zahlt 109 NIS für zweieinhalb Stunden auf dem Fluss. Es gibt auch eine Kletterwand und Bogenschießmöglichkeiten. Fahrräder werden für 75 NIS vermietet.

Das **Hotel** (☎ 04–683 6611; Zi. 150–300 US$; 🏊 🛜 🄿) des Kibbuz verfügt über ein Spa mit türkischem Bad, Regenhöhle und finnischer Sauna.

In derselben Gegend liegt auch der **Kibbuz Neot Mordechai**, der 1942 eine Schuhfabrik eröffnete und nun international berühmt ist für seine Naot-Sandalen. Im **Naot-Outlet** (☎ 04–694 8133; www.tevanaot.co.il; Kibbuz Naot Mordechai; 🕑 So–Do 8–17, Fr 8–13, Sa 9.30–17 Uhr) findet man das eine oder andere Wahnsinnsschnäppchen.

Hin kommt man mit den Bussen 841 und 842 (10,60 NIS, 20 Min., 2-mal stündl.) zwischen Rosh Pinna und Qiryat Shemona, die auf der Rte 90 an der Abzweigung zum Naturschutzgebiet vorbeifahren, etwa 2,5 km vom Besucherzentrum entfernt. Einfach dem Busfahrer sagen, dass man hier aussteigen möchte und das letzte Stück zu Fuß gehen!

Nach Kfar Blum und Neot Mordechai biegt man an der Gome-Kreuzung der Rte 90, etwa 12 km nördlich der Abzweigung zum Naturschutzgebiet, rechts ab.

QIRYAT SHEMONA
☎ 04 / 22 100 Ew.

Dies ist eine der größten Städte in Obergaliläa. Der Name leitet sich vom hebräischen Namen „Stadt der Acht" ab, was sich auf acht jüdische Siedler bezieht, die 1920 im nahen Tell Hai getötet wurden. Unter ihnen war der Held des Zionismus Josef Trumpeldor. Heute ist Qiryat Shemona wohl vor allem dafür bekannt, Ziel von Raketenangriffen der palästinensischen Freiheitsorganisation (PLO) und der Hisbolla zu sein. Bei diesen wurden bereits mehrere Einwohner getötet.

Wer Fragen hat, wendet sich an das **Kiryat Shmona Tourist Information Centre** (☎ 681 7152; 70 Tel Hai Blvd; 🕑 So–Do 8–17, Fr bis 13 Uhr).

Einer der wenigen Gründe, einen Zwischenstopp in Qiryat Shemona einzulegen, ist die **Manara-Seilbahn** (☎ 690 4680; www.cliff.co.il, hebräisch; Kibbuz Manara; Eintritt werktags/Wochenende 49/59 NIS; 🕑 9.30–17 Uhr). Sie befindet sich 1 km westlich von Qiryat Shemona an der Rte 886/90 und befördert Besucher einen steilen Berghang hinauf zu einem Aussichtspunkt mit Panoramablick über die Hule-Ebene. Abenteurer können sich an der Kletterwand, im Abseilen und im Rodeln versuchen. Für die Kids gibt es oben einen Park mit Luftkissenrutschen. Außerdem stehen auch noch zwei einfache Wanderwege zur Verfügung (die Aktivitäten sind nicht im Eintrittspreis enthalten). Oben verläuft auch eine sehr beliebte Mountainbikestrecke; das Fahrrad darf ohne Aufpreis in der Seilbahn mitgenommen werden.

Schlafen & Essen
HI – Tel Hai Youth Hostel (☎ 694 0043; tel-hai@iyha.org.il; B/EZ/DZ inkl. Frühstück 110/256/358 NIS; 🏊 🄿) Dieses Paradies für Traveller mit kleinem Geldbeutel steht gut ausgeschildert zur Rechten der Rte. 90 nach Metulla. Es ist von viel Grün umgeben, sauber, geräumig und sehr hübsch und bietet einen tollen Blick über die Hule-Ebene und die Golanhöhen. Die Herberge verfügt über ein Café, kostenlosen Internetzugang in der Lobby, eine Sporthalle und einen Kinderspielplatz; in jedem Schlafsaal stehen sechs Betten. Im Sommer und am Wochenende sollte man im Voraus buchen.

Nechalim Gan (☎ 690 4875; Hatzafon Shopping Centre, Hurshat Tal Rd; Hauptgerichte 50–120 NIS; 🕑 So–Fr 12–17 & 18–23, Sa 12–23 Uhr) In der Stadt gibt es nicht viele gute Lokale – dieses ist eine Ausnahme und bietet großartiges Essen in angenehmer Atmosphäre an. Unter den raffinierteren Speisen finden sich köstliche Antipasti, Miesmuscheln in Weinsauce und saftige Steaks.

An- & Weiterreise
Qiryat Shemona ist einer der Hauptknotenpunkte für den Busverkehr im Norden. Die Busse fahren von hier aus zu einer ganzen

Reihe von Orten in Obergaliläa und auf den Golanhöhen. Die wichtigsten, die Linien 541, 841 und 963, fahren zwischen Qiryat Shemona und Tiberias und halten in Rosh Pinna und im Hula Valley (27 NIS, 1½ Std.).

TELL HAI

Im Industriepark Tell Hai präsentiert das **Open Museum of Photography** (☎ 695 0796; www.photo-mu. co.il, hebräisch; Erw./Kind 18/4 NIS; ☯ So–Do 8–16, Fr 10–14, Sa 10–17 Uhr) eine Reihe von Ausstellungen bekannter regionaler und internationaler Fotografen. Außerdem gibt es Aktivitäten speziell für die jüngsten Besucher.

Gleich nördlich von Qiryat Shemona, an der Rte 90, zeigt das **Tel Hai Courtyard Museum** (☎ 04–695 1333; Eintritt 16 NIS; ☯ So–Do 8–16, Fr 8–13, Sa 10–17 Uhr) eine audiovisuelle Ausstellung, die die Geschichte von Trumpeldors letztem Coup erzählt. Die Straße hinauf befindet sich der Militärfriedhof mit **Trumpeldors Grab**, das von einer riesigen Statue in Form des Löwen Judas gekrönt wird. Sie wurde von Abraham Melnikoff gemeißelt. Hinter dem Friedhof, am Eingang zum Kibbuz Kfar Giladi, befindet sich das Denkmal für die zwölf Reservisten, die im August 2006 starben. Dort liegt auch ein Stück der tödlichen Katjuscha-Rakete.

An- & Weiterreise

Die Busse 20 und 23 fahren die zehnminütige Tour nach Qiryat Shemona (4,90 NIS). Aber auch zu Fuß ist es nicht weit, falls die Busse nicht gleich kommen.

METULLA

☎ 04

Das malerische Metulla ist die nördlichste Siedlung in Israel und befindet sich direkt an der libanesischen Grenze. Wegen seiner Atmosphäre eines luxuriösen Bergdörfchens ist Metulla seit dem frühen 20. Jh. ein beliebter Ferienort. Damals warb es mit dem flotten Slogan „Kommen Sie nach Metulla – keine Malaria, dafür Erholung pur!". Berühmte Menschen wie der israelische Autor Bialik und der russische Pianist Grigori Sokolow haben hier schon Urlaub gemacht und sich unter den Nadelbäumen erholt.

Metulla wurde Ende des 19. Jhs. von der Familie Rothschild gegründet und lag nach dem Ersten Weltkrieg in einem von Franzosen kontrollierten Gebiet. Unter dem Druck der Zinoisten traten die Franzosen die Siedlung jedoch an die Briten ab. 1926 wurde zwischen Frankreich und England das *Good Neighbour*-Abkommen unterzeichnet, sodass Metullas Landwirte mit Transitpapieren ihre Felder auf der französisch-libanesischen Seite der Grenze bewirtschaften konnten. Nach dem Krieg von 1948 gerieten die Felder Metullas jedoch unter libanesische Herrschaft und werden seitdem nicht mehr landwirtschaftlich genutzt.

In den 1980er-Jahren wimmelte es in Metulla nur so von UN-Soldaten und Journalisten auf dem Weg zum Grenzübergang Good Fence zum Libanon. Er wurde 1967 geöffnet, was den libanesischen Hotelangestellten, die in Metulla arbeiteten, aber auch den Südlibanesen sehr gelegen kam, die sich in israelischen Krankenhäusern behandeln ließen. Als sich Israel jedoch 2000 aus dem Südlibanon zurückzog, wurde der Grenzübergang geschlossen.

Heute ist Metulla ein Wochenendziel für Israels Stadtbevölkerung. Die Preise für Unterkunft und Verpflegung spiegeln seine Beliebtheit wider. Die meisten Hotels und Restaurants drängen sich um die Hauptstraße Harishonim. Viele der Steingebäude hier erzählen von einer bedeutenden historischen Vergangenheit, die man an manchen Gebäuden auf englischen Infotafeln nachlesen kann.

Sehenswertes & Aktivitäten

Einer der aufregendsten Wanderwege in Galiläa, der **Ayoun-Wanderweg**, führt am 30 m hohen Wasserfall Tanur (hebräisch für „Kamin") vorbei: Der Strom fließt durch das Ayoun-Tal im Libanon, um dann im **Ayoun-Naturschutzgebiet** (☎ 695 1519; Erw./Kind 25/13 NIS; ☯ April–Sept. 8–17 Uhr, Okt.–März bis 16 Uhr) nahe dem Grenzzaun in die Tiefe zu stürzen. Zum Wasserfall führen zwei Wege: ein eineinhalbstündiger Spaziergang stromabwärts vom oberen Parkplatz oder ein 30-minütiger Rundgang vom unteren Parkplatz (der obere ist ab Metulla ausgeschildert, der untere befindet sich an der Rte 90 zwischen Km 476 und Km 477).

Das **Canada Centre** (☎ 695 0370/1; www.canada -centre.co.il; ☯ Mo–Sa 10–20, So nach Absprache) ist ein Sportkomplex mit Israels größter Eislaufbahn (Betrieb bis 18 Uhr). Es gibt auch ein großes Innenschwimmbecken mit Wasserrutschen, eine Schießanlage, Squash-Felder und eine zehnbahnige Bowlinghalle, Saunen und ein Fitnessstudio. Die meisten Hotels in Metulla bieten ihren Gästen Rabatt auf den Eintritt an.

An Metullas Hauptstraße gegenüber dem Beit-Shalom-Gästehaus findet am Wochenende ein **Bauernmarkt** (☎ 050 388 6603) statt. Auf einem ruhigen Gartengelände werden regionale Erzeugnisse, Keramik und Kunsthandwerk verkauft.

Schlafen

Beit Shalom (☎ 694 0767; www.beitshalom.co.il; 28 Harishonim St; Standard-/Luxussuite 600/1200 NIS; 🐕 🖴 🖵) Das Beit Shalom ist in zwei Steinhäusern aus dem späten 19. Jh. untergebracht. Die geräumigen, gut ausgestatteten Zimmer sind von Kirschgärten umgeben, inmitten welcher die Gäste ihre Mahlzeiten einnehmen können. Das Frühstück ist hier das Highlight des Tages: Elf verschiedene Käsesorten werden mit Brot und Marmelade serviert – alles hausgemacht –, und die Eier kommen von den eigenen Hühnern. Es gibt einen großen Freiluft-Whirlpool und auch Ganzkörpermassagen sind im Angebot (man braucht einen Termin).

Mool ha Beaufort (☎ 054 541 1413; www.mula-bo-4.co.il; 22 Hanarkis St; Zi inkl. Frühstück 800 NIS; 🐕) In diesem hübschen B&B gibt es drei ruhige Unterkünfte mit jeweils zwei Zimmern und einem tollen Ausblick auf das Beaufort, eine zerfallene Kreuzritterfestung auf der anderen Seite der Grenze im Libanon. Die freundlichen Inhaber sind eine sprudelnde Informationsquelle, wenn es um Wanderungen und Sehenswürdigkeiten in der Gegend geht.

Essen

Bat Ha'Eykar (Bauerntochter; ☎ 699 7177; 21 Harishonim St; Hauptgerichte 60 NIS; 🕑 10–23 Uhr) Dieses Restaurant befindet sich in einem alten Steingebäude und hat vorne eine große Terrasse – super, um die unkomplizierte ländliche Küche zu genießen. Die Pilze in Honig-Soja-Sauce sind sehr lecker, aber auch die vor Ort gefangene gegrillte Forelle ist empfehlenswert. An Sommerabenden spielen Jazzbands und es ist so lange geöffnet, bis der letzte Gast geht – perfekt für einen spätabendlichen Drink.

HaTachanah (☎ 694 0767; 1 Harishonim St; Hauptgerichte 60–160 NIS; 🕑 mittags & abends) Das Tachanah hält für dieses Restaurant im Ranch-Stil seine eigenen Rinder. Jeder kann sich sein Stück Fleisch selber aussuchen (es gibt ein Schaubild als Hilfestellung). Das angeblich leckerste Fleisch des Nordens wird in Form von Steaks, Burgern oder köstlichen Rippchen serviert und durch randvolle Bierkrüge und verschiedene Tapenaden ergänzt.

Beit Shalom (☎ 694 0767; 28 Harishonim St; Hauptgerichte 70–100 NIS; 🕑 9 Uhr–open end) Stimmungsvolle Leuchten und Wandteppiche sowie ein offenes Feuer verleihen diesem Restaurant trotz seiner Größe eine behagliche Atmosphäre. Die Gerichte werden mit Erzeugnissen von regionalen Höfen zubereitet. Es gibt z. B. Forelle aus dem Dan, die in Kräuter gehüllt im Holzofen gegart und mit Wildreis gereicht wird. Der berühmte Apfelkuchen rundet das Essen ab.

Ausgehen

Griffin Irish Pub (Harishonim St; 🕑 Mi–Sa 22 Uhr–open end) Dieser gemütliche Pub befindet sich in einem alten Gebäude auf halbem Weg die Harishonim St hinunter. Kein anderer Pub an der libanesischen Grenze serviert Bier, das einem echten Guiness so nahe kommt.

An- & Weiterreise

Wer es einfach haben will, braucht wirklich ein Auto. Ansonsten fährt aus Qiryat Shemona fünfmal täglich ein Bus nach Metulla (10,60 NIS, 15 Min.).

NATIONALPARK HORESHAT-TAL

Nordöstlich von Qiryat Shemona liegt an der Rte 99 der **Nationalpark Horeshat-Tal** (☎ 04–694 2440/2360; Erw./Kind 36/22 NIS; 🕑 April–Okt. 8–17 Uhr, Nov.–März bis 16 Uhr), dessen Name „Tauwald" bedeutet. Er ist besonders beliebt wegen seiner Freiluft-Wasserbecken, die sich auf natürliche Weise mit kühlem Wasser aus dem Fluss Dan füllen. An den Wochenenden wimmelt es hier nur so von Schwimmern. Der Park ist außerdem für die 240 massigen, uralten Eichen auf dem Taborberg bekannt, die einer Legende zufolge über Nacht in die Höhe geschossen waren, nachdem zehn Boten des Propheten Mohammed dort gerastet hatten.

Im Nationalpark Horeshat-Tal gibt es einen weitläufigen, grasbedeckten **Campingplatz** (☎ 04–694 2360; Campen pro Erw./Kind 55/40 NIS, Bungalow/Holzhütte 350/900 NIS), einen der schönsten in der ganzen Region. Außer großen Stellplätzen, Picknicktischen und Warmwasserduschen für Camper werden auch verschiedene andere Übernachtungsmöglichkeiten angeboten, z. B. Holzhütten für sieben Personen und 50 Bungalows (für je 4 Pers.). Am Fischteich kann man sein Angelglück versuchen und den Fang dann auf dem Grill zubereiten. Wer auf dem Campingplatz übernachtet, zahlt keinen Eintritt für den Park.

Wie der Park sind auch das Naturschutz-gebiet Tell Dan, der Banyas-Nationalpark und die Nimrodburg mit den öffentlichen Verkehrsmitteln nicht gut zu erreichen; das gilt besonders an Wochenenden. Bei Egged (S. 453) kann man sich nach den genauen Abfahrtszeiten und den Buslinien erkundigen.

DER GOLAN

Ein weiter Landstrich mit leicht welligen Wiesen, Weinterrassen und Blick über den See Genezareth – die Golanhöhen sind eine der schönsten Regionen des Landes. Sie sind durchsetzt mit Obstgärten, Rinderfarmen, Naturschutzgebieten und winzigen Dörfern und zudem der Lieblingsferienort der Israelis.

Das war aber nicht immer so. Die härtesten Schlachten in ganz Israel wurden in den stummen, windgepeitschten Weiten des Hochlands ausgetragen. Während des Sechstagekriegs 1967 besetzte Israel die damals syrischen Golanhöhen und 90 % der Bevölkerung flohen oder wurden verbannt. 1973 kam der Yom-Kippur-Krieg und mit ihm eine kurzzeitige Machtübernahme der syrischen Streitkräfte, die aber bis zu den heutigen Grenzen zurückgedrängt wurden. Im gesamten nördlichen Golan sieht man noch heute Zeugnisse dieser Konflikte: verlassene syrische Bunker und Überreste von Panzern inmitten von Herden grasenden Viehs. Zwischen der israelischen und der syrischen Grenze verläuft ein Stück Land, das vom Qunaitra-Aussichtspunkt sichtbar ist und UNDOF- *(UN Disengagement Observer Force)* oder Truppentflechtungszone genannt wird. Dieses neutrale, unbesetzte Gebiet wird von etwa 1000 UN-Truppen überwacht. Syrien beharrt darauf, dass sich kein Frieden einstellt, bevor dieser Landstreifen nicht wieder von ihm kontrolliert wird. Die Verhandlungen gestalten sich schwierig, weshalb es gut möglich ist, dass sich am Status quo viele Jahre lang nichts ändert.

NATURSCHUTZGEBIET TELL DAN

Das kleine **Naturschutzgebiet Tell Dan** (☎ 04–695 1579; Erw./Kind 25/13 NIS; ☻ April–Sept. 8–17 Uhr, Okt.–März bis 16 Uhr) mit einer Fläche von nur 48,5 ha nördlich der Rte 99 ist ein üppig bewaldetes Gebiet mit kleinen, sprudelnden Quellen, die den Dan speisen, der wiederum in den Jordan mündet. Im Park stößt man auf eine überraschend abwechslungsreiche Flora und Fauna,

z. B. auf das Gewöhnliche Stachelschwein. Außerdem finden sich hier die Überreste einer prachtvollen Stadt aus der Zeit der Bibelentstehung. Man hat ein Stück einer Steintafel aus dem 9. Jh. v. Chr. entdeckt, das den Sieg Hasaels, des Königs von Damaskus, über den israelischen König und den König des Hauses David darstellt. Dies ist ein bedeutender Fund, da es der allererste Hinweis auf das Haus Davids außerhalb der Bibel ist.

Im Naturschutzgebiet gibt es vier einfache Wanderwege; einer von ihnen ist teilweise auch für Rollstuhlfahrer zugänglich. Alle vier führen an einem seichten, natürlichen Plantschbecken vorbei. Die letzten Besucher werden eine Stunde, bevor der Park schließt, eingelassen.

In der Nähe des Eingangs zum Naturschutzgebiet Tell Dan befindet sich das **Beit Ussishkin** (☎ 04–694 1704; Eintritt 20 NIS; ☻ So–Do 8–16.30, Fr 8–15, Sa 9.30–16.30 Uhr), ein Archäologie- und Naturmuseum mit interessanten Ausstellungen über die Geschichte der Hule-Ebene.

Wer unter Weiden ein Mittagessen einnehmen möchte, ist im **Dag Al HaDan** (☎ 04–695 0225; www.dagaldan.co.il; Hauptgerichte 80–100 NIS; ☻ So–Do 12–23, Fr & Sa ab 8.30 Uhr) genau richtig. Das ist ein Fischrestaurant, dessen Tische direkt am Ufer des Dan platziert sind. Die Forelle kommt aus den Teichen direkt auf den Teller – gebacken, gebraten, gegrillt oder geräuchert. Das Restaurant mit Waldblick lädt am Wochenende auch zu einem leckeren Frühstück ein.

Es gibt sogar einen hübschen Campingbereich (45 NIS/Pers.) direkt am Flussufer; Kajaktrips (75 NIS/Pers.) werden ebenfalls angeboten. Das Dag al HaDan ist von der Rte 99 aus gut ausgeschildert.

BANYAS-NATIONALPARK

Abseits der Rte 99 liegt zweifellos einer der schönsten – und beliebtesten – Orte in ganz Israel: Die sprudelnden Quellen, Wasserfälle und Flüsse im **Banyas-Nationalpark** (☎ 04–695 0272; Erw./Kind 25/13 NIS; Kombiticket für Park & Nimrodburg 33/16 NIS; ☽ Sa–Do 8–17, Fr bis 16 Uhr) sind das ganze Jahr über einen Besuch wert. Ganz besonders zauberhaft sind sie aber am Frühlingsanfang nach der Schneeschmelze am Hermon.

Von der Straße aus gibt es zwei Parkeingänge: Einer ist als Banyas-Wasserfall ausgeschildert, der andere liegt 1 km weiter östlich auf der anderen Straßenseite. Der Banyas-Wasserfall ist 33 m hoch und ergießt sich donnernd in ein tiefes Becken. So verlockend es auch sein mag, baden ist hier nicht erlaubt. Vom zweiten Eingang aus führen mehrere Pfade zur gurgelnden Banyas-Quelle und zur beeindruckenden Ausgrabungsstätte eines Palastkomplexes, der von Herodes' Enkel, Agrippa II., errichtet wurde. Der Name „Banya" leitet sich von Pan ab, dem Gott der Natur, dem dieses Gebiet gewidmet war. Hinweise darauf gibt eine Höhleninschrift im Park.

Für alle Besucher mit Kombiticket ist der zweistündige Wanderweg hoch zur Nimrodburg interessant – bei kühlerem Wetter lohnt er sich durchaus.

Im Sommer stehen auf dem Parkplatz des Banyas-Wasserfalls und an der Straße vor dem zweiten Eingang Drusen aus den Dörfern und verkaufen Nektarinen, Kirschen und Äpfel direkt vom Baum, Honig und Olivenöl. Im Winter ändert sich das Sortiment: Dann gibt es *sahlab* (ein süßes Milchgetränk), Maronen und drusische Pita mit *labneh* (weicher, säuerlicher Weißkäse).

NIMRODBURG

Märchenhaft thront die Festung auf einem Bergkamm hoch über der Rte 989, die sich träge den Hermon hinaufwindet. Die Ursprünge der **Nimrodburg** (☎ 04–694 9277; Erw./Kind 20/9 NIS; ☽ April–Sept. 8–17 Uhr, Okt.–März bis 16 Uhr) sind umstritten. Manch einer glaubt, die Festung wäre 1129 von Reiner Brus errichtet worden, um die Stadt Banias vor Angriffen aus Damaskus zu schützen. Andere wiederum behaupten, sie wäre – um 1218 herum – entstanden, als Al-Malik al-Aziz entschied, eine Festung zu bauen, um die wichtige Route zwischen Damaskus und der Mittelmeerküste vor dem sechsten Kreuzzug zu schützen. Über die Jahrhunderte wurde die Nimrodburg wiederholt erobert, verlassen und wieder besiedelt; sie wechselte häufig von christlichen in muslimische Hände und zurück. Im 18. Jh. wurde sie schließlich durch ein Erdbeben zerstört. Der heutige Name

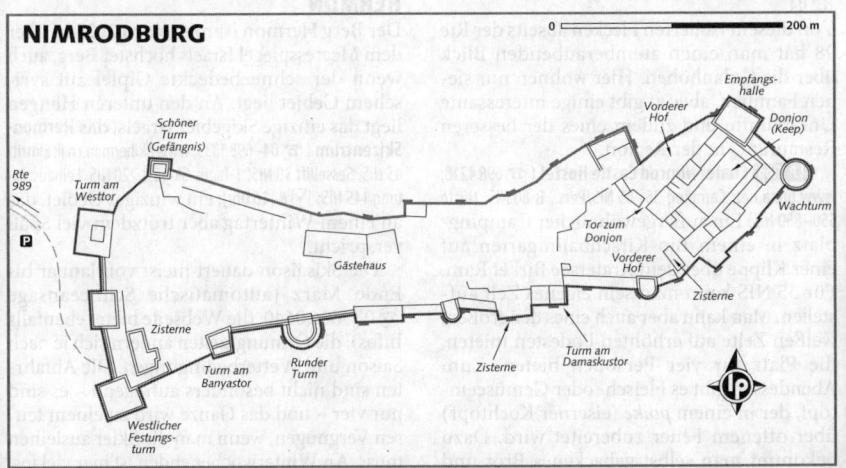

NIMRODBURG

Rte 989

Schöner Turm (Gefängnis)

Turm am Westtor

Gästehaus

Zisterne

Turm am Banyastor

Runder Turm

Zisterne

Westlicher Festungsturm

Turm am Damaskustor

Zisterne

Tor zum Donjon

Vorderer Hof

Vorderer Hof

Empfangshalle

Donjon (Keep)

Wachturm

Zisterne

0 — 200 m

leitet sich von der Bibelgestalt Nimrod ab, der einst auf dem Gipfel des Bergkammes gelebt haben soll.

Heute ist die Burganlage ein magisches Plätzchen zum Umherstreifen. Aus den schmalen Fenstern eröffnen sich den Besuchern großartige Ausblicke.

NEVE ATIV
☎ 04

Neve Ativ ist ein luftiger Moschaw in den Bergen. Er liegt an der Straße, die die Siedlung Nimrod und die Nimrodburg verbindet und ist ein super Ausgangspunkt für Wanderungen im Sommer und Skitouren im Winter.

Hübsch ist das **Rimonim Hermon Holiday Village** (☎ 698 4392; DZ ab 120 US$; 🅿 📶 🛜 🐶) mit den rot-gedeckten, A-förmigen Hütten, die sich an den Fuß des Hermon schmiegen. In den zweistöckigen Hütten haben bis zu sechs Personen Platz. Die Anlage verfügt auch über eine Schwimmhalle, ein Spa und eine Sauna. Das **Chez Stephanie** (☎ 698 1520; Almhütte & Blockhütte 350–500 NIS; 🐶) wird von einem herzlichen französisch-israelischen Pärchen, Irene und Maurice, geführt und bietet ebenfalls Almhütten und Blockhütten an, die in der Wintersaison besonders gemütlich sind. Abends bedient Maurice oben in der gut bestückten Bar.

An- & Weiterreise
Egged-Bus 055 (1 Std., 23 NIS) fährt einmal täglich nach und ab Katzrin.

NIMROD
☎ 04

Von diesem isolierten Flecken abseits der Rte 98 hat man einen atemberaubenden Blick über die Golanhöhen. Hier wohnen nur sieben Familien, aber es gibt einige interessante Unterkünfte und zudem eines der besseren Restaurants in der Region.

LP Tipp **Chalet Nimrod Castle Hostel** (☎ 698 4218; www.bikta.net; Camping 35–65 NIS/Pers., B 80 NIS, Hütte 550–850 NIS) Ein außergewöhnlicher Campingplatz in einem Bio-Kirschbaumgarten auf einer Klippe über dem Kratersee Birket Ram. Für 35 NIS kann man sein eigenes Zelt aufstellen. Man kann aber auch eines der großen, weißen Zelte auf erhöhten Podesten mieten, die Platz für vier Personen bieten. Zum Abendessen gibt es Fleisch- oder Gemüseeintopf, der in einem *poike* (eiserner Kochtopf) über offenem Feuer zubereitet wird. Dazu bekommt man selbst gebackenes Brot und

eine Flasche Wein aus der Region für insgesamt 150 NIS. Frühstückskörbe werden ins Zelt geliefert. Ist es zu kalt zum Campen, gibt es auch rustikale, hübsche Hütten.

In einem Tipi zu schlafen, das praktisch auf dem höchsten Punkt des Landes steht, ist eine einzigartige Reiseerfahrung – insbesondere wenn man beim spektakulären Sonnenaufgang über der Nimrodburg aufwacht. Der relaxte Inhaber Avi vermietet die drei weißen Tipis bei **Ohel Avraham** (Abrahams Zelt; ☎ 698 3215, 052 282 1141; Campen 50 NIS; EZ/DZ/3BZ-Tipi 150/200/250 NIS), die mit bequemen Matratzen und schönen, sauberen Badezimmern ausgestattet sind.

Rom 1125 (Höhe 1125, ☎ 687 076; g_michal@bezeqint. net; DZ inkl. Frühstück 1400 NIS) hat zwei Unterkünfte hoch über dem Moschaw. Der Künstler Diego Goldfarb und seine Frau Michal, eine Grafikdesignerin, haben ein Auge fürs Detail. Die romantischen Zimmer sind sehr schick.

Tolle Atmosphäre, eine unglaubliche Aussicht auf den Hermon, aber ein komischer Name: Das Restaurant **Witch's Cauldron & the Milkman** (☎ 687 0049; Hauptgerichte 50–80 NIS; 🕑 12–22 Uhr) ist spezialisiert auf herzhafte und recht gehaltvolle Kost. Um sich auf den Winter einzustimmen, gibt es nichts Besseres als den Wildpilz-Eintopf, die Maronencremesuppe oder die Käseplatte mit Gourmet-Ziegenkäse – allesamt selbstgemacht. Leider werden die Gerichte im Sommer nicht leichter. Die Inhaber bieten auch ein paar luxuriöse **Hütten** (☎ 052 224 4669; namrud@bezeqint.net; DZ 900–1100 NIS; 🐶) mit Freiluft-Whirlpool an.

HERMON
Der Berg Hermon ist mit seinen 2224 m über dem Meeresspiegel Israels höchster Berg, auch wenn der schneebedeckte Gipfel auf syrischem Gebiet liegt. An den unteren Hängen liegt das einzige Skigebiet Israels, das **Hermon-Skizentrum** (☎ 04–698 1333; www.skihermon.co.il; Eintritt 45 NIS, Sessellift 38 NIS, 1-Tages-Skipass 220 NIS, Leihausrüstung 145 NIS; 🕑 8–16 Uhr): ein winziges Gebiet, das an einem Wintertag aber trotzdem viel Spaß verspricht.

Die Skisaison dauert meist von Januar bis Ende März (automatische Schneeansage ☎ 03–606 0640; die Webseite bietet ebenfalls Infos); die Öffnungszeiten ändern sich je nach Saison und Wetterbedingungen. Die Abfahrten sind nicht besonders aufregend – es sind nur vier – und das Ganze wird zu einem teuren Vergnügen, wenn man die Skier ausleihen muss. An Winterwochenenden ist hier viel los.

OBERGALILÄA & DER GOLAN

DER GOLAN-WANDERWEG

Der 130 km lange **Golan-Wanderweg** (www.shvil.golan.org.il) ist mit Zeichen in Blau, Weiß und Grün markiert, was den See Genezareth, den Schnee auf dem Hermon und den grünen Golan symbolisieren soll. Er verläuft entlang der östlichen Golanhöhen vom Hermon im Norden nach Ein Taufiq im Süden. Der schöne Pfad besteht aus 15 Abschnitten (zw. 5 & 12 km lang), die an Flüssen, Naturschutzgebieten und Ruinen vorbeiführen. Das Ende jedes Abschnitts ist mit dem Auto erreichbar (erfahrene Wanderer könnten auch zwei Abschnitte pro Tag wandern). Man kann auch den gesamten Weg ablaufen und unterwegs zelten. Die Richtung ist egal, wobei es natürlich einfacher ist, vom Hermon gen Süden zu laufen. Die Wanderkarte 1 *(Golan und Galiläa)* muss auf jeden Fall mitgeführt werden. Man erhält sie in Steimatzky-Buchläden.

Der Sessellift ist das ganze Jahr über in Betrieb. So kann man auch an einem klaren Sommertag die Aussicht, die kühle Brise und den Anblick der vielen Wildblumen genießen. Bei schönem Wetter können Traveller auch eine **kostenlose geführte Tour** (☎ 04–698 1337; ⏰ 11–13 Uhr) auf den verschiedenen Naturlehrpfaden und zu den Aussichtspunkten mitmachen. Treffpunkt ist oben am Sessellift. Hut und Wasser nicht vergessen! Auf dem Berg kann man auch **Früchte und Beeren pflücken** (inkl. Sessellift 59 NIS). Acht Minuten Hochgefühl verspricht eine **Schlittenfahrt** (Erw./Kind 25/20 NIS) auf einer 950 m langen Schiene den Berg hinab.

MAJDAL SHAMS

☎ 04 / 8989 Ew.

Dieses größere Drusendorf ist eigentlich nur ein Durchgangsort, wenn man zum höher gelegenen Hermon-Skigebiet möchte. Etwas Interessantes gibt es aber: den **Shouting Hill** an der letzten Straße, einer Sackgasse, am Ostende des Dorfs. Freitags kommen die drusischen Israelis hierher, um ihren Freunden und Verwandten auf der anderen Seite der Grenze zu Syrien Neuigkeiten rüberzurufen – oft mit Megafonen. Ein guter Film, der das brisante Thema der Familientrennung behandelt, ist *Die syrische Braut* von 2004.

Im Zentrum von Majdal Shams steht eine große **Statue des Sultans El-Atrash**: Der drusische Held führte 1925 die Revolte gegen die Franzosen an, die damals Syrien beherrschten – Majdal Shams war bis 1967 syrisch. Finden irgendwelche Zeremonien statt, sieht man vielleicht sogar Gruppen von Männern im traditionellen drusischen Gewand, mit weißem Fes, kunstvoll gedrehten Schnurrbärten und der schwarzen *jalabiyya* (Robe).

Das **Zentrum für Menschenrechte Al Marsad auf den Golanhöhen** (☎ 687 0644; www.golan-marsad.org) hat seinen Sitz in Majdal Shams und ist eine Freiwilligenorganisation, die die Situation der arabischen Bevölkerung im Golan überwacht; hier werden unbezahlte Praktika mit einer Dauer von drei bis sechs Monaten angeboten.

Das **Restaurant Birkat Ram** (☎ 698 1638; Hauptgerichte 40–60 NIS; ⏰ 8–18 Uhr) steht am See. Serviert wird traditionelles drusisches Essen, z. B. *kibbeh* (Weizenschrot-Kugeln mit Fleischfüllung) mit Sumach und *maklube* (Gericht mit Reis, gebratenem Lamm und Gemüse).

MAS'ADA

☎ 04 / 3000 Ew.

Mas'ada ist der kleinere der beiden drusischen Hauptorte in der Region. Hier kennt jeder jeden, Straßennamen oder Hausnummern gibt es nur wenige. Die Bürger identifizieren sich eher mit Syrien als mit Israel – viele besitzen keinen israelischen Ausweis –, kommen aber mit den Israelis gut aus. Am Wochenende strömen die Golan-Urlauber aus dem Süden regelrecht nach Mas'ada, um sich dort in den Restaurants für wenig Geld den Bauch mit Hummus, *labneh* und gebratenem Fleisch vollzuschlagen. Das **Restaurant Nedal** (☎ 698 1066; ⏰ mittags & abends) ist seit jeher sehr beliebt. Nebenan werden im Winter heißes *sahlab* und in den wärmeren Monaten frischer Granatapfelsaft verkauft. Kaffee und Baklava gibt es im bunten **Oriental Sweets** (☎ 050 296 1176).

MEROM GOLAN

☎ 04

Dieser Kibbuz war die erste jüdische Siedlung auf den Golanhöhen und wurde nach dem Krieg 1967 gegründet. Der Hauptgrund für einen Abstecher hierher sind die Reitausflüge, die auf der **Cowboy-Ranch** (☎ 057 851 4497) angeboten werden: Trecks, Frühstücks- oder Sonnenuntergangsritte, Ausritte bei Nacht, Reitstunden und Trips mit Übernachtung, die von waschechten Cowboys begleitet werden.

Das Restaurant **Village Ranch** (☎ 696 0206; Hauptgerichte 90 NIS; ⏰ 12–23 Uhr) wurde 1992 von eben diesen hart arbeitenden Cowboys aufgebaut und ist – Überraschung! – auf Steak, Rippchen, Filet und Kotelett spezialisiert.

BENTAL

In 1165 m Höhe bieten sich Travellern von diesem inaktiven Vulkan aus fantastische Aussichten: Von einem alten syrischen Bunker kann man Syrien, den Libanon, die Hule-Ebene, den Hermon und den Avital (angeblich ein „Spionageberg" mit unterirdischer Hightech-Schaltzentrale) sehen. Wegweiser auf dem Gipfel zeigen nach Damaskus (60 km), Amman (135 km), Bagdad (800 km) und Washington, D. C. (11 800 km).

Das mehrdeutig benannte **Coffee Annan** (Kaffee in den Wolken; ☎ 04–682 0664; Hauptgerichte 30 NIS; ☻ 9–18 Uhr) hat eine hauptsächlich vegetarische Speisekarte, u. a. gibt es Ofenkartoffeln, Antipasti und köstliche Süßkartoffel-Kokosmilch-Suppe. Das Café ist schön hell und verspielt eingerichtet. In der Auslage häufen sich Kuchen und Kekse. Gäste werden mit einer riesigen Kaffeeauswahl verwöhnt.

MITZPE QUNAITRA (AUSSICHTSPUNKT QUNAITRA)

Von diesem Aussichtspunkt etwa 15 km südlich von Mas'ada kann man die syrische Geisterstadt Qunaitra sehen, die 1967 im Krieg von Israel zerstört wurde. Bis dahin war Qunaitra die größte syrische Stadt im Golan

---

RAN AN DIE FRÜCHTCHEN!

Die Golanhöhen sind Israels wichtigste Obstanbauregion. Von Juni bis Oktober öffnen viele Plantagen ihre Tore, sodass Besucher ihr eigenes Obst pflücken können. Gegen ein geringes Eintrittgeld (ca. 25 NIS) kann man essen, so viel man will, während man pflückt. Das Obst, das man mitnehmen möchte, wird nach Gewicht bezahlt.

Sha'al (☎ 052 460 0465; Rte 978; ☻ So–Fr) Sauerkirschen, Him-, Brom- und Maulbeeren sowie Pflaumen, so viele man schafft. Hier kann man auch übernachten. Übernachtungen in Zelten und Hütten kosten ab 10 US$ pro Nacht.

El Rom (☎ 692 4739; Rte 978; ☻ 9–17 Uhr) Bekannt für Blaubeeren, Erdbeeren und Kirschen.

Bustan HaGolan (☎ 698 1294; Rte 98; ☻ So–Do 9–17, Fr & Sa 9–15 Uhr) Von August bis Oktober pflückt man hier außer Beeren auch Birnen, Aprikosen, Nektarinen, Äpfel und Pfirsiche.

---

gewesen und wurde hauptsächlich von Tscherkessen bewohnt.

Nach dem Krieg von 1973 wurde der Qunaitra-Grenzübergang zwischen Israel und Syrien 30 Jahre lang nur von syrischen Bräuten, die in drusische Familien einheirateten (oder andersrum) und von drusischen Studenten benutzt, die in Damaskus studieren wollten. 2005 wurden dann erstmals israelische Erzeugnisse nach Syrien eingeführt – sechs Lastwagen mit 7000 t von Drusen angebauter Äpfel wurden mit Genehmigung von Damaskus an syrische Händler geliefert. Die von der UN überwachte Transaktion wurde mit Lastwagen des Roten Kreuzes durchgeführt und galt eigentlich als einmalige Sache. Um Kooperationen den Weg zu ebnen, wurden die lokalen Bauernverbänden 2009 jedoch genehmigt, weitere 8000 t zu liefern. Für jede Tonne erhielten die Drusen israelische Exportsubventionen.

Außer wegen der Einnahmen (2008 waren es 6 Mio. US$) sind die Äpfel auch politisch bedeutsam: Syrien zeigt seine Herrschaft über die Region und Solidarität gegenüber seinem Volk; Israel sieht darin die ersten Anzeichen für offene Grenzen und freien Handel, was – darauf besteht es – essentiell für einen zukünftigen Friedensvertrag wäre.

KATZRIN

☎ 04 / 7000 Ew.

Diese Stadt wurde in den 1970er-Jahren als neues Zentrum der Golanregion geplant und gebaut und vermittelt das Gefühl, dass die Kluft zwischen Planung und Realität nie so recht überbrückt worden wäre. Katzrin versucht sich nun als Kulturzentrum der Region neu zu erfinden. Leider zieht es gegenüber den so viel bezauberderen Moschawim des Golans in fast allen Aspekten den Kürzeren.

Das **Golan Tourism Information Centre** (☎ 04–696 2885; tour.golan.org.il; ☻ So–Fr 9–15.45 Uhr) ist im Einkaufskomplex am östlichen Ortseingang.

Sehenswertes & Aktivitäten

Das kleine, aber dennoch interessante **Golan Archaeological Museum** (☎ 696 1350; Einkaufszentrum; Erw./Kind 17/14 NIS, Kombiticket für den Ancient Katzrin Park 26/18 NIS; ☻ So–Do 9–17, Fr bis 14 Uhr) zeigt Ausgrabenes aus der Region mit englischer Beschriftung. Es gibt auch eine gute Multimedia-Show mit Animationen und Hologrammen zu Rujm el-Hiri, den riesigen konzentrischen Steinkreisen im zentralen Golan.

An der Straße zum östlichen Ortsausgang befindet sich der **Ancient Katzrin Park** (☎ 696 2412; Erw./Kind 24/16 NIS, Kombiticket für das Golan Archaeological Museum 26/18 NIS; ☺ So–Do 8–17, Fr 8–15, Sa 10–16 Uhr). Dort steht ein zum Teil wieder aufgebautes jüdisches Dorf aus talmudischer Zeit mit dem Haus des Rabbi Abun, dem Uzi-Haus und der teilweise im Jahr 749 durch ein Erdbeben zerstörten Synagoge. Es gibt eine Audio-Video-Show, die das Ganze etwas lebendiger macht. Bizarrerweise gibt es im Park auch einen Pub, der nur abends geöffnet ist: Der **Pub Safta** (☎ 696 3033; ☺ Sa–Do 21–open end) ist beliebt bei Einheimischen und jungen Israelis auf Reisen.

Im Einkaufszentrum am östlichen Ortsausgang, direkt am Industriegebiet, kann man dem **Golan Magic** (☎ 696 3625; http://etour.golan.org.il; Erw./Kind 25/18 NIS; ☺ Sa–Do 9–17, Fr bis 16 Uhr) einen Besuch abstatten. Hier durchreisen Besucher den Golan in 3 D auf einer 180°-Panorama-Leinwand. Golan Magic wird von der Golan-Tourismusbehörde betrieben und ist einen Zwischenstopp wert. Die englische Version läuft immer zur halben Stunde. Es gibt auch ein Modell der Region, das man sich genauer anschauen kann. Oben befindet sich die Golan Brewery (s. rechte Spalte) und hinter dem Einkaufszentrum liegen die weitläufige Winzerei Golan Heights (S. 299), eine Wasserabfüllanlage und eine Olivenölfabrik. Geführte Touren gibt's in allen Unternehmen.

Spaß macht eine Fahrt mit **Roger's Caleche** (☎ 682 0466, 052 328 4047): Das sind Touren mit Pferdekutschen in die Golanhöhen für bis zu neun Personen.

Schlafen & Essen

Golan SPNI Field School (☎ 696 1234; Daliyat St; DZ 365 NIS, FZ & 4BZ 100 NIS/Pers.; ✖ ▢) Die Field School befindet sich in einem Gebäude aus den 1960ern am Ende einer Sackgasse. Es gibt Schlafsäle für bis zu acht Personen, Doppelzimmer und 34 Familienzimmer im Studio-Style mit Platz für bis zu vier Personen. Keine schlechte Option, wenn man mit Freunden unterwegs ist: Es ist sauber und schlicht, hat Duschen und Klimaanlage, ist aber leider nicht sehr stimmungsvoll.

Yemenite-Eastern (☎ 696 2412; Einkaufszentrum; Hauptgerichte 25–50 NIS; ☺ mittags & abends) In diesem winzigen Restaurant schlagen sich hungrige Einheimische mit fantastischen Spezialitäten aus dem Jemen den Bauch voll. Die sämigen, sättigenden Suppen und die Spezialitäten des Hauses sind himmlisch aromatisch.

MeatShos (☎ 696 3334; Industriegebiet; Hauptgerichte 50–90 NIS; ☺ 12–23 Uhr) Dieses helle, freundliche Restaurant bietet ausschließlich Fleisch von golanischen Rindern an (in der eigenen Metzgerei kann man die Vorräte aufstocken). Wer leckere Steaks, Kebabs und gegrilltes Lammkotelett mit Salat, Bergen von Bratkartoffeln und Zwiebelringen sucht, ist hier richtig.

LP Tipp **Golan Brewery** (☎ 696 3625; Katzrin; Hauptgerichte 55–80 NIS; ☺ 11 Uhr–open end) Ein wahres Juwel ist diese Kleinbrauerei: nettes, fachkundiges Personal, leckeres Essen und gutes Bier. Wie wäre es mit der „Golan Experience" – vier Kostproben, u. a. mit dem Lager und dem Hellen, plus Beilagen für nur 44 NIS? Die Brauerei befindet sich über dem Golan Magic.

An- & Weiterreise

Die Busse 15 und 19 (1½ Std., 27 NIS) verbinden Katzrin dreimal täglich mit Tiberias.

NATURSCHUTZGEBIET GAMLA

Gamla (☎ 04–682 2282; Erw./Kind 25N/13NIS; ☺ Sa–Do 8–16, Fr bis 15 Uhr) an der Rte 808 begrüßt Besucher mit der Szenerie und den Geschichten von großen Schlachten wie im *Herrn der Ringe*. Während einer römischen Belagerung 67 n. Chr. wurden hier Tausende von Juden ermordet und weitere Tausende begingen in ihrer Stadt hoch oben auf einem felsigen Plateau Massenselbstmord. Der Historiker Flavius Josephus (1. Jh.) hielt die vorangehende siebenmonatige Belagerung und die blutige Schlacht fest; Auszüge aus seinen Niederschriften finden sich auf Tafeln am Hauptaussichtspunkt, der auch für Rollstuhlfahrer zugänglich ist. Zu den Überresten der Stadt gelangt man über einen steilen Wanderweg, der vom Aussichtspunkt hinunter ins Tal und gegenüber wieder den Berg rauf führt.

Gamla zieht nicht nur mit seiner Geschichte Besucher an, sondern auch durch die vielen **Gänsegeier**, die in den Klippen nisten. Es ist ein majestätischer Anblick, aus nächster Nähe zu beobachten, wie sie über das Tal hinwegglauben. Außerdem ergießt sich hier Israels höchster ganzjährig wasserführender **Wasserfall** aus 50 m Höhe in ein Becken. Ein schwieriger Wanderweg führt daran vorbei und auch an einem Feld mit **Dolmen** (Gräber der Nomaden, die den Golan vor 4000 Jahren bewohnten).

Werktags sollte man vor einem Besuch kurz anrufen, da das Gebiet häufig wegen Armeemanövern geschlossen ist. Letzter Einlass ist eine Stunde vor Schließung.

NATURSCHUTZGEBIET YEHUDIYA

In einem der beliebtesten Naturschutzgebiete in Nordisrael, dem **Yehudiya** (☎ 04–696 2817; Erw./Kind 20/9 NIS; ☾ April–Sept. 8–17 Uhr, Okt.–März bis 16 Uhr), gibt es Wanderwege für alle – vom Spaziergänger bis zum Profi. Berühmt ist das Gebiet für seine glasklaren natürlichen Wasserbecken. Die Parkaufseher in der Information am Yehudia-Parkplatz kennen sich super aus und weisen Besuchern den Weg. Außerdem registrieren sie diejenigen, die gefährlichere Routen wandern wollen zu deren Sicherheit. Nicht vergessen, sich abzumelden, wenn man wieder zurück ist!

Zwei der beliebtesten Wege werden im Folgenden erläutert, aber es gibt noch viele weitere – für manche braucht man sogar Kletterausrüstung. Die Parkbehörde empfiehlt, auf längeren Wanderungen die Wanderkarte *Hermon, the Golan and the Galilee Panhandle* der SPNI mitzuführen; sie ist an der Snackbar erhältlich. Man muss sich strikt an die ausgeschilderten Wege halten, da es ein paar Militärzonen in den südlichen Teilen des Schutzgebiets gibt. Außerdem sind schon Menschen in den Tod gestürzt, weil sie tückische, behelfsmäßige Wege gehen wollten.

Der gut organisierte **Yehudiya-Campingplatz** (20 NIS/Pers.) ist das ganze Jahre über geöffnet. Es gibt Grillplätze und Kaltwasserduschen. Der Platz ist eingezäunt und nachts beleuchtet. Es gibt schattenspendende Anlagen, unter denen man im Sommer zelten kann.

Meshushim-Becken (Hexagon-Becken)

Ein toller 20-minütiger Spaziergang führt zu diesem schönen, von Basaltsäulen umgebenen Becken. Im Frühling säumen viele bunte Blumen den Weg. Trotz der Tiefe und des eisigen Wassers (auch im Hochsommer) kann man in dem Becken baden. Zur Zeit der Recherche wurde die Stelle gerade umgebaut; Campingmöglichkeiten gibt's aber trotzdem. Der Zugang zum Becken ist an der Rte 888 nördlich von Had Nes ausgeschildert. Der Zavitan-Weg (s. unten) führt auch hin.

Oberer Zavitan-Tal-Weg

Dies ist ein mittelschwerer Wanderweg, der drei bis vier Stunden dauert, je nach Wetter und Anzahl der Aussichtspausen.

Los geht's am Yehudiya-Parkplatz. Man läuft auf der teilweise befestigten Straße bergauf nach Norden zu einem zweiten Parkplatz am Rand des verlassenen arabischen Dörfchens **Sheikh Hussein**. Von hier folgt man dem blau markierten Pfad gen Westen vorbei an den Dorfruinen. Nach etwa 1 km biegt man Richtung Norden in eine unbefestigte Straße ein (einen schwarz markierten Pfad), die schließlich über den Fluss Zavitan führt. Hat man ihn überquert, folgt man ihm links flussabwärts, bis er sich zur Black Gorge (Schwarze Schlucht) weitet. Dort liegt das Hexagon-Becken. Ein Stück weiter kommt man zum Aussichtspunkt auf den 27 m hohen **Zavitan-Wasserfall** – ein spektakulärer Anblick nach einem verregneten Winter.

Wer die Wanderung verlängern will, folgt rechts dem abschüssigen, oft rutschigen Weg (blau) zum Becken am Fuß des Zavitan-Wasserfalls oder biegt links in den blauen Pfad

NATURSCHUTZGEBIET YEHUDIYA

0 ⬚ 1 km

Katzrin (10 km)

Meshushim-Becken

Oberer Zavitan-Tal-Weg

Zavitan-Wasserfall

Wanderweg zum Becken des Wasserfalls

alte, nur teilweise befestigte Straße

Sheikh Hussein

Zavitan

Naturschutzgebiet Yehudiya

Sheikh-Hussein-Parkplatz

87

Oberer Yehudiya-Tal-Weg

Nahal

Yehudiya (verlassen)

Yehudiya-Wasserfall

Yehudiya-Campingplatz

Yehudiya-Wald

Yehudiya-Parkplatz

Bushaltestelle

Leiter & Becken

Leiter, Becken & Wasserfälle

Yehudiya

Yehudiya-Kreuzung (5 km); See Genezareth (5 km)

ein, der zurück zum Sheikh-Hussein-Parkplatz führt. Von dort geht man den Weg zurück zum Yehuidya-Parkplatz. Diese Wanderung sollte man nicht nach 11 Uhr beginnen.

Oberer-Yehudiya-Tal-Weg

Dies ist der beliebteste Wanderweg im Park. Er ist anspruchsvoller, auf fitte Wanderer und Schwimmer ausgelegt und sicher nichts für Menschen mit Höhenangst. Die Tour sollte ca. vier Stunden dauern. Achtung: Es wird nass – die Ausrüstung muss wasserfest sein!

Vom Yehudiya-Parkplatz folgt man der rot markierten Strecke über die Hauptstraße und dann nach links, vorbei am verlassenen syrischen Dorf **Yehudiya**, das auf den Ruinen einer antiken jüdischen Siedlung errichtet wurde. Weiter geht es den roten Pfad entlang, der über den Fluss Yehudiya führt und fantastische Blicke auf das Flussbett bietet. Dann läuft man einen steilen, gefährlichen Pfad runter zur Basis des **Yehudiya-Wasserfalls** und folgt dem Fluss abwärts durch die Talsohle. Ein Stückchen weiter kommt man an eine 9 m hohe Eisenleiter, die an einer Wand der Schlucht angebracht ist. Man steigt hinunter und schwimmt anschließend 30 m durch ein tiefes Wasserbecken. Nach einer Weile teilt sich der Weg: Die grün markierte Route zur Rechten führt zurück zur Hauptstraße und zum Parkplatz hinauf. Man kann aber auch weiterlaufen, nochmal eine Leiter und ein Becken hinter sich bringen und dann rechts auf die rote Route einbiegen, die schließlich durch ein Waldgebiet und zurück zur Hauptstraße führt. Von dort läuft man 1,6 km gen Norden zurück zum Yehudiya-Parkplatz.

An- & Weiterreise

Aus Tiberias nimmt man Bus 15 (19 NIS, 40 Min.), der dreimal täglich in jede Richtung fährt; Bus 843 aus Tel Aviv hält hier einmal täglich (53 NIS, 3 Std., 20 Min.).

NATURSCHUTZGEBIET HAYARDEN PARK

Das **Naturschutzgebiet Hayarden Park** (Jordan-Park; ☎ 04–692 3422; www.yarden.golan.org.il; Zufahrt 50 NIS/ Auto; ☻ So–Fr 9–17 Uhr) ist ein grünes, bewaldetes Gebiet, das der Forstverwaltung gehört und zu netten Spaziergängen einlädt. Es gibt mehrere Wanderwege, z. B. zu einer alten Kornmühle – einer von mindestens zwölf antiken Mühlen im Park – und nach Bethsaida, wo drei der wichtigsten Apostel Jesu

geboren sein sollen. Außerdem soll Jesus hier verschiedene Wunder vollbracht haben, u. a. die Speisung der 5000. 1838 entdeckte der amerikanische Gelehrte Edward Robinson die Überreste Bethsaidas, auch wenn sein Fund erst 1987 bestätigt wurde. Es gibt auch einen ordentlichen **Campingplatz** (pro Auto 70 NIS/Nacht).

Im Park bietet **Abu Kayak** (☎ 04–692 2245/1078; 70 NIS/Pers.; ☻ April–Nov. 9–17 Uhr) einstündige Trips auf dem Fluss mit aufblasbaren Kajaks oder Luftschläuchen an. Super für einen Nachmittag, besonders mit älteren Kindern! Man treibt an den Wildtieren vorbei bis zu einem bestimmten Punkt, von dem aus man mit dem Bus zum Park zurückgebracht wird.

Weiter nördlich im oberen Jordan gibt es auf 15 km Stromschnellen, die von März bis Mai Grad III und IV erreichen können. Er ist der einzige Fluss, auf dem eine Tour über Normalnull anfängt und unter Meeresspiegelhöhe endet, also einer der steilsten Raftingflüsse der Welt. **Jordan River Rafting** (☎ 04–693 4622; Seilrutsche/Boot & Kajak/Raften 35/69/320 NIS) befindet sich nahe der Gadot-Kreuzung der Rte 918. Das Unternehmen ist eines der größten in der Region und bietet verschiedenste Aktivitäten, u. a. Boots- und Kajakfahren, sowie Wildwasserrafting an. Das Mindestalter für alle Aktivitäten ist fünf Jahre.

Das Iskander (☎ 04–693 5544; Hauptgerichte 70 NIS; ☻ 12–23 Uhr) gleich nebenan serviert Spezialitäten, z. B. *lavash*-Brot auf türkische Art, Dips, Salate und Forelle „Taurus", die mit Knoblauch und Lorbeerblättern gefüllt und in Weinblätter gewickelt wird. Die Tische hinten auf der Terrasse sind sehr schön.

RAMOT
☎ 04

Der grüne Moschaw liegt an einer Hangstraße hoch über dem Ostufer des Sees Genezareth. Ramot hat viele Unterkünfte und die üblichen Outdoor-Aktivitäten zu bieten, für die der Golan immer bekannter wird. Außerdem ist Ramot wohl der beste Platz im ganzen Land, um sich auf einen Pferderücken zu schwingen.

Aktivitäten

Man kann gemütlich in der Hängematte liegenbleiben oder zum See Genezareth runterschlendern. Wer Adrenalin braucht, kann bei verschiedenen Unternehmen in Ramot Mountainbikes oder Geländewagen mieten. **Ofen Harim** (☎ 673 2418; booki@zahav.net.il; pro Stunde/pro Tag 45/70 NIS) vermietet Fahrräder. Das

Personal empfiehlt Routen durch das Naturschutzgebiet Bethsaida und über die Hule-Ebene. Anspruchsvollere können die Nebenstraßen oder die zahlreichen Weingüter in der Gegend erkunden.

Die Lage der **Ramot Rodeo Ranch** (☎ 057 736 4750/1/2; www.ramotranch.com; 1-stündiger Ausritt 110 NIS; ☺ 10–17 Uhr, Winter früher geschl.) ist nahezu perfekt für fantastische Ritte. Die Anlage befindet sich direkt auf dem Kamm eines steilen Hügels, von wo sich unglaubliche Panoramablicke über den scheinbar unendlichen See Genezareth bieten. Die freundlichen israelisch-britischen Inhaber erfüllen gerne auch jeden noch so extravaganten Reiterwunsch: Sie haben z. B. schon romantische Candlelight-Dinner auf halber Strecke des Reitwegs oder Touren organisiert, die zwischen einer Stunde und mehreren Wochen dauerten. Wer nicht mobil ist, ruft vorher an und bittet darum, abgeholt zu werden. Die 3 km lange Wanderung den Berg hinauf ist nämlich mörderisch.

Schlafen

Ramot Resort Hotel (☎ 673 2636; www.ramot-nofesh.co.il; Zi. & Bungalow 560–760 NIS, Holzhütte 880–980 NIS, Luxushütte 1080–1360 NIS; ☒ ☒) Diese große Anlage mit der tollen Aussicht protzt mit einem Freiluft-Swimmingpool, einem Kinderbecken und einem Fitnessstudio. Von äußerst noblen Chalets bis hin zu einfachen Holzhütten, die sich super für Familien mit Kindern eignen, gibt es hier alles.

Briza Ba Kfar (☎ 673 3204; www.briza10.com; Hütte/Suite 750/850 NIS; ☒) Zwölf hübsche Holzhütten und vier Suiten mit Whirlpool liegen rechter Hand versteckt auf halber Höhe des Hügels. Abgerundet wird das Ganze durch ein helles, luftiges Café mit schönem Außenessbereich und einem tollen Gelände mit Palmen. Ein Wellness-Paket mit einer einstündigen fachmännischen Behandlung sowie Sauna- und Whirlpoolnutzung ist für 250 NIS erhältlich.

Oncen (☎ 679 5522; www.oncen.com; DZ Hütte inkl. Frühstück 1200 NIS; ☒) Hier schwelgt man in ungewöhnlichen, im japanischen Stil gehaltenen *zimmern* in absolutem Zen-Luxus. Das israelische Frühstück wird kulturell etwas unpassend auf japanischem Geschirr serviert. Jede Hütte verfügt über ein sehr kreativ betiteltes „japanisches Thermalbad" – es handelt sich aber nur um bessere Whirlpools.

Bikta Belavan (☎ 673 2608; www.biktabelavan.com; EZ/DZ 1200/1400 NIS; ☒ ☒) Ob man sich nun im Liegestuhl am Pool entspannt oder den Panoramablick über Galiläa von der Terrasse aus genießt – im Bikta Belavan kann man auf hundert relaxte Arten die Seele baumeln lassen. Die vier weißen Hütten sind geschmackvoll mit Whirlpool, großem Bett und Flachbild-TV ausgestattet. Zu erwähnen sind auch die Extras, z. B. eine Espressomaschine und ein Glas mit selbstgemachtem *rugelach* (Schokogebäck), das täglich nachgefüllt wird.

Essen

Moshbutz (☎ 679 5095; www.moshbutz.com; Hauptgerichte 60–90 NIS; ☺ 12–0 Uhr) Ein fabelhaftes Plätzchen, um ein Glas Wein aus einer kleinen golanischen Kellerei zu genießen. In diesem lockeren lokalen Treff werden leckere Burger und Salate angeboten, außerdem extravagante Vorspeisen wie gegrillte Aubergine mit würzigem Joghurt. Das köstliche Essen wird durch eine supernette Bedienung und einen großartigen Blick über den See Genezareth abgerundet.

Habikta (☎ 679 4016; Hauptgerichte 70–125 NIS; ☺ So–Do 13–23 Uhr) Dieses ansprechende kleine Restaurant ist auf geräuchertes Fleisch und langsam gegarte Schmortöpfe spezialisiert, also genau das Richtige für Fleischliebhaber. Hühnchen, Pute und Rind werden über Kirschholz und Weinrebenzweigen geräuchert und auf gusseisernen Tellern serviert. Sehr lecker ist der Frühlingshühnchenschmortopf mit Kürbis, Rosinen und Zimt. In den wärmeren Monaten können Gäste ihr Essen draußen auf Kissen unter Laternen genießen.

Betty and Nachi's (☎ 673 2889; 170 NIS/Pers.; ☺ So, Mo & Mi–Fr 20–open end) Das behagliche Restaurant wird von Kerzenschein erhellt und befindet sich im Haus von Nachi und Betty Elkin. Die beiden zaubern ländlich-rustikale Probiermenüs mit mehr als 15 Gängen aus dem Ärmel. Am besten lässt man es bei diesem vierstündigen Gelage langsam angehen, sonst entgehen einem Highlights wie die traditionelle, jemenitische Rindersuppe, das *ossobuco* vom Lamm und die gegrillten Pilze mit Ziegenkäse. Unbedingt im Voraus reservieren!

An- & Weiterreise

Der Egged-Bus 15, der Tiberias mit Katzrin verbindet, fährt von hier aus etwa zweimal täglich in beide Richtungen (16 NIS, 40 Min.). Er hält an der Kreuzung unterhalb Ramots. Bus 843 (Tel Aviv–Katzrin) fährt einmal täglich in beide Richtungen (53 NIS, 3¼ Std.).

OBERGALILÄA & DER GOLAN

Das Westjordanland

Wenn es eine Region im Nahen Osten gibt, die man gesehen haben muss, dann ist es das 5800 km² große Westjordanland. Sicher, es ist geprägt von Krieg, Terrorismus, Militärstützpunkten, Flüchtlingscamps und Armut. Gleichzeitig aber ist es einladend, faszinierend, atemberaubend und noch vieles mehr. Ein Besuch in diesem Gebiet, das ständig für Schlagzeilen sorgt, wird wahrscheinlich zahlreiche widersprüchliche Gefühle und unbeantwortete Fragen provozieren, betroffen machen und Kopfschmerzen verursachen. Unglaubliche Erinnerungen, einen Einblick in den palästinensischen Alltag und den Wunsch, immer wieder hierher zurückzukehren, wird man jedoch ebenso mit nach Hause nehmen.

Das Westjordanland macht den größten Teil des künftigen palästinensischen Staates aus, ist seit 1967 unter israelischer Besetzung und beherbergt etwa 2,5 Mio. Palästinenser. Manche Familien leben hier schon seit Jahrhunderten; andere sind Flüchtlinge aus Regionen, die heute zum Staat Israel gehören. Um die 187 000 jüdischen Siedler leben in umstrittenen, von Israelis errichteten Siedlungen, und dennoch verströmen die Kalksteinstädte und die Bergweiler dieser rustikalen Gegend einen durch und durch palästinensischen Charakter.

Teile des Westjordanlands (insbesondere Bethlehem) sind touristisch gut entwickelt, doch regionale Unruhen machen die aufgehübschte Gegend unsicher. Die Hotelpreise sind seit Jahren unverändert, die Öffnungszeiten variieren; einfach immer anklopfen. Wer trotz allen Unbills nicht aufgibt, wird hier auf gastfreundliche, würdevolle Menschen, uralte Olivenhaine, Pfefferminztee und dickflüssigen Kaffee treffen – und der Region auf immer verfallen sein.

HIGHLIGHTS

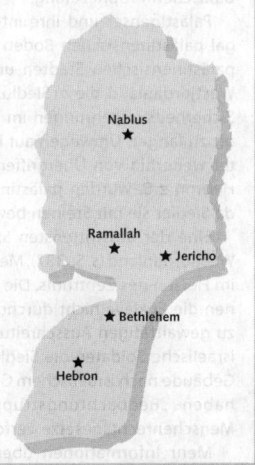

- Durch die stillen gepflasterten Straßen **Bethlehems** (S. 321) spazieren, von der Altstadt bis zum Krippenplatz und zur Geburtskirche
- In einem der Geheimtipp-Locations in **Ramallah** (S. 329) ganz cool Cocktails schlürfen
- In einer luftigen Seilbahn über **Alt-Jericho** (S. 335), den sandigen Überresten der ältesten Zivilisation der Welt, dahinschweben
- Die von Unruhen geplagte Stadt **Hebron** (S. 337) und die umstrittene Ruhestätte der monotheistischen Patriarchen besuchen
- In einer Seifenfabrik und einem türkischen Bad in **Nablus** (S. 341) Körper und Seele reinigen

Nablus ★
Ramallah ★ ★ Jericho
★ Bethlehem
Hebron ★

| VORWAHL: 03 | BEVÖLKERUNG: 4,7 MIO. | FLÄCHE: 227 420 KM² |

Geschichte

Das Westjordanland ist ein Nebeneffekt der Gründung des Staates Israel 1948, der 78 % des ehemaligen Palästina einnimmt. Die Bezeichnung leitet sich von seiner geografischen Lage westlich des Jordans ab. Biblisch wird das Gebiet als Judäa und Samarien bezeichnet, die zeitgenössische Verwendung dieses Ausdrucks – der bevorzugte Fachausdruck unter jüdischen Siedlern – ist jedoch umstritten, da er auf eine Theorie der biblischen Prophezeiung hindeutet; diese besagt, dass die Juden Israel eines Tages über das gesamte historische Palästina ausbreiten werden. Alternativ werden die Ausdrücke „besetztes Palästina" oder (wie in diesem Buch) „Palästina" verwendet.

SIEDLUNGEN IM WESTJORDANLAND

Die israelisch-jüdischen Kolonien, die im palästinensischen Territorium errichtet werden, werden gemeinhin als „Siedlungen" bezeichnet. Laut des *CIA World Factbook* leben derzeit etwa 187 000 israelische Menschen in mehr als 100 solcher Siedlungen im Westjordanland und weitere 177 000 im arabischen Ostjerusalem.

Der Weltgerichtshof und der UN-Sicherheitsrat stufen die Errichtung von Siedlungen gemäß dem internationalen Gesetz als illegal ein – eine Einschätzung, die Israel anficht –, die USA und die EU haben die Siedlungen bereits mehrmals als Hindernisse auf dem Weg zum Frieden verurteilt und Israel aufgefordert, den Bau einzustellen. Im Mai 2009 bestand US-Präsident Obama auf einer sofortigen Stilllegung des Siedlungsbaus im Westjordanland. Der israelische Premierminister Benjamin Netanjahu reagierte darauf folgendermaßen: „Israel … wird sich an sein Versprechen halten, keine neuen Siedlungen zu errichten und unbefugte Stützpunkte aufzulösen." Seitdem wurde in der internationalen Presse jedoch konstant über eine Fortsetzung des Baus und die Expansion der Siedlungen berichtet. Netanjahu äußerte mehrmals, dies sei eine Folge des „natürlichen Wachstums" der israelischen Bevölkerung. Gegner (die es auch in der israelischen Gesellschaft gibt) argumentieren, der Siedlungsbau diene dazu, weite Teile des palästinensischen Territoriums einzunehmen, um damit die palästinensische Bevölkerung in die Randgebiete zu drängen und auseinanderzureißen.

Die Größe der Siedlungen variiert, von ein paar Wohnwagen auf einem entlegenen Hügel bis zu großen Stadtgebieten wie Ma'ale Adumim bei Jerusalem: Zehntausende Israelis leben hier, und die meisten betrachten die Stadt bereits als Vorort Jerusalems. Die Siedler lassen sich aus verschiedenen Gründen dort nieder, vor allem wegen der Immobilienpreise, die niedriger sind als in Israel; religiöse und extremistische Gruppen berufen sich hingegen auf die Erfüllung der biblischen Prophezeiung.

Palästinenser und ihre internationalen Unterstützer behaupten, dass die Siedlungen oft illegal palästinensischen Boden einnähmen und wertvolle Wasservorkommen von nahegelegenen palästinensischen Städten und Dörfern abzweigten. Die Palästinenser dürfen viele Straßen im Westjordanland, die zu Siedlungen führen (oft als „Apartheid-Straßen" bezeichnet), nicht benutzen; Sicherheitsvorkehrungen im Bereich dieser Straßen und der Siedlungen zwingen die Menschen oft zu langen Umwegen auf ihrem Weg zur Arbeit oder zur Schule. Die israelische Presse berichtet weiterhin von Übergriffen auf Palästinenser durch Siedler: In manchen Teilen der Hügel um Hebron z. B. wurden palästinensische Kinder von israelischen Soldaten in die Schule eskortiert, da Siedler sie mit Steinen bewarfen. Manchmal antworten die Palästinenser ihrerseits mit Gewalt.

Eine der umstrittensten Siedlungen befindet sich in der palästinensischen Stadt Hebron im Westjordanland (s. S. 337): Mehrere Hundert Siedler bewohnen eine Enklave aus kleinen Siedlungen im Herzen des Zentrums. Die israelische Armee ist hier massiv präsent, und die Palästinenser können die Enklave nicht durchqueren, um in andere Stadtteile zu gelangen. Dies führt regelmäßig zu gewalttätigen Ausschreitungen zwischen Siedlern und Palästinensern, sodass hin und wieder israelische Soldaten die Siedler zu vertreiben suchen, da diese die palästinensischen Häuser und Gebäude nach israelischem Gesetz illegal besetzen. Internationale Menschenrechtsorganisationen haben „Beobachtungstruppen" nach Hebron gesandt, die dort Verstöße gegen die Menschenrechtsgesetze verfolgen sollen.

Mehr Informationen über die Siedlungen im Westjordanland gibt's bei den israelischen Organisationen **Shalom Achshav** (Peace Now; www.peacenow.org.il) oder **B'Tselem** (www.btselem.org).

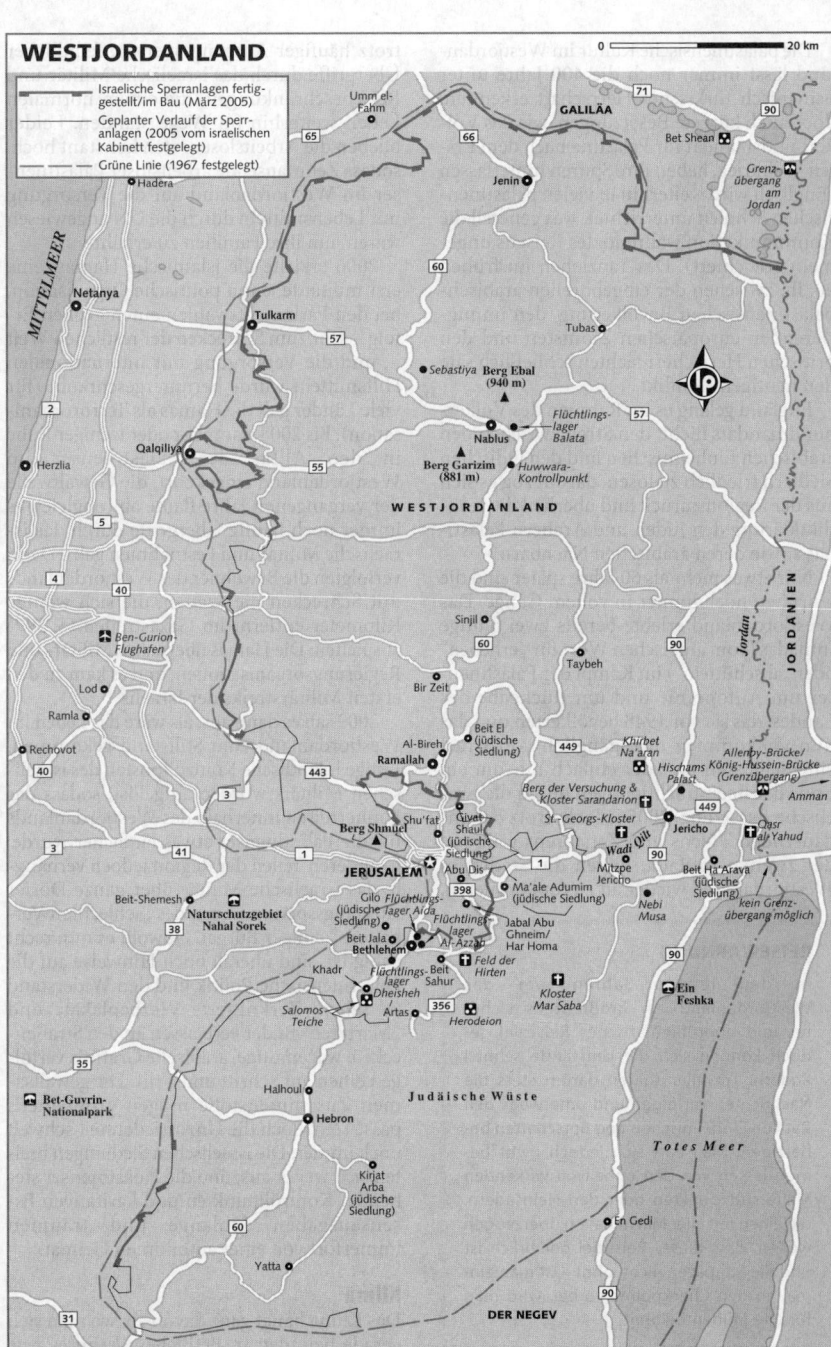

WESTJORDANLAND

0   20 km

- ▬▬ Israelische Sperranlagen fertig-gestellt/im Bau (März 2005)
- ──── Geplanter Verlauf der Sperr-anlagen (2005 vom israelischen Kabinett festgelegt)
- ── ── Grüne Linie (1967 festgelegt)

GALILÄA

MITTELMEER

JORDANIEN

Umm el-Fahim
Bet Shean
Grenz-übergang am Jordan
Hadera
Jenin
Netanya
Tulkarm
Tubas
Sebastiya
Berg Ebal (940 m)
Nablus
Flüchtlings-lager Balata
Qalqiliya
Berg Garizim (881 m)
Huwwara-Kontrollpunkt
Herzlia
WESTJORDANLAND
Ben-Gurion-Flughafen
Sinjil
Taybeh
Lod
Bir Zeit
Ramla
Al-Bireh
Beit El (jüdische Siedlung)
Rechovot
Ramallah
Khirbet Na'aran
Allenby-Brücke/König-Hussein-Brücke (Grenzübergang)
Amman
Berg der Versuchung & Kloster Sarandarion
Hischams Palast
St.-Georgs-Kloster
Jericho
Qasr al-Yahud
Berg Shmuel
Shu'fat
Givat Shaul (jüdische Siedlung)
Wadi Qilt
JERUSALEM
Abu Dis
Mitzpe Jericho
Beit Ha'Arava (jüdische Siedlung)
Beit-Shemesh
Ma'ale Adumim (jüdische Siedlung)
kein Grenz-übergang möglich
Naturschutzgebiet Nahal Sorek
Gilo (jüdische Siedlung)
Flüchtlings-lager Aida
Nebi Musa
Flüchtlings-lager Al-Azza
Jabal Abu Ghneim/Har Homa
Beit Jala
Bethlehem
Khadr
Flüchtlings-lager Beit Sahur
Feld der Hirten
Ein Feshka
Flüchtlings-lager Dheisheh
Kloster Mar Saba
Salomos-Teiche
Artas
Herodeion
Bet-Guvrin-Nationalpark
Halhoul
Judäische Wüste
Totes Meer
Hebron
Kirjat Arba (jüdische Siedlung)
En Gedi
Yatta
DER NEGEV

Die palästinensische Kultur im Westjordanland lässt immer noch die 400 Jahre unter osmanisch-türkischer Herrschaft erkennen, doch auch kürzere Besetzungen, wie das Völkerbundsmandat für Palästina nach dem Ersten Weltkrieg, haben ihre Spuren hinterlassen (Englisch wird weiterhin in vielen palästinensischen Schulen unterrichtet, was generell die Kommunikation während des Reisens ungemein erleichtert). Das Tauziehen im frühen 20. Jh. zwischen der eingeborenen arabisch-palästinensischen Bevölkerung, den immigrierenden europäischen Zionisten und den britischen Herrschermächten schließlich säte den heutigen Konflikt.

England gelang es im Rahmen des Völkerbundmandats nicht, den Streit zwischen den arabischen Einheimischen und den jüdischen Siedlern friedlich zu lösen, darum zog es sich aus der Region zurück und überließ die Konfliktklärung den Juden und Arabern Palästinas sowie deren arabischen Nachbarn.

Nur etwas mehr als 60 Jahre später sind die Unruhen noch immer in vollem Gange. Das Westjordanland erlebte bereits zwei blutige Intifadas (vom arabischen Wort für „erheben" oder „abschütteln") im Kampf der Palästinenser um Autonomie und um Rückgabe des Landes, das sie vor 1948 bevölkerten und das nun vollkommen unzugänglich von Israel eingeschlossen ist, oder einfach nur um ein Ende der Beeinträchtigungen durch die israelische Besetzung. 2005 jedoch, trotz des andauernden Tötens und Zerstörens während der zweiten Intifada, fingen die Städte im Westjordanland wieder an zu funktionieren, trotz häufiger Ausgangssperren, feindlicher Übergriffe durch das israelische Militär und Reisebeschränkungen, die einem normalen Leben weiterhin im Wege standen. Leider blieben die Arbeitslosenraten konstant hoch, sodass Zehntausende arbeitsloser Palästinenser im Westjordanland auf die Versorgung mit Lebensmitteln durch die UN angewiesen waren, um ihre Familien zu ernähren.

2006 erzielte die islamische Hamas, eine erst militante, dann politische Organisation, bei den Parlamentswahlen einen großen Erfolg – sehr zum Schrecken der restlichen Welt –, und die Versorgung mit internationalen Hilfsmitteln wurde heruntergeschraubt (für viele Länder galt die Hamas als Terrororganisation). Bis 2008 war mehr oder weniger Ruhe in den Alltag der Palästinenser im Westjordanland eingekehrt, die Gewaltwelle der vergangenen Jahre flaute ab (obgleich es immer noch häufig Übergriffe durch das israelische Militär und Festnahmen gab). Dann verfolgten die Bewohner des Westjordanlands mit Schrecken die Szenen, die sich wenige Kilometer entfernt im Gazastreifen (S. 397) abspielten: Die Hamas übernahm Militär- und Regierungsorganisationen, und es kam zu den ersten Militärstreiks der Israelis.

2009 sah es dann aus, als wäre das Leben im Westjordanland zum Stillstand gekommen. Einige inländische Kontrollposten des israelischen Militärs wurden aufgelöst, sodass das Umherreisen innerhalb des Westjordanlands für die Palästinenser etwas einfacher wurde; in anderen Teilen der Region jedoch verhängte das israelische Militär über ganze Dörfer Ausgangssperren wegen des „schlechten Verhaltens" einiger Bürger. Obwohl es nun recht ruhig ist, sind überall noch Hinweise auf die palästinensische Politik und den Widerstand zu sehen: Zerknitterte Werbeplakate und „Märtyrer"-Bilder verblassen an den Straßenecken, wagemutige, arabische Graffitis verfolgen einen auf Schritt und Tritt. Die gewaltsamen Zusammenstöße mögen größtenteils passé sein, doch die Unzufriedenheit schwelt noch immer: Die israelischen Siedlungen breiten sich weiter aus, und die Palästinenser stehen an Kontrollpunkten und karitativen Essensausgaben Schlange und träumen immerfort von einer autonomen Heimat.

REISEWARNUNG

In den letzten Jahren war das Westjordanland ein größtenteils sicheres und unproblematisches Reiseziel, jedoch können sich die Umstände schnell ändern. Traveller sollten darum stets die Nachrichten verfolgen und unterwegs den Rat von Einheimischen und Botschaften beherzigen. Man darf sich jedoch nicht beirren lassen von den unheilvoll wirkenden Militärstützpunkten oder den Neinsagern, die einen mit aller Macht davon überzeugen wollen, dass dieses Reiseziel gefährlich ist und die Strapazen nicht lohnt – ist man einmal an den Checkpoints vorbei, wird man für alle Mühen belohnt!

Klima

Das Klima hängt ganz davon ab, wo man sich gerade befindet: In Bethlehem kann es, wie

EINTAUCHEN INS WESTJORDANLAND

Wer das Westjordanland besser kennenlernen möchte, sollte die Arbeit der folgenden Organisationen genauer unter die Lupe nehmen.

Alternative Tourism Group (☎ 02-277 2151; www.patg.org; 74 Star St., Beit Sahour) Bietet Informationen en masse sowie empfehlenswerte Tagesausflüge nach Hebron und Bethlehem (225 NIS, Di 8–18 Uhr) an.

Holy Land Trust (☎ 02-276 5930; www.holylandtrust.org) Mit Sitz in Bethlehem. Das Unternehmen organisiert Ausflüge in Palästina, Studienaufenthalte, Privatunterkünfte und Freiwilligenarbeit und hilft bei der Planung des alljährlichen Palestine Summer Encounter.

International Solidarity Movement (ISM; www.palsolidarity.org) Die gewaltlosen Widerstandsaktionen sind so effektiv, dass sie regelmäßig Ziele globaler Hetzkampagnen werden; einigen Demonstrationen wurde mit Gewalt begegnet, was zu Verletzungen und sogar dem Tod eines Aktivisten führte. Anrufen, wenn man an den wöchentlich stattfindenden gewaltlosen „Anti-Mauer"-Demos in Bil'in oder Nil'in teilnehmen möchte.

Palestine Fair Trade Association (www.palestinefairtrade.org) Organisiert Gastaufenthalte und Unterkünfte für Freiwilligenhelfer bei palästinensischen Familien und auf Höfen, vor allem während der jährlichen Olivenernte.

Palestinian Association for Cultural Exchange (☎ 02-240 7611; www.pace.ps) Veranstaltet ein- und mehrtägige Ausflüge nach Nablus, Hebron und Qalqilya und in die Umgebung, unterstützt regionale Genossenschaften und arrangiert Vortragsveranstaltungen.

Sabeel (☎ 02-523 7136; www.sabeel.org) Die hoch angesehene, ökumenisch-christliche Organisation bietet regelmäßige Konferenzen und Veranstaltungen an.

Siraj Center for Holy Land Studies (☎ 02-74 8590; www.sirajcenter.org) Organisiert und koordiniert zahlreiche Aktivitäten und „Begegnungen" im gesamten Westjordanland.

---

auch in Jerusalem, im Winter schneien, und auch im ansonsten glühend heißen Sommer findet man angenehm kühle Gegenden. Das mildere Klima Jerichos schützt vor eisig kalten Wintertagen, kann jedoch in den heißen Sommermonaten unangenehm werden. Wer im Wadi Qilt oder anderen Gebieten wandern gehen möchte, tut das am Besten im Frühling oder Herbst, und für Weihnachtsfans gibt's nichts Schöneres, als im dicken Wollpullover das frohe Fest im frostig-kalten Bethlehem zu erleben.

Praktische Informationen

This Week in Palestine (www.thisweekinpalestine.com) ist eine ausgezeichnete Quelle für aktuelle Infos über das gesamte Westjordanland, u. a. über Ausstellungen, Theaterstücke und andere kulturelle Veranstaltungen. Das kleinformatige Hochglanzmagazin, das monatlich erscheint, liegt in Hotels, Cafés und Restaurants zur kostenlosen Mitnahme aus.

Auf der fabelhaften, neuen Website **English-PAL** (www.englishpal.ps) gibt's einen aktuellen Eventkalender, eine Jobbörse, ein Ratgeberforum und Kleinanzeigen, ebenfalls für das gesamte Westjordanland.

Freitags ist Ruhetag, und Läden in Bethlehem und Ramallah, die Christen gehören, sind oft auch am Sonntag geschlossen. Während des heiligen Monats der Muslime, dem Ramadan, sind die Geschäfte und auch einige Attraktionen nicht so lange geöffnet, und tagsüber gibt's Lebensmittel nur in christlichen Einrichtungen; in Bethlehem und Ramallah leidet man aber sicher keinen Hunger.

Geführte Touren

Alleine durchs Westjordanland zu reisen, kann unter Umständen angsteinflößend sein. Eine organisierte Tour ist daher für Alleinreisende goldrichtig, um einen ersten Eindruck von der Region zu gewinnen; für Details, s. S. 454 (englischsprachige Touren werden besonders empfohlen; s. S. 455). Der Kasten oben liefert eine Liste mit einschlägigen Organisationen, von denen viele Tagesausflüge innerhalb der Region veranstalten. Interessant ist auch die Website des **Israeli Committee Against House Demolitions** (ICAHD; www.icahd.org), das Touren in Ostjerusalem und zweimal jährlich zehntägige Studienreisen durch Israel und das Westjordanland organisiert.

Anreise & Unterwegs vor Ort

Wenn sich die Palästinenser mit irgendetwas auskennen, dann mit Reisen in ihrem Land und dem Umgehen der Beschränkungen (Kontrollpunkte, Straßensperren, Siedlungen, Sicherheitsbarrieren etc.), die dieses erschweren. Auch wenn es auf der Karte so aussieht, ist der direkte Weg nicht immer der beste; die

---

ZONEN-ABC

Das Westjordanland ist in drei Zonen eingeteilt: A, B und C. Pro Zone ist genau
festgelegt, wieviel Zivil- und Militärmacht
die Israelis und die Palästinenser jeweils
ausüben.

Zone A (Fläche: ca. 3 % des Westjordanlands)
Zivil- und Militärkontrolle liegt gänzlich in Palästinas Händen; eine israelische Militärbeschilderung
untersagt Israelis den Zutritt. Die Zone umfasst
die Städte Ramallah, Nablus, Tulkarm, Dschenin,
Qalqiliya, Bethlehem, Jericho, Teile Hebrons und
einige kleinere Städte.

Zone B (ca. 27 % des Westjordanlands) Diese Zone
umfasst viele palästinensische Landregionen und
steht unter palästinensischer Zivil-, aber israelischer
Militärkontrolle.

Zone C (ca. 70 % des Westjordanlands) Gänzlich
unter israelischer Kontrolle; umfasst viele spärlich
besiedelte Regionen, Außenbereiche von Städten
und Dörfern und das Autobahnnetz.

---

palästinensischen Taxifahrer versuchen nicht
den Fahrpreis in die Höhe zu treiben, indem
sie einen Umweg fahren, sondern wissen
einfach, wie man am entspanntesten ans Ziel
kommt.

Wer von Israel ins Westjordanland einreisen möchte, muss fast immer an einem vom
israelischen Militär kontrollierten Grenzübergang vorbei. Am bedrohlichsten wirken der
nach Bethlehem und der Qalandia-Übergang
nach Ramallah – sie erinnern stark an Hochsicherheitsgefängnisse. Hindurch kommt man
leicht, wenn auch recht würdelos, aufgrund
rauer Soldatenkommandos und einem Ge-
dränge wie im Viehstall. Man braucht einen
Pass (ohne wird man nicht durchgelassen);
Inhaber eines israelischen Passes haben keinen Zutritt, ebenso Menschen mit doppelter
Staatsbürgerschaft, die am Kontrollpunkt ihren israelischen Pass vorlegen.

Wer kein Auto hat, muss mit privaten (normalen) Taxen, billigeren Sammeltaxen („service", ser-*vies* ausgesprochen) oder Bussen in
verschiedenen Formen und Größen vorlieb
nehmen. Während der Abfassung dieses Führers wurden viele Kontrollpunkte aufgelöst,
aber es kommt dennoch vor, dass man mit
einem Bus oder Sammeltaxi eine Kontrolle
passiert und zu Fuß an den Soldaten vorbeigehen muss, um auf der anderen Seite mit
einem anderen Gefährt weiterzufahren.

Wer selbst fahren möchte, sollte beachten,
dass die meisten Mietwagenfirmen in Jerusalem es nicht erlauben, ihre Autos in palästinensische Gebiete zu bringen. **Green Peace**
(☎ 02–585 9756; www.greenpeace.co.il; Shu'fat, Ostjerusalem) bildet da eine Ausnahme.

Israelische Nummernschilder sind gelb,
palästinensische hingegen weiß. Autos mit
gelbem Nummernschild kann man – besonders in friedlichen Zeiten – im Westjordanland zwar bedenkenlos fahren, allerdings
könnte man für einen israelischen oder jüdischen Siedler gehalten werden. Um dem äußerst seltenen Fall, dass ein Stein auf das Auto
geworfen wird, entgegenzuwirken, legt man
einen *keffiyeh* (karierter Arafat-Schal) auf das
Armaturenbrett. Wer an einer israelischen
Kontrolle angehalten wird, sollte ihn eher
verstecken, da er die ungewollte Aufmerksamkeit der gelangweilten israelischen Soldaten
auf sich ziehen könnte.

Die vielen Straßensperren, der Siedlungs-
bau und die Errichtung von Sicherheitswällen
haben ständig Auswirkungen auf die Befahr-
barkeit und den Zustand der Straßen. Der
Kauf einer aktuellen Straßenkarte – die für
Israel deckt auch das Westjordanland ab – vor
Reiseantritt zahlt sich darum aus. Wer ein
Navi hat, kann im Educational Bookshop
(S. 92) in Ostjerusalem die aktuellsten Stra-
ßenkarten mit Satellitenkoordinaten erstehen.

BETHLEHEM
☎ 02 / 61 000 Ew.

Jetzt mal ganz offiziell: Wir lieben Bethlehem!
Die traumhaften Turmspitzen, der geschäftige Markt, die freundlichen Bewohner des
gepflasterten Stadtzentrums – dies ist der
Nahe Osten, wie er sein sollte: aufregend,
bescheiden, gastfreundlich. Freitags füllt sich
der Krippenplatz (Manger Square), das ewige
Symbol des Christentums, mit Muslimen zum
Mittagsgebet, an dem Mönche und Nonnen
am Rande in aller Stille teilhaben. Ein Taxi
bringt einen zu den überwältigenden, uralten
Sehenswürdigkeiten gleich außerhalb des
Stadtzentrums. Toll ist auch ein Spaziergang
auf der palästinensischen Seite der israelischen Sperranlagen: Kreative Einheimische
pflastern die riesige Fläche mit bunten Mau-
erbildern, Slogans und sogar Speisekarten.

Zieht man Bethlehem Jerusalem als Bleibe
vor, gewinnt man einen völlig neuen Eindruck
von diesem Teil der Region (noch dazu zu
einem günstigeren Preis). Das Preis-Leis-

tungsverhältnis hier ist super, das Essen auch, und man unterstützt zudem eine instabile Wirtschaft. Zudem ist ein Besuch hier zu jeder Zeit toll. O. k., an Weihnachten und Ostern steigen mit der Zahl der Pilger auch die Preise, aber das Spektakel ist es wert: Bei einem Bummel durch die Massen (und Messen) bekommt man Gewänder von Priestern, Nonnen und Pilgern in allen erdenklichen Formen, Größen und Stilen zu Gesicht und erlebt hautnah die feierliche Atmosphäre, die der Ort verströmt, an dem (zumindest für die Christen) alles begann.

Geschichte

Das kleine Städtchen, das Maria und Josef wegen einer Volkszählung aufsuchten und mit einem Sohn wieder verließen, wurde an uralten Fußwegen errichtet und war bereits in der Altsteinzeit bewohnt. Es soll sich erstmals im 14. Jh. v. Chr. zum Stadtstaat entwickelt haben, nach der Schutzgöttin Lahmu Beit Lahmu benannt; später erhielt es einen Namen aus dem alten Testament: Efrata.

Im Jahr 313 n. Chr. dann führte der römische Kaiser Konstantin die Orthodoxe Kirche ein und ernannte das Christentum zu einer offiziellen Religion. Bethlehem wurde bald ein beliebter, wohlhabender Pilgerort, und schöne Klöster und Kirchen schossen wie Pilze aus dem Boden. Im Jahr 638 eroberten Muslime die Stadt, jedoch wurde ein Vertrag unterzeichnet, der den Christen Eigentums-

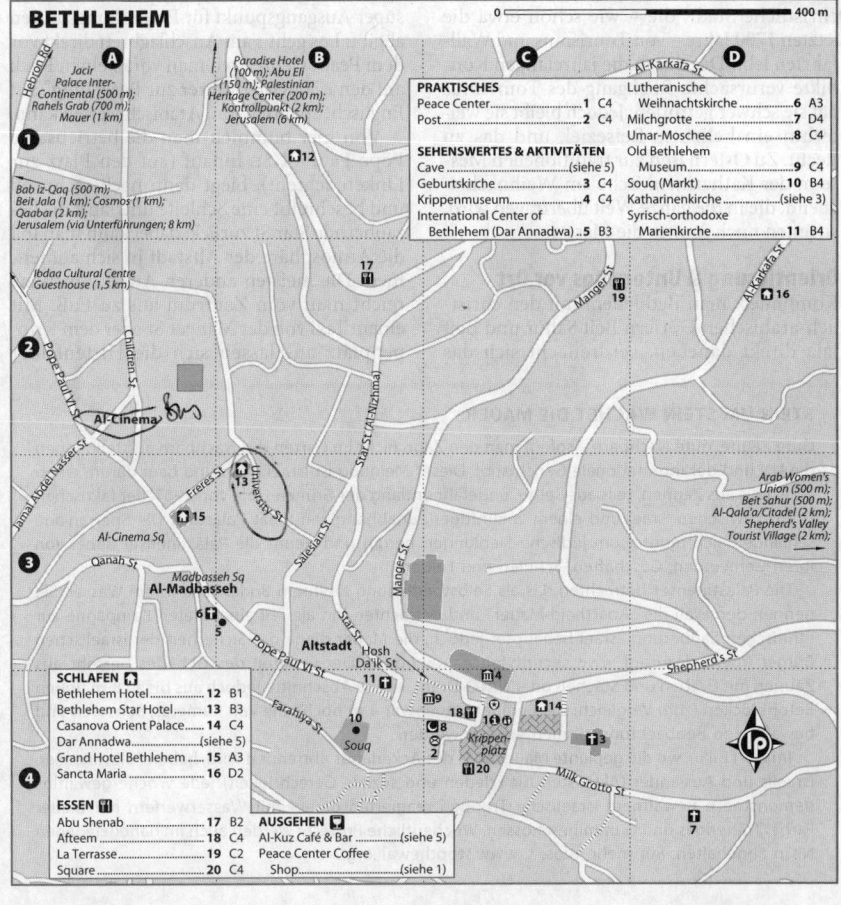

BETHLEHEM

0   400 m

PRAKTISCHES

Peace Center	**1** C4
Post	**2** C4

SEHENSWERTES & AKTIVITÄTEN

Cave	(siehe 5)
Geburtskirche	**3** C4
Krippenmuseum	**4** C4
International Center of Bethlehem (Dar Annadwa)	**5** B3
Lutheranische Weihnachtskirche	**6** A3
Milchgrotte	**7** D4
Umar-Moschee	**8** C4
Old Bethlehem Museum	**9** C4
Souq (Markt)	**10** B4
Katharinenkirche	(siehe 3)
Syrisch-orthodoxe Marienkirche	**11** B4

SCHLAFEN

Bethlehem Hotel	**12** B1
Bethlehem Star Hotel	**13** B3
Casanova Orient Palace	**14** C4
Dar Annadwa	(siehe 5)
Grand Hotel Bethlehem	**15** A3
Sancta Maria	**16** D2

ESSEN

Abu Shenab	**17** B2
Afteem	**18** C4
La Terrasse	**19** C2
Square	**20** C4

AUSGEHEN

Al-Kuz Café & Bar	(siehe 5)
Peace Center Coffee Shop	(siehe 1)

rechte und Religionsfreiheit zusprach, und in den nächsten 1000 Jahren florierte Bethlehem.

Nach dem Fall des osmanischen Reiches im Ersten Weltkrieg widersetzte sich Bethlehem der britischen Mandatsherrschaft: Unter deren Politik wurde Menschen aus Bethlehem, die im Ausland lebten, die Staatsbürgerschaft aberkannt, während Juden diese nach nur zwei Jahren mit einem Wohnsitz hier zuerkannt bekamen. Schlachten und Deportationen waren die Folgen. Als palästinensische Flüchtlinge aus dem neu eingeführten Staat Israel 1948 hier Schutz suchten stieg die Einwohnerzahl Bethlehems stark an. Viele der Flüchtlinge leben noch heute, zusammen mit ihren Nachfahren, in den Lagern Aida, Dheisheh und Al-Azza am Stadtrand.

Heute ist Bethlehem eine entschieden christliche Stadt, die – wie schon etwa die letzten 1700 Jahre – von Tourismus und Wallfahrten lebt. Der durch die jahrelangen Konflikte verursachte Rückgang des Tourismus hat sie schwer getroffen. Jedoch bleibt sie weiterhin ein beliebtes Reiseziel, und das zu Recht. Zu Ostern und zur traditionellen Messe in der Katharinenkirche am Weihnachtsabend, die in die ganze Welt übertragen wird, strömen noch immer die Massen.

Orientierung & Unterwegs vor Ort

Kombiniert man Bethlehem mit den christlich-arabischen Dörfern Beit Sahur und Beit Jala direkt daneben, verdreifacht sich das Vergnügen: Alle drei haben eine tolle Altstadt, außerdem geht der antike Charme der beiden kleinen Schwestern nicht wie in Bethlehem im Touristenrummel unter.

Sofern man nicht aus dem Westen und an einer ausrangierten Straßensperre der Israelis vorbei anreist, sondern von Jerusalem her, beginnt der Besuch Bethlehems an einem riesigen Kontrollpunkt (außerhalb der Karte S. 319) in der Nähe der alten Straße von Jerusalem nach Hebron (für mehr Info über die Kontrollpunkte, s. S. 317). Rahels Grab (S. 323) ist nicht weit von dieser Kontrolle zu finden; der Zutritt ist stark eingeschränkt, wer es dennoch unbedingt besichtigen möchte, wende sich an die Soldaten.

In Bethlehem selbst konzentrieren sich die Besucher auf den Krippenplatz, der einen super Ausgangspunkt für Entdeckungstouren abgibt: Los geht's am Anschlagbrett direkt vor dem Peace Center, wo man vorab einen Blick auf den „Touristenführer zur Besetzung" auf Englisch, Spanisch und Arabisch werfen kann. Von hier bummelt man die betriebsame Pope Paul VI St. hinauf (auf den Platz zur Linken achten!), biegt dann nach rechts ab und beschreibt eine Schleife und läuft die bezaubernde Star St zurück; dabei kann man toll die Atmosphäre der Altstadt in sich aufnehmen. Die meisten anderen Attraktionen erreicht man vom Zentrum aus zu Fuß. Mit einem Taxi von der Manger St oder dem Krippenplatz aus lassen sich die Hirtenfelder

---

STEIN UM STEIN WÄCHST DIE MAUER

Gute Zäune, gute Nachbarn – sofern man den Zaun nicht im Garten des Nachbarn aufstellt, sagen die UN und der Internationale Gerichtshof. Dieser Meinung ist Israel nicht und baut darum einen Wall, teils aus Zäunen, teils aus Beton, ungefähr entlang der Grünen Linie von 1967, der faktischen Grenze zwischen Israel und einem zukünftigen, unabhängigen Staat Palästina. Die Sperranlage schlängelt sich munter um jüdische Siedlungen herum und trennt die Palästinenser dabei von ihren Gemeinden, Geschäften, Schulen und Feldern.

Die Palästinenser betrachten das als Selbstbedienung an ihrem Boden und ihrem Wasser. Sie nennen den Wall die „Apartheid-Mauer" und betrachten ihn als Teil einer steten Kampagne zur ethnischen Säuberung. Israel behauptet jedoch, die Mauer diene der Sicherheit der israelischen Bürger (mehr dazu auf www.securityfence.mod.gov.il). Der Großteil des Gebildes besteht aus Zäunen mit Gräben und Stachel- oder NATO-Draht, einige Abschnitte jedoch aus bis zu 8 m hohen Betonblöcken (zum Vergleich: Die Berliner Mauer war 4 m hoch), die von Kameras, Sensoren und bewaffneten Beobachtungstürmen ergänzt werden.

Im Dorf Bil'in, wo die geplante Mauer 60 % des Ackerlands abtrennen wird, haben Palästinenser, Israelis und Ausländer (Aktivisten für Frieden und soziale Gerechtigkeit) jede Woche gewaltlos demonstriert. Bewaffnete israelische Truppen reagierten darauf mit Wasserwerfern mit blauer Farbe, Tränengas und Gummigeschossen. Wöchentliche Proteste werden auch im nahegelegenen Nil'in abgehalten. Für mehr Infos, s. www.stopthewall.org.

TIEFFLIEGENDE BÄLLE IN BETHLEHEM

Sollte man in Bethlehem auf eine Gruppe junger Frauen treffen – die einen in Shorts und Turnschuhen, andere mit Kopftüchern und in langärmliger Kleidung –, die auf einem Parkplatz Fußball spielen, muss man nicht überrascht sein. Sie sind Mitglieder des **Palestinian Women's National Soccer Team** und trainieren jeden Mittwochabend.

Auch wenn ihnen die Mittel fehlen (es gibt nicht einmal einen Rasenplatz zum Trainieren) und manche Teammitglieder weit weg im unzugänglichen Gazastreifen im Westen leben, lässt sich das Team doch nicht entmutigen. Und trotz der Kontrollpunkte und der erforderlichen Genehmigungen haben sie schon in Abu Dhabi und Amman sowie in weiteren Orten im Nahen Osten gespielt. Zwar konnte auf dem Fußballfeld noch kein Sieg verbucht werden, doch die Mitglieder betrachten das Bestehen ihres Teams an sich schon als einen Sieg über die Umstände.

Ein weiterer Newcomer in der palästinensischen Sportszene ist die erste professionelle Rugbymannschaft namens **Beit Jala Lions** (www.beitjalalions.com), die bereits in Zypern und Jordanien antraten. Neuigkeiten über die Jungs gibt's auf ihrer Website oder bei Facebook.

Und dies sind nicht die einzigen Ballfanatiker in Bethlehem: Auch die **Basketballteams des Flüchtlingslagers Dheisheh** (s. S. 327) veranstalten in der Stadt regelmäßig Wettkämpfe.

(S. 327), das Kloster Mar Saba (S. 328), das Herodium (S. 327) und die Flüchtlingslager (s. S. 327) besuchen, und um die über und über mit Graffitis besprühten Sperranlagen zu sehen, fährt man zum Jacir Palace Intercontinental Hotel (S. 309); einfach gen Norden die Jerusalem-Hebron Rd hinauf gehen und links halten – et voilà!

Praktische Informationen

Am Krippenplatz, dem Stadtzentrum, häufen sich die Einrichtungen, religiöse wie weltliche: Hier gibt's Cafés, ein Postamt, Souvenirläden sowie das **Peace Center** (☎ 276 6677; www.peacenter. org; ⊙ Mo–Sa 9–18 & 9–16, So, Weihnachtsabend 9–14 Uhr) mit kostenlosen Touristenkarten und Infoständen, einem Buch- und Geschenkladen, Galerien, einem Auditorium und öffentlichen Toiletten. Im Peace Center bekommt man auch Auskunft über kulturelle Ereignisse auf dem Platz wie dem Olive Harvest Festival (Okt./Nov.), und sein kleines Café bietet sich für einen gemütlichen Cappuccino an (s. S. 326). Hier bezog die israelische Armee ihr Hauptquartier während der Belagerung der Geburtskirche im Jahr 2002; 100 Panzer belagerten damals den heute friedvollen, malerischen Platz.

Sehenswertes

KRIPPENPLATZ & ALTSTADT

Am Weihnachtsabend pulsiert der Krippenplatz nur so: Weihnachtsbeleuchtung und tanzende Weihnachtsmänner, wohin man blickt, neben Klerikern aller Konfessionen, die in voller Montur umherspazieren.

Die schmalen Kalksteinstraßen und die exotischen Ladenfenster haben jedoch das ganze Jahr über ihren Reiz, insbesondere die Pope Paul VI St, die Star St und die engen Gässchen dazwischen. Auch wer kein Kirchgänger ist, sollte sich einen Sonntagmorgen den zahlreichen gut besuchten, christlichen Gottesdiensten widmen; Palästinenser und hier lebende Mönche und Nonnen aus aller Welt nehmen an ihnen teil, und Besucher sind herzlich eingeladen, dies ebenfalls zu tun oder für einen Moment der Besinnung einzutreten.

Für einen Überblick kann man sonntagmorgens einen Spaziergang von einer Kirche zur nächsten machen. Los geht's mit dem lutherischen Gottesdienst um 9 Uhr in der **evangelisch-lutherischen Weihnachtskirche** (Pope Paul VI St/Madbasseh Sq) aus dem 19. Jh., gefolgt von einem Besuch in der moderneren **syrisch-orthodoxen Marienkirche** (⊙ 9–17 Uhr) nahe dem Krippenplatz, wo die 9-Uhr-Messe auf Syrisch gehalten wird. Die Treppe hinunter führt einen zum Krippenplatz und in die Geburtskirche (S. 322), in der dann gerade eine griechisch-orthodoxe Messe abgehalten wird. Anschließend geht es auf Zehenspitzen links durch den Kreuzgang und durch einen Durchgang zur römisch-katholischen **Katharinenkirche.**

Wer Krippen mag, wird von der nachgestellten Geburt Jesu im **Krippenmuseum** (☎ 276 0876; ⊙ Mo–Sa 9–18 Uhr) begeistert sein; vom Krippenplatz aus erreicht man sie, wenn man die Shepherd's St ein kurzes Stück entlanggeht. Last but not least muss man noch den kleinen **Souq** (⊙ Mo–Sa 8–18 Uhr) besuchen, bekannt als Grüner Markt. Seit 1929 kann man hier Obst,

DAS WESTJORDANLAND

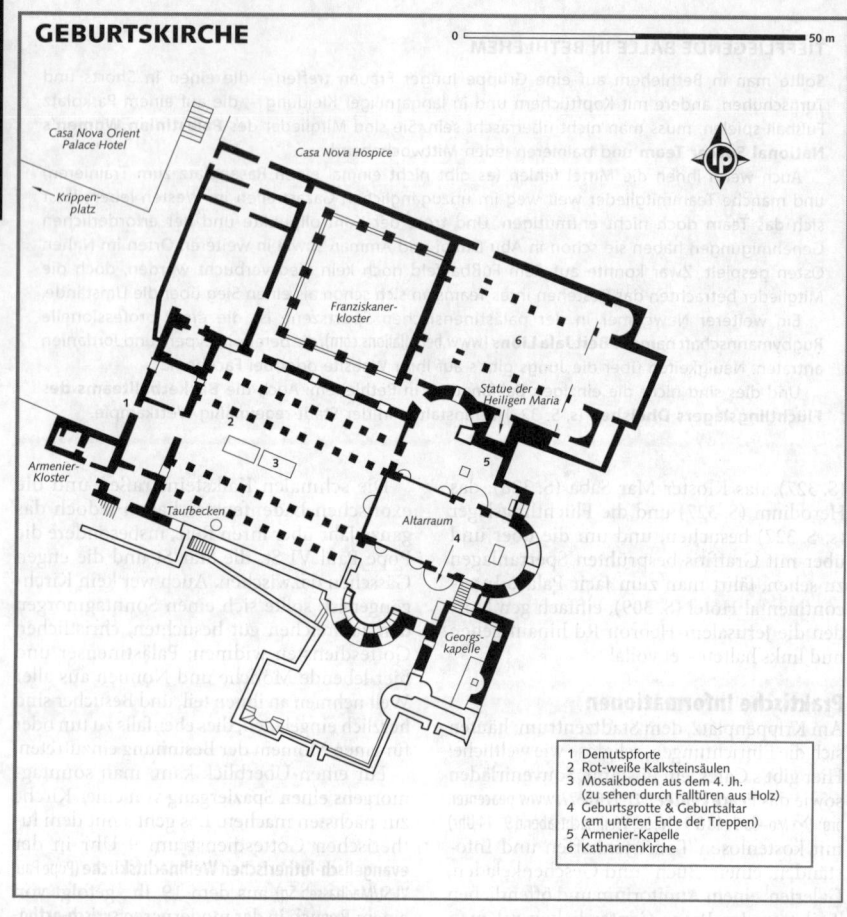

GEBURTSKIRCHE

0 ▭▭▭ 50 m

Casa Nova Orient Palace Hotel

Casa Nova Hospice

Krippenplatz

Franziskanerkloster

Statue der Heiligen Maria

6

Armenier-Kloster

1

2

3

5

Taufbecken

Altarraum

4

Georgskapelle

1 Demutspforte
2 Rot-weiße Kalksteinsäulen
3 Mosaikboden aus dem 4. Jh.
  (zu sehen durch Falltüren aus Holz)
4 Geburtsgrotte & Geburtsaltar
  (am unteren Ende der Treppen)
5 Armenier-Kapelle
6 Katharinenkirche

Gemüse, Fleisch, Fisch, Krimskrams, Schuhe und himmlische Snacks erstehen.

GEBURTSKIRCHE

Skeptiker streiten zwar darüber, ob das X (oder in diesem Fall der Stern) exakt am richtigen Punkt angebracht ist, doch die **Geburtskirche** (☽ 5–20 Uhr, im Winter bis 18 Uhr) stellt zweifellos eine imponierende Markierung des Geburtsorts Jesu dar. Die Basilika ist die älteste, ständig genutzte Kirche – 326 n.Chr. wurde sie von Kaiser Konstantin in Auftrag gegeben. Eine Führung hier lohnt sich sehr; einfach mit einem der Führer verhandeln, die draußen herumschwirren (angemessen sind ca. 50 NIS/Std.) und jeden Winkel wie ihre Westentasche kennen. Und mit etwas Glück

stellen sie einem vielleicht sogar ein paar Gastpriester oder Mönche vor!

Wer noch keine Bilder davon gesehen hat, wird von dem Eingang der Kirche überrascht sein, der einzig aus einer winzigen Tür aus der Zeit des Osmanischen Reiches, passenderweise **Demutspforte** genannt, besteht – beim Eintreten auf den Kopf aufpassen (ursprünglich war der Eingang viel größer, die Kreuzfahrer verkleinerten ihn jedoch, damit Angreifer nicht hineinreiten konnten. Später, entweder zur Zeit der Mamelucken oder im Osmanischen Reich, wurde sie nochmals minimiert. Der Umriss des originalen Türbogens aus dem 6. Jh. ist immer noch sichtbar, ebenso der spitz zulaufende Bogen aus der Kreuzfahrer-Ära.) Dahinter verbirgt sich das höhlenartige Kirchenschiff. Im Rahmen jahrhundertelanger Renovierungsarbeiten wurde auch der Boden erneuert; darunter liegt Konstantins ursprünglicher **Mosaikboden aus dem 4. Jh.**, der 1934 wiederentdeckt wurde und nun unter hölzernen Falltüren im Mittelgang besichtigt werden kann.

Im 6. Jh. errichtete Kaiser Justinian I. die Kirche nahezu gänzlich neu, nachdem sie bei einem samaritischen Aufstand fast völlig zerstört wurde. Die riesigen **rot-weißen Kalksteinsäulen**, die immer noch das Kirchenschiff zieren, sind wohl die einzigen Überbleibsel der ursprünglichen Konstruktion; das Material dafür wurde in der Umgebung abgebaut. Manche sind mit Heiligenfresken geschmückt, die im 12. Jh. von künstlerisch begabten Kreuzfahrern gemalt wurden. Rechts neben der Demutspforte befindet sich der Eingang zum Armenier-Kloster: Dort leben heute nur sechs Mönche, die die 300-köpfige armenische Gemeinschaft in Bethlehem betreuen. Die Armenier erlebten ihre Blütezeit während des 17. Jhs., als ihren kommentierten Bibelübersetzungen besondere Aufmerksamkeit entgegengebracht wurde.

Vorne im Kirchenschiff führen Stufen zur **Geburtsgrotte** hinunter. Sie ist bei Tourgruppen beliebt, aber unter der Woche zur Mittagszeit stehen die Chancen gut, die Grotte ganz für sich zu haben. An diesem atmosphärisch von Laternen erleuchteten, mysteriösen Ort soll Jesus geboren worden sein, ein Silberstern mit 14 Zacken markiert die Stelle. Der **Geburtsaltar** auf einer Seite der Grotte, auch „die Krippe" genannt, stellt die Niederkunft dar. Der Altar gegenüber ist der Anbetung der drei Weisen Kaspar, Balthasar und Melchior gewidmet. Die Perser verschonten die Kirche und die Grotte, als sie Palästina 614 plünderten – angeblich, weil die Weisen in deren traditioneller Kleidung abgebildet waren.

Hier unten mag alles friedlich wirken, aber Konflikte rütteln schon seit Ewigkeiten an dieser Wiege. Der 14-zackige Stern wurde 1847 gestohlen, und die drei christlichen Gemeinden hier (die Griechisch-Orthodoxen, die Armenier und die Katholiken, die bitterlich und unaufhörlich um die Vormundschaft für die Grotte kämpften) beschuldigen sich dafür gegenseitig. Der Stern wurde daraufhin durch eine Imitation ersetzt, doch die Kämpfe wollten nicht enden und die Kirchenverwaltung wechselte wiederholt zwischen den Orthodoxen und den Katholiken. Bis zum heutigen Tag ist die Kirche verwaltungstechnisch Meter für Meter zwischen den Orthodoxen, den Katholiken und den Armeniern aufgeteilt (für mehr Infos über den Status Quo, s. S. 33); z. B. gehören sechs der Grottenlaternen den Orthodoxen, fünf den Armeniern und vier den Katholiken.

KATHARINENKIRCHE

Die Mitternachtsmesse am Weihnachtsabend in der rosafarbenen **Katharinenkirche** neben der Geburtskirche wird weltweit im Fernsehen übertragen. Jedoch gibt's nichts Schöneres, als diese atmosphärische (wenn auch langgezogene) Weihnachtserfahrung live zu erleben. Man betritt die Kirche über die Geburtskirche und spaziert durch den franziskanischen Kreuzgang der Kreuzfahrer mit einer Statue des Hl. Hieronymus.

MILCHGROTTE

Ein kleines Stück vom Krippenplatz entfernt befindet sich die weniger bekannte **Milchgrotte** (Milk Grotto St; Eintritt frei; ☉ 8–11 & 14–18 Uhr). Wenn Frauen ein Stück der kalkigen Substanz, aus der der weiße Fels im Inneren der steinernen Kapelle besteht, schlucken, soll dieser die Brust einer Mutter mit Milch füllen und die Fruchtbarkeit der Frau steigern. Eine Legende besagt, dass Maria und Josef auf ihrer Flucht nach Ägypten hier rasteten, um das Baby zu stillen; ein Tropfen Milch fiel auf den roten Fels, der sich daraufhin weiß färbte.

UMAR-MOSCHEE

Auf dem Krippenplatz, gegenüber der Geburtskirche, steht die **Umar-Moschee**; sie wurde benannt nach dem zweiten Kalifen des Islam, Umar ibn al-Chattab, und ist die einzige Moschee in der Altstadt. Man baute sie 1860 auf Land, das die griechisch-orthodoxe Kirche Umar (dem Schwiegervater Mohammeds) zu Ehren abgetreten hatte. Dieser hatte den geschwächten Byzantinern 637 Jerusalem abgenommen und danach an der Geburtskirche angehalten, um zu beten. Im „Pakt von Umar" versicherte er, dass die Basilika ein christliches Heiligtum bleibe und dass die Christen auch unter muslimischer Herrschaft ihren Glauben frei ausüben dürften.

RAHELS GRAB

In einem verlassenen Korridor, der durch Israels Sperranlagen entstand und in der Nähe des Hauptkontrollpunkts am Stadteingang verläuft, ist **Rahels Grab** (So–Do 7.30–16, Fr bis 13.30 Uhr) zu finden. Es ist Muslimen, Christen und Juden gleichermaßen heilig und für Palästinenser und viele Touristen heutzutage nicht zugänglich.

Rahel, die Frau von Jakob, besuchte Bethlehem ebenfalls in anderen Umständen; auf dem Weg gen Süden, nach Hebron, soll sie hier während der Geburt gestorben sein. Ihr Ehemann „richtete ein Mal auf über ihrem Grabe"(Gen 35, 20); das Grab wurde von Anhängern der drei abrahamitischen Religionen – besonders von Juden und Muslimen – jahrhundertelang bewahrt und geschützt, von der Zeit der Byzantiner und der islamischen Periode bis zur Ära der Kreuzfahrer, während des Osmanischen Reiches und unter der Herrschaft Israels. Bis 1998 wurde es von einer Kuppel aus dem 19. Jh. gekrönt, die jedoch von der israelischen Armee zerstört wurde.

Der Grabkomplex wurde einst von Geschäften flankiert, die nun verlassen sind – dank des Baus eines israelischen Militärlagers und der Sperranlagen (s. Kasten S. 320), die dieses Gebiet erfolgreich dem israelischen Jerusalem einverleibt haben. Von Bethlehem hat man keinen Zutritt zu Rahels Grab mehr; man gelangt nur noch von der israelischen Seite der Mauer hin, über einen vom Militär kontrollierten Abschnitt der Jerusalem-Hebron Rd. Zur Zeit der Abfassung dieses Buches durften es nur jüdische Jeschiwa-Studenten, ein paar Tourgruppen und wenige Touristen besuchen (jüdische Kippas für die Bedeckung des Kopfes werden gestellt). Die angrenzende Bilal-Moschee ist für Palästinenser schon lange tabu, dasselbe könnte mittlerweile auch für Besucher gelten.

PALESTINIAN HERITAGE CENTER
Das **Palestinian Heritage Center** (274 2381; www.phc.ps; Manger St., Al-Qubba; Mo–Sa 11–18 Uhr) ist ein unverwüstliches Lebenszeichen in der Nähe von Rahels Grab, an der Kreuzung von Manger St und Caritas St. Man kann sich in typisch palästinensischer Kluft fotografieren lassen und von der überschwenglichen Museumsinhaberin Maha Saca lernen, wie man an den handbestickten Kleidern (die hier auch verkauft werden) erkennt, aus welchem palästinensischen Dorf ihr Träger stammt.

OLD BETHLEHEM MUSEUM
Das **Old Bethlehem Museum** (274 2589; www.arabwomenunion.org; Star St; Eintritt 8 NIS; Mo–Mi, Fr & Sa 8–12 & 14–17, Do 8–12 Uhr) in der Altstadt versetzt den Besucher in ein typisch palästinensisches Zuhause im 19. Jh.: Man bekommt einheimische Tracht zu Gesicht, bewundert eine Sammlung mit Fotos von Palästina aus dem frühen 20. Jh. und kann im Stickereigeschäft oben Handarbeiten von der Bethlehem Arab Women's Union erwerben.

INTERNATIONAL CENTRE OF BETHLEHEM
Das von Lutheranern geführte **International Centre of Bethlehem** (Dar Annadwa; 277 0047; www.annadwa.org; Pope Paul VI St, Madbasseh Sq;) ist der perfekte Ort, um seine Gedanken zu sammeln und Reiserouten zu planen. In der geräumigen Einrichtung mit Café (S. 326) und Gästehaus (S. 324) finden Konzerte, Theaterstücke, Filme, englischsprachige Dokumentationen, Workshops und Vorlesungen statt, zudem befindet sich hier das **Cave** (Al-Kahf; thecave@annadwa.org; Mo–Fr 9.30–16, Sa bis 13 Uhr), Galerie und Geschenkeladen in einem, in dem man durch große Fenster den Künstlern bei der Arbeit zusehen kann; bei Ausstellungen hat der Laden länger geöffnet. Nicht seinen Namensvetter verpassen – eine antike Höhlenwohnung im Untergeschoss.

Schlafen
Die meisten Hotelzimmer in Bethlehem sind recht nichtssagend, dabei aber komfortabel, außer man übernachtet im Jacir Palace InterContinental oder im Dar Annadwa's Abu Gubran. Da die Unterkünfte in der Regel auf Pilger ausgerichtet sind, steigen die Preise an Weihnachten oder Ostern um 30 % bis 50 %; dann sollte man zudem lange vorab buchen.

Ibdaa Cultural Centre Guesthouse (277 6444; www.idba194.org; Flüchtlingslager Dheisheh; B 50 NIS;) In dieser lebendigen vielseitigen Unterkunft an der Jerusalem-Hebron Rd ist immer etwas los. Reisenden bieten sich hier kostenloser Internetzugang, günstiges Essen, Betten in einfachen Schlafsälen, haufenweise Möglichkeiten zu Aktivitäten und ein faszinierender Einblick in das Leben eines palästinensischen Flüchtlings (s. S. 327).

Arab Women's Union (277 5507; arwomenunion@yahoo.com; Beit Sahur; DZ inkl. traditionellem Essen 150 NIS) Die Frauen, die dieses Gästehaus im wunderschönen Beit Sahur leiten, recyclen Papier, leiten Gemeindeprojekte und stellen Kunsthandwerk aus Olivenholz her.

Bethlehem Star Hotel (274 3249; htstar@palnet.com; University St; EZ/DZ 40/60 US$) Ein abolut unscheinbarer Hort der Ruhe mit umwerfender Aussicht, sehr beliebt bei unabhängigen Reisenden und Journalisten.

Paradise Hotel (☎ 274 4542; paradise@p-ol.com; Manger St; EZ/DZ/3BZ 150/250/300 NIS; 🖳) Das Paradies in der Manger St geriet 2001 unter israelischen Beschuss, danach musste es renoviert werden. Die auffallende Lobby blitzt und blinkt heute, die Zimmer sind aber eher spartanisch. Im Gemeinschaftsbereich stehen Computer mit Internetzugang (2 US$/Std.) zur Verfügung.

Bethlehem Hotel (☎ 277 0702; Manger St; EZ/DZ/3BZ 150/250/350 NIS) Die Zimmer dieser Standardunterkunft in der Manger St sind freundlich, aber schlicht. Man wohnt hier inmitten netter Cafés und nur 1 km von der Geburtskirche entfernt – ein ideales Basislager.

Grand Hotel Bethlehem (☎ 274 1440; info@grand hotelbethlehem.com; St Paul VI St.; EZ/DZ inkl. Frühstück 50/70 US$) Ordentlich, sauber, effizient und mittendrin. Die 107 Zimmer hier mögen nicht übermäßig viel Charakter haben, sind aber gemütlich und liegen zentral. Im hoteleigenen Mariachi Bar-Café kommen täglich bis Mitternacht mexikanische Gerichte und Meeresfrüchte auf den Tisch.

Sancta Maria (☎ 276 7374; smaria@p-ol.com; Al-Karkafa St.; EZ/DZ/3BZ 200/300/350 NIS) Die Lobby und die Terrasse dieser neuen Unterkunft versprechen mehr Stil, als die Zimmer dann haben, aber das Personal ist freundlich, die Betten sind bequem und das Frühstücksangebot ist gut. Zur Geburtskirche fährt man fünf Minuten.

LP Tipp **Dar Annadwa** (Abu Gubran; ☎ 277 0047; www.annadwa.org; 109 Pope Paul VI St., Altstadt; EZ/DZ 65/80 US$) Jedes der 13 geschmackvollen Zimmer ist nach einem palästinensischen Dorf benannt. Studenten der Kunstakademie des International Centre gestalten die Deko für dieses äußerst gemütliche, von Lutheranern unterstützte Minigästehaus mit den vielen Extras, das auch Abu Gubran genannt wird.

Casanova Orient Palace (☎ 274 3980; www.casa novapalace.com; EZ/DZ ab 70/90 US$) Näher am Krippenplatz geht nicht! Dieser beliebte Dauerbrenner bringt seine Gäste direkt neben der Geburtskirche in passablen Zimmern und in dynamischer Atmosphäre (ganz besonders an Weihnachten) unter. In der Lobby versammeln sich nicht nur die Hotelgäste, sondern auch Touristen auf der Durchreise und fromme Würdenträger.

Jacir Palace Inter-Continental (☎ 276 6777; Jerusalem-Hebron Rd; EZ/DZ/Suite inkl. Frühstück 90/100/270 US$; 🟥 🖳 🕮) Opulenter, nahöstlicher Luxus

lockt in diesem weitläufigen Hotel, das sich an der Straße hinauf zum Militärkontrollpunkt hinter einer wunderschön restaurierten Villa erhebt. Es ist zwar in der Regel nicht sehr gut besucht, aber die Zimmer sind gemütlich, die Whirlpools sprudeln fröhlich, und die Matratzen betten einen weich. Ein Steinsäulengang und eine großartige Atmosphäre verführen zu einem Besuch des Restaurants mit Bar im Hof.

Essen

In Bethlehem sind Feinschmecker goldrichtig, denn tolle Optionen gibt's zuhauf. Wer auf Fast Food steht, wird an der Manger St oder auf dem kleinen Souq gleich bei der Pope Paul VI St fündig: Hier gibt's faustgroße Falafel, brutzelnde *shwarmas* und viele verführerische Zutaten für Picknicks oder Kochsessions.

Geschäftstüchtige Einheimische haben an dem Teil der israelischen Sperranlagen, die direkt oberhalb des Jacir Palace gen Osten verlaufen, eine Handvoll Cafés eröffnet. Bei einem Spaziergang schauen, welches gerade geöffnet ist; die Speisekarten werden oft in riesiger Schrift direkt auf die Mauer gemalt.

BETHLEHEM

LP Tipp **Afteem** (Manger Sq; Falafel 4 NIS; Hummus ab 12 NIS) Seit Jahrzehnten eine Institution in Bethlehem. Die Einheimischen genießen hier an der Auffahrt zum Krippenplatz erstklassiges Hummus, z. B. als *masabacha* (warmes Hummus mit ganzen Kichererbsen). Wer etwas anderes probieren möchte, dem sei das köstliche *fatteh* empfohlen – eine Art suppiges Hummus mit Pitabrot, mit gerösteten Pinienkernen gekrönt. Der Hammer!

La Terrasse (Hauptgerichte 25–58 NIS; 🕑 mittags & abends, Di geschl.) Wo die Schönen der Stadt auf ihre Politiker treffen, eröffnet sich ein Panoramablick über Bethlehem und die jüdische Siedlung Har Choma, ergänzt von anspruchsvollem, mediterran-mexikanischem Essen, einer gemütlich-schicken Atmosphäre, verschiedensten Weinen und internationalem Klientel. Die cremige Shkedei Marak (Suppe mit knusprigen Croutons aus Mehl und Palmöl) ist göttlich!

Abu Shenab (Manger St; Hauptgerichte 30–60 NIS; 🕑 mittags & abends, Mo geschl.) Die saftigen Lammkoteletts, das traditionell geschlachtete Schaschlik und das *kofta* (gewürztes Hackfleisch am Spieß gegrillt) taugen zwar angeblich sogar dazu, Vegetarier zu bekehren, für diese sind hier aber auch allerlei Mezze ohne Fleisch im Angebot.

Abu Eli (Al-Qubba; Hauptgerichte 30–60 NIS; ☾ mittags & abends) Für wen darf es noch etwas gefüllte Taube sein? Das Abu Eli ist eines der Sterne-restaurants für Salate und gegrilltes Fleisch auf nahöstliche Art. Es stoppen hier zwar nicht mehr soviele Touribusse wie früher, das Essen ist aber immer noch köstlich.

Square (Manger Sq; Hauptgerichte ab 35 NIS; ☾ 9–24 Uhr; 🛜) Neuer, todschicker Laden im Lounge-Stil, direkt im Herzen Bethlehems gelegen und genau das Richtige für eine Pause nach einem ausgedehnten Stadtspaziergang. Wie wäre es jetzt z. B. mit einem Cappuccino oder einem leichten Mittagessen (unsere Empfehlungen: der griechische Rhodos-Salat oder die herzhaften Penne Arrabiata) im Restaurant im Keller? Cocktails, Wasserpfeifen (im Obergeschoss; man probiere Melone, Apfel oder Kirsche), kostenloses WLAN und einen Parkservice gibt's ebenfalls.

BEIT JALA

Qaabar (Beit Jala) Wer in der hübschen Altstadt von Beit Jala nach einem Grillrestaurant fragt, landet hier: Das Qaabar ist stadtbekannt für sein über Holzkohle gegrilltes Hühnchen und die fabelhafte Aioli – eine süchtig machende Knoblauchmayonnaise ohne Ei. Also, Serviette umbinden und zugreifen!

BEIT SAHUR

Al-Qala'a/Citadel (Altstadt, Beit Sahur; Hauptgerichte 25–50 NIS; ☾ mittags & abends) In diesem Juwel, einem uralten Schulhaus, kommen sowohl Touristen als auch Einheimische dank palästinensischem und überraschend leckerem chinesischem Essen voll auf ihre Kosten.

Shepherd's Valley Tourist Village (Beit Sahur; Hauptgerichte 25–50 NIS; ☾ mittags & abends) Für gewöhnlich hält man hier nach einem Besuch des Feldes der Hirten, und zwar wegen des Ambientes – das riesige Beduinenzelt steht hier tatsächlich – und des regionalen Essens, das gleichermaßen Palästinenser wie Ausländer anlockt. Manchmal werden auch Folkloretänze geboten.

Ausgehen & Unterhaltung

Al-Kuz Café & Bar (International Centre of Bethlehem, 109 Pope Paul VI St, Al-Madbasseh; ☾ 9–17 Uhr; 🛜) Hübsche, kleine Kaffeebar mit niedlichem Patio, versteckt hinter dem International Centre – ideal zum Entspannen und Erholen!

Peace Center Coffee Shop (Manger Sq; ☾ Mo–Sa 9–18 Uhr) Das Café des Peace Center auf dem Krippenplatz versorgt einen mit schnellem Cappuccino (8 NIS) oder Espresso in kühler, sauberer, geräumiger Umgebung. Hier trifft man immer wieder irgendwelche VIPs.

Cosmos (☎ 276 4635; Olive Tree Tourist Village, Beit Jala; Eintritt 40 NIS; ☾ Do & Sa 21 Uhr–open end) Auf der Suche nach dem einen angesagten Nachtclub in Palästina? Nun, das ist er: der Ort, an dem junge palästinensische Singles rauchen, tanzen, trinken und, ja genau, manchmal Kuchen essen. Vor Mitternacht ist normalerweise nichts los, also erst später losziehen (und reservieren, falls man mit einer Gruppe unterwegs ist), um ganze jugendliche Freiheit inmitten einer Welt aus Einschränkungen in vollen Zügen einzuatmen.

An- & Weiterreise

Ein „freundlicher Kontrollposten" ist wie „harmloses Feuer": Es passt einfach nicht zusammen. Die Kontrollen in Bethlehem sind – trotz ihrer mangelhaften Ausschilderung – dennoch viel angenehmer als anderswo; den Pass bereithalten und sich mental darauf einstellen, eingeschüchtert zu werden (aber nur ein bisschen). Auf der Bethlehem-Seite stehen für alle Fußgänger Taxis bereit, die sie blitzschnell in die Stadt bringen; immer schön um den Fahrpreis feilschen, 10 bis 20 NIS dürften angemessen sein.

Von Bethlehem aus gelangt man am besten mit dem Taxi zu anderen Reisezielen im Westjordanland. Wer einen Stundenpreis ausgehandelt hat (normal sind ca. 50 NIS), kann sich ganz bequem die Sehenswürdigkeiten außerhalb der Stadt oder auch andere Städte ansehen.

Aus Jerusalem fährt Bus 21 (6 NIS, 30 Min.) hierher; Start ist alle paar Minuten an der Bushaltestelle nahe der Ecke Nablus St/Sultan Suleyman St. Der Bus fährt über Beit Jala direkt nach Bethlehem und umgeht so den Hauptkontrollpunkt in Bethlehem. Halt ist in der Nähe des Al-Cinema Sq. Alternativ steigt man in Jerusalem in den Bus 124, der auf der israelischen Seite des Hauptkontrollpunkts hält, unterzieht sich dort der Kontrolle und nimmt dann ein Taxi.

RUND UM BETHLEHEM

Bethlehem ist ein toller Ausgangspunkt für Ausflüge im gesamten Westjordanland, aber es gibt auch in der Umgebung ein paar interessante Sehenswürdigkeiten. In **Beit Jala**, einer der hübschen Schwestern Bethlehems, stößt man auf das in Weihnachtsliedern besungene Feld der Hirten, und das kleine Städtchen **Beit Sahur** wartet mit den meisten Hochschulabsolventen der arabischen Welt und einem wunderschön hergerichteten, antiken Zentrum auf.

Für Freiwilligenarbeit rund um Bethlehem kontaktiert man **Tent of Nations** (☎ 02–274 3071; www.tentofnations.org), das Sommer-Jugendcamps und das ganze Jahr über verschiedene Aktivitäten anbietet.

Flüchtlingslager Dheisheh & Ibdaa Cultural Centre

Das **Flüchtlingslager Dheisheh** (UNRWA; Karte S. 315; ☎ 02–274 2445; Jerusalem–Hebron Rd) strotzt überraschenderweise nur so vor Lebensfreude und Fortschrittsglaube. Anfangs war es ein Zeltplatz, heute nennen 11 000 Menschen das 1 km² große Flüchtlingslager ihr Zuhause, die von einem Arzt in Teilzeit betreut werden. Über die Jahrzehnte haben Barrikaden, Stacheldraht und die längsten Ausgangssperren, die die Israelis jemals verhängten – 84 aufeinanderfolgende Tage während des Golfkriegs –, das Leben hier eingeschränkt. Palästinensischen Quellen zufolge wurden über 80 % der Jugendlichen in Dheisheh bereits einmal von israelischen Truppen festgenommen.

Das **Ibdaa Cultural Centre** (www.ibda194.org) im Lager („ibdaa" ist Arabisch und bedeutet „Kreativität") verdient seinen Namen: Es ist das Hauptquartier einer weltbekannten, jungen Folk-Tanzgruppe und von Basketballteams, zudem unterstützt es die angeschlossenen Einrichtungen: ein Medienzentrum, eine Berufsschule, einen Kindergarten, ein Oral-History-Projekt, eine Initiative für Frauenrechte, einen Internetraum (für Besucher kostenlos), ein Restaurant und das Gästehaus des Kulturzentrums (S. 324). Freiwillige Helfer sind stets willkommen.

Nach Dheisheh nimmt man vom Stadtzentrum aus ein Taxi (20 NIS) oder ab der Kreuzung Bab iz-Qaq (außerhalb der Karte S. 319) ein Sammeltaxi (3 NIS).

Flüchtlingslager Aida

Dieses freundliche Camp (Karte S. 315) im Schatten von Israels Sperranlagen leidet seit Jahren unter Restriktionsmaßnahmen, Ausgangssperren und feindlichen Übergriffen der israelischen Militärs. Seine extrem junge Bevölkerung ohne eine sinnvolle Aufgabe

macht die Arbeit des hiesigen **Centre AlRowwad** (☎ 02–275 0030; www.alrowwad.org) noch notwendiger. Das Zentrum wird von dem Ortsansässigen AbdelFattah Abu Srour geleitet und bietet Schauspiel-, Musik-, Computer- und Kunstunterricht an. Außerdem gibt's spezielle Kurse und Workshops für Frauen, Blinde und Menschen mit Behinderungen. Freiwillige und Besucher sind willkommen in diesem Zentrum, ein hoffnungverheißendes Leuchtfeuer in einer weithin trostlosen Landschaft. Auf S. 118 findet sich ein Interview mit AbdelFattah.

Feld der Hirten

Wer sich immer schon gefragt hat, wo genau „die Hirten in der Nacht ihre Herden bewachten", sollte sich das Feld der Hirten ansehen (Karte S. 315), eine parkähnliche Anlage gleich außerhalb von Beit Sahur. Obwohl das Feld in Beit Sahur nicht der einzige Ort ist, an dem mit absoluter Sicherheit ein biblisches Ereignis stattfand – der himmlische Bote stieg herab und überbrachte einer Gruppe von Hirten die frohe Botschaft der Geburt Jesu –, so wird er doch von allen Orten dieser Art definitiv am häufigsten besucht. Neben einem zum Spazierengehen einladenden Gelände gibt's eine byzantinische Höhle mit Kapelle (aus der oft atmosphärischer Sprechgesang dringt) und die 1953 nach italienischem Entwurf erbaute **Engelskapelle** mit ihrem entzückenden, hellen Interieur. Draußen auf dem Gelände posiert vielleicht gerade eine Braut in Weiß für Hochzeitsfotos, und Affen (in Braun) lümmeln unter einem Baum; Picknicker trifft man allerdings kaum an, wohl wegen der allzu autoritär wirkenden „Nicht essen!"-Schilder.

Hin kommt man aus Bethlehem mit dem Taxi (15 NIS) oder dem Bus Richtung Beit Sahur (1,50 NIS), der in der Shepherd's St abfährt, gleich unterhalb des Krippenplatzes.

Herodeion

Nach einem Besuch bei den die Geburt Jesu verkündenden Engeln passt das **Herodeion** (☎ 050 623 5821; Erwachsener/Kind 25/13 NIS; ☼ April–Sept. 8–17 Uhr, Okt.–März bis 16 Uhr) hervorragend ins Programm: König Herodes' spektakulärer Festungspalast wurde zwischen 23 und 15 v. Chr. errichtet und wird von den arabischen Bürgern seit Jahrhunderten „Berg des Paradieses" genannt.

Sogar aus einiger Entfernung ist der „Berg" nicht zu übersehen: 9 km südlich von Beit

Sahur erhebt er sich aus der judäischen Wüste wie ein abgeflachter Vulkan (der Palast thront auf dem Hügel, dessen Spitze abgetragen wurde, um Platz für den Komplex zu schaffen). Innen gibt's eine ganze Reihe faszinierender Überreste von Herodes' ganz persönlichem Gesellschaftsclub (inklusive Badehaus und Pool auf dem Dach), außerdem sein Grab, das 2007 entdeckt wurde. Obgleich es von den Römern 71 n. Chr. geplündert wurde – etwa zur gleichen Zeit geschah dasselbe in Masada (S. 335) –, ist hier heute eine Menge zu sehen, und dabei wurde noch gar nicht alles ausgegraben.

Das Herodeion liegt in Zone C (s. Kasten S. 318) und ist somit unter israelischer Kontrolle; am Fuße des Berges befindet sich ein Militärstützpunkt. Die Stätte wird von der **Israeli Parks and Nature Authority** (www.parks.org.il) verwaltet. Aus Bethlehem kommt man mit dem Taxi (ca. 50 NIS/Std.) hierher – unbedingt mit dem Fahrer mindestens eine Stunde Wartezeit vereinbaren! Freitags ist der schlechteste Zeitpunkt für einen Besuch, da das Herodeion dann von Tourbussen aus Israel heimgesucht wird.

Artas

Wer zuviel Energie hat, kann vom muslimischen Ort Artas (Karte S. 315) durch das hübsche, bewirtschaftete Wadi Artis die 12 km zum Herodion laufen. Das Dorf ist in der Gegend für sein jedes Jahr im März stattfindendes **Salatfestival** (S. 412) – ein wirklich seltsamer Name – bekannt; dann werden Volkstänze aufgeführt und Pferderennen veranstaltet. Interessant sind das kleine **Artas Folklore Centre** (☎ 276 0533) und das **Palestinian Ethnographic Museum** (Eintritt 12 NIS) daneben, die ein Einheimischer ins Leben rief, um die Bräuche und das Archivmaterial seines Dorfes zu bewahren. Das Zentrum organisiert Touren durch restaurierte Häuser im Ort und bietet für Gruppen Mahlzeiten mit Volkstanz an; es befindet sich direkt über der Moschee, die Öffnungszeiten kann man telefonisch erfragen.

Kirche von Khadr

Die **Kirche von Khadr** (☎ 02–274 3233; St. George's, Jerusalem-Hebron Rd; ☺ 8–12 & 15–18 Uhr) befindet sich außerhalb Bethlehems und ist dem heiligen Georg gewidmet, dem Drachenbekämpfer und Schutzpatron der Reisenden und der Kranken. Georg ist auch als Schutzheiliger

Palästinas oder als St. Georg der Grüne bekannt; ihm zu Ehren wird jedes Jahr am 5. Mai eine Wallfahrt zur Kirche begangen, an der sowohl Christen als auch Muslime teilnehmen. Ein Moslem, dem die Schlüssel dieser kleinen griechisch-orthodoxen Kirche anvertraut wurden, wird auf Wunsch ein Kettenritual vollziehen: Besucher, die sich von schlechter Energie befreien, ihre Seele reinigen, eine Krankheit abschütteln oder sich auf eine lange Reise vorbereiten möchten, werden hier zeremoniell ge- und entfesselt. Ursprung des Rituals soll der (zum Glück nicht mehr praktizierte) Brauch sein, „Verrückte" an Wände zu fesseln, um sie durch die göttliche Intervention des heiligen Georgs persönlich vor dem Wahnsinn erretten zu lassen. Wenn die Kirche leer ist, klopft man bei der Pfarrei. Von Bethlehem (15 NIS) bringen einen Taxen nach Khadr.

Teiche Salomos

Die bekanntere Sehenswürdigkeit in der Umgebung von Khadr sind die **Teiche Salomos**. Zur Zeit der Römer speisten Quellen drei riesige, rechteckige Speicherbecken, die Jerusalem und Herodeion über Aquädukte mit Wasser versorgten. König Salomo ruhte sich an ihrem glitzernden Wasser aus und soll dort das sinnliche Hohe Lied Salomos niedergeschrieben haben. Die Quellen wurden bis ins 20. Jh. zur Bewässerung von Saatgut im umliegenden, fruchtbaren Tal genutzt, und verschiedene Armeen haben hier bereits ihr Lager aufgeschlagen. Hier steht auch noch eine Festung aus dem Osmanischen Reich, der letzte historische Halt für Pilger auf dem Weg nach Jerusalem.

Vom Krippenplatz fährt Bus 1 (2 NIS) mit Ziel Dheisheh zu den Teichen, alternativ nimmt man ein Taxi (15 NIS).

Kloster Mar Saba

Ein Muss für architektonisch interessierte Traveller auf ihrer Reise durch das Heilige Land ist das **Kloster Mar Saba** (☺ So–Do 8–16 Uhr), von Bethlehem 20 km östlich gelegen, hinter Beit Sahur. Schon die ruhige Fahrt hierher ist wunderschön. Die phänomenale Eremitengemeinschaft schmiegt sich mit ihren kupfernen Kuppeln an eine Klippe und wurde 439 n. Chr. gegründet; den besten Blick auf sie hat man vom gegenüberliegenden Hang aus – nur Männer sind privilegiert, auch hineinzugehen. Etwa ein Dutzend Mönche lebt immer noch hier, zusammen mit den Überresten des asketischen Heiligen Sabas aus dem 5. Jh., die in der zweiten Kapelle der Kirche ruhen, und den Schädeln von etwa 120 Mönchen, die hier 614 n. Chr. massakriert wurden (diese werden die hier ansässigen Mönche wahrscheinlich überdauern). Das schwache Geschlecht muss mit der Vogelperspektive vorlieb nehmen, die der Frauenturm bietet, ein recht gedrungenes Gebäude gegenüber. Von hier aus kann man geradezu perfekt eine Runde „Ich sehe einen Mönch, den du nicht siehst!" spielen.

Von Bethlehem aus verkehren nur Taxen bis hier; der Ausflug wird ca. drei Stunden dauern, pro Stunde bezahlt man etwa 50 NIS.

RAMALLAH & AL-BIREH
☎ 02 / 65 000 Ew.

Die „Braut Palästinas" liegt stolze 900 m über dem Meeresspiegel, was sie vor der Zeit des prekären Qalandia-Kontrollpunkts als einen Ort der Abkühlung für die Bewohner der Golfregion und die Jordanier prädestinierte. Ramallah („Gottes Berg") und Al-Bireh waren ursprünglich zwei einzelne Dörfer, die heute, nur 15 km nördlich von Jerusalem, als urbaner Zusammenschluss 65 000 Menschen beherbergen. Obwohl die Geschichte Al-Birehs auf die Kanaanäer zurückgeht, wurde Ramallah im 16. Jh. von Christen besiedelt und ist heute eine betriebsame, fast kosmopolitische Stadt, größtenteils unberührt von extremen politischen und religiösen Gesinnungen.

In Ramallah finden sich die Regierungsministerien, das palästinensische Parlament, diplomatische Missionen, Fernsehsender und NGOs, gleichzeitig zieht es viele Besucher an, die in den Genuss der Gegenwartskultur kommen möchten, welche die hiesige lebendige Kunstszene verbreitet. Hier kann man sich eine gesellschaftskritische Doku ansehen, danach ein Konzert oder Theaterstück besuchen und den Abend bei leckerer Pizza und Cocktails ausklingen lassen.

Ramallah mag nicht die Fülle an historischen Sehenswürdigkeiten zu bieten haben wie Jericho oder Bethlehem. Spaziert man jedoch durch die Gässchen um den al-Manarah-Platz herum, findet man Imbisse, Parfümerien und Schmuckläden en masse, und wer dem gediegeneren Al-Muntazah-Viertel einen Besuch abstattet, trifft auf Damen mit

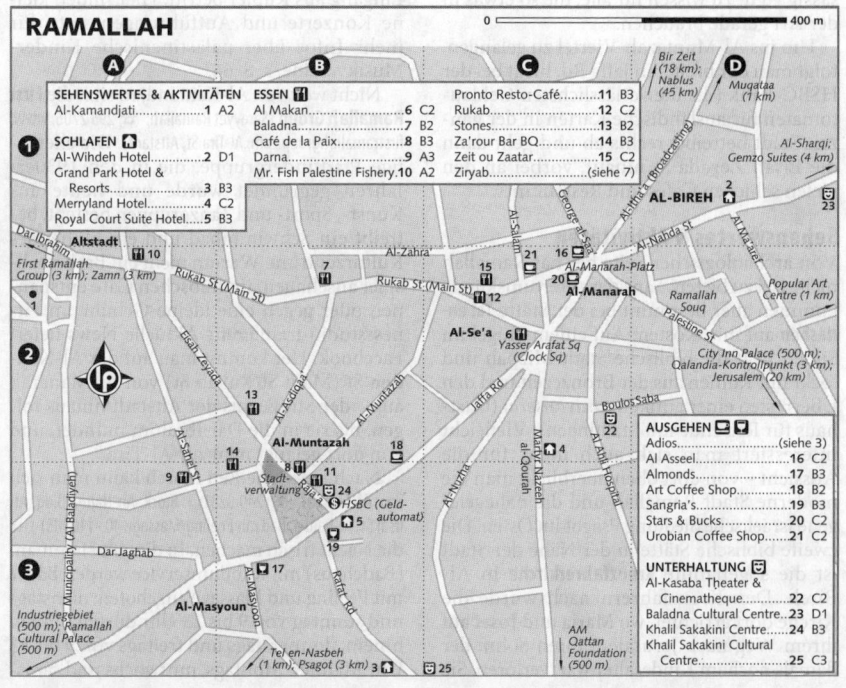

RAMALLAH

SEHENSWERTES & AKTIVITÄTEN		
Al-Kamandjati	1	A2

SCHLAFEN		
Al-Wihdeh Hotel	2	D1
Grand Park Hotel & Resorts	3	B3
Merryland Hotel	4	B3
Royal Court Suite Hotel	5	B3

ESSEN		
Al Makan	6	C2
Baladna	7	B2
Café de la Paix	8	B3
Darna	9	A3
Mr. Fish Palestine Fishery	10	A2
Pronto Resto-Café	11	B3
Rukab	12	C2
Stones	13	B2
Za'rour Bar BQ	14	B3
Zeit ou Zaatar	15	C2
Ziryab	(siehe 7)	

AUSGEHEN		
Adios	(siehe 3)	
Al Asseel	16	C2
Almonds	17	B3
Art Coffee Shop	18	B2
Sangria's	19	B3
Stars & Bucks	20	C2
Urobian Coffee Shop	21	C2

UNTERHALTUNG		
Al-Kasaba Theater & Cinematheque	22	C2
Baladna Cultural Centre	23	D1
Khalil Sakakini Centre	24	B3
Khalil Sakakini Cultural Centre	25	C3

Schoßhündchen im Arm und die eine oder andere Berühmtheit aus der Gegend. Höfliche Polizisten helfen an den Zebrastreifen aus, Kaffeeverkäufer mit Fes, Schaufensterbummler und Straßenhändler schlendern zwischen beschäftigten Geschäftsmännern im Anzug umher – Ramallah schwelgt in vergnügter Differenziertheit. Hier kann man einen wirklich grandiosen Tag verbringen!

Orientierung

Ein guter Ausgangspunkt, um Ramallah zu erkunden, ist der betriebsame al-Manarah-(Leuchtturm-)Platz. Man stelle sich den Trafalgar Square en miniature vor – inklusive Säulen (aber ohne das Nelson-Denkmal), Steinlöwen (mit aufgesprühten palästinensischen Flaggen), Verkehr und Tauben – und füge einen palästinensischen Touch hinzu. Vom al-Manarah-Platz geht's in die Rukab St (auch Main St genannt) oder in die Palestine St gegenüber, und schon findet man sich inmitten von Cafés und eines geschäftigen Treibens wieder.

In diesem Bereich ist auch der Großteil der Juweliere, Imbissbuden und Apotheken ansässig – gut zu wissen für alle, die so etwas in der Art gerade brauchen.

Um ins Al-Muntazah-Viertel zu gelangen, folgt man der breiteren Jaffa Rd, biegt bei der HSBC-Bank (die die verlässlichsten Geldautomaten für ausländische Karten in der ganzen Stadt betreibt) rechts ab und geht dann die Eisah Zeyada St hinauf, vorbei an den vielen schicken Cafés und Restaurants.

Sehenswertes & Aktivitäten

Von archäologischer Seite her hat Ramallah nicht viel zu bieten, Fans der Altertumskunde kommen aber bestimmt bei der Stätte Tel en-Nasbeh auf ihre Kosten: Auf einem Hügel im Süden liegt die biblische Stadt Mizpah und lockt mit Ruinen aus der Bronzezeit und den Überresten einer antiken *caravanserai* (Gasthaus für Reisende mit Stallungen). Vielleicht interessiert man sich auch mehr für die Aussicht – von dort oben überblickt man die moderne Stadt Ramallah und die nahegelegene israelische Siedlung Psagot im Osten. Die zweite biblische Stätte in der Nähe der Stadt ist die sogenannte **Kreuzfahrerkirche** in Al-Bireh. Den Kreuzfahrern nach wurde die Kirche dort errichtet, wo Maria und Josef auf ihrem Weg nach Jerusalem ihren Sohn, der damals noch im Kindesalter war, verloren. Sie

fanden ihn in Jerusalem wieder, wo er mit den Erwachsenen im Tempel betete und philosophierte.

Fans der modernen Geschichte werden von der wiederaufgebauten **Muqataa** (Al-Itha'a St) beeindruckt sein. Yassir Arafat verbrachte auf diesem weitläufigen Amtssitz nach der Eroberung Ramallahs durch die Israelis seine letzten Jahre. 2004 wurde Arafat hier beerdigt, nachdem er aus unbekannter Ursache in einem Pariser Krankenhaus verstarb; sein massives **würfelförmiges Grab**, das von Soldaten bewacht wird und mit Kränzen geschmückt ist, kann man sich jeden Tag anschauen. Bis auf ein paar Panzereinschusslöcher wurden die Gebäude komplett restauriert. Die Muqataa liegt etwa 1 km vom Viertel Al-Manarah entfernt an der Straße nach Bir Zeit und Nablus.

Zurück im Stadtzentrum kann man auf den ersten Blick erkennen, dass Ramallahs Altstadt ein Paradebeispiel für die osmanische Architektur ist. Hier steht auch das kleine Konservatorium **Al-Kamandjati** (☎ 297 3101; www. alkamandjati.com, französisch; Altstadt): Violinen- und Flötenklänge hallen durch ein antikes Gewölbe, das man durch einen kantigen, modernen Eingang aus Kupfer betritt. Hier finden kleine Konzerte und Aufführungen statt; für mehr Infos über palästinensische Kinder-Musikvereine, s. S. 66.

Nicht weit von Al-Kamandjati sitzt die **First Ramallah Group** (Sareyyet Ramallah; ☎ 295 2706; www. firstramallahgroup.com; Al-Tira St, Altstadt). Die ehemalige Pfadfindergruppe, die in den 1930er-Jahren gegründet wurde und heute aus Kunst-, Sport- und Tanzgruppen besteht, betreibt ein Schwimmbad und ein blühendes Kulturzentrum. Warum nicht ein Basketballspiel anschauen, im hübschen Café entspannen oder gegen eine kleine Gebühr im Fitnessstudio trainieren? Aktuelle News liefert Facebook. Her kommt man auf der Al-Nahdha St (Main St/Rukab St) von Al-Manarah aus – der Straße aus der Altstadt hinaus folgen, bis sie in die Dar Ibrahim mündet, und von dort gelangt man zur Al-Tira.

Nach einem heißen Match kann man sich im **Al-Sharqi** (☎ 240 8281; 1. Stock, An-Najma Bldg, Al-Irsal St, Al-Balu'a; Bad mit Peeling/Massage 40–110 NIS) für die Nacht frisch machen. In diesem Hammam (Badehaus) mit Rundumservice werden Bäder mit Peeling und Massage angeboten; dienstags und sonntag von 9 bis 23 Uhr dürfen Frauen hinein, donnerstags und freitags von 9 bis 23 Uhr Männer. Montags, mittwochs und samstags sind die Bäder von 9 bis 17 Uhr für Frauen und von 17 bis 0 Uhr für Männer geöffnet.

Schlafen

Die meisten Besucher – Hilfsarbeiter, Freiwilligenhelfer und Geschäftsleute ausgenommen – besuchen Ramallah im Rahmen eines Tagesausflugs und übernachten in Jerusalem oder Bethlehem. Dabei hat die Stadt durchaus ein paar Unterkünfte für jeden Geldbeutel zu bieten.

Al-Wihdeh Hotel (☎ 298 0412; Al-Nahda St, Al-Manarah; EZ/DZ/3BZ 100/120/130 NIS) In diesem schlichten, ordentlichen Hotel im dritten und vierten Stock im Stadtzentrum findet man ein Bett (aber kein Frühstück). Wer viel Gepäck hat, wird wohl fluchen: Es gibt keinen Aufzug.

Merryland Hotel (☎ 298 7176; Martyr Nazeeh al-Qourah; EZ/DZ/3BZ 100/150/180 NIS) Nicht gerade eines der edlen Luxushotels in Ramallah, aber gemütlich und günstig gelegen.

Royal Court Suite Hotel (☎ 296 4040; Fax 296 4047; Al-Muntazah; EZ 69 US$, DZ 79–130 US$) Alle Zimmer haben Küchenzeilen, manche auch separate Schlafzimmer. Toll sind die Optionen mit Balkon. Die angebotenen Meeresfrüchte kann man wie das Frühstück im Speisesaal im Dachgeschoss mit Panoramablick genießen.

City Inn Palace (☎ 240 8080; Jerusalem St., Al-Sharafeh; EZ/DZ 70/100 US$) Wer es elegant und mit allem Drum und Dran mag, ist in dieser Unterkunft in Al-Bireh richtig – auch wenn es im Restaurant keinen Tropfen Alkohol gibt, besteht immerhin die Chance, seinem Lieblings-Auslandskorrespondenten über den Weg zu laufen.

Grand Park Hotel & Resorts (☎ 298 6194; www.grandpark.com; Rafat Rd, Al-Masyoun; EZ/DZ/Suite ab 280/360/700 NIS; ✖ 🖥 🛜 🏊) Das größte und protzigste Hotel der Stadt bietet Gärten, großartiges Essen, eine Lounge, einen imposanten Pool, einen Kinderspielplatz und äußerst noble Suiten.

Gemzo Suites (☎ 240 9729; www.gemzosuites.net; Apt. mit 1/2/3 Schlafzi. 165/210/255 US$) Diese möblierten Apartments, untergebracht in hochgesicherten Wohnblöcken im mediterranen Stil in Al-Bireh, warten mit komplettem Wäscheservice, Telefonen mit normalen Tarifen, gut ausgestatteten Küchen, je einem Speise- und einem Wohnzimmer sowie einem Spielplatz auf.

Essen

Um den al-Manarah-Platz drängen sich Unmengen winziger Restaurants und Fast-Food-

Imbisse: Von Falafel und *shwarma* bis zu KFC ist alles vorhanden, nur Harland D. Sanders (der KFC-Vater) lässt sich nie blicken. Wer Richtung Süden geht, gelangt auf die Eisah Zeyada St und die Jaffa Rd, wo der gehobenere Genüsse erwartende Gaumen befriedigt wird.

GÜNSTIG

Immer der Nase nach, wenn einem der Sinn nach Falafel und *shwarma* steht: Beides findet man um den al-Manarah-Platz herum in rauen Mengen. Auch Ramallahs Eisdielen sind etwas ganz Besonderes – nach einem Besuch in einer wird man verstehen, was es mit dem Verdickungsmittel Gummi arabicum auf sich hat (aber vielleicht nicht, warum schwitzende und genervte Auslandskorrespondenten so auf das Zeug abfahren ...); die bekanntesten Vertreter sind Rukab und Baladna, beide auf der Rukab St zu finden.

Zeit ou Zaater (Rukab St; Snacks ab 7 NIS; ☽ 10 Uhr–open end) Hier kann man vor Ort essen oder mitnehmen. Das stimmungsvolle, niedliche Restaurant tischt eine ganze Reihe leckerer Teilchen, Sandwiches und kleine Pizzen auf.

Zamn (Al-Tireh; Kaffee ab 10 NIS; ☽ 7–23 Uhr; 🛜) Das Aktuellste und Coolste, das Ramallahs Café- und Gastroszene derzeit zu bieten hat, findet sich direkt gegenüber der First Ramallah Group. In diesem tollen Laden verspeist man morgens ein Croissant plus Kaffee oder mittags ein Sandwich und kann mit seinem Laptop kostenlos surfen oder umgeben von alten ägyptischen Filmplakaten entspannen.

Café de la Paix (Al-Muntazah; Kaffee ab 10 NIS; ☽ 9 Uhr–open end) An der Ecke gegenüber des lange bestehenden Pronto und direkt gegenüber der Stadtverwaltung liegt dieses elegante Kaffee mit Bäckerei im europäischen Stil, das herrliche Kuchen und Kaffee anbietet. Damen und Herren im Anzug lassen sich bei coolem Jazz ihr Mittagessen schmecken, auf Lederstühlen und vor einer Flockprint-Tapete – very sophisticated! Die Salate sind riesengroß, die Cappuccini krönt viel Milchschaum. Pfannkuchen mit richtig viel Ahornsirup gibt's für 32 NIS.

Ziryab (Salah Bldg, Rukab St; Hauptgerichte 20–60 NIS; ☽ 8 Uhr–open end; 🛜) Genau richtig für eine Kaffeepause oder auch etwas Stärkeres. Die beliebte Location über die Eisdiele Baladna gehört einem Künstler.

Mr. Fish Palestine Fishery (Rukab St; Hauptgerichte ab 20 NIS; ☽ mittags & abends) Wer Hummus nicht mehr sehen kann, ist mit diesem Alltagsrestaurant gut beraten: Die hiesigen Fish & Chips sind fast besser als die in Blackpool!

Stones (Al-Muntazah; Frühstück 20 NIS; ☻ Mo–Do & Sa 7 Uhr–open end, Fr & So ab 9 Uhr; ☏) Schniekes Café direkt gegenüber der Stadtverwaltung mit leckerem Frühstücksangebot, Kaffee und riesengroßen Focaccias; beliebter Treffpunkt für einheimische Trendsetter.

MITTELTEUER

LP Tipp Pronto Resto-Café (Al-Muntazah; Hauptgerichte 35–60 NIS; ☻ mittags & abends) Diese dämmrig beleuchtete, gemütliche kleine Trattoria ist sehr beliebt bei Musikern, Filmproduzenten, Bildungsbürgern und Friedenshelfern. Die Carbonara strotzt nur so vor rauchig-deftigem Speck und Knoblauch, und das Sandwich mit Blauschimmelkäse ist der Himmel auf Erden für alle Käsefans, die es so richtig würzig mögen. Eines oder zwei Gläschen Wein aus Palästina runden das Ganze perfekt ab.

Za'rour Bar BQ (Altstadt; Hauptgerichte 40–70 NIS; ☻ mittags & abends) Hinter der Stadtverwaltung kann man sich an konstant hochwertiger palästinensischer Kost in Form von gegrilltem Fleisch und Salaten gütlich tun. Zum Nachtisch gibt's süßes Gebäck und starken Kaffee.

TEUER

Al Makan (Al-Se'a/Clock Sq; Hauptgerichte 50–85 NIS; ☻ mittags & abends) Anspruchsvollere Gerichte und edleres Ambiente: Tradition trifft auf Innovation, und das alles für nur ein paar Shekel mehr.

Darna (☎ 295 0590; Al-Sahel St.; Hauptgerichte 50–95 NIS; ☻ mittags & abends; ☏) Ramallahs prächtigstes Restaurant hat sich die „Verfeinerung und Neudefinierung" der palästinensischen Küche zum Ziel gesetzt – und setzt das mit großem Erfolg um. Das alte Steingebäude birgt ein anmutiges Gewölbe, und die Speisekarte erscheint endlos. Die Kids amüsieren sich auf dem Spielplatz, die Erwachsenen mit Wasserpfeifen. Abends sollte man reservieren.

Ausgehen

Schlichte traditionelle Cafés, die schwarzen Kaffee in Fingerhüten servieren, gibt's in Ramallah überall, in besonderer Konzentration rund um den al-Manarah-Platz. Hier treffen sich zwar hauptsächlich Männer, Frauen sind aber in den meisten ebenfalls willkommen. Wem der Sinn nach etwas Härterem als Kaffee steht, für den stehen

mehrere Bars zur Auswahl, die bis in die frühen Morgenstunden Cocktails mixen.

BARS

Sangria's (☎ 295 6808; Jaffa Rd, Al-Muntazah; ☻ mittags & abends) Donnerstags und samstags abends muss man in Ramallahs beliebtester Sommerbar im Voraus reservieren. Das mexikanische und internationale Essen ist anspruchsvoll, aber der eigentliche Renner sind die Drinks und das glamouröse Gartenflair.

Adios (Grand Park Hotel, Rafat Rd, Al-Masyoun; ☻ 16–3 Uhr) Eine stylische, höhlenartige Bar, die jetzt auf einen gemütlichen Cocktail einlädt und sich in der nächsten Minute in eine wilde Partylocation verwandelt – hier kann man zu dröhnenden Bässen tanzen bis zum Umfallen!

Almonds (Ramallah Hotel, Al-Masyoun; Hauptgerichte 30–50 NIS; ☻ mittags–open end) Billard, Snacks, Drinks, das ist alles. Glamour sucht man vergebens, dafür trifft man hier Englischsprecher mit treuem Gefolge.

TRADITIONELLE CAFÉS

Al Asseel (Obergeschoss, Tannous Bldg, Rukab St, ☻ 8 Uhr–open end) Famoser Treffpunkt der Einheimischen mit schönem Blick über Ramallahs geschäftige Hauptstraße. Donnerstags und freitags finden Konzerte statt, stärkere Gebräue als Kaffee gibt's dazu allerdings nicht.

Urobian Coffee Shop (Rukab St; ☻ 8 Uhr–open end) Leckermäuler sind an dieser bei den Einheimischen ebenfalls sehr beliebten Kaffeetheke genau richtig. Zu empfehlen sind der frische Saft und das Gebäck.

Stars & Bucks (Al-Manarah; ☻ 8 Uhr–open end) Das Nonplusultra, um Comedy aus dem Westjordanland zu erleben. Es befindet sich direkt auf Ramallahs Hauptplatz, wo sich die Rukab St und die Jaffa Rd teilen. Der Anblick des wohlbekannten Logos lässt die einen vor Freude, die anderen vor Schreck zusammenzucken, aber nicht täuschen lassen: Haselnuss-Lattes sind weit und breit nicht zu sehen.

Unterhaltung

Mit dem Unterhaltungsprogramm in der *This Week in Palestine* findet man sich im Kulturangebot gut zurecht; es gibt sie in den meisten Cafés, Restaurants, Kulturzentren und den gehobeneren Hotels.

Al-Kasaba Theater & Cinematheque (☎ 296 5292; www.alkasaba.org; Al-Manarah) Ein Magnet für Künstler, Musiker sowie Film- und Theaterfans. Während eines Stadtaufenthalts lohnt sich der Besuch einer Aufführung oder einer Filmvorführung hier.

Khalil Sakakini Centre (☎ 298 7374; www.sakakini. org; Al-Muntazah) Ausstellungen von regional und international bekannten Künstlern neben einer ganzen Menge anderer kultureller Veranstaltungen. Bevorstehende Events sind auf der Website aufgelistet.

Popular Art Center (☎ 240 3891; www.popularart center.org; Nablus Rd, Al-Bireh) Die Wiege des alljährlich im Juni stattfindenden musiklastigen Palestine International Festival of Music & Dance beherbergt die Palestinian Dance School und zeigt Filme.

Ramallah Cultural Palace (☎ 298 4704; www.ramal lahculturalpalace.org; Industriegebiet) Auf einem Hügel im Industriegebiet thront diese beeindruckende, hochmoderne Veranstaltungslocation, die einen randvollen Eventkalender zu bieten hat.

AM Qattan Foundation (☎ 296 0544; www.qattan foundation.org; Al-Jihad St, Al-Masyoun) Lesungen und Wettbewerbe in Sachen Gedichte, Kurzgeschichten, Romane, Drehbücher, Journalismus und plastische Kunst.

Baladna Cultural Centre (☎ 295 8435; Al-Nahda St) Hier gibt's Shows für Kinder, Konzerte, Filme und Aktivitäten, die wirklich jeden unterhalten, ungeachtet seiner Nationalität.

Anreise & Unterwegs vor Ort

Ab dem Al-Musrara in Jerusalem bringt einen ein Sammeltaxi oder Bus (4 NIS) zum Qalandia-Kontrollpunkt. Von dort nimmt man ein weiteres Sammeltaxi nach Al-Manarah (3 NIS/Pers.) – wenn man die Steinlöwen erblickt, ist man da.

Alles in der Umgebung von Ramallah ist mit dem Taxi in maximal zehn Minuten erreichbar, Fahrten kosten zwischen 10 und 20 NIS; vor dem Start mit dem Fahrer über den Preis einigen. Ein Taxi nach Bethlehem kostet um die 70 NIS; es ist zwar nicht weit, aber wenn man Kontrollpunkte vermeiden möchte, dauert die Fahrt eineinhalb Stunden.

RUND UM RAMALLAH

Ist ein kleines, christliches Dorf mehr für sein Bier als für seine Bibelgeschichten bekannt, dann könnte man meinen, die Vergangenheit sei vergessen. Doch die Dörfler in **Taybeh** halten strikt an den Überlieferungen fest und trinken auf den Ort, an dem Jesus mit seinen Jüngern seine letzten Stunden verbracht haben soll (Joh 11,54). In der **Taybeh Beer Brewery** (☎ 02-289 8868; www.taybehbeer.net) fließt das goldene Gebräu in Strömen; man kann telefonisch eine Führung organisieren oder beim zweitägigen **Oktoberfest** vorbeischauen, bei dem Lederhosen und Schuhplattler, redende Minister, zahllose Prosite, das eine oder andere herausgeputzte Kamel und ganze Scharen internationaler trinkfreudiger Botschafter mit finster dreinblickenden Securitys zu erleben sind. Taybeh liegt 15 km von Ramallah an einem recht abgelegenen und äußerst malerischen Berghang. Man kann selber hinfahren, sich eine Taxifahrt leisten oder an einer organisierten Tour teilnehmen (s. S. 317).

Vom Bier zu Büchern: Die **Birzeit University** (☎ 02–298 2153; www.birzeit.edu) ist nach dem Dorf benannt, in dem sie steht (Bir Zeit), und das reinste Paradies für alle, die Action mögen – sofern Ausgangssperren, Schließungen und Straßenblockaden die Studenten nicht von der Uni fernhalten. Es sind 8700 Studenten eingeschrieben, mit 57 % zu 43 % dominieren unter ihnen sogar die Frauen. Ein internationales Musikfestival und häufig stattfindende öffentliche Events locken die breiten Massen an. Besucher, die länger bleiben, können hier Arabischunterricht nehmen (s. S. 440). Die Birzeit University ist etwa 4 km von Ramallah entfernt, ein Sammeltaxi ab dem Viertel Al-Manarah kostet 3 NIS. Hier kann man auch Birzeits **Ethnographic and Art Museum** (☎ 298 2976; ☒ Mo–Do & Sa 10–15 Uhr) besichtigen.

JERICHO & UMGEBUNG

☎ 02 / 20 000 Ew.

Sie ist eine der ältesten ständig bewohnten Städte der Welt, und liegt mit 260 m unter dem Meeresspiegel auch am tiefsten. Allein die Fahrt von Jerusalem nach Jericho auf der Rte 1 (eine der wenigen Straßen, die gleichermaßen von israelischen und palästinensischen Fahrzeugen benutzt werden) ist toll: Die grasgrüne und kreideweiße Landschaft geht schnell über in sanft abfallende, karamellfarbene Hügel und samtig-braune Mondlandschaften, und hie und da taucht ein Kamel oder ein Beduinenlager auf.

Auf dem Weg von Jerusalem nach Jericho bleibt auch Ma'ale Adumim nicht unbemerkt: Die jüdische Siedlung, eine der größten und umstrittensten ihrer Art im Westjordanland, breitet sich auf den Hügeln östlich unterhalb von Jerusalem aus. Führt man sich ihre schiere Größe und Beständigkeit vor Augen – sie wurde 1991 offiziell zu einer Stadt Israels erklärt und beherbergt mehr als 30 000 Siedler

DAS WESTJORDANLAND

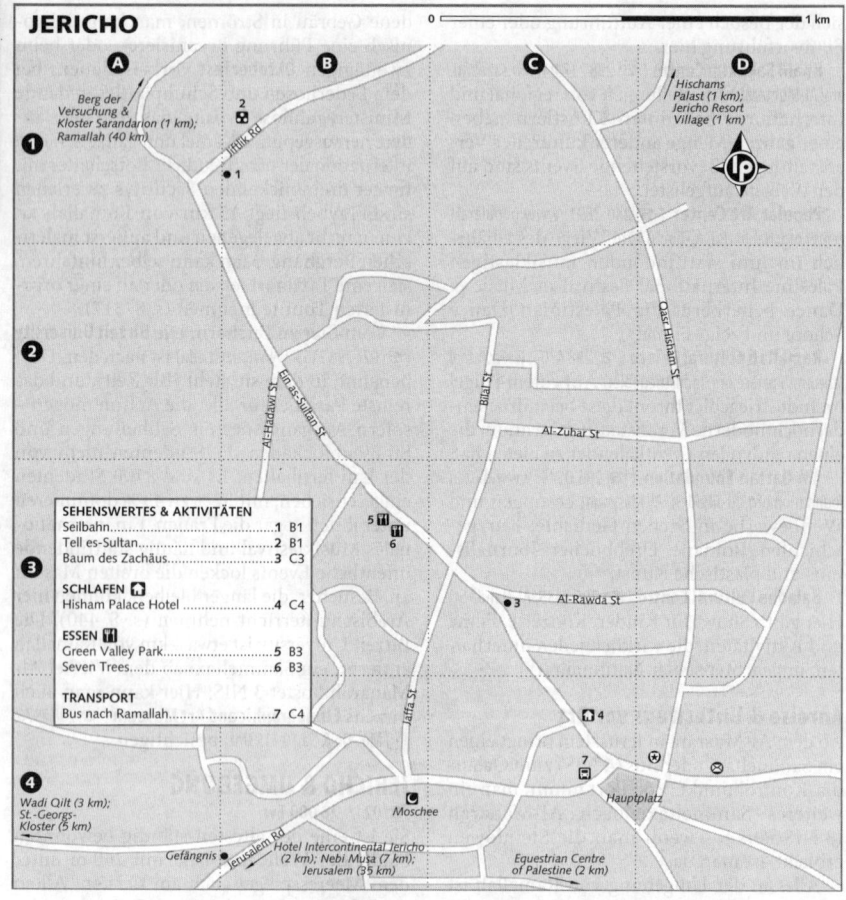

JERICHO

0   1 km

Ⓐ   **Ⓑ**   **Ⓒ**   **Ⓓ**

Berg der
Versuchung &
Kloster Sarandarion (1 km);
Ramallah (40 km)

Hischams
Palast (1 km);
Jericho Resort
Village (1 km)

SEHENSWERTES & AKTIVITÄTEN	
Seilbahn................................1	B1
Tell es-Sultan.........................2	B1
Baum des Zachäus...................3	C3

SCHLAFEN 🏠	
Hisham Palace Hotel 4	C4

ESSEN 🍴	
Green Valley Park..................5	B3
Seven Trees..........................6	B3

TRANSPORT	
Bus nach Ramallah..................7	C4

Wadi Qilt (3 km);
St.-Georgs-
Kloster (5 km)

Gefängnis

Jerusalem Rd

Hotel Intercontinental Jericho
(2 km); Nebi Musa (7 km);
Jerusalem (35 km)

Moschee

Al-Zuhar St

Al-Rawda St

Hauptplatz

Equestrian Centre
of Palestine (2 km)

Jiftlik Rd

Al-Hadawi St

Ein as-Sultan St

Jaffa St

Bilu St

Qasr Hisham St

–, wird klar, warum die endgültige Festlegung einer Zweistaatenlösung so komplex ist. Die Palästinenser behaupten, Israel würde Ma'ale Adumim deshalb so beständig ausbauen, um einen „Außenring" aus israelischen Siedlungen zu schaffen, der Ostjerusalem von Jericho und schließlich den Norden des Westjordanlands vom Süden isolieren wird. Im März 2005 unterstützte ein UN-Bericht des südafrikanischen Juristen John Dugard diese Theorie: Ma'ale Adumim würde zusammen mit den großen jüdischen Siedlungen Ariel und Gusch Etzion „das palästinensische Territorium regelrecht in Bezirke aufteilen".

Die Palästinenser kommen jedoch nach Jericho, um derartige triste Aussichten zu vergessen: Wie schon seit Jahrhunderten tanken Reisende heute hier Sonne und schalten einen Gang herunter. Die Bevölkerungszahl nimmt in den heißen Sommermonaten ab und nimmt zu, wenn der restliche Teil des Westjordanlands bei Regen und gelegentlichem Schnee fröstelt. Nur die Touristen strömen im Sommer hierher, um den Berg der Versuchung zu bezwingen und sich auf dem salzigen Wasser im Toten Meer treiben zu lassen; und obwohl manche Teile der Stadt recht verlottert und ungepflegt sind, verströmt sie doch einen verwegenen Charme und besitzt einen freundlichen Charakter. Wer mit Kindern reist, kann sich in verschiedenen Erlebnisparks für die Jüngsten (z. B. im fruchtlastigen Papaya Park und im Banana Land) eine Auszeit gönnen – zusammen mit vielen palästinensischen Youngsters können die Kleinen sich dort richtig austoben.

Es gibt einen israelischen Kontrollposten am Ortseingang, gerade noch in Sichtweite des einst gutbesuchten Casinos (das vor dem Ausbruch der ersten Intifada bei den Israelis sehr beliebt war) und des Intercontinental Hotel, das noch in Betrieb ist. Dieser ist aber bei weitem nicht so düster wie Qalandia in Ramallah oder die Hauptkontrollpunkte Bethlehems, und die Prozedur geht in der Regel zügiger vonstatten.

Geschichte

Jericho hat über die Generationen hinweg oft die Herrscher gewechselt, und das lag vor allem daran, dass jeder es einmal haben wollte. Marcus Antonius soll Kleopatra die Stadt 35 v. Chr. (zusammen mit der Insel Zypern) als Hochzeitsgeschenk dargeboten haben. Bibelexperten zufolge soll Jericho die erste Stadt sein, die von den Israelis nach deren 40-jähriger Wüstenwanderung erobert wurde: Vom Schall der Posaunen erschüttert, stürzten die Mauern krachend ein (Jos 6). Nachdem Josua den göttlichen Auftrag erfüllt hatte, fiel Jericho den Babyloniern in die Hände; dann wurde es von den Römern zerstört, von den Byzantinern wiederaufgebaut, von einem Erdbeben heimgesucht und von den Kreuzfahrern eingenommen, bevor Saladin sich niederließ. Die Christen feiern Jericho, weil Johannes der Täufer hier im Jordan getauft wurde und sich die Versuchung Jesu auf dem Berg vollzog.

Die Kämpfe um Jericho setzten sich bis in modernere Epochen fort. 1967 luchste Israel Jordanien die Stadt während des Sechstagekriegs ab, woraufhin es 1994 als eine der ersten Städte aufgrund des Osloabkommens (s. S. 37) unter Kontrolle der palästinensischen Behörden fiel. Während der zweiten Intifada 2001 startete Israel wiederholt feindliche Übergriffe auf Jericho. Nach einer eher ruhigen Phase griff die israelische Armee 2006 schließlich das Gefängnis der palästinensischen Behörden und das Sicherheitshauptquartier in Jericho mit Bulldozern, Panzerartillerie und Granaten an. Amerikanische und englische Beobachter des Gefängnisses erfuhren im Voraus von der Belagerung und verließen die Anlage, bevor die Katastrophe ihren Lauf nahm. Nach der neunstündigen Belagerung waren zwei Wächter tot und sechs palästinensische Gefangene – der Grund für die

Invasion – gefangengenommen, darunter der mutmaßliche Mörder des rechtsextremen Regierungsministers Rechawam Seewi.

Heute konzentriert sich Jericho wieder auf Tourismus und Handel. Und auch wenn man hier nicht auf viele ausländische Besucher trifft, ist es doch ein interessanter Ort, an dem es sich gut und gerne einen oder zwei Tage aushalten lässt.

Sehenswertes & Aktivitäten

Schaufenster und Restaurants, die den köstlichen Duft von hausgemachten Gerichten, frischen Zutaten und brutzelnden Snacks verströmen, prägen Jerichos winziges, staubiges Stadtzentrum. Der **Baum des Zachäus**, ganz in der Nähe auf der Ein as-Sultan St (eine Platane, die über 2000 Jahre alt sein soll) zu finden, soll seinen Namen der Geschichte über den reichen, kleinen Zöllner verdanken, der auf ihn kletterte, um Jesus zu sehen; als er mit dem Gottessohn gesprochen hatte, beendete er sein verschwenderisches Leben und widmete sich fortan seinen Mitmenschen.

Da viele der Sehenswürdigkeiten außerhalb der Stadt liegen, bieten sich schöne (Seilbahn-)Fahrten und Wanderungen in die Umgebung hier an. Wer den vier Rädern vier Beine vorzieht, ist im **Equestrian Centre of Palestine** (☎ 232 5007; 40 NIS/Std.) in der Al-Qadisiya St genau richtig: Hier kann man Reitstunden nehmen und an Ausritten teilnehmen.

TELL ES-SULTAN (ALT-JERICHO)

Die archäologische Stätte **Tell es-Sultan** (☎ 232 1909; Eintritt 10 NIS; ☯ 8–17 Uhr) verleiht der Bezeichnung „Altstadt" eine ganz neue Bedeutung: Hier liegen die Überreste der ersten Volkes der Erde, das sich vor etwa 10 000 Jahren ansiedelte. Heute sind eigentlich nur Sanddünen und Treppen (die ältesten der Welt) zu sehen. Die darunterliegenden Siedlungsschichten führen jedoch noch viel weiter in die verborgene Geschichte zurück. Überreste eines runden Turms, der aus dem Jahre 8000 v. Chr. stammen soll, deuten darauf hin, dass Alt-Jericho möglicherweise die erste befestigte Stadt war. Legenden besagen, dass der Turm sieben Erdbeben widerstand, aber ob Erdbeben oder nicht, er hat seit seinem Bau auf jeden Fall einen großen Teil unserer Geschichte durchlebt. Es gibt zwar nur wenig Informationstafeln (und ein Großteil der Stätte ist nicht freigelegt), dennoch lohnt es sich, hier umherzuspazieren und unseren verblichenen Vorfahren nachzusinnen, die die ersten Tiere hielten und an diesem abgelegenen Fleckchen Erde das Land bestellten.

BERG DER VERSUCHUNG & KLOSTER SARANDARION

Wer mit Höhenluft besser klar kommt als mit den Anstrengungen eines Aufstiegs, der sollte mit der luftigen, in der Schweiz gefertigten **Seilbahn** (☎ 232 1590; Rundfahrt 55 NIS; ✆ 8–21 Uhr) von den antiken Ruinen der Stadt Tell es-Sultan hochschaukeln zu dem Ort, an dem Jesus der Versuchung des Teufels widerstand. Der Berg der Versuchung und das Kloster Sarandarion markieren die Stelle, an der der Teufel Jesus auf die Probe gestellt haben soll, indem er ihm vorschlug, einen Stein in einen Laib Brot zu verwandeln – und das, nachdem Gottes Sohn gerade 40 Tage gefastet hatte (Mt 4,1–11). Das griechisch-orthodoxe Kloster aus dem 12. Jh. scheint an einer Klippe zu kleben und überblickt die Orangen- und Bananenbäume im Flusstal, das Tote Meer im Süden und die jordanischen Berge im Osten. Wer es besichtigen möchte, muss erst einmal die Odyssee des Weges zum Gipfel überstehen (sooo viele Stufen …); die Höhlenkirche im Innern ist nur morgens geöffnet. Manchmal ist die Seilbahn plötzlich außer Betrieb, dann muss man sich die tolle Aussicht mit einer kräftezehrenden Klettertour über 400 m verdienen. In dem Restaurant, das vom Kloster aus in wenigen Minuten zu erreichen ist, kann man sich von den Strapazen erholen.

HISCHAMS PALAST

Archäologiefans werden den **Hischam-Palast** (Chirbat al-Mafdschar; ☎ 232 2522; Eintritt 10 NIS; ✆ 8–17 Uhr), 3 km nördlich von Jericho, nicht verpassen wollen. Die weitläufige Winter-Jagdresidenz des Kalifen Hischam ibn Abd al-Malik muss nach ihrer Entstehung im 8. Jh. die reinste Augenweide gewesen sein: Angesichts von Bädern, Mosaikböden und Säulen im Überfluss tauften ihn Archäologen auf den Namen „Versailles des Nahen Osten". Dieses Versailles sollte jedoch nicht überdauern – schon bald nach seiner Fertigstellung wurde der Palast von einem Erdbeben niedergerissen.

Darum blieb auch nicht viel von der Herrlichkeit erhalten, und wahrscheinlich wird man gar der einzige Besucher dort sein. Ein Ausflug lohnt sich jedoch alleine wegen des herausragenden Mosaiks „Baum des Lebens": Es zeigt einen Löwen, der unter einem Baum voller Orangen Wild erlegt, und befindet sich im Kursaal des Badehauses. Verschiedenste Interpretationen seiner Bedeutung wurden schon vorgebracht: Manche glauben, dass das friedlich grasende Wild zur Linken im Kontrast zu dem brutalen Löwen rechts steht, und damit für die gute versus die schlechte Regierungsgewalt. Der Gedanke, dass enorme Bereiche der Stätte mit ebenso atemberaubenden Mosaiken verziert sind, die unter dem Sandboden versteckt ruhen und nur darauf warten, ausgegraben und bewahrt zu werden, hat etwas Faszinierendes.

WADI QILT & NEBI MUSA

Das steile Wadi Qilt zwischen Jerusalem und Jericho ist der Traum eines jeden Naturliebhabers: Hier stößt man auf einen Wasserfall, Wildtiere und Überreste von Aquädukten aus der Römerzeit. Eines der Klöster, die in dieser Gegend errichtet wurden, ist das spektakuläre **St.-Georgs-Kloster** (✆ So–Do 8–12 & 15–17, Sa 8–12 Uhr), das sich an eine Felswand schmiegt. Den Weg hierher weisen die Schilder zur israelischen Siedlung Mitzpe Jericho, die abseits des Hwy 1 liegt, aber einen Führer aus der Region zu engagieren, ist kein Fehler. Am besten fragt man in seiner Unterkunft in Jericho nach, dort wird einem sicher weitergeholfen.

Durstige Wanderer bekommen im Kloster Trinkwasser. Auf dem Weg durch das Wadi Qilt sind die Quellen En Qilt, En Farah und Eir Fawwar augeschildert (Achtung: Das Quellwasser kann man nicht trinken!). Im Sommer ist mit extremer Hitze zu rechnen, im Winter mit Blitzfluten.

Eine weitere Seitenstraße auf dem Weg von Jerusalem nach Jericho führt Richtung Süden zum Komplex **Nebi Musa** (Grab Mose; ✆ 8 Uhr–Sonnenuntergang). Hier, nahe dem Nordufer des Toten Meeres, wurde dem Glauben der Beduinen und der palästinensischen Muslime nach Moses beerdigt. 1269 wurde hier unter dem mamelukischen Sultan Baibars I. eine Moschee errichtet (200 Jahre später hat man sie erweitert); von da an fanden jedes Jahr einwöchige, festliche muslimische Pilgerfahrten von Jerusalem nach Nebi Musa statt. Diese wurden jedoch 1937 von den Briten verboten, die befürchteten, sie könnten in antizionistische Aufstände ausarten. Später diente die Stätte als Militärstützpunkt, zuerst für die Jordanier, dann für die Israelis, bis sie

1995 an die Palästinenser übertragen wurde. Die Pilgerreisen wurden zwar 1997 wieder eingeführt, sind aber momentan verboten, da Israel die Stätte zu einer „militärischen Sicherheitszone" ernannt hat. Zur Zeit der Abfassung dieses Führers stand sie Touristen zur Besichtigung offen; Spenden zur Erhaltung der Moschee sind willkommen.

Schlafen

Jerichos Unterkunftsszene boomt zwar nicht gerade, doch um den Hauptplatz herum findet man die eine oder andere sehr günstige Schlafgelegenheit; am besten spaziert man erst einmal ein bisschen herum und sieht sich ein paar Übernachtungsmöglichkeiten an, bevor man sich für eine entscheidet.

Hisham Palace Hotel (☎ 232 2414; B/EZ/DZ 40/ 100/150 NIS) Prunkvoll wohl kaum, dafür aber zweckmäßig ist diese schlichte, günstige Unterkunft, eine absolut durchschnittliche Budgetoption.

Jericho Resort Village (☎ 232 1255; www.jericho resorts.com; EZ/DZ/3BZ 80/100/120 US$; 🖥 🛜 🐾) In dieser luftigen Ferienoase nächtigt man in geräumigen Bungalows und Küchenzeilen oder in Standardzimmern mit gekachelten Böden und Terrassen. Zu den Extras gehören ein Whirlpool, ein Schwimmbecken, ein Tennisplatz und eine Poolbar. Hier, nahe dem Hischam-Palasts und damit weitab vom Geschehen in Jericho (wenn man überhaupt von Geschehen sprechen mag), herrscht teilweise dieselbe desolate Stimmung wie in dem von Erdbeben zerstörten Palast.

Hotel Intercontinental Jericho (☎ 231 1200; jrcha. reservations@ihg.com; EZ/DZ 100/120 US$; 🞪 🖥 🐾) Genau wie das Jericho Resort Village leidet das Intercontinental – trotz allem gebotenen Komfort – unter akutem Gästemangel. Diese gute, wenn auch merkwürdig stille Option hat alles zu bieten, was das Herz begehrt: einen tollen Swimmingpool, schöne Gärten, erfreulich aufmerksames Personal …

Essen

Restaurants, die die üblichen Verdächtigen auftischen (gegrilltes Fleisch und Mezze), und Imbissbuden findet man in der ganzen Stadt en masse, manche Einheimische räumen jedoch ein, dass es viele der Lokale mit der Hygiene nicht so genau nehmen. Am besten hält man sich an die meistbesuchten Optionen, denn dann kann man einigermaßen si-

cher sein, dass sich das Grillfleisch nicht allzu lange am Spieß dreht.

Green Valley Park (Ein es-Sultan St; Hauptgerichte 30–60 NIS; ⏱ 9–23 Uhr) Das Green Valley Park ist eines von vielen fröhlichen Restaurants mit überdachter Terrasse, die sich auf dieser Straße aneinanderreihen, und tischt in typischem regionalem Ambiente vor allem Grillfleisch und Mezze auf.

Seven Trees (Ein es-Sultan St; Hauptgerichte 30–70 NIS; ⏱ 10–24 Uhr) Direkt neben dem Green Valley begrüßt dieses Lokal, das in etwa in derselben Preisklasse spielt, viele palästinensische Gäste und lockt auch den einen oder anderen Tourbus mit internationalen Teilnehmern an.

An- & Weiterreise

Zwischen Jerusalem und Jericho gibt's keine Direktverbindungen mit Sammeltaxen. Wer sich nicht auf eigenen vier Rädern fortbewegt, muss ein Sammeltaxi von Al-Musrasa in Jerusalem bis Abu Dis (6,50 NIS) nehmen und von dort ein weiteres nach Jericho (12 NIS). Alternativ kostet eine Fahrt in einem normalen Taxi von Jerusalem nach Jericho (oder andersherum) ungefähr 400 NIS.

Nach Ramallah bringt einen ein Bus, der direkt bei Jerichos Hauptplatz startet (mehrmals tgl., 12 NIS); die Fahrzeiten erfragen, sie variieren. Die Busse fahren eine umständliche Strecke, um den Qalandia-Kontrollpunkt zu umgehen, und brauchen darum ungefähr 90 Minuten.

Wer aus Jerusalem oder einem anderen Ort in Israel anreist, darf seinen Pass nicht vergessen: Er wird am israelischen Militärposten am Stadteingang verlangt.

HEBRON

☎ 02 / 166 000 Ew.

Hebron (Al-Khalil auf Arabisch) ist mit seiner wunderschönen – leider von Unruhen geplagten – Altstadt, dem Souq und einem feinen Aufgebot antiker Monumente zweifellos das verborgene Juwel des Westjordanlands. Die islamische Tradition besagt, dass Adam und Eva nach ihrem Rauswurf aus dem Garten Eden hier lebten, das Patriarchengrab (in dem Abraham, Isaak und Jakob zusammen mit ihren Frauen liegen) wird jedoch von Juden, Christen und Muslimen gleichermaßen verehrt. Anstatt die Gemeinsamkeiten zwischen den großen monotheistischen Religionen zu fördern, hat diese Stätte Hebron zu einem Brennpunkt religiöser Gewalt gemacht; die

DAS WESTJORDANLAND

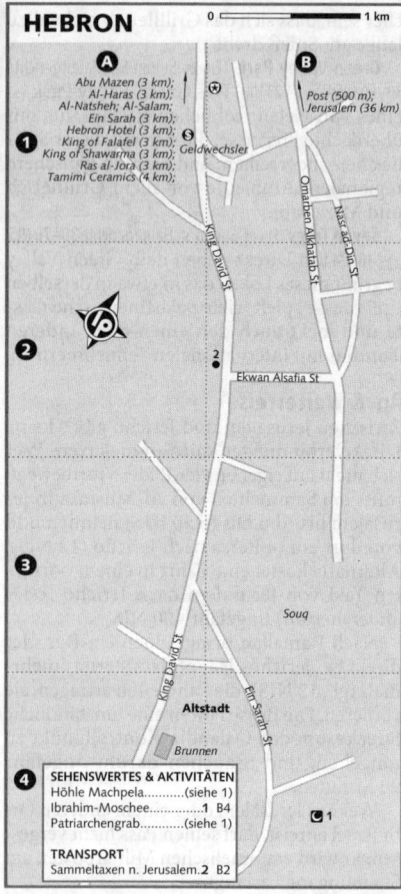

HEBRON   0 ⊢———————⊣ 1 km

Ⓐ   Ⓑ

Abu Mazen (3 km);
Al-Haras (3 km);
Al-Natsheh; Al-Salam;   Post (500 m);
Hebron Hotel (3 km);   Jerusalem (36 km)
King of Falafel (3 km);   ❺ Geldwechsler
Ein Sarah (3 km);
King of Shawarma (3 km);
Ras al-Jora (3 km);
Tamimi Ceramics (4 km);

❶

King David St

Omar ben Alkatab St

Nasr ad-Din St

❷   ▣ 2

Ekwan Alsafia St

❸   Souq

King David St

Ein Sarah St

Altstadt

Brunnen

❹ | SEHENSWERTES & AKTIVITÄTEN |
Höhle Machpela............(siehe 1)
Ibrahim-Moschee............1 B4
Patriarchengrab............(siehe 1)

TRANSPORT
Sammeltaxen n. Jerusalem.2 B2

▣ 1

nationale Einheiten zur Friedenssicherung in diesem Bereich; diese berichten von Übergriffen durch israelische Soldaten und jüdische Siedler. Berichten des Christian Peacemaker Team (CPT, s. S. 339) zufolge sind in der Altstadt etwa 4000 israelische Soldaten stationiert, um den Schutz der knapp 500 Siedler zu garantieren.

Trotz seiner Wunden etabliert sich Hebron immer mehr als Wirtschaftsführer unter den palästinensischen Gemeinden. Es liegt auf einem ehemaligen Handelsweg zur arabischen Halbinsel und ist noch immer bekannt für gewiefte Händler, Glasbläserei, Leder, handbemalte Töpferei und Traubenanbau – und das seit der frühen Antike. Auch wenn die Stadt nicht per se auf den Reiserouten liegt, wird ihr Besuch wärmstens empfohlen. Mit etwas Glück sieht man sogar einen vereinzelten Tourbus, der am Patriarchengrab hält und verträumte Pilger, hauptsächlich aus Korea, von den Philippinen und aus Afrika ausspuckt, die für ein Blitzgewitter und großes Durcheinander sorgen. Wer nicht alleine nach Hebron möchte, kann sich einer organisierten Tour anschließen: Infos gibt's auf S. 317 oder beim **Hebron Rehabilitation Committee** (☎ 222 6993; www.hebronrc.org).

Geschichte

Dem alten Testament zufolge wurde Hebron 1730 v. Chr. gegründet. Sein biblischer Name Kirjat Arba (das Dorf der Vier) mag seiner Lage auf vier Hügeln geschuldet sein, auf denen sich vier kanaanitische Stämme niederließen, oder auch dem Begräbnis von vier Patriarchen im Stadtzentrum. Auf eine lange und illustre Handelsgeschichte folgten Probleme, als arabische Nationalisten 1929 gegen den (wie sie sagten) sich unbemerkt ausbreitenden Zionismus aufbegehrten. Sie zielten auf die damals in Hebron lebenden Juden ab – Dutzende fanden den Tod, der Rest wurde evakuiert.

Das Blatt hat sich in den letzten Jahren jedoch gewendet: Das heutige Gesicht Hebrons wird vor allem von israelischen Soldaten geprägt, die im Stadtzentrum lebende ultraorthodoxe oder extremistische Juden schützen. Rabbi Mosche Levinger und seine in Amerika geborene Frau begannen mit der Kolonialisierung des Stadtzentrums, nachdem Israel 1967 das Westjordanland besetzt hatte. Obwohl dies gegen das israelische Gesetz verstieß und Kirjat Arba in der Nähe etabliert wurde,

bekannteste der schwerwiegenden Folgen ist das Baruch-Goldstein-Massaker von 1994 (s. S. 338).

Hebron unterscheidet sich von anderen palästinensischen Städten darin, dass jüdische Siedler in fünf Siedlungen direkt im Stadtzentrum leben; weitere, noch größere Siedlungen befinden sich am Stadtrand. Die Stadt ist somit geteilt in zwei Hälften, H1 (80 % des Stadtbezirks; unter palästinensischer Kontrolle) und H2 (etwa 20 % des Stadtbezirks, unter Kontrolle des israelischen Militärs). Die israelische H2 schließt das Patriarchengrab und Teile der Altstadt ein; hier leben um die 40 000 Palästinenser und 500 jüdische Siedler. Da Gewalt und Vandalismus an der Tagesordnung sind, patrouillieren verschiedene interum die Siedler aus der Reserve zu locken, gewannen sie letztendlich an Unterstützung (für mehr Informationen, s. Kasten S. 314).

Bewaffnete israelische Soldaten sind nun auf Dächern und an Straßenecken stationiert; die ortsansässigen Juden tragen oft sichtbar Waffen bei sich und trällern manchmal anti-arabische Liedchen vor sich hin, während sie ihre Waffen zur Schau tragen (insbesondere während des jüdischen Purim-Festivals). Touristen geraten ins Visier der Siedler (wie der Autor dieses Kapitels am eigenen Leib erfuhr), wenn sie sich gegenüber Palästinensern freundlich verhalten.

Das Denkmal für den Arzt Baruch Kappel Goldstein, der in Brooklyn geboren wurde, demonstrierte einst den Radikalismus dieser Siedler: 1994 schoss er am jüdischen Feiertag Purim im heiligen Monat der Muslime, dem Ramadan, auf Palästinenser, die in der Moschee beteten; 29 Männer und Jungen starben, weitere 200 wurden verletzt. Die Palästinenser betrachten die religiösen Siedler als Ausländer im Gelobten Land; sie warten auf eine Lösung des Konflikts, und hin und wieder schlagen sie mit Gewalt zurück.

Orientierung & Praktische Informationen

Hebrons Stadteingang im Norden (Ras al-Jora oder Jerusalem Sq) ist 6 km von der Ibrahim-Moschee und der Altstadt entfernt. 700 m weiter kommt man auf die Kreuzung Al-Haras. Die Jerusalem Rd (Shari'a al-Quds) führt dort in die Ein Sarah St und verläuft durch das Viertel Ein Sarah zum Stadtzentrum (Bab iz-Zawieh), zum Souq in der Altstadt und weiter zur Ibrahim-Moschee.

Die folgenden internationalen Beobachtungsgruppen haben Sitze in Hebron. Beide bieten Freiwilligenprogramme an; mehr Infos gibt's auf den Websites:

Christian Peacemaker Teams (CPT; ☎ 222 8485; www.cpt.org) Ihr Motto – Wir stellen uns in den Weg! – sagt viel über ihre Arbeit in der Stadt aus.

Temporary International Presence in Hebron (TIPH; ☎ 222 4333; www.tiph.org)

Sehenswertes & Aktivitäten

Die meisten Touristen besuchen Hebron wegen des Patriarchengrabs und der **Höhle Machpela** mit der **Ibrahim-Moschee** (Eintritt frei; ☾ So–Do 8–16 Uhr, außer während Gebeten) – man

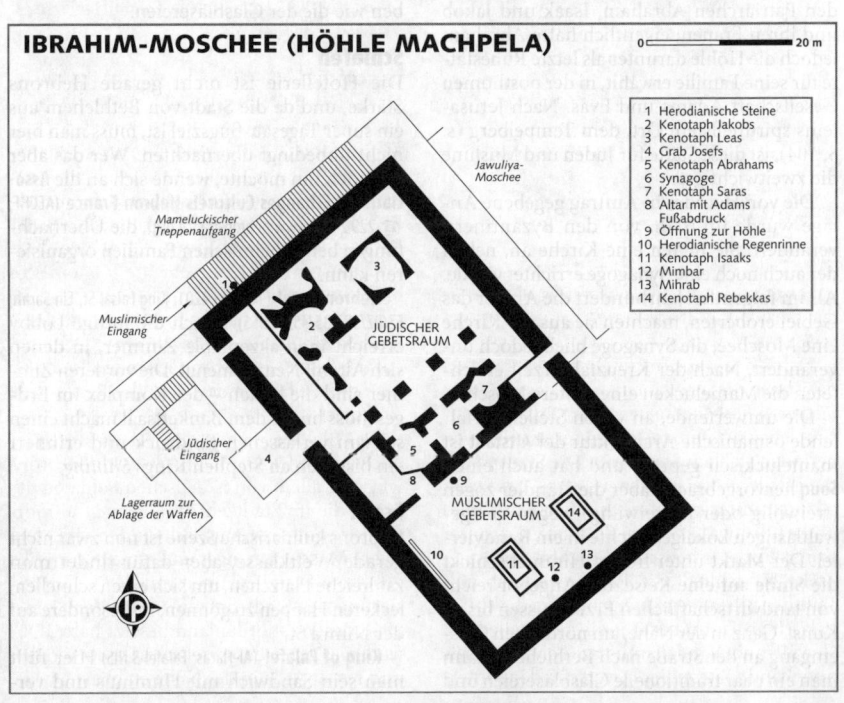

IBRAHIM-MOSCHEE (HÖHLE MACHPELA)

0 ━━━━━ 20 m

Jawuliya-Moschee

Mameluckischer Treppenaufgang

Muslimischer Eingang

JÜDISCHER GEBETSRAUM

Jüdischer Eingang

Lagerraum zur Ablage der Waffen

MUSLIMISCHER GEBETSRAUM

1 Herodianische Steine
2 Kenotaph Jakobs
3 Kenotaph Leas
4 Grab Josefs
5 Kenotaph Abrahams
6 Synagoge
7 Kenotaph Saras
8 Altar mit Adams Fußabdruck
9 Öffnung zur Höhle
10 Herodianische Regenrinne
11 Kenotaph Isaaks
12 Mimbar
13 Mihrab
14 Kenotaph Rebekkas

DER LETZTE PALÄSTINENSISCHE ZOO

Nicht weit von Nablus befindet sich das Städtchen Qalqiliya; als eine der palästinensischen Städte, die Israel am nächsten liegen, ist Qalqiliya größtenteils von Israels umstrittener Sicherheitsmauer umgeben. Die Stadt hat sich mit folgenden Tatsachen einen Namen gemacht: 1. Sie war die erste, die bei den Kommunalwahlen die Hamas an die Macht brachte. 2. Hier findet man den ältesten und letzten **Zoo** (Eintritt 5 NIS; 🕑 9–16 Uhr) Palästinas.

Der charismatische, unerschütterliche und sehr humorvolle Tierarzt Dr. Sami Khader leitet den Zoo. Er hat sich gegen Intifadas, Straßenblockaden und Ausgangssperren gewehrt, um die Anlage zu erhalten, die eines der wenigen noch existierenden Freizeitvergnügen für die hiesigen Kinder darstellt. Im Zoo leben heute u.a. Löwen, ein Nilpferd, Zebras und Affen. Und auch wenn hinter den vielen Eisenstäben alles heruntergekommen und verlassen wirkt, hält sich die Einrichtung doch tapfer.

Der Zoo – und Dr. Sami – freuen sich sehr über Besucher; aus Nablus bringt einen ein Taxi her (nach dem Qalqiliya-Zoo fragen; 30 NIS, 20 Min.). Wer vor dem Besuch mehr über die tragikomische Geschichte des Zoos und Dr. Sami erfahren möchte, kann The Zoo on the Road to Nablus lesen, das von der Hauptautorin dieses Reiseführers und der Verfasserin dieses Kapitels geschrieben wurde.

---

beachte die strengen Sicherheitsvorschriften und die separaten Bereiche für Juden und Muslime. Beim Betreten der Moschee wird man gebeten, die Schuhe auszuziehen, Frauen erhalten eine Kopfbedeckung. Die hauptsächlich von Mamelucken errichteten Kenotaphen wirken wie geschmückte Zelte und gedenken den Patriarchen Abraham, Isaak und Jakob und ihren Frauen; eigentlich hatte Abraham jedoch die Höhle darunter als letzte Ruhestätte für seine Familie erwählt, in der posthumen Gesellschaft Adams und Evas. Nach Jerusalems spirituellstem Ort, dem Tempelberg (s. S. 104), ist diese Stätte für Juden und Muslime die zweitwichtigste.

Die von Herodes in Auftrag gegebene Anlage wurde im 6. Jh. von den Byzantinern verändert: Sie fügten eine Kirche an, neben der auch noch eine Synagoge errichtet wurde. Als im folgenden Jahrhundert die Araber das Gebiet eroberten, machten sie aus der Kirche eine Moschee, die Synagoge blieb jedoch unverändert. Nach der Kreuzfahrerzeit errichteten die Mamelucken eine weitere Moschee.

Die umwerfende, an vielen Stellen zerfallende osmanische Architektur der **Altstadt** ist mameluckisch geprägt und hat auch einen **Souq** hervorgebracht, aber die Händler zogen (freiwillig oder unfreiwillig) wegen der gewaltlastigen Lokalgeschichte in ein Randviertel. Der Markt unter freiem Himmel schickt die Sinne auf eine Reise, das Angebot reicht von landwirtschaftlichen Erzeugnissen bis zu Kunst. Ganz in der Nähe, am nördlichen Ortseingang an der Straße nach Bethlehem, kann man ein paar traditionelle Glasbläsereien und

Keramikfabriken besichtigen und dort auch einkaufen. Die Glasbläsereien **Al-Natsheh** (☎ 222 8502; 🕑 8–21, Fr 12–14 Uhr geschl.) und **Al-Salam** (☎ 222 9127) empfangen Besucher und Kunden, Gleiches gilt für das kleinere Unternehmen **Tamimi Ceramics** (☎ 222 0358); die Öffnungszeiten der Letzteren sind in etwa dieselben wie die der Glasbläsereien.

Schlafen

Die Hotellerie ist nicht gerade Hebrons Stärke, und da die Stadt von Bethlehem aus ein super Tagesausflugsziel ist, muss man hier nicht unbedingt übernachten. Wer das aber dennoch tun möchte, wende sich an die **Association d'Echanges Culturels Hebron-France** (AECHF; ☎ 229 2411; www.hebron-france.org), die Übernachtungen bei einheimischen Familien organisieren kann.

Hebron Hotel (☎ 225 4201; King Faisal St, Ein Sarah; EZ/DZ/3BZ 35/45/55 US$) Durch die luftige Lobby erreicht man akzeptable Zimmer, in denen sich Alt mit Neu vermengt. Die vorderen Zimmer sind die besten – der Komplex im Erdgeschoss hinter dem Bankettsaal macht einen seltsam verlassenen Eindruck und erinnert ein bisschen an Stephen Kings Shining.

Essen

Hebrons kulinarische Szene ist nun zwar nicht gerade Weltklasse, aber dafür findet man zahlreiche Plätzchen, um sich einen schnellen, leckeren Happen zu gönnen, insbesondere auf der Nimra St.

King of Falafel (Al-Haras; Falafel 3 NIS) Hier füllt man sein Sandwich mit Hummus und verschiedensten Salaten und dazu bestellt man Pommes.

King of Shawarma (Al-Haras; Mittagessen 10 NIS) Gute Adresse für alle Fleischliebhaber, raffinierter als der Sandwich-Monarch.

LP Tipp **Abu Mazen** (Nimra St; Hauptgerichte 25– 35 NIS; ☻ mittags & abends) Im Abu Mazen wird hochwertige und köstliche Hausmannskost angeboten, deshalb ist hier auch zwischen 12 und 14 Uhr der Teufel los. *Mensef* (Lamm auf Reis mit einem gesalzenen Brei aus Lammfond und darin aufgelöstem getrocknetem Joghurt) wird normalerweise nur bei großen Familienessen aufgetischt – ein Besuch hier könnte also die einzige Chance sein, diese Spezialität zu probieren! Das Lamm zergeht auf der Zunge, und der gelbe, in Joghurt getränkte Reis löst eine wahre Explosion der Geschmackssinne aus. Das *kidreh* (Auflauf mit Fleisch, Nüssen und Reis) ist ebenfalls fantastisch. Für Vegetarier gibt's allerlei Suppen und Mezze. Laut den Einheimischen ist das Restaurant gegenüber, The Golden Rooster, ebenso gut wie das Abu Mazen.

An- & Weiterreise

Man kann jederzeit auf Straßensperren oder verschlossene Eisentore treffen, in letzter Zeit war die Zugänglichkeit der Straßen jedoch relativ stabil. Sammeltaxen fahren die 36 km von Al Musrara in Jerusalem nach Nablus (15 NIS) in weniger als einer Stunde. Von Bethlehem sind es 24 km, die mit einem Sammeltaxi (6 NIS) oder einem normalen Taxi (50 NIS) zurückgelegt werden können.

NABLUS

☎ 09 / 134 000 Ew.

Die Bevölkerung im Norden des Westjordanlands hat aufgrund des hartnäckigen Widerstands gegen die israelischen Besatzungskräfte die massivsten Ausschreitungen miterlebt. Doch auch wenn seit dem Jahr 2000 viel Schaden und Zerstörung angerichtet wurden, war die Situation für Touristen während der letzten Jahre unbedenklich, und man sollte die Chance eines Besuchs hier unbedingt nutzen. Wichtig ist nur, stets die aktuelle Lage im Auge zu behalten.

Nablus, das die Israelis Shekkem nennen, nimmt ein üppiges Tal zwischen zwei Bergen ein, dem Garizim (Jarzim auf Arabisch) und dem felsigen Ebal, an eine Quelle entspringt. Die Stadt ist schon seit jeher ein bedeutender Exporteur von Olivenöl, Baumwol-

le, Seife und Johannisbrot. Heutzutage ist Nablus für die Herstellung von Seifen mit Olivenöl, Schnitzereien aus Olivenholz und warmem Sirupgebäck auf Käsebasis (*knafeh*, Rollen aus Teigfäden mit einem Herz aus einem besonderen Käse, in Sirup getaucht) bekannt. Hier häuften sich über die Jahrtausende Unmengen Plunder und Prunk an. Nachdem sich die Stämme Israels in zwölf Richtungen verteilt hatten, wurde Shekkem von einer Splittergruppe zur Hauptstadt des antiken Israels ernannt und blieb dies für fast 200 Jahre, trotz Konflikten zwischen den Stämmen und Bedrohungen von außen.

70 n. Chr. löschten die Römer das antike Shekkem aus und errichteten Flavia Neapolis (Neue flavische Stadt), das später den Namen Nablus verpasst bekam. Griechisch-romanische Kulte entwickelten sich, nur um dann 636 n. Chr. mit der Eroberung der Stadt durch arabische Truppen zerstört zu werden. Die christlichen Heiligtümer wurden zu muslimischen Moscheen verwandelt, und Nablus entwickelte seinen heutigen Charakter. Die Altstadt geht zwar auf die Zeit des Osmanischen Reiches zurück, jedoch erblickt man auch heute noch hie und da Relikte aus der römischen Besatzungszeit, die mehrere isra-

---

GEN NORDEN NACH JENIN

Wer sich die Zeit nimmt, durch das Westjordanland zu reisen, sollte auch einen Zwischenstopp in Jenin (35 700 Ew.) einlegen. Dort lohnt das **Hakoura Centers** (www. hakoura-jenin.ps), ein neues Jugendzentrum, das den unter 18-Jährigen in Jenin kulturelle Aktivitäten anbietet, einen Besuch, ebenso das **Freedom Theatre** (www.the-freedomtheatre.org) mitten im Flüchtlingslager der Stadt, eine Art Rettungsring in Gestalt von Schauspiel und Kunst für die dort lebenden Kinder. Beide Einrichtungen heißen Besucher herzlich willkommen; das Freedom Theatre bietet zudem Stellen für Freiwilligenarbeit an. Nach Jenin bringt einen auf direktem Weg ein Sammeltaxi ab dem Busbahnhof in Ramallah (40 NIS) oder von Nablus (15 NIS) aus. Die Kontrollpunkte im Norden erschweren die Einreise nach Israel meistens; entweder versucht man hier sein Glück, oder man fährt von Jenin Richtung Süden und verlässt das Westjordanland auf diesem Weg.

elische Boden- und Luftangriffe überlebten, welche in der Zerstörung historischer Gebäude, Toten und wochenlangen Ausgangssperren gipfelten. Im April 2002 etwa fielen israelische Maschinen, Panzer und Bulldozer in die Stadt ein; dabei kamen Dutzende Zivilisten ums Leben, um die 700 Gebäude, darunter auch historische Bauten, wurden beschädigt oder komplett zerstört.

Das nördliche Westjordanland wird von einigen Puristen im Glauben an das alte Testament immer noch Samaria genannt, daher stammt auch die Bezeichnung „Samaritaner". Eine der faszinierendsten Komponenten der Nablus-Region ist die hier ansässige, winzige Samaritanergemeinde. Auf S. 48 gibt's weitere Informationen über die Samaritaner, die vor allem durch das Gleichnis im Neuen Testament zu Ruhm gelangt waren.

Sehenswertes & Aktivitäten

Der Anlaufpunkt für Touristen in Nablus ist die **Kasbah**, die Altstadt: ein Kaninchenbau aus der Zeit des Osmanischen Reiches mit Läden, Verkaufsständen und Imbissbuden, Säcken voller Gewürze und Bergen von Gemüse – eine bunte, aromatische Mischung und das perfekte Fotomotiv. Hier, inmitten des Trubels, wachen Dutzende besinnliche Moscheen, z. B. die **El-Kebir-Moschee** (Große Moschee), an deren Stelle früher eine Kreuzfahrerkirche und byzantinische und römische Basiliken standen. Teile davon haben überlebt: Die riesigen Säulen und Kapitelle etwa, die man sehen kann, sind Überbleibsel des byzantinischen Bauwerks. Wen man jemanden findet, der einem die Stadt zeigt, sollte man darum bitten, zu den Überresten des **römischen Amphitheaters** (das einst 7000 Gästen Platz bot und damit das größte in Palästina war) und des **römischen Hippodroms** aus dem 2. Jh. geführt zu werden; die Ruinen beider Bauwerke befinden sich am Rand der Altstadt.

Die Altstadt scheint sich an dem Sprichwort „Sauberkeit kommt gleich nach Gottesfurcht" orientiert zu haben, und zwar mit Erfolg. In einer der 30 **Seifenfabriken** in Nablus kann man die auf Olivenöl basierenden Laugen in Augenschein nehmen, die die Stadt schon im 12. Jh. bekannt gemacht haben; **Al-Bader** auf der Al-Nasser St ist nur einer der Produzenten, die gerne Besucher empfangen. Die Beute eingepackt, und weiter geht's zu einem der beiden historischen Hamams, die in den letzten zehn Jahren renoviert wurden, wo einen Peelings, kühles Nass und Wasserpfeifen erwarten. Der älteste Hamam im historischen Palästina, der noch in Betrieb ist (er wurde 1624 gebaut), heißt **Al-Shifa** (☎ 238 1176; Al-Nasser St; Bäder & Massage ab 45 NIS; ◷ Männer Mi–Mo 8–24 & Di 17–24 Uhr, Frauen Di 8–17 Uhr). Er bietet Massagen und Bäder mit Kamelhaarbürsten an, manchmal wird man auch mit Musik berieselt. Der **Hamam Al-Hana** (Hammam es Sumara; Bad 10 NIS, Massage 20 NIS; ☎ 238 5185; ◷ Männer Mi–Mo 6–23 Uhr, Frauen Di 8–17 Uhr) ist eine weitere uralte Institution; er wurde 1995 renoviert, nachdem er ganze 70 Jahre geschlossen war.

Balata, das größte Flüchtlingslager des Hilfswerks der Vereinten Nationen für Palästina-Flüchtlinge im Nahen Osten (UNRWA) im Westjordanland, beherbergt 20 000 Menschen. An seinem Eingang steht der **Jakobsbrunnen** (Eintritt frei, Spende erbeten; ◷ 8–12 & 14–16 Uhr); die Christen glauben, dass Jesus hier einer samaritanischen Frau, die ihm ein Glas Wasser anbot, verriet, dass er der Messias sei (Joh 4,13–14). Eine byzantinische Kirche wurde während des Samariter-Aufstands im Jahr 529 zerstört und von einer Kreuzfahrerkirche ersetzt, die gerade restauriert wird – und zwar von einem sehr engagierten Priester fast im Alleingang.

Der Berg Garizim in der Nähe von Nablus ist die Heimat einer der letzten samaritanischen Gemeinden. Die Samaritaner glauben, dass er nicht nur das erste Stück Land war, das erschaffen wurde, sondern dass aus seinem Boden auch der erste Mensch erschaffen wurde. Der Garizim war zudem der einzige Ort, der von der großen Flut verschont blieb, und Abraham kam hierher, um seinen Sohn zu opfern (es ist ein weitverbreiteter Irrglaube, dies sei in Jerusalem geschehen). Im **Samaritan Museum** (☎ 237 0249; www.samaritans.mu; Eintritt 10 NIS; ◷ So–Fr 8–20, Sa bis 14 Uhr) auf dem Garizim kann man sich näher über diese Gemeinde informieren.

Wer länger in Nablus bleiben möchte, um Freiwilligenarbeit zu leisten oder an kulturellen Aktivitäten teilzuhaben, kontaktiert **Nablus the Culture** (info@nablusculture.ps), das Musikunterricht für die Kinder Nablus' anbietet, oder **Darna** (☎ 237 9312; www.darna-nablus.ps), ein Zentrum für Jugendentwicklung, das Sommercamps für Freiwilligenarbeit organisiert, um die hiesigen Gemeinschaften zu unterstützen. Es arrangiert auch Unterkünfte bei einheimischen Familien sowie geführte Wanderungen in der Stadt und die Umgebung.

Schlafen

Unterkunftstechnisch hat man in Nablus nicht gerade die Qual der Wahl. Die beiden folgenden gemütlichen Optionen haben sich allerdings bewährt.

Crystal Motel (☎ 233 2485; Faysal St.; EZ/DZ/3BZ 80/120/150 NIS) Die einfache, aber ordentliche Unterkunft außerhalb der Altstadt bietet gute Preise.

LP Tipp **Al-Yasmeen Hotel** (☎ 233 3555; www.al yasmeen.com; EZ/DZ/3BZ 180/220/260 NIS; 🖂 🖲) Nablus' bestes Hotel und Lieblingsabsteige der Hilfsarbeiter und Politiker. Hier wohnt man mitten im Geschehen, nämlich im Zentrum der Altstadt.

Essen & Ausgehen

Abgesehen von Konditoren, die Lokum, Halva und Sirupgebäck verkaufen, gibt's in Nablus allerlei Cafés, in denen man gemütlich etwas schlürfen und eine paffen kann. Das Publikum ist für gewöhnlich maskulin; eine Frau ohne Begleitung wird hier zwar bedient, muss sich aber eventuell auf den einen oder anderen anzüglichen Blick gefasst machen.

Das **Al-Madafa** (Rafidia St; 🕐 9–24 Uhr) bildet da eine Ausnahme: Hier sitzen Männer und Frauen gemütlich beisammen. Das Café veranstaltet jeden Dienstag ab 17 Uhr Kulturabende. Im **Restaurant Selim Effendi** (☎ 237 1332; Raharbat St, Martyrs' Sq) werden himmlische traditionelle Gerichte aufgetischt.

In diesen beiden Lokalitäten wird kein Alkohol angeboten, doch das Hotelrestaurant Zeit ou Zaatar im Al-Yasmeen hat eine der wenigen Bars in der Stadt zu bieten (deshalb ist es auch bei Besuchern so beliebt). Das *knafeh* muss man probieren, entweder bei Al-Aqsa, neben der An-Nasir-Moschee gelegen, oder bei Halawiyat Ararat auf der Rafidia St in der Nähe des Krankenhauses. Der warme, schmelzende Käse und die in Sirup getränkten Teigfäden aus Weizenmehl des *knafeh* garantieren ein kulturelles Erlebnis und sind genau das Richtige für besondere Anlässe.

An- & Weiterreise

Unter normalen Umständen kann man mit dem Sammeltaxi bzw. dem Bus ab der Bushaltestelle in der Nähe von Al-Manara in Ramallah für (13 NIS bzw. 8 NIS) nach Nablus fahren – da es um Nablus herum jedoch sieben Kontrollpunkte gibt, ist „normal" sehr relativ. Der größte Kontrollpunkt auf der Straße von Ramallah ist der Huwwara, der aus Sicherheitsgründen jederzeit geschlossen werden kann. Zur Zeit der Recherche wurde alles gerade etwas lockerer gehandhabt, aber das kann sich schnell wieder ändern. Flexibiliät ist bei der Reiseplanung also unverzichtbar.

Das Tote Meer

Es ist das ultimative Israel-Klischee: In Badebekleidung im Wasser liegen (fast schon darauf), die Füße nach oben, eine aufgeschlagene Zeitung in den Händen – wie an einem Sonntagmorgen im Bett. Doch jeder Traveller, der hierher kommt, sollte das mal machen – sich auf dem Toten Meer treiben zu lassen, ist eine absolut einmalige Erfahrung!

Neben dem obligatorischen Herumdümpeln, einem entspannenden Schlammbad und Schwefel erwartet einen mit der etwa 65 km langen Küstenlinie einer der mystischsten Orte der Welt. Dem Glauben nach wurde Jesus dort getauft, wo der Jordan ins Tote Meer fließt; zudem waren hier angeblich die biblischen Städte Sodom und Gomorrha und die Qumranschriften, die ältesten Abschriften eines biblischen Textes, wurden in einer Höhle im Berg gefunden. Die Hauptattraktion jedoch ist Massada: Ein freistehender Monolith in der Wüste trägt die Festung, in der vor über 1900 Jahren die Juden und ihre Familien lieber starben, als sich von den Römern versklaven zu lassen. Von den antiken Ruinen dieser Unesco-Weltkulturerbestätte, einem der sagenumwobensten Plätze Israels, den Sonnenaufgang über dem Toten Meer zu beobachten, ist wirklich ergreifend.

Der En-Gedi-Nationalpark lädt mit Wasserbecken, bedrohten Tierarten und antiken Stätten zum Wandern ein, und Abenteurer haben auf zahlreichen Wegen atemberaubende Küstenblicke und die Chance, die spektakulären Schluchten der Judäischen Wüste zu erforschen.

Nach so viel Action ist es Zeit, sich gen Süden nach Neot Hakikar aufzumachen: Der abgelegene Moschaw in der Wüste am niedrigsten Punkt der Erde ist perfekt zum Faulenzen.

HIGHLIGHTS

- Sich am **Mineral Beach** (S. 349) im Toten Meer treiben lassen und die Urlaubslektüre zu Ende lesen

- Sich nach einer schweißtreibenden Wanderung durch das **Naturschutzgebiet En Gedi** (S. 351) über die idyllischen Tauchbecken freuen

- Mit einem Schwefelbad und einer wohltuenden Schlammpackung aus dem Toten Meer in einem der vielen Tagesthermalbäder in **En Boqeq** (S. 359) so richtig relaxen

- Vor Anbruch der Dämmerung den Schlangenpfad nach **Massada** (S. 355) hinaufmarschieren, der zu unvorstellbaren Ausblicken, unglaublichen Sonnenaufgängen und einer unvergesslichen Geschichte führt

- Berge hinauf, Wadis hinunter: mit einem Jeep von **Neot Hakikar** (S. 362) aus die Judäische Wüste in Angriff nehmen

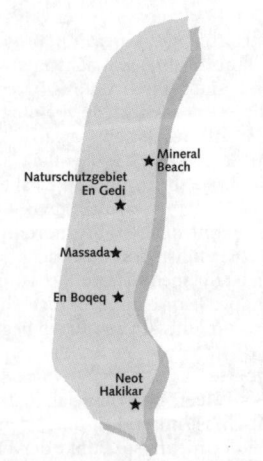

Mineral Beach

Naturschutzgebiet En Gedi

Massada

En Boqeq

Neot Hakikar

Geschichte

Das Wissen über die einzigartigen Qualitäten des Toten Meeres geht mindestens bis ins 4. Jh. v. Chr. zurück: Koryphäen wie Aristoteles, Plinius und Galen erwähnen alle die merkwürdigen Eigenschaften des Meeres. Auch die Nabatäer erkannten sein Potenzial auf den ersten Blick, sammelten das Bitumen von der Wasseroberfläche und verkauften es an die Ägypter; diese benutzten das „Erdpech" zur Einbalsamierung. Aufzeichnungen zeigen, dass dieses Geschäft bis weit in die Römerzeit blühte.

Trotz des Interesses der Wissenschaftler und des (geringen) wirtschaftlichen Nutzens wurde das Meer meist als etwas Ungesundes betrachtet – es ging der Volksglaube, über diesem Wasser könne kein Vogel fliegen – und gemieden. So wurde das Gebiet zu einem beliebten Rückzugsort für religiöse Asketen und politische Flüchtlinge; der spätere König David, König Herodes, Jesus und auch Johannes der Täufer wählten als Zuflucht die Küste oder die Berge und ihre Höhlen.

Dem Ruf vom „Meer des Teufels" ist es zu verdanken, dass die Gegend verlassen und unberührt blieb, bis die US-Navy sie 1848 schließlich erforschte. Doch erst mit der Ankunft der Briten in Palästina tat sich etwas rund um das Meer: Diese erbauten zwei Anlagen, um den großen Mineralreichtum nutzbar zu machen, und während der 1920er-Jahre lieferte das Tote Meer die Hälfte des Kalibedarfs für den britischen Commonwealth. Eine der Fabriken wurde im Nahostkonflikt 1948 zerstört, aber die zweite (bei Sodom) ist noch immer in Betrieb.

So komfortable Einrichtungen wie gute Straßen und klimatisierte Fahrzeuge lassen leicht vergessen, dass die Region aus einer öden Wüste mit einem ungastlichen Klima besteht. Hitze und Trockenheit, die neueste Umweltkrise sowie politische Faktoren – die Hälfte des Gebiets liegt in dem von Palästinensern kontrollierten Westjordanland – haben dazu geführt, dass die Israelis das enorme Potenzial für spendierfreudige Touristen und Gesundheitseinrichtungen, abgesehen von En Boqeq, nur langsam zu nutzen beginnen.

Geografie

Das Tote Meer, Yam Hamelah (Salzmeer) auf hebräisch, ist mit 411 m unter dem Meeresspiegel der niedrigste Punkt der Erde. Es ist schätzungsweise 65 km lang und misst an seiner breitesten Stelle 18 km. Der Wasserspiegel schwankt und fällt jedes Jahr um etwa 1 m. Nach dem Nahostkonflikt 1948 fiel nur etwa ein Viertel des Toten Meeres an den neuen Staat Israel, aber seit dem Sechstagekrieg ist nun fast die Hälfte unter israelischer Kontrolle. Die Grenze zwischen dem Westjordanland und Jordanien verläuft nahezu durch seine Mitte.

Das Tote Meer wird vor allem vom Jordan gespeist, unterstützt von kleineren Flüssen, unterirdischen Quellen und Überschwemmungen. Es gibt keinen Abfluss, aber der Zufluss wird durch eine durch das heiße Klima verursachte hohe Verdunstung ausgeglichen. Das Wasser kommt mit einer normalen Konzentration von Mineralien an (vor allem

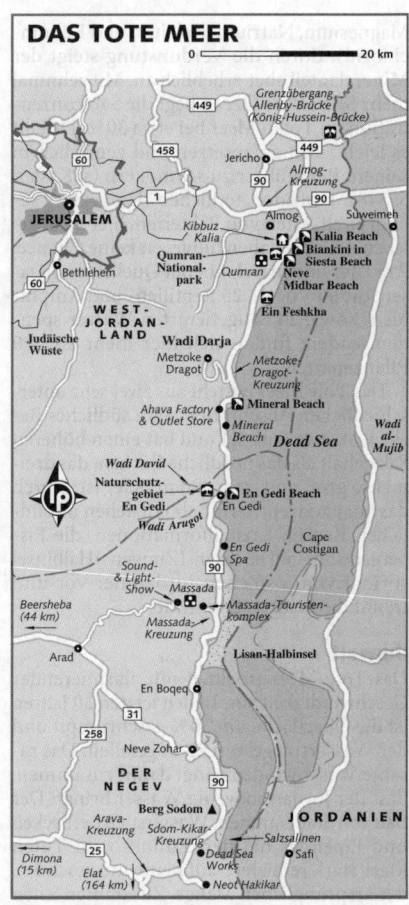

DAS TOTE MEER

0 ———— 20 km

Grenzübergang Allenby-Brücke (König-Hussein-Brücke)
449
458
60
Jericho
449
90
Almog-Kreuzung
90
1
JERUSALEM
Kibbuz Kalia
Almog
Süweimeh
Kalia Beach
Biankini in Siesta Beach
Qumran-Nationalpark
Qumran
Neve Midbar Beach
Bethlehem
60
Ein Feshkha
WEST-JORDAN-LAND
Judäische Wüste
Wadi Darja
Metzoke Dragot
Metzoke-Dragot-Kreuzung
Ahava Factory & Outlet Store
Mineral Beach
Mineral Beach
Dead Sea
Wadi al-Mujib
Wadi David
Naturschutzgebiet En Gedi
En Gedi Beach
En Gedi
Wadi Arugot
En Gedi Spa
Cape Costigan
Sound- & Light-Show
Massada
Beersheba (44 km)
Massada-Touristenkomplex
Massada-Kreuzung
Lisan-Halbinsel
Arad
En Boqeq
31
258
Neve Zohar
DER NEGEV
90
Arava-Kreuzung
Berg Sodom ▲
JORDANIEN
Sdom-Kikar-Kreuzung
Salzsalinen
Dimona (15 km)
25
Dead Sea Works
Safi
Elat (164 km)
Neot Hakikar

DAS TOTE MEER

Magnesium, Natrium, Kalzium und Kaliumchlorid), durch die Verdunstung steigt der Mineralanteil aber erheblich an. Mit zehnmal mehr Salz als im Ozean liegt die Salzkonzentration im Toten Meer bei etwa 30 %. Da fällt es leicht, sich aufzusetzen und gemütlich in seinem Reiseführer zu schmökern (s. Kasten S. 348). Trotz der „tödlichen" Umgebung gelingt es elf Arten von Bakterien, hier zu überleben – Fische haben hingegen keine Chance. Am Ufer finden sich überall Quellen und Oasen, die 90 Vogel-, 25 Reptilien- und Amphibien- sowie 24 Säugetierarten Wasser spenden, zudem finden sich hier mehr als 400 Pflanzenarten.

Das Tote Meer besteht aus zwei sehr unterschiedlichen Abschnitten. Sein südliches Becken ist etwa 6 m tief und hat einen höheren Salzgehalt als das nördliche Becken, das dreimal so groß und etwa 400 m tiefer ist. Durch das hochkonzentrierte Salz entstehen im südlichen Becken Kristallformationen, die Eisbergen ähneln. Die Lisan-(Zungen-)Halbinsel springt vom östlichen Jordanufer vor und trennt die beiden Abschnitte.

Umwelt

Das Tote Meer trocknet mit alarmierender Geschwindigkeit aus. In den letzten 30 Jahren ist die Oberfläche um 30 % geschrumpft und der Wasserspiegel um 25 m gefallen. Das rasante Verschwinden hängt damit zusammen, dass der Jordan so wenig Wasser bringt: Der Bau von Staudämmen, Wasserspeicherbecken und Pipelines hat den Zufluss zum Toten Meer stark reduziert, auf heute nur noch 5 % der ursprünglichen Menge. Zusammen leiten Israel, Jordanien und Syrien jährlich mehr als 1,3 Mrd. m³ Wasser aus dem Jordan ab für den Inlandskonsum und für die Bewässerung von Obst mit großem Wasserbedarf, z. B. die traditionell angebauten Bananen und die Zitrusfrüchte. Eine weitere beunruhigende Entwicklung im letzten Jahrzehnt ist die dadurch entstandene Instabilität der Küstenlinie. Dort werden Salzablagerungen von süßem Oberflächenwasser aufgelöst, und an der Westküste und in ihrer Umgebung haben sich Tausende Schucklöcher gebildet (s. Kasten S. 360).

Klima

Am Toten Meer scheint das ganze Jahr über die Sonne und es fällt weniger als 100 mm Regen, außerdem ist die Luftfeuchte gering. Der Sommer ist lang und unerträglich trocken mit Durchschnittstemperaturen zwischen 32 und 39 °C. Im Winter, wenn die Temperaturen zwischen 20 und 23 °C liegen, ist dies ein herrlicher Platz, um der Kälte zu entfliehen.

Gefahren & Ärgernisse

Trotz hoher Temperaturen und 300 wolkenloser Tage im Jahr ist es schwer, hier braun zu werden: Der hohe Druck in der Atmosphäre filtert die ultravioletten Strahlen der glühenden Sonne heraus. Allerdings ist es nicht unmöglich, sich zu grillen: Wir haben einige getroffen, die aussahen wie gekochte Hummer, weil sie fälschlicherweise angenommen hatten, ihre helle Haut sei hier nicht gefährdet, auch nicht ohne Sonnenschutzmittel.

Das Klima hier entzieht dem Körper unglaublich viel Wasser, vor allem wenn man wandert. Ein Hut und eine Sonnenbrille sind darum unumgänglich, außerdem muss man so viel Wasser trinken wie möglich (etwa 1 l pro Stunde). Die Springfluten, vor allem zwischen November und März, sind ebenfalls kein Spaß – sie verwandeln trockene Flussbetten und Wanderwege mitunter in reißende Ströme. Für mehr Infos zum Klima, s. linke Spalte.

Eine unglückselige Konsequenz aus dem schnellen Austrocknen des Meeres ist die Gefahr, in einem Schluckloch zu versinken (s. Kasten S. 360). Das klingt vielleicht übertrieben, ist aber tatsächlich schon passiert. Man sollte also lieber die Warnschilder beachten und sich an die eingezäunten Gebiete halten.

Und schließlich wird im En Gedi viel geklaut. Wir können daher gar nicht oft genug sagen, dass man jederzeit nicht nur ein Auge, sondern auch die Hände auf den Wertsachen haben sollte.

Geführte Touren

Das Tote Meer ist von Jerusalem oder Tel Aviv aus leicht zu erreichen. Wenn man das Egged-Bussystem benutzt, kann man alle Hauptattraktionen an einem Tag besichtigen und abends zurück in der Stadt sein – auch wenn das dann nicht gerade ein entspannter Tagesausflug war … Wer sich nicht mit Fahrplänen herumschlagen möchte, wende sich an einen der vielen Tourenveranstalter. Sie bieten Tagestouren, die Massada, einen Sprung ins Tote Meer, einen Spaziergang durch den En-Gedi-Nationalpark und einen Stopp zum Fotoshooting in Qumran, der Fundstätte der Schriftrollen vom Toten Meer, umfassen. Einziger Nachteil bei einer solchen Tagestour: Man verpasst den spektakulären Sonnenaufgang bei Massada.

Bein Harim (☎ 03-542 2000; www.beinharim.co.il) Diese Tagestour wurde von Lesern empfohlen und beinhaltet eine Fahrt mit der Seilbahn nach Massada hinauf und einen zweistündigen Aufenthalt am Mineral Beach. Von Jerusalem aus kostet sie 92 US$ (Abfahrt: 8.30 Uhr) und von Tel Aviv 99 US$ (Abfahrt: 7.15 Uhr).

United Tours (☎ 03-693 3412, 02-625 2187; www. unitedtours.co.il) Eine weitere Agentur, die ein- und zweitägige Touren ins ganze Land organisiert, u. a. eine Tagestour in die Region am Toten Meer (mit Ausnahme von Qumran) für 92 US$ pro Person; Start ist in Tel Aviv um 7.15 Uhr, in Jerusalem um 9 Uhr.

Anreise & Unterwegs vor Ort

Busse fahren in der Region am Toten Meer nicht so häufig. Wer vermeiden möchte, ewig in der Sonne warten zu müssen und dabei fast einzugehen, sollte seine Route im Voraus planen.

Das Tote Meer kann man von Haifa, Tel Aviv, Beersheba, Arad, Dimona und Eilat aus mit dem Bus direkt erreichen. Das umfassendste Angebot gibt's jedoch am Busbahnhof von Jerusalem (s. S. 168). Die Busse nach Eilat und Beersheba fahren über Qumran, Ein Feshkha, En Gedi (Busse 421 & 486, 34,50 NIS, 1½ Std.), Massada (Busse 444 & 486, 42 NIS, 1¾ Std.) und En Boqeq (Busse 444 & 486, 45 NIS, 2 Std.). Von Jerusalem aus sollte sich eigentlich mindestens einmal die Stunde ein Bus in diese Richtung aufmachen (die Preise bzw. die Reisezeit für Etappenziele sind proportional niedriger bzw. kürzer).

Auf Anfrage halten die Busse an allen wichtigen Stätten entlang der Küste des Toten Meeres. Allerdings muss man dabei sehr wachsam sein: Die Fahrer von Egged rasen meist so schnell, dass man z. B. an Qumran oder Ein Feshkha schon vorbei ist, ohne es bemerkt zu haben.

KALIA BEACH
☎ 02

Nachdem man die ausgebombten Überreste jordanischer Wohnhäuser aus den 1960er-Jahren und die verrosteten, zerbrochenen Rutschen des gescheiterten Wasserparkprojekts Atraktzia passiert hat, überrascht einen bei Kalia äußerst angenehm eine Reihe friedvoller Privatstrände. Der nördliche Teil des Toten Meeres, nur 25 Minuten von Jeru-

salem entfernt, ist der perfekte Ort für einen Sprung ins Wasser für alle, die wenig Zeit haben und für solcherlei Vergnügungen nur einen Nachmittag erübrigen können.

Am **Kalia Beach** (☎ 994 2391; Erw./Kind 35/25 NIS; ☒ Sommer 8–18 Uhr, Winter 8–17 Uhr) kann man nach ein paar Runden im Wasser den kostenlosen Schlamm nutzen oder sich auf einem der Sofas in der luftigen Café-Bar unter schattigen Weinranken entspannen. Handtücher und Strandliegen zum Mieten sind vorhanden.

Das **Biankini in Siesta Beach** (☎ 940 0033; biankini@walla.co.il; Eintritt 40 NIS; ☒ 8–20 Uhr) ist eine marokkanisch angehauchte Angelegenheit, die unter den scheußlichen Auswirkungen maßloser Bauwut leidet. Das Themenrestaurant wird häufig für Hochzeitsfeiern genutzt. Der unpassende Stilmix hat klimatisierte Holzhütten im viktorianischen Stil mit Meerblick hervorgebracht (DZ inkl. Frühstück 550 NIS); wer sein eigenes Zelt zum Campen mitbringt, kann hier für gerade mal 45 NIS nächtigen.

In die **Neve Midbar** (☎ 994 2781; Eintritt 50 NIS; ☒ 8–18 Uhr) zieht es Familien mit Picknickkörben (auch Grillen ist möglich), aber durch plärrende Musik und schreiende Kinder kann es hier recht laut werden. Dafür gibt's ein Restaurant mit einer schönen Terrasse. Zelten kostet 50 NIS, alternativ kriecht man unter ein Pultdach (DZ 190 NIS), das, obwohl als „Hütte" angekündigt, aussieht wie ein Zelt an einem feuchten Montagmorgen nach einem langen Festivalwochenende.

Wenn man mit dem Bus anreist, sollte man unbedingt den Fahrer bitten, am Kalia Beach zu halten; ansonsten kommt man nämlich beim Kibbutz Kalia raus. Die Strände liegen ungefähr 2 km von der Bushaltestelle entfernt.

QUMRAN
☎ 02

Die **Schriftrollen vom Toten Meer**, die als die „wichtigste Entdeckung für die Geschichte des jüdischen Volkes" gelten, sind heute im Israel-Museum in Jerusalem (s. S. 146) ausgestellt. Sie wurden 1947 von einem Beduinenhirten auf der Suche nach einer entlaufenen Ziege in Tongefäßen in einer hoch gelegenen Höhle am Felshang von Qumran gefunden.

Ausgrabungen im **Qumran-Nationalpark** (☎ 994 2235; Erw./Kind 20/9 NIS, inkl. Eintritt für Ein Feshka 36/18 NIS; ☒ April–Sept. 8–17 Uhr, Okt.–März 8–16 Uhr) haben die Siedlung und die Höhlen der Essener freigelegt. Von dieser jüdischen Sekte wurden die Schriftrollen angefertigt, die Bücher des Alten Testaments und die eigenen Texte der Essener enthalten.

Die Essener waren eine jüdische Splittergruppe, die von sich selbst glaubte, das „auserwählte Volk" Israels zu sein. Um 150 v. Chr. zogen sie in die Wüste, um dem Liberalismus und der Dekadenz zu entgehen, die ihrer Ansicht nach die anderen Juden korrumpierte. Die Gemeinschaft baute Datteln an, pflegte ihre Schafe und studierte religiöse Texte, bis sie von den römischen Eroberern 68 n. Chr. aufgelöst wurde.

Angeblich lebten die Essener im Zölibat. Die auf dem Friedhof von Qumran gefundenen Skelette zeigen jedoch, dass hier auch Frauen gewohnt haben. Als Asketen pflegten die Essener rituelle Bäder und Reinigungen. Obwohl sie sich nicht nach den damals herrschenden jüdischen Gesetzen richteten (und sogar einen eigenen Kalender besaßen), war ihre Einhaltung des Sabbat extrem pedantisch. Flavius Josephus schreibt, dass sie an diesem Tag sogar den Stuhlgang vermieden, um Verunreinigung zu verhindern.

Die Ruinen sind nicht besonders weitläufig, aber von einer Holzbrücke aus kann man sehr gut ein Aquädukt erkennen sowie die Kanäle und Zisternen, die die Wasserversorgung der Gemeinschaft sicherstellten. An anderer Stelle befinden sich die rituellen Bäder, das Refektorium, ein Ratssaal, das Skriptorium, in dem wahrscheinlich die Qumran-Schriftrollen angefertigt wurden, eine Töpferwerkstadt mit Brennöfen und ein Friedhof.

Schilder weisen einem den Weg zu den Höhlen, wo die Schriftrollen gefunden wurden. Die einzige, die für Besucher geöffnet ist, erreicht man zu Fuß von hier aus in zehn Minuten.

Das kleine Museum (mit dem siebenminütigen Multimediaprogramm) befindet sich

---

EIN BAD IM TOTEN MEER

Das von den Werbeagenturen als größtes „natürliches Spa" der Welt gepriesene Tote Meer ist mit Sicherheit viel effizienter als jede herkömmliche kosmetische Behandlung. Im Vergleich zu normalem Meerwasser enthält sein Wasser 20-mal so viel Brom, 15-mal so viel Magensium und zehnmal so viel Jod – das macht in Summe 33 % feste Stoffe! Brom ist eine Komponente vieler Beruhigungsmittel und entspannt die Nerven, Magnesium wirkt gegen Hautallergien und reinigt die Bronchien, und Jod hat einen wohltuenden Effekt auf bestimmte Drüsenfunktionen – so wird es zumindest behauptet, vor allem von den Besitzern der hiesigen Heilbäder und der verschiedenen Produzenten von Totes-Meer-Kosmetika.

Und wenn das noch nicht genügt: Die Luft am Toten Meer ist extrem trocken und transportiert 10 % mehr Sauerstoff als die auf Höhe des Meeresspiegels. Kombiniert mit den hohen Temperaturen, der niedrigen Höhe und der geringen Verschmutzung, hat dies für den Stoffwechsel des Körpers eine belebende Wirkung – angeblich, denn immerhin beinhaltet die diesige Luft des verdunstenden Wassers über dem Toten Meer eine große Menge an Brom, das ja angeblich beruhigt.

Das Beste aus diesen therapeutischen Eigenschaften macht man, wenn man in einem der vielen Heilbäder am Toten Meer schwelgt. Jedes Bad bietet einen Innenpool mit Wasser aus dem Toten Meer (oder einen Zugang zum Strand), Thermalwasserbecken, Whirlpools, Saunen und Dampfbäder, Fitnesseinrichtungen und zahlreiche Anwendungen, z. B. Schlammpackungen, Massagen und traditionelle Anwendungen aus dem Nahen Osten. Zur Wahl stehen der Mineral Beach (S. 349), das En-Gedi-Spa (S. 353) und die Luxushotels in En Boqeq (S. 360). Auch der Gesundheitstourismus ist auf dem Vormarsch: Viele Hotels haben Angebote für längere Heilaufenthalte für sämtliche Leiden, von Arthritis bis zu Schuppenflechte. Ahava (S. 354), DSD und Jericho sind die großen Namen in Sachen Kosmetik vom Toten Meer; ihre Produkte bekommt man im ganzen Land.

Das Tote Meer mag fantastische Heilkräfte besitzen – aber das muss man der armen Person, die da mit dem Kopf voran in das trübe, grüne Wasser getaucht ist, erstmal begreiflich machen! Wenn einem das passiert, sollte man sofort unter die Dusche gehen (wenn man überhaupt noch etwas sehen kann …). Wer mit offenen Schnitten oder Schürfwunden ins Wasser watet, wird die Bedeutung des oft zitierten Satzes „Salz in die Wunden streuen" am eigenen Leib erfahren. Also: An dem Morgen, an dem man schwimmen geht, nicht rasieren, und nicht vergessen, wasserfeste Sandalen zu tragen – diese schützen davor, sich die Füße an dem spitzigen Salz aufzuschneiden oder sich auf dem schwarzen Schlamm die Sohlen zu verbrennen.

direkt am Eingang zum Nationalpark. Es liefert einen guten und kompakten Überblick über die Ausgrabung.

Anreise & Unterwegs vor Ort

Wenn man aus Richtung Jerusalem kommt, ist dies normalerweise der erste Halt, den der Bus einlegt, nachdem die Straße die Küste des Toten Meeres erreicht hat. Sobald man das Wasser sehen kann, den Fahrer daran erinnern, dass man in Qumran aussteigen möchte – es sind dann nur noch wenige Minuten bis dorthin. Wenn man von Süden her kommt, liegt Qumran ungefähr 10 km hinter Ein Feshkha. Von der Bushaltestelle ist die Stätte nur 200 m entfernt, zu Fuß über eine ausgeschilderte Zufahrtsstraße zu erreichen.

EIN FESHKHA (EINOT ZUKIM)

☎ 02

Die hübschen Süßwasserquellen von **Ein Feshkha** (☎ 994 2355; Erw./Kind 25/13 NIS, inkl. Eintritt nach Qumran 36/18 NIS; ☽ April–Sept. 8–17 Uhr, Okt.–März 8–16 Uhr, Fr 1 Std. früher geschl.) waren einst ein beliebtes Urlaubsziel von König Hussein aus Jordanien. Während der 1950er- und Anfang der 1960er-Jahre liebte dieser es, zwischen den üppig mit Tamarisken und Papyrusstauden bestandenen Flächen zu baden. Der Platz wird auch Einot Zukim (Quelle aus den Felsen) genannt. Es gibt weltweit kein Naturschutzgebiet, das tiefer liegt. Einzigartig sind die Süßwasserbecken direkt neben dem extrem salzigen Toten Meer; seit sie keine Privatoase mehr bilden, kann man sich in den zahlreichen Becken im Zentrum des Naturschutzgebiets herrlich abkühlen. Die Becken, von mit Salz verkrustetem Schilf und Gras umgeben, führen hinunter zum Ufer, das sich wegen der schnell fortschreitenden Austrocknung des Toten Meeres immer weiter zurückzieht. Auf dem Trockenen steht ein Schild mit der Aufschrift: „Hier war das Meer 1967!" Die Becken sind gerne trüb und an den Wochenenden schnell überfüllt. Vor allem große Gruppen junger Männer sind hier anzutreffen; Frauen ohne Begleitung könnten sich beim Schwimmen hier darum unwohl fühlen.

Das Zentrum des Naturschutzgebiets umfasst auch eine archäologische Stätte aus der Zeit des Zweiten Tempels. Es wird angenommen, dass zu den Ausgrabungen der Bauernhof gehört, auf dem die Essener ihr Land bewirtschafteten und Schafe und Ziegen züchteten. Es gibt auch einen Komplex aus der Zeit

des Herodes mit einem großen Gebäude, einem Garten und einem Pool.

Südlich liegt der „stille Rückzugsort", ein Gebiet, das man nur im Rahmen einer einstündigen **geführten Tour** (☎ 994 2355; mh.deadsea@npa.org.il; ☽ Fr 10 & 12, Sa 10, 12 & 14 Uhr) betreten darf. Die Touren finden von September bis Juni statt und werden auf Hebräisch abgehalten, aber auch Englisch sprechende Teilnehmer sind willkommen.

METZOKE DRAGOT

☎ 02

Eine schmale, gewundene Straße mit herrlichem Ausblick führt zu einem der traumhaftesten Punkte an der Küste des Toten Meeres. Das Dorf **Metzoke Dragot** (☎ 994 4777; www.metzoke.co.il, hebräisch; Zeltstellplatz 70 NIS/Pers., B/EZ/DZ inkl. Frühstück 85/280/400 NIS; ⊗) thront hoch oben am Rand einer Klippe. Gäste werden in netten Zimmern mit Nachttischlampen, Kühlschränken und Kaffeemaschinen untergebracht und bekommen ein köstliches Frühstück mit frischem Saft vorgesetzt, inklusive heißer *shakshuka* (pochierte Eier mit gut gewürzten gedünsteten Tomaten), die in der Pfanne serviert werden. Für 75 NIS gibt's auch Abendessen. Empfangen wird man von einer mit farbenfrohen Sitzgelegenheiten ausgestatteten Steinterrasse, die eine traumhafte Aussicht eröffnet – ein toller Platz, um sich von einem anstrengenden Tag auf den Beinen zu erholen. Wanderfreunde finden hier einen ausgezeichneten Ausgangspunkt für Fußmärsche oder Klettertouren im **Wadi Darja** mit seinen hoch aufragenden Klippen und Schluchten. Im Feriendorf erhält man Infos zu verschiedenen Routen.

Die Abzweigung von der Rte 90 zum Metzoke Dragot liegt etwa 18 km nördlich von En Gedi und ist gut ausgeschildert; sie befindet sich direkt neben einem Militärkontrollpunkt. Von der Abzweigung fahren keine Busse bis hinauf ins Feriendorf (und keine Taxis; die anstrengenden 5 km den steilen Berg hinauf muss man allein mit seinen Wadenmuskeln bewältigen).

In der gleichen Gegend findet, wer auf der Küstenstraße ein paar Kilometer weiter südlich fährt (es gibt eine Bushaltestelle, aber man muss den Fahrer extra bitten, zu stoppen), den **Mineral Beach** (☎ 994 4888; www.dead-sea.co.il; Eintritt 45 NIS; ☽ 8–18 Uhr). Dieser wird vom Mitzpe Shalem Kibbuz betrieben und ist einer der schönsten Strände am Ufer des Toten

Meeres. Wer genug davon hat, zu plantschen und mit den Zehen in Bergen aus schwarzem Schlamm herumzumatschen, taucht in die warmen Mineralquellen oder relaxt am Süßwasserpool.

EN GEDI

☎ 08 / 650 Ew.

Eine der schönsten Oasen des Landes ist En Gedi (auch Ein Gedi; Quelle des Zickleins). Mitten in einer Wüstenlandschaft am niedrigsten Punkt der Erde findet man hier auf üppigem Gelände Süßwasserquellen, Wasserfälle, Pools und tropische Vegetation. Trotz der fast täglich ankommenden Busse voller lärmender Kinder, die durch das Naturschutzgebiet toben, kann man hier in friedvoller Umgebung das Wüstenleben kennenlernen.

Die Tiere hier hatten eine Menge Zeit, sich an die einfallenden Menschen zu gewöhnen – Archäologen nehmen an, dass die Gegend zum ersten Mal während der Kupferzeit (3000 v. Chr.) besiedelt wurde, als gerade der Steinzeit entwachsene Stämme hier in einem Tempel den Mond verehrten. In Samuel 1,23 wird die Begegnung von David und Saul in En Gedi beschrieben, und der Platz taucht noch einmal auf im Hohelied Salomons (1,14). Der Mensch siedelte kontinuierlich in En Gedi bis in die byzantinische Zeit, dann folgte eine Pause bis 1949, als hier ein israelischer Militärposten errichtet wurde. Heute haben zahlreiche, in Scharen herbeiströmende Touristen das Militär abgelöst.

Orientierung & Praktische Informationen

Zu En Gedi gehört das Kurzentrum En Gedi Spa und dessen Strand – der unverdienterweise beliebteste am Toten Meer –, zudem eine Jugendherberge, eine Field School (Umweltbildungszentrum) der Society for the Protection of Nature in Israel (SPNI), das Restaurant Pundak En Gedi, ein Kibbuz mit Gästehaus, an dessen Rezeption ein Geldautomat steht, und eine Tankstelle.

En Gedi erstreckt sich über 4 km und verfügt über vier Bushaltestellen – es ist wichtig, an der richtigen Stelle auszusteigen, um langes Marschieren oder Warten in der Hitze zu vermeiden. Das Naturschutzgebiet, die Jugendherberge und die Field School liegen im Norden, auf der westlichen Seite der Straße. An der nächsten Haltestelle, weniger als 2 km weiter südlich, befinden sich der Badestrand,

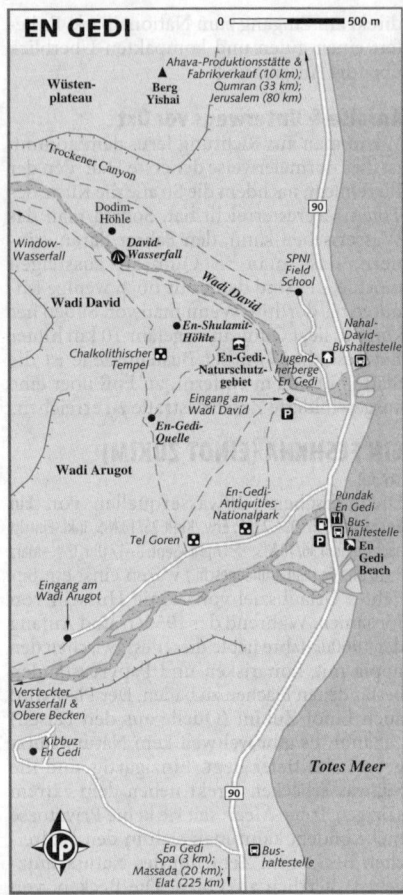

das Pundak En Gedi und die Tankstelle. 1 km weiter entfernt befindet sich die Haltestelle zum Kibbuz En Gedi (einige Busse fahren auch in den Kibbuz hinein), und nach weiteren 3 km in Richtung Süden kommt das En Gedi Spa.

Sehenswertes & Aktivitäten

SPNI FIELD SCHOOL

Israels erste **SPNI Field School** (☎ 658 4288; ngedi@ spni.org.il; ☻ 8–18 Uhr) ist die erste Adresse für Infos zum Wandern in der Region. Hier gibt's auch ein kleines Museum über die Flora und Fauna der Gegend und eine Sound-and-Light Show (5 NIS) über die Judäische Wüste, die in der Aula stattfindet. Von einem Balkon aus blickt man auf die Wasserfälle von En Gedi.

Das SPNI-Zentrum findet man, wenn man den steilen Hügel hinaufgekraxelt ist, oberhalb der Jugendherberge; s. auch S. 353.

EN-GEDI-NATURSCHUTZGEBIET

Diesen Ort verbinden die meisten Leute zuallererst mit En Gedi – die hübsche Schlucht in der Wüste liegt in der Nähe des Toten Meeres und hat jede Menge Bäume, Pflanzen, Blumen, Tiere und herabstürzende Wasserfälle zu bieten. Wer hier früh am Morgen zu dem Zeitpunkt ankommt, an dem gerade geöffnet wird (und so der Meute und der Hitze ein Schnippchen schlägt), wird sich ein bisschen wie im Garten Eden fühlen.

Die Wanderwege im **En-Gedi-Nationalpark** (☎ 658 4285; Erw./Kind 25/13 NIS; ☽ April–Sept. 8–17 Uhr, Okt.–März 8–16 Uhr) sind eigentlich nicht besonders anspruchsvoll oder anstrengend, aber um die Hitze zu überstehen, muss man jede Menge Wasser mitnehmen. Zum Glück können sich die Wanderer in herrlichen Tauchbecken abkühlen; das erste erreicht man vom Eingang aus in nur 25 Minuten. An der Kasse ist ein kostenloser Lageplan erhältlich. Im schattigen Besucherzentrum gibt's einen gut sortierten Laden, der Getränke und Snacks verkauft, sowie eine Espressobar.

Vorsicht: Es gibt zwei Kassen und Eingänge zum Naturschutzgebiet und zu den Wanderwegen. Der **Eingang am Wadi David** (Nahal David; ☽ April–Sept. 8–17 Uhr, Okt.–März 8–15 Uhr) befindet sich jenseits des Parkplatzes, am Ende der Straße, die von der Bushaltestelle herführt. Die Straße, die rechts abzweigt, bringt einen zur Jugendherberge und zum SPNI-Zentrum. Um den **Eingang am Wadi Arugot** (Nahal Arugot; ☽ April–Sept. 8–17 Uhr, Okt.–März 8–14 Uhr) zu erreichen, fährt man von der Rte 90 aus gute 4 km landeinwärts (nach links abbiegen; das Ziel ist hinter dem Parkplatz).

Essen ist im Naturschutzgebiet nicht erlaubt – also unbedingt ordentlich den Magen füllen, bevor man sich auf eine längere Wanderung begibt!

Wandern im Wadi David

Wenn man den Eingang am Wadi David passiert hat, folgt man den Schildern zum **David-Wasserfall** (Nahal David), den man nach einer 40-minütigen Wanderung entlang einer Reihe von Becken und Wasserfällen erreicht; einige Abschnitte dieser Strecke sind recht steil, aber Stufen und Geländer in den Felsen erleichtern das Vorankommen. Vom Wasserfall aus folgt man dem Rundweg zurück zum Toten Meer. Unterwegs führt ein weiterer Weg den Hang hinauf; wer diesem für 20 Minuten folgt, erreicht an der Spitze der Klippe die **Shulamit-Quelle**. Gleich hinter der Stelle, an der Wasser aus dem Boden blubbert, teilt sich der Pfad: Der Weg nach rechts ist der längere und führt zur **Dodim-Höhle** (Höhle der Liebenden), die sich in schöner Lage gleich oberhalb des Wasserfalls befindet; für diesen Abstecher sollte man 40 Minuten hin und zurück einplanen. Der nach links führende steile Pfad bringt einen zu den eingezäunten Ruinen eines **chalkolitischen Tempels**; nach einigen Fundstücken zu urteilen, diente er vermutlich der Anbetung des Mondes.

Wenn man weiter den Hang hinunterläuft, weisen Schilder den Weg zur **En-Gedi-Quelle**, die nach etwa 25 Minuten in Sicht kommt. Durch Bäume und Schilf sucht man von hier aus einen Weg zu einem weiteren Pfad; dort kann man wählen: Links geht's zurück zum Haupteingang, rechts nach **Tel Goren**, den Überresten der ersten israelitischen Siedlung (aus dem Ende des 7. Jhs. v. Chr.) in dieser Gegend. Hinter Tel Goren befinden sich die Ruinen einer alten Synagoge (s. En-Gedi-Antiquities-Nationalpark S. 353), in denen ein interessanter Mosaikfußboden zu bestaunen ist. Von dort geht's weiter die Straße hinunter und dann entweder nach rechts zum Eingang einer sagenhaften, tiefen Schlucht, des **Wadi Arugot**, oder nach links, wo man nach 15 Minuten die Hauptstraße erreicht. Diese wandert man noch einmal zehn Minuten in Richtung Norden entlang, um zur Bushaltestelle Nachal David und zur Abzweigung zum Haupteingang zurückzukommen.

Bitte beachten: Nach 14.30 Uhr darf man nicht mehr mit dem Aufstieg zur En-Gedi-Quelle und zur Dodim-Höhle beginnen.

Wandern durch den Trockenen Canyon

Diese wunderschöne, vier bis sechs Stunden in Anspruch nehmende Wanderung führt in die weniger besuchten Abschnitte des En-Gedi-Naturschutzgebiets. Hier kann man stramm über etwas unebenen Boden und einige steile Hänge marschieren, hier und da muss man über ein paar Felsen klettern; an manchen Stellen kann der Boden unter den Füßen schlammig sein, vor allem im Winter, und gelegentlich ist man gezwungen, sich beim Waten durch seichtes Wasser die Füße nass zu machen.

In den Herbst-, Winter- und Frühlingsmonaten (Okt.–Mai) sind Springfluten eine Gefahr. Dazu muss es in En Gedi nicht regnen: Auch Regengüsse in den weiter westlich gelegenen Bergen können Sturzbäche durch die Schluchten verursachen – man sollte also immer die Ohren spitzen, ob man Wasser rauschen hört, und allzeit bereit sein, weiter nach oben zu klettern. Im Sommer und Winter sollte man nach 12 Uhr nicht mehr aufbrechen; bevor man sich auf eine längere Wanderung begibt, die Parkaufseher aufsuchen, um sich nach den Wetterbedingungen zu erkundigen!

Der Wanderweg beginnt am Ende der Straße und führt am SPNI-Zentrum vorbei. Man folgt den weißen Schildern mit der schwarzen Schrift, die einen an den wieder hergestellten, landwirtschaftlich genutzten Terrassen vorbeilotsen. Nach 500 m kommt der Pfad an eine Kreuzung; einfach geradeaus weiter gehen und sich nun an den rot bemalten Schildern orientieren. Während man den kleinen Felsen erklimmt, kann man die Aussicht auf das üppige Grün zwischen dem David- und dem Window-Wasserfall genießen. Der Pfad führt durch eine schmale Schlucht in den Trockenen Canyon hinunter. Mit dem linken Weg erreicht man den Nahal David und etwas dahinter die Quellen. Die Schlucht wird tiefer und schmaler, und um am Wasserfall vorbeizukommen, kann man sich an eigens dafür angebrachten Pfählen festhalten.

Der Canyon endet am malerischen **Window-Wasserfall** mit Blick über den Nahal David. Wenn man zu den Pfählen zurückkehrt, führt einen ein schmaler Hohlweg nach Süden hinauf. Nach 100 m erreicht man einen Pfad, der parallel zur Schlucht verläuft. Auf diesem grün ausgeschilderten Pfad biegt man nach links ab und hält sich dann rechts, einen kleinen Hügel hinauf. Von der Spitze blickt man hinunter auf En Gedi und den chalkolitischen Tempel. Der Pfad rechts führt hinunter zum Tempel. Noch ungefähr 250 m weiter rechts liegt die **En-Gedi-Quelle**; die Chancen, hier einen Klippschliefer zu sehen, stehen gut. Von der Quelle aus kann man entweder über den oberen Teil des Naturschutzgebiets zum Nahal David und zur **Shulamit-Quelle** zurückkehren oder weiter bergab durch Tel Goren und an der antiken Synagoge vorbei laufen (s. En-Gedi-Antiquities-Nationalpark S. 353).

Den oberen Teil von Nahal David erreicht man über den breiten Weg, der von der Quelle in Richtung Norden verläuft und unterhalb des Felsvorsprungs des chalkolitischen Tempels entlangführt. Nach 350 m trifft man auf den Pfad; man läuft direkt am Südufer weiter und kommt zur Nahal-David-Quelle und dem nahe gelegenen überhängenden Window-Wasserfall. Dann folgt man dem Pfad rechts über den Fluss, bis man an der Spitze des David-Wasserfalls einen großen Felsbrocken erreicht; dort kann man die Leiter hinunterklettern und gelangt zur En-Shulamit-Quelle.

Der Rückweg nach Nahal David führt über den linken Pfad hinunter und durch die En-Shulamit-Höhle. Schließlich erreicht man den David-Wasserfall, von hier verläuft der Weg bis zum Haupteingang und zum Parkplatz.

Wenn man gen Süden weiterläuft, kommt man zur En-Gedi-Quelle zurück und durch einen von überhängendem Schilf geformten Tunnel. Nach den Ruinen der Getreidemühle aus der Zeit der Kreuzfahrer Ausschau halten! Der gelb markierte Weg Richtung Südosten führt über eine Schotterstraße. An der nächsten Schotterstraße biegt man rechts ab und kommt zu einem Ausgang durch ein Tor. Links steht ein Kriegsdenkmal. Die angrenzenden Ruinen gehören zu Tel Goren. Man folgt der Schotterstraße, bis sie auf eine befestigte Straße trifft, dann biegt man nach links ab und passiert Tel Goren, das frühere SPNI-Zentrum und die Häuser des Kibbuz; an der nächsten Kreuzung geht's nach links durch ein Tor. Nach ungefähr 100 m biegt die Straße wiederum nach links ab, 100 m weiter hinunter dann nach rechts; nach Überquerung des Zaunes erreicht man die alte Synagoge. Wenn man auf die befestigte Straße zurückkehrt, erreicht man die Hauptstraße – dort endet die Wanderung, ungefähr 3 km südlich vom Ausgangspunkt.

Wandern im Wadi Arugot

Vom Eingang am Wadi Arugot aus erschließt sich Wanderern mit mehr Zeit und Energie ein umfangreicheres Gebiet. Man kann sich beispielsweise zum idyllischen **Versteckten Wasserfall** (hin & zurück 2 Std.) aufmachen, und wer von hier aus noch einmal 30 Minuten Fußmarsch auf sich nimmt, gelangt zu den **Oberen Becken**. Man kann auch einen Rundkurs absolvieren: einfach zum Plateau auf der Nordseite des Versteckten Wasserfalls wandern (s. S. 352) und das Naturschutzgebiet über Nahal David wieder verlassen. Das ist jedoch ein schwieriger und langer Weg

(5–6 Std.), man benötigt pro Person mindestens 5 l Wasser und muss im Büro des Naturschutzgebiets Bescheid sagen, bevor man aufbricht.

Wandern auf dem Wüstenplateau

Erfahrene Wanderer sollten nicht versäumen, das Wüstenplateau zu erklettern: Von hier eröffnet sich ein atemberaubender Panoramablick auf das Tote Meer (400 m unterhalb), die Berge von Moab und die Judäische Wüste. Es gibt drei Hauptpfade, die über das Plateau führen. Einer davon besteht aus dem Aufstieg von der **SPNI Field School** zum **Berg Yishai** über das Wüstenplateau bis zum En-Gedi-Aussichtspunkt; über den **En-Gedi-Aufstieg** gelangt man schließlich zum unteren Teil des Nahal David, und im **Nahal-David-Naturschutzgebiet** endet die Wanderung. Infos über die beiden anderen Pfade bekommt man bei den Rangern an den Kassenhäuschen oder auf der Website der **Israel Nature and Parks Authority** (www.parks.org.il).

En-Gedi-Antiquities-Nationalpark

Im **Nationalpark En Gedi Antiquities** (Erw. mit/ohne Eintritt zum Naturschutzgebiet 25/13 NIS, Kind 13/7 NIS; ☉ 8–16 Uhr) steht eine der ältesten Synagogen, die in Israel je gefunden wurden; sie stammt aus dem 3. Jh. n. Chr. Die urspüngliche Synagoge hatte eine trapezförmige Gestalt, war mit einem schwarz-weißen Fußbodenmosaik ausgelegt und barg einen transportablen Thoraschrein; ihre Nordwand wies nach Jerusalem. Die ausgegrabenen Überreste, die heute zu sehen sind, stammen aus der Mitte des 5. Jhs. n. Chr. und sind recht gut erhalten, insbesondere der Mosaikfußboden in der Gebetshalle.

EN GEDI BEACH

Der beliebte, aber unangenehm steinige öffentliche Strand (Badelatschen mitbringen!) reicht aus, wenn man einfach nur einmal im Toten Meer baden will: Es gibt Umkleiden, große Plastikschirme, Toiletten und Duschen (5 NIS), eine rund um die Uhr geöffnete Snackbar sowie ein Restaurant (s. S. 354). Der Strand liegt außerdem praktisch direkt an der Bushaltestelle.

BOTANISCHER GARTEN EN GEDI

Der berühmte **botanische Garten** (☎ 658 4444; Eintritt 28 NIS; ☉ tgl.) im Kibbuz En Gedi ist ein beeindruckendes Beispiel dafür, dass man

„die Wüste zum Blühen" bringen kann. Auf der ganzen Anlage gedeihen mehr als 900 Pflanzenarten – von merkwürdigen biblischen, z. B. Weihrauch und Myrrhe, bis zu dekorativen wie Palmen, zudem ungewöhnliche tropische Bäume und einheimische Unterarten wie die Sodomsapfel. Außerdem gibt's einen Kakteengarten. Im Eintrittspreis sind ein Lageplan und ein Film über den Garten inbegriffen. Gäste des Kibbuz können kostenlos an **Nachtführungen** (☉ Di & Do 20 Uhr) durch den botanischen Garten teilnehmen.

EN GEDI SPA

Nach einer Runde Bewegung im Wasser ist es herrlich, sich in den schwarzen Schlamm aus dem Toten Meer zu suhlen. Er ist reich an Mineralien und fühlt sich auf der Haut toll an. Ein herrlicher Platz zum Schwimmen und sich danach einzuferkeln ist das **En Gedi Spa** (☎ 659 4813; So–Fr mit/ohne Mittagessen 100/60 NIS, Sa mit /ohne Mittagessen 110/70 NIS; ☉ 8–18 Uhr). Strandgänger werden jetzt, da sich das Ufer des Toten Meeres in den letzten 25 Jahren über 1 km weiter entfernt hat, mit einem kleinen Zug zum Privatstrand und zurück gefahren. Im Kurzentrum gibt's sechs Schwefelbecken, einen Süßwasserpool und ein großes Angebot natürlicher Kosmetik- und Massageanwendungen (vorab buchen). Im **Restaurant** (Mittagessen 73 NIS; ☉ 11–17 Uhr) auf dem Gelände wird ein Buffet mit Fleischgerichten serviert. Weil das Spa das komplette Tote-Meer-Erlebnis unter einem Dach bietet, ist es bei Gruppen sehr beliebt und das ganze Jahr über recht belebt. Etwas ruhiger geht's am nördlicher gelegenen Mineral Beach (S. 349) zu oder am öffentlichen Strand bei En Boqeq. Der Komplex gehört dem Kibbuz En Gedi (S. 354); dessen Gäste dürfen die Einrichtungen kostenlos benutzen.

Schlafen

SPNI Field School (☎ 658 4288; ngedi@spni.org.il; B/EZ/ DZ inkl. Frühstück 99/275/315 NIS; ☒) Oberhalb der Jugendherberge Beit Sarah am Hang. Um das Haus streunen Steinböcke, und von hier hat man einen tollen Blick auf das Tote Meer und die Wasserfälle von En Gedi. Die Zimmer sind nicht so schick wie in der Juhe, aber die Field School ist ein ausgezeichneter Ausgangspunkt für Wanderungen am frühen Morgen. Abendessen (53 NIS) wird nur für Gruppen serviert, aber wenn man vorher anruft, wird da auch schon mal eine Ausnahme gemacht.

Jugendherberge En Gedi (Beit Sarah; ☎ 658 4165; eingedi@iyha.org.il; B/EZ/DZ inkl. Frühstück 113/280/338 NIS; ✗) Die sensationelle Lage und die sauberen, modernen Zimmer sind der Grund, warum dieses Hostel so wahnsinnig beliebt ist, und zwar bei allen – von 14-Jährigen auf Schulausflug bis zu älteren, gläubigen Frauen, die sich in den Schwefelbecken erholen möchten. Wer gegen israelische Volkslieder bis 2 Uhr morgens allergisch ist, kann das frisch renovierte „Gästehaus" testen: Dort gibt's Zimmer mit eigenem Balkon und herrlicher Aussicht. Abendessen kostet 51 NIS. An der Rezeption bekommt man Vergünstigungen für den Eintritt zum En-Gedi-Naturschutzgebiet und zum En-Gedi-Spa. Die Jugendherberge liegt oben auf dem Berg, 250 m von der Bushaltestelle entfernt.

Kibbuz En Gedi (☎ 659 4222; www.ein-gedi.co.il; EZ/DZ inkl. Frühstück 190/240 US$; ✗ 🖥 🛜 🍴) Dies ist eines der beliebtesten Kibbuze im Land. Er ist umgeben von Gärten voller Bäumen und nur einen Katzensprung vom Toten Meer entfernt (etwas weiter ist es zum Kurzentrum und den heißen Quellen; s. S. 353), wird effizient geführt und hat Abendunterhaltung (die Bauchtanzvorführungen sind der Renner!), geführte Wanderungen, Yogakurse und ein Wellnesscenter zu bieten. Außerdem gibt's die Möglichkeit, Tennis und Minigolf zu spielen, und die Gäste dürfen das En Gedi Spa kostenlos nutzen. Nächtigen kann man in einer Reihe von Zimmern, die alle eine Stufe besser sind als die standardmäßige, motelähnliche Kibbuz-Unterkunft; allerdings bieten nur wenige von ihnen Aussicht. Die Wüstenzimmer punkten mit bemalten Wänden und vor Ort angefertigten Möbeln. Das Abendbuffet mit Fleisch kostet 18 US$, und die Bar des Kibbuz ist ein toller Platz für ein Bier im Freien. Wer aufs Geld schauen muss, sollte nach den „Country Lodgings" für Selbstversorger fragen (DZ 380 NIS).

Essen

In En Gedi finden sich nur sehr wenige Optionen, um essen zu gehen – ein Problem, wenn man spät ankommt und das Abendessen versäumt hat. Immerhin serviert die **Snackbar** (🕑 24 Std.) am Strand rund um die Uhr abgepackte Sandwiches und Bier.

Pundak En Gedi (☎ 659 4934; Hauptgerichte 45 NIS; 🕑 10–18 Uhr; ✗) Zum Mittagessen kann man diese dankenswerterweise klimatisierte Cafeteria mit Selbstbedienung direkt neben der Tankstelle testen. Die Fleischgerichte sind recht uninspiriert, aber die frische, leckere Salatbar macht das wett.

Die Café-Bar an der Rezeption des Kibbuz hat Tische im Freien und lange Öffnungszeiten. Das dem Kibbuz angeschlossene **Botanical Garden Restaurant** (🕑 mittags & abends), das in authentischer Umgebung eine umfangreiche Salatbar auffährt; jedoch ist hier manchmal eine Reservierung notwendig, und um 21 Uhr macht der Laden dicht. Wer (mindestens drei Tage) im Voraus planen kann, für den bietet sich das **At Home with Chaya** (☎ 052 832 5495; 100 NIS/Pers.; 🕑 abends), untergebracht in einem Privathaus im En Gedi Kibbuz, an: Hier kommt französische Hausmannskost auf den Tisch.

Shoppen

Ahava Factory & Outlet Store (☎ 994 5117; Kibbutz Mitzpe Shalem; 🕑 So–Do 8–18, Fr 8–16, Sa 8.30–18 Uhr) Lust, die Segnungen des Toten-Meer-Schlammes auch zu Hause zu genießen? In diesem Ahava-Fabrikverkauf kann man hervorragende Haut- und Haarpflegeprodukte, basierend auf Mineralien aus dem Toten Meer, zu Schnäppchenpreisen erwerben. Der Betrieb befindet sich ungefähr 10 km nördlich von En Gedi.

MASSADA
☎ 08

Der Tafelberg Massada ragt hoch auf über das Tote Meer und spielt für die israelische Identität eine große Rolle. Der Ausdruck „Massada-Komplex", ein fester Bestandteil des modernen israelischen Sprachgebrauchs, ist eine Kurzform für „Sie werden uns niemals lebend bekommen." Die Geschichte von der Belagerung, die hier stattgefunden hat, wurde als Symbol für den modernen jüdischen Staat übernommen. Ein Besuch der Stätte kommt für israelische Schulkinder etwa einem Übergangsritual zum Erwachsenwerden gleich und gehört so obligatorisch zum Stundenplan wie Algebra und Hebräisch. Einheiten der Israelischen Streitkräfte (Israel Defense Forces, IDF) halten hier Vereidigungszeremonien ab, die den Eid „Nie wieder darf Massada fallen" beinhalten. Für Traveller ist Massada mit seiner spektakulären Lage ein absolutes Muss. Die Festung wurde 2001 zum Unesco-Weltkulturerbe erklärt und strahlt eine eindringliche, unvergessliche Atmosphäre aus (vor allem vor der Dämmerung).

Geschichte

Das 400 m über dem Toten Meer gelegene Plateau Massada (auf Hebräisch Metzuda, „Festung") mit seinen steilen Wänden wurde irgendwann zwischen 103 und 76 v. Chr. befestigt, bevor es 43 v. Chr. an Herodes den Großen überging. Er sah in der Festung eine potentielle Zuflucht, sollte es zu einem jüdischen Aufstand oder Ärger mit Kleopatra und Markus Antonius kommen. Herodes verstärkte die Abwehr mit einer Kassemattenmauer und Türmen und ließ Baracken, Arsenale und Lagerhäuser bauen. Um sicherzustellen, dass ein erzwungener Rückzug nicht unbequem würde, fügte er noch zwei luxuriöse Paläste inklusive Swimmingpools an. Am Ende starb Herodes 4 v. Chr. eines natürlichen Todes, ohne sein Wüstenversteck benutzt zu haben. 66 n. Chr. erhoben sich im Jüdischen Krieg die Juden gegen die Römer. Eine Zeloten genannte Gruppe eroberte das nur schwach verteidigte Massada. Nach vier Jahren wurde der Aufstand schließlich niedergeschlagen, und die Aufmerksamkeit der Römer richtete sich auf die Festung auf der Bergspitze.

Der einzige Bericht über die Belagerung steht in der Geschichte des Flavius Josephus. Der Historiker aus dem 1. Jh. war nicht gerade der Mann, der sich durch die Wahrheit eine gute Geschichte verderben ließ. Josephus schreibt, dass die Römer unter dem Befehl von Flavius Silva rund um den Fuß des Berges 8000 Soldaten in acht Lagern stationierten und damit begannen, mit Hilfe jüdischer Sklaven eine riesige Erdrampe zu den Mauern der Festung hinauf zu bauen. Innerhalb der Mauern zählten die Verteidiger von Masada 967 Männer, Frauen und Kinder mit genug Essen und Wasser, um Monate auszuhalten. Als die Rampe fertig war, brachten die Römer ihre Belagerungsmaschinen herauf und bereiteten die Erstürmung der Festung vor. Von diesem Moment an begannen die Zeloten nach Josephus, ihre Häuser und ihren gesamten Besitz in Brand zu stecken, damit nichts den Römern in die Hände fiele. Nachdem das getan war, wurden zehn Männer ausgelost, die die Aufgabe erhielten, alle anderen zu töten. Neun der zehn wurden wiederum von ihren Kameraden hingerichtet, der der letzte sich selbst tötete. Als die Römer durchbrachen, fanden sie nur zwei Frauen und fünf Kinder, die das ganze in einem Versteck überlebt hatten. Der Massenselbstmord von Massada markierte das Ende der jüdischen Anwesenheit in Palästina.

Im 4. und 5. Jh. lebten byzantinische Mönche in Massada, bevor es zur Legende verblasste. Anfang des 19. Jhs. entdeckte man es wieder: Im Jahr 1838 wurde es von En Gedi aus gesichtet und korrekt identifiziert und 1842 bestiegen, aber erst 1963 nahm man umfangreiche Untersuchungen vor; damals wurde die Stätte ausgegraben, konserviert und zum Teil wieder aufgebaut.

Praktische Informationen

Massada ist von einem riesigen **Touristenkomplex** (☎ 658 4207/8; gl.masada@npa.org.il; ☼ April–Sept. 8–17 Uhr, Okt.–März 8–16 Uhr) umgeben: Ein Theater zeigt ein kurzes, einführendes Video über seine Geschichte, ein beeindruckendes Modell der Stätte ist zu bestaunen, und es gibt ein archäologisches Museum, einen Souvenirladen, der Snacks verkauft, und eine herrliche Bar, an der man sich unter freiem Himmel einen Saft gönnen kann.

Bevor man startet, sollte man sich mit Wasser eindecken, auch wenn an der Spitze Trinkwasser zu haben ist. Ab 10 Uhr ist die Hitze heftig – je eher man also aufbricht, desto besser. Der Sonnenaufgang über dem Jordan und dem Toten Meer ist etwas Besonderes und lohnt es auf alle Fälle, den Wecker zu stellen, um diesen Ausblick von der Spitze aus zu genießen. Im Gästehaus am Fuß von Massada erfährt man, zu welchem Zeitpunkt die Sonne aufgeht.

Sehenswertes

DIE RUINEN AUF DEM GIPFEL

Die **Ruinen auf dem Gipfel** (Erw./Kind 25/13 NIS) sind zu Fuß über den steilen und gewundenen **Schlangenpfad** erreichbar. Bergauf nimmt dieser etwa 45 Minuten (zurück 30 Min.). Wer fit genug ist für diese Wanderung – und das sind die meisten –, sollte sich diesen elementaren Teil des Massada-Erlebnisses nicht entgehen lassen. Der Schlangenpfad wird eine Stunde vor Sonnenaufgang geöffnet; im Sommer wird er wegen der schwierigen klimatischen Verhältnisse nach 10 Uhr oft geschlossen. Wesentlich beliebter ist die **Seilbahn** (Kombiticket Eintritt & Seilbahn einfach/hin & zurück Erw. 49/67 NIS, Kind 26/38 NIS; ☼ Sa–Do 8–16 & Fr 8–14 Uhr). Sie braucht etwa drei Minuten für die Strecke und verkehrt jede halbe Stunde. Auf der Westseite des Berges liegt der leichter zu bewältigende **Rampenpfad**. Er wurde von byzantinischen Mönchen gebaut und ist nur von der Straße nach Arad aus zugänglich. Er wird

DER MASSADA-KOMPLEX

1 Schlangenpfadtor Die Wandbänke, die Wachstuben und die weiß verputzten Wände, die wie Marmor aussehen, sind typisch für die Tore von Massada. Der Boden wurde mit Steinplatten gefliest, um ihn vor Beschädigungen durch die Maultiere zu schützen, die den Nachschub auf den Berg brachten.

2 Ostmauer An diesem Abschnitt der unter Herodes errichteten Mauer kann man erkennen, wie die ganze Konstruktion gestaltet war: Die äußere und die innere Mauer verbanden Zwischenwände und vereinzelt angebrachte Türme. Herodes' Grundriss war, wie es ein König ansteht, recht weitläufig angelegt, und die Zeloten haben noch zusätzliche Teile errichtet, um für sich selbst mehr Wohnraum zu schaffen.

3 Steinbruch Dieser Steinbruch hat zur Zeit des Herodes den für den Bau von Massada benutzten Stein geliefert. Später diente er als trockener Burggraben, der den Eingang des nördlichen Komplexes schützte.

4 Wohngebäude der Offiziersfamilien Drei separate Quartiere gehen von einem zentralen Hof ab. Auch hier ergänzten die Zeloten ein bestehendes System um noch mehr Räume. An dieser Stelle wurden so wertvolle Gegenstände wie Silbermünzen gefunden, die vermuten lassen, dass hier die wohlhabenderen Zeloten gelebt haben.

5 Magazin In diesen 29 langgestreckten Räumen wurden Vorräte und Waffen für ein ganzes Jahr gelagert. Archäologen haben Hunderte Vorratskrüge gefunden, die einst große Mengen Öl, Wein und Getreide enthielten. In einem Gefäß wurden auch Fischknochen gefunden, die vermutlich von der Zubereitung von Garum stammen, einer spanischen Delikatessensauce, die in Massada bekanntermaßen serviert wurde.

6 Nordpalast Die Privatvilla des Königs wurde spektakulär auf drei separaten Terrassen auf den nördlichen Berghängen erbaut und kürzlich restauriert. Herodes und seine Familie lebten auf der **oberen Terrasse**. Von dem hiesigen halbrunden Balkon aus ist das römische Belagerungssystem zu erkennen. Der Boden von Herodes' Privatgemach war mit schwarz-weißen, geometrisch angelegten Mosaiken belegt, noch erhalten und zu sehen im südwestlichen Raum. Auf der **mittleren Terrasse** wurden in einer runden Halle Bankette und Empfänge abgehalten. Die noch originalen Stufen führen zur **unteren Terrasse** mit einem Hof, der von einer Doppelreihe aus Säulen gesäumt ist. Die Wände waren mit Fresken bedeckt, die wie Marmor aussahen, und der Boden des kleinen Badezimmers war beheizt. Hier wurden Belege für das Schicksal der Zeloten gefunden: Archäologen haben die Skelette eines Mannes, einer Frau und eines Kindes ausgegraben, außerdem den zu Zöpfen geflochteten Haarschopf einer weiteren Frau sowie einen Gebetsschal, Pfeile und Waffen. Alle römischen Fresken an den Wänden der unteren Terrasse sind Repliken, wurden jedoch mit der gleichen Technik hergestellt wie zur Zeit des Herodes; die Farben etwa wurden aus Naturprodukten wie Eigelb, Harz und Milch gemacht. Die Originale, die kürzlich zum Restaurieren entfernt wurden, befinden sich jetzt entweder im Museum von Massada oder an der Südwand des Palastes, die dem schädlichen Sonnenlicht nicht so ausgesetzt ist.

7 Badehaus Herodes' Luxusbad prunkte mit Säulen, einem rot-schwarzen Mosaikboden, einem Umkleideraum mit Fresken an Wänden und Decke und einem schwarz-weiß gefliesten Boden, einem lauwarm beheizten Raum mit rosa-schwarz gefliestem Boden und noch mehr Fresken, und einem Kaltbad mit nur einem Becken. Der größte der Räume war das Heißbad mit einem angehobenen Fußboden, so dass man aus einem außerhalb gelegenen Ofen heiße Luft unter den Boden und durch Tonröhren an den Wänden blasen und damit den Raum beheizen konnte. Vom Aussichtspunkt auf dem Dach eröffnet sich ein ausgezeichneter Blick Richtung Süden.

8 Wassertor Neben einer tollen Aussicht gen Norden bietet dieses Tor einen Steinfußboden und für die wartenden Leute Bänke an den Wänden. Die Wände waren mit weißem Putz bedeckt, um Marmor zu imitieren.

9 Verwaltungsgebäude Während des Aufstands haben ein paar zelotische Familien hier gelebt und sich in der Ecke des Hofes ein Ritualbad gebaut. Nach dem strengen jüdischen Gesetz wurde im südlichen Becken Regenwasser gesammelt, das ab einer bestimmten Höhe durch einen Schlitz in ein weiteres Becken floss, in dem es für das rituelle Eintauchen, die Tevila, verwendet wurde. Vor einem rituellen Bad wuschen sich die Zeloten in dem kleineren Becken im Westen.

10 Aussichtspunkt am Nordpalast Dieser bietet eine spektakuläre Sicht nach Norden bis En Gedi und in mehrere Wadis, die sich in Richtung Totes Meer erstrecken. Der Nordpalast des Herodes liegt gleich darunter an den unteren Berghängen. Man kann zudem die Belagerungskastelle der Römer und den Belagerungswall erkennen.

11 Synagoge Die weltweit älteste Synagoge, die man gefunden hat, ist eine der ganz wenigen, die aus der Zeit des Zweiten Tempels in Jerusalem stammen, der 70 n. Chr. zerstört wurde.

12 Kasematte mit Schriftrollen Die Archäologen haben in diesem Gewölbe einige wertvolle Gegenstände gefunden, die die Zeloten hinterlassen haben, z. B. Schriftrollen, Silbermünzen, einen Gebetsschal, Waffen und Sandalen. Der Lohnstreifen eines Soldaten aus der römischen Armee, der ebenfalls hier gefunden wurde, ist heute im Museum im Touristenkomplex ausgestellt.

13 Byzantinische Kirche Diese Kirche stammt aus dem 5. Jh. Sie bestand ursprünglich aus einer Halle und drei Räumen und hatte ein Dach mit Ziegeln, Glasfenster und einen Mosaikfußboden. Im Boden befindet sich eine Vertiefung, die vielleicht als Krypta diente.

14 Treppen & Tor im Westen Dies ist der Eingang, wenn man von der Straße nach Arad über die römische Rampe kommt. Von dieser Bergseite sieht man nach Westen bis zum Wadi Masada. Nach links kommt man durch das Westtor und die Mauer, die die ganze Stätte umgibt. Das heute noch sichtbare Tor ist byzantinisch.

15 Die Lücke in der Mauer Oberhalb der römischen Belagerungsrampe ist die Lücke in der Umfassungsmauer zu sehen, die während des Angriffs geschlagen wurde. Nachdem die Römer einen Turm gebaut hatten, der hoch genug war, um über die Mauer schauen und das Plateau angreifen zu können, ließen die Zeloten zur Verteidigung große Steine auf die Römer hinunterrollen.

16 Turm der Gerber Man nimmt an, dass die Zeloten hier Leder bearbeitet haben. In die Wände sind Becken eingebaut, in denen die dafür notwendigen Flüssigkeiten gelagert wurden.

17 Westpalast Das größte Gebäude hier nimmt etwa 3700 m² ein. Es war zugleich Hauptverwaltungszentrum und königlicher Zeremonialpalast. Im Westflügel befanden sich Lagerräume und eine Küche mit einer unterirdischen Zisternenanlage. Im Nordflügel, der um einen Hof errichtet wurde, befanden sich die Zimmer der Diener, Lagerräume und Werkstätten. Der Südflügel diente mit Wartesälen, einem Thronsaal, Schlafzimmern und einem Bad dem König.

18 Kleiner Palast Herodes hat diesen kleinen Palast für seine Gäste gebaut, später nutzten ihn die Zeloten. Das herodianische Gebäude wurde nie vollendet, und die Zeloten errichteten drumherum weitere Wohnquartiere. Einer der Räume wurde so wiederhergestellt, wie er aussah, als man ihn ausgegraben hat, inklusive Töpfen neben dem Küchenherd. Gen Norden wurde von den Zeloten eine lange Halle mit Bänken angebaut. Sie wurde vielleicht für das Studium der Thora verwendet.

19 Residenz der königlichen Familie Eines der wenigen Beispiele für die von Herodes erbauten luxuriösen Villen. Sie ist um einen Hof herum angelegt und hatte eine große, überdachte Halle auf der Südseite, die mit zwei Säulen abgetrennt wurde. Die Wände der drei Räume hier sind mit Fresken bedeckt. Auch in diesem Gebäude haben die Zeloten die großen Räume unterteilt, um ausreichend Platz für sich zu schaffen.

20 Byzantinische Mönchshöhle Mönche haben diesen Wohnraum in einem bestehenden Krater erbaut, der vermutlich einst als Steinbruch verwendet wurde, aus dem das Verputzmaterial stammte.

21 Columbarium Dieser Turm wurde zur Zeit von Herodes gebaut; im unteren Stockwerk war eine Taubenzucht, oben ein Wachtposten.

22 Schwimmbecken Das riesige Becken hat Stufen zum Einsteigen und fasst 550 m³.

23 Südbastion Sie schützte Massada an ihrer schwächsten Stelle.

24 Unterirdische Zisterne Ein Beispiel für das intelligente Wasserversorgungssystem, das Herodes sich einfallen ließ – damit eine Gemeinschaft an einem so öden Ort komfortabel leben konnte, war dies nötig. Herodes hat Dämme errichten lassen, die das Flutwasser über Kanäle in zwölf auf zwei Ebenen an den Felshängen erbaute Zisternen leitete. Diese Zisternen konnten bis zu 40 000 m³ fassen.

25 Ritualbad Die Zeloten waren sehr religiös und bauten für sich selbst Ritualbäder. Dieses hier hat nebenan einen Umkleideraum (man beachte die schmalen Nischen für die Kleider). Das Südtor führte zu den Zisternen und Höhlen außerhalb der Mauer. Das es hier außerdem einen Wachturm, Lagermöglichkeiten für Getreide und einen Ofen gibt, glauben die Archäologen, dass hier einst eine Bäckerei gewesen sein könnte.

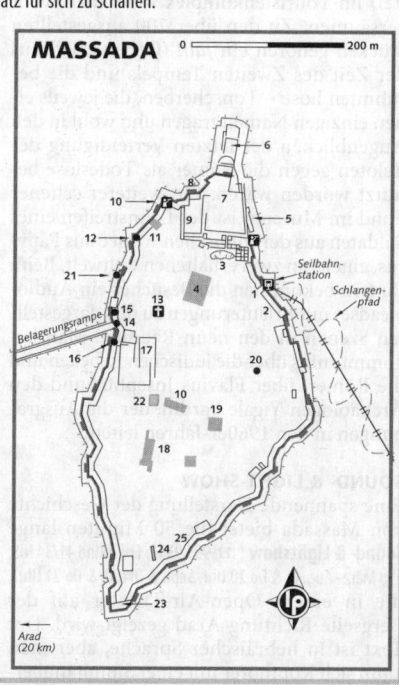

MASSADA   0 —————— 200 m

45 Minuten vor Sonnenaufgang geöffnet, und der Aufstieg dauert etwa 15 Minuten.

Die Informationstafeln vor dem Komplex des Nordpalasts sind nicht besonders informativ. Man sollte darum einen kostenlosen Lageplan der Ausgrabungen oder einen in regelmäßigen Abständen aktualisierten, tragbaren Audioguide (20 NIS) mitnehmen. Letzterer beinhaltet auch den Soundtrack des Musicals *Masada* und Geschichten von Archäologen, die hier tätig waren. Es gibt ihn auf Englisch, Deutsch und Französisch.

Wenn man die Spitze des Berges erreicht hat und durch das Schlangenpfadtor eingetreten ist, folgt man dem Pfad nach rechts; er führt zu einem schattigen Areal und einer Reliefkarte. Von dort führt einen der Besucherpfad direkt zum Nordkomplex. Die schwarzen Linien, die man auf den Ruinen sieht, zeigen an, welche Teile noch original sind und welche rekonstruiert. Für weitere Details, s. Kasten S. 356.

MUSEUM
Einen Besuch des schön gestalteten Museums (Eintritt 20 NIS, mit gemietetem Audioguide frei) im Touristenkomplex sollte man nicht versäumen. Zu den über 700 ausgestellten Stücken gehören ein *talit* (Gebetsschal) aus der Zeit des Zweiten Tempels und die berühmten Lose – Tonscherben, die jeweils einen einzigen Namen tragen und wohl in den Augenblicken der letzten Verteidigung der Zeloten gegen die Römer als Todeslose benutzt worden waren. Ein weiterer seltener Fund im Museum ist der Lohnstreifen eines Soldaten aus der römischen Armee aus Papyrus, einer von zwei erhaltenen weltweit. Beim Eintritt bekommen die Besucher ein Audio-Headset mit Erläuterungen zu den dargestellten Szenen in den neun Räumen. Man bekommt Infos über die jüdischen Rebellen und die Römer, über Flavius Josephus und den Archäologen Yigale Yardin, der die Ausgrabungen in den 1960er-Jahren leitete.

SOUND- & LIGHT-SHOW
Eine spannende Darstellung der Geschichte von Massada bietet die 50 Minuten lange **Sound- & Lightshow** (☎ 995 9333; Erw./Kind 41/34 NIS; ☽ März–Aug. Di & Do 20 Uhr, Sept. & Okt. Di & Do 21 Uhr), die in einem Open-Air-Theater auf der Bergseite Richtung Arad gezeigt wird. Der Text ist in hebräischer Sprache, aber man kann sich Kopfhörer mit einer Simultanüber-

setzung ins Englische, Französische, Deutsche, Spanische oder Russische mieten. Auch Erfrischungen sind zu haben.

Von Hauptstraße am Ufer des Toten Meeres (Rte 90) zum Gelände der Sound-&-Light-Show gibt's keine Verbindungsstraße, man gelangt also nur von Arad aus hierher. Der Weg nimmt etwa 30 Minuten in Anspruch (s. S. 359). Mindestens eine halbe Stunde vor der Aufführung da sein, da die Straße zu Beginn der Show geschlossen wird!

PANORAMAFLÜGE ÜBER MASSADA
Ein 20 Minuten langer, malerischer Flug in den Sonnenuntergang über das Plateau bis nach En Gedi und zurück über En Boqeq eröffnet einen Blick auf Massada in ihrer ganzen Pracht. Die Flüge von **Sunair** (☎ 054 581 8883, 054 565 2883; sunairmzd@walla.co.il) für bis zu drei Passagiere kosten 600 NIS und starten auf dem Flugplatz von Massada. Die Fluggesellschaft veranstaltet auch längere Flüge über die kleinen Erosionskrater im nördlichen Negev (1800 NIS) und nach Jerusalem (2200 NIS).

Schlafen
LP Tipp **Masada Hostel and Guest House** (☎ 658 4349; B/EZ/DZ inkl. Frühstück 130/263/368 NIS; ☒ ☐ ☒) Angesichts des Stils eines Luxushotels, der einem hier entgegenschlägt, scheint es ein bisschen absurd, dass sich dieses Haus des Jugendherbergsverbands selbst noch immer Hostel nennt – auch seine Preise liefern dafür keine Gründe … Die Eingangshalle besticht mit raumhohen Fenstern und einem sagenhaften Balkon mit Blick aufs Tote Meer. Die geräumigen Schlafsäle unten haben riesige Fernseher, Wasserkessel und ausgezeichnete Bäder (in denen sogar Seife und Shampoo zur Verfügung stehen). Das Beste aber ist das effizient arbeitende Personal, das sehr darum bemüht ist, die Traveller von den Horden von lärmenden Schulkindern abzuschirmen. Durch landschaftlich gestaltete Gärten und Höfe gelangt man zum Pool (offen am Wochenende) und zum Basketballcourt. Das empfehlenswerte Abendessen kostet 12 US$. Gäste bekommen auf den Preis für die Seilbahn nach Massada hinauf 25 % Rabatt, aber man sollte sich das Ganze trotzdem noch einmal gut überlegen, dann den Wecker stellen und zum Sonnenaufgang (genaue Uhrzeit an der Rezeption erfragen) den Berg zu Fuß bezwingen.

Auf dem Plateau von Massada zu übernachten, ist nicht erlaubt, aber im Hostel gibt's etwas Platz, um ein Zelt aufzuschlagen.

An- & Weiterreise

Man kann sich Massada entweder vom Toten Meer aus nähern (ideal, wenn man zum Gästehaus, dem Touristenkomplex und dem Zugang zum Gipfel möchte) oder von Arad (einziger Zugang zur Sound-&-Light-Show). Für alle, die aus Richtung Totes Meer kommen, gibt's Buslinien von Jerusalem aus (Bus 444 & 486, 42 NIS, 1¾ Std., 5-mal tgl.) und ab Eilat (59 NIS, 3 Std., 4-mal tgl.). Um die Sound-&-Light-Show zu besuchen, nimmt man die Straße 3199, die aus Arad hinausführt (S. 366); von der Stadt aus dauert die Fahrt nach Massada etwa 30 Minuten.

EN BOQEQ

☎ 08

Der bewachte Streifen mit Fünf-Sterne-Hotels, En Boqeq, erhebt sich mit kitschigem Einkaufszentrum und sich drehenden McDonalds-Zeichen aus der Wüste wie eine Miniaturversion von Eilat. En Boqeq ist beliebt bei Pauschaltouristen, Rentnern aus Florida und Langzeit-Kurgästen. Die Stadt bietet einen schönen öffentlichen Strand und stellt einen praktischen Zugang zu einigen guten Wandermöglichkeiten in den nahe gelegenen Wadis dar.

En Boqeq ist zudem das Zentrum des Gesundheitstourismus am Toten Meer. Eine Reihe von Kliniken und Solarien nutzt die hohe Mineralkonzentration des Wassers, die Dichte der Luft und die 330 Sonnentage (s. Kasten S. 348) zu therapeutischen Zwecken bei der Behandlung von Leiden wie Schuppenflechte, Arthritis und Atembeschwerden. Ärzte empfehlen einen Mindestaufenthalt von drei Wochen, um von den Anwendungen auch wirklich zu profitieren. Das **Dead Sea Medical Research Centre** (☎ 668 8806; www.deadsea health.org) gehört zur Ben-Gurion-Universität des Negev; auf seiner Website findet man umfassende Informationen zur Klimatherapie am Toten Meer.

Praktische Informationen

Das **Dead Sea Tourist Information Centre** (☎ 997 5010; www.deadsea.co.il; ☽ So–Do 9–16, Fr 9–15 Uhr) im Solarium Centre hat Informationen zu Wellnessanwendungen, geführten Touren und Aktivitäten in der Umgebung.

Aktivitäten

JEEPTOUREN

Eine tolle Art, die Wüste, die Schluchten und die Salzflächen des Toten Meeres zu erforschen, ist ein Querfeldeinabenteuer mit einem Jeep. Die meisten großen Hotels können eine solche Tour organisieren, man kann sich aber auch an einen Anbieter vor Ort wenden, z. B. an **Giora Eldar** (☎ 052 397 1774; eldarara@017.net.il), der für etwa 1400 NIS einen ganzen Tag Off-Road-Fahrten, Abseilen und Tierbeobachtung bietet. Auch Wanderungen sind im Angebot, oder man lässt sich zum Mountainbiken absetzen und danach wieder einsammeln. Wer selbst ans Steuer will, kann bei **Pere Hamidbar** (☎ 050 3939 394; www.jeeptours.co.il; Tankstelle in Neve Zohar) einen „Mini-Jeep" mieten. Der Stundensatz von 300 NIS für diese Turbo-Golfwagen schließt einen Führer ein, der vorneweg fährt. Jeder über 22 Jahre und mit Führerschein bekommt hier einen fahrbaren Untersatz, der Platz bietet für vier Erwachsene oder zwei Erwachsene und drei Kinder.

THERMALBÄDER

Jedes Hotel in En Boqeq kann mit einem Spa mit mehreren Becken, Whirlpools, einer ganzen Armee meist russischer Therapeuten und einer ellenlangen Liste von Anwendungen aufwarten. Um das genießen zu können, muss man nicht mal über Nacht bleiben: Die meisten Plätze verlangen für die Nutzung ihrer Einrichtungen für einen Tag um die 250 NIS. Extras wie die „Massage der Tausend Hände" im **Moriah Plaza** (☎ 659 1558; moriah-hotels. co.il) oder das Kleopatra-Milchbad im **Le Meridien's Gallery Spa** (☎ 659 1234; www.fattal.co.il) gibt's ab 150 NIS. Anwendungen sollte man am besten vorab buchen, vor allem an den Wochenenden, aber meist kann man auch einfach spontan auftauchen und sich verwöhnen lassen.

WANDERN

Auf der Südseite des Toten Meeres gibt's einige etwas anspruchsvollere Wanderwege. Sie sind gut ausgeschildert und eröffnen einem beeindruckende Ausblicke und Landschaften. Websites wie http://tiuli.com sind ausgezeichnete Adressen, wenn man seine Schuhe für einen kurzen oder mehrere Tage dauernden Marsch schnüren möchte.

Wer gerne durch enge Schluchten wandern und in Wasserlöchern plantschen möchte, kann das **Wadi Boqeq** testen. Den Wanderweg,

DAS TOTE MEER

DIE RACHE DES TOTEN MEERES

„Tourist von Schluckloch verschlungen!" Klingt nach einem schlechten Horrorfilm, ist aber keiner. Das ist wirklich passiert und kann jederzeit wieder geschehen, so sich das Ökosystems des Toten Meeres weiter verschlechtert. Als eine der schlimmsten Konsequenzen des sinkenden Wasserspiegels des Toten Meeres haben sich in den letzten paar Jahren rund um das Ufer Tausende von Schucklöchern gebildet.

Die Schucklöcher mit bis zu 25 m Durchmesser und bis zu 20 m Tiefe entstehen durch das fast vollständige Austrocknen des unteren Jordan, das wiederum der Umleitung des Flusswassers geschuldet ist. Das Sinken des Wasserspiegels sorgt dafür, dass es weniger salziges und mehr süßes Grundwasser gibt. Letzteres löst das Salzbett im Untergrund auf, es kommt zu Absenkungen: Hohlräume entstehen im Untergrund, die Oberfläche bricht ein – manchmal inklusive eines Obstgartens oder einer Straße.

So wie die abgesperrten Gebiete an der Küste, auf die mit „Danger-ahead"-(Gefahr-voraus-) Schildern hingewiesen wird, werden die Schucklöcher von den Behörden betrachtet: wie eine Katastrophe, die noch in der Zukunft liegt. Aber die Phänomene haben bereits für Debakel gesorgt. Ein Campingplatz und Dattelhaine mussten geschlossen und Ländereien, die für Hotelneubauten gedacht waren, aufgegeben werden, weil im Boden Risse entstanden. Einige der Löcher befinden sich nur 100 m entfernt von der Rte 90, der einzigen Straße durch die Region. Auch die berühmten Naturschutzgebiete der Gegend wurden in Mitleidenschaft gezogen, betroffen sind der Vogelzug und Wüstenbewohner wie Steinböcke und Gazellen. Auf der jordanischen Seite tauchen ebenfalls Löcher auf, aber wegen der steileren Küstenlinie in geringerer Zahl.

Wenngleich das Tote Meer auch noch nicht auf der Liste der Unesco steht, reagieren die Entscheidungsträger. Es stehen zwei Möglichkeiten zur Wahl: Entweder erlaubt man dem Jordan wieder zu fließen (zumindest teilweise), oder man pumpt Meerwasser vom Roten Meer ins Tote Meer, indem man vom Golf von Akaba, 180 km weiter südlich, einen Kanal gräbt. Die Weltbank hat diesem milliardenschweren Projekt, bei dem 2 Mrd. m^3 jährlich ins Tote Meer gepumpt würden, zugestimmt. Gegner hat der Plan unter den Umweltschützergruppen wie **Friends of the Earth Middle East** (www.foeme.org), die warnen, dass das Mischen von Meerwasser mit der einzigartigen chemischen Zusammensetzung des Toten Meeres zu einer Naturkatastrophe führen könnte. Das Wachstum der Algen würde die Farbe des Wassers von blau zu rot und braun verändern.

Es besteht wenig Hoffnung, dass schnell eine Lösung gefunden wird, aber ohne eine solche wird das Meer innerhalb des nächsten Jahrhunderts wohl ein weiteres Drittel an Fläche einbüßen.

---

der einen gemütlichen Nachmittag verspricht, erreicht man über das trockene Flussbett hinter den Hotels. Man läuft unterhalb der Rte 90 entlang und folgt dem Pfad durch den Canyon, wo man glasklare Becken zum Eintauchen und fantastische Ausblicke über das Tote Meer findet.

Schlafen

In En Boqeq gibt's keine Budgetunterkünfte, ja noch nicht einmal Mittelklassehotels. Aber wer mal so richtig protzen möchte, hat eine Riesenauswahl. Da findet man in den Tophotels z. B. traumhafte Swimmingpools, supermoderne Spas und unglaubliche Buffets. Man kann eine Menge sparen, wenn man vor der Ankunft die Discount-Reiseangebote auf den Websites abcheckt. Alle hier aufgeführten Hotels haben Pauschalangebote für längere Kuraufenthalte. Guten Service und einen

Hauch von Ruhe bekommt, wer die Wochenenden und die israelischen Schulferien meidet.

Hod Hamidbar (☎ 668 8222; www.hodhotel.co.il; DZ inkl. Frühstück 190–300 US$; ✶ ▯ ✷) Anders als die meisten anderen Hotels in En Boqeq bietet dieses israelische Thermalbad einen direkten Zugang zum Strand; der Weg dorthin wird von 3 m hohen römischen Säulen markiert. Das Hod Hamidbar hat ein etwas intimeres Flair als die meisten der größeren Ketten, aber Standards wie die Mahlzeiten in Buffetform sind uninspiriert und überteuert. Der große Swimmingpool bietet Meerblick, und das elegante, rundum verglaste Thermalbad wartet mit Schwefelbecken, Hydrotherapie und einer finnischen Sauna auf.

Crowne Plaza (☎ 659 1919; www.ichotelsgroup.com; DZ inkl. Frühstück 275 US$; ✶ ✷) Mit kürzlichen Renovierungen wurde das Jahrzehnte alte Crowne Plaza aufpoliert. Die großen Standardzimmer sind mit Parkett ausgelegt, und auf den ausziehbaren, qualitativ hochwertigen Schlafsofas finden zwei Erwachsene und zwei Kinder Platz. Den Kids wird vor allem der moderne Pool und das wöchentlich stattfindende Schlamm-Festival (vorab buchen) am privaten Strand gefallen. Auch das Thermalbad wurde modernisiert und bietet neue Anwendungen, z. B. malayische Bambus-Massagen. Das asiatische Restaurant **Sato Bistro** (☎ 659 1975; ☺ So–Do abends) mit seiner Fusionküche gilt als eine der gehobeneren Optionen zum Dinieren.

Le Meridian Dead Sea (☎ 659 1234; www.fattal.co.il; DZ inkl. Frühstück 200–350 US$; ☒ ☒) In der Vergangenheit war diese Unterkunft als eine der weltweit besten Optionen anerkannt, aber in letzter Zeit waren die Kritiken gemischt. Abgesehen davon ist dies immer noch das luxuriöseste unter den vielen Hotels in En Boqeq. Es liegt auf einem 5 ha großen, landschaftlich gestalteten Gelände mit drei Innen- und Außenpools (Süßwasser, Schwefel, Mineralien aus dem Toten Meer) und mehr Marmor als in jedem italienischen Sarkophag. Die schicken, gut ausgestatteten Zimmer haben eigene Balkone, von denen man entweder auf den Pool oder aufs Tote Meer blickt. In dem weitläufigen Mineralbad finden sich 21 Anwendungsräume für Massagen, Abreibungen mit Salz aus dem Toten Meer und Schlammpackungen. Das etwas abseits gelegene Gallery Spa bietet dagegen ein intimeres Erlebnis. Der Privatstrand ist sowohl zu Fuß als auch mit dem Shuttle schnell zu erreichen. Außerdem gibt's einen Kinderclub und eine Wasserrutsche für Kinder.

An- & Weiterreise
Der Bus aus Eilat, der die Rte 90 entlangfährt, hält in En Boqeq. Ab Jerusalem fahren außerdem sieben Busse täglich (45 NIS, 2 Std.). Man kann auch von Tel Aviv (49,50 NIS, 3 Std.) anreisen und in Beersheba oder Arad umsteigen.

SODOM
Nach althergebrachtem Glauben sollen sich hier die Städte Sodom und Gomorrha befunden haben. Die biblischen Orte wurden von Gott zur Strafe für die Verdorbenheit der Menschen durch einen Sturm aus Feuer und Schwefel vernichtet (Gen 18-19). Hier befinden sich zudem auch interessante Stätten abseits der ausgetretenen Pfade – um sie zu sehen, muss man aber selbst motorisiert sein oder sich einer organisierten Jeeptour anschließen.

Wenn man Sodom von Süden aus besucht, kommt man an den Dead Sea Works vorbei; der viertgrößte Kalidüngerproduzent der Welt (3,5 Mio. t/Jahr) stellt von Magnesiumchlorid bis zu Tafelsalz alles her. Liebhaber von moderner Architektur werden von der riesigen Industrieanlage der Firma begeistert sein. Sie bildet einen aufregenden Kontrast zu den klaren Bergen aus weißem Salz, dem elektrischen Blau der Verdunstungsbecken und den Farben der Wüste, die sich in ihrer direkten Nachbarschaft befinden.

Berg Sodom
Diese unheimlich aussehende Bergkette (11 x 3 km) besteht zu 98 % aus Salz. In den meisten Klimaregionen löst sich Salz auf und verschwindet, aber im trockenen Klima des Toten Meeres bleiben diese Salzberge erhalten. Das Wasser, das sich auf der Oberfläche ansammelt, formt beim Abfließen eine Reihe von Trichtern, die ein Labyrinth aus Höhlen bilden.

Die größte liegt gleich neben der unverkennbaren Salzbergformation, die als „Lots Frau" bezeichnet wird, bezogen auf die Frau des biblischen Lot, die in eine Salzsäule verwandelt worden sein soll, als sie sich umdrehte, um die brennende Stadt anzuschauen (Gen 19,26). Wegen der Lawinengefahr kann man die Höhlen nur mit einem Führer betreten.

Direkt vor der Einfahrt zu den Dead Sea Works weist ein Schild zum Wadi Perazim. Eine unebene Straße (für alle Fahrzeuge befahrbar) führt zum flachen Plateau des Berges Sodom und zur nackten Skulptur *Situation of Man* von Etra Orion. Von hier ist es zu Fuß nur ein kurzer Weg zum Gipfel. Dort hat man einen fantastischen Blick über das Tote Meer und die moabitischen Berge in Jordanien. Ein Weg, für den man 30 Minuten braucht, führt in die Wüste und zum schmalen, schönen Wadi Perazim. Es bietet eine wunderbare Palette von Farben, Mustern und Höhlen, die in den weichen Kalkstein gegraben wurden. Unglücklicherweise ist die berühmte **Mehlhöhle** nun offiziell geschlossen – nicht versuchen, sie dennoch zu betreten, denn es besteht wirklich die Gefahr, hineinzufallen! Wer in dieser Gegend zelten möchte, findet zwei gut ausgeschilderte, kostenlos nutzbare Campingplätze vor: Der eine befindet sich am Eingang zum Wadi und der andere am Anfang der Amiaz-Ebene.

NEOT HAKIKAR
☎ 08

Wem En Gedi zu hektisch und En Boqeq zu aufdringlich ist, der findet an der Grenze zu Jordanien den abgelegenen Moschaw Neot Hakikar, eine ausgezeichnete Alternative. Der Moschaw liegt umgeben von zerklüfteten Bergen am Ende eines einsamen Straßenab-schnitts. Hier gibt's eine Handvoll guter Übernachtungsoptionen und eine kleine Künstlergemeinschaft. Da man nur 20 Minu-ten vom Toten Meer entfernt wohnt, ist Neot Hakikar ein perfekter Ausgangspunkt, um die Gegend zu erkunden. Man kann mit dem Mountainbike fahren, wandern, Jeeptouren unternehmen oder einfach am Pool abhängen. Und wer gerne Vögel beobachtet, bekommt in der nahen Salinenoase und an den Fisch-teichen eine ganze Reihe seltener gefiederter Freunde zu Gesicht. Da es im Sommer extrem heiß wird, trifft man hier im Juli und August in der Regel nicht auf Touristen.

Aktivitäten
Egal, ob man in einer Hängematte faulenzen oder etwas Staub (oder eher Salz) aufwirbeln möchte – in Neot Hakikar findet man immer etwas zu tun. Das **Freibad** (Erw./Kind 30/15 NIS; ☺ April–Okt.) des Moschaw eignet sich gut für einen Sprung ins Wasser.

Gil Shkedi (☎ 052 231 7371; www.shkedig.com) ver-anstaltet seine ausgezeichneten „Wüstentou-ren" mit Jeeps seit mehr als 15 Jahren. Sie führen zu den wilden Landschaften am Berg Sodom, zur Amiaz-Ebene und ins Labyrinth der Wadis. Das Erlebnis, in einem Jeep einen Gebirgszug entlangzurumpeln, während Pink Floyd aus den Boxen dröhnt und sich das Tote Meer vor einem ausbreitet, sollte man nicht versäumen! Wer seinen Besuch richtig plant, kann eine Tour bei Vollmond mitmachen. Eine Halbtagestour kostet für bis zu acht Per-sonen 850 NIS.

Camel Lot (☎ 052 866 6062; www.camel-lot.net; ☺ Okt.–Juni) bietet kurze oder mehrtägige Ka-melritte in die Wüste an, ist aber eigentlich berühmter für seine Fahrten mit Eselkarren, die man selbst lenken darf.

Neot Hakikar war ein Pionier in Sachen innovative Landwirtschaftsmethoden in Isra-el. Die Menschen hier bewässerten die Wüste mit Salzwasser, um sich für den Winter mit

Tomaten, Pfeffer, Feigen, Melonen und Kräu-tern eindecken zu können. Der einheimische Bauer Tomer Gorden führt mit seiner **land-wirtschaftlichen Tour** (☎ 052 231 7371; Tour für bis zu 4 Pers. 200 NIS) eine Stunde durch die Gewächs-häuser (buchbar über Shkedi's Camplodge).

Schlafen & Essen
LP Tipp **Shkedi's Camplodge** (☎ 052 231 7371; www. shkedig.com; Mietzelt Erw./Kind 85/65 NIS, DZ 250 NIS, eigenes Zelt Erw./Kind 65/45 NIS; ☺ Sept.–Juni; ☜) Wenn es je einen Grund gab, nicht sofort, nachdem man alle obligatorischen Ausflüge am Toten Meer erledigt hat, in die Stadt zurückzueilen, dann muss dieser das Shekdi's gewesen sein. Das Camp bietet genug Aktivitäten, um auch den dynamischsten Gast zu unterhalten, aber diese gut geführte Zuflucht in der Wüste ist auch einfach ein wundervoller Ort, um am niedrigsten Punkt der Erde ein paar Tage zu faulenzen. Alles dreht sich um Klettertouren zum Sonnenuntergang in die nahen Berge, um Goldstar-Bier und ums Backgammon-spielen in der hiesigen Bar. Shkedi's verströmt eine zauberhafte Atmosphäre, vor allem abends. Dann ist die Unterkunft von Lichter-ketten erleuchtet, und unter der Kuppel brennt ein Lagerfeuer. Die Gäste schlafen in bequemen großen Zelten auf Matratzen, die meisten bringen sich ihr eigenes Essen mit und kochen es in der gut ausgestatteten Kü-che. Wer von der Bushaltestelle abgeholt werden möchte, ruft vorher an.

Fata Morgana (☎ 052 344 5746; B 90 NIS; ☺ Sept.–Juni) Das Fata Morgana ist das erste Landwirt-schaftstourismusprojekt in Neot Hakikar. Es war ein beliebter Stopp für Traveller, die tags-über in den Feldern arbeiten und abends in der Wüste entspannen wollten. Seit es im Moschaw Hunderte von Thai-Arbeitern zum Pfefferpflücken gibt, konzentriert es sich mehr auf Tourgruppen. Das Flair ist aber immer noch entspannt und unkonventionell und die Einrichtung ulkig, und die Gastgeber sind sehr großzügig. Auf alle Fälle im Voraus bu-chen! Das Abendessen ist hier besonders gut: Es gibt frischen Fisch aus den Teichen vor Ort.

Cycle Inn (☎ 052 899 1146; esteeuzi@zahav.net.il; DZ/3BZ 350/450 NIS) Gute Option für Familien, denn hier kann man das ganze Haus einneh-men (6 Schlafzi.). Bikefan Uzi, der immer das Neueste über alle Wege in der Region weiß, vermietet Fahrräder (100 NIS/Tag).

Belfer's (☎ 655 5104; michalbel@yahoo.com; EZ/DZ inkl. Frühstück 400/450 NIS; ☒) Die zauberhaften Holzhütten hier haben Terrassen mit Blick über die Felder bis nach Jordanien. Ansprechend rustikal bieten die gemütlichen Hütten Platz für fünf Personen und einen Whirlpool, eine Küchenzeile und einen Dachboden. Der Besitzer Yacov ist ein professioneller Führer, und seine Jeeptouren sind sehr zu empfehlen. Gäste können kostenlos Räder leihen.

Pnina's Restaurant (☎ 655 5107; So–Do 10–19, Fr 10–15 Uhr, abends nur Sa mit Reservierung) Pnina führt das Café am Freibad des Moschaw und bringt dort zackig leckere Omelettes, Burger und Schnitzel auf den Tisch. Aber diese Snacks sind noch gar nichts: Sie ist eine wahre Küchengöttin! Darum muss man für ein Abendessen hier auch reservieren (80 NIS/Pers.), wo sich die Tische unter dem Gewicht der Köstlichkeiten – frischer Salat, Fisch aus der Region, tunesische Spezialitäten … – regelrecht biegen.

Yossi's Place (☎ 655 7910; So–Do 14–21, Sa nur mit Reservierung 17–22 Uhr) Noch mehr Hausgemachtes in gemütlicher Umgebung gibt's im Yossi's Place. Spezialitäten sind gegrilltes Fleisch, Hummus und Salate, das Gericht des Hauses ist das Entrecôte-Steak.

An- & Weiterreise

Die Abzweigung nach Neot Hakikar liegt 20 km südlich von En Boqeq an der Rte 90. Bis zum Moschaw geht's weitere 8 km die Straße hinunter. Da keine öffentlichen Verkehrsmittel hierherfahren, wird man von den meisten Unterkünften von der Bushaltestelle abgeholt, wenn man rechtzeitig Bescheid sagt. Von Jerusalem nimmt man Bus 444 und steigt an der Kikar-Sdom-Kreuzung aus; von Tel Aviv ist es Bus 393 oder 394 und die Arava-Kreuzung als Aussteigepunkt.

DAS TOTE MEER

Der Negev

Den Negev sieht man oft nur aus dem Bus oder beim Landeanflug auf Elat. Doch die mysteriöse Wüste hat viel mehr zu bieten als Sand. Sie gehört zwar zu Israel, doch die Region hat ihre ganz eigene Atmosphäre. In der riesigen offenen Fläche fühlt man sich Lichtjahre entfernt vom geschäftigen Treiben, das im Rest des Landes herrscht. Das Leben hier verläuft langsamer und friedlicher – die Einheimischen nennen es schlicht *zman midbar* (Wüstenzeit).

Die Wüste Negev ist voller archäologischer Stätten. Einst lebten in ihr die Nabatäer, alte Kaufleute, die entlang der Weihrauch- und Gewürzstraße von Südarabien zum Mittelmeer Städte wie Avdat und Mamshit erbauten. Die Nabatäer waren auch die Wegbereiter der Bewässerungssysteme. Heute forschen Wissenschaftler und Ökologen der Ben-Gurion-Universität und der Kibbuzim der Arava nach neuen Wegen, um die Wüste zum Blühen zu bringen.

Der Negev ist die größte Region Israels und nimmt 62 % der Fläche des Landes ein. Doch trotz David Ben-Gurions Ansicht, „wenn der Staat der Wüste kein Ende bereitet, bereitet vielleicht die Wüste dem Staat ein Ende", leben hier nur 10 % der Bevölkerung. Israelische Entwicklungsstädte, Armeestützpunkte und nomadische Beduinen-Stämme teilen sich die Wüste mit Reptilien, Insekten und Kamelen. Die Region bietet schöne Schluchten und Wadis in Nationalparks. Die herausragendste Sehenswürdigkeit sind ihre drei mondähnlichen *machteshim* (Erosionskrater). Den größten, Maktesh Ramon, erreicht man über die friedliche Stadt Mizpe Ramon.

An der Südspitze Israels liegt Elat, ein Ferienort am Roten Meer, der sich gut als Ausgangspunkt für Tauchgänge und Trips in die Wüsten der Arava, der Sinai-Halbinsel und Jordaniens eignet.

HIGHLIGHTS

- In **Avdat** (S. 376) auf den Hügeln die Ruinen der Nabatäer erkunden und sich über 2000 Jahre in die Vergangenheit zurückversetzt fühlen

- Bei **Sede Boqer** (S. 374), der Grabstätte des ersten israelischen Premierministers David Ben-Gurion, durch die spektakuläre Wildnis des Wadi Zin streifen

- Auf einer idyllischen **Alpaka-Farm** (S. 383) mit über 400 flauschigen Lamas in der Nähe von Mitzpe Ramon übernachten

- Vom Aussichtspunkt des **Maktesh Ramon** (S. 380) auf Millionen Jahre der Evolution herabblicken

- Im **Kibbuz Lotan** (S. 385) mehr zum Thema Ökodesign erfahren, Wasser-Shiatsu ausprobieren und in der Arava-Ebene Vögel beobachten

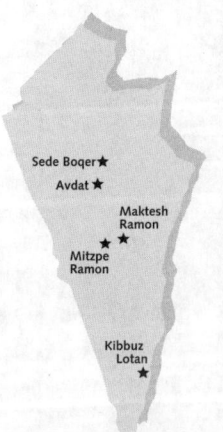

Sede Boqer ★
Avdat ★

Maktesh
Ramon
★ ★
Mitzpe
Ramon

Kibbuz
Lotan
★

Wandern im Hochland des Negev

Rund um die Wüste Negev bieten sich dank einer überraschend großen landschaftlichen Vielfalt hervorragende Wandermöglichkeiten. Besonders empfehlenswert sind Wanderungen rund um Sede Boqer und En Avdat (S. 376), Mitzpe Ramon (S. 380) sowie Elat (S. 391).

Die SPNI (Society for the Protection of Nature in Israel) hat eine sehr gute Karte mit dem Maßstab 1:50 000 der Bergregion rund um Elat herausgegeben, die vom Israeli Trails Committee (ITC) erstellt wurde und Informationen zur Flora und Fauna der Region sowie einzelne Karten von einigen der beliebtesten Wanderrouten durch die Region enthält.

Die SPNI betreibt Zentren für Feldstudien in Sede Boqer, Mitzpe Ramon und Elat sowie in Hatzeva 50 km südlich des Toten Meers an der Rte 90. In diesen Zentren bekommt man detaillierte Karten und Informationen sowie Routenempfehlungen und Tipps zu Sehenswürdigkeiten in der Wüste.

Die SPNI betreibt auch **Yarok Tours** (☎ 03-638 8625; www.aspni.org), die Touren für Alleinreisende und Familien durch den Negev anbietet. Die Touren finden auf Hebräisch statt, doch viele der Führer und Teilnehmer sprechen auch Englisch. Das Angebot ist vielfältig: Von Klettern, Abseilen und Fahrradtouren reicht es bis zu Schnorchel-Wochenendtrips in Elat. Das aktuelle Programm entnimmt man der Website.

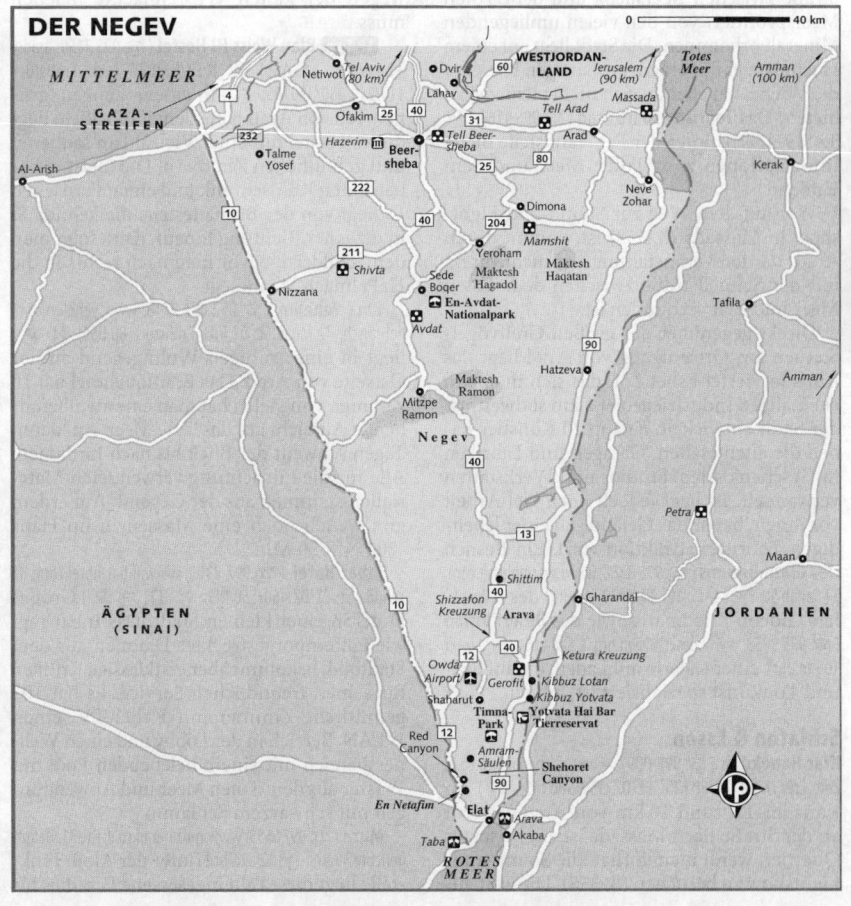

DER NEGEV

Der Negev ist eine raue Wüste, doch aufgrund ihrer schnellen Entwicklung können sich Besucher schnell in falscher Sicherheit wiegen und vergessen, die Sicherheitsrichtlinien zu befolgen. Am besten bricht man früh auf, setzt eine Kopfbedeckung auf, trinkt viel Wasser und verzichtet auf körperliche Anstrengungen in der Mittagszeit (12–15 Uhr).

Busse halten an den meisten interessanten Sehenswürdigkeiten. Sie fahren aber nicht allzu oft, sodass man vorher einen Blick auf den Fahrplan werfen sollte, um nicht Ewigkeiten warten zu müssen.

ARAD

☎ 08 / 23 300 Ew.

Diese Gemeinde im Osten des Negev an der Straße zwischen Beersheba und dem Toten Meer profitiert von den vielen umliegenden Mineralvorkommen. Die Stadt liegt auf einem Hochplateau mit einem großartigen Blick auf die Wüste, hat aber an sich nicht allzu viel zu bieten. Das **Tourismusbüro Arad** (☎ 995 4160; ☼ Do–Sa 9–17 Uhr) hinter der Paz-Tankstelle bietet Informationen zum Toten Meer und dem Umland.

Wer auf dem Weg zur Sound-and-Lightshow in Massada (S. 358) ist, kommt durch Arad, da der Veranstaltungsort nicht direkt mit der Schnellstraße zwischen dem Toten Meer und Elat verbunden ist.

Direkt gegenüber der großen Greifvögel-Statuen am Ortseingang von Arad liegt das Künstlerviertel Eshet Lot, das sich in einem ehemaligen Industriegebiet 2 km südwestlich der Stadt entwickelt hat. Knapp 20 Künstler haben die alten Hallen, Garagen und Fabriken in Geschenkläden, Studios und Werkstätten verwandelt. Es liegt jedoch noch viel Arbeit vor ihnen, bevor das Gelände zu einer lebendigen Touristenattraktion wird. Ein Besuch des **Glasmuseums** (☎ 995 3388; www.warmglassil.com; 11 Sadan St; ☼ Sa–Do 10–17, Fr 10–14 Uhr) des Künstlers Gideon Friedman sowie des **Desert Vision** (☎ 995 9856; www.desertvision.org; 9 Sadan St; ☼ So–Fr 10–14 Uhr), einer Galerie mit Laden, die auf Erd- und Tonkunst spezialisiert ist, lohnen.

Schlafen & Essen

Kfar Hanokdim (☎ 995 0097; www.kfarhanokdim.co.il; Zelt Erw./Kind 70/80 NIS, EZ/DZ 350/500 NIS; ☒) im Kana'im-Tal rund 10 km von Arad entfernt an der Straße nach Massada ist ein perfektes Quartier, wenn man vorhat, die Sound-and-Lightshow zu besuchen (S. 358). Die weitläu-

fige, palmenbewachsene Oase in der kahlen Judäischen Wüste wird von Israelis und Beduinen gemeinsam geführt und bietet ein einmaliges Wüstenerlebnis. Man schläft entweder in stylishen Hütten oder in einem echten Beduinenzelt mit bunten Teppichen und Matratzen. Im Hanokdim steigen Gruppen und Einzelreisende ab, die die Küche mitbenutzen und im Schatten von Palmen in Entspannungsbereichen voller Kissen abschalten oder mit den Kamelen kuscheln können. Reisende können für eine traditionelle beduinische Mahlzeit und einen Kaffee eine Pause hier einlegen; außerdem stehen Trommeln, Massage, Bauchtanz und Geschichtenerzählen auf der Agenda. Die Zelte sind beheizt, so dass man sich keine Sorgen wegen der kalten Wüstennächte machen muss.

LP Tipp **Blau Weiss HI Hostel** (☎ 995 7150; arad@iyha.org.il; 34 Atad St; B/EZ/DZ/DBZ inkl. Frühstück 110/245/330/390 NIS; ☒) In einem ruhigen, grünen Teil von Arad nahe dem Fußballfeld liegt dieses Hostel mit einer Vielzahl an sauberen und gemütlichen Zimmern. Die meisten haben einen Kühlschrank und einen Fernseher. Es liegt von der Bushaltestelle die Yehuda St in östlicher Richtung hinauf, dann folgt man den Schildern, bevor man nach rechts in die HaPalmach St einbiegt.

Das **Yehelim** (☎ 052 652 2718; www.yehelim.com, hebräisch; 72 Moav St; DZ inkl. Frühstück 80 US$; ☒ ☒) liegt in einer ruhigen Wohngegend an der Ostseite von Arad. Das Boutiquehotel hat 10 Zimmer, von vielen hat man eine atemberaubende Aussicht auf das Tote Meer. An klaren Tagen schweift der Blick bis nach Jordanien. Alle für die Einrichtung verwendeten Materialien stammen aus der Gegend. Außerdem gibt's auch noch eine Masseurin im Haus (200 NIS/50 Min.).

Inbar Hotel (☎ 997 3303; www.inbar-hotel.com; 38 Yehuda St; EZ/DZ 460/550 NIS; ☒ ☒ ☎ ☒) Großes Hotel in einer kleinen Stadt. Das Inbar ragt wie ein emporgestreckter Daumen aus dem Stadtbild, bekommt aber erstklassige Kritiken für seinen freundlichen Service. Es hat 103 gemütliche Zimmer mit Kabel-TV, einen WLAN-Bereich in der Lobby und einen Wellnessbereich mit einem belebenden Pool mit Wasser aus dem Toten Meer und Anwendungen mit schwarzem Schlamm.

Muza (☎ 997 5555; www.muza-arad.co.il; Rte 31; Hauptgerichte 48 NIS; ☼ 12–2 Uhr Hinter der Alon-Tankstelle liegt dieses alteingesessene Paradies für

WASSER ZU WEIN

Wer an gute Weine denkt, denkt vermutlich nicht als erstes an den Negev, doch überall in dessen nördlichen Hügeln sind in den letzten 10 Jahren unglaublich viele Weingüter entstanden. Die Betreiber dieser Weingüter sind die ersten, die in der Wüste Trauben züchten, seit die alten Nabatäer in Shivta und Avdat Wein herstellten. Dank innovativer computergesteuerter Bewässerungsmethoden (wie beispielsweise Tropfbewässerung) konnten Weinbauern staubtrockene Landschaften in fruchtbares Land verwandeln. Im semiariden Gebiet wachsen vor allem Merlot-Trauben.

An der Straße nach Tel Arad (Rte 80) liegt das **Weingut Yatir** (☎ 995 9090; www.yatir.net), das enorme Erfolge verzeichnen kann, seit es 2004 seinen ersten Wein verkauft hat. Es ist vor allem für seinen Sauvignon Blanc und Cabernet Merlot bekannt und das erste israelische Weingut, das es in die Auswahl des Londoner Kaufhauses Selfridges geschafft hat – und zwar nicht nur in die koschere Abteilung.

Das **Weingut Sede Boqer** (☎ 050 757 9212; www.sde-boker.org.il/winery) wurde 1999 von Zvi Remak aus Kalifornien gegründet. Es spezialisiert sich auf die Herstellung selbstgemachter Rotweine vom Fass aus den Rebsorten Zinfandel und Carignan. Im Voraus telefonisch eine Weinprobe im Kibbuz vereinbaren.

Unmittelbar nördlich der Ruinen von Avdat liegt an der Rte 40 das **Weingut Carmey Avdat** (☎ 653 5177; www.carmey-avdat.co.il), ein familienbetriebener Öko-Bauernhof, auf dem gute Merlot-Weine mit einem einmaligen Wüstenaroma hergestellt werden.

den ausgetrockneten Reisenden, in dem man herzhaftes Kneipenessen wie Salate, Pasta, gegrillte Sandwiches und riesige Burger bekommt. Die Decke ist in Fußballfarben gehalten und im Großbild-TV läuft Sport.

Mr Shay (☎ 995 5506, 997 1956; 32 HaPalmach St; Hauptgerichte 70 NIS; ☯ Mo–Sa 12–15 & 19–23 Uhr) Schlichte Gerichte wie Huhn in Honig, Nudeln mit Gemüse und gebratenen Reis bekommt man in diesem unauffälligen kleinen chinesischen Restaurant, von dem die Einheimischen behaupten, es sei das beste im Negev. Die Suppen sind auch lecker.

Drejat (☎ 628 8660, 054 796 9576; www.drejat.lane gev. co.il; Hauptgerichte 75 NIS; ☯ Mo–Sa 12–15 & 19–23 Uhr) Am Rand des Arad-Tals und am Fuße des Amasa liegt das Dorf Drejat, das Mitte des 19. Jh. von arabischen Bauern aus der Gegend südlich des Berg Hebron gegründet wurde. Die Familie Abu-Hamad kocht traditionelle Mahlzeiten, es gibt köstliches Brot aus dem taboon (Holzofen), süßen Bergtee und arabischen Kaffee. Ein Besuch beinhaltet eine faszinierende Führung, schöne Aussichtspunkte und Geschichten. Nach Drejat kommt man über die Rte 31 Richtung Beersheba, biegt hinter Tell Arad rechts ab und fährt 4 km über eine unbefestigte Straße hinauf.

An- & Weiterreise

Vom zentralen Busbahnhof an der Rehov Yehuda fahren zwischen 7 und 19 Uhr zwei Busse pro Stunde nach und von Beersheba (Buslinien 388 oder 386, 16 NIS, 45 Min.). Busse nach En Gedi (Busse 384 oder 385, 32 NIS, 1½ Std.) fahren um 10.15, 13 und 15.45 Uhr.

Zur Sound-and-Lightshow in Massada (30 Min. Fahrzeit) kommt man über die Rte 3199, die im hinteren Teil von Arad beginnt.

TELL ARAD

Begeisterte Archäologen wird es freuen, dass der **Nationalpark Tell Arad** (☎ 07-776 2170; Erw./Kind 12/6 NIS; ☯ So–Do 8–16, Fr 8–15 Uhr) Israels bestes Beispiel einer Stadt aus der frühen Bronzezeit aus dem 3. Jh. v. Chr ist. Sie wird im Alten Testament erwähnt, als die Israeliten versuchten, ins Gelobte Land zu kommen (4. Mose 21,1–3; 33,40; Jos 12,14). Damals war das alte Arad eine wichtige Festung, die das Land vor Eindringlingen aus dem Süden schützte.

Die Stätte nimmt eine Fläche von mehreren Hektar ein und besteht aus einer Unter- und einer Oberstadt. Die Oberstadt wird „Hügel der Festungen" genannt und wurde in der israelitischen Zeit (1200 v. Chr.) zuerst besiedelt. Archäologen haben einen israelitischen Tempel mit einem Heiligtum und einem kleinen Raum gefunden, der als Allerheiligstes diente. Der Arad-Tempel ist eine kleinere Version des Tempels von König Salomo in Jerusalem. Zu den hier gefundenen Überresten gehören ein 1 m hoher roter Grabstein,

der auf der gefliesten Plattform des Allerhei-
ligsten entdeckt wurde, ein Altar im Hof vor
dem Tempel und Scherben, in die die Namen
von Priesterfamilien eingeschrieben sind.

Die Stätte liegt 8 km westlich von Arad.
Dort halten Busse auf dem Weg nach Beersheba. Man steigt an der Kreuzung Tel Arad
(5,80 NIS) aus und läuft die letzten 3 km zur
Stätte an der Rte 80.

BEERSHEBA
☎ 08 / 186 100 Ew.

Wenn man von Norden nach Beersheba
kommt, macht das Gras mehr und mehr der
Wüste Platz und man freut sich über jedes
bisschen Grün. Statt Gras findet man in der
ganzen Stadt ultramoderne Apartmentblöcke
mit Solarpaneelen. Die in den 1960er-Jahren
errichtete Stadt entwickelte sich schnell und
wächst auch heute noch. Sie wird immer
größer, um die zunehmende Zahl von Immigranten aus der ehemaligen Sowjetunion und
Äthiopien aufnehmen zu können.

Für viele Reisende ist Beersheba nur ein
praktischer Zwischenstopp, vor allem wegen
der hervorragenden Verkehrsanbindungen.

Gleichzeitig ist es aber auch die viertgrößte
Stadt Israels, die „Hauptstadt des Negev" und
die Heimat der fortschrittlichen Ben-Gurion-
Universität mit mehr als 20 000 Studenten.
Der studentische Teil der Bevölkerung ist so
wichtig, dass manche Einheimische scherzhaft
behaupten, wenn Tel Aviv eine Stadt mit einer
Universität sei, sei Beersheba eine Universität
mit einer Stadt.

Heute bleiben mehr junge Akademiker
nach dem Uniabschluss in der Stadt, die sich
langsam einen Ruf für ihr aktives Nachtleben
und ihre einfache Wüstenatmosphäre erwirbt.
High-Tech-Forschung ist heute ein großes
Geschäft in Beersheba, obwohl einer der größten Arbeitgeber das Soroka Medical Centre
ist, das größte Krankenhaus in der südlichen
Region.

Geschichte
Beersheba hat eine lange Geschichte und wird
sogar in der Bibel erwähnt (Ri 20,1; 1. Sam
3,20; 2. Sam 3,10; 17,11; 24,2). Doch von der
ruhmreichen Vergangenheit ist nicht mehr
viel zu sehen. Heute zeugt nur noch ein einziges überlebendes Bauwerk von der Verbin-

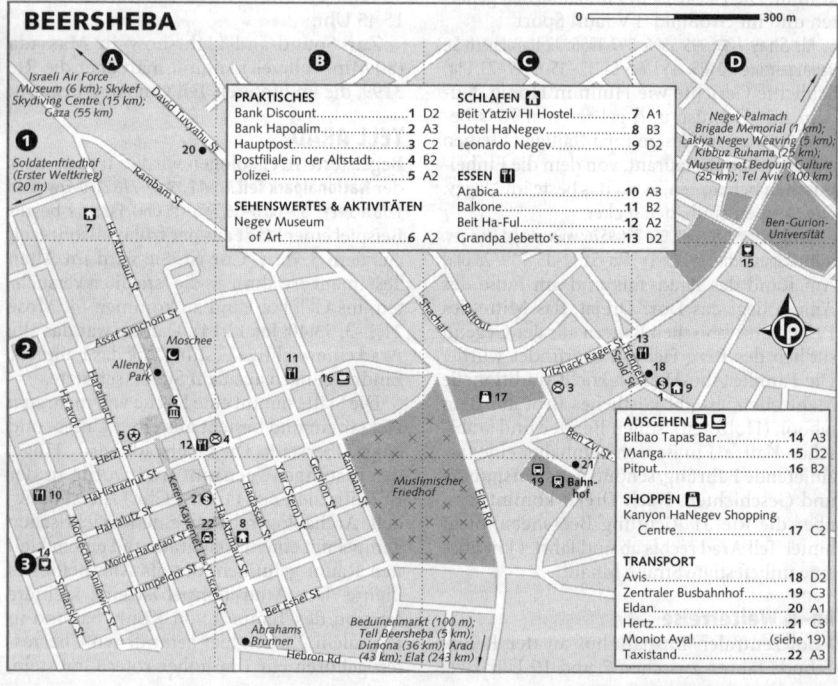

BEERSHEBA

0 — 300 m

A   **B**   **C**   **D**

Israeli Air Force
Museum (6 km); Skykef
Skydiving Centre (15 km);
Gaza (55 km)

①

Soldatenfriedhof
(Erster Weltkrieg)
(20 m)

PRAKTISCHES	
Bank Discount.....................1	D2
Bank Hapoalim......................2	A3
Hauptpost...........................3	C2
Postfiliale in der Altstadt.......4	B2
Polizei..............................5	A2

SEHENSWERTES & AKTIVITÄTEN
Negev Museum
of Art...............................6 A2

SCHLAFEN ⌂	
Beit Yatziv HI Hostel............7	A1
Hotel HaNegev....................8	B3
Leonardo Negev..................9	D2

ESSEN 🍴	
Arabica............................10	A3
Balkone............................11	B2
Beit Ha-Ful.......................12	A2
Grandpa Jebetto's...............13	D2

Negev Palmach
Brigade Memorial (1 km);
Lakiya Negev Weaving (5 km);
Kibbuz Ruhama (25 km);
Museum of Bedouin Culture
(25 km); Tel Aviv (100 km)

Ben-Gurion-
Universität

②

Assaf Simchoni St
Moschee
Allenby Park

AUSGEHEN 🍸	
Bilbao Tapas Bar................14	A3
Manga.............................15	D2
Pitput.............................16	B2

SHOPPEN 🛍
Kanyon HaNegev Shopping
Centre.............................17 C2

Muslimischer
Friedhof

TRANSPORT
Avis................................18	D2
Zentraler Busbahnhof..........19	C3
Eldan.............................20	A1
Hertz..............................21	C3
Moniot Ayal....................(siehe 19)
Taxistand.......................22	A3

③

Abrahams
Brunnen

Beduinenmarkt (100 m);
Tell Beersheba (5 km);
Dimona (36 km); Arad
(43 km); Elat (243 km)

Hebron Rd

dung zwischen der Stadt und der Geschichte Abrahams (1. Mose 21,25–33), ein Brunnen an der Hebron Rd. In der Geschichte von Abraham bedeutet der Name Beersheba „der Brunnen des Schwurs", der Name könnte aber auch von den „sieben Brunnen" des Isaak abgeleitet sein. Tatsache ist: Bis die Türken die Stadt Ende des 19. Jh. entwickelten, war Beersheba kaum mehr als eine Ansammlung von Brunnen, die von den Beduinen der Umgebung genutzt wurden.

Im Ersten Weltkrieg besetzten die Alliierten unter Edmund Allenby die kleine Stadt, nachdem sie zuvor von Einheiten der australischen Light Horse Brigade eingenommen worden war. Die ägyptische Armee eroberte Beersheba, nach der Gründung des israelischen Staats, doch im Oktober 1948 eroberten die Israelischen Streitkräfte (IDF) die Stadt zurück und eine neue Ära der Einwanderung begann.

Orientierung

Neben den klimatisierten Einkaufszentren, in denen sich ein Großteil der Stadt trifft, gibt es noch die noch nicht ganz so alte Altstadt, die ca. 15 Gehminuten westlich des zentralen Busbahnhofs an der schönen verkehrsberuhigten Fußgängerstraße Keren Kayemet Le-Y'Israel liegt.

Der Beduinenmarkt ist südlich des Einkaufszentrums Kenyon HaNegev (gegenüber dem Busbahnhof) an der Hauptstraße Eilat Rd zu finden. Die alte Stätte Tel Beersheba liegt 5 km östlich der Stadt.

Praktische Informationen

GELD

Banken befinden sich im Einkaufszentrum Kenyon HaNegev. Außerdem noch an folgenden Adressen:

Bank Discount (Henrietta Szold St)

Bank Hapoalim (Ecke Ha'Atzmaut St & HaHalutz St) In der Altstadt.

NOTFALL

Die **Polizeiwache** (☎ 642 6744; Herzl St) liegt am nördlichen Ende der Keren Kayemet Le-Y'Israel St in der Altstadt.

POST

Hauptpost (Ecke Yitzhack Rager St & Ben Zvi St) Unmittelbar nördlich des zentralen Busbahnhofs.

Postfiliale in der Altstadt (Ecke HaHistradrut St & Hadassah St) Liegt praktisch in der Altstadt.

Sehenswertes

TELL BEERSHEBA

Tell Beersheba (☎ 646 7286; Erw./Kind 12/6 NIS; ☻ April–Sept. 8–17 Uhr, Okt.–März bis 16 Uhr) liegt rund 5 km östlich der Stadt und ist einer der drei biblischen Tells (Siedlungshügel), die 2005 auf die Liste der Unesco-Welterbestätten aufgenommen wurden.

Die archäologischen Ausgrabungen der Tells (zwei weitere derartige Hügel liegen in Megiddo, S. 247 und in Hazor – beide in Galiläa) fördern sehr exakt geplante Städte mit beeindruckenden Toren, Burgen, Tempeln, Lagerräumen, Ställen und Zisternen zutage, die durch enorme Festungsmauern geschützt wurden.

In Tell Beersheba haben Archäologen zwei Drittel einer Siedlung freigelegt, die aus der frühen israelischen Zeit (10. Jh. v. Chr.) stammt, als eine befestigte Regierungsstadt auf dem Hügel errichtet wurde. Die besterhaltenen Teile sind technisch ausgereifte Zisternen und ein 70 m tiefer Brunnen, der tiefste Israels. Vom Aussichtsturm aus hat man einen tollen Blick.

Der Tell-Beersheba-Nationalpark liegt nahe der Kreuzung Beersheba–Shokat südlich der Stadt Omer und nahe der Beduinensiedlung Tell Sheva.

NEGEV PALMACH BRIGADE MEMORIAL

Auf einem windgepeitschten Hügel nordöstlich der Stadt liegt eine kahle, moderne Gedenkstätte für die jüdischen Soldaten, die 1948 ums Leben kamen, als sie Beersheba von den Ägyptern eroberten.

Die **Gedenkstätte für die Palmach-Brigade** (auch Andarta-Gedenkstätte genannt) wurde 1963 von dem israelischen Künstler Dani Karavan entworfen und hat hebräische Inschriften, die die Bedeutung der Bilder erklären – ein Zelt, ein Brunnen, ein paar Schlachtpläne, eine enge Passage, ein Bunker, ein Vogel, ein Wachturm und ein Aquädukt sowie eine Schlange, die für den Feind steht. Für den hervorragenden Blick auf die Stadt und die umliegende Wüste lohnt es sich, zur Gedenkstätte hinaufzuklettern.

Mit öffentlichen Verkehrsmitteln erreicht man die Gedenkstätte aber nur schlecht. Nahe der Straße nach Arad kann man aus der Buslinie 388 aussteigen und die letzten 750 m laufen, oder man nimmt Bus 4 zum Tzafon (Nord)-Bahnhof und läuft über die Gleise zum Hügel.

NEGEV MUSEUM OF ART

Die kleine **Kunstgalerie** (☎ 620 6570; 60 Ha'Atzmaut St; Erw./Kind 14/12 NIS; ☺ So 8.30–15.30, Mo, Mi & Do 8.30–14 & Di 16.30–18, Fr & Sa 10–13 Uhr) liegt in der eleganten Gouverneursvilla von 1906. Sie wurde prächtig restauriert und ist nun ein Gebäude mit viel Stein und Glas, in dessen gemütlichem Inneren in vier Hallen die Werke israelischer Künstler sowie Wanderausstellungen zu sehen sind. Zum Zeitpunkt der Recherche wurde gerade die aus der Zeit der Türken stammende Moschee nebenan renoviert. Wenn die Arbeiten abgeschlossen sind, wird in ihr das archäologische Museum eröffnet.

BEDUINENMARKT

Jede Woche verwandelt sich ein ehemaliger Parkplatz im Südosten der Stadt in einen **Beduinenmarkt** (☺ Do 6–16 Uhr), der sowohl arabische als auch israelische Schnäppchenjäger von überall aus dem Negev anzieht. Er ist nicht zu verwechseln mit dem städtischen Markt an derselben Straße; für diesen Markt kamen früher traditionsgemäß hunderte Beduinen aus dem Negev in die Stadt, um ihr Vieh, Teppiche, Kleidungsstücke und Schmuck zu verkaufen. Heute ersetzen Kofferräume die Kamele und verkauft werden „Designer"-Schuhe und -Taschen sowie Parfums zum Schleuderpreis. An anderen Ständen gibt's Oliven, Nüsse, Datteln und Obst, abgesehen davon ist allerdings nicht allzu viel Interessantes zu sehen.

Der Markt liegt südlich des zentralen Busbahnhofs, wo man die Bogendächer auf der andern Seite der Hauptstraße sieht.

Aktivitäten

Wer den Adrenalin-Kick sucht und gerne aus einem Flugzeug springt, sollte beim **Skykef Skydiving Centre** (☎ 1 700 705 867; www.skykef.co.il) am Sede Tieman Airport vorbeischauen, dem größten Fallschirmzentrum Israels. Jeden Freitag und Samstag werden Tandemsprünge (1090 NIS) angeboten, außerdem kann man ein Paket mit sieben Sprüngen (7500 NIS) bekommen. Wie man sich denken kann, ist der Blick auf die Wüste spektakulär und die Chance, dass der Himmel klar ist, hoch. Der Flughafen liegt 15 km nordwestlich von Beersheba an der Rte 25.

Schlafen

Obwohl die Stadt groß ist, gibt es in Beersheba nur sehr wenige Unterkünfte.

Das **LP Tipp Beit Yatziv HI Hostel** (☎ 627 7444, 627 5735; www.beityatziv.co.il; 79 Ha'Atzmaut St; B/EZ/DZ inkl. Frühstück 140/200/300 NIS; ✴ ▢ ⬚ ⬚) erinnert ein wenig an Schlafsäle in Colleges. Es überrascht nicht, dass es vor allem von Gastdozenten und Schulgruppen frequentiert wird. Die Zimmer im alten Gebäude sind klein, haben aber alle Kühlschränke, TV und WLAN, wenn es auch gelegentlich Stromausfälle geben kann. Die Zimmer im neueren Luxusgebäude sind größer, man muss sie aber im Voraus buchen und 100 NIS mehr einkalkulieren. Der schöne Garten und der Pool (von Mai–Aug. geöffnet) bieten eine prima Abkühlung an einem brütend heißen Wüstentag. Mit den Buslinien 12 oder 13 kommt man vom Busbahnhof aus hierher. Nach den drei großen Funkantennen Ausschau halten.

Hotel HaNegev (☎ 627 7026; 26 Ha'Atzmaut St; EZ/DZ 200/250 NIS; ✴) Dieses alte Hotel ist eine der besten Budgetoptionen in der Altstadt. Eigentlich ist es eher ein Hostel als ein Hotel, aber wer mit der altmodischen Einrichtung leben kann, bekommt ein geräumiges, schlichtes, sauberes Zimmer mit eigenem Bad, TV und vor allem mit Klimaanlage. Die Buslinien 13 und 31 fahren vom zentralen Busbahnhof bis direkt vor den Eingang des Hotels.

Das **Leonardo Negev** (☎ 640 5444; www.fattal.co. il; 4 Henrietta Szold St; EZ/DZ 193/228 US$; ✴ ▢ ⬚) ist das einzige Hotel im Zentrum von Beersheba, (ehemals das Golden Tulip) und bietet 250 geräumige Zimmer mit Minibars und Kabel-TV sowie zwei luxuriöse Präsidentensuiten. Es dient vor allem als Austragungsort für Geschäftskonferenzen und um Hochzeits- oder Bar-Mitzvah-Gäste zu beherbergen, die in der Fünf-Sterne-Location nebenan feiern. Das Leonardo hat einen Pool, ein Fitnessstudio, einen Speisebereich im Hof und eine riesige Bar mit witzigen Möbeln.

Essen

Beit Ha-Ful (☎ 623 4253; 15 HaHistradrut St; Hauptgerichte 17 NIS; ☺ So–Do 8–0, Fr bis 15, Sa 20–23 Uhr) Hier bekommt man einen schnellen Happen in der Altstadt und das nach Meinung der Einheimischen beste *fuul* (Paste aus dicken Bohnen) der Stadt. Oder man bestellt anständiges *schawarma* und Falafel in einem heißen Pita-Brot, das man sitzend oder im Stehen drinnen oder draußen genießen kann.

Grandpa Jebetto's (☎ 627 2829; Yitzhack Rager St; Hauptgerichte 28 NIS; ☺ So–Do 9.30–24, Fr 9.30–16, Sa 18–24 Uhr) Das wohl nach dem Großvater von

NEGEV-BEDUINEN

Niemand weiß genau, wie viele Beduinen im Nahen Osten leben. Sie sind zum Großteil nomadische Viehhüter, die in Zelten leben und durch die Westliche Sahara über die Sinai-Halbinsel, durch den Negev und die Arabische Wüste ziehen. Vor 1948 lebten zwischen 65 000 und 90 000 Beduinen im Negev. Heute leben schätzungsweise zwischen 160 000 und 170 000 Beduinen in der Region, deren genaue Zahl schwer zu bestimmen ist.

Rund 80 000 Beduinen leben in 45 nicht anerkannten Dörfern im Negev. Der 1997 gegründete Regional Council for Unrecognised Arab Villages in the Negev mit Sitz in Beersheba ist ein gewähltes Organ, das ihre Interessen vertritt und dessen Ziel es ist, ihre elementaren Lebensbedingungen zu sichern.

Die Stadt Rahat 20 km nördlich von Beersheba ist die größte anerkannte Beduinensiedlung mit ca. 40 000 Bewohnern. Sie ist ein hässliches Chaos aus zusammengepferchten Behausungen; außerdem ist die isolierte Stadt von Armut geplagt, bietet keine Berufsaussichten und ist als Ziel für einen Besuch nicht zu empfehlen.

Diese erfolglosen urbanen Wiederansiedlungsversuche zeigen, dass der Übergang zu einer modernen Lebensart besonders für die Beduinen sehr schwer ist, da es ihnen an Qualifikation und Ausbildung fehlt. Über 90 % der weiblichen Beduinen sind auch trotz Initiativen wie Lakiya Negev Weaving (siehe S. 373) noch immer arbeitslos.

In Israel gibt's einige jüdisch-arabische NGOs, die mit Beduinengemeinden zusammenarbeiten. Eine davon ist das Negev Coexistence Forum **Dukium** (www.dukium.org), das sich für Gleichberechtigung und eine verbesserte Ausbildung von Beduinen stark macht und gelegentlich Ausflüge und Tage organisiert, an denen Bäumen in Beduinendörfern gepflanzt werden.

Immer mehr Beduinen entdecken den Tourismus als Einnahmequelle für sich. Viele bieten Kamelreiten und Unterkünfte an. Diese Camps findet man überall im Negev, wo Besucher einen Zwischenstopp für die traditionellen drei Tassen Beduinen-Kaffee und einen süßen Tee im Austausch für eine Handvoll Schekel einlegen. Da die Beduinen ständig umherziehen und oftmals weit weg von der Schnellstraße leben, kann es schwer werden, ein authentisches Beduinenzelt zu finden, vor allem wenn man zu Fuß unterwegs ist.

Die **Familie Kashkhar** (☎ 050 551 3212; www.kashkhar.lanegev.co.il, B im Zelt 36–45 NIS) ist ein echter Beduinenstamm, der kurz vor den Ruinen von Avdat an der Rte 40 zwischen Sede Boqer und Mitzpe Ramon sein Quartier hat. Als wir ihr Zelt besuchten, erklärte uns George, ein Führer aus Simbabwe, der mit seiner Familie zusammenlebt, wortgewaltig die Geschichte und Hierarchie des Stammes auf Englisch, während zwei Beduinenkinder mit einem Handy spielten. Nach Georges Ansicht ist es die Technologie, die die größte Bedrohung für die Beduinen-Kultur darstellt.

Pinocchio (Geppetto) benannte Café ist in der Gegend bekannt für seine riesigen, superleckeren Sandwiches. Es liegt versteckt in der Fußgängerzone Rusko City und auf der mehrseitigen Speisekarte stehen unzählige Füllungen und Saucen zur Auswahl. Empfehlenswert ist das Roastbeef mit allem Drum und Dran; wer kein Fleisch isst, sollte unbedingt den bulgarischen Käse mit Auberginensalat probieren.

LP Tipp **Balkone** (☎ 665 1811; 81 Herzl St; Hauptgerichte 40 NIS; ⊙ mittags & abends) Dieses unglaublich beliebte neue Restaurant in der Altstadt ist eine Alternative zum immer gleichen Hummus-Lokal: Hier bekommt man eine Mischung aus italienischer und östlicher Küche wie riesige Teller mit Pad-Thai-Nudeln, Gnocci oder Sandwiches mit Focac-

cia-Brot. Man kann draußen auf der romantischen Holzterrasse oder drinnen sitzen, wo gelegentlich Livemusik gespielt wird. Man sollte früh da sein oder im Voraus reservieren.

Arabica (☎ 627 7802; 12 Herzl St; Hauptgerichte 45 NIS; ⊙ mittags & abends) Das Arabica ist eines der wenigen Lokale, das samstags geöffnet hat, und eine willkommene neue Adresse in Beersheba. Das Restaurant grenzt ans Youth Art Centre an, ein großes, hässliches Gebäude mit einem Schrägdach mit grünem Filz. Drinnen sorgen arabische Lampen, Fernseher, auf denen Reisebilder aus aller Welt gezeigt werden, und entspannte Weltmusik für Atmosphäre. Das Essen ist eher amerikanisch als arabisch – es gibt saftige Burger, T-Bone-Steaks und Nachos.

Ausgehen

Manga (Yitzhak Rager St; ⊙ 18 Uhr–open end) Beershebas Studenten treffen sich in dieser coolen Bar unweit des Campus und des Soraka Medical Centre. Im überdachten Außenbereich mit Pflanzen und schicken weißen Sofas kann man mit Freunden entspannen und an kleinen Tischen aus dunklem Holz Sushi essen. Drinnen tönt laute Musik aus den Boxen, während das junge Publikum sich gegenseitig unter die Lupe nimmt.

LP Tipp **Pitput** (☎ 623 7708; 122 Herzl St; ⊙ Sa–Do 9 Uhr–open end, Fr 9–16 Uhr) Das charmante kleine Café am Beginn der Altstadt hat Tische im Freien, an denen man dem Lieblingshobby der Nation frönen kann – sich sehr laut unterhalten und dabei gemütlich Kaffee, Pfefferminztee oder einen Eisshake trinken. Das Pitput hat auch eine hervorragende Auswahl an internationalen und israelischen Weinen aus dem Golan und dem Negev.

Bilbao Tapas Bar (☎ 623 8135; 25 Smilansky St) In einem alten Steinhaus aus der Zeit der Türken mit Mosaikböden, antiken Möbeln und hängenden Pflanzen untergebracht, hat diese Tapas-Bar eine angenehme, entspannte Atmosphäre. Das Essen eignet sich nicht für den großen Hunger, doch die freundlichen Kellner helfen einem gern mit der hebräischen Speisekarte. Bei ein paar Weinen oder einer Flasche Sangría kann man hier prima entspannen. Tapas- und Antipasti-Teller bekommt man ab 22 NIS.

An- & Weiterreise

AUTO

Ein Auto kann man bei folgenden Vermietungen leihen:

Avis (☎ 627 1777; 8 Henrietta Szold St)
Eldan (☎ 643 0344; www.eldan.co.il; 100 David Tuvyahu St) Die besten Angebote gibt's online.
Hertz (☎ 665 1551; 7 Ben Zvi St)

BUS

Der zentrale Busbahnhof gleicht einem kleinen Marktplatz: Er ist voller Soldaten, die Falafel essen, das sie an einem der nebeneinander liegenden Stände an der Plattform gekauft haben. Unter der Woche fahren alle 30 Minuten Busse nach Tel Aviv (Bus 370, 15 NIS, 1½ Std.), mindestens jede halbe Stunde Busse nach Jerusalem (Bus 446, 30 NIS, 2 Std.) und halbstündlich Busse nach Dimona (Bus 48, 12 NIS, 30 Min.). Nach Elat (Bus 392 oder 397, 59 NIS, 3½ Std.) fahren

mehr oder weniger alle anderthalb Stunden Busse über Mitzpe Ramon (27 NIS, 1½ Std.). Busse nach En Gedi (Bus 384, 45 NIS, 2 Std.) fahren durch Arad (16 NIS, 45 Min.), Abfahrt ist um 9.30, 12.15 und 15 Uhr.

SCHERUT (SERVICETAXI)

Moniot Ayal (☎ 623 3033) betreibt *scherut* (Sammel- oder Servicetaxis) nach Tel Aviv und Elat zum selben Preis, den man auch für eine Busfahrt bezahlt. Samstags fahren allerdings keine Taxis und generell fahren sie erst los, wenn sie voll sind. Der Taxistand liegt direkt vor dem zentralen Busbahnhof.

ZUG

Züge Richtung Norden vom zentralen **Bahnhof** (www.israrail.org.il) in Beersheba fahren ab 5.27 stündlich bis 21.27 Uhr. Sie halten am Beersheba Tzafon (Bahnhof der Ben-Gurion-Universität), am Bahnhof Lahavim-Rahat, in Lod, Tel Aviv (26 NIS, 1½ Std.), Haifa und Akko und enden in Nahariya. Zwischen 15 Uhr am Freitagnachmittag und 18 Uhr am Samstag fahren keine Züge. Eine Direktverbindung nach Jerusalem gibt es momentan nicht.

Unterwegs vor Ort

Es ist problemlos möglich, vom zentralen Busbahnhof in die Altstadt und zum Markt zu laufen; ansonsten fahren Linienbusse vor dem Haupteingang des zentralen Busbahnhofs ab. Die Buslinien 12 und 13 fahren alle 20 Minuten zum Beit Yatziv HI Hostel.

RUND UM BEERSHEBA
Museum of Bedouin Culture

Vor dem Hintergrund der schnellen sozialen und technologischen Umbrüche des 21. Jahrhunderts ist es immer wichtiger, die beduinische Kultur zu bewahren. Die Idee, ein **Museum zur Kultur der Beduinen** (☎ 08-991 3322; www.joealon.org.il; Eintritt 22 NIS; ⊙ So–Do 9–17, Fr 9–14 Uhr) zu eröffnen, stammt von Juden und Beduinen aus der Gegend, denen es am Herzen liegt, die Kultur und das Erbe der Beduinen zu fördern.

Die Ausstellungsstücke, die im Museum gezeigt werden, sind zahlreiche traditionelle Gegenstände wie Kleidungsstücke, Haushaltsutensilien, Spielzeug und Schmuck. Die Gegenstände wurden ursprünglich sowohl im Kibbuz Lahav als auch im Beduinischen Museum im Süden der Sinai-Halbinsel zusammengetragen. Nach dem Rückzug der Israelis von der Sinai-Halbinsel wurden die beiden Sammlungen von den Anthropologen Orna und Avner Goren zu einer einzigen vereint. Auch Beduinen haben einige der Ausstellungsstücke gestiftet.

Highlights des Museums sind u. a. ein 12-minütiges audiovisuelles Programm, in dem die Lebensweise der Beduinen im Negev und auf der Sinai-Halbinsel geschildert wird, eine Demonstration traditioneller Haushaltstätigkeiten wie Brot backen und weben, ein Medizinergarten und ein Zelt, in dem Besucher mit einheimischen Beduinen Kaffee trinken und sich unterhalten können.

Außerdem gibt es einen interessanten archäologischen Teil, in dem Beispiele der alten Höhlenkultur dieser Region gezeigt wird. Vor allem Kinder lieben es, durch die verschiedenen Höhlen aus der Kupferzeit, der Zeit der Israeliten, der hellenistischen, römischen und byzantinischen Zeit zu klettern. Nicht vergessen, die Treppen zum Aussichtspunkt hinaufzusteigen.

Das Museum ist Teil des **Joe Alon Regional & Folklore Centre**, eine Kombination aus einem Museum, einem Forschungsinstitut und einer Field School. Yosef Alon (1929–1973) war Pilot und einer der Gründer der Israelischen Luftwaffe. Das Zentrum wurde 1985 mit dem Ziel eröffnet, die Disziplinen Volkskunde, Archäologie, Natur und Koexistenz zu vermitteln.

AN- & WEITERREISE

Der Komplex liegt hinter dem Grundstück des Kibbuz Lahav, das nahe dem Kibbuz Dvir liegt; beide liegen an einer Seitenstraße, die die Verbindungsstraße von Beersheba nach Kirjat Gat kreuzt.

Bus 42 (12 NIS, 50 Min.) fährt täglich um 11.50 Uhr direkt zum Kibbuz Lahav, jedoch sofort zurück nach Beersheba, sodass für einen Besuch keine Zeit bleibt. Alternativ kann man mit der Buslinie 47 fahren, die einen an der Lehavim Kreuzung 8 km vom Kibbuz entfernt absetzt. Von dort aus kann man laufen oder ein Taxi nehmen.

Israeli Air Force Museum

Auch wenn man sich nicht sehr für Militärgeschichte interessiert, ist das **Museum der Israelischen Luftwaffe** (☎ 08-990 6888; www.iaf-museum.org.il, hebräisch; Eintritt 28 NIS; ☾ So–Do 8–17, Fr bis 13 Uhr) am Stützpunkt Hazerim der Israelischen Luftwaffe (IAF) eine der interessantesten Sehenswürdigkeiten in Beersheba. Junge Soldaten bieten interessante einstündige Führungen durch das Museum und zur Geschichte der Luftfahrt Israels an, wobei man rund 100 verschiedene Flugzeuge zu sehen bekommt, darunter Spitfires, Mustangs und Helikopter des Typs Gazelle. Der vermutlich beste Teil der Führung ist ein Film, der in der Boeing 707 gezeigt wird, die 1976 eingesetzt wurde, um 100 vorwiegend israelische Geiseln zu befreien, die von pro-palästinensischen Entführern auf dem Flughafen Entebbe in Uganda festgehalten wurden.

Hazerim liegt nur 6 km westlich von Beersheba. Vom zentralen Busbahnhof nimmt man Bus 31 (6,10 NIS, 16 Min.), der stündlich abfährt; die Linie endet am Luftwaffenstützpunkt und dem Museum.

Ballonfahren

Der Negev ist schon vom Boden aus sehr beeindruckend, doch in einem Ballon kann man über die gewaltige Wüstenlandschaft hinwegziehen und dabei auf das Tote Meer und Jordanien hinabschauen. **Hot Air** (☎ 057 290 0007; www.HotAir.co.il, hebräisch; Kibbuz Ruhama) ist seit 2003 im Geschäft und bietet großartige Ballonfahrten über ganz Israel an. Im Angebot ist sogar ein romantisches Sektfrühstück, bei dem man prima einen Heiratsantrag machen kann.

Flüge bei Sonnenauf- oder Sonnenuntergang (4 Std. einrechnen) kosten 1200/1000 NIS pro Erwachsenen/Kind und 3350 NIS für einen Einzelflug mit Sekt pro Paar. Unbedingt im Voraus buchen.

Hot Air ist im Kibbuz Ruhama rund 25 km nördlich von Beersheba ansässig. Man fährt über die Rte 40 Richtung Tel Aviv, biegt in Tzomet Kama (Rte 293) links ab, dann wieder rechts in Tzomet Sede Tzvi und fährt geradeaus weiter, bis man nach Ruhama kommt.

Lakiya Negev Weaving

Lakiya wurde 1991 als ein Einkommen schaffendes Projekt für palästinensische Beduinenfrauen gegründet, die in Dörfern des Negev leben. Das von Sidreh, einer gemeinnützigen Basisorganisation beduinischer Frauen betriebene Lakiya bietet diesen Frauen die Chance, die Tradition des Spinnens und Webens zu pflegen und neue Fähigkeiten in den Bereichen Färben, Produktion und Betriebswirtschaft zu erwerben. Das Projekt gibt derzeit 70 Frauen Arbeit, von denen die meisten von daheim aus arbeiten.

Die **Lakiya-Negev-Schauweberei**(☎ 08-651 9883; www.lakiya.org; ☺ So, Mo, Mi & Do 8–17, Sa 10–16 Uhr) im Beduinendorf Lakiya rund 6 km nördlich von Beersheba kann man besuchen. Man kann hier einen süßen Kräutertee trinken und die große Auswahl an Webteppichen, Kissen und Taschen begutachten. Weitere Informationen zu den Beduinen gibt's im Kasten auf S. 371.

NORDWESTLICHER NEGEV

Die nordwestlichste Ecke des Negev ist eine riesige Fläche aus natürlicher Steppe und Halbwüste (wer mal richtige Sanddünen sehen will, ist hier genau richtig!), die sich im Winter und zu Beginn des Frühjahrs in einen leuchtend bunten Blumenteppich verwandelt. Allerdings ist bei Besuchen dieser Region Vorsicht geboten – auch der Negev ist in den letzten Jahren von Gaza aus mit Raketen beschossen worden. Es gibt aber immer noch friedliche Ecken, die bei Vogelbeobachtern beliebt sind.

Ein guter Grund, die Fahrt hierher zu unternehmen, ist ein Besuch der **San Pedro Cactus Farm** (☎ 08-998 2989, 050 754 9648/9; www.cactusfarm. co.il; B Erw./Kind 90/40 NIS) in Talme Yosef, einem abgelegenen Moschaw nahe der ägyptischen Grenze. Der Garten beherbergt Tausende verschiedene Kaktusarten; hier wird sogar die „magische" Hoodia-Pflanze verkauft, die von den San (früher als „Buschmänner" bezeichnet) der Kalahari verwendet wurde. Englischsprachige Führungen können organisiert werden, außerdem können Reisende in einer großen Holzhütte mit Kühlschrank, TV, Bad und einem eigenen Garten die Nacht verbringen. Auf dem Boden sind Matratzen und Kissen ausgelegt, außerdem kann man auf Trommeln spielen, muss aber einen eigenen Schlafsack mitbringen. Im Sommer kann man im **San Pedro Pub** (☺ Do–Sa 12 Uhr–open end) prima bei einem Bier oder einem hausgemachten Wein entspannen. Talme Yosef liegt abseits der Rte 232, die zum stillgelegten Grenzkontrollpunkt Rafah führt.

DIMONA

☎ 08 / 33 600 Ew.

Sofern man nicht auf dem Weg ins nahe gelegene Mamshit (s. „Gewürzodyssee" auf S. 377) oder zum Maktesh Hagadol (s. „Was genau ist eigentlich ein Maktesh?" auf S. 375) ist, muss man diese kleine öde Entwicklungsstadt nicht besuchen. Ihr Name wurde von einer in Josua 15,21–22 erwähnten biblischen Stadt abgeleitet, und tatsächlich beeindruckte Dimonas frühe Entwicklung Ben Gurion dermaßen, dass er die Stadt „ein Wunder" nannte. In den letzten Jahren hat das hiesige Bevölkerungswachstum allerdings nachgelassen. Heute kennt man die Stadt als Geburtsort des internationalen Fußballstars Yossi Benayoun und als Standort von Israels nicht mehr geheimer Nuklearwaffenanlage. Das Negev Nuclear Research Center 13 km östlich der Stadt mitten im Negev ist für Besucher nicht zugänglich.

Dimona ist auch die Heimatstadt der **African Hebrew Israelite Community** (www.africanhebrewisrae litesofjerusalem.com), einer motivierten Gruppe aus rund 3000 Immigranten mit amerikanischem Hintergrund, die glauben, sie seien Nachfahren von Israeliten, die 70 n. Chr. von den Römern aus Jerusalem vertrieben wurden, dann für mehr als 1000 Jahre umherzogen, bevor sie Westafrika erreichten und später als Sklaven in die USA gebracht wurden. Der Glaube der African Hebrews beruht auf den Offenbarungen ihres geistigen Oberhaupts Ben Ammi Ben Israel, der in Chicago geboren wurde. Die African Hebrews betreiben eine eigene Schule und ihre Mitglieder stellen eigenen Schmuck und Kleider aus Naturfasern her.

Wer über Nacht bleibt, kommt garantiert gut im neu gebauten **Drachim Guesthouse** (☎ 655 6811; www.drachim.org; 1 Hanassi Blvd; EZ/DZ 250/360 NIS; ✖ ☁) mit 58 angenehm ausgestatteten Zimmern, einem Wellnessbereich, einer Sauna und einem Hallenbad unter. Das Hotel liegt am Stadtrand nahe der Rte 40.

Zwischen Dimona und Beersheba fahren regelmäßig Busse (12 NIS, 30 Min.).

SEDE BOQER

☎ 08 / 1100 Ew.

Israels erster Premierminister, David Ben Gurion, sagte einmal: „Der Negev ist die Wiege unserer Nation; er liegt in einer gefährlichen, instabilen Region, die jedoch ein unglaubliches Potenzial hat." Nirgendwo kann man dieses Potenzial besser sehen als im Kibbuz Sede Boqer, einem der bekanntesten aller Kibbuzim.

Der Kibbuz wurde 1952 von jungen Pionieren gegründet, die planten, Vieh in der Wüste zu züchten; sein Name bedeutet auf Hebräisch „Feld der Hirten". Im Alter von 67

WAS GENAU IST EIGENTLICH EIN MAKTESH?

Maktesh wird meist mit „Krater" und gelegentlich auch als „Schlucht" übersetzt, genauer ist jedoch die Definition „Erosionskrater". Die *makteshim* in der Wüste Negev und auf der Sinai-Halbinsel erlauben Einblicke in die Erdkruste und gelten als einzigartige geologische Phänomene, da durch jeden von ihnen ein Wadi fließt. Ähnliche Felsformationen wurden allerdings auch in Turkmenistan und dem Iran gefunden. Der Maktesh Ramon (S. 380), der größte Erosionskrater Israels, sieht zweifellos aus wie eine Kulisse aus einem Science-Fiction-Film, entstand aber nicht durch den Einschlag eines Meteorits. Der *maktesh* ist ein großes asymmetrisches Loch, das die Erosion formte, als sich der Negev von einem Meer in eine Wüste verwandelte. Desertifikation ist noch heute ein großes weltweites Problem und man fragt sich, ob diese riesigen Trockengebiete die Vergangenheit oder die Zukunft des Planeten darstellen.

Es gibt noch zwei weitere *makteshim* im Negev, den **Maktesh Haqatan** und den **Maktesh Hagadol**. Beide liegen südlich von Dimona, jedoch ist keiner von beiden mit dem Bus erreichbar. Wenn man in der Gegend wandern will, mietet man am besten ein Auto in Beersheba (s. S. 372). Der Maktesh Haqatan ist der kleinste Krater (*katan* bedeutet „klein" auf Hebräisch, *gadol* „groß"). Er ist beinahe kreisrund und liegt an der Schnellstraße von Dimona in Richtung des Toten Meeres (Rte 25).

Der Eingang zum Maktesh Hagadol liegt nahe der verschlafenen Stadt Yeroham (erreichbar über die Rte 204 südlich von Dimona Richtung Sede Boqer). Eine schöne Fahrt ist die Strecke auf der Rte 225 direkt durch den Krater. Unterwegs sieht man mehrfarbigen Sand.

Jahren schloss sich Ben Gurion im darauf folgenden Jahr der grünen Oase an, um das zu praktizieren, was er predigte: durch die Kultivierung des Negev einen im wahrsten Sinne des Wortes neuen unabhängigen Staat zu gründen. Nur 14 Monate später ging er als Verteidigungsminister zurück auf die politische Bühne und diente noch eine zweite Amtszeit als Premierminister, bevor er 1963 zum Leben im Kibbuz zurückkehrte.

Der von Ben Gurion als Ort der Lehre propagierte Kibbuz Sede Boqer ist bekannt für seine Umweltforschung und -ausbildung. Heute ist er Teil der Ben-Gurion-Universität des Negev. Mehr als 20 verschiedene Institutionen arbeiten in Sede Boqer, darunter das Zuckerberg Institute for Water Research, das Institute for Desert Research, das National Solar Energy Centre sowie eine höhere Schule und ein College mit Umweltschwerpunkt.

Rund 3 km südlich des Kibbuz und mit Blick auf die naturgeschützte Wüste Zin liegt der Campus der Universität mit den Gräbern von Ben Gurion und seiner Frau Paula. In der Nähe liegt die Quelle En Avdat.

Sehenswertes
WOHNHAUS VON BEN GURION
Am Eingang von Sede Boqer gibt es ein **Informationszentrum** (☎ 656 0430; ☼ So–Do 9.30–15.30, Fr bis 13, Sa 10–15 Uhr), in dem ein 20-minütiger Film (8 NIS) über den Kibbuz gezeigt wird. Folgt man dem Fußweg aus Sandstein durch einen Pistazienhain, der mit berühmten Zitaten von Ben Gurion markiert ist, erreicht man das Zuhause des „alten Mannes" (wie man ihn nannte).

Als Ben Gurion 1973 starb, bat er in seinem Testament darum, dass seine Zimmer im Kibbuz genau so bleiben sollten, wie er sie verlassen hatte. Und so findet man sie auch vor, wenn man sein kleines **Wohnhaus in der Wüste** (☎ 656 0469; Erw./Kind 10/7 NIS; ☼ So–Do 8.30–16, Fr bis 14, Sa 9–15 Uhr) besucht. An der Stätte gibt es eine Ausstellung über das Leben Ben Gurions. Die Führung durch seine bescheidene Unterkunft beginnt in seinem Wohnzimmer, wo man einen Teddybären, eine Karte von Israel sowie Fotos von Staatsoberhäuptern wie Abraham Lincoln und Mahatma Gandhi sieht. Seine Privatbibliothek beherbergt rund 5000 Bücher. Ben Gurion las in neun verschiedenen Sprachen (er brachte sich selber Griechisch bei, um philosophische Texte lesen zu können). Passenderweise trägt das Buch, das auf seinem Kaffeetisch liegt, den Titel *Lasst uns in Frieden und Freundschaft leben*.

DIE GRÄBER DER BEN GURIONS
Die Gräber von David und Paula Ben Gurion (1892–1968), die einst sagte, sie sei von der Wüste nicht so begeistert wie ihr Ehemann, liegen spektakulär auf einem Felsvorsprung mit Blick auf das beeindruckende Wadi Zin

GEWÜRZODYSSEE

Folgt man der Gewürzstraße, fragt man sich vielleicht, wer eigentlich die Nabatäer waren. Die im Schulunterricht häufig übergangenen alten Araberstämme lebten vom 4. Jh. an im Negev. Die Nabatäer waren Nomaden, bis dem Römische Reich die Profitabilität der Gewürzstraße bewusst wurde und es sich daraufhin diesen Handel einverleibte. Nach der Eroberung durch die Römer nahmen die Nabatäer „europäischere" Eigenschaften und schließlich das Christentum an. Sie sprachen eine Form des Aramäischen, das vor rund 2000 Jahren die Lingua Franca der Region war. Trotz der lebensfeindlichen Wüstenlandschaft entwickelten die Nabatäer ausgeklügelte Bewässerungssysteme und ihre Könige verschwendeten großzügig Wasser, um vor Gästen anzugeben.

In ihrer Blütezeit erstreckte sich die Gewürz- und Weihrauchstraße von Indien bis Rom, wobei Weihrauch und Myrrhe durch Saudi-Arabien, den Sudan, Äthiopien, Petra und Judäa transportiert wurden. Dafür erblühten die Städte Avdat, Mamshit und Shitva im Negev sowie die Wüste rundum. Diese Städte wurden (zusammen mit Haluza) 2005 auf die Liste der Unesco-Welterbestätten aufgenommen.

Avdat

Die sehr schön erhaltene uralte Stadt auf einem Hügel dominiert den Horizont der Wüste. Die prächtige Kombination aus beeindruckenden Ruinen, Bögen und Pfeilern vor der unglaublichen Kulisse des **Nationalparks Avdat**(☎ 655 1511; Erw./Kind 23/12 NIS; ◷ April–Sept. 8–17 Uhr, Okt.–März bis 16 Uhr) macht den steilen Aufstieg zu den Ruinen lohnenswert. Teile des Films *Jesus Christ Superstar* wurden hier gedreht.

Das angeblich nach dem nabatäischen König Obada II. benannte Avdat wurde ab dem 3. Jh. v.Chr. als Haltepunkt für die Karawanen zwischen Petra und der Mittelmeerküste errichtet. Die Wüstenstadt war auch während der gesamten byzantinischen Zeit sehr wohlhabend, wurde aber nach einem Erdbeben 630 n.Chr. und der darauf folgenden Eroberung des Negev durch Araber im Jahr 636 verlassen.

Zu den Ruinen gehören ein römisches Badehaus, eine Grabkammer mit 21 Doppelkatakomben, zahlreiche Kirchen aus dem 4. Jh., eine Töpferwerkstatt und eine schöne byzantinische Weinpresse.

Im Besucherzentrum kann man ein interessantes 10-minütiges Einführungsvideo zu den Nabatäern und der Gewürzstraße ansehen.

An der Straße von Beersheba nach Mitzpe liegt Avdat 10 km südlich von Sede Boqer und 23 km nördlich von Mitzpe Ramon. Bus 60 kommt stündlich auf dem Weg in beide Richtungen hier vorbei.

und die Avdat-Ebene. Bei Sonnenauf- und -untergang hat man einen atemberaubenden Blick über die breite Schlucht und einen Park mit Wüstenblumen, der neben den Gräbern angelegt wurde.

Die Gräber erreicht man über den nördlichen Eingang des En-Avdat-Nationalparks, der auf dem Campus der Universität (am Haupttor biegt man rechts ab) rund 3 km südlich des Kibbuz liegt.

EN-AVDAT-NATIONALPARK & NATURLEHRPFAD WILDERNESS OF ZIN

Weniger als 50 m von Ben Gurions Grab entfernt liegt abseits der Hauptstraße der **En-Avdat-Nationalpark** (☎ 655 5684; Erw./Kind 23/12 NIS; ◷ April–Sept. 8–17 Uhr, Okt.–März bis 16 Uhr), eine Laune der Natur mit einem Eiswasserpool mitten in der heißen Wüste, der von Wasser gespeist wird, das durch ein kompliziertes unterirdisches Netz von Wasserläufen hierher fließt. Der Pool wird von einer tiefen, gewundenen Schlucht aus weichem weißen Kalk und von Pappeln überschattet. Man erreicht ihn über eine leichte Wanderung durch eine unglaubliche Landschaft.

Oben auf den Klippen kampierten für über 100 000 Jahre lang immer wieder prähistorische Stämme. Sie lebten in Hütten aus Ästen und ihre Werkzeuge aus Feuerstein ragen aus der Erde heraus, vor allem am nördlichen Rand der Schlucht. Hier und in der Umgebung haben Archäologen Spuren von steinzeitlichen Siedlungen gefunden (35 000–15 000 v.Chr.).

Der Nationalpark hat zwei Eingänge. Am besten erreicht man ihn über den schönen **Lehrpfad Wilderness of Zin**. Diese Strecke führt

Shivta (Subeita)

Die abgelegenste Stadt der Nabatäer **Shivta** (Erw./Kind12/6 NIS; ☉ April–Sept. 8–17 Uhr, Okt.–März bis 16 Uhr) war nicht befestigt und kann daher auch als ein großes landwirtschaftliches Dorf gesehen werden. Shivta wurde in der frühen römischen Zeit (1. Jh. v.Chr.) gegründet und Ruinen aus der römischen Zeit findet man im südlichen Teil der Stadt. Die meisten Fundstücke stammen aber aus der Zeit, als es eine wichtige byzantinische Stadt (4.–7. Jh. n.Chr.) an der Karawanenstraße zwischen Ägypten und Anatolien war.

Zu den Ruinen gehören byzantinische Kirchen, Häuser und gekachelte Straßen, doch das Beeindruckendste an ihnen sind die Auffangsysteme, mit deren Hilfe man das abfließende Wasser sammelte: Die Straßen, die vom nördlichen Teil der Stadt kommen, entwässern in doppelte Sammelbecken.

Shivta liegt 58 km südwestlich von Beersheba. Von der Rte 40 aus bleibt man ab der Kreuzung Telalim rund 15 km lang auf der Rte 211. An der Kreuzung nahe der Tankstelle geht es für rund 9 km Richtung Süden. Ein Besuch ohne Auto ist nicht zu empfehlen, wer trotzdem mit den sporadisch fahrenden Bussen der Linie 44 von Beersheba nach Nizzana fährt, steigt an der Haltestelle Horvot Shivta aus und läuft den Rest des Weges.

Mamshit

Viel leichter als nach Shivta kommt man zum **Nationalpark Mamshit** (☎ 08-655 6478; Erw./Kind 18/8 NIS; ☉ April–Sept. 8–17 Uhr, Okt.–März bis 16 Uhr), der antiken Stadt, die auch als Mampsis bekannt ist. Sie ist zwar die kleinste, aber gleichzeitig auch die am besten erhaltene nabatäische Stadt im Negev.

Die Nabatäer bauten ihre Stadt im Wadi Mamshit im 1. Jh. n.Chr. Später wurde sie von den Römern genutzt. Die Ausgrabungen förderten alte Wasserspeicher, Wachttürme, Kirchen und römische und byzantinische Friedhöfe zutage. Ein Highlight ist der große Mosaikboden im Hof der Niluskirche.

Mamshit liegt an der Rte 25 rund 8 km von Dimona entfernt in Richtung Kreuzung Rotem. Busse, die über Dimona nach Elat fahren, lassen einen an der Abzweigung zur Ausgrabungsstätte aussteigen.

Wer Gefallen an Mamshit gefunden hat, kann im **Nabataean Khan** (B im Zelt 45 NIS; Tipi für 8 Pers. 300 NIS; Zi. für 4 Pers. 445 NIS) übernachten, einem Campingplatz am Fuß der Stätte. Die Beduinenzelte haben Heizlüfter und auf dem Gelände gibt's Duschzellen.

vom unteren Eingang beim Grab von Ben Gurion auf dem Campus der Universität eine 3 km lange Straße im Zickzack hinab, dann am Fluss entlang zum oberen Eingang, der über die Rte 40 5 km weiter südlich liegt.

Vom Parkplatz aus folgt man dem dahinter beginnenden Pfad. Nach etwa 40 Minuten entdeckt man rechts eine große Höhle. Auch Steinböcke und Gazellen sind hier oft zu sehen. Einfach dem Tröpfeln von Wasser folgen und nach weiteren fünf Minuten erreicht man die Frischwasserquelle.

Dies ist eine Sackgasse, also dorthin zurückgehen, wo man hergekommen ist, und linkerhand nach Treppenstufen Ausschau halten, die in den Berg gehauen sind. Sie führen hinauf zur Klippe oben an der Schlucht, wo es einen befestigten Felsvorsprung mit einem tollen Aussichtspunkt gibt. Den besten

Blick hat man übrigens von den Stufen aus; er ist noch besser als der von ganz oben, also den Blick genießen, bevor man oben angekommen ist.

Nach ein paar weiteren Minuten erreicht man das obere Ende eines Wasserfalls, der im Winter, wenn mehr Regen fällt, deutlich mächtiger ist.

Die lange Wanderung dauert in der Regel zwei bis drei Stunden, wenn man viel Erholungszeit bei den Quellen einrechnet. Da man diese Wanderung nur in eine Richtung absolvieren kann (man darf die Stufen also nicht wieder hinabgehen), muss man, um zum unteren Parkplatz zurückzukehren, trampen oder auf einen Bus zurück nach Sede Boqer warten (alle 1 ½ Std.). Vor dem Losgehen auf den Busfahrplan schauen und die Wanderung entsprechend planen.

Weniger anstrengend ist ein Spaziergang vom unteren Eingang zu den En-Marof-Pools am Fuß des Wasserfalls; zurück geht es dann denselben Weg (insgesamt ca. eine Std.). Anschließend fährt man zum oberen Parkplatz hinauf, genießt den Blick vom Aussichtspunkt und tut so, als wäre man die Treppe hinaufgestiegen.

ZUCKERBERG INSTITUTE FOR WATER RESEARCH

Trockengebiete nehmen über ein Drittel unseres Planeten ein und Wasserknappheit ist ein Problem im ganzen Nahen Osten. Es gibt also einen Grund, warum dieses **Institut** (☎ 659 6714, 6710; w3.bgu.ac.il/ziwr; ☻ So–Do 9–16 Uhr), eines der führenden Zentren der Wasserwissenschaft, 2002 ausgerechnet hier eröffnet wurde. Es gehört zur Ben-Gurion-Universität und bietet im Voraus vereinbarte Führungen (20–40 Min.) an, bei denen die Besucher eine Entsalzungsanlage sehen und viel über Umkehrosmose, Tropfbewässerung und Hydrologie lernen können.

FIELD SCHOOL

Die **Field School** (☎ 653 2016; www.boker.org.il; ☻ So–Do 7.30–16.30, Fr 7.30–12 Uhr) auf dem Campus der Ben-Gurion-Universität befasst sich vor allem mit dem Naturschutz in der Region. Die jungen Führer sind extrem bewandert und enthusiastisch und erzählen Besuchern alles über heimische Säugetiere, Reptilien und Greifvögel. Man kann Geiern dabei zuschauen, wie sie rohes Fleisch, mit dem sie die Schule versorgt, zum Frühstück verputzen; man kann Steinböcke und andere Tiere beobachten, die zum Trinken zur Quelle kommen, und man kann Schieferfalken an den Klippen nisten sehen. Die Führer haben alle Karten und Informationen zu den diversen Wanderungen in der Wüste.

Aktivitäten

Gil Baran und Asaf Amichai, zwei erfahrene Radfahrer, die im Negev leben, gründeten **Geofun Desert Riding** (☎ 656 0479; 052 275 1574; www.geofun.co.il), das Fahrradtouren durch das Wadi Zin und Sede Boqer anbietet. Alternativ kann man auch auf eigene Faust losziehen und ein Fahrrad für 80 NIS für einen ganzen Tag mieten.

Arthur du Mosch ist ein Gestalt gewordener *Crocodile Dundee*. Seinen großen Auftritt hatte er, als er in seinem Haus in Sede Boqer mit einem Leoparden kämpfte. Er bietet bei **Out of the Wilderness** (☎ 052 392 0891; www.art4tour. com) Ausritte, Ausflüge mit Geländefahrzeugen und Wandertouren auf Englisch, Hebräisch, Deutsch und Niederländisch an.

Schlafen & Essen

Die Field School betreibt ein **Hostel** (☎ 653 2016; www.boker.org.il; EZ/DZ inkl. Frühstück 220/275 NIS; ☒), in dem Reisende absteigen können. Es ist jedoch oftmals voller lauter Schülergruppen.

Das **LP Tipp** **Hamburg House** (☎ 653 2016; EZ/DZ 265/340 NIS; ☒) gehört zum Campus der Field School und liegt ganz am Rand des Wadi Zin. Es bietet Betten in geräumigen und luftigen, gemütlichen Zimmern mit Fernseher und Kühlschrank. Manche der Zimmer sind so groß, dass darin bis zu sechs Personen Platz finden, und man hat einen hervorragenden Blick ins Tal.

Krivine's Guest House (☎ 052 271 2304; www.krivines.com; DZ inkl. Frühstück 350 NIS) Persönlicher geht es in dieser Unterkunft unter britischer Leitung in einem Wohngebiet in Neve Zin zu. Die luftigen Zimmer sind schön eingerichtet und Gäste können in schönen Garten ein dreigängiges Abendmenü mit Wein (70 NIS) genießen. Die freundliche Familie Krivine spricht Englisch und Französisch und versorgt ihre Gäste mit hervorragenden Touristeninformationen und holt sie vom Bus aus Sede Boqer ab. Unbedingt im Voraus reservieren.

Neben dem Campus-Supermarkt liegt das **Zin Restaurant** (☻ 8–23 Uhr). Hier gibt's Fleischgerichte, *bourekas* und frische Sandwiches. Abends sollte man zeitig herkommen, denn das Essen geht schnell aus.

An- & Weiterreise

Von Beersheba (Bus 392, 23 NIS, 1 Std.) fahren Busse um 8.15, 9.15, 12 und 15.45 Uhr. Auf dem Weg von Beersheba nach Süden halten sie an drei Stellen in Sede Boqer: Erst an der Abzweigung zum Haupteingang des Kibbuz, dann an der Abzweigung zum Wohnhaus von Ben Gurion und schließlich an der Abzweigung zum Campus, den Gräbern der Ben Gurions und dem En Avdat. Dem Fahrer vorher Bescheid sagen, wenn man aussteigen möchte.

MITZPE RAMON

☎ 08 / 4500 Ew.

Wer endlose Weiten, einen Panoramablick auf die Wüste und einen schönen Sternenhimmel schätzt, ist in Mitzpe Ramon genau richtig. Mitzpe heißt auf Hebräisch „Wachturm" und passend dazu liegt die kleine Wüstenstadt dramatisch über dem gewaltigen Maktesh Ramon, Israels Antwort auf den Grand Canyon. Von diesem spektakulären Wachturm aus hat man einen großartigen Blick und Zugang zu einem ausgedehnten Netz von Wanderwegen. Das Naturschutzgebiet Ramon umfasst den Krater und die Berge des Negev und ist damit das größte Israels.

Obwohl es mitten in der Wüste liegt, ist Mitzpe Ramon einer der kältesten Orte in Israel, vor allem nachts. Dies liegt an seiner Höhe (900 m über dem Meeresspiegel). Sogar im Sommer braucht man manchmal einen Mantel.

Mitzpe wurde 1951 als Camp für Arbeiter gegründet, die die Straße nach Elat bauten, und war über Jahre eine abgelegene Gemeinde, deren Bewohner afrikanische und russische Immigranten waren. Als die Rte 90 Ende der 1960er-Jahre eröffnet wurde, konnte die Stadt auf der Fahrt nach Elat umgangen werden, was die Entwicklung von Mitzpe stocken ließ.

Heute ziehen aber viele Reisende die malerische Südroute vor, die einem viel Zeit lässt, sich die Sehenswürdigkeiten anzuschauen. Die Stadt ist heute ganzjährig ein Reiseziel für Ökotourismus und lockt Künstlern aus verschiedenen Sparten aus der Großstadt an, die das einst heruntergekommene Gewerbegebiet für sich entdeckt und Galerien, Läden, Restaurants und Tanzstudios eröffnet haben. Die lokalen Behörden sind offenbar zuversichtlich, dass das touristische Interesse am *maktesh* weiterhin steigen wird – zum Zeitpunkt der Recherche wurde direkt am Kraterrand das Fünf-Sterne-Hotel Genesis gebaut.

Orientierung

Die Stadt erstreckt sich entlang des breiten Ben Gurion Blvd abseits der Straße von Beersheba nach Elat. Am Ben Gurion Blvd gibt's eine kleine Ansammlung von Geschäften, dazu eine Bank Hapoalim, einen Supermarkt und eine Post (☉ So–Do 8–18, Fr bis 12 Uhr). Die Jugendherberge und das Besucherzentrum liegen südlich des Einkaufsgebiets mit Blick auf den Maktesh Ramon. Das neu gestaltete Industriegebiet richtet sich heute an Touristen und liegt an der Rte 40 unmittelbar nördlich der Stadt.

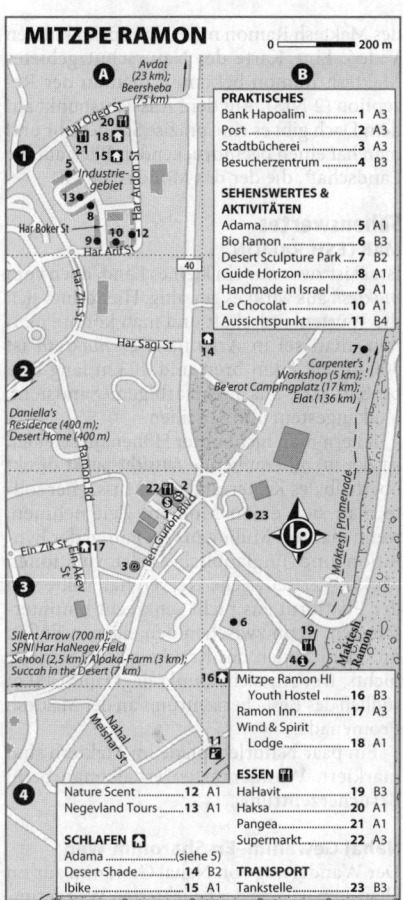

MITZPE RAMON

0   200 m

PRAKTISCHES		
Bank Hapoalim	1	A3
Post	2	A3
Stadtbücherei	3	A3
Besucherzentrum	4	B3

SEHENSWERTES & AKTIVITÄTEN		
Adama	5	A1
Bio Ramon	6	B3
Desert Sculpture Park	7	B2
Guide Horizon	8	A1
Handmade in Israel	9	A1
Le Chocolat	10	A1
Aussichtspunkt	11	B4

SCHLAFEN		
Adama		(siehe 5)
Desert Shade	14	B2
Ibike	15	A1
Mitzpe Ramon HI Youth Hostel	16	B3
Ramon Inn	17	A3
Wind & Spirit Lodge	18	A1

ESSEN		
HaHavit	19	B3
Haksa	20	A1
Pangea	21	A1
Supermarkt	22	A3

TRANSPORT		
Tankstelle	23	B3

Avdat (23 km); Beersheba (75 km)

Industriegebiet

Har Boker St

Carpenter's Workshop (5 km); Be'erot Campingplatz (17 km); Elat (136 km)

Daniella's Résidence (400 m); Desert Home (400 m)

Silent Arrow (700 m); SPNI Har HaNegev Field School (2,5 km); Alpaka-Farm (3 km); Succah in the Desert (7 km)

Nature Scent 12 A1
Negevland Tours 13 A1

Maktesh Promenade

Maktesh Ramon

Praktische Informationen

Die **SPNI Har HaNegev Field School** (☎ 658 8615; har@spni.org.il; ☉ 8–17 Uhr So–Do, Fr bis 13 Uhr) am Rand des Kraters lohnt einen Besuch für all jene, die richtig wandern wollen. Das Studienzentrum liegt am Ende einer unbefestigten Straße rund 2,5 km vom südlichen Ende des Ben Gurion Blvd entfernt.

Günstig surfen kann man in der **Stadtbücherei** (Ben Gurion Blvd; ☉ So–Do 18–22 Uhr, 10 NIS/4 Std.).

Am Rand des Kraters liegt das ammonitenförmige **Besucherzentrum** (☎ 658 8754; Erw./Kind 25/13 NIS, Kombiticket inkl. Bio Ramon Erw./Kind 30/16 NIS; ☉ Sa–Do 8–16, Fr bis 15 Uhr) mit Ausstellungen zu den verschiedenen Elementen der Wüste – Zoologie, Botanik und Archäologie. Eines der Highlights ist ein dreidimensionales Modell des Maktesh Ramon mit einem spektakulären Video. Eine Karte des Naturschutzgebietes Maktesh Ramon bekommt man an der Rezeption (2 NIS). Auf dem Aussichtspunkt auf dem Dach gibt es eine präzise Sonnenuhr und man hat einen beeindruckenden Blick auf die Landschaft, die der des Mondes ähnelt.

Sehenswertes

MAKTESH RAMON

Israel ist zwar nur ein kleines Land, doch vom *maktesh* aus wirkt es gewaltig. Hier öffnet sich die Wüstenlandschaft und man könnte meinen, man sei in Arizona. Der *maktesh* ist 300 m tief, 8 km breit und 40 km lang und besteht u. a. aus mehrfarbigem Sandstein, Vulkangestein und Fossilien.

Sofern man nicht unter Höhenangst leidet, ist der atemberaubende **Aussichtspunkt** direkt oberhalb des Kraterrands ein Muss. Hier sollte man sich einen Moment Zeit nehmen, wenn man auf Millionen von Jahren der Evolution und unglaubliche Felsformationen blickt. Wer schwache Nerven hat, sollte von der Plattform aus nicht senkrecht hinunterschauen, denn zwischen den eigenen Füßen und dem Boden des Kraters gibt es rein gar nichts. Der Aussichtspunkt liegt rund 300 m südlich des Besucherzentrums an der Maktesh Promenade.

Ein paar Naturlehrpfade im Maktesh sind markiert. Wanderkarten erhält man beim Besucherzentrum.

Nahal Gewanim–En Sharonim Weg

Der Wanderweg von Nahal Gewanim zur En Sharonim ist eine der beliebtesten Wanderungen bzw. „Mondspaziergänge" rund um Mitzpe. Die zahlreichen Felsformationen entlang des Weges und die Farbvielfalt der Felsen (schwarz, rot, gelb und orange) ist beeindruckend. Im Winter kann der Strom, der von der En Sharonim kommt, Hunderte von Metern lang sein, im Sommer trocknet er aber gänzlich aus. Der Weg führt teilweise durch steiles, felsiges Terrain und in der Regel läuft man ihn bei großer Hitze. Dabei darf man die eigenen Kräfte nicht überschätzen – viel Wasser mitnehmen, eine Kopfbedeckung tragen und so früh morgens wie möglich aufbrechen.

Je nach Ausgangspunkt dauert die Wanderung rund 2½ bis 3 Stunden. Dazu kommt eine 20-minütige An- und Abfahrt über die Rte 40 aus der und in die Stadt. Wer ein Auto hat, biegt beim Schild „Be'erot Camping" ab und fährt weitere 10 Minuten über den unbefestigten Weg. Man beginnt die Wanderung mitten im Maktesh am Be'erot Campingplatz und Beduinenpark.

Ansonsten erreicht man den Wanderweg mit einem Bus Richtung Süden (nach Elat) von der Tankstelle in Mitzpe Ramon aus. Man steigt aus, sobald man das zweite orangefarbene Schild auf der linken Seite der Straße im Krater sieht. Eine Bushaltestelle gibt es nicht, deshalb sagt man dem Fahrer Bescheid, wo man aussteigen möchte. Dann folgt man der Schotterstraße rund 30 Minuten zu Fuß und nimmt die rechte Abzweigung, wenn man den Strommasten linkerhand passiert hat.

Oben am recht steilen Hang angekommen, folgt man der grün-weißen Markierung einen schmalen Pfad entlang, der auf dem Grat entlangführt. Nach 15 Minuten teilt sich der Pfad. Der obere und der untere Pfad verlaufen parallel zueinander. Es lohnt sich, ein kurzes Stück den Felsen zum Grat hinaufzuklettern, denn dort wird man mit einem eindrucksvollen Panoramablick belohnt. Von hier oben sieht man die vielen gegensätzlichen Felsformationen und Farben sowie das Labyrinth aus den Wadis, die sich zwischen ihnen hindurchwinden.

Die **Sharonim-Festung**, ein Posten an der Weihrauchstraße der Nabatäer, liegt oben auf einem Hügel. Außer ein paar niedrigen Mauern ist von der antiken Stätte aber nicht mehr viel übrig. Wer den höheren Weg gewählt hat, klettert nach etwa 20 Minuten hinab auf den unteren Pfad, der zu einem Wadi (Nahal Gewanim) führt.

Man folgt dem Wadi, der sich nach 25 Minuten deutlich verengt. Zu beiden Seiten der Schlucht liegen große und kleine Höhlen. Nach dem hebräischen Schild folgt man den blau-weißen Markierungen rund 20 Minuten lang, bis man ein paar Wasserlöcher erreicht. Von hier aus folgt man dem Pfad linkerhand, bis man zu einer Schotterpiste kommt. Nach weiteren 25 Minuten passiert man wieder den Strommasten, den man schon vom Anfang des Hinwegs kennt.

Zu den anderen Wanderungen, die ebenfalls am Be'erot Campingplatz beginnen, gehört u. a. eine Tour zum **Nahal Ardon**. Die Wanderung durch vorwiegend flaches Gelände dauert insgesamt 3½ Stunden und wird von einem großartigen Blick ins Ardon-Tal abgerundet. Wer sich fit genug fühlt, kann auch am Nordostrand eine sechsstündige Wanderung den **Ardon** hinauf unternehmen, um von diesem Berg einen anderen Blick auf den Krater zu bekommen.

Scenic Pass

Der Scenic Pass ist Teil des Israel National Trail, einer Reihe von Wanderungen, die der Länge nach durch Israel führen. Die unterhaltsame, sehr malerische zweistündige Wanderung führt hinab in den Maktesh Ramon zum Carpenter's Workshop und weiter zur Hauptstraße. Von der Jugendherberge aus folgt man dem Weg am Kraterrand entlang, bis man ein Schild sieht, das nach unten weist. Man folgt der grünen Markierung und erreicht schließlich den Carpenter's Workshop. Weitergehen, bis man auf die Hauptstraße trifft. Von dort aus kann man entweder trampen oder einen der selten fahrenden Busse anhalten.

Carpenter's Workshop

Kurz nachdem sich die Straße von Mitzpe Ramon im Zickzack in den Krater hineingewunden hat, weist ein orangefarbener Wegweiser zu einer geologisch interessanten Stelle 500 m rechts neben der Straße. Der Carpenter's Workshop, die „Zimmermannswerkstatt", ist eine einmalige Felsformation, die durch Druck geformt wurde und angeblich aussieht wie ein Holzstapel.

Man folgt der Schotterpiste von der Straße aus, die an einem Parkplatz endet. Von hier aus nimmt man den Weg auf der linken Seite, der (vorbei an den Mülleimern) bergauf führt und um den Hügel herum zu einer hölzernen Aussichtsplattform, von der aus man besagte Felsformation aus der Nähe betrachten kann. Entweder nimmt man den Bus nach Elat oder trampt von Mitzpe Ramon aus, oder man legt hier auf der Scenic-Pass-Wanderung auf dem Weg in den Krater eine Pause ein.

BIO RAMON

Bio Ramon (☎ 658 8755; Erw./Kind 12/6 NIS; ☼ im Sommer Sa–Do 8–17 Uhr, im Winter Sa–Do 8–16, Fr bis 15 Uhr) ist ein kleiner Wildpark in der Wüste, in dem einem vor Augen geführt wird, wie die Natur auch unter den rauen Wüstenbedingungen Wege findet, um zu überleben. Der Park ermöglicht eine ganzheitliche Betrachtungsweise von Geologie, Flora und Fauna der sechs Lebensräume der Bewohner der Negev (Insekten, Säugetiere und Reptilien).

Hier sieht man Skorpione, Schildkröten und Schlangen inmitten von Schilf und Kalkstein. Bio Ramon liegt unterhalb des Besucherzentrums.

DESERT SCULPTURE PARK

Den gewaltigen Krater mit einer Digitalkamera festzuhalten mag einem so unmöglich erscheinen wie ein Ritt zum Mond auf dem Rücken eines Kamels, aber man kann sich mit diesen Steinskulpturen begnügen, die dem Wüstenhintergrund eine weitere Dimension geben. Der Park liegt einen 10-minütigen Fußmarsch nördlich des Besucherzentrums. Die Skulpturen stehen für verschiedene Abschnitte des menschlichen Lebens. Schaut man genau hin, erkennt man in manchen dieser Arbeiten, die von der israelischen Künstlerin Ezra Orion zusammengestellt wurden, Ähnlichkeiten mit Stonehenge in England oder dem Cristo-Redentor-Monument in Rio. Wer zu Fuß unterwegs ist, braucht einen guten Hut, da es hier keinen Schatten gibt.

ALPAKA-FARM

Diese Farm ist keine gewöhnliche. Es begann damit, dass die Besitzer Ilan und Na'ama Dvir 188 Lamas und Alpakas an Bord eines extra gecharterten Flugzeugs aus den südamerikanischen Anden nach Israel einfliegen ließen. Auf der **Alpaka-Farm** (☎ 658 8047; www.alpaca.co.il; Erw./Kind 25/23 NIS; ☼ im Sommer 8.30–18.30 Uhr, im Winter bis 16.30 Uhr) leben mittlerweile über 400 Lamas und Alpakas, die vermutlich größte Herde der Welt, sowie Esel, Ziegen und Ponys. Die schöne idyllische Farm liegt in einem versteckten Tal ungefähr 3 km von Mitzpe Ramon entfernt an einer unbefestigten Straße, die am Ende des Ben Gurion Blvd abzweigt. Die Tiere werden wegen ihrer feinen Wolle gezüchtet, die von Natur aus mehrfarbig ist und deshalb nicht gefärbt werden muss. Besucher können auf der Farm beim Scheren, Waschen und Weben zusehen, außerdem werden Ausritte auf Pferden in die Wüste (130 NIS, 1½ Std.) sowie eine Wanderung ins Hochland des Negev (250 NIS, 2 Std.) angeboten.

DAS INDUSTRIEGEBIET

Mitzpe Ramons altes Industriegebiet ist heute ein richtiggehendes Touristengebiet. Die Galerien und Studios, früher leer stehende alte Hallen, ziehen heute Künstler, Hippies und Rucksacktouristen auf der Suche nach einem alternativen Lebensstil an.

Hier kann man einen Zwischenstopp bei **Handmade in Israel** (☎ 659 5111; 12 Har Boker St; ⏲ So–Do 9–18, Fr bis 15 Uhr) einlegen, einem Studio für Töpferwaren, Schmuck und Kleidung aus der Gegend. Hinter dem Studio stellt ein Künstler Möbel aus Schlamm her. In der nächsten Straße lädt der Fabrikladen **Nature Scent** (☎ 653 9333; www.naturescent365.com; 12 Har Ardon St; ⏲ So–Do 8.30–19, Fr bis 16.30 Uhr) dazu ein, über 50 Arten von Seife zu betrachten, anzufassen und zu riechen. Alle sind aus natürlichen Zutaten handgefertigt und auch der Herstellungsprozess wird erklärt.

Adama (☎ 659 5190; www.adama.org.il; Har Boker St), heißt „Erde". Hier werden regelmäßig Workshops zu den Themen Tanz, Meditation und der Sprache der Bewegung angeboten. Im Sommer findet einmal im Monat ein Tanzfest statt und auch Unterkünfte sind verfügbar; s. rechte Spalte.

Köstliche hausgemachte Schokolade kann man in der kleinen Fabrik **Le Chocolat** (☎ 659 5332; 23 Har Arif St; ⏲ Do–So 10–18 Uhr) probieren.

Aktivitäten

Desert Archery (☎ 658 7274, 050 534 4598; www.desert archery.co.il) Man stelle sich eine Partie Golf vor, aber statt des Schlägers hat man Pfeil und Bogen in den Händen – das ist Bogenschießen in der Wüste. Es wird auf felsigem Gelände statt auf einem grünen Übungsgelände gespielt und die Bogenschützen müssen Ballons treffen. Die Länge des Parcours (1–4 km) kann man selber bestimmen. Das lustige Spiel kostet 50 NIS pro Person für zwei Stunden inklusive Führer und Ausrüstung.

Geführte Touren

Vermutlich erkundet man den Maktesh am besten im Rahmen einer geführten Tour. Viele Veranstalter bieten Touren mit Geländefahrzeugen an, man muss jedoch eventuell warten, bis eine Gruppe zustande gekommen ist. Im Besucherzentrum nach den aktuellsten Angeboten schauen.

Guide Horizon (☎ 659 5333; www.guidehorizon.com; 27 Har Boker St) Einer der renommiertesten Tourveranstalter der Gegend ist Guide Horizon. Hier kann man Dünenbuggys zum Selberfahren mieten oder eine begleitete Tour durch den Maktesh mitmachen. Ein dreistündiger Trip mit Mahlzeit und einem Einzelzimmer kostet 250 NIS, ein Trip mit Übernachtung

inklusive Wellness, Sauna, Mittag- und Abendessen 850 NIS.

Negevland Tours (☎ 659 5555; www.negevland.co.il; 8 Har Boker St) Dieser Rundum-Veranstalter bietet viel mehr als nur Mountainbikes: Außerdem gibt es Jeeptouren durch den Maktesh (750 NIS/Jeep), Abseilen (60 NIS/2 Abstiege) und Paintball (80 NIS/100 Kugeln). Die Führer sprechen Englisch, Französisch, Hebräisch und Spanisch. Negevland bietet auch die einzige professionelle Fahrradreparatur zwischen Beersheba und Elat und vermietet Mountainbikes mit 21 Gängen (100 NIS/24 Std.).

Schlafen

BUDGETUNTERKÜNFTE

Mitze Ramon bietet ein hervorragendes Spektrum an Unterkünften von Zelten in der Wüste bis hin zu Luxusunterkünften im Boutique-Stil und ist der beste Ort im Negev, um Quartier zu beziehen.

Be'erot Campingplatz (☎ 658 6713, 658 8691; www. beerot.com; Stellplatz/B in einem Beduinenzelt pro Person 30/45 NIS, Zimmer für 6 Pers. mit Dusche 500 NIS) Dieser abgelegene, von Beduinen geführte Campingplatz ist die einzige Übernachtungsmöglichkeit im Maktesh. Er ist gleichzeitig Ausgangspunkt für die meisten Wanderungen und deshalb beliebt bei Tourgruppen, weswegen tagsüber häufig viel los ist. Man schläft in traditionellen Beduinenzelten oder in neuen Einzelzimmern mit sauberen Bädern und einem modernen Duschblock. Der Campingplatz liegt etwa 12 km südlich von Mitzpe Ramon an der Schnellstraße nach Elat und dann weitere 5 km eine holprige Zufahrtsstraße hinunter. Mahlzeiten sind für 30 NIS erhältlich, hausgemachtes Pita-Brot mit Hummus für 15 NIS.

Das **Adama** (☎ 659 5190; Har Boker St; Campen 60 NIS, EZ inkl. Frühstück 100 NIS, Indianerzelt 160 NIS, Zi. für 4 Pers. 560 NIS) ist eine Art spirituelles Quartier mit viel Tanz in einer großen Industriehalle (s. linke Spalte) und ist bestimmt nicht jedermanns Sache. Wer auf Dreadlocks und alles Psychedelische steht, ist hier genau richtig. Für nur 60 NIS pro Nacht kann man auf einer Matratze in einem der luftigen Studios schlafen. Wer etwas mehr Privatsphäre sucht, kann in eins der tipiähnlichen Zelte kriechen – und wer ein eigenes Zelt dabei hat, kann es im Garten aufstellen. Gäste sind bei Tanz und Meditation willkommen.

Desert Shade (☎ 658 6229, 054 627 7414; www.nava dim.org; B/EZ/DZ inkl. Frühstück 70/125/200 NIS; 🖳 🛜)

Eine jüdisch-arabische Organisation namens Navadim (das örtliche Wort für Nomaden, die in der Vergangenheit durch den Negev zogen) betreibt das Desert Shade. Es ist ein Zentrum für Ökotourismus und bietet gelegentlich Seminare zu Frieden und Ökologie an. Das Desert Shade liegt direkt gegenüber vom Skulpturenpark und bietet einen unglaublichen Blick auf den Krater. Gäste kommen in Beduinenzelten oder Lehmhütten unter, deren Fenster aus leeren Weinflaschen gemacht wurden – eine witzige Idee. Im Gemeinschaftsbereich mit vielen Kissen gibt es WLAN-Empfang.

Silent Arrow (Hetz BaSheket; ☎ 052 661 1561; www. hetzbasheket.com; B in einem Beduinenzelt/Kuppelzelte pro Person 80/120 NIS) Wie der Name verspricht, ist diese Unterkunft tatsächlich eine Oase des Friedens und der Ruhe in der Wüste. Das Camp liegt 700 m außerhalb der Stadt an einer unbefestigten Straße. Das einzige Geräusch, das man hier hört, ist das eigene Schnarchen. Besucher können zwischen einer Matratze im Gemeinschaftszelt im Beduinen-Stil oder einem eigenen Kuppelzelt wählen. Da es keinen Strom gibt, muss man sich daran gewöhnen, im Stockfinstern zur Toilette zu stolpern. Einen eigenen Schlafsack mitbringen. Kostenlosen Kaffee und Tee gibt's im Küchen- und Aufenthaltszelt. Der Besitzer Dror ist ein echtes Unikat – er gibt dem Camp etwas Besonderes und erzählt wunderbare Geschichten über den Negev. Dror beschäftigt auch Leute auf der Suche nach Freiwilligenarbeit (Aufenthaltsdauer mindestens eine Woche).

Wind and Spirit Lodge (☎ 054 549 2415; Har Ardon St; B 80 NIS; 🖳) Diese zweistöckige Halle wurde 2008 im Industriegebiet eröffnet. Sie hat Böden aus Kiefernholz, Matratzen sowie einen Holzofen und sieht aus wie ein Tanz- oder Yogastudio. Es gibt heißes Wasser und Elektrizität, aber keinen Garten. Da es sehr groß ist, lohnt es sich vor allem für Gruppen (650 NIS für den ganzen Raum). Wie die meisten Gebäude im Industriegebiet sieht es von außen wie eine Garage aus. Nach den Yoga- und Fischmalereien an der blauen Tür Ausschau halten.

Mitzpe Ramon HI Youth Hostel (☎ 658 8443; mitzpe@iyha.org.il; B/EZ/DZ inkl. Frühstück 130/295/390 NIS; 🖳) Ein kurzer Spaziergang vom Besucherzentrum den Hügel hinab bringt einen zu diesem großen Hostel am Kraterrand. Leider haben nicht alle Zimmer einen schönen Blick. Als

wir hier waren, waren die Zimmer voller Soldaten. Wenn gerade keine Ferien sind, hört man ein wenig Lärm von der Grundschule nebenan.

MITTEL- & SPITZENKLASSEHOTELS

Die Zimmer in dieser Preiskategorie sind unter der Woche mindestens 100 NIS günstiger.

Succah in the Desert (Succah HaMidbar; ☎ 658 6280; www.succah.co.il; EZ/DZ mit Halbpension 250/450 NIS, am Wochenende 600 NIS) 7 km außerhalb der Stadt an einem sehr holperigen, schlechten Weg liegt dieses Hotel. Wer sich für Mystik begeistert, ist hier richtig. Das Wort *sukka* stammt aus dem Buch Exodus, in dem die Hebräer provisorische Hütten errichteten, während sie durch die Wüste wanderten. Die sieben *sukkot* (kleine Wohnhäuser) aus Steinen und Palmblättern liegen an den steinigen Hängen eines Wadi inmitten einer schönen Wüstenlandschaft. Es gibt eine größere *sukka* mit einer Küche, einem Wohnzimmer und einem Essbereich, die anderen sind mit geschmackvollen Teppichen und anderen Stoffen eingerichtet. Jede *sukka* hat eine eigene Solaranlage. Im Preis enthalten ist ein vegetarisches Gourmetabendessen, das alle Gäste gemeinsam einnehmen.

Das neue **IBike** (☎ 052 436 7878; www.ibike.co.il; 4 Har Ardon St; EZ/DZ inkl. Frühstück 275/375 NIS; 🖳) bietet sieben geräumige Zimmer mit eigenen Bädern und einen großen, gemütlichen Gemeinschafts-/Essbereich. Das IBike liegt im Industriegebiet und erinnert an einen Tauch- oder Skiclub. Hier kann man prima andere Reisende kennenlernen. Gäste können den Wellnessbereich mit Sauna und Whirlpool benutzen. Die hilfsbereiten Besitzer Aviva und Menachem können außerdem mit erstklassigen Tipps und Vorschlägen für Radtouren aller Schwierigkeitsstufen dienen.

LP Tipp **Alpaca Farm B&B** (☎ 658 8047, 052 897 7010/11; www.alpaca.co.il; Studio/DZ 275/450 NIS; 🖳) Eine oder zwei Nächte auf der Alpaka-Farm (s. S. 381) zu verbringen ist wirklich eine einmalige Erfahrung. Wo sonst in Israel wacht man zum Gesang der Vögel auf, während auf der Weide flauschige Lamas und Pferde ruhig ihr Frühstück kauen? Man schläft in schönen Hütten am Hügel mit Holzböden, Kabel-TV, Küchenzeile und einem tollen Balkon mit Blick auf die Wüste. Außerdem gibt's ein großartiges separates Studio, für das man einen eigenen Schlafsack mitbringen muss. Die

Zimmer sind mit elektrischen Heizöfen, Kühlschrank und sehr sauberen Duschbädern ausgestattet. Wenn die Farm schließt, bietet diese Unterkunft eine perfekte Mischung aus Komfort und Ruhe. Man sollte aber nicht zu viel Essen herumliegen lassen; wir fanden heraus, dass die Tiere es gerne stibitzen.

Das **Desert Home** (Bait BaMidbar; ☎ 052 322 9496; www.baitbamidbar.com; 70 En Shaviv; DZ inkl. Frühstück 500 NIS, an Wochenenden 700 NIS; ❄) gehört denselben Besitzern wie das Succah in der Desert. Es richtet sich an Reisende, die es komfortabel mögen und liegt am Rand eines ruhigen Wohngebiets. Die fünf Einheiten sind minimalistisch mit Böden aus aufgehelltem Holz, lokal hergestellten Möbeln und einer privaten Kunst- und Fotosammlung eingerichtet. Alle Einheiten haben einen Balkon mit Blick auf den schön angelegten Hof; der Blick auf die Wüste wird aber ein wenig durch benachbarte Häuser verdeckt. Zum Hotel gehört ein Behandlungsraum für Massagen und alternative Therapien.

Ebenfalls empfehlenswert:

Daniella's Residence (☎ 050 526 5628; Ein Shaviv St; DZ 400 NIS, Zi. für 5 Pers. 650 NIS; ❄) Charmante Zimmer in einem ruhigen Wohngebiet. Das hilfsbereite Personal spricht Englisch und gibt äußerst gerne Tipps zu Ausflügen rund um den Maktesh.

Ramon Inn (☎ 658 8822; Fax 658 8151; www.isrotel. co.il; 1 Ein Akev St; EZ/DZ inkl. Frühstück 434/510 NIS; ❄ 🖥 🐾) Isrotel betreibt das Ramon Inn, derzeit das einzige Luxushotel in Mitzpe Ramon. In der Lobby gibt's rund um die Uhr Internetzugang (12 NIS/20 Min.).

Guide Horizon(☎ 659 5333; 27 Har Boker St; EZ inkl. Frühstück & Führung 250 NIS, DZ inkl. drei Mahlzeiten, Tour & Wellness 850 NIS; ❄) Von außen sieht es aus wie ein schlichtes Kaufhaus, doch das Guide Horizon bietet sieben Zimmer, einen Wellnessbereich, Sauna, Solarium, einen Whirlpool, ein Fitnessstudio, Yoga, einen Grillbereich und Hängematten.

Essen

Selbstversorger können sich im Supermarkt Supersal im Stadtzentrum eindecken.

Pangea (☎ 653 9222; info@pangea.co.il; 5 Har Oded St; Hauptgerichte 40 NIS; ❄ mittags & abends) In diesem großen Restaurant nahe der Zufahrt zum Industriegebiet gibt's Burger, Chorizo, Kebab und traditionelle beduinische Mahlzeiten. Es ist weitläufig und bietet auch Gruppen drinnen oder draußen Platz. Der Innenraum ist in zwei Teile untergliedert, einen Speisebereich mit Nischen auf der einen und eine Lounge mit Kissen auf der anderen Seite.

Dazu gibt's noch ein großes Beduinenzelt und einen Grillbereich hinter dem Restaurant im Freien.

HaHavit (☎ 658 8226; Hauptgerichte 45 NIS; ❄ 8–2 Uhr) Dieses Restaurant mit Bar hat einen großartigen Biergarten – die Terrasse im Freien liegt am Rand des Maktesh und bietet einen großartigen Blick ins Hochland der Wüste Negev. Das HaHavit (Fass) liegt neben dem Besucherzentrum und bereitet große Portionen frischen Salat, Suppen, Hamburger, Sandwiches und Pastagerichte zu. Auf einem Schild in der gut ausgestatteten Bar steht „God is a DJ" und es gibt eine riesige Wand voller CDs. Das vielleicht passendste Album für den Maktesh ist *Dark Side of the Moon.*

LP Tipp **Haksa** (☎ 659 5273; 2 Har Adon St; Hauptgerichte 48 NIS; ❄ Sa–Do 12–20.30, Fr 13–20.30 Uhr) Im besten Restaurant der Stadt bekommt man echte Hausmannskost. Das gemütliche Restaurant liegt im Wohnhaus des Besitzers im Industriegebiet. Die Speisekarte ändert sich täglich, doch zu den Spezialitäten gehören Hausmannskost wie Fleischbällchen mit Aubergine und Couscous, Grillhähnchen und Rindergulasch. Auch die Salate und Labneh mit Pita (26 NIS) schmecken phantastisch.

An- & Weiterreise

Mitzpe Ramon liegt 23 km südlich von Avdat und 136 km nördlich von Elat über die Gerofit Kreuzung. Von Sonntag bis Donnerstag fährt die Buslinie 392 um 9.53, 10.53, 13.15 und 17.23 Uhr nach Elat. Freitags fährt kein Bus. Den Bus von der Tankstelle aus nehmen. Zwischen 6 und 21.30 Uhr fährt Bus 60 stündlich zwischen Mitzpe Ramon und Beersheba (27 NIS, 1½ Std.) über Sede Boqer und Ein Avdat hin und her. Man kann am Ben Gurion Blvd einsteigen.

DIE ARAVA

Die Arava (auch Aravasenke genannt) ist eine schöne, kaum besiedelte Wüste, die sich zwischen dem Toten und dem Roten Meer erstreckt und Teil des Großen Afrikanischen Grabenbruchs ist, der über eine Länge von rund 5000 km von Nordsyrien bis Zentralmozambique verläuft. Von überall in der Arava aus sieht man die roten Berge Jordaniens. Aus dieser Region stammen auch Israels innovativste Umweltprojekte.

Die **SPNI Hatzeva Field School** (☎ 08-658 1546; hazeva@spni.org.il) bietet Infos zu Wanderungen und Vogelbeobachtung in der Arava.

Timna-Park

Rund 25 km nördlich von Elat liegt der **Timna Park** (☎ 08-631 6756; www.timna-park.co.il; Erw./Kind 69/59 NIS; ☺ Sept.–Juni Sa–Do 8–16, Fr & So bis 13 Uhr, Juli & Aug. Mo–Do 8–20.30, Fr & So bis 13 Uhr), die älteste Kupfermine der Welt. Der Park ist durchzogen von alten Minenschächten, die teilweise von ägyptischen Minenarbeitern aus dem 5. Jh. v. Chr. angelegt wurden. Doch nicht nur das – der Park lockt auch mit zahlreichen geologischen Phänomenen. Die interessantesten sind der Naturbogen, die Säulen Salomos (zwei riesige Granitsäulen, die vor 540 Mio. Jahren von Regenwasser geformt wurden) und der Pilz-Felsen, ein erodierter Monolith in … nun ja … Pilzform. In einer Felsspalte kann man außerdem uralte, kindlich anmutende Felszeichnungen aus dem 2. Jt. v. Chr. bewundern.

Hier könnte man mühelos einen ganzen Tag mit Wandern verbringen, aber der Park ist so weitläufig, dass man ein Auto mieten muss. Informationen zu möglichen Spaziergängen erhält man am Eingang, wo Besucher den Film „Mines of Time" abschauen können. Am See gibt's außerdem einen Campingbereich, in dem man für 40 NIS pro Person sein Zelt aufstellen kann.

Busse zwischen Elat und Jerusalem kommen an der Abzweigung zum Park 2,5 km von dessen Eingang entfernt vorbei. Von dort aus ist es zu allen interessanten Stellen ein weiter Fußweg.

Tierpark Hai Bar, Yotvata

35 km nördlich von Elat liegt der **Tierpark Hai Bar** (☎ 08-637 3057, 632 6555; www.parks.org.il; Erw./Kind 50/21 NIS; ☺ So–Do 8.30–17, Fr & Sa bis 15.30 Uhr), der gegründet wurde, um den Nachwuchs von Tieren, die in der Bibel erwähnt werden, und den anderer Wildtiere zu schützen.

Das Schutzgebiet besteht aus drei Teilen: einem 1,2 ha großen, von einem Zaun eingefassten Bereich, in dem man die wilden Lebewesen beobachten kann (vor allem afrikanische Esel, Addax-Antilopen, Strauße und Säbelantilopen), einem Zentrum, in dem Reptilien, kleine Wüstentiere und große Raubtiere wie Wölfe und Leoparden zu sehen sind, und die Halle, die eine Ausstellung zum Thema Nachtleben in der Wüste beherbergt; hier sind Tag und Nacht vertauscht, und man kann nachtaktive Tiere wie Zwergrennmäuse und eine fette Blindmaus in ihrer aktiven Zeit beobachten.

Das Reservat umfasst zahlreiche verschiedene Lebensräume, darunter Sanddünen, einen Akazienwald und eine Salzwiese. Um über die Schotterwege zu fahren, benötigt man ein Auto. Ein Besuch dauert rund eine Stunde. Nach Möglichkeit kommt man zur Fütterung zwischen 11 und 13 Uhr her. Besucher können für 20 NIS pro Nacht ihr Zelt in der Nähe des Eingangs aufstellen und die Bäder mitbenutzen.

Der Tierpark ist an der Rte 90 zu finden, zwischen dem Kibbuz Yotvata und dem Kibbuz Samar.

Kibbuz Lotan

Der **Kibbuz Lotan** (☎ 08-635 6935; www.Kibbuzlotan. com; Rte 90) wird seit über 25 Jahren als ein Kollektiv betrieben und vertritt eine ökologische Sichtweise, die im Hebräischen als *tikkun olam* (etwa „die Welt instand halten") bezeichnet wird. Der Kibbuz besteht aus drei Hauptzentren: Bird Reserve, Creative Ecology (auf Hebräisch Eco-Kef) und Holistic Desert Health. Das Vogelschutzgebiet liegt in einer Sandebene nahe der jordanischen Grenze und ist mit versteckten Aussichtspunkten ausgestattet. Über das Zentrum für Kreative Ökologie bietet der Kibbuz regelmäßig Workshops zu alternativen Baumethoden sowie halb- und ganztägige Ausflüge, auf denen Besuchern gezeigt wird, wie man die umweltbewusste Theorie in der Praxis umsetzen kann. Im ganzheitlichen Wüsten-Gesundheitszentrum werden Ashtanga-Yoga, Massagen, Reiki, Reflexzonenmassage und Watsu (Wasser-Shiatsu) angeboten. Eine 50-minütige Watsu-Behandlung kostet 210 NIS.

Lotan ist bekannt für seine witzigen geodätischen Kuppelhäuser, die 1922 vom deutschen Ingenieur Walther Bauersfeld erfunden und in den 1950er-Jahren von dem US-amerikanischen Architekten Bucky Fuller entwickelt wurden. An Permakultur interessierte Studenten oder freiwillige Helfer können hier im Rahmen eines sechs- oder zehnwöchigen „Green Apprenticeship" viel über Ökodesign und Ökoplanung lernen. Busse nach Elat halten in der Nähe von Lotan.

Schlafen & Essen

Camel Riders (☎ 08-637 3218; www.camel-riders.com; Shaharut; Beduinenzelt inkl. Frühstück Erw./Kind 195/145 NIS, Hütten EZ/DZ 395/520 NIS, Zi. EZ/DZ 420/550 NIS; ☒) Auf einer Klippe hoch oberhalb der Arava liegt das Camel Riders in Shaharut, einem der abgelegensten Winkel des Landes rund 60 km nördlich von Elat und weitere 22 km abseits der Schnellstraße (Rte 12). Die Unterkunft im Sinai-Stil bietet Schlafplätze auf Matratzen in einem Beduinenzelt oder in schön eingerichteten Hütten aus Lehmziegeln. Es ist beliebt bei Stadtflüchtigen aus Tel Aviv mit künstlerischen Neigungen, die hierher kommen, um sich in den Pools am Berghang abzukühlen oder an monatlichen Workshops wie Yoga und kreativem Schreiben teilzunehmen. Wie der Name schon vermuten lässt, werden Kamelritte von zwei Stunden (75 NIS) bis zu 14 Tagen angeboten. Wer mit dem Bus 392 ankommt, der zwischen Elat und Mitzpe Ramon unterwegs ist, wird vom Besitzer an der Shizzafon Kreuzung abgeholt.

Kibbuz Lotan Guesthouse (☎ 08-635 6935; www.Kibbuzlotan.com; Rte 90; EZ/DZ inkl. Frühstück 270/340 NIS; ☒ ☐ ☒) Wer einen guten Ausgangspunkt für Erkundungstouren in die Arava sucht, kann in diesem schönen Ökodorf prima eine oder zwei Nächte verbringen. Die 20 klimatisierten Zimmer haben Küchenzeilen und sind schlicht eingerichtet. Draußen gibt es viele Hängematten und schattige Gebiete, in denen sich Gäste unter Bewohner des Kibbuz mischen können, die gern über Wüstenwanderungen und Umweltprobleme mit den Besuchern diskutieren, oder einen einfach in den Speisesaal verweisen.

Kibbuz Ketura Country Lodge (☎ 08-635 6658; www.keren-kolot-israel.co.il; Rte 90; EZ/DZ inkl. Frühstück 220/375 NIS; ☒ ☐ ☒ ☒) Noch ein schöner Kibbuz, der die Wüste zum Blühen bringt. Das Ketura bietet 45 moderne Apartments mit Küche, WLAN und Balkon oder Rasenfläche. Die Zimmer erinnern eher an ein Hotel als an einen Kibbuz, außerdem gibt's auf dem Gelände einen Pool, ein Basketballfeld und einen Fußballplatz. Das Ketura hat sein eigenes Solarunternehmen, eine Algenfarm und einen Orchideengarten. Da es das Arava Insitute for Environmental Studies beherbergt, sind die Zimmer gelegentlich von Studentengruppen belegt. Der Kibbuz liegt an der Rte 90 unmittelbar südlich der Ketura Kreuzung.

Zwischen Mitzpe Ramon und der Arava liegt das **Ashram in the Desert** (☎ 08-632 6508, 052 544 3349; www.desertashram.co.il; Nahal Shittim; Camping/B/DZ/Privathütte 90/130/320/480 NIS), das kein Kibbuz, sondern die israelische Version eines Ashram ist. Gegründet wurde es von Anhängern des indischen Mystikers Osho und bietet spiri-

tuelle Workshops wie Yoga und Tantra und etwas weniger spirituelle Trance-Partys in großen überdachten Bereichen im Beduinen-Stil. Die Unterbringungen reichen von ziemlich schäbigen Tipis bis hin zu gemütlichen Zimmern. Vegetarisches Gemeinschaftsfrühstück, -mittag und -abendessen werden angeboten. Zweimal im Jahr, im Frühjahr und im Herbst, findet das Zorba Festival statt, bei dem DJs, Hedonisten und Künstler das Ashram überfallen; Details entnimmt man der Website. Man setzt sich in den Bus 392 und steigt in Shittim aus. Von dort ist das Ashram nur einen kurzen Fußweg entfernt.

Kibbuz Eilot Guesthouse (Karte S. 387; ☎ 08-635 8816; www.eilot.co.il; EZ/DZ inkl. Frühstück 299/380 NIS; ☒ ☒) Israels südlichster Kibbuz liegt nur 3 km nördlich von Elat und bietet 40 En-suite-Zimmer mit Klimaanlage in einem Landgasthaus inmitten von Rasenflächen. Kids kommen auf ihre Kosten: Es gibt zwei Pools sowie eine Farm mit Tieren und Reiten kann man auch. Toll, wenn man im Randgebiet von Elat unterkommen oder einen Ausflug nach Jordanien unternehmen will.

LP Tipp **Neot Semadar Inn** (☎ 08-635 8180; www.neot-semadar.com; an der Shizzafon Kreuzung; Hauptgerichte 35-50 NIS; ☒ So–Do 6.30–21.30, Fr bis 15.30, Sa 14–21.30 Uhr; ☒) Dieses niedliche Gasthaus an der Straße ist definitiv die Fahrt wert. Es hat einen schönen Garten hinten, der seinem Namen *Neot* (Oase) alle Ehre macht. Köstlich sind die Lasagne mit Ziegenkäse, *shakshuka* (pochierte Eier in einer Pfanne mit scharfen, geschmorten Tomaten), Nektarinensaft und Pfirsicheis. Wer hier isst, bekommt einen Nachlass von 5 % auf das Bio-Olivenöl und -Eis sowie auf die Bio-Marmeladen und Tees, die im Kibbuz Neot Semadar hergestellt werden, einer jungen, sehr alternativen Gemeinde in der Nähe.

Yotvata Restaurant (08-635 7449; Kibbuz Yotvata, Rte 90; ☒ rund um die Uhr, Freitagabend geschl.) Dieses milchverarbeitende Restaurant mit Supermarkt wird von einem der reichsten und berühmtesten Kibbuzim in Israel geführt. Hier wird Käse, Schokolade und Eis selber hergestellt – es soll das beste in Israel sein (10 NIS/ Kugel).

ELAT

☎ 08 / 46 900 Ew.

Elat ist ein schmaler Streifen zwischen Jordanien und Ägypten. Hierher kommen die Israelis, wenn sie Spaß haben wollen. Obwohl es klein ist, bietet Elat viele schicke Hotels rund um eine Lagune voller Jachten und Glasbodenboote. Elat hat sich schnell zum Touristenziel gemausert und ist heute ein überfüllter Urlaubsort, der beeindruckende 12 Schwesterstädte auf der ganzen Welt hat – von bekannten Städten wie Durban, Los Angeles und Toronto bis hin zu weniger bekannten wie Smolyan in Bulgarien.

Dank einer Durchschnittstemperatur im Winter von 21 °C herrscht hier das ganze Jahr über viel Betrieb, doch im Sommer steigen die Höchsttemperaturen auf über 40 °C, was Elat zu einer der heißesten Städte des Landes macht. Zum Glück bildet das Rote Meer einen idealen Gegenpol und ist das ganze Jahr über kühl.

Die meisten Besucher reizen an Elat vor allem die umliegenden Berge in der Wüste und die Schluchten. Elat hat auch ein kleines Korallenriff, doch ambitionierte Taucher, die die magische Unterwasserwelt des Roten Meeres suchen, sollten lieber bis zur Sinai-Halbinsel reisen.

Geschichte

Elat ist seit der Antike bewohnt und wird erstmals im zweiten Buch Mose erwähnt, nachdem das Volk Israel das Rote Meer überquert hat. Einst an der Grenze der Staaten Edom und Midian gelegen, war Elat ein bedeutender Haltepunkt auf den Kupfer- und Weihrauchstraßen, und die Römer bauten eine Straße von Elat nach Petra. Über die Jahrhunderte nahm der Handel jedoch ab und schließlich errichteten die Osmanen einen Hafen in Aqaba. Bis Anfang der 1950er-Jahre das moderne Elat gegründet wurde, war der Ort kaum mehr als eine kleine alte osmanische Polizeiwache.

Orientierung

Elat besteht aus einem Stadtzentrum, der Lagune zwischen Hotels und Stränden, und einem 5 km langen Küstenabschnitt zwischen dem Zentrum und der ägyptischen Grenze. Die riesige jordanische Flagge, die die Küste hinab Richtung Osten zu sehen ist, kennzeichnet die Stadt Aqaba.

Der zentrale Busbahnhof liegt abseits des HaTemarim Blvd, der Bezirk mit den meisten Hostels unmittelbar nördlich auf der anderen Seite der Hativat HaNegev Ave. Das wichtigste Einkaufsgebiet bilden das Shalom Centre und die Red Canyon Mall vom Busbahnhof

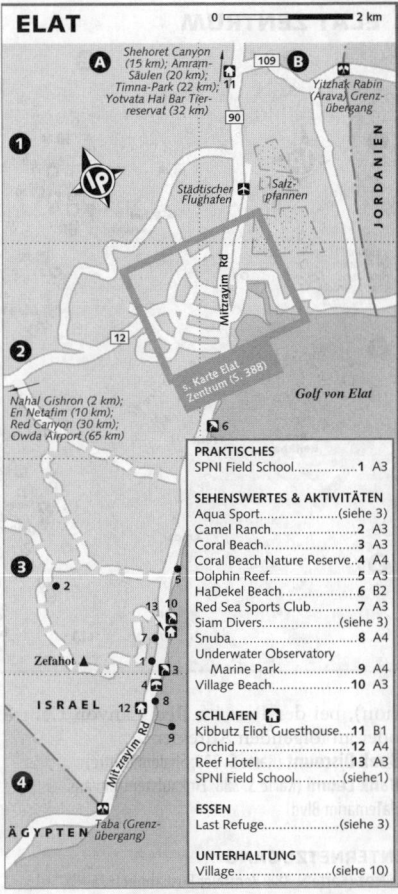

ELAT

PRAKTISCHES
SPNI Field School................1 A3

SEHENSWERTES & AKTIVITÄTEN
Aqua Sport...................(siehe 3)
Camel Ranch.....................2 A3
Coral Beach.....................3 A3
Coral Beach Nature Reserve..4 A4
Dolphin Reef....................5 A3
HaDekel Beach...................6 B2
Red Sea Sports Club............7 A3
Siam Divers.................(siehe 3)
Snuba...........................8 A4
Underwater Observatory
  Marine Park...................9 A4
Village Beach..................10 A3

SCHLAFEN
Kibbutz Eliot Guesthouse......11 B1
Orchid.........................12 A4
Reef Hotel.....................13 A3
SPNI Field School..........(siehe1)

ESSEN
Last Refuge................(siehe 3)

UNTERHALTUNG
Village....................(siehe 10)

aus hügelabwärts. Die Rollbahn des Flughafens ist ein ungünstig gelegenes Niemandsland zwischen dem Zentrum und dem Hotelbezirk nahe dem North Beach.

Praktische Informationen

BUCHLÄDEN

Steimatzky (Karte S. 388; ☻ So–Do 9–19, Fr 9–14 Uhr) Steimatzky hat Filialen im zentralen Busbahnhof und im Erdgeschoss des Shalom Centre. Hier bekommt man auch Lonely Planet Reiseführer zu Jordanien und Ägypten.

GELD

Geld wechseln kann man in einer der vielen Wechselstuben im alten Geschäftsviertel abseits des HaTemarim Blvd (ohne Kommis-

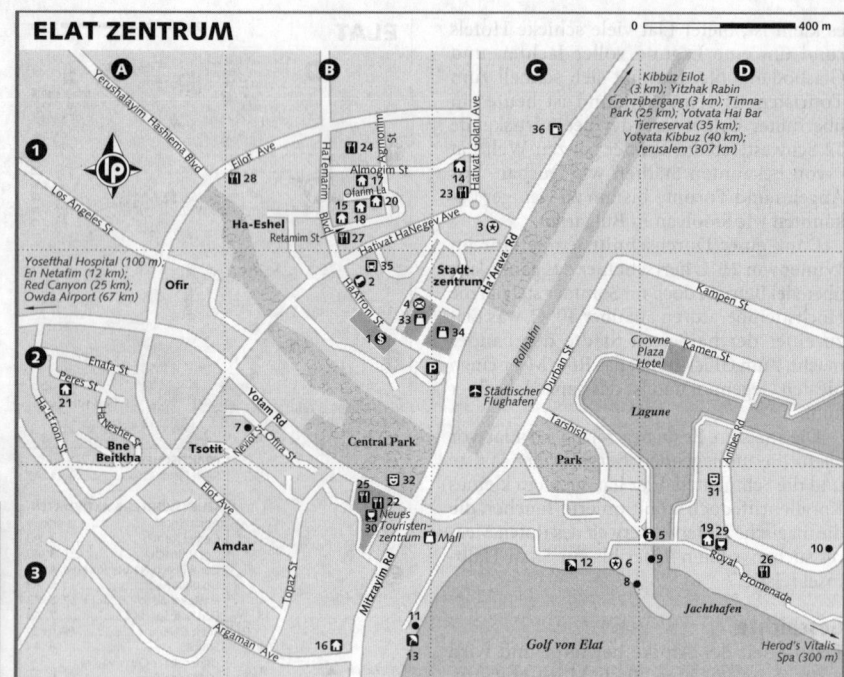

ELAT ZENTRUM

0 — 400 m

Kibbuz Eilot (3 km); Yitzhak Rabin Grenzübergang (3 km); Timna-Park (25 km); Yotvata Hai Bar Tierreservat (35 km); Yotvata Kibbuz (40 km); Jerusalem (307 km)

Yosefthal Hospital (100 m); En Netafim (12 km); Red Canyon (25 km); Owda Airport (67 km)

Stadt-zentrum

Crowne Plaza Hotel

Städtischer Flughafen

Central Park

Neues Touristen-zentrum

Mall

Lagune

Park

Jachthafen

Golf von Elat

Herod's Vitalis Spa (300 m)

DER NEGEV

---

sion), bei der Post im Red Canyon Centre oder an folgenden Adressen:

Bank Discount (Karte S. 388; Shalom Centre)

Bank Leumi (Karte S. 388; Einkaufszentrum am HaTemarim Blvd)

INTERNETZUGANG

@Net (Karte S. 388; Zentraler Busbahnhof; 25 NIS/Std.; ☽ So–Do 9–22, Fr 9–16, Sa 17–23 Uhr) Internetcafé.

NOTFALL

Polizeiwache (Karte S. 388; ☎ 100, 636 2444) Liegt am Ostende der Hativat HaNegev Ave.

Touristenpolizei (Karte S. 388; ☽ So–Mi 10–3, Do–Sa 10–6 Uhr) Diese Polizeiwache befindet sich nahe der Touristeninformation am North Beach.

Yoseftal-Krankenhaus (außerhalb der Karte S. 388; ☎ 635 8011; Ecke Yotam Rd & Argaman Ave)

POST

Post (Karte S. 388; Red Canyon Mall; ☽ So–Do 8–18, Fr bis 12 Uhr)

TOURISTENINFORMATION

SPNI Field School (Karte S. 387; ☎ 637 1127, 637 2021; eilat@spni.org.il) Gegenüber vom Coral Beach an der Küstenstraße nach Taba gelegen. Bietet Informationen zu Wandermöglichkeiten und Vogelbeobachtung in der Gegend.

Touristeninformation (Karte S. 388; ☎ 630 9111; eilatinfo@tourism.gov.il; Bridge House, Jachthafen; ☽ So–Do 8.30–17, Fr 8–13 Uhr) Hilfreiche Touristeninformation mit vielen Karten und Broschüren.

Sehenswertes
UNDERWATER OBSERVATORY MARINE PARK

Viel Unterwasseraction, ohne selbst nass zu werden, bekommt man in diesem **Unterwasser-Observatorium** (Karte S. 387; ☎ 636 4200; www.coral world.com/eilat; Coral Beach, Mitzrayim Rd; Erw./Kind 89/79 NIS; ☽ Sa–Do 8.30–17, Fr bis 16 Uhr) südlich des Coral Beach. Neben den typischen Sehenswürdigkeiten in einem Aquarium wie Becken mit Haifischen, Schildkröten und Stachelrochen gibt es hier auch Highlights wie das faszinierende verglaste Observatorium 4,25 m unter der Wasseroberfläche, durch das man das vielfältige Unterwasserleben des Roten Meeres beobachten kann. Das dazugehörende Aquarium ist einmalig und es gibt sogar einen pechschwarzen Raum mit fluoreszierenden

PRAKTISCHES		SCHLAFEN 🏠			AUSGEHEN 🍷		
@Net..........................(siehe 35)		Arava Hostel.....................**14** C1			Ice Bar..........................(siehe 8)		
Bank Discount...................(siehe 34)		Corrine Hostel...................**15** B1			Three Monkeys		
Bank Leumi................................**1** B2		Eilat Guesthouse & Youth			Pub.............................**29** D3		
Ägyptisches Konsulat.................**2** B2		Hostel............................**16** B3			Unplugged.........................**30** B3		
Polizei...........................**3** C1		Fawlty Towers Motel.............**17** B1					
Post.............................**4** B2		Hotel Pierre.............................**18** B1			UNTERHALTUNG 🎭		
Steimatzky.........................(siehe 35)		Royal Beach.......................**19** D3			Blanco............................**31** D3		
Steimatzky.........................(siehe 34)		Spring Hostel......................**20** B1			IMAX Kino........................**32** B3		
Touristeninformation................**5** D3		Villa Kibel..........................**21** A2					
Touristenpolizei.......................**6** C3					SHOPPEN 🛍		
		ESSEN 🍴			Red Canyon Mall....................**33** B2		
SEHENSWERTES & AKTIVITÄTEN		Beatles.............................**22** B3			Shalom Centre.......................**34** C2		
Desert Eco Tours.....................**7** B2		Casa do Brasil......................**23** C1					
Ice Space..............................**8** C3		Eddie's Hide-A-Way..............**24** B1			TRANSPORT		
Israel Yam..............................**9** D3		Ginger Asian Kitchen & Bar....**25** B3			Arkia.............................(siehe 33)		
King's City............................**10** D3		La Cucina...........................**26** D3			Autovermietung.................(siehe 34)		
Kisuski...................................**11** B3		Pizza Lek............................**27** B1			Zentraler Busbahnhof..............**35** B2		
North Beach...........................**12** C3		Shibolim..............................**28** B1			Israir.............................(siehe 34)		
Red Rock Beach.......................**13** B3		Spring Onion....................(siehe 5)			Tankstelle............................**36** C1		

Fischen. Toll für Kinder sind die Fische zum Anfassen und die regelmäßigen Fütterungen zwischen 11 und 15 Uhr.

Als nächstes sollte man sich den U-Boot-Simulator im Ozeanarium anschauen – dieser bietet eine Fahrt wie in einem Freizeitpark mit ruckelnden Sitzen und durchgeschütteltem Publikum. Auch der Pool mit den Meeresschildkröten und Stachelrochen ist einen Besuch wert. Jeden Tag um 12.30 Uhr kann man diese faszinierenden Tiere bei der Fütterung erleben.

Wer dem Meeresboden noch näher kommen will, hüpft an Bord der *Coral 2000* (Erw./Kind 35/29 NIS) mit 48 Unterwasserfenstern, durch die man das Meeresleben optimal beobachten kann. Die 35-minütige Tour startet montags bis samstags um 11 und um 13 Uhr am Observatorium.

DOLPHIN REEF

Cindy ist ein glücklicher Delfin. Er ist das einzige männliche Tier in einer Gruppe von Großen Tümmlern, die aus Dana, Nikita, Nana, Lampa, Yuna und Sheba besteht. Sie leben am **Dolphin Reef** (Karte S. 387; ☎ 630 0111; www.dolphinreef.co.il; South Beach; Erw./Kind 58/40 NIS; 🕑 So–Do 9–17, Fr & Sa bis 16.30 Uhr) und Cindys einzige Aufgabe besteht darin, sich mit den Weibchen fortzupflanzen. Im Beobachtungsgebiet können Besucher dabei zusehen, wie Delfine ihrem normalen Alltag nachgehen, der aus jagen, spielen und dem Umgang miteinander in ihrem „natürlichen Lebensraum" besteht.

Die Delfine wurden aus russischen und japanischen Fischereibeständen gekauft und Anfang der 1990er-Jahre vom Schwarzen ins Rote Meer gebracht, um die Säugetiere schließlich im offenen Meer freizulassen. Dolphin Reef ersucht auch aktiv die Regierung um offiziellen Schutz wilder Delfine und anderer Meereslebewesen im Roten Meer.

Im Eintritt sind die Benutzung des schönen Privatstrandes sowie die Vorführung einer Naturdokumentation inbegriffen. Man kann mit den Delfinen schnorcheln (255 NIS) oder einen Probetauchgang (295 NIS) machen. Fünftägige PADI-und SSI-Kurse im offenen Meer werden für 450 US$ angeboten.

Zum Dolphin Reef gehören außerdem die großartigen Relaxation Pools (150 NIS/ 1½ Std. inkl. Erfrischungen). Die drei Pools, die mit Regen-, Meereswasser sowie mit Wasser aus dem Toten Meer gefüllt sind, liegen inmitten einer üppig grünen Landschaft und sind beheizt. Unter Wasser ist Musik zu hören, was die Pools zu einem tollen Erlebnis macht.

Sowohl schwimmen oder schnorcheln mit Delfinen als auch die Entspannungspools muss man im Voraus reservieren. In der Hauptsaison und in den Ferien sollte man mindestens zwei Wochen im Voraus buchen. Stornierungen werden strikt gehandhabt.

CORAL BEACH NATURE RESERVE

Abseits des belebten Stadtzentrums an der Taba Rd liegt dieser geschützte Strand, der mit Abstand der beste in Elat ist. Mit über 100 Steinkorallenarten und 650 Fischarten ist dieses **Naturschutzgebiet** (Karte S. 387; ☎ 637 6829; Erw./Kind 30/16 NIS; 🕑 Sa–Do 9–17, Fr 9–15 Uhr) ein Paradies für Schnorchler. Eine Holzbrücke führt von der Küste zum Beginn des Riffs (das über 1 km lang ist). Von dort aus kann man unter Wasser diversen von Bojen markierten Wegen folgen.

DER NEGEV

Das Naturschutzgebiet erstreckt sich vom Underwater Observatory bis zum Reef Hotel, der Eingang liegt gegenüber der SPNI Field School. Schnorchelausrüstung kann man für einen ganzen Tag mieten (26 NIS).

KING'S CITY

In einem riesigen nachgebauten Schloss ist dieses biblische Disneyland untergebracht. Für den Bau benötigte man vier Jahre und 40 Mio. US$. **King's City** (Karte S. 388; ☎ 630 4444; www.kingscity.co.il; Östliche Lagune; Erw./Kind 118/95 NIS; ☻ So–Do 9–1, Fr bis17, Sa 18–1 Uhr) ist ein nahöstlicher Freizeitpark mit deutlich amerikanischer Note. Die Attraktionen wie Labyrinthe, Kaleidoskope, 3-D-Filme und eine Adrenalin freisetzende Fahrt mit einer Wasserbahn durch das Leben König Salomos sind hoch technologisiert und interaktiv. Auf dem Gelände gibt's nicht weniger als sechs Fast-Food-Lokale, falls einen all die Bibelgeschichten hungrig machen sollten.

ICE SPACE

Die im wahrsten Sinne „coolste" Sehenswürdigkeit der Stadt ist das **Ice Space** (Karte S. 388; ☎ 633 2225, www.ice-space.co.il; Spiral Centre, North Beach; Erw./Kind 54/48 NIS; ☻ 10–23 Uhr) aus über 150 t Eis, die zu Eisbären, Pinguinen und einer 18 m langen Rutsche verarbeitet wurden. Man kann einen Film ansehen und außerdem einen Eisbären sowie eine Eishöhle, in der Temperaturen von –7 °C herrschen! Mäntel und Handschuhe werden gestellt.

Aktivitäten

Von Tauchen und Schnorcheln bis hin zu Wandern und Parasailing gibt's hier mehr als genug zu unternehmen. Alternativ kann man sich auch einfach an den Strand lümmeln und entspannen.

STRÄNDE

An Elats zentralen Stränden kann es voll werden, deshalb ziehen viele Besucher die Hotelpools vor. Trotzdem eignet sich der **North Beach** (Karte S. 388) in der Nähe der jordanischen Grenze hervorragend für einen Drink in der Sonne. Wem das nicht gefällt, der kann sich an der Küste nach Süden in Richtung der ägyptischen Grenze aufmachen. **Village Beach** (Karte S. 387) ist besonders schön. Hier gibt's kostenlose Sonnenschirme, sauberes Wasser, das sich zum Schnorcheln anbietet, und aufmerksame Kellner, die einen den ganzen Tag über mit Getränken versorgen. Eine weitere gute Option ist der kostenlose **HaDekel (Palm) Beach** (Karte S. 387).

Außerhalb dieser Strandorte wird die Küste von Industriehäfen und Baustellen dominiert, doch auf der Sinai-Halbinsel hinter der Grenze bei Taba (S. 417) befinden sich kilometerlange einsame Strände.

WASSERSPORT
Boot fahren

Ein beliebter Ausflug vom Hotelbezirk aus ist eine Fahrt mit dem Glasbodenboot **Israel Yam** (Karte S. 388; ☎ 637 5528, 050 531 0090; Jachthafen; Erw./Kind 65/45 NIS), das zwischen der ägyptischen und der jordanischen Grenze hin- und herfährt, bevor es das Coral Beach Nature Reserve ansteuert. Die Fahrt dauert zwei Stunden und wird mindestens dreimal täglich angeboten.

Erfahrene Experten in der Gegend sind die Betreiber des **Red Sea Sports Club** (Karte S. 387; ☎ 637 0688; www.redseasports.co.il; Ambassador Hotel, Coral Beach), die Tagesausflüge an Bord der *Orionia* anbieten, einem 1926 in Spanien gebauten Holzschiff, das die Strände bei Taba oder die Coral Island vor der Sinai-Halbinsel ansteuert. Mittags wird gegrillt, dies ist im Preis (Erw./Kind ab 155/115 NIS) enthalten.

Schnorcheln

Snuba (Karte S. 387; ☎ 637 2722; www.snuba.co.il; South Beach) bietet Nicht-Tauchern einen einfacheren Weg, die Unterwasserwelt zu erkunden. Die schweren Sauerstofftanks bleiben an Bord eines leichten Gummiboots, während man über eine Leitung mit Luft versorgt wird, die an einem Geschirr am Körper befestigt wird, sodass man tief hinabtauchen kann. Führer begleiten Sporttaucher zum Caves-Riff, das zu einem der besten in Elat zählt. Man bezahlt 200 NIS, darin enthalten ist eine Schnorchelausrüstung, die man nach dem Tauchgang für zwei Stunden ausgeliehen bekommt.

Schnorchelausrüstung kann man für 40 NIS pro Tag mieten, Einweg-Unterwasserkameras gibt's für 70 NIS.

Tauchen

Das Rote Meer bietet einige der besten Tauchgründe der Welt, und Elat mangelt es nicht an Tauchclubs. Doch bereits die Zahl der Taucher an sich hat dem Riff im Lauf der Jahre unvermeidliche Schäden zugefügt. In letzter Zeit wurden Maßnahmen ergriffen, um die Korallenbestände und tausende junge

Kolonien, die in Aquarien gezüchtet und auf dem bestehenden Riff angesiedelt wurden, zu sanieren.

Es stimmt: In Elat muss man nur seinen Kopf unter Wasser halten, um sofort allerlei bunte Fische zu sehen. Durch die gute Erreichbarkeit eignet es sich prima für Kinder und Anfänger, die an einem Schnupper-Tauchgang oder einem Kurs im offenen Meer teilnehmen wollen.

Zwei der ältesten Tauchanbieter in Elat sind Red Sea Sports Club und Aqua Sport. **Aqua Sport** (Karte S. 387; ☎ 633 4404; www.aqua-sport.com; Coral Beach) bietet für 50 € eine Einführung ins Sporttauchen, für 295 € gibt's einen viertägigen PADI-Kurs im offenen Meer, Strandtauchgänge sind ab 100 € erhältlich und dreitägige Exkursionen zur Sinai-Halbinsel kosten 290 €.

Der **Red Sea Sports Club** (Karte S. 387; ☎ 637 0688; www.redseasports.co.il; Ambassador Hotel, Coral Beach) mit seinem neu gebauten Fünf-Sterne-Tauchzentrum bietet Tauchgänge im Roten Meer in dem Dreieck Aqaba–Elat–Sinai-Halbinsel an. Einen fünftägigen PADI-Kurs im offenen Meer gibt's für 1050 NIS. Ein einstündiger Schnuppertauchgang kostet 220 NIS, ein nächtlicher Einzeltauchgang 300 NIS.

Eines der besten Preis-Leistungsverhältnisse bietet das freundliche **Siam Divers** (Karte S. 387; ☎ 632 3636; www.deepdivers.co.il; Coral Beach): Bootsfahrten mit Tauchgängen nach Aqaba kosten inklusive der gesamten Ausrüstung 220 NIS.

Alle Veranstalter haben hervorragende Übernachtungsangebote für ihre Kunden. Wer sich fürs Tauchen interessiert, sollte also zuerst die Anbieter kontaktieren, bevor er ein Hotel reserviert.

Waterskifahren & Parasailing

Red Sea Sports Club (Karte S. 387; ☎ 637 0688; www.redseasports.co.il; Ambassador Hotel, Coral Beach) bietet Wasserskifahren (120 NIS/10 Min.) und Parasailing (140 NIS/10 Min.) an. Bei **Kisuski** (Karte S. 388; ☎ 637 2088; kisuski@gmail.com; Red Rock Beach) kann man alle Arten von Wasserspielzeug wie Jet Skis (160 NIS/15 Min.), Banana Boats (70 NIS/Pers.) und Fallschirme (140 NIS/10 Min.) mieten.

WÜSTENWANDERUNGEN

Zwar stehlen ihnen die Aktivitäten am Strand und unter Wasser die Show, doch in der Region um Elat gibt es auch hervorragende Wandermöglichkeiten. Markierte Naturpfade

ermöglichen es den Besuchern, die bunten Berge und Täler unmittelbar außerhalb der Stadt zu erkunden.

Wer in der Wüste wandert, sollte sich unbedingt an die folgenden Sicherheitshinweise halten: auf den markierten Wegen bleiben, eine ausreichende Menge Wasser und eine Kopfbedeckung mitnehmen, sich vor Sturzfluten in Acht nehmen und das israelisch-ägyptische Grenzgebiet sowie Militäreinrichtungen meiden – keine Fotos machen oder nachts in dieser Gegend wandern.

Rundwanderweg um den Zefahot

Die Gegend rund um die Bucht von Aqaba ist eines der spektakulärsten Grenzgebiete des Nahen Ostens. Der Höhepunkt des beinahe kreisförmigen Wanderwegs ist ein großartiger Blick auf die vier Länder, die hier aufeinandertreffen – Israel, Ägypten, Jordanien und Saudi-Arabien. Den Wanderweg, für den man etwa drei Stunden einplanen sollte und der gegen Ende des Tages am schönsten ist, erreicht man auch ohne eigenes Auto.

Man nimmt Buslinie 15 vom zentralen Busbahnhof und steigt bei der Texas Ranch (gegenüber vom Coral Beach und nahe dem Club Med) aus. Dann folgt man den Schildern zum Wadi Schlomo und läuft ca. 2 km über die unbefestigte Straße, wobei man die zahlreichen Nebenwege ignoriert, bis man links Betongebäude sieht. Hier biegt man dann links ab und folgt dem Wadi Zefahot und den grünen Wegmarkierungen. Man passiert einen ausgetrockneten Wasserfall auf der rechten Seite und nach 300 m teilt sich der Pfad, wobei ein schwarz markierter Weg nach rechts abzweigt. Man folgt dem grün markierten Weg weitere 200 m geradeaus. Dann knickt der Weg nach links ab und steigt steil an. Man folgt ihm ca. 15 Minuten bergauf, bis man den Gipfel des **Zefahot** in rund 278 m Höhe erreicht.

Von diesem Aussichtspunkt aus sieht man den Sinai im Süden, die Kreuzritter-Festung auf der Coral Island, die jordanische Hafenstadt Aqaba auf der anderen Seite des Golfs und die saudi-arabische Grenze. Im Nordosten liegt der grüne Kibbuz Eilot. Zwar ist der Sonnenuntergang hier oben schön, jedoch wird davon abgeraten, erst nach Einbruch der Dunkelheit den Rückweg anzutreten, da der Pfad im Dunkeln nur sehr schwer zu erkennen ist. Er endet an der SPNI Field School an der Hauptstraße.

Geführte Touren

Ein guter Anbieter für Touren durch die Wildnis ist **Desert Eco Tours** (Karte S. 388; ☎ 632 6477, 052 276 5753; www.desertecotours.com; Zofit Centre, Neviot St), die Halb- bis Mehrtagestouren mit einem Geländefahrzeug oder Kamel und Wandertouren durch die Wüste Negev, die Sinai-Halbinsel (Katharinenkloster; S. 427) und den Südwesten Jordaniens anbietet. Für einen Ganztagesausflug muss man inklusive Grenzabgaben mindestens 120 US$ einkalkulieren.

Festivals & Events

Seit 1987 gibt es das **Red Sea Jazz Festival** (☎ 1 599 525 354; www.redseajazzeilat.com), ein viertägiges internationals Jazzfestival, das jedes Jahr in der letzten Augustwoche stattfindet. Rund um den Seehafen von Elat gibt's Musik unter freiem Himmel. Die legendären Jam-Sessions sind kostenlos und finden jeden Abend am Pool des luxuriösen Yam Suf Hotel am Coral Beach statt.

Schlafen

Da Elat ein Strandort ist, steigen die Preise an den Wochenenden um 25 % und mehr und um 25 bis 50 % (oder mehr) im Juni und August. Im Voraus reservieren, vor allem während des Passah- und des Sukkothfests.

BUDGETUNTERKÜNFTE

Hostels

Elats Budgetunterkünfte reichen von gut über schlecht bis hin zu geradezu scheußlich. Nepper bieten gelegentlich günstige Einzelzimmer in Schuppen und Garagen an. Sie warten rund um den zentralen Busbahnhof auf Kundschaft. Man sollte sich die Unterkunft anschauen, ehe man zusagt.

Corinne Hostel (Karte S. 388; ☎ 637 1472; 127 Retamim St; B/EZ/DZ 50/100/200 NIS; ✖) Elats ältestes Hotel mit kleinen Bungalows an der Rückseite hat viel Atmosphäre. Die Doppel- und Mehrpersonenzimmer im Hauptblock liegen im Keller, sind aber hell und kühl. Es gibt eine bunt gekachelte Küche, Kabel-TV und einen schönen Gemeinschaftsbereich, in dem man andere Reisende trifft.

Das **Fawlty Towers Motel** (Karte S. 388; ☎ 632 5578; 116 Ofarim Lane; EZ/DZ 110/150 NIS; ✖) wurde nach John Cleeses klassischer BBC-Sitcom *Fawlty Towers* benannt. Man fragt sich, ob dem Manager dieses Hotels bewusst ist, dass Basil Fawlty in der Serie als ein äußerst schräger

Charakter dargestellt wurde und die besten Zeiten des Hotels längst vorbei waren. Doch trotz dieser Assoziation sind die Zimmer sauber und modern, wobei der Flur mal wieder entstaubt werden könnte.

Eilat Guesthouse & Youth Hostel (Karte S. 388; ☎ 637 0088, 637 2358; eilat@iyha.org.il; Mitzrayim Rd; B/EZ/DZ inkl. Frühstück 120/180/240 NIS; ✖ 🖳) Dieses große graue Betongebäude mit Blick aufs Meer hat den typisch hohen Standard, den Besucher mittlerweile von der Israeli Youth Hostel Association erwarten. Das Hauptproblem liegt darin, dass hier oft riesige Schulgruppen absteigen und nicht alle Zimmer Blick aufs Rote Meer haben.

Arava Hostel (Karte S. 388; ☎ 637 4687; www.a55.co.il, hebräisch; 106 Almogim St; EZ/DZ 130/160 NIS; ✖ 🛜) Eine der besten Budgetunterkünfte in Elat. Das Zentrum und der Hafen sind zu Fuß erreichbar. Die Zimmer sind nichts Besonderes – die meisten sind recht klein, haben eine altmodische Einrichtung und kein Tageslicht – dafür ist das Hostel besonders backpackerfreundlich. Im schönen Empfangs-/Speisebereich gibt's WLAN, dazu eine große Küche und Waschmöglichkeiten (irgendwann muss man ja den Wüstensand aus seiner Kleidung waschen). Der Garten vor dem Hotel bietet einen schönen Blick auf die beeindruckenden roten Berge in Jordanien und das tüchtige Personal gibt Tipps zu Ausflügen in die Wüste sowie zu Tauchkursen.

Hotel Pierre (Karte S. 388; ☎ 632 6601; www.eilat -guide.com/pierre; 123 Ofarim Lane; EZ/DZ inkl. Frühstück 200/250 NIS; ✖) Wie der Name schon erahnen lässt, ist dieses schlichte Hotel 10 Gehminuten vom Strand entfernt stolz auf seine Verbindung nach Frankreich. Es bietet kontinentales Frühstück mit einer französischen Speisekarte und hat eine charmante Bar in der Lobby. Die 34 kleinen, aber gemütlichen Zimmer haben Kühlschränke, Telefone und Kabel-TV.

Spring Hostel (Karte S. 388; ☎ 637 4660; www.aviv hostel.co.il; 126 Ofarim Lane; EZ/DZ 220/250 NIS; ✖ 🖳 🖳) Das kürzlich renovierte und mit neuer Farbe aufgefrischte Hostel ist in einem guten, sauberen Zustand. Alle Zimmer haben Duschen, Kabel-TV und Klimaanlage, obwohl manche Zimmer deutlich kleiner sind als andere und die Einrichtung eher langweilig ist. Die stylishe Lounge, der Billardtisch und der Pool im Freien werten es ein wenig auf.

Die **Villa Kibel** (Karte S. 388; ☎ 637 6911; www. villakibel.co.il; 18 Peres St; Apt. ab 250 NIS; ✖) liegt in einem ruhigen Vorstadtviertel und ist ein

Privathaus, das in ein paar saubere, wenn auch leicht in die Jahre gekommene Ferienapartments für Selbstversorger umgewandelt wurde und von einem freundlichen südafrikanischen Paar geführt wird. Die Apartments haben eine separate Lounge, Küche und Bäder, dazu gibt's eine Gemeinschaftsterrasse aus Holz mit Blick aufs Meer. Der Besitzer Russel holt seine Gäste gern vom Busbahnhof oder Flughafen ab, wenn man ihm vorher Bescheid sagt.

Camping
Camping ist an den meisten Stränden von Elat verboten, mit Ausnahme der Abschnitte in Richtung der jordanischen Grenze und nördlich des Hafens. Diese Strände sind allerdings steinig und bieten keinen Schatten.

LP Tipp SPNI Field School (Karte S. 387; ☎ 637 1127, 637 2021; eilat.spni.org.il; Camping 40 NIS/Pers., DZ 275 NIS) Dieser ganzjährig geöffnete schattige Campingplatz ist mit Abstand die beste Option. Ein eigenes Zelt mitbringen. Sofern keine Gruppen auf dem Platz sind, gibt's eventuell sogar Zimmer. Der Platz hat saubere Bäder, Grillstellen und eine hervorragende Cafeteria im Kibbuz-Stil.

MITTELKLASSEHOTELS
Reef Hotel (Karte S. 387; ☎ 636 4444; www.reefhoteleilat.com; EZ/DZ inkl. Frühstück 350/450 NIS; ❌ ❐) Das Reef Hotel liegt zwischen dem Village Beach und dem Coral Beach an einem der schönsten Strandabschnitte Elats. Zu den Annehmlichkeiten gehören gute Schnorchelmöglichkeiten, ein riesiger Pool und ein Fitnessstudio. Hier herrscht das ganze Jahr über bescheidene Sommerferien-Stimmung. Die gemütlichen Zimmer haben alle einen Balkon und sind modern und geräumig. Wen es an die südlichen Strände zieht, der findet hier ein tolles Preis-Leistungsverhältnis in sehr entspannter Atmosphäre.

SPITZENKLASSEHOTELS
Wer den übermäßigen Luxus eines Fünfsternehotels sucht, hat in Elat eine gute Auswahl. Am North Beach und an der Straße nach Taba liegen mehr als 40 Komplexe, wobei täglich neue gebaut werden. Aber zuerst daheim die Urlaubskataloge wälzen, da man bei Angebote inklusive Mahlzeiten eventuell günstiger wegkommt, als wenn man individuell bucht.

Das **Orchid** (Karte S. 387; ☎ 636 0360; www.orchidhotel.co.il; Coral Beach; DZ/DBZ inkl. Frühstück ab 185/235 US$;

❌ ❐ ❑) ist ein ruhiges Hotel im Thai-Stil mit friedlichen Buddhastatuen und Wasserspielen und eines der letzten Hotels vor der ägyptischen Grenze. Die schön eingerichteten Bungalows liegen an einem Hang, manche der teureren Einheiten haben einen Loftbereich, der sich hervorragend für Familien eignet. Rund um den tropischen Pool stehen Palmen und auf dem Gelände gibt es ein Thai-Restaurant und einen Wellnessbereich.

Herod's Vitalis Spa (außerhalb der Karte S. 388; ☎ 638 0000; www.herodshotels.com; North Beach; DZ ab 980 NIS; ❌ ❐ ❑) Am oberen Ende des North Beach und der Preis-Schmerzensgrenze der meisten Besucher liegt dieses Gesundheits- und Lifestyle-Hotel, ein Boutiquehotel innerhalb eines Hotels. Es gehört zum prächtigen Herod's-Palace-Komplex und bietet eine außergewöhnliche Vielfalt an Wellness-Behandlungen. Nur Gäste ab 18 Jahre dürfen hier übernachten, sodass man den Mineralpool und die Wasserfälle ohne Kleinkinder genießen kann. Es gibt noble Zimmer mit Whirlpools, einen großartigen Dachgarten, in dem die Behandlungen stattfinden, sowie eine Saftbar und ein Restaurant mit „Wellness-Küche". Wer es sich nicht leisten kann, hier zu übernachten, kann das Luxusleben mit einer 50-minütigen Massage und einer Stunde im Wellnessbereich für 260 NIS erfahren.

Royal Beach (Karte S. 388; ☎ 636 8888; www.isrotel.co.il; Royal Promenade, North Beach; EZ/DZ 1035/110 NIS; ❌ ❐ ❑) Diesen gewaltigen Hotelkomplex mit 363 Zimmern kann man nicht verfehlen. Er rühmt sich, einer der luxuriösesten in Elat zu sein. Das Royal Beach gehört zu Isrotel und ist in einem riesigen modernen Gebäude untergebracht, in dem die Etagen stufenartig oberhalb der riesigen Glaslobby angeordnet sind. Auf der geschmackvoll gestalteten Terrasse kann man einen Drink bei Sonnenuntergang genießen, es gibt Designerläden und nicht weniger als drei Pools mit Wasserfällen und Tunneln unter Wasser.

Essen
GÜNSTIG
Im neuen Touristenzentrum gegenüber dem IMAX-Kino sowie im Food Court der Red Canyon Mall findet man zahlreiche kleine Restaurants, Cafés und *schawarma*-Stände.

Shibolim (Karte S. 388; ☎ 632 3932; Eilot Ave; Hauptgerichte 15–35 NIS; ☽ So–Fr morgens & mittags) Diese niedliche rustikale Bäckerei lohnt einen Besuch zur Frühstückszeit. Im Angebot sind zahlreiche interessante Brote und Gebäckstücke, zu denen es hausgemachte Marmeladen, Salate und Dips gibt. Zum Kaffee bekommt man hausgemachte Kekse zum Probieren und auf der Holzterrasse kann man schön abschalten.

Spring Onion (Karte S. 388; ☎ 637 7434; Bridge House, Jachthafen; Hauptgerichte 38–60 NIS; ☽ 9–3 Uhr; **V**) Beliebtes zweistöckiges vegetarisches Restaurant neben der Brücke über die Lagune im Hotelbezirk. Hier bekommt man tolles israelisches Frühstück (38 NIS) und leckere Pilz-Käse-Plinsen, die man mit einem Fruchtshake herunterspült.

Pizza Lek (Karte S. 388; ☎ 634 1330; HaTemarim Blvd; Pizza 45 NIS; ☽ So–Do 12–2, Fr 12–17, Sa 18–2 Uhr) In dieser schmucklosen Pizzeria mit tollem Preis-Leistungsverhältnis in der Nähe des Busbahnhofs gibt's wirklich gute Pizzas zum Mitnehmen.

MITTELTEUER

The Beatles (Karte S. 388; ☎ 077 430 1485, 054 923 1793; beatlesbar@013net.net; Neues Touristenzentrum; Hauptgerichte ab 49 NIS; ☽ mittags & abends) Neues Restaurant, dessen Motto „All you need is beef" sein könnte. Im Beatles bekommt man Steaks und Burger mit allem Drum und Dran. Drinnen wirkt es mit einem schwarz-weiß gefliesten Boden im Schachbrettmuster und Fotos von Albumcovern der Beatles an den Wänden wie ein American Diner. Wer sich nicht für die Fab Four begeistert, sollte wissen, dass bis 22 Uhr nur Beatles-Hits gespielt werden, danach legt ein DJ auf.

La Cucina (Karte S. 388; ☎ 636 8932; Royal Promenade, North Beach; Hauptgerichte 49–80 NIS; ☽ mittags & abends) Liebhaber italienischer Eleganz sollten im La Cucina unterhalb des Hotels Royal Beach speisen. Hier tragen die Kellner Smoking und die Decken sind mit Engelsköpfen und wahrhaft himmlischen Wandbildern bemalt. Das Essen ist so geschmackvoll wie die Einrichtung. Highlights sind die wunderbar dünnen Pizzas und die frischen Pastagerichte. Desserts wie Zitronengras-Consommé mit Maracuja bieten eine erfrischende Abwechslung und sind es wert, dass man für sie etwas Platz im Magen lässt.

Ginger Asian Kitchen & Bar (Karte S. 388; ☎ 637 2517; www.gingereilat.com; Neues Touristenzentrum, Yotam St; Hauptgerichte 52–82 NIS; ☽ mittags–open end) Sushifreunde kommen in diesem schicken Restaurant mit schwarzen Lederbänken und einer Rundumbar auf ihre Kosten, in dem japanische *gyoza* (Klöße) und Cocktails mit asiatischer Note serviert werden. Die scharfen Gerichte umfassen den gesamten Fernen Osten und reichen von Thai-Currys bis hin zu indonesischen Nudelgerichten und Meeresfrüchte-Tempura.

TEUER

LP Tipp **Last Refuge** (Karte S. 387; ☎ 637 2437, 637 3627; www.hamiflat.co.il; Coral Beach; Hauptgerichte ab 87 NIS; ☽ mittags & abends) Yitzhak Rabin, Shimon Peres und so ziemlich jeder andere berühmte Israeli hat schon in dieser Seafood-Institution gegessen. Für eine gemütliche, aber kitschige Atmosphäre sorgen übertriebene Fischernetze und Bilder, doch der Fisch hier gehört zum besten in Elat. Empfehlenswert ist der Fang des Tages vom Holzofengrill oder die scharfe Krabbenspezialität. Oder man bestellt schüsselweise Tintenfisch und Garnelen. Wer nicht hungrig im Foyer warten will, sollte vor allem freitagabends reservieren.

Eddie's Hide-A-Way (Karte S. 388; ☎ 637 1137; 68 Almogim St; Hauptgerichte 90 NIS; ☽ Mo–Fr abends, Sa mittags & abends) Versteckt in einer Gasse hinter den Straßen Almogim und Agmonim befindet sich das Restaurant des alteingesessenen Kochs Eddie Hertz, das er 1979 eröffnet hat. Auf der Speisekarte stehen italienische, französische, nordamerikanische und chinesische Spezialitäten, darunter nicht weniger als sieben verschiedene Gerichte mit Krabben, acht Pasta-Delikatessen und viele Steaks. Vegetarier kommen nicht zu kurz: Es gibt eine köstliche fleischlose Lasagne sowie Suppen. Der Eingang liegt abseits der Eilot Ave.

Casa do Brasil (Karte S. 388; ☎ 632 3032; Hativat Golani Ave; Hauptgerichte 140 NIS; ☽ mittags–open end) ist definitiv ein Restaurant für Fleischesser. Für 140 NIS wird in diesem beliebten neuen brasilianischen Grillrestaurant All-you-can-eat angeboten. Speisenden wird eine grüne und eine rote Karte gegeben. Solange sie die grüne Karte zeigen, bringen die Kellner weiterhin hervorragende Steak-Stücke. An den meisten Abenden ist viel los, aber man kann auf der Terrasse sitzen und der Sambamusik lauschen, während man auf einen Tisch wartet.

Ausgehen

Three Monkeys Pub (Karte S. 388; ☎ 636 8800; Royal Promenade; ☽ 21–3 Uhr) Es überrascht nicht, dass drei große Holzaffen den Eingang dieses Pubs an der Promenade bewachen. In der Regel ist es voll mit gebräunten Israelis und verbrannten Touristen und seit Langem das Zentrum von Elats Nachtleben. Man sitzt im Sand unter von Lichterketten beleuchteten Palmen und kann sich durch 12 Biersorten probieren oder Cocktails trinken, bis man in Fahrt kommt und zum Tanzen hineingeht.

Tagsüber ist die **LP Tipp Ice Bar** (Karte S. 388; ☎ 633 2225, www.ice-space.co.il; Spiral Centre, North Beach; ☽ 10 Uhr–open end) eine frostige Attraktion für Kinder, nach 23 Uhr können hier Erwachsene bei eiskalten Wodkas und Cocktails, die in Eisgläsern serviert werden, entspannen.

Unplugged (Karte S. 388; ☎ 632 3259; Neues Touristenzentrum; ☽ 19–3 Uhr) Eine weitläufige runde Bar dominiert diesen nächtlichen Treffpunkt, in dem sich Teenager und Unter-30-jährige volllaufen lassen. Draußen gibt's einen Zeltbereich mit Picknicktischen und Zapfhähnen. Zwar könnte man hier schön eine Wasserpfeife rauchen und auf den Sofas entspannen, aber die Hip-Hop- und Rockmusik ist so laut, dass eine Unterhaltung unmöglich ist.

Unterhaltung

IMAX-Kino (Karte S. 388; ☎ 636 1000; www.imaxeilat.co.il; Yotam Rd, Eintritt 40 NIS; ☽ So–Do 16–23 , Fr 11–17, Sa 21–24 Uhr) In diesem familienfreundlichen klimatisierten 3-D-Kino in Pyramidenform kann man einen Weißen Hai, einen Tyrannosaurus rex, diverse Aliens oder sogar Homer Simpson aus allernächster Nähe erleben.

LP Tipp Village (Karte S. 387; ☎ 637 5410; Village Beach; ☽ 8 Uhr–open end) Samstagmorgens ab 11 Uhr findet an dieser lebendigen Strandbar eine Party im Hip-Hop-Stil mit einem DJ statt. Wenn es nicht zu heiß ist, kann man ein bisschen Breakdancing üben.

Blanco (Karte S. 388; ☎ 636 3444, 050 665 0045; Antibes Rd; Eintritt 60–100 NIS; ☽ 23–6 Uhr) Das ehemalige Platinum ist der beliebteste Club Elats, in dem zahlreiche Gast-DJs auflegen. Er befindet sich im King Solomon Hotel und lockt mit Lasershow und wummernden Bässen. Freitags findet im Club eine Schwulenparty im Tel-Aviv-Stil statt.

An- & Weiterreise

Details zur Überquerung der Grenze von Elat nach Petra (Jordanien) gibt's auf S. 407.

BUS

Vom **zentralen Busbahnhof** (Karte S. 388; HaTemarim St) gibt es zwischen 5 und 22 Uhr stündlich Verbindungen nach Tel Aviv (Bus 393 oder 394, 70 NIS, 5 Std.), außerdem fährt um 1 Uhr

ein Nachtbus. Der letzte Bus am Freitag startet um 15 Uhr, der erste am Samstag um 11.30 Uhr. Bus 392 nach Beersheba (59 NIS, 3 Std.) hält in Owda (25 NIS, 45 Min.) und Mitzpe Ramon (48 NIS, 2½ Std.). Die Busse fahren unter der Woche mehr oder weniger stündlich und am Samstag mindestens zweimal. Nach Jerusalem (Bus 444, 70 NIS, 4½ Std.) fahren vier bis fünf Busse pro Tag sowie ein Bus um Mitternacht. Der erste Bus am Samstag fährt um 16.30 Uhr ab. Außerdem gibt's eine Verbindung von Elat nach Masada (Bus 444, 59 NIS, 3 Std., 4-mal tgl.).

Alle Busse halten am Timna-Park, beim Tierpark Hai Bar, Yotvata und dem Besucherzentrum von Yotvata. Von Elat nach Kairo gibt es keinen direkten Bus. Bus 15 fährt vom zentralen Busbahnhof über den Coral Beach zum Grenzübergang Taba.

FLUGZEUG

Lärm und Luftverschmutzung spielten vermutlich keine große Rolle, als Elats städtischer **Flughafen** (Karte S. 387; ☎ 1 700 705 022) gebaut wurde, dessen Rollbahn im Herzen der Stadt liegt. **Arkia** (Karte S. 388; ☎ 638 4888; www.arkia.com; Red Canyon Mall) und **Israir** (Karte S. 388; ☎ 1 700 505 777; www.israirairlines.com; Shalom Centre) fliegen mehrmals täglich Tel Avivs Flughäfen Sede Dov und Ben Gurion (ab 84 US$) sowie dreimal pro Woche Haifa (ab 97 US$) an.

Der **Owda Airport** (VDA; ☎ 1 700 705 022) liegt 67 km nördlich des Zentrums von Elat. Hier werden Charterflüge von und nach Europa sowie Flüge von Arkia und El Al abgefertigt. Wegen der Entfernung zum Zentrum ist der Flughafen allerdings nicht gerade der günstigste Ankunftsort.

Unterwegs vor Ort

Im Stadtzentrum kann man alles zu Fuß erledigen, zu Zielen an der Straße nach Taba muss man aber mit dem Bus oder Taxi fahren. Alle 60 Minuten fährt Bus 15 vom zentralen Busbahnhof nach Taba an der ägyptischen Grenze (6,90 NIS), und zwar sonntags bis donnerstags von 8.20 bis 18.20, freitags von 8.20 bis 58.20 und samstags von 9.20 bis 19.20. Den Grenzübergang Rabin nach Jordanien erreicht man mit dem Taxi (30 NIS).

AUTO

Autos kann man bei folgenden Agenturen telefonisch mieten, die alle im Shalom Centre zu finden sind:

DER NEGEV

Budget (☎ 03-935 0016)
Eldan (☎ 637 4027; www.eldan.co.il) Auf der Website nach Angeboten schauen.
Europcar (☎ 03-791 8014)
Hertz (☎ 637 5050)

TAXI
Elats Taxis können ein günstiges und bequemes Verkehrsmittel sein, vor allem, wenn man mindestens zu zweit unterwegs ist. Zwar sind die Entfernungen kurz, aber große Teile der Stadt liegen auf einem Hügel, und wenn man dank der Hitze sowieso schon kaputt ist, fährt man vielleicht lieber mit einem schicken Mercedes als zu laufen. Eine Taxifahrt vom Stadtzentrum nach Taba kostet 35 NIS.

RUND UM ELAT

Dank des Großen Afrikanischen Grabenbruchs, der hier mit der Aravasenke endet, liegt Elat inmitten einer unglaublichen Landschaft. Das Ergebnis ist eine Wüstenlandschaft mit prächtigen Farben und einer sehr vielfältigen Flora und Fauna. Von den 1200 im Negev erfassten Pflanzenarten wachsen nur 300 in der trockeneren Gegend im Süden. An Tieren findet man hier Gazellen, Wölfe, Füchse, Steinböcke und Israels größten Vogel, den nahezu ausgestorbenen Ohrengeier.

In der Region gibt es auch viele archäologische Stätten, an denen man erkennen kann, dass die Menschen in der Vorzeit nicht nur hier lebten, sondern auch Kupferminen in dem unwirtlichen Land angelegt haben. Wanderer, die es in die Berge von Elat zieht, sollten sich mit einer *Eilat-Mountains*-Wanderkarte im Maßstab 1:50 000 von SPNI (82 NIS) bewaffnen, die in der SPNI Field School in Elat verkauft wird.

Alle folgenden Orte erreicht man für 40 bis 55 NIS mit dem Taxi von Elat aus. Die kleine Quelle und den 30 m hohen Wasserfall in **En Netafim**, die im April, Mai, Oktober und November am meisten Wasser führen und Wildtieren das ganze Jahr hindurch als Wasserquelle dienen, liegen 20 km nördlich von Elat an der Arava Rd (Rte 90). Auf dem Israel National Trail erreichen Wanderer den spektakulären **Shehoret Canyon** – für die Wanderung braucht man drei bis hier Stunden. Nahe der Mündung des Shehoret (bzw. „Schwarzen") Canyon liegen die beeindruckenden **Amram-Säulen**, ebenfalls am Israel National Trail. Dort gibt's einen offiziellen Campingplatz, jedoch kein Wasser.

Eine hervorragende sechs- bis siebenstündige Wanderung führt zum spektakulären **Nahal Gishron** (Teil des Israel National Trail) der von HaYoash zur ägyptischen Grenze verläuft. Früh aufbrechen und pro Person mindestens 3 l Wasser mitnehmen.

Der 600 m lange **Red Canyon** weiter im Norden liegt an der Schnellstraße nach Owda (Rte 12). Die Schlucht ist nur 1 bis 3 m breit und 10 bis 20 m tief und problemlos zu Fuß vom Parkplatz aus über einen 1,5 km langen Wanderweg erreichbar. Die schöne Wanderung dauert 1½ Stunden, zwischendrin muss man ein wenig klettern.

Wer wandern möchte wie Lawrence von Arabien, sollte sich an die **Camel Ranch** (☎ 08-637 0022; 057 777 2424; www.camel-ranch.co.il, hebräisch; Nahal Shlomo) wenden. Von hier aus werden 90-minütige (120 NIS/Pers.) und vierstündige (200 NIS/Pers.) Kameltouren angeboten. Die Camel Ranch liegt knapp 2 km von der Straße von Elat nach Taba entfernt Richtung Inland. Im Tourpreis inbegriffen sind Beduinensnacks wie *labneh* und Pita-Brot.

Gazastreifen

Da Meldungen über den Gazastreifen oft in den Nachrichten zu hören sind, mag man kaum glauben, dass dieses Gebiet an der Mittelmeerküste gerade einmal 45 km lang und weniger als 10 km breit ist. Allerdings leben hier ungefähr 1,55 Mio. Menschen, zusammengedrängt in acht Flüchtlingslagern und drei Städten, darunter die Großstadt Gaza-Stadt.

Statistiken zeichnen ein düsteres Bild des unruhigen Gebiets, das sich laut Auskunft internationaler Hilfsorganisationen in einer schweren humanitären Krise befindet. Die Arbeitslosenquote liegt bei 41,3%; 80% der Einwohner leben unter der Armutsgrenze und müssen mit weniger als 2 US$ pro Tag auskommen. Ein durchschnittlicher palästinensischer Lohnempfänger muss für acht Personen aufkommen, verdient aber nur noch ein Fünftel dessen, was er im Jahr 2000 erhielt. Viele Bewohner des Gazastreifens haben kein fließendes Wasser, keine adäquate Abwasserentsorgung und keine verlässliche Stromversorgung. Mehr als 30% der Erwachsenen (und viele Kinder) leiden unter dem posttraumatischen Belastungssyndrom. Zudem kamen bei den letzten israelischen Militäroffensiven und den Kämpfen zwischen den rivalisierenden Palästinenserfraktionen der Fatah und der Hamas viele Zivilisten ums Leben und viele Gebäude und Teile der Infrastruktur wurden zerstört.

Gazas Geschichte ist aber keineswegs nur düster. In der Vergangenheit war es ein heiß begehrtes Gebiet mit reichen Bodenschätzen und einer Bevölkerung, die unter einer Abfolge starker Großmächte ein lebhaftes Interesse an Kunst, Sport und Fortschritt entwickelte. Das lässt sich heute zwar bestimmt nicht auf den ersten Blick erkennen, aber Spuren dieses Erbes sind im Verborgenen durchaus noch vorhanden. Hinter der Armut und unter den Trümmern findet man Spuren dieser großen, drei Jahrtausende umspannenden Geschichte. Und wenn die Zustände heute auch trostlos sind, so darf man nicht vergessen, dass Gaza Derartiges schon oft erlebt hat: Man glaubt, dass die Stadt öfter angegriffen, erobert, zerstört und wieder aufgebaut wurde als jede andere in der Welt.

Warum also überhaupt nach Gaza reisen? Die Gegend ist schmutzig und überbevölkert; ein Besuch kann eine furchtbare, niederdrückende und gefährliche Erfahrung sein. Heute ist es überdies für Ausländer nahezu unmöglich, hineinzukommen. Andererseits kann man hier erfahren, wie stark Menschen tatsächlich sein können. Bei der Fußballweltmeisterschaft 2006 entwickelten viele Bewohner, gleich nachdem das einzige Elektrizitätswerk bombardiert worden und eine Stromversorgung nur sporadisch möglich war, kreative Ideen, um die Spiele trotzdem sehen zu können. Und obwohl 2008 bei den Luftangriffen Teile der Infrastruktur zerstört wurden, planen die Unternehmer in Gaza-Stadt neue Restaurants am Meeresstrand, während andere Einwohner ihre Berufe wechseln, um das Beste aus ihrer schrecklichen Situation zu machen. Überdies sind die meisten Bewohner des Gazastreifens freundlich, aufgeschlossen und gern bereit, einem den Weg zu interessanten Orten zu zeigen. Ein Besuch in Gaza ist sicherlich, wenn man denn hinkommt, ein unvergessliches Erlebnis.

REISEWARNUNG

Nach der gewaltsamen, faktischen Machtübernahme der Hamas im Jahr 2007 ist der Gazastreifen ein gefährliches Gebiet, das von ständigen Militärschlägen der israelischen Streitkräfte und der Unterdrückung und Belästigung von Fatah-Anhängern durch die Hamas heimgesucht wird.

Die Außenministerien der meisten Länder warnen vor allen unnötigen Reisen in den Gazastreifen, und zweifellos sollte man sehr gründlich abwägen, ob man eine Reise in dieses Gebiet wagen soll. Die politische Situation ist instabil, und Ausländer verschiedener Nationalitäten wurden mit beunruhigender Häufigkeit entführt, auch wenn man sie bisher immer unverletzt wieder freiließ. Die Angriffe der israelischen Verteidigungsstreitkräfte (IDF) und der israelischen Luftwaffe fordern oft Tote unter der Zivilbevölkerung; mehrere der Ausländer, die in Gaza verletzt oder getötet wurden, darunter der britische Filmregisseur James Miller, waren Opfer von Fehlern der israelischen Armee.

Wenn die Bedingungen einen Besuch zulassen und man sich dafür entschieden hat, sollte man vor Reiseantritt versuchen, mit vertrauenswürdigen Einheimischen Kontakt herzustellen, damit man jemanden hat, der einen herumführen und einen vom Grenzübergang Erez abholen kann.

Auch wenn man wirklich zu äußerster Vorsicht raten muss, darf doch festgestellt werden, dass der Gazastreifen auf der jährlich aktualisierten Liste der gefährlichsten Reiseziele bei Forbes.com nur den sechsten Platz belegt. Im Jahr 2009 waren, laut Forbes, Reisen nach Somalia, in die Demokratische Republik Kongo, nach Pakistan, in den Irak und nach Afghanistan noch gefährlicher.

An- & Weiterreise

Zum Zeitpunkt der Recherche gab es nur eine prinzipiell mögliche Art, nach Gaza zu gelangen: über den Grenzübergang Erez zwischen Israel und Gaza. Der ist heute, außer für Mitarbeiter von Hilfsorganisationen und Diplomaten fast unpassierbar (selbst Journalisten werden oft zurückgewiesen, und die Grenze kann ohne Vorankündigung plötzlich geschlossen werden), aber wer es unbedingt versuchen möchte, hat noch die besten Erfolgsaussichten, wenn er sehr weit im Voraus den Grenzübergang Erez aufsucht und sich ständig nach den aktuellen Bedingungen und Regularien erkundet. Noch besser, wenn auch kaum machbar, ist es, mit einer in Gaza tätigen NGO Kontakt aufzunehmen, die einen offiziell einladen könnte.

Um nach Erez zu kommen, braucht man wohl ein eigenes Transportmittel, da nur wenige Taxifahrer bereit sind, nahe an eine Grenze heranzufahren, an der man immer mit Raketenbeschuss aus dem Gazastreifen rechnen muss. Auch sollte man sicherstellen, dass man hinter der Grenze abgeholt wird.

Optimisten hoffen, dass irgendwann Gazas Yassir Arafat International Airport wieder geöffnet werden wird. Er wurde 1998 mit viel Aufsehen und hochmoderner Technik seiner Bestimmung übergeben, aber 2001 bei israelischen Luftangriffen beschädigt und ist seither geschlossen. Aber vielleicht hebt hier ja, so unwahrscheinlich es heute klingt, irgendwann wieder einmal die Palestinian Airlines ab.

GAZA-STADT

☎ 08 / 469 000 Ew.

„Diese Stadt ist so reich an Bäumen, dass sie wirkt wie ein auf dem Land ausgebreiteter Brokatstoff", schrieb der syrische Geograf al-Dimashqi im 14. Jh. Die genaue Bedeutung des Namens Gaza verliert sich zwar im Dunkel der Geschichte, aber als Übersetzungen wurden „der Schatz", „der erwählte Ort" und „der Lohn des Herrschers" vorgeschlagen. Im Verlauf seiner wechselvollen Geschichte galt Gaza bei Eroberern und Herrschern allezeit als ein Schatz, weshalb sie immer wieder versuchten, sich des fruchtbaren Bodens und der Ressourcen der See zu bemächtigen. Schon eine Inschrift am Tempel von Karnak, die gegen 1500 v. Chr, entstand, spricht vom „blühenden" Gaza; und der Reiz und die Verlockungen des Ortes hielten bis zum Beginn des 20. Jhs. an.

Dass Gaza so viele Eroberer lockte, hatte vor allem mit seiner Bedeutung als Handelshafen zu tun. Der Tiefseehafen der Stadt verband Handelsrouten zwischen Ägypten, Afrika, Zentralasien und Arabien, lag an einer der wichtigsten Handelsstraßen zwischen Kairo und Persien und zudem noch an der Weihrauchstraße aus Westarabien und dem Jemen. Nicht nur Güter, auch Menschen kamen in großen Scharen an Gazas Gestade: Christliche Pilger reisten über Gaza nach Jerusalem, Bethlehem und Nazareth; nordafrikanische Muslime auf der Hadsch nach Mekka kamen durch Gaza und machten hier oft Station, um in Gaza-Stadt das Grab von Haschim (s. S. 403), dem Urgroßvater des Propheten Mohammed, zu besuchen. Die zweite Ressource, mit der Gaza gesegnet war, war fruchtbares Ackerland, das Getreide, Gemüse und Früchte wie Feigen, Datteln und Orangen im Überfluss hervorbrachte. In byzantinischer Zeit wurden auch die Weine aus Gaza hoch geschätzt und bis nach Frankreich gehandelt.

Gaza war bereits ein gut etablierter Umschlaghafen für Güter wie Gewürze, Gold, Seide, Parfüme, Weihrauch und Sklaven, als Alexander der Große 332 v. Chr. die Stadt eroberte wie zuvor schon die Phönizier, das israelitische Königreich Davids und Salomos und der persische Großkönig Kambyses. Alexander brauchte zwei Monate, um die Mauern der Stadt, die von den verbündeten Arabern

und Persern entschlossen verteidigt wurden, zu nehmen. Nach der Eroberung ließ er 10 000 der Verteidiger töten. Bis zur Ankunft der Römer 63 v. Chr. wechselte Gaza noch mehrfach unter viel Blutvergießen den Besitzer.

Unter römischer Herrschaft gewann die Stadt weiter an Stärke und Bedeutung: Kaiser Hadrian ließ ein berühmtes Ringerstadion errichten; die Münze von Gaza lief auf Hochtouren und warf neue römische Münzen aus; ein 500 Mitglieder zählender Senat regierte die Stadt. Selbst als Bischof Porphyrios im 5. Jh. unter Kaiser Arcadius die Bewohner von Gaza zwang, Christen zu werden, und den berühmten Marnas-Tempel niederbrennen (402) und an seiner Stelle eine Kirche errichten ließ, verlor die Stadt noch nichts von ih-

GAZASTREIFEN

0 ━━━━ 10 km

MITTELMEER

GAZA STREIFEN

NEGEV

ÄGYPTEN

GAZASTREIFEN

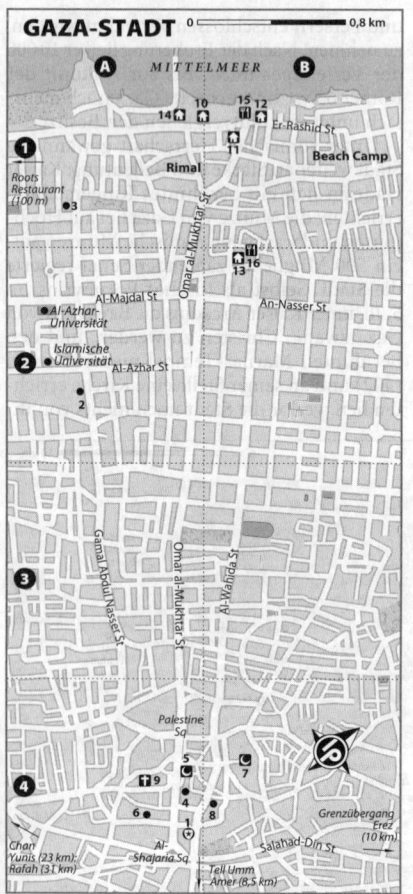

Im 14. Jh. gehörte die Stadt dann zum Mameluckenreich, doch nach der Heimsuchung durch die Pest in den 1340er-Jahren lebten in ihr nur mehr eine Handvoll Menschen. Die Mamelucken errichteten überall in der Region Hane (Karawansereien zum Schutz und zur Unterkunft der Händler). Zwar wurde der historische Han in Gaza-Stadt in den 1960er-Jahren abgerissen, aber die Überreste des Hans in Chan Yunis stehen noch (S. 405). 1516 besiegte das Osmanische Reich den Mameluckenstaat und gliederte ihn seinem Herrschaftsbereich ein. Der Seehandel trat nun in den Hintergrund, dafür aber blühte die Landwirtschaft weiter. Noch 1660 verglich man den Luxus in Gaza mit dem in Paris, doch als Napoleon 1799 ankam – er hielt sich gerade einmal drei Tage auf und trat dann von hier aus seinen Ägyptenfeldzug an – hatte der Niedergang Gazas, ausgelöst durch hohe Besteuerung und Beduinenraubzüge, bereits eingesetzt.

DIE JÜNGERE VEGANGENHEIT

Der Erste Weltkrieg versetzte der Wirtschaft und Kultur Gazas schwere Schläge. Als die britischen Luftstreitkräfte im Zuge der Eroberung Palästinas durch General Edmund Allenby das vom Osmanischen Reich stark befestigte Gaza beschossen, wurden viele historische Gebäude zerstört und viele Einwohner flohen. Was von den Briten verschont wurde, fiel 1927 einem Erdbeben zum Opfer.

Bis 1948 war Gaza ein Teil des britischen Mandatsgebiets, dann strömten mit der Gründung des Staates Israel palästinensische

rem Glanz. In Gaza entwickelte sich eine Rednerschule, Bibliotheken und Badehäuser wurden errichtet, und an die Stelle des an Bedeutung verlierenden Gewürzhandels trat das aufblühende Weingeschäft.

In den folgenden Jahrhunderten wechselte in Gaza wieder mehrmals die Herrschaft, bis im Jahr 1100 die Kreuzfahrer kamen, die vorhandenen Moscheen niederrissen, die Festung neu verstärkten und eine riesige Kirche bauten, die heute Teil der Großen Moschee ist. 1187 mussten die Kreuzfahrer die Stadt dem Sultan (Saladin) überlassen. Richard Löwenherz eroberte sie kurzzeitig zurück, doch nach seinem Friedensschluss mit Saladin kam sie wieder unter die Herrschaft des Sultans, der ihre Mauern einreißen ließ.

Flüchtlinge in das Gebiet, dessen Bevölkerung binnen Monaten von 35 000 auf 170 000 Menschen anschwoll. Zwischen 1948 und 1967 stand der Gazastreifen unter ägyptischer Verwaltung, und die Bevölkerung nahm weiter rapide zu. Im Zuge des Sechstagekriegs von 1967 wurde Gaza von den Israelis besetzt. In den 1970er-Jahren entstanden israelische Siedlungen im Gazastreifen, und 1987 brach hier in den Hinterhöfen und Flüchtlingslagern auch die erste Intifada aus. 1994 wurde Gaza-Stadt einer der vorläufigen Verwaltungssitze der im Zuge des Oslo-Friedensprozesses von 1993 (weitere Infos s. S. 37) geschaffenen Palästinensischen Autonomiebehörde (PA).

Im Zug des umstrittenen einseitigen Rückzugsplans des damaligen israelischen Premierministers Ariel Sharon mussten im August 2005 die rund 8000 israelischen Siedler die 21 jüdischen Siedlungen im Gazastreifen verlassen. Die Siedlungen wurden eingeebnet hinterlassen; nach Wegräumen des 80 000 t umfassenden Schutts sollte das Gelände – erstklassiger Ackerboden – laut Angaben der PA öffentlicher Nutzung zugeführt werden.

2006 aber wendeten sich die Verhältnisse in Gaza schlagartig zum Schlechteren. Nach dem Sieg der Hamas bei den palästinensischen Parlamentswahlen vom Januar 2006 verweigerte ein großer Teil der internationalen Gemeinschaft der PA weitere finanzielle Unterstützung. Einige Tage nach der Entführung des israelischen Soldaten Gilad Shalit an der

Grenze zum Gazastreifen führten die israelischen Streitkräfte im Juni 2006 die „Operation Sommerregen" durch, eine Serie von Angriffen, bei denen etwa 200 palästinensische Kämpfer und mehr als 100 palästinensische Zivilisten getötet wurden. Die Reihe der Vormärsche und Kämpfe endete im November mit einem brüchigen Waffenstillstand zwischen Israel und der Hamas. Dann kam es im Januar 2007 zu gewalttätigen Zusammenstößen zwischen den verfeindeten Palästinensergruppierungen Hamas und Fatah. Die Kämpfe erfassten den ganzen Gazastreifen. Es gab gezielte Ermordungen, auch Zivilisten kamen zu Tode. Die Zivilbevölkerung erlebte Angst und Schrecken, zumal es keine Möglichkeit gab, aus dem abgeriegelten Kampfgebiet zu fliehen. Im Juni 2007 hatte die Hamas die Streitkräfte der Fatah endgültig aufgerieben und übernahm die Alleinherrschaft über den Gazastreifen. Unterdessen gab es fortgesetzte Raketen- und Granatwerferangriffe auf Israel von Gaza aus, gefolgt von israelischen Vergeltungsschlägen mit weiteren Toten unter der Zivilbevölkerung.

Und gerade als man glaubte, es könne nicht mehr schlimmer werden, eskalierte die Lage erst richtig: Als Reaktion auf die fortgesetzten Raketenangriffe aus dem Gazastreifen begann Israel am 27. Dezember 2008 die „Operation gegossenes Blei" mit Luftangriffen und einem anschließenden Einmarsch von Bodentruppen. Mehrere Hundert Menschen kamen ums

---

ONLINE-PORTALE ZU PALÄSTINA

Online gibt es jede Menge Infos zu Menschenrechtsfragen in den palästinensischen Gebieten. Hier unsere Auswahl der derzeit besten:

- **Al Haq** (www.alhaq.org) Diese Menschenrechtsorganisation ist eine gute Quelle für aktuelle Informationen über Menschenrechtsfragen in den palästinensischen Gebieten.

- **Badil** (www.badil.org) Konzentriert sich auf palästinensische Flüchtlinge und verwandte Fragen.

- **Defence for Children International** (www.dci-pal.org) Nachrichten oder Links zu internierten minderjährigen Palästinensern.

- **Masader** (www.masader.ps) Nachrichten und Hunderte Links zu NGOs, die in der Region arbeiten.

- **Palestine Centre for Human Rights** (www.pchrgaza.org) Ernüchternde Nachrichten und Analysen.

- **Palestine Monitor** (www.palestinemonitor.org) Nachrichten, Bildberichte und Augenzeugenberichte aus den palästinensischen Gebieten.

- **Shalom Achshav** (Peace Now; www.peacenow.org.il) Diese israelische Organisation beobachtet den israelischen Siedlungsbau in den palästinensischen Gebieten, den sie ablehnt. Die Organisation veranstaltet auch Tagestouren zu den Siedlungen und organisierte den ersten Flash Mob, um gegen den Siedlungsausbau zu protestieren (s. S. 455).

Leben, darunter viele Kinder; Tausende von Gebäuden wurden zerstört. Viele internationale Organisationen sprachen von einer humanitären Krise und forderten Israel auf, den Angriff einzustellen. Am 18. Januar 2009 erklärte Israel einen einseitigen Waffenstillstand. Zehn israelische Soldaten und drei israelische Zivilisten waren ums Leben gekommen, im Gazastreifen starben mehr als tausend Menschen und Tausende wurden verwundet.

Obwohl das Leben im Gazastreifen sich zum Zeitpunkt der Recherche wieder dem – freilich alleine schon unerträglichen – Normalzustand nähert, sind Armut und Verwüstung weiterhin allgegenwärtig und die Zukunftsaussichten für die Einwohner Gazas düster.

Orientierung & Praktische Informationen

Gaza-Stadt erstreckt sich rund um die lange Omar al-Mukhtar St, die in Nord-Süd-Richtung vom Meer bis zur Salahad-Din St führt, der Hauptstraße, über die man aus der Stadt herauskommt. Am südlichen Ende der Omar al-Mukhtar St bildet der Palestine Sq das Zentrum der Stadt. Am anderen Ende finden sich im Viertel Rimal („Sand") die nobelsten Häuser, einige der schönsten Restaurants und Hotels sowie der Strand der Stadt. Zwischen diesen beiden Gebieten erstrecken sich auf rund 2,5 km Länge die am schlechtesten gebauten Wohnblocks von Gaza-Stadt, während gleich östlich von Rimal das trotz freundlichem Namen absolut trostlose Flüchtlingslager Beach liegt.

Es gibt durchaus einige Sehenswürdigkeiten in Gaza-Stadt, aber die Öffnungszeiten, die Eintrittspreise und selbst der Zustand der Gebäude können hier nicht verlässlich angegeben werden. Es überrascht wohl nicht, dass es in der Stadt keine Touristeninformation gibt. Als Quelle aktueller Informationen wird man sich an seinen Taxifahrer, die Hotelrezeption oder seinen Gastgeber halten müssen; ansonsten bleibt einem nur, zu den interessanten Punkten zu fahren und zu schauen, ob jemand dort ist. Die meisten Läden und Dienstleister haben freitags geschlossen. Während des Freitagsgebets ist Nichtmuslimen der Besuch von Moscheen nicht gestattet.

Sehenswertes & Aktivitäten

GROSSE MOSCHEE

Nach palästinensischer Überlieferung wurde die **Große Moschee** (☙ Fr für Nichtmuslime geschl.), die

auch als Al-Omari-Moschee oder Dschama'a al-Akbar bekannt ist, an der Stelle des biblischen Dagontempels erbaut, dessen Säulen Samson einriss, wodurch er und die Philister unter den Trümmern begraben wurden. In der Folge wurden eine Reihe religiöser Gebäude auf dieser Stätte errichtet, darunter im 12. Jh. eine Johannes dem Täufer geweihte Kreuzfahrerkathedrale.

Einige Teile dieser Kirche sind erhalten, weil sie in die heutige Moschee einbezogen wurden, darunter die Westfassade mit einem wunderbaren Marmorportal und eine Reihe von Säulen mit gemeißelten Blumenkapitellen. Die Moschee wurde 1917 durch britische Granaten schwer beschädigt und in den 1920er-Jahren vom Obersten Islamischen Rat restauriert. Sie ist noch heute eines der wichtigsten Gebäude in Gaza-Stadt und wird als Moschee genutzt. Außerhalb der Gebetszeiten dürfte ein Besuch aber möglich sein.

GOLDMARKT

Die schmale, überdachte Passage des Goldmarkts verläuft südlich der großen Moschee. Errichtet wurde die Passage, die einst zu einem größeren überdachten Markt gehörte, 1476 von Sheich Shams al-Din-al-Himsi, einem prominenten Kadi der Stadt. Der Rest des Marktes wurde im Ersten Weltkrieg zerstört. Noch immer kommen Bräute auf der Suche nach Schmuck für ihre Aussteuer auf den Markt. Wegen der schlechten Versorgungslage in Gaza sieht man aber auch immer mehr ältere Bürger, die hier Erbstücke verkaufen, um an Bargeld zu kommen.

NAPOLEONS ZITADELLE

Nach einer örtlichen Sage wurde das imposante Bauwerk, das auch als Festung er-Radwan bekannt ist, im 13. Jh. vom Mamelukensultan Baibars al-Bunduqdari (reg. 1260–1277) als Wohnstätte für seine aus Gaza stammende Frau errichtet, die er geheiratet hatte, als er sich als Heerführer beim Kampf gegen die Kreuzfahrer in Gaza aufhielt. Sicher ist hingegen, dass Napoleon während seines Ägyptenfeldzugs 1799 hier sein Lager aufschlug. Unter der Herrschaft des Osmanischen Reichs war die Zitadelle der Sitz des Gouverneurs, im britischen Mandat eine Polizeistation. In der jüngeren Vergangenheit war hier eine Mädchenschule, doch wurde das Gebäude kürzlich mit Mitteln aus dem Entwicklungsprogramm der Vereinten Nationen restauriert, um in ein

Museum umgewandelt zu werden, in dem die archäologischen Funde aus Gaza von der Jungsteinzeit bis in die römische und byzantinische Zeit ausgestellt werden sollen.

ST.-PORPHYRIOS-KIRCHE

Die immer noch als Kirche genutzte griechisch-orthodoxe St.-Porphyrios-Kirche wurde im 5. Jh. von Bischof Porphyrios errichtet, wenn auch ein großer Teil des heutigen Gebäudes aus der Kreuzfahrerzeit und aus Anbauten aus dem 19. Jh. besteht. Porphyrios war für die Schließung der heidnischen Kultstätten in Gaza verantwortlich und soll auch den Befehl zur Zerstörung des Marnas-Tempels gegeben haben; mit Unterstützung der kaiserlichen Gewalt gelang es ihm, die noch weitgehend heidnische griechisch-römische Bevölkerung zu christianisieren. Die Kirche dient heute noch einer kleinen christlichen Gemeinde von rund 1500 Menschen. Wenn sie verschlossen ist, sollte man sich an den Priester wenden, der über der Schule gegenüber der Kirche wohnt. Porphyrios selber liegt auf dem byzantinischen Friedhof, der die Kirche umgibt, nahe der Nordwand begraben.

HAMMAM AL-SAMARA

Von den einst fünf Badehäusern in Gaza-Stadt ist nur der **Hammam al-Samara** (☪ Männer 5–12 Uhr, Frauen 12–15 Uhr) erhalten, ein prachtvolles Gebäude aus mameluckischer Zeit, das noch vor dem 14. Jh. entstanden sein muss, weil eine Gedenktafel in der Eingangshalle erwähnt, dass es von dem in jener Zeit lebenden Gouverneur Sangar ibn Abdullah restauriert wurde. Das Gebäude hat eingewölbte

Decken und Marmorböden mit Einlegearbeiten. Beheizt wird es über eine Heizungsanlage mit holzbefeuerten Kesseln und Wasserleitungen. Da Restaurierungsarbeiten im Gange sind, können die Öffnungszeiten wechseln. Wenn es geöffnet ist, bietet sich die Gelegenheit zu einem entspannten Dampfbad unter Einheimischen.

SAID-HASCHIM-MOSCHEE

Im Stadtteil Daraj liegt nördlich der Al-Wahida St die **Said-Haschim-Moschee** (Jaffa St; ☪ Fr für Nichtmuslime geschl.), die der osmanische Sultan Abdülmecid I. 1850 errichten ließ. Für den Bau wurde Mauerwerk aus Moscheen und älteren Gebäuden verwendet, die von Napoleons Truppen zerstört worden waren. Die Moschee ist nach Haschim, einem Urgroßvater Mohammeds benannt, einem prominenten Kaufmann und Stammesführer, der auf einer Reise in Gaza starb; sein Grab ist in der nordwestlichen Ecke der Moschee. Die Moschee ist eine der größten und schönsten von Gaza-Stadt. Wie bei der Großen Moschee sollte es auch hier möglich sein, außerhalb der Gebetszeiten einen Blick hineinzuwerfen.

ARTS & CRAFTS VILLAGE

Das **Arts & Crafts Village** (☎ 284 6405; www.gazavillage.org; Gamal Abdul Nasser St) ist ein schöner Komplex aus weiß getünchten Lehmziegel-Gebäuden und widmet sich der Pflege traditionellen palästinensischen Kunsthandwerks, zu dem Weberei, Stickerei, Kupferarbeiten und Holzschnitzereien gehören. Das Dorf betreibt Trainingskurse und Sommerlager für Kinder und Workshops für Erwachsene und

---

BLOGS UND BLOCKADEN

Höchstwahrscheinlich wird man es auf der Reise nicht schaffen, nach Gaza hineinzukommen. Der Zugang ist sehr stark eingeschränkt, und selbst wenn sich eine Gelegenheit bieten sollte, sprechen Sicherheitsbedenken stark gegen einen Besuch. Immerhin bleiben aber noch die Fenster zur Welt im Internet, die einem einen Einblick in das Leben in Gaza geben können.

■ **Life Must Go on in Gaza and Sderot** (http://gaza-sderotblogspot.com) Ein Blog, geschrieben von zwei Freunden: Der eine lebt in der von Raketen heimgesuchten israelischen Stadt Sderot, der andere in einem Flüchtlingslager in Gaza.

■ **From Gaza, With Love** (http://fromgaza.blogspot.com) Berichte über das Leben in Gaza von Dr. Mona El-Farrah, einer Ärztin und Frauenrechtsaktivistin aus Gaza.

■ **Gaza Mom** (www.gazamom.com) Kommentare einer Journalistin und Mutter aus Gaza.

■ **Gaza Today** (http://gazatoday.blogspot.com) Meldungen von Menschen aus Gaza und ihren Unterstützern aus dem Ausland.

GAZASTREIFEN

zeigt Ausstellungen mit regionalen und internationalen Werken. Im zugehörigen Restaurant Abu Nawwas kann man entspannt zu Mittag essen und eine Wasserpfeife rauchen.

Schlafen

Unterkünfte sind in Gaza-Stadt leicht zu bekommen. Die meisten Ausländer wohnen in den ordentlichen Hotels am Strand. Heute sind sie naturgemäß nie ausgebucht, dennoch empfiehlt es sich, vorab zu reservieren, weil viele Hotels eine Abholung von der Nähe des Grenzübergangs Erez arrangieren können.

Marna House (☎ 282 2624; Ahmed Abdel Aziz St; EZ/DZ 40/60 US$; ❄) Das großartige kleine Hotel hat hilfsbereite Angestellte und macht einen heimeligen Eindruck. Für die Gäste gibt's eine Bibliothek mit englischsprachigen Büchern. Die Zimmer sind luftig und komfortabel; sie besitzen Balkone und Satelliten-TV. Im Preis enthalten sind die Steuern und das Frühstück.

Palestine Hotel (☎ 282 3355; Er-Rashid St; EZ/DZ 50/60 US$; ❄) Wie viele Hotels an der Uferstraße bietet auch das Palestine ordentliche, saubere Zimmer zu vernünftigen Preisen, einen freundlichen Service und eine gute Lage in dem ruhigeren, eleganteren Stadtviertel Rimal. Wenn das Palestine belegt sein sollte, findet man im Adam International Hotel oder dem Al Quds International Hotel im selben Strandstraßenabschnitt ähnliche Zimmer und Dienstleistungen zu vergleichbaren Preisen.

LP Tipp **Al-Deira Hotel** (☎ 283 8100; Er-Rashid St; EZ/DZ 90/120 US$, plus 8 % Servicezuschlag; ❄ 🖳 🛜) Das Al-Deira ist das beste Hotel der Stadt, ein schickes, stilvolles und effizient geführtes Haus. Das aus roten Ziegeln, dem traditionellen Baumaterial Gazas errichtete Gebäude wurde von dem Architekten Rashid Abdel Hamid entworfen, der auch das nahegelegene Arts & Crafts Village (S. 403) gestaltete. Das tolle Restaurant liefert die Gerichte (im Preis ist das Frühstück enthalten) auch aufs Zimmer. Die Betten sind behaglich, die Dusche hat Warmwasser, und von den Balkonen aus bietet sich ein guter Blick aufs Mittelmeer.

Essen

Bei mediterraner Küche wird man zwar nicht unmittelbar an Gaza denken, aber die Region

---

EINE HELFENDE HAND

Nichtregierungsorganisationen (NGOs) sind in Gaza lebenswichtig. Einige sind lokale Institutionen mit einheimischen Mitarbeitern, andere sind international aufgestellt. Das **Entwicklungsprogramm der Vereinten Nationen** (UNDP; www.undp.ps) schätzt, dass NGOs derzeit für 60 % der primären Gesundheitsversorgung in Gaza, 90 % der Rehabilitations- und Versehrtenzentren und 95 % der vorschulischen Bildungseinrichtungen verantwortlich sind; außerdem verwalten sie 42 % aller Hospitäler. Sie leisten ihren Beitrag in allen Bereichen des Lebens, von den größten Organisationen wie dem Hilfswerk der Vereinten Nationen für Palästina-Flüchtlinge im Nahen Osten (UNRWA; ☎ 08-677 7333; www.unrwa.org; Gamal Abdul Nasser St) bis hin zu kleineren, die spezifische Aufgaben wahrnehmen, wie das **Qattan Centre for the Child** (☎ 08-283 9929; www.qattanfoundation.org), das die Kinder Gazas mit kreativen Lernangeboten versorgt, oder die **Atfaluna Society for Deaf Children** (☎ 282 8495; www.atfaluna.net) – auf der Website erfährt man, wo vor Ort produziertes Kunsthandwerk verkauft wird, dessen Erlös für die Arbeit mit tauben Kindern eingesetzt wird.

Einige NGOs, die in Gaza tätig sind, bieten Stellen für freiwillige Helfer, allerdings abhängig von der Sicherheitslage. Die **Al-Dameer Association for Human Rights** (www.aldameer.org) bietet ein- bis sechsmonatige Praktika vor allem für Juristen. Auch die **Palestinian Red Crescent Society** (www.palestinercs.org) bietet Freiwilligenjobs, insbesondere für Menschen mit medizinischer Ausbildung.

Auch die **International Solidarity Movement** (www.palsolidarity.org) nimmt Freiwillige auf. Diese Organisation spricht sich für „direkte Aktionen" aus und wirbt um Freiwillige, die bereit sind, „der israelischen Besetzung palästinensischen Landes mit den Methoden und Prinzipien der Gewaltlosigkeit und der direkten Aktion" Widerstand entgegenzusetzen. Tom Hurndall, der von einem israelischen Soldaten erschossen wurde, und Rachel Corrie, die von einem Bulldozer zermalmt wurde, sind traurigerweise die bekanntesten Freiwilligen dieser Organisation, die weiterhin die Aktivitäten der israelischen Armee und der jüdischen Siedler in den besetzten palästinensischen Gebieten dokumentieren und gegen diese protestieren.

Auf der Website von **Masader** (www.masader.ps) gibt es Links zu einer Vielzahl von NGOs, die im Gazastreifen und im Westjordanland tätig sind hat eine eigene Küche, die von frischen Meeresfrüchten und von einer Vorliebe für scharfe Sachen geprägt ist. Neben den üblichen Falafels, Hummus und *schawarmas* (die man an Ständen überall in Gaza-Stadt erhält), gibt's auch lohnende, ortstypische Spezialitäten wie *sumaggiya* (langsam gedünstetes Rindfleisch mit Mangold und Kichererbsen, gewürzt mit Dill, Knoblauch, scharfer Paprika und Sumachsamen) oder das vegetarische *rumanniya* (eine köstliche Mixtur aus Auberginen, Linsen, Tahin und Granatapfelsaft, das zu Beginn des Herbstes aufgetischt wird.

Delice Café (Sheikh Izz ed-Din-el-Qassam St; ☾ So–Do) Diese Patisserie befriedigt das Verlangen der Einwohner nach süßen Sachen und ist immer gut besucht von Leuten, die sich hier ein, zwei Gebäckstücke und einen starken, schwarzen Kaffee gönnen.

Al-Salam Restaurant (hinter dem Al-Deira Hotel; ☾ mittags & abends) Viele Einwohner halten dieses Restaurant in Sachen Fisch und Meeresfrüchte für das beste. Wegen der zeitweiligen Einschränkungen der Fischerei kann es allerdings manchmal keine Fischgerichte geben. In diesem Fall sollte man sich an die ebenfalls sehr schmackhaften Grillgerichte halten.

Roots Restaurant (☎ 288 8666; Cairo St; Hauptgerichte 40–100 NIS; ☾ 11–24 Uhr) Das bei weitem teuerste und eleganteste Restaurant in Gaza, wo einflussreiche Leute Pfeffersteaks oder Hähnchen-Cordon-bleu essen. Da es aber keinen Alkohol gibt, kann man das Essen nur mit Cola runterspülen.

WEITERE ORTE IM GAZASTREIFEN
Chan Yunis
165 200 Ew.

Chan Yunis, einst ein Haltepunkt an der antiken Handelsstraße nach Ägypten, ist heute in erster Linie eine Marktstadt und mit dem angrenzenden Flüchtlingslager das zweitgrößte städtische Zentrum im Gazastreifen. Mittwochs findet immer der bunte Beduinenmarkt statt. Auf ihm erhält man alles von frischem Fisch über Honig aus der Region bis hin zu Kochtöpfen aus Ton und besticktem Leinen. Auf dem Platz in der Nähe finden sich die Überreste der Ruinen des Hans, dem die Stadt ihren Namen verdankt. Diese Karawanserei wurde 1387 von dem Mamlukenoffizier Amir Yunis ibn Abd Allah al-Nawrusi errichtet, dem Mundschenken des Sultans Barquq.

Um die 30 km lange Strecke von Gaza-Stadt nach Chan Yunis zu überwinden, sollte man am besten im Voraus mit einem Taxifahrer einen Preis aushandeln. Im Ort sollte man sich bei **Shammout** nahe dem Taxistand (der Fahrer weiß Bescheid) leckeren Hummus gönnen. Das kleine Ladenlokal versorgt täglich von frühmorgens bis zum späten Nachmittag die Einheimischen mit diesem Gericht.

Tell Umm Amer
Beim Dorf Al-Nusairat, 8,5 km südlich von Gaza-Stadt, liegt diese byzantinische Ruinenstätte, die ein Gebiet von 0,8 ha umfasst und gegenwärtig ausgegraben wird. Zum Komplex gehören ein Kloster, einige kirchliche Gebäude, darunter eine Kapelle und eine Krypta, sowie ein Hammam; die Errichtung der Gebäude wird dem hl. Hilarion (geb. 291) zugeschrieben, einem jungen christlichen Konvertiten aus Gaza. Eine Reihe schöner Bodenmosaiken, die wohl aus dem 4. bis 8. Jh. stammen, wurden bislang entdeckt. Obwohl die Grabungsarbeiten noch andauern, sind Besucher gern gesehen.

Man erreicht die Stätte mit einem Taxi von Gaza-Stadt aus; die Fahrt sollte ungefähr 35 NIS kosten. Es empfiehlt sich jedoch, den Fahrer warten zu lassen, während man sich umschaut, und gleich einen Preis für die Hin- und Rückfahrt auszuhandeln.

Rafah
269 600 Ew.

Rafah war früher die Durchgangsstation zwischen Ägypten und Vorderasien und ist heute vor allem wegen des Netzes an unterirdischen Tunneln, durch die Waffen in den Gazastreifen geschmuggelt werden, berühmt-berüchtigt. Hier zeigen sich die aktuellen Probleme der Region in ganzer Härte. Die Stadt und das angrenzende Flüchtlingslager sind inzwischen ununterscheidbar zusammengewachsen und hatten unter den israelischen Militäraktionen der letzten Jahre besonders schwer zu leiden: Das Hilfswerk der Vereinten Nationen für Palästina-Flüchtlinge im Nahen Osten (UNRWA) schätzt, dass seit September 2000 bei Angriffen der israelischen Streitkräfte in Rafah mehr als 1700 Häuser zerstört und mehr als 17 300 Menschen obdachlos wurden. Die Lebensbedingungen sind trostlos, die Arbeitslosigkeit ist extrem hoch, und der Grenzübergang nach Ägypten war in den letzten Jahren häufiger geschlossen als geöffnet. Weitere Details hierzu finden sich auf S. 449.

Petra (Jordanien)

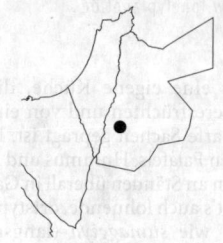

Dies scheint nicht von Menschenhand gemacht,
Scheint nicht durchdacht geplant zu sein;
Eher ist der Fels durch Zauberhand erblüht,
Ewig, still, wundervoll, einsam!
John William Burgon, Petra, 1845

Die Beschreibung der berühmten „rosenrote Stadt" Petra sollte man am besten Poeten überlassen. Die versteckt mitten in der Wüste gelegene antike Stätte zählt zu den größten archäologischen Schätzen der Welt. Von über 100 Mio. Teilnehmern weltweit wurde sie 2007 zu einem der „Neuen Sieben Weltwunder" gewählt, zum Unesco-Weltkulturerbe gehörte sie schon vorher. Keine Frage, Petra ist die Hauptattraktion Jordaniens.

Petra wurde vor über 2200 Jahren von den Nabatäern gegründet, ab dem 2. Jh. v. Chr. erlebte es als deren Hauptstadt seine Blütezeit. Seine strategische Bedeutung für die Gewürz- und Seidenrouten aus Asien weckte Begehrlichkeiten seitens Roms, das das Nabatäerreich endgültig 106 n. Chr. eroberte. Nachdem die Stadt verlassen wurde – vielleicht war ein Erdbeben der Grund – wohnten in den Höhlen Beduinen (wie auch heute noch eine Handvoll Hirten hier lebt). Inzwischen geben die Besucher aus aller Welt den Ton an – zugegeben, einige inspiriert von Indiana Jones. Aber die herrlichen Tempelfassaden, flirrenden Farben und bewusstseinserweiternden Felswände werden immer beeindrucken. Petra repräsentiert wie kein anderer Ort das Zusammenwirken von menschlichem Schaffen und Naturgewalt.

Von Elat aus hat man Petra in gut zwei Stunden erreicht. Aber wer kann, sollte sich mindestens zwei Tage für die Erkundung gönnen. Im Wadi Musa gibt's eine Reihe von Hotels und von Beduinen geführte Hostels, die das überfüllte Petra versorgen.

HIGHLIGHTS

- Petra stilvoll erreichen: hoch zu Pferd durch die engen Windungen des **Sik** (S. 409)
- Die versteckten Gräber in **Sik el-Barid** (be)suchen (S. 410)
- Dem Trip etwas Würze verleihen und in der **Petra Kitchen** (S. 413) im Wadi Musa traditionelle Beduinengerichte kochen
- Die Treppen hinaufklettern und am **Kloster** (S. 409) hoch oben nach unten schauen
- **Petra bei Nacht** (S. 408) – die legendäre Stadt aus Stein entfaltet eine besonderen Zauber, wenn Kerzen den Pfad beleuchten

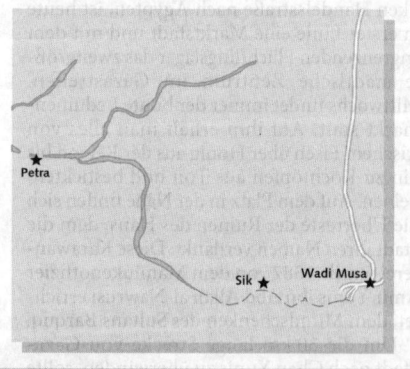

KURZINFOS JORDANIEN

Geld Jordanischer Denar (JOD); 1 JOD = 100 Piaster = 1000 Fils; 1 JOD = 1,06 € = 5,22 NIS
Hauptstadt Amman
Landesvorwahl ☎ 962
Sprache Arabisch
Vorwahl für Petra ☎ 03
Visa Deutsche, Österreicher und Schweizer erhalten an den Grenzübergängen Itzhak Rabin (früher als Arava bekannt) oder am Jordan ein kostenloses zweiwöchiges Visum. Ausreisende müssen 90 NIS bezahlen, um Israel verlassen zu dürfen, und 5 JOD, um nach Jordanien einzureisen. Achtung: Am Übergang bei der Allenby/King Hussein Bridge werden keine Visa ausgestellt. In Israel kann man sich bei der jordanischen Botschaft in Ramat Gan, Tel Aviv, ein Visum besorgen. Ein Visum für drei bis sechs Monate, das zur mehrmaligen Einreise berechtigt, erhält man bei der Botschaft (20 JOD). Details zu den Visabestimmungen Ägyptens und Jordaniens auf S. 444.

Klima

Dank seiner Lage in einem Wüstental hat Petra im Winter ein mildes und im Sommer ein sehr heißes und trockenes Klima. Doch anders als an der Mittelmeerküste Israels können die Sommerabende sehr frisch sein. Warme Kleidung kann man da gut brauchen. Die durchschnittlichen Temperaturen schwanken zwischen 1 °C im Januar und über 35 °C im August. Regen fällt von November bis Februar. Am besten eigenen sich für einen Besuch die Monate März bis Juni oder September bis November.

An- & Weiterreise

Seit seiner historischen Eröffnung im Jahr 1994 ist der **Grenzübergang Yitzhak Rabin (Arava)** (☎ 08-630 0555; ☿ So–Do 6.30–20, Fr & Sa ab 8 Uhr) der günstigste Weg, um von Israel aus nach Jordanien zu gelangen. Von Elat aus ist es eine kurze Fahrt mit dem Taxi (25 NIS).

Wenn man die Grenze überquert hat, stellen die Taxis, die normalerweise auf der jordanischen Seite warten (ca. 55 JOD), die schnellste Möglichkeit für den ganzen Weg bis nach Petra dar. Etwas günstiger geht es, wenn man ein Taxi nach Akaba und von dort einen Regionalbus nach Petra (5 JOD, 2 Std.) nimmt. Unglücklicherweise fahren die Busse jedoch so unregelmäßig (etwa zweimal pro Tag und zu keinen festen Zeiten), dass sich das kaum lohnt.

Ein weiterer Weg führt über die **Allenby/King Hussein Bridge** (☎ 02-548 2600; ☿ So–Do 8–20, Fr & Sa bis 15 Uhr). Man erreicht sie auf der Strecke ab/nach Jerusalem (45 Min.). Ein Visum muss man sich in diesem Fall jedoch schon im Voraus besorgt haben. Mehr Infos zu den Visabestimmungen findet man auf S. 444. Für etwa 34 NIS pro Person kann man ein *scherut* (Sammeltaxi) zur Grenze nehmen. Der Grenzübergang ist vier Stunden von Petra entfernt.

Von Amman in Jordanien fährt **JETT** (☎ 06-566 4146; www.jett.com.jo) dreimal die Woche nach Petra (5,50 JOD, 3 Std.). Die Busse fahren um 6.30 Uhr am Abdali-Bahnhof in Amman ab; der Fahrplan ist „flexibel". Man sollte sich bei der Reservierung also besser im JETT-Büro nochmals genauer erkundigen. Ein Taxi von Amman nach Petra kostet um die 60 JOD.

Irgendwann muss man Petra auch wieder verlassen – dann fahren um 6, 7, 9 und 13 Uhr Minibusse vom Wadi Musa nach Akaba (5 JOD, 2 Std.). Die Busse nach Aman starten um 9 und 24 Uhr (10 JOD, 3 Std.). Freitags fahren nach 12 Uhr keine Busse mehr.

ANTIKES PETRA
Geschichte

Petra wurde im 3. Jh. v. Chr. von den Nabatäern erbaut. Sie meißelten Paläste, Tempel, Gräber, Lagerhäuser und Ställe aus den Felsen. Von hier beherrschten sie die Handelsroute von Damaskus nach Arabien, die von den großen Gewürz-, Weihrauch- und Seidenkarawanen benutzt wurden. In nur kurzer Zeit machten die Nabatäer große Fortschritte. Ihre Erfolge im Handel führten zu weiteren Errungenschaften, wie die Fähigkeit Eisen zu bearbeiten, Wasserbautechnik zu entwickeln, Kupferraffination zu betreiben, Stein zu meißeln und Skulpturen zu erschaffen. Archäologen glauben, dass mehrere Erdbeben, vor allem ein massives im Jahr 555 n. Chr., die Bewohner gezwungen hätten, die Stadt aufzugeben.

Praktische Informationen

Für alle Besucher sollte der erste Halt das **Petra-Besucherzentrum** (Karte S. 412; ☎ 215 6029; Fax 215 6060; ☿ Sommer 6–18 Uhr, Winter bis 16 Uhr) sein. Es liegt gleich vor dem Eingang. Die Außenwände schmückt ein großes Gemälde von König Hussein. Hier gibt's einen hilfreichen Informationsschalter, eine Kasse, Souvenirläden und Toiletten.

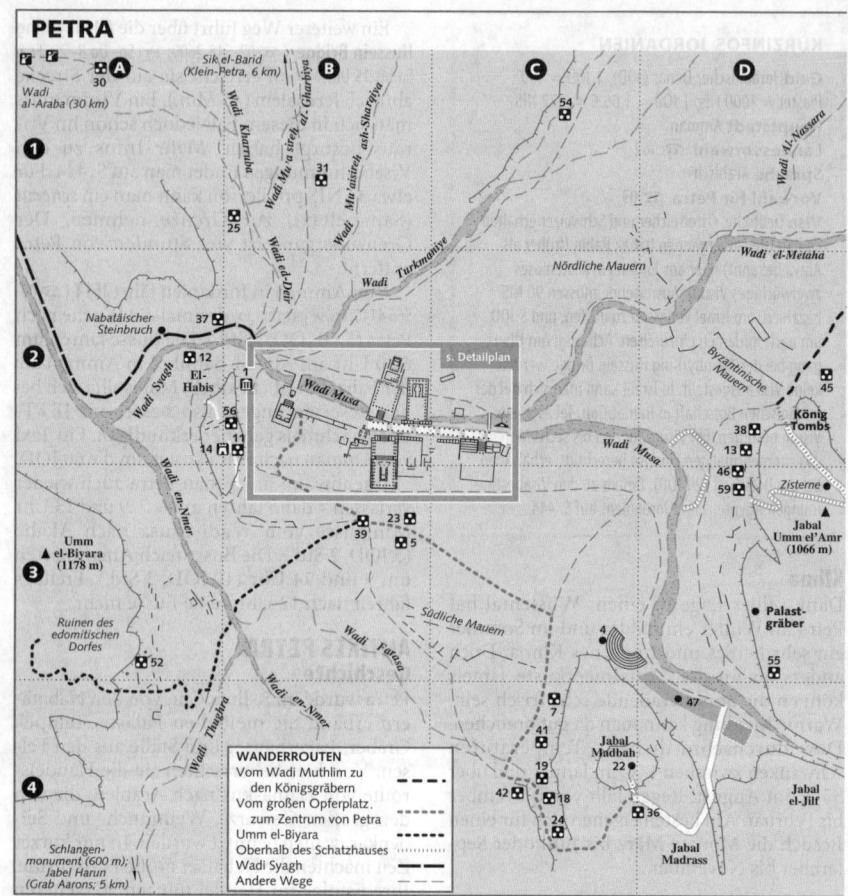

PETRA

WANDERROUTEN
Vom Wadi Muthlim zu
den Königsgräbern
Vom großen Opferplatz,
zum Zentrum von Petra
Umm el-Biyara
Oberhalb des Schatzhauses
Wadi Syagh
Andere Wege

Am Informationsschalter kann man einen **Führer** (2½ Std. Tour 20 JOD, Ganztagestour inkl. Kloster oder Großer Opferplatz 35 JOD) engagieren. Touren gibt's auf Englisch, Französisch, Spanisch und Arabisch.

Gleich neben dem Eingang findet sich ein **Buchladen** (Karte S. 412; ☎ 215 5043) mit Reiseführern für Syrien und den Libanon und den Nahen Osten sowie der eher glanzlose **Indiana Jones Snackshop** (Karte S. 412).

Eine unvergessliche Möglichkeit, die antike Wüstenstadt zu erleben, ist die Tour **Petra bei Nacht** (Erw./Kind 12 JOD/frei). Sie startet montags und donnerstags um 20.30 Uhr am Besucherzentrum und dauert zwei Stunden. Sie führt den (mit Hunderten von Kerzen gesäumten) Siq entlang bis zum Schatzhaus. Dort wird

traditionelle Beduinenmusik gespielt und Minztee serviert. Tickets bekommt man in einigen Reisebüros im Wadi Musa oder im Besucherzentrum.

EINTRITT ZUR AUSGRABUNG
Eintrittskarten für Petra erhält man an der **Kasse** (1-/2-/3-Tagestickets 21/26/31 JOD, Kind unter 15 halber Preis; ⏰ Okt.–April 6–16 Uhr, Mai–Sept. 6–17.30 Uhr) im Besucherzentrum. Auch wenn man erst eine Karte für die hier angegebenen Zeiten kaufen muss, kann man doch in der Regel bis Sonnenuntergang in Petra bleiben.

In Petra selbst gibt's nur Toiletten gegenüber vom Theater im hinteren Teil von Qasr al-Bint und in den zwei nahe gelegenen Restaurants, dem Basin Restaurant (das vom

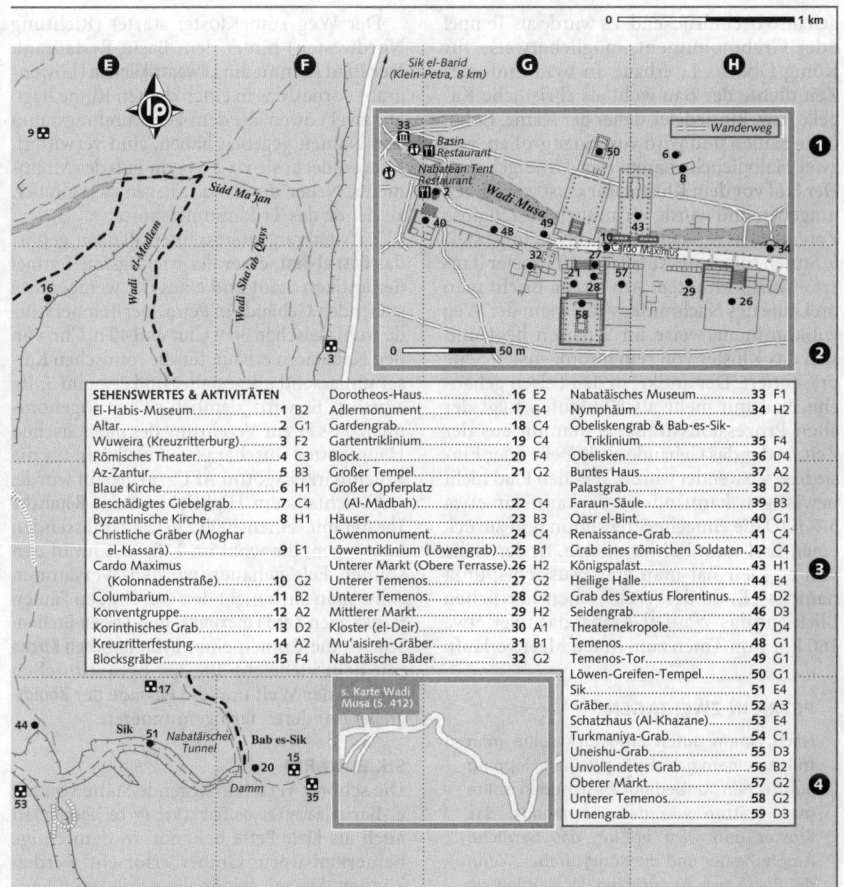

Crowne Plaza Resort betrieben wird) und dem Nabatean Tent Restaurant.

Sehenswertes

Das Tourismusministerium listet über 800 Sehenswürdigkeiten in Petra auf, darunter ca. 500 Gräber. Die Highlights liegen an den Hauptwegen.

Das erste Monument, das man erreicht, wenn man den **Sik**, eine unglaublich schmale, 1,2 km lange Schlucht passiert hat, ist das **Schatzhaus** (Al-Khazane). Die in den Fels gehauene Fassade ist der schönste Anblick in Petra … auch wenn man ihn von *Indiana Jones und der letzte Kreuzzug* schon kennt.

Eigentlich wurde es in den soliden, eisenhaltigen Sandstein gegraben, um dem Nabatä-

erkönig Aretas III. als Grab zu dienen. Seinen heutigen Namen verdankt das Schatzhaus einer anderen Geschichte. Demnach soll der ägyptische Pharao bei der Verfolgung der Israeliten hier seinen Schatz versteckt haben (in einer Urne in der Mitte des zweiten Stocks). Einige der Einheimischen haben diese Geschichte offensichtlich geglaubt, denn die 3,5 m hohe Urne aus massivem Stein ist von Einschüssen gesprenkelt, mit denen man vergeblich versucht hat, sie aufzubrechen. Die Datierung des Schatzhauses, ist umstritten. Schätzungen schwanken zwischen 100 v. Chr. und 200 n. Chr.

Im Aussehen ähnelt das spektakuläre **Kloster** (ed-Deir) dem Schatzhaus. Es ist wesentlich größer (47 m breit, 48,7 m hoch) und genauso beeindruckend. Es wurde als Tempel oder Grabmonument, möglicherweise für König Obodas I., erbaut. In byzantinischer Zeit diente der Bau wohl als christliche Kapelle bzw. Einsiedelei, daher der Name. Er hat hohe Säulen und wird von einer großen, von zwei Halbgiebeln flankierten Urne gekrönt. Der Hof vor dem Kloster war einst von Säulen umgeben und wurde vermutlich für religiöse Zeremonien verwendet. Der über einige steile Stufen führende Aufstieg zum Kloster dauert etwa 40 Minuten. Am besten bricht man im Laufe des Nachmittags auf, wenn der Weg willkommenerweise im Schatten liegt und sich das Kloster von seiner fotogensten Seite präsentiert. Der antike, in den Felsen gehauene Pfad mit mehr als 800 Stufen folgt der alten Prozessionsstraße; er stammt aus der Zeit, in der das Gebäude als Kapelle oder Einsiedelei verwendet wurde. Wer den Pfad nicht bewältigen kann oder will, kann für etwa 5/7 JOD die einfache Strecke/hin und zurück einen Esel samt Führer mieten. In der Nähe von ed-Deir hat man vom Aussichtspunkt namens „Ende der Welt" einen herrlichen Blick auf das Wadi al-Araba, das über etwa 160 km vom Toten zum Roten Meer verläuft.

PETRA IN ZWEI TAGEN

Nach einem guten Frühstück sollte man früh zu einem ganzen Tag Ruinen-Hopping aufbrechen. Unbedingt besichtigen sollte man Stätten wie das Schatzhaus, das Kloster und Qasr el-Bint, das herrliche Amphitheater und die Königsgräber. Wenn die Beine sich so anfühlen, als würden sie gleich abfallen, macht man sich zu einer der Dachterrassen auf – unsere Wahl ist das Mövenpick. Dort gibt's einen kühlen Drink, bevor man seine Kamera auf den herrlichen Sonnenuntergang von Petra ausrichtet. Wenn die Tour Petra bei Nacht angeboten wird, folgt man dann noch den Kerzen durch den Sik und erlebt einen Abend mit Beduinenmusik und Minztee.

Am nächsten Tag geht's noch einmal nach Petra zu den Routen abseits der ausgetretenen Pfade. Oder man arrangiert einen Reitausflug zum Jabal Harun. Wenn noch Zeit ist, nimmt man ein Taxi nach Little Petra und rundet den Tag mit einem Drink in dem 2000 Jahre alten nabatäischen Felsengrab der Cave Bar ab.

Der Weg zum Kloster startet (Richtung Nordwesten) hinter dem Basin Restaurant. Der Pfad kommt am **Löwentriklinium** (Löwengrab) vorbei, das in einer kleinen Rinne liegt. Die zwei Löwen, die dem Versammlungsraum den Namen gegeben haben, sind verwittert. Man entdeckt sie vis-à-vis am Fuß des Monuments. Neben der Fassade liegen zwei Gräber, zu denen das Triklinium gehörte.

Zu weiteren interessanten Plätzen gehört das **Qasr el-Bint**, einer der wichtigsten Tempel der antiken Stadt und eines der wenigen frei stehenden Gebäude in Petra. Der Tempel wurde wohl zwischen 30 v. Chr. und 40 n. Chr. von den Nabatäern erbaut, für die römischen Kaiser umfassend umgestaltet und etwa im 3. Jh. zerstört. Es wird ziemlich sicher angenommen, dass er zur Verehrung des nabatäischen Hauptgottes Duschara (und vielleicht für die Fruchtbarkeitsgöttin Al Uzza) gebaut wurde.

Gleichfalls ein Highlight ist das **Römische Theater** mit seinen 8000 Zuschauer fassenden Sitzrängen, die wohl im 1. Jh. n. Chr. in den soliden Fels gehauen wurden. Versäumen sollte man auch nicht den von einigen Säulen flankierten **Cardo maximus**, den **Löwen-Greifen-Tempel**, die Ruinen einer **byzantinischen Kirche** mit dem vielleicht ältesten byzantinischen Mosaik der Welt und die Fassade der **Königsgräber** mit deren farbigem Inneren.

SIK EL-BARID

Die schöne, versteckt liegende Stätte von Sik el-Barid (Kalter Canyon; Eintritt frei; ☽ bei Tageslicht) ist auch als **Klein-Petra** bekannt, in dem einige bemerkenswerte Gräber erforscht werden können. Wegen seiner abgeschiedenen Lage sollten alleinreisende Frauen lieber nur bei Tageslicht herkommen.

Zehn Minuten zu Fuß von Klein-Petra entfernt, liegt im Sik el-Amit das **Ammarin Camp** (☎ 079 975 5551/52; www.bedouincamp.net; eigenes/gemeinschaftliches Beduinenzelt pro Pers. 15/25 JOD). Man sagt, Gäste hätten hier die Möglichkeit, "eine Nacht unter einer Milliarde Sternen" zu verbringen und nicht nur in einem Hotel mit drei, vier oder fünf davon. Duschen spülen den Wüstensand von der Haut. Außerdem werden geführte Wanderungen in die Berge der Umgebung arrangiert. In der Nähe vom Eingang nach Sik el-Barid findet man außerdem noch das **Hilali Bedouin Camp** (☎ 077 790 3265, Fax 215 7244; www.helalibedouincamp.com; Zelt ab 8 JOD/ Pers.). Es bietet Touren zur Kreuzritterburg Wuweira und in die um 7000 v. Chr.

PETRA ERWANDERN

Petra ist riesig. Darum gibt's eine Vielzahl von Möglichkeiten, den Massen zu entgehen und die Gräber und Tempel der gewundenen Wadis zu erforschen. Die ausgetretenen Pfade verlässt man am besten zu Fuß. Einer der schönsten Wege führt **oberhalb des Schatzhauses** (1½ Std.) entlang. Man nimmt die Reihe steiler Prozessionsstufen, die etwa 150 m nordöstlich des **Palastgrabs** das Tal hinaufführen und marschiert etwa 20 Minuten bergauf. Oben angekommen wendet man sich nach Süden, folgt auf dem kaum erkennbaren staubigen Pfad für etwa 15 Minuten dem Wadi, bis man zu einem spektakulären Platz etwa 200 m über dem Schatzhaus gelangt. Von dort hat man einen fantastischen Blick auf das mächtige Gebäude. Vorsicht beim Rückweg!

Einen weiteren lohnenden Weg bietet die dreistündige Wanderung zum **Umm el-Biyara** (Mutter der Zisternen) auf der flachen, 1178 m hohen Bergkuppe im Südwesten der Stadt. Er beginnt hinter dem Qasr el-Bint, kommt an der **Faraun-Säule** vorbei und führt weiter durch das Wadi Thughra bis zum **Schlangenmonument**. Auf der Kuppe selbst befinden sich die Ruinen eines edomitischen Dorfes aus dem 7. Jh. sowie zahlreiche Zisternen.

---

angelegte neolithische Stadt Beidha (arabisch für: „weiß") an.

Sik el-Barid liegt 8 km vom Haupteingang von Petra entfernt; ein Taxi für vier Personen mit einem einstündigen Stopp bei den Ruinen kostet 14 JOD (hin & zurück).

Aktivitäten
REITEN

Es gibt in und um Petra so viele Führer, die Ausritte mit Pferden, Esel oder Kamel anbieten, dass man – sofern man unvorsichtig in der Landschaft stehen bleibt – fast schon über den Haufen geritten wird. Viele dieser Tiere werden bedauerlicherweise schlecht gefüttert und bekommen nur wenige Pausen. Die **Princess Alia Clinic** (Karte S. 412; www.thebrooke.org; Wadi Musa; 8–17 Uhr) befindet sich gegenüber vom Eingang nach Petra. Sie kümmert sich um die dringend notwendige Behandlung von Hunderten von Pferden und Eseln, die in der Gegend im Einsatz sind. Besucher sind in der Klinik willkommen. Sie bietet auch aufregende Pferdeausritte den Sik entlang (ab 7 JOD).

WADI MUSA
☎ 03

Das Wadi Musa (Tal des Moses) ist von allen Seiten von traumhaften Bergen umgeben. Hier übernachtet die Mehrzahl der Besucher von Petra. Eine Reihe aus an den Hängen stehenden Hotels, Restaurants und Läden erstreckt sich auf ca. 5 km von Ain Musa bis zum Haupteingang von Petra. Das Zentrum vom Wadi Musa wird durch den Shahee-Kreisverkehr markiert – hier findet man alle wichtige Dienstleistungen und kann in die Busse nach Akaba und Amman einsteigen. Vom Kreisverkehr bis zum Eingang von Petra sind es 2 km zu Fuß bergab.

Praktische Informationen
GELD

In Wadi Musa wechseln die folgenden Banken und auch die meisten Hotels Geld, letztere allerdings zu einem miesen Kurs.
Arab Bank (So–Do 8–14, Fr 9–12 Uhr) Nahe dem Shaheed-Kreisverkehr.
Arab Jordan Investment Bank (So–Do 8–14 Uhr) Nahe dem Besucherzentrum.
Cairo-Amman Bank (So–Fr 8–15 Uhr) Im Mövenpick Hotel; wechselt Geld und normalerweise auch Reiseschecks.
Jordan Islamic Bank (So–Do 8–14, Fr 9–11 Uhr) Nahe dem Shaheed-Kreisverkehr.

INTERNETZUGANG
Orient Internet Café (3 JOD/Std.; 10 Uhr–open end) Die schnellsten Verbindungen in der Stadt, gleich unterhalb des Shaheed-Kreisverkehrs.

MEDZINISCHE VERSORGUNG
Queen Rania Hospital (☎ 215 0628) Etwa 5 km vom Polizei-Kreisverkehr an der Straße nach Tayyibeh.
Wadi Musa Pharmacy (☎ 215 6025) Nahe dem Shahee-Kreisverkehr.

NOTFALL
Polizei (☎ 215 6551) Gleich neben dem Polizei-Kreisverkehr.
Touristenpolizei (☎ 215 6441; 8–24 Uhr) Gegenüber vom Besucherzentrum von Petra.

POST
Hauptpost (Sa–Do 8–17 Uhr) Befindet sich innerhalb des Miniplaza am Shaheed-Kreisverkehr.

PETRA (JORDANIEN)

WADI MUSA

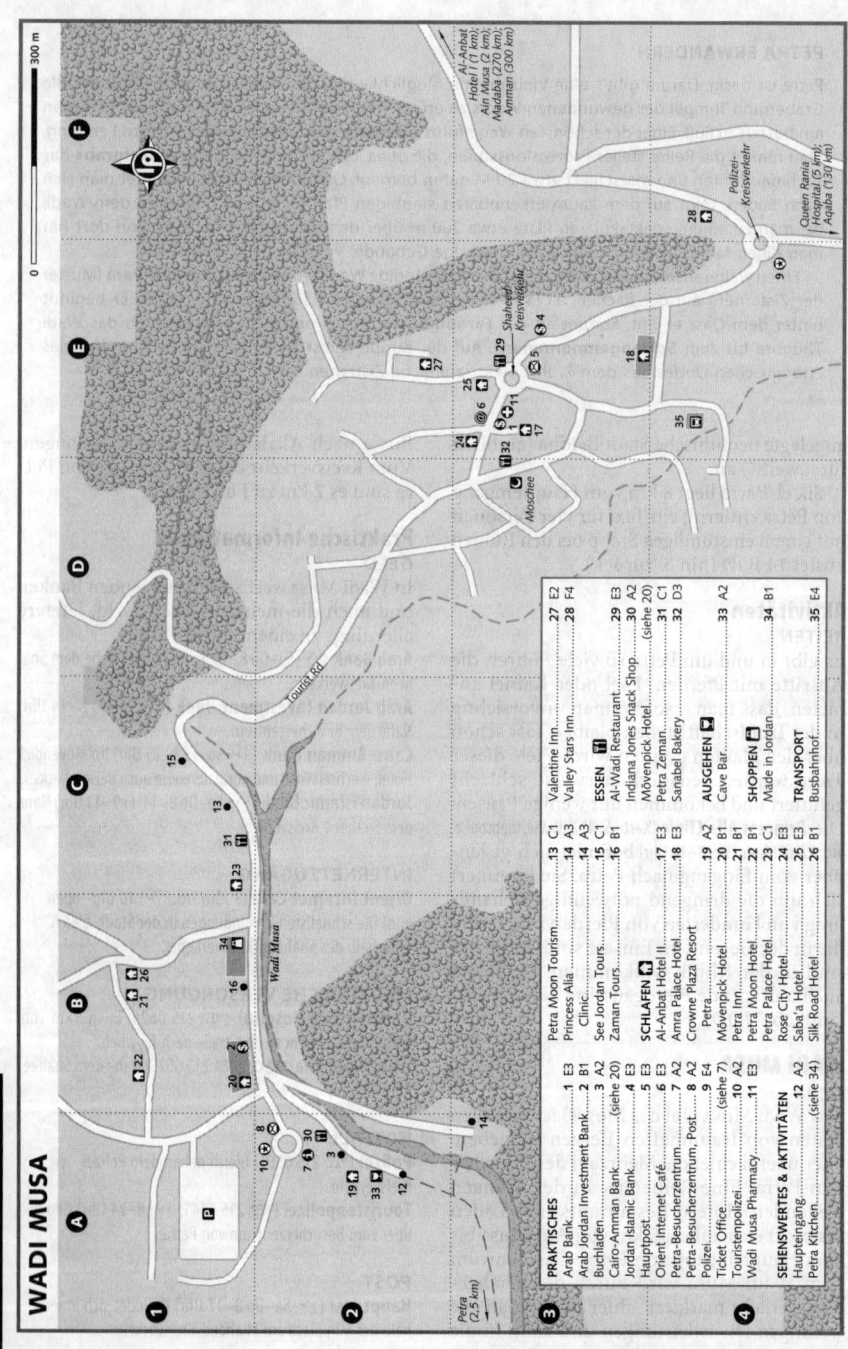

300 m

Petra (2,5 km)

Wadi Musa

Tourist St

Shaheed-Kreisverkehr

Polizei-Kreisverkehr

Moschee

Hotel Al-Anbat (1 km);
Ain Musa (2 km);
Madaba (270 km);
Amman (300 km)

Queen Rania
Hospital (5 km);
Aqaba (130 km)

P

PRAKTISCHES

Arab Bank	1	E3
Arab Jordan Investment Bank	2	B1
Buchladen	3	A2
Cairo-Amman Bank	(siehe 20)	
Jordan Islamic Bank	4	E3
Hauptpost	5	E3
Orient Internet Café	6	E3
Petra-Besucherzentrum	7	A2
Petra-Besucherzentrum, Post	8	A2
Polizei	9	E4
Ticket Office	(siehe 7)	
Touristenpolizei	10	A2
Wadi Musa Pharmacy	11	E3

SEHENSWERTES & AKTIVITÄTEN

Haupteingang	12	A2
Petra Kitchen	(siehe 34)	

Petra Moon Tourism	13	C1
Princess Alia	14	A3
Clinic	14	A3
See Jordan Tours	15	C1
Zaman Tours	16	B1

SCHLAFEN

Al-Anbat Hotel II	17	E3
Amra Palace Hotel	18	E3
Crowne Plaza Resort		
Petra	19	A2
Mövenpick Hotel	20	B1
Petra Inn	21	B1
Petra Moon Hotel	22	B1
Petra Palace Hotel	23	C1
Rose City Hotel	24	E3
Saba'a Hotel	25	E3
Silk Road Hotel	26	B1

Valentine Inn	27	E2
Valley Stars Inn	28	F4

ESSEN

Al-Wadi Restaurant	29	E3
Indiana Jones Snack Shop	30	A2
Mövenpick Hotel	(siehe 20)	
Petra Zeman	31	C1
Sanabel Bakery	32	D3

AUSGEHEN

Cave Bar	33	A2

SHOPPEN

Made in Jordan	34	B1

TRANSPORT

Busbahnhof	35	E4

Post im Besucherzentrum von Petra (☎ 215 6013; ✪ Sa–Do 7–18 Uhr)

TELEFON

Telefongespräche ins Ausland kann man bei den privaten Agenturen oder Reisebüros an der Haupstraße von Wadi Musa tätigen.

Kurse

In der **Petra Kitchen** (☎ /Fax 215 5900; www.petra kitchen.com; Kochkurs 30 JOD/Pers.; ✪ Winter 18.30 Uhr–open end, Sommer ab 19.30 Uhr) gibt es Kochkurse, in denen man die Zubereitung köstlicher, authentischer jordanischer Gerichte erlernt. In diesem lustigen und freundlichen Restaurant werden jeden Abend Koch-Workshops angeboten. Dabei können Traveller von den Beduinen-Küchen lernen und dann die leckeren Früchte ihrer Arbeit bei einer sättigenden Mahlzeit genießen. Die Speisekarte wechselt täglich. Der Abend beginnt um 18.30 Uhr, im Sommer um 19.30 Uhr. Reservierungen sind zu empfehlen.

Geführte Touren

Wer Petra ausführlich erforschen oder noch mehr von Jordanien sehen möchte (wie das Wadi Rum, Jabal Harun und Akaba), hat bei **Petra Moon Tourism** (☎ 215 6665; www.petramoon.com) gute Chancen. Es liegt an der Straße nach Petra. Neben Kamel- und Pferderitten werden auch Seminare zu den Heilmethoden der Beduinen abgehalten, der Rolle der Frau in modernen jordanischen Familien und Diskussionen zwischen Angehörigen verschiedener Glaubensrichtungen.

An der gleichen Straße gelegen, bietet **See Jordan Tours** (☎ 215 5200; www.seejordantours.com) Spezialtouren durch ganz Jordanien an, darunter Radausflüge, Ausritte und Yogatrips. **Zaman Tours** (☎ 215 7723; www.zamantours.com) arrangiert umfassende, maßgeschneiderte Touren für Individualreisende oder Gruppen; es geht u. a. nach Amman und Madaba.

Schlafen
BUDGETUNTERKÜNFTE

Das Wadi Musa erwirtschaftet aus dem Tourismusboom von Petra den meisten Gewinn. In den letzten Jahren sind die Hotelpreise schnell gestiegen. Aber man kann immer noch Schnäppchen finden.

Saba'a Hotel (☎ 215 6046, 077 755 0254; mashaleh1@ yahoo.com; B/E/DZ 5/10/12 JOD) Das von Beduinen geführte Hotel ist die günstigste Adresse in

der Stadt und macht keinen Hehl daraus, Traveller mit schmalem Geldbeutel zu versorgen. Es ist definitiv nicht das Ritz, seine einfachen Zimmer sind ziemlich winzig. Dafür ist ein toller Ort, um andere Backpacker zu treffen. Das hilfsbereite Personal kann Fahrten nach Petra und Touren ins Wadi Rum organisieren. Es liegt gleich nördlich vom Shaheed-Kreisverkehr.

Valentine Inn (☎ 215 6423; valentineinn@hotmail. com; B/EZ/DZ inkl. Frühstück 5/15/20 JOD; 🖳) Um diesen einfachen, aber beliebten Backpacker-Treff zu finden, muss man den Schildern von der Hauptstraße des Wadi Musa folgen. Es liegt nordöstlich vom Shaheed-Kreisverkehr den Berg hinauf. Außerhalb des Inns gibt's ein Beduinenzelt und eine Terrasse mit fantastischem Blick in die Berge. Drinnen wird jeden Abend für Filme und Essen gesorgt (ein großzügiges Buffet kostet 4 JOD). Selbstversorger können kostenlos die Küche benutzen. Die Zimmer sind hell und sauber, zudem gibt es Schlafsäle mit acht Betten. Warm duschen kann man nur morgens und abends.

Rose City Hotel (☎ 215 6440; EZ/DZ inkl. Frühstück 15/20 JOD) Obwohl das altmodische Hotel im Zentrum der Stadt liegt, ist es relativ ruhig und bietet seinen Gästen eine gute Basis zum Erforschen von Petra. Das Personal ist höflich und zuverlässig. Die Zimmer sind sauber und geräumig und bieten Kühlschrank und einen kleinen Fernseher.

Al-Anbat Hotel II (☎ 215 7200; info@alanbat.com; EZ/ DZ 18/25 JOD) Es ist viel kleiner und optisch nicht so beeindruckend wie das erste Anbat. Die einzigen Vorteile sind hier, dass Petra näher liegt und die Zimmer günstiger sind. Die Zimmer sind allgemein sauber und gut eingerichtet, die Doppelzimmer nach vorne sind aber die beste Wahl. Es gibt kein Frühstück, doch das Zentrum vom Wadi Musa ist zu Fuß zu erreichen.

MITTELKLASSEHOTELS

Soweit nicht anders angegeben, ist bei den folgenden Zimmerpreisen das Frühstück inbegriffen.

Al-Anbat Hotel I (☎ 215 6265; Fax 215 6888; www. alanbat.com; EZ/DZ 28/47 JOD; ✪ 🛜 🖳) Das Drei-Sterne-Haus Al-Anbat (arabisch für: Nabatäer) liegt gleich außerhalb des Wadi Musa, an der Straße nach Ain Musa. Es war eines der ersten Hotels, die in der Region eröffnet wurden. Mit seiner Lage am Steilhang bieten die meisten der 100 Zimmer eine sagenhafte Sicht auf das darunter liegende Tal. Wer sich durch die Einrichtung aus den Siebzigern nicht stören lässt, findet bequeme Zimmer mit hohen Decken und Satelliten-TV. Von 7 bis 9 Uhr gibt's einen kostenlosen Shuttle-Service nach Petra. Zu den Einrichtungen gehören ein türkisches Bad (für Gäste 12 JOD), ein Souvenirshop und ein zentral gelegener Swimmingpool (nur im Sommer). Auf der Dachterrasse gibt's außerdem ein Beduinenzelt – ein herrlicher Platz, um den Sonnenuntergang anzuschauen und eine Nargileh zu paffen.

Petra Moon Hotel (☎ 215 6220; www.petramoon hotel.com; EZ/DZ 30/40 JOD; ✖ 🖵) Das kleine Hotel in Familienbesitz profitiert von seiner Lage. Es befindet sich versteckt hinter dem Mövenpick Hotel und ist perfekt für alle, die nur 100 m von der Schwelle von Petra entfernt sein wollen. Die bequemen Sofas und das charmante Personal erleichtern es, die protzige Einrichtung an der Rezeption zu verzeihen. Wie in den meisten hiesigen Hotels werden Jeep- und Kameltouren angeboten. Wer von Elat anreist, kann sich für etwa 45 JOD vom Manager Sameer ein Taxishuttle von der Grenze arrangieren lassen.

Valley Stars Inn (☎ 215 5733; www.valleystarsinn.com; EZ/DZ 35/40 JOD; 🛜) Das reizende Hotel liegt in der Nähe der lebhaften Ecke beim Polizei-Kreisverkehr (in Richtung Osten). Es hat große Zimmer, alle mit dicken Teppichen, eigener Dusche, TV und WLAN. Es gibt auch Trockenreinigung und eine Wäscherei und einen kostenlosen Shuttle nach Petra. Das Restaurant besteht aus ein paar Tischen in der Lobby – man isst also besser außerhalb.

Petra Inn (☎ /fax 215 6401; www.petrainn.20m.com; EZ/DZ 35/50 JOD; ✖ 🖵) Das moderne Hotel ist eine weitere gute Wahl, wenn man Petra nahe sein möchte. Es hat absolut saubere Zimmer mit TV und Klimaanlage. Das große Restaurant – nach der nabatäischen Gottheit Duschara benannt – serviert traditionelle Beduinengerichte. Das Petra Inn ist eines der neueren Hotels am Hang hinter dem Petra Moon Hotel.

LP Tipp **Amra Palace Hotel** (☎ 215 7070; www. amrapalace.com; EZ/DZ/3BZ 52/64/92 JOD; ✖ 🖵 🕭) Von dem Moment an, in dem man das Amra Palace betritt, ist klar, dass es einen Tick über dem restlichen Angebot im Wadi Musa liegt. Das Hotel ist herrlich eingerichtet und hat 70 bequeme Zimmer, alle mit Minibar, Satelliten-TV und WLAN. Der geheizte Pool, der Whirlpool, die Sommerterrasse, die Sauna

und das türkische Bad verleihen dem preisgünstigen Hotel einen Hauch von Luxus.

Silk Road Hotel (☎ 215 57222; www.petrasilkroad. com; EZ/DZ 55/65 JOD; ✖) Das Silk Road Hotel wird von den gleichen Besitzern geführt wie das Hilali Bedouin Camp in Sik el-Barid. Es bietet Travellern ein freundliches *as-salamu 'alaikum* (Guten Tag), der Eingang von Petra ist von hier zu Fuß zu erreichen. Die bequemen Zimmer haben alle Fernseher und Klimaanlage und das Personal kann bei Trips durch Jordanien behilflich sein. In dem für 250 Gäste ausgelegten Restaurant werden außerdem umfangreiche Beduinen-Buffets serviert.

SPITZENKLASSEHOTELS

Petra Palace Hotel (☎ 215 6723; www.petrapalace.com. jo; EZ/DZ/3BZ 56/70/100 JOD; ✖ 🖵 🕭) Dieses mittelgroße Hotel liegt etwa 500 m vom Eingang nach Petra entfernt und entfaltet das Flair eines Spitzenklasse-Resorts, jedoch zum Viertel des Preises. Die meisten der Luxussuiten haben eine eigene Terrasse mit Blick über den darunter liegenden, zentralen Swimmingpool. Neben der grandiosen Lobby gibt's eine nette, kleine Bar, wo zum Bier kostenlos Popcorn gereicht wird. Es werden Kreditkarten akzeptiert.

Crowne Plaza Resort Petra (☎ 215 6011; ammhc@ cprpetra.com; DZ 150 US$; ✖ 🖵 🕭) Das Hotel liegt dem Eingang am nächsten. Das ständig expandierende Kettenhotel bietet einen Fitness-Club, einen Whirlpool, eine Sauna, einen geheizten Pool und den einzigen Tennisplatz Petras.

Mövenpick Hotel (☎ 215 7111; www.moevenpick petra.com; DZ/Superior Zi. 280/320 US$; ✖ 🕭) Das wirklich spektakuläre Hotel liegt nur 100 m von der Kasse entfernt. Auch wenn die Übernachtung das Budget sprengen sollte, lohnt es sich, mal nur einen Blick darauf zu werfen. Es ist stilvoll und großzügig gestaltet und bietet auf dem Gelände nicht weniger als sieben Restaurants und Veranstaltungsorte. Es gibt mediterrane und Buffet-Restaurants, eine gute Bar, einen Swimmingpool, einen Dachgarten, die friedliche Burckhardt Bibliothek, einen Kinderspielplatz und einen gehobenen Andenkenladen. Kurz: Dieser Platz hätte auch einen nabatäischen Monarchen zufriedengestellt.

Essen & Ausgehen

Die Hauptstraße durch das Wadi Musa wird von einigen Läden gesäumt, in denen man sich mit allen nötigen Snacks und Getränken versorgen kann.

Sanabel Bakery (☎ 215 7925; ☻ 5–24 Uhr) Das Sanabel backt eine köstliche Auswahl an arabischen Süßigkeiten und frischem Brot. Es liegt vom Kreisverkehr aus den Berg hinunter links, gegenüber der Moschee.

Al-Wadi Restaurant (☎ 079 530 0135; mashaleh1@yahoo.com; Hauptgerichte 3–4 JOD; ☻ mittags & abends) Am Shaheed-Kreisverkehr gelegen, serviert das zwanglose Restaurant vegetarische Gerichte und einheimische Beduinen-Spezialitäten, z. B. *gallaya* (Fleisch mit Zwiebeln in einer würzigen Tomatensoße), *maklubi* (Reis und Huhn) und *mensaf* (Lamm mit Reis). Alle Gerichte werden mit viel Soße gereicht. Die Portionen sind absolut riesig.

LP Tipp **Petra Zeman** (☎ 077 799 3913; Hauptgerichte ab 9 JOD; ☻ mittags & abends) In diesem günstigen Restaurant wird täglich ein umfangreiches Buffet aufgefahren, von dem sich Gäste soviel *maklubi, mensaf* und Reis nehmen können, wie sie wollen, während das Personal stets dafür sorgt, dass die Platten entsprechend beladen sind. Zum Buffet gehört eine Auswahl an Salaten, Pasta, Pita-Broten und Tahina (Paste aus Sesamsamen); abgerundet wird das Ganze mit Kaffee und dem Nachtisch des Tages. Es liegt 500 m östlich vom Besucherzentrum, die Hauptstraße hinunter.

Mövenpick Hotel (☎ 215 7111; Buffet ab 16 JOD; ☻ mittags & abends) Den besten Blick auf Petra hat man vom verführerischen Al Ghadeer Restaurant auf dem Dach. Nach 16 Uhr gibt's

arabische Livemusik, Sunset-Cocktails und ein Barbecue-Buffet. Unten frönt man im Al-Saraya Restaurant internationaler Küche, gefolgt vom berühmten Mövenpick-Eisbecher. Das Al Iwan Restaurant im Hof gruppiert sich um einen Marmorbrunnen; arabische Fliesen und Lampen sorgen für ein nettes Ambiente.

Cave Bar (☎ 215 6266; hinter dem Petra-Besucherzentrum; Bier ab 3 JOD, Cocktails 5 JOD, plus 26 % Steuern; ☻ 12–24 Uhr) Die Bar direkt hinter dem Besucherzentrum und gleich neben dem Crowne Plaza ist in einem 2000 Jahre alten, nabatäischen Felsengrab zu Hause. Doch keine Sorge. Es gibt keine Toten, sondern nur eine Reihe gemütlicher Höhlen, wo die Gäste sitzen, ein Gläschen trinken und sich nach einem Tag mit die Füße malträtierenden, langen Märschen erholen können.

Shoppen

LP Tipp **Made in Jordan** (☎ 215 5700; ☻ 8–23 Uhr) In dem ausgezeichneten Laden für Kunsthandwerk und Geschenke werden hochwertige Waren wie Olivenöl, Seife, Keramik, Schmuck, Kunst oder Decken verkauft. Die meisten der farbenfrohen Produkte kommen von verschiedenen NRO-Projekten wie die Jordan River Foundation, die 1995 von Königin Rania eingerichtet wurde und Frauen ein selbstständigeres Leben ermöglichen soll. Der Laden liegt etwa 400 m vom Besucherzentrum entfernt.

Der Sinai (Ägypten)

Einige glauben, dass der Sinai nicht nur zufällig die Form eines Herzens hat. Geographisch gesehen gehen auf dieser wunderschönen Wüsten-Halbinsel Asien und Afrika ineinander über. Und hier haben die drei Glaubensrichtungen Christentum, Islam und Judentum sehr tiefe Wurzeln.

Wenn man durch den Sinai reist, kommt man an scheinbar endlosen rot-braunen Bergen, trockenen Wüstenebenen und ab und zu an einer Beduinensiedlung vorbei. Im südlichen Landesinneren liegt am Fuß des Berges Sinai das Katharinenkloster. An diesem antiken Pilgerort steht eine der ältesten, noch erhaltenen Kirchen der Welt.

Von der Natur wurde der Sinai mit einer Fülle an Korallenriffen gesegnet und bietet damit einen der weltbesten Plätze zum Schnorcheln und Tauchen. Die alten Hippie-Treffpunkte Dahab und Nuweiba sind heute zwar mit Hotels und Tauch-Resorts gesäumt, aber in der Nähe gibt es immer noch ruhige Strände, an denen man sich in einer Hängematte entspannen kann.

1967 wurde der Sinai nach dem Sechstagekrieg zu einer Pufferzone Israels. Gemäß dem Vertrag von Camp David wurde er 1982 an Ägypten zurückgegeben. Heute steht der Sinai in Sachen Bauprojekte auf der Prioritätenliste Ägyptens ganz oben. Die Regierung plant, die Flughäfen, die die „Riviera am Roten Meer" bedienen, auszubauen und Präsident Mubarak möchte, dass Sharm el-Sheikh als Weltstadt des Friedens gesehen wird. Während das Erreichen dieser Ziele noch viel Arbeit kosten wird, gelingt es der mystischen Landschaft weiterhin, in den Herzen der Besucher zeitlose Ehrfurcht zu erzeugen, ganz gleichgültig, woran sie glauben.

HIGHLIGHTS

- Auf den mächtigen **Berg Sinai** (S. 427) wandern, wo Moses und Gott ein Gespräch unter vier Augen geführt haben sollen

- In **Dahab** (S. 422) im Roten Meer zum Taucher werden und die berühmten Unterwasserriffe des Blue Hole, der Lagune und des Eel Garden erforschen

- An den schönen, aus Sanddünen bestehenden Stränden von **Tarabin** (S. 419) in Nuweiba unter einer Palme entspannen

- Auf dem Gelände des **Katharinenklosters** (S. 427) eine der ältesten Kirchen der Welt besuchen

- Auf einer **Kameltour** (S. 420) mit Beduinen unter dem Wüstenhimmel in den wilden Wadis des Coloured Canyon oder der Oase Ain Khudra schlafen

An- & Weiterreise

Wer nach Israel oder von Israel hierher reist, kann theoretisch zwischen zwei Grenzübergängen wählen: Taba und Rafah. Tatsächlich ist aber nur Taba für ausländische Traveller geöffnet. Details zu Taba findet man in der rechten Spalte; Details zum Grenzübergang siehe S. 449.

Es gibt auch eine „schnelle" Fährverbindung zwischen Nuweiba an der Küste des Sinai und Akaba in Jordanien. Details s. S. 451.

Unterwegs vor Ort

Die East Delta Bus Co. bietet von Taba aus mehrere Buslinien an. Der Bus um 7 Uhr fährt die Küste hinunter nach Nuweiba (11 £E,

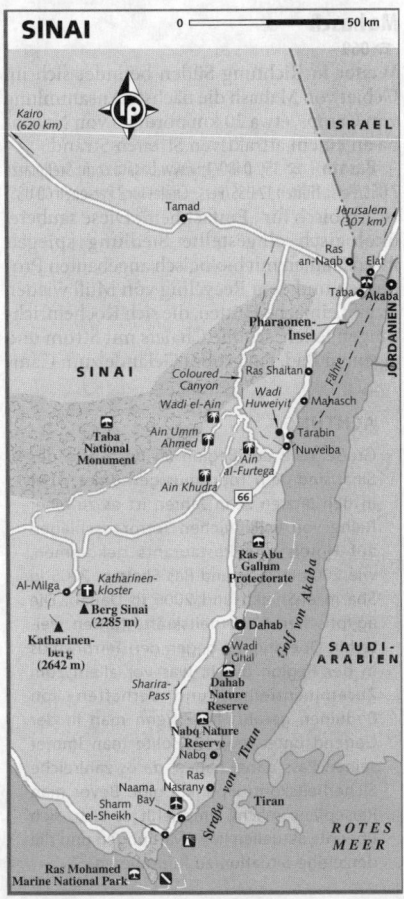

SINAI

0 — 50 km

Kairo
(620 km)

Tamad

Jerusalem
(307 km)

ISRAEL

Ras
an-Naqb

Elat
Taba Akaba

Pharaonen-
Insel

JORDANIEN

SINAI

Coloured
Canyon

Ras Shaitan
Wadi
Huweiyit

Mahasch

Wadi el-Ain

Ain Umm
Ahmed

Tarabin
Nuweiba

Taba
National
Monument

Ain
al-Furtega

Ain Khudra

66

Ras Abu
Gallum
Protectorate

Katharinen-
kloster

Al-Milga

Berg Sinai
(2285 m)

Dahab

Katharinen-
berg
(2642 m)

Wadi
Ghal

SAUDI-
ARABIEN

Sharira-
Pass

Dahab
Nature
Reserve

Nabq Nature
Reserve
Nabq

Ras
Nasrany

Naama
Bay

Sharm
el-Scheikh

Tiran

ROTES
MEER

Ras Mohamed
Marine National Park

---

1 Std.), Dahab (35 £E, 2½ Std.) und dann ins Landesinnere zum Katharinenkloster (25 £E, 4 Std.). Nach Kairo (65 £E, 6–7 Std.) fahren um 10.30, 12.30, 16.30 Uhr Busse und nach Suez (35 £E, 4 Std.) um 7.15 Uhr. Nach Sharm el-Sheikh (40 £E, 3½ Std.) gibt's um 9 und 15 Uhr einen Bus, der in Nuweiba (11 £E, 1 Std.) und Dahab (35 £E, 2½ Std.) hält.

Wenn man die Grenze überquert, wird man auch von Taxi- und Minibusfahrern angesprochen, aber der Bus ist wesentlich günstiger. Nach Nuweiba verlangen die Taxifahrer 50 £E pro Person, nach Dahab 80 £E, nach Sharm el-Sheikh 120 £E und nach Kairo 120 £E.

TABA

☎ 069

In Taba hat man ein wenig das Gefühl, sich im Niemandsland zu befinden – es ist nur ein Durchgangsort zwischen Israel und Ägypten. Hier kommt man vor allem wegen des lebhaften Grenzübergangs her, der rund um die Uhr geöffnet ist. Außerdem gibt's eine kleine Post, gegenüber vom Taba Hilton ein Telefonbüro sowie ein kleines Museum (derzeit geschlossen). Gleich jenseits der Grenze, wo die beduinischen Taxifahrer herumhängen, findet man einen Geldautomaten. Man kann auch am rund um die Uhr geöffneten Banque-Misr-Schalter im Gebäude für Zoll und Passkontrollen Geld wechseln. In der Regel wird ein besserer Kurs als in Israel angeboten. Am Busbahnhof befinden sich ein paar Snacksshops. Er liegt einen kurzen Marsch (800 m) entfernt, auf der linken Straßenseite.

Informationen zum Weg von der/zur Grenze bei Elat gibt's auf S. 395.

VON TABA NACH NUWEIBA

Nach der überfüllten Stadt Elat wirkt die Küste zwischen Taba und Nuweiba wie das Paradies. Hier werden Sandstrände von tiefblauem Wasser geküsst, während jenseits des Roten Meeres die Berge von Jordanien und Saudi-Arabien zu sehen sind. Trotz dieser Naturschönheit sind viele der „Touristendörfer", Hotels und Camps unfertige, leere Hüllen, und kein Reisender ist in Sicht.

Etwa 20 km südlich von Taba befindet sich das stetig wachsende **Taba Heights Marriott Beach Resort** (☎ 069-358 0100; www.marriot.com/tcpeg; EZ/DZ 120/140 US$), ein riesiges, mehrfarbiges Golf-Resort im Stil von Sharm el-Sheikh. Das Taba Heights ist ein zentraler Teil der Pläne des ägyptischen Präsidenten zur Steigerung des Tourismus in der Region. Aber bislang scheint das noch nicht so richtig in Fahrt gekommen zu sein.

Wenn man weiter nach Süden fährt, trifft man auf eine Kette heiterer Strandhütten mit buddhistischen Namen wie Shanti und Nirvana, die kleine Gruppen hipper, abenteuerlustiger junger Israelis versorgen.

Die meisten dieser Camps verlangen zwischen 12 und 20 £E pro Person für eine sehr einfache Hütte mit Matratzen auf dem Fußboden und Gemeinschaftseinrichtungen. Am einfachsten ist es, mit dem Taxi hierher zukommen, obwohl auch manche Busfahrer auf der Strecke anhalten. Aber man muss trotzdem den vollen Preis von Taba nach Nuweiba zahlen (12 £E).

Ras Shaitan

☎ 069

Ras Shaitan heißt zwar übersetzt Teufelskopf, aber dieser felsige Ort, der 3 km nördlich vom Maagana Beach in den Golf hinausragt, ist normalerweise ein friedlicher Ort. Dieser Frieden wurde allerdings am 7. Okober 2004 durch zwei laute Explosionen tragisch erschüttert. Damals wurde Ras Shaitan das Ziel der Terroristenanschläge, die auch das Taba Hilton trafen, und 34 Menschen töteten. Heute ist dieses Gebiet an dem Streifen zwischen Taba und Nuweiba eines der beliebten Strandareale.

Das **Camp Ayyash** (☎ 012 760 4668; www.ras-satan. com; Hütten pro Person 20 £E) ist eines der bekanntesten Camps auf der Halbinsel. Es zieht Möchtegern-Musiker aus der ganzen Region an (sowohl arabische als auch israelische), die hierher kommen, um am Strand oder in dem kleinen Aufnahmestudio zu jammen. Es gehört einem einheimischen Beduinen, und die Lage ist herrlich. Jede Hütte hat einen eigenen, schattigen Balkon, Gemeinschaftseinrichtungen und keinen Strom.

Ein paar Camps von Ayyash aus nach Norden, in der Nähe des *ras* (Kaps) liegt **Castle Beach** (☎ 012 739 8495, 012 163 3812; www.castlebeach sinai.net; DZ 80 £E; 🔀), eine der wenigen Mittelklasseunterkünfte. Hier ist man in bequemen Holz-Bungalows untergebracht, die Strom und heißes Wasser bieten. Außerdem gibt's ein Restaurant am Strand. Kamel- und Jeeptreks können organisiert werden (mind. 4 Pers.).

Der normale Preis für ein Taxi von der Grenze bis nach Ras Shaitan beträgt 40 £E.

Mahasch

☎ 069

Weiter in Richtung Süden befindet sich im Gebiet von Mahash die nächste Ansammlung von Camps, etwa 20 km nördlich von Nuweiba an einem attraktiven Streifen Strand.

Basata (☎ 350 0480/1; www.basata.com; Stellplätze 7 US$/Pers., Hütten 10 US$/Pers., Chalet für 3 Personen 60 US$) ist Arabisch für „Einfachheit". Diese saubere, ökologisch eingestellte Siedlung spiegelt ihren Namen mit biologisch angebauten Produkten und dem Recycling von Müll wieder. Es gibt einfache Hütten, die sich Kocheinrichtungen teilen, schöne Chalets mit Strom und eigenem Bad, ein großes Gelände zum Cam-

---

ACHTUNG

Große Teile der Region an der Küste des Sinai sind dem Tourismus gewidmet. Aber in den letzten zehn Jahren ist es zu einer Reihe von willkürlichen Terroranschlägen auf Hotels und Restaurants gekommen, wie 2004 in Taba und Ras Shaitan, 2005 in Sharm el-Sheikh und 2006 in Dahab. Die ägyptischen Sicherheitskräfte führen weiterhin Operationen gegen den Terrorismus in der Region durch, was vor allem zum Zusammentreiben und Verhaften von Beduinen geführt hat. Wenn man in der Gegend unterwegs ist, sollte man immer seinen Pass dabei haben, da es zahlreiche Sicherheitskontrollpunkte gibt. Bevor man Reisepläne macht, empfiehlt es sich, sich über die aktuellen Reisewarnungen und die derzeitige Situation zu informieren.

pen und ein Areal im Beduinenstil zum Entspannen.

Das **Rock Sea Camp** (☎ 012 796 3199; www.rocksea. net; Hütten ab 7 €) ist ein friedliches Camp, das von einer lässigen deutschen Familie geführt wird. Es liegt auf einem herrlichen bogenförmigen Strand nördlich von Nuweiba. Die 20 Bambushütten und Holzbungalows sind hübsch ausgestattet und stehen auch nicht zu dicht beieinander. Im Restaurant gibt's eine abwechslungsreiche Speisekarte und eine so tolle Lage dicht am Wasser, dass man tatsächlich sehen kann, wie die Fische durch die Korallen schießen. Manchmal gibt es Gelegenheit für Freiwilligenarbeit.

NUWEIBA
☎ 069

Wer auf der Suche nach türkisfarbenem Wasser und ruhigen Stränden weitab von den Massen ist, dem wird Nuweiba wahrscheinlich gefallen. Hier bekommen Traveller dank der Entfernung vom Flughafen und der fehlenden Action einen Eindruck davon, wie Dahab vor 15 Jahren und Sharm el-Sheikh vor 20 Jahren aussahen. Früher befand sich hier ein israelischer Moschaw (genossenschaftlich organisierte Siedlung). Heute erstreckt sich Nuweiba über ungefähr 15 km und ist mit Strandhütten gesprenkelt, die günstige Unterkünfte anbieten.

Dass in den letzten Jahren nur noch so wenige israelische Reisende gekommen sind, hat Nuweiba City (in Wirklichkeit nur ein winziges Dorf) schwer getroffen. Heute wirkt es wie eine Geisterstadt, und abhängig davon, wann man herkommt, kann man den ganzen Strand für sich alleine haben.

Tarabin liegt am Nordrand von Nuweiba und ist ein Zufluchtsort für Backpacker. Trotz seiner schönen Strände ist es immer noch ziemlich einsam, auch wenn das schwer zu verstehen ist.

Orientierung

Nuweiba besteht aus drei Teilen. Im Süden befindet sich der Hafen mit Busbahnhof, Post und Banken. Etwa 8 km weiter Richtung Norden liegt Nuweiba City, eine kleine, aber weitläufige Siedlung mit einer Reihe von Unterkunftsmöglichkeiten, einem kleinen Basar und mehreren preisgünstigen Möglichkeiten um etwas zu esen. Etwa 10 Minuten zu Fuß am Strand entlang in Richtung Norden befindet sich Tarabin, eine ununterbrochene

Abfolge von Bambushütten entlang der Küste. Derzeit sind die Sanddünen zwischen der Stadt und Tarabin eher ein schmutziges Ödland und müssten mal gesäubert werden.

Praktische Informationen

GELD
Keine der Banken am Hafen akzeptiert jordanische Dinare.
National Bank of Egypt Nuweiba Hafen (✆ So–Do 8.30–14 Uhr); Nuweiba Dorf (✆ Sa–Do 9–13 & 19–21, Fr 9–11 Uhr) Beide Filialen haben einen Geldautomaten.

MEDIZINISCHE VERSORGUNG
Nuweiba Hospital (☎ 350 0302; Nuweiba City) Ganz in der Nähe der Hauptstraße nach Dahab.

NOTFALL
Touristenpolizei Nuweiba City (☎ 350 0231; Nahe des Nuweiba Village Hotels); Nuweiba Hafen (☎ 350 0401)

POST
Hauptpost (Nuweiba City; ✆ So–Do 8.30–14.30 Uhr)

TELEFON
Telecom Egypt (Nuweiba City; ✆ 24 Std.) Neben der Post.

Aktivitäten

WASSERSPORT
Die Korallenriffe sind hier zwar nicht ganz so aufregend wie die bei anderen Resorts am Golf von Akaba, bieten aber doch eine beeindruckende Vielfalt an Meeresleben. Trotzdem sind die Tauchplätze in Nuweiba eher nicht so überfüllt. Am schönsten kann man beim Abou Lou Lou House Reef, knapp südlich der Stadt schnorcheln. Die Taucher machen sich auch manchmal zum Ras Abu Gallum Portectorate (S. 421) oder anderen Zielen vor der Küste auf – von denen viele ebenfalls gut zum Schnorcheln geeignet sind. Die meisten aber tauchen direkt hier an der Küste. **Emperor Divers** (☎ 352 0695; www.emperordivers.com; Hilton Nuweiba Coral Resort) bietet Tauchen bei Nacht für 30 €, einen ganzen Tag Tauchen für 47 € und Tauchen im offenen Meer im Rahmen von PADI-Zertifikat-Kursen für 325 €. Als Teil des Nuweiba Village Resorts wird das **Scuba College** (☎ 012 249 6002, 012 399 5828; www.scuba-college.com) von deutschen Lehrern geführt. Es bietet siebentägige Tauchpakete mit Unterkunft ab 305 €.

Das **Hilton Nuweiba Coral Resort** (☎ 352 0320) hat die beste Auswahl an Wassersport-Ausrüstung, inklusive Kajaks.

KAMEL- & JEEPTREKS

Nuweiba ist einer der besten Plätze auf der Sinaihalbinsel, um Kamel- und Jeepsafaris ins Inland zu den herrlichen Bergen zu machen, die die Küste säumen. Eine der beliebtesten ist die Tour zum **Coloured Canyon**, nordwestlich von Nuweiba. Der Canyon, der 40 m hoch und an manchen Stellen wenig mehr als 1 m breit ist, bekam seinen Namen dank der Schichten aus hellem, vielfarbigem Gestein, das psychedelischen Gemälden ähnelt. Der Canyon ist etwa 5 km von der Hauptstraße entfernt; mit Vierradantrieb kann man bis auf 100 m an ihn heranfahren.

Ein weiteres beliebtes Ziel ist **Ain al-Furtega**. Die Oase voller Palmen liegt 16 km nordwestlich von Nuweiba. Hier findet man versteckt zwischen zwei Felsbrocken im Canyon Mayat el-Wishwashi, eine große Zisterne. Sie war früher die größte Zisterne des Sinai. Aber heute befindet sich dort, außer nach Überschwemmungen, nur noch ein kleines Rinnsal.

Die **Ain Khudra** (Grüne Quelle) ist eine für ihre schönen Gärten berühmte Oase. Sie soll ein antiker Lagerplatz der Israeliten gewesen sein.

Die malerische **Ain Umm Ahmed** ist die größte Oase im östlichen Sinai. Hier gibt's einen riesigen Palmenhain, Beduinenhäuser und einen Wasserlauf, der in den Wintermonaten zu einem eisigen Fluss ansteigt. Außerdem kann man hier den Granitcanyon des Wadi el-Ain erwandern. Beide können in einer einfachen Tagestour mit einem Geländewagen besucht werden – oder in einer längeren Tour mit dem Kamel.

Nature Travel (☎ 350 0391, 010 364 7523; www.naturetravelegypt.com) befindet sich in Nuweiba City und beschäftigt einheimische Beduinen. Hier werden viele maßgeschneiderten Kamel- und Jeeptouren geboten (Verpflegung inklusive).

Schlafen

In der Nähe des Hafens gibt's ein paar alte Hotels. Aber es ist wesentlich besser, sich zu den Camps von Tarabin oder den Hotels von Nuweiba City aufzumachen.

NUWEIBA CITY

Um die genannten Unterkünfte zu erreichen, springt man am besten in ein Taxi, denn die Stadt ist sehr weitläufig.

Amon-Yahro Camp (☎ 350 0555; www.amonyahro.net; EZ/DZ 20/40 £E) Dies ist das erste in einer lan-gen Reihe guter, einfacher Camps an der Küstenstraße von Nuweiba City mit Blick über den Strand. Alle Hütten hier haben Strom und Bad, und es gibt ein Restaurant, in dem man nach Herzenslust Kalamares essen kann. Frühstück kostet extra 20 £E.

Fayrouza Village (☎ 350 1133, 010 508 2920; Fayrouza_morgana@yahoo.com; EZ/DZ 40/50 £E) Dies ist ein sehr großes Camp im Zentrum der Küste von Nuweiba. Obwohl der Strand hier relativ sauber ist, sind die Sanddünen direkt nördlich mit Müll übersät. Das Camp wird von Beduinen geführt und hat einfache, aber absolut saubere Hütten, jeweils mit Ventilator, Strom, Fenstergittern und guten Betten. In den Gemeinschaftsbädern gibt's heißes Wasser, und im Restaurant werden sättigende, gekochte Buffetgerichte serviert. Außerdem werden Kamel- und Jeepsafaris zu den Sehenswürdigkeiten in der Umgebung organisiert. Wer mit dem Bus in Nuweiba ankommt, sollte um einen Stopp am Krankenhaus bitten. Von da sind es 10 Minuten zu Fuß (es geht Richtung Strand, dann ist es die zweite Straße links).

Habiba Village (☎ 350 0770; www.sinai4you.com/habiba; EZ/DZ inkl. Frühstück 200/250 £E; 🍴) Dieses kleine Hotel am Strand liegt gleich neben dem Amon-Yahro. Es bietet eine Auswahl an Doppelhütten mit Klimaanlage und ein gutes Meeresfrüchte-Restaurant. Für Ruhesuchende ist es vielleicht nicht die beste Wahl, denn viele der Zimmer liegen in der Nähe des Restaurantbereichs.

Nuweiba Village (☎ 350 0401/02/03; www.scuba-college.com; EZ/DZ inkl. Frühstück ab 40/50 US$; 🍴 🏊) Wer etwas Komfort genießen möchte, findet in diesem Hotel moderne Zimmer im Bungalowstil mit Satelliten-TV und Minibar. Auf dem Gelände gibt's einen kleinen Basar, in dem Andenken verkauft werden, eine Tauchschule und zwei Pools (einer davon für Kinder). Das Nuweiba Village liegt am Südende von Nuweiba City, abseits der Küstenstraße.

TARABIN

LP Tipp **Sababa Camp** (☎ 012 057 7989; www.sababacamp.com; Bungalows ab 15 £E, Chalets pro Person ohne/mit Frühstück 20/35 £E; 🛜) In diesem ausgezeichneten Camp gibt's unter einem neuen italienisch-jordanischen Management jede Menge friedliche Atmosphäre. Es liegt am nördlichen Rand von Tarabin. Das freundliche Personal plaudert gern, während es Falafel, Salat oder Minztee serviert. Alle der bequemen Hütten haben WLAN.

New Soft Beach Camp (☎ 350 0010, 010 364 7586; www.softbeachcamp.com; EZ/DZ inkl. Frühstück 40/80 £E; ⬆) Das beliebte Camp liegt am ruhigeren Südende von Tarabin, in der Nähe der Sanddünen. Es ist ein toller Platz, um in einer Hängematte zu entspannen. Im Innern sehen die Hütten recht einfach aus und bieten Moskitonetze und zwei Matratzen auf dem Boden. Aber erstaunlicherweise haben sie alle WLAN.

Petra Camp (☎ 350 0086; www.petra-camp.com; Hütten ab 60 £E) Dieser Ort ist nach der antiken Stätte der Nabatäer auf der anderen Seite des Roten Meeres in Jordanien benannt. Das anspruchslose Camp hat einfache Holzhütten und ein ausgezeichnetes Restaurant. Es ist von 9–24 Uhr geöffnet und serviert köstliche gegrillte Fisch- und Reisgerichte ab 45 £E. Petra Camp liegt am Strand, gleich südlich des Sababa Camps.

Nakhil Inn (☎ 350 0879; www.nakhil-inn.com; EZ/DZ inkl. Frühstück 220/280 £E; 🔲 ⬆) Dieses ruhige Resort liegt gleich am Nordrand von Tarabin und hat einen Hauch von Klasse. Jedes der außergewöhnlich gut eingerichteten Zimmer hat Kiefernholzboden, Sofas, Klimaanlage, Balkon und WLAN. Der Hotel hat einen eigenen Strand, und das Personal hilft beim Organisieren von Tauchtouren. Die Gäste bekommen außerdem für den Tag kostenlos Schwimmflossen.

Essen

Die meisten Camps in Tarabin haben ihre eigenen Restaurants. Meist gibt's Meeresfrüchte und Beduinengerichte.

LP Tipp **Blue Bus** (☎ 010 988 3854, 012 974 0042; www.blue-bus.de; Tarabin; Gerichte 15–60 £E; 🕙 7–23 Uhr) Dieses Restaurant liegt an einem der schönsten Strandabschnitte. Der Koch Abbas bereitet für 15 £E Frühstück, für 20 £E hausgemachte Pizza und für 60 £E Fisch. Es gibt außerdem mit den besten Hummus der Gegend.

In Nuweiba City, gegenüber vom Nuweiba Village Hotel, findet man eine Reihe von kleinen Lokalen. Das **Han Kang** (☎ 350 0970, 012 462 1323; Mazra Rd, Nuweiba City; Gerichte 22–50 £E; 🕙 Mittag- & Abendessen) ist ein angenehmes Restaurant mit überraschend guten chinesischen und koreanischen Speisen. Nebenan liegen ein kleiner Supermarkt für Selbstversorger und das **Cleopatra** (☎ 350 0503; Mazra Rd, Nuweiba City; Hauptgerichte ab 26 £E; 🕙 Mittag- & Abendessen). Dort können sich die Gäste an Fleisch- oder Fisch-*tagens* (in einem tiefen Tontopf gekochte Eintöpfe),

Lamm-*kofta* (am Spieß gegrilltes Hackfleisch mit Gewürzen) und, natürlich, frittierten Kalamares erfreuen.

An- & Weiterreise
BUS

East Delta Bus Co (☎ 352 0371; Nuweiba Port) bietet um 9, 12 und 15 Uhr Busse über Taba (11 £E, 1 Std.) nach Kairo (65 £E, 8 Std.). Die Busse Richtung Süden über Dahab (11 £E, 1 Std.) nach Sharm el-Sheikh (25 £E, 3 Std.) starten um 6.30, 8.30, 10 und 16.30 Uhr. Momentan gibt es keine direkte Linie zum Katharinenkloster. Am besten fährt man nach Dahab und steigt dort in den 9 Uhr Bus um (s. S. 428).

SCHIFF/FÄHRE

Es gibt eine Fährverbindung nach Akaba in Jordanien. Die langsame Fähre (3 Std.) startet in Nuweiba um 10 Uhr und kostet für Erwachsene 60 US$ und für Kinder 50 US$. Zum Zeitpunkt der Recherche konnten jedoch Touristen die Fähre nicht benutzen. Das schnellere Schiff (1 Std.) kostet für Erwachsene 80 US$ und für Kinder 55 US$. Alle Passagiere einschließlich der Kinder zahlen eine Ausreisegebühr von 50 £E. Einige Traveller berichten, dass die „schnelle" Fähre von Nuweiba nach Akaba, die eigentlich um 14 Uhr abfahren soll, manchmal sogar bis 20 Uhr wartet, bis sie voll ist, und deshalb erst um 21 Uhr in Akaba ankommt: wer es eilig hat, sollte also besser über Land und Elat reisen.

Die Fahrpläne und Preise wechseln. Es ist darum immer besser, etwa einen Tag vor der Abfahrt beim Fahrkartenschalter am Hafen von Nuweiba vorbeizuschauen. Details gibt's auf S. 451.

TAXI

In der Hafengegend findet man in der Nähe des Busbahnhofs jede Menge Taxis. Abhängig von der eigenen Fähigkeit zum Handeln kostet eine Fahrt vom Hafen nach Nuweiba City 25 £E und nach Tarabin 40 £E. Man sollte nach Möglichkeit immer passend zahlen können; einige der Taxifahrer behaupten, kein Wechselgeld zu haben, und am Ende muss man mehr bezahlen.

RAS ABU GALLUM PROTECTORATE

Das unglaublich schöne Ras Abu Gallum Protectorate bedeckt 400 km² Küste zwischen Dahab und Nuweiba und bildet eine Mischung aus hohen Küstenbergen, schmalen

GROSSREINEMACHEN

Die sagenhaften Bergzüge und Korallenriffe des Sinai sind atemberaubend, aber viele dieser schönen Orte sind durch einen wachsenden Müllberg aus farbenfrohen Plastiktüten und -flaschen gefährdet. Aber das Großreinemachen ist im Gange.

Die Aktion wurde von Gomaa, einem einheimischen Beduinen gestartet. Inzwischen werden die Säuberungen der Strände, Straßen und Riffe von 21 Geschäften in Dahab unterstützt, wie beispielsweise **Desert Divers** (☎ 069-364 0500; www.desert-divers.com) und **Penguin Divers** (☎ 069-364 1047; www.penguindivers.com). Die meisten Tauchcenter weisen darauf hin, dass man die Richtlinien der Region (oder die „Drei Gebote") befolgen soll: das Riff nicht berühren, die Ausrüstung nicht herumbaumeln lassen und auf die Flossen achten.

Die **Dahab Association for Environmental Development** (☎ 069-364 2599; www.daed.info; Masbat) wird teilweise von der EU finanziert und ist eine NGO. Sie erforscht die Riffe des Sinai und bietet für die Öffentlichkeit zugängliche Kurse über die Biologie des Meeres und die Erhaltung der Umwelt an. Man erfährt hier u. a., dass Korallen lebende Organismen sind, die im Schneckentempo von 1 cm pro Jahr wachsen. Außerdem organisiert die NGO Unterwasser-Müllbeseitigung.

Man & the Environment Dahab (MATE; ☎ 0101388458; www.mate-info.com) hilft dabei, Wanderungen mit Beduinenführern zu organisieren und lenkt auch die Aufmerksamkeit auf die natürlichen Lebensräume im Sinai. **Centre for Sinai** (☎ 364 0702; www.centre4sinai.com.eg) organisiert kostengünstige Kamel-Safaris, um Müll zu sammeln, der dann zum Recycling ins Niltal transportiert wird.

Tälern, Sanddünen und feinkieseligen Stränden mit mehreren ausgezeichneten Plätzen zum Tauchen und Schnorcheln.

Im Schutzgebiet gibt's mehrere ausgewiesene Areale zum Zelten und zahlreiche Wanderwege. Über das Rangergebäude am Rand des Wadi Rasasah kann man auch Beduinenführer und Kamele mieten. Noch ist die Gegend schön, sie hat sich jedoch zu einem extrem beliebten Ziel entwickelt und ist manchmal mit Tagesausflüglern aus Sharm el-Sheikh und Dahab überfüllt.

Zu den beliebtesten Zielen innerhalb des Schutzgebietes gehören Bir el-Oghda, ein heute verlassenes Beduinendorf, und Bir Sugheir, eine Quelle am Rand des Schutzgebietes.

Tauchcenter und Reisebüros in Nuweiba und Dahab bieten Ausflüge nach Abu Gallum an. Man kann das Schutzgebiet auch erreichen, in dem man nördlich vom Blue Hole in der Nähe von Dahab startet und hierher wandert.

DAHAB
☎ 069

Dahab ist seit langem ein Liebling der Backpacker, die auf der Sinaihalbinsel unterwegs sind. Der Name der Stadt (der auf Arabisch „Gold" bedeutet) steht synonym für Ausspannen auf ein paar Kissen, Trinken von Beduinentee oder Rauchen einer *sheesha* (Wasserpfeife), während die Wellen des Roten Meeres sanft heranrollen.

Früher war Dahab ein ruhiges Fischerdorf. Vom Ende der 1960er-Jahre bis in die 1980er-Jahre war die Stadt dann ein beliebter Stopp auf dem Hippiepfad, und in den 1990er-Jahren erwarb es sich schließlich den Ruf, das Koh Samui des Nahen Ostens zu sein. Einige Teile von Dahab haben sich dieses leicht benebelte Gefühl bewahrt. Aber in den letzten Jahren hat sich die Stadt dank der gut erreichbaren Korallenriffe und dem Zustrom an europäischen Besuchern aus Sharm el-Sheikh zu einem Hauptziel der Tauchszene gewandelt.

Heute dominiert nicht mehr goldener Sand, sondern eine lange Promenade von Hotels und Baustellen der Küstenlinie. Die Bananenpfannkuchen und Perlenketten sind jedoch geblieben – nur existieren sie jetzt neben Internetcafés, italienischen Restaurants und Luxusresorts.

Trotz dieser Entwicklungen sind im flippigen Dahab unabhängige Traveller und Tauch-Typen immer noch eher die Regel als die Ausnahme.

Orientierung

Dahab besteht aus zwei Teilen: das kleinere und neuere Gebiet von Dahab City mit einer Ansammlung von Resorthotels, einer Moschee und dem Busbahnhof; und dem nördlich am Strand gelegenen Assalah, ein ehemaliges Beduinendorf. Assalah wiederum teilt sich in Masbat und Mashraba. Masbat beginnt

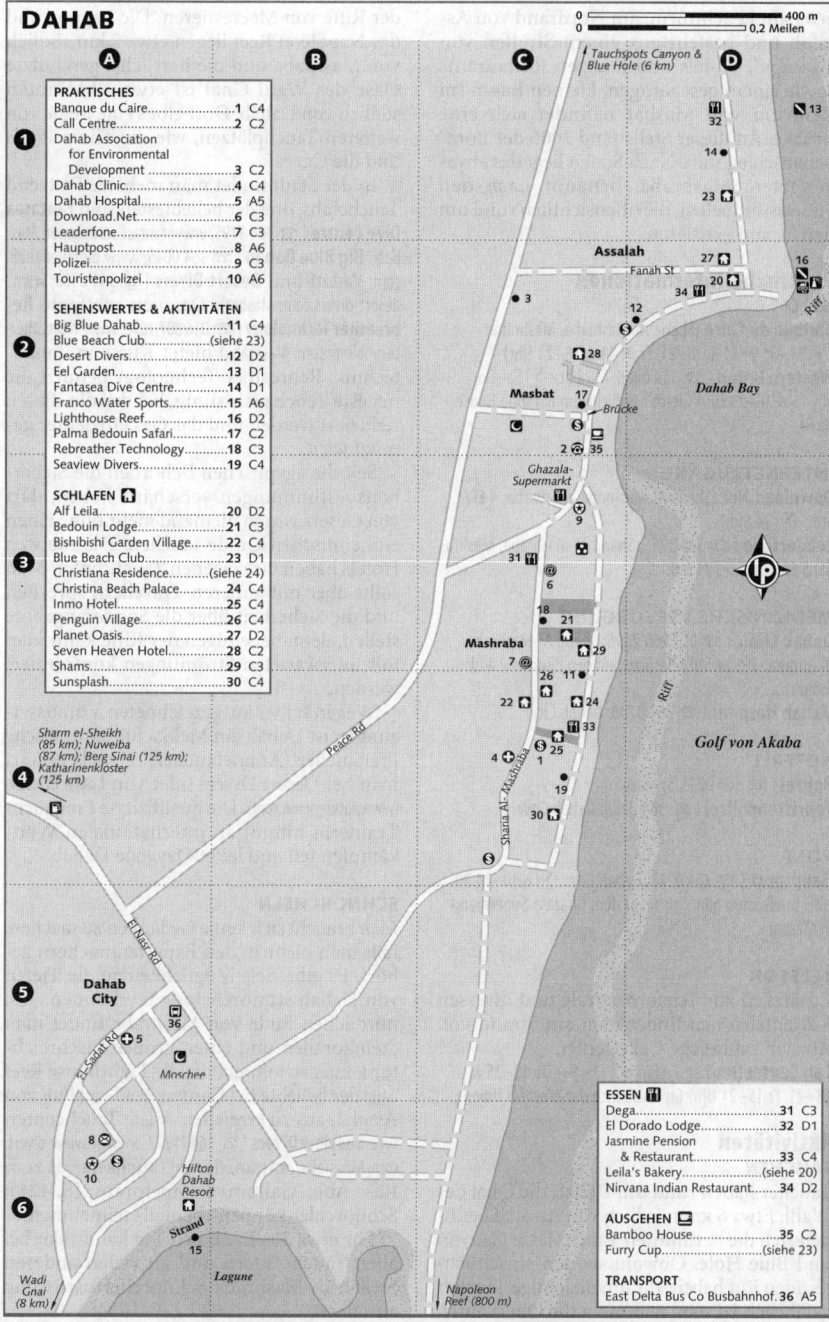

DAHAB

0   400 m
0   0,2 Meilen

PRAKTISCHES

Banque du Caire	**1** C4
Call Centre	**2** C2
Dahab Association for Environmental Development	**3** C2
Dahab Clinic	**4** C4
Dahab Hospital	**5** A5
Download.Net	**6** C3
Leaderfone	**7** C3
Hauptpost	**8** A6
Polizei	**9** C3
Touristenpolizei	**10** A6

SEHENSWERTES & AKTIVITÄTEN

Big Blue Dahab	**11** C4
Blue Beach Club	(siehe 23)
Desert Divers	**12** D2
Eel Garden	**13** D1
Fantasea Dive Centre	**14** D1
Franco Water Sports	**15** A6
Lighthouse Reef	**16** D2
Palma Bedouin Safari	**17** C2
Rebreather Technology	**18** C3
Seaview Divers	**19** C4

SCHLAFEN

Alf Leila	**20** D2
Bedouin Lodge	**21** C3
Bishibishi Garden Village	**22** C4
Blue Beach Club	**23** D1
Christiana Residence	(siehe 24)
Christina Beach Palace	**24** C4
Inmo Hotel	**25** C4
Penguin Village	**26** C4
Planet Oasis	**27** D2
Seven Heaven Hotel	**28** C2
Shams	**29** C3
Sunsplash	**30** C4

ESSEN

Dega	**31** C3
El Dorado Lodge	**32** D1
Jasmine Pension & Restaurant	**33** C4
Leila's Bakery	(siehe 20)
Nirvana Indian Restaurant	**34** D2

AUSGEHEN

Bamboo House	**35** C2
Furry Cup	(siehe 23)

TRANSPORT

East Delta Bus Co Busbahnhof	**36** A5

Tauchspots Canyon & Blue Hole (6 km)

Assalah

Fanah St

Masbat

Brücke

Ghazala-Supermarkt

Mashraba

Riff

Dahab Bay

Golf von Akaba

Sharm el-Sheikh (85 km); Nuweiba (87 km); Berg Sinai (125 km); Katharinenkloster (125 km)

Peace Rd

El Nasr Rd

Dahab City

El-Sadat Rd

Moschee

Shara Al-Mashraba

Hilton Dahab Resort

Strand

Wadi Gnai (8 km)

Lagune

Napoleon Reef (800 m)

etwa am Leuchtturm, am Nordrand von As-salah und besteht aus einem Streifen von „Camps", Hotels und lässigen Restaurants sowie einem geschäftigen, kleinen Basar. Im Zentrum von Masbat befindet sich eine Brücke. An dieser Stelle fand 2006 der Bombenanschlag statt. Nach Süden liegt das etwas gesetztere Mashraba, benannt nach den Süßwasserquellen, die offensichtlich rund um den Strand existieren.

Praktische Informationen

GELD
Banque du Caire (Sharia Al-Mashraba, Mashraba; ☻ Sa–Do 9–14 & 18–21, Fr 9–11 & 18–21 Uhr)
Western Union (☎ 364 0466; Masbat; ☻ Sa–Do 10–15 & 18–21 Uhr) Gleich nördlich vom Bamboo House Hotel.

INTERNETZUGANG
Download.Net (Sharia Al-Mashraba, Mashraba; 4 £E/ Std.; ☻ 24 Std.)
Leaderfone (☎ 364 1755; Sharia Al-Mashraba, Mashraba; 5 £E/Std.; ☻ 24 Std.)

MEDIZINISCHE VERSORGUNG
Dahab Clinic (☎ 019 260 2598; Sharia Al-Mashraba, Mashraba; ☻ 24 Std.) Besuche auf den Zimmern sind möglich.
Dahab Hospital (☎ 364 0208; Dahab City)

NOTFALL
Polizei (☎ 364 0213/5; Masbat)
Touristenpolizei (☎ 364 0188; Dahab City)

POST
Hauptpost (☎ 364 0223; Dahab City; ☻ 8.30–14.30 Uhr) Briefkästen gibt's auch vor dem Ghazala-Supermarkt in Masbat.

TELEFON
Zusätzlich zur Telefonzentrale und diversen Kartentelefonen findet man am Strand von Assalah zahlreiche Call-Center.
Call Center (Masbat; 7 £E/Min.; ☻ Sa–Do 10–15 & 18–21, Fr 15–21 Uhr) Gleich südlich der Western Union.

Aktivitäten

TAUCHEN
Taucher haben rund um Dahab die Qual der Wahl. Etwa 6 km nördlich von Assalah befinden sich die berühmten Tauchplätze Canyon und Blue Hole. Obwohl sie den einschüchternden Ruf haben, für unvorsichtige Taucher gefährlich zu sein, wimmeln die Oberkanten der Riffe von Meerestieren. Die Lagune und das Napoleon Reef liegen etwa 2 km südlich von Mashraba und die herrliche, geschützte Oase des Wadi Gnai ist etwa 20 Minuten südlich von Dahab. Dort gibt's eine Reihe von weiteren Tauchplätzen, wie die Three Pools und die Caves.

In der Stadt findet man mehrere Dutzend Tauchclubs; drei der beliebtesten sind **Fantasea Dive Centre** (☎ 364 1195; www.fantaseadiving.net; Masbat), **Big Blue Dahab** (☎ 364 0045; www.bigbluedahab.com; Masbat) und **Desert Divers** (☎ 364 0500; www.desert-divers.com; Masbat). Das neu eröffnete **Rebreather Technology** (☎ 016 807 1076; www.rebreather-technology.com; Mashraba) bietet Kurse in Tauchtechnik. Rebreather Technology benutzt die neueste Tauchausrüstung, bei der die Blasen reduziert werden und das Gas effizienter genutzt wird.

Seit die ägyptischen Behörden die Sicherheitsbestimmungen verschärft haben, darf von Gesetz wegen niemand mehr ohne einen einheimischen Guide tauchen. Die meisten Hotels haben ihre eigenen Tauchcenter. Man sollte aber mit anderen Travellern sprechen und die Sicherheit über die Sonderangebote stellen, denn bei einigen der Riffe kann man mit unerwarteten Strömungen konfrontiert werden.

Wegen seiner ausgezeichneten Voraussetzungen ist Dahab ein Mekka für europäische Freitaucher (Apnoetaucher). Details erfährt man bei Desert Divers oder von **Lotta Ericson** (www.lottaericson.com). Die qualifizierte Freitauch-Trainerin nimmt an internationalen Wettkämpfen teil und leitet Oxygene Dahab.

SCHNORCHELN
Man braucht sich keine Gedanken zu machen, falls man nicht zu den Expertentauchern gehört. Es gibt viele Möglichkeiten, die Tiefen von Dahab schnorchelnd zu erkunden. Am nördlichen Ende von Mashraba findet man Steinkorallen und einen großen Fischreichtum. Ebenso lohnend ist das Lighthouse Reef und der beliebte Eel Garden, beide zu Fuß von Assalah aus zu erreichen. Viele Tauchcenter, wie **Seaview Divers** (☎ 364 11272; www.seaview-divers.com; Mashraba), organisieren Tauchsafaris zum Ras Abu Gallum Protectorate (S. 421); Schnorchler können ebenfalls teilnehmen.

Für etwa 30–45 £E pro Tag kann man bei allen Tauchcentern und an vielen anderen Stellen in Mashraba Schnorchelausrüstung ausleihen.

WEITERE WASSERSPORTARTEN
Sowohl das Hilton Dahab Resort als auch das
Swiss Inn Golden Beach Resort (beide liegen
an der Lagune südlich der Stadt) unterhalten
an der Bucht ausgezeichnete Windsurfing-
Center. **Franco Water Sports** (☎ 364 1157; Franco
tours_sinai@hotmail.com; Resort Strip; ☽ 8 Uhr bis Sonnenuntergang) befindet sich im Hilton Dahab und
bietet Yachttouren für 25 €, Wasserski für
14 € (10 Min.) und Windsurfen für 15 €
(2 Std.).

REITEN
Das Hotel **Blue Beach Club** (☎ 364 0411; www.
bluebeachclub.com; Assalah) organisiert Ausritte für
120 £E die Stunde.

Schlafen
Die Unterkünfte in Dahab reichen von Camps
für Backpacker bis hin zu Luxushotels. Die
meisten Resorts bieten eine Reihe von Übernachtungsmöglichkeiten von Bungalows mit
Ventilator bis zu Privatzimmern mit Klimaanlage und Balkon.

BUDGETUNTERKÜNFTE
In Dahab stehen buchstäblich Legionen von
Hotels und Camps zur Auswahl. Die meisten
haben Tauchangebote.

Penguin Village (☎ 364 1047; www.penguindahab.
com; Sharia Al-Mashraba, Mashraba; EZ/DZ mit Gemeinschaftsbad 8/10 £, EZ/DZ 11/12 £, EZ/DZ mit Klimaanlage 15/20 €;
☒ ▯ ☲) Das Penguin Village ist eine Kombination aus Hotel, Restaurant und Tauchcenter und liegt hinter einer Ansammlung
von Palmen am Ufer in Mashraba. In dem
strahlend weißen Block gibt's einfache, saubere Zimmer. Das Personal hilft bei der
Organisation von Jeep- und Kamelsafaris –
angeboten wird z.B. ein Trip zum Bestaunen
des Sonnenuntergangs beim Katharinenkloster (100 £E). Das Restaurant auf der Dachterrasse ist ein besonders schöner Ort, um einfach nur gemütlich zu sitzen und ein paar
Stunden lang in einem Buch zu lesen. Jeder
kann für 10 £E pro Tag die WLAN-Verbin-
dung nutzen.

Seven Heaven Hotel (☎ 364 0080; www.7heavenhotel.
com; Masbat; DZ in Hütten ab 10 £E, DZ mit Klimaanlage ab
60 £E, DZ mit Balkon 80 £E; ☒) Dieses gut geführte
Camp im Herzen von Masbat liegt gleich hinter der Brücke. Der Eingang befindet sich in
einer kleinen Seitenstraße. Im obersten Stockwerk gibt's eine neue Reihe von Dachbunga-
lows mit Gemeinschaftsbad und Klimaanlage.

Die meisten bieten einen tollen Blick auf die
Dahab Bay. Die preiswerteren Zimmer liegen
im lauten Erdgeschoss.

Bishbishi Garden Village (☎ 364 0727; www.bishbi
shi.com; Sharia Al-Mashraba, Mashraba; EZ/DZ mit Ventilator
& Gemeinschaftsbad 30/40 £E, EZ/DZ 50/60 £E, EZ/DZ mit Klimaanlage 70/80 £E; ☒) Das einfache Camp ist bei
der jungen Backpacker-Meute beliebt und
liegt eine Straße vom Strand entfernt – Meerblick gibt es also keinen. Die einfachen Hütten
verteilen sich rund um einen mit Kissen ausgestatteten Bereich, wo man sich zu anderen
Travellern gesellen kann. Wie in den meisten
Unterkünften hilft auch hier das Personal bei
der Organisation von Jeepsafaris, Tauchaus-
flügen und Busfahrten zur Grenze.

Sunsplash (☎ 364 0932; www.sunsplash-divers.com;
Mashraba; Bungalow 30 £E, Zi. mit/ohne Bad 140/60 £E; ☒)
Dieses freundliche Tauchcenter unter deut-
scher Leitung liegt am südlichen Rand von
Mashraba, und die Lagune ist von hier aus zu
Fuß zu erreichen. Der Strand beim Sunsplash
ist etwas ruhiger als im Zentrum von Assalah,
obwohl in der Nähe eine Reihe neuer Hotels
gebaut wird. Alle Bungalows und Zimmer
sind absolut sauber. Außerdem gibt's ein
schönes Restaurant und am Strand einen Bereich zum Entspannen. Es sind auch zehn
Tauchgänge für 230 € im Angebot.

Bedouin Lodge (☎ 364 1125; www.bedouin-lodge
-dahab.com; Mashraba; EZ/DZ ab 70/90 £E; ☒) Dies ist
eine der wenigen Unterkünfte der Stadt, die
von Beduinen geführt wird. Das Bedouin bietet das Ambiente eines kleinen Hotels mit
etwas besseren Zimmern als die Camps in der
Umgebung – alle mit eigenem Bad und einige
mit Balkon mit Blick aufs Meer. Das Gelände
liegt am Südende der Strandpromenade.

MITTELKLASSEHOTELS
Inmo Hotel (☎ 364 0370/1; www.inmodivers.de; Mashraba; EZ/DZ mit Gemeinschaftsbad 11/16,50 €, DZ ab 21,50 €, DZ
mit Klimaanlage & Balkon 27 €; ☒ ☲) Nach dem Dach
mit den weißen Kuppeln Ausschau halten.
Das respektable, familienfreundliche Hotel
liegt am Beginn des Mashraba-Streifens. Es
ist hervorragend für Kinder und Taucher
geeignet und bietet ein Spielzimmer und einen
Pool. Auch Babysitting ist möglich. Die gut
eingerichteten Zimmer im orientalischen Stil
haben Ventilatoren, meistens ein eigenes Bad,
einige Klimaanlage und die besten Balkon mit
Strandblick. Es gibt ein paar Mountainbikes,
die die Gäste benutzen können, und das
Personal organisiert Kamel-/Tauchsafaris.

LP Tipp **Christina Residence** (☎ 364 0406; www.christinahotels.com; Mashraba; EZ/DZ inkl. Frühstück ab 120/160 £E; 🗶 🛜) Dieses kleine Hotel unter Schweizer Leitung wurde 1996 eröffnet und umfasste ursprünglich nur 10 Zimmer. Jetzt erstreckt es sich über zwei Komplexe – das Residence und das Beach Palace (s. unten) auf der anderen Straßenseite am Meer. Das Residence bietet saubere Zimmer mit eigenem Bad und WLAN (einfach an der Rezeption nach dem Passwort fragen). Die Gäste können auch den Swimmingpool und das Restaurant im Beach Palace benutzen.

Shams (☎ 012 708 1398; www.shams-hotel.com; Mashraba; EZ/DZ inkl. Frühstück 20/25 €; 🗶) Das Shams ist eines der neueren Hotels in Dahab und in österreichisch-ägyptischem Besitz. Die 14 geräumigen Zimmer haben alle Klimaanlage, Bad und Balkon. Es gibt ein Tauchcenter, und es werden Kurse in allen Schwierigkeitsgraden und mehreren Sprachen sowie Wüstentouren und aufregende Trips mit Quad Bikes angeboten. Das Restaurant ist mit Fellen und Kissen ausgestattet, und auf der Speisekarte stehen türkische und mediterrane Gerichte, Fruchtsäfte und Baklava.

Alf Leila (☎ 364 0595; www.alfleila.com; Fanah St, Masbat; Zi/Suite 28/38 €; 🗶) Das Alf Leila bezeichnet sich selbst als das erste Boutique-Hotel im südlichen Sinai und bietet einen Hauch von Marrakesch. Die acht Zimmer liegen um einen schönen Hof, inklusive Tauchbecken. Vier davon sind individuell gestaltete Suiten mit Doppelzimmer, offenem Wohnraum und eigenem Balkon. Die vier Doppelzimmer sind in einer Symphonie von Farben getönt, mit Waschbecken in Form von Kupferschalen und arabischen Fliesen. Die Gäste erhalten einen Schlüssel zur Villa, wodurch eine besonders heimelige Atmosphäre entsteht.

Planet Oasis (☎ 364 1090, 364 2074; www.planetdivers.com; Mashraba; EZ/DZ/3BZ inkl. Frühstück ab 28/36/48 €; 🗶 🛜) Das Planet Oasis ist möglicherweise eines der besten Camps in der Stadt und hat ausgezeichnete Einrichtungen. In den kürzlich renovierten Zimmern gibt's Duschen mit Süßwasser, Kühlschrank, und manche bieten auch Meerblick. Das Tauchcenter bietet preisgekrönte PADI-Kurse, und das Hotel hat jetzt einen neuen Swimmingpool.

Christina Beach Palace (☎ 364 0390; www.christinahotels.com; Mashraba; EZ/DZ inkl. Frühstück 260/340 £E; 🗶 🛜) Das Beach Palace hat die gleichen Besitzer und die gleiche Leitung wie das Christina Residence (s. oben) und bietet Lu-xuszimmer mit TV und Minibar sowie einen Swimmingpool und ein Terrassenrestaurant am Wasser. Deshalb ist es ein toller Platz, um das Frühstück zu genießen.

Blue Beach Club (☎ 364 0411; www.bluebeachclub.com; Assalah; EZ/DZ ab 34/42 €; 🗶) Das nette Hotel gehört einem Universitätsprofessor und liegt an einem windigen Streifen Strand am Nordrand von Assalah. Die 20 Zimmer liegen zwischen ausgezeichneten Einrichtungen wie einem Yogastudio auf dem Dach, Reitställen und einem arabischem Sprachenzentrum, in dem zwei- bis vierwöchige Kurse angeboten werden. Man lernt am Vormittag und entspannt den Rest des Tages am Süßwasserpool.

Essen

Dega (☎ 010 575 8127; Sharia Al-Mashraba, Mashraba; Gerichte 19–30 £E; ⏲ mittags & abends) Wer auf der Suche nach authentischer und preisgünstiger ägyptischer Hausmannskost ist, sollte dieses niedliche Restaurant probieren, das von einem jungen Ehepaar geführt wird. Zu den Highlights gehören das Barbecue-Huhn, Lamm-*tagen* und leckere Moussaka, vegetarisch oder mit Fleisch.

El Dorado Lodge (☎ 364 1027; www.eldoradodahab.com; Masbat; Gerichte ab 20 £E; ⏲ 12 Uhr–open end) Die El Dorado Lodge ist in italienischem Besitz und liegt am äußersten nördlichen Ende der Assalah-Promenade. In diesem geschmackvoll eingerichteten Resort, in dem man auch übernachten kann, genießt man hausgemachte Pizzas und eine Bandbreite von Pasta und Meeresfrüchten.

LP Tipp **Leila's Bakery** (☎ 364 0594; Fanah St, Masbat; Gerichte 25–30 £E; ⏲ 8.30–24 Uhr) Diese Backstube wird vom Boutique-Hotel Alf Leila geführt und serviert herzhaftes deutsches Frühstück mit geräuchertem Truthahn, Eiern, Käse und Salat sowie Baguettes mit geräuchertem Lachs und köstliche Pasteten, die perfekt zum Espresso passen.

Nirvana Indian Restaurant (☎ 016 104 6061; www.nirvanadivers.com; Masbat; Gerichte 25–60 £E; ⏲ mittags & abends; Ⓥ) Das Nirvana bietet immer noch die besten Tassen mit Chai und das beste indische Essen in Dahab. Es gibt milde und würzige Gerichte nach Rajasthan-Art und eine beeindruckende vegetarische Auswahl.

Jasmine Pension & Restaurant (☎ 364 0852, 012 355 2318; www.jasminepension.com; Mashraba; Hauptgerichte ab 25 £E; ⏲ 7.30 Uhr–open end) Das Jasmine liegt am Hauptstrand von Mashraba und ist für alle, die sich nicht entscheiden können, eine

sichere Wahl. Auf der Speisekarte stehen ge-
grillter Fisch, Kebab, Pizza, Pasta und Salate.
Die Kalamares im Beduinenstil sind beson-
ders gut. Im Hintergrund spielt meist eine
Mischung aus Reggae, Rock und Jazz, und die
Kissen sind ein herrlicher Ort, um sich mit
Freunden ein Bier oder eine *sheesha* zu teilen.

Ausgehen
Dahab ist abends ziemlich ruhig, aber in den
meisten Restaurants werden Cocktails, Bier
und Wein serviert.

LP Tipp Bamboo House (☎ 364 0263; www.bamboo
house-dahab.com; Masbat; 🕑 9–24 Uhr; 🛜) Nach einem Tauchtag ist das ein toller Ort zum Abkühlen. Die Café-Bar in diesem Hotel bietet
eisgekühlte Getränke, Eiscreme, sowie Kaffee
und Crêpes. Es gibt eine Terrasse mit Blick
über die Bucht und drinnen einen Pooltisch
und kostenloses WLAN.

Furry Cup (☎ 364 0411; Blue Beach Club, Assalah; 🕑 12
Uhr bis spät) Dieser Nachtclub wurde 2001 eröffnet und ist mit seiner lebhaften Atmosphäre
und den mit Kissen gepolsterten Stühlen für
viele der Tauchlehrer von Dahab die Bar der
Wahl. Happy Hour ist von 18–20 Uhr.

An- & Weiterreise
East Delta Bus Co (☎ 364 1808; Dahab City) hat einen
großen Busbahnhof in Dahab City, 20 Minu-
ten zu Fuß von der Stadt entfernt. Die Busse
fahren um 10.30, 16 und 18.30 Uhr nach
Nuweiba (11 £E, 1 Std.). Der Bus um 10.30
Uhr fährt weiter nach Taba (35 £E, 2 Std.). Der
Bus zum Katharinenkloster startet um 9 Uhr
(16 £E, 2½ Std.). Busse nach Sharm el-Sheikh
fahren um 8, 9, 10, 12.30, 15, 16, 17, 19.30,
20.30, 21.30 und 22.30 Uhr ab (18 £E,
1½ Std.). Die Busse nach Kairo starten um
8.30, 12.30, 14.30 und 22 Uhr (75 £E, 9 Std.).

KATHARINENKLOSTER & BERG SINAI
☎ 069
Das zerklüftete Innere der Sinaihalbinsel mit
seinen einsamen Bergen und seinen vom
Wind geformten Canyons und Wadis ist eine
Region von atemberaubender Schönheit. In
dieser abgeschiedenen Kulisse findet man
auch antike Überreste, die allen großen monotheistischen Religionen der Welt heilig
sind.

Katharinenkloster
Das antike **Katharinenkloster** (www.st-katherine.net;
Eintritt frei; 🕑 Mo–Do & Sa 9–12 Uhr, außer an religiösen

Feiertagen) liegt versteckt in einem kargen Tal
am Fuß des Berges Sinai. Es ist seit dem 4. Jh.
ein Ziel für Pilger. Seine Gründung wird um
330 n. Chr. vermutet. Damals ordnete die
römische Kaisermutter Helena den Bau neben
der Stelle an, an der – so glaubte man – der
Busch gebrannt hatte, aus dem Gott mit
Moses gesprochen hat. Heute ist das Katharinenkloster eine wichtige Sehenswürdigkeit
für Reisende und eine Unesco-Welterbestät-
te. Es gilt als eines der ältesten Klöster der
Welt, das noch in Betrieb ist, und die Kirche
ist eine der ältesten noch bestehenden der
Christenheit.

Auch wenn große Teile des Klosters für die
Öffentlichkeit nicht zugänglich sind, darf man
die reich geschmückte Kirche der Verklärung
aus dem 6. Jh. betreten. Das Schiff wird von
Granitsäulen gesäumt, die Wände sind mit
Gemälden bedeckt und die Decke ist mit einem Labyrinth an hängenden Lampen dekoriert. Die Reliquien der Heiligen Katharina
befinden sich im hinteren Teil der Kirche, und
außerhalb befindet sich dort das, was man für
einen Sprössling des biblischen brennenden
Busches hält.

Das **Klostermuseum** (Erw./Kind unter 12/Student 25/
frei/10 £E) sollte man nicht versäumen. Es zeigt
einige wirklich spektakuläre Stücke aus der
byzantinischen Zeit und die vielleicht schönste Sammlung antiker, handgeschriebener
Bücher und Codices der Welt. Über die Jahrhunderte haben die Mönche Spenden aus der
gesamten Christenheit erhalten. Dazu gehört
ein Lateinischer Psalter, der Codex Sinaiticus
und ein Ahdname des Propheten Mohammed, der seinen Schutz garantiert. Die sprach-
liche Vielfalt der hier vertretenen Texte reicht
von Griechisch, Syrisch und Slawisch bis zu
Persisch, Polnisch und Äthiopisch. Es gibt
auch Gemälde, die die zwei Theophanien darstellen – Moses vor dem brennenden Busch
und der Erhalt der Zehn Gebote.

Berg Sinai
Der Berg Sinai erhebt sich aus der Wüste und
überragt mit seinen 2285 m die anderen
Gipfel, die das Kloster umgeben. Der auch
als Mosesberg bekannte Berg heißt vor Ort
Gebel Musa. Obwohl einige Archäologen und
Historiker seinen Anspruch auf biblischen
Ruhm bestreiten, wird er doch von Christen,
Muslimen und Juden verehrt. Alle glauben,
dass Gott an seiner Spitze Moses die Zehn
Gebote übergeben hat. Es ist einfach und

herrlich, den Berg zu besteigen, und – außer an der Spitze, wo man unvermeidlich von den Massen der anderen Besucher überwältigt wird – bietet er das Gefühl der Ruhe und Größe der hohen Berge im Gebiet des südlichen Sinai.

Es gibt zwei Routen den Berg hinauf, für die man jeweils mindestens 2 Stunden benötigt. Der Kamelpfad ist die einfachere Route. Der Weg ist breit, klar zu erkennen und windet sich sanft eine Reihe von Serpentinen hinauf. Die einzige mögliche Schwierigkeit – mal abgesehen von den manchmal heftigen Winden – sind Stellen mit Kies, die beim Abstieg rutschig sein können.

Der Alternativpfad zum Gipfel führt über die herausfordernden 3750 Stufen der Reue, die ein Mönch als Form der Buße angelegt hat. Wer beide Routen ausprobieren möchte, nimmt am besten den Pfad auf dem Hin- und die Stufen auf dem Rückweg. Wer beim Raufwandern über den unebenen Pfad müde wird, der findet eine Unmenge an Beduinen. Sie bringen den Besucher für etwa 60 £E auf einem Esel oder Kamel nach oben.

Man sollte sich warm anziehen – auch im Sommer ist es auf dem Gipfel sehr kalt. Eine Taschenlampe ist ebenfalls praktisch. Man kann sie auch leihen.

Die beste Zeit für den Aufstieg ist vor der Dämmerung. Dann kann man den spektakulären Sonnenaufgang genießen. Aber einige empfehlen auch einen Aufstieg am späten Nachmittag zum Sonnenuntergang.

Schlafen & Essen

Rund um die Bushaltestelle gibt's Snackshops und eine Reihe identischer Restaurants, die einfaches Essen servieren.

Monastery Guesthouse (☎ 347 0353; Fax 347 0543; Katharinenkloster; EZ/DZ/3BZ mit Bad & HP 180/320/400 £E, Zi. für 4/5 Pers. 470/555 £E) Dieses schöne Gästehaus liegt gleich neben dem Kloster und bietet bequeme Zimmer mit Heißlüftern und Decken, um sich gegen die Kälte des Berges zu schützen. Von dem Terrassenbereich hat man Blick auf die Berge. Mittagessen ist für zusätzliche 25 £E im Angebot, und man darf sein Gepäck in einem der Zimmer verstauen, während man den Berg Sinai besteigt.

An- & Weiterreise

Von Dahab aus fährt täglich ein Bus um 9 Uhr zum Katharinenkloster. Der Bus nach Dahab startet um 13 Uhr. Man kann das Katharinenkloster auch von Taba aus erreichen (25 £E, 4 Std.). Das Kloster liegt etwa 3,5 km vom Dorf Al-Milga entfernt (wo die Busse aus Dahab die Fahrgäste absetzen). Von dort aus kann man einfach laufen oder ein Taxi nehmen.

Der Taxidienst wartet in der Regel beim am Kloster auf diejenigen, die vom Berg Sinai herunterkommen und dann wieder gegen Mittag, wenn das Kloster schließt. Eine Fahrt ins Dorf kostet pro Person 10–15 £E. Die Taxis vom Katharinenkloster nach Dahab berechnen etwa 100 £E pro Person. Daher ist es wirklich ratsam, sich von Dahab, Nuweiba oder Sharm el-Sheikh aus einer organisierten Tour anzuschließen. Diese Touren starten in der Regel um Mitternacht zu der zweistündigen Fahrt zum Fuß des Berges. Dann hat man Zeit, bis zum spektakulären Sonnenaufgang den Gipfel zu erreichen. Man kann in Erwägung ziehen, den Besuch auf den Morgen zu legen, das Kloster zu besuchen und dann zum Strand zurückzukehren. Wer nicht auf seinen Nachtschlaf verzichten möchte, kann auch die Abendtouren in Erwägung ziehen. Diese Touren starten in Dahab gegen 8 Uhr. Dann hat man Zeit für eine Tour durch das Kloster und zum Besteigen des Berges und kommt um 21 Uhr in die Stadt zurück.

Die meisten Hotels in Dahab bieten Touren an. Oder man wendet sich an **Palma Bedouin Safari** (☎ 012 670 6470; pal mabedouinsafari@yahoo.com; Masbat). Sie berechnen 80 bzw. 120 £E für Trips zum Sonnenaufgang bzw. Sonnenuntergang.

Allgemeine Informationen

AKTIVITÄTEN

Israel hat von allen Staaten im Nahen Osten sicherlich die meisten Aktivitäten zu bieten – von der Vogelbeobachtung über das Kitesurfen, Kajakfahren, Reiten und Ballonfahren bis hin zum Kamelreiten. In den einzelnen Regionenkapiteln dieses Reiseführers sind die jeweiligen Optionen im Detail aufgeführt. Die Regionen mit der größten Auswahl sind derzeit die Wüste Negev (S. 364), Galiläa (S. 258) und Obergaliläa sowie die Golanhöhen (S. 284). Gute Wassersportgebiete sind Elat (S. 386) und der Sinai (S. 416). Selbst in Tel Aviv kann man gut Rad oder Inlineskates fahren, Kletterwände bezwingen oder surfen – man muss nur entscheiden, wie aktiv man sein will, und dann die passende Aktivität dazu finden.

Das Aktivitätenangebot in den Palästinensischen Autonomiegebieten ist zwar begrenzter, aber rund um Jericho (S. 333) gibt's tolle Wander- und Reitmöglichkeiten.

Archäologische Ausgrabungen

Die jahrtausendelange Siedlungsgeschichte Israels, deren Zeugnisse größtenteils unterhalb der Erdoberfläche versteckt liegen, wird Archäologen noch lange Zeit beschäftigen. An einigen Stellen kann man sich Ausgrabungen ansehen. Eine der bei Travellern beliebtesten Ausgrabungsstätten liegt bei Marissa (S. 173).

Im Rahmen des **Tel Rehov Project** (www.rehov. org) wird im Nordosten Israels in der Ebene von Bet Shean eine Stätte aus der Bronzezeit ausgegraben. Die vom Institut für Archäologie der Hebräischen Universität von Jerusalem geleiteten Ausgrabungen finden in der Mitte des Sommers statt und dauern ungefähr sechs Wochen. Details dazu, wie und wo man sich für eine Teilnahme daran bewerben kann, gibt's auf der Website.

Tiberias Excavations (☎ 02-582 5548; www.tiberias excavation.com) ist ein einwöchiges Ausgrabungsprogramm mit Sitz in Galiläa, das ebenfalls von der Hebräischen Universität von Jerusalem geleitet wird und Archäologen bei Ausgrabungen gleich südlich von Tiberias unterstützt. Bei den Mitarbeitern erhält man auch Infos über anstehende Ausgrabungen.

Fallschirmspringen & andere Sportarten in der Luft

Israelis scheinen gern durch die Lüfte zu fliegen: Rund um Netanya (S. 216) wird Gleitschirmfliegen und in Elat (S. 391) Parasailing angeboten. An der Küste südlich von Haifa bei Hof HaBonim (S. 231) und in der Wüste nahe Be'er Sheva (S. 370) kann man Fallschirmspringen. Eine nicht ganz so adrenalingeschwängerte Alternative ist die Fahrt in einem Heißluftballon über die Ebenen der Wüste Negev (S. 373).

Wandern

Wegen seiner unterschiedlichen Landschaften bietet Israel eine unglaubliche Menge von tollen Wandermöglichkeiten. Zu den beliebtesten Wandergebieten gehören der Ramon-

ALLGEMEINE INFORMATIONEN

PRAKTISCH & KONKRET

■ Englischsprachige Zeitungen, die täglich (außer Sa) erscheinen, sind z. B. die *Ha'aretz* (www.haaretzdaily.com) und die *Jerusalem Post* (www.jpost.com). In Ostjerusalem gibt es das von Palästinensern herausgegebene Wochenblatt *Jerusalem Times*. Die Zeitschrift *Jerusalem Report* erscheint alle zwei Wochen und informiert über das aktuelle Geschehen.

■ Der beste Radiosender mit englischer und hebräischer Rockmusik in Tel Aviv ist 102 FM. In Jerusalem kann man um 22 Uhr auf 88,2 FM englischsprachige Nachrichten hören. Englischsprachige Nachrichten und Musik gibt's gelegentlich auch auf 100,7 FM (Tel Aviv), 98,4 FM (Jerusalem), 97,2 FM (Haifa) und 94,4 FM (Tiberias). Der Kurzwellensender der BBC bringt auf 1323 kHz Nachrichten auf Englisch, ebenso Voice of America (1260 kHz). Der Webstream des Israel National Radio ist auf www.kol-israel.com abrufbar. Palästinensische Musik spielt Angham Radio (www.radioangham.com, arabisch).

■ Die drei öffentlichen Fernsehsender Israels bringen viele englischsprachige Sendungen mit hebräischen Untertiteln. Man kann auch das arabischsprachige Jordan TV empfangen. Fast alle Hotels und Pensionen haben Kabel-TV mit CNN, Sky und BBC World.

■ Das vorherrschende Videoformat in Israel ist PAL.

■ In Israel gibt's Wechselstrom mit 230 V und 50 Hz. Die Steckdosen sind auf Stecker mit zwei oder drei Rundzapfen ausgelegt (europäischer Standard).

■ In Israel, im Westjordanland und im Gazastreifen gilt das metrische System.

Krater (S. 380), die Wüste Zin (S. 376), die Oase En Gedi (S. 351), die Berge von Elat (S. 391) und das Naturschutzgebiet Yehudiya (S. 310). Karten erhält man in der Regel am Eingang der Nationalparks und Naturschutzgebiete. Die Angestellten dort helfen Travellern auch bei der Planung der Wanderroute. Für ausgedehnte Wanderausflüge bekommt man detaillierte Wanderkarten auf Englisch in den Buchläden in Tel Aviv, Jerusalem oder Haifa. Weitere Infos zum Wandern im Süden Israels gibt's auf S. 365.

Wanderer mit viel Ausdauer möchten vielleicht den gesamten Israel National Trail oder einen Teil von ihm ablaufen. Der Wanderweg erstreckt sich über mehr als 1200 km von Tell Dan im Norden bis nach Taba im Süden und führt durch die am wenigsten besiedelten und landschaftlich schönsten Gebiete Israels. Die schöne, abwechslungsreiche Strecke ist mit roten, weißen und blauen Markierungen gekennzeichnet. Infos liefert die Website von **Israel National Trail Data Project** (www.israelnationaltrail.com).

Es gibt auch mehrere neue Wanderstrecken, die sich durch Israel schlängeln. Es ist also kein Problem, die Sandalen zu schnüren und den Jesuspfad (S. 271) in Angriff zu nehmen oder auf dem Golan-Wanderweg (S. 307) die Höhen zu erklimmen. Beide Wege liegen im Norden.

Prinzipiell ist es keine gute Idee, im Westjordanland ohne Begleitung durch die Landschaft zu spazieren. Eine Ausnahme ist allerdings das wundervolle Wadi Qilt (S. 336). Auch die Gegend rund um das Kloster Mar Saba (S. 328) ist perfekt für kurze Wanderungen. Infos zu Wanderwegen bietet *Walks in Palestine: Including the Nativity Trail* (2002) von Nabeel Kassis. Wer sich nicht sicher ist, sollte vor Ort lieber einen Führer anheuern.

Wassersport

Viele Traveller fahren direkt nach Elat (S. 390) und auf den Sinai (S. 416) zum Schnorcheln und Tauchen. Die meisten halten die Unterwasserwelt am Sinai für weit schöner. Wer sich eher für alte Grundmauern als für Fische interessiert, kann in Caesarea (S. 245) abtauchen und sich den alten Hafendamm aus der Zeit Herodes' ansehen. Noch mehr interessante Tauchgänge bietet der Ze'ev Hayam Dive Club (S. 232) in Haifa, der Traveller zu Tauchstellen vor der Mittelmeerküste bringt.

ALLEINREISENDE

In den meisten Gebieten finden sich Pensionen und Jugendherbergen, in denen Alleinreisende ein Bett im Schlafsaal bekommen. Viele Unterkünfte bieten auch Einzelzimmer (die sind billiger als Doppelzimmer, obwohl es sich oft um dieselben Zimmer handelt). In Pensionen, Hostels, Buchläden und von Travellern besuchten Bars findet man manchmal auch Gleichgesinnte, mit denen man die Kosten für ein Mietauto teilen oder an geführten Touren teilnehmen kann. Die Israelis und Palästinenser sind in der Regel sehr gastfreundlich, sodass man mitunter angesprochen und eingeladen wird, wenn man alleine im Café oder im Bus sitzt. Alleinreisende Frauen sollten auch einen Blick auf S. 435 werfen.

ARBEITEN IN ISRAEL

Früher konnten Traveller einfach in Tel Aviv aufkreuzen und Arbeit in Bars und Restaurants finden. Aber seit 2006 gehen die Behörden sehr hart gegen Unternehmen vor, die Schwarzarbeiter beschäftigen, sodass Reisende heute nur noch schwer einen Job finden. Die größte Chance, einen bezahlten Job zu ergattern, hat man über die Pensionen und Restaurants in Strandnähe in Tel Aviv: Die Pensionsmitarbeiter können einem bei der Suche nach einem Job helfen – aber nur, wenn man dort wohnt.

Um legal arbeiten zu können, braucht man eine Arbeitserlaubnis vom Innenministerium (S. 445) – und die zu bekommen, ist nicht so einfach. Die meisten Arbeitskräfte, die im Ausland angeworben werden, haben bei ihrer Einreise bereits den ganzen Papierkram erledigt. Trotzdem kann es sich lohnen, die Stellenausschreibungen in der *Jerusalem Post* und in der *Ha'aretz* zu durchforsten.

Wer Arbeit gefunden hat und glaubt, von seinem Arbeitgeber übervorteilt zu werden, erhält kostenlose Rechtshilfe bei **Kav l'Oved** (Karte S. 189; ☎ 03-688 3537; www.kavlaoved.org.il; 3. Stock, 17 Yl Peretz St, Tel Aviv; ☽ So, Di & Mi 9.30–16.30, Do 12–18 Uhr).

BOTSCHAFTEN & KONSULATE

Zwar ist Jerusalem die Hauptstadt Israels, aber aufgrund der internationalen politischen Verwicklungen befinden sich die meisten diplomatischen Vertretungen in Tel Aviv. Manche Staaten haben auch Konsulate in Jerusalem, Haifa und Elat.

Die meisten diplomatischen Vertretungen öffnen von Montag bis Donnerstag schon früh am Morgen; manche haben auch länger auf. Die einzigen Nahostländer mit diplomatischen Vertretungen in Israel sind Jordanien, Ägypten und die Türkei. Falls nicht anders

angegeben, befinden sich die folgenden Vertretungen in Tel Aviv.

Ägypten Elat (Karte S. 388; ☎ 08-637 6882; 68 HaAfroni St, 88119); Tel Aviv (Karte S. 178; ☎ 03-546 4151; Fax 03-544 1615; 54 Basel St, 64239)

Deutschland (Karte S. 178; ☎ 03-693 1313; www. tel-aviv.diplo.de, deutsch & hebräisch; 3 Daniel Frisch St, 64731)

Jordanien (außerhalb der Karte S. 178; ☎ 03-751 7722; Fax 03-751 7712; 14 Abbe Hillel St, Ramat Gan, 52506)

Österreich (außerhalb der Karte S. 178; ☎ 03-612 0924; www.austrian-embassy.org.il; Beit Crystal, 6 Hachiilason St, Ramat Gan, 64928)

Schweiz (Karte S. 178; ☎ 03-546 4455; Fax 03-546 4408; 228 HaYarkon St, 63405)

Türkei (Karte S. 178; ☎ 03-524 1101; Fax 524 0499; 202 HaYarkon St, 63405)

ERMÄSSIGUNGEN

Mit einer HI-Mitgliedskarte erhält man in offiziellen HI-Hostels eine Ermäßigung. Bei Vorlage eines internationalen Studentenausweises bekommt man in Egged-Bussen eine Ermäßigung von 10 %, bei Zügen der Israel State Railways 20 %, außerdem ermäßigten Eintritt zu den meisten Museen und archäologischen Stätten. Allerdings räumen viele Institutionen nur in Israel eingeschriebenen Studenten eine Ermäßigung ein. Auch werden Studentenausweise bestimmter Universitäten möglicherweise nicht anerkannt.

Manche Museen und Sehenswürdigkeiten bieten auch Vergünstigungen für Senioren.

FEIERTAGE & FERIEN

Pessach (Passah) gehört zu den zentralen Festen des Judentums und ist die längste Feiertagsperiode in Israel. Dann kommt das Leben hier praktisch zum Stillstand – die öffentlichen Verkehrsmittel fahren nicht mehr, die Geschäfte und Restaurants bleiben geschlossen. Das ganze Jahr über gibt es noch viele andere Feiertage, während der für einen oder zwei Tage alles langsamer geht (z. B. Sukkoth), aber die touristischen Stätten und Museen sind meist geöffnet. Zu Yom Kippur (dem jüdischen Versöhnungstag) bleiben die meisten Einrichtungen geschlossen.

Das Datum der jüdischen Feiertage richtet sich nach dem jüdischen Mondkalender und ändert sich deshalb von Jahr zu Jahr. Die Website der **Orthodox Union** (www.ou.org/chagim) hat einen Link zum jüdischen Feiertagskalender. Ein jüdischer Tag beginnt übrigens mit dem Sonnenuntergang und endet mit dem Sonnenuntergang des folgenden Tages. Das heißt, dass die Feiertage eigentlich am Vorabend des im Kalender verzeichneten Tages beginnen.

Auch der muslimische Kalender ist ein Mondkalender, hat aber keine Schaltjahre. Deshalb wandern die muslimischen Feiertage Schritt für Schritt durch alle Jahreszeiten und können auf jeden beliebigen Tag im Jahr fallen. Auch diverse christliche Kirchen feiern bestimmte Feiertage zu verschiedenen Terminen. Aktuelle muslimische und christliche Feiertagskalender findet man auf www.bbc.co.uk/religion/tools/calendar.

Christliche Feiertage

Januar
Weihnachtsfest der orthodoxen Kirche 5.–6. Januar
Weihnachtsfest der armenischen Kirche 19. Januar

März/April
Karfreitag Christlicher Feiertag zum Gedenken an die Kreuzigung Jesu.
Ostersonntag Römisch-katholische und protestantische Christen feiern den Ostersonntag ungefähr zwei Wochen früher als Angehörige der armenischen und orthodoxen Kirchen. An Ostern gedenkt man der Auferstehung Jesu am dritten Tag nach seiner Kreuzigung. Wenn es ruhig ist, ziehen katholische Pilger über die Via Dolorosa zur Grabeskirche in der Jerusalemer Altstadt. Viele Protestanten versammeln sich zu Gottesdiensten am Gartengrab.
Karfreitag der armenischen & orthodoxen Kirchen Findet zwei Wochen nach dem Karfreitag der Protestanten und Katholiken statt.
Ostern der armenischen & orthodoxen Kirchen Zwei Wochen nach dem Osterfest der Protestanten und Katholiken.
Gedenktag des Völkermords an den Armeniern 24. April

Dezember
Weihnachten Feiert die Geburt von Jesus in Bethlehem und wird von Katholiken und Protestanten am 25. Dezember, von den meisten Orthodoxen am 7. Januar und von den Armeniern am 19. Januar begangen. Wenn die Situation im Westjordanland es zulässt, sollte man am Heiligabend (24. Dez.) die Mitternachtsmesse vor der Geburtskirche am Krippenplatz in Bethlehem besuchen. Die Plätze in der Kirche selbst sind für praktizierende Katholiken mit Eintrittskarten (kostenlos am Christian Information Centre in der Jerusalemer Altstadt erhältlich) reserviert.

Jüdische Feiertage

Januar
Tu'Bischwat (Neujahrsfest der Bäume) Man isst Obst und Nüsse und pflanzt Bäume.

März/April
Purim Das „Losfest" gründet darauf, dass die persische Königin Esther die Juden vor einem heimtückischen Anschlag durch ihren Hofbeamten Haman errettete. An diesem Tag tragen Kinder wie Erwachsene bunte Kostüme und feiern am Abend ausgelassen. Die ansonsten kaum Alkohol trinkenden Israelis sind dann meistens so betrunken, dass sie nicht mehr unterscheiden können, ob sie nun Esthers Cousin Mordechai huldigen (der die Juden damals vor Haman errettete) oder Haman verfluchen.
Pessach Feier zum Auszug der Juden aus Ägypten. Am ersten und letzten Tag des einwöchigen Fests sind die meisten Firmen (auch Läden und Märkte) geschlossen und der öffentliche Nahverkehr ist auf ein Minimum reduziert. An den anderen Tagen gelten meist verkürzte Öffnungszeiten. Zum Sederabend gibt es bestimmte Speisen mit symbolischer Bedeutung, die nach einem genau festgelegten Verlauf gemeinsam eingenommen werden. Während des gesamten Pessachfests wird nur ungesäuertes Brot, also die dünne Matze gegessen, die bis zu 1 m Durchmesser haben kann.
Omer (zwischen Pessach und Shavuot) Eine fastenzeitähnliche Periode, die an die verschiedenen Prüfungen des jüdischen Volkes erinnert.
Mimouna Ein Fest der Juden aus Nordafrika.
Gedenktag für die Gefallenen Zum Gedenken an die Soldaten, die in verschiedenen Kriegen Israels umKamen.

Mai
Yom Haschoa, Holocaust-Gedenktag (22. Tag des Omer) Die Sirenen heulen, und zwei Minuten lang wird still der 6 Mio. Juden gedacht, die von den Nazis ermordet worden waren. In Jerusalem finden besondere Gottesdienste an der Holocaust-Gedenkstätte Yad Vashem statt.
Lag baOmer Am 33. Tag des Omer gibt's sportliche Wettkämpfe, Lagerfeuer und ein Festessen in Gedenken an den Ausbruch der Pest im 2. Jh., der Schüler von Rabbi Akiba zum Opfer fielen (in manchen Jahren findet das Ende April statt). Kinder machen Lagerfeuer und religiöse Menschen besuchen das Grab des Rabbi in Meron nahe Safed.
Yom Haatzmauth (Unabhängigkeitstag; 14. Mai) Erinnert an den 14. Mai 1948, als Israel ein unabhängiger Staat wurde. Der Tag davor, Yom Hazikaron, ist ein Gedenktag für die gefallenen israelischen Soldaten und die Opfer des Terrorismus. Bei den Palästinensern heißt dieser Tag Al-Nakba, die Katastrophe. Am Unabhängigkeitstag werden überall in Israel Umzüge und Picknicks veranstaltet.

Juni
Yom Yeruschalajim (Jerusalemtag; 4. Juni) An diesem Tag feiert die jüdische Bevölkerung die Wiedervereinigung der Stadt Jerusalem im Juni 1967. Die Jerusalemer ziehen tanzend und singend durch die Stadt zur Klagemauer.
Shavuot (Wochenfest) Sieben Wochen nach Pessach erinnert dieses Fest an die Übergabe der Zehn Gebote an

Moses auf dem Berg Sinai. Orthodoxe Juden studieren die ganze Nacht über die Thora und traditionsgemäß werden Milchprodukte gegessen. In Kibbuzim finden Feiern statt, und in Jerusalem wimmelt es vor Sonnenuntergang an der Klagemauer nur so von Menschen.

August
Tischa beAv Ein jüdischer Trauertag zum Gedenken an die Zerstörung des Jerusalemer Tempels, an dem orthodoxe Juden fasten und das Buch der Klagelieder Jeremias' lesen.

September
Rosh Hashanah Der „Anfang des Jahres" (Jüdisches Neujahr) beginnt mit Gottesdiensten am Vorabend.

Oktober
Yom Kippur Der jüdische Versöhnungstag bildet den Abschluss der zehntägigen Bußzeit, die mit Rosh Hashanah beginnt. Die Gläubigen verbringen 25 Stunden mit Gebeten und Besinnung, bekennen ihre Sünden und sind enthaltsam – Essen, Trinken, Sex, Körperpflege (auch Seife und Zahnpasta) und die Verwendung von Tierprodukten sind verboten.

Sukkoth (Laubhüttenfest) In Erinnerung an die alten Israeliten, die nach dem Auszug aus Ägypten 40 Jahre durch die Wüste zogen, errichten die Leute *sukkotim* (Laubhütten) mit Wänden aus Sperrholz und Dächern aus losen Ästen (sodass man von innen den Himmel sehen kann). Diese *sukkotim* stehen auf Balkonen, in Gärten und sogar in Hotels und Restaurants.

Simhat Tora (Fest der Freude an der Thora) Sieben Tage nach Sukkoth geht an diesem Tag der jährliche Thora-Lesezyklus zu Ende.

Gedenktag an Jitzchak Rabin An diesem Tag wird des ermordeten Premierministers Jitzchak Rabin gedacht. Fällt manchmal in den November.

Dezember
Chanukka (Lichterfest) Gefeiert wird die Wiedereinweihung des Tempels nach dem erfolgreichen Makkabäeraufstand gegen die Seleukiden. Eine Woche lang zünden die Familien jeden Abend eine weitere Kerze auf der Menora (der siebenarmige Leuchter) an und verteilen Geschenke.

Muslimische Feiertage
Muslimisches Neujahr Erster Tag des Muharram (1. Monat des islamischen Kalenders). An diesem Tag werden Geschenke und Grußkarten ausgetauscht.
Geburtstag des Propheten Wird am 12. Rabi' al-awwal (3. Monat des islamischen Kalenders) begangen.
Internationaler Frauentag Wird von den Palästinensern am 8. März gefeiert.
Palästinensischer Protesttag (30. März) Der Feiertag richtet sich gegen die israelische Besetzung palästinensischer Gebiete.

Tag der palästinensischen Gefangenen (17. April) An diesem Tag gedenken die Palästinenser ihrer Landsleute, die in israelischen Gefängnissen eingesperrt sind.
Tag der Arbeit (1. Mai) Die palästinensischen Arbeiter feiern an diesem Tag ihre Erfolge.
Ramadan Neunter Monat des islamischen Kalenders. Muslime fasten tagsüber – selbst Wasser dürfen sie nicht trinken. Die meisten Palästinenser halten sich daran, auch wenn man es hier mit dem Fasten nicht so genau nimmt wie in anderen islamischen Ländern. Wer zum Ramadan in einer von Muslimen bewohnten Gegend ist, sollte sich trotzdem tagsüber das Essen oder Rauchen in der Öffentlichkeit verkneifen.
Id el-Fitr Das Fest zum Ende des Ramadan. Nach dem Gebet in der Moschee besuchen sich Freunde und Familienangehörige gegenseitig und begrüßen sich mit „Eid Mubarak!" (Gesegnetes Fest!).
Palästinensischer Unabhängigkeitstag (15. November) Gedenkt der Unterzeichnung der palästinensischen Unabhängigkeitserklärung von 1988.
Id el-Adha Das Opferfest erinnert daran, dass Allah verhinderte, dass Ibrahim (Abraham) ihm seinen Sohn Isaak opferte, und ihm stattdessen ein Lamm schickte, das er ihm darbringen konnte. Deshalb werden zum Opferfest Schafe geopfert. Das Fest ist zugleich das Ende der Hadsch (Pilgerfahrt der Muslime nach Mekka).

FESTIVALS & EVENTS
Das genaue Datum von jüdischen und muslimischen Festen kann sich von Jahr zu Jahr ändern. Aktuell gültige Daten sind in den Touristeninformationen oder online in Erfahrung zu bringen.

Januar
Tiberias-Marathon (www.tiberias-marathon.co.il; Tiberias)

Februar
Halbmarathon am Toten Meer (www.marathon.deadsea.co.il) Der Lauf führt vom Seebad En Gedi zur Massada und zurück.
Tel Aviv Jazz Festival (www.jazzfest.co.il) Das Musikfestival findet an verschiedenen Veranstaltungsorten in Tel Aviv statt – perfekt, um den Winter zu vertreiben.

März
Arthur Rubinstein Piano Master Competition (www.arims.org.il; Tel Aviv)
Boombamela Festival (www.boombamela.co.il; Netzanim Beach, Ashqelon) Findet jedes Jahr im März oder April statt. Es ist eine der wildesten Partys im ganzen Nahen Osten, mit jeder Menge nackter, in Regenbogenfarben bemalter Körper, Lagerfeuer am Strand, Bongo-Trommeln, Kunst und allerlei Hedonismus.

Halbmarathon von Jerusalem (http://hmarathon.
jerusalem.muni.il; Jerusalem)
Salatfestival (Artas, Westjordanland) Ein palästinensisches Bauernfest südlich von Bethlehem in der Nähe der
Teiche Salomos. Es wird gesungen, getanzt und Kunsthandwerk verkauft.
Ramallah Contemporary Dance Festival (www.
sirreyeh.ps/festival09; Ramallah)

April

Ein Gev Music Festival (En Gev, Galiläa) Ballett und
Orchestermusik.
Haifa International Youth Theatre (Haifa) Theater
und Straßenshows jüdischer und arabischer Gruppen.

Mai

Abu Ghosh Vocal Music Festival (Abu Ghosh, nahe
Jerusalem) Bei dem in zwei verschiedenen Kirchen
stattfindenden Fest ist hauptsächlich Kirchenmusik aus der
Renaissance und dem Barock zu hören.
African Hebrew Israelite Festival (Dimona) Musik,
Sport und Unterhaltungsprogramme spiegeln den Lebens-
stil der aus Afrika stammenden Juden.
DocAviv (www.docaviv.co.il; Tel Aviv) Eines der aufre-
gendsten Filmfestivals, bei dem an verschiedenen Locations
Dokumentarfilme aus der ganzen Welt gezeigt werden.
Golden Calf Festival (Ein Hod) Die israelische Version
des Burning-Man-Festivals findet am Ende des Pessachfests
statt. Von der Seite http://ein-hod.israel.net kann man sich
bis zum Festival weiterklicken.
Internationale Judaikamesse (Jerusalem) Alle zwei
Jahre findet die fünftägige Messe mit jüdischen Kunstwer-
ken, Handschriften und Büchern statt.
Israel-Festival (www.israel-festival.org.il; Jerusalem)
Zwei Wochen lang gibt's an verschiedenen Veranstaltungs-
orten Kunst, Musik, Tanz und Theater.
Jacob's Ladder Festival (www.jlfestival.com; See
Genezareth) Zieht Künstler und Volksmusikanten aus der
ganzen Welt an. Das Festival findet oft bei Nof Ginosar (s.
S. 275) statt.
Internationale Buchmesse Jerusalem (☎ 02-629
7922; www.jerusalembookfair.com; Jerusalem) Zweimal
im Jahr kommen 1200 Verlage aus über 40 Ländern zur
Buchmesse.
Shantipi New Age Festival (Kibbuz Lehavot Haviva,
Pardesh Hanna) Der Name ist eine Zusammensetzung aus
dem hinduistischen Shanti und dem Tipi amerikanischer
Ureinwohner. Bei dem großartigen New-Age-Treffen wird
viel getanzt, sich im Schlamm gesuhlt und freie Liebe
praktiziert. Ein eigenes Zelt mitbringen!

Juni

Jerusalemer Jazz-Festival (www.jjf.org.il; Jerusalem)
An verschiedenen Veranstaltungsorten gibt's Jazz aus Israel
und aus aller Welt.

**Palestine International Festival for Music &
Dance** (Ramallah) Das Musik- und Tanzfestival wird vom
Popular Art Centre organisiert.

Juli

Jerusalemer Filmfestival (www.jff.org.il; Jerusalem)
Sehr angesehenes Event, das von der Cinematheque
gefördert wird.
Karmi'el Dance Festival (www.dancefest.karmiel.
israel.net; Karmi'el) Zu dem Festival kommen mehr als 100
Profitanzgruppen aus der ganzen Welt und bis zu 200 000
Zuschauer. Es gibt klassische, ultramoderne und folkloristi-
sche Tänze zu sehen.
Voice of Music in Obergaliläa (Kibbuz Kra Blum)
Kammermusik-Festival.
White Night (Tel Aviv) Eine Nacht lang gibt's Theater,
Musik, Tanz und Kunst. Auch die Museen sind die ganze
Nacht geöffnet, und auf dem Rothschild Blvd findet ein
Straßenmarkt statt.

August

Jaffa Nights (Jaffa) Das Festival für Musik und Unterhal-
tung dauert einen ganzen Monat (s. S. 213).
Jerusalemer Kunsthandwerksmesse (Jerusalem)
Messe für Kunst, Kunsthandwerk und Essen. Abends finden
Konzerte statt.
Klezmer Dance Festival (Safed) Beim „jüdischen
Woodstock" hört man jiddische Musik und so Kurioses wie
auf einer Schofar (Widderhorn) gespielten Jazz (s. S. 293).
Nights of Love (Arad) Es gibt Musik und Tanz zu
israelischem Pop.
Red Sea Jazz Festival (www.redseajazzeilat.com; Elat)
Das viertägige Musikfestival zieht rund 40 Musiker und
Tausende von Jazzfans an (s. S. 392).

September

Bereshet Festival (See Genezareth) Spirituell ange-
hauchtes, ausgelassenes Treffen mit jeder Menge Livemusik, Tanz und Lagerfeuern. In der Regel findet es am See
Genezareth statt, aber man fragt besser herum, ob sich die
Location nicht vielleicht geändert hat.
Hilulim Wine Fest (Rischon LeZion) Weinverkostungs-
spektakel.
Sea of Galilee Crossing (Kibbuz Ha'on) Ein Schwimm-
wettbewerb über eine 4 km lange Strecke durch das Meer
(übers Wasser zu laufen ist aber verboten).

Oktober

Fringe Theatre Festival (Akko) Ein Festival mit Theater,
Comedy und Tanz.
Haifa International Film Festival (www.haifaff.co.il;
Haifa) In der Cinematheque werden Independent-Filme
gezeigt.
International Poets Festival (Jerusalem) Findet alle
zwei Jahre (ungerade Jahreszahlen) statt.

Love Parade (www.loveparade.co.il, hebräisch; Tel Aviv)
Bei dem Strandfest geht's mit viel Tanz und ausgefallenen Kostümen bunt zu.
Oktoberfest (www.taybehbeer.com) Wie beim deutschen Pendant gibt's in der hübschen palästinensischen Ortschaft Taybeh (s. S. 333) viel Bier und deutsche Lederhosen – und natürlich Palästinenser.
Sagol Love and Meditation Fest (Dor Beach; www. sagol.org) Dutzende von Aktivitäten und Workshops für Alternative. Der Veranstaltungsort ändert sich manchmal.
Wine & Song Festival (Zichron Ja'akow) Weinverkostung und Livemusik.

November
Olivenerntefestival (Bethlehem) Olivenbauern und Einheimische versammeln sich auf dem Krippenplatz, tanzen, singen und verkaufen eigene Produkte aus Olivenöl.

Dezember
Hanukkah-Christmas-Ramadan Festival (Haifa) Eine religionenübergreifende Feier mit Kunst und Musik.
Liturgical Festival of Choral Music (Jerusalem; www. jso.co.il) Gefördert vom Symphonieorchester Jerusalem.

FRAUEN UNTERWEGS

Weibliche Traveller werden sich in Israel genauso frei und wohl fühlen wie in jedem anderen westlichen Land. Alleinreisende Frauen berichteten, dass sie unterwegs auf nur wenige Probleme gestoßen sind. Wichtig ist aber, dass frau immer vorsichtig ist und die allgemeinen Reisehinweise befolgt, z. B. nicht allein trampt. Palästinensische Männer verhalten sich in der Regel sehr respektvoll Frauen gegenüber, sodass diese in den Palästinensischen Autonomiegebieten fast nie belästigt werden.

Vor allem aber sollten Frauen sich an die übliche Kleiderordnung halten. Während enge, freizügige Bekleidung in vielen Teilen Israels durchaus üblich ist und man in Ramallah oder Bethlehem abends gern noch weggeht, ist das in religiösen Vierteln Jerusalems und in weiten Teilen des Westjordanlands absolut verpönt. Am besten zieht frau zum Sightseeing in Jerusalem oder im Westjordanland einen langen Rock oder eine Hose an und nimmt für den Besuch von religiösen Stätten etwas Langärmliges und ein Kopftuch bzw. eine Kopfbedeckung mit.

FREIWILLIGENARBEIT

In Israel und den Palästinensischen Autonomiegebieten eine bezahlte Arbeit zu finden, ist schwer – aber es gibt jede Menge Freiwilligenjobs. In Israel handelt es sich dabei überwiegend um Freiwilligenarbeit in Kibbuzim (für Infos zu archäologischen Ausgrabungen, s. S. 429), in den Palästinensischen Autonomiegebieten um Aushilfsjobs bei verschiedenen Nichtregierungsorganisationen (NGOs), die den Alltag von palästinensischen Kindern, Frauen und anderen Benachteiligten angenehmer gestalten wollen.

Israel
KIBBUZIM & MOSCHAWIM

Generationen von Travellern haben ihre Reisen mit Freiwilligenarbeit in einem Kibbuz verbunden. Ein Kibbuz (Plural: Kibbuzim) ist eine Bauernkommune, die mit Freiwilligen arbeitet, welche dafür Kost, Logis und eine geringfügige Vergütung (ca. 80 US\$/Monat) bekommen.

Die utopischen Ideale der Kibbuzbegründer gehören allerdings längst der Vergangenheit an, und viele Kibbuzim sind heute kaum mehr als kleine kapitalistische Unternehmen. Trotz der Änderungen heißen viele Kibbuzim auch heute noch ausländische Freiwillige willkommen, und ein Aufenthalt von einem oder mehreren Monaten hier ist eine hervorragende Möglichkeit, neue Freunde zu gewinnen, etwas Hebräisch zu lernen und die Kultur näher kennenzulernen.

Um freiwillig in einem Kibbuz arbeiten zu können, muss man zwischen 18 und 32 Jahre alt sein und mindestens zwei, höchstens sechs Monate bleiben. Man arbeitet sechs Tage die Woche acht Stunden am Tag meistens in der Landwirtschaft (Obst pflücken oder Kühe melken), im Tourismus (in einem Kibbuz-Hotel) oder in der Küche oder Waschküche des Kibbuz.

Freiwillige Arbeiter haben Zugang zu den meisten Einrichtungen im Kibbuz, z. B. zum Fitnessraum und zum Pool. Abends werden Filme gezeigt, und im Kibbuz gibt's auch eine Kneipe. An den freien Tagen werden manchmal Touren in die Region oder Aktivitäten angeboten. Als Helfer in einem Kibbuz ist man auch krankenversichert.

Ein Moschaw ist eine genossenschaftlich organisierte Siedlungsform mit kleinen privaten Bauernhöfen. Die Arbeit hier ist meistens anstrengender als in einem Kibbuz, aber auch interessanter. Auch die Bezahlung ist besser, und man hat mehr Privatsphäre und ist unabhängiger. Wer hier arbeiten will, muss zwischen 20 und 35 Jahre alt sein.

Manche Freiwillige organisieren sich ihren Kibbuzaufenthalt über ein Vertretungsbüro in ihrem Heimatland. Nachdem man die Registrierungsgebühr (ungefähr 50 US$) bezahlt hat, kümmert sich das Büro um Flugverbindungen und das Visum (wenn man das selbst erledigt, kommt man aber in der Regel billiger davon).

Infos hält das **Kibbutz Program Centre** (Karte S. 184; ☎ 03-524 6154; www.kibbutz.org.il/eng/; 18 Frishman St; ✆ So–Do 8–14 Uhr) in Tel Aviv bereit. Details zu ökologisch orientierten Kibbuzim und ihren Projekten gibt's im Kasten auf S. 89.

Palästinensische Autonomiegebiete

Im Westjordanland gibt's viele Möglichkeiten zur Freiwilligenarbeit. Ein paar Beispiele sind in den Kästen auf S. 317, S. 404 und S. 66 zu finden.

Eine Reihe von weiteren Gruppen, die Freiwillige aufnehmen, ist in den Kapiteln zum Westjordanland und zum Gazastreifen genannt. Zu diesen Gruppen gehören das Centre AlRowwad (S. 327), das **Tent of Nations** (☎ 02-274 3071; www.tentofnations.org), das Ibdaa Cultural Centre (S. 324), das **Freedom Theatre** (www.thefreedomtheatre.org) in Jenin sowie die **Palestinian Circus School** (www.palcircus.ps) und ein paar gemeinnützige Organisationen in Nablus (S. 342).

Auf der Website von Masader (www.masader.ps) gibt es Links zu diversen NGOs, die in der Region tätig sind. Man kann sich auch mit der **Hope Flowers School** (☎ 02-274 0693; www.mideastweb.org/hopeflowers) in der Nähe von Bethlehem in Verbindung setzen, die Freiwillige als Lehrer oder für PC-Arbeiten einsetzt und dafür kostenlose Unterkunft bietet.

GEFAHREN & ÄRGERNISSE

Ist Israel denn sicher? Diese Frage wird man wohl dauernd von Freunden und Familienangehörigen hören, wenn man diesen von seinen Reiseplänen ins Heilige Land erzählt. Die Wahrheit ist, dass im eigenen Heimatland wohl mehr Menschen bei Autounfällen ums Leben kommen als durch Terroristen in Israel. Heutzutage besteht bei jeder Reise ein gewisses Risiko, und die Wahrscheinlichkeit, in Israel einem Terroranschlag zum Opfer zu fallen, ist extrem gering. Trotzdem sollte man immer auf Nummer sicher gehen, gut planen und die Tipps von Einheimischen befolgen. Die folgenden Abschnitte geben einen Überblick über wichtige Punkte.

In den letzten paar Jahren hat sich das Westjordanland für Nichtisraelis als sicher erwiesen. Man sollte also nicht darauf verzichten, auch dorthin zu reisen. Anders verhält es sich mit dem Gazastreifen. Detailliertere Infos gibt's in den Kapiteln zum Westjordanland (S. 313) und zum Gazastreifen (S. 397).

Diebstahl

Wie in jedem anderen Land ist Diebstahl auch in Israel und den Palästinensischen Autonomiegebieten ein größeres Problem. Man sollte also die üblichen Vorsichtsmaßnahmen treffen: Wertgegenstände nie im Zimmer oder im Fahrzeug lassen und diese stattdessen in einer Bauchtasche bei sich tragen. In Herbergen die Wertgegenstände lieber im Tresor an der Rezeption lagern! In Langstreckenbussen kann man sein Gepäck in den Gepäckräumen deponieren, aber alle Wertsachen sollte man bei sich behalten. In von Touristen frequentierten Gegenden und auf Märkten treiben sich gern Taschendiebe herum, also auch hier: Augen offen halten!

Sicherheitsmaßnahmen

Aus bekannten Gründen gehören die Sicherheitsbestimmungen in Israel zu den schärfsten weltweit. Verdächtige geparkte Fahrzeuge werden abgeschleppt und/oder von der Polizei zerstört. Liegen gelassene Pakete oder Gepäckstücke werden gesprengt und Straßen, Märkte und öffentliche Einrichtungen beim geringsten Anzeichen von Gefahr umgehend gesperrt bzw. geschlossen. Beim Betreten von Busbahnhöfen, Bahnhöfen, Einkaufszentren oder dergleichen wird man mitsamt seinen Taschen durchsucht – manchmal auch mit Röntgenscannern. Man wird auch abgetastet oder mit einem Metalldetektor abgesucht und

---

STAATLICHE REISEHINWEISE

Folgende staatliche Websites geben Reisehinweise und informieren über aktuelle Entwicklungen.

Deutschland (http://www.auswaertiges -amt.de/diplo/de/Laenderinformationen/Israel/ Sicherheitshinweise.html)

Österreich (http://www.bmeia.gv.at/aussen ministerium/buergerservice/reiseinformation/ a-z-laender/israel.html?dv_staat=67)

Schweiz (http://www.eda.admin.ch/eda/de/ home/travad/hidden/hidde2/israel.html)

gefragt, ob man eine Waffe habe. Es ist erstaunlich, wie schnell man sich daran gewöhnt – vermutlich wird man nach der Rückkreise auch im Heimatort am Eingang des Einkaufszentrums seine Handtasche zur Durchsuchung bereithalten.

Die Zufahrten zu vielen Orten im Westjordanland sind durch israelische Armeestellungen gesperrt. Diese Kontrollpunkte bestehen entweder aus ein paar Betonblöcken auf der Straße oder aus richtigen, an Hochsicherheitsgefängnisse erinnernden Gebäuden wie in Bethlehem oder Kalandia in der Nähe von Ramallah. Hier muss man einen ausländischen Pass vorweisen (Leute mit einem israelischen Pass dürfen die von Palästinensern kontrollierten Gebiete nicht betreten) und sich auf eine etwas rauere Behandlung einstellen. Auch Neuankömmlinge am Flughafen Ben Gurion müssen mit langwierigen Befragungen und Gepäckkontrollen rechnen. Am besten Zähne zusammenbeißen, lächeln und immer freundlich bleiben – auch nach einem langen Flug.

Terrorismus & Militäreinsätze

Selbstmordanschläge und Angriffe der israelischen Streitkräfte auf das Westjordanland und den Gazastreifen sind in Israel seit 20 Jahren an der Tagesordnung.

Seit 2005 ist in Israel ein deutlicher Rückgang der Selbstmordanschläge zu verzeichnen. Es gibt viele Theorien, warum das so ist: Einige meinen, dass die Zweite Intifada im Sand verlaufen ist, andere verweisen auf die erhöhten Sicherheitsmaßnahmen und wieder andere auf die leichte Verbesserung der Lebensbedingungen einiger Palästinenser im Westjordanland. Trotzdem empfiehlt es sich, ein Auge auf verdächtige Personen (oder Gepäckstücke) zu haben – vor allem in öffentlichen Bussen. Wer in abgelegenen Gebieten der Golanhöhen unterwegs ist, muss sich vor Landminen und Blindgängern in Acht nehmen (s. Kasten S. 304). Es ist auch ratsam, die Nachrichten zu verfolgen und unterwegs die örtlichen Reisehinweise zu befolgen.

Wer in die Palästinensischen Autonomiegebiete reist, sollte Folgendes beachten:

- Ein ausländischer Pass ist an Kontrollpunkten ein Vorteil; in der Regel wird man damit ins Westjordanland durchgelassen (aber nicht in den Gazastreifen).
- Entführungen von Ausländern kommen häufig vor, vor allem im Gazastreifen.

Die meisten Entführungsopfer kommen zum Glück unverletzt wieder frei.

- Keine sichtbaren jüdischen Symbole tragen, z. B. eine Kippa – man könnte fälschlicherweise für einen israelischen Siedler gehalten werden.
- Die israelischen Soldaten sind mit Nachtsichtgeräten ausgestattet. Wenn man also nachts in der Nähe eines Kontrollpunkts oder der Sperrmauer unterwegs ist und gesichtet wird, könnte man als Gefahr betrachtet und beschossen werden.
- Jedweder Aktivismus kann in Israel und den Palästinensischen Autonomiegebieten sehr gefährlich sein. Manche Aktivisten, die den israelischen Streitkräften entgegengetreten sind, wurden verletzt oder getötet – wie im Fall Rachel Corrie, die beim Versuch, in Gaza die Zerstörung eines palästinensischen Hauses durch einen Bulldozer der israelischen Streitkräfte aufzuhalten, ums Leben kam. Mehr dazu gibt's auf www.rachelcorrie.org.

GELD
Bargeld

Die offizielle Währung ist der Neue Israelische Schekel (NIS), allgemein nur Schekel (Plural: Schekelim) genannt. Die bei Redaktionsschluss geltenden Wechselkurse stehen auf der vorderen Umschlaginnenseite. Ein paar Beispiele, was wie viel kostet, sind auf S. 18 zu finden.

Ein Schekel sind 100 Agorot. Es gibt Münzen im Wert von 10 und 50 Agorot (Letztere gekennzeichnet als halber Schekel) und von 1 und 5 NIS sowie Geldscheine im Wert von 10, 20, 50, 100 und 200 NIS. Eine palästinensische Währung existiert nur in der Theorie; das wichtigste Zahlungsmittel in den Autonomiegebieten ist der Schekel.

Um es Travellern einfacher zu machen, geben die meisten Spitzenklassehotels, HI-Hostels, Autovermietungen und Fluglinien ihre Preise in US-Dollar an und akzeptieren diese auch. Euro kann man in den meisten Wechselstuben umtauschen. In diesem Reiseführer sind die Preise in Schekel angegeben – außer bei den Unternehmen, die ihre Preise selbst in Dollar oder Euro angeben.

Reisende, die in fremder Währung zahlen, sind von der Mehrwertsteuer in Höhe von 17 % befreit. Traveller, die in einheimischer Währung bezahlen, können sich die Mehrwertsteuer für viele Waren, die sie in israelischen Läden gekauft haben (vor dem Einkauf den Kassierer fragen!), erstatten lassen. Zu diesem Zweck müssen die gekauften Gegenstände in teilweise durchsichtigen Plastikbeuteln versiegelt werden und die Originalrechnung muss lesbar sein, ohne dass das Paket geöffnet werden müsste. Bei der Abreise kann man sich die Mehrwertsteuer am Schalter am Flughafen Ben Gurion zurückerstatten lassen.

Geldautomaten

Geldautomaten sind weit verbreitet, und fast überall werden Visa, MasterCard und zunehmend auch American Express akzeptiert. Die Bank Leumi nimmt Visa und mehrere andere Bankkarten an, aber mit einer MasterCard oder einer Bankkarte von Cirrus oder Plus kann man nur die HaPoalim-Bank nutzen.

Geld umtauschen

Die Wechselkurse unterscheiden sich nur wenig von Ort zu Ort. Banken nehmen manchmal eine Gebühr von 4 %. Am besten tauscht man sein Geld in unabhängigen Wechselstuben um; die gibt es in den meisten Ortschaften und sie erheben meist keine Gebühren.

Reiseschecks

Die meisten Banken lösen Reiseschecks zwar ein, nehmen aber unabhängig vom Scheckbetrag eine Gebühr von bis zu 20 NIS. Besser: in eine Wechselstube, die keine Gebühr einbehält, oder zur Post gehen. Die Postämter bieten auch internationale Western-Union-Geldanweisungen an.

Trinkgelder

Bis vor Kurzem waren Trinkgelder noch kein Thema in Israel, aber inzwischen steht auf den Rechnungen der Restaurants ein Zusatzbetrag von 10 bis 12 % für die Bedienung oder die Notiz, dass der Service nicht im Preis enthalten ist. In Tel Aviv wird man in manchen Restaurants sogar vom Kellner zurückgerufen, wenn man nicht mindestens 10 % Trinkgeld gegeben hat. Im Gegensatz dazu sind die Kellner in den Palästinensischen Autonomiegebieten sehr dankbar, wenn sie überhaupt Trinkgeld bekommen. Taxifahrer erwarten auf beiden Seiten der Mauer kein Trinkgeld.

INTERNETZUGANG

Fast überall in Israel und den Palästinensischen Autonomiegebieten – außer vielleicht in ganz kleinen Nestern – gibt's Internetcafés mit langen Öffnungszeiten (ca. 12–30 NIS/Std.). Traveller mit Laptops finden nahezu im ganzen Land WLAN-Hotspots. WLAN in Cafés und Mittelklassehotels ist in der Regel kostenlos, die meisten Spitzenklassehotels erheben hingegen eine Gebühr. Wer eine israelische E-Mail-Adresse haben möchte, wende sich an die bekannte Firma **Netvision** (☎ in Israel 1 800 013 013; www.netvision.net.il/services).

In diesem Reiseführer sind Hotels und Cafés mit öffentlichem Internetzugang mit dem Symbol 💻 gekennzeichnet. Das Symbol 🛜 steht für kostenloses WLAN; gebührenpflichtiges WLAN ist in den jeweiligen Texten vermerkt. Nützliche Infos im Internet sind auf S. 21 aufgeführt.

KARTEN & STADTPLÄNE

Die Touristeninformationen in Israel und den Palästinensischen Autonomiegebieten sind gut mit kostenlosen Stadtplänen und Landkarten ausgestattet – die meisten sind auf Englisch, aber in kleineren Orten gibt's vielleicht nur welche auf Hebräisch. Die Society for the Protection of Nature in Israel (SPNI; s. S. 365) verkauft topografische Wanderkarten im Maßstab 1 : 50 000 (ca. 80 NIS/Karte).

KINDER

Mit Kindern zu reisen ist in Israel und den Palästinensischen Autonomiegebieten supereinfach: Das Essen ist gut, die Entfernungen sind kurz und die Einheimischen sind unglaublich freundlich.

Praktisch & Konkret

Wegwerfwindeln, feuchte Tücher, Schnuller, Babyflaschen und Milchpulver gibt's in allen Supermärkten und Apotheken. Aber für besonders wählerische Kinder sollte man lieber das gewohnte Milchpulver von zu Hause mitbringen. Es gibt hier auch Babynahrung im Glas, allerdings wahrscheinlich in weniger Geschmacksrichtungen als in der Heimat. Bio-Babynahrung kommt hier nur langsam auf den Markt. Medikamente für Kinder bekommt man leicht, und fast in allen Apotheken gibt's jemanden, der Englisch spricht und einem gerne hilft.

Sehenswertes & Aktivitäten

Für Traveller mit Kindern sind die reizvollsten Ziele in Israel die Strände. Diese sind in der Regel sauber und bieten Cafés und Spielplätze. Da können die Kleinen prima paddeln, Sandburgen bauen und baden.

Die meisten der Nationalparks und Naturschutzgebiete Israels sind auch für Kinder fantastisch. Älteren Kids werden die überall im Land vorhandenen Wanderwege gefallen; manche sind einfach, andere eine Herausforderung. Auch die Städte haben für Kinder jedes Alters jede Menge Unterhaltsames zu bieten. Und falls man unbedingt mal eine Bestechung braucht, findet man überall einen Spielzeugladen, eine Eisdiele oder eine andere Ablenkung.

In den Palästinensischen Autonomiegebieten gibt es zwar scheinbar weniger Attraktionen für Kinder, aber hier liebt man den Nachwuchs sehr: Die Kleinen werden freundlich empfangen, finden schnell Anschluss an einheimische Kinder oder werden mit Kuchen und Keksen verwöhnt. Auch die ganzjährig geöffneten Weihnachtsläden und die Weihnachtsdeko in Bethlehem sind für Kinder immer ein besonderes Erlebnis – auch wenn die Kleineren den Geburtsort von Jesus vielleicht mit dem Wohnort des Weihnachtsmanns verwechseln.

Weitere Tipps gibt's auf S. 78 und im Lonely Planet Band *Travel with Children*.

KLIMA

In Israel und den Palästinensischen Autonomiegebieten gibt es das ganze Jahr über warme, wolkenlose Tage. In manchen Gegenden kann es im Hochsommer zwar unerträglich heiß werden, aber man findet immer irgendwo etwas, das einem Abkühlung verschafft. Die Klimatabellen unten geben einen Überblick darüber, welche die besten Reisemonate sind. Weitere Infos dazu gibt's auf S. 17.

KURSE

Manche israelischen Universitäten bieten für ausländische Studierende Kurse zur hebräischen, arabischen und nahöstlichen Kultur

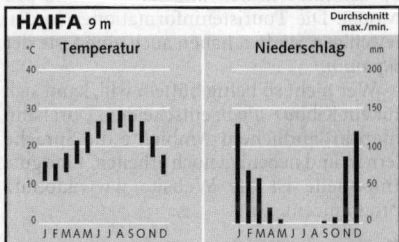

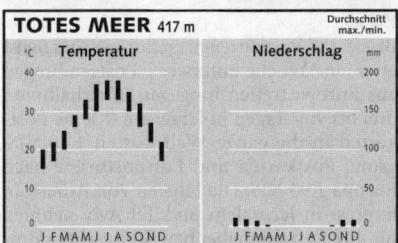

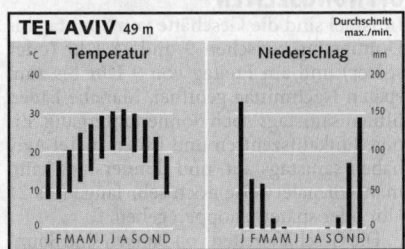

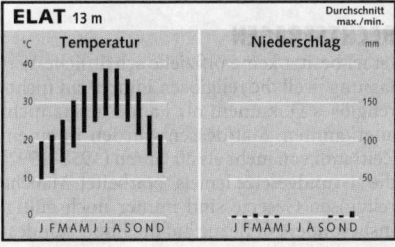

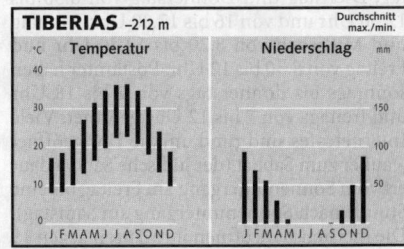

an. Die Teilnehmer müssen nicht unbedingt Hebräisch können, aber es zu lernen, kann Teil des Lehrplans sein. Zu den größten Bildungseinrichtungen mit Programmen für Ausländer gehören die **Universität Haifa** (☎ 04-824 0111; www.haifa.ac.il; Karmel, Haifa), die **Universität Tel Aviv** (☎ 03-640 8111; www.tau.ac.il; Ramat Aviv 69978, Tel Aviv) und die **Hebräische Universität Jerusalem** (☎ 02-588 2819; www.huji.ac.il; Skopus, Jerusalem).

Die **Universität Bir Zeit** (www.birzeit.edu), 4 km nördlich von Ramallah (s. S. 333), veranstaltet für Anfänger und Fortgeschrittene Kurse zur arabischen Sprache und Literatur (650 US$/Kurs).

Wer Hebräisch lernen will, wird sich vermutlich nach einem *ulpan* umschauen, einer Sprachschule, die vor allem für neue jüdische Einwanderer gedacht ist. Man muss allerdings eine finden, die auch Nicht-Einwanderer aufnimmt. Infos gibt's jeweils im Abschnitt „Kurse" in den Kapiteln zu Jerusalem (S. 152), Tel Aviv (S. 195) und Haifa (S. 232). Die meisten Sprachkurse kosten ungefähr 500 NIS pro Monat. Die Touristeninformationen in den jeweiligen Städten haben auch eine Liste der *ulpanim*.

Wer nicht so heftig büffeln will, kann sich für ein Kibbuz-*ulpan* entscheiden. Dort kann man in ländlichem Ambiente die Sprache lernen und nebenbei noch arbeiten. Eine gute Infoquelle ist die Website www.kibbutz programcenter.org.

ÖFFNUNGSZEITEN

In Israel sind die Geschäfte von Sonntag bis Donnerstag zwischen 9 und 18 Uhr (oder später) und am Freitag von 9 Uhr bis zum späten Nachmittag geöffnet. Manche Läden öffnen samstags nach Sonnenuntergang. Einige Einkaufszentren und Läden in Tel Aviv haben samstags auf, und donnerstags kann man normalerweise noch sehr lange (bis 21 Uhr oder später) shoppen gehen.

Die Geschäftszeiten von Banken sind Sonntag, Dienstag und Donnerstag von 8.30 bis 12.30 Uhr und von 16 bis 17.30 Uhr, Montag und Mittwoch von 8.30 bis 12.30 Uhr und Freitag von 8.30 bis 12 Uhr. Postämter haben sonntags bis donnerstags von 7 bis 18 Uhr und freitags von 7 bis 12 Uhr geöffnet. Viele Internetcafés sind rund um die Uhr geöffnet – außer zum Sabbat (der jüdische Sabbat dauert vom Sonnenuntergang am Freitag bis eine Stunde nach Sonnenuntergang am Samstag). Die meisten Bars öffnen ihre Türen gegen 19

Uhr und schließen sie, wenn der letzte Gast gegangen ist. Manche Clubs machen nicht vor Mitternacht auf; in Tel Aviv und Elat öffnen die meisten an sieben Abenden in der Woche, in Haifa und Jerusalem dagegen nur am Wochenende.

Nicht vergessen, dass in vielen Teilen Israels (außer in Tel Aviv) beim Sabbat alles stehen- und liegengelassen wird. In Jerusalem und in den meisten Landesteilen schließen die Betriebe freitags gegen 15 Uhr.

Im größtenteils säkularen Tel Aviv schließen die meisten Geschäfte und Betriebe freitagnachmittags gegen 14 Uhr, aber zur selben Zeit erwachen die Straßenmärkte und Cafés zum Leben. Eigentlich ist hier der Freitag sogar der wichtigste Ausgehabend der Woche, und die Cafés und Restaurants machen am Samstag großen Umsatz.

In den überwiegend muslimischen Gegenden – in Ostjerusalem, Akko, Jaffa, im Westjordanland und im Gazastreifen – sind viele Einrichtungen den ganzen Freitag über geschlossen, dafür aber samstags geöffnet. Die Geschäfte von Christen konzentrieren sich auf Nazareth, Bethlehem und die armenischen und christlichen Viertel der Jerusalemer Altstadt und sind sonntags oft geschlossen.

Bei auftretenden Konflikten können sich die Öffnungszeiten überall ohne Vorankündigung schlagartig ändern. Möglicherweise bleiben dann Geschäfte, Läden und Restaurants für Tage oder Wochen geschlossen.

POST

Briefe und Postkarten nach Europa sind meist etwa eine Woche unterwegs. Postsendungen aus Europa treffen hingegen innerhalb von drei bis vier Tagen in Israel ein. Kleine Postkarten in die ganze Welt kosten 1,40 NIS, große Postkarten und Luftpostbriefe nach Europa 1,90 NIS. Die Filialen von American Express in Jerusalem und Tel Aviv nehmen für ihre Karteninhaber bzw. Reisescheckkunden Briefe postlagernd an.

RECHTSFRAGEN

Israel besitzt keine offizielle schriftliche Verfassung, weil die religiösen Führer ein nichtreligiöses Dokument als Landesgesetz nicht anerkannten. Stattdessen wurden in einem Zeitraum von mehr als 30 Jahren (1958–1992) die „Grundgesetze Israels" erarbeitet. Manche religiösen Gesetze sind immer noch gültig, insbesondere in Bezug auf die Ehe – standesamtliche Eheschließungen sind in Israel nicht möglich.

Das gesetzliche Mindestalter, um Alkohol trinken und Auto fahren zu dürfen, liegt bei 18 Jahren. Rauchen ist inzwischen in allen öffentlichen Räumen verboten und wird umgehend mit einer Geldstrafe geahndet.

Wer verhaftet wird, dem stellt das Gericht einen Anwalt zur Seite. Solange das Verfahren nicht abgeschlossen ist, kann die eigene Botschaft nur wenig für einen tun.

In den Palästinensischen Autonomiegebieten gibt es ein unabhängiges Gerichtssystem, aber bei Ermittlungen arbeiten die israelische und die palästinensische Polizei zusammen. Die palästinensische Polizei darf keine Traveller verhaften, kann sie aber festhalten, bis die israelischen Ordnungshüter kommen.

REISEN MIT BEHINDERUNG

Neuerdings sind alle Hotels in Israel gesetzlich verpflichtet, mindestens ein rollstuhlfahrergerechtes Zimmer zu haben. Viele bei Travellern beliebte Stätten wie Museen und historische Stätten sind ebenfalls behindertengerecht, und selbst draußen in der Natur gibt's teilweise mit dem Rollstuhl befahrbare Wege, z. B. in Tell Dan und in der Hule-Ebene.

Die Palästinensischen Autonomiegebiete sind weniger gut gerüstet und es ist schwieriger, hier herumzukommen – schon wegen der Kontrollpunkte an den Straßen, die man normalerweise zu Fuß passieren muss. Wenn man Pech hat, muss man lange Schlange stehen und einen Hindernislauf über die und vorbei an den Barrieren bewältigen.

Infos, welche Einrichtungen behindertengerecht sind und welche nicht, erhält man bei **Access Israel** (☎ 057 723 9239; www.aisrael.org/eng/).

Die **Yad Sarah Organisation** (Karte S. 94 f.; ☎ 02-644 4444; www.yadsarah.org; 124 Herzl Blvd, Jerusalem) verleiht kostenlos (gegen Kaution) Rollstühle, Krücken und andere Gehhilfen. Lohnend ist auch ein Blick in den Reiseführer **Access in Israel & the Palestinian Authority** (www.accessinisrael.org) von Gordon Couch, der Infos für Reisende mit eingeschränkter Mobilität bietet. Der 2000 erschienene Reiseführer ist zwar nicht mehr ganz neu, aber trotzdem noch relevant.

SCHWULE & LESBEN

In Israel existiert eine offene, lebhafte Homosexuellenszene. Es gibt keine Gesetze gegen Homosexualität. Die größte Schwulenszene hat Tel Aviv, wo es auch eine Handvoll Schwulenschuppen und viele regenbogenbunte Fahnen in den Straßen gibt. Der Ferienort Elat ist ebenfalls schwulenfreundlich, obwohl hier hauptsächlich israelische Touristen rumlaufen. In Haifa und Jerusalem gibt es nur kleine Schwulengemeinden. Ultraorthodoxe Juden und Muslime sind der Homosexualität gegenüber feindlich eingestellt – man sollte deshalb in religiösen Vierteln lieber etwas vorsichtig sein.

Lokale Organisationen, die Unterstützung, Infos, Kontakte und Events bieten, befinden sich in Tel Aviv (s. S. 205) und Jerusalem (s. S. 166).

In den Palästinensischen Autonomiegebieten leben Homosexuelle extrem versteckt, und viele flüchten nach Israel (auch wenn das wegen der strengen Grenzkontrollen immer schwieriger wird). Es gibt schätzungsweise 300 bis 600 schwule Palästinenser, die (legal und illegal) in Israel leben. Wer die schwierige Situation der schwulen und lesbischen Palästinenser besser verstehen will, kann einen Blick auf die Websites www.globalgayz.com/country/Palestine/PSE und www.aswatgroup.org werfen.

SHOPPEN

In Israel und den Palästinensischen Autonomiegebieten wird eine ganze Palette von Kunsthandwerk, Souvenirs und einheimischen Produkten als Mitbringsel angeboten – von arabischer Keramik oder Wasserpfeifen in Form einer nackten Frau bis hin zu erstklassigem palästinensischem Olivenöl, hausgemachtem Käse, Gewürzen, Weihnachtskrippen und aufwendig gestalteten Judaika in allen Größen und Formen. In Israel kann man auch gut Kleidung und Schuhe einkaufen, die hier oft preiswerter sind als in Europa. Und wer nicht widerstehen kann, findet hier Unmengen von Kruzifixen in allen Größen, Weihwasser, Dornenkronen und holografische Postkarten mit einem augenzwinkernden Jesus.

In Jerusalem kann man handbemalte Fliesen oder Teller aus armenischer Keramik für ca. 10 US$ kaufen, während man in den Weingütern in den nördlichen Regionen gute Boutiqueweine bekommt (auch in Weinläden und Supermärkten werden diese verkauft). Am Toten Meer sind Kosmetikprodukte der Marke Ahava Dead Sea zu günstigen Preisen erhältlich (eine Ahava-Filiale gibt's im Kibbuz Mitzpe Shalem; s. S. 354).

In den Palästinensischen Autonomiegebieten gibt es in der Region hergestellte Schnitzereien aus Olivenholz und Wasserpfeifen in allen Größen und Formen. Überall im Westjordanland bekommt man richtig gutes Olivenöl – und oft versteckt sich das beste, schmackhafteste Öl in unscheinbaren, alten Limonadenplastikflaschen und kommt direkt aus der Olivenpresse. In Gaza-Stadt lohnt sich ein Besuch im Arts & Crafts Village (S. 403), wo Kupferwaren, Stickereien und Webarbeiten verkauft werden.

Die Jerusalemer Altstadt ist der perfekte Ort, um allerlei Trödel und Schnickschnack aufzuspüren. Es gibt hier geschäftstüchtige Verkäufer, die *kufiyas* (karierte Kopftücher) und T-Shirts mit dem Aufdruck „Free Palestine" und daneben Sticker mit dem Logo „I'm proud of the IDF" und Kippot (Kopfbedeckung orthodoxer Juden, die bei Reform- und konservativen Juden manchmal auch von Frauen getragen wird) anbieten. Die auf dem Basar der Altstadt verkauften Judaika sind oft gestohlen und nicht gerade koscher.

Manche Läden in der Altstadt verkaufen Antiquitäten, aber die Ausfuhr von Antiquitäten ohne schriftliche Genehmigung ist verboten. Wenn die Stücke jedoch ehrlich erworben sind, kann ein Mitarbeiter des Ladens solch eine Genehmigung ausstellen.

In den meisten Städten gibt's schicke Viertel mit Boutiquen, welche die neueste Mode führen, aber wer Ware von Topdesignern sucht, muss nach Tel Aviv (s. Kasten S. 207). Wer den Nahen Osten hautnah erleben will, kann einen stimmungsvollen Markt besuchen, z. B. den Mahane Yehuda (S. 142) in Jerusalem oder einen der Gemüsemärkte in Nablus, Bethlehem oder Ramallah. Und falls man etwas vergessen hat, gibt's ja noch den Flughafen Ben Gurion, wo man vor dem Abflug einige der vielen lokal hergestellten Produkte kaufen kann.

TELEFON
Handys
In Israel und den Palästinensischen Autonomiegebieten hat fast jeder (sogar beduinische Hirten, palästinensische Großmütter und ultraorthodoxe Jeschiwa-Schüler) mindestens ein Handy. Die meisten ausländischen Anbieter sind hier zwar vertreten, aber es lohnt sich, vor der Abreise nachzufragen. Nokia, Pelefon, Cellcom und Orange bieten in Israel einen Prepaid-Service. Pelefon vermietet Handys

für 12 NIS pro Tag. Mit einem Mindestguthaben von 185 NIS kann man rund drei Stunden lang Ortsgespräche führen; entgegengenommene Anrufe sind kostenfrei. Wer sein eigenes Handy dabeihat, sollte sich eine SIM-Karte kaufen – am besten eine von Cellcom für 46,80 NIS. Ein Anruf kostet rund 1,20 NIS pro Minute. Bei Orange schlägt der Kauf einer SIM-Karte und ihre Aktivierung mit 109 NIS zu Buche.

Bei den in diesem Reiseführer angegebenen Telefonnummern mit einer dreistelligen Vorwahl handelt es sich in der Regel um Handynummern.

Preise
Ein Telefongespräch innerhalb des Landes kostet werktags zwischen 7 und 19 Uhr 14 NIS pro Minute, zwischen 19 und 7 Uhr sowie am Wochenende erheblich weniger. In den Hotels zahlt man für Ortsgespräche 1 US$ pro Minute oder mehr. Wer vorhat, mehrere Anrufe zu tätigen, kommt manchmal billiger weg, wenn er für sein Handy eine SIM-Karte kauft.

Wer Zugang zu einem Computer mit Internet hat, kann mit Skype (www.skype.com) für 0,02 bis 0,07 US$ pro Minute in alle Welt telefonieren; einfach einen Account einrichten und mit Geld aufladen. Die meisten Computer in Internetcafés und Pensionen haben auch Skype. Bei Skype kann man mehrere Telefonnummern haben – man kann sich also eine Nummer für Israel und eine für sein Heimatland einrichten und bekommt auch Sprachnachrichten, wenn man offline ist.

Telefonkarten
Anrufe ins In- und Ausland kann man auch von Kartentelefonen aus tätigen. Solche Telefonzellen gibt's in der Post und an öffentlichen Plätzen. Am günstigsten kauft man Telefonkarten in der Post, aber auch Lottokioske und Zeitungsstände bieten Telefonkarten feil. Mit einer internationalen Telefonkarte für 20 NIS kann man eine Stunde lang mit Europa telefonieren (Standardgebühr).

Vorwahlen
Die Landesvorwahl für Israel und die Palästinensischen Autonomiegebiete lautet ☎ 972. Danach folgt die Ortsvorwahl (die Null fällt dabei weg), dann die Telefonnummer des Teilnehmers. Die Ortsvorwahl der Städte oder Ortschaften sind in diesem Reiseführer jeweils am Anfang des entsprechenden Kapitels an-

gegeben. Die Vorwahl für Auslandsgespräche ist die ☎ 001. Die nationale Telefongesellschaft ist Bezeq.

TOURISTENINFORMATION

Fast jede größere Stadt in Israel hat eine Touristeninformation oder – wie Jerusalem – sogar mehrere. Hier kann man sich mit jeder Menge Karten und Broschüren ausrüsten. Manche Büros organisieren auch Stadtspaziergänge. In den Palästinensischen Autonomiegebieten gibt's nur in Bethlehem eine Touristeninformation (www.peacecentre. org). Die beste Infoquelle im Internet zu den Palästinensischen Autonomiegebieten ist www.thisweekinpalestine.com.

UNTERKUNFT

Die Unterkünfte in Israel und den Palästinensischen Autonomiegebieten unterscheiden sich sehr stark voneinander und decken alle Preisklassen und Wünsche ab. In diesem Reiseführer sind die Unterkünfte ausgehend vom Preis für ein Doppelzimmer in der Hauptsaison (Juli & Aug.) aufsteigend nach Preisen aufgelistet. Die Nacht in Budgetunterkünften wie eigenständigen Pensionen sowie einigen Hostels und Hotels der unteren Preisklasse kostet unter 95 US$ (350 NIS). In Mittelklasseunterkünften zahlt man zwischen 95 und 145 US$ (350–550 NIS); zu ihnen gehören Drei-Sterne-Hotels, Boutiquehotels, Holzhütten im Norden und christliche Hospize. Für Spitzenklasseunterkünfte – noblere Boutiquehotels oder größere Hotels mit vier und mehr Sternen – müssen mehr als 145 US$ (550 NIS) hingelegt werden.

Achtung: Die Preise für Unterkünfte steigen und fallen saisonal erheblich. Die Monate Juli und August gelten als Hauptsaison, ebenso Feiertage wie Pessach und Rosh Hashanah. An beliebten Ausflugszielen wie Galiläa, den Golanhöhen und Elat schnellen die Preise an den Wochenenden in die Höhe; dann muss man auf dem Land in vielen Hotels, Pensionen und Holzhütten mindestens für zwei Nächte buchen. Manche Hotels in der Stadt verlangen in den Sommermonaten sogar einen Mindestaufenthalt von sieben Nächten.

Im Gegensatz dazu bleiben die Übernachtungspreise in den Palästinensischen Autonomiegebieten das ganze Jahr über relativ konstant. Eine Ausnahme ist Bethlehem, wo die Unterkünfte zu Weihnachten und Ostern

teurer werden. Wer zu dieser Zeit eine Reise plant, sollte weit im Voraus buchen.

B&Bs, Pensionen & Zimmer

Überall in Israel findet man B&Bs, Pensionen und sogenannte *zimmer* (vor allem in Galiläa und Golan) der mittleren Preisklasse. Das Angebot von B&Bs und Pensionen reicht von einfachen Zimmern mit gemeinschaftlichen sanitären Anlagen bis hin zu in sich abgeschlossenen Apartments mit Kochnische, Kabel-TV, Whirlpool und atemberaubender Aussicht. Die *zimmer* sind in der Regel klein, aber komfortabel und haben inzwischen oft auch Fernseher mit Kabel-TV, Whirlpool und Kochnische. Auf der Suche nach Unterkünften dieser drei Arten wird man schnell fündig, wenn man an den Straßen nach den Hinweisschildern Ausschau hält. Eine Auswahl an B&Bs listet die Website der **Home Accommodation Association** (www.bnb.co.il) auf. Eine vollständige Liste der vielen *zimmer* findet man auf www.zimmeril.com oder auf www.weekend.co.il (hebräisch).

Auch in Palästina gibt es jede Menge Pensionen, die eine günstige Abwechslung zu den Hotels und Hostels darstellen. Vor allem Bethlehem hat ein paar hübsche Optionen mit Charakter zu bieten.

Bungalows & Strandhütten

Auf dem Sinai gibt's zur Freude von Backpackern mancherorts schon leicht wacklige, aber immer billige Bungalows und Strandhütten. Sie sind sehr einfach ausgestattet – ein Schutzdach aus Palmwedeln mit Teppichen und Kissen auf dem Boden – und kosten gerade mal 20 £E (3,50 US$) pro Person.

Camping

Hier und da gibt's in Israel auch Campingplätze (mit fließendem Wasser, Duschen, Toiletten und Stromanschluss), aber sie sind

---

UNTERKÜNFTE ONLINE BUCHEN

Weitere Unterkunftsbewertungen und -empfehlungen von Lonely Planet Autoren gibt's unter „Hotels & Hostels" auf www. lonelyplanet.com. Dort findet man echte Insiderinfos zu den besten Adressen, wie immer gründlich und unabhängig recherchiert. Außerdem kann online gebucht werden.

nicht so zahlreich und billig, wie man vielleicht erwartet. Zelten auf offenem Gelände oder am Strand ist kaum möglich, aber es gibt ein paar gut organisierte Zeltplätze am Oststrand des Sees Genezareth (S. 282). Anderswo immer nach Schildern Ausschau halten, die wildes Campen verbieten, oder die Angestellten in den Informationsbüros der Naturschutzgebiete um Tipps bitten! In den Palästinensischen Autonomiegebieten gibt's derzeit keine Campingmöglichkeiten.

Hostels & Hospize

In Israel gibt es ein großes Netzwerk von ungefähr 30 sauberen und gepflegten Hostels, die offiziell zum Dachverband Hostelling International (HI) gehören. Weitere HI-Hostels finden sich auf der Website der **Israel Youth Hostels Association** (☎ Reservierung in Israel 1 599 510 511; www.iyha.org.il/eng).

Neben den offiziellen HI-Hostels gibt's eine wachsende Zahl von eigenständigen Hostels – manche sind ausgezeichnet, andere schäbig. Eine hervorragende Infoquelle ist **Israel Hostels Network** (www.hostels-israel.com) mit Links zu mehr als 40 dieser Einrichtungen, sodass man sich gleich online ein Zimmer oder ein Bett in einem Schlafsaal buchen kann.

Insbesondere in Jerusalem gibt es zahlreiche Pilgerhostels, die ähnliche Erlebnisse zu ähnlichen Preisen bieten. Sie werden in der Regel von religiösen Körperschaften betrieben und sind vor allem auf religiöse Traveller eingestellt, nehmen aber auch andere Gäste auf. Ihnen fehlt zwar der Pep der unabhängigen, lebenslustigeren Hostels, aber sie stellen sichere und günstige Optionen in der Jerusalemer Altstadt dar. Eine Liste der Unterkünfte in Jerusalem gibt's auf S. 153.

Hotels

In der Hotelszene Israels hat sich in den letzten fünf Jahren einiges getan. Inzwischen füllen immer mehr kleine, schicke Unterkünfte der oberen Mittelklasse die Lücke zwischen Kettenhotels der Spitzenklasse und schäbigen Absteigen. Außerdem gibt's immer mehr luxuriöse Boutiquehotels, die auf gut situierte Traveller zielen, die es leid sind, in immergleichen Hotelzimmern zu nächtigen.

Kettenhotels der Spitzenklasse sind noch immer verlässliche Optionen. In den kleineren Unterkünften geht es oft nicht ganz so koscher zu – will heißen, dass sich diese nicht so streng an die religiösen Regeln halten, das

Samstagsfrühstück ohne Einschränkungen auf den Tisch kommt und es auch keine „Sabbat-Aufzüge" (die automatisch in jedem Stockwerk halten, damit man keine Knöpfe drücken muss) gibt.

Im Allgemeinen sind die Hotels (aller Klassen) in Tel Aviv, Elat und Jerusalem am teuersten, vor allem an Feiertagen und im Sommer. Dann sollte man weit im Voraus buchen und auch sichergehen, dass kein Mindestaufenthalt gefordert wird. Man sollte zudem wissen, dass in den Hotels hierzulande oft das Niveau nachlässt, sobald sie gut ausgelastet sind. Es lohnt sich also, aktuelle mündliche Empfehlungen einzuholen, wenn man keine Lust auf mürrische Angestellte und einen nachlässigen Service hat.

In den Palästinensischen Autonomiegebieten finden sich die meisten ordentlichen Hotels unterschiedlichster Preisklassen in Ramallah und Bethlehem. Außerhalb dieser Städte sind die Hotels in der Regel einfach (aber von guter Qualität) und die Preise durch die geringere Nachfrage das ganze Jahr über gleich.

Pensionen in Kibbuzim

Viele Kibbuzim betreiben heute auch Pensionen. Zu den Einrichtungen gehören oft Swimmingpools, Zugang zum Strand, bekannte Lokale und Aktivitäten für die Gäste. Aber diese Unterkünfte im Stil von staatlichen Ferienlagern der 1970er-Jahre sind selten stimmungsvoll und oft teuer. Die **Israel Kibbutz Hotel Chain** (☎ 03-560 8118; www.kibbutz.co.il) bietet Online-Buchungen und Pauschalangebote für Kibbuzim in ganz Israel.

VERSICHERUNG

Es ist ratsam, vor der Abreise nach Israel eine Reiseversicherung abzuschließen. Dabei sollte die Versicherung neben der üblichen Absicherung für Krankheitsfälle (ein Klinikaufenthalt in Israel kann teuer werden) oder Diebstahl auf den persönlichen Bedarf zugeschnitten sein – wer z. B. tauchen will, sollte sich gegen entsprechende Gefahren absichern. Weitere Infos gibt's auf S. 457.

Weltweit geltende Reiseversicherungen für Traveller aus über 44 Ländern gibt's online auf www.lonelyplanet.com/travel_services.

VISA

Traveller aus Deutschland (die nach dem 1. Januar 1928 geboren sind), Österreich oder der Schweiz benötigen für die Einreise nach

Israel und in die Palästinensischen Autonomiegebiete nur einen Reisepass, der allerdings noch mindestens sechs Monate gültig sein muss (Kinder brauchen einen Kinderausweis mit Foto). Sie bekommen dann bei der Einreise kostenlos ein Besuchervisum. Deutsche, die vor dem 1. Januar 1928 geboren wurden, müssen bei der israelischen Botschaft ein Visum beantragen. Ein Arbeitsvisum erhält man ebenfalls dort; dazu müssen Arbeitswillige ein vom israelischen Innenministerium anerkanntes Schreiben des zukünftigen Arbeitgebers in Israel vorlegen.

Die bei der Einreise an der israelischen Grenze vergebenen Visa gelten 90 Tage. Man wird allerdings sicher gefragt, wie lange man in Israel zu bleiben gedenkt, und könnte dann ein entsprechendes Visum erhalten. Selbst wenn man also nicht vorhat, die ganzen drei Monate zu bleiben, sollte man um das Dreimonatsvisum bitten, falls sich die Pläne ändern und man seinen Aufenthalt verlängern möchte. Wer als freiwilliger Helfer in einem Kibbuz oder einem Moschaw arbeiten will, braucht ein Volontärvisum, das mithilfe des Kibbuz oder des Moschaw zu bekommen ist.

Sollten die Grenzbeamten auch nur den kleinsten Verdacht hegen, dass ein Traveller schwarz arbeiten will, verlangen sie einen Nachweis über ausreichende finanzielle Mittel für die Dauer des Aufenthalts und die Vorlage des Rückreisetickets. Wer diese Unterlagen nicht vorlegen kann, findet sich ganz schnell im nächsten Flugzeug nach Hause wieder.

Infos zu Visa für Jordanien und Ägypten gibt's auf S. 450. Welche Auswirkungen ein israelischer Einreisestempel im Pass haben kann, ist im Kasten auf S. 447 beschrieben.

Visa-Verlängerungen

Um länger als drei Monate in Israel zu bleiben, gibt es eine ganz einfache, bewährte Methode: übers Wochenende mal ausreisen und dann wieder einreisen und sich ein neues Dreimonatsvisum geben lassen. Ein Wochenende auf dem Sinai oder in Petra wirkt Wunder (vorausgesetzt, man reist wieder über den Grenzübergang an der Allenby-/König-Hussein-Brücke ein; an anderen Grenzübergängen bekommt man nur ein einmonatiges Visum). Manche Leute machen das schon seit Jahren so.

Ansonsten müssen Besucher beim **Innenministerium** (Elat Karte S. 388; ☎ 08-637 6332; HaTemarim Blvd; Jerusalem Karte S. 140 f.; ☎ 02-629 0222; 1 Shlomzion HaMalka St; Tel Aviv HaKira Karte S. 178; ☎ 03-763 2500; Menachem Begin Rd), das in den meisten Städten und Ortschaften ein Büro unterhält, ein neues Visum beantragen. Man sollte schon gegen 8 Uhr dort sein, damit man nicht den ganzen Tag in der Schlange warten muss. Die Verlängerung des Visums kostet 145 NIS (zzgl. 75 NIS für ein Visum, das die mehrfache Einreise gestattet). Man braucht auch ein Passfoto und muss ausreichende finanzielle Mittel für die Dauer des Aufenthalts nachweisen. Das Büro in Tel Aviv ist dermaßen überlaufen, dass man schon einen ganzen Tag warten muss, nur um einen Termin zu bekommen (der dann meistens erst einen Monat später ist). Wem das zu lange dauert, der sollte es in einer kleineren Filiale versuchen.

Achtung: Wer unerlaubt länger bleibt, muss mit einer Geldstrafe von 135 NIS pro Monat rechnen – zahlbar bei den Büros des Innenministeriums oder am Flughafen Ben Gurion, aber nicht an den Grenzübergängen. Traveller, die ihr Visum nur um ein paar Tage überzogen haben, berichten allerdings nicht von Problemen oder Geldstrafen.

ZEIT

Die israelische Zeit ist der mitteleuropäischen eine Stunde voraus. Von Ende März bis Anfang September gilt die Sommerzeit.

ZOLL

Jede Person über 17 Jahre darf bei der Einreise nach Israel 1 l hochprozentige Spirituosen und 2 l Wein sowie 250 g Tabak bzw. 250 Zigaretten und Geschenkartikel im Wert von bis zu 200 US$ einführen. Verboten ist der Import von Tieren, Pflanzen, Feuerwaffen und Frischfleisch. Video-, Computer- oder Taucherausrüstung muss man bei der Einreise möglicherweise deklarieren und eine Kaution zahlen (um den Weiterverkauf zu verhindern) – aber diese Vorschrift wird selten angewendet.

Verkehrsmittel & -wege

AN- & WEITERREISE

Für die meisten Besucher ist die Ankunftshalle des Fughafens Ben-Gurion das erste, was sie von Israel und den Palästinensischen Autonomiegebieten sehen. Es gibt viele Direktflüge nach Israel und dazu eine steigende Zahl von Billigflügen für die immer größer werdende Anzahl von Wochenendausflüglern.

Israel und die Palästinensischen Autonomiegebiete grenzen an Ägypten und Jordanien. Das macht es leicht, bei Reisen durch den Nahen Osten von diesen beiden Ländern aus einen Abstecher nach Israel einzuplanen. Vom Libanon oder von Syrien aus gibt es aber keine Möglichkeit Israel auf dem Landweg oder mit dem Flugzeug zu erreichen. Und man muss seine Route genau planen, wenn man nach Israel und in eines dieser beiden Länder oder in den Rest des Nahen Osten reisen möchte (s. Kasten S. 447). Für Unerschrockene gibt's auch eine Fähre zwischen Haifa und Zypern.

Flüge, Touren und Eisenbahntickets können online auf www.lonelyplanet.de/travel_services gebucht werden.

Einreise nach Israel & in die Palästinensischen Autonomiegebiete

Ein häufiges Gesprächsthema zwischen Travellern sind die Einreisemodalitäten für Israel – ein großer Aufreger für die einen und ein Klacks für die anderen. Selbst zur Hauptreisezeit kann man mit einer rigorosen, endlosen Litanei von Fragen zu den letzten Reisen, dem Beruf, Bekannten in Israel und möglicherweise der Religion und der Familie rechnen.

Wenn man sich mit Freunden oder der Familie in Israel trifft, empfiehlt es sich, deren Telefonnummer, vollen Namen und Adresse zur Hand zu haben (ein Brief auf Hebräisch, der den Besuch bei ihnen bestätigt, wirkt Wunder). Traveller, die noch nie in Israel waren und auch sonst keinen Bezug zum Land haben, scheinen am schnellsten durchzukommen. Wie lange das dauert hängt davon ab, wer gerade Dienst hat. Wir kamen über die Grenze in Taba (Ägypten) in 15 Minuten, aber an der Allenby-Brücke (Jordanien) und am Ben-Gurion hat es ein paar Stunden gedauert.

Ein Reisepass voller Stempel aus benachbarten islamischen Ländern wird sicher Aufsehen erregen. Reisen in arabische oder islamische Länder werden aber die Einreise nach Israel nicht verhindern. Man muss jedoch auf größere Verzögerungen und noch mehr Fragen gefasst sein. Reisende sind schon sowohl an den Grenzen als auch bei der Einreise am Flughafen abgewiesen worden, nachdem sie die Frage, ob sie planten, die Palästinensischen Autonomiegebiete zu besuchen mit „Ja" beantwortet hatten. Mit „Nein" zu antworten wird einen nicht daran hindern, die Autonomiegebiete trotzdem zu besuchen, und gleichzeitig die Chance auf einen sofortigen Rückflug verringern.

DIE DINGE ÄNDERN SICH

Die Informationen in diesem Kapitel sind besonders anfällig für Veränderungen. Alle relevanten Aspekte bezüglich Tickets und deren Kauf, Reiserouten und Sicherheitsbestimmungen im internationalen Reiseverkehr sollten vor dem Start mit der Fluglinie oder dem Reisebüro durchgesprochen werden. Und Augen auf beim Ticketkauf! Die Angaben in diesem Kapitel verstehen sich als Hinweise und sind kein Ersatz für eigene, gründliche und aktuelle Recherchen.

DAS ISRAELISCHE STEMPEL-DILEMMA

Reisende fragen immer wieder nach dem berüchtigten „Israelischen Stempel-Dilemma". Hier sind einige der am häufigsten gestellten Fragen.

Ich habe noch nie von dieser israelischen Stempelsache gehört – worum geht's da eigentlich?
Aufgrund der derzeitigen politischen Situation im Nahen Osten verhindert der Nachweis eines Besuchs in Israel im Reisepass, dass man in einige andere Länder der Region einreisen darf. Dazu gehören auch Israels Nachbarn Syrien und der Libanon.

Was kann ich tun, wenn ich Syrien oder den Libanon und Israel besuchen möchte?
Es gibt mehrere Möglichkeiten. Die erste ist, Syrien und den Libanon zuerst und danach Israel zu besuchen, wenn man eine größere Tour durch den Nahen Osten plant. Wenn man Israel und Libanon/Syrien nicht auf derselben Reise besucht, hat man die Möglichkeit, die israelischen Grenzbeamten zu bitten, die Ein- und Ausreisestempel auf ein Blatt Papier zu machen statt in den Reisepass. Das funktioniert normalerweise, aber nicht immer. Wenn man bereits israelische Ein- oder Ausreisestempel im Reisepass hat (bzw. Einreisestempel von den Grenzübergängen Israel/ Jordanien oder Israel/Ägypten), dann benötigt man einen neuen Reisepass, der vor der Reise nach Syrien oder Libanon ausgestellt wurde. Und zu guter Letzt: Wer Journalist ist oder einer anderen Berufsgruppe angehört, die viel unterwegs ist, kann meist auch einen zweiten Reisepass beantragen. Einen verwendet man dann für Reisen nach Israel und den anderen für die restlichen Länder.

In welchen Ländern im Nahen Osten ist ein israelischer Stempel kein Problem?
Marokko, Tunesien, Ägypten, Türkei und Jordanien haben kein Problem mit israelischen Stempeln. Für Bahrain, Katar, die VAE und den Oman ist es normalerweise o. k., aber zur Sicherheit sollte man die jeweiligen Botschaften in seinem Heimatland kontaktieren, um den aktuellen Stand zu erfahren.

In welche Länder im Nahen darf man mit einem israelischen Stempel im Reisepass nicht einreisen?
Derzeit sind das Syrien, der Libanon, Iran, Irak, Saudi-Arabien, Libyen und der Jemen.

Noch ein Tip: Wenn man bei der Einreise gefragt wird, wie lange man im Land bleiben will und man zwei Wochen angibt, dann kann es sein, dass genau dies auf die Einreisezettel geschrieben wird. Um das Maximum auszunutzen, sollte man explizit drei Monate angeben. Weitere Infos zur Einreise s. S. 444.

FLUGZEUG
Flughäfen & Fluglinien

Israels Eintrittstor, der **Ben-Gurion Flughafen** (TLV; www.ben-gurion-airport.co.il), liegt 20 km südöstlich von Tel Aviv und 51 km westlich von Jerusalem. Das ultramoderne 1 Mrd. US$ teure internationale Terminal, das 2004 fertiggestellt wurde, fertigt 16 Mio. Passagiere pro Jahr ab.

Einige internationale Charterflüge landen auf dem **Owda Airport** (VDA; ☎ 1 700 705 022) bei Elat.

Der nationale Anbieter **El Al** (LY; ☎ 03-977 1111; www.elal.co.il) ist eine anständige Fluglinie mit hohen Sicherheitsstandards, aber einer chaotischen Atmosphäre an Bord (man muss sich vorstellen, dass Ultraorthodoxe in den Gängen beten, Kleinkinder schreien, Passagiere in der Toilettenschlange netzwerkeln und ein Dutzend verschiedene koschere Gerichte korrekt verteilt werden müssen).

Die Sicherheitsbestimmungen am Flughafen sind streng und internationale Reisende sollten mindestens drei Stunden vor dem Flug einchecken. Bei El-Al-Flügen muss man mit Befragungen und gründlichen Gepäckdurchsuchungen rechnen.

Fluggesellschaften, die nach Israel fliegen:
Austrian Airlines (www.aua.com)
Israir (www.israirairlines.com)
Lufthansa (www.lufthansa.com)
Swiss (www.swiss.ch)
TUIfly (www.tuifly.com)

Flugtickets

Die **Israel Student Travel Association** (ISSTA; Karte S. 184; ☎ 03-777 7316; www.issta.com; 109 Ben Yehuda St, Tel Aviv) bietet gute Preise, aber es lohnt sich auch, Angebote anderer Reisebüros in der Innenstadt von Tel Aviv oder Jerusalem einzuholen. Alternativ kann man zum Preisvergleich auch die Websites der Fluggesellschaften besuchen.

Weitere Buchungswebsites sind **Sidestep** (www.sidestep.com) und **Orbitz** (www.orbitz.com).

Eine Flughafensteuer von 13 US$ und eine Sicherheitssteuer von 2 bis 8 US$ (abhängig von der jeweiligen Fluggesellschaft) sind im Ticketpreis enthalten.

INTERKONTINENTALE (RTW) FLUGTICKETS

RTW- („Round the World"-)Tickets ermöglichen es, eine Reise um die Welt mit ca. sechs Zwischenstopps zu buchen. Das günstige Paket ist in der Regel ein Jahr gültig. Israel ist nur selten bei den möglichen Zwischenstopps dabei, aber Kairo ist meist möglich. Man kann also Kairo auswählen und dann von dort aus nach Israel und in die Palästinensischen Autonomiegebiete reisen.

Europa

Austrian Airlines, Lufthansa und Swiss bieten regelmäßige Verbindungen nach Tel Aviv. Man kann beispielsweise über **STA Travel** (www.statravel.at; www.statravel.de; www.statravel.ch) buchen.

Naher Osten

Sieht man von den Nachbarländern Jordanien und Ägypten ab, die auf dem Landweg erreichbar sind, ist die Türkei das einzige Land der Region, das von Israel aus besucht werden kann. Viele Israelis nutzen die günstigen Ticketpreise zwischen Tel Aviv und Istanbul: ein Hin- und Rückflug kostet zu jeder Jahreszeit 323 €. Turkish Airlines und El Al fliegen regelmäßig.

Zypern ist bei den Israelis auch extrem beliebt (viele Israelis heiraten dort). Man bekommt gute Preise bei Cyprus Airways, Israir und Arkia.

AUF DEM LANDWEG
Grenzübergänge

Israel hat einen offenen Grenzübergang nach Ägypten (in Elat/Taba) und drei nach Jordanien (Übergang Jordan/Scheich Hussein, Übergang Allenby-/König-Hussein-Brücke im Westjordanland und Übergang Yitzhak Rabin/Akaba bei Elat/Akaba). Die Palästinensischen Autonomiegebiete haben einen Übergang nach Ägypten (Rafah, in Gaza; fast immer geschlossen) und einen nach Jordanien (die Allenby-/König-Hussein-Brücke im Westjordanland, die von Israel kontrolliert wird). Die Grenzen nach Syrien und in den Libanon sind absolut dicht. Der einzige Weg in diese Länder führt durch Jordanien, aber wenn man zuvor in Israel gewesen ist, ist das heikel (s. Kasten S. 447). Alle Grenzen sind an Yom Kippur geschlossen und möglicherweise auch an islamischen Feiertag Id el-Fitr (s. S. 433). Einige sind auch während des Sabbats geschlossen (vom späten Freitagnachmittag bis Sonnenuntergang am Samstag).

KLIMAWANDEL & REISEN

Der Klimawandel stellt eine ernste Bedrohung für unsere Ökosysteme dar. Zu diesem Problem tragen Flugreisen immer stärker bei. Lonely Planet sieht im Reisen grundsätzlich einen Gewinn, ist sich aber der Tatsache bewusst, dass jeder seinen Teil dazu beitragen muss, um die globale Erwärmung zu verringern.

Fliegen & Klimawandel

Fast jede Art der motorisierten Fortbewegung erzeugt CO_2 (die Hauptursache für die globale Erwärmung), doch Flugzeuge sind mit Abstand die schlimmsten Klimakiller – nicht nur wegen der großen Entfernungen und der entsprechend großen CO_2-Mengen, sondern auch weil sie diese Treibhausgase direkt in hohen Schichten der Atmosphäre freisetzen. Die Zahlen sind erschreckend: Zwei Personen, die von Europa in die USA und wieder zurück fliegen, erhöhen den Treibhauseffekt in demselben Maße wie ein durchschnittlicher Haushalt in einem ganzen Jahr.

Emissionsausgleich

Die englische Website www.climatecare.org und die deutsche Internetseite www.atmosfair.de bieten sogenannte CO_2-Rechner. Damit kann jeder ermitteln, wie viele Treibhausgase seine Reise produziert. Das Programm errechnet den zum Ausgleich erforderlichen Betrag, mit dem der Reisende nachhaltige Projekte zur Reduzierung der globalen Erwärmung unterstützen kann, beispielsweise Projekte in Indien, Honduras, Kasachstan und Uganda.

Lonely Planet unterstützt gemeinsam mit Rough Guides und anderen Partnern aus der Reisebranche das CO_2-Ausgleichs-Programm von climatecare.org. Alle Reisen von Mitarbeitern und Autoren von Lonely Planet werden ausgeglichen.

Weitere Informationen gibt's auf www.lonelyplanet.com.

Auto & Motorrad

Wenn sie über Jordanien oder Ägypten nach Israel reisen, benötigen Auto- und Motorradfahrer den Fahrzeug- und den Versicherungsschein des Fahrzeugs sowie einen Führerschein (aber nicht unbedingt einen internationalen). Man darf nur mit dem eigenen Fahrzeug über die Grenze fahren. Mietwagen sind nicht erlaubt. Verkehrsregeln s. S. 452. Beim Grenzübertritt in die andere Richtung braucht man die gleichen Papiere. Manchmal werden die Nummernschilder abgenommen (aber nicht einbehalten!) und für die Dauer des Aufenthalts durch einheimische Schilder ersetzt.

Ägypten

Der einzige Grenzübergang zwischen Israel und Ägypten ist in Taba, nicht weit von Elat. Wenn's Richtung Kairo gehen soll, kann man sich an **Mazada Tours** (☎ 03-544 4454; www.mazada. co.il) wenden, die mehrere direkte Buslinien zwischen Tel Aviv oder Jerusalem und Kairo betreiben. Eine einfache Fahrt von Israel nach Kairo kostet 145 US$, hin und zurück 165 US$. Auch wenn die Busse zuverlässig sind, haben Lonely Planet Autoren schon mehrfach den miserablen Kundenservice von Mazada kennenlernen dürfen.

GRENZÜBERGÄNGE
Rafah

Der Übergang bei Rafah zwischen Gaza und Ägypten war zum Zeitpunkt der Recherche für fast alle Traveller gesperrt. Die Grenze wurde bis zur Aufgabe im August 2005 von Israel kontrolliert. Seitdem ist sie unter der gemeinsamen Kontrolle der Palästinensischen Autonomiebehörde (PA) und Ägyptens (mit der Hilfe von EU-Beobachtern). Andauernde Konflikte mit der israelischen Armee sorgen für Unruhen an dieser Grenze – jetzt bleibt sie die meiste Zeit geschlossen, sogar für Palästinenser, die auf einer der beiden Seiten gestrandet sind. Es ist unwahrscheinlich, dass sie in nächster Zeit wieder für Ausländer geöffnet wird. Auf S. 405 gibt's weitere Infos.

Taba

Der **Übergang Taba** (☎ 08-637 2104, 08-636 0999; ☺ 24 Std.) bei Elat ist derzeit die einzige geöffnete Grenze zwischen Israel und Ägypten. Bei der Einreise nach Ägypten zahlt man eine Gebühr von 68 NIS, um aus Israel auszureisen, und dann weitere 30 £E, um nach Ägypten einzureisen. Wer nur in den Sinai möchte, kriegt an der Grenze eine Einreiseberechtigung nur dafür. Wer mehr sehen möchte, muss vor der Einreise an das ägyptische Visum denken. Man erhält es im ägyptischen Konsulat in Elat oder Tel Aviv (s. Kasten S. 450). Um mit dem eigenen Auto über die Taba-Grenze zu fahren (mit einem Mietwagen darf man das nicht) zahlt man 32 NIS auf der israelischen Seite und stolze 180 £E auf der ägyptischen. Infos, wie man von Elat zur Grenze kommt, gibt's auf S. 395.

Jordanien

Zwischen Amman und Jerusalem fließt ein ständiger Touristenstrom. Obwohl die Grenzen etwas sonderbar sind, dürfte man keine Probleme haben, auf die andere Seite zu kommen. Die folgenden Tipps sollte man dabei beachten:

- ▪ Privatfahrzeuge dürfen nicht über die Allenby-/König-Hussein-Brücke fahren, aber über die anderen Grenzübergänge.
- ▪ Man kann ohne Visum nach Jordanien einreisen, wenn man den Grenzübergang am Jordan (Scheich Hussein) oder den Grenzübergang Yitzhak Rabin benutzt. Wenn man über die Allenby-/König Hussein-Brücke nach Jordanien einreist, braucht man vorab ein Visum.
- ▪ Wer innerhalb von 14 Tagen von Jordanien nach Israel und wieder zurück reist und dabei den Übergang an der Allenby-/König-Hussein-Brücke benutzt, muss kein neues Visum besorgen, um wieder nach Jordanien zurückzureisen.
- ▪ Wenn man über Jordanien nach Israel einreist, erhält man an den Übergängen Yitzhak Rabin/Wadi Araba und Jordan/ Scheich Hussein eine Aufenthaltsgenehmigung für einen Monat. Die Visa vom Übergang Allenby-/König-Hussein-Brücke sind drei Monate gültig.
- ▪ Wer von Petra in Jordanien in den Sinai in Ägypten reist, der kann den Weg über Israel umgehen, indem er die Fähre von Akaba nach Nuweiba nimmt (s. S. 451).

GRENZÜBERGÄNGE
Allenby-/König-Hussein-Brücke

Die **Allenby-/König-Hussein-Brücke** (☎ 02-548 2600; ☺ So–Do 8–17, Fr & Sa 8–14 Uhr, Yom Kippur & Id el-Adha geschl.) ist nur 30 km von Jerusalem, 5 km von Jericho und 40 km von Amman entfernt. Sie ist der einzige Übergang, über den Palästinenser aus dem Westjordanland nach Jordanien

---

VISA FÜR ÄGYPTEN & JORDANIEN

Wenn man den Sinai (S. 416) von Israel aus besuchen will, dann braucht man vorab kein Visum für Ägypten. Am Grenzübergang Elat/Taba erhält man ein kostenloses Visum, das nur für den Sinai gilt, 14 Tage lang gültig ist und einem erlaubt, zwischen Taba und Sharm el-Sheikh sowie zum Berg Sinai und zum Katharinenkloster zu reisen, aber nicht, im Ras-Mohammed-Nationalpark in der Nähe von Sharm el-Sheikh zu tauchen.

Wer andere Ziele in Ägypten besuchen will, der braucht mit größter Sicherheit vor der Abreise ein Visum für Ägypten. Man erhält es in der **Ägyptischen Botschaft** (Karte S. 178; ☎ 03-546 4151; Fax 03-544 1615; 54 Basel St, Tel Aviv; ☽ Anträge So–Do 9–11 Uhr) und im **Ägyptischen Konsulat** (Karte S. 388; ☎ 08-637 6882; 68 HaAfroni St, Elat; ☽ Anträge So–Do 9–11 Uhr). In Elat kann man seinen Reisepass, den Antrag und ein Passfoto während der Öffnungszeiten abgeben und das Visum gegen 14 Uhr am gleichen Tag wieder abholen. In Tel Aviv kann es ein paar Tage länger dauern. Man sollte auf alle Fälle zur Sicherheit immer einen Zeitpuffer einplanen.

Fast alle Reisenden brauchen ein Visum für die Einreise nach Jordanien. Praktischerweise kann man die Visa sowohl am Übergang Yitzhak Rabin als auch am Übergang Jordan bekommen, aber nicht am Übergang Allenby-/König Hussein-Brücke. Wer dort über die Grenze will, muss sich sein Visum in der **Jordanischen Botschaft** (außerhalb der Karte S. 178; ☎ 03-751 7722; Fax 03-751 7712; 14 Abbe Hillel St) im Tel Aviver Vorort Ramat Gan besorgen (mit dem Bus 66 ab Ben Yehuda St). Man kann den Antrag am Morgen abgeben und dann das Visum gegen 14 Uhr des gleichen Tages abholen. Ein Passfoto muss mitgebracht werden (weitere Infos s. S. 407).

---

einreisen können; daher ist hier von allen drei Grenzübergängen am meisten los. Obwohl sie im Westjordanland liegt, fällt sie unter israelische Zuständigkeit. Der Verkehr ist hier recht stark, vor allem zwischen 11 und 15 Uhr. Die Ausreisegebühr beträgt 127 NIS.

Früher war die Brücke nur ein Übergang vom Ostufer des Jordan ans Westufer, und für die Jordanier hat sich daran nichts geändert. Man kann immer noch in Jordanien mit einem einzigen Visum ein- und ausreisen, als ob man das Land nie verlassen hätte. Wenn man nach Jordanien zurückkehrt, zeigt man einfach seinen gestempelten Ausreisezettel, und auf der israelischen Seite bittet man die Grenzbeamten, den jordanischen Zettel als den Reisepass zu stempeln.

Wer von Israel nach Jordanien reist, braucht ein jordanisches Visum, das in den Reisepass gestempelt wird – es wird nicht an der Grenze ausgestellt. Man bekommt es in der jordanischen Botschaft in Tel Aviv (s. Kasten oben). Wer nach Israel zurückkehren möchte, der sollte das Einreiseformular der Jordanier behalten (es kann sein, dass man es braucht, wenn man das Land verlässt). Wenn man dann durch den Zoll gegangen ist, muss man auf einen Bus warten (5 NIS), der einen durch das Tal auf die jordanische Seite bringt.

Von Jerusalem aus kann man einen Bus vom **ABDO-Reisebüro** (☎ 628 3281) gegenüber vom Damaskus-Tor zur Allenby-Brücke neh-men. Abu Hassan Alternative Tours (S. 455) in Jerusalem bietet ein Shuttle für 180 NIS und bis zu drei Passagiere. Busse fahren auch von Jericho aus zur Grenze und zurück. Man sollte so früh wie möglich zur Grenze gehen, denn Verzögerungen gehören zur Tagesordnung.

Jordan/Scheich Hussein

Der Übergang **Jordan/Scheich Hussein** (☎ 04-609 3400; ☽ So–Do 6–22, Sa & So 8–20 Uhr) ist 6 km östlich von Bet Shean in Galiläa. Er liegt günstig, wenn man im nördlichen Israel unterwegs ist und das eigene Auto nach Jordanien mitnehmen will oder wenn man an der Grenze ein jordanisches Visum bekommen möchte. Außerdem ist er lange nicht so voll wie der Übergang Allenby-/König-Hussein-Brücke.

Der Übertritt der Grenze kann jedoch manchmal etwas dauern, denn zwischen dem israelischen und dem jordanischen Grenzposten liegen 2 km Niemandsland. Es gibt einen Pendelbus, aber der fährt nicht regelmäßig. Der schnellere, einfachere Weg ist, nach dem „VIP"-Schalter rechts von der Tür zum israelischen Terminal zu suchen. Für etwa 40 US$ pro Person bekommt man sein Visum gestempelt, umgeht die Warteschlangen und wird mit einem Privatwagen zwischen den Grenzstationen hin und hergefahren. Wer das Geld übrig hat, für den lohnt es sich mit Sicherheit.

Die Ausreisegebühr beträgt 70 NIS. Busse zur Grenze fahren ab Bet Shean (s. S. 269).

Von der jordanischen Seite nimmt man den Minibus oder ein Taxi nach Irbid oder weiter nach Amman.

Yitzhak Rabin/Akaba

Der Übergang **Yitzhak Rabin** (☎ 08-630 0530; So–Do 6.30–22, Fr & Sa 8–20 Uhr) in der Nähe von Elat ist praktisch für Tagestouren nach Petra und ins Wadi Rum. Die Grenze liegt nur 2 km nordöstlich von Elat; die Taxifahrt kostet 25 NIS. Die israelische Ausreisegebühr beträgt 90 NIS und die Einreise nach Jordanien gibt's für 5 JOD, genauso wie die Ausreise.

Wenn man in Jordanien ist, gibt es Taxis an der Grenze, die einen für 5 JOD nach Akaba fahren, von wo aus man einen sehr unregelmäßig verkehrenden Bus (5 JOD) nach Petra besteigen kann. Alternativ kann man ein Taxi von der Grenze nach Petra nehmen (ca. 55 JOD, 2 Std.). Kommt man aus Jerusalem, muss man nicht ganz bis nach Elat fahren, sondern kann den Busfahrer bitten, einen an der Abzweigung zur Grenze rauszulassen.

AUTO & MOTORRAD

Wer zwischen Jordanien und Israel sowie den Palästinensischen Autonomiegebieten fährt, der benutzt entweder den Übergang Yitzhak Rabin/Akaba oder den Übergang Jordan/Scheich Hussein. Es ist nicht erlaubt, die Allenby-/König-Hussein-Brücke mit dem eigenen Fahrzeug zu überqueren.

BUS

Nazarene (Karte S. 226; ☎ 04-601 0458) betreibt Busse zwischen Amman und Haifa (100 NIS). Von Haifa aus starten die Busse (Bus 331 & 332) vom Gelände außerhalb des Bahnhofs, wo man an einem kleinen Kiosk auch Tickets kaufen kann. Im Sommer geht's täglich um 7 Uhr los (Ankunft in Amman um 13 Uhr); im Winter wird nur sonntags, dienstags, donnerstags und samstags gefahren. Passagiere werden auch um 8.30 Uhr in Nazareth abgeholt (75 NIS). Zurück geht es am gleichen Tag um 14 Uhr vom Hill Side Hotel in Amman.

ÜBERS MEER

Es ist möglich, das Heilige Land von Zypern aus mit dem Schiff zu erreichen. In die andere Richtung hat man Verbindung über Zypern in die Türkei. Von Elat aus gibt es keine Fährverbindung, aber die Fähre pendelt zwischen dem in der Nähe liegenden Akaba (Jordanien) und Nuweiba in Ägypten.

Ägypten & Jordanien

Das verschlafene Nuweiba an der Sinaiküste ist mit dem jordanischen Akaba durch eine Schnellfähre verbunden. Die Boote legen um 14 Uhr ab (außer So und Do, wenn sie um 9 Uhr losfahren) und die Fahrt dauert eine Stunde. Man sollte zwei Stunden vor Abfahrt am Hafen sein, um sich ein Ticket zu sichern.

Einfache Fahrten kosten 50 US$ für Erwachsene und 35 US$ für Kinder von drei bis zwölf Jahren. Die Tickets kann man nur in US Dollar bezahlen. Das Geld sollte man sich in Dahab oder anderswo besorgen, denn die Banken in Nuweiba haben keine Dollars. Tickets können nur für denselben Tag gekauft werden. Der Ticketschalter in einem kleinen Gebäude am Hafen ist meist ab 9 Uhr geöffnet. Der Verkauf endet eine Stunde vor Abfahrt. Während des Hadsch (Pilgerreise nach Mekka) werden Tickets im Voraus verkauft und man kann sie in ägyptischen Reisebüros erwerben. Auf dem Boot erhält man ein kostenloses Visum für Jordanien, wenn man einen Reisepass der EU, aus USA, Kanada, Australien oder Neuseeland hat, denn Akaba ist eine Freihandelszone. Auf dem Boot füllt man das grüne Formular aus und gibt es (mit dem Reisepass) den Einwanderungsbeamten an Bord.

Es gibt auch eine langsame Fähre (32 US$, 3 Std.), auf der auch Pkw und Motorräder mitgenommen werden. Sie fährt täglich um 12 Uhr nach Akaba.

In die andere Richtung verlässt das Schnellboot Akaba täglich um 12 Uhr. Die Fahrt kostet weniger, etwa 36 US$. In Amman sollte man keine Tickets kaufen, denn sie sind überteuert. Das Visum für Ägypten kann man sich in Nuweiba besorgen (allerdings sind einige Osteuropäer abgewiesen worden). Visa (nur) für den Sinai gibt's auf dem Boot.

Achtung: Die Informationen in diesem Abschnitt können sich ändern und die Fähren (vor allem die langsame Fähre) halten sich nicht immer an den Abfahrtsplan. Während des Hadsch gibt es möglicherweise zusätzliche Fähren wegen des großen Andrangs.

Für Einzelheiten zu Reisen ab Nuweiba s. S. 421. Details zu Reisen von Akaba nach Petra finden sich auf S. 407.

Griechenland & Zypern

Von Haifa aus starten zwei Übernacht-Passagier- und Frachtfähren pro Woche nach Limassol (Zypern; 160 €/Pers., 10 Std., Mo & Do 20 Uhr). Man kann auch ein Motorrad

VERKEHRSMITTEL & -WEGE

mitnehmen (zusätzlich 85 €) oder ein Auto (160 €). Von Limassol aus gibt's Landverbindungen nach Girne (Nordzypern), von wo aus man eine weitere Fähre nach Tasucu im Süden der Türkei nehmen kann. Die Fähre wird von **Rosenfeld Shipping** (Karte S. 226; ☎ 04-861 3671; reservations@rosenfeld.net; 104 Ha'Atzmaut Rd, Haifa) betrieben. Man sollte möglichst früh buchen.

GEFÜHRTE TOUREN

Reisen, die von zu Hause aus organisiert werden, sind meist Themenreisen, von denen die meisten von einer heiligen Stätte zur nächsten führen. Andere Pauschalreisen basieren auf dem kulturellen und historischen Angebot, während die Mehrländer-Reisegruppen Israel meist komplett auslassen. Folgende Veranstalter haben interessante Angebote:

Longwood Holidays (☎ 020-8418 2500; www.longwoodholidays.co.uk) Ein erfahrener Reiseveranstalter aus Großbritannien, der Tauch- und Kulturtouren bietet.

Studiosus Reisen (☎ 089-500-600; www.studiosus.com) Studienreisen unter kompetenter Leitung.

Travel Link (☎ 020-8931 8000; www.travelinkuk.com) Organisiert verschiedene Touren in Israel, sowohl religiöse als auch weltliche. Britisches Unternehmen.

Go Israel (www.goisrael.de) Listet auf seiner informativen Website auch aktuelle Angebote vieler Veranstalter auf.

UNTERWEGS VOR ORT

Israel hat ein effizientes und preiswertes Nahverkehrssystem, dessen Busse überall hin fahren und dessen Züge alle großen Städte verbinden.

Es gibt Flüge, die Richtung Süden über den Negev rasen, um die Reisezeit nach Elat zu verkürzen, aber wenn man die Schönheit der Wüstenlandschaft bedenkt, ist es auch toll, auf den Straßen unterwegs zu sein.

Das Westjordanland wird von örtlichen Bussen angefahren, die zwischen Städten und Ost-Jerusalem fahren, sowie von einer Armee von offiziellen und privaten Taxis. Es gibt aber keinerlei Verbindung zwischen Gaza und dem Westjordanland. Für Reisen nach Gaza s. S. 398.

AUTO & MOTORRAD

Fahrer brauchen keinen internationalen Führerschein, müssen aber ihren eigenen Führerschein dabei haben, um einen Wagen mieten zu können oder mit einem Privatfahrzeug fahren zu dürfen.

Automobilclubs

Um in Kontakt mit einem Automobilclub zu kommen, geht man am besten zu **Memsi** (Karte S. 140 f.; ☎ 02-625 9711; www.memsi.co.il, hebräisch; 31 Ben Yehuda St) in Jerusalem, wo man Karten, Routenplaner und Werkzeug bekommt.

Mieten

Mit einem Mietwagen kann man in kurzer Zeit lange Strecken zurücklegen. In Jerusalem oder einer der anderen großen Städte ist ein Mietwagen eher unsinnig. Aber für die Golanhöhen, Obergaliläa und den Negev ist Mieten eine gute Idee, denn hier fahren nur wenige Busse. Mit einem Wagen kann man abseits ausgetretener Pfade und im eigenen Tempo die Schönheiten des Landes erkunden.

In Tel Aviv gibt es viel zu wenig Parkplätze und am Ende muss man wahrscheinlich auf einem Privatparkplatz für mindestens 50 NIS pro Tag parken. **Hertz** (www.hertz.co.il), **Avis** (www.avis.co.il) und **Budget** (www.budget.co.il) haben jeweils 15 bis 20 Niederlassungen im ganzen Land. Ein Mietwagen mit Versicherung und unbegrenzter Kilometerzahl kostet nur rund 250 US$ pro Woche oder 600 US$ pro Monat. Zu beachten ist, dass es die meisten Jerusalemer Mietwagenfirmen nicht erlauben, dass man mit ihren Wagen in die Palästinensischen Autonomiegebiete fährt. Green Peace ist eine rühmliche Ausnahme (s. S. 168).

Straßenverhältnisse

Der Zustand der israelischen Straßen ist eigentlich ziemlich gut. Die israelischen Autofahrer sind aber äußerst unberechenbar und fahren meist weitaus aggressiver als die in Europa. Viele denken sich nichts dabei, falsch herum in einen Kreisverkehr zu fahren, um Zeit zu sparen, auf der rechten Spur zu überholen oder auf der Autobahn zurückzusetzen, wenn sie eine Ausfahrt verpasst haben. Tödliche Unfälle sind auf israelischen Straßen an der Tagesordnung. Es empfiehlt sich, jederzeit vorsichtig und defensiv zu fahren.

Im Westjordanland ist der Verkehr langsamer und kann durch Kontrollposten, Straßensperren oder Eselkarren aufgehalten werden. Mehr Infos zum Fahren im Westjordanland auf S. 317.

Verkehrsregeln

Pkws fahren in Israel und den Palästinensischen Autonomiegebieten auf der rechten Straßenseite. Anschnallen ist Pflicht. Wäh-

ENTFERNUNGEN (KM)

	Akko	Ashdod	Ashqelon	Beersheba	Ben-Gurion (Flugh.)	Bethlehem	Elat	En Gedi	Gaza	Haifa	Hebron	Jericho	Jerusalem	Netanya	Tel Aviv
Ashdod	160														
Ashqelon	175	35													
Beersheba	233	85	68												
Ben-Gurion (Flugh.)	135	40	55	98											
Bethlehem	190	143	145	75	60										
Elat	475	335	307	240	340	320									
En Gedi	338	197	170	105	205	153	233								
Gaza	190	55	28	45	75	85	290	152							
Haifa	23	140	160	210	112	168	450	315	180						
Hebron	220	115	118	50	88	28	290	128	95	195					
Jericho	162	103	115	117	85	38	365	200	135	148	73				
Jerusalem	182	67	77	85	50	10	312	163	92	160	35	40			
Netanya	87	75	90	145	50	105	388	250	110	65	132	122	93		
Tel Aviv	118	43	65	113	18	73	355	220	82	95	97	100	62	30	
Tiberias	57	170	198	235	152	208	490	345	215	70	185	118	157	103	132

VERKEHRSMITTEL & -WEGE

rend der Fahrt ein Mobiltelefon zu benutzen, ist bei 500 NIS Strafe verboten.

Straßenschilder sind auf Englisch, Hebräisch und Arabisch beschriftet.

Versicherung

Mietwagenunternehmen verkaufen ein komplettes Versicherungspaket für etwa 7 US$ pro Tag (mit einigen Einschränkungen, z. B. dass man nur in Israel und nicht im Westjordanland fahren darf).

Schließt man keine Versicherung ab, ist man für alle Schäden am Fahrzeug und für Schäden an anderen Fahrzeugen oder an fremdem Eigentum verantwortlich. Eventuell ist man schon durch die eigene Versicherung versichert. Das sollte man vor der Abreise klären.

BUS

Der nationale Busservice **Egged** (☎ 03-694 8888; www.egged.co.il/eng/) betreibt ein ausgedehntes Streckennetz in Israel. Es ist auch das wichtigste Transportmittel für Soldaten. Man kann damit rechnen, auf Busse voller Soldaten zu treffen, die übers Wochenende nach Hause oder zurück zu ihrer Einheit fahren. Einige Linien halten in der Nähe von Armeeeinrichtungen, aber das ist nie wirklich störend.

Die Busse sind modern, sauber und haben Klimaanlagen. Das macht das Reisen sicher und bequem. Die Busse sind meist pünktlich, aber verlassen kann man sich darauf auch nicht. Am Sabbat fahren die Egged-Intercity-Busse gar nicht. Auf den meisten Intercity-Routen fährt ein Egged-Bus zwei- bis viermal pro Stunde, aber man muss mit langen Wartezeiten rechnen, wenn man im Hinterland steht, wo die Strecke nur ein- bis zweimal am Tag abgefahren wird. Egged fährt auch Siedlungen im Westjordanland an und nutzt dafür mehr als 100 kugelsichere Busse.

Einige Preisbeispiele: Tel Aviv–Haifa 25 NIS, Jerusalem–Tel Aviv 19 NIS, Tel Aviv–Eilat 70 NIS. Tickets für Hin- und Rückfahrt kosten 15 % weniger als der addierte Preis von zwei Einzeltickets. Tickets mit einem Rabatt von 15 % gibt es auch, wenn man zwei Busfahrten ohne Rückfahrt unternimmt oder für zwei Reisende bezahlt, die zusammen unterwegs sind.

Auf der Website von Egged findet man Informationen zu Fahrplänen, Preisen und

Routen. Von Tel Aviv aus erlaubt Egged Reservierungen nur bis Elat – man kann sein Ticket 14 Tage vor der Reise telefonisch oder über die hebräische Website bestellen.

In Nazareth, Ost-Jerusalem und dem Westjordanland gibt's einige arabische Busfirmen, die den öffentlichen Nahverkehr (langsame und uralte Fahrzeuge) unter sich aufteilen. Die Busse sind nicht besonders bequem, aber die kurzen Entfernungen machen das Reisen erträglich. Die Preise sind ziemlich günstig und Besitzer eines internationalen Studentenausweises bekommen 10 % Rabatt auf alle Überlandfahrten. Beispiele: Jerusalem–Hebron 10 NIS, Ramallah–Nablus 16 NIS. Arabische Busse fahren auch während des gesamten Wochenendes.

FAHRRAD

Mit dem Fahrrad kommt man prima durch Israel. Die Schnellstraßen haben breite Randstreifen (der einheimische Fahrstil kann allerdings höflich als unberechenbar beschrieben werden) und es gibt viele abgelegene Radwege und Aussichtsstraßen. Die Entfernungen zwischen den Sehenswürdigkeiten, Städten und Dörfern sind relativ klein (s. Entfernungstabelle S. 453 für einige Beispiele) und es ist nicht besonders hügelig. Wenn man mit dem Fahrrad unterwegs ist, trifft man auch eine Menge Leute und erlebt das Land aus einer ganz anderen Perspektive. Und das Beste von allem: Radfahren ist umweltfreundlich.

Das größte Problem beim Radfahren in Israel ist die Hitze. Man sollte immer so früh wie möglich losfahren und viel Wasser mitnehmen. Die Route muss sorgfältig geplant werden. Während die Küstengegend flach genug ist, gibt es in Obergaliläa, den Golanhöhen und dem Gebiet um den See Genezareth zahllose steile Hügel, und die Wüste Negev kann gnadenlos heiß sein. Die wohl beste Fahrradtour verläuft rund um den See Genezareth. Mehrere Hostels in Tiberias verleihen Fahrräder zu vernünftigen Preisen. Man kann die Räder im Bus mitnehmen und muss nur eventuell einen Gepäckzuschlag zahlen. In Zügen sind keine Räder erlaubt.

Wer mal was Anderes ausprobieren will, für den empfiehlt sich die brandneue Radroute zwischen Karmiel und Misgav in Galiläa. Der **P2K-Trail** (www.p2k.org.il) ist 35 km lang und führt vom Zentrum in Karmiel durch Naturschutzgebiete und kleine Dörfer. Die Schilder sind auf Hebräisch, Arabisch und Englisch und die Tour ist vom Schwierigkeitsgrad her für alle Radler geeignet.

Einige Fahrradläden in Israel verleihen Räder wochenweise. Andere kaufen einem das Rad zu einem guten Preis wieder ab, wenn man es in ihrem Laden kauft. In ganz Jerusalem, Haifa und Tel Aviv findet man Fahrradläden. In den Palästinensischen Autonomiegebieten gibt es keine Fahrradverleihe, aber wer sein Rad dabei hat, sollte kein Problem haben, es durch die Kontrollpunkte zu bringen.

Wer sein eigenes Fahrrad mitbringt, der sollte vorab seine Fluggesellschaft kontaktieren und sich nach Gepäckeinschränkungen und zusätzlichen Kosten erkundigen. In Fahrradläden bekommt man eine Fahrradbox.

Geführte Touren

Israel Cycling (www.israelcycling.com) veranstaltet mehrtägige Radtouren. Auf der Website gibt's Details. Hier ein paar Fahrradclubs, die Gruppentouren durch das Land veranstalten:
Carmel Mountain Bike Club (www.geocities.com/Colosseum/Arena/9765/cmbchome.html)
Israeli Mountain Bikers Club (www.cyclenix.com)
Mountain biking group (www.rechasim.com)

Informationen zum Radfahren in der Stadt gibt's auf S. 455.

FLUGZEUG

Israir (☎ 03-795 4038; www.israirairlines.com) hat täglich Flüge zwischen Elat und dem Sde-Dov- (in Tel Aviv) bzw. dem Ben-Gurion-Flughafen. Einfache Flüge bekommt man ab 75 US\$. **Arkia** (☎ 03-690 3712; www.arkia.com) hat ähnliche Flüge und tägliche Verbindungen von Haifa nach Elat zu einem ähnlichen Preis. Es gibt keine Flughafensteuer.

GEFÜHRTE TOUREN

Viele Unternehmen bieten Tagestouren und Touren in ganz Israel an, und immer mehr haben auch das Westjordanland im Programm. Touren durch Israel sind eine tolle Sache, wenn man wenig Zeit oder spezielle Interessen hat. Die Touren der Society for the Protection of Nature in Israel (SPNI; S. 455) sind z. B. hervorragend für Naturliebhaber. Auf S. 454 gibt's Infos zu Radtouren. In den jeweiligen Kapiteln steht mehr zu weiteren Touren, auch zum Wandergehen.

Auf Touren ins Westjordanland kann man sich gut mit dem Gebiet vertraut machen und sie sind toll, wenn man nicht gern allein dort hingehen möchte. Neben eher politisch motivierten Touren (z. B. Shalom Achshav, s. unten, Israeli Committee Against House Demolitions, S. 317) gibt's viele religiöse, akademische oder auf Freiwilligenarbeit ausgerichtete Touren oder Touren, bei denen man selbst aktiv werden kann. Im Kasten auf S. 317 sind weitere Organisationen genannt, die regelmäßig Touren veranstalten.

Israel

Bein Harim Tours (☎ 03-542 2000; www.beinharim. co.il) Individuelle Touren durch Israel und Ausflüge nach Petra und Sinai.

Egged Tours (☎ 03-694 8888; www.egged.co.il/eng/) Die nationale Busgesellschaft bietet Ausflüge ins gesamte Land zu vernünftigen Preisen, allerdings richten sie sich hauptsächlich an die Einheimischen.

Mike's Centre (☎ 02-626 0649; www.mikescentre. com; Touren 50 US\$/Pers.) Veranstalter beliebter Tagestouren. Die Touren beginnen in Jerusalem dienstags, donnerstags und samstags um 7 Uhr und enden um 19 Uhr. Mögliche Ziele sind Massada, das Tote Meer (En Gedi), Qumran und Jericho. Mike hat auch Ägypten im Programm. Die Preise beinhalten keine Eintrittsgelder. Viele Budget- und Mittelklassetraveller landen bei Mike, wenn sie im Hotel einen Ausflug buchen (Mike hat gute Verbindungen zu den meisten Backpacker-Unterkünften in der Stadt).

Society for the Protection of Nature in Israel (SPNI; ☎ 03-638 8625; www.aspni.org) Die SPNI veranstaltet regelmäßige empfehlenswerte „Yarok" (grüne) Touren, die für die ganze Familie geeignet sind. Auf der Website findet man das aktuelle Programm inklusive „Stars in the Desert" (Sterne gucken am Freitag) und Vorschläge für aktive Familientrips am Wochenende.

Touring Israel (☎ 054 636 3126; www.touringisrael. com) Private, extra zugeschnittene Touren durch Israel. Eher was für Traveller mit dickerem Geldbeutel.

United Tours (☎ 03-616 2656, 02-617 3315; www. unitedtours.co.il) Bietet ein- und zweitägige Touren durch das ganze Land und Stadtführungen durch Jerusalem.

Palästinensische Autonomiegebiete

Abu Hassan Alternative Tours (☎ 052 286 4205; www.alternativetours.ps) Tagestouren nach Jericho, Hebron, Bethlehem, Nablus, Jerusalem, Massada und ans Tote Meer.

Alternative Tourism Group (☎ 02-277 2151; ww.patg.org) Bietet jeden Donnerstag „Entdecke Palästina"-Tagestouren (230 NIS/Pers.), mit Abfahrt in Jerusalem um 8 Uhr. Es geht über Hebron und Bethlehem sowie durch eine Siedlung und ein Flüchtlingscamp, bevor man um 18 Uhr wieder in Jerusalem abgesetzt wird.

Shalom Achshav (Peace Now; www.peacenow.org.il) Eine israelische Organisation, die gegen den Siedlungsbau

in Palästina ist. Es werden auch regelmäßige Tagestouren in die bestehenden Siedlungen veranstaltet.

Tours in English (☎ 054 693 4433, 09-777 0020; www.toursinenglish.com) Eine Vielzahl von sehr empfehlenswerten Tages- und Mehrtagestouren durch Israel und das Westjordanland. Hier kann man Nablus und Jenin, Jerusalem oder Ramallah in der Gesellschaft von erfahrenen Reiseführern entdecken.

NAHVERKEHR
Bus

In den Großstädten Jerusalem, Tel Aviv und Haifa werden vor allem Busse benutzt. Wer kein Hebräisch lesen kann oder neu in der Stadt ist, der kann Schwierigkeiten haben, mit den Fahrplänen zurechtzukommen. Man kann andere Leute an der Haltestelle fragen, welchen Bus man nehmen muss. Auskunft gibt einem auch jeder Busfahrer. Diese sind meist sehr hilfsbereit.

In Tel Aviv befördert das örtliche Busunternehmen **Dan** (☎ 03-639 0444; www.dan.co.il/english/) über 600 000 Pendler pro Tag. Gefahren wird täglich von 5 bis 1 Uhr, außer während der Zeit des Sabbats. West-Jerusalem wird von **Egged** (www.egged.co.il) bedient, während die arabischen Busse den größten Teil von Ost-Jerusalem befahren. In Haifa fährt auch Egged.

Fahrrad

Tel Aviv ist super zum Radfahren geeignet. Es gibt breite Fahrradwege, Parks und eine Strandpromenade. Elat und Tiberias – und inzwischen sogar Jerusalem – sind auch nicht schlecht, um mit dem Rad herumzuflitzen.

Tel Aviv hat eine Critical Mass (eine Gruppe von Radfahrern, die die Straßen von den benzinfressenden Fortbewegungsmitteln „zurückerobern" wollen), die immer am letzten Freitag eines Monats um 13 Uhr am Rabin Sq losfährt. Es macht riesigen Spaß, sich an diesem Tag ein Rad zu leihen und mit den anderen mitzufahren. Eine kleinere Critical Mass trifft sich zur gleichen Zeit in Jerusalem an der Ecke King George St und Ben Yehuda St. Mehr Infos gibt's auf www.bike.org.il/cm (auf den Link „English" klicken).

Mehr Informationen zum Radfahren in Tel Aviv liefert die Tel Aviv Bicycle Association auf http://bike.org.il/taba.

Sherut (Service-Taxi)

Die Palästinenser nennen es Service-Taxi, bei den Israelis heißt es Sherut. Doch egal wie es genannt wird, es ist praktisch. Die 13-sitzigen

VERKEHRSMITTEL & -WEGE

**VERKEHRSMITTEL &
•WEGE**

Minivans fahren eine feste Route zu einem festen Preis, wie ein Bus. Wenn man den Preis nicht kennt, fragt man seine Mitreisenden. Er ist etwa 20 % höher als beim Bus, obwohl manche Routen gleich sind.

Sheruts fahren zwischen Städten und Dörfern und sind meist schneller als Busse. Sie fahren von ausgewiesenen Taxiständen ab, aber es geht erst los, wenn sie voll sind. Man muss also mit etwas Wartezeit rechnen, allerdings selten mehr als 20 Minuten. Aussteigen kann man überall entlang der Strecke, aber man zahlt immer den vollen Preis. Viele Sheruts fahren an sieben Tagen die Woche rund um die Uhr – am Sabbat sind sie das einzige öffentliche Verkehrsmittel in Israel. Dann sind die Preise auch etwas höher. In diesem Buch sind meist die Preise an Werktagen genannt (Ausnahmen sind angegeben).

Innerhalb von Tel Aviv fahren die Sheruts auf den Hauptbusrouten (z. B. Route 4 und 5). Wer gerade in einem Sherut aus Jerusalem gekommen ist, kann schnell in die örtlichen Sheruts umsteigen, die die ganze Ben Yehuda St hinauf und damit nahe an den Hotels entlangfahren.

Im Westjordanland gibt's reichlich Service-Taxis; sie können in Form eines alten schnaufenden Mercedes oder eines Minibusses daherkommen. Die Service-Taxis stehen hintereinander an den Hauptplätzen wie in Ramallah oder vor Kontrollpunkten wie Qalandia und Huwwara.

Taxi

Fahrer von „speziellen" (im Sinne von nichtgemeinschaftlichen, „privaten") Taxis sind bekannt für ihre überhöhten Preise (manchmal astronomisch). Immer den Taxameter anstellen lassen und die Fahrt auf einer Karte mitverfolgen, um sicherzustellen, dass die kürzeste Route gefahren wird! Eine Fahrt durch die Stadt in Jerusalem oder Tel Aviv sollte nicht mehr als 30 bis 35 NIS kosten. Man muss auch noch einige Schekel extra fürs Gepäck zahlen (sie genannten Preise beziehen sich auf die jeweilige Fahrt, egal wie viele Passagiere mitfahren.)

Wenn möglich sollte man sich den Stadtplan vor der Fahrt angucken, um die Route und die Querstraße am Ziel zu kennen. Wenn ein Fahrer sieht, dass man sich in der Stadt nicht auskennt, führt die Reise auch schon

mal die Sightseeingstrecke entlang, was die Fahrt noch teurer macht. Am besten vermeidet man dies, indem man selbstbewusst den Straßennamen, die Querstraße und die Richtung angibt. Zwischen 21 und 5.30 Uhr sind die Tarife höher.

Taxifahrer erhalten normalerweise kein Trinkgeld, aber wenn man nicht reingelegt wurde, ist es nett, auf einen oder zwei Schekel Wechselgeld zu verzichten.

TRAMPEN

Trampen war einst ein durchaus üblicher Weg, durch Israel zu reisen. Die zunehmende Zahl von Gewaltverbrechen macht es aber zu einem großen Risiko und wir empfehlen es nicht. Frauen sollten nicht ohne männliche Begleitung trampen und alle Traveller sollten sich die Autos, in die sie einsteigen, genau ansehen. Die örtliche Vorgehensweise, einen Wagen anzuhalten, ist, mit dem Zeigefinger auf die Straße zu zeigen. Am häufigsten wird in Obergaliläa und auf den Golanhöhen getrampt.

ZUG

Israel State Railways (ISR; ☎ 03-611 7000; www.israrail.org.il) betreibt ein praktisches, effizientes und günstiges Netzwerk von Personenzügen. Die Hauptstrecken führen an der Küste entlang. Die nördlichste Station ist Nahariya und Richtung Süden gibt's dann Bahnhöfe in Akko, Haifa, Binyamina (für Caesarea), Netanya, Tel Aviv, Ashdod und Ashqelon. Von Tel Aviv aus führen Gleise nach Beersheba und Dimona, Rishon LeZion und Rehovot, zum Ben-Gurion Flughafen und nach Jerusalem. Es ist geplant, das Netzwerk bis Elat auszudehnen. Es gibt auch ein Projekt, eine Hochgeschwindigkeitsverbindung zwischen Tel Aviv und Jerusalem zu bauen (Fertigstellung 2011), mit einem Halt am Ben-Gurion Flughafen. Die Fahrt soll 28 Minuten dauern.

Das Hauptproblem, auf das ausländische Traveller treffen, wird die Sprache sein. Man kann seine Tour online auf Englisch planen, die Züge sind aber nicht auf Englisch gekennzeichnet, Durchsagen werden auf Hebräisch gemacht und es gibt keine Fahrpläne für die Züge. Wer kein Hebräisch spricht, sollte am besten Mitreisende fragen, welchen Zug er nehmen und wo er aussteigen muss.

Mit einem internationalen Studentenausweis gibt's 20% Rabatt.

Gesundheit

Eine Verletzung oder Krankheit im Urlaub ist nie toll, aber in Israel kann man sich wenigstens damit beruhigen, dass die medizinischen Einrichtungen spitze sind. Doch auch wenn die Versorgung super ist, gibt's ein paar landesspezifische Besonderheiten, die man beachten sollte, vor allem im Hinblick auf Hitzschläge und Sonnenbrand. Die medizinischen Einrichtungen in den Palästinensischen Autonomiegebieten sind schlichter, dank der Überschaubarkeit der Region ist das nächste israelische Krankenhaus jedoch nie weit entfernt.

VOR DER REISE

Ein bisschen Planung vor der Abreise erspart später eine Menge Ärger, vor allem bei bereits bestehenden Krankheiten. Vor einer langen Reise sollte man also den Zahnarzt aufsuchen und sich ein Reservepaar Kontaktlinsen, eine Ersatzbrille (Sehstärke in Erfahrung bringen) und ein Erste-Hilfe-Set besorgen.

Es ist verführerisch, alles auf die letzte Minute zu verschieben, doch davon sei abgeraten. Viele Impfstoffe wirken erst nach zwei Wochen, darum sollte man vier bis acht Wochen vor der Abreise den Arzt aufsuchen, wenn Impfungen notwendig sind. Unbedingt nach einem internationalen Impfpass („gelbes Heft") fragen, in dem die Impfungen dokumentiert werden!

Medikamente sind nur in der Originalverpackung mitzunehmen, und ein vom Arzt unterschriebener, datierter Brief mit einer Beschreibung der medizinischen Diagnose und der Medikamente inklusive deren generischer Namen ist ebenfalls eine gute Idee. Wer Spritzen und Nadeln mit sich führen muss, sollte auf jeden Fall ein entsprechendes ärztliches Schreiben dabei haben, um deren medizinische Notwendigkeit nachweisen zu können.

VERSICHERUNG

Man sollte im Vorfeld abklären, ob die Krankenversicherung im Fall einer Behandlung dem ausländischen Arzt die anfallenden Kosten direkt erstattet oder ob der Versicherte zunächst in Vorleistung gehen muss (in vielen Ländern erwarten die Ärzte Barzahlung). Man sollte sich außerdem darüber informieren, ob die Versicherung den Rücktransport ins Heimatland oder die Verlegung in eine bessere medizinische Einrichtung abdeckt. Die Krankenversicherung kann einem auch die nächstgelegene Klinik nennen, oder man erkundigt sich im Hotel danach.

In einem Notfall sollte man die eigene Botschaft bzw. das Konsulat kontaktieren. Bei einem Zahnarztbesuch übernimmt die Krankenversicherung in der Regel nur die Notfallbehandlung, und nicht alle Versicherungen decken den Rücktransport per Flugzeug nach Hause oder in ein Krankenhaus einer größeren Stadt ab, was aber in schweren Fällen die einzige Möglichkeit einer korrekten Versorgung sein kann.

EMPFOHLENE IMPFUNGEN

Um Impfungen sollte man sich frühzeitig vor der Reise kümmern, denn manchmal ist mehr als eine Impfdosis notwendig.

Die Weltgesundheitsorganisation empfiehlt allen Reisenden, egal in welcher Region, eine Impfung gegen Diphterie, Tetanus, Masern, Mumps, Röteln, Polio und Hepatitis B.

REISEAPOTHEKE

Die persönliche Reiseapotheke sollte folgende Dinge beinhalten:

- Acetaminophen (z. B. Tylenol) oder auch Aspirin
- antibakterielle Salbe (z. B. Betaisodona) für Schnitt- und Schürfwunden
- Antibiotika (bei Reisen in entlegene Gebiete)
- Antihistaminika (bei Heuschnupfen und Allergien)
- Insektenschutzmittel mit DEET (für die Haut)
- Entzündungshemmer (z. B. Ibuprofen)
- Fieberthermometer
- Heftpflaster
- Jodtabletten (zur Wasserreinigung)
- Medikamente gegen Durchfall (z. B. Loperamid)
- Orales Rehydrationssalz
- permethrinhaltiges Insektenspray zum Imprägnieren von Bekleidung, Zelten und Moskitonetzen
- Schere, Pinzette, Sicherheitsnadeln
- Sonnenschutzmittel
- sterile Spritzen und Nadeln (bei Reisen in entlegene Gebiete)
- steroid- oder kortisonhaltige Salbe (gegen allergische Ausschläge)
- Taschenmesser
- Verbandszeug, Mullbinden

INFOS IM INTERNET

Man findet eine Menge reisemedizinischer Tipps im Internet. **Lonely Planet** (www.lonelyplanet. com) bietet einen guten Überblick.

Die **Weltgesundheitsorganisation** (www.who.int/ ith/) veröffentlicht ein hervorragendes Buch, *International Travel and Health,* das jährlich aktualisiert wird und kostenlos heruntergeladen werden kann (nur auf Englisch). Eine weitere interessante Website hat **MD Travel Health** (www.mdtravelhealth.com); hier gibt's voll-

---

WEBSITES ZUR REISEGESUNDHEIT

Grundsätzlich ist es immer eine gute Idee, die Website der Regierung des eigenen Heimatlands – falls vorhanden – auf das Thema Reisegesundheit abzuklopfen:
Deutschland (http://auswaertiges-amt.de/diplo/de/ Laenderinformationen/01-Laender/Israel.html)
Österreich (www.bmeia.gv.at/aussenministerium/ buergerservice/reiseinformation/a-z-laender/israel. html?dv_staat=67)
Schweiz (http://www.eda.admin.ch/eda/de/home/ travad/hidden/hidde2/israel.html)

---

ständige reisemedizinische Empfehlungen für jedes Land, täglich aktualisiert und ebenfalls kostenlos.

NOCH MEHR LEKTÜRE

Lonely Planets *Healthy Travel Africa* enthält viele Informationen zu Reisevorbereitung, Erster Hilfe im Notfall, Schutzimpfungen und Krankheitsbildern und gibt Tipps, was man tun kann, wenn man unterwegs krank wird.

Weitere empfehlenswerte Quellen sind *Traveller's Health* von Dr. Richard Dawood (Oxford University Press) und *The Travellers' Good Health Guide* von Ted Lankester (Sheldon Press), ein besonders nützlicher Gesundheitsratgeber für freiwillige Helfer und Auswanderer, die im Nahen Osten arbeiten.

UNTERWEGS

REISEÜBELKEIT

Antihistaminika – z. B. Dimenhydrinate (Dramamin) oder Meclozin (Antivert, Bonine) – sind die erste Wahl, wenn's um das Kurieren von Reiseübelkeit geht. Als Nebenwirkung tritt am häufigsten Schläfrigkeit auf. Eine Alternative zu Antihistaminika ist Ingwer – manche schwören darauf.

IN ISRAEL & PALÄSTINA

MEDIZINISCHE VERSORGUNG & KOSTEN

In ganz Israel gibt's neben zahlreichen privaten Krankenhäusern und Kliniken erstklassige staatliche Krankenhäuser. Private Zahnkliniken findet man ebenfalls überall, ob in Vorstädten oder in Einkaufszentren. Die Kosten sind vergleichbar mit denen, die man zu Hause bezahlen müsste, aber es gibt auch kostenlose Kliniken für allgemeine Untersuchungen. Größere Städte in den Palästinensischen Autonomiegebieten bieten ganz öffentliche Einrichtungen, aber diese sind oft überfüllt oder haben zu wenig Medikamente zur Verfügung. Eine Liste aller Einrichtungen gibt's auf www.healthinforum.org.

Apotheken *(beit mirkachat)* sind in israelischen Städten zahlreich vorhanden. Die Apotheker sprechen Englisch und geben Empfehlungen, wenn man ihnen sein Problem beschreibt. In den Palästinensischen Autonomiegebieten kann es passieren, dass ei-

GESUNDHEIT

nem abgelaufene Medizin verkauft wird, also unbedingt das Haltbarkeitsdatum überprüfen!

Wer verschreibungspflichtige Medikamente benötigt, sollte diese in ausreichender Menge von zu Hause mitbringen. Auch eine Kopie des Rezepts ist ratsam, falls Nachschub benötigt wird. Braucht man sofort medizinische Hilfe, kann das Hotel weiterhelfen. Im Notfall sollte man sich an seine Botschaft oder sein Konsulat wenden.

Die Standards in der Zahnmedizin sind hoch, aber man muss im Hinterkopf behalten, dass die Reisekrankenversicherung möglicherweise nur Notfalleingriffe abdeckt.

Notfallhilfe kann man unter ☎ 101 von jedem Telefon aus anfordern.

INFEKTIONSKRANKHEITEN
Diphtherie
Diphtherie wird bei engem Kontakt mit dem Erkrankten durch die Luft übertragen. Man bekommt hohes Fieber und starke Halsschmerzen. Manchmal legt sich eine Art Membran über den Rachen. Dann hilft gegen das Ersticken nur noch ein Luftröhrenschnitt. Die Impfung wird allen empfohlen, die voraussichtlich mit der Bevölkerung von betroffenen Gebieten in engen Kontakt kommen werden. Der Impfstoff wird gespritzt, bei Bedarf auch in Kombination mit der Tetanusimpfung. Der Impfung ist zehn Jahre wirksam.

Hepatitis A
Hepatitis A wird über verunreinigte Lebensmittel (vor allem Schalentiere) und Wasser übertragen und verursacht Gelbsucht. Sie ist selten tödlich, kann aber zu anhaltender Lethargie führen und klingt nur sehr langsam ab. Symptome sind dunkler Urin, Fieber und Bauchschmerzen. Das Weiße in den Augen färbt sich gelb. Der Hepatitis-A-Impfstoff (Avaxim, VAQTA, Havrix) wird gespritzt. Eine einmalige Gabe schützt bis zu einem Jahr, eine Auffrischungsimpfung nach zwölf Monaten reicht für die nächsten zehn Jahre. Impfungen gegen Hepatitis A und Typhus können auch kombiniert werden (Hepatyrix oder Viatim).

Hepatitis B
Hepatitis B kann über infiziertes Blut, verschmutzte Kanülen und beim Sex übertragen werden. Auch diese Infektion führt zu Gelbsucht. Sie schädigt die Leber bis hin zu Leberversagen. Alle Reisenden sollten die Hepatitis-B-Impfung in ihren Basisimpfschutz aufnehmen (in vielen Ländern werden Kinder inzwischen bereits routinemäßig dagegen geimpft). Der Impfstoff wird einzeln oder zusammen mit dem gegen Hepatitis A (Hepatyrix) gespritzt. Er schützt mindestens fünf Jahre und wird dreimal – erst im Abstand von vier Wochen, dann wieder nach sechs Monaten – verabreicht.

HIV
HIV wird über infiziertes Blut, Blutprodukte, beim Geschlechtsverkehr mit einem infizierten Partner oder von einer infizierten Mutter auf ihr Baby übertragen. Es kann durch direkten Blutkontakt verbreitet werden, z. B. durch verunreinigte Instrumente bei medizinischen und zahnärztlichen Behandlungen, bei der Akupunktur und beim Piercing oder auch durch die Benutzung von gebrauchten, intravenös verabreichten Spritzen.

Leishmaniose
Sie wird durch die Stiche infizierter Sandmücken übertragen. Es kann sich eine langsam wachsende Beule in der Haut oder ein Geschwür bilden. Daraus entwickelt sich in manchen Fällen ein ernstes, lebensbedrohliches Fieber. Meistens geht es mit Anämie und Gewichtsverlust einher. Auch Hunde können die Erreger in sich tragen. Von Sandmücken also möglichst nicht stechen lassen!

Tollwut
Infizierte Tiere können Tollwut durch Beißen oder Lecken an verletzten Hautpartien übertragen. Die Krankheit ist tödlich, wenn sie nicht behandelt wird. Menschen, die viel mit Tieren in Kontakt kommen, lassen sich besser impfen. Das Gleiche gilt für Reisende, die in abgelegene Gebiete fahren, wo sich innerhalb von 24 Stunden nach dem Biss kein Impfstoff auftreiben lässt. Im Zeitraum von einem Monat sind drei Injektionen nötig. Wer nicht geimpft ist, braucht nach einem Biss fünf Spritzen. Die erste davon ist innerhalb von 24 Stunden bzw. so schnell wie möglich nach der Verletzung fällig. Diese Impfung sorgt noch nicht für Immunität, aber man gewinnt damit etwas Zeit, um die richtige medizinische Hilfe zu finden.

Tuberkulose
Tuberkulose (TB) wird durch engen Atemkontakt und manchmal auch durch infizierte

GESUNDHEIT

Milch oder Milchprodukte übertragen. Der Impfstoff BCG wird allen empfohlen, die sich unter die einheimische Bevölkerung mischen wollen. Besonders wichtig ist sie für Leute, die Privatbesuche machen, längere Zeit bleiben oder als Lehrer bzw. im Gesundheitswesen arbeiten wollen. TB kann ohne Symptome ablaufen, aber auch Husten, Gewichtsabnahme oder Fieber mit sich bringen. Das macht sich manchmal erst Monate oder sogar Jahre nach der Ansteckung bemerkbar. Durch Röntgen lässt sich feststellen, ob jemand die Krankheit hat. BCG schützt eingeschränkt vor TB. Bei der Impfung – die es eigentlich nur in Spezialkliniken gibt – entsteht eine kleine dauerhafte Narbe an der Einstichstelle. Der Lebendimpfstoff BCG ist für Schwangere und Leute mit Immunstörungen nicht geeignet. BCG ist außerdem nicht in allen Ländern zu bekommen.

Typhus

Typhus wird über Wasser oder Lebensmittel übertragen, die mit infizierten menschlichen Fäkalien verunreinigt sind. Erste Anzeichen für eine Erkrankung sind in der Regel Fieber oder ein rosa Ausschlag am Bauch. Auch eine Sepsis (Blutvergiftung) kann auftreten. Der Impfstoff gegen Typhus (Typhim Vi, Typherix) schützt drei Jahre lang. In manchen Ländern bekommt man auch die Schluckimpfung Vivotif.

DURCHFALLERKRANKUNGEN

Reisende können schon durch eine leichte Änderung der Ernährung Durchfall bekommen. Obwohl das israelische Essen und Wasser unbedenklich sind, kann man sich doch den Magen verderben, weil der Körper nicht an die fremden Speisen gewöhnt ist; das kann ein paar Tage dauern. Man sollte bedenken, dass im Sommer draußen gelagertes Essen schneller verdirbt – in dieser Zeit sind die kleinen *schawarma*-Läden zu meiden, denn Hummus verdirbt schnell (wer auf Hummus dennoch nicht verzichten mag, gibt seinem Verlangen dann besser in einem richtigen Restaurant nach). In den Palästinensischen Autonomiegebieten sollte man mit dem Essen noch vorsichtiger sein.

Wer trotzdem Durchfall bekommt, benötigt jede Menge Flüssigkeit. Sehr gut ist eine orale Rehydrationslösung mit viel Salz und Zucker. Wer ein paarmal weichen Stuhl hatte, muss nicht gleich behandelt werden. Erst wenn das öfter als vier- oder fünfmal am Tag vorkommt, sind Antibiotika (z. B. ein Chinolon-Präparat) und Durchfallmittel (z. B. Loperamid) angebracht. Bei blutigem Durchfall, der länger als 72 Stunden anhält und von Fieber, Schüttelfrost oder starken Bauchschmerzen begleitet wird, muss man einen Arzt konsultieren.

GESUNDHEITSRISIKEN

Hitzeschäden

Hitzeschäden gehören zu den am weitesten verbreiteten Leiden bei Travellern in Israel und Palästina. Sie entstehen, wenn man stark schwitzt, vor allem wenn die verlorenen Flüssigkeiten und Salze dann nicht wieder zugeführt werden. Das passiert oft, wenn sich Leute in großer Hitze zu sehr anstrengen, ohne sich vorher akklimatisiert zu haben. Symptome sind Kopfschmerzen, Schwindel und Müdigkeit. Erstes Anzeichen für eine Dehydrierung ist Durst – also immer genug Wasser trinken, sodass der Urin hell und sehr verdünnt ist. Bei Hitzeerschöpfung heißt es trinken, trinken, trinken – Wasser, Fruchtsaft oder Saftschorle – und sich mit kaltem Wasser oder durch Luftzufächeln abkühlen. Der Salzverlust ist mit salzigen Flüssigkeiten wie Suppe oder Brühe und ein bisschen mehr Salz im Essen als sonst schnell wieder ausgeglichen.

Ein Hitzschlag ist weit gefährlicher. Wenn die körpereigene Wärmeregulierung zusammenbricht, ist es so weit. Die Körpertemperatur steigt so stark an, dass der Organismus nicht mehr schwitzen kann. Es kann zu irrationalem und hyperaktivem Verhalten und schließlich zur Bewusstlosigkeit und zum Tod kommen. Hier ist schnelle Abkühlung angesagt – am besten den Körper mit Wasser bespritzen und Luft zufächeln. Im Notfall werden Flüssigkeiten und Elektrolyte intravenös am Tropf verabreicht.

Insektenbisse & -stiche

Mückenstiche verursachen nicht immer gleich Malaria, aber Hautreizungen und Infektionen können sie allemal hervorrufen. Insektensprays auf DEET-Basis halten die Biester fern. Mücken verbreiten übrigens auch das Denguefieber.

Bienen- und Wespenstiche sind nur für Leute mit schwerer Allergie (Anaphylaxie) gefährlich. Betroffene sollten immer eine Adrenalinspritze o. Ä. dabeihaben.

GESUNDHEIT

Sandmücken tummeln sich vor allem an den Mittelmeerstränden. Meist hinterlassen sie nur unerträglich juckende Stiche, aber es besteht das Risiko einer seltenen Hautreizung, der Hautleishmaniose. Insektensprays auf DEET-Basis helfen, Stiche zu vermeiden.

Die Zahl der Quallen ist in den letzten Jahren gestiegen, was der Überfischung des Mittelmeers zu „verdanken" ist (Fische fressen Quallen, und mit Abnahme der Jäger steigt deren Population stark an). Eine Reaktion auf Quallenberührung ist lästig, klingt aber in den meisten Fällen nach zehn bis 15 Minuten ab. Mit einer besonders starken Nesselung (oder einer Nesselung im Gesicht oder an den Genitalien) sollte man einen Arzt aufsuchen.

Skorpione lieben trockenes Klima. Ihre Bisse sind schmerzhaft, aber selten lebensbedrohlich.

Wanzen siedeln öfter in Jugendherbergen und billigen Hotels. Ihre Bisse jucken stark und verursachen Beulen. Wer das Bett aber mit einem Insektenvernichter einsprüht, hat gute Chancen, die Biester loszuwerden.

In billigen Unterkünften kann man sich auch schon mal die Krätze holen. Die winzigen Milben leben in der Haut, vor allem zwischen den Fingern, und verursachen einen stark juckenden Ausschlag. Krätze ist am besten mit einer Lotion aus der Apotheke zu behandeln. Menschen, mit denen man in Kontakt kommt, müssen sich ebenfalls behandeln, denn auch ohne Symptome kann man die Krankheit übertragen.

Schlangenbisse

Niemals barfuß gehen oder die Hände in irgendwelche Löcher oder Spalten stecken! Beißt trotzdem eine Schlange zu, keine Panik – die Hälfte der Gebissenen bekommt das Gift gar nicht eingespritzt, wird also nicht vergiftet. Das betroffene Körperteil wird mit einer Schiene (z. B. einem Stock) ruhig gestellt und verbunden. Dabei schön fest wickeln – wie bei einer Verstauchung. Ein Druckverband ist allerdings nicht geeignet. Der Biss darf auch nicht herausgeschnitten oder ausgesaugt werden. Das Opfer muss vielmehr schleunigst zum Arzt, der bei Bedarf ein Antiserum verabreichen kann.

Wasser

Leitungswasser kann in Israel ohne Bedenken getrunken werden, aber es hat einen unangenehmen Geschmack (vor allem in Elat, wo es entsalzt wird). Wasser in Flaschen gibt's überall zu kaufen. Das Wasser aus Flüssen oder Seen sollte man nicht trinken: Es enthält oft Bakterien oder Viren, die Durchfall oder Erbrechen verursachen können.

MIT KINDERN REISEN

Wer mit Kindern unterwegs ist, sollte wissen, wie man kleinere Blessuren behandelt und wann man medizinische Hilfe in Anspruch nehmen sollte. Der Basisimpfschutz der Kleinen sollte auf dem aktuellen Stand sein. Spezielle Impfungen für die Reise sind im Vorfeld mit dem Arzt zu besprechen, denn manche Impfstoffe sind für Kinder unter einem Jahr nicht geeignet.

In feuchtheißem Klima können sich Wunden und Hautverletzungen schnell infizieren. Die Stelle muss gereinigt und dann trocken und sauber gehalten werden. Hände weg von verunreinigten Lebensmitteln und Wasser. Bei Erbrechen oder Durchfall müssen die verlorenen Flüssigkeiten und Salze wieder zugeführt werden. Gut sind Rehydrationspulver zum Auflösen in gekochtem Wasser – der Arzt kennt sich damit aus.

Die Kinder müssen wissen, dass sie wegen der Tollwutgefahr und sonstiger Krankheiten Hunden und anderen Säugetieren aus dem Weg gehen sollen. Jeder Biss, jeder Kratzer oder auch nur der Speichel von einem behaarten Warmblüter muss umgehend und gründlich abgewaschen bzw. beseitigt werden. Schon beim kleinsten Verdacht auf Tollwut gilt: Ab zum Arzt!

FRAUEN & GESUNDHEIT

Emotionaler Stress und Erschöpfung können den Menstruationszyklus durcheinanderbringen. Frauen, die die Pille nehmen, müssen daran denken, dass manche Antibiotika, Durchfall und Erbrechen sie unwirksam machen können. Um trotzdem keine Schwangerschaft zu riskieren, gehören für alle Fälle Kondome ins Gepäck. Die müssen kühl und trocken gelagert werden, damit nicht reißen oder spröde werden.

Die „Pille danach" ist innerhalb von 24 Stunden nach ungeschütztem Sex am wirksamsten. Die **International Planned Parent Federation** (www.ippf.org) hat Informationen über die Verfügbarkeit von Verhütungsmitteln in verschiedenen Ländern. Tampons und Binden sind in Israel und den Palästinensischen Autonomiegebieten überall erhältlich.

GESUNDHEIT

Reisen während der Schwangerschaft ist grundsätzlich möglich, aber nicht auf die leichte Schulter zu nehmen. Vor der Reise ist eine ärztliche Untersuchung ratsam. Besonders riskant ist es in den ersten zwölf Schwangerschaftswochen, wenn eine Fehlgeburt am wahrscheinlichsten ist. Vorsicht ist auch nach der 30. Woche angesagt, wenn Komplikationen wie hoher Blutdruck oder eine Frühgeburt drohen. Die meisten Fluggesellschaften nehmen Schwangere ab der 28. bis 32. Woche gar nicht mehr mit. Auf jeden Fall den Mutterpass mit Informationen zur Blutgruppe mitnehmen, falls man auf der Reise einen Arzt benötigt, und sicher stellen, dass die Versicherung auch Entbindungen und die Versorgung nach der Geburt übernimmt – aber selbst wenn Letzteres der Fall ist, ist eine Versicherung immer nur so gut wie die medizinische Versorgung vor Ort.

Sprache

Israels Amtssprache ist Iwrith (Ivrit), das Neuhebräische. Die Muttersprache der arabischen Bevölkerung ist die syrische Variante des Arabischen. Die meisten Israelis und Palästinenser sprechen aber ein wenig Englisch – oder versuchen es –, und viele beherrschen auch andere europäische Sprachen, insbesondere in den Touristenzentren.

Weil Israels Bevölkerung weitgehend aus Zuwanderern besteht, sind noch verschiedene andere Sprachen in Gebrauch. Einige Aschkenasim sprechen Jiddisch (geschrieben in hebräischer Schrift). Durch den Zustrom von über 1 Mio. russischer Juden aus der ehemaligen Sowjetunion belegt Russisch inzwischen den vierten Platz unter den am weitesten verbreiteten Sprachen in Israel. Wenige sephardische Juden sprechen noch das aussterbende Ladino, die auf Basis des Spanischen entstandene Sprache der orientalischen Juden, die ebenfalls in hebräischen Buchstaben geschrieben wird.

TRANSLITERATION

Die Umsetzung von arabischer und hebräischer Schrift in das lateinische Alphabet kann höchstens teilweise gelingen. Das liegt zum einen an Lauten, die in den europäischen Sprachen unbekannt sind, zum anderen an der Tatsache, dass die hebräische Quadratschrift und die arabische Schrift Konsonantenschriften sind, die keine Vokale abbilden.

Deswegen sind in lateinischer Schrift verschiedene Schreibungen möglich, bei Personen- wie Ortsnamen. Noch schwieriger wird die Sache durch unterschiedliche Transkription im Deutschen und Englischen.

Die meisten Straßenschilder sind in arabischer, hebräischer und lateinischer Schrift. Das heißt aber nicht, dass die lateinschriftliche Variante vertraut aussehen muss: Statt Caesarea liest man z. B. Qisariyya, Kesarya, Qasarya, statt Safed auch Zefat, Zfat, Tsefat oder Tsfat. In anderen Fällen wird der hebräische Name transkribiert, sodass man etwa statt Jerusalem Yerushalayim (hier noch dazu anglisiert) oder statt Tiberias Tverya findet.

NEUHEBRÄISCH

Iwrith wird von rechts nach links geschrieben. Das Alphabet umfasst 22 Konsonantenzeichen, hinzu kommen diakritische Zeichen (nicht immer verwendet) zur Bezeichnung der Vokale. Allerdings kann ein und dasselbe Zeichen in verschiedenen Kontexten verschieden ausgesprochen werden.

Bei der Neubelebung des Hebräischen im späten 19. Jh. entschied man sich, der Aussprache der Sephardim zu folgen, die dem Althebräischen näher kam als die der Aschkenasim. Bei den Umschriften hier sind die Laute etwa wie im Deutschen auszusprechen (ch immer wie in „Bach"; ih steht für ein langes „i"). Der Apostroph bezeichnet einen Knacklaut – einfach die Vokale davor und dahinter getrennt aussprechen. V wird je nach Stellung als „w" oder „f" gesprochen. Die Lonely Planet Bände *Hebrew Phrasebook* und *Middle East Phrasebook* sind englischsprachige Einführungen.

AUSWÄRTS ESSEN
Haben Sie eine englischsprachige Speisekarte?
jesch tafriht beh angliht
Ich bin Vegetarier.
ani tsihmconih/tsihmconiht (m/w)
Ist da Fleisch drin?
see ihm basar
Ich mag kein ...
ani (lo) rotze/rotza ... (m/w)
Wann schließen Sie?
matai atem sogrihm

KONVERSATION & NÜTZLICHES

Guten Tag/ Auf Wiedersehen.	*schalom*
Bis später.	*lehitra'ot*
Guten Morgen.	*boker tov*
Guten Abend.	*erev tov*
Gute Nacht.	*leila tov*
Vielen Dank	*toda (raba)*
Bitte.	*bevakacsha*
Gern geschehen.	*al lo davar*
Ja.	*ken*
Nein.	*lo*
Entschuldigung.	*slicha*
Sprechen Sie Englisch?	*ata medaber/medaberet anglit (m/w)*
Warten Sie bitte.	*regga*
Was?	*ma*
Wann?	*matai*
Wo befindet sich …?	*eifo …*

UHRZEIT & WOCHENTAGE

Wie spät ist es?	*ma hascha'a*
Sieben Uhr.	*hascha'a scheva*
Tag	*jom*
Woche	*schava'a*
Monat	*chodesch*
Jahr	*schana*
Montag	*jom scheni*
Dienstag	*jom schlischi*
Mittwoch	*jom revi'i*
Donnerstag	*jom chamischi*
Freitag	*jom schischi*
Samstag	*schabbat*
Sonntag	*jom rischon*

UNTERKUNFT & SERVICE

Wo befindet sich …?	*eifo …*
die Bank	*bank*
die Drogerie	*bet mirkachat*
das Hotel	*malon*
der Laden	*chanut*
der Markt	*schuk*
das Museum	*muse'on*
die Polizei	*mischtara*
die Post	*do'ar*
das Restaurant	*mis'ada*
die Touristen- information	*modi'in tajarim*

Haben Sie ein Zimmer mit Doppelbett?
jesch cheder im mita kfula
Haben Sie ein Zimmer mit zwei einzeln stehenden Betten?
jesch cheder im schtei mitot

Bad	*ambatja*
Dusche	*miklachat*
(Einzel-)Zimmer	*cheder (lejachid)*
elektrischer Strom	*chaschmal*
Klimaanlage	*misug-avir*
Rechnung	*cheschbon*
Toilette	*scherutim*
Warmwasser	*majim chamim*

Wie viel kostet das?	*kama se ole*
Geld	*kesef*
richtig	*nachon*
groß	*gadol (gdola)*
klein	*katan (ktana)*
gut	*tov*
schlecht	*ra*
billig	*sol*
teuer	*jakar*
geöffnet/geschlossen	*patu'ach/sagur*

Luftpost	*do'ar avir*
Briefumschläge	*ma'atafar*
Brief	*michtav*
Briefmarken	*bulim*

VERKEHRSMITTEL & -WEGE

Welcher Bus fährt nach …?	*eize otobus nose'a le …*
Halten Sie hier.	*atsor kan*
geradeaus	*jaschar*
nach links/rechts	*smola/jamina*
nahe	*karov*
Bus	*otobus*
Bahnhof	*tachanat ha'rakevet*

ZAHLEN

Im Hebräischen werden die üblichen Zahlzeichen verwendet.

0	*efes*
1	*achat*
2	*schta'im*
3	*schalosch*
4	*arba*
5	*chamesch*
6	*schesch*
7	*scheva*
8	*schmone*
9	*tescha*
10	*eser*
11	*áchat-esre*
12	*schtein-esre*
20	*esrim*
21	*esrim ve'achat*
30	*schloschim*

31	*schloschim ve'achat*
50	*chamischim*
100	*me'a*
200	*matajim*
300	*schalosch majat*
500	*chamäsch majat*
1000	*elef*
3000	*schloschet elefim*
5000	*chamäschet elefim*

ARABISCH

Zwar sprechen viele Palästinenser (wie auch die Israelis) mehr oder weniger gut Englisch, aber sie schätzen es sehr, wenn Besucher zumindest den Versuch machen, sich mit ihnen in ihrer Muttersprache zu unterhalten. Ganz gleich, wie wenig man dabei vielleicht mit Aussprache oder Grammatik zurechtkommt, in aller Regel werden die Menschen lächeln und einem versichern, man spräche prima arabisch.

Ein paar Brocken und Alltagsfloskeln sind schnell gelernt, aber Arabisch wirklich gründlich zu lernen, ist anspruchsvoll und zeitaufwendig. Basiswissen vermittelt das *Middle East Phrasebook* von Lonely Planet. Arabisch wird von rechts nach links geschrieben.

Ein großer Teil der im Folgenden aufgelisteten Wörter und Phrasen sind in der gesamten arabischen Welt verständlich, einige geben jedoch auch Ausdrücke der regionalen Varietät wieder. Die Umschriften der Wörter möglichst klar und deutlich aussprechen!

AUSWÄRTS ESSEN

Haben Sie eine englischsprachige Speisekarte?
fih menju bil inglihsih
Ich bin Vegetarier.
ana bakulisch lahem
Ist da Fleisch drin?
fi lahem
Ich mag (nicht) …
ana (ma) bidih …
Wann schließen Sie?
ala aisa'a bitsakker

KONVERSATION & NÜTZLICHES

Im Arabischen wird viel Wert auf Höflichkeit gelegt. Deshalb beginnen alle Unterhaltungen mit ausführlichen Begrüßungen, Fragen nach der Gesundheit und Ähnlichem.

Arabische Begrüßungsformeln sind förmlicher als deutsche und haben feste Antwor-

ten. Teilweise gibt es verschiedene Formen, deren Benutzung davon abhängt, ob man mit einem Mann oder einer Frau spricht. Das Begrüßungsgeplänkel kann sich lange hinziehen, weil keiner dem anderen in puncto Höflichkeit nachstehen will. Als *adschnabi* (Ausländer) muss man nicht alle Feinheiten kennen, aber wenn man die richtige Antwort geben kann, macht das einen guten Eindruck.

Eine übliche Begrüßung ist *salaam 'alajkum* (Friede sei mit Dir), worauf man antwortet *wa alaykum as-salaama* (und mit Dir sei Friede). Wird man zu einer Geburtstagsfeier oder zu einem der großen Feste eingeladen, lautet der übliche Gruß *kul sana wa intum bi-cher* (alles Gute für das kommende Jahr).

Guten Tag.	*marhaba*
Hallo.	*ahlan wa sahlan/ahlan*
	(wörtlich: „willkommen")
(Anwort)	*ahlan bihk* oder *ja hala*
Auf Wiedersehen.	*ma'a salaama/Allah ma'ak*
Guten Morgen.	*sabah al-chajr*
(Antwort)	*sabah an-nur*
Guten Abend.	*masaa al-chajr*
(Antwort)	*masaa an-nur*
Gute Nacht.	*tisbah 'ala chajr*
(Antwort)	*wa inta min ahlu*
Ja.	*ajwa/na'am*
Nein.	*la*
Bitte. (in Fragen)	*min fadlak/min fadlik* (m/w)
Bitte. (Höflichkeitsflos-	*law samaht/*
kel, z. B. im Lokal)	*law samahtih* (m/w)
Bitte. (wie in „Bitte,	*tafadal* (m)/*tafadali* (w)/
treten Sie ein!")	*tafadalu* (Pl.)
Danke.	*schukran*
Vielen Dank.	*schukrandschjasilan*
Gern geschehen.	*'afwan or ahlan*
Wie geht es Ihnen?	*kajf haalak/kajf haalik* (m/w)
Mir geht es gut.	*al-hamdu lillah* (wörtlich:
	„Gott sej dank gut")
Nett, Sie kennenge-	*fursa sa'ida*
lernt zu haben	
Entschuldigung.	*'afwan*
Tut mir leid!	*'assif*
Glückwunsch!	*mabruk*
Wie heißen Sie?	*schu-ismak/schu-ismik* (m/w)
Ich heiße …	*ismi …*
Woher kommen Sie?	*min wajn inta*
Sprechen Sie …?	*btah-ki …/hal tatakallam …*
Ich spreche …	*ana bah-ki …/ana atakallam …*
Englisch	*inglihsi*
Französisch	*faransi*
Deutsch	*almaani*

Ich verstehe.	ana afham
Ich verstehe nicht.	ana ma bifham/ana la afham
Was bedeutet das?	jaani aj
Ich brauche einen	urid mutardschem
Dolmetscher.	
Ich mag (nicht) ...	ana (ma) bahib/ana (la) uhib ...
Kein Problem.	misch muschkila

UHRZEIT & WOCHENTAGE

Wie spät ist es?	adajsch as-saa'a
Es ist fünf Uhr.	as-sa'a chamsa
Wann?	mata/emta
gestern	imbaarih/'ams
heute	al-jom
morgen	bukra/ghadan
Montag	al-itnin jom
Dienstag	at-talaata jom
Mittwoch	al-arba'a jom
Donnerstag	al-chamis jom
Freitag	al-dschum'a jom
Samstag	as-sabt jom
Sonntag	al-ahad jom

UNTERKUNFT & SERVICE

Haben Sie ...?	fi'andakum ...
ein Zimmer	ghurfa
ein Einzelzimmer	ghurfa mufrada
ein Doppelzimmer	ghurfa bi sarirayn
eine Dusche	dusch
Warmwasser	majj harr
eine Toilette	twalet/mirhad/hammaam
eine Klimaanlage	kondischon/takjif
Strom	kahraba
Wo ist ...?	wajn ...
die Bank	al-masraf/al-bank
das Hotel	al-funduk
der Markt	as-suk
die Mohammed St	sharia Mohammed
die Moschee	al-dschaami'/al-masdschid
das Museum	al-mat'haf
die Polizei	asch-schurtaal-bolihs
das Postamt	maktab al-barihd
das Restaurant	al-mat'am
die Touristen-	maktab as-sijaaHa
information	
Wie viel?	qaddajsch/bikam
Wie viele?	kam wahid
Wie viel kostet das?	kam fulus
Geld	fulus/masaari
groß	kabir
klein	saghir
gut	kwajjis

schlecht	misch kwajjis/mu kwajjis
billig	rachihs
teuer	ghaali
billiger	archas
offen	maftuh
geschlossen	maghluq/musakkar

VERKEHRSMITTEL & -WEGE

Wie komme ich	kayf busal ala ...
(zu) ...?	
Welcher Bus fährt	aja baas bijruh 'ala ...
nach ...?	
Bushaltestelle	mahattat al-baas
Auto	as-sajaara
hier/dort	hena/henak
links	yasaar
rechts	schimal/jamin
geradeaus	'ala tul

ZAHLEN

0	sifr	٠
1	waaHid	١
2	itnin	٢
3	talaata	٣
4	arba'a	٤
5	chamsa	٥
6	sitta	٦
7	saba'a	٧
8	tamanija	٨
9	tis'a	٩
10	aschra	١٠
11	Hida'asch	١١
12	itna'asch	١٢
13	talata'asch	١٣
14	arbatasch	١٤
15	chamistasch	١٥
16	sittasch	١٦
17	sabi'tasch	١٧
18	tamanta'asch	١٨
19	tisita'asch	١٩
20	'ischrin	٢٠
21	waaHid wa 'ischrin	٢١
22	itnin wa 'ischrin	٢٢
30	talatin	٣٠
40	arbi'in	٤٠
50	chamsin	٥٠
60	sittin	٦٠
70	saba'in	٧٠
80	timanin	٨٠
90	tis'in	٩٠
100	imia	١٠٠
200	imiatajn	٢٠٠
1000	'alf	١٠٠٠
2000	'alfajn	٢٠٠٠
3000	thalath-alaf	٣٠٠٠

Glossar

Begriffe aus dem Bereich Essen sind auf
S. 79 aufgelistet.

HEBRÄISCH

agorot – kleinste Einheit des Schekel;
1 Schekel = 100 Agorot
aliyah – nach Israel einwandern (wörtlich: aufsteigen)

bakashot – Sammlung von Kabbala-Texten, die in den
Wintermonaten am Sabbat in den frühen Morgenstunden
gesungen werden
be'er – Brunnen
beit/beth – Haus
beit knesset – Synagoge
beit mirkachat – Apotheke
bezeder – O. k.
bimah – erhöhtes Podium in einer Synagoge
birkat bait – Haussegen

derekh – Straße

en – Quelle
Eretz Yisrael – das Land Israel
Eretz Yisrael HaShlema – Großisrael; dieser Begriff wird
von Israels rechtem Flügel in Bezug auf seine Forderung,
der Gazastreifen, das Westjordanland und die Golanhöhen
sollen zum israelischen Territorium gehören, benutzt

fabrangen – Party

gadol – groß
gan – Garten oder Park

Haganah – wörtlich „Verteidigung"; die jüdische
Untergrundarmee zu Zeiten des Britischen Mandats, der
Vorgänger der modernen Israelischen Streitkräfte (Israel
Defense Forces, IDF)
HaKira – Rathaus oder Stadtverwaltung
hamsa –Amulett in Form einer Hand mit dem bösen Blick
har – Berg
Hared (Sg.), **Haredim** (Pl.) – Ultraorthodoxer, entweder
ein *hasid* oder ein Mitglied der Gruppen, die den auch
als Mitnagdim bekannten Chassidismus ablehnen
Hasid (Sg.), **Hasidim** (Pl.) – Chasid, Mitglied einer
ultraorthodoxen Bewegung (Chassidismus) mit Tendenz
zum Mystischen; sie wurde im 18. Jh. von Rabbi Israel ben
Elieser in Polen gegründet
hazzanut – jüdischer Kirchengesang
hof – Strand

hurshat – Hain, Wald
hurva – Ruine

IDF – Israelische Streitkräfte (Israel Defense Forces)
kanyon – Einkaufszentrum
kashrut – die jüdischen Speisegesetze, die auch fest-
legen, was als *kosher* gilt
katan – klein
ketuba – jüdischer Ehevertrag
kibbutz (Sg.), **kibbutzim** (Pl.) – Kollektivsiedlung, die
von ihren Mitgliedern gemeinsam geleitet wird; Kibbuze
lebten früher nur von der Landwirtschaft, haben sich heute
aber viele Industriebereiche erschlossen; s. auch *moshav*
kibbutznik – Mitglied in einem *kibbutz*
kikar – Platz; Kreisverkehr
kippa (Sg.), **kippot** (Pl.) – runde Kopfbedeckung, die von
praktizierenden Juden (und einigen Reform- und konservativen Juden, manchmal auch von Frauen) getragen wird;
auf Jiddisch heißt sie *yarmulke*
Klezmer – traditionelle Musik der osteuropäischen Juden,
oft als traditioneller jüdischer Soul beschrieben
Knesset – israelisches Parlament
kosher – nach den Jüdischen Speisegesetzen zubereitete
Lebensmittel; s. auch *kashrut*

lulav – Feststrauss; traditionelles jüdisches Symbol
ma'ayan – Quelle, Wasserbecken
maktesh (Sg.), **maketishim** (Pl.) – Erosionskrater
masu'a – Leuchtfeuer
matkot – israelische Version von Tischtennis am Strand
menorah – siebenarmiger Leuchter, der alte Tempel in
Jerusalem schmückte und seither ein jüdisches Symbol ist;
offizielles Symbol des Staates Israel
metzuda – Festung, Kastell, Burg
mezuzah – Schriftkapsel für Auszüge aus der Tora
midrahov – Fußgängerzone
mikveh – rituelles, jüdisches Tauchbecken
mishkan – transportables Heiligtum
mitnachel – Siedler
mitzvah – religiöse Pflicht, Befolgung der Gebote
Mizrahi (Sg.), **Mizrahim** (Pl.) – Juden, die einer
jüdischen Gemeinschaft aus dem Nahen Osten angehören,
z. B. aus islamischen Ländern wie Marokko, dem Jemen
oder dem Irak; der Ausdruck wird auch oft für Sepharden
benutzt, die aber eigentlich nur die Nachfahren der aus
Spanien vertriebenen Juden sind
moshav (Sg.), **moshavim** (Pl.) – genossenschaftlich
organisierte Siedlung mit privaten und kollektiven Unterkünften, wirtschaftlich aktiv; s. auch *kibbutz*
moshavnik – Mitglied eines *moshav*

nahal – Fluss
oleh (Sg.), **olim** (Pl.) – Einwanderer

poike – kleines, dreifüßiges südafrikanisches Gefäß aus Gusseisen

refusenik – israelische Wehrdienstverweigerer
rehov – Straße
ribat – Hospiz

sabra – wörtlich „Kaktusfeige"; gebürtiger Israeli
settler – Ausdruck für Israelis, die während des Sechs-tagekriegs 1967 neue Gemeinschaften in dem von Jordani-en, Ägypten und Syrien besetzten Territorium errichteten
sha'ar – Tor
Shabbat – der jüdische Sabbat beginnt freitagabends mit Sonnenuntergang und endet samstags eine Stunde nach Sonnenuntergang
shalom – Hallo
Shechina – Wohnstatt Gottes in Israel
shekel (Sg.), **shekelim** (Pl.) – israelische Währungs-einheit
shema – jüdisches Glaubensbekenntnis
sherut – israelischer Begriff für Kleinbusse oder Sammel-taxen, die eine bestimmte Strecke zu einem festen Preis fahren, ähnlich einem Langstreckenbus; s. auch *servees*
shiva – einwöchiges Trauerritual beim Tod eines Ver-wandten ersten Grades
shofar – Holzblasinstrument
shtetl – kleines traditionelles Dorf (oder Ghetto) von osteuropäischen Juden
sukkah (Sg.), **sukkot** (Pl.) – kleine Hütte, die für das Sukkot-Fest (Laubhüttenfest) errichtet wird

taboun – Lehmofen
tallit – Gebetsschal
Talmud – die wichtigsten Anweisungen, nach denen sich orthodoxe Juden heute richten; im Wesentlichen ist der Talmud die Aufzeichnung rabbinischer Diskussionen über das jüdische Gesetz, die Moral, die Bräuche und die Ge-schichte und besteht aus der Mischna (schriftliche Samm-lung der mündlich überlieferten Gesetze des Judentums) und der Gemara (Erläuterung der Mischna und der damit zusammenhängenden tannaitischen Schriften)
tel – Hügel; in der Archäologie Aufschüttung, die über die Jahrhunderte des städtischen Wiederaufbaus entstand
Torah – die Fünf Bücher Mose, d. h. die ersten fünf Bücher des Alten Testaments; auch Pentateuch genannt
tsadik – einflussreicher Gelehrter
tzabar – hebräisch für *sabra*
Tzahal – hebräischer Name der IDF
tzitzit – weiße Troddel an den vier Ecken eines quadra-tischen Unterkleids, das von orthodoxen Juden getragen wird; die geknoteten Fransen an einem Gebetsschal heißen genau so

ulpan (Sg.), **ulpanim** (Pl.) – Sprachschule

WZO – Zionistische Weltorganisation (World Zionist Organisation)
ya'ar – Wald
yad – Denkmal
yahrzeit – Kerzen, die an Todestagen angezündet werden
yeled – Junge
yeshiva (Sg.), **yeshivot** (Pl.) – religiöse jüdische Bildungsanstalt oder Schule

zaman midbar – Begriff, der im Negev für den lang-samen Lebensrhythmus benutzt wird; „Wüstenzeit"
zimmer – auch wörtlich „Zimmer"; B & B, Ferienwohnung

ARABISCH
ablaq – rot-weiße Borte aus Stein, ein Element in der Architektur
abu – Vater (von), oft Teil des Namens; s. auch *umm*
ain – Wasserquelle oder Quelle; auch *ein* geschrieben
al – der, die, das
al-Naqba – wörtlich „Katastrophe"; so nennen die Palästinenser den Palästinakrieg von 1948

bab – Tür, Tor
bir – Brunnen
burj – Festung oder Turm

caravanserai – s. *khan*

daf – Tamburin

fellah (Sg.), **fellaheen** (Pl.) – Ackerbau betreibender Landwirt (Kleinbauer)

Hadsch – jährliche muslimische Wallfahrt nach Mekka
Hamas – (Harakat al-Muqaama al-Islamiya) militante islamische Organisation, deren Ziel es ist, auf dem palästinensischen Territorium aus der Zeit vor 1948 einen islamischen Staat zu gründen
hammam – öffentliches Badehaus
haram – wörtlich „verboten"; heilige Stätte
Hezbollah – wörtlich „Partei Gottes"; vom Iran unterstütz-te schiitische Guerilla-Gruppe, die im Südlibanon aktiv ist

iftar – im Ramadan tägliches Fastenbrechen bei Abend-dämmerung
intifada – wörtlich „Abschütteln"; diesen Begriff benutzen Palästinenser, um den Aufstand gegen Israel zu beschreiben; die Erste Intifada dauerte von 1987 bis 1990, die Zweite Intifada von 2001 bis 2005
Islam – wörtlich „freiwillige Unterwerfung unter Gott (Allah)"; Religion der großen Mehrheit des palästinen-sischen Volkes

isra – nächtliche Reise des Propheten Mohammed
jalabiyya – Roben
juhhal – Unwissender; nicht zum inneren Kern der Gemeinschaft der Drusen gehörende Person; s. auch *uqqal*

keffiyeh – schwarz-weiß-kariertes Tuch der palästinensischen Araber
kfar – Dorf
khan – auch *caravanserai* genannt; Gasthaus für Reisende an den Haupthandelsrouten; im oberen Stockwerk sind Zimmer, im Erdgeschoss befinden sich um einen zentralen Hof herum angelegte Stallungen und Lagerräume
khirbet – Ruinen (von)
khutba – Predigt
Koran – s. *Quran*

madrassa – religiöse Schule, meist einer Moschee angegliedert
majdal – Turm
mihrab – Gebetsnische in einer Moschee, zeigt die Gebetsrichtung (gen Mekka) an
minaret – Turm einer Moschee, von dem traditionell zum Gebet gerufen wird
minbar – Kanzel in der Moschee, von der gepredigt wird
miraj – Aufstieg in den Himmel
mufti – muslimischer Rechtsgelehrter oder Führer einer religiösen Gemeinde
muqarna – Stilelement der islamischen Architektur, das an Stalaktiten erinnert

nargileh – Wasserpfeife; s. auch *sheesha*
ney – Flöte
PA – Palästinensische Autonomiebehörde (Palestinian Authority)

PFLP – Volksfront zur Befreiung Palästinas (Popular Front for the Liberation of Palestine)
PLO – Palästinensische Befreiungsorganisation (Palestine Liberation Organisation)
PNC – Palästinensischer Nationalrat (Palestinian National Council), oberstes legislatives Organ der PLO

Quran (Koran) – das heilige Buch der Muslime

ras – Landzunge
ribat – Hostel oder Hospiz für Pilger

sabil – öffentlicher Trinkbrunnen
sachne – warm
servees – in den Palästinensischen Autonomiegebieten verwendeter Ausdruck für Kleinbus oder Sammeltaxi; s. auch *sherut*
shabab – lediger junger Mann; wörtlich „Jugend"; junge palästinensische Steinewerfer und Agitatoren, das Rückgrat der Intifada
Sharia'a – muslimisches Gesetz
sheesha – in Ägypten benutzter Ausdruck für Wasserpfeife; s. auch *nargileh*
sheikh – gelehrter oder alter Mann
shukran – Danke

umm – Mutter (von); die weibliche Entsprechung von *abu*
UNRWA – Hilfswerk der Vereinten Nationen für Palästina-Flüchtlinge im Nahen Osten (UN Reliefs & Works Agency for Palestine Refugees)
uqqal – Wissender; zum inneren Kern der Gemeinschaft der Drusen gehörende Person; s. auch *juhhal*

wadi – ausgetrocknetes Flussbett

Die Autoren

AMELIA THOMAS Hauptautorin, Reiseziel Israel & Palästina, Bevor es losgeht, Reiserouten, Kultur, Essen & Trinken, Tel Aviv, Westjordanland, Der Gazastreifen, Allgemeine Informationen, Verkehrsmittel & -wege

Amelia arbeitete fünf Jahre als Journalistin in Israel und Palästina und berichtete über palästinensische Akrobaten, bewaffnete Siedler, deren Schlupfwinkel und vieles mehr. Sie wirkte an mehr als einem Dutzend Lonely Planet Bänden mit, u.a. an *Lebanon*, *Indien* und *Travel with Children*, und hat wohl die meisten Kilometer aller Autorinnen auf dem Buckel, die je schwanger reisten: Alle ihre vier Kinder begleiteten sie (oft noch im Bauch) bei den meisten Recherchetouren, auch nach Gaza und in den Südlibanon. Ihr Buch *The Zoo on the Road to Nablus* erzählt die wahre Geschichte des letzten Zoos Palästinas; derzeit arbeitet sie an *Principal Wigwam*, ihrem neuesten Buch.

MICHAEL KOHN Jerusalem, Haifa & Die Nordküste

Michael ist von Beruf Journalist, und da er gerne reist, liefert er Zeitungsartikel und Reiseberichte aus den entlegensten Winkeln der Erde. Israel besuchte er erstmals 1987 als Student, Jahre später kehrte er zurück, um den Lonely Planet Führer *Middle East* zu aktualisieren. Seither hat er für die beiden letzten Auflagen von *Israel & the Palestinian Territories* über Jerusalem, Haifa und die Gebiete dazwischen geschrieben und an einer Reihe weiterer Lonley Planet Bände mitgearbeitet, u.a. an *China*, *Russia* und *Mongolia*. Ansonsten arbeitet er als freier Autor für den BBC World Service und AFP. Wenn er nicht gerade als Reporter unterwegs ist, wohnt er in San Francisco mit Baigal und Molly, seiner Familie. Seine Webadresse lautet: www.michaelkohn.us.

MIRIAM RAPHAEL Galiläa, Obergaliläa & Der Golan, Das Tote Meer

Als Studentin lebte Miriam in Jerusalem, machte ein Praktikum bei JPost Radio und arbeitete als Korrespondentin für die Australian Broadcasting Corporation. Wenn sie nicht gerade über palästinensischen Hip-Hop, jugendliche *refuseniks* oder die Siedlerbewegung berichtete, ging sie ans Tote Meer zum Tauchen, wanderte durch den Negev und besuchte so viele Musikfestivals wie nur möglich. Zwischen ihren Lonely Planet Engagements frönte sie ihrer Leidenschaft für den Nahen Osten und besuchte Syrien, den Iran, Jordanien und Ägypten. Nach mehreren Jahren als Mitarbeiterin am Internetauftritt von Lonely Planet lebt sie jetzt im australischen Outback. Ihre Beiträge zu *Israel & the Palestinian Territories* hat sie für die vorliegende Ausgabe zum zweiten Mal auf den neuesten Stand gebracht.

DAN SAVERY RAZ   Der Negev, Petra (Jordanien), Sinai (Ägypten)

Dan stammt aus England, hat einen Abschluss in Medienwissenschaften und bereiste als Backpacker Südostasien und Mittelamerika. Er verbrachte einige Zeit als Spendensammler in den Londoner Straßen, ehe er bei Zeitschriften wie *Big Issue* volontierte. Im letzten Jahrzehnt bereiste er für das Magazin *A Place in the Sun* von Channel 4 Europa und Nordamerika. Inzwischen ist er nach Israel umgezogen und hat eine Vorliebe für irakische Hausmannskost entwickelt. Im Rahmen seines Lonely Planet Debüts fuhr Dan durch den Negev, hörte Bob Dylan und schlief zwischen Lamas. Jetzt lebt er im kosmopolitischen Tel Aviv, verfasst Zeitungsartikel, schreibt surrealistische Geschichten und organisiert Poetry Slams in einer Bar; Details finden sich auf seiner Website: www.danscribe.com.

BEITRÄGE VON ...

Matt Beynon Rees hat das Kapitel zur Geschichte verfasst. Matt hat mehr als zehn Jahre lang als Journalist über den Nahen Osten berichtet, u. a. in seiner Eigenschaft als Leiter des Jerusalemer Büros der *Time*. In seinem Sachbuch *Cain's Field: Faith, Fratricide, and Fear in the Middle East* behandelt er die israelische und palästinensische Gesellschaft. Außerdem ist er Autor einer preisgekrönten Krimiserie, deren Held der palästinensische Detektiv Omar Yussef aus Bethlehem ist.

Professor Alon Tal schrieb das Umweltkapitel. Er ist Gründer der Israel Union for Environmental Defense und des Arava Institute for Environmental Studies und war Präsident von Life and Environment, einem israelischen Dachverband für Umweltorganisationen. Als Professor des Fachbereichs für Wüstenökologie an der Ben-Gurion-Universität leitet er das Komitee für nachhaltige Entwicklung des Jüdischen Nationalfonds (JNF). In seiner Freizeit wandert und radelt er gern mit seiner Frau und seinen Töchtern durch Israel.

Hinter den Kulissen

ÜBER DIESES BUCH

Diese 1. deutsche Ausgabe von *Israel & Palästina* basiert auf der mittlerweile 6. englischsprachigen Auflage, die von Amelia Thomas (Hauptautorin), Michael Kohn, Miriam Raphael und Dan Savery Raz geschrieben und auf den neuesten Stand gebracht wurde. Matt Beynon Rees schrieb das Geschichts-, Alon Tal das Umweltkapitel; dem Gesundheitskapitel liegt ein Text von Dr. Caroline Evans zugrunde. Die 1. und 2. Auflage des englischsprachigen Originals stammten von Neil Tilbury, die 3. wurde von Andrew Humphreys und die 4. von Paul Hellander verfasst; Michael Kohn war leitender Redakteur der 5. Dieser Reiseführer wurde vom Lonely Planet Büro in Melbourne in Auftrag gegeben und von dem folgenden Team betreut:

Verantwortliche Redakteurinnen Emma Gilmour, Suzannah Shwer
Leitende Redakteurin Angela Tinson
Leitende Kartografin Valeska Canas
Leitender Layoutdesigner Carlos Solarte
Redakteurin Brigitte Ellemor
Kartografie Alison Lyall, Adrian Persoglia

Layoutdesign Laura Jane
Redaktionsassistenz Susie Ashworth, David Carroll, Pete Cruttenden, Melissa Faulkner, Evan Jones, Erin Richards
Kartografieassistenz Enes Basic, Andras Bogdanovits, Marc Milinkovic
Cover-Recherche Naomi Parker, lonelyplanetimages.com
Bildrecherche Jane Hart, lonelyplanetimages.com
Projektmanagement Chris Girdler
Contentmanagement Laura Crawford

Dank an Shahara Ahmed, Sally Darmody, Indra Kilfoyle, Lisa Knights, Jacqui Saunders, Juan Winata

DANK DER AUTOREN
AMELIA THOMAS

Mein erster Dank gilt den Menschen in Bethlehem und bei Lonely Planet für ihre Hilfsbereitschaft, Freundlichkeit und Aufgeschlossenheit (denen in Bethlehem auch noch für das beste Hummus). Danke an Kerryn Burgess, die mit der letzten Auflage den Ball ins Rollen brachte, an Emma Gilmour, die uns wunderbar durch die aktuelle

---

DIE LONELY PLANET STORY

Am Küchentisch fing alles an – nachdem Tony und Maureen Wheeler 1972 eine lange, abenteuerliche Reise durch Europa, Asien und Australien unternommen hatten, trugen sie ihre Infos und Notizen zusammen. So entstand der erste Lonely Planet Reiseführer *Across Asia on the Cheap*.

Der Reiseführer wurde von Travellern geradezu verschlugen. Ermutigt durch ihren Erfolg, veröffentlichten die Wheelers weitere Bücher über Südostasien, Indien und andere Länder. Die Nachfrage war so ungeheuerlich groß, dass die Wheelers ihr Untenehmen erweiterten. Über die Jahre deckten sie mit ihrer Reiseliteratur den ganzen Globus ab und sie dehnten ihre Berichterstattung auf die virtuelle Welt von lonelyplanet.com und das Lonely Planet Messageboard Thorn Tree aus.

Lonely Planet wurde ein immer beliebterer Reisebuchverlag und Tony und Maureen konnten sich vor Aufträgen kaum mehr retten. Doch erst 2007 fanden sie einen verlässlichen Partner, bei dem sie sich sicher sein konnten, dass er dem Prinzip abenteuerlustiger, aber umweltbewusster Reisen treu blieb. Im Oktober dieses Jahres erwarb BBC Worldwide 75% der Anteile von Lonely Planet, mit dem Versprechen, die Grundsätze unabhängiges Reisen, vertrauenswürdige Auskünfte und redaktionelle Unabhängigkeit aufrechtzuerhalten.

Heute hat Lonely Planet Büros in Melbourne (Australien), London und Oakland (USA) mit über 500 Mitarbeitern und 300 Autoren. Tony und Maureen engagieren sich immer noch aktiv bei Lonely Planet. Sie reisen mehr als je zuvor und in ihrer Freizeit widmen sie sich wohltätigen Projekten. Das Unternehmen wird nach wie vor von der Philosophie von *Across Asia on the Cheap* getragen: „Wichtig ist, dass du dich entscheidest zu gehen, dann hast du den härtesten Teil geschafft. Also, los geht's!"

Auflage geleitete, und an Suzannah Shwer, die in der letzten Etappe alles zu einem ausgezeichneten Ende führte. Mein Dank geht zudem an meine inspirierenden Mitautoren Miriam, Dan und Michael, weiterhin an Abdel Fattah, der stets hilfreich und gesprächsbereit war, an Jo Parker in Sydney, an Anika Pilnei in Jerusalem und an Yoran, Galit, Edit und die ganze Bande für so manchen Abend mit Gesprächen und Wein. Mein letztes Dankeschön geht wie immer an Gal, Cassidy, Tyger, Cairo and Zeyah für ihre Unterstützung, Liebe und Aufmunterung.

MICHAEL KOHN

Ein großes Dankeschön an Danny Flax vom Allenby Guesthouse, an Rachel und Rami Siles vom Port Inn, an das Fahrradass Amir Rockman sowie an Gal und Per von New Europe Tours. Weiterhin danke ich Kathrin, Chen und Miriyam (von HaMarakia), David und Katya (Gent Bar), Imad Muna (Leiter des Educational Bookshop), dem legendären Mike (von Mike's Center), Chris (der Kundige vom Citadel Guesthouse), dem begabten Roy (Ein Hod), Gerda und Zeevik (meine Führer in Binyamina) sowie Pascale (von der Touristeninformation in Akko). Lustige Zeiten in Haifa ermöglichten Ze'ev, Shakra, Talia, Maiko, Monica, Hitem, Eli und Sayif, der Sabich-King. Mein besonderer Dank gilt den Familien Bar-Chem, Gerbitz und Jankovits, Ziv Hagai, Hippy Joe, Einav, Gal und den Zwillingen. Danke auch an die Traveller Russell Amner (den Bibelkundigen), Robyn Crocker, Nurith und Raoul St. Pierre sowie Noelani Moeller. Mein letzter Dank gebührt wie immer Baigal, und ein Schalom geht an unseren Neuankömmling Molly.

MIRIAM RAPHAEL

Großen Dank schulde ich Maoz Inon, der mit mir die Begeisterung und Leidenschaft für unabhängiges Reisen in Israel teilt. Danke an Yaron Burgin für seine Informationen zum Toten Meer, an Lisa und Rotem Shalem, die mich einmal mehr bei sich aufnahmen, und an die wunderbaren Reisegefährten Imo und David, die zu guten Freunden wurden. Ein besonderer Dank für ihre effiziente Hilfe gilt der Hauptautorin Amelia, ebenso der leitenden Redakteurin Emma und meinen Mitautoren Michael und Dan. Mein Dad hat wie üblich den Rotstift gezückt und eine Menge unnötige Wörter gestrichen. Schließlich möchte ich mich noch bei meinem Partner Marcel bedanken, der mich kreuz und quer durchs Land kutschiert hat. Wenn jemand einen über tausend Kilometer auf den Straßen Israels herumfährt und dabei nicht seine gute Laune verliert, muss das wohl Liebe sein.

WIR FREUEN UNS ÜBER EIN FEEDBACK

Post von Travellern zu bekommen, ist für uns ungemein hilfreich – Kritik und Anregungen halten uns auf dem Laufenden und helfen, unsere Bücher zu verbessern. Unser reiseerfahrenes Team liest alle Zuschriften genau, um zu erfahren, was an unseren Reiseführern gut und was schlecht ist. Wir können solche Post zwar nicht individuell beantworten, aber jedes Feedback wird garantiert schnurstracks an die jeweiligen Autoren weitergeleitet, rechtzeitig vor der nächsten Nachauflage.

Wer uns schreiben will, erreicht uns über www.lonelyplanet.de/kontakt.

Hinweis: Da wir Beiträge möglicherweise in Lonely Planet Produkten (Reiseführer, Websites, digitale Medien) veröffentlichen, ggf. auch in gekürzter Form, bitten wir um Mitteilung, falls ein Kommentar nicht veröffentlicht oder ein Name nicht genannt werden soll. Wer Näheres über unsere Datenschutzpolitik wissen will, erfährt das auf www.lonelyplanet.com/privacy.

HINTER DEN KULISSEN

DAN SAVERY RAZ

Großen Dank an Yaniv Miller, dass ich in der Wüste bei Verstand blieb (wo ist mein Notizblock?), an Steven Poropat, der dafür sorgte, dass wir nicht am Katharinenkloster auf dem Sinai strandeten, an Mohammed Hijazi in Nuweiba, an Ronit Arbel und die coolen Studenten in Sede Boqer sowie an Yuval Susskind (Solar Flower), Arieh Rosen (Nalaga'at Theatre) und Lior Lotan (für die SMS). Danke auch an meine Mitautoren Amelia, Michael und Miriam sowie die leitende Redakteurin Emma Gilmour, die mich mit den Gepflogenheiten vertraut machten. Danke an Cath Lanigan für ihre Anregung und Adrian Persoglia für den Ratschlag zu den Karten. Toda an die Familien Hai und Miller, die mich mit offenen Armen aufnahmen, sowie ein großes Dankeschön an Tom. Auch ohne die Liebe, Unterstützung und Weisheit von Yossi und Revi wäre nichts zustande gekommen. Und schließlich ein besonderer Dank an Shiri, die mich immer begleitet.

DANK VON LONELY PLANET

Vielen Dank an die Traveller, die mit der letzten englischsprachigen Auflage unterwegs waren und uns mit hilfreichen Tipps, nützlichen Ratschlägen und interessanten Anekdoten versorgt haben:

Adam Allentuck, Maya Asher, Pierre Atlas, Yossi Baruch, Sandy Behrens, Yaara Ben Sasson, David Bennemann, Sasha Bimman, Lucy Birchley, Henry Brecher, Daniel Bruinsma, Paul Corvi, Andrea Cull, Arjan De Jong, Ronald De Wolf, Clary Dubell, Pedro Eichmann, Chris Elliott, Paul Farrar, Jessica Feldman, Mike Fitzsimmons, Yvonne Forman, Leah Fox, Tobias Franke-Polz, Andreas Friedel, Michele Gavioli, Ron Goldstein, Marguerite Gratton, Charlotte Gremmen, Marylee Hardenbergh, Jenny Moore, Barbara Harris, Stephen Harris, Stephanie Henck, Karin Herger, Petr Horak, Ashley Howard, Sarah Irving, Eddie Joseph, Margriet Katoen, Paul Kearey, Stephen Kirk, Joost Kleine, Paul Knecht, Fabrice Lambert, Daniel Lampinen, Katerina Larson, Shira Levy, Harvey Lipsith, Erika Malitzky, Erika Malitzky, Ashira Malka, Sally Mann, Nicholas Marcroft, Paul Martin, Jesse Matthews, Daniel Mccabee, Ralf Menzel, Brian Montopoli, James Moore, Tom Muench, Susan Muscovitch, Dror Nevo,

Clarence Ngian, Lina Nyroos, Robin Pater, Monica Perez Cuevas, Mitch Pilcer, John Pilgrim, Andrew Por, Egle Prati, Paolo Rapisarda, Stephan Rauscher, Jonathan Richmond, Daniel Robinson, David Salter, Steve Sanders, Jonathan Scheffer, Craig Schlozman, Sherry Schwartz, Arkadi Shapochnik, Ron Shoshani, Vic Sofras, Joseph Stanik, Rafik Taibjee, Roz Tippetts, Irene Tosetti, Berthy Verhage, Ermanno Viola, Sandra Virza, Arnie Voigt, Robin Wagar, David Ward, Tody Warshavsky, Heiko Weinhappl, David White, Alison & Richard Whiteside, Keren Yalon, Bill Yates, Adina Zaiontz

QUELLENNACHWEIS
Vielen Dank an die folgenden Firmen für die Nutzung ihrer Inhalte:

Globus auf S. 1 ©Mountain High Maps 1993 Digital Wisdom, Inc.

Register

REGISTER

000 Kartenseiten
000 Abbildungen

REGISTER

000 Kartenseiten
000 Abbildungen

GreenDex

Die hier aufgeführten Sehenswürdigkeiten, Aktivitäten, Unternehmen und Unterkünfte wurden von Lonely Planet Autoren ausgewählt, weil sie unsere Kriterien für nachhaltigen, also „grünen" Tourismus erfüllen. Die Einträge erstrecken sich von Nationalparks, die die wertvollen Grünflächen der Region bewahren, bis zu kleinen Initiativen, die verschwindende lokale Traditionen aufrecht erhalten. Mit eingeschlossen wurden NGOs, die den Notleidenden helfen, Kooperativen, die Kunst und Handwerk fördern, indem der Profit zurück in die lokale Wirtschaft fließt, und auch Sehenswürdigkeiten, Aktivitäten, Unterkünfte und Restaurants, die von Menschen betrieben werden, die nachhaltigen Umweltschutz praktizieren. Und auch Organisationen, die eine gute Umweltpolitik fordern und fördern, sind auf diesen Seiten aufgelistet.

Wir freuen uns über Anregungen zur Ergänzung dieser Liste. Wer eine Empfehlung hat oder der Meinung ist, ein Unternehmen oder eine Organisation stehe zu Unrecht in dieser Kategorie, sollte nicht zögern, uns über www.lonelyplanet.com/feedback zu kontaktieren. Weitere Informationen zum Thema Ökotourismus gibt's z. B. auf www.lonelyplanet.com/responsibletravel.

KARTENLEGENDE

VERKEHRSWEGE

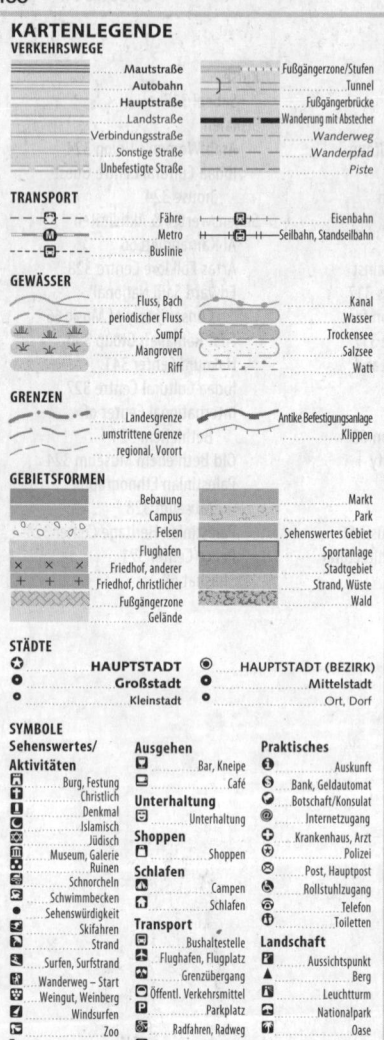

Mautstraße	Fußgängerzone/Stufen
Autobahn	Tunnel
Hauptstraße	Fußgängerbrücke
Landstraße	Wanderung mit Abstecher
Verbindungsstraße	Wanderweg
Sonstige Straße	Wanderpfad
Unbefestigte Straße	Piste

TRANSPORT

Fähre	Eisenbahn
Metro	Seilbahn, Standseilbahn
Buslinie	

GEWÄSSER

Fluss, Bach	Kanal
periodischer Fluss	Wasser
Sumpf	Trockensee
Mangroven	Salzsee
Riff	Watt

GRENZEN

Landesgrenze	Antike Befestigungsanlage
umstrittene Grenze	Klippen
regional, Vorort	

GEBIETSFORMEN

Bebauung	Markt
Campus	Park
Felsen	Sehenswertes Gebiet
Flughafen	Sportanlage
Friedhof, anderer	Stadtgebiet
Friedhof, christlicher	Strand, Wüste
Fußgängerzone	Wald
Gelände	

STÄDTE

✪	HAUPTSTADT	◉	HAUPTSTADT (BEZIRK)
●	Großstadt	●	Mittelstadt
●	Kleinstadt	●	Ort, Dorf

SYMBOLE

Sehenswertes/Aktivitäten
- Burg, Festung
- Christlich
- Denkmal
- Islamisch
- Jüdisch
- Museum, Galerie
- Ruinen
- Schnorcheln
- Schwimmbecken
- Sehenswürdigkeit
- Skifahren
- Strand
- Surfen, Surfstrand
- Wanderweg – Start
- Weingut, Weinberg
- Windsurfen
- Zoo

Essen
- Essen

Ausgehen
- Bar, Kneipe
- Café

Unterhaltung
- Unterhaltung

Shoppen
- Shoppen

Schlafen
- Campen
- Schlafen

Transport
- Bushaltestelle
- Flughafen, Flugplatz
- Grenzübergang
- Öffentl. Verkehrsmittel
- Parkplatz
- Radfahren, Radweg
- Tankstelle
- Taxistand

Praktisches
- Auskunft
- Bank, Geldautomat
- Botschaft/Konsulat
- Internetzugang
- Krankenhaus, Arzt
- Polizei
- Post, Hauptpost
- Rollstuhlzugang
- Telefon
- Toiletten

Landschaft
- Aussichtspunkt
- Berg
- Leuchtturm
- Nationalpark
- Oase
- Pass, Schlucht
- Wasserfall

Lonely Planet Publications, Locked Bag 1, Footscray, Melbourne, Victoria 3011, Australia

Verlag der deutschen Ausgabe:
MAIRDUMONT, Marco-Polo-Str. 1, 73760 Ostfildern,
www.mairdumont.com, lonelyplanet@mairdumont.com

Chefredakteurin deutsche Ausgabe: Birgit Borowski
Übersetzung: Anne Bacmeister, Dorothee Büttgen, Berna Ercan, Eva-Maria Hilble, Jürgen Kucklinski, Marion Matthäus, Ute Perchtold, Dr. Christian Rochow, Frauke Sonnabend, Katja Weber
Redaktion: Julia Berger, Stephanie Iber, Frank J. Müller, Olaf Rappold, Verena Stindl (red.sign, Stuttgart)
Redaktionsassistenz: Kyrill Mende, Karin Rappold, Thomas Tilsner
Satz: Neslihan Tatar (red.sign, Stuttgart)

Israel & Palästina
1. deutsche Auflage September 2010, übersetzt von *Israel & the Palestinian Territories, 6th edition*
März 2010, Lonely Planet Publications Pty

Deutsche Ausgabe © Lonely Planet Publications Pty, September 2010
Fotos © wie angegeben 2010

Printed in China

Umschlagfoto: Steinbögen in Caesarea, Atlantide Phototravel/Corbis.

Die meisten Fotos in diesem Reiseführer können bei Lonely Planet Images, www.lonelyplanetimages.com, auch lizenziert werden.